I0021752

Sumário

Agradecimentos

Marcelo Tosatti, Renata Garcia, Masaya Kondo, Anderson Oliveira (Sucesu SP), Rodrigo Chafik, João Pedro Martins (EACNET), Eri Ramos Bastos, Fábio Cordeiro, Urubatan Neto, Alessandro Faria, e a turma da Conectiva e Revista do Linux, em especial Mariane Legat, Marcos Henrique Vicente, Ligia (Santos), Newton Ide e toda turma da TS&O Consultoria.

Pensamento

Num mundo cada vez mais escasso de recursos, economia e criatividade são essenciais. E o Linux e os demais softwares livres trazem uma nova filosofia: a inclusão digital e social para muitos países e cidadãos ao redor do mundo. É a missão de responsabilidade social dos profissionais da Informática. Logo, é sempre bom provocarmos a mudança para um mundo melhor, caso contrário, as mudanças sempre virão e nos tirarão de cena.

Sobre o autor

Heverton Anunciação nasceu em Brasília/DF. É pesquisador em comportamental e Tecnología da Informação. Desde 1985 no ramo de tecnología, atualmente é Gerente de Projeto em CRM (Customer Relationship Management).

Estudou Tecnologia em várias instituições do Brasil e do exterior. Hoje em dia, especializa-se nas novidades do mundo do Marketing, Customer Experience, da Responsabilidade Social e da Administração de empresas.

Autor dos primeiros e principais livros de Unix, Unixware, Linux e Software Livre no Brasil, além de autor de artigos e crônicas de gestão, Responsabilidade Social e administração de empresas editados em várias revistas de renome nacional.

O Autor é pesquisador do CRM, além de possuir experiência na implementação, administração e treinamento de CRM em instituição financceira, empresas do varejo, telecomunicações, e contact center. Destacando projetos e trabalhos na Vantive do Brasil (PeopleSoft / Oracle), empresas de Telecomunicações, bem como atuou em projetos no Brasil e exterior em um grupo espanhol considerado um dos maiores no mundo em soluções completas de Contact Center. Atualmente é consultor em projeto e produto de CRM para a América Latina no segmento bancário.

Para contato:
www.heverton.com.br

Prefácio por Nicholas Negroponte

Quem tem receio de um laptop de 100 dólares ?
Algumas Implicações Revolucionárias de Um Laptop por Criança

Só porque o excedente educacional para as crianças carentes é claramente uma causa digna, isso não basta para garantir sua sustentabilidade. Pelo contrário, há várias implicações em vários níveis, as quais podem assustar algumas pessoas. Neste texto, eu quero focar mais nos aspectos controversos do projeto One Laptop per Child (OLPC – Um laptop por Criança) e como enfrenta-los.

Derrubam Recursos – mas não derrubam os preços

A tendência natural no mundo das mercadorias eletrônicas é na redução dos preços – uma vez que o custo inicial em pesquisa e desenvolvimento é coberto, você pode obter a economia em escala no mercado de massa, melhorando o processo de fabricação e a competição por custos baixos. Então, a indústria para compensar isso simplesmente adiciona novos recursos. Cada ano que o preço é reduzido, há a adição de novos recursos, funcionalidades ou características.

Isto é o que está acontecendo na indústria dos laptops ou notebooks. Os laptops de hoje têm o aproximadamente o mesmo preço de há 10 anos. Houve redução recentemente, mas ainda não o suficiente. Entretanto, quanto mais e mais recursos, maior e mais "gordo" se torna o sistema, o que faz o sistema iniciar a ficar menos seguro. E mais importante, este começa ser tão grande que parece uma pessoa gorda. Uma pessoa muito gorda usa muito dos seus músculos para mover a própria gordura – e é isto que acontece com um laptop ou notebook. Logo, o seu laptop está usando muito dos seus músculos para mover a si mesmo – e o notebook OLPC, chamado XO, não é como esses. O XO não sobrecarrega todo o poder de processamento, e de nenhuma maneira compromete a sua qualidade. Pelo contrário, é mais "magro" e adaptável para sobreviver --- o que vai de encontro a nossa cultura atual no mundo dos negócios.

Compare o que aconteceu na indústria de telefones celulares. Os primeiros aparelhos eram verdadeiros símbolos de status. Agora, há quase um bilhão de unidades espalhadas pelo mundo, muito deles em mãos de pessoas tão pobres e isoladas, e sem possibilidade de ter uma linha telefônica padrão. Para alguns, este é o único meio de ligação com o resto do mundo, para outros uma necessidade de negócio - como as comunidades isoladas podem acompanhar agora os preços de mercadorias para suas fazendas ou colheitas.

Eu trabalhei como um dos diretores da Motorola por um bom tempo, e também atuando ativamente no programa de aparelhos de baixo preço em GSMA. Eu sempre fui a favor na Motorola para a venda e fabricação de aparelhos de baixo custo, e por muito tempo, eles nunca quiseram seguir este caminho. E, quando finalmente nós anunciamos um, as ações da companhia despencaram – os analistas financeiros penalizam quando a média de custos dos aparelhos caem.

Entretanto, o mesmo aparelho básico agora serve o mercado global. Eu acho que há muito a aprender com o atendimento da ponta, e até os analistas finalmente reconhecem o enorme potencial do mercado global das massas. A maneira que eles avaliam é uma das tragédias do mercado financeiro, e o laptop OLPC OX diretamente alavancou esta cultura de negócio.

É comum muitas companhias enquanto comunidade financeira penalizem a nós ou empresas que vão contra ou além do mercado. No início da evolução do OLPC, eu estive com um presidente de um grande fabricante de monitores de vídeo e disse: "eu preciso de um monitor pequeno, não muito brilhante, não precisa ter a uniformidade ou apresentação perfeita de cores, mas este tem que ser muito barato". Ele respondeu: "Nick, nós temos monitores grandes, perfeição nas cores, defeito zero nos pixels, além de muito brilhantes para a sala de estar. Nossa estratégia corporativa e o seu projeto simplesmente não caminham juntos. Eu sinto muito nós não podermos ajudá-lo". Então eu disse, "isto é uma vergonha, porque eu preciso de cem milhões de unidade por ano". E ele respondeu, "bem, talvez nós possamos então alterar nossa estratégia corporativa".

Os números envolvidos neste projeto são enormes – tão grandes que eles atualmente alteraram a estratégia da empresa. Simplesmente ponha no contexto: no final de 2005 a produção mundial de laptops foi de 47 milhões, enquanto nós, OLPC, antecipamos a fabricação de 50 para 150 milhões em 2008. Os números saem do quadro – e parece mais a industria de celulares do que a de notebooks ou laptops.

O fabricante é a Quanta, que fabrica mais do que um terço de todos os laptops do mundo. Quando a Quanta concordou embarcar no projeto, a OLPC teve credibilidade instantânea. E isto não é somente "Nicholas Negroponte e o projeto Um Computador por Criança" – isto é a união de Quanta, AMD, News Corp, Citicorp, Google... todas bem conhecidas e respeitadas empresas globais, e lideres nos seus segmentos.

Como inicio, nós lançaremos custando aproximadamente 175 dólares e reduziremos para 100 dólares até o final de 2008. há quatro itens que controlam o custo: DRAM, Flash e os preços do níquel e cobalto – somente esses 4 itens do projeto já se aproximam do nosso alvo 100 dólares.

Não lide com os garotos grandes

Voltando a 2002, eu visualizei o crescimento das redes no modelo "lily pad". Relembrando trechos do meu artigo da revista Wired Magazine de Outubro de 2002, "..no futuro, cada sistema Wi-Fi atuará como um pequeno roteador, co-integrando-se com o seu vizinho mais próximo. Mensagens podem saltar de ponto-a-ponto, como sapos (e sem necessidade de tronco). Você já tem um sistema banda larga em telecomunicações, construído pelas pessoas, e para as pessoas. As empresas sabem disso, mas não consideram porque eles acham que não terão o retorno suficiente. Eles estão errados."

Aparentemente isto poderia parecer que eles estão certos – todas as histórias de rede deste tipo nos jornais são realmente histórias WiFi, baseadas na colaboração governamental/comercial para configurar malha de redes nas áreas urbanas – exemplo de Tempe, Arizona – ou um país inteiro, como a Macedônia. Mas você não pode esperar este tipo de suporte em comunidades rurais do terceiro mundo – então nossos laptops XO são projetados para criar suas próximas malhas de rede wireless (sem fio).

Quando você desliga o laptop XO, o processador desliga mas a funcionalidade de rede em malha não porque o laptop continue sua função de roteador. A rede em malha está sempre ligada mesmo quando o laptop esteja desligado, ou mesmo você esteja carregando o XO pelas ruas. Se a bateria se aproxima de menos de 15% então este se desligará sozinho, assim você não precisa "acordar" um computador morto. Tendo então os 15% ou mais de bateria, você estará roteando mensagens de outras crianças, e é assim que a rede funciona. Todo mundo simplesmente sorri quando as pequeninas antenas surgem e estão atuando no topo da tela do XO, mas levantando-as obtém-se até 6 decibéis. Então nós recomendamos as crianças que quando seus laptops estejam fechados eles guardem-nas também.

Eu descrevo esta "malha" como a maior entrega no mundo dentro da teoria "caixa de flores" das telecomunicações. Você vai para uma vila na Suíça e pessoas põem flores nas caixas localizadas nas suas janelas por diferentes motivações – para ressaltar, melhorar a vista, para pacificar a sogra ou qualquer outro motivo. O ponto é que cada morador paga pela caixa, coloca energia, traz flores, e coletivamente a conseqüência é realmente extraordinária. Isto não significa que não há gestores ou responsáveis pelos estacionamentos ou pela área comum, as calçadas ou áreas verdes, mas os dois sistemas coabitam. Logo, eu penso que esta malha coabita normalmente com as empresas de telecom, da mesma forma que as caixas de flores coabitam com os estacionamentos.

O que acontece é que a industria de telecomunicações está ainda tentando criar seu próprio jardim e por conta própria. Isto é fatal – eles estão dando "tiro nos próprios pés" e se tornando uma das industrias mais odiadas, exatamente porque eles estão oferecendo um serviço ruim com um custo altíssimo. Nós estamos num ponto da história onde as empresas de telecom necessitam levar uma boa "batidinha" antes de acordarem, assim, perceberem que precisam trazer caixas de flores para a equação.

Mas você não pode...

Há vários outros "mas você não pode" a serem endereçados antes de milhões de laptops serem distribuídos – iniciando com a história de ajuda ao terceiro mundo de computadores sofisticados doados para escolas rurais na África onde não há nem eletricidade para ligá-los.

O design original do laptop XO da OLPC incluiu uma manivela ao lado para geração de energia própria – a idéia interessante que obteve bastante atenção da mídia, mas esta se tornou num mecanismo impraticável para está na placa. Estamos então usando agora um pequeno e separado gerador de força, utilizando para isso corda e manivela, sempre mantendo em mente que os laptops foram projetados para uma criança – não um adulto, ou um adolescente impaciente, mas ideal para uma criança possa usá-lo. Estimativa de dez minutos de uso do laptop corresponde a um minuto de energia gerada.

Voltando novamente ao ponto sobre os laptops "gordos" dos dias de hoje – isto porque fazendo nossas máquinas mais leves atualmente significam fazê-las menos famintas de energia. A maioria dos laptops de hoje consomem aproximadamente 30 a 40 watts – o nosso usa em média dois watts. Nós temos pesquisado e estudado opções de gerador, e o modelo mais recente se parece com um io-io com uma corda – o que fica ajustável ao comprimento do braço da criança. Uma criança pequena pode gerar 10 watts nesse gerador, enquanto um adolescente forte pode gerar 25 watts sem nenhuma dificuldade.

Você se lembra de todos aqueles anúncios e propagandas de laptops que mostram pessoas trabalhando nos jardins ou nas praias ? Pura Fantasia !! nenhum laptop moderno com a tela modo "backlit" pode ser vista fora de ambiente fechado, ou deixado numa praia ensolarada. O laptop da OLPC precisa ser usado por crianças fora de ambiente fechado, por isso o seu monitor tem dois modos –

refletivo esta é uma outra maneira de economizar energia – o monitor no modelo refletivo é ideal para a luz do dia e não necessita outro tipo de ou modo "back lighting".

Claro que nós temos que endereçar todas as questões de robustez e confiabilidade – não seria ideal para para uma criança de seis anos de idade um instrumento ou algo que precisa ser enviado para o suporte. A palavra chave aqui é baixo custo ao invés de barata. Nosso laptop custa menos, mas não deixa de considerar a qualidade necessária e uma ótima engenharia.

Um outro desafio é uma política convencional de fabricação. Quando você realmente produz para uma considerável escala, o tempo e o dinheiro investido num bom design – projeto simples e estrutura ideal – economizará uma fortuna numa vasta produção e com suporte em andamento.

Chegamos então ao Software. Software livre é a chave para ambos desenvolvimento e para educação. Nós temos milhares de programadores espalhados pelo mundo trabalhando no OLPC, o que não poderia acontecer em caso contrário. Acima de tudo, queremos que as próprias crianças alterem, editem e criem programas.

Esta filosofia de software não tem nada a ver com a história de David e Golias – Eu conheci a vida de Bill Gates, e nós já conversamos sobre este projeto. Windows está bem para mim. Eu configurei o laptop de uma maneira que possa ter o Windows.

 Nosso ponto é este: qual é o valor no ensino do Microsoft Office para uma criança de dez anos de idade no Himalaia ou em qualquer outro lugar distante ? uma das coisas que acho trágica em países em desenvolvimento é você ir para uma vila – uma daquelas que você tem que caminhar, nada de estrada – e você encontra uma escola e um professor que tem um gerador e três computadores trabalhando numa pequena rede. E você diz: "isso não é terrível. Bom pra você" e então você se aproxima mais e vê que o professor está ensinando as crianças MS Word e MS Excel. São crianças de cinco anos de idade, elas deveriam estar fazendo músicas, construindo coisas, escrevendo programas. Elas não deveriam ser pequenos funcionários de escritórios.

Portanto, nós juntamos um monte de ferramentas para crianças brincar – música, desenho e linguagens de programação. Há um bocado de recursos que estará na máquina que permitirão as crianças fazer coisas. Nós também assinamos um contrato com a Wikipedia. Nós estamos fazendo livros de leitura Wiki em seis idiomas. E nosso leitor de e-book (livro digital) é um próprio Wiki. Nós não temos gerenciamento de direitos autorais digitais no OX, portanto, qualquer um pode publicar qualquer coisa para este computador que será domínio público. Sim, esta é uma posição extrema, mas nós optamos em tomá-la. Um outro problema no mercado, e é normalmente dito: "você não pode dar um computador gratuitamente para crianças, estes serão furtados, vendidos ou algo parecido por não amigáveis governantes ou fabricantes de supercomputadores".

Esta é uma questão interessante. Eu normalmente dizia as pessoas que o furto seria nosso canal de distribuição. Em alguns países, eles dão sapatos para as crianças como parte da escola, e os pais pegam os sapatos e vende-os. Há um monte de pés lá fora, logo, há um mercado para os sapatos. Portanto, nós faremos de tudo para não haver o mercado para esses.

No começo, nenhum será vendido comercialmente – isto poderia soar uma boa idéia para financiar o projeto com vendas comerciais, mas isto criaria um mercado. Então considerar o fato que há milhares de carros roubados diariamente nos Estados Unidos, mas nenhum caminhão Postal ou dos Correios nunca foi roubado – isto porque você mesmo que você pinte-o, continuará sendo um caminhão dos Correios.

 Logo, a idéia é fazer nosso laptop tão único que, se você estiver caminhando com um desses, é melhor que você seja uma criança ou professor. Não há realmente nenhum meio de pegar um. E mais, a segurança neste equipamento é extraordinária. Se você roubar um antes de chegar a escola, este não tem usabilidade alguma. Mesmo que você desmembre todo o equipamento em partes, este continuará sem utilidade. Estes laptops são despachados para cada criança – criança por criança, e não simplesmente deixado na escola – e instalado, e se o equipamento é furtado de uma criança, dentro de um número de dias o próprio equipamento parará de funcionar. A pessoa que encabeçou nosso programa de segurança tem apenas 22 anos de idade, portanto, você pode imaginar como isso foi feito para ser seguro.

Por favor Senhor !! Eu poderia ... ?

Nós já despedaçamos o modelo tradicional de negócios em Tecnologia da Informação, desafiamos os analistas financeiros e as estruturas globais e atuais de telecomunicações, antes mesmo de nós conseguirmos nosso real ponto de nosso projeto – colocar os laptops XO nas mãos de milhões de criancinhas onde a escola pode ser mais do que apenas uma árvore.

Quando as pessoas perguntam sobre qual será nossa estratégia junto a regimes autoritários como a China, elas pensam que o Governo será baseado no seu poder a partir da base. De fato, o regime não é a única questão – Confucius também é. Confucionismo tem uma hierarquia bem definida, do topo para a base, estruturada, filosofia disciplinar, o qual em um senso é diferente e o oposto do modelo germano da base para o topo. Eu preferiria arriscar que a maioria das pessoas (não somente os chineses) não têm muita fé em suas crianças – não no sentido que elas não acreditam nelas, mas que elas não podem fazer grande negócio mais do que elas recebem a confiança ou crédito. As pessoas diriam "se você pega todo o dinheiro para investir, você deveria colocar nas mãos dos professores que sabem o que estão fazendo, e não um bando de crianças ineficazes.

Porém, considere a realidade nos países em desenvolvimento onde a maioria das escolhas, certamente escolas rurais, têm dois turnos – um grupo de crianças freqüente as manhãs e outro a tarde. Logo, uma criança típica está numa sala de aula 2.5 horas por dia, cinco dias por semana. Se você constrói um super laboratório de computador para esta escola, quanto tempo cada criança passará a usar ? vinte minutos por semana aproximadamente. Mas dando um laptop, e a criança pode estar aprendendo por muitas horas por dia.

Provavelmente você nunca deve ouvido eu falar da palavra "ensinar". Ensinar é somente uma maneira de provocar ensinamento ou aprendizado. Nos primeiros anos de nossas vidas, todos nós aprendemos como caminhar e falar pela simples interação com o mundo. De repente, próximo da idade de seis anos, você recebe a instrução de parar de aprender daquela maneira, e pelos próximos 12 anos, se você for sortudo, você terá todo o seu aprendizado pelo ato de ser "ensinado" -- seja um individuo ou um livro – ao invés de interações diretas, o qual foi o método você teve com tanto sucesso até então.

Anos atrás eu trabalhei com Seymour Papert com uma linguagem de programação chamada Logo, e ele trouxe uma observação simples: quando crianças escrevem programas de computador sobre algo como desenhar um círculo, eles têm que entender que o conceito de "círculo ou ausência de um" torna-se mais profundo do que se elas simplesmente lessem sobre isso ou tivesse alguém para descrever para elas no quadro-negro. E quando você "debuga" um programa, você provavelmente está monitorando um conjunto de operações que estão próximas de quando você consegue quanto pensa sobre o pensar. Escrever um programa e então "debugar" (depurar) é um microcosmo interessante de uma experiência única de uma criança, e nós podemos provar isso.

Sobre o que é realmente tudo isso

Nós viramos um monte de pensamentos convencionais, mas há um mais que eu gostaria de destacar: OPLC não é um projeto de um laptop, é um projeto de educação.

Neste texto, eu considerei coisas na seqüência do tempo, foquei em todas as barreiras existentes no caminho desde o nascimento do OLPC: desde o suporte no desenvolvimento do hardware, então o software e finalmente a distribuição. Normalmente eu apresento isto de outra forma, explicando a visão antes de chegar aos detalhes.

Numa maneira mais básica: o Um Laptop por Criança é sobre a eliminação da pobreza. Esta é a razão pela qual nós fazemos isto, isto é porque todos que estão envolvidos neste projeto. A crença é muito simples: você pode eliminar a pobreza com educação. E não importa quais soluções você tenha neste mundo para grandes problemas como paz ou meio ambiente, todos eles envolvem educação. Em alguns casos você necessita educação, em outros precisa de mais, mas em nenhum caso é possível sem educação. E nós focamos particularmente na educação primária --- o que acontece quando a criança começa a ir a escola e nós fornecemos uma oportunidade de aprender a aprender pela ela mesma.

Nós estamos orgulhosos do laptop XO – este é barato mas muito melhor que muitos no mercado, em nossa opinião. Porém, se você vier com outro dispositivo que possa oferecer uma melhor oportunidade educacional para muitas pessoas como o XO traz – nós aceitaremos este !!! na OLPC, nós podemos ser revolucionários, más nós estamos com as mentes abertas também.

Nicholas Negroponte
Chairman, Emeritus, MIT Media Laboratory; Chairman, One Laptop per Child
http://web.media.mit.edu/~nicholas/

Fabricantes e Requisitos para Instalação do Linux

Produto e Fabricante	Requisito de Sistema mínimo recomendado
Conectiva Linux 9 – Professional Edition Kernel do Linux 2.4.21 Conectiva Internet Soluctions Rua Tocantins, 89 – Cristo Rei Curitiba – PR www.conectiva.com.br Email: info@conectiva.com.br Fone: 0xx41.360.2600	Processamento • Mínimo: 100MHz • Recomendado: 500MHz Vídeo: VGA Memória RAM: • Mínimo: 32MB • Recomendado: 128MB Drive: • Mínimo: CD-ROM com capacidade para inicializar o sistema ou floppy 3,5" • Recomendado: CD-ROM Espaço em disco: • Mínimo: 600MB • Recomendado: 6GB Adaptador de rede: 10 ou 100 mbps
Slackware Linux Slackware Linux 1164 Claremont Dr Brentwood CA 94513-2952 United States – USA www.slackware.com	• Processamento: Intel ou CPU compatível: (486, Pentium I/MMX/Pro/II/Celeron/III, AMD 486/K5/K6/K6-2/K6-III/Athlon, Cyrix 486/5x86/6x86/M-II) • Memória RAM: 16MB exigido, e recomendado 64MB para uso do X Window System. • Espaço em disco: mínimo de 500MB, e recomendado acima de 1GB • Drives com Suporte para todos as controladoras IDE e SCSI.
Projeto Fedora Red Hat P.O. Box 13588 RTP, NC 27709 United States – USA www.redhat.com	• Processamento: Intel ou CPU compatível: (486, Pentium I/MMX/Pro/II/Celeron/III, AMD 486/K5/K6/K6-2/K6-III/Athlon, Cyrix 486/5x86/6x86/M-II) • Espaço em disco: mínimo de 1,4GB sem interface gráfica, e recomendado acima de 2,1GB incluindo uma interface gráfica. • Drive: mínimo: CD-ROM com capacidade para inicializar o sistema ou floppy 3,5", e recomendado: CD-ROM • Memória RAM mínima em modo texto: 64 Megabytes • Memória RAM mínima em modo gráfico: 192 Megabytes. Recomendada em 256 megabytes.

Introdução – A Terra é Redonda ou Plana ?

Era uma vez – eu sempre quis começar uma história assim – um rapaz. E este rapaz depois de várias observações e pesquisas cismou que a Terra era redonda, e não plana como acreditava a maioria. Para piorar a situação, ele tentou divulgar esta conclusão para a comunidade ...

Eu acredito que já deu para você suspeitar de quem eu esteja escrevendo.

A partir da idéia apresentada por aquele rapaz muitos anos atrás, duas novas vertentes surgiram: uns queriam queimar vivo o rapaz, mandando-o para a fogueira: veredicto de estar possuído pelo demônio. Enquanto outros, ou aceitaram a idéia, ou como a grande maioria, não se interessava no assunto, ou seja, para estes tanto fazia a Terra ser redonda ou plana.

O quê este assunto da nossa história tem a ver com este artigo de Linux ou software livre ?

Em primeiro lugar, humildemente, eu não pretendo ser um rapaz semelhante ao apresentado anteriormente. Na verdade, eu gostaria de colocar o Linus Torvalds na mesma situação do rapaz acima, considerando o exato momento da criação do Linux. Qual a razão disto ?

Eu detalho isto da seguinte maneira: nós, enquanto seres humanos, querendo ou não, crescemos e nos moldamos em padrões, sejam estes materiais, comportamentais ou outros meios diversos. E, uma vez, esta pessoa ou comunidade absorveu estes padrões de idéia ou comportamento, é difícil que haja uma ruptura ou mudança sem que haja uma outra verdade lançada. Estamos sempre superando ou desafiando a nós mesmos e nossos valores.

E é aqui que o jovem Linus entrou quando lançou o Linux. O Linux é um produto que se tornou algo maior do que o próprio Linus. Será que ele havia pensando nisto ? Eu acredito que não, como os demais grandes descobridores da nossa história.

Então, nós, enquanto profissionais, fornecedores, empresários, gestores da área de tecnologia temos dois caminhos a seguir: crer que a Terra é redonda ou que esta foi e continuará sendo plana ou chata. Radical ? Reflita um pouco.

Muitos não acreditavam que o homem iria a lua -- Já fomos. Muitos não acreditavam no telefone celular – agora é impossível ficar sem. E o mesmo para a Internet – todas as tecnologias destas já estão disponíveis para residências e empresas. Alguns não acreditaram num computador dentro de uma casa – estamos devagar, mas chegaremos lá. Etc.. etc..

No mundo de hoje, diariamente, nossas verdades e competências emocionais ou profissionais são colocadas à prova. Por esta razão, o profissional de hoje, obviamente, não deve limitar-se somente ao lado técnico (nerd), bem como somente ao lado humano (Zen) de alguma tecnologia ou novidade.

E um dos objetivos deste artigo é preocupar-se não somente com o técnico envolvido com o Linux, mas também com os gestores e empresários que já utilizam, ou aqueles que temos que conquistar para nossa comunidade "software livre." Por que ? Além do fato destes serem os responsáveis pelo pagamento das contas, são estes também importantes formadores de opinião numa comunidade.

E uma empresa que é colocada à prova diariamente pelo seu retorno financeiro, seja este para o acionista, proprietário ou funcionário, deve estar constantemente reavaliando suas metas ou estratégia.

Por exemplo, numa estratégia corporativa, uma empresa pode optar em crescer vinte por cento ao ano no faturamento. Fazendo todos os funcionários acreditarem e, às vezes, até se sacrificarem para alcançar este objetivo. Enquanto uma outra empresa poderia optar em crescer vinte por cento do lucro, mas com uma estratégia focada em reduzir o custo operacional. E é ai que entra o potencial imediato do Linux e de muitos outros softwares livres: Economia !!!

Portanto, não queiramos convencer um presidente de empresa a usar o Linux falando somente das características técnicas ou da própria vida do Linus para ele -- Linus ?!? quem é ele, irão perguntar. Mas fale e apresente o Linux através de números !! Custo e dinheiro. Compare a economia futura com o custo atual.

O profissional, técnico ou não, que seguir este caminho, eu acredito, terá futuro. É que num mundo cada vez mais caro e com falta de recursos, a criatividade e economia são princípios básicos de qualquer empresa ou funcionário. Verdade esta difundida mundialmente na atualidade pela responsabilidade social que também, através do Linux, chegou ao mundo do software.

Então, na verdade, não interessa-me tanto saber se a Terra é redonda ou plana, o que interessa é saber qual das duas opções é mais lógica, econômica, eficiente e eficaz para obter determinado objetivo. É aquela história, você pode comprar um remédio com grife, mas o genérico pode fazer o mesmo e com preço mais acessível. A minha escolha pessoal, não necessariamente tem que ser a escolha da empresa, afinal, administrar empresa é administrar com eficiência e eficácia os seus recursos. A pergunta então aparece: estamos fazendo isto de forma correta ?

Portanto, você quer ser bem visto pelo dono da empresa ? Economize com o software livre. É que somente com essa economia é que você poderá contribuir para que a empresa mantenha suas portas abertas e seu santo salário dia após dia.

Para tentar então tirar o preconceito que o Linux ainda sofre, este livro foi contemplado com o que há de melhor, destaco os seguintes capítulos:

- **Páginas Amarelas do Mundo Linux**: centenas de softwares gratuitos para várias áreas e segmentos, tanto para suas atividades empresariais e pessoais. Todos estes bem categorizados;
- Aprenda a montar uma **Lan house ou um Internet Café**. É que, se por lazer ou desemprego, você já poderia ganhar um dinheiro extra.

- Tanto na Lan House ou na sua empresa, aprenda como configurar e entender o **Squid Web Proxy**. Além de um **firewall baseado em IPTable,** um servidor **DHCP**, Servidor **Web** (Apache, Resin e Tomcat), Servidor **FTP**, e um servidor de **Correio Eletrônico** com o **MySQL 4.0**, contando com um serviço de **Mailing List**. E para contar com maior segurança, apresentamos também como configurar o **ACID/Snort** para prevenir-se de invasões.
- Catalogamos **cinqüenta casos empresariais**, institucionais e sociais de sucesso no Brasil com utilização do Linux. Estes são para comprovar que muitos profissionais com visão já desbravaram e estão obtendo sucesso e economia com o software livre;
- Mostramos um caso prático de configuração e instalação do **Servidor de Compartilhamento Samba**, bem como entender e configurar os serviços de Network File System (**NFS**) e Secure Shell (**SSH**).
- O programador entenderá de uma vez o quê realmente é e o propósito da programação em **Shell Scripting** no mundo Linux, além de poder aprender como preparar o Linux para um completo ambiente de desenvolvimento Java com **IDE Eclipse, JDK** e **TomCat**. E, obviamente, não poderíamos esquecer de mostrar como preparar o Linux para trabalhar com o ambiente **ColdFusion MX**.
- O administrador de rede e analista de suporte entenderão o conceito e a configuração prática de um **servidor Domain Name Server (DNS), tanto em IPv4 e IPv6**. Poderá ainda montar a sua **Virtual Private Network** seguindo o padrão IPSec FreeSwan, com ou sem o **IP Masquerading.**
- Contemplamos e demonstramos o procedimento de instalação das três melhores distribuições do momento: **Projeto Fedora Core, da Red Hat; Slackware 9.1 e Conectiva 9;**
- Você já imaginou ter o seu próprio servidor pessoal ou corporativo de **streaming MP3** no Linux ? E quem sabe a sua própria **rádio Virtual** ? Neste livro mostramos na prática como fazer isto.
- Depois de tanta tecnologia e recursos apresentados, não seria prudente ficarmos sem mencionar a questão da segurança. Portanto, há um **guia de Administração da Segurança no Linux** com dicas importantes para o seu dia-a-dia.

Portanto, depois de tanto trabalho, seja bem-vindo ao mundo do software livre e do Linux. Esta viagem não tem data para terminar...

Heverton Anunciação
www.heverton.com.br

Régua ou Linha resumida do Tempo Linux

1969	1973	1983	1984	1992	1991	1992	1993	1995	1996	1998	1999
Ken Thompson desenvolve primeira versão do Unix escrito em Assembly no Bell Labs	Ken resolve reescrever todo o Unix na linguagem C, criada pelo seu amigo Dennis Ritchie. Portabilidade em ação.	Em 1º de janeiro o TCP/IP torna-se o protocolo padrão ARPANET que inicia sua transformação para Internet. Esta rede conta com apenas 500 hosts	O Projeto GNU e a Free Software Foundation (www.fsf.org) são criados com a missão de disseminar o software livre no mundo.	A WWW (World Wide Web) é lançada pelo CERN. A rede já possui 1.000.000 de hosts	Em outubro, com 21 anos, Linus Torvalds lança sua idéia da criação do Linux num grupo de discussão. É criada no Brasil a Cyclades, a qual se tornará referênci	Primeira distribuição Suse é lançada. Linguagem Java é lançada pela Sun.	Novell adquire o Kernel do UNIX da AT&T, lançando o UnixWare	SCO adquire o Kernel do Unix da Novell. SCO detém 75% do mercado Unix em Intel. Bob Young e Marc Ewing formam a Red Hat Software Inc. Conectiva é fundada no Brasil e lança	Tux, o pingui m mascot e do Linux nasce	Miguel Icaza inicia o projet o GNOME	Novell e Microsoft são os maiores acionistas da SCO. Número estimado de usuários Linux no mundo: 46 milhões

				a mundial.		primeira versão Linux voltada ao mercado latino-american o.		

2001	2002	2003	2004
IBM anuncia investimento de 1 bilhão de dólares em Linux. O brasileiro Marcelo Tosatti, aos 18 anos, é escolhido como o coordenador do aperfeiçoamento do Linux. Tarefa esta feita anteriormente por Linus Torvalds.	A Conectiva, Sco Group, Suse e Turbolinux lançam a versão unificada para grandes corporações UnitedLinux (www.unitedlinux.com)	A SCO (Santa Cruz Operation) inicia demanda para deter Red Hat de usar Linux para fins comerciais, pois este foi inspirado no Unix. Novell adquire a Suse Linux	Os softwares livres, tipo Linux, consolidam a idéia social e digital para países em desenvolvimento.

Procedimentos Antes da Instalação do Linux

Pode-se considerar quase que ilimitada a base de conhecimento que será obtida nesta nova escolha do Linux. É que se você não estiver familiarizado com o Unix, é importante que dedique algumas horas para conhecer as novas formas de nomenclatura e sintaxe desses sistemas operacionais.

Logicamente que no dia-a-dia, e com uma interface gráfica, o seu Linux não precisará de tarefas diretamente na linha de comando do sistema operacional, mas quanto mais você aprender, melhor poderá resolver suas próprias dúvidas, e possíveis ajustes.

Foi pensando na massa de informações que recebemos diariamente, principalmente nós profissionais da informática, que resolvi apresentar abaixo algumas considerações e convenções que utilizaremos por todo o livro. Elas terão validade para todos os UNIXs disponíveis no mercado, por isso é ideal que você entenda e pratique-as assim que possível.

Considerações e Convenções Gerais no Mundo Linux

> **Loggin in** - antes de digitar qualquer comando no UNIX, deve-   -se fazer o "log in", ou seja, pedir permissão para acessar os recursos do sistema operacional. Para isto, você deve já ter sido registrado anteriormente pelo administrador do sistema, possuindo, portanto, um login-name (nome de acesso) e uma password (senha).

Normalmente, os sistemas operacionais UNIX estão configurados para permitir até três tentativas de loggin in de um mesmo usuário, ficando bloqueado por alguns instantes.

Para acessar (login):
```
Login:
Password:
```

> **Loggin out** - consiste na finalização de seus serviços no sistema operacional UNIX. Para efetuar a desconexão do sistema, tecle, simultaneamente, <ctrl-d>, digite exit ou logout, e tecle <enter>. Após isto, espera-se que apareça o pedido de loggin in novamente.

Para sair (logout):
```
$ <ctrl> d
ou
$ exit
ou
$ logout
```

> **Digitação de Comandos**: os comandos devem ser digitados em letras minúsculas.

> Nome de Arquivos:

  – Não deve possuir brancos.

  – Não deve começar com "+" ou "-".

  – Iniciar o nome do arquivo com " " significa que ele será invisível para os comandos ls, exceto com a opção -a.

  – Não deve possuir metacaracteres: *? > < / ; &.

  – O sistema operacional UNIX é sensitivo ao contexto, como, por exemplo, um arquivo de nome PLANILHA.xlt e uma planilha.xlt, para o UNIX, não são o mesmo arquivo.

  – Aconselha-se até 14 caracteres, podendo ter mais um ponto e três caracteres da extensão.

> **Shell Scripts**: são programas/rotinas de nível de sistema operacional. Arquivo texto que se utiliza de comandos da linguagem de programação do próprio sistema, para posterior execução pelo usuário.

> **Interpretador (Shell):** é o modo ou interface de como o sistema operacional tratará os seus comandos. Para cada usuário criado para acesso ao sistema operacional, o administrador deve definir qual o Shell que será utilizado por ele.

Tipos principais:

Shell	Interpretador	Chamada	Prompt	Arquivo Inicialização
Bourne Shell	/bin/bsh	bsh	$	.profile
C Shell	/bin/csh	csh	%	.profile e .cshrc
Korn Shell	/bin/ksh	ksh	$	.profile e .krsh
Trusted Shell	/bin/tsh	ctl-x ctl-r	tsh>	.profile
Restricted	/bin/rsh	Rsh	$	

```
Bourne Shell (/bin/sh)
Suporte a metacaracteres, comandos básicos.
Bourne Shell with job control (/bin/jsh)
Suporte completo a Job control existente nos shells Korn e C.
C Shell (/bin/csh)
Similaridade com a linguagem de programação C e histórico dos últimos comandos
executados.
Korn shell (/bin/ksh)
Além de incorporar várias características dos Shell acima apresentados, possui
suporte à linguagem estendida de comandos.
Windowing Korn Shell (/bin/wksh)
Versão em janelas do Korn shell que suporta a criação de scripts com saída
gráfica.
Uucp
Shell não interativo para tempo de login entre servidores com serviço UUCP (UNIX
to UNIX Control Protocol).
```

Os interpretadores possuem dois tipos de execução: foreground, quando o resultado é on-line, e background, quando o resultado é direcionado para um arquivo ou está sendo processado na retaguarda.

No capítulo Programação Shell Scripting deste livro é possível conhecer um pouco mais de cada um destes interpretadores.

➤ **Diretório Home**: ou diretório base é uma área no disco do computador reservada para determinado usuário. Quando se cria uma conta para determinado usuário, automaticamente pode-se criar esse diretório, possibilitando a manutenção de seus arquivos e/ou scripts.

Na criação do diretório-home do usuário, o próprio sistema operacional se encarrega de colocar dentro do diretório arquivos de inicialização, necessários após o processo de loggin in.

Esses arquivos de inicialização são invisíveis, pois seus nomes começam com um . (ponto). Eles só serão exibidos pelos comandos de visualização de diretórios com a opção -a. Caso você deseje inicializar variáveis para um determinado usuário, deve colocá-las nesses arquivos. Para cada tipo de shell (interpretador) existe uma seqüência de arquivos de inicialização. Apresento os mais comuns abaixo:

.cshrc   Define o ambiente do C Shell
      .history   Salva o histórico dos últimos comandos
      .login   Define o ambiente de login independente do shell
.logout   Define o ambiente de logout

➤ **Root** - é o nome do usuário (superusuário) que tem acesso e direitos para fazer qualquer operação dentro do sistema UNIX. O diretório home do root é / (raiz), podendo-se definir outro.

➤ **Macro**: na definição de uma cadeia de caracteres cercada por ` (crases), o UNIX interpretará isto como macro, ou seja, executará o seu conteúdo.

➤ **Prompt**:
    – **#**: sinal de prompt do shell para o superusuário - root.
    – **$**: sinal de prompt do shell para os usuários comuns.

➤ **Colchetes**: os argumentos opcionais dos comandos deste livro estão entre colchetes ([ ]).

- ➢ **Ponto-e-Vírgula**: para executar mais de um comando em apenas uma linha de comando, separe-os por ponto-e-vírgula, assim:

```
$ comando 1; comando 2; comando 3
Em outros UNIX, por exemplo, Ultrix, utilize a barra invertida "\" para a mesma
finalidade.
```

- ➢ **Direcionamento da Saída**: desejando que a saída/exibição/impressão do resultado de um comando/script seja enviada para um arquivo, faça o seguinte:

```
$ comando1 > arquivo_texto.txt
O sinal de maior (>) no exemplo acima enviará a saída do comando1 para o arquivo
de nome arquivo_texto.txt. Caso o arquivo não exista, ele será criado.
$ comando1 >> arquivo_texto.txt
O duplo sinal de maior (>>) no exemplo acima acrescentará a saída do comando1 ao
final do arquivo de nome arquivo_texto.txt.
```

- ➢ **Entrada Padrão**: todos os UNIXs utilizam-se deste termo para designar a entrada default pela qual os dados serão fornecidos. Por padrão é o teclado.

- ➢ **Saída Padrão**: termo para designar a saída default para a qual será enviado o resultado de um comando ou script. Por padrão é o monitor de vídeo.

- ➢ **Saída de Erro Padrão**: termo para designar a saída default para a qual será enviado o resultado quando da existência de um erro. Por padrão é o mesmo que a saída padrão.

- ➢ **Pipe**: trabalhando com os conceitos de entrada e de saída padrão apresentados acima, abaixo apresento um exemplo:

```
$ l | sort
Este comando exibirá os arquivos existentes no diretório, classificados em ordem
alfabética.
```

A implementação UNIX de cada fabricante (UNIX Likes) sempre apresenta variações na sintaxe, principalmente nos parâmetros. Devido a isto tentei englobar neste livro os exemplos de comandos com os seus principais parâmetros.

Instalação do Conectiva Linux – Professional Edition

A Conectiva

    É de extremo orgulho ter uma empresa brasileira respeitada e ativamente atuante no mundo Linux. E esta empresa é a Conectiva. Uma das empresas que acreditou neste potencial do software livre, e agora, está na vanguarde desta nova forma de economia.

    Todos os seus serviços e produtos apresentam altíssima qualidade, os quais já conquistaram não somente o Brasil, mas outros países.

    Antes de entrarmos na parte técnica, segue um resumo desta empresa que já está na história do Linux.

A Conectiva Informática atua com sistemas Unix há diversos anos, em especial no segmento de automação comercial e bancária. Tendo sido criado em 1991, o Linux passou a ser mais utilizado entre os simpatizantes dos softwares de livre distribuição a partir de 1994, ano em que a Conectiva passou a instalar sistemas de servidores de arquivos, Internet, Intranet,... baseados nessa plataforma. A partir de julho de 1997, a Conectiva lançou no mercado brasileiro a primeira versão do Linux fora do eixo EUA-Europa, quando esse sistema era ainda um ilustre desconhecido do mercado, tornando-se parceiro no desenvolvimento e na distribuição da Red Hat Linux para a América Latina.

O trabalho da Conectiva não se resume, porém, à tradução e distribuição do produto. A Conectiva suporta uma série de atividades no desenvolvimento e divulgação do Linux, mantendo uma equipe altamente qualificada e focada unicamente no desenvolvimento do sistema, dentre as quais ressaltamos:

- Manutenção de listas de discussão.
- Convênio com dezenas de Universidades, inclusive no exterior.
- Participação ativa no desenvolvimento do kernel do Linux e de diversos outros softwares.
- Adequação da distribuição brasileira ao mercado nacional.
- Desenvolvimento de drivers para equipamentos nacionais ou largamente utilizados no País.
- Programas de incentivo ao desenvolvimento de aplicações em Linux.

Além disso, a Conectiva Informática desenvolve diversos títulos adicionais e produtos para Linux, dentre os quais ressaltamos:

- Conectiva Linux - Versão 3.0 - o Linux em seu formato clássico. Conta ainda com uma versão em espanhol, exportada para todo o Mercosul.
- Conectiva Linux - Versão Servidor - o Linux em um formato focado no mercado corporativo.
- Conectiva Linux - Versão Pessoal - o Linux em um formato facilitado.
- Slackware Linux 3.6 - primeira distribuição do Linux em nível mundial.
- Red Hat Linux 5.2 - versão mais popular do Linux em nível mundial.
- Debian Linux - versão do Linux voltada para o público acadêmico.
- Linux Enterprise - UnitedLinux

Outros títulos especializados somam-se a essa lista:

- Arquivos Linux - coleção de documentos e programas adicionais que complementam os conteúdos das distribuições.
- Jogos Linux - coleção de jogos desenvolvidos ou portados especialmente para a plataforma Linux.

Paralelamente a esse trabalho de desenvolvimento, a Conectiva Informática tem um plano de incentivo à divulgação do Linux no mercado nacional, seja por meio do apoio a iniciativas de promoção, seja pela divulgação do software em livros e revistas. Acreditamos que essa seja uma das melhores maneiras de incentivar o uso do Linux, bem como de demonstrar suas funcionalidades e possibilidades. Se você quiser saber mais sobre a Conectiva, consulte **http://www.conectiva.com.br.**

O Ambiente da Instalação

Acho que você não agüenta mais tanta teoria. Portanto, vamos dobrar as mangas da camisa e começar com o Linux na prática.

Na Seção Fabricante e Requisito localizada no início deste livro, você encontrou os requisitos mínimos de um microcomputador de cada distribuição Linux, necessários para uma perfeita entrada no mundo Linux. Contudo, achei interessante apresentar-lhe a configuração dos equipamentos que utilizei para preparar este livro:

Micro 1 – Estação Notebook com Windows 2000	Micro 2 – Servidor Linux
Pentium 166	Intel celeron 1.7 GHz
80 MB RAM	256 MB DDR-RAM
HD IDE de 2 Gb	HD 20 BG IDE ATA 100
CDROM QSD-97 OJCS-101 16x	Monitor 15' SVGA
Placa de Rede AE-360PCI Ethernet da AddTron -	CDROM 50x IDE
PCMCIA	Floppy-disk 1.44 MB
Cabo Crosstalk padrão Ethernet	Mouse PS2
	Modem 56k Interno V90
	Placa de Rede 10/100 mbps
	Teclado ABNT2

A Conectiva recomenda que o seu computador deve ter pelo menos 600 Megabytes de espaço livre em disco para que o Conectiva 9 seja instalado.

O Conectiva Linux 9 – Professional Edition

Como ressaltado antes, a comunidade dos usuários Linux no Brasil tem um braço forte: a Conectiva.
É obrigatória uma visita constante ao site dela para se manter atualizado sobre este fantástico sistema operacional. www.conectiva.com.br. Vá agora mesmo.
As versões liberadas do Linux pela Conectiva estão prontas para atender cada necessidade específica. Desde o desktop básico caseiro, até a configuração e suporte ideais para servidores de missão crítica corporativos.
O Conectiva Linux 9 é apresentado em duas versões: **Standard Edition** e **Professional Edition**, que proporcionam, tanto para o usuário doméstico, como para o administrador de redes uma completa gama de soluções, ideais para estações de trabalho e redes corporativas.
A Conectiva oferece ainda uma consolidada estrutura de suporte, disponibilizando atendimento técnico via e-mail e telefone aos usuários que adquirirem o conectiva Linux 9.
A empresa conta com os mais capacitados profissionais em Linux no país e é capaz de oferecer o melhor serviço de suporte ao sistema operacional Linux e programas por ele suportados.
A versão 2.4.21 do Kernel coloca o Conectiva Linux 9 entre os mais estáveis sistemas operacionais presentes no mercado.
Traz os mais avançados recursos de segurança disponíveis para Linux em todo o mundo, como suporte ao protocolo de autenticação Kerberos 5, firewall nativo e criptografia forte. Notabilizado pela segurança em edições anteriores, a nova versão do sistema operacional protege com eficiência ainda maior a comunicação e o fluxo de dados aos usuários.
O sistema pode ser instalado em diversas variantes da arquitetura i386 sem necessidade de adaptações. Suportando desde Pcs Intel 80386 até Pentium 4, o Conectiva Linux 9 é excelente para quem precisa ganhar velocidade em sistemas de informação sem grande ônus com aquisição de hardware.
É compatível com as principais plataformas de hardware disponíveis no mercado. Isso torna possível sua utilização em diversos ambientes, além disso, proporciona uma enorme gama de soluções para implementação dos mais importantes serviços de rede. Prove ferramentas para segurança, acesso a base de dados, compartilhamento de serviços (inclusive em redes heterogêneas) e Internet, entre outros recursos à criação de um ambiente integrado e protegido.
É ainda importante destacar os seguintes características técnicas da versão 9:

Alta disponibilidade	▫ Útil para serviços que não podem parar em hipótese alguma. Nesse caso, sistemas de backup assumem a função da máquina que tem seu funcionamento interrompido. Isso evita a paralisação de serviços importantes e eventuais prejuízos decorrentes de problemas técnicos e de procedimentos de manutenção, garantindo à continuidade das operações da empresa.
	▫ Heartbeat: monitora periodicamente a conectividade entre as máquinas que compõem um cluster de alta disponibilidade. Pode também realizar o balanceamento das conexões entre servidores, iniciando e terminando serviços automaticamente.
	▫ Mon: realiza o monitoramento de serviços e, segundo regras definidas pelo administrador, alerta sobre serviços que apresentem problemas. Ele pode ser facilmente expandido com possibilidade de envio de avisos para pagers e telefones celulares que

	disponham de tal serviço. Capaz de zelar por centenas de máquinas e serviços simultaneamente, o Mon executa monitores com periodicidade configurável e permite a definição de dependências entre serviços. ⚇ DRBD: Recurso responsável pela replicação on-line (via rede) dos dados gravados em disco. Com isso, as informações armazenadas no servidor principal são automaticamente gravadas no servidor auxiliar, garantindo segurança a sistemas que sofrem constante atualização de dados, a exemplo de lojas virtuais. ⚇ Ext3: O sistema de arquivos ext3 é uma extensão com "journaling" do sistema padrão de arquivos utilizado no Linux. Sua utilização traz um ganho de performance para a recuperação do sistema após uma suspensão imprevista de suas atividades, como falta de energia elétrica, fornecendo maiores garantias de integridade de dados sem a necessidade de uma verificação demorada na reinicialização. Tal característica é fundamental em sistemas de alta disponibilidade com discos locais ou compartilhados. A grande vantagem do ext3 sobre os outros sistemas de arquivo journaling é a sua utilização sobre sistemas ext2 sem necessidade de reparticionamento ou reformatação de dispositivos.
Segurança	⚇ O Conectiva Linux 9 está preparado para comunicação segura, via e-mail, contendo assinatura digital, e com sies que possuem certificados digitais, emitidos pela ICP-Brasil ou autoridades certificadoras autorizadas. ⚇ Kerberos 5: protocolo de autenticação que permite o tráfego criptografado de senhas ou dados. Criptografia forte: utilizada por diversos aplicativos e serviços que compõem o Conectiva Linux 9. ⚇ Snort: sistema de detecção de intrusão de rede, capaz de registrar mais de mil diferentes tipos de incidentes, com diversos níveis de periculosidade. Esse sistema detecta incidentes independentemente da plataforma, bastando apenas que exista uma assinatura deste ataque. ⚇ ACID (Analys Console for Intrusion Databases): gera automaticamente relatórios, a partir dos dados fornecidos pelo sistema de detecção de intrusão, que analisam e registram os incidentes ocorridos no sistema. Firewall nativo: com avançados recursos que permitem filtrar pacotes e restringir a taxa de conexões aceitas pelo servidor, através do NAT, módulos FTP, IRC e SPF (Stateful Packet Filtering).
LSB	O Conectiva Linux 9 segue os padrões da LSB (Linus Standard Base), ou seja, atende aos padrões determinados pelo "Free Standards Group". A intenção com isso, é de que a distribuição seja capaz de suportar quaisquer soluções desenvolvidas para o sistema operacional Linux, independente de quem as tenha idealizado. A LSB padroniza as diferentes distribuições Linux, permitindo que softwares de aplicações funcionem em quaisquer distribuições Linux, sem torná-las idênticas. Além disso, a LSB coordenará esforços para estimular empresas de software para portar e desenvolver produtos para Linux. Tal iniciativa é uma garantia de que um número cada vez maior de aplicações estarão disponíveis para os usuários Linux em todo o mundo.
Ambientes de desenvolvimento	Permite que programadores escrevam seus próprios programas ou contribuam no desenvolvimento do sistema operacional Linux de forma bastante facilitada. Entre as ferramentas de desenvolvimento, podemos destacar: gcc, g++, Kdeveloper, PHP, Perl e Python
Administração facilitada de pacotes	Permite que administradores de redes tenham facilitadas as tarefas de instalação, remoção e atualização de pacotes. A solução de dependência e o download de pacotes são feitos automaticamente. A interface gráfica do apt, o Synaptic, permite sua utilização de maneira prática.
Sistema de Impressão	⚇ O CUPS (Common Unix Printing System) como gerenciador padrão de impressão, facilita a configuração e possibilita suporte a diversas impressoras. Inclui: ⚇ Ghostscript atualizado com centenas de novos drivers; ⚇ Drivers omni (desenvolvidos pela IBM) integrados ao ghostscript; ⚇ Drivers para mais de 60 impressoras HP (desenvolvidos pela própria HP) e integrados ao ghostscript; ⚇ Driver gimp-print atualizado.
Servidores disponíveis	⚇ Apache 2: servidor HTTP para prover serviços Web. ⚇ Bind: servidor de nomes (DNS) ⚇ Sendmail e Postfix: servidores de correio eletrônico ⚇ Servidor de arquivos: armazenamento centralizado de dados de usuários para operações de backup ⚇ Servidor de impressão: possibilita o compartilhamento de impressoras com grande volume de trabalho, facilita a administração e otimiza recursos. ⚇ Servidor de LDAP: serviço de diretório e informações de rede, armazenamento de dados de usuários de departamentos e de redes de computadores ⚇ MySQL e PostgreSQL: bancos de dados SQL
Outros recursos	⚇ Fontes TrueType, OpenType e Type1: compatíveis com outros sistemas operacionais; ☐ Wireless Tools: ferramentas de acesso a redes sem fio para Internet;

	▢ FreeS/WAN (IPSec): recurso amplamente utilizado nos serviços de criptografia na Web, que permite a implementação de VPNs seguras; ▢ Linux-abi: permite que arquivos executáveis de outros sistemas operacionais Unix possam ser executados nativamente no Linux; ▢ LVM (Logical Volume Manager): permite que um grande volume de armazenamento em discos físicos seja agrupado em volumes lógicos; ▢ Linuxconf: centraliza tarefas como configuração do sistema, manutenção de arquivos e hardware, controle de redes, entre outros; ▢ QoS (Quality of Service): aloca tráfego para diferentes classes de serviços, como Web, correio eletrônico, FTP e para redes específicas; ▢ Rdesktop: disponibiliza uma ou mais aplicações Windows® para usuários de estações de trabalho Linux; ▢ PPPo3: provê suporte para este protocolo sendo bastante utilizado em conexões ADSL (com ou sem autenticação).

Ao adquirir o produto da Conectiva, que neste caso foi a versão **Professional Edition**, recebe-se o seguinte material:
▢ 01 Guia do Servidor
▢ 01 Guia Entendendo o Conectiva Linux 9
▢ 01 Guia Rápido de Instalação
▢ 04 CDs com o Conectva Linux 9
▢ 01 Cartão de registro de suporte

O Conectiva Linux 9 - Professional Edition traz o guia Entendendo o Conectiva Linux 9, que proporciona ao administrador de sistemas conhecer os conceitos mais importantes. Reúne informações gerais e dicas, possibilitando utilizar e conhecer o sistema de arquivos, estrutura de diretórios, dispositivos, configuração do sistema, gerenciamento de pacotes, entre outros. Esta versão traz também o Guia do Servidor, que é uma importante fonte de consulta para o administrador de sistemas, tornando possível a configuração, implantação e gerenciamento das ferramentas do Conectiva Linux 9

O Conectiva Linux é um sistema operacional baseado no padrão POSIX, podendo ser usado tanto como Estação de Trabalho, quanto Servidor de Rede, Arquivos, Internet, Intranet, Firewall, entre outros. Por ser um sistema multitarefa, torna possível navegar na Internet, editar textos e planilhas eletrônicas, executar um jogo, codificar programas e muito mais, simulta-neamente, com a perfomance e robustez de um sistema padrão UNIX em um computador pessoal.
Nesta versão, é possível escolher entre diversas interfaces gráficas, idiomas, ícones, papéis de parede, protetores de tela e estilos que vão do inovador ao clássico, além de modelos "leves" que facilitam o uso do sistema com recursos computacionais limitados.
Adquirindo todo o pacote, o Conectiva Linux disponibiliza mais de 600 aplicativos de alta qualidade, como bancos de dados, linguagens de programação, jogos, servidor Web, navegadores, editores de texto, firewall, ferramentas de cálculo e engenharia e tratamento de imagens.
O Conectiva Linux é ideal para todos os usuários, do iniciante ao avançado, disponibilizando em português o processo de instalação, interface gráfica (KDE e Window Maker), ajuda on-line de mais de 150 comandos, KDE e o Netscape Navigator, além de suportar equipamentos largamente utilizados no Brasil, como monitores nacionais, placas de rede e suporte à acentuação gráfica e ao teclado ABNT. Além disso, o Conectiva Linux conta ainda com elementos de segurança como servidor Web seguro e navegador com suporte a SSL de 128 bits, dois diferenciais em relação às edições estrangeiras, e a capacidade de atualização para as próximas versões do kernel quando estiver disponível.
Portanto, depois de ter apresentado tudo isso sobre o Conectiva Linux, será que ele deixa algo a desejar?

Tipos de Instalação do Conectiva Linux

A Conectiva, nos esforços contínuos de transformar o Linux, bem como todo o seu processo de operação, num estado de excelência, os quais eu tenho admirado bastante, conseguiu facilitar imensamente o processo de instalação da sua distribuição.

A propósito, eu gostaria de esclarecer primeiramente que, nesta Seção, o meu objetivo é colocar-me do ponto de vista de um usuário iniciante do Linux, ou seja, acabei de comprar este livro ou o pacote Conectiva Linux 9 – Professional Edition, e estou com o desejo e instalar esse polêmico sistema operacional no meu ambiente.

Inicialização do Linux pelo CD-ROM

A maioria dos computadores de hoje permite a alteração da seqüência de boot realizada pelo BIOS (Basic Input Output System).

Janela do aplicativo da BIOS para a definição da seqüência de boot.

Ao ter realizado esta mudança na BIOS e colocado o CD 1 do Conectiva Linux para o processo de BOOT, a seguinte tela será exibida:

01 - Boot Instalação.jpg

Nesta fase, o Conectiva Linux está se preparando para identificar e reconhecer as configurações do seu computador, bem como a seqüência de instalação. Toda a interface neste momento é textual, e lembra as origens do Linux. O importante é que o CD-ROM já foi reconhecido e o boot está em progresso a partir do CD 1.

Inicialização do Linux no modo MS-DOS

Para realizar esse tipo de inicialização do processo de instalação, o MS-DOS do seu microcomputador deverá estar acessando normalmente a unidade de CD-ROM.

Estando em execução o modo MS-DOS, basta executar os programas existente no diretório dosutils do CD 1 Conectiva, o qual controlará todo o restante do processo.

Inicialização do Linux com Disquetes

Este processo visa à preparação dos disquetes que monitorarão o processo de instalação, porém, para isto, é necessário criar os disquetes imagens que devem ter as instruções necessárias para o perfeito boot.

No diretório dosutils do CD 1 da Conectiva, deverá ser executado o programa rawrite para preparar os disquetes imagens para o boot. Para preparar o disquete de inicialização do Linux, a linha de comando é a seguinte no MS-DOS:

```
rawrite -f \imagens\boot.img -d a:
```

Para criar o disquete com os suplementos:

```
rawrite -f \imagens\supp.img -d a:
```

A partir deste ponto, basta colocar o disquete de inicialização e reiniciar o equipamento.

Classes de Instalação

A Conectiva definie vários tipos de classes válidos para o processo de instalação. Elas visam apenas facilitar o processo. Vamos nos atentar as três principais, além de perfil Notebook, Mínima, etc...:

➤ Instalação destinada a uma estação de trabalho (PC)

Esta é indicada para os usuários iniciantes que desejam manter o primeiro contato com o Linux. Este processo consome pouco tempo e oferece um ambiente Linux básico, mas totalmente funcional.

Esse tipo de classe remove todas as partições Linux, e utiliza-se de todo o espaço não particionado e livre em disco. Ficando assim a montagem:

- uma partição de troca de 32 Mb;
- uma partição de 16 Mb, montada como /boot, na qual o kernel do Linux e arquivos relacionados estarão residindo;
- uma partição maior, conforme o espaço disponível, montada como / (raiz) na qual os demais arquivos serão armazenados.

➤ Instalação destinada a um servidor

Para os usuários que estão querendo obter o máximo do Linux, colocando-o como o servidor da sua rede, esta é a Classe indicada, porque o seu processo de instalação não necessita de uma configuração detalhada para o seu término.

Contudo, essa classe removerá todas as partições (sistemas operacionais) existentes no sistema para, assim, disponibilizar a seguinte estrutura:

- uma partição de 16 Mb, montada como /boot, na qual o kernel do Linux e arquivos relacionados estarão residindo;
- uma partição maior, conforme o espaço disponível, montada como / (raiz) na qual os demais arquivos serão armazenados;
- uma partição de 256 Mb montada como / (raiz);
- uma partição de no mínimo 512 Mb montada como /usr;
- uma partição de no mínimo 512 Mb montada como /home;
- e por último, uma partição de 256 Mb montada como /var.
-

Vale lembrar que nesta modalidade é importante que os requisitos mínimos tenham sido observados, pois os valores acima podem alterar de acordo com os pacotes e tarefas configurada no sistema.

➤ Instalação personalizada pelo usuário

Classe destinada aos usuários que desejam ter a flexibilidade para personalizar o Linux ao seu gosto, desde a definição dos pacotes, necessidades específicas dos usuários, até configuração do LILO ou GRUB, o qual é responsável pelo processo de boot do sistema operacional.

Logo abaixo, eu apresento uma tabela com uma visão simplificada da estrutura de diretórios da partição Linux:

Diretório / Partição	Descrição do conteúdo
/	Raiz ou root Diretório principal de entrada do Linux.
/usr	Diretório em que a maioria dos pacotes e aplicativos estarão instalados. Como a Conectiva aconselha: seja generoso com essa partição.
/home	Diretório que manterá os diretórios dos usuários.
/tmp	Diretório destinado a manter arquivos temporários.
/usr/src	Destinado a manter os códigos-fonte do Conectiva Linux.
/usr/local	Diretório destinado a manter objetos separados do conteúdo do Conectiva Linux.
/var	Diretório para manutenção do spool de vários processos do sistema operacional.
/opt	A maioria dos softwares e aplicativos existentes no mercado instalam-se neste diretório.
/boot	Todos os arquivos importantes ao processo de boot (LILO) estão neste diretório.
/etc	Reservado para arquivos de configuração do sistema local. Nenhum binário reside neste diretório.
/lib	Contém bibliotecas necessárias à execução dos binários residentes nos diretórios /bin e /sbin.
/sbin	Contém executáveis utilizados somente pelo superusuário, e os executáveis necessários para a inicialização do sistema.

Instalando o Conectiva Linux

Para a preparação deste livro estarei executando a instalação pelo CD-ROM, pois como visão de usuário, quero a mais simples e menos técnica possível. Contudo, utilizarei a Classe Servidor para obter o máximo do Conectiva Linux.

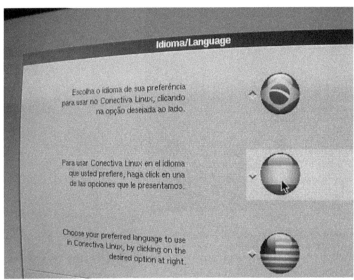

02 - Seleção idioma instalação.jpg

Vale ressaltar que, de acordo com a interface desejada para o processo de instalação, todo o visual de configuração e instalação poderá ser gráfico conforme a tela acima, ou a tradicional tela texto abaixo:

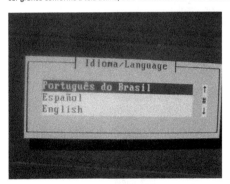

A primeira tela exibida após o processo de inicialização é a de identificação do Idioma de Instalação. Antes, era uma interface caractei desagradável, apesar de funcional. Parabéns Conectiva.

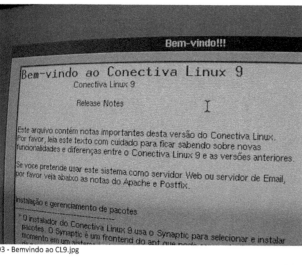

03 - Bemvindo ao CL9.jpg

Após ter definido o idioma de instalação, o programa apresenta as boas-vindas ao Conectiva Linux. É uma apresentação detalhada das vantagens e recursos desta nova versão. Se estiver com um tempinho, vale a pena a leitura.

Agora, na próxima tela, inicia-se propriamente a sua interação com o processo de Instalação. Primeira parte, definir o mouse em uso, conforme aparece a tela abaixo:

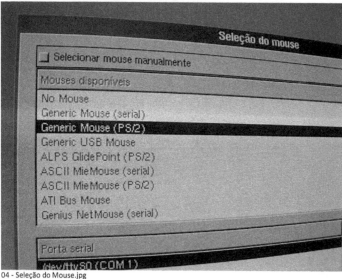

04 - Seleção do Mouse.jpg

No meu computador servidor há um mouse padrão PS2, o qual já foi reconhecido e recomendado pelo processo de instalação. Se eu não concordasse, bastaria selecionar o modelo numa extensa lista.

É a vez do bom e velho teclado ser lembrado e configurado. Pude facilmente definir o modelo, bem como o layout do teclado.

O interessante que, abaixo da área de seleção, há um espaço para testes, permitindo assim que você mude em tempo de instalação a configuração.

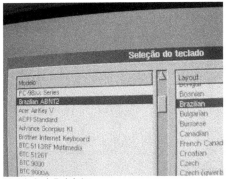

05 - Seleção do Teclado.jpg

Para aqueles que pretendem utilizar o Linux como estação ou servidor de rede, a partir deste ponto é aconselhável o conhecimento dos conceitos e do funcionamento do protocolo TCP/IP. Consulte o Anexo sobre TCP/IP deste livro para obter maiores informações.

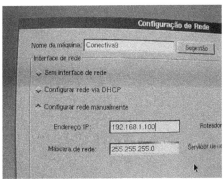

06 - Configuração da Rede.jpg

A detecção da placa de rede existente no seu PC pode ser realizada automaticamente pelo Linux, ou por meio de configuração própria feita pelo usuário. Quem diria, hein!? Tecnologia Plug and Play real e suave fora do ambiente Windows.

Como a placa escolhida para o servidor Linux – Intel PCI EtherExpress - é um padrão do mercado atual, o Linux não teve problemas na sua detecção automática.

A tarefa agora é a de definir o tipo de designação do endereço IP para este servidor Linux. Como a minha rede tem apenas dois PCs, nada mais prático do que definir um endereço IP fixo para o referido servidor.

Para o servidor foi designado o endereço fixo `192.168.1.100`, e para a estação Windows foi designado 192.168.1.200.

Esperando que você já esteja familiarizado ou tenha lido o anexo sobre TCP/IP, os conceitos de Domínio ou Máquinas, em linhas gerais, servem para identificar o seu PC dentro de uma rede TCP/IP. O Domínio do servidor, ou seja, a sua área de abrangência, ficou definido como **localdomain**, e o nome do servidor dentro deste domínio ficou **Conectiva9.localdomain**.

Conforme você verá mais tarde, a estação Windows que faz parte da minha rede terá o domínio **localdomain** na propriedade do protocolo TCP/IP, e o nome de host de **heverton.localdomain**.

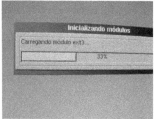

07 - Inicialização dos Módulos.jpg

Feita esta definição de rede, o processo de instalação inicializa os módulos necessários e internos, conforme apresentado na tela acima.

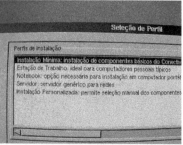

08 - Perfil de Instalação – Servidor.jpg

A seleção do Perfil de Instalação do Conectiva Linux 9 é de extrema importância, pois esta facilitará e já fará processos automaticamente. Para este estudo, foi definido que usaremos o Perfil Servidor, e ainda, na parte inferior desta tela, solicitamos para configurar manualmente alguns pacotes.

Isto porque o OpenOffice, aplicativo integrado disponibilizado pela Conectiva, só é instalado automaticamente no Perfil Estação de Trabalho. E ainda para este livro, utilizaremos esta aplicativo em nossos estudos. Portanto, defini a instalação Servidor, mas com possibilidade de incluir ou remover pacotes/aplicativos.

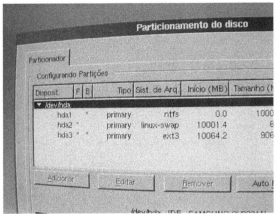

09 - Particionamento do disco.jpg

Depois de selecionado o "Perfil de Instalação", o instalador irá automaticamente particionar o disco rígido. Se você já possui outro sistema operacional em seu computador, aparecerá na janela de particionamento automática a mensagem "não há partições livres suficientes...". Não se preocupe. Isso significa, conforme instruções da Conectiva, que o instalador irá dividir automaticamente o espaço do disco rígido entre o Conectiva Linux 9 e algum outro sistema, para que ambos possam funcionar de maneira eficiente. O próprio instalador definirá a quantidade de espaço necessária para instalar o novo sistema em seu computador.

Particionamento Manual

Se por algum motivo o instalador não puder fazer o particionamento automático, uma tela chamada "particionando o disco" irá surgir no monitor. Nesse caso você pode fazer manualmente o particionalmento, seguind as instruções no botão ajuda, à esquerda da tela (veja imagem exemplo abaixo). Um dos problemas possíveis que impedem que o processo seja feito automaticamente é a falta e espaço livre no computador. Neste caso, você terá que reiniciar e eliminar arquivos desnecessários.

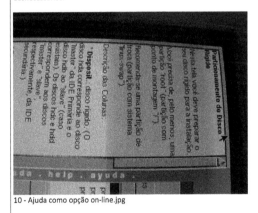

10 - Ajuda como opção on-line.jpg

11 - Formatação da partição.jpg

Nesta fase da instalação, toda a partição alocada pelo Linux está sendo formatada e preparada para o seu uso. Note que, a partir deste momento, como explicado num dos anexos deste livro, os dispositivos do Linux ou Unix são dispositivos lógicos também (/dev/).

12 - Processo de Instalação em ação.jpg

Agora sim, oficialmente, o processo de instalação teve início. A interface ficou muito mais intuitiva. E a barra de progresso localizada no rodapé desta tela apresenta o andamento e o que está sendo feito.

13 - Processo de Instalação em ação.jpg

E conforme o processo vai progredindo, novas apresentações e dicas estão sendo apresentadas.

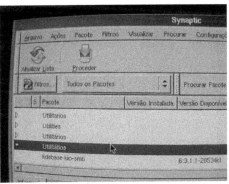

14 - Synaptic e os pacotes.jpg

O utilitário Synaptic é a ferramenta para instalação e seleção dos pacotes correspondentes ao perfil selecionado. Toda sua execução é automática. Neste caso, eu defini que fosse interativo, pois eu irei instalar o pacote OpenOffice.

Recurso interessante da tela acima é a possibilidade de busca e seleção dos pacotes de forma intuitiva.

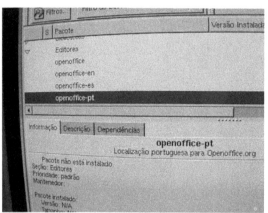

15 - Synaptic e os pacote do Openoffice.jpg

Primeiramente, foi feita a busca dos pacotes openoffice. Após encontrado, é necessário confirmar a instalação.

Caso o pacote selecionado tenha alguma dependência com algum outro pacote ou biblioteca, o próprio Synpatic irá alertar e sugerir a instalação.

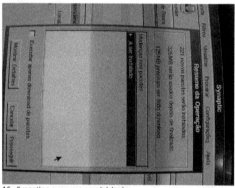

16 - Synaptic e o resumo para iniciar.jpg

Terminada a seleção, um resumo geral dos aplicativos e pacotes é apresentado. Basta então clicar em **Prosseguir**.

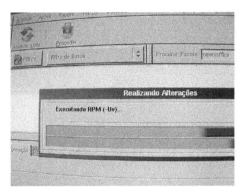

17 - Synaptic obtendo pacotes.jpg

Este processo de instalação dos pacotes é o que consome mais tempo. Note que o tradicional RPM, gerenciador de pacotes da Red Hat está sendo executado, só que numa interface mais produtiva.

18 - Troca de CD mais pacotes.jpg

Como são quatro CDs que acompanham a versão Conectiva Linux 9 – Professional Edition, já era tempo de ser solicitado o CD-ROM de número 2. Pouco tempo depois, soi então solicitado o CD-ROM de número 4. Calma, pois a ordem dos fatores não altera o produto.

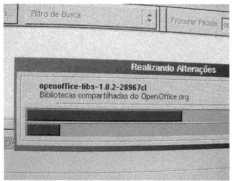

20 - Openoffice sendo obtindo no CD.jpg

Foi no CD-ROM de número 4 que foi encontrado e obtido os pacotes OpenOffice. Este aplicativo pode ser considerado o produto que estava faltando para o Linux conquistar as estações de trabalho (client) dentro de uma rede. Este é citado em maiores detalhes em outro capítulo deste livro.

Após a instalação dos pacotes finais do CD-ROM 4, foi então solicitada a troca pelo CD-ROM de número 3.

De todo o processo de instalação, a instalação dos pacotes é o quê consumiu mais tempo: vinte minutos.

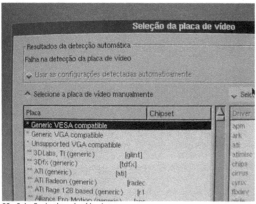

22 - Seleção da placa de vídeo.jpg

Antes da instalação é importante que você tenha identificado cada componente do seu computador. É que em mais detalhe técnico, na tela acima, você deve identificar qual o tipo de placa de vídeo que está configurada no seu computador.

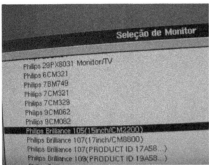

23 - Seleção do Monitor.jpg

No computador servidor que utilizamos para este livro há um monitor Philips 105E, SVGA. Navegando entre os tipos disponíveis na versão Conectiva Linux 9, foi facilmente encontrá-lo entre dezenas de opções.

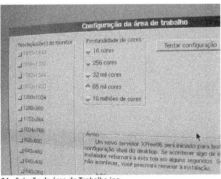

24 - Seleção da área de Trabalho.jpg

A definição da aparência do seu desktop (área de trabalho) pode ser feita neste momento, considerando desde a resolução em pixels como a quantidade de cores. Recurso interessante disponível é a possibilidade de testar antes da sua aceitação.

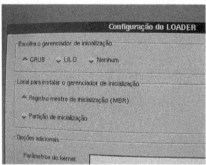

25 - Criação de Root e usuário.jpg

Como explicado no início deste capítulo, e com muito mais detalhe nos anexos deste livro, o administrador do Linux ou Unix é conhecido como **root**. Na tela acima deve-se definir uma senha para esta conta de login, com no mínimo seis caracteres.

O usuário administrador do UNIX/Linux, o root, é criado automaticamente no processo de instalação. Contudo, é de extrema importância que a senha desse usuário seja do conhecimento de poucas pessoas, porque de posse dessa referida senha, a pessoa terá plenos poderes sobre o sistema operacional.

Por último, ainda nesta tela, pode-se cadastrar todos os usuários que terão acesso ao sistema. Isto é para adiantar, mas logicamente, poderá ser feito também mais tarde.

26 - Definindo a interface de Loader.jpg

Nas versões passadas do Linux da Conectiva não tínhamos a opção de mudar a interface do Loader do sistema operacional. Este Loader é a interface que é apresentada em tempo de boot do computador, e permite ao usuário definir qual sistema operacional será carregado.

LOADER de forma texto LILO - Quando você tiver mais domínio sobre o sistema operacional, na tela apresentada abaixo será possível passar parâmetros avançados para a interpretação pelo Linux. LILO é o programa do Linux responsável pela carga do sistema operacional. Por enquanto, basta pressionar Enter.

```
Verifying DMI Pool Data
Boot from ATAPI CD-ROM

LILO boot:
```

Antes era padrão a utilização texto, a LILO. Agora, a Conectiva está adotando a interface GRUB. A GRUB é uma interface gráfica para o gerenciador de Inicialização. Logicamente, que é apenas uma nova opção disponibilizada, ficará ao seu critério escolher uma delas.

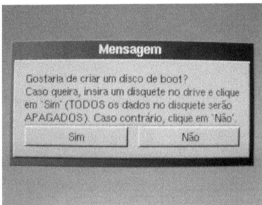

27 - Criação de disquete de segurança.jpg

Como último processo da fase de instalação, a opção de gerar um disquete de emergência é disponibilizada. É um disco de boot salva-vidas. Esse disco armazenará arquivos de configuração do Linux e poderá ser utilizado em caso de emergência. Assim, caso você se depare com algum problema ao iniciar o computador e o gerenciador de inicialização (GRUB ou LILO) não surgir na tela, o disquete poderá ser usado para acessar oLinux e corrigir o problema.

Se desejar, basta ter disponível um disquete vazio e clicar no botão **Sim**.
Para possibilitar uma provável recuperação do Linux e/ou medida de segurança, o Linux permite esta criação do disco de inicialização (boot). O meu conselho é que o disco seja criado e mantido em local seguro, pois após mais estudos do Linux, você poderá facilmente dominar um processo de recuperação de disco.

No CD-ROM de número 1 do Conectiva Linux 9 há no diretório **dosutil** dicas de como fazer isto mais tarde.

Pronto! Chegamos na tela de bem-vindo ao sucesso da instalação. Após esta tela, o sistema será inicializado automaticamente e exibirá a tela de boot.

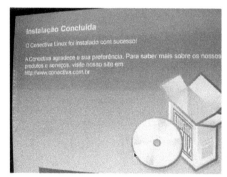

28 - Instalação concluída.jpg

Chegamos a tela mais esperada de todo nosso trabalho neste capítulo. Foram quase quarenta minutos, mas sem traumas ou surpresas inesperadas: A finalização da instalação.

Um boot então é realizado para que a interface de inicialiação entre em ação, e você possa começar do zero sua viagem com o Conectiva Linux 9. Na tela abaixo, a interface gráfica GRUB apresenta quatro opções de inicialização:

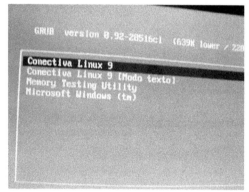

29 - Boot GRUB Loader em ação.jpg

Há a opção de ir para o boot do Microsoft Windows, ou realmente a que interessa neste momento, ao Conectiva Linux 9.

Dica !

Caso o seu monitor e placa de vídeo não tenham sido reconhecidas ou instaladas perfeitamente. Execute o seguinte:
 	
• Entre numa sessão terminal como usuário root, apague o arquivo prévio de configuração:
 	
        # cd /etc/X11
        # rm XF86Config-4
 	
• Para criar um novo arquivo, execute:

> # X –configure
>
> - Um arquivo de nome XF86Config.new, ou semelhante, será criado. Deve-se então enviar este arquivo para a correta localização:
>
>   # mv XF86Config.new /etc/X11/XF86Config-4
>
> - Apos isto, provavelmente o erro não persistirá. Para testar, selecione o ambiente de sua preferência:
>
>   # wmchooser
>
> - E inicie o modo gráfico:
>
>   # startx

30 - Início do boot e verificação.jpg

Feita a seleção da inicialização para o Conectiva Linux 9, o processo de boot do Linux faz sua verificação padrão de dispositivos e recursos, conforme apresentado na tela acima.

31 - Primeiro Login.jpg

Pronto. Chegamos a primeira tela de Login já com o nome do servidor atribuído no processo de instalação.

Para dominar o Linux, é de extrema importância que você tenha o domínio das convenções e considerações existentes no mundo UNIX que são apresentadas nas demais seções deste livro.

Se você teve algum problema mais sério na instalação do Conectiva Linux, visite o site www.conectiva.com.br e veja a seção Perguntas e Respostas Freqüentes (FAQ). As dúvidas que tive estavam respondidas lá.

> **Subseção Dicas Rápidas**
> O Linux, como a maioria dos sistemas operacionais UNIX, permite a criação de várias seções de login na estação principal (console). Para isto, basta pressionar simultaneamente as teclas `ALT` e uma tecla de função, de `F1` a `F12`.
> É possível que este procedimento aconteça numa estação, entretanto é necessário um estudo mais detalhado.

Você pode se logar usando a conta de administrador (root) ou de usuário comum criada em tempo de instalação.

> **Subseção Dicas Rápidas**
> Desejando alterar as configurações de teclado, mouse ou horário do sistema, após já a instalação, basta executar, como usuário root, os seguintes aplicativos:
> - `Linuxconf`: gerenciador de setup e características;
> - `kbdconfig`: configuração do teclado;
> - `mouseconfig`: configuração do mouse;
> - `timeconfig`: configuração do horário.

Principais Pacotes do Conectiva Linux

Baseada nas informações da própria Conectiva, a tabela abaixo representa os principais pacotes existentes de suas distribuições. Contudo, pode haver poucas diferenças, para mais ou para menos, entre o aqui apresentado e o conteúdo final do CD-ROM. Não estando disponível nos CD-ROMs do Conectiva Linux 9, visite o site www.conectiva.com.br e solicite ou baixa o pacote desejado:

Aplicações / Banco de Dados	Este conjunto de pacotes representa a maior parte das aplicações do Conectiva Linux
Nome – Versão Tamanho do pacote	Descrição
postgresql 6.3.2-10.1 3.799.122 bytes	Gerenciador de banco de dados PostgreSQL (parte servidor)
postgresql-clients 6.3.2-10.1 329.797 bytes	Parte cliente para acesso ao servidor PostgreSQL
postgresql-clients-X11 6.3.2.10-1 173.843 bytes	Este pacote contém somente os clientes X11 necessários para acessar um servidor PostgreSQL
postgresql-data 6.3.2-10.1 799.624 bytes	Este pacote inclui uma estrutura de diretórios para uma base de dados inicial
Aplicações / Comunicações	Aplicações e software para mostrar o usuário Linux ao mundo exterior.
bezerk 0.2.3-1.4 579.029 bytes	Cliente IRC (Internet Relay Chat) baseado em GTK
efax 0.8ª – 7.2 208.659 bytes	Programa para enviar e receber fax com fax/modems de classe 1 ou classe 2
ircii 4.4.-4.2 1.002.354 bytes	Popular cliente IRC
lrzsz 0.1214-5.3 330.203 bytes	Coleção de comandos que pode ser usada para baixar e atualizar arquivos usando os protocolos Z, X e Y
Minicom 1.82-1.2 469.350 bytes	Programa de comunicação que parece com o Telix do MS-DOS
pilot-link 0.9.0-2 1.971.398 bytes	Ferramenta que permite transferir programas de dados entre máquinas *nix e o Palm Pilot

yagirc 0.63-2.2 772.841 bytes	Cliente IRC baseado em GTK
Aplicações / Correio Eletrônico	Você tem novas mensagens na sua caixa postal!!!
Elm 2.4.25-14.4 488.454 bytes	É um popular leitor de correio em modo terminal / caractere
exmh 2.0.2-4.2 1.857.791 bytes	Leitor de correio com interface gráfica
fetchmail 4.6.7-2 638.246 bytes	Programa usado para recuperar mensagens de um servidor de mail remoto com suporte aos protocolos POP e IMAP
mailx 8.1.1-5.1 90.416 bytes	O /bin/mail pode ser usado para enviar mensagens por meio de shell scripts
metamail 2.7-18.2 341.905 bytes	Implementação de MIME (multipurpose Internet Mail Extensions), um padrão proposto para correio multimídia na Internet
mutt 0.93.2-2.2 519.386 bytes	Pequeno cliente de correio que implementa MIME, POP3, encadeamento, etc.
mmh 0.27-1.2 4.457.655 bytes	Sistema para manipulação de mensagens com interface baseada na linha de comando
pine 4.04-2.1 3.143.493 bytes	Programa cliente de correio eletrônico baseado em texto e em cliente de news
Aplicações / Criptografia	Aguarde. Comunicação segura sendo estabelecida !
groff 1.11ª-6.3 3.012.251 bytes	O programa gxditview é usado para formatar e visualizar documentos groff em X Window
Groff-gxditview 1.11ª-6.3 72.406 bytes	Programa para formatar e visualizar documentos no X Window
lout 3.08-4.2 3.509.565 bytes	Este sistema lê uma descrição de alto nível de um documento similar em estilo ao LaTeX e produz um arquivo PostScript
lout-doc 3.08-4.2 2.119.416 bytes	Documentação completa para o Lout
sgml-tools 1.0.7-1.2 2.038.573 bytes	Formatador de texto baseado em SGML, que permite produzir vários formatos de saída
texinfo 3.12-9.1 517.416 bytes	Formato de arquivo utilizado para produzir a maior parte da documentação do projeto GNU
Aplicações / Editoração / TeX	Uma imagem vale mais do que....
tetex 0.9-6.2 42.195.724 bytes	Este programa formata arquivos de texto e comandos para uma saída independente de dispositivo (DVI)
tetex-afm 0.9-6.2 2.173.071 bytes	Fontes PostScrip
tetex-doc 0.9-6.2 25.042.306 bytes	Documentação do sistema TeTeX
tetex-dvilj 0.9-6.2 330.335 bytes	Dvilj e semelhantes convertem arquivos de saída Tex.dvi em comandos HP PCL, padrão das impressoras HP
tetex-dvips 0.9-6.2 799.139 bytes	O dvips toma um arquivo DVI produzido pelo TeX e o converte em PostScript
tetex-latex 0.9-6.2 6.606.995 bytes	Pacote de macros TeX
tetex-xdvi 0.9-6.2 869.004 bytes	Usado para visualizar arquivos dvi
Aplicações / Editores	Ilustríssimo Senhor,....
ed 0.2-8 1 106.198 bytes	Editor de linha GNU baseado nos *nix
jed 0.98.4-6.1 1.222.558 bytes	Editor compacto e rápido baseado na biblioteca slang
jed-xjed 0.98.4-6.1 157.543 bytes	Editor jed para X Window
joe 2.8-14.2	Joe é um editor amigável e fácil de usar, pois utiliza-se de uma boa interface
vim-X11 5.3-3.2 1.337.332 bytes	Versão do VIM ligado com as bibliotecas X Window
vim-color 5.3-3.2	O editor Visual Melhorado é uma versão atualizada do famoso vi

437.623 bytes	
vim-common 5.3-3.2 4.459.407 bytes	Este pacote contém os arquivos (com a ajuda) que são necessários para todos os binários vim
vim-enhanced 5.3-3.2 1.242.642 bytes	Versão do vim que tem muitas características extras que foram recentemente introduzidas como interpretador perl e python
vim-minimal 5.3-3.2 437.436 bytes	Este pacote instala uma versão do vim em /bin/vi que é adequada para execução quando somente a partição raiz estiver presente
Aplicações / Editores / Emacs	As cartas do passado....
emacs 20.3-3.4 17.753.824 bytes	É um editor comum, customizável, e mostra os próprios documentos em tempo real
emacs-X11 20.3-3.4 5.979.977 bytes	Binário emacs com suporte ao X Window
emacs-el 20.3-3.4 17.181.195 bytes	Pacote com fontes emcas-lisp para muitos dos programas elisp
emacs-nox 20.3-3.4 2.510.268 bytes	Binário emacs sem suporte ao X Window
emacs-po-mode 1.1-3.1 104.827 bytes	Pacote que provê as ferramentas para ajudar na edição de arquivos PO
Aplicações / Emuladores	Acessando o inacessível...
dosemu 0.98.1-2.2 1.652.772 bytes	Versão do emulador DOS que foi projetada para rodar em sessões X Window
dosemu-freedos 0.98.1-2.2 8.390.656 bytes	Requer uma versão qualquer do DOS para inicializar
xdosemu 0.98.1-2.2 27.646 bytes	Versão do emulador DOS desenhada para rodar em uma janela do X Window
Aplicações / Engenharia	O início de tudo.
spice 2g6-9.3 782.376 bytes	Programa de propósito geral para simulação de circuitos para dc não linear, transiente não linear e análises de ac linear
units 1.0-10.2 25.259 bytes	Programa que converte expressões de quantidade em várias escalas para seus equivalentes em outras escalas
Aplicações / Gráficos	As cores do meu país...
ghostscript 4.03-1.2 2.802.893 bytes	É um interpretador PostScript para reproduzir arquivos PostScript e PDF em dispositivos X Window
ghostscript-fonts 4.03-1.2 3.767.703 bytes	Fontes para serem usadas pelo interpretador Ghostscript
giftrans 1.12.2-2.2 20.986 bytes	Programa de linha de comando que converte e manipula imagens GIF
libgr-progs 2.0.13-13.2 1.423.065 bytes	Utilitários para manipulação de arquivos JPEG
libungif-progs 3.0-4.3 292.640 bytes	Programas para manipular arquivos GIF
xfig 3.2.2-1.1 2.295.531 bytes	Para criação de gráficos com vetores, curvas, linhas, réguas, etc.
zgv 4.1-0.5 434.555 bytes	Visualizador de imagens JPEG, GIF, TGA, PBM, PGM, PPM, PNG
Aplicações / Matemática	Dois mais dois são quatro?
bc 1.05a-1.2 131.121 bytes	Calculadora no modo texto
gnuplot 3.6-beta347.2 860908 bytes	Pacote GNU de plotagem para gerar gráficos X Window
octave 2.0.13-2.2 16.609.421 bytes	GNU Octave é um programa de cálculo numérico e matricial
Aplicações / Notícias	Extra I Extra ! o Linux é eleito o melhor.
slrn 0.9.4.3-5.3 310.124 bytes	É um leitor de news baseado em NNTP fácil de usar
tin 1.4-981002-1.1 1.107.020 bytes	Leitor de Netnews de tela cheia e fácil de usar

trn 3.6-13.1 441.803 bytes	Leitores originais de threaded news
Aplicações / Produtividade	Remem ! Remem ! Remem....
ical 2.2-7.2 804.691 bytes	Popular aplicação calendário/agenda baseada em X Window
Aplicações / Rede	O Ceará tem redes bonitas e baratas.
arpwatch 2.1a4-5.1 120.031 bytes	O arqpwatch e o arpsnmp são ferramentas que monitoram atividade ethernet
libpcap 0.4-5.1 126.001 bytes	Interface independente de sistema para captura de pacotes em modo usuário
lynx 2.8.1-5.4.ssl 2.014.077 bytes	Browser WWW para terminal em modo texto
ncftp 3.0beta15-1.1 640.915 bytes	Cliente FTP com várias vantagens
rsync 2.1.1-1.2 193.064 bytes	É o substituto mais rápido e flexível para o rcp, permitindo sincronização de arquivos ou de diretórios
tcpdump 3.4-5.1 221.135 bytes	Imprime os cabeçalhos dos pacotes em uma interface de rede
wget 1.5.3-1.2 361.357 bytes	Ferramenta de rede para baixar arquivos usando HTTP e FTP
Aplicações / Som	O Som é a voz do ar.....
aumix 1.13-1.3 51.825 bytes	Este programa oferece um método interativo baseado em tty de controle de mixagem de placas de som
cdp 0.33-10.2 37.389 bytes	Permite tocar CDs de áudio no CD-ROM do seu computador
maplay 1.2-8.2 71.890 bytes	Tocar arquivos de áudio de format MPEG2 por meio da placa de som do seu PC
mikmod 3.0.3-2.2 371.154 bytes	Um dos melhores e mais conhecidos reprodutores de MOD para UNIX
playmidi 2.4-3.2 138.142 bytes	Toca arquivos de som MIDI por meio de uma placa sintetizadora
playmidi-X11 2.4-3.2 40.585 bytes	Programa X Window para tocar arquivos de som MIDI no sintetizador de uma placa de som
sox 12.14-2.2 143.836 bytes	Programa que entende vários formatos de sons digitalizados
Base	Pacotes básicos para funcionamento do sistema Linux.
basesystem 4.9-3.1	Este arquivo define os componentes de um sistema Red Hat básico, assim como a ordem de instalação dos pacotes durante o boto inicial
crontabs 1.7-3.1 4650 bytes	Arquivo do root usado para agendar execuções de vários programas
dev 2.5.9-1.3 90 bytes	Dispositivos essenciais para um sistema UNIX e Linux funcionar corretamente
etcskel 1.3-4.1 5160 bytes	Parte básica do Red Hat e representa os arquivos /etc/skel
filesystem 1.3.2-3.1 81.958 bytes	Este pacote contém o layout básico de diretórios para um sistema Linux, incluindo as permissões adequadas para os diretórios (FSSTND) 1.3
initscripts 3.78-1.5 100.650 bytes	Este pacote contém os scripts usados para o boto do sistema
linux_logo 2.05-1.1 25.891 bytes	Este pacote contém o tux, pingüim mascote do Linux
mailcap 1.0-6.5 31.314 bytes	Pacote Red Hat Mailcap com programas como lynx, zgv etc.
Pam 0.64-3.2 2.119.776 bytes	Os Módulos de Autenticação Plugáveis são poderosos, flexíveis e extensíveis sistemas de autenticação, que permitem ao administrador do sistema configurar serviços de autenticação individualmente para cada aplicação PAM compatível
pamconfig 0.51-5.2 2.496 bytes	Pacote obsoleto para pam-0.56 é oferecido somente por propósitos de compatibilidade
passwd 0.50-10.3	Programa de mudança de senha que usa PAM

20.121 bytes	
pwdb 0.55-1.1 1.223.962 bytes	Biblioteca de base de dados de senhas e permite acesso ao /etc/passwd
redhat-release 5.2-1.1 35 bytes	Versão da distribuição Red Hat Linux
rootfiles 5.2-2.1 1.912 bytes	Arquivos de inicialização para o usuário root
setup 1.9.2-1.1 10.108 bytes	Arquivos de configuração e setup muito importantes, incluindo passwd, group, etc.
termcap 9.12.6-11.2 434.898 bytes	O arquivo /etc/termcap é um banco de dados que define as capacidades de vários terminais e emuladores de terminais
versão-conectiva 3.0-1 37 bytes	Versão da distribuição Conectiva Linux
Base / Kernel	
kernel 2.0.36-1.2 4.933.062 bytes	Kernel do Linux que é usado para boto e funcionamento do sistema
kernel-hearders 2.0.36-1.2 1.549.578 bytes	Arquivos de inclusão C para o kernel, os quais definem estruturas e constantes necessárias à construção da maioria dos programas no Linux
kernel-ibcs 2.0.36-1.2 228.351 bytes	Pacote que permite rodar programas iBCS2 (Intel Binary Compatibility Standard, v2)
kernel-source 2.0.36-1.2 30.756.564 bytes	Fonte para o kernel Linux
Bibliotecas /	Bibliotecas para os programas funcionarem
mesa 3.0-1.2 1.203.909 bytes	Biblioteca gráfica 3D com uma API muito similar à da OpenGL
aout-libs 1.4-9.1 3.751.769 bytes	Sistemas Linux antigos usavam um formato para programas e bibliotecas compartilhadas chamado a.out, enquanto os novos sistemas utilizam o formato ELF
freetype 1.1-4.1 1.268.551 bytes	FreeType é uma máquina livre e portável para renderização de fontes TrueType
gdbm 1.7.3-17.1 26.017 bytes	Biblioteca para banco de dados indexados
glib 2.0.2-5.1 114.141 bytes	Biblioteca GNU de precisão arbitrária
gmp-devel d2.0.2-5.1 321.026 bytes	Bibliotecas estáticas, arquivos de inclusão e documentação para usar a biblioteca GNU
gsl 0.3b-4.1 466.902 bytes	Biblioteca científica do GNU
ld.so 1.9.9-0.3 251.789 bytes	Carregador dinâmico para bibliotecas compartilhadas
libc 5.3.12-28.1 5.385.504 bytes	Bibliotecas-padrão que são usadas por muitos programas no sistema

libelf 0.6.4-2.1 76.530 bytes	Biblioteca para fornecer acesso a dados internos do formato de arquivo objeto ELF
libg++ 2.7.2.8-9.2 1.943.132 bytes	Implementação GNU das bibliotecas-padrão C++
libgd 1.2-1.2 187.428 bytes	Biblioteca gd para manipulação de GIFs
libgr 2.0.13-13.3 211.534 bytes	Biblioteca para manipulação de vários formatos de arquivos gráficos (FBM, JPEG, PGM, PNM, PPM, REL, TIFF, etc.)
libjpeg 6b-7.2 233.363 bytes	Biblioteca com funções e programas simples que manipulam imagens jpeg
libpng 1.0.1-5.1 249.977 bytes	Coleção de rotinas para criar e manipular arquivos gráficos no formato PNG
libstdc++ 2.8.0-14.2 375.777 bytes	Implementação das bibliotecas-padrão C++, com ferramentas GNU adicionais
libtermcap 2.0.8-10.1 56.994 bytes	Biblioteca para acesso ao banco de dados termcap

libtermcap-devel 2.0.8-10.1 11.757 bytes	Bibliotecas e arquivos de inclusão para a escrita de programas que acessam o banco de dados termcap
libtiff 3.4-4.1 616.453 bytes	Biblioteca com funções para manipulação de imagens TIFF
libungif 3.0-4.3 38.271 bytes	Biblioteca compartilhada para carga e gravação de arquivos GIF
ncurses 4.2-10.2 2.390.231 bytes	Estas rotinas curses fornecem ao usuário um método independente de terminal para atualização de telas de caracteres com otimização razoável
nccurses3 1.9.9e-7.1 325.485 bytes	Arquivos principais e bibliotecas para aplicações de desenvolvimento que usem newt
p2c 1.20-10.2 507.681 bytes	Tradutor de Pascal para C
postgresql-lib 6.3.2-10.1 452.749 bytes	Biblioteca compartilhada para acesso ao postgresql
readline 2.2.1-1.2 256.505 bytes	Biblioteca "readline" lerá uma linha do terminal e irá retorná-la, permitindo ao usuário editar a linha com as teclas de edição padrão emacs
slang 0.99.38-7.3 168.493 bytes	Poderoso interpretador que suporta C como sintaxe
sox-devel 12.14-2.2 530.696 bytes	Bibliotecas que podem ser usadas para compilar aplicações que usem as bibliotecas do sox
svgalib 1.3.1-0.5 687.573 bytes	Biblioteca que permite a aplicações usarem gráficos de tela cheia em várias plataformas
zlib 1.1.3-2.2 58.448 bytes	Biblioteca que oferece funções de compressão e descompressão em memória
Desenvolvimento / Bibliotecas	Point de agito dos gurus da programação.
mesa-demos 3.0-1.2 146.301.051 bytes	Programas de demonstração para as bibliotecas Mesa
mesa-devel 3.0-1.2 1.861.769 bytes	Versão estática das bibliotecas Mesa e arquivos de inclusão
mesa-glut-devel 3.0-1.2 367.355 bytes	Versão estática da biblioteca GLUT e arquivos de inclusão
SSleay 0.9.0b-2 945.357 bytes	Biblioteca C que fornece vários algoritmos e protocolos, como DES RC4, RSA, SSL
SSLeay-devel 0.9.0b-2 3.164.194 bytes	Biblioteca C com vários algoritmos e protocolos
cracklib 2.7-2.2 71.133 bytes	Dicionários cracklib para o padrão /usr/dict/words
e2fsprogs-devel 1.12-0.5 261.314 bytes	Bibliotecas e arquivos de inclusão para desenvolvimento de programas do sistema de arquivo ext2
faces-devel 1.6.1-11.1 22.715 bytes	Ambiente de desenvolvimento do xface
freetype-devel 1.1-4.1 439.108 bytes	Protocolo necessário para desenvolver e compilar aplicações com a biblioteca FreeType
gdbm-devel 1.7.3-17.1 72.593 bytes	Bibliotecas e arquivos de inclusão para desenvolvimento gdbm, que é o banco de dados GNU
gpm-devel 1.13-8.2 23.822 bytes	Permite o desenvolvimento de programas em modo texto que usam mouse
inn-devel 1.7.2-14.4 131.844 bytes	Biblioteca requerida por vários programas que tem interface com o INN, como o newsgate ou tin
libgd-devel 1.2-1.2 93.002 bytes	Arquivos de inclusão e bibliotecas para desenvolver programas usando gd
libgr-devel 2.0.13-13.3 309.583 bytes	Arquivos importantes para desenvolver programas que manipulam vários formatos de arquivos gráficos compatíveis pela libgr
libjpeg-devel 6b-7.2 234.245 bytes	Útil para programas que manipulam imagens JPEG
libpng-devel 1.0.1-5.1 340.418 bytes	Arquivos de inclusão e bibliotecas estáticas para programas que usam a biblioteca PNG
libstdc++-devel 2.8.0-14.2	Implementação da biblioteca padrão C++

1.116.526 byges	
libtiff-devel 3.4-4.1 1.405.681 bytes	Programar com manipulação das imagens no formato TIFF
libungif-devel 3.0-4.3 243.247 bytes	Arquivos de inclusão, bibliotecas e documentação para biblioteca de manipulação de GIFs
ncurses-devel 4.2-10.2 6.573.802 bytes	Bibliotecas e arquivos de inclusão para aplicações que usam ncurses
newt-devel 0.30-2.5 119.200 bytes	Bibliotecas para aplicações que usam newt
pilot-link-devel 0.9.0-2 992.028 bytes	Bibliotecas para gerar aplicações Pilot
postgresql-devel 6.3.2-10.2 979.705 bytes	Arquivos e bibliotecas para compilação de aplicativos que se comunicam diretamente como servidor PostgreSQL
pythonlib 1.22-2.1 242.504 bytes	Código usado por vários programas Red Hat
readline-level 2.2.1-1.2 261.702 bytes	Biblioteca readline
rpm-devel 2.5.6-1.3 237.284 bytes	O sistema de empacotamento RPM inclui uma biblioteca C que torna fácil a manipulação de pacotes e base de dados RPM
slang-devel 0.99.38-7.3 483.830 bytes	Bibliotecas e arquivos slang
svgalib-devel 1.3.1-0.5 499.350 bytes	Bibliotecas para construir programas que usam SVGAlib
xpm-devel 3.4j-3.2 222.784 bytes	Bibliotecas e arquivos de cabeçalho para a biblioteca "X Pixmap"
zlib-devel 1.1.3-2.2 166.437 bytes	Biblioteca com funções de compressão e descompressão

Desenvolvimento/Bibliotecas/Libc	Beba C, de seis em seis horas...
glibc 2.0.7-29.1 14.982.664 bytes	Bibliotecas padrão para múltiplos programas no sistema
glibc-debug 2.0.7-29.1 2.646 bytes	Bibliotecas com informações de depuração para os programas depuradores
glibc-devel 2.0.7-29.1 11.979.277 bytes	Bibliotecas para programas executáveis que usam as bibliotecas-padrão C
glibc-profile 2.0.7-29.1 10.256.446 bytes	Bibliotecas para que a execução de programas gprof funcione corretamente
Desenvolvimento / Construção	Nem tudo na vida é fonte.
autoconf 2.12-6.2 537.267 bytes	Ferramenta para configuração de fontes e Makefiles
automake 1.3-2.3 795.922 bytes	Gerador experimental de Makefiles
libtool 1.2b-1.2 497.132	Conjunto de scripts shell para configurar automaticamente a geração de bibliotecas compartilhadas para várias arquiteturas UNIX
make 3.77-2.2 265.145 bytes	Programa para coordenar a compilação e linkedição de um conjunto de programas executáveis
pmake 1.0-10.2 126.489 bytes	Versão particular de make que suporta algumas sintaxes adicionais que não estão no programa make padrão
Desenvolvimento / Controle de Versões	Potência não é nada sem controle.
cvs 1.10.2-1.2 3.097.235 bytes	CVS é um front end para o rcs(1) – revision control system – que estende a noção de controle de revisão de uma coletânea de arquivo em um único diretório para uma coleção hierárquica de diretórios que contém arquivos controlados por revisão
rcs 5.7-7.2 499.500 bytes	O Sistema de controle de revisão administra múltiplas revisões de arquivos. RCS automatiza o armazenamento, recuperação, registro, identificação e a fusão de revisões
Desenvolvimento / Depuradores	Xii ! Eu acho que vi um erro!
eletricFence 2.0.5-11.2	Biblioteca para programação e depuração em C

45.457 bytes	
gdb 4.17.0.4-3.2 1.281.079 bytes	Debugger orientado a comandos repleto de características
ltrace 0.3.4-1.1 72.490 bytes	Ltrace é um programa que executa um comando especificado até o seu término
strace 3.1-11.1 116.736 bytes	Programa que imprime uma "gravação" de cada chamada de sistema que o programa faz
xxgdb 1.12-6.2 97.534 bytes	Interface gráfica para o debugger da GNU
Desenvolvimento / Ferramentas	Se você tem um prego, a solução é um martelo. Ou vice-versa.
binutils 2.9.1.0.16-1 4.689.419 bytes	Coletânea de utilitários para compilar programas
bison 1.25-5.2 157.873 bytes	Gerador de análise gramatical GNU compatível com yacc
byacc 1.9-8.2 53.399 bytes	Analisador gramatical yacc de domínio público
cdecl 2.5-7.2 75.976 bytes	Pacote para traduzir inglês para declarações de funções C/C++ e vice-versa
cproto 4.4-7.2 87.025 bytes	O cproto gera protótipos de função para funções definidas nos arquivos fonte C para saída padrão

flex 2.5.4a-4.2 297.395 bytes	Gerador GNU de análise léxica rápida
gettext 0.10.35-2.3 778.802 bytes	Biblioteca fácil de usar e ferramentas para criação, uso e modificação de catálogos de linguagem natural
gperf 2.7-1.2 251.079 bytes	O GNU gperf gera funções perfeitas de hash para conjuntos de palavras-chave
indent 1.9.1-9.2 82.532 bytes	Programa de endentação GNU
xwpe 1.5.12a-1.2 730.026 bytes	Versão atualizada do ambiente de desenvolvimento com os programas we, wpe, xwe e xwpe
Desenvolvimento / Linguagens	O ou 1?
basic 1.20-10.2 53.678 bytes	Interpretador da linguagem BASIC
bin86 0.4-5.2 72.348 bytes	Assembler e um linker para instruções 80x86 modo real
ctags 2.0.3-2.2 79.362 bytes	Gera tags para todos os tipos possíveis de tag
egcs 1.0.3a-14.2 2.850.186 bytes	Compilador para integrar otimizações e características de um ambiente de desenvolvimento estável e de alta perfomance
egcs-c++ 1.0.3a-14.2 1.823.424 bytes	Adiciona suporte C++ ao compilador C da GNU
egcs-g77 1.0.3a-14.2 1.526.258 bytes	Adiciona suporte Objective C ao compilador C da GNU
gcc 2.7.2.3-14.2 2.090.181 bytes	Compilador C GNU que possui todas as características de um compilador C ANSI, e também suporta K&R
guavac 1.2-2.1 2.411.236 bytes	Compilador para a linguagem de programação Java
guile 1.2-6.2 650.154 bytes	Implementação de Scheme portável e embutível escrita em C
guile-devel 1.2-6.2 1.996.638 bytes	Para desenvolver aplicações usando a Guile
kaffe 1.0.b2-2.2 1.610.546 bytes	Máquina virtual projetada para executar bytecode Java
p2c-devel 1.20-10.2 25.580 bytes	Kit de desenvolvimento para o tradutor de Pascal para C
python 1.5.1-5.3 5.446.980 bytes	Linguagem de scripts interpretada orientada a objetos

python-devel 1.5.1-5.3 2.947.295 bytes	Interpretador Python
python-docs 1.5.1-5.3 2.674.575 bytes	Documentação da linguagem Python
thinter 1.5.1-5.3 655.474 bytes	Interface gráfica para Python, baseada em Tcl/Tk
umb-scheme 3.2-7.2 1.240.535 bytes	Implementação da linguagem descrita no padrão IEEE para a linguagem de programação Scheme
xlispstat 3.52.5-1.2 2.916.199 bytes	Implementação da linguagem de programação Lisp para X Window
Desenvolvimento / Linguagens / Fortran	O passado sempre volta.
Fort77 1.14a-4.2 11.296 bytes	Driver para f2c, um tradutor de Fortran para C

Desenvolvimento / Linguagens / TCL	T o quê?
blt 2.4f-3.1 4.133.368 bytes	Componentes (widgets) e comandos extras para programas tk
expect 5.26-20.1 753.675 bytes	Ferramenta para automatizar aplicações interativas como telnet, ftp, passwd, etc.
tcl 8.0.3-20.1 5.591.725 bytes	Linguagem de scripting simples que é projetada para ser embutida em outras aplicações
tclx 8.0.3-20.1 1.988.688 bytes	TclX é um conjunto de extensões a TCL que a torna mais adequada à tarefa de programação comum no UNIX
tix 4.1.0.6-20.1 2.770.088 bytes	Conjunto de widgets tk que adiciona muitos widgets complexos que são construídos com blocos de construção tk
tk 8.0.3-20.1 5.347.727 bytes	Conjunto de widgets X Window projetado para trabalhar intimamente com a linguagem Tcl
Desenvolvimento / Linguagens / Fortran	Eu não disse que o passado volta!?
f2c 19970805-3.2 837.559 bytes	Programa de tradução de fortran para C
Desenvolvimento / Sistema	Programar deveria ser considero uma arte.
linuxconf-devel 1.13r5-5cl 2.818.060 bytes	Componentes necessários ao desenvolvimento de módulos para o Configurador Linux
Documentação	Manuais públicos do Linux.
faq 5.2-2.1 1.142.840 bytes	Pacote com as Questões Freqüentemente Perguntadas (FAQ) sobre Linux
gimp-manual 1.0.0-1.2 18.411.480 bytes	Versão 1.0.0 do Manual do Usuário do GIMP (GUM)
howto 5.2-2.2 10.075.811 bytes	Coleção de documentos sobre o Linux
howto-html 5.2-2.2 11.518.528 bytes	Coleção de documentos sobre o Linux no formato HTML
howto-sgml 5.2-2.2 8.733.657 bytes	Coleção de documentos sobre o Linux no formato SGML
howto-spanish 5.2-2.2 7.274.516 bytes	Traduções de alguns HOWTO para o espanhol
indexhtml 5.0-1.3 22.365 bytes	Página índice HTML da Red Hat
install-guide 3.2-1.1 1.406.245 bytes	Guia geral para instalar e começar o uso do Linux
lpg 0.4-2.1 1.781.564 bytes	Guia genérico de programação em sistemas Linux
man-pages 1.21-1.3 1.707.580 bytes	Coleção de páginas de manuais cobrindo programação API, formatos de arquivos, protocolos, etc.
manual-conectiva-linux 5.0-1	Cópia local da versão HTML do manual do usuário do Conectiva Linux

1.707.883 bytes	
nag 1.0-2.1 1.246.542 bytes	Guia genérico para Administração em Redes em sistema Linux
rhl-install-guide-em 5.2-1.2 2.299.451 bytes	Cópia local em versão HTML do manual do Red Hat Linux 5.2
sag 0.6-1.1 660.644 bytes	Guia genérico para administração do Linux
tlk 0.8-2.1 658.951 bytes	Guia sobre o funcionamento das partes internas do kernel do Linux.

Extensões / Japonês	
kterm 6.2.0-3.1 151.270 bytes	Emulador de terminal Kanji
Interpretadores de Comandos	
ash 0.2-12.2 253.453 bytes	Clone do shell Bourne de Berkeley
bash 1.14.7-13.1 539.802 bytes	Interpretador de comandos compatível com sh, que executa comandos lidos da entrada padrão ou de um arquivo
mc 4.1.35-2.3 1.135.853 bytes	Midnight Commander é um interpretador visual que mais parece um gerenciador de arquivos, somente com várias características a mais
pdksh 5.2.12-5.1 400.968 bytes	Uma reimplementação de ksh, é um interpretador destinado tanto para uso interativo como em shell scripts
sash 2.1-1.2 288.097 bytes	Interpretador simples ligado estaticamente
tcsh 6.07.09-1.1 498.950 bytes	Versão melhorada da csh (C shell)
zsh 3.0.5-6.2 976.641 bytes	Versão melhorada do Bourne Shell com novas características
Jogos	
bsd-games 2.1-5.2 1.829.389 bytes	Conjunto de jogos, como: gamão, jogo de cartas, forca, monopólio e guerra nas estrelas
christminster 3-6.2 228.360 bytes	Jogo de adventure de texto para usar com xzip
colour-yahtzee 1.0-9.2 19.725 bytes	Versão em modo terminal do popular jogo yahtzee
doom 1.8-10.2 4.912.761 bytes	Jogo gráfico em primeira pessoa, original da ID software
fortune-mod 1.0-7.2 2.393.249 bytes	Jogo Fortune
gnuchess 4.0.pl77-5.2 1.360.038 bytes	Programa de xadrez da GNU
mysterious 1.0-5.2 167.760 bytes	Adventure Mistério de Brian Howarth
pinfocom 3.0-8.2 174.715 bytes	Interpretador para aqueles velhos jogos adventure modo texto do Infocom
quake 1.1-2.2 446.030 bytes	Quake para Linux
quake-levels-shareware 0.01-2.1 18.690.259 bytes	Níveis Shareware do Quake
quake-server 2.0-1.2 355.034 bytes	Servidor Quake para Linux
quake2 3.19-1.2 2.185.721 bytes	Quake2 para Linux
quake2-server 3.19-1.2 1.171 bytes	Quake2 servidor para Linux
quakeworld-server 2.30-1.2 379.156 bytes	Servidor Quakeworld para Linux
scottfree 1.14-6.2	Interpretador para jogos adventure Scott Adams de formato texto

32.052 bytes	
trojka 1.1-11.2 15.563 bytes	Este tem o objetivo de controlar e arrumar os blocos que caem
vga_cardgames 1.3.1-9.2 112.672 bytes	Vários jogos de carta para Linux
vga_gamespack 1.3-9.2 56.112 bytes	Vários jogos "mentais" para o Linux usando SVGAlib
Rede	Serviços e aplicativos de rede.
biff 0.10-3.3 17.121 bytes	Cliente biff e o servidor comsat são métodos antiquados para receber e enviar notificações assíncronas de novas mensagens
bootparamd 0.10-6.1 17.910 bytes	Carregadores de boto de rede
finger 0.10-5.1 31.591 bytes	Protocolo simples que permite buscar informações sobre usuários em outras máquinas
ftp 0.10-3.1 85.751 bytes	Cliente FTP padrão UNIX para a linha de comando
netkit-base 0.10-5.2 55.575 bytes	Programas ping e inetd para serviços básicos de rede
ntalk 0.10-4.1 32.148 bytes	Cliente e daemon para o protocolo talk, o qual permite conversas um-para-um entre usuários
pidentd 2.7-3.1 119.256 bytes	Identd implementa o servidor de identificação RFC1413
routed 0.10-10.3 40.053 bytes	Vários protocolos estão disponíveis para atualização automática de tabelas de roteamento TCP/IP
rsh 0.10-4.2 97.840 bytes	Rsh, rlogin e rcp são programas que permitem executar comandos em máquinas remotas
rusers 0.10-8.1 37.126 bytes	O servidor e o cliente rusers permitem ver quais usuários estão logados em outras máquinas
rwall 0.10-7.2 18.380 bytes	Este cliente envia uma mensagem para um servidor rwall rodando numa máquina remota
rwho 0.10-8.1 24.774 bytes	Este programa mostra quais usuários estão logados nas máquinas da rede local
samba 1.9.18p10-5.1 3.133.011 bytes	Servidor SMB que pode ser usado para oferecer serviços de rede a clientes SMB (Lan Manager)
telnet 0.10-5.4 193.995 bytes	Protocolo popular para logins remotos por meio da Internet
tfpt 0.10-4.2 33.594 bytes	Protocolo trivial de transferência de arquivos
timed 0.10-3.2 61.706 bytes	Permite que máquinas remotas perguntem o horário
xpbind 3.3-9.2 38.297 bytes	Daemon que roda em clientes NIS/YP e os relaciona a um domínio NIS
ytalk 3.0.3-6.2 61.713 bytes	Ytalk é uma extensão do protocolo talk da Internet para conversação entre usuários
Rede / Administração	
anonftp 2.6-1.1 1.074.257 bytes	Arquivos necessários para permitir acesso ftp anônimo a sua máquina
caching-nameserver 5.2-1.2 3.950 bytes	Arquivos de configuração para o bind (servidor de nomes DNS) que faz com que ele se comporte como um cache simples do servidor de nomes
net-tools 1.46-1.3 269.506 bytes	Coleção de ferramentas básicas para configuração da rede em uma máquina Linux
nfs-server-clients 2.2beta37-1.3 10.658 bytes	Programas clientes que interagem com servidores NFS
tcp_wrappers 7.6-5.1 248.403 bytes	Pacote para ajudar na monitoração e filtrar chamadas de SYSTAT, FINGER, FTP, Telnet, etc.
Rede / Desenvolvimento	
bind-devel 8.1.2-5.2	Arquivos de inclusão e bibliotecas para o desenvolvimento DNS para o bind 8.x.x

235.981 bytes	
Rede / Notícias	
lnews 1.7.2-14.3 48.578 bytes	Programa de news para postar mensagens
Rede / Servidores	
am-utils 6.0a16-4.1 2.023.208 bytes	Este programa é a atualização do popular automounter BSD amd
apache 1.3.3-8.ssl 2.239.432 bytes	Servidor WEB Apache
apache-devel 1.3.3-8.ssl 265.430 bytes	Arquivos de inclusão para o Apache
autofs 3.1.1-8.4 109.864 bytes	Servidor que monta automaticamente sistemas de arquivos
bind 8.1.2-5.2 507.981 bytes	Servidor de nomes (DNS) que é usado para traduzir nomes para IP e vice-versa
bootp 2.4.3-7.2 104.036 bytes	Servidor que pode atender tanto requisições bootp quanto DHCP
cleanfeed 0.95.7b-1.1 110.137 bytes	Filtro automático para o INN que remove spam das mensagens recebidas
dhcp 2.0b1p16-2.1 448.226 bytes	O DHCP permite que hosts numa rede TCP/IP requisitem e tenham seus endereços IP alocados dinamicamente
dhcpcd 0.70-2.1 35.366 bytes	Implementação do cliente DHCP especificado em draf-ietf-dhc-dhcp-09 e RFC1541
gated 3.5.10-1.2 2.302.747 bytes	Daemon de roteamento que manipula múltiplos protocolos de roteamento e substitui os programas routed e egpup
imap 4.4-2.2 1.453.989 bytes	Servidor para os protocolos de mail POP e IMAP
inn 1.7.2-14.4 3.297.850 bytes	Servidor de News
intimed 1.10-7.1 98.760 bytes	Servidor que irá informar às máquinas da rede que horas ele possui no momento
mars-nwe 0.99pl10-1.2 546.739 bytes	Servidor de arquivo e impressão compatível com NetWare
mod_perl 1.15-3.1 1.444.223 bytes	Módulo que habilita o uso da linguagem Perl
mod_php 2.0.1-5.1 683.697 bytes	Módulo para o Apache, adicionando uma linguagem de script embutido em HTML
mod_php3 3.0.5-2.2 3.562.838 bytes	Módulo para o Apache, adicionando uma linguagem de script embutido em HTML
nfs-server 2.2beta37-1.3 165.099 bytes	Daemons NFS e mount são usados para criar um servidor NFS que possa exportar sistemas de arquivos para outras máquinas
portmap 4.0-12.1 44.202 bytes	Este programa gerencia conexões RPC, incluindo NFS
ppp 2.3.5-1.2 282.321 bytes	Servidor e documentação para suporte ao protocolo PPP
proftpd 1.2.0pre1-1.2 388.513 bytes	Servidor FTP altamente configurável para sistemas operacionais UNIX
radiusd-cistron 1.5.4.2-1.2 203.433 bytes	Servidor Radius suporta acesso baseado em huntgroups (múltiplas entradas Defaults no arquivo de usuários)

Sendmail 8.9.1-1.1 581.484 bytes	O sendmail é um agente de transporte de correio eletrônico, que move mensagens entre máquinas
squid 1.1.22-2.3 847.515 bytes	Servidor proxy com cache de alta perfomance para clientes web, suportando FTP, gopher e HTTP
squid-novm 1.1.22-2.3 839.755 bytes	Esta versão usa menos memória às custas de um uso extensivo de descritores de arquivos
ssh-server 1.2.26-1i.2 226.734 bytes	Servidor secure shell (sshd) e sua documentação

ucd-snmp 3.5.3-2.1 2.155.917 bytes	Implementação do protocolo SNMP v2 da Universidade Carnegie Mellon
wu-ftpd 2.4.2b18-2.2 304.889 bytes	Daemon que serve arquivos FTP para clientes FTP
xntp3 5.93-4.1 931.690 bytes	Utilitários e servidores que ajudam a sincronizar o horário do seu computador para o horário UTC
ypserv 1.3.6-0.1 269.750 bytes	Implementação do protocolo padrão de rede NIS/YP
Rede / Utilitários	
bind-utils 8.1.2-5.2 482.341 bytes	Conjunto de utilitários para consulta a servidores de nomes
bootpc 061-8.1 36.395 bytes	Cliente bootp para Linux que irá permitir uma máquina Linux recuperar informações de rede de um servidor
Comanche 0.6a-1.1 194.353 bytes	Comanche significa Configuration MANager for ApaCHE. É um front-end popular para o Projeto de Configuração do servidor Apache
dip 3.3.7o-8.1 88.594 bytes	Programa que cria scripts automáticos de discagem
fwhois 1.00-8.1 7.867 bytes	Permite achar informações sobre pessoas armazenadas nos bancos de dados "whois"
htdig 3.1.0b2-1.1 2.860.567 bytes	Sistema completo para indexação e busca em um domínio pequeno ou intranet
ipxutils 1.0-2.1 46.019 bytes	Utilitários para configuração e depuração de interfaces e redes IPX no Linux
mgetty 1.1.14-5.3 856.510 bytes	Programa inteligente "getty" que permite logins por meio de uma linha serial
mgetty-sendfax 1.1.14-5.3 269.690 bytes	Pacote com suporte para envio e recepção de faxes em fax-modems classe 2
mgetty-voice 1.1.14-5.3 637.158 bytes	Pacote com suporte a alguns modems que têm extensões de voice mail
nc 1.10-1.2 107.140 bytes	O NetCat é um cliente de rede mínimo
ncpfs 2.2.0-1.1 457.005 bytes	Ferramentas para ajudar a configurar e usar o sistema de arquivos ncfps, que é um sistema de arquivos Linux que entende o protocolo NCP
rdate 0.960923-5.3 7.681 bytes	Programa que pode retornar o tempo (data e hora) de outra máquina na sua rede
rdist 1.0-9.1 121.352 bytes	Programa para manter cópias idênticas de arquivos em múltiplos hots
ssh 1.2.26-li.2 423.417 bytes	Secure Shell é um programa para logar em uma máquina remota e para executar comandos remotos
ssh-clients 1.2.26-1i.2 416.775 bytes	Pacote que inclui os clientes necessários para fazer conexões encriptadas a servidores SSH
ssh-extras 1.2.26-1i.2 44.840 bytes	Contém script perl make_ssh_known_hosts, o comando ssh_askpass e sua documentação

tracerout 1.4a5-7.2 43.400 bytes	Imprime a rota que os pacotes fazem por meio de uma rede TCP/IP
ucd-snmp-devel 3.5.3-2.1 598.022 bytes	Bibliotecas e arquivos de inclusão para desenvolvimento com o SNMP da UCD
ucd-snmp-utils 3.5.3-2.1 233.211 bytes	Utilitários para uso com SNMP da UCD
yp-tools 2.1-1.2 157.253 bytes	Implementação de NIS para Linux que está baseada no YP para FreeBSD
Servidores (Daemons)	Programas que ficam esperando requisições para posterior resposta.
sysVinit 2.74-5.3 174.478 bytes	Programa executado pelo Kernel quando o sistema é inicializado
at 3.1.7-4.1 61.882 bytes	at e batch lêem comandos da entrada padrão e executam-nos mais tarde
bdflush 1.5-8.4	Programa que descarrega os buffers de disco que o kernel mantém, para prevenir que eles

13.838 bytes	cresçam demais
gpm 1.13-8.2 198.245 bytes	Gpm acrescenta suporte a mouse para aplicações Linux baseadas em modo texto
kernel-pcmcia-cs 2.0.36-1.2 773.227 bytes	Suporte para numerosos cartões PCMCIA de todas as variedades
procmail 3.10-13.1 183.367 bytes	O Conectiva Linux usa procmail para todas as entregas de mail locais
sendmail-cf 8.9.1-1.1 495.719 bytes	Contém todos os arquivos de configuração usados para gerar o arquivo sendmail.cf distribuído com o pacote base sendmail
sendmail-doc 8.9.1-1.1 1.281.172 bytes	Pacote com FAQ e documentos do sendmail
sysklogd 1.3-26.1 108.137 bytes	Programa de log para o kernel e para o sistema Linux
uucp 1.06.1-16.2 2.060.739 bytes	Mecanismo de transferência de UNIX para UNIX
vixie-cron 3.0.1-26.3 70.330 bytes	Programa padrão do UNIX que roda programas especificados pelo usuário em horários e dias agendados
Utilitários / Armazenamento	
bzip2 0.9.0b-2.2 245.109 bytes	Programa de compressão e descompressão de arquivos
cpio 2.4.2-9.3 83.810 bytes	Copia arquivos para dentro ou fora de um "archive" cpio ou tar
gzip 1.2.4-12.3 282.849 bytes	Programa GNU de compressão e descompressão de arquivos
lha 1.00-9.1 53.510 bytes	Utilitário de armazenamento e compressão de arquivos
ncompress 4.2.4-11.2 30.948 bytes	Utilitário que faz compressão e descompressão rápida
tar 1.12-1.5 280.772 bytes	GNU "tar" guarda vários arquivos juntos em uma fita ou arquivo de disco
unarj 2.41a-7.1 25.942 bytes	Usado para descomprimir armazenagens em formato.arj
unzip 5.31-3.1 343.660 bytes	Utilizado para listar, testar ou extrair arquivos de armazenagem.zip
zip 2.1-4.2 210.955 bytes	Utilitário de compressão e empacotamento de arquivo para UNIX
Utilitários / Arquivo	Programas que não podem faltar no computador de um bom Linuxer.
file 3.25-2.3 225.788 bytes	Útil para descobrir o tipo do arquivo que você está procurando
fileutils 3.16-10.5 1.004.869 bytes	Utilitários GNU para gerenciamento de arquivos
findutils 4.1-25.4 184.770 bytes	Programas para ajudar a localizar arquivos em seu sistema
git 4.3.17-3.3 715.435 bytes	Browser de sistema de arquivo para sistemas UNIX
lslk 1.18-1.2 34.450 bytes	Listador de arquivos de travamento do UNIX
lsof 4.37-1.1 547.823 bytes	LiSt Open Files lista os arquivos abertos
macutils 2.0b3-9.1 206.218 bytes	Conjunto de utilitários para manipulação de arquivos do Macintosh
mtools 3.9.1-2.4 515.726 bytes	Coleção de utilitários para acessar discos MS-DOS no UNIX
sharutils 4.2-10.1 237.773 bytes	Utilitários shar podem ser usados para codificar e empacotar vários arquivos
smbfs 2.0.1-4.2 51.471 bytes	Ferramentas para montar sistemas de arquivos em servidores SMB
stat 1.5-8.1	Mostra informações em nível de sistema de arquivo sobre um determinado arquivo

6.513 bytes	
symlinks 1.2-2.1 100.923 bytes	Verifica vários problemas com symlinks em um sistema
tree 1.2-4.1 19.067 bytes	Utilitário "tree" do MS-DOS para UNIX
which 1.0-8.1 7.227 bytes	Dê a ele um nome de programa, e ele lhe dirá se está no seu "PATH"
Utilitários / Console	
SVGATextMode 1.8-2.1 865.438 bytes	Permite que o modo da tela do console do Linux seja controlado detalhadamente
open 1.4-3.2 12.575 bytes	Executa um comando num determinado console virtual
vlock 1.2-2.2 9.647 bytes	Tranca o terminal corrente, ou tranca o sistema inteiro de console virtual
Utilitários / Impressão	
mpage 2.4-5.1 86.173 bytes	Formata múltiplas páginas de texto ASCII em uma única página de PostScript
Utilitários / Sistema	
MAKEDEV 2.3.1-7.1 24.909 bytes	Contém script que torna fácil a criação e manutenção dos arquivos do diretório /dev
adjtimex 1.3-3.1 22.772 bytes	Sistema de administração do relógio do kernel
apmd 2.4-6.2 65.011 bytes	Utilitários e servidor para gerenciamento avançado de energia (APM)
awesfx 0.4.2-1.2 257.852 bytes	Utilitários para o driver de som AWE32
cabaret 0.6-3.1 85.979 bytes	Programa amigável em modo texto para manipular o arquivo /etc/fstab
chkconfig 0.9.6-1.1 55.305 bytes	Ferramenta simples na linha de comando para manter a hierarquia de diretórios /etc/rc.d
control-panel 3.7-7.1 177.999 bytes	O Control Panel Red Hat é um programa X que executa várias ferramentas de configuração
cracklib-dicts 2.7-2.2 232.947 bytes	Dicionário cracklib para o padrão /usr/dic/words e alguns utilitários
dump 0.3-14.1 126.627 bytes	O dump e o restore podem ser usados para fazer backup em partições ext2 de várias maneiras
e2fsprogs 1.12-0.5 923.565 bytes	Utilitários para criação, checagem e reparo de sistema de arquivos ext2
eject 1.5-4.1 35.247 bytes	Permite ao usuário ejetar mídia que é auto-ejetável como CD-ROMs, drivez Jaz, etc.
ext2ed 0.1-14.1 290.165 bytes	Permite editar sistema de arquivos ext2fs
fstool 2.6-4.2 73.911 bytes	Programam X para manipular o arquivo /etc/fstab
getty_os 2.0.7j-4.3 154.139 bytes	Getty e ungetty são usados para aceitar logins no console ou em terminal
glint 2.6.2-1.1 243.760 bytes	Glint é uma interface gráfica para a ferramenta de administração de pacotes de RPM
hdparm 3.5-1 37.789 bytes	Utilitário para ajustar parâmetros do disco rígido
helptool 2.4-4.1 23.863 bytes	Ferramenta com interface gráfica para procurar ajuda por meio de várias fontes disponíveis
info 3.12-9.1 198.008 bytes	O projeto GNU usa o formato de arquivos texinfo para a maioria de sua documentação. Este pacote inclui um browser para visualização desses arquivos
ipfwadm 2.3.0-6.1 87.782 bytes	Este é o IP firewall e a ferramenta de administração de contas
isapnptools 1.15a-3.1 179.385 bytes	Permite que dispositivos ISA plug-And-Play sejam configurados numa máquina UNIX

kbd 0.96a-8.2 1.119.055 bytes	Utilitários para carregar fontes de console e mapas de teclado
kbdconfig 1.8.3-1.2 33.880 bytes	Programa em modo terminal para ajustar o mapa de teclado para o seu sistema
kernelcfg 0.5-3.2 60.069 bytes	Red Hat Linux Kernelcfg provê uma interface gráfica que permite uma administração facilitada de sua configuração kerneld
ldconfig 1.9.5-8.1 111.823 bytes	Examina um sistema e mantém os links simbólicos que são usados para carregar adequadamente as bibliotecas compartilhadas
lilo 0.20-2.2 1.098.209 bytes	Responsável pelo carregamento do kernel Linux de um disquete ou do disco rígido, dando a ele o controle do sistema
linuxconf 1.13r5-5cl 9.494.983 bytes	Fornece uma interface de navegação fácil que é acessível via console/texto, web e X, permitindo o gerenciamento da Rede, Contas de Usuários, Sistemas de Arquivos, Modos de inicialização, entre outras tarefas
logrotate 2.6-3.1 42.407 bytes	Projetado para facilitar a administração de sistemas que geram grande número de arquivos de log
losetup 2.8a-2.3 7.712 bytes	Suporte para dispositivo de bloco especial chamado loopback, que mapeia um arquivo normal em um dispositivo de bloco virtual
lpr 0.33-1.1 172.492 bytes	Gerencia os serviços de impressão
mam 1.5f-1.3 100.893 bytes	Conjunto de páginas de manual, incluindo man, apropos e whatis
mingetty 0.9.4-8.3 35.835 bytes	Leve e pequeno getty para usar somente em consoles virtuais
mkbootdisk 1.1-2.2 6.072 bytes	Cria um disco de inicialização autocontido

mkdosfs-ygg 0.3b-8.1 16.150 bytes	Para criar sistema de arquivos MS-DOS FAT
mkinitrd 1.8-3.2 7.079 bytes	Kernels genéricos podem ser construídos sem drives para quaisquer placas SCSI
mkisofs 1.12b4-1.1 141.996 bytes	Usado para criar imagens de sistema de arquivos ISO 9660 para criação de CD-ROMs
mktemp 1.4-3.2 8.151 bytes	Utilitário que faz interface para a função do sistema mktemp() para permitir que scripts shell e outros programas usem arquivos no /tmp com segurança
modemtool 1.21-3.1 16.473 bytes	Ferramenta gráfica simples de configuração para selecionar a porta serial em que seu modem está conectado
mount 2.8a-2.3 162.677 bytes	Usado para adicionar novos sistemas de arquivos, tanto local como em rede, à estrutura do seu diretório corrente
mouseconfig 3.1.3-1.3 105.092 bytes	Ferramenta modo texto de configuração do mouse
mt-st 0.5-1.1 65.614 bytes	Para desenvolver várias operações em fitas, incluindo retroceder, ejetar, etc.
netcfg 2.19-5.2 169.709 bytes	Red Hat Linux netcfg oferece uma interface GUI que permite facilmente administrar sua configuração de rede
ntsysv 0.9.6-1.1 20.293 bytes	Ferramenta baseada em menus para atualizar a hierarquia de diretórios /etc/rc.d
popt 1.1.1-2.2 10.405 bytes	Biblioteca C para interpretar parâmetros da linha de comando
portslave 1.16 3.2 268.893 bytes	Programa cliente RADIUS (serviços de usuário para acesso discado remoto) que foi projetado para permitir que uma máquina com Linux e uma placa multiserial emulem um servidor de terminais Livingston Portmaster2
printtool 3.29-3.2 115.066 bytes	Interface gráfica para configurar impressoras
procinfo 14-2.1 42.373 bytes	Pacote que permite obter informações úteis do /proc, o qual é o sistema de arquivos do kernel
procps 1.2.9-2.4 246.083 bytes	Utilitários que relatam o estado do sistema
psacct 6.3.2-0.1 289.896 bytes	Ferramentas para contabilizar as atividades de processos

psmisc 17-3.2 42.370 bytes	Programas para mostrar uma árvore de processos
quota 1.55-9.2 82.056 bytes	Permite ao administrador do sistema limitar o uso de disco por usuário e/ou grupo
raidtools 0.50beta10-2.1 142.381 bytes	Fornece ferramentas para configuração e manutenção de dispositivos RAID
rhbackup 0.2-1.1 29.802 bytes	Utilitário de backup que pode ser usado para backup local e remoto
rhmask 1.0-3.1 8.327 bytes	Permite a distribuição de arquivos como máscaras sobre outros arquivos
rhs-hwdiag 0.30-1.3 71.878 bytes	Utilitários que listam dispositivos do sistema
rhs-printfilters 1.46-3.2 92.614 bytes	Maneira fácil de manipular a impressão de vários formatos de arquivos
rhsound 1.7-3.1 12.110 bytes	O serviço falso criado por rhsound permite que os módulos de som sejam carregados pelos scripts de inicialização e preserva as configurações do mixer entre shutdowns
rmt 0.3-14.1 12.362 bytes	Provê acesso remoto a dispositivos de fita para programas como dump, por exemplo
rpm 2.5.6-1.3 1.109.278 bytes	Poderoso gerenciador de pacotes, que pode ser usado para construir, instalar, pesquisar, verificar, atualizar e desinstalar pacotes individuais de software
rpm2html 0.99-2.2 523.756 bytes	Provê informações além do nome do arquivo antes de instalar o pacote; tenta resolver as dependências, analisando tudo que um conjunto de RPMs fornece e requer
rpmfind 0.99-1.2 1.735.214 bytes	Mostra a lista de pacotes para recuperar o espaço total necessário no disco
setconsole 1.0-5.1 4.401 bytes	Configura /etc/inittab, /dev/systty e /dev/console para um novo console
setserial 2.14-4.1 41.421 bytes	Programa que permite visualizar e alterar vários atributos de um dispositivo serial
setuptool 1.0-1.1 9.669 bytes	Programa em modo texto que dá acesso a todas as ferramentas de configuração do Red Hat Linux
sh-utils 1.16.-14.4 644.217 bytes	Os utilitários shell GNU oferecem muitos dos comandos básicos mais comuns e usados para programação shell
shadow-utils 980403-4.3 612.647 bytes	Programas para converter arquivos-padrão UNIX de senha no formato shadow (pwconv5)
shapecfg 2.0.36-1.2 3.448 bytes	Configura os traffic shaper, limitador de banda
sliplogin 2.1.1-3.1 54.139 bytes	Vincula uma interface SLIP a uma entrada padrão
sndconfig 0.27-1.4 197.581 bytes	Ferramenta baseada em texto para configuração de som
statserial 1.1-10.1 175.786 bytes	Mostra uma tabela dos sinais em uma porta serial padrão 9 ou 25 pinos
sudo 1.5.6p2-1.1 189.703 bytes	Permite que o administrador do sistema dê a certos usuários a habilidade de rodar alguns comandos como root, etc.
swatch 2.2-3.1 132.398 bytes	Usado para monitorar arquivos log
tacp2rad 0.1-2.1 39.986 bytes	Este servidor fica entre um cliente TACACS+ (servidor de acesso CISCO) e um servidor RADIUS, traduzindo requisições de autenticação, autorização e contabilidade
taper 6.9-2.1 895.686 bytes	Programa de backup e restore de fita, com interface amigável
time 1.7-6.1 18.013 bytes	Utilitário usado como uma espécie de cronômetro para medir o tempo de execução de um comando
timeconfig 2.5-1.4 77.643 bytes	Ferramenta simples para ajustar tanto o fuso horário quanto o modo como que o relógio do sistema armazena o tempo
timetool 2.3-7.1 23.178 bytes	Interface gráfica para ajustar a data e a hora correntes do sistema
tksysv 1.0-3.2 36.651 bytes	Ferramenta gráfica para manipular níveis de execução (runlevels)

tmpwatch 1.5.1-2.1 8.491 bytes	Programa que pode ser usado para limpar diretórios
tunelp 1.3-8.1 9.730 bytes	Ajuda na configuração do driver de porta paralela do kernel
usernet 1.0.8-1.1 22.406 bytes	Programa feito para facilitar aos usuários o gerenciamento de dispositivos de rede, que podem ser controlados por usuários não root
util-linux 2.8-8.3 851.685 bytes	Utilitários de sistema de baixo nível para um sistema Linux funcional
Utilitários / Sistema / Linuxconf	
managerpm 1.8_1.13r5-1cl 243.734 bytes	Configurador do Linux que provê uma interface ao sistema RPM
userinfo 1.0_1.13r5-1cl 166.472 bytes	Definir campos adicionais à caixa de diálogo de contas de usuários do configurador Linux
Utilitários / Terminal	
dialog 0.6-12.2 97.240 bytes	Utilitário que permite programar interfaces de usuário em um TTY
screen 3.7.4-3.1 366.592 bytes	Programa que permite múltiplos logins em um terminal
Utilitários / Testes de Perfomance	
bonnie 1.0-3.1 42.404 bytes	Benchmark (teste de perfomance) popular que verifica vários aspectos do sistema
Utilitários / Texto	
conjugue 0.3-2 76.910 bytes	Script awk capaz de conjugar verbos da língua portuguesa
diffstat 1.25-5.1 11.447 bytes	Oferece várias estatísticas em um patch gerado por diff
diffutils 2.7-11.1 151.657 bytes	Os utilitários diff podem ser usados para comparar arquivos e gerar uma gravação das diferenças entre eles
faces 1.6.1-11.1 142.600 bytes	Pacote usado principalmente com o exmh
faces-xface 1.6.1-11.1 20.568 bytes	Utilitários para manipular cabeçalhos de mail X-Face
gawk 3.0.3-3.2 2.342.912 bytes	Este é o GNU awk. Usado para processar arquivos textos e é considerado uma ferramenta padrão do Linux
grep 2.2c-1.2 315.563 bytes	Implementação GNU do popular utilitário grep para localização rápida de string em arquivos
ispell 3.1.20-11.3 3.790.448 bytes	Corretor ortográfico interativo GNU
less 332-2.2 141.694 bytes	Visualizador de arquivo texto parecido com "more"
m4 1.4-10.1 119.871 bytes	Linguagem de processamento de macro GNU
mawk 1.2.2-9.1 129.532 bytes	Versão do awk, que é um poderoso programa processador de texto
nenscript 1.13++-12.1 25.148 bytes	Filtro de impressão
patch 2.5.3-1.1 179.126 bytes	Programa para ajudar a reparar (patching) programas
perl 5.004m4-1.2 12.521.169 bytes	Linguagem interpretada, otimizada para tratar arquivos texto, extraindo informações desses arquivos e mostrando relatórios baseados nessas informações
perl-MD5 1.7-3.2 30.472 bytes	Fornece acesso ao algoritmo md5 da RSA para programas escritos em perl
rgrep 0.98.4-6.1 17.060 bytes	Utilitário grep recursivo que pode destacar a expressão encontrada
sed 3.02-1.1 69.772 bytes	Copia os arquivos nomeados para a saída padrão, editados de acordo com um script
textutils 1.22-7.4 787.412 bytes	Utilitários GNU de processamento de arquivos texto

words 2-11.1 421.342	Dicionário Inglês em /usr/dict
X11	Programas para o sistema X Window
urw-fonts 1.0-3.1 2.233.877 bytes	Versões distribuíveis de 35 fontes padrão PostScript
xinitrc 1.6-1.3 38.714 bytes	Script básico de inicialização do X Window usado pelo comando startx
X11 / Aplicações	
usermode 1.4.3-1.3 80.501 bytes	Ferramentas gráficas
xfm 1.3.2-10.1 596.425 bytes	Gerenciador de arquivos X Window que permite manipular arquivos e diretórios
xpdf 0.7ª-1.1 763.292 bytes	Visualizador de arquivos PDF (Portable Document Format)
xrn 9.01-1.1 240.500 bytes	Programa do X Window para leitura de news
xterm-color 1.1-9.2 196.217 bytes	Atua como um emulador de terminal padrão xterm/VT100
X11 / Aplicações / Desenvolvimento	
xwpe-X11 1.5.12ª-1.2 637.663 bytes	Programas específicos para X Window
X11 / Aplicações / Gráficos	
imagemagick 4.1.0-1.3 2.485.778 bytes	Ferramenta para manipular, converter e exibir imagens, que funciona sob o X Window
gimp 1.0.2-0 7.530.181 bytes	Programa de manipulação de imagens adequado para retoque de fotos, composição e editoração de imagens
gimp-data-extras 1.0.0-2.1 8.013.725 bytes	Padrões, gradientes, etc. para o gimp
gimp-devel 1.0.2-0 275.565 bytes	Bibliotecas estáticas e arquivos de inclusão para escrever extensões e plugins para gimp
gimp-libgimp 1.0.2-0 168.748 bytes	Bibliotecas de comunicação entre o Gimp e outros programas que suportam plugins
gv 3.5.8-5.1 421.499 bytes	GV permite visualizar e navegar por meio de documentos PostScript e PDF
mxp 1.0-9.1 54.086 bytes	Conjunto gerador Mandelbrot para X Window
transfig 3.2.1-1.2 282.219 bytes	Conjunto de ferramentas para criação de documentos Tex com gráficos portáveis
xanim 27070-1.1 729.811 bytes	Visualizador para vários formatos de gráficos animados, incluindo QuickTime e Flic
xloadimage 4.1-10.1 241.506 bytes	Mostra imagens em uma janela X11
xmorph 1996.07.12-5.1 126.930 bytes	Permite criar "morphs" fascinantes
Xpaint 2.4.9-6.1 417.678 bytes	Ferramenta para edição de imagens coloridas que apresenta a maioria das opções-padrão de programas de pintura
xv 3.10ª-13.3 4.588.311 bytes	Visualizador gráfico para vários tipos de arquivos, incluindo GIF, JPG, TIFF, etc.
X11 / Aplicações / Rede	
netscape-common 4.5-1.4 7.644.467 bytes	Arquivos compartilhados entre os navegadores Netscape
netscape-communicator 4.5-1.4 12.179.246 bytes	Navegador Web líder de mercado
netscape-navigator 4.5-1.4 7.213.257 bytes	Navegabor Web líder de mercado
x3270 3.1.1.6-3.1 566.864 bytes	Este programa emula terminal IBM 3270

xgopher 1.3.3-6.1 283.812 bytes	Método de acesso a informações na Internet
X11 / Bibliotecas	
imageMagick-devel 4.1.0-1.3 1.449.457 bytes	Bibliotecas estáticas e arquivos de inclusão para aplicações com código ImageMagick
mesa-glut 3.0-1.2 280.621bytes	Biblioteca GLUT – Mesa
xaw3d 1.3-17.1 285.098 bytes	Versão incrementada do conjunto MIT Athena Widget para X Window
xaw3d-devel 1.3-17.1 660.046 bytes	Versão incrementada do conjunto MIT Athena, com as principais bibliotecas e arquivos de inclusão
gnome-core 0.20.1-2.1 1.043.579 bytes	Programas e bibliotecas básicas para a instalação do GNOME
gtk+ 1.0.6-3.1 1.204.159 bytes	Bibliotecas X originalmente escritas para o GIMP
gtk+-devel 1.0.6-3.1 1.729.258 bytes	Bibliotecas estáticas e arquivos de inclusão do GIMP
imlib 1.8.1-1.1 350.522 bytes	Biblioteca avançada, que substitui as bibliotecas libXpm, que fornece muito mais opções
imlib-cfgeditor 1.8.1-1.1 345.101 bytes	Permite controlar como a imlib usa as cores e trata correção gamma
imlib-devel 1.8.1-1.1 516.480 bytes	Arquivos de inclusão, bibliotecas estáticas e documentação para Imlib
nls 1.0-4.1 4.126 bytes	Pacote de arquivos usados por alguns velhos binários X11R5 como Netscape
qt 1.41-1.4 2.194.293 bytes	Bibliotecas compartilhadas necessárias para rodar aplicações Qt
qt-devel 1.41-1.4 9.673.187 bytes	Ambiente necessário para desenvolver em Qt
xpm 3.4j-3.2 57.537 bytes	Aplicações para mostrar imagens bitmaps com cores
X11 / Bibliotecas / Mozilla	
flash 0.3.1-1 363.861 bytes	Plugin para o Netscape que permite visualizar arquivos Flash
X11 / Gerenciadores de Janelas	
afterStep 1.5-0.7.1 3.466.170 bytes	Continuação do gerenciador de janelas BowMan
afterStep-APPS 1.5-0.5 732.661 bytes	Applets que podem ser usados no módulo Wharf usado pelos gerenciadores de janela, como AfterStep e Window Maker
anotherLevel 0.7.2-1.2 316.835 bytes	Próxima versão do TheNextLevel
windowMaker 0.20.1-3.1 3.048.884 bytes	Gerente de janelas projetado para emular a aparência de parte da interface de usuário do NEXTSTEP ™
fvwm 1.24r-15.1 563.336 bytes	Gerente de janelas pequeno, rápido e muito flexível
fvwm2 2.0.47-1.3 1.592.705 bytes	Versão popular do "Feeble Virtual Window Manager"
fvwm2-icons 2.0.47-1.3 635.439 bytes	Pacote com ícones, bitmaps e pixmaps para fvwm e fvwm2
icewm 0.9.14-1.2 1.300.333 bytes	Gerenciador de janelas para X Window
wmakerconf 1.1.1-3.1 488.364 bytes	Ferramenta baseada em GTK+ para gerenciador de janelas Window Maker
wmconfig 0.6-1.2 49.102 bytes	Programa que gera configurações de menu para diferentes gerenciadores de janela disponíveis para o sistema X11
X11 / Interpretadores de Comando	
mcserv 4.1.35-2.3	Servidor para o sistema de arquivos em rede do Midnigth Commander

20.452 bytes	
tkmc 4.1.35-2.3 573.759 bytes	Interpretador de comandos visual que mais parece um gerenciador de arquivos
X11 / Jogos	
acm 4.7-8.2 3.520.585 bytes	Simulador de vôo para X
quakeworld 2.30-1.1 352.951 bytes	Cliente QuakeWorld para Linux
qualkeworld-X11 2.30-1.1 344.631 bytes	Cliente QuakeWorld para Linux/X11
xzip 180-1.2 107.982 bytes	Para todos os tipos de "adventure" em texto que podem adquirir uma nova dimensão com este interpretador
X11 / Jogos / Estratégia	
spider 1.0-7.1 52.878 bytes	Derivado de paciência com duplo baralho
xboard 4.0.0-1.1 602.738 bytes	Interface gráfica e fácil para o programa de xadrez da GNU
xdemineur 1.1-9.1 27.056 bytes	Jogo de intensa concentração, no qual você deve, com sucesso, determinar os locais das minas por meio de lógica e dedução
xgammon 0.98-12.1 3.355.454 bytes	Popular jogo de gamão que permite jogar contra o computador ou contra outro humano
xpat2 1.04-8.1 470.332 bytes	Baseado no jogo de paciência xsol de cartas
xpilot 3.6.2-4.1 1.612.065 bytes	Jogo de ação que permite diversos jogadores em rede. Objetivo: voar e matar
xpuzzles 5.4.1-4.1 509.256 bytes	Seleção de quebra-cabeças geométricos e brinquedos
X11 / Jogos / Vídeo	
cxhextris 1.0-12.1 39.282 bytes	Versão colorida do popular hextris
flying 6.20-9.1 217.322 bytes	Pacote de jogos que rodam em X Window
paradise 2.3p19-10.1 423.732 bytes	Netrek Paradise é um jogo muito popular para a Internet do tipo arcade
xbill 2.0-4.1 188.386 bytes	Jogo para achar e destruir todas as formas de Bill que tenta desestabilizar novos e antigos sistemas operacionais
xbl 1.0h-3.1 181.195 bytes	Versão em três dimensões de um popular jogo do tipo arcade
xboing 2.4-5.1 1.006.147 bytes	Baseado no jogo Breakout
xchomp 1.0-9.1 37.086 bytes	Adaptação do jogo PacMan
xevil 1.5-7.1 540.433 bytes	Jogo de ação e aventura para X Window no qual você, como um guerreiro Ninja, mata tudo à sua volta
xgalaga 2.0.34-1.2 794.485 bytes	Um clone do velho jogo arcade espacial "Galaga"
xjewel 1.6-9.1 50.289 bytes	Jogo mais parecido com Domain / Jewelbox do que um jogo de quebra-cabeça como Tetris
xlander 1.2-9.1 23.944 bytes	Tente manobrar sua nave para uma aterrissagem segura e suave
xtrojka 1.2.3-4.1 185.913 bytes	Similar ao xjewels ou Tetris
X11 / KDE	
kdeadmin 1.0-1.4 978.414 bytes	Ferramentas administrativas para o KDE
kdegames 1.0-1.4 4.459.033 bytes	Jogos para o KDE
kdegraphics 1.0-1.4	Aplicações gráficas para o KDE

2.028.330 bytes	
kdehelp-pt_BR 1.0-1.3 903.907 bytes	Tradução da documentação do K Desktop Environment para o português
kdelibs 1.0-1.3 3.836.708 bytes	Bibliotecas para o KDE, incluindo o jscript
kdemultimedia 1.0-1.4 1.998.039 bytes	Aplicações multimídias para o KDE
kdestart 1.0-1.4 3.398 bytes	Substitui o srtarx e xinitrc para inicializar o KDE de forma conveniente
kdesupport 1.0-1.4 1.662.935 bytes	Bibliotecas de suporte para o KDE
kdeutils 1.0-1.3 1.962.724 bytes	Utilitários para o KDE
kpilot 3.1b3-1 764.143 bytes	Utilitário KDE para o Palm Pilot
X11 / KDE / Aplicações	
klyx 0.9.8a-1 5.847.514 bytes	Processador de textos para o KDE baseado no Lyx, usa LaTeX com base
korganizer 0.9.16-1.1 977.963 bytes	Programa completo de calendário e agendamento para o KDE
X11 / KDE / Base	
kdebase 1.0-1.5 7.746.046 bytes	Aplicações básicas para o KDE
X11 / KDE / Gráficos	
kuickshow 0.6.1-1.1 229.101 bytes	Visualizador de imagens rápido para KDE
X11 / KDE / Rede	
kdenetwork 1.0-1.4 3.551.100 bytes	Aplicações de rede para o KDE
X11 / Passatempos	
multimedia 2.1-12.1 333.312 bytes	Programas voltados para multimídia, incluindo Xplaycd, um programa para tocar CDs de áudio usando o drive de CD-ROM
xbanner 1.31-3.2 663.986 bytes	Mostra texto, modelos e imagens na janela root
xearth 1.0-10.1 193.230 bytes	Mostra um globo pseudo-3D que rotaciona para mostrar a Terra como ela realmente é
xfishtank 2.0-10.1 395.198 bytes	Divirta-se com um aquário animado no fundo da sua tela
xsnow 1.40-7.1 29.155 bytes	Neve caindo continuamente acompanhada pelo vôo do Papai Noel na sua tela
X11 / Utilitários	
xconfigurator 3.82-1.6 298.975 bytes	Ferramenta Red Hat de configuração X que adiciona uma interface amigável para facilitar o uso pelo usuário final
ee 0.3-8.1 625.536 bytes	Visualizador de imagens Electric Eyes
gnome-linuxconf 0.14-4rh.1 98.931 bytes	Interface gráfica para o sistema de configuração linuxconfg
mgetty-viewfax 1.1.14-5.3 95.424 bytes	Visualizador de faxes para X11 com capacidade de zoom
mkxauth 1.7-9.1 16.043 bytes	Ajuda na criação e manutenção de bancos de dados de autenticação X (arquivos.Xauthority)
moonclock 1.0-13.1 25.801 bytes	Mostra a hora do dia e a fase atual da Lua
procps-X11 1.2.9-2.4 5.508 bytes	Utilitários X que reportam o estado do sistema
rxvt 2.4.7-2.2 459.567 bytes	Emulador de terminal VT100 para X
xcpustate 2.5-3.1	Monitor de perfomance instantânea

33.073 bytes	
xdaliclock 2.10-3.1 76.054 bytes	Mostra um relógio digital
xlockmore 4.11-3.1 1.940.879 bytes	Versão melhorada do xlock que permite ao usuário manter outros usuários longe de sua sessão X
xmailbox 2.5-5.1 30.749 bytes	Notificação automática de chegada de mensagens
xosview 1.6.1.a-4.1 102.172 bytes	Gráfico de barras do estado atual do sistema
xscreensaver 2.34-1.1 2.640.190 bytes	Protetores de tela de todos os tipos
xsysinfo 1.6-3.2 21.799 bytes	Vários aspectos de perfomance do sistema podem ser monitorados por este utilitário
xtoolwait 1.1-3.1 9.219 bytes	Utilitário para iniciar um programa e esperar por ele para mapear uma janela
xwpick 2.20-9.1 45.392 bytes	Para captura de imagem de uma janela arbitrária ou de uma área retangular de um servidor X11
X11 / Xfree86	
X11R6-contrib 3.3.2-3.1 457.334 bytes	Coleção de programas X do contrib X11R6
XFree86 3.3.3-2cl 14.162.279 bytes	X Window é uma interface gráfica completa com múltiplas janelas, múltiplos clientes e diferentes estilos de janela
XFree86-100dpi-fonts 3.3.3-2cl 1.258.244 bytes	Fontes 100dpi usadas na maioria dos sistemas Linux
XFree86-75dpi-fonts 3.3.3-2cl 1.086.437 bytes	Fontes 75dpi usadas no Linux
XFree86-XF86Setup 3.3.3-2cl 590.580 bytes	Ferramenta gráfica de configuração para a família de servidores XFree86
XFree86-devel 3.3.3-2cl 7.849.155 bytes	Bibliotecas, arquivos de inclusão e documentação para o desenvolvimento de programas que rodam como clientes X
XFree86-libs 3.3.3-2cl 1.907.676 bytes	Bibliotecas compartilhadas para aplicativos X, entre outros
XFree86-xfs 3.3.3-2cl 404.123 bytes	Versão modificada do servidor de fontes xfs para X

X11 / XFree86 / Servidores	
XFree86-3Dlabs 3.3.3-2cl 2.028.657 bytes	Servidor X para placas feitas com os chipsets 3Dlabs
XFree86-8514 3.3.3-2cl 1.625.240 bytes	Servidor X para placas IBM 8514
XFree86-AGX 3.3.3-2cl 1.796.784 bytes	Servidor X para as placas baseadas em AGX
XFree86-I128 3.3.3-2cl 2.032.696 bytes	Servidor X para a placa #9 Imagine 128
XFree86-Mach32 3.3.3-2cl 1.759.928 bytes	Servidor X para placas baseadas no chip ATI Mach32
XFree86-Mach64 3.3.3-2cl 1.878.248 bytes	Servidor X para placas baseadas no chip ATI Mach64
XFree86-Mach8 3.3.3-2cl 1.635.664 bytes	Servidor X para placas baseadas no chip ATI Mach8
XFree86-Mono 3.3.3-2cl 1.894.633 bytes	Servidor X monocromático genérico para placas VGA
XFree86-P9000 3.3.3-2cl 1.816.548 bytes	Servidor X para placas baseadas em chips Weitek P9000
XFree86-S3 3.3.3-2cl 2.269.224 bytes	Servidor X para placas baseadas em chips da S3
XFree86-S3V 3.3.3-2cl 2.014.632 bytes	Servidor X para placas baseadas em chipset S3 Virge

XFree86-SVGA 3.3.3-2cl 2.913.895 bytes	Servidor X para a maioria dos dispositivos SGA framebuffer simples
XFree86-VGA16 3.3.3-2cl 1.817.054 bytes	Servidor X genérico para placas VGA de 16 cores
XFree86-W32 3.3.3-2cl 1.675.168 bytes	Servidor X para placas baseadas nos chips ET4000/W32
XFree86-Xnest 3.3.3-2cl 2.058.699 bytes	Servidor X que roda em uma janela X
XFree86-Xvfb 3.3.3-2cl 2.498.730 bytes	Servidor X que roda em uma janela X
X11 / Gnome	
gnome-libs 0.20-3.1 569.646 bytes	Bibliotecas básicas que devem ser instaladas para usar o GNOME
gnome-libs-devel 0.20-3.1 1.934.038 bytes	Bibliotecas e arquivos de inclusão para o desenvolvimento de aplicações

Entendendo o Projeto Fedora e a Red Hat Enterprise

Vamos entrar agora no entendimento e instalação da distribuição Red Hat do Linux. A qual já se tornou uma das mais profissionais e difundidas distribuições em todo o mundo.

Antes de entrarmos neste assunto, vamos abordar um ponto de vista financeiro. A Red Hat, bem como eu ou você, temos que pagar contas no final do mês, certo ? Contas estas que vão desde o salário dos funcionários, bem como a manutenção do portal na Internet. E então, como a Red Hat obtém este capital sendo o Linux um software gratuito ?

Uma das coisas que temos que dismistificar no mundo do software livre, é que nem tudo deve ser gratuito, pelo menos, esta é a minha opinião. O software pode ser gratuito, mas o serviço e a manutenção não.

Pensando obviamente na própria sustentabilidade da empresa, e na qualidade da evolução de seus produtos, a Red Hat redesenhou todo o seu pacote de produtos, bem como sua estratégia.

Para este livro, a versão escolhida para instalação e entendimento é a **Red Hat Fedora Core 1**.

No fechamento da edição deste livro, a Red Hat (**www.redhat.com**) disponibilizava as seguintes versões de sua distribuição:

Perfil / Versão	Descrição / Público
Red Hat Linux 9 Gratuito	Esta foi a última versão do sistema operacional legado da Red Hat, o qual foi o predecessor das novas versões: Red Hat Enterprise Linux e o Projeto Fedora. A versão deste sistema ainda pode ser copiada do site da Red Hat.
Red Hat Enterprise Linux Valor inicial US$ 179,00	A família de produtos Red Hat Enterprise Linux é um conjunto de recursos que estão se tornando o padrão no mercado. Designado para computação corporativa de missão crítica, e com certificação de vários fornecedores e parceiros da Red Hat. Montado para obter alta performance, tanto para estações de trabalho como servidores para datacenters. **Red Hat Enterprise Linux** Os produtos desta família possuem assinatura anual com suporte incluso, através da Red Hat Enterprise Network. Recurso este que permite que seu sistema fique sempre atualizado, além de contratos por nível de serviço (SLA). • **Red Hat Enterprise Linux AS**: antigamente conhecimento como Red Hat Linux Advanced Server, este é atualmente a solução Linux para infra-estrutura corporativa. Esta suporte arquiteturas robustas, com até 8 CPU e 16 Gb de memória, entre outros recursos. • **Red Hat Enterprise Linux ES**: esta solução foi montada para atender aos requisitos de sistema operacional centralizado, infra-estrutura de rede, bem como servir de servidor de aplicações para corporações de nível departamental. Compatível com as demais soluções Red Hat, é uma solução ideal para atender serviço de impressão, correio eletrônico, compartilhamento de arquivos, e servidor web. Trabalha perfeitamente com sistemas com até 2 CPUs e 4 Gb de memória. O contrato de compra prevê vários níveis de suporte. • **Red Hat Enterprise Linux WS**: esta solução da Red Hat é voltada para atender como a estação de trabalho/cliente para as demais soluções Red Hat Enterprise. Voltada para atender com perfeição a arquitetura cliente-servidor, segue vários padrões de qualidade e performance. Tem suporte a sistemas até duas CPUs e possui recursos de servidor, para Apache e Samba. Pode-se também contratar perfil de contrato de suporte específico
Projeto Fedora Gratuito	O projeto Fedora é um projeto de software livre (open source) que tem o endosso, parceria e patrocínio da Red Hat. **Fedora**™ P R O J E C T

	O objetivo do Projeto Fedora é representar a parceria da comunidade Linux na construção de um sistema operacional completo, de uso geral e totalmente gratuito. O desenvolvimento será feito de forma pública, e a liberação de releases será feita de 2 ou 3 vezes ao ano. Os engenheiros de software da Red Hat continuarão participando da construção do núcleo do Fedora, bem como aceita contribuições provenientes da comunidade de usuários. O Projeto Fedora também é a unificação deste com os uusuários associados Hat Linux Project. Como estratégia da Red Hat, o projeto Fedora servirá de fonte para novas tecnologias e recursos que serão adicionados no futuro na solução Red Hat Enterprise.

Com estas informações, pode surgir a pergunta: qual é o Linux Red Hat ideal para você: Fedora ou Enterprise ?

Alguns anos atrás havia apenas um Red Hat Linux, e como a aceitação desta plataforma cresceu no mundo corporativo, obviamente, apenas um produto Red Hat não pode ser tudo para todos. É por esta razão que em 2002 a Red Hat criou a solução Red Hat Enterprise Linux, a qual é estável, com suporte, e certificada por ser um padrão Linux.

Enquanto do outro lado, o projeto Fedora foi criado em 2003. Este foi desenvolvido para e com a ajuda da comunidade do software livre, e voltado para usuários do Linux em ambientes de não missão-crítica.

Portanto, a análise para responder a pergunta de qual solução é melhor para o seu caso, somente poderá ser respondida após você conhecer qual a sua necessidade, enquanto empresário ou profissional. No site da Red Hat (www.redhat.com) você poderá encontrar muitas outras comparações e referências ao assunto. Visite o site http://www.redhat.com/software/rhelorfedora/

Instalação do Projeto Fedora Core 1

Após a explicação da distinção dessa nova estratégia da Red Hat para o mundo Linux, vamos iniciar nossa fase de instalação.

O portal do Projeto Fedora na Red Hat está no site **http://fedora.redhat.com/**. Neste site, você poderá adquirir os código-fontes, documentação, contatos de outros usuários, e será sua referência na evolução do projeto.

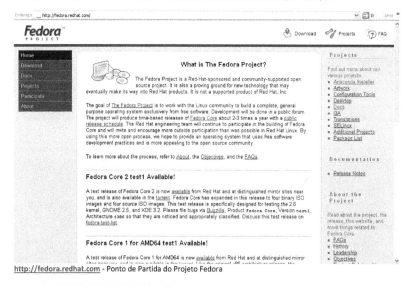

http://fedora.redhat.com - Ponto de Partida do Projeto Fedora

Os principais sites do projeto Fedora são:

Site	Conteúdo

http://fedora.redhat.com/download/	Página de Download e dos sites mirror ao redor do mundo
http://fedora.redhat.com/about/faq/	Seção de Perguntas e Respostas
http://fedora.redhat.com/projects/anaconda-installer/	Programa de instalação para as distribuições Red Hat. Durante a instalação, os dispositivos de hardware do sistema são identificados e configurados, e o sistema de arquivo e arquitetura são montados. Este permite ainda que os usuários instalem o sistema operacional, além de realizar as atualizações. Este programa pode ser executado de modo interativo, ou no modo kickstart. Este pode ser obtido separadamente, ou através de pacotes RPM.
http://download.fedora.redhat.com/pub/fedora/linux/core/updates/	Atualizações do Projeto Fedora. Utilize o **Hat Update Agent (up2date)** para verificar as atualizações.

A versão escolhida para este laboratório foi a do Projeto Fedora Core 1, mas a Core 2 já se encontrava em testes. Os procedimentos apresentados a seguir atendem a ambas as versões.

Uma das questões a definir por você, é em qual arquitetura de hardware é utilizada em sua residência ou empresa, pois há uma versão específica para cada uma.

A versão Fedora Core está atualmente distribuída em três arquivos imagens (ISO) de binários, e até quatro arquivos imagens (ISO) com os fontes. Esta versão de teste foi projetada para testes do Kernel 2.6, a interface GNOME 2.5 e o KDE 3.2. É de extrema utilidade que os problemas encontrados sejam reportados na página do projeto.

A instalação do Fedora Core pode ser feita de várias maneiras, as quais dependem proporcionalmente ao seu tempo disponível, bem como a qualidade de sua conexão Internet.

Download das Imagens de CD-ROM (ISO) via Conexão Internet

Se você estiver conectado a Internet por uma conexão lenta, como linha discada com modem comum, então, o download do Fedora Core consumirá muito do seu tempo. Por exemplo, se você decidir em copiar os arquivos imagens de CD-ROM, chamados ISO, então cada arquivo imagem terá uma transferência de 650 megabytes. O que significa, infelizmente, em um conexão Internet a 56k, que consumirá 27 horas para completar todos os CD-ROMs. Pense em fazer isto num cybercafé ou em horários alternativos. Eu consegui fazer a partir das 2 horas da manhã !!!

Particionando o Disco

Como apresentado na instalação da distribuição Conectiva Linux, você necessita particionar o disco do seu computador para Linux. Este assunto não será abordado novamente, portanto, consideraremos que você já tenha executado esta tarefa. Necessitando maiores detalhes específicos ao Projeto Fedora, consulte esta seção na página do projeto. Isto é importante no caso de que você deseje ter um computador com dual-boot, por exemplo, para uma para o Linux e outra partição para o Windows.

Este seu estudo avançado será necessário se você deseja uma configuração mais avançada, caso contrário, o recurso de particionamento automático do Fedora Core atenderá seus requisitos de forma perfeita.

Download dos Arquivos-Imagem para Instalação via Disquete

Como este procedimento não será utilizado neste nosso laboratório, caso esta for sua necessidade de instalação, veja os procedimentos e copie os arquivos no site http://download.fedora.redhat.com/pub/fedora/linux/core/1/i386/os/images/. Este procedimento vale para os computadores que ainda não realizem boot via drive CD-ROM.

Se ainda for o caso, procure também arquivos-imagem para instalação através da rede ou conexão via cartão PCMCIA.

Realizando o Download dos Arquivos ISO

A melhor solução que recomendo é realizar a cópia dos arquivos-imagem de CD-ROM do Fedora Core. Estes arquivos serão gravados fisicamente em CD-ROMs, inclusive o CD-ROM que utilizaremos para a inicialização (boot) do computador.

A última versão oficial dos arquivos imagens ISO da Fedora Core poderá ser copiada do site:

http://download.fedora.redhat.com/pub/fedora/linux/core/1/i386/iso/

Dependendo do seu equipamento, você poderá copiar arquivos imagens para gravação em DVD.
Para nosso laboratório, e pela qualidade da minha conexão Internet, nós estaremos utilizando um dos sites mirror do Fedora Core existente no Brasil para a cópia dos arquivos:

RNP – ftp://mirror.pop-rs.rnp.br/pub/download.fedora.redhat.com/pub/fedora/linux/core/

Para este momento, a cópia será feita apenas dos arquivos dos binários, e não dos código-fonte. Os arquivos imagens ISO contém os fontes RPMs, os quais estão localizados no mesmo diretório dos arquivos binários, mas os mesmos não são necessário na fase de instalação.
Os arquivos que necessitamos para instalação inicial são:

- yarrow-i386-disc1.iso
- yarrow-i386-disc2.iso
- yarrow-i386-disc3.iso

Como mencionado, ao visitar o endereço Internet da **RNP** acima, você terá acesso aos arquivos ISO do Fedora Core 1, ou se preferir, visitar o site da Red Hat, que é bem mais congestinado, e copiar a versão Core 2.
Na imagem da tela abaixo, iniciamos nossa cópia que consumiria quase dez hora numa conexão rápida com a Internet:

Download dos arquivos Fedora Core - Em execução de dez horas

Dez horas depois de ter realizado a cópia dos arquivos acima, já poderemos iniciar a gravação (burn) dos CD-ROMs de instalação e auxiliares.
Os arquivos imagem ISO não são gravados em CD-ROMs de forma idênticas aos arquivos tradicionais. Se você tiver outras dúvidas deste procedimento, visite o site do projeto Fedora, e consulte o procedimento **cdrecord**.
Neste laboratório, a utilização do software **Easy CD Creator** (http://www.creativepro.com/software/home/931.html) é que estava mais próxima para finalização desta tarefa.
Ao executar o seu programa favorito, que pode ser qualquer um, procure a opção de "**Criar CD-ROM a partir de Imagem ISO**" ou "**Create CD-ROM from IMAGE FILE**'.
Na tela abaixo, ao selecionar esta opção no aplicativo Easy CD Creator , o acesso é permitido de leitura de arquivos somente com a extensão **ISO**.

Montagem do primeiro CD-ROM de Boot – Fedora Core - no Easy CD Creator

Tendo sido feita a seleção do arquivo ISO para cada respectivo CD-ROM, basta solicitar a gravação com ou sem teste prévio. Este processo tem a duração média de vinte minutos. A tela abaixo exemplifica este procedimento:

Definição de Criação do CD-ROM com Teste e gravação

Cada um dos arquivos ISO corresponde a uma imagem de CD-ROM, portanto, deve ser gravada fisicamente em CD-ROM virgem. Um arquivo por CD, pois cada um tem mais ou menos 650MB.

Quando a gravação do CD-ROM tiver sido finalizada, você pode visualizar o conteúdo deste até mesmo no ambiente Explorer. A tela abaixo apresenta a arquitetura do CD-ROM com identificação **FC_1 i386** que foi gerado:

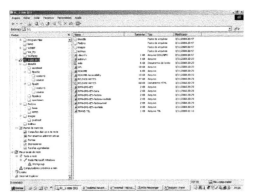

CD-ROM 1 – Disco de boot e instalação do Fedora Core

Dois arquivos importantes a destacar no CD-ROM 1da instalação do Fedora Core são:

- **README**: este arquivo descreve o conteúdo deste e dos demais CD-ROM da instalação.
- **RELEASE-NOTES.html**: este arquivo descreve os requisitos mínimos e recomendados para a instalação do Fedora Core no seu computador ou servidor.

Um resumo do conteúdo dos CD-ROMs é o seguinte:

- **CD-ROM 1**: este cd é utilizado para a inicialização automática do processo de instalação (boot), e possui ainda os diretórios: images (imagens de drive de disco para boot); isolinux (arquivos necessários para boot do CD-ROM); dosutils (utilitários de instalação para MS-DOS); RPM-GPG-KEY (assinatura de pacotes da Red Hat).

- **CD-ROM 2 e 3**: estes CD-ROMs são similares ao primeiro CD-ROM, exceto que apenas o diretório Red Hat está criado.

- **CD-ROM 4, 5 e 6**: estes possuem os diretórios SRPMS (para fontes dos pacotes) e RPM-GPG-KEY (assinatura de pacotes da Red Hat).

Tendo explicado isto, podemos iniciar a instalação por meio do nosso CD-ROM número 1 (um). Coloque-o na sua unidade de CD-ROM, e reinicialize o computador. Certifique da BIOS do seu equipamento esteja configurado para realizar o boot também pela unidade de CD.
    Caso a sua configuração tenha sido feita perfeitamente, bem como o Cd-ROM gravado com sucesso, a tela abaixo será apresentada:

Parabéns se nossa instalação está sincronizada. Conforme podemos ver na imagem acima, algumas opções antigas e padrões do processo de instalação permanceram. Destaco resumidamente cada uma:

- A primeira instrução, possibilita a instalação ou atualização no modo gráfico. Para isto, basta pressionar a tecla ENTER.
- A segunda instrução, possibilita a instalação ou atualização no modo texto do sistema. Para isto, basta digitar **linux text** e pressionar ENTER.
- A terceira e última instrução, refere-se as teclas de funções (PF's) do seu teclado e suas respectivas tarefas, a saber:

F1 – Main	Menu Principal e corresponde a tela apresentada acima.
F2 – Options	Installer Boot Options. São recursos para execução prévia ao processo de instalação: • Para desabilitar a verificação de hardware, digite **linux noprobe** e tecle ENTER • Para testa a mídia de instalação em uso, digite **linux mediacheck** e tecle ENTER. • Para habilitar o modo de resgate em caso de falha da instalação, digite **linux rescue**. • Para utilização de unidade de floppy disc, digite **linux dd**. • Para receber prompt e acompanhamento do método de instalação do CD-ROM, digite **linux askmethod**. • Se você estiver utilizando um Cd-ROM de instalação de atualização, digite **linux updates**. • Para realizar teste de memória do computador, digite **memtest86**.
F3 – General	Ajuda e dicas gerais para o processo de boot
F4 – Kernel	Para usuários com conhecimento mais avançado, pois permite a passagem de parâmetros específicos para a construção do kernel do Fedora Core
F5 - Rescue	O instalador disponibiliza um modo de resgate (rescue) para quando o sistema não realizar o boot com sucesso, após instalado.

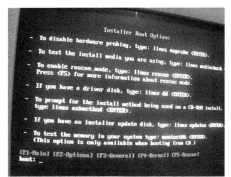

Exemplo Tela da tecla F2 – Installer Boot Options

No caso de um exemplo, se você optar em executar a verificação de sua mídia de instalação, através da digitação de **linux mediacheck**, a tela abaixo será apresentada durante a execução da verificação:

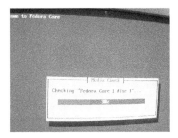

É que caso você não realize a verificação da mídia, o próprio processo de instalação, conforme tela abaixo, solicita a verificação, mas sem a obrigação:

Como a gravação foi perfeita, a escolha foi "**SKIP**" para esta tela. Após alguns instantes, a tela de boas vindas será apresentada:

A tela de boas vindas acima apresenta e inicia o processo de instalação. Oferece botão de **Ajuda,** Informações da **versão** (release) e **Retorna** a tela anterior. O idioma padrão de instalação é o Inglês.

Todo este processo de instalação é executado pelo instalador **Anaconda**. Projeto este de propriedade da Red Hat e do qual você pode participar de sua evolução. Este programa é utilizado para as distribuições da Red Hat.

Durante a instalação, o Anaconda configura, cria e identifica os dispositivos de hardware do sistema, bem como os sistemas de arquivos apropriados as respectivas arquiteturas. Pode-se ainda utilizar o Anaconta para atualizar versões existentes do Red Hat, o qual poderá ser executado em modo interativo (texto ou gráfico), ou no modo kickstart, o qual é executado sem nenhuma interação com o usuário. Este último caso é para grandes distribuições em rede. O Anaconta foi desenvolvido em Python e C, e está distribuído sob a licença GPL. A interface gráfica foi desenvolvida em PyGtk.

Para faciliar, já na próxima tela, é possível alternar para o Português, conforme escolhido:

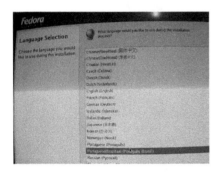

Com a escolha do idioma e executada a alteração, as próximas telas e configurações já virão no velho e bom Português.

A detecção foi automática para o Mouse, bastou então apenas a minha confirmação do mouse do meu sistema PS/2:

A definição do mouse permite a simulação e a escolha de uma lista enorme de fabricantes. Agregando assim mais compatibilidade.

O meu servidor Linux já veio com um monitor modelo Philips 105. Na fase seguinte de instalação, a escolha do monitor de vídeo é feita a partir da lista de fabricantes e/ou padrão. Contudo, sem fazer nenhuma alteração, o nosso monitor Philips já participava da lista de monitores disponíveis no Fedora. Veja a tela abaixo:

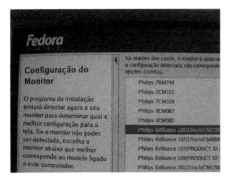

Após esta parte básica instalação, nós chegamos a primeira parte de importante definição. Qual será o perfil de nossa instalação do Fedora Core. Computador Pessoal; estação de trabalho; Servidor ou customizado ?

Esta pergunta deverá ser respondida a partir das suas necessidades e requerimentos técnicos. Cada uma pode logicamente ser customizada no futuro, mas este processo Fedora de instalação já facilitaria a configuração inicial para você.

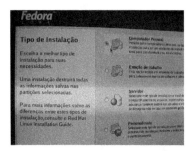

O instalador do Fedora apresenta o seguinte conteúdo para cada perfil:

- **Computador pessoal** = perfeito para computadores pessoais ou laptops, selecione este tipo de instalacao para ter um ambiente de trabalho grafico e criar um sistema ideal para uso domestico ou no escritório.

- **Estação de trabalho** = esta opcao instala um ambiente de trabalho grafico com ferramentas para desenvolvimento de software e administração de sistemas.

- **Servidor** = selecione este tipo de instalação se voce deseja configurar compartilhamento de arquivos, impressoras e serviços Web. Serviços adicionais também poem ser ativados e voce também pode escolher se deseja ou nao instalar um ambiente grafico

- **Personalizado** = selecione este tipo de instalacao para obter controle completo sobre o processo de instalacao, inclusive a seleçao dos pacotes de software e o particionamento.

Por exemplo, durante a instalação Personalizado, você poderá selecionar quais pacotes participarão ou não da sua instalação. A tela abaixo permite a seleção:

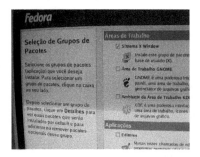

Uma vez que o perfil de instalação tenha sido definido, o Fedora Core irá iniciar preparar fisicamente o seu computador. Neste caso, o particionamento ou uso completo do disco rígido do seu computador. Para o nosso laboratório, utilizaremos o particionamento **automático**. Contudo, caso a sua escolha seja o particionamento manual, você deverá estar bem ciente do risco envolvido nesta tarefa.

A Configuração do particionamento de disco é um dos maiores obstáculos para um novo usuário ao Instalar o Linux é o particionamento. O Fedora Core torna este processo mais simples ao disponibilizar o particionamento automático. Para particionar manualmente, escolha a ferramente de particionamento Disco **Druid**.

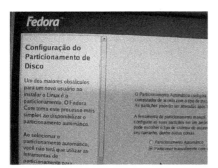

O particionamento será automático, mas obviamente, nós estaremos mantendo as partições pré-existentes no disco. No meu caso, o Windows 2000 já estava perfeitamente instalado.

Na tela de configuração de disco do processo de instalação do Fedora, veja tela abaixo, é possível alternar e redimensionar as partições do seu disco. Vale ressaltar que deveremos manter uma área para o Linux e outra para a área de Swap:

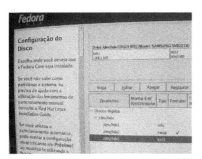

Como partição para o Linux, utilizaremos a área **/dev/hda3**, e **/dev/hda2** para a área de swap, ficando a área **/dev/hda1** para o Windows 2000.

Após a definição das respectivas partições e sistemas operacionais, o instalador Fedora Core questiona o conteúdo de cada partição Linux, e se é necessária a formatação. No nosso caso, é aconselhável a formatação prévia:

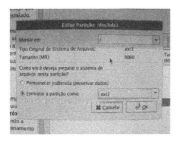

Como apresentamos antes, as telas acima representaram o particionamento manual do disco para a instalação do Fedora. E nosso caso, será o particionamento automático, o qual é realizado pelo próprio instalador Fedora Core. Após esta escolha, a tela abaixo é apresentada:

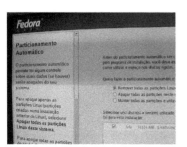

Normalmente vemos nas outras distribuições Linux a instalação do LILO como inicializador de carga/boot do Linux. O Fedora Core recomenda o **GRUB**. Se você não estiver familiarizado com este, pode-se obviamente não instalá-lo. A tela abaixo apresenta esta tarefa de forma bem fácil:

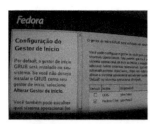

Independentemente do seu perfil de instalação do Fedora Core ser ou não um servidor, você poderá definir as configurações de rede. Uma vez que haja uma placa de rede, pode-se definir se a obtenção do endereço IP será automática (DHCP), ou manual.

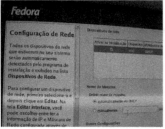

Um recurso já tão amplamente utilizado hoje em sistemas de rede é o firewall. O qual habilita ou não acessos externos ao seu sistema. Neste livro, este item é explicado em maiores detalhes sobre a sua real necessidade. Você poderá optar ou não pela sua instalação, bem como sobre quais serviços esta instalação terá efeito: WWW, FTP, Mail, etc...

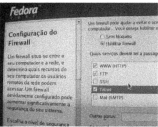

Na nossa definição inicial escolhemos o Português como nosso idioma padrão, mas na próxima tela, o Fedora Core permite que façamos a definição de idiomas adicionais, a escolha do Inglês é altamente recomendada:

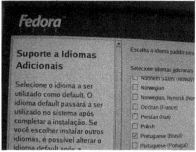

Com uma tela de altíssima qualidade e facilidade de uso, o Fedora Core habilita a nossa definição de Configurações Regionais (Fuso Horário), a qual poderá considerar ou não as faixas de horário UTC.

Já entrando na fase de finalização de instalação do Fedora Core, o instalador solicita a definição da senha do super-usuário (root) do sistema.

Neste laboratório de instalação do Fedora Core, o perfil de instalação escolhido foi o de Estação de Trabalho. O instalador então define seus pacotes padrão que serão utilizados automaticamente no processo. A partir desta informação, o instalador apresenta uma lista de itens que farão parte do seu perfil, e permite a customização, remoção ou adição de pacotes:

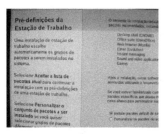

As alterações no perfil poderão ser feitas conforme sua necessidade técnica ou profissional. Finalizada sua customização ou apenas confirmação, uma tela semelhante a apresentada a seguir, informa que o processo terá início:

Por último, antes de dar início ao processo, o instalador Fedora Core informa que, para os pacotes padrão da instalação Estação de Trabalho realmente necessitará dos 3 (três) CD-ROMs gerados pelo site. Portanto, esteja certo de ter copiado e gerado perfeitamente os CD-ROMS de instalação:

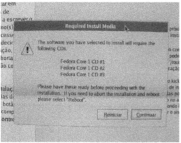

A partir deste momento, a instalação consumiu em média vinte e cinco minutos até a liberação da tela de login. Cada pacote e requisito foi apresentado na barra de progresso do processo de instalação:

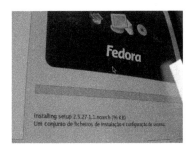

A instalação dos pacotes e configurações se dão na seqüência dos Cd-ROMS do Fedora Core. A imagem abaixo apresenta a instalação do pacote de bibliotecas **GNU Libc**:

O processo inteiro de instalação consumiu quarenta minutos. Após a instalação, você pode iniciar a utilização e configurações mais avançadas para o seu Fedora Core.

Lista de Pacotes Disponíveis na Fedora Core 1

4Suite-1.0-0.0.a3.i386.rpm	libgnomeprint-devel-1.116.0-7.i386.rpm
a2ps-4.13b-30.i386.rpm	libgnomeprintui-1.116.0-5.i386.rpm
abiword-2.0.1-1.i386.rpm	libgnomeprintui22-2.4.0-1.i386.rpm
ac-archive-0.5.39-2.noarch.rpm	libgnomeprintui22-devel-2.4.0-1.i386.rpm
acl-2.2.7-2.i386.rpm	libgnomeprintui-devel-1.116.0-5.i386.rpm
acpid-1.0.2-5.i386.rpm	libgnomeui-2.4.0.1-1.i386.rpm
adjtimex-1.13-10.i386.rpm	libgnomeui-devel-2.4.0.1-1.i386.rpm
alchemist-1.0.27-3.i386.rpm	libgsf-1.8.2-1.i386.rpm
alchemist-devel-1.0.27-3.i386.rpm	libgsf-devel-1.8.2-1.i386.rpm
amanda-2.4.4p1-1.i386.rpm	libgtop-1.0.12-20.i386.rpm
amanda-client-2.4.4p1-1.i386.rpm	libgtop2-2.0.3-1.i386.rpm
amanda-devel-2.4.4p1-1.i386.rpm	libgtop2-devel-2.0.3-1.i386.rpm
amanda-server-2.4.4p1-1.i386.rpm	libgtop-devel-1.0.12-20.i386.rpm
aml-1.2.2-4.i386.rpm	libIDL-0.8.2-1.i386.rpm
am-utils-6.0.9-4.i386.rpm	libIDL-devel-0.8.2-1.i386.rpm
anaconda-9.2-2.i386.rpm	libieee1284-0.2.8-1.i386.rpm
anaconda-help-9.2-1.noarch.rpm	libieee1284-devel-0.2.8-1.i386.rpm
anaconda-images-9.2-3.noarch.rpm	libjpeg-6b-29.i386.rpm
anaconda-runtime-9.2-2.i386.rpm	libjpeg-devel-6b-29.i386.rpm
anacron-2.3-29.i386.rpm	libmng-1.0.4-4.i386.rpm

apel-10.6-1.noarch.rpm	libmng-devel-1.0.4-4.i386.rpm
apel-xemacs-10.6-1.noarch.rpm	libmng-static-1.0.4-4.i386.rpm
apmd-3.0.2-20.i386.rpm	libmrproject-0.10-3.i386.rpm
apr-0.9.4-2.i386.rpm	libmrproject-devel-0.10-3.i386.rpm
apr-devel-0.9.4-2.i386.rpm	libmusicbrainz-2.0.2-5.i386.rpm
apr-util-0.9.4-2.i386.rpm	libmusicbrainz-devel-2.0.2-5.i386.rpm
apr-util-devel-0.9.4-2.i386.rpm	libobjc-3.3.2-1.i386.rpm
arpwatch-2.1a11-7.1.i386.rpm	libogg-1.0-5.i386.rpm
arts-1.1.4-3.i386.rpm	libogg-devel-1.0-5.i386.rpm
arts-devel-1.1.4-3.i386.rpm	libole2-0.2.4-7.i386.rpm
ash-0.3.8-15.i386.rpm	libole2-devel-0.2.4-7.i386.rpm
asp2php-0.76.2-6.i386.rpm	libpcap-0.7.2-7.1.i386.rpm
asp2php-gtk-0.76.2-6.i386.rpm	libpng-1.2.2-17.i386.rpm
aspell-0.50.3-16.i386.rpm	libpng10-1.0.13-9.i386.rpm
aspell-da-0.50-6.i386.rpm	libpng10-devel-1.0.13-9.i386.rpm
aspell-de-0.50-5.i386.rpm	libpng-devel-1.2.2-17.i386.rpm
aspell-devel-0.50.3-16.i386.rpm	libraw1394-0.9.0-12.i386.rpm
aspell-en-0.51-6.i386.rpm	libraw1394-devel-0.9.0-12.i386.rpm
aspell-es-0.50-5.i386.rpm	librep-0.16.1-3.i386.rpm
aspell-fr-0.50-3.i386.rpm	librep-devel-0.16.1-3.i386.rpm
aspell-nl-0.50-3.i386.rpm	librsvg2-2.4.0-3.i386.rpm
aspell-no-0.50-3.i386.rpm	librsvg2-devel-2.4.0-3.i386.rpm
aspell-pt_BR-2.4-13.i386.rpm	libsane-hpoj-0.90-19.i386.rpm
aspell-pt-0.50-6.i386.rpm	libsoup-1.99.26-2.i386.rpm
aspell-sv-0.50-4.i386.rpm	libsoup-devel-1.99.26-2.i386.rpm
at-3.1.8-46.1.i386.rpm	libstdc++-3.3.2-1.i386.rpm
atk-1.4.0-1.i386.rpm	libstdc++-devel-3.3.2-1.i386.rpm
atk-devel-1.4.0-1.i386.rpm	libtabe-0.2.6-6.i386.rpm
at-spi-1.3.7-1.i386.rpm	libtabe-devel-0.2.6-6.i386.rpm
at-spi-devel-1.3.7-1.i386.rpm	libtermcap-2.0.8-36.i386.rpm
attr-2.4.1-2.i386.rpm	libtermcap-devel-2.0.8-36.i386.rpm
audiofile-0.2.3-7.i386.rpm	libtiff-3.5.7-14.i386.rpm
audiofile-devel-0.2.3-7.i386.rpm	libtiff-devel-3.5.7-14.i386.rpm
aumix-2.8-6.i386.rpm	libtool-1.5-8.i386.rpm
authconfig-4.3.8-1.i386.rpm	libtool-libs-1.5-8.i386.rpm
authconfig-gtk-4.3.8-1.i386.rpm	libtool-libs13-1.3.5-8.i386.rpm
autoconf-2.57-3.noarch.rpm	libungif-4.1.0-16.i386.rpm
autoconf213-2.13-6.noarch.rpm	libungif-devel-4.1.0-16.i386.rpm
autoconvert-0.3.7-13.2.i386.rpm	libungif-progs-4.1.0-16.i386.rpm
autoconvert-xchat-0.3.7-13.2.i386.rpm	libusb-0.1.7-3.i386.rpm
autofs-3.1.7-42.i386.rpm	libusb-devel-0.1.7-3.i386.rpm
automake-1.7.8-1.noarch.rpm	libuser-0.51.7-2.i386.rpm
automake14-1.4p6-7.noarch.rpm	libuser-devel-0.51.7-2.i386.rpm
automake15-1.5-9.noarch.rpm	libvorbis-1.0-8.i386.rpm
automake16-1.6.3-1.noarch.rpm	libvorbis-devel-1.0-8.i386.rpm
autorun-3.11-1.i386.rpm	libwnck-2.4.0.1-1.i386.rpm
awesfx-0.4.3a-14.i386.rpm	libwnck-devel-2.4.0.1-1.i386.rpm
balsa-2.0.15-1.i386.rpm	libwpd-0.6.2-1.i386.rpm
basesystem-8.0-2.noarch.rpm	libwpd-devel-0.6.2-1.i386.rpm
bash-2.05b-31.i386.rpm	libwpd-tools-0.6.2-1.i386.rpm
bc-1.06-15.1.i386.rpm	libwvstreams-3.70-12.i386.rpm
beecrypt-3.0.1-0.20030630.1.i386.rpm	libwvstreams-devel-3.70-12.i386.rpm
beecrypt-devel-3.0.1-0.20030630.1.i386.rpm	libxml-1.8.17-9.i386.rpm
beecrypt-python-3.0.1-0.20030630.1.i386.rpm	libxml2-2.5.11-1.i386.rpm

bg5ps-1.3.0-15.i386.rpm	libxml2-devel-2.5.11-1.i386.rpm
bind-9.2.2.P3-9.i386.rpm	libxml2-python-2.5.11-1.i386.rpm
bind-chroot-9.2.2.P3-9.i386.rpm	libxml-devel-1.8.17-9.i386.rpm
bind-devel-9.2.2.P3-9.i386.rpm	libxslt-1.0.33-2.i386.rpm
bind-utils-9.2.2.P3-9.i386.rpm	libxslt-devel-1.0.33-2.i386.rpm
binutils-2.14.90.0.6-3.i386.rpm	libxslt-python-1.0.33-2.i386.rpm
bison-1.875-5.i386.rpm	licq-1.2.6-1.i386.rpm
bitmap-fonts-0.3-2.noarch.rpm	licq-gnome-1.2.6-1.i386.rpm
bitmap-fonts-cjk-0.3-2.noarch.rpm	licq-kde-1.2.6-1.i386.rpm
bitstream-vera-fonts-1.10-2.noarch.rpm	licq-qt-1.2.6-1.i386.rpm
blas-3.0-22.i386.rpm	licq-text-1.2.6-1.i386.rpm
bluez-bluefw-0.9-2.i386.rpm	lilo-21.4.4-24.i386.rpm
bluez-hcidump-1.5-3.i386.rpm	linc-1.0.3-2.i386.rpm
bluez-libs-2.4-2.i386.rpm	linc-devel-1.0.3-2.i386.rpm
bluez-libs-devel-2.4-2.i386.rpm	linuxdoc-tools-0.9.20-11.i386.rpm
bluez-pan-1.1-2.i386.rpm	lm_sensors-2.8.1-1.i386.rpm
bluez-pin-0.20-1.i386.rpm	lm_sensors-devel-2.8.1-1.i386.rpm
bluez-sdp-1.5-1.i386.rpm	lockdev-1.0.1-1.3.i386.rpm
bluez-sdp-devel-1.5-1.i386.rpm	lockdev-devel-1.0.1-1.3.i386.rpm
bluez-utils-2.3-14.i386.rpm	logrotate-3.6.10-1.i386.rpm
bogl-0.1.9-26.i386.rpm	logwatch-4.3.2-2.1.noarch.rpm
bogl-bterm-0.1.9-26.i386.rpm	losetup-2.11y-29.i386.rpm
bogl-devel-0.1.9-26.i386.rpm	lrzsz-0.12.20-17.i386.rpm
bonobo-1.0.22-7.i386.rpm	lslk-1.29-9.i386.rpm
bonobo-conf-0.16-5.i386.rpm	lsof-4.68-1.i386.rpm
bonobo-conf-devel-0.16-5.i386.rpm	ltrace-0.3.29-1.i386.rpm
bonobo-devel-1.0.22-7.i386.rpm	lv-4.49.5-2.i386.rpm
boost-1.30.2-2.i386.rpm	lvm-1.0.3-13.i386.rpm
boost-devel-1.30.2-2.i386.rpm	lynx-2.8.5-13.i386.rpm
boost-doc-1.30.2-2.i386.rpm	m2crypto-0.09-3.i386.rpm
boost-jam-3.1.4-2.i386.rpm	m4-1.4.1-14.i386.rpm
boost-python-1.30.2-2.i386.rpm	macutils-2.0b3-25.i386.rpm
boost-python-devel-1.30.2-2.i386.rpm	Maelstrom-3.0.6-1.i386.rpm
bootparamd-0.17-14.i386.rpm	magicdev-1.1.4-7.i386.rpm
booty-0.31.1-2.i386.rpm	MagicPoint-1.10a-4.i386.rpm
bridge-utils-0.9.6-2.i386.rpm	mailcap-2.1.14-1.1.noarch.rpm
bridge-utils-devel-0.9.6-2.i386.rpm	mailman-2.1.2-2.i386.rpm
brltty-3.2-3.i386.rpm	mailx-8.1.1-31.1.i386.rpm
bug-buddy-2.4.0-1.i386.rpm	make-3.79.1-18.i386.rpm
busybox-0.60.5-6.i386.rpm	MAKEDEV-3.3.8-2.i386.rpm
busybox-anaconda-0.60.5-6.i386.rpm	man-1.5k-12.i386.rpm
byacc-1.9-26.i386.rpm	man-pages-1.60-4.noarch.rpm
bzip2-1.0.2-10.i386.rpm	man-pages-cs-0.16-1.noarch.rpm
bzip2-devel-1.0.2-10.i386.rpm	man-pages-da-0.1.1-10.noarch.rpm
bzip2-libs-1.0.2-10.i386.rpm	man-pages-de-0.4-6.noarch.rpm
caching-nameserver-7.2-10.noarch.rpm	man-pages-es-1.28-7.noarch.rpm
cadaver-0.22.0-1.i386.rpm	man-pages-fr-0.9.7-8.noarch.rpm
Canna-3.6-24.i386.rpm	man-pages-it-0.3.0-12.noarch.rpm
Canna-devel-3.6-24.i386.rpm	man-pages-ja-20031015-1.noarch.rpm
Canna-libs-3.6-24.i386.rpm	man-pages-ko-1.48-10.noarch.rpm
cdda2wav-2.01-0.a19.2.i386.rpm	man-pages-pl-0.22-13.noarch.rpm
cdecl-2.5-28.i386.rpm	man-pages-ru-0.7-6.noarch.rpm
cdicconf-0.2-6.i386.rpm	mars-nwe-0.99pl20-13.i386.rpm
cdlabelgen-2.6.1-1.noarch.rpm	mc-4.6.0-6.i386.rpm

cdp-0.33-30.i386.rpm	mdadm-1.3.0-1.i386.rpm
cdparanoia-alpha9.8-18.i386.rpm	memprof-0.5.1-3.i386.rpm
cdparanoia-devel-alpha9.8-18.i386.rpm	memtest86-3.0-3.i386.rpm
cdparanoia-libs-alpha9.8-18.i386.rpm	metacity-2.6.3-1.i386.rpm
cdrdao-1.1.7-7.i386.rpm	mew-3.3-1.i386.rpm
cdrecord-2.01-0.a19.2.i386.rpm	mew-common-3.3-1.i386.rpm
cdrecord-devel-2.01-0.a19.2.i386.rpm	mew-xemacs-3.3-1.i386.rpm
chkconfig-1.3.9-1.i386.rpm	mgetty-1.1.30-4.i386.rpm
chkfontpath-1.9.10-2.i386.rpm	mgetty-sendfax-1.1.30-4.i386.rpm
chromium-0.9.12-24.i386.rpm	mgetty-viewfax-1.1.30-4.i386.rpm
cipe-1.4.5-18.i386.rpm	mgetty-voice-1.1.30-4.i386.rpm
ckermit-8.0.209-4.i386.rpm	mikmod-3.1.6-23.i386.rpm
cleanfeed-0.95.7b-19.noarch.rpm	mingetty-1.06-2.i386.rpm
compat-db-4.0.14-2.i386.rpm	miniChinput-0.0.3-53.i386.rpm
compat-gcc-7.3-2.96.118.i386.rpm	minicom-2.00.0-17.i386.rpm
compat-gcc-c++-7.3-2.96.118.i386.rpm	mkbootdisk-1.5.1-1.i386.rpm
compat-gcc-g77-7.3-2.96.118.i386.rpm	mkinitrd-3.5.14-1.i386.rpm
compat-gcc-java-7.3-2.96.118.i386.rpm	mkisofs-2.01-0.a19.2.i386.rpm
compat-gcc-objc-7.3-2.96.118.i386.rpm	mktemp-1.5.1-1.i386.rpm
compat-libgcj-7.3-2.96.118.i386.rpm	mod_auth_mysql-20030510-3.i386.rpm
compat-libgcj-devel-7.3-2.96.118.i386.rpm	mod_auth_pgsql-2.0.1-3.i386.rpm
compat-libstdc++-7.3-2.96.118.i386.rpm	mod_dav_svn-0.32.1-1.i386.rpm
compat-libstdc++-devel-7.3-2.96.118.i386.rpm	mod_perl-1.99_09-10.i386.rpm
compat-pwdb-0.62-4.i386.rpm	mod_perl-devel-1.99_09-10.i386.rpm
compat-slang-1.4.5-6.i386.rpm	mod_python-3.0.3-3.i386.rpm
comps-1-0.20031103.i386.rpm	mod_ssl-2.0.47-10.i386.rpm
comps-extras-9.0.3-2.noarch.rpm	modutils-2.4.25-13.i386.rpm
comsat-0.17-9.i386.rpm	modutils-devel-2.4.25-13.i386.rpm
control-center-2.4.0-3.i386.rpm	mount-2.11y-29.i386.rpm
coreutils-5.0-24.i386.rpm	mozilla-1.4.1-17.i386.rpm
cpio-2.5-5.i386.rpm	mozilla-chat-1.4.1-17.i386.rpm
cpp-3.3.2-1.i386.rpm	mozilla-devel-1.4.1-17.i386.rpm
cproto-4.6-17.1.i386.rpm	mozilla-dom-inspector-1.4.1-17.i386.rpm
cracklib-2.7-23.i386.rpm	mozilla-js-debugger-1.4.1-17.i386.rpm
cracklib-dicts-2.7-23.i386.rpm	mozilla-mail-1.4.1-17.i386.rpm
crontabs-1.10-5.noarch.rpm	mozilla-nspr-1.4.1-17.i386.rpm
ctags-5.5.2-1.i386.rpm	mozilla-nspr-devel-1.4.1-17.i386.rpm
cups-1.1.19-13.i386.rpm	mozilla-nss-1.4.1-17.i386.rpm
cups-devel-1.1.19-13.i386.rpm	mozilla-nss-devel-1.4.1-17.i386.rpm
cups-libs-1.1.19-13.i386.rpm	mozplugger-1.3.2-1.i386.rpm
curl-7.10.6-7.i386.rpm	mpage-2.5.3-6.i386.rpm
curl-devel-7.10.6-7.i386.rpm	mrproject-0.10-1.i386.rpm
cvs-1.11.5-3.i386.rpm	mrtg-2.10.5-1.i386.rpm
cyrus-sasl-2.1.15-6.i386.rpm	mtools-3.9.9-4.i386.rpm
cyrus-sasl-devel-2.1.15-6.i386.rpm	mtr-0.52-3.i386.rpm
cyrus-sasl-gssapi-2.1.15-6.i386.rpm	mtr-gtk-0.52-3.i386.rpm
cyrus-sasl-md5-2.1.15-6.i386.rpm	mt-st-0.7-12.1.i386.rpm
cyrus-sasl-plain-2.1.15-6.i386.rpm	mtx-1.2.18-1.i386.rpm
db4-4.1.25-14.i386.rpm	mutt-1.4.1-4.i386.rpm
db4-devel-4.1.25-14.i386.rpm	mx-2.0.3-9.i386.rpm
db4-java-4.1.25-14.i386.rpm	MyODBC-2.50.39-17.i386.rpm
db4-utils-4.1.25-14.i386.rpm	mysql-3.23.58-4.i386.rpm
dbskkd-cdb-1.01-19.i386.rpm	mysql-bench-3.23.58-4.i386.rpm
dbus-0.13-6.i386.rpm	mysql-devel-3.23.58-4.i386.rpm

dbus-devel-0.13-6.i386.rpm	MySQL-python-0.9.1-9.i386.rpm
dbus-glib-0.13-6.i386.rpm	mysql-server-3.23.58-4.i386.rpm
dbus-x11-0.13-6.i386.rpm	namazu-2.0.12-6.i386.rpm
ddd-3.3.7-3.i386.rpm	namazu-cgi-2.0.12-6.i386.rpm
ddskk-11.6.0-12.noarch.rpm	namazu-devel-2.0.12-6.i386.rpm
ddskk-xemacs-11.6.0-12.noarch.rpm	nano-1.2.1-3.i386.rpm
dejagnu-1.4.2-10.noarch.rpm	nasm-0.98.38-1.i386.rpm
desktop-backgrounds-basic-2.0-18.noarch.rpm	nasm-doc-0.98.38-1.i386.rpm
desktop-backgrounds-extra-2.0-18.noarch.rpm	nasm-rdoff-0.98.38-1.i386.rpm
desktop-file-utils-0.3-9.i386.rpm	nautilus-2.4.0-7.i386.rpm
desktop-printing-0.1.10-18.i386.rpm	nautilus-cd-burner-0.5.3-1.i386.rpm
dev-3.3.8-2.i386.rpm	nautilus-media-0.3.1-1.i386.rpm
devhelp-0.6.0-3.i386.rpm	nc-1.10-19.i386.rpm
devlabel-0.42.05-2.i386.rpm	ncftp-3.1.6-2.i386.rpm
dhclient-3.0pl2-6.16.i386.rpm	ncompress-4.2.4-34.i386.rpm
dhcp-3.0pl2-6.16.i386.rpm	ncpfs-2.2.3-1.i386.rpm
dhcp-devel-3.0pl2-6.16.i386.rpm	ncurses4-5.0-12.i386.rpm
dia-0.91-3.i386.rpm	ncurses-5.3-9.i386.rpm
dialog-0.9b-20031002.1.i386.rpm	ncurses-c++-devel-5.3-9.i386.rpm
dictd-1.5.5-6.i386.rpm	ncurses-devel-5.3-9.i386.rpm
dietlibc-0.21-8.i386.rpm	nedit-5.3-5.i386.rpm
diffstat-1.31-3.i386.rpm	neon-0.24.3-1.i386.rpm
diffutils-2.8.1-9.i386.rpm	neon-devel-0.24.3-1.i386.rpm
diskcheck-1.4-5.noarch.rpm	netatalk-1.5.5-9.i386.rpm
dmalloc-4.8.1-12.i386.rpm	netatalk-devel-1.5.5-9.i386.rpm
docbook-dtds-1.0-22.1.noarch.rpm	netconfig-0.8.19-2.i386.rpm
docbook-style-dsssl-1.78-2.noarch.rpm	netdump-0.6.9-3.i386.rpm
docbook-style-xsl-1.61.2-2.1.noarch.rpm	netdump-server-0.6.9-3.i386.rpm
docbook-utils-0.6.13-7.noarch.rpm	netpbm-9.24-12.i386.rpm
docbook-utils-pdf-0.6.13-7.noarch.rpm	netpbm-devel-9.24-12.i386.rpm
dos2unix-3.1-16.i386.rpm	netpbm-progs-9.24-12.i386.rpm
dosfstools-2.8-11.i386.rpm	net-snmp-5.0.9-2.i386.rpm
dovecot-0.99.10-6.i386.rpm	net-snmp-devel-5.0.9-2.i386.rpm
doxygen-1.3.4-1.i386.rpm	net-snmp-perl-5.0.9-2.i386.rpm
doxygen-doxywizard-1.3.4-1.i386.rpm	net-snmp-utils-5.0.9-2.i386.rpm
dtach-0.5-8.i386.rpm	net-tools-1.60-20.1.i386.rpm
dump-0.4b34-1.i386.rpm	newt-0.51.6-1.i386.rpm
dvd+rw-tools-5.13.4.7.4-1.i386.rpm	newt-devel-0.51.6-1.i386.rpm
dvdrecord-0.1.5-1.i386.rpm	nfs-utils-1.0.6-1.i386.rpm
dvgrab-1.01-10.i386.rpm	nhpf-1.42-6.i386.rpm
e2fsprogs-1.34-1.i386.rpm	njamd-0.9.2-9.i386.rpm
e2fsprogs-devel-1.34-1.i386.rpm	nkf-2.03-1.i386.rpm
ed-0.2-34.i386.rpm	nmap-3.48-1.i386.rpm
eel2-2.4.0-1.i386.rpm	nmap-frontend-3.48-1.i386.rpm
eel2-devel-2.4.0-1.i386.rpm	nmh-1.0.4-20.i386.rpm
efax-0.9-20.i386.rpm	nptl-devel-2.3.2-101.i686.rpm
eject-2.0.13-3.i386.rpm	nscd-2.3.2-101.i386.rpm
ElectricFence-2.2.2-16.i386.rpm	nss_db-2.2-22.i386.rpm
elfutils-0.89-2.i386.rpm	nss_db-compat-2.2-22.i386.rpm
elfutils-devel-0.89-2.i386.rpm	nss_ldap-207-3.i386.rpm
elfutils-libelf-0.89-2.i386.rpm	ntp-4.1.2-5.i386.rpm
elinks-0.4.2-7.1.i386.rpm	ntsysv-1.3.9-1.i386.rpm
emacs-21.3-7.i386.rpm	nut-1.4.0-3.i386.rpm
emacs-el-21.3-7.i386.rpm	nut-cgi-1.4.0-3.i386.rpm

emacs-leim-21.3-7.i386.rpm	nut-client-1.4.0-3.i386.rpm
emacspeak-17.0-4.i386.rpm	nvi-m17n-1.79-20011024.15.i386.rpm
enscript-1.6.1-25.i386.rpm	nvi-m17n-canna-1.79-20011024.15.i386.rpm
eog-2.4.0-1.i386.rpm	nvi-m17n-nocanna-1.79-20011024.15.i386.rpm
epic-1.0.1-15.i386.rpm	oaf-0.6.10-8.i386.rpm
epiphany-1.0.4-2.i386.rpm	oaf-devel-0.6.10-8.i386.rpm
eruby-1.0.3-4.i386.rpm	octave-2.1.50-7.i386.rpm
eruby-devel-1.0.3-4.i386.rpm	Omni-0.9.0-4.i386.rpm
eruby-libs-1.0.3-4.i386.rpm	Omni-foomatic-0.9.0-4.i386.rpm
esound-0.2.31-1.i386.rpm	open-1.4-19.i386.rpm
esound-devel-0.2.31-1.i386.rpm	openh323-1.12.0-2.i386.rpm
ethereal-0.9.13-4.1.i386.rpm	openh323-devel-1.12.0-2.i386.rpm
ethereal-gnome-0.9.13-4.1.i386.rpm	openjade-1.3.2-8.i386.rpm
ethtool-1.8-2.1.i386.rpm	openjade-devel-1.3.2-8.i386.rpm
evolution-1.4.5-7.i386.rpm	openldap-2.1.22-8.i386.rpm
evolution-devel-1.4.5-7.i386.rpm	openldap-clients-2.1.22-8.i386.rpm
expat-1.95.5-3.i386.rpm	openldap-devel-2.1.22-8.i386.rpm
expat-devel-1.95.5-3.i386.rpm	openldap-servers-2.1.22-8.i386.rpm
expect-5.39.0-93.i386.rpm	openmotif-2.2.2-16.1.i386.rpm
expect-devel-5.39.0-93.i386.rpm	openmotif21-2.1.30-8.i386.rpm
expectk-5.39.0-93.i386.rpm	openmotif-devel-2.2.2-16.1.i386.rpm
fam-2.6.8-12.i386.rpm	openobex-1.0.0-3.i386.rpm
fam-devel-2.6.8-12.i386.rpm	openobex-devel-1.0.0-3.i386.rpm
fbset-2.1-14.i386.rpm	openoffice.org-1.1.0-6.i386.rpm
fedora-logos-1.1.20-1.noarch.rpm	openoffice.org-i18n-1.1.0-6.i386.rpm
fedora-release-1-3.i386.rpm	openoffice.org-libs-1.1.0-6.i386.rpm
festival-1.4.2-19.i386.rpm	openssh-3.6.1p2-19.i386.rpm
festival-devel-1.4.2-19.i386.rpm	openssh-askpass-3.6.1p2-19.i386.rpm
fetchmail-6.2.0-8.i386.rpm	openssh-askpass-gnome-3.6.1p2-19.i386.rpm
file-4.02-2.i386.rpm	openssh-clients-3.6.1p2-19.i386.rpm
file-roller-2.4.0.1-1.i386.rpm	openssh-server-3.6.1p2-19.i386.rpm
filesystem-2.2.1-5.i386.rpm	openssl-0.9.7a-23.i386.rpm
findutils-4.1.7-17.i386.rpm	openssl-0.9.7a-23.i686.rpm
finger-0.17-18.1.i386.rpm	openssl096-0.9.6-24.i386.rpm
finger-server-0.17-18.1.i386.rpm	openssl096b-0.9.6b-14.i386.rpm
firstboot-1.2.4-1.noarch.rpm	openssl-devel-0.9.7a-23.i386.rpm
flex-2.5.4a-30.i386.rpm	openssl-perl-0.9.7a-23.i386.rpm
flim-1.14.5-1.noarch.rpm	oprofile-0.7cvs-0.20030829.6.i386.rpm
flim-xemacs-1.14.5-1.noarch.rpm	oprofile-devel-0.7cvs-0.20030829.6.i386.rpm
fontconfig-2.2.1-6.1.i386.rpm	ORBit-0.5.17-10.3.i386.rpm
fontconfig-devel-2.2.1-6.1.i386.rpm	ORBit2-2.8.2-1.i386.rpm
fonts-arabic-1.4-1.1.noarch.rpm	ORBit2-devel-2.8.2-1.i386.rpm
fonts-hebrew-0.80-1.noarch.rpm	ORBit-devel-0.5.17-10.3.i386.rpm
fonts-ISO8859-2-1.0-11.noarch.rpm	ots-0.4.1-1.i386.rpm
fonts-ISO8859-2-100dpi-1.0-11.noarch.rpm	ots-devel-0.4.1-1.i386.rpm
fonts-ISO8859-2-75dpi-1.0-11.noarch.rpm	pam_krb5-2.0.4-1.i386.rpm
fonts-ja-8.0-9.noarch.rpm	pam_smb-1.1.7-2.i386.rpm
fonts-KOI8-R-1.0-5.noarch.rpm	pam-0.77-15.i386.rpm
fonts-KOI8-R-100dpi-1.0-5.noarch.rpm	pam-devel-0.77-15.i386.rpm
fonts-KOI8-R-75dpi-1.0-5.noarch.rpm	pan-0.14.2-2.i386.rpm
foomatic-3.0.0-9.i386.rpm	pango-1.2.5-1.1.i386.rpm
freeciv-1.14.0-2.i386.rpm	pango-devel-1.2.5-1.1.i386.rpm
freeglut-1.3-1.20020125.3.i386.rpm	parted-1.6.3-31.i386.rpm
freeglut-devel-1.3-1.20020125.3.i386.rpm	parted-devel-1.6.3-31.i386.rpm

freeradius-0.9.1-1.i386.rpm	passivetex-1.24-2.1.noarch.rpm
freeradius-mysql-0.9.1-1.i386.rpm	passwd-0.68-4.i386.rpm
freeradius-postgresql-0.9.1-1.i386.rpm	patch-2.5.4-18.i386.rpm
freeradius-unixODBC-0.9.1-1.i386.rpm	patchutils-0.2.24-2.i386.rpm
freetype-2.1.4-5.i386.rpm	pax-3.0-7.i386.rpm
freetype-demos-2.1.4-5.i386.rpm	pccts-1.33mr33-6.i386.rpm
freetype-devel-2.1.4-5.i386.rpm	pciutils-2.1.10-8.i386.rpm
freetype-utils-2.1.4-5.i386.rpm	pciutils-devel-2.1.10-8.i386.rpm
FreeWnn-1.11-39.i386.rpm	pcre-4.4-1.i386.rpm
FreeWnn-common-1.11-39.i386.rpm	pcre-devel-4.4-1.i386.rpm
FreeWnn-devel-1.11-39.i386.rpm	pdksh-5.2.14-23.i386.rpm
FreeWnn-libs-1.11-39.i386.rpm	perl-5.8.1-92.i386.rpm
fribidi-0.10.4-4.i386.rpm	perl-Archive-Tar-0.22-29.noarch.rpm
fribidi-devel-0.10.4-4.i386.rpm	perl-Bit-Vector-6.1-30.i386.rpm
fsh-1.2-1.i386.rpm	perl-BSD-Resource-1.20-4.i386.rpm
ftp-0.17-18.i386.rpm	perl-Compress-Zlib-1.16-12.i386.rpm
ftpcopy-0.6.2-3.i386.rpm	perl-Crypt-SSLeay-0.45-8.i386.rpm
gail-1.4.0-1.i386.rpm	perl-Date-Calc-5.3-4.i386.rpm
gail-devel-1.4.0-1.i386.rpm	perl-DateManip-5.40-30.noarch.rpm
gaim-0.71-2.i386.rpm	perl-DBD-MySQL-2.9002-1.i386.rpm
gal-0.24-2.i386.rpm	perl-DBD-Pg-1.22-1.i386.rpm
gal-devel-0.24-2.i386.rpm	perl-DBI-1.37-1.i386.rpm
gawk-3.1.3-3.i386.rpm	perl-Devel-Symdump-2.03-13.i386.rpm
gcc-3.3.2-1.i386.rpm	perl-Digest-HMAC-1.01-11.noarch.rpm
gcc32-3.2.3-6.i386.rpm	perl-Digest-SHA1-2.01-15.i386.rpm
gcc-c++-3.3.2-1.i386.rpm	perl-File-MMagic-1.16-3.noarch.rpm
gcc-g77-3.3.2-1.i386.rpm	perl-Filter-1.29-8.i386.rpm
gcc-gnat-3.3.2-1.i386.rpm	perl-Filter-Simple-0.78-11.noarch.rpm
gcc-java-3.3.2-1.i386.rpm	perl-Frontier-RPC-0.06-36.noarch.rpm
gcc-objc-3.3.2-1.i386.rpm	perl-HTML-Parser-3.26-18.i386.rpm
GConf-1.0.9-11.i386.rpm	perl-HTML-Tagset-3.03-28.noarch.rpm
GConf2-2.4.0-1.i386.rpm	perl-Inline-0.44-8.i386.rpm
GConf2-devel-2.4.0-1.i386.rpm	perl-libwww-perl-5.65-6.noarch.rpm
GConf-devel-1.0.9-11.i386.rpm	perl-libxml-enno-1.02-29.noarch.rpm
gconf-editor-2.4.0-1.i386.rpm	perl-libxml-perl-0.07-28.noarch.rpm
gd-2.0.15-1.i386.rpm	perl-Net-DNS-0.31-3.2.noarch.rpm
gdb-5.3.90-0.20030710.41.i386.rpm	perl-NKF-2.03-1.i386.rpm
gdbm-1.8.0-21.i386.rpm	perl-Parse-RecDescent-1.80-12.noarch.rpm
gdbm-devel-1.8.0-21.i386.rpm	perl-Parse-Yapp-1.05-30.noarch.rpm
gd-devel-2.0.15-1.i386.rpm	perl-PDL-2.4.0-2.i386.rpm
gdk-pixbuf-0.22.0-3.0.i386.rpm	perl-RPM2-0.45-5.i386.rpm
gdk-pixbuf-devel-0.22.0-3.0.i386.rpm	perl-SGMLSpm-1.03ii-12.noarch.rpm
gdk-pixbuf-gnome-0.22.0-3.0.i386.rpm	perl-suidperl-5.8.1-92.i386.rpm
gdm-2.4.4.5-1.i386.rpm	perl-TermReadKey-2.20-12.i386.rpm
gd-progs-2.0.15-1.i386.rpm	perl-Text-Kakasi-1.05-8.i386.rpm
gedit-2.4.0-3.i386.rpm	perl-TimeDate-1.1301-5.noarch.rpm
gedit-devel-2.4.0-3.i386.rpm	perl-Time-HiRes-1.38-4.i386.rpm
genromfs-0.3-15.i386.rpm	perl-URI-1.21-7.noarch.rpm
gettext-0.12.1-1.i386.rpm	perl-XML-Dumper-0.4-25.noarch.rpm
gftp-2.0.14-5.i386.rpm	perl-XML-Encoding-1.01-23.noarch.rpm
ggv-2.4.0.1-1.i386.rpm	perl-XML-Grove-0.46alpha-25.noarch.rpm
ghostscript-7.07-11.i386.rpm	perl-XML-Parser-2.31-16.i386.rpm
ghostscript-devel-7.07-11.i386.rpm	perl-XML-Twig-3.09-3.noarch.rpm
ghostscript-fonts-5.50-9.noarch.rpm	php-4.3.3-6.i386.rpm

giftrans-1.12.2-18.i386.rpm	php-devel-4.3.3-6.i386.rpm
gimp-1.2.5-1.i386.rpm	php-domxml-4.3.3-6.i386.rpm
gimp-data-extras-1.2.0-8.noarch.rpm	php-imap-4.3.3-6.i386.rpm
gimp-devel-1.2.5-1.i386.rpm	php-ldap-4.3.3-6.i386.rpm
gimp-perl-1.2.5-1.i386.rpm	php-mysql-4.3.3-6.i386.rpm
gimp-print-4.2.5-2.i386.rpm	php-odbc-4.3.3-6.i386.rpm
gimp-print-cups-4.2.5-2.i386.rpm	php-pgsql-4.3.3-6.i386.rpm
gimp-print-devel-4.2.5-2.i386.rpm	php-snmp-4.3.3-6.i386.rpm
gimp-print-plugin-4.2.5-2.i386.rpm	php-xmlrpc-4.3.3-6.i386.rpm
gimp-print-utils-4.2.5-2.i386.rpm	pidentd-3.0.16-1.i386.rpm
gkrellm-2.1.21-1.i386.rpm	pilot-link-0.11.8-1.i386.rpm
gkrellm-daemon-2.1.21-1.i386.rpm	pilot-link095-compat-0.9.5-24.i386.rpm
glade-0.6.4-10.i386.rpm	pilot-link-devel-0.11.8-1.i386.rpm
glade2-2.0.0-2.i386.rpm	pinfo-0.6.7-2.i386.rpm
glib-1.2.10-11.i386.rpm	pkgconfig-0.14.0-6.i386.rpm
glib2-2.2.3-1.1.i386.rpm	pmake-1.45-12.i386.rpm
glib2-devel-2.2.3-1.1.i386.rpm	pnm2ppa-1.04-8.i386.rpm
glibc-2.3.2-101.i386.rpm	popt-1.8.1-0.30.i386.rpm
glibc-2.3.2-101.i686.rpm	portmap-4.0-57.i386.rpm
glibc-common-2.3.2-101.i386.rpm	postfix-2.0.11-5.i386.rpm
glibc-debug-2.3.2-101.i386.rpm	postgresql-7.3.4-2.i386.rpm
glibc-devel-2.3.2-101.i386.rpm	postgresql-contrib-7.3.4-2.i386.rpm
glibc-headers-2.3.2-101.i386.rpm	postgresql-devel-7.3.4-2.i386.rpm
glibc-kernheaders-2.4-8.36.i386.rpm	postgresql-docs-7.3.4-2.i386.rpm
glibc-profile-2.3.2-101.i386.rpm	postgresql-jdbc-7.3.4-2.i386.rpm
glibc-utils-2.3.2-101.i386.rpm	postgresql-libs-7.3.4-2.i386.rpm
glib-devel-1.2.10-11.i386.rpm	postgresql-odbc-7.3-4.i386.rpm
Glide3-20010520-25.i386.rpm	postgresql-pl-7.3.4-2.i386.rpm
Glide3-devel-20010520-25.i386.rpm	postgresql-python-7.3.4-2.i386.rpm
gmp-4.1.2-9.i386.rpm	postgresql-server-7.3.4-2.i386.rpm
gmp-devel-4.1.2-9.i386.rpm	postgresql-tcl-7.3.4-2.i386.rpm
gnome-applets-2.4.1-1.i386.rpm	postgresql-test-7.3.4-2.i386.rpm
gnome-audio-1.4.0-6.noarch.rpm	ppp-2.4.1-15.i386.rpm
gnome-audio-extra-1.4.0-6.noarch.rpm	prelink-0.3.0-13.i386.rpm
gnome-bluetooth-0.4.1-3.i386.rpm	printman-0.0.1-1.20021202.15.i386.rpm
gnome-desktop-2.4.0-1.i386.rpm	privoxy-3.0.2-7.i386.rpm
gnome-desktop-devel-2.4.0-1.i386.rpm	procinfo-18-9.i386.rpm
gnome-games-2.4.0-3.i386.rpm	procmail-3.22-11.i386.rpm
gnome-icon-theme-1.0.9-2.noarch.rpm	procps-2.0.17-1.i386.rpm
gnome-kerberos-0.3.2-1.i386.rpm	psacct-6.3.2-28.i386.rpm
gnome-libs-1.4.1.2.90-35.i386.rpm	psgml-1.2.5-1.noarch.rpm
gnome-libs-devel-1.4.1.2.90-35.i386.rpm	psmisc-21.3-2.RHEL.0.i386.rpm
gnome-mag-0.10.3-1.i386.rpm	pstack-1.1-6.i386.rpm
gnome-mag-devel-0.10.3-1.i386.rpm	psutils-1.17-20.i386.rpm
gnome-media-2.4.0-2.i386.rpm	pump-devel-0.8.19-2.i386.rpm
gnomemeeting-0.98.5-1.i386.rpm	pvm-3.4.4-14.i386.rpm
gnome-mime-data-2.4.0-2.i386.rpm	pvm-gui-3.4.4-14.i386.rpm
gnome-panel-2.4.0-3.i386.rpm	pwlib-1.5.0-2.i386.rpm
gnome-pilot-2.0.10-4.i386.rpm	pwlib-devel-1.5.0-2.i386.rpm
gnome-pilot-conduits-2.0.10-1.i386.rpm	pychecker-0.8.12-1.noarch.rpm
gnome-pilot-devel-2.0.10-4.i386.rpm	pydict-0.3.0-5.noarch.rpm
gnome-print-0.37-7.1.i386.rpm	pygtk2-2.0.0-1.i386.rpm
gnome-print-devel-0.37-7.1.i386.rpm	pygtk2-devel-2.0.0-1.i386.rpm
gnome-python2-2.0.0-2.i386.rpm	pygtk2-libglade-2.0.0-1.i386.rpm

gnome-python2-applet-2.0.0-2.i386.rpm	pyOpenSSL-0.5.1-11.i386.rpm
gnome-python2-bonobo-2.0.0-2.i386.rpm	pyorbit-2.0.0-1.i386.rpm
gnome-python2-canvas-2.0.0-2.i386.rpm	pyorbit-devel-2.0.0-1.i386.rpm
gnome-python2-gconf-2.0.0-2.i386.rpm	PyQt-3.8.1-2.i386.rpm
gnome-python2-gnomeprint-2.0.0-2.i386.rpm	PyQt-devel-3.8.1-2.i386.rpm
gnome-python2-gnomevfs-2.0.0-2.i386.rpm	PyQt-examples-3.8.1-2.i386.rpm
gnome-python2-gtkhtml2-2.0.0-2.i386.rpm	python-2.2.3-7.i386.rpm
gnome-python2-nautilus-2.0.0-2.i386.rpm	python-devel-2.2.3-7.i386.rpm
gnome-session-2.4.0-1.i386.rpm	python-docs-2.2.3-7.i386.rpm
gnome-speech-0.2.7-1.i386.rpm	python-optik-1.4.1-1.noarch.rpm
gnome-speech-devel-0.2.7-1.i386.rpm	python-tools-2.2.3-7.i386.rpm
gnome-spell-1.0.5-2.i386.rpm	pyxf86config-0.3.12-1.i386.rpm
gnome-system-monitor-2.4.0-1.i386.rpm	PyXML-0.8.3-1.i386.rpm
gnome-terminal-2.4.0.1-1.i386.rpm	qmkbootdisk-1.0.1-11.i386.rpm
gnome-themes-2.4.0-1.i386.rpm	qt-3.1.2-14.i386.rpm
gnome-user-docs-2.0.1-3.noarch.rpm	qt-designer-3.1.2-14.i386.rpm
gnome-utils-2.4.0-1.i386.rpm	qt-devel-3.1.2-14.i386.rpm
gnome-vfs-1.0.5-15.i386.rpm	qt-MySQL-3.1.2-14.i386.rpm
gnome-vfs2-2.4.1-1.i386.rpm	qt-ODBC-3.1.2-14.i386.rpm
gnome-vfs2-devel-2.4.1-1.i386.rpm	qt-PostgreSQL-3.1.2-14.i386.rpm
gnome-vfs2-extras-0.99.10-3.1.i386.rpm	quagga-0.96.3-1.i386.rpm
gnome-vfs-devel-1.0.5-15.i386.rpm	quagga-contrib-0.96.3-1.i386.rpm
gnome-vfs-extras-0.2.0-7.i386.rpm	quagga-devel-0.96.3-1.i386.rpm
gnopernicus-0.7.0-4.i386.rpm	quanta-3.1.4-1.i386.rpm
gnucash-1.8.7-1.i386.rpm	quota-3.06-11.i386.rpm
gnucash-backend-postgres-1.8.7-1.i386.rpm	radvd-0.7.2-5.i386.rpm
gnuchess-5.06-2.i386.rpm	raidtools-1.00.3-6.i386.rpm
gnumeric-1.2.1-1.i386.rpm	rarpd-ss981107-15.i386.rpm
gnumeric-devel-1.2.1-1.i386.rpm	rcs-5.7-21.i386.rpm
gnupg-1.2.2-3.i386.rpm	rdate-1.3-3.i386.rpm
gnuplot-3.7.3-4.i386.rpm	rdesktop-1.2.0-2.i386.rpm
gob2-2.0.6-2.i386.rpm	rdist-6.1.5-30.1.i386.rpm
gok-0.7.1-4.i386.rpm	readline-4.3-7.i386.rpm
gpdf-0.110-1.i386.rpm	readline41-4.1-17.i386.rpm
gperf-3.0.1-1.i386.rpm	readline-devel-4.3-7.i386.rpm
gphoto2-2.1.2-1.i386.rpm	recode-3.6-9.i386.rpm
gphoto2-devel-2.1.2-1.i386.rpm	recode-devel-3.6-9.i386.rpm
gpm-1.20.1-38.i386.rpm	redhat-artwork-0.88-1.i386.rpm
gpm-devel-1.20.1-38.i386.rpm	redhat-config-bind-2.0.0-18.noarch.rpm
gqview-1.2.1-6.i386.rpm	redhat-config-boot-0.1.6-1.i386.rpm
grep-2.5.1-17.i386.rpm	redhat-config-date-1.5.25-1.noarch.rpm
grip-3.0.7-3.i386.rpm	redhat-config-httpd-1.1.0-5.noarch.rpm
groff-1.18.1-29.i386.rpm	redhat-config-keyboard-1.1.5-2.noarch.rpm
groff-gxditview-1.18.1-29.i386.rpm	redhat-config-kickstart-2.4.2-1.noarch.rpm
groff-perl-1.18.1-29.i386.rpm	redhat-config-language-1.0.16-1.noarch.rpm
grub-0.93-7.i386.rpm	redhat-config-mouse-1.1.2-1.noarch.rpm
gsl-1.4-1.i386.rpm	redhat-config-netboot-0.1.1-22.i386.rpm
gsl-devel-1.4-1.i386.rpm	redhat-config-network-1.3.10-1.noarch.rpm
gstreamer-0.6.3-1.i386.rpm	redhat-config-network-tui-1.3.10-1.noarch.rpm
gstreamer-devel-0.6.3-1.i386.rpm	redhat-config-nfs-1.1.3-1.noarch.rpm
gstreamer-plugins-0.6.3-3.i386.rpm	redhat-config-packages-1.2.6-1.noarch.rpm
gstreamer-plugins-devel-0.6.3-3.i386.rpm	redhat-config-printer-0.6.79-1.i386.rpm
gstreamer-tools-0.6.3-1.i386.rpm	redhat-config-printer-gui-0.6.79-1.i386.rpm
gthumb-2.0.2-1.i386.rpm	redhat-config-proc-0.23-1.i386.rpm

gtk+-1.2.10-28.1.i386.rpm	redhat-config-rootpassword-1.0.6-2.noarch.rpm
gtk+-devel-1.2.10-28.1.i386.rpm	redhat-config-samba-1.1.4-1.noarch.rpm
gtk2-2.2.4-5.1.i386.rpm	redhat-config-securitylevel-1.2.11-1.i386.rpm
gtk2-devel-2.2.4-5.1.i386.rpm	redhat-config-securitylevel-tui-1.2.11-1.i386.rpm
gtk2-engines-2.2.0-3.i386.rpm	redhat-config-services-0.8.5-23.noarch.rpm
gtkam-0.1.7-6.1.i386.rpm	redhat-config-soundcard-1.0.8-2.noarch.rpm
gtkam-gimp-0.1.7-6.1.i386.rpm	redhat-config-users-1.2.4-1.noarch.rpm
gtk-doc-1.1-3.1.noarch.rpm	redhat-config-xfree86-0.9.15-1.noarch.rpm
gtk-engines-0.12-1.i386.rpm	redhat-logviewer-0.9.3-6.noarch.rpm
gtkglarea-1.2.2-17.i386.rpm	redhat-lsb-1.3-1.i386.rpm
gtkhtml-1.1.9-5.i386.rpm	redhat-menus-0.40-1.noarch.rpm
gtkhtml2-2.4.0-1.i386.rpm	redhat-rpm-config-8.0.28-1.1.noarch.rpm
gtkhtml2-devel-2.4.0-1.i386.rpm	redhat-switch-mail-0.5.21-1.noarch.rpm
gtkhtml3-3.0.9-5.i386.rpm	redhat-switch-mail-gnome-0.5.21-1.noarch.rpm
gtkhtml3-devel-3.0.9-5.i386.rpm	reiserfs-utils-3.6.8-1.1.i386.rpm
gtkhtml-devel-1.1.9-5.i386.rpm	rep-gtk-0.17-6.i386.rpm
Gtk-Perl-0.7008-35.i386.rpm	rhgb-0.11.2-1.i386.rpm
gtksourceview-0.6.0-2.i386.rpm	rhn-applet-2.1.2-1.i386.rpm
gtksourceview-devel-0.6.0-2.i386.rpm	rhnlib-1.4-1.noarch.rpm
gtkspell-2.0.4-2.i386.rpm	rhpl-0.121-1.i386.rpm
gtkspell-devel-2.0.4-2.i386.rpm	rhythmbox-0.5.4-1.i386.rpm
gtoaster-1.0beta6-6.i386.rpm	rmt-0.4b34-1.i386.rpm
guile-1.6.4-8.2.i386.rpm	rootfiles-7.2-6.noarch.rpm
guile-devel-1.6.4-8.2.i386.rpm	routed-0.17-15.i386.rpm
Guppi-0.40.3-16.i386.rpm	rpm-4.2.1-0.30.i386.rpm
Guppi-devel-0.40.3-16.i386.rpm	rpm-build-4.2.1-0.30.i386.rpm
gv-3.5.8-23.i386.rpm	rpmdb-fedora-1-0.20031103.i386.rpm
g-wrap-1.3.4-4.i386.rpm	rpm-devel-4.2.1-0.30.i386.rpm
g-wrap-devel-1.3.4-4.i386.rpm	rpm-python-4.2.1-0.30.i386.rpm
gzip-1.3.3-11.i386.rpm	rp-pppoe-3.5-8.i386.rpm
h2ps-2.06-10.i386.rpm	rsh-0.17-19.i386.rpm
hdparm-5.4-3.i386.rpm	rsh-server-0.17-19.i386.rpm
hesiod-3.0.2-27.i386.rpm	rsync-2.5.6-19.i386.rpm
hesiod-devel-3.0.2-27.i386.rpm	ruby-1.8.0-1.i386.rpm
hexedit-1.2.7-1.i386.rpm	ruby-devel-1.8.0-1.i386.rpm
hotplug-2003_08_05-1.i386.rpm	ruby-docs-1.8.0-1.i386.rpm
hpijs-1.4-11.i386.rpm	ruby-libs-1.8.0-1.i386.rpm
hpoj-0.90-19.i386.rpm	ruby-mode-1.8.0-1.i386.rpm
hpoj-devel-0.90-19.i386.rpm	ruby-tcltk-1.8.0-1.i386.rpm
htdig-3.2.0-19.20030601.i386.rpm	run-2.0-3.i386.rpm
htdig-web-3.2.0-19.20030601.i386.rpm	run-devel-2.0-3.i386.rpm
htmlview-2.0.0-11.noarch.rpm	rusers-0.17-32.i386.rpm
httpd-2.0.47-10.i386.rpm	rusers-server-0.17-32.i386.rpm
httpd-devel-2.0.47-10.i386.rpm	rwall-0.17-18.i386.rpm
httpd-manual-2.0.47-10.i386.rpm	rwall-server-0.17-18.i386.rpm
hwbrowser-0.12-1.noarch.rpm	rwho-0.17-19.i386.rpm
hwcrypto-1.0-14.i386.rpm	samba-3.0.0-15.i386.rpm
hwdata-0.101-1.noarch.rpm	samba-client-3.0.0-15.i386.rpm
icon-slicer-0.3-2.i386.rpm	samba-common-3.0.0-15.i386.rpm
ImageMagick-5.5.6-5.i386.rpm	samba-swat-3.0.0-15.i386.rpm
ImageMagick-c++-5.5.6-5.i386.rpm	sane-backends-1.0.12-4.i386.rpm
ImageMagick-c++-devel-5.5.6-5.i386.rpm	sane-backends-devel-1.0.12-4.i386.rpm
ImageMagick-devel-5.5.6-5.i386.rpm	sane-frontends-1.0.11-3.i386.rpm
ImageMagick-perl-5.5.6-5.i386.rpm	sash-3.4-17.i386.rpm

imap-2002d-3.i386.rpm	sawfish-1.3-2.i386.rpm
imap-devel-2002d-3.i386.rpm	schedutils-1.3.0-4.i386.rpm
imlib-1.9.13-14.i386.rpm	screen-3.9.15-11.i386.rpm
imlib-cfgeditor-1.9.13-14.i386.rpm	scrollkeeper-0.3.12-2.i386.rpm
imlib-devel-1.9.13-14.i386.rpm	SDL_image-1.2.3-3.i386.rpm
im-sdk-11_4-1.i386.rpm	SDL_image-devel-1.2.3-3.i386.rpm
indent-2.2.9-3.i386.rpm	SDL_mixer-1.2.4-9.i386.rpm
indexhtml-1-2.noarch.rpm	SDL_mixer-devel-1.2.4-9.i386.rpm
inews-2.3.5-6.i386.rpm	SDL_net-1.2.4-8.i386.rpm
info-4.5-2.i386.rpm	SDL_net-devel-1.2.4-8.i386.rpm
initscripts-7.42-1.i386.rpm	SDL-1.2.5-9.i386.rpm
inn-2.3.5-6.i386.rpm	SDL-devel-1.2.5-9.i386.rpm
inn-devel-2.3.5-6.i386.rpm	sed-4.0.8-1.i386.rpm
intltool-0.27.2-1.i386.rpm	sendmail-8.12.10-1.1.1.i386.rpm
ipchains-1.3.10-19.i386.rpm	sendmail-cf-8.12.10-1.1.1.i386.rpm
iproute-2.4.7-11.i386.rpm	sendmail-devel-8.12.10-1.1.1.i386.rpm
iptables-1.2.8-13.i386.rpm	sendmail-doc-8.12.10-1.1.1.i386.rpm
iptables-devel-1.2.8-13.i386.rpm	setarch-1.0-1.i386.rpm
iptables-ipv6-1.2.8-13.i386.rpm	setserial-2.17-13.i386.rpm
iptraf-2.7.0-8.i386.rpm	setup-2.5.27-1.1.noarch.rpm
iputils-20020927-9.1.i386.rpm	setuptool-1.13-2.i386.rpm
ipxutils-2.2.3-1.i386.rpm	sgml-common-0.6.3-14.noarch.rpm
irb-1.8.0-1.i386.rpm	shadow-utils-4.0.3-12.i386.rpm
irda-utils-0.9.15-1.1.i386.rpm	shapecfg-2.2.12-14.i386.rpm
iscsi-3.1.0.3-4.i386.rpm	sharutils-4.2.1-17.i386.rpm
isdn4k-utils-3.2-5.p1.i386.rpm	sip-3.8-1.i386.rpm
isdn4k-utils-devel-3.2-5.p1.i386.rpm	sip-devel-3.8-1.i386.rpm
isdn4k-utils-vboxgetty-3.2-5.p1.i386.rpm	skkdic-20030211-1.noarch.rpm
isicom-3.05-14.i386.rpm	skkinput-2.06.3-4.i386.rpm
itcl-3.2-93.i386.rpm	slang-1.4.5-18.1.i386.rpm
jadetex-3.12-9.noarch.rpm	slang-devel-1.4.5-18.1.i386.rpm
jcode.pl-2.13-8.noarch.rpm	slocate-2.6-10.i386.rpm
jed-0.99.16-2.i386.rpm	slrn-0.9.7.4-10.i386.rpm
jfsutils-1.1.3-1.i386.rpm	slrn-pull-0.9.7.4-10.i386.rpm
jisksp14-0.1-11.noarch.rpm	sndconfig-0.70-2.i386.rpm
jisksp16-1990-0.1-11.noarch.rpm	sound-juicer-0.5.5-1.i386.rpm
joe-2.9.8-4.i386.rpm	sox-12.17.4-1.i386.rpm
joystick-1.2.15-16.i386.rpm	sox-devel-12.17.4-1.i386.rpm
jpilot-0.99.6-1.i386.rpm	spamassassin-2.60-2.i386.rpm
jwhois-3.2.2-1.1.i386.rpm	specspo-9.0.92-1.noarch.rpm
kakasi-2.3.4-13.i386.rpm	splint-3.1.1-2.i386.rpm
kakasi-devel-2.3.4-13.i386.rpm	squid-2.5.STABLE3-0.i386.rpm
kakasi-dict-2.3.4-13.i386.rpm	squirrelmail-1.4.0-1.noarch.rpm
kappa20-0.3-12.noarch.rpm	star-1.5a18-2.i386.rpm
kbd-1.08-11.i386.rpm	stardict-1.31-19.i386.rpm
kcc-2.3-19.i386.rpm	startup-notification-0.5-2.i386.rpm
kdbg-1.2.9-1.i386.rpm	startup-notification-devel-0.5-2.i386.rpm
kdeaddons-3.1.4-2.i386.rpm	statserial-1.1-33.i386.rpm
kdeadmin-3.1.4-1.i386.rpm	strace-4.5-1.i386.rpm
kdeartwork-3.1.4-1.i386.rpm	stunnel-4.04-6.i386.rpm
kdebase-3.1.4-6.i386.rpm	subversion-0.32.1-1.i386.rpm
kdebase-devel-3.1.4-6.i386.rpm	subversion-devel-0.32.1-1.i386.rpm
kdebindings-3.1.4-1.i386.rpm	sudo-1.6.7p5-2.i386.rpm
kdebindings-devel-3.1.4-1.i386.rpm	swig-1.3.19-5.i386.rpm

kdeedu-3.1.4-1.i386.rpm	switchdesk-3.9.8-18.i386.rpm
kdeedu-devel-3.1.4-1.i386.rpm	switchdesk-gnome-3.9.8-18.i386.rpm
kdegames-3.1.4-2.i386.rpm	switchdesk-kde-3.9.8-18.i386.rpm
kdegames-devel-3.1.4-2.i386.rpm	sylpheed-0.9.7-1.i386.rpm
kdegraphics-3.1.4-1.i386.rpm	symlinks-1.2-20.i386.rpm
kdegraphics-devel-3.1.4-1.i386.rpm	sysklogd-1.4.1-13.i386.rpm
kde-i18n-Afrikaans-3.1.4-1.noarch.rpm	syslinux-2.06-1.i386.rpm
kde-i18n-Arabic-3.1.4-1.noarch.rpm	sysreport-1.3.7-2.noarch.rpm
kde-i18n-Brazil-3.1.4-1.noarch.rpm	sysstat-4.0.7-5.i386.rpm
kde-i18n-British-3.1.4-1.noarch.rpm	SysVinit-2.85-5.i386.rpm
kde-i18n-Catalan-3.1.4-1.noarch.rpm	taipeifonts-1.2-23.noarch.rpm
kde-i18n-Chinese-3.1.4-1.noarch.rpm	talk-0.17-21.i386.rpm
kde-i18n-Chinese-Big5-3.1.4-1.noarch.rpm	talk-server-0.17-21.i386.rpm
kde-i18n-Czech-3.1.4-1.noarch.rpm	tar-1.13.25-12.i386.rpm
kde-i18n-Danish-3.1.4-1.noarch.rpm	tcl-8.3.5-93.i386.rpm
kde-i18n-Dutch-3.1.4-1.noarch.rpm	tcl-devel-8.3.5-93.i386.rpm
kde-i18n-Estonian-3.1.4-1.noarch.rpm	tcl-html-8.3.5-93.i386.rpm
kde-i18n-Finnish-3.1.4-1.noarch.rpm	tcllib-1.3-93.i386.rpm
kde-i18n-French-3.1.4-1.noarch.rpm	tclx-8.3-93.i386.rpm
kde-i18n-German-3.1.4-1.noarch.rpm	tcp_wrappers-7.6-34.as21.1.i386.rpm
kde-i18n-Greek-3.1.4-1.noarch.rpm	tcpdump-3.7.2-7.1.i386.rpm
kde-i18n-Hebrew-3.1.4-1.noarch.rpm	tcsh-6.12-5.i386.rpm
kde-i18n-Hungarian-3.1.4-1.noarch.rpm	telnet-0.17-26.2.i386.rpm
kde-i18n-Icelandic-3.1.4-1.noarch.rpm	telnet-server-0.17-26.2.i386.rpm
kde-i18n-Italian-3.1.4-1.noarch.rpm	termcap-11.0.1-17.noarch.rpm
kde-i18n-Japanese-3.1.4-1.noarch.rpm	tetex-2.0.2-8.i386.rpm
kde-i18n-Korean-3.1.4-1.noarch.rpm	tetex-afm-2.0.2-8.i386.rpm
kde-i18n-Norwegian-3.1.4-1.noarch.rpm	tetex-doc-2.0.2-8.i386.rpm
kde-i18n-Norwegian-Nynorsk-3.1.4-1.noarch.rpm	tetex-dvips-2.0.2-8.i386.rpm
kde-i18n-Polish-3.1.4-1.noarch.rpm	tetex-fonts-2.0.2-8.i386.rpm
kde-i18n-Portuguese-3.1.4-1.noarch.rpm	tetex-latex-2.0.2-8.i386.rpm
kde-i18n-Romanian-3.1.4-1.noarch.rpm	tetex-xdvi-2.0.2-8.i386.rpm
kde-i18n-Russian-3.1.4-1.noarch.rpm	texinfo-4.5-2.i386.rpm
kde-i18n-Serbian-3.1.4-1.noarch.rpm	tftp-0.33-2.i386.rpm
kde-i18n-Slovak-3.1.4-1.noarch.rpm	tftp-server-0.33-2.i386.rpm
kde-i18n-Slovenian-3.1.4-1.noarch.rpm	time-1.7-22.i386.rpm
kde-i18n-Spanish-3.1.4-1.noarch.rpm	timidity++-2.11.3-8.i386.rpm
kde-i18n-Swedish-3.1.4-1.noarch.rpm	tix-8.1.4-93.i386.rpm
kde-i18n-Turkish-3.1.4-1.noarch.rpm	tk-8.3.5-93.i386.rpm
kde-i18n-Ukrainian-3.1.4-1.noarch.rpm	tk-devel-8.3.5-93.i386.rpm
kde-i18n-Vietnamese-3.1.4-1.noarch.rpm	tkinter-2.2.3-7.i386.rpm
kdelibs-3.1.4-4.i386.rpm	tmake-1.7-8.noarch.rpm
kdelibs-devel-3.1.4-4.i386.rpm	tmpwatch-2.9.0-2.i386.rpm
kdemultimedia-3.1.4-1.i386.rpm	tora-1.3.10-1.i386.rpm
kdemultimedia-devel-3.1.4-1.i386.rpm	traceroute-1.4a12-20.1.i386.rpm
kdenetwork-3.1.4-1.i386.rpm	TRANS.TBL
kdenetwork-devel-3.1.4-1.i386.rpm	TRANS.TBL
kdepim-3.1.4-1.i386.rpm	TRANS.TBL
kdepim-devel-3.1.4-1.i386.rpm	transfig-3.2.4-5.i386.rpm
kdesdk-3.1.4-1.i386.rpm	tree-1.4b3-1.i386.rpm
kdesdk-devel-3.1.4-1.i386.rpm	tsclient-0.120-1.i386.rpm
kdetoys-3.1.4-1.i386.rpm	ttcp-1.12-8.i386.rpm
kdeutils-3.1.4-1.i386.rpm	ttfonts-ja-1.2-29.noarch.rpm
kdeutils-devel-3.1.4-1.i386.rpm	ttfonts-ko-1.0.11-29.noarch.rpm

kdevelop-2.1.5-13.i386.rpm	ttfonts-zh_CN-2.13-0.noarch.rpm
kdoc-3.0.0-0.20020321cvs.4.noarch.rpm	ttfonts-zh_TW-2.11-22.noarch.rpm
kernel-2.4.22-1.2115.nptl.athlon.rpm	ttfprint-0.9-10.i386.rpm
kernel-2.4.22-1.2115.nptl.i586.rpm	ttmkfdir-3.0.9-7.i386.rpm
kernel-2.4.22-1.2115.nptl.i686.rpm	tux-3.2.12-2.i386.rpm
kernel-BOOT-2.4.22-1.2115.nptl.i386.rpm	tuxracer-0.61-23.i386.rpm
kernel-doc-2.4.22-1.2115.nptl.i386.rpm	tzdata-2003d-1.noarch.rpm
kernel-pcmcia-cs-3.1.31-13.i386.rpm	umb-scheme-3.2-30.i386.rpm
kernel-smp-2.4.22-1.2115.nptl.athlon.rpm	unarj-2.63a-4.i386.rpm
kernel-smp-2.4.22-1.2115.nptl.i686.rpm	units-1.80-8.1.i386.rpm
kernel-source-2.4.22-1.2115.nptl.i386.rpm	unix2dos-2.2-20.i386.rpm
kernel-utils-2.4-9.1.101.fedora.i386.rpm	unixODBC-2.2.5-9.i386.rpm
kinput2-canna-wnn6-v3.1-11.i386.rpm	unixODBC-devel-2.2.5-9.i386.rpm
knm_new-1.1-11.noarch.rpm	unixODBC-kde-2.2.5-9.i386.rpm
koffice-1.2.1-15.i386.rpm	unzip-5.50-35.i386.rpm
koffice-devel-1.2.1-15.i386.rpm	up2date-4.1.16-1.i386.rpm
kon2-0.3.9b-20.i386.rpm	up2date-gnome-4.1.16-1.i386.rpm
kon2-fonts-0.3.9b-20.i386.rpm	urw-fonts-2.1-5.1.noarch.rpm
kpppload-1.04-48.i386.rpm	usbutils-0.11-2.1.i386.rpm
krb5-devel-1.3.1-6.i386.rpm	usbview-1.0-10.i386.rpm
krb5-libs-1.3.1-6.i386.rpm	usermode-1.69-1.i386.rpm
krb5-server-1.3.1-6.i386.rpm	usermode-gtk-1.69-1.i386.rpm
krb5-workstation-1.3.1-6.i386.rpm	utempter-0.5.3-2.i386.rpm
krbafs-1.2.2-1.i386.rpm	util-linux-2.11y-29.i386.rpm
krbafs-devel-1.2.2-1.i386.rpm	uucp-1.06.1-48.i386.rpm
krbafs-utils-1.2.2-1.i386.rpm	vconfig-1.8-1.i386.rpm
kterm-6.2.0-37.i386.rpm	VFlib2-2.25.6-18.i386.rpm
kudzu-1.1.36-1.i386.rpm	VFlib2-conf-ja-2.25.6-18.i386.rpm
kudzu-devel-1.1.36-1.i386.rpm	VFlib2-devel-2.25.6-18.i386.rpm
lam-6.5.9-3.i386.rpm	VFlib2-VFjfm-2.25.6-18.i386.rpm
lapack-3.0-22.i386.rpm	vim-common-6.2.121-1.i386.rpm
less-378-11.1.i386.rpm	vim-enhanced-6.2.121-1.i386.rpm
lesstif-0.93.36-4.i386.rpm	vim-minimal-6.2.121-1.i386.rpm
lesstif-devel-0.93.36-4.i386.rpm	vim-X11-6.2.121-1.i386.rpm
lftp-2.6.5-4.i386.rpm	vixie-cron-3.0.1-76.i386.rpm
lha-1.14i-12.i386.rpm	vlock-1.3-14.i386.rpm
libacl-2.2.7-2.i386.rpm	vnc-4.0-0.beta4.3.i386.rpm
libacl-devel-2.2.7-2.i386.rpm	vnc-server-4.0-0.beta4.3.i386.rpm
libaio-0.3.93-4.i386.rpm	vorbis-tools-1.0-7.i386.rpm
libaio-devel-0.3.93-4.i386.rpm	vsftpd-1.2.0-5.i386.rpm
libao-0.8.3-5.i386.rpm	vte-0.11.10-4.i386.rpm
libao-devel-0.8.3-5.i386.rpm	vte-devel-0.11.10-4.i386.rpm
libart_lgpl-2.3.16-1.i386.rpm	w3c-libwww-5.4.0-7.i386.rpm
libart_lgpl-devel-2.3.16-1.i386.rpm	w3c-libwww-apps-5.4.0-7.i386.rpm
libattr-2.4.1-2.i386.rpm	w3c-libwww-devel-5.4.0-7.i386.rpm
libattr-devel-2.4.1-2.i386.rpm	w3m-0.4.1-8.i386.rpm
libavc1394-0.3.1-7.i386.rpm	w3m-el-1.3.6-3.i386.rpm
libavc1394-devel-0.3.1-7.i386.rpm	w3m-el-common-1.3.6-3.i386.rpm
libbonobo-2.4.0-1.i386.rpm	w3m-el-xemacs-1.3.6-3.i386.rpm
libbonobo-devel-2.4.0-1.i386.rpm	webalizer-2.01_10-14.i386.rpm
libbonoboui-2.4.0-1.i386.rpm	wget-1.8.2-15.3.i386.rpm
libbonoboui-devel-2.4.0-1.i386.rpm	which-2.16-1.i386.rpm
libbtctl-0.3-4.i386.rpm	wireless-tools-26-1.i386.rpm
libcap-1.10-16.i386.rpm	wl-2.10.1-1.1.noarch.rpm

libcap-devel-1.10-16.i386.rpm	wl-common-2.10.1-1.1.noarch.rpm
libcapplet0-1.4.0.1-13.i386.rpm	wl-xemacs-2.10.1-1.1.noarch.rpm
libcapplet0-devel-1.4.0.1-13.i386.rpm	Wnn6-SDK-1.0-26.i386.rpm
libcroco-0.3.0-1.i386.rpm	Wnn6-SDK-devel-1.0-26.i386.rpm
libcroco-devel-0.3.0-1.i386.rpm	words-2-21.noarch.rpm
libdbi-0.6.5-7.i386.rpm	wordtrans-1.1pre13-2.i386.rpm
libdbi-dbd-mysql-0.6.5-7.i386.rpm	wordtrans-kde-1.1pre13-2.i386.rpm
libdbi-dbd-pgsql-0.6.5-7.i386.rpm	wordtrans-web-1.1pre13-2.i386.rpm
libdbi-devel-0.6.5-7.i386.rpm	wvdial-1.53-12.i386.rpm
libesmtp-1.0.1-1.i386.rpm	x3270-3.2.20-4.2.i386.rpm
libesmtp-devel-1.0.1-1.i386.rpm	x3270-text-3.2.20-4.2.i386.rpm
libf2c-3.3.2-1.i386.rpm	x3270-x11-3.2.20-4.2.i386.rpm
libgail-gnome-1.0.2-2.i386.rpm	Xaw3d-1.5-19.i386.rpm
libgal2-1.99.10-2.i386.rpm	Xaw3d-devel-1.5-19.i386.rpm
libgal23-0.24-2.i386.rpm	xawtv-3.88-6.i386.rpm
libgal2-devel-1.99.10-2.i386.rpm	xawtv-tv-fonts-3.88-6.i386.rpm
libgcc-3.3.2-1.i386.rpm	Xbae-4.50.2-2.i386.rpm
libgcj-3.3.2-1.i386.rpm	Xbae-devel-4.50.2-2.i386.rpm
libgcj-devel-3.3.2-1.i386.rpm	xboard-4.2.6-7.i386.rpm
libgcrypt-1.1.12-1.1.i386.rpm	xcdroast-0.98a14-2.i386.rpm
libgcrypt-devel-1.1.12-1.1.i386.rpm	xchat-2.0.4-4.i386.rpm
libghttp-1.0.9-8.i386.rpm	xcin-2.5.3.pre3-17.i386.rpm
libghttp-devel-1.0.9-8.i386.rpm	xcpustate-2.5-18.i386.rpm
libglade-0.17-12.2.i386.rpm	xdelta-1.1.3-12.i386.rpm
libglade2-2.0.1-5.1.i386.rpm	xdelta-devel-1.1.3-12.i386.rpm
libglade2-devel-2.0.1-5.1.i386.rpm	xemacs-21.4.14-3.i386.rpm
libglade-devel-0.17-12.2.i386.rpm	xemacs-el-21.4.14-3.i386.rpm
libgnat-3.3.2-1.i386.rpm	xemacs-info-21.4.14-3.i386.rpm
libgnome-2.4.0-1.i386.rpm	xemacs-sumo-20031003-3.noarch.rpm
libgnomecanvas-2.4.0-1.i386.rpm	xemacs-sumo-el-20031003-3.noarch.rpm
libgnomecanvas-devel-2.4.0-1.i386.rpm	xemacs-sumo-info-20031003-3.noarch.rpm
libgnome-devel-2.4.0-1.i386.rpm	xferstats-2.16-8.i386.rpm
libgnomeprint-1.116.0-7.i386.rpm	xfig-3.2.4-2.i386.rpm
libgnomeprint15-0.37-7.1.i386.rpm	XFree86-100dpi-fonts-4.3.0-42.i386.rpm
libgnomeprint22-2.4.0-1.i386.rpm	XFree86-4.3.0-42.i386.rpm
libgnomeprint22-devel-2.4.0-1.i386.rpm	XFree86-75dpi-fonts-4.3.0-42.i386.rpm
	XFree86-base-fonts-4.3.0-42.i386.rpm
	XFree86-cyrillic-fonts-4.3.0-42.i386.rpm
	XFree86-devel-4.3.0-42.i386.rpm
	XFree86-doc-4.3.0-42.i386.rpm
	XFree86-font-utils-4.3.0-42.i386.rpm
	XFree86-ISO8859-14-100dpi-fonts-4.3.0-42.i386.rpm
	XFree86-ISO8859-14-75dpi-fonts-4.3.0-42.i386.rpm
	XFree86-ISO8859-15-100dpi-fonts-4.3.0-42.i386.rpm
	XFree86-ISO8859-15-75dpi-fonts-4.3.0-42.i386.rpm
	XFree86-ISO8859-2-100dpi-fonts-4.3.0-42.i386.rpm
	XFree86-ISO8859-2-75dpi-fonts-4.3.0-42.i386.rpm
	XFree86-ISO8859-9-100dpi-fonts-4.3.0-42.i386.rpm
	XFree86-ISO8859-9-75dpi-fonts-4.3.0-42.i386.rpm
	XFree86-libs-4.3.0-42.i386.rpm
	XFree86-libs-data-4.3.0-42.i386.rpm
	XFree86-Mesa-libGL-4.3.0-42.i386.rpm
	XFree86-Mesa-libGLU-4.3.0-42.i386.rpm
	XFree86-sdk-4.3.0-42.i386.rpm

	XFree86-syriac-fonts-4.3.0-42.i386.rpm
	XFree86-tools-4.3.0-42.i386.rpm
	XFree86-truetype-fonts-4.3.0-42.i386.rpm
	XFree86-twm-4.3.0-42.i386.rpm
	XFree86-xauth-4.3.0-42.i386.rpm
	XFree86-xdm-4.3.0-42.i386.rpm
	XFree86-xfs-4.3.0-42.i386.rpm
	XFree86-Xnest-4.3.0-42.i386.rpm
	XFree86-Xvfb-4.3.0-42.i386.rpm
	xhtml1-dtds-1.0-5.noarch.rpm
	xinetd-2.3.12-4.10.0.i386.rpm
	xinitrc-3.35-1.noarch.rpm
	xisdnload-3.2-5.p1.i386.rpm
	xloadimage-4.1-29.i386.rpm
	Xlt-9.2.9-6.i386.rpm
	Xlt-devel-9.2.9-6.i386.rpm
	xml-common-0.6.3-14.noarch.rpm
	xmltex-20000118-14.1.noarch.rpm
	xmlto-0.0.15-1.i386.rpm
	xmms-1.2.8-3.p.i386.rpm
	xmms-devel-1.2.8-3.p.i386.rpm
	xmms-skins-1.2.8-3.p.i386.rpm
	xojpanel-0.90-19.i386.rpm
	xosview-1.8.0-15.i386.rpm
	xpdf-2.03-1.i386.rpm
	xsane-0.91-1.i386.rpm
	xsane-gimp-0.91-1.i386.rpm
	xscreensaver-4.14-2.i386.rpm
	xsnow-1.42-11.i386.rpm
	xsri-2.1.0-6.i386.rpm
	xterm-179-5.i386.rpm
	xtraceroute-0.9.1-3.i386.rpm
	yelp-2.4.0-1.i386.rpm
	ypbind-1.12-3.i386.rpm
	ypserv-2.8-3.i386.rpm
	yp-tools-2.8-2.i386.rpm
	ytalk-3.1.1-14.i386.rpm
	yum-2.0.4-2.noarch.rpm
	zip-2.3-18.i386.rpm
	zisofs-tools-1.0.4-3.i386.rpm
	zlib-1.2.0.7-2.i386.rpm
	zlib-devel-1.2.0.7-2.i386.rpm
	zsh-4.0.7-1.1.i386.rpm

Entendendo e Instalando a Slackware linux

Há quase dez anos, precisamente no dia 16 de julho de 1993, o estudante Patrick J. Volkerding, da Moorhead State University, lançou a versão 1.0 desta respeitada e maravilhosa distro do Linux (http://www.slackware.com/announce/1.0.php).

www.slackware.com - site oficial da Distro

A Distribuição Slackware conquistou então adeptos no mundo inteiro, não simplesmente pela facilidade de uso, mas por seus princípios e filosofia.

A história da Distribuição Slackware Linux
Slackware 9.1   - 25/09/2003
Slackware 9.0   - 18/03/2003
Slackware 8.1   - 18/06/2002
Slackware 8.0   - 01/07/2001
Slackware 7.1   - 22/06/2000
Slackware 7.1 beta 1   - 19/06/2000
Slackware 7   - 25/10/1999
Slackware-7.0.0-pre3 beta - 21/10/1999
Slackware-7.0.0-pre2 beta - 16/10/1999
Slackware-7.0.0-pre1 beta - 14/10/1999
Slackware 6.9.1 beta   - 09/10/1999
Slackware-6.9.0 beta   - 07/10/1999
Slackware-6.5.0 beta   - 23/09/1999
Slackware-6.3.1 beta   - 21/09/1999
Slackware-6.3.0 beta   - 19/09/1999
Slackware-6.2.0 beta   - 07/09/1999
Slackware-6.1.0 beta   - 05/09/1999
Slackware-6.0.0 beta   - 01/09/1999
Slackware 5.2b   - 23/07/1999
Slackware 5.1a   - 22/07/1999
Slackware 5.0.0   - 20/07/1999
Slackware 4   - 17/05/1999
Slackware 4.0.0-beta 3   - 04/05/1999
Slackware 4.0.0-beta 2   - 21/04/1999

Slackware 4.0.0-beta	- 30/03/1999
Slackware 4.0.0-pre-beta	- 22/03/1999
Slackware 3.9	- 10/05/1998
Slackware 3.6	- 28/10/1998
Slackware 3.5	- 09/06/1998
Slackware 3.5.0-beta	- 29/05/1998
Slackware 3.4	- 14/10/1997
Slackware 3.3	- 11/06/1997
Slackware 3.2	- 17/02/1997
Slackware96 (v. 3.1.0)	- 03/06/1996
Slackware 3.0	- 30/11/1995
Slackware 2.0.2	- 18/10/1994
Slackware 2.0	- 02/07/1994
Slackware 1.1.0 Xfree 2.0 - 05/11/1993	
Slackware 1.0.4	- 01/10/1993
Slackware 1.0.3	- 15/09/1993
Slackware 1.0.2 updates	- 05/09/1993
Slackware 1.0.1	- 04/08/1993
Slackware 1.0.0	- 17/07/1993
SLS .99pl11A by Patrick	- 11/07/1993

Do Slackware 4.0 ao 7.0 todas às versões não foram liberadas e eram somente voltada para os usuários que queriam testar a atualização da LIBC e solucionar problemas de instabilidade.

O quê é a Slackware Linux ?

A versão oficial do Slackware Linux, desenvolvida por Patrick Volkerding, é um sistema operacional Linux avançado, projeto para combinar a facilidade de uso e oferecer estabilidade aos usuários. A partir da versão pública distribuída por Linus Torvalds em 1991, o qual usuários ao redor do mundo optaram em fazer suas adaptações, o mesmo deu-se ao Slackware. A distro Slackware oferece características para usuários novatos ou já experientes, equipando-os com uma interface de desktop e robustez de um servidor. Servidores Web, FTP e email já estão empacotados e nativos, bem como bibliotecas para compilação de outros programas conforme necessidade específica.

A Filosofia da Slackware

Desde o lançamento da primeira versão em abril de 1993, o projeto Slackware linux tem conseguido ser uma das principais distribuições Linux disponíveis no mercado mundial. A distro Slackware atende aos padrões Linux, bem como a padronização do sistema de arquivos, e tem como objetivo obter e oferecer estabilidade, amigável e simplicidade.

Resumo da Distro Slackware

A distribuição Slackware Linux é um sistema "Unix-like" multi-tarefa completo em 32 bits. A versão atual pertence a série do Kernel do Linux 2.4, e as versões 2.3.2 (libc6) das bibliotecas GNU C. a instalação acompanha um programa fácil, documentação on-line, e sistema orientado a pacotes. A instalação completa da distribuição fornece sistema X Window, ambiente C e C++, Perl, utilitários de rede, servidor de emails, servidor de News, servidor Web, servidor FTP, programa de manipulação de imagens, Netscape Communicator, e muitos outros.

O quê há de novo na Slackware Linux 9.1

A distribuição Slackware Linux, em especial na versão 9.1, traz ao pública toda a experiência e evolução das versões anteriores. Afinal, são dez anos de experiência da comunidade de desenvolvedores espalhada pelos quatro cantos do planeta.

Para este laboratório de instalação, a aquisição do pacote de	

instalação foi feita a partir da loja virtual do próprio site da Slackware em www.slackware.com. O prazo de entrega foi de vinte dias, portanto, se você não estiver com paciência, o jeito mesmo é montar os próprios CDs conforme explicado no final deste capítulo.

São quatro os CD-ROMs que fazem parte da versão 9.1 da Slackware Linux. Os principais destaques desta nova versão são:

- Kernel Linux com alta-performance versão 2.4.22, e disponível para Linux 2.6.x
- Versão baseada nas bibliotecas GNU glibc-2.3.2 para compatibilidade total com os mais recentes softwares
- Suporte aos monitores e configurações de vídeo para Xfree6 4.3.0
- Disponibiliza as melhores versões de interfaces gráficas: GNOME 2.4.1 e KDE 3.1.4
- Agora o sistema de som é o ALSA, que possui suporte a um maior número de placas de som e com melhor qualidade (apesar de confundir bastante quem estava acostumado com o OSS).
- Quem opta pela instalação full, perceber que agora o Mozilla já vem com os plugins do Java e do Flash configurados. Uma decisão inteligente, já que o plugin do Java vem no j2sdk (pacote da série D, incluído no Slackware 9.1) e o do Flash no Netscape, só faltavam criar links para o Mozilla.
- Temos a inclusão do Epiphany e o retorno do Galeon na distro. Somando o Konqueror, Netscape, Lynx e Links nessa lista, temos agora sete navegadores fazendo parte da distribuição.
- Usuários de estações de trabalho têm acesso também ao Xine, um ótimo player de vídeos. Tocou normalmente os DVDs sem encriptação e, bastando baixar e instalar o libdvdcss, reproduziu vários DVDs encriptados, com suporte aos menus, legendas.
- Para os administradores de sistemas, também foram adicionadas algumas facilidades. Quem possui várias placas de rede vai gostar do novo rc.inet1.conf com um novo (e simples) esquema de configuração das placas e já preparado para quatro placas de rede.
- Tanto o LPRng quanto o CUPS estão disponíveis na série A. Escolher um ou outro é questão de preferência. O padrão é o LPRng, método mais tradicional de se gerenciar impressoras.

O conteúdo dos quatro CD-ROMs da Slackware Linux 9.1 é o seguinte:

- **CD-ROM 1**: Slackware 9.1 Installation Disc One
- **CD-ROM 2**: Installation Disc Two (GNOME/ KDE); Bootable Live Rescue Disc; Extra and Test Packages
- **CD-ROM 3**: Source Code part one; Slackware manual
- **CD-ROM 4**: source code part two; ZipSlack; Old (/pasture) packages

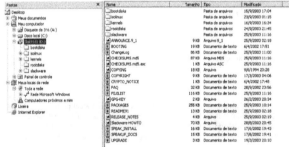

CD-ROM 01 da Slackware Linux 9.1

Considere que os CD-ROMs deverão possuir o formato e arquivos respectivos para a perfeita instalação, podendo esta ser via CD-ROM ou disquete.

A árvore de diretórios e conteúdo do CD-ROM 1 do Slackware Linux é a seguinte:

```
|-- BOOTING.TXT      arquivos com Dicas para problemas na inicialização/boot
|-- CHECKSUMS.md5    MD5 format file checksums.
|-- COPYING          The GNU Public License.
|-- COPYRIGHT.TXT    Slackware copyright and trademark information.
```

```
|-- CRYPTO_NOTICE.TXT   Legal information about encryption in Slackware.
|-- ChangeLog.txt       Log das alterações do Slackware 9.0 para a 9.1.
|-- FAQ.TXT             Perguntas e Respostas
|-- FILELIST.TXT        Lista dos arquivos existents no site de FTP da Slackware
|-- GPG-KEY             The GnuPG key used to verify Slackware packages.
|-- PACKAGES.TXT        lista detalhada de pacotes do Slackware
|-- SPEAKUP_DOCS.TXT    Documentatação para "Speakup speech synth software".
|-- SPEAK_INSTALL.TXT   Como isntalar software "Speakup speech"
|
|-- Slackware-HOWTO     Instruções de instalação a partir do CD  Slackware.
|              Se você é um Novato, use esta seção
|
|-- UPGRADE.TXT         dicas para efetuar uma atualização, ao invés de uma instalação
|
|-- bootdisks/          discos de boot para instalação sem usar o CD-ROM de boot ou
|   |                   inicialização  a partir de um disquete. Para isto, veja o diretório rootdisks
|   |
|   |-- RAWRITE.EXE     The "RAWRITE" programs are used to write a floppy
|   |-- RAWRITE12.DOC   image under DOS or Windows.  Because there are a lot
|   |-- RAWRITE12.EXE   of versions of DOS and Windows, there are several
|   |-- RAWRITENT.DOC   versions of RAWRITE, and you may have to try a few
|   |-- RAWRITENT.EXE   before finding one that works with your version of DOS
|   |-- RAWRITEXP.EXE   or Windows.
|   |
|   |-- README.TXT      Detailed descriptions of all the boot floppies.
|   |
|   |-- adaptec.s       Adaptec bootdisk.
|   |-- ataraid.s       Bootdisk with ATA (IDE) RAID support.
|   |-- bare.i          Standard IDE/ATAPI bootdisk (default kernel).
|   |-- bareacpi.i      IDE/ATAPI bootdisk with ACPI power support.
|   |-- ibmmca.s        IBM PS/2 Microchannel bus bootdisk.
|   |-- jfs.s           Bootdisk with IBM JFS support.
|   |-- lowmem.i        Bootdisk for machines too low on RAM to boot bare.i.
|   |                   This is also the only kernel that supports a 386.
|   |-- old_cd.i        Old non-SCSI non-IDE CD-ROM drive support bootdisk.
|   |-- pportide.i      Parallel port IDE bootdisk.
|   |-- raid.s          SCSI RAID bootdisk.
|   |-- scsi.s          Supports some SCSI cards (see bootdisks/README.TXT).
|   |-- scsi2.s         Supports some SCSI cards (see bootdisks/README.TXT).
|   |-- scsi3.s         Supports some SCSI cards (see bootdisks/README.TXT).
|   |-- speakup.s       bare.i + Speakup speech support.  Also AIC7xxx SCSI.
|   `-- xfs.s           Bootdisk with support for SGI XFS and AIC7xxx SCSI.
|
|-- extra/              Extra packages for Slackware like:
|   |                   alsa-driver-xfs-0.9.6, aspell word lists,
|   |                   bash-completion-20030911, bison-1.875,
|   |                   bittorrent-3.2.1b, brltty-3.3.1, btmgr-3.7_1,
|   |                   checkinstall-1.5.3, db4-4.1.25, dip-3.3.7p,
|   |                   emacspeak-18.0, emacspeak-ss-1.9.1, emu-tools-0.9.4,
|   |                   fluxbox-0.9.6pre1, gimp-1.3.20, glibc-debug-2.3.2,
|   |                   glibc-profile-2.3.2, 3dfx-glide libraries,
|   |                   inn-2.4.0, iproute2-2.4.7_now_ss020116_try,
|   |                   kernel-modules-xfs-2.4.22, kfiresaver3d-0.6,
|   |                   libsafe-2.0.16, mpg123-0.59r, openmotif-2.2.2,
|   |                   parted-1.6.6, slackpkg-0.99, slacktrack-1.12,
|   |                   swaret-1.3.1, and xcdroast-0.98alpha14.
|   |
|   `-- source/         Source code for the extra packages.
|
|-- isolinux/           The ISOLINUX loader and initrd.img used to install
```

```
|   |                    Slackware from a CD-ROM.  You'll also find the
|   |                    PCMCIA and network images (these can be loaded
|   |                    from the installation CD-ROM), and a README.TXT
|   |                    describing how to create a Slackware installation
|   |                    ISO image and burn it to CD-R.
|   |
|   |-- README.TXT     How to burn a Bootable Slackware CD-ROM.
|   |-- initrd.img      Installation initrd (can also be loaded with Loadlin)
|   |-- network.dsk    Image containing network modules.
|   `-- pcmcia.dsk     Image containing PCMCIA modules.
|
|-- kernels/         Many precompiled Linux 2.4.22 kernel images.
|   |
|   |-- adaptec.s/    Adaptec kernel.
|   |-- ataraid.s/     Kernel with ATA (IDE) RAID support.
|   |-- bare.i/        Standard IDE kernel.
|   |-- bareacpi.i    IDE/ATAPI kernel with ACPI power support.
|   |-- ibmmca.s/     IBM Microchannel kernel.
|   |-- jfs.s/        IBM Journaled Filesystem +aic7xxx SCSI kernel.
|   |-- loadlin16c.txt  Loadlin README file.
|   |-- loadlin16c.zip  Loadlin boot loader (used to boot Linux from DOS)
|   |-- lowmem.i/     Kernel that uses very little memory.
|   |-- old_cd.i/     Old non-SCSI non-IDE CD-ROM support kernel.
|   |-- pportide.i/    Parallel port IDE kernel.
|   |-- raid.s/       SCSI RAID kernel.
|   |-- scsi.s/       Supports some SCSI cards (see bootdisks/README.TXT).
|   |-- scsi2.s/      Supports some SCSI cards (see bootdisks/README.TXT).
|   |-- scsi3.s/      Supports some SCSI cards (see bootdisks/README.TXT).
|   |-- speakup.s     bare.i + Speakup speech support. Also AIC7xxx SCSI.
|   |-- xfs.s        Bootdisk with support for SGI XFS and AIC7xxx SCSI.
|   `-- zipslack.s/   Kernel with Iomega and other SCSI support.
|
|-- pasture/         These are packages that have been removed
|                    from Slackware, but are useful enough to
|                    keep around.  Might not be secure.
|                    Packages currently found here include old XFree86
|                    3.3.6 servers, db3-3.1.17, freetype-1.3.1, gcl-2.4.4,
|                    gnu-pop3d-0.9.8, ipchains-1.3.10, libxml-1.8.17,
|                    links-0.98, modutils-2.4.25, pop3d-1.020i, sspkg-2.1,
|                    workman-1.3a, wu-ftpd-2.6.2, and xview-3.2p1.4.
|
|-- rootdisks/       Slackware installation and rescue floppy images.
|   |
|   |-- RAWRITE.EXE    The "RAWRITE" programs are used to write a floppy
|   |-- RAWRITE12.DOC   image under DOS or Windows.
|   |-- RAWRITE12.EXE
|   |-- RAWRITENT.DOC
|   |-- RAWRITENT.EXE
|   |-- RAWRITEXP.EXE
|   |
|   |-- README.TXT    This README.TXT file explains the various choices.
|   |-- install.1     install.1 and install.2 are the install floppy images.
|   |-- install.2     If you will be starting the install using a boot
|   |                  floppy, then you will need to load both of these.
|   |
|   |-- install.zip       install.zip is a version of the installer that
|   |-- install.zip.README  runs from a DOS partition. See the README.
|   |
|   |-- network.dsk     This is used also with install.1 and install.2
|   |-- network.dsk.README  to do installation from an NFS server.
```

```
|   |
|   |-- pcmcia.dsk        This is used to activate PCMCIA devices (laptop
|   |-- pcmcia.dsk.README   cards) needed during installation.
|   |
|   |-- rescue.dsk        A simple rescue floppy you can load with a
|   |-- rescue.dsk.README   bootdisk.
|   |
|   `-- sbootmgr.dsk      A small image containing a simple boot manager.
|                          In some cases this can be used to boot a CD in a
|                          machine that otherwise couldn't support it.
|
|-- slackware/        This directory contains the core software packages
|   |                 for Slackware 9.1.
|   |
|   |-- a/          The A (base) package series.
|   |-- ap/         The AP (applications) package series.
|   |-- d/          The D (development) package series.
|   |-- e/          The E (GNU Emacs) package series.
|   |-- f/          The F (FAQ/Documentation) package series.
|   |-- gnome/      The GNOME package series.
|   |-- k/          The K (kernel source) package series.
|   |-- kde/        The KDE package series.
|   |-- kdei/       The KDE internationalization package series.
|   |-- l/          The L (libraries) package series.
|   |-- n/          The N (networking) package series.
|   |-- t/          The T (TeX) package series.
|   |-- tcl/        The TCL (Tcl/Tk and related) package series.
|   |-- x/          The X (XFree86) package series.
|   |-- xap/        The XAP (X applications) package series.
|   `-- y/          The Y (BSD games) package series.
|
|-- source/          This directory contains source code for the core
|   |                software packages in Slackware.
|   |
|   |-- a/          Source for the A (base) series.
|   |-- ap/         Source for the AP (applications) series.
|   |-- d/          Source for the D (development) series.
|   |-- e/          Source for the E (GNU Emacs) series.
|   |-- f/          slack-desc files for the F (FAQ) series.
|   |-- gnome/      Source for the GNOME series.
|   |-- k/          Source for the K (kernel source) series.
|   |-- kde/        Source for the KDE series.
|   |-- kdei/       Source for the KDEI series.
|   |-- l/          Source for the L (libraries) series.
|   |-- n/          Source for the N (networking) series.
|   |-- rootdisks/  Source for utilities on the rootdisks.
|   |-- t/          Source for the T (TeX) series.
|   |-- tcl/        Source for the TCL (Tcl/Tk and related) series.
|   |-- x/          Source for the X (XFree86) series.
|   |-- xap/        Source for the XAP (X applications) series.
|    -- y/          Source for the Y (BSD games) series.
|
`-- zipslack/        This is ZipSlack, a small (under 100MB) Slackware
    |                system packaged as a Zip file.  Installation
    |                is as simple as unzipping zipslack.zip on a FAT or
    |                FAT32 partition, or Zip disk.  It does not come
    |                with X, but is otherwise fairly complete, including
    |                many networking tools.  The package management tools
    |                allow you to add as much extra software as you need
    |                (such as X) once you boot the system.  For more
```

```
|       information, see the README.1st file.
|
|-- ChangeLog.txt   Changes to ZipSlack.
|-- FAQ.TXT         ZipSlack FAQ.
|
|-- RAWRITE.EXE     The "RAWRITE" programs are used to write a floppy
|-- RAWRITE12.DOC   image under DOS or Windows.
|-- RAWRITE12.EXE
|-- RAWRITENT.DOC
|-- RAWRITENT.EXE
|-- RAWRITEXP.EXE
|
|-- README.1st     ZipSlack README and installation instructions.
|-- README.ppa     Information about parallel port Zip drives.
|-- bootdisk.img   A bootdisk you can use to boot ZipSlack.
|-- fourmeg.txt    README for the 8MB swapfile package for ZipSlack.
|-- fourmeg.zip    An 8MB swapfile useful on machines with low RAM.
|-- split/         ZipSlack split into floppy-sized chunks.
`-- zipslack.zip   ZipSlack as a single Zip archive.
```

Navegando agora no conteúdo do CD-ROM de número 2, encontramos:

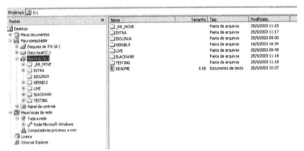

CD-ROM 02 da Slackware Linux 9.1

O conteúdo dos CD-ROMs da distribuição poderão ser usados nas atualizações ou instalações dos pacotes desejados. Cada CD-ROM disponibiliza um arquivo README com o conteúdo de cada CD. Para o CD-ROM de número 2 a árvore de conteúdo é a seguinte:

```
|-- README.TXT        This file.
|
|-- extra/        Extra packages for Slackware like:
|  |              alsa-driver-xfs-0.9.6, aspell word lists
|  |              source, bash-completion-20030911, bison-1.875,
|  |              bittorrent-3.2.1b, britty-3.3.1, btmgr-3.7_1,
|  |              checkinstall-1.5.3, db4-4.1.25, dip-3.3.7p,
|  |              emacspeak-18.0, emacspeak-ss-1.9.1, emu-tools-0.9.4,
|  |              fluxbox-0.9.6pre1, gimp-1.3.20, glibc-debug-2.3.2,
|  |              glibc-profile-2.3.2, 3dfx-glide libraries,
|  |              inn-2.4.0, iproute2-2.4.7_now_ss020116_try,
|  |              kernel-modules-xfs-2.4.22, kfiresaver3d-0.6,
|  |              libsafe-2.0.16, mpg123-0.59r, openmotif-2.2.2,
|  |              parted-1.6.6, slackpkg-0.99, slacktrack-1.12,
|  |              swaret-1.3.1, and xcdroast-0.98alpha14.
|  |
|  `-- source/    Source code for the extra packages.
|
```

```
|-- isolinux/      The ISOLINUX loader and initrd.img used to boot
|                  this disc. You'll also find the Loadlin boot loader
|                  and instructions (README.TXT) for using Loadlin to
|                  start this CD-ROM if you are unable to boot it
|                  directly.
|
|-- kernels/       Precompiled Linux kernels used to boot this disc.
|
|-- live/          The Slackware Linux live rescue disc filesystem tree.
|
`-- slackware/     This directory contains GNOME, KDE, and KDEI software
|                  packages for Slackware 9.1.
|
  |-- gnome/       The GNOME (GNU Network Object Model) Environment.
  |-- kde/         The KDE (K Desktop Environment) package series.
  `-- kdei/        The KDE internationalization package series.
```

A partir do CD-ROM de número 3 podemos concluir que há recursos acessórios a nossa instalação, ou ao nosso aprendizado:

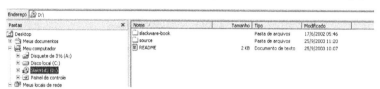

CD-ROM 03 da Slackware Linux 9.1

A árvore de diretórios deste CD-ROM é a seguinte:

```
|-- README.TXT        This file.
|
|-- slackware-book
|   `-- Slack8Book.html  _Slackware Linux Essentials_ book in HTML.
|                        This can be read with any browser.
`-- source
    |-- README.TXT       This explains how to figure out which source package
    |                    a particular binary was built from.
    |
    |-- a        Source code for the A (base) series.
    |-- d        Source code for the D (development) series.
    |-- e        Source code for the E (GNU Emacs) series.
    |-- f        slack-desc files used for the FAQ series.
    |-- gnome    Source code for the GNOME series.
    |-- k        Kernel source.
    |-- l        Source for the L (libraries) series.
    |-- kde      KDE source code.
    `-- kdei     KDE international translations (source code).
```

Chegamos ao ultimo CD-ROM da instalação e distribuição Slackware Linux 9.1. **O conteúdo do CD 4 é o seguinte**:

```
|-- README.TXT         This file.
|
|-- pasture/           These are packages that have been removed
|                      from Slackware, but are useful enough to
|                      keep around.  Might not be secure.
|                      Packages currently found here include old XFree86
|                      3.3.6 servers, db3-3.1.17, freetype-1.3.1, gcl-2.4.4,
|                      gnu-pop3d-0.9.8, ipchains-1.3.10, libxml-1.8.17,
|                      links-0.98, modutils-2.4.25, pop3d-1.020i, sspkg-2.1,
|                      workman-1.3a, wu-ftpd-2.6.2, and xview-3.2p1.4.
|
|-- source             This is the second part of the Slackware sources.
|  |
|  |-- ap              Source for the AP (applications) series.
|  |-- linux-2.6.0-test5 Source for the Linux 2.6.x kernel (still in testing).
|  |-- n               Source for the N (networking) series.
|  |-- rootdisks       Source code used on the installation disks.
|  |-- tcl             Source for the TCL (Tcl and related) series.
|  |-- x               Source for the X (XFree86) series.
|  |-- xap             Source for the XAP (X Applications) series.
|  `-- y               BSD games source code.
|
`-- zipslack           This directory contains ZipSlack, a version of
        |              Slackware designed for easy installation in a DOS
        |              directory (any FAT or FAT32 volume).
        |
        |-- ChangeLog.txt    This tracks changes to ZipSlack.
        |
        |-- FAQ.TXT          Frequently Asked Questions about ZipSlack.
        |
        |-- RAWRITE.EXE      More copies of RAWRITE.
        |-- RAWRITE12.DOC
        |-- RAWRITE12.EXE
        |-- RAWRITENT.DOC
        |-- RAWRITENT.EXE
        |-- RAWRITEXP.EXE
        |
        |-- README.1st       ZipSlack README:  How to install.
        |-- README.ppa       Information about parallel port Zip drives.
        |
        |-- bootdisk.img     A bootdisk image in case you can't use Loadlin.
        |                    (or, use any other Slackware bootdisk)
        |
```

```
|-- fourmeg.txt     README for fourmeg.zip.
|-- fourmeg.zip     An add-on for ZipSlack that adds an 8MB swap file.
|                   This allows ZipSlack to boot on many machines with
|                   low RAM.
|
|-- split           ZipSlack split into floppy-sized chunks.  Handy for
|                   getting Linux into computers via the floppy drive.
|
`-- zipslack.zip    The ZipSlack version of Slackware Linux.
                    This consists of a ready-to-run Linux system in the
                    form of a 41MB Zip file ready to unpack on a FAT
                    partition.  See the README file for details.
```

Instalação da Slackware Linux 9.1

A distribuição Slackware Linux não é considerada poderosa sem nenhum motivo. Esta está pronta para instalação desde sistemas 486 até um Pentium 4. E tarefa esta sem exigir muito conhecimento do usuário. O mais aconselhável é que você de antemão conheça e identifique os seus componentes de hardware existentes em seu computador. É que um ponto que facilita a instalação do Slackware é a não-auto-detecção do hardware, evitando assim, alguns travamentos comuns em outras distribuições.

Uma vez que estamos com os CD-ROMs de instalação da versão 9.1, deve-se então reinicializar o computador com o CD-ROM de número 1 na unidade de CD. Para configurar a unidade de CD-ROM para boot, verifique o capítulo de instalação da distribuição Conectiva Linux existente neste livro.

Você notará que, comparada com outras distribuições Linux, o instalador da Slackware continue com interface caracter. Independentemente disto, o objetivo da qualidade é alcançado após instalado: facilidade e estabilidade. O interessante é que já a partir da versão 9 a Slackware conta com o recurso Hotplug (http://hotplug.sourceforge.net), o qual auxilia na detecção automática de vários periféricos de hardware.

A partir da imagem da tela abaixo, o processo de instalação completo consumiu 35 minutos, quando instalado numa partição (ext3) de 1,5 gigabytes.

Após a inicialização do computador, a tela abaixo será apresentada de boas vindas ao Slackware Linux 9.1:

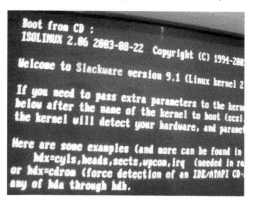

Instruções avançadas podem ser fornecidas no prompt de boot. Neste caso, o meu drive de HD é um IDE, que utiliza o "bare.i", então não necessitamos digitar nada, bastando teclar ENTER. Caso o HD fosse um drive SCSI, deveria digitar-se "scsi.s".

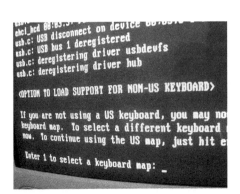

Após o prompt do boot, devemos selecionar o layout do nosso teclado. Para visualizar a lista de seleção, basta teclar o **número 1**.

No caso brasileiro, o mais utilizado é o **ABNT2**. Confirme esta seleção, e nas duas próxima telas, você pode definir, alterar e testar o layout de teclado escolhido.

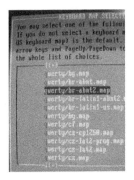

Realize os testes e definição de teclado até que esteja de acordo.

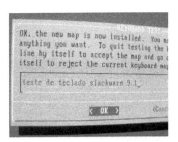

Após realizada a definição do teclado, a tela de login inicial é apresentada. Você deve digitar o usuário **"root"** para iniciar a sessão:

A próxima tarefa é realizarmos o particionamento de disco para o Linux. Se você já tiver uma partição Linux e Linux Swap, basta ignorar esta fase e executar diretamente o script **setup**.

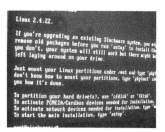

A distribuição Slackware disponibiliza duas ferramentas para realizar o particionamento, criar, apagar, redefinir, etc.... Uma é a **cfdisk** e outra é a **fdisk**. Utilize qualquer uma, mas crie uma partição Linux, e uma outra para swap. Esta último deve ter o tamanho da memória RAM existente no seu computador, como recomendável.

Após o particionamento, basta digitar no prompt do sistema operacional, o comando **setup**:

Após a invocação do comando setup, o menu de opções conforme tela abaixo será apresentado.

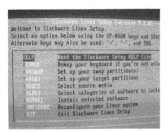

Para que o processo de instalação tenha início, devemos associar as nossas partições criadas anteriormente, às respectivas do Slackware Linux 9.1. Para isto, selecione a opção do menu **ADDSWAP**.

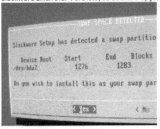

A partição Linux Swap criada será exibida. Confirme no botão **Yes** para que a partição seja formatada e instalada, conforme seguem as imagens:

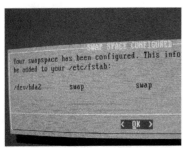

Após a formatação e instalação da partição Linux Swap, confirme a continuação do processo com a seleção do **Yes**.

A próxima tarefa é instalar/associar e formatar nossa partição Linux. Na tela abaixo é apresentada a lista de partições existentes do Linux. Selecione a única existente:

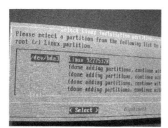

A próxima interface será exibida. Você poderá ou não realizar a formatação física da partição selecionada. A nossa recomendação é de que haja a formatação. Este processo verifica se há "bad block" em seu disco rígido.

Desejando realizar a formatação, selecione **Format** e clique em **OK**:

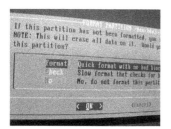

Uma detecção automática da instalação, conforme apresentado abaixo, pode ser mostrado no seu processo formatação. É para utilizar ou não a recomendação de ter o formato de densidade dos blocos do seu disco rígido. Selecione a opção default.

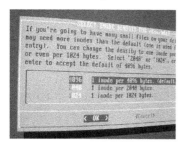

Após a seleção acima, o processo de formatação da partição Linux é iniciada:

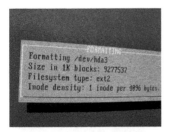

A formatação finalizada, esta partição é adicionada na tabela de dispostivos (/etc/fstab) do seu sistema:

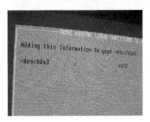

Pronto. Agora sim iniciaremos a real instalação. O instalador solicita a confirmação da origem (source) da localização de nossa distribuição Slackware Linux. No nosso caso, selecione a opção **1 – Install from a Slackware CD or DVD**, e conforme no **OK**:

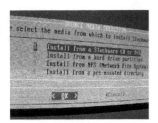

Como definimos que a fonte de instalação está localizada em nossa unidade de CD-ROM ou DVD, o instalador solicita nossa autorização para procurar, automaticamente ou não, a unidade de origem. Pode-se selecionar a opção **Auto** e depois confirmar no **OK**:

A próxima tarefa é a de selecionar os pacotes para comporem nossa instalação inicial. Desejando instalar a todos, basta selecionar um a um **[X]** e clicar no **OK**:

Uma vez que os pacotes tenham sido selecionados, devemos agora definir como será feita a instalação dos pacotes. Se preferir que os pacotes sejam mostrados um a um em grupos, e selecionados manualmente por você, o use preferir instalar a todos os pacotes, a melhor escolha é a "Full". Contudo, considere antes que haja espaço suficiente em disco. O total recomendado é 2 gigabytes de disco rígido.

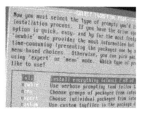

Uma das novidades no processo de instalação da Slackware Linux 9.1, é oferecer os pacotes cups (Common Unix Printing System), os quais disponibilizam uma interface padrão e reconhecida de serviço de impressão. Confirme se for o caso de utilizar impressão em rede ou monousuário.

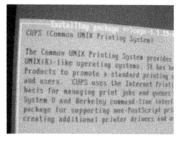

Conforme a evolução do processo de instalação, a próprio programa instalador irá exigir a utilização dos demais CD-ROMs que compõem a versão 9.1. Uma tela como a apresentada abaixo será exibida:

Nesta fase, não há muito o que fazer se não esperar. Pacotes serão instalados unitariamente, como o GNOME na tela abaixo:

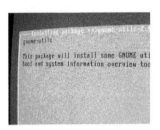

A próxima tela é selecionar a origem do Kernel do nosso Linux. Selecione a opção **cdrom – Use a Kernel from the Slackware CD**, e confirme no **OK**:

Quanto mais experientes nos tornamos em nossa profissão e conhecimento, mas seguros nos sentimos, mas nunca é demais fazer um disquete de boot para nossa segurança. A próxima tela nos fornece esta opção. Selecione **Create** ou **Skip**:

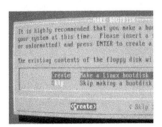

Caso o seu sistema possua um dispositivo do tipo Modem, selecione a porta de comunicação respectiva ao mesmo, caso contrário, selecione **No Modem** e confirme no **OK**:

O programa de instalação solicita a nossa definição de utilizar ou não o recurso de **Hotplug**, ou seja, se quer que seus drives sejam detectados automaticamente, confirme no **Yes**. Entretanto, desejando fazer a configuração manualmente, selecione a opção **No**:

O LILO (Linux Loader) é o inicializador mais conhecido do Linux. A nossa recomendação é de que você instale o Lilo, principalmente se você tem dois sistemas operacionais no mesmo computador. É que, antes de um determinado sistema operacional ser carregado, o computador solicita sua confirmação:

Selecione a opção **simple – Try to Install LILO Automatically**, para ter o LILO instalado no seu computador.

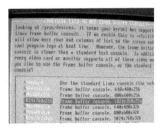

Uma opção para configuração do LILO é utilizar ou não o Frame Buffer Console, conforme a tela acima. Este recurso permite redefinir a interface de apresentação do LILO, com ou sem logotipo, em tempo de inicialização. Para nosso laboratório, selecione a opção **standard**.

Para usuários avançados do Linux, pode-se na tela abaixo, passar novos parâmetros de definição do Kernel do Linux, caso contrário, basta confirmar no **OK**:

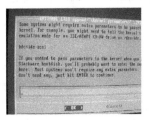

Uma das opções críticas é apresentada na tela abaixo. Caso o seu computador possua dois sistemas operacionais, você deve definir a opção **MPR** (Máster Boot Record) para conter o seu LILO. Agora, se existir apenas o Linux, selecione a opção **Root**.

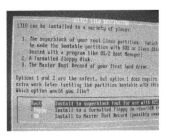

O mouse existente no nosso laboratório era um padrão PS/2. Se você conhecer a configuração do seu, sinta-se livre a configurar, caso contrário, mantenha a sugerida pelo instalador Slackware.

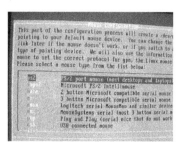

O instalador Slackware 9.1 disponibiliza a possibilidade e instalar o GPM, um programa para Cortar e Colar texto e mantê-lo numa área de transferência. Desejando manter isto, basta confirmar:

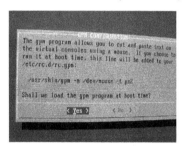

A próxima etapa é de extrema importância. A configuração da sua rede para este computador Slackware Linux 9.1. Confirme no **Yes** caso o seu computador possua conexão ou placa de rede para outros computadores.

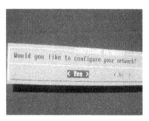

Defina na tela a seguir, um nome único para que o seu computador seja identificado com exclusividade em toda a rede. No nosso caso, escolhemos **slackware91**:

O nosso computador pode fazer parte de um domínio, no meu caso, o meu domínio **compunote.com.br**. O nosso computador será então identificado como **slackware91.compunote.com.br**:

Como estamos trabalhando com o protocolo TCP/IP em nossa rede, podemos definir um endereço IP fixo para o nosso computador, ou configurar para que, a cada boot, um novo endereço IP seja obtido dinamicamente (DHCP). Para nosso laboratório, vamos utilizar a opção **static IP**, conforme a tela abaixo:

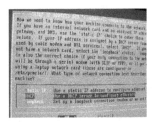

O endereço IP abaixo, **192.168.1.100**, funcionará como tipo CPF de nosso computador dentro de nossa rede, ou seja, este será único em todo um domínio:

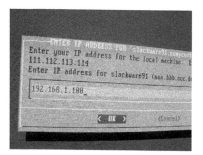

Uma máscara de rede (netmask) deverá ser definida para nossa rede local. No nosso caso, defina o padrão **255.255.255.0**:

Um gateway é opcional na sua rede. Caso você conheça este endereço, basta fornece-lo na tela abaixo, caso contrário, basta manter em branco e clicar em **OK**:

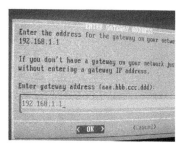

Estas informações de rede podem parecer complicadas, mas são configurações padrões que poderão ser alteradas no futuro. Caso sua rede possua um servidor de nomes (DNS, por exemplo), você poderá definir a localização deste na tela a seguir. Desconhecendo esta informação, basta selecionar **No**:

Após todas as configurações de rede realizadas, o instalador apresenta uma tela de confirmação, ou com possibilidade de alterar. Para aceitar as configurações apresentadas na tela abaixo, basta selecionar **Accept**:

Um dos conceitos nativos do Linux é a execução de serviços, os quais podem ser iniciados automaticamente em tempo de boot. Por exemplo, um servidor web para que atende os pedidos de páginas as estações cliente de uma rede. Portanto, na tela a seguir, você deve definir quais serviços serão iniciados automaticamente no tempo de boot do seu sistema Slackware Linux:

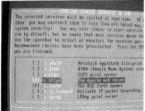

Já para otimizar a apresentação, a próxima tela permite a customização do tipo de fonte apresentada na execução do sistema. Como é algo opcional, sugerimos escolher para este momento, a opção **No**:

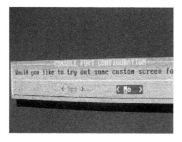

Na tela a seguir, podemos definir as configurações regionais do nosso sistema Linux. Em particular, a configuração da hora do nosso computador. Selecione a opção **No** para iniciar, e prossiga a execução após o botão **OK**:

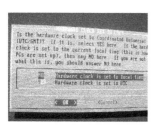

Após a seleção anterior da configuração de nosso relógio do sistema, devemos definir a zona de tempo, a qual está relacionada ao nosso fuso horário. Selecione **Brazil/East**, se for o caso da sua localização dentro do Brasil:

Esta foi a nossa última tarefa de definição de parametrização. Após clicar no **OK**, a tela de finalização será apresentada, conforme é exibida na imagem abaixo:

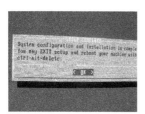

No término do processo de Setup da Slackware Linux 9.1, o instalador voltará automaticamente para o menu de opções do programa Setup, conforme apresentado na tela abaixo:

Basta então finalizar o programa setup, selecionando a opção **EXIT**. A última recomendação do instalador, após o EXIT, será que você deve reiniciar o sistema para que o Linux seja carregado e executado. Antes de reiniciar o sistema, remova qualquer CD-ROM de instalação que esteja no seu computador:

Pronto, a instalação foi finalizada com sucesso. Pode-se então iniciar a execução do Slackware Linux 9.1 com ou sem a interface gráfica.

As próximas telas apresentam alguns recursos da interface em execução do Slackware. Por exemplo, a tela abaixo representa a interface do Gnome 2.4.0:

O Windowmaker 0.80.1 e o Netscape 7 são novos recursos recentes já disponíveis na Slackware Linux 9.1, conforme podemos ver na imagem abaixo:

Facilmente já podemos iniciar o uso do JDK 1.4.1, Flash 6.0r79, XFce 4, através dos plugins, que fazem parte da sua instalação.

O gerenciador de arquivos XFfm está melhor, o Gimp 1.3. A evolução tem sido gradativa e segura, pude realizar até um chat com um dos meus contatos na França:

Por último, o Apache 1.3.28-SSL já está disponível também para uso.

Instalação do Slackware Linux por Download, Disquete e Particionamento Especiais

Caro leitor, você pode estar se perguntado: É necessário tanta teoria? Claro que não, mas foi pensando nesta teoria que resolvi publicar um livro que lhe fornecesse algo além de só uma referência de comandos, mas também uma indicação de como você pensar no Linux.

A versão de distribuição do Slackware é mais um conjunto de implementações sobre o sistema operacional Linux. O responsável pela centralização da versão é Patrick Volkerding.

Desejando manter contato com o Patrick Volkerding ou o site oficial do Slackware, veja os endereços abaixo:

Site oficial – www.slackware.com

Para obter a versão a partir de um site mirror, visite os sites no Brasil em http://www.slackware-brasil.com.br/ ou http://www.slackwarebrasil.org/.

Baixando a Slackware da Internet

Espero que o leitor já esteja familiarizado com o termo "baixar", que significa fazer download ou copiar um arquivo da Internet para o seu microcomputador.

Caso você não tenha comprado os CD-ROMs que possui o Slackware 9.1, deverá então ter bastante paciência para baixar todos os arquivos no site oficial deste (**www.slackware.com**). Vale a pena uma visita. Procure sempre a última versão existente e disponível para download.

Para obter os arquivos IMAGEM de CD-ROM (ISO), visite o site **http://www.slackware.com/torrents/index.html**.

Como já havia mencionado, para este laboratório nós adquirimos o pacote daversão 9.1 na própria loja virtual da Slackware. Para realizar a cópia do site acima, grave os quatro arquivos imagens para cada CD-ROM, sendo que o primeiro será utilizado como disco de boot:

- Slackware 9.1 Installation ISO (disc 1)
- Slackware 9.1 Installation ISO (disc 2, GNOME/KDE/KDEI, /extra, /testing, live rescue disc)
- Slackware 9.1 ISO disc 3 (Sources part 1, Slackware book)
- Slackware 9.1 ISO disc 4 (Sources part 2, ZipSlack, /pasture)

Proceda a cópia e gravação dos CD-ROMs de intalação da mesma forma que explicamos no capítulo destinado a distribuição Fedora Core da Red Hat.

Uma vez os CD-ROMs de instalação tenham sido gerados e gravados com sucesso, o processo de instalação é idêntico ao que foi apresentado no início da instalação do Slackware, alterando somente para instalação via disquete. Este necessidade de instalação via disquete ou de particionamento específico são explicadas a sguir.

Particionando o Disco

Para produzir este livro, eu resolvi criar no meu computador uma partição reservada ao Linux de 1050 Mb. O que pode ser feito de duas maneiras: pelo **Fdisk** (DOS) ou pelo programa

FIPS (First nondestructive Interactive Partition Splitting program). Como todos já conhecem bem o Fdisk e sabem ainda que, normalmente, ele perde as informações na criação ou na alteração das partições, eu aconselho utilizar o software FIPS que consegue criar ou alterar partições sem a perda das informações existentes.

É aconselhável a execução de um desfragmentador antes de utilizar o FIPS. A partir do DOS 6 já existe o comando **Defrag**. Você pode conseguir uma cópia do FIPS nos melhores sites do ramo (sunsite.unc.edu/pub/linux/system/install) ou ainda enviando um e-mail para Arno Schaefer (schaefer@rbg.informatik.th-darmstadt).

Partição 2 criada para o Linux pelo Fdisk do DOS.

Preparando os Discos de Boot e de Root do Linux

Para tornar mais produtiva a instalação do Linux, devemos estar juntos na seguinte situação: termos um microcomputador que esteja funcionando perfeitamente com o MS-DOS e esteja acessando a unidade de CD-ROM sem nenhum problema.

A partir deste tempo, entende-se que temos a versão completa do Slackware, podendo estar em CD-ROM ou ter sido obtida via download da Internet.

Pode-se notar a existência de dois subdiretórios, ambos nomeados de **bootdsk.12** e **bootdsk.144**, em que o número 12 corresponde a disquetes de 1.2 Mb, e 144 a disquetes de 1.44 Mb. Você escolherá um, conforme o tipo do seu hardware.

Os arquivos existentes nesse diretório e que farão parte dos discos estão compactados. Para descompactá-los, utilize o software **gzip.exe** com a opção –d. O arquivo que resultar da descompactação será utilizado pelo software **rawrite.exe**.

Arquivos-Imagem para o Disquete de BOOT
Bare.gz
Este é um disquete de boot que suporta somente discos rígidos IDE e sem acesso à rede.
xt.gz
Este é um disquete de boot que suporta discos IDE e XT.
cd.gz
Suporte a discos IDE e nenhum suporte ao CD-ROM SCSI. Pegue este, caso você vá instalar de uma unidade de CD-ROM não SCSI.
cdscsi.gz
Contém suporte aos discos IDE e SCSI, mas sem CD-ROM SCSI.
scsi.gz
Contém suporte aos discos IDE e SCSI, incluindo as unidades de CD-ROM SCSI.
net.gz
Contém suporte aos discos IDE, ao protocolo TCP/IP, inclusive NFS.
scsinet.gz
Contém suporte aos discos IDE e SCSI, protocolo TCP/IP, CD-ROM SCSI.

Image Disk Boot - Escolha apenas o adequado ao seu hardware.

Para criar o disco de boot que será encarregado de iniciar o sistema Linux, deve-se utilizar o programa **rawrite.exe**, que pode ser localizado no diretório acima citado. Esse programa copiará o conteúdo do diretório para o disquete, criando uma imagem do arquivo para o disco.

Descompactando arquivos pelo Gzip no DOS.

Não é necessário parâmetros para esse comando. Ele solicitará a localização **fonte** (nome do arquivo descompactado) e **destino** das informações, neste exemplo, o drive **a:**.

Como argumento será solicitado o tipo de kernel que mais se adapta ao seu hardware. Neste exemplo, forneci o path (caminho) completo da localização do kernel **modern**. A letra **d** corresponde ao meu drive do CD-ROM.

Comando rawrite gerando disco BOOT com o kernel modern.

Faça o mesmo para criar o disquete contendo o **root file system**, lógico que voltado para o seu hardware específico. Neste caso, eu utilizei o color144 que será copiado pelo rawrite.exe.

Comando rawrite gerando disco ROOT FILE SYSTEM.

Pronto! Estando tudo dentro do esperado (em informática, isto é perigoso afirmar), a partição para o Linux criada e os discos de root e de boot, então, estamos prontos para dar a partida.

Arquivos-Imagem para o Disquete de ROOT
color144.gz Disco de instalação baseado num menu colorido para disquetes de 1.44 mb. Utilize-o inicialmente.
umsds144.gz Uma versão do color144, incluindo o sistema de arquivos UMSDOS, que permite a você instalar o Linux sobre um diretório MS-DOS.
tty144.gz Disquete de instalação baseado em terminais e disco de 1.44 mb.
colrlite.gz Disco de instalação (1.2 mb) num menu colorido.
umsds12.gz Uma versão do colrlite com UMSDOS.
tty12.gz Disco de instalação (1.2mb) baseado em terminais. Utilize-o caso o colrlite não tenha funcionado.

Image Disk Root - Escolha apenas o adequado ao seu hardware.

Colocando o disquete de boot no drive A, não se esquecendo de mudar a seqüência de boot na BIOS do seu PC, reinicie o computador. Após poucos instantes você obterá a tela seguinte:

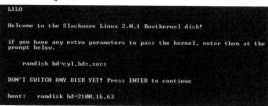

Usando o disquete de boot.

Como esta versão do Kernel não reconhece discos rígidos IDE com capacidade acima de 1 Gb, note que, ao lado do prompt **boot**, eu coloquei a informação referente ao tipo do meu disco, o que possibilitou a perfeita execução do Linux sobre o disco do meu computador, este com capacidade de 1.7 Gb. Caso você tenha maiores problemas, verifique juntamente ao seu pacote de arquivos do Slackware um arquivo chamado **eide.txt**, que contém a solução completa para os problemas como este.

Note que na tela aparece **LILO** (The Linux Loader) que é o programa responsável pela carga do sistema operacional. Conforme você notará mais tarde, poderemos configurá-lo para ser executado a partir do disquete ou da própria tabela de boot do disco rígido.

Pouco tempo depois do prompt boot, será solicitado o disquete do root file system. Ele ficará por todo o tempo em que estivermos instalando o Linux no computador.

Definindo a Partição do Linux

Para quem desejar conhecer e interferir no processo de partição do disco, não aceitando que o processo seja executado pelo próprio Slackware, aqui vai algumas dicas.

Como a partição reservada ao Linux foi previamente criada no DOS, resta-nos apenas a tarefa de dizer ao Linux qual partição utilizar e, por último, instalar os pacotes (séries) desejados.

Após logar-se ao Linux utilizando o login **root** e sem senha, você deve utilizar o comando **fdisk** para fazer a primeira tarefa acima citada.

Uma das opções do menu do Linux é a **l**, que lista os principais tipos de partições existentes. Você utilizará o número **83**, que corresponde ao **Linux Native**. A opção **t** informará o tipo 83 para a partição que você reservou para o Linux. Para certificar-se da perfeita definição, utilize a opção **p** para listar as partições existentes e seus tipos.

Atenção, inicialmente os discos rígidos estarão assim representados no Linux:

/dev/hda	Primeiro disco IDE
/dev/hdb	Segundo disco IDE
/dev/sda	Primeiro disco SCSI
/dev/sdb	Segundo disco SCSI

Finalizada a definição anterior e abandonando o fdisk com a opção **w** de gravar, estamos prontos para executar o programa **setup** que instalará o sistema operacional sobre a partição reservada.

Comandos do Fdisk Linux	
A	Alterna entre bootar ou não a partição
D	Remove uma partição
L	Lista os tipos de partição
M	Lista o menu de comandos
N	Cria uma partição
P	Exibe a tabela de partições
Q	Sai sem salvar
T	Altera o tipo da partição
U	Altera a unidade de entrada
V	Verifica a tabela de partição
W	Sai gravando as alterações
X	Acesso de baixo nível à partição (somente usuários experientes)

Instalando e Configurando o Ambiente Linux.

Na linha de comando do Linux, digite o comando **setup** e a partir daí você vai ver que existem cores no mundo UNIX.
As opções desse menu que nos interessam no momento são as seguintes:

SOURCE –   devemos informar de onde virá o restante das informações para a instalação do sistema operacional. Essa fonte pode ser: 1 – de outra partição (DOS, Linux, OS/2); 2 – de Disquetes; 3 – de Rede NFS; 4 – da Unidade de CD-ROM; 5 – de um diretório pré-montado.

TARGET –   devemos informar a partição destino do sistema operacional Linux. Nesta opção é solicitada a configuração que possibilita uma partição "enxergar" outra partição, e a formatação destas, entre outras.

DISK SETS –   devemos informar qual tipo de instalação desejamos, selecionando no modelo check-box as séries (pacotes) para o sistema operacional. Ou seja, se desejamos as linguagens de programação, suporte a redes, games, X Windows, etc. Os pacotes necessários para a produção deste livro foram os da série **A** (o próprio sistema operacional) e **N** (suporte a redes).

INSTALL –   por último, devemos escolher esta opção, pois ela será a responsável pela instalação do que previamente definimos. O modo de instalação escolhido para este livro foi o **normal**, em que é solicitada a confirmação dos pacotes existentes. Nesta opção, também é solicitada toda a definição detalhada do sistema, como: porta do modem, layout de tela e fontes, mouse, timezone, CD-ROM, criação disco de emergência e, importante, a definição da localização do LILO (Linux Loader).

Atenção! Um dos Disk Sets que aconselho a você já instalar ou ir se preparando para instalar é o **X**. O Xfree86 é o sistema baseado em janelas (windows) para os sistemas operacionais derivados do UNIX. Ou seja, se você nunca imaginou o mundo das janelas e dos mouses no mundo UNIX, acredite, ele já existe. Para maiores informações leia o Linux Xfree86 HOW-TO. O Sistema Baseado em Janelas X foi desenvolvido pelo Consórcio MIT. Para conseguir maiores informações, visite o site http://www.XFree86.org. Fiquei impossibilitado de ter abordado este assunto neste livro, pois ele perderia o foco principal.

Disk Set / Descrição
A
A base do sistema. Este é o suficiente para rodar e ter os programas comm e elvis em execução. Baseado no Kernl 1.0.9 e no novo padrão de filesystem (FSSTND). Caso você tenha somente um disquete, pode muito bem instalar somente a série A, baixar os outros disquetes e executar a instalação do restante do disco rígido.
AP
Várias aplicações e add ons, como páginas de manuais, groff, ispell, term, joe, jove, ghostscript, sc, bc, etc.
D
Destinado ao desenvolvimento de programas. GCC/G++/Objective C 2.5.8, make (GNU e BSD), byacc e GNU bison, flex, biblioteca C 4.5.26, gdb, fonte do Kernel 1.0.9, SVGAlib, ncurses, clisp, f2c, p2c, perl, rcs.
E
GNU Emacs 19.25
F
Um conjunto de FAQs e outras documentações de auxílio.
I
Páginas de informação para softwares GNU. Documentação para ser lida pelo info ou pelo Emacs.
N
Suporte a redes. TCP/IP, UUCP, mailx, dip, deliver, elm, pine, smail, cnews, nn, tin, trn.
OOP
Programação orientada a objeto. GNU Smaltalk 1.1.1.
Q
Fonte do Kernel para Alpha e imagens (contém Linux 1.1.18).
TCL
Tcl, Tk, TclX, blt, itcl
Y
Jogos. Um conjunto de jogos BSD e o Tetris para terminais.
X
O necessário para sistema XFree86 2.1.1, com libXpm, fvwm 1.20 e xlock.
XAP
Aplicações X-Windows. X11 ghostscript, libgr13, seyon, workman, xfilemanager, xv 3.01, GNU chess e xboard, xfm 1.2, ghostview, e vários jogos para o ambiente.
XD
Suporte ao desenvolvimento de programa X11. Bibliotecas X11, servidores linkkit, suporte a PEX.
XV
Xview 3.2 release 5, Bibliotecas Xview e Open Look.
IV
Bibliotecas, Includes, doc e aplicações idraw.

OI	
Construtor de objetos ParcPlace 2.0.	
T	
TeX e LaTeX2e para sistema de formatação textual.	

Disk Sets do Slackware.

Após termos feito isto, o setup solicita que reiniciemos o computador e, a partir daí, entrarmos no mundo Linux.

Login do Linux após Boot.

Utilize sempre o programa setup para acrescentar pacotes ao Linux, ou removê-los.

Sites Importantes para a Slackware e sua Evolução

Site	URL
Slackware Linux Brasil	http://www.slackware-brasil.com.br/
SlackPKG	Slackpkg.sf.net
Projeto Slackware Linux	http://www.slackwarebrasil.org/
Projeto Slackware LinuxBR	http://slackware.linuxbr.org/index.html
Slackware Resource Brasil	http://slackresources.cjb.net/

Entendendo o Ambiente X Window

Baseado no trabalho de Clarica Grove

O ambiente X Window, ou simplesmente X, é uma interface gráfica padrão para o usuário (GUI), executado nas máquinas UNIX, e é um ambiente poderoso que executa muitas aplicações. Usando o Sistema X Window, você pode ter múltiplas janelas simultaneamente na tela, cada uma tendo uma sessão de login diferente. Apesar de não obrigatório, o usuário pode utilizar um mouse para agilizar as tarefas.

Foram escritas muitas aplicações específicas para esse ambiente, inclusive jogos, utilitários de desenvolvimento gráficos e ferramentas de documentação. Linux e X Window fazem da sua estação de trabalho uma opção excelente e produtiva. E ainda, utilizando-se de uma rede TCP/IP, sua máquina Linux pode exibir aplicações de X que rodam em outras máquinas.

O Sistema de X Window foi desenvolvido originalmente pelo Instituto Tecnológico de Massachusetts (MIT), e é de distribuição gratuita. A versão X Window para o Linux é a XFree86, uma adaptação da X11R6 que é distribuída gratuitamente. XFree86 roda numa grande variedade de dispositivos de vídeos, incluindo VGA, SGVA, além das placas aceleradoras. O XFree86 é uma distribuição completa do X Windows, e contém ainda o próprio servidor de X com muitas aplicações, utilitários, programas, bibliotecas e manuais.

As aplicações padrão do X Windows incluem: xterm – um emulador de terminal usado para aplicações texto, mas dentro de janelas --; xdm – controle de sessões de logins --; xclock – exibição de um relógio em modo gráfico --; xman – um leitor gráfico das páginas de manual -- e xmore, por exemplo. Há muitas aplicações X disponíveis para Linux, incluindo planilhas eletrônicas, processadores de texto, programas de gráficos e browsers de rede, como, por exemplo, o Navigator da Netscape®. E muitas outras aplicações estão disponíveis separadamente, porque, teoricamente, qualquer aplicação escrita para X deveria compilar completamente debaixo de Linux.

A interface do X Window é, em grande parte, controlada pelo Window Manager. Esse programa com interface amigável é totalmente baseado em janelas, com redimensionamento, mover, identificação por ícones, quadros (frames) e muitas outras tarefas. XFree86 inclui twm, um clássico administrador de janelas do MIT, e outros, como, por exemplo, o Open Look Virtual Window Manager (olvwm). Popular entre usuários do Linux está o fvwm --um básico administrador de janelas que requer menos da metade da memória do twm. Este apresenta janelas com aparência tridimensional e áreas virtuais de trabalho. O usuário move o mouse para a extremidade da tela, e as bordas desta automaticamente se redimensionam, parecendo ser maior do que o previsto. O fvwm é muito otimizado para trabalhar perfeitamente com mouse ou com o teclado. Muitas distribuições do Linux usam fvwm, como o administrador padrão das janelas e frames. Mas, uma versão de fvwm chamada fvwm95-2, por exemplo, oferece uma semelhança enorme com Microsoft Windows® 95.

A distribuição XFree86 inclui bibliotecas de programação para desenvolvedores manhosos que desejam desenvolver aplicações X. Widget trabalha com Athena, Open Look e Xaw3D, por exemplo. Todas as fontes padrão, bitmaps, manuais e documentação são distribuídos juntos. E a PEX, uma interface de programação para gráficos 3d, também tem suporte.

Muitos programadores de aplicações X usam o ambiente proprietário Motif para o desenvolvimento. E há vários fornecedores de licenças de versões binárias do Motif. Devido ao Motif ser relativamente caro, muitos desenvolvedores Linux não o utilizam. Porém, aplicativos lincados estaticamente, como Motif, podem ser distribuídos gratuitamente. Se você escreve um programa que usa o Motif, pode fornecê-lo sem a necessidade de ter as suas bibliotecas.

Uma principal graça de usar o X Window são suas exigências de hardware. Uma CPU 80386 com 4 megabytes de RAM é capaz de rodá-lo. Um processador mais rápido é agradável também, mas o mais importante é ter bastante memória RAM. Além disso, para alcançar um desempenho de vídeo realmente bom, recomendo adquirir uma placa aceleradora de vídeo, como uma VESA Local bus (VLB) S3 chipset card. Avaliações de desempenho em excesso de 300,000 xstones foram alcançadas com Linux e XFree86. Com hardware adequado você concluirá que o Linux com X é tão rápido, ou mais, quanto qualquer outra estação com outro UNIX rodando X. Para obter maiores informações, visite a home-page oficial do consórcio mundial responsável por este padrão: www.x.org.

O Linux com o GNOME (GNU Network Object Model Environment)

Esta Seção teve o apoio de Todd Graham Lewis

Miguel de Icaza, um jovem administrador de redes do Instituto de Ciências Nucleares da Universidade Nacional Autônoma do México, dentro das suas horas vagas de trabalho, deu início a um grande projeto, do qual hoje ele é o coordenador: o projeto GNOME. O GNOME é um esforço voluntário para desenvolver um sistema operacional para PCs que supere as diversas faces do MS Windows®.

A pretensão dos programadores do GNOME é transformá-lo num sistema mais rápido e mais poderoso do que qualquer outro concorrente. E o principal, o GNOME é grátis; pode ser baixado sem nenhum custo da Internet. O que já reduz bastante o custo total de atualização (TCO) de cada computador numa determinada rede.

O que é o GNOME?

O GNOME pretende ser "um conjunto completo e gratuito de aplicações e ferramentas com interface amigável, similar ao CDE e KDE, mas baseado inteiramente no princípio de ser um software grátis".

Logo, o GNOME, como qualquer outro ambiente moderno de programação e trabalho, está próximo do CDE, Win32, NextStep, ou KDE. A diferença básica é, ao contrário das outras tecnologias citadas, que o GNOME é um padrão aberto e gratuito.

Para os geógrafos de projeto espalhados mundo afora, aqui estão algumas das montanhas mais altas a serem achadas na "Terra do GNOME":

-

> O GNOME utiliza a arquitetura CORBA para permitir que os componentes de software se interajam perfeitamente, embora não esteja preocupado com a linguagem ou com o hardware em que esteja rodando;

> A comunidade de usuários do GNOME está trabalhando duro para desenvolver um modelo de objeto chamado baboon (babuíno). Baseado em CORBA e semelhante ao OLE2 v2 da Microsoft, o babuíno permitirá aos programadores exportar ou importar recursos de "componentização". Por exemplo, isto permitiria aos usuários usarem qualquer editor nos seus respectivos ambientes de desenvolvimento, contanto que atenda aos requisitos de interface unificada definidos pelo CORBA;

> O GNOME não está amarrado a qualquer Gerenciador de Janelas. O usuário tem a liberdade de escolher o seu favorito para trabalhar com o GNOME;

> O GNOME utiliza o Kit de Ferramentas Gimp (GKT) como ferramenta gráfica para todas as aplicações básicas. O GTK tem toneladas de características "puras", mas as favoritas são: (1) suporte para várias linguagens, inclusive C, C++, C Objeto, Scheme, Perl, entre outras; (2) alternabilidade, em que um usuário pode mudar a visão e sentir todas as aplicações GTK do servidor, enquanto elas estão rodando, o que é incrivelmente o máximo; (3) e finalmente, GTK é autorizado sob a LGPL, o que significa que é Fonte Aberto, ou software gratuito, bem como todo o resto do GNOME;

> Junto com o GTK, o GNOME utiliza-se da imlib, uma biblioteca gráfica para dar suporte a vários formatos de imagem, do XPM ao PNG, e múltiplo bit-depts, do 24-bit TrueColor até 1-bit B&W. Portanto, no GNOME, a transparência é chave para o programador;

> Todas as aplicações do GNOME são sessões atentas. Isto significa, por exemplo, que se você fechasse o processador de texto do GNOME e então o abrisse novamente, ele abriria o documento que tinha aberto previamente, repondo o cursor no mesmo lugar. Isto é realizado pelo Administrador de Sistema X Session, como está implementado no GNOME Session Manager;

> O GNOME utiliza-se do DocBook SGML padrão para preparar toda a documentação, o que permite aos programadores escreverem documentação de um modo direto. Docs podem ser visualizados com o browser de ajuda do GNOME, ou pode-se convertê-los em LaTeX ou Postscript;

> O GNOME atende aos métodos padrão de localização e internacionalização do Uniforum, permitindo assim uma fácil adaptação do sistema a novos idiomas, sem a necessidade de uma recompilação;

> As aplicações do GNOME dão suporte a vários protocolos Drag and Drop para a obtenção de uma máxima interoperabilidade com as aplicações;

> O GNOME dá suporte à programação 3-D usando o OpenGL, permitindo assim que as pessoas usem gráficos tridimensionais nas suas aplicações científicas ou jogos. O GNOME utiliza ainda a Mesa, que é uma implementação de fonte aberto do padrão OpenGL.

> O Site oficial na Internet deste projeto é http://www.gnome.org/

Por que usar o GNOME?

Primeiro, o GNOME é um ambiente de programação completamente em concordância com o padrão de fonte aberto, o que faz dele um sistema de fácil uso para que sejam escritos bons programas.

A segunda meta, ligada à primeira meta, é que as pessoas que usam sistemas operacionais UNIX terão um ambiente de usuário agradável em qual trabalhar. Esta meta tem suas origens na meta do projeto do Linux, que é, nas palavras de Linus Torvalds, de uma dominação mundial, no verdadeiro espírito de fraternidade, porém o GNOME não é um projeto somente ligado ao Linux; novamente, é para os desenhistas que pretendem ser capazes de rodar sistemas modernos semelhantes ao UNIX, mas em todas as partes.

Finalmente, o GNOME tem inúmeras características que os geeks e os usuários caseiros irão adorar.

Fig01-05

Desktop do Linux rodando GNOME 2.4.

Por que não usar o KDE (The Desktop Environment) ?

O KDE® está vinculado ao QT Widget, o qual não é um software de fonte aberto. Particularmente, os usuários não têm permissão de utilizarem na atual licença do QT, e há a cobrança de royalts para o uso deste em sistemas comerciais. Várias distribuições, por exemplo, o Debian e o Redhat, têm políticas muito rígidas de não distribuir softwares juntos, se não forem fontes abertos, portanto o QT não pode acompanhar suas respectivas distribuições.

Entretanto, os usuários do GNOME gostam dos usuários do KDE. A comunidade Linux acredita que esta diferença é desagradável, e não gosta de ter que enfatizá-la. Portanto, a comunidade Linux não quer perder tempo, criando uma guerra desse assunto.

Fig01-03

O GNOME provavelmente dará suporte aos componentes do KDE; reciprocamente, os componentes do GNOME deverão ser usados pelo KDE. Gostaríamos de ver tanta cooperação quanto possível entre os dois projetos. Para conhecer mais sobre o KDE, visite o site oficial www.kde.org.

Fig01-04.jpg

Para quais plataformas é feito o GNOME?

O GNOME teve início por várias pessoas já famosas da Linux e GNU, mas a sua intenção é ser executado em qualquer sistema UNIX-Likes. O GNOME está preparado para ser executado nas seguintes plataformas:

➤ Linux;
➤ FreeBSD;
➤ IRIX;
➤ Solaris; entre outras.

Como se tornar um GNOMEr?

GNOMEr é a definição para os membros do movimento GNOME. Para se tornar um, basta acompanhar os seguinte passos:

➤ Associe-se ao Mailing list principal do GNOME: envie e-mail para gnome-list-request@gnome.org;
➤ Pegue uma cópia do GNOME, e então, compile, instale e execute-o;
➤ Escreva código aberto e distribua.

Principais Mailing List do GNOME

Entretanto, existem as Mailing List específicas. Escolha o seu assunto preferido para receber informações atualizadas da evolução do GNOME:

➤ Assuntos gerais - gnome-list@gnome.org
➤ Anúncios - gnome-announce-list@gnome.org
➤ Componentes – gnome - components-list@gnome.org
➤ Projeto da GUI – gnome - gui-list@gnome.org
➤ Interoperabilidade entre GNOME_KDE - gnome-kde-list@gnome.org
➤ Temas do mundo GNOME gnome-themes-list@gnome.org
➤ Planilhas GNOME - gnumeric-list@gnome.org
➤ Interface gráfica do GNOME - guppi-list@gnome.org
➤ Avanços do Desenvolvimento - cvs-commits-list-request@gnome.org

Fig01-06
Gerenciador de Arquivos e Criador de CD-ROM do GNOME 2.4 – Não deixa nada a desejar.

Como se tornar um membro desenvolvedor do GNOME?

Se você deseja contribuir para o desenvolvimento do GNOME, basta solicitar uma senha ao servidor CVS server, o qual tem a coordenação do próprio Miguel de Icaza (miguel@kernel.org). Ele determina sua senha a partir das informações sobre qual sessão você deseja desenvolver.

Sites Importantes para Conhecer mais sobre o Gnome:

Home-page oficial do GNOME - http://www.gnome.org

The Open Directory Project:
http://dmoz.org/Computers/Operating_Systems/Linux/Projects/GNOME/

KDE – Um Sistema de Janelas Completo, Leve e Puro

Conforme foi apresentado na seção sobre o GNOME, o KDE (The K Desktop Environment) é como qualquer outro ambiente moderno de programação e de trabalho. Entretanto, este é o mais famoso do mundo Linux, deixando para trás, pelo menos até hoje, outros, como CDE, Win32, NextStep, ou GNOME. O único problema do KDE para a comunidade de usuários desenvolvedores é que algumas bibliotecas utilizadas para compilá-lo não são 100% livres para o uso ou distribuição.

Seção baseada nos manuais HOWTO e manuais da Conectiva.

Portanto, o KDE é uma coleção de ferramentas que tornará mais fácil e agradável sua vida sob o UNIX.

Em outubro de 1996, o programador alemão Matthias Ettrich, criador do LyX, iniciou o desenvolvimento do KDE com uma mensagem na USENET. Logo depois, dois outros programadores interessados começaram a planejar e programar partes do novo projeto. Um ano depois, o gerenciador de janelas, o gerenciador de arquivos, o emulador de terminal, o sistema de ajuda e a ferramenta de configuração da tela foram liberados para alfa e beta testes, e provaram ser relativamente estáveis.

Podemos ressaltar os seguintes objetivos de ser do KDE:

➢ um ambiente de janelas bonito e fácil de usar;

➢ um gerenciador de arquivos poderoso e de uso simplificado;

➢ configuração simples e centralizada;

➢ ajuda on-line que lhe dará suporte em qualquer situação;

➢ uma interface consistente com suas aplicações. Você não tem mais de ficar adivinhando se o botão esquerdo ou o direito do mouse é que faz o que você quer;

➢ um emulador de terminal que não lota a sua memória quando múltiplas janelas são abertas simultaneamente;

➢ e por último, um ambiente de estilo que deixará seus amigos com inveja.

Instalação

Como foi ressaltado anteriormente, para a preparação deste livro eu instalei o tipo Servidor do pacote Conectiva Linux, pois pretendia obter o máximo do sistema operacional.

Entre os pré-requisitos básicos necessários para a instalação do KDE, os únicos que tive que implementar foram:

➢ instalação de todos os pacotes da biblioteca Qt;

➢ instalação de todos os pacotes Mesa.

Isto é porque o meu ambiente X Window já estava funcionando perfeitamente.

Para obter o máximo do KDE, os seguintes pacotes deverão ser instalados e na seguinte ordem:

```
rpm –i kdesupport-1.0-2cl.i386.rpm
rpm –i kdelibs-1.0-2cl.i386.rpm
rpm –i kdebase-1.0-2cl.i386.rpm
rpm –i kdeadmin-1.0-2cl.i386.rpm
rpm –i kdegames-1.0-2cl.i386.rpm
rpm –i kdegraphics-1.0-2cl.i386.rpm
rpm –i kdehelp-pt_BR-1.0-2cl.i386.rpm
rpm –i kdemultimedia-1.0-2cl.i386.rpm
```

```
rpm -i kdenetwork-1.0-2cl.i386.rpm
rpm -i kdeutils-1.0-2cl.i386.rpm
rpm -i kdestart-1.0-2cl.i386.rpm
```

Desejando ficar mais atualizado ou buscar outros componentes do KDE, basta visitar os sites www.kde.org e www.troll.com. Nesses sites, os seus sonhos do UNIX amigável irão se tornar realidade. Como o gerenciador de janelas xdm, o KDE também pode ser executado automaticamente após a inicialização do servidor, ou semelhante a uma seção do comando `startx` (leia seção de gerenciadores de janelas apresentada no início deste capítulo).

Para executar o KDE semelhante ao xdm, basta digitar:

```
/opt/kde/bin/kdm
```

E a seguinte janela gráfica de login será apresentada:

Ela permite que você escolha qual será o seu gerenciador de janela, por exemplo, KDE ou Window Maker.

A outra maneira de usar o KDE é executando diretamente o aplicativo sem a necessidade de uma seção de login, assim:

```
/opt/kde/bin/kde
```

Podendo ainda, iniciar somente os configuradores do KDE:

```
/opt/kde/bin/kdeconfig
```

Ou:

```
/opt/kde/bin/kdmdesktop
```

Contudo, a interface será a mesma. Confira a primeira imagem apresentada do KDE:

Para mim, esta área de trabalho (desktop) pareceu muito mais agradável do que qualquer outra que já tinha visto.

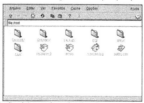

A janela do Gerenciador de Arquivos do KDE não deixa nada a desejar. Por exemplo, ao clicar o botão direito do mouse sobre um arquivo ou pasta, a janela de propriedades pode ser exibida:

No menu editar do Gerenciador de Arquivo, por exemplo, temos comandos e procedimentos para a manipulação de arquivos e de diretórios:

E a opção Arquivo, também do menu do Gerenciador, permite administrá-lo de forma global:

Uma maneira prática de mudar as configurações da sua área de trabalho (desktop), por exemplo, criar um atalho para uma aplicação, é clicar com o botão da direita do mouse sobre a área de trabalho, permitindo assim que o seguinte menu de opções apareça:

Entretanto, a principal forma de acessar os recursos do KDE ou do Linux é por meio da barra de opções existente no rodapé da área de trabalho:

Cada botão desempenha uma tarefa, mas o KDE permite também que sejam adicionados outros, conforme a sua vontade e conhecimento.

Onde você quer ir amanhã?

Ao clicar sobre este botão, o menu de opções, conforme mostrado em seguida, será apresentado, permitindo que o usuário navegue nas opções disponíveis:

Lista de Janelas

Este botão apresenta as áreas de trabalho disponíveis, bem como as janelas abertas de cada uma. Isto permite uma identificação e navegação rápida entre janelas.

Pasta de Arquivos Pessoais do Usuário

Este botão exibe e permite a movimentação dos arquivos e diretórios pertencentes ao usuário logado por meio do KDE.

Centro de Controle KDE

O Centro de Controle KDE permite configurar os padrões, tarefas e aplicações das áreas de trabalho.

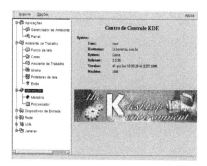

Busca de Arquivos

A Busca de Arquivos é útil para uma localização rápida e customizada de arquivos e diretórios.

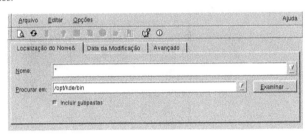

Utilitários

Este botão apresenta uma janela com as aplicações definidas como utilitários para o KDE. Podem-se, obviamente, adicionar outras.

Sair e Travar Tela

O botão com o símbolo X permite uma saída (logoff) rápida do KDE, enquanto o botão do cadeado permite bloquear temporariamente a sessão, a qual poderá ser reativada somente a partir da redigitação de uma senha.

Áreas de Trabalho (desktop)

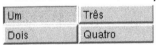

Para cada sessão KDE, por padrão, são disponibilizadas quatro áreas de trabalho, cada uma tendo suas respectivas janelas de aplicações.

Ajuda on-line KDE

O seu manual de bolso disponível para aprender mais sobre o KDE.

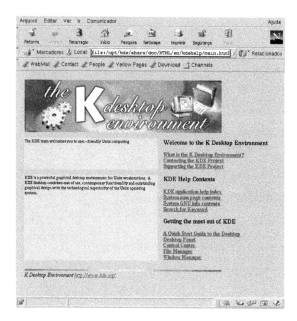

Calculadora Científica

Uma calculadora científica para provar que dois e dois podem ser quatro.

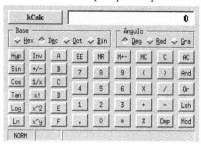

Editor para Escrever Pequenas Notas

Se você deseja se lembrar de uma observação, mantendo-a na área de trabalho, pronto, o editor de notas é a solução.

Emulador de Terminal

Este botão permite a abertura de sessões Xterm.

Editor de Texto Kedit

O editor estilo Notepad do Linux. Uma solução prática.

Recepção e Envio de Mensagens Eletrônicas

 Programa pronto para o envio e a recepção das mensagens do usuário logado.

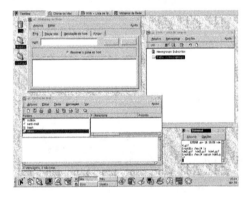

Reprodutor de CD

 Para aqueles usuários que gostam de uma musiquinha de fundo.

Controle de Volume

 Para aqueles usuários que, além da musiquinha, gostam de acordar os vizinhos.

Área de Informe de Atividade

 Esta área, apresentada ao lado da hora e data do sistema, informa algumas atividades em execução. Neste exemplo, existe uma observação (nota) do usuário, e algum CD-ROM está na unidade.

E pronto! Acho que consegui abrir o seu apetite. Muitas aplicações e componentes estão disponíveis no KDE, como, por exemplo:

Jogos

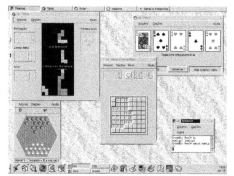

- ➤ K Abalone – simples jogo de estratégia (de tabuleiro) para dois jogadores;
- ➤ K Asteroids – tem o objetivo de destruir todos os asteróides da tela para avançar para o próximo nível;
- ➤ Mahjongg – a sua missão é retirar todas as pedras do tabuleiro;
- ➤ Kmines – clássico jogo de varrer minas;
- ➤ Klondike – alterne vermelho com preto na parte inferior, mas respeite o naipe no topo. Clicando então o baralho, você obtém mais três cartas. E por aí vai;
- ➤ MicroSolitaire – paciência para o Linux;
- ➤ Cálculo – tem o objetivo de mover todas as cartas para o topo de quatro montes;
- ➤ Túmulo de Napoleão – jogo inteligente de cartas com quatro montes diagonais;
- ➤ O Idiota – se mais de uma carta do mesmo naipe é exposta, você pode retirar as de menor valor;
- ➤ Avô – o objetivo é mover todas as cartas para o topo de quatro montes em ordem ascendente e respeitando o naipe em cada monte;
- ➤ Dez – se a soma de três cartas no extremo de uma pilha for 10, 20 ou 30, você pode removê-las;
- ➤ Mod3 – a intenção é de mover todas as cartas para as três linhas do topo;
- ➤ Freecell – o objetivo é mover todas as cartas para as posições de armazenamento;
- ➤ KPoder – versão para KDE do videopôquer;
- ➤ Reversi – jogo de estratégia para dois jogadores;
- ➤ KSame – consiste em ir aumentando a pontuação obtida, e foi inspirado no SameGame da plataforma Macintosh;
- ➤ Shisen-Sho – parecido com o Mahjongg e usa o mesmo conjunto de peças;
- ➤ Snake Race – jogo de velocidade e agilidade;
- ➤ Tetris – versão Linux do conhecido jogo Tetris.

Lixeira

Perder arquivo definitivamente, nunca mais.

Fontes, Gráficos & Multimídia

> Posso, por exemplo, configurar as fontes do sistema;
> Kview – visualizador de imagens que é capaz de lidar com vários formatos de arquivos;
> KGhostview – visualizador Postscript do KDE;
> KMedia – reprodutor de mídia do KDE;
> Kmidi – reprodutor de arquivos MIDI e conversor do formato MIDI para o formato WAV;
> Kmix – programa de mixer para a placa de som do KDE;
> Kscd – reprodutor de CD para a plataforma UNIX;
> Ktalkd – aplicativo melhorado de conversação.

Administração das Contas dos Usuários & Rede

Acessar o arquivo passwd, nunca mais. A janela acima faz tudo.

> Knu – programa de utilitários de Rede que permite fazer "pings", traçar rotas, resolver nomes de hosts, etc...;
> Kppp – discador e uma interface para o pppd.

Proteção e Fundo de Tela & Utilitários

O meu desktop é o mais incrementado de toda a empresa.

> Karm – contador de tempo por tarefa ou projeto;
> Kcalc – versão 0.4 do KCalc. Calculadora para o projeto KDE;
> Kdm – gerenciador de telas KDM é um substituto para o xdm;
> Kfax – visualizador de arquivos de fax capaz de mostrar e imprimir todos os formatos comuns de arquivos de fax;
> Kfind – ajuda a localizar arquivos e diretórios;
> KFloppy – programa que permite formatar disquetes;
> KIconedit – editor de ícones KDE;
> KIJetTool – programa para ajustar parâmetros de operação de sua HP LaserJet;

- Kmail – programa de correio eletrônico do KDE;
- KOrn – programa compatível com X11 e KDE que monitora arquivos de caixas postais UNIX;
- KPanel – ajuda você a iniciar e gerenciar aplicações e ambientes de trabalho virtuais no KDE;
- KVideolist – colecionador de dados interessantes sobre filmes;
- Kwm – informações gerais sobre o Kwm, uma referência de recursos, informações técnicas e desenvolvedores;
- Kzip – programa de gerenciamento de arquivos empacotados.

Para obter informações específicas, contate o responsável pelo desenvolvimento e atualização do KDE, Sr. Robert D. Williams (andi@circe.tops.net).

Guia Completo do Linux e Software Livre

Administração Prática do Linux

Quando você trabalha com um sistema operacional multitarefa e multiusuário, a forma de pensar e de trabalhar muda consideravelmente. Portanto, com este capítulo pretendo mostrar algumas tarefas básicas de administração do Linux que deverão ser estudadas por você em maiores detalhes posteriormente.

Don't Fear the Penguins.

Contas de Acesso dos Usuários (Logins)

É aconselhável a criação de contas de usuários para cada um respectivamente, evitando assim a impossibilidade de rastreamento de tarefas, e de identificação de quem faz o quê.

Para criar uma conta de acesso para um novo usuário no Linux, utiliza-se o comando useradd ou adduser, assim:

```
[root@lx / root]# useradd heverton
[root@lx / root]#
```

O próximo passo é definir, por meio do comando passwd, uma senha de acesso para o novo login (heverton):

```
[root@lx / root]# passwd heverton
New UNIX password:
Retype new UNIX Password:
```

```
password: all authentication tokens sucessfully
[root@lx / root]#
```
É interessante estudar os parâmetros válidos pelos comandos acima. Para isto, utilize o comando `man adduser` ou `man passwd`.
Agora, se você deseja eliminar um determinado login do sistema operacional, basta utilizar o comando `userdel`, assim:
```
[root@lx / root]# userdel heverton
[root@lx / root]#
```
Pronto ! A partir deste ponto o usuário heverton não pode mais acessar o sistema.

Subseção Dicas Rápidas
Há momentos em que você pode, já estando dentro de uma sessão de login, transformar-se num outro usuário. Para isto, o comando su requer a senha do usuário em quem você quer se transformar, assim:

[root@lx / root]$ su root

Password:

[root@lx / root]#
Lembre-se de que você pode se transformar em qualquer outro usuário, desde que conheça a senha do tal.

Desligando o Sistema Linux

Ao finalizar as atividades de uso do sistema Linux, é necessário desligá-lo. O comando shutdown, que é o responsável por este processo, pode ser executado somente pelo superusuário, ou ter obtido os seus respectivos direitos por meio do comando su.
O comando shutdown possui vários parâmetros interessantes, entretanto apresento apenas o mais importante. O exemplo abaixo informa para o Linux ser desligado imediatamente. O número zero após a letra r representa o número de minutos para esperar:
```
[root@lx / root]# shutdown -r 0
Broadcast message from root (tty1) Fri Apr
the system is going DOWN to maintenance NOW
[root@lx / root]#
```

Outro exemplo interessante é o seguinte:
```
[root@lx / root]# shutdown -k 2 "Pararei em 2 Min"
[root@lx / root]#
```
A parâmetro k do comando shutdown representa apenas uma simulação de shutdown, entretanto a mensagem "Pararei em 2 Min" é exibida aos usuários conectados nos próximos dois minutos.

O Linux em Modo Gráfico

Como nem todos gostam somente de beleza interior, esta seção mostra algumas funcionalidades do Linux rodando com o ambiente X Window. Desejando maiores detalhes sobre este, leia o capítulo específico no início deste livro.
O tipo de instalação Servidor do Conectiva automaticamente instala o sistema X Windows, porém, caso você não consiga fazê-lo funcionar em outro tipo de instalação, isto deve ter ocorrido por você não ter escolhido a instalação correta, portanto aconselho uma nova instalação.
Para iniciar o X Window toda vez que você desejar, basta executar o comando startx, assim:

Após isto, o monitor poderá piscar por alguns segundos, e então exibir um ambiente (área de trabalho) amigável e sensível ao mouse:

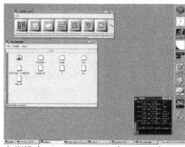

A primeira tela exibida pelo Linux no modo X Window tem apenas quatro ícones, e cada um apontando para uma respectiva aplicação: Xterm, Window Maker, Data do Sistema, VMDock.

A janela acima mostra a propriedade do ícone Xterm que aponta para a aplicação Xterm.

Conforme apresentado anteriormente, ao abrir uma sessão Xterm, você poderá executar qualquer comando de linha de comando do Linux.

Contudo, ao clicar com o botão direito do mouse a área não preenchida do ambiente X Window, a seguinte janela de opções é exibida:

É por meio desta janela que o usuário executa aplicações ou configura o ambiente X Window. Um resumo do primeiro nível do menu fica assim:

➢ Informações: ao abrir (explodir) esta opção, você poderá obter informações sobre o gerenciador de janela, bem como das atividades do sistema;

➢ Xterm: esta opção abre sessões Xterm sem complicações;

➢ Programas: a maioria dos programas e/ou pacotes estão disponíveis nesta opção;

➢ Áreas de Trabalho: você pode ter mais de uma área de trabalho ativa, cada uma com suas peculiaridades;

➢ Seleção: funciona como uma área de transferência de objetos ou de conteúdo;

➢ Áreas de Trabalho: permitem a definição de propriedades da área de trabalho ativa no momento;

➢ Aparência: permite a confi-guração das opções avança-das da área de trabalho, como: fundo, papel de parede, proteção etc.;

➢ Sair: finalmente, esta opção permite sair da sessão X, ou alternar para um outro gerenciador de janela.

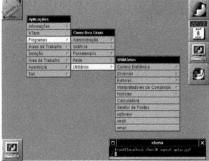

Navegando e executando, por exemplo, o programa de calculadora:

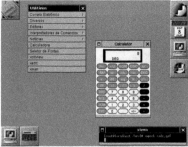

Ou a aplicação Agenda de Compromissos:

Como qualquer outro ambiente de Gerenciamento de Janelas, este permite customizar as propriedades da janela que detém o foco. Para isto, basta clicar com o botão direito do mouse sobre a barra de título que serve como a identificação da janela. Isto permite que o usuário maximize, minimize, esconda e mude várias outras propriedades de uma janela:

Como o Linux é um real sistema multitarefa, no exemplo abaixo você pode constatar a execução de duas sessões Xterm numa mesma sessão X Window:

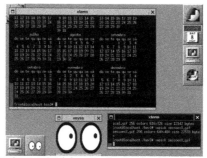

O browser Netscape, que já é automaticamente instalado no tipo Servidor, é perfeitamente executado pelo gerenciador de janelas Window Maker:

Quando o usuário desejar abandonar o gerenciador de janela atual, retornando assim para o modo linha de comando, basta confirmar a saída:

Fazendo o Linux voltar normalmente ao seu prompt:

Depois de apresentar todas as telas anteriores, pode nascer a seguinte pergunta: para que eu vou ainda utilizar a interface de linha de comando?

Se você não tiver ainda uma resposta, mas já quer definitivamente configurar o Linux para efetuar até o login em modo X Window – veja a tela abaixo – leia cuidadosamente os parágrafos seguintes.

Agora que já estamos seguros de que o Servidor X está funcionando corretamente, podemos começar a configuração definitiva. Quando configurado o Linux para ser inicializado em modo X, o programa xdm deverá ser executado, e apresentará uma tela de acesso gráfica. Após o acesso, você terá uma sessão executando o X da mesma forma que se um comando startx tivesse sido executado.

Um pequeno resumo de como isso pode ser feito:

➢ Teste o programa xdm usando telinit;

O comando telinit é usado para mudar o nível de execução do Linux. É no nível de execução que vários aspectos de controle do sistema, incluindo se o xdm será inicializado ou não, são definidos. Os sistemas Linux recém-instalados usam o nível 3 de execução como padrão, que resulta na linha de acesso ao sistema em modo texto. Para que o xdm seja iniciado no nível de execução 5, será necessário executar o seguinte comando:

```
/sbin/telinit 5
```

➢ Edite o arquivo `/etc/inittab`;

O arquivo /etc/inittab é usado, entre outras coisas, para determinar o nível de execução padrão. Pode-se mudar o nível de 3 para 5, editando o arquivo /etc/inittab. Usando o editor de texto de sua escolha, deve-se mudar esta linha no arquivo /etc/inittab:

```
id:3:initdefault:
```

Ao final, deve-se ter algo similar a:

```
id:5:initdefault:
```

Certifique de mudar somente o número 3 para 5. Não mude absolutamente mais nada, pois o Linux poderá não ser reinicializado. Ao fazer a mudança, feche o editor e use este comando para revisar o seu trabalho:

```
more /etc/inittab
```

Pressione [Enter] para paginar o arquivo [q] para finalizar. Caso tudo esteja correto, é a hora de reinicializar o sistema. Para isto, consulte o comando `shutdown`.

Entendendo os Gerenciadores de Janelas

Pode então surgir a seguinte pergunta: o que é um gerenciador de janelas no Linux?

Para isto, gostaria de destacar a frase de Alfredo Kojima que ressalta uma parceria entre ele e a Conectiva:

"Gostaria de expressar meu agradecimento à Conectiva por fazer do Window Maker o gerenciador de Janelas 'padrão' no Conectiva Linux. Um dos objetivos do Window Maker é a facilidade de uso para novos usuários, facilitando a configuração do gerenciador de janelas e oferecendo uma interface simples e funcional (além de bonita, é claro!). Esse objetivo não seria plenamente atingido se o usuário tivesse que passar pelo trabalho de reconfigurar o sistema para poder usar o Window Maker, o que torna o fato de ele ser o 'padrão' muito importante."

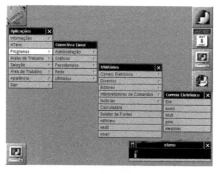

Entretanto, o Linux tem disponíveis diversas interfaces gráficas, que proporcionam aos usuários uma forma simples e ágil de interagirem com o sistema. A tela ao lado está sendo executada pela interface Afterstep.

O Conectiva Linux disponibiliza as seguintes interfaces:

➢ Afterstep;

➢ AnotherLevel;

➢ FVWM;

➢ FVWM2;

➢ Gnome, ainda em estado experimental;

➢ ICEWM;

➢ KDE; e

➢ Window Maker.

As principais funcionalidades que levaram o pessoal da Conectiva a escolher o Window Maker foram:

➢ Suporte a ícones com definições de 4 e 8 bits;

➢ Suporte a agrupamento de janelas, fazendo com que janelas pertencentes a uma única aplicação sejam "minimizadas" em um único ícone;

➢ Praticamente, completamente compatível com ICCCM;

➢ Barra de lançamento de aplicações (dock) configurável por "arrastar e soltar";

➢ Menus são automaticamente redefinidos quando um arquivo de configuração é alterado;

➢ Múltiplas áreas de trabalho;

➢ Gradualmente vem aprimorando a integração e detecção do GNOME;

➢ Decorações de janelas com renderização com gradientes e mapa de pixels texturizado;

➢ Suporte a temas on-line;

➢ Habilidade de nomear espaços de trabalho diretamente a partir do menu;

➢ Habilidade de mudar as preferências, como cores, fontes, etc., sem reinicialização do Window Maker;

➢ Suporte a ícones nos formatos XPM, PNG, JPEG, TIFF, GIF e PPM, sem necessidade de conversores externos;

➢ Utilitário de configuração, via interface gráfica, sem necessidade de edição manual de arquivos;

➢ Funcionalidades supérfluas interessantes, como shade de janelas (encolhimento);

➢ Suporte a vários idiomas: português, japonês, espanhol, alemão, italiano, holandês, tcheco, coreano, francês, sueco e inglês.

Cada gerenciador permite ao usuário, em tempo de execução, alternar de uma interface para outra:

E ainda, o Window Maker fornece uma ótima e fácil aplicação para configuração do gerenciador. Para obter informações específicas sobre esse gerenciador, visite o site www.windowmaker.org.

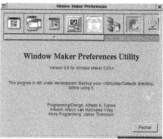

A aplicação Xman apresentada abaixo exibe os manuais do Linux no formato X:

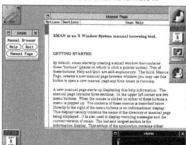

Outra interface interessantíssima é a FVWM da Red Hat. Abaixo é apresentado um exemplo de navegação:

Outra fantástica característica é que os gerenciadores permitem a criação e disponibilização das barras de ferramentas, como a que é apresentada em seguida:

Instalação de Impressoras

Uma das tarefas que realmente tem que ser simples num sistema operacional, a princípio, é a instalação de impressoras. Resolvi então instalar a minha impressora HP Deskjet 500 no Linux.

No momento da minha instalação, o Linux estava com a interface FVWM da Fedora Core, entretanto, não se preocupe, caso as opções dos menus mudem de uma interface para outra. Procure inicialmente no menu da sua interface a opção Programas, logo após clique em Administração, e por último, em Configuração de Impressoras. A seguinte janela será apresentada:

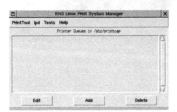

Esta janela cria uma interface amigável para o processo de criação ou remoção de impressoras do sistema Linux. Para a criação de uma impressora basta clicar no botão Add, o qual exibirá uma janela para definir se a impressora trabalhará local ou remotamente:

Para esta janela basta um clique em Local Printer, pois a impressora está conectada diretamente ao nosso PC. Entretanto, há quatro tipos de filas de impressão que podem ser criados:

➢ local: filas de impressão para impressoras instaladas diretamente na máquina local;
➢ Remote: filas de impressão direcionadas para outras estações de uma rede TCP/IP;
➢ SMB: filas de impressão direcionadas para sistemas que utilizem uma rede tipo SMB;
➢ NCP: filas de impressão direcionadas para sistemas de impressão baseados em Novell Netware.

A partir deste ponto, o sistema Linux tentará detectar a porta paralela do seu computador, verificando assim se está tudo correto. Mais uma vez, está.

Após confirmar a perfeita detecção da porta paralela feita pelo Linux, este apresentará a janela abaixo que corresponde às propriedades principais da impressora: nome, fila de impressão, limite em bytes de impressão, dispositivo de impressão e o drive da impressora.

No campo Input Filter desta janela, deve-se clicar no botão Select para selecionar o drive correspondente à sua impressora, como mostra a imagem a seguir:

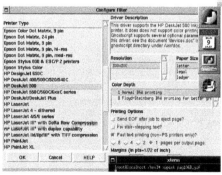

O campo Supress Headers verifica se há necessidade de imprimir uma página de início antes de cada impressão – identificação do arquivo impresso.
Pronto! A impressora já está disponível para os usuários do seu sistema Linux.

Desejando realizar o seu primeiro teste de impressão, basta clicar na opção `Tests` do menu da janela acima:

Eu não disse que era fácil!? Daqui a pouco iremos preparar o editor de texto, para assim digitarmos a primeira carta para a sua namorada ou namorado no sistema Linux.

A Impressão no Linux

Os quatro principais programas de impressão no Linux são:

1. **lpr** (também conhecido como lpd): às vezes referenciado como ao estilo de impressão BSD. Execução como super-usuário; atende pedidos de todas as interfaces, inclusive interface Internet; amplamente suportado;.
2. **lprng:** designado para ser uma evolução do lpr, em facilidade de uso e administração; aceita autenticação via Kerberos ou PGP;
3. **pdq:** considerado um do melhores em uso e configuração; até a versão 2.08 do Samba não havia suporte para este recurso.
4. **cups:** padrão mais recomendado no Mercado; aceita o IPP (Internet Printing Protocol); aceita controle de acesso, autenticação; o Samba suporte cups; o KDE suporta o CUPS; aceita comandos de linha do prompt do Linux;

Mas alguns programas, como por exemplo, StarOffice ou WordPerfect, possuem seus próprios programas para impressão.

CUPS – Common UNIX Printing System

O site oficial do CUPS está em **http://www.cups.org**. O CUPS disponibiliza uma comanda de impressão portável para sistemas operacionais padrão UNIX. Este foi desenvolvido pela Easy Software Products, a qual visava promover a padronização de soluções de impressão no Linux. O CUPS usa o Internet Printing Protocol (IPP) para gerenciar os pedidos e filas de impressão. E outros protocolos como Line Printer Daemon (LPD), Server Message Block (SMB) e AppSocket também são suportados.

Para conhecer mais e obter informações de drivers e impressoras, visite o site **www.easysw.com/printpro**.

Outra dica para obter suporte e configuração de suas impressoras no Linux, é visitar o site www.linuxprinting.org. Conforme tela abaixo, você pode pesquisar pelos drives disponíveis e obter a última versão:

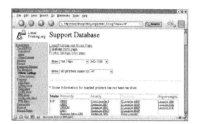

Feito isto, e você estando em nossa instalação Fedora Core, pois está já embute a instalação do CUPS, vamos dar prosseguimento a nossa utilização de impressão por este serviço.

O CUPS já possui pacotes distribuídos. Verifique sua distribuição caso você não esteja utilizando a Red Hat Fedora Core.

> **DICA !**
>
> Se você estiver usando o Conectiva Linux 9, verifique se o serviço cupsd já não está no ar. Se não estiver, utilize o Synaptic para instalar os pacotes da família **task-printers**. Assim:
>
> # apt-get install task-printers

Portanto, vamos assumir que você já tenha o CUPS instalado. Se sua instalação foi feita a partir do código fonte, todos os diretórios relativos ao CUPS estarão no caminho **/usr/local**.

Para nosso laboratório, nós iremos utilizar uma impressora HP Deskjet 990C, e vamos utilizar o drive "hpijs" o qual foi feito download do site LinuxPrinting.org através do arquivo **HP-Deskjet_990C-hpijs-ppd.ppd**.

Acesse o seu sistema como super-usuário (root), e copie este arquivo para o diretório **/usr/share/cups/model**. Este arquivo deve ter permissão de leitura para todos os usuários do sistema Linux. Para isto, execute:

```
# chmod a+r /usr/share/cups/model/HP-DeskJet_990C-hpijs-ppd.ppd
```

Agora, para garantir que o daemon CUPS reconheça o nosso drive PPD, temos que forçar a reinicialização deste serviço. É que o CUPS necessita recarregar o banco de dados PPD:

```
# killall –HUP cupsd
```

Após uns instantes, o CUPS estará no ar novamente (veja com **lpstat –t**). Podemos então definir uma fila de impressão na própria linha de comando do Linux:

```
# lpadmin -p DJ990 -E -v usb:/dev/usb/lp0 -m HP-DeskJet_990C-hpijs-ppd.ppd -o PageSize=A4
```

Vale a pena lembrar que há várias interfaces para executar esta mesma tarefa, tanto como em linha de comando quanto na forma gráfica. Por exemplo, através da interface KDE Printing System, nas duas telas abaixo, poderíamos utilizar o KDE Print Wizard ou o Printer Manager:

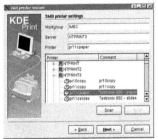

KDE Wizard em ação para criação de impressoras

Outro recurso da interface KDE é o Print Manager. Na imagem abaixo, o processo de criação, gerenciamento de impressoras e filas é bem prático:

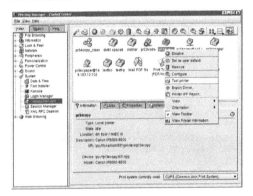

Como último presente do CUPS, acreditamos que você irá se surpreender com a administração com interfaceWeb do CUPS. O serviço/daemon atende pedidos da porta 631, portanto, basta apontar o seu navegador web para o endereço **http://localhost:631**.

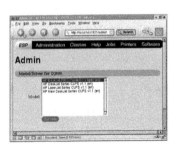

A nossa impressora HP Deskjet 990C já possui o drive no sistema Linux, conforme vemos na página do browser acima.

O CUPS permite ainda a configuração mais detalhada de valores default das impressoras:

Então, é por esta e muitas outras características, que é essencial que você se aprofunde no uso do padrão de impressão CUPS.

Sites Para Pesquisa e Estudo

Site	URL
LinuxPrinting.org	http://www.linuxprinting.org/
CUPS	www.cups.org

Configuração do Sistema com o Linuxconf

O Linuxconf é um utilitário que permite a configuração de vários aspectos do sistema, e é capaz de lidar com uma grande variedade de programas e tarefas. A documentação completa do Linuxconf é vasta o suficiente para comportar um livro à parte, e certamente extrapola o que se deseja apresentar. Para informações específicas sobre ele, visite o site www.solucorp.qc.ca/linuxconf/, que é mantido pelo seu próprio desenvolvedor, Jacques Gelinas.

Ferramentas como o Painel de Controle, desenvolvidas pela Red Hat Software, visam simplificar a administração do sistema. Mas apesar de essas ferramentas atenderem aos seus objetivos, foi iniciada uma pesquisa para escolher ferramentas de configuração mais poderosas e flexíveis. A Conectiva optou, entretanto, pelo software Linuxconf, principalmente pelo incrível número de configurações possível, e a confiança proporcionada pela vasta documentação disponível. Contudo, também na opinião da Conectiva, o Painel de Controle continua sendo mais ágil do que o Linuxconf para configuração de impressoras e do servidor Kernel do Linux.

Para acessar o Linuxconf, é necessário estar logado como multiusuário ou conhecer a sua senha, pois ela será requisitada. Para executá-lo, basta digitar:

```
# linuxconf
```

Conforme o ambiente, texto ou X, no qual você o esteja executando, a interface do Linuxconf será apresentada no seu respectivo formato.

A primeira janela que aparece, a qual é apresentada somente nesta primeira execução, é a de boas-vindas:

Pronto! Se estiver executando no modo texto, a janela ao lado já corresponde ao menu principal do Linuxconf:

Apresento neste livro apenas a abertura (explosão) do primeiro nível de menu de cada opção acima, contudo deixo aqui a sugestão para você estudá-lo mais detalhadamente.

A janela de opções - Configuração -- acima representa também o menu principal do Linuxconf, só que em X Window. Caso você não consiga executar o Linuxconf no ambiente X Window, verifique se está instalado o conjunto de pacotes `gnome-linux*` e `glib*.rpm`; caso contrário, instale-o a partir do diretório de pacotes da Conectiva, assim:

```
# rpm -Uvh gnome-linux*.rpm
# rpm -Uvh glib*.rpm
```

A janela seguinte corresponde às opções do Painel de Controle do Linuxconf:

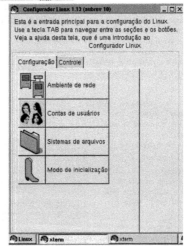

A opção Ambiente de Rede permite-lhe configurar uma rede TCP/IP a partir do zero, usando ethernet e modem (ou outra conexão serial). Abaixo são apresentadas as subopções de rede:

Na opção Contas de Usuários do Menu principal, você poderá realizar todas as tarefas relativas aos logins dos usuários do sistema:

Outra opção interessante do menu principal é a Sistema de Arquivos. Esse pacote permite-lhe configurar quais partições ou volumes essa estação pode acessar:

Por meio da opção Modo de Inicialização você pode definir o modo de inicialização padrão do Linux:

Por intermédio do Painel de Controle você poderá executar tarefas, mas sem alterar configurações do sistema:

As opções Arquivos de Controle e Sistemas do Linuxconf permitem-lhe gerenciar o comportamento do Configurador Linux:

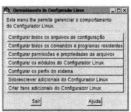

É por meio da opção Registro que você lê as diferentes mensagens geradas pelo sistema. Essas mensagens são normalmente verificadas para detectar alguns problemas ou para comprovar que algum evento ocorreu:

A opção Data & Hora requer a indicação de como a máquina deve obter sua data e horário:

É na opção Características do menu principal do Linuxconf que você define alguns comportamentos especiais do Configurador Linux:

A opção Estado do Sistema é muito útil para você poder ver o estado atual de seu sistema, porém sem poder realizar alterações:

A opção Gerenciamentos de Pacotes RPM é uma interface amigável com a qual você pode atualizar os pacotes em sua máquina, um a um, ou por lote.

Uma das grandes vantagens do Linux é a disponibilidade de várias interfaces para auxiliar o usuário, pois neste exato momento, alguém pode estar liberando um novo programa, totalmente grátis, para atender as suas necessidades. Que maravilha, de novo!

Caro leitor, não sei se você já tinha notado, mas em algumas partes deste livro, primeiramente, eu mostro uma tarefa realizada de uma forma não tão agradável, e depois apresento a mesma tarefa, mas com o presente de uma ótima interface. Portanto, tudo que você aprendeu sobre o Linuxconf até agora, pode ser feito de outra forma e mais agradável.

O Linuxconf disponibiliza também alguns subaplicativos que podem ser executados na linha de comando, evitando assim a necessidade da navegação:

➢ **domainname** : mostra e define o domínio NIS;
➢ **dnsconf** : executa somente o menu principal do programa de configuração do DNS;
➢ **fixperm** : certifica-se de que os arquivos e diretórios vitais têm dono e permissões apropriados;
➢ **fsconf** : executa somente o menu principal de configuração de sistemas de arquivos;
➢ **hostname** : mostra e define o nome da máquina;
➢ **netconf** : executa somente o menu do ambiente de rede;
➢ **userconf** : executa somente o menu de configuração das contas de usuários.

E ainda, o Linuxconf pode ser executado com vários parâmetros:

```
# linuxconf -text
```

O comando mostrado, por exemplo, apresentará a interface caractere do Linuxconf, mesmo que ele esteja num ambiente X.

Administração Local e Remota

Não pense que já terminei de mostrar tudo sobre o Linuxconf. Agora vem o interessante.

Uma outra grande vantagem do Linuxconf é que ele permite a sua execução por meio de um browser. Nesta seção, irei mostrar-lhe como configurar o Linux para isto, e após uma pequena configuração, você poderá acessar o Linuxconf tanto do browser do seu Linux como de qualquer estação Windows.

Então, para habilitar a interface Web do Linuxconf, primeiramente, edite seu /etc/inetd.conf, retirando o comentário da última linha correspondente ao linuxconf – note que acima da linha já haverá como fazer isto.

Depois de realizar a mudança acima, execute a seguinte instrução estando como usuário root:

```
# /etc/rc.d/init.d/inet restart
#
```

Depois, no próprio Linuxconf, entre no menu "Ambiente de Rede", "Diversos", "Acesso ao Configurador Linux via rede", e marque a opção: [X] ativa acesso via rede.

No espaço em branco que existe na caixa de diálogo apresentada, podem-se digitar os endereços IP ou nomes das máquinas que têm permissão para executar o Linuxconf remotamente. No caso da minha rede, como as máquinas são da mesma rede, 10.0.2.15 e 10.0.2.16, basta eu colocar a máscara 10.0.2.0:

Pronto! Agora basta apontar o browser para http://10.0.2.15:98/. Em seguida, eu apresento a execução do Netscape no próprio servidor Linux:

Agora, o mais interessante para mim é apresentado logo em seguida: a administração do Linux realizada em qualquer estação da rede.

A tela anterior mostra a primeira home-page enviada pelo Linuxconf, na qual o usuário deve realizar o login normalmente, lógico que com a senha do usuário root.

A partir deste ponto, a tela seguinte mostra as mesmas opções do Linuxconf apresentadas anteriormente, só que agora no formato de home-page. Que maravilha, não!?

Configuração do Sistema com o Painel de Controle

O Painel de Controle é um utilitário que contém diferentes ferramentas de administração do sistema. Ele torna a manutenção do sistema muito mais simples, sem a necessidade de relembrar comandos complexos e suas opções na linha de comando.

Para inicializar o Painel de Controle, é necessário inicializar o sistema X Window, executando o comando `startx` como superusuário, e digitar `control-panel` em uma linha de comando de uma janela Xterm.

A intenção de apresentá-lo neste livro é porque muitos usuários o preferem, no entanto o Linuxconf, na minha opinião, proporciona aos usuários um utilitário de configuração do sistema mais abrangente e simples de utilizar.

Após a chamada do programa `control-panel`, a seguinte janela deverá ser exibida:

Na janela acima, são mostradas as configurações das portas seriais disponíveis para configuração de modems.

Logo abaixo, é apresentado um resumo das funções de cada botão do Painel de Controle:

➤ Runlevel Editor – permite a definição de serviços com diferentes níveis de execução pelo sistema;

➤ Time and Date – configuração da hora e data do sistema;

➤ Printer Configuration – ativa o RHS Linux Printer System Manager, que é responsável pela configuração das impressoras e suas respectivas filas de impressão;

➤ Network Configuration – permite a configuração e identificação da sua rede;

➤ Modem Configuration – utilizado para a instalação e/ou configuração dos modems do sistema;

➤ Kernel Daemon Configuration – modificações críticas das propriedades dos serviços do núcleo do Linux;

➤ Search Help System – acesso on-line aos manuais;

➤ System Configuration – executa o Linuxconf no formato X Window;

➤ Package Management – executa o gerenciador de pacotes Glint;

➤ Fetchmail Configuration – configuração do programa de correio eletrônico Fetchmail.

Ele torna realmente fácil a execução de aplicativos e comandos Linux. Vale a pena conhecer.

O Pacote Mtools – Utilitários MS-DOS

Caro leitor, você pode estar se perguntando: o Linux é totalmente diferente do DOS, portanto deverei esquecer tudo que aprendi até agora?

Uma das intenções é esta, mas existe o pacote mtools para quem está nessa fase de transição. O mtools é uma coleção de utilitários para acessar discos MS-DOS no UNIX sem montá-los. Ele suporta nomes longos de arquivos estilo Windows 95, discos OS/2, Xdf, discos ZIP/JAZ e os discos 2m.

Montagem do CD-ROM no Linux e a Instalação do Pacote

O pacote mtools faz parte do conjunto Utilitários / Arquivo do Conectiva Linux, portanto devemos procurá-lo no CD. Para isto, primeiramente, deve-se ativar ou disponibilizar a unidade de CD-ROM para o Linux, a qual ficará referenciada para o sistema operacional como um filesystem – após a montagem do CD, execute o comando df.

Na imagem acima, os seguintes passos são executados:

```
# mkdir cd
```

Foi criado um diretório de nome `cd` na raiz. Então, por meio do comando mount, foi criada a ligação lógica da unidade de cd-rom (/dev/cdrom) com o diretório físico /cd, assim – coloque o CD-ROM dentro da unidade antes de executar isto:

```
# mount /dev/cdrom /cd
```

Como no CD-ROM haverá vários pacotes, a tarefa agora é procurar pelo pacote do mtools, pois é importante executar o comando de instalação no diretório em que este se localiza. Para localizar um arquivo, vamos utilizar o comando find, assim:

```
# find /cd -name mtools-* -print
```

O resultado será uma lista das localizações de todos os arquivos que começam com os caracteres `mtools-` no diretório /cd, o qual está ligado à unidade de CD.

Após ter achado o pacote, devo direcionar-me ao referido diretório dentro do CD-ROM, neste caso:

```
# cd /cd/conectiva/RPMS
```

E, por último, basta instalar o pacote por meio do comando `rpm`, assim:

```
# rpm -ivh mtools-3.9.1-5cl.src.rpm
```

Pronto. Aparecerão os sinais de jogo da velha (#) que representam o processo de instalação. Finalizado isto, basta, por exemplo, executar o comando `mdir` para apresentar o conteúdo de um disquete da unidade a:

Utilitários MS-DOS disponíveis

Apresento abaixo uma lista rápida dos principais utilitários existentes no pacote `mtools`:

➢ **mattrib** : mudança dos atributos de um arquivo;
➢ **mbadblocks** : realiza testes em um disco, marcando os blocos ruins;
➢ **mcd** : altera o diretório MS-DOS corrente;
➢ **mcheck** : verifica o conteúdo de um disco;
➢ **mcomp**: compara conteúdos;
➢ **mcopy**: realiza cópia de arquivos;
➢ **mdel**: remove arquivos;
➢ **mdeltree**: remove árvore de diretórios;
➢ **mdir**: exibe conteúdo de diretórios;
➢ **mformat**: realiza a formatação de disquetes;
➢ **minfo**: informa versão do mtools;
➢ **mkmanifest**: finalidade do mtools;
➢ **mlabel**: identificação de discos;
➢ **mmd**: criação de diretórios;
➢ **mmount**: montagem de um disco MS-DOS;
➢ **mmove**: movimentação de arquivos ou de diretórios;
➢ **mpartition**: administra partições MS-DOS;
➢ **mrd**: remoção de diretórios;
➢ **mread**: comando de leitura de arquivos MS-DOS;
➢ **mtools**: lista os comandos mtools válidos;
➢ **mtoolstest**: testa e lista os arquivos de configuração de mtools;

- **mtype**: exibe o conteúdo de um arquivo MS-DOS;
- **mwrite**: comando de escrita de arquivos MS-DOS;
- **mzip**: altera o modo de proteção e ejeta unidades ZIP/JAZ.

O Pacote Xfm – Um Gerenciador de Arquivos Agradável

O xfm, um pacote do grupo X11/Aplicações, é um gerenciador de arquivos que permite manipular arquivos e diretórios de uma maneira intuitiva e fácil de entender, assim como permite sua extensão a outros programas.
Obviamente, existem vários gerenciadores, mas este é um bom início. Localize o pacote `xfm-1.3.2-11c1.i386.rpm`, e tire suas próprias conclusões:

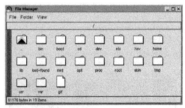

A janela acima mostra os arquivos e subdiretórios existentes no diretório raiz, cada um representado por um ícone específico.
Ao clicar o botão direito do mouse sobre um determinado objeto/entidade da janela, um menu de opções é exibido, possibilitando assim a sua movimentação.
Com o tempo, você concluirá que a execução de um determinado comando em linha de comandos será coisa do passado.

Administração dos Pacotes e Aplicações no Linux

Os Pacotes, normalmente citados no mundo Linux, são arquivos que representam um software, e que contêm um formato particular que visa facilitar a sua instalação, remoção ou atualização.
Portanto, neste capítulo, você encontrará as principais maneiras de instalar ou remover pacotes, bem como a lista dos pacotes disponíveis na Conectiva.
Então, já de posse do nome preciso do pacote que deseja instalar, bastar seguir os passos apresentados nesta seção.

Administrando Pacotes com o Gerenciador Red Hat (RPM)

O Gerenciador de Pacotes Red Hat (RPM) é um sistema que pode ser executado tanto no Conectiva Linux quanto em qualquer outro sistema UNIX, e é um produto distribuído sob os termos da licença GPL.
E ainda, o RPM mantém uma base de dados com os pacotes instalados e seus respectivos arquivos, o que permite executar pesquisas complexas e verificações de maneira ágil e segura. Durante atualizações de softwares, por exemplo, RPM administra arquivos de configuração, mantendo as configurações já realizadas no sistema, uma tarefa impossível, por exemplo, para softwares em formato tar ou gz.
Normalmente, os pacotes RPM têm a seguinte estrutura de nomeação: foo-1.0-1.i386.rpm, em que foo (nome do pacote); 1.0 (versão); 1 (release); i386 (plataforma); e o sufixo rpm indica o formato do pacote.
Pode-se utilizar o RPM para confecção de pacotes, instalação, desinstalação, atualização, pesquisa e verificação. Para obter maiores informações sobre o RPM, digite na linha de comando:

```
$ rpm –help
```

ou

```
$ man rpm
```

Para iniciar a instalação, basta digitar o comando rpm seguido do nome do pacote, assim:

```
$ rpm -qd foo-1.0-1.i386.rpm
```

A partir deste ponto, o rpm é o responsável pela instalação e pelo registro do software.
Para realizar a operação de desinstalação de um determinado pacote, deve-se então mudar o parâmetro, assim:

```
$ rpm -e –nodeps foo
```

O que normalmente irá acontecer, constantemente, ao usuário do Linux é a atualização de pacotes. Para isto, execute o comando rpm com o parâmetro –Uvh, assim:

```
$ rpm -Uvh foo-2.0-1.i386.rpm
```

O sinal de jogo da velha (#), exibido durante o processo, representa uma barra de progressão da instalação e/ou atualização do pacote.
Para verificar os pacotes instalados e registrados, o rpm possui vários parâmetros:

-q   apresenta os dados de um referido pacote
-a   consulta todos os pacotes instalados
-f <arquivo>   consulta pacote que contém o arquivo
-p <arquivo>   pacote originado pelo arquivo
-i   informações do pacote
-l   lista de arquivos do pacote
-s   status dos arquivos do pacote
-d   lista arquivos de documentação
-c   lista arquivos de configuração do pacote
-V   verificação do conteúdo do pacote

Após este resumo do RPM, aconselho uma visita ao site www.rpm.org que possui dicas e manuais interessantes sobre esse gerenciador.
Um aplicativo muito útil é o ImageMagick, que é uma ferramenta para manipular, converter e exibir imagens em vários formatos, e que funciona sob o ambiente X.
Para instalá-lo, localize o pacote ImageMagick-4.1.6-1cl.i386.rpm no CD-ROM da Conectiva. Abaixo, apresento a interface dele editando um arquivo.GIF:

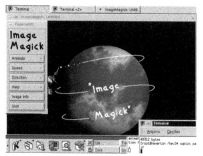

Administrando Pacotes com o Gerenciador Glint

A Conectiva está sempre preocupada em nos proporcionar o melhor. Ela disponibilizou uma ótima ferramenta de ajuda na instalação, remoção, atualização, pesquisa e verificação de pacotes chamada Glint (Graphical Linux Installation Tool). Essa ferramenta é executada sob o sistema X Window, tendo uma interface similar aos pacotes populares de gerenciamentos de arquivos, e é muito simples de ser utilizada.
Como a própria Conectiva conceitua: utilizar o Glint para executar as operações de instalação é o mesmo que utilizar o sistema RPM a partir da linha de comando, residindo a diferença básica no uso de uma interface gráfica.
Para o Glint funcionar perfeitamente, primeiramente deve-se verificar se o conjunto de pacotes python*.rpm já está instalado no Linux; caso contrário, instale-o a partir do CD-ROM da Conectiva, assim:

```
# rpm -Uvh python*.rpm
```

É indicado que toda instalação de pacotes no Linux sempre seja feita estando você logado como usuário root.
Após verificados ou instalados os pacotes acima, basta executar glint & em qualquer terminal X Window, assim:

```
$ glint &
```

Se correr tudo bem, a seguinte janela será apresentada:

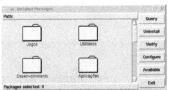

As opções são fáceis de entender, portanto fica ao seu critério usar o RPM ou o Glint. Eu já escolhi o Glint.

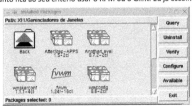

A janela acima representa a pasta de pacotes Jogos:

Há duas áreas na interface Glint. A primeira, à esquerda, permite mostrar e selecionar os pacotes instalados no sistema. A segunda parte, à direita, permite a manipulação dos pacotes selecionados.

Cada ícone de pasta representa um grupo de pacotes. Cada grupo contém outros grupos, o que permite uma localização flexível. Grupos são utilizados para agrupar pacotes de funções similares. Por exemplo, o Conectiva Linux inclui muitas aplicações, como editores e planilhas de cálculos. Todas elas aparecem no grupo Applications. Dentro desse grupo há outro grupo com todos os editores.

Conectando o Linux ao Mundo via Linha Telefônica

Nesta seção, é apresentado um resumo das três principais maneiras de se comunicar com o mundo por meio do Linux. O importante é ressaltar aqui que, na minha opinião, o Linux é o primeiro sistema operacional que realmente nasceu na Internet, porque, provavelmente, sem ela, o Linus Torvalds ainda estaria hoje, talvez, em algum lugar frio da Finlândia

Instalando o Modem

Antes de mais nada, a primeira tarefa a fazer no Linux é disponibilizar um modem para que as aplicações possam funcionar perfeitamente.

A maneira de disponibilizar um modem para o sistema Linux é por meio do control-panel, no qual deverá ser clicado no botão Modem Configuration:

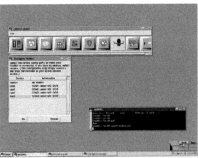

Será exibida uma janela com os dispositivos lógicos do seu PC, tanto no formato Linux quanto no formato MS-DOS, portanto basta fazer a associação, assim:

Porta Serial no Linux	Porta Serial no MS-DOS
cua0	COM1
cua1	COM2
cua2	COM3
cua3	COM4

No meu PC, por exemplo, eu tive que definir como `cua3`, ou seja, a COM4 quando o Window estava instalado.

Caso o dispositivo lógico /dev/modem não exista no seu PC, você deverá criar uma associação entre o dispositivo lógico e o real. O comando utilizado para isto é o `ln`. Considerando então a tabela de dispositivos acima, se meu modem está na COM4, o comando para criação do /dev/modem é:

```
ln -sf /dev/cua3 /dev/modem
```

Entretanto, existe uma exceção quando o modem está na COM3 ou na COM4. Quanto isto acontece, eu devo adicionar a linha abaixo ao arquivo /etc/rc.d/rc.local:

```
setserial /dev/cua3 irq 7
```

O número IRQ (Interrupção) deve ser consultado no manual do seu computador.

Pronto. Se o seu modem está funcionando perfeitamente, e o cabo está perfeito, a partir deste ponto, o seu Linux já tem um modem disponível para os serviços de comunicação.

E atenção: todas as configurações apresentadas neste capítulo devem ser executadas estando logado como superusuário.

> Dica !
>
> Já estão disponíveis no mercado alguns software modem (winmodem), os quais nem fazem barulho em tempo de conexão. Os modems deste tipo não são suportados pelo Linux, ainda. Estes modems dependem de software específico para carregar parte de sua firmware, não disponíveis para o Linux, pois as especificações dos mesmos ainda não são liberadas, não permitindo assim, o desenvolvimento de drives pela comunidade Linux. Alguns modens, como os fabricados pela PCTEL e pela Lucent, já possuem alguns drivers experimentais liberados pelos fabricantes.

Via Internet

A maioria das estações, independentemente do sistema operacional, que acessam a Internet utilizam-se do protocolo PPP ou SLIP – pertencentes à família de serviços do TCP/IP. Para a ilustração desta seção criei a seguinte situação: o Windows 95 que eu tinha instalado acessava perfeitamente o meu provedor (Nutecnet SP) por meio do PPP. E agora, como faço isso no Linux?

A tarefa agora é criar uma conexão PPP associada ao nosso dispositivo de modem. Por isto, devemos executar o Linuxconf na seguinte seqüência:

> ➢ Configuração
> ➢ Ambiente de Rede
> ➢ Tarefas de Cliente
> ➢ PPP / SLIP / PLIP
> ➢ Selecione Adicionar
> ➢ Selecione Tipo de Interface -PPP

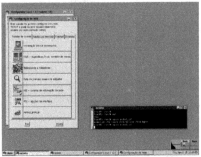

Na janela de Hardware, conforme apresentado acima, você deverá configurar a velocidade máxima do seu modem, e informar ainda em qual porta serial ele está.

Na próxima janela -- Comunicação -- deverá ser informado o telefone, precedido ou não do número para a obtenção de linha externa (zero), para quem tem, por acaso, PABX. E ainda, note que nos campos `Envie` você deverá digitar os dados que deverão ser repassados ao provedor, por exemplo, se o provedor enviou a palavra login: `ogin` neste caso, você enviará para ele o seu login de acesso, neste meu caso, `hsilvaa`. O mesmo vale para a senha (password).

E na última janela – PAP – deverão ser preenchidos os dados de autenticação PAP do usuário. Informação esta que somente pode ser obtida com o seu provedor.

Após ter finalizado as configurações, é aconselhável a realização da primeira conexão teste. Para isto, basta pressionar o botão Conectar existente no rodapé da janela principal. Será produzida uma tentativa de acesso ao sistema remoto.

Toda vez que você tentar alterar ou adicionar uma nova interface de conexão, o Linux exibirá a seguinte janela:

Esta janela corresponde ao menu das configurações existentes. PPP0, por exemplo, corresponde a sua primeira conexão PPP do sistema.

Para monitorar as conexões PPP, a Conectiva aconselha executar periodicamente o aplicativo usernet o qual exibe a seguinte janela "semáforo":

Estando a conexão ativa, aplicativos do tipo Netscape Navigator estarão aptos para navegar na Internet. Leve equipamento de mergulho.

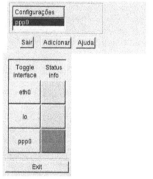

Via Fax

Um outro pacote que está disponível na Internet, ou no CD-ROM da Conectiva, é o efax. Este é um programa para enviar e receber fax com fax/modems classe 1 ou classe 2, executando na linha de comando do Linux.

Para obter maiores informações, consulte o manual on-line do Linux, assim:

```
man efax
```

Bem como o aplicativo de conversão – efix – utilizado para os tipos de arquivos incompatíveis de ser enviados:

```
man efix
```

Para instalá-lo por meio do Conectiva Linux, basta localizar o pacote efax-0.8a-8cl.i386.rpm.

Outro aplicativo de fax que também está disponível no pacote Conectiva é o mgetty-sendfax, desenvolvido por Miguel Van Smoorenburg, que visualiza faxes para o ambiente X11, e tem ainda a capacidade de zoom.

Por meio do mgetty-sendfax, além de enviar e receber faxes, você poderá visualizar arquivos compatíveis de fax.

A janela seguinte representa o visualizador viewfax sendo executado para apresentar o fax do próprio manual. Para acessá-lo, execute a seguinte linha:

```
/usr/lib/mgetty+sendfax/viewfax viewfax.tiff
```

Para instalá-lo, procure os seguintes pacotes no CD-ROM da Conectiva, ou procure o site mais próximo:

```
mgetty-sendfax-1.1.14-6cl.i386.rpm
mgetty-viewfax-1.1.14-6cl.i386.rpm
```

A partir da instalação desses pacotes, os comandos `sendfax` e `viewfax` estarão habilitados.

Via Software de Comunicação

Os aplicativos de comunicação, do tipo PCAnywhere, Telix, ou Procomm, por exemplo, fazem muito sucesso ainda, conforme a finalidade de cada empresa. São aplicativos executados num determinado PC, para acessar outro localizado em qualquer lugar deste nosso pequeno mundo.

Bisbilhotando os CD-ROMs do Conectiva Linux, encontrei apenas o Minicom que é um programa de comunicação que parece com o Telix do MS-DOS. Ele possibilita a criação de um diretório de discagem, configuração de cores, aceita emulação completa ANSI e VT100, e ainda, uma linguagem externa de scripts e mail.

A janela acima representa a tela de Help do aplicativo. Para quem está familiarizado com o Telix, esse software veio a calhar. Instale o pacote `minicom-1.82-2cl.i386.rpm` do CD-ROM da Conectiva para desfrutar esse prático emulador.

Desinstalação do Linux

E aí, tudo bem? Você vem sempre por aqui? Ups! Desculpe-me.

É que eu resolvi colocar esta seção neste livro, com o intuito exclusivo de informar que não vou ensinar como desinstalar o Linux do seu computador, pois gostaria que este fosse um caminho sem volta. Ups! Que é isto? Só bebi uma cerveja.

Entretanto, se realmente tiver coragem para isto, procure o manual HOWTO específico no CD-ROM da Conectiva. Ups! Desculpe-me de novo.

Assinado.

Lux.

Administração Remota de Computadores com Linux (TightVNC, RealVNC e NetOp)

Você pode estar se perguntando: por qual motivo eu precisaria administrar ou acessar um outro computador local ou remoto ? Pergunta simples mas que também pode ter uma resposta também simples ou complexa, depende exclusivamente do seu contexto, seja este pessoal ou profissional. O recurso de administração remota de outros computadores é uma vantagem que visa eficácia e eficiência, bem como a praticidade de redução de custo. Imagine que um analista de suporte para um grande empresa, e que não precise mais se deslocar para cada outro departamento ou filial para configurar algum outro computador ?

Então, este recurso de administração remota atende imediatamente aos analista de suporte e administradores de rede, mas com certeza, poderá auxiliar até o usuário caseiro. É que se um dia seu tio que é usuário Linux precisar de seu suporte, você já pode fazer isto sem sair de casa ou do trabalho.

E é sempre bom sabermos da novidade, pois VNC (Virtual Network Computing) está virando sinônimo.

Neste capítulo apresentamos um caso prático e duas referências de outros aplicativos para a mesma finalidade. Portanto, com um desses três softwares, você poderá estar em qualquer lugar do mundo.

O original VNC foi desenvolvido na Olivetti e nos laboratório Oracle Research em Cambridge, Inglaterra. O software permitia que a área de trabalho de um computador fosse usada por outros, normalmente disponibilizando usuários Windows com acesso para aplicações em execução em servidores Unix. O VNC se tornou tão popular que a Olivetti lançou este como software gratuito com a licença GPL. Quando a AT&T adquiriu a Olivett em 1999, o nome do laboratório foi alterado para AT&T Laboratories in Cambridge.

Configurando o TightVNC

O TightVNC é um pacote gratuito para administração remota derivado do famoso software VNC (www.realvnc.com). Com o TightVNC, você pode visualizar a área de trabalho de um computador remoto e controlar o uso do mouse e treclado, como se você estivesse sentado em frente a este.

O portal deste produto na Internet está em **http://www.tightvnc.com/**.

Constantin Kaplinski, um assistente de ensino russo do instituto politécnico Tomsk na Rússia, e o seu time de desenvolvedores do TightVNC tinha o objetivo de a partir do VNC original, tentar faze-lo mais rápido, mais flexível, e mais seguro. Há versões completas do TightVNC para plataformas Windows e Unix, inclusive Linux. Se você utiliza Macintosh, pode usar o visualizador Java. E o TightVNC continua licenciado em GPL, e o código fonte é livre e está disponível para download. Kaplinsky começou a trabalhar no TightVNC em 2000, e a release 1.2.0 foi liberada em Agosto de 2001.

Agora, o TightVNC se tornou um maravilhoso software. Se você estiver usando Linux Red Hat 7.x ou superior, já há até pacotes RPM disponíveis para instalação. E no geral, o TightVNC se tornou num software fácil de usar e configurar, e também, instalar.

Meu primo Hernani está tranqüilamente executando o sistema Red Hat 9.0 em nosso notebook compartilhado em sua nova casa. Eu havia configurado uma conta de usuário para eu também poder acessar esse notebook. Isto por que quando estou na casa dele ou vice-versa, eu posso conectar-me a Internet e ler os meus emails. Portanto, o TightVNC se tornou a solução fácil para a criação desse túnel para interligar o notebook que está na casa do meu primo ao meu computador.

Download e Ambiente

Após o download da versão para este laboratório, **tightvnc-1.2.8-1.386.rpm** e o **tightvnc-server-1.2.8-1.i386-rpm**, a partir do site da TightVNC, deve-se fazer a instalação deste a partir de uma janela X Term ou no prório Linuxconf, como você preferir. Lembre-se de fazer esta instalação com login de administrador (root) e de obter uma versão m ais atualizada do software.

Se for a sua escolha instalar em linha de comando, execute:

```
# rpm -Uvh tightvnc*
```

Após a instalação dos pacotes para cliente VNC e servidor VNC no meu computador, deve-se instalar os mesmos pacotes no computador destino, neste caso, o noteboook do meu primo. Assim será possível realizar os testes nos dois sentidos: Trabalho -> Casa; Casa -> Trabalho.

O meu primo identificou qual era o endereço IP através do **ifconfig**. Então a partir desta informação, fiz uma conexão **ssh xxx.xxx.xxx.xxx** a partir da linha de comando do meu computador para o notebook.

Estando conectado ao notebook via ssh, eu tentei fazer uma conexão remota (via FTP) para o meu próprio computador, ou seja, o caminho de volta. O firewall bloqueou o serviço FTP. Então, eu fui a opção Red Hat -> Server Settings -> Services. Após fornecer a senha de administrador (root), obtive a listagem de todos os serviços no ar. Notei que o IPTables estava no ar, e finalizei este processo.

De volta a conexão ssh, tentei novamente a conexão via FTP e foi um sucesso, pude enviar os dois pacotes RPM do VNC (client e servidor) para o notebook em outro bairro da cidade. A partir daí, a instalação dos pacotes no notebook foi transparente.

Após a instalação dos pacotes no notebook remoto, a próxima tarefa foi inicializar o servidor na linha de comando:

```
# vncserver :1
```

Após alguns segundos a seguinte mensagem apareceu:

```
New 'X' desktop is palace:1
```

Starting applications specified in /home/warthawg/.vnc/xstartup
Log file is /home/warthawg/.vnc/palace:1.log

Primeiros Testes

Agora, vamos iniciar os testes. Numa janela Terminal Windows do meu Red Hat, eu entrei a seguinte linha de comando:

```
$ vncviewer –via xxx.xxx.xxx.xxx   xxx.xxx.xxx.xxx.xxx:1
```

Aonde os "xxx" representam o endereço IP do notebook em ambas instâncias. A opção **–via** direciona tightVNC para usar **ssh** para um túnel seguro através da operação.

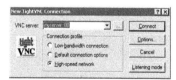

Após alguns segundos, uma tela de prompt para a minha conta de usuário e senha no notebook foi questionada. Isto fez o login para o ssh. Um segundo após, uma outra janela questionou-me pela senha para o servidor TightVNC. Pronto, agora acontece. Foi apresentada a mim toda a área de trabalho do notebook do meu primo. A imagem abaixo apresenta o exemplo:

imagem da tela do computador remoto sendo visualizada pelo TightVNC Viewer

A performance inicial na abertura de alguns programas remotos foi de mais ou menos quinze segundos. E com a qualidade da nossa conexão foi melhorada a performance em horários alternativos.

imagem do recurso de transferência de arquivos entre computador Remoto e Local do TightVNC

Depois várias execuções de aplicativos e avaliação da performance no notebook remoto, os testes foram finalizados. Para isto, de volta a Terminal Window do meu computador digita-se:

$ vncserver –kill :1

RealVNC

O RealVNC representa puramente o conceito de Virtual Networkd Computing. Este conceito é quando um software para acesso remoto permite que um usuário administre um outro computador (servidor), através da utilização de um programa simples (visualizador) em outro computador em qualquer lugar numa rede, ou através da Internet. Dois computadores não precisam ser do mesmo tipo, então, por exemplo, um pode usar VNC para acessar um computador Linux do escritório a partir do Windows em sua residência.

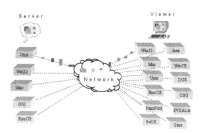

RealVNC está disponível para uso geral sob as condições da licença GNU GPL. O portal e site do RealVNC está em **www.realvnc.com** ou **http://www.uk.research.att.com/archive/vnc/docs.html**.

O Protocolo VNC

O protocolo VNC é um protocolo simples para acesso remoto com interface gráfica e amigável. Este está baseado no conceito de "remote framebuffer" ou RFB. O protocolo simplifica e permite um servidor atualizar o "framebuffer" apresentando em um visualizador (viewer). Por causa disto, este trabalha no nível de "framebuffer" que é aplicável para todos os sistemas operacionais e aplicações. Isto inclui X/Unix, Windows, Macintosh, e pode incluir PDA, etc...

O VNC é litralmente um protocolo leve para estações de client (thin-client). Este foi projetado para exigir poucos requerimentos do visualizador. Desta maneira, estações clientes podem ser executados numa gama enorme de tipos de computadores.

Clientes – Estações de Trabalho VNC

Desenvolver um visualizador VNC (VNC Viewer) é uma tarefa simples, como deveria ser para qualquer sistema cliente leve. Este requer apenas um meio de transporte confiável (como TCP/IP), e o modo de apresentação em pixels. Na tela abaixo é apresentado um client VNC X acessando um servidor VNC também X em Linux:

Servidores VNC

Agora sim, desenvolver um servidor VNC é uma tarefa muito difícil, e por muitas razões. O protocolo foi projetado para permitir que o client seja o mais simples possível, portanto, deixando todo o trabalho e preocupações para o servidor, por exemplo, traduções e performance.

Por exemplo, o servidor deve fornecer dados de pixel no formato esperado pelo client. E há vários tipos de servidores Unix, Windows e Macintosh. Um servidor Unix pode executar um número de servidores Xvnc para diferentes usuários, cada qual representando distintas áreas de trabalho VNC. Cada área de trabalho (desktop) VNC é como um vídeo X virtual, com uma janela raiz sobre a qual várias aplicações X podem ser apresentadas. O servidor Windows (WinVNC) é um pouco mais difícil de criar, pois há poucos lugares para inserção de atualização de vídeo.

O Xvnc é o servidor VNC para o Unix / Linux, o qual está baseado no padrão X.

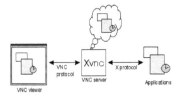

O Xvnc é realmente dois servidores em apenas um. Para as aplicações é um servidor X, e para os usuários remotos VNC isto é um servidor VNC.

Normalmente este servidor será inicializado com a execução do script **vncserver**, o qual é projetado para simplificar o processo, e foi escrito em Perl.

Java VNC Viewer – Um Visualizar e Cliente mais leve ainda

Os servidores VNC também podem conter um pequeno servidor web. Se você conectar-se a este servidor VNC através do seu browser, você pode fazer a cópia/download da versão Java do viewer/visualizador. O qual poderá ser utilizado para acessar o servidor VNC. O servidor VNC atende pedidos http atrvés da porta 5800 mais o número do display, ou seja, para ver a tela/apresentação 2 para o computador "snoopy", deve-se apontar para a URL: **http://snoopy:5802**. Um prompt validará sua senha antes de permitir o acesso.

Para execução fora do navegador web para digitar, e veja o modelo da tela logo depois:

```
$ java vncviewer HOST snoopy PORT 5902
```

imagem do Java VNC client acessando um servidor VNC em Linux

Como tudo isto funciona no RealVNC

Na execução do visualizador da estação de trabalho (VNC Client Viewer) para executar a opção no menu do Windows:

Selecione então o servidor e o número da seção (display number):

Haverá então a tela para Login e senha de acesso. Para execução na linha de comando, bastaria digitar: **vncviewer snoopy:2**.

Imagem de um client VNC X no Linux acessando um servidor VNC em Windows

NetOp Remote Control

A nossa última indicação de software para gerenciamento remoto é o NetOp. Este é tão profissional quanto os demais, ou seja, todos os aplicativos atenderão bem sua necessidade pessoal ou corporativa.

Com o NetOp Remote Control você poderá facilmente conectar-se com servidores Windows, Macintosh, Linux, Sun Solaris ou OS/2, Pocket PC, etc... através da rede ou Internet. E todos os recursos disponíveis do computador remoto estarão disponíveis para você, uma vez conectado e com permissão de acesso.

O NetOp suporta multi-plataformas: Windows XP (SP1), Windows Server 2003, Windows 2000 (2000 Pro, 2000 Server e 2000 Advanced Server), Windows NT 4.0, Windows ME, 98, 95, Terminal Services, 16 bits Windows 3.1x, Mac, OS/2 4.x / 3.x / 2.x / 1.3 DOS, Windows CE 3.0 / 2.11 devices, Linux, Symbain (Nokia communicator) e com Internet Explorer 4.0 ou superior que dê suporte a Active X.

O site oficial do NetOp está na Internet em **http://www.crossteccorp.com/** . Há os seguintes requisitos para o perfeito funcionamento do NetOp:

- Computador e sistema Intel 80486 ou superior.
- 64 de memória RAM (128 é o numero recomendado)
- monitor com suporte a Xfree86
- espaço em disco de 30
- Plataforma: Red Hat 7.x ou superior com servidor Xfree86, com gerenciador de janela kdm ou gdm, e área de desktop Kde ou Gnome
- TCP/IP deve estar disponível e configurado

Na tela abaixo há um exemplo de execução do NetOp. Nesta pode-se ter vários Clientes NetOp acessários vários servidores NetOp:

Guia Completo do Linux e Software Livre

Configurando Cliente e Servidor Linux Para Secure Shell (SSH)

Conforme temos visto nos capítulos anteriores, há dezenas dezenas de soluções para que o Linux trabalhe em rede. Sendo uma mais segura ou não do que a outra. O recurso e opção SSH para conectividade também poderá auxiliar-me na missão de integrar sistemas e plataformas.

Nas próximas páginas apresentamos a teoria e prática da configuração de um servidor e cliente Linux utilizando o Secure Shell (SSH).

O quê é o Secure Shell (SSH) ?

O Secure Shell é um programa disponibilizado no sistema operacional, e que é utilizado para permitir que um usuário se logue (conecte-se) a outro computador da rede. Uma vez conectado, o usuário pode executar comandos na máquina remota, bem como mover arquivos de uma máquina para a outra.

A vantagem deste recurso é a segura forma de autenticação e de comunicação utilizada em redes e canais inseguros. Este é uma tentativa de substituição dos famosos programas **telnet, rlogin, rsh** e **rcp**. Para a SSH2, já há a substituição para FTP: o **sftp**.

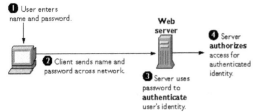

Padrão comum de autenticação client-server

Adicionalmente, o Secure Shell provê conexões seguras em ambiente X, incluindo o encaminhamento seguro para conexões TCP. Você pode também usar Secure Shell como ferramenta para atividades como sincronização com **rsync** e seguro serviço de backup em rede. Os tradicionais comandos "r" BSD (rsh, rlogin, rcp) são vulneráveis para diferentes tipos de ataques e invasões. Alguém que tenha permissão de administrador (root) para um computador da rede, ou o acesso ao cabo de rede, pode conseguir o acesso não autorizado a rede, e de várias maneiras. É também possível a partir desta falha rastrear todas informações confidenciais como senha, logins, etc.. Com SSH isto não acontece quando configurado.

O ambiente X Window também tem um considerável número de vulnerabilidades. Com SSH, você pode criar seguras sessões X remotas, o que será transparente para o usuário.

Há duas versões de Secure Shell disponíveis: SSH1 e SSH2. Este capítulo tenta ressaltar sua aplicabilidade.

Este conjunto de programas Secure Shell (SSH) aplica a tecnologia de chaves, pública ou privada, para autenticar e encriptar sessões para contas de usuários (login) existentes em vários servidores da rede, mesmo com conexão com a Internet. O SSH é semelhante a um túnel construído, mas confiável e seguro, entre dois computadores para a troca de informações.

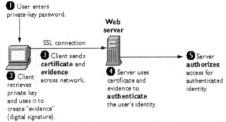

Padrão de autenticação client-server com certificado, exemplo, SSL

A SSH Communications Security é o desenvolvedor do protocolo Secure Shell (secsh), bem como da manutenção das versões da SSH1 e SSH2. A IETF (www.ietf.org) mantém o padrão Secure Shell. E podemos encontrar no mercado tanto versões freewares quanto comerciais.

Para maiores informações e cópia/download, o site portal é o da SSH Communication Security em **www://www.ssh.com**.

Como Funciona o Secure Shell (SSH) ?

O SSH funciona pela troca e verificação de informações, usando chaves públicas ou privadas, para identificar servidores e usuários. E ainda, este disponibiliza encriptação da fase de comunicação, também pelo uso de chaves públicas ou privadas criptografada.

No nosso laboratório do Secure Shell, o termo cliente (client) significa uma estação de trabalho ou PC que já está logado num outro computador/servidor, por exemplo, uma estação de trabalho pessoal ou uma estação de trabalho do workgroup que utiliza gerenciamento de sessão XDM para terminais X. Já o termo servidor (server) significa uma estação de trabalho remota e secundária a qual você deseja conectar-se para fazer alguma tarefa, ou seja, uma sessão de login (session server).

Para simplificar, na estação de trabalho cliente você digita "rlogin Nome_servidor" ou "rcp arquivo_servidor:novo_arquivo" e o servidor é onde você está criando uma nossa sessão de conexão, ou simplesmente, copiando arquivos, respectivamente.

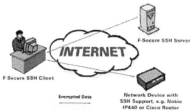

Modelo de rede SSH da F-Secure (http://www.f-secure.com/)

Como um usuário, você gera uma "identidade" na estação de trabalho cliente pela execução do programa **ssh-keygen**. Este programa cria um subdiretório **$HOME/.ssh** e insere neste subdiretório dois arquivos chamados **identity** e **identity.pub**, os quais contém suas informações públicas e privadas para o seu login dentro do computador cliente. Um outro arquivo pode ser adicionado **$HOME/.ssh/authorized_keys** que deveria estar presente em todos aonde você precisará se conectar e criar sessões.

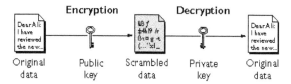

Esquema de encriptação em Chave Pública

Agora, enquanto você é um administrador de rede, você gera um par de chave pública e privada para o próprio sistema. Pelo uso desta informação contida dentro do próprio sistema, a possibilidade de alguém roubar uma identificação no sistema é removida, pois não permite que esta aconteça através de "sabotagem" em endereço IP ou nos registros do DNS. Para conseguir isto, você deveria quebrar o acesso para o sistema e roubar a chave privada a fim de conseguir o acesso, portanto, por si só, já é um aumento considerável na segurança.

A maior tarefa no gerenciamento de um grande número de computadores em rede, é a de coletar e distribuir as chaves que identificam todos os servidores que utilizam o secure Shell. Já há no mercado ferramentas para exercer esta tarefa: o secure Shell inclui o programa make-ssh-known-host.pl (este requer que POSIX.pm esteja instalado no diretório de bibliotecas Perl) e outro script (http://www.uni-karlsruhe.de/~ig25/ssh-faq/comp-host-list) disponível na Internet.

Até o fechamento da edição deste livro, o Secure Shell dava suporte aos seguintes formas (cifras) de encriptar:

Forma	SSH1	SSH2
DES	Sim	Não
3DES	Sim	Sim
IDEA	Sim	Não
Blowfish	Sim	Sim
Twofish	Não	Sim
Arcfour	Não	Sim
Cast128-cbc	Não	Sim

Já para a tarefa de autenticação, o Secure Shell utiliza as formas, mas estas poderão ser adicionadas ou removidas, de acordo com sua necessidade:

Cipher	SSH1	SSH2
RSA	Sim	Não
DSA	Não	Sim

Como o Secure Shell realiza a Autenticação ?

O Secure Shell realiza a autenticação usando um ou mais processos da lista abaixo:

- Senhas (o arquivo **/etc/passwd** ou **/etc/shadow**)
- Chave pública do usuário (RSA ou DSA, dependendo da versão)
- Kerberos (para a SSH1)
- Hostbased (arquivo **.rhosts** ou **/etc/hosts.equiv** no SSH1 ou chave pública em SSH2)

Iniciando Configuração do Secure Shell (SSH) no Linux

As seções a seguir foram montadas para disponibilizar informações suficientes para configurar um novo usuário ao SSH. Estas informações referem-se aos arquivos necessários para que o SSH acesse os servidores remotos de maneira segura.

Pré-requisito – Criptografia da Chave Pública

Criptografia de Chave Pública usa uma chave pública (public key) para encriptar dados e uma chave privativa (private key) para descripita esses dados.

O nome chave pública vem do fato de que você pode fazer uma encriptação de chave pública, sem comprometer o sigilo dos dados ou da chave de descriptação.
Isto significa que estes dados se tornam seguro para o envio da sua chave pública, (exemplo, o conteúdo do arquivo **~/.ssh/identity.pub)**, através de uma mensagem eletrônica, ou outro meio, para um administrador de sistema remoto e aonde a chave esteja no arquivo **~/.ssh/authorized.keys**. Para qualquer um que atualmente tenha acesso necessita corresponder a uma chave pública para identificação própria, ou seja, é o conteúdo do arquivo próprio em **~/.ssh/identity**.

Para proteção extra de sua chave privativa você deveria utilizar uma frase "passphrase" para encriptar a chave quando esta for armazenada em determinado sistema de arquivos (filesystem). Este recurso prevenirá de que outras pessoas que utilizem estas chaves mesmo assim tenham acesso aos seus arquivos.

Criando sua Chave de Autenticação

O primeiro passo essencial no nosso objetivo é usar o programa **ssh-keygen** para criar uma chave de identificação para você.

 É aconselhável que você sempre, mas sempre mesmo, digite uma frase de segurança "pass-phrase" quando esta for solicitada. Esta pode ser de múltiplas palavras, por exemplo, utilizando de espaços em branco. Outra dica é que a alteração de palavras da frase por palavras incompletas, ou substituição de dígitos.

Abaixo é apresentação uma sessão simples da execução do comando **ssh-keygen**. A sua digitação está em **negrito**:

```
% ssh-keygen
Initializing random number generator...
Generating p:  .++ (distance 6)
Generating q:  ........++ (distance 110)
Computing the keys...
Testing the keys...
Key generation complete.
Enter file in which to save the key ($HOME/.ssh/identity): [RETURN]
Enter passphrase (empty for no passphrase): little lamp jumb3d
Enter same passphrase again: little lamp jumb3d
Your identification has been saved in /u/kim/.ssh/identity.
Your public key is:
1024 37 [lots of numbers] kim@beowulf.gw.com
Your public key has been saved in /u/kim/.ssh/identity.pub
```

Se você tiver muitas contas de usuário (login), você pode desejar criar uma chave separada para cada um dessas. Por exemplo, eu tenho uma chave para cada ambiente:

- Meu escritório
- Meu computador em casa
- Meu provedor Internet

Isto permite-me limitar o acesso entre esses locais, por exemplo, não permitir que usuários do meu escritório acessem informações do meu computador em casa, ou do meu provedor. Assim, a segurança é aumentada.

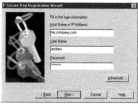

Imagem do F-Secure. Já há aplicativos disponíveis no mercado, tipo F-Secure, que permitem a geração interativa de Chaves

Alteração da Frase de Segurança (pass-phrase)

Você pode realizar alterações da sua frase de segurança (pass-phrase) pela simples digitação do comando **ssh-keygen** com a opção **–p**:

```
% ssh-keygen -p
Enter file in which the key is ($HOME/.ssh/identity): [RETURN]
Enter old passphrase: little lamp jumb3d
Key has comment 'kim@beowulf.gw.com'
Enter new passphrase (empty for no passphrase): br0wn cow 3ats grass
Enter same passphrase again: br0wn cow 3ats grass
Your identification has been saved with the new passphrase.
```

Permitindo o Acesso com SSH

Para permitir o acesso ao seu sistema ou servidor para uma identidade fornecida, basta colocar a chave pública no arquivo **~/.ssh/authorized_keys** existente nesse sistema. Todas as chaves existentes neste arquivo terão permissão de acesso.

Usualmente você desejará autorizar acessos ao seu sistema local usando chaves locais, especialmente quando usado compartilhamento de arquivos, tipo NFS. É então aconselhável iniciar com a cópia sua chave pública para suas informações padrão que estão no arquivo ~/.ssh/authorized_keys.

```
% cd ~/.ssh
% cp identity.pub authorized_keys
```

Você pode agora copiar o arquivo **~/.ssh/authorized_keys** para o outro sistema para permitir o acesso a partir de sistemas locais. Uma forma de fazer esta cópia é utilizar o comando **ftp**.

Se desejar, utilize um editor de texto para adicionar mais chaves para este arquivo, considerando sempre uma linha para cada chave neste arquivo.

Permissão para Arquivos e Diretórios

Se o acesso para o sistema/servidor remoto for negado, você deve então chegar as permissões dos seguintes arquivos:

- O diretório home
- O diretório ~/.ssh
- O arquivo ~/.ssh/authorized_keys

As permissões desses arquivos deveriam permitir a escrita somente ao proprietário (owner). O exemplo abaixo apresenta a configurável esperada:

```
% cd
% ls -ld . .ssh .ssh/authorized_keys
drwxr-xr-x  36 kim   kim   4096 Jul 25 02:24 .
drwxr-xr-x   2 kim   kim    512 Apr 10 02:30 .ssh
-rw-r--r--   1 kim   kim   1674 Apr 10 02:29 .ssh/authorized_keys
```

Para fazer que o sistema removo tenha acesso, você deve alterar as permissões para não permitir a escrita por outros usuários (other) além do proprietário:

```
% cd
% chmod go-w . .ssh .ssh/authorized_keys
```

Isto deve ser feito em todos os sistemas nos quais terá acesso.

Conectando-se ao Sistema Remoto com Secure Shell (SSH)

Para estabelecer uma conexão interativa a um sistema/servidor remoto, você deve usar um dos comandos **ssh** ou **slogin**. O único parâmetro necessário para estes é o nome do servidor/sistema remoto. O exemplo abaixo apresenta esta conexão:

```
% slogin hrothgar
Enter passphrase for RSA key 'kim@beowulf.gw.com': little lamp jumb3d
Last login: Wed Oct 16 20:37:00 1996 from idefix
[.... outras informações do servidor remoto...]
%
```

A primeira interação que houve foi a solicitação de sua frase secreta. Você pode configurar para não ocorrer a pergunta da frase de segurança, a cada login. Para isto, explicamos na próxima seção deste capítulo.

Se sua conta de usuário no sistema remoto é diferente ao da existente no sistema local, então você pode usar a opção **-l** para especificar o nome da conta de usuário no sistema remoto, assim:

```
% slogin -l suominen panix.com
 Last login: Sun Oct 13 14:55:17 1996 from idefix.gw.com
 [.... outras informações do servidor remoto...]
%
```

Você pode alterar o nome da conta de usuário padrão conforme explicaremos mais adiante, isto para cada servidor/sistema.

Imagem do aplicativo client Kssh para iniciar conexão SSH

Em aplicativos como F-Secure já podemos gerenciar as conexões e servidores Remoto, conforme vemos nas imagens apresentadas.

Evitando a Digitação da Senha de Conexão via SSH

Se uma de suas tarefas é constantemente realizar conexões para sistemas/servidores remoto, então você pode executar as conexões através do **ssh-agent**. O agente fornecerá uma chave de autenticação criptografada para todos os comandos quando novas conexões forem realizadas.

Quando você inicializar o **ssh-agent**, você necessita fornecer o comando para divulgação. Este normalmente é fornecido na linha de comando, ou para ser inicializado num ambiente windowing. Quando você deixa e suspende a execução do comando, todas as chaves serão removidas da memória.

```
% ssh-agent $SHELL
%
```

A próxima tarefa que veremos mais adiante, é como disponibilizar as chaves em memória residente para que estas estejam disponíveis para outros comandos SSH.

Execução de Interface X Remota em Monitor Local

Se você tem uma estação de trabalho aonde você executa o sistema X Window (exemplo KDE, Gnome, etc..) após o login, você pode ter todo o benefício do ambiente X Windowing a partir das chaves estando em memória. O sistema X Window é normalmente inicializado com o comando **startx** e os clientes estão no arquivo **~/.xinitrc**:

```
% ssh-agent startx &
```

Se sua estação de trabalho tem consoles virtuais, é ideal colocar o sistema X Window em área de retaguarda (background), assim o console virtual atual pode ainda ser usado para um ou mais comandos, se for o caso.
O seu sistema pode ter uma maneira não padrão de inicializar o sistema X. Nesta situação, substitua o startx pelo comando apropriado.

Execução de Interface X Remota numa seção XDM

Se você utiliza interface terminais X ou o sua estação de trabalho é executada com interface XDM, você necessita preparar para que os clientes sejam executados com o **ssh-agent**.
A maneira mais fácil é colocar todas as estações iniciais no arquivo **~/xsession**. Consulta a compatibilidade do seu xdm.
Há um exemplo do arquivo **~/.xsession** está logo abaixo. Este executa o ssh-agent somente se você tiver um diretório **~/.ssh**.

```
#!/bin/sh
if [ -d $HOME/.ssh ]
then EXEC="exec ssh-agent"
else EXEC="exec"
fi
if [ -x $HOME/.xinitrc ]
then $EXEC $HOME/.xinitrc
else $EXEC xterm -geometry 80x24+0-60 -ls
fi
```

Garanta que os arquivos estão executáveis. O seguinte comando (chmod) fará isto:

```
% chmod a+x ~/.xinitrc ~/.xsession
```

Gerenciando as Chaves residentes em Memória

Antes de suas conexões serem autenticadas, sem a realização de prompts do sistema operacional para uma frase secreta (pass-phrase), você tem que usar o **ssh-add** para adicionar as chaves necessárias em memória. Para adicionar a chave padrão na memória do sistema atual nenhuma opção é necessária. A frase padrão é questionada para a descriptação da chave.

```
% ssh-add
  Need passphrase for /u/kim/.ssh/identity (heverton@edeus.org).
  Enter passphrase: little lamp jumb3d
  Identity added: /u/kim/.ssh/identity (heverton@edeus.org)
```

Você pode especificar o arquivo que contém a chave, caso você não tenha outras identidades além da padrão. Você deve usar o arquivo de chave privativa (o arquivo que não tem extensão **.pub**).

A opção **–d** fará a remoção da chave residente em memória. É que não há um comando tiop ssh-delete:

% **ssh-add -d ~/.ssh/isp**

Para listar todas as chaves atualmente em memória use a opção **–l**:

```
% ssh-add -l
      1024 37 [números] heverton@edeus.org
      1024 35 [números] heverton@compunote.com.br
```

Você pode remover todas as chaves residentes em memória de uma só vez, para isto, utiliza a opção **–d**:

```
% ssh-add -D
```

Isto é útil se você adicionou várias chaves em memória de um sistema remoto, e você está finalizando toda sua tarefa do dia.

Executando Comandos no Sistema Remoto via SSH

O comando **ssh** pode também ser usado para a execução de comandos em determinado sistema remoto, e sem a necessidade de realizar login. A saída do comando é apresentada, e a volta é como se nem tivesse saído do sistema local. Abaixo está um exemplo que apresenta todos os usuários logados ao sistema local:

```
% ssh hrothgar who
christos ttyp8    Oct 17 20:42   (milou)
%
```

Se você está executando isto num sistema X Window, você pode usar este recurso para inicializar uma sessão terminal Window para que uma sessão interativa seja executada:

```
% ssh -n hrothgar xterm &
[1] 15866
%
```

Utilize a opção **–n** para prevenir que o sistema remoto a partir da digitação leia processos que estejam em background. Após a execução do comando acima, uma nova seção Window terá início.

Realizando Cópia de Arquivos entre Sistemas com Secure Shell

Você pode copiar arquivos a partir do sistema local para um sistema remoto, e vice-versa, ou ainda, entre dois sistemas remotos usando o comando **scp**. Para especificar um arquivo existente num sistema remoto, basta referenciar o nome do sistema remoto seguindo de dois pontos, e por último, o nome do arquivo.
Se você não referenciar o nome do arquivo, ou especificar apenas o nome do diretório, o nome da fonte será então usado. De forma fácil de obter a cópia de arquivos remotos para o diretório corrente no servidor local, basta então referenciar a diretório atual pelo sinal de ponto (.):

```
%  scp -p hrothgar:aliases .
%
```

A opçãp –p não é exigida. Esta indica que a modificação e as informações de acesso, bem como o modo do arquivo origem, devem ser preservadas na cópia.
Você ainda pode copiar vários arquivos de uma só vez, caso o destino seja um diretório.

```
%  scp -p hrothgar:.login hrothgar:.logout panix.com:.
%
```

Os nomes de arquivos relativos são resolvidos diferentemente no sistema local dos do sistema remoto. No sistema local, o diretório atual é assumido. No sistema remoto o sistema assume que os comandos são executados no diretório HOME. Portanto, o nome dos arquivos serão relativos ao diretório home da conta do usuário no sistema remoto.
Quando for especificado mais do que um sistema remoto na origem e destino na realização da cópia, então a conexão é feita diretamente entre os dois servidores. Os arquivos não são copiados para o sistema local.

Imagem do aplicativo de gerenciar arquivos F-Secure – softwares já estão disponíveis para o acesso aos dados de sistemas remotos

Editando as Configurações Padrão do Secure Shell (SSH)

O padrão para os comandos ssh podem ser alterados para cada usuário no arquivo de configuração **~/.ssh/config**. Há também um para abrangência para todo o sistema em **/etc/ssh_config**. Cada configuração é iniciada com uma chave que identifica o servidor (host). Você pode usar máscaras do tipo (*) para que esta seja atendida para sistemas apropriados:
  * ? significa que representa um caracter qualquer
  * * significa que qualquer seqüência é possível entre 0 (zero) ou mais caracteres

Algumas chaves usuais incluem (default/padrão em parênteses):

Chave e valor sugerido	Descrição
Compression *yes/no* (no)	Controla se compressão é usada na conexão
CompressionLevel *1-9* (6)	Nível de compressão: 1 é mais rápida, 9 é a mais baixa.
FallBackToRsh *yes/no* (yes)	Se uma conexão segura não pode ser realizada ao sistema remoto, os comandos podem executar conexões não seguras.
KeepAlive *yes/no* (yes)	Controla se TCP mantém ativa mensagens já utilizadas.
User *account* (local account)	Especifica a conta do usuário remota.

Abaixo segue um exemplo do arquivo de configuração **~/.ssh/config**:

```
Host *panix.com
  User suominen
  Compression no

Host *gw.com
  FallBackToRsh no

Host *
  Compression yes
  CompressionLevel 9
  FallBackToRsh yes
  KeepAlive no
```

As opções são acumuladas para cada entrada neste arquivo, mas uma poderá sobrepor a anterior. Para maior esclarecimento, veja as páginas on-line dos comandos **ssh** ou **sshd**.
Com isto, finalizamos nosso laboratório e configuração. Para maiores pontos de referência, veja os sites:

- SSH Home Page – www.ssh.org
- SSH FAQ - http://www.employees.org/~satch/ssh/faq/
- Client KDE SSH - http://www.geocities.com/bilibao/kssh.html
- Client F-Secure - http://www.f-secure.com/

Para comprovar o poder e o padrão Secure Shell (SSH), várias tecnologias já estão dando suporte a esta forma de conexão. Inclusive aparelhos celulares, conforme comprovamos abaixo com a solução F-Secure SSH para clientes em celulares da Série Nokia 9200.

Cliente SSH da F-Secure SSH para o cellular Nokia 9200 Communicator.

Guia Completo do Linux e Software Livre

Configurando Manualmente um Servidor FTP no Linux

Como o serviço FTP já foi previamente conceituado no capítulo referente ao TCP/IP, iremos deter a atenção no lado prático da configuração e nos testes dele sobre o Linux. A partir daqui, é aconselhável que você já tenha configurado perfeitamente o TCP/IP.
Muitas distribuições Linux já vêm com este recurso opcional ou instalado. Consulte o seu perfil de instalação (Desktop, Servidor, etc..) para identificar. Para maiores exemplos e especificações, visite o site How-To de FTP em **http://www.tldp.org/HOWTO/FTP.html** ou http://www.proftpd.org/.

Nomeando o Servidor

Existem dois tipos de implementações do serviço FTP, utilizando, claro, o daemon ftpd. São elas:

1) Orientado ao usuário – quando é permitido o acesso somente aos usuários com login e password do sistema. As permissões previamente definidas habilitam ou não o acesso dos usuários à determinada área de arquivos, bem como à transferência deles.

2) Anonymous login – quando é permitido o acesso de todos os usuários, bastando digitar anonymous na solicitação do login pelo servidor.

Como hoje em dia é perigoso quando comunicamos a alguém que não deve fazer algo, principalmente no mundo da informática e devido à facilidade obtida por esta, torna-se importante que os profissionais, bem como os usuários, criem padrões de nomenclaturas e procedimentos para não recriarmos em nossos lares ou empresas as "torres de babel".

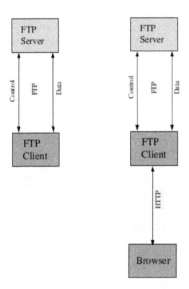

Como já foi visto o procedimento de nomeação de servidores (pelo DNS), na Internet como em nossas empresas, podemos seguir alguns padrões externos, e um deles é a nomeação dos servidores ftp, caso o seu host tenha o domínio abaixo:
JornaldoGuara.com
Ficando bem mais fácil de nomear um servidor ftp assim:
ftp.JornaldoGuara.com

Ou com o nome do servidor que poderá ser utilizado para o serviço ftp, assim:
ServidorFTP.JornaldoGuara.com
Agora, caso você ainda tenha dúvida em qual computador ou qual nome colocar, aconselho que use um familiar. O que importa é que no servidor que fornecerá as informações da localização dos servidores na rede, o servidor DNS tenha uma correta referência para o nome, a qual pode ser feita diretamente, ou ainda com a utilização dos alias (apelidos) dos servidores do respectivo serviço, assim:
ftp IN ftp.JornaldoGuara.com ServidorFTP.JornaldoGuara.com

Existindo essa linha no arquivo de configurações do DNS, este serviço saberá que se alguma aplicação cliente perguntar pelo servidor ftp.JornaldoGuara.com, automaticamente o DNS enviará os pedidos para o ServidorFTP.JornaldoGuara.com, sendo isto transparente para a aplicação.

Habilitando e Inicializando o Serviço FTP

O principal daemon do protocolo TCP/IP é o **inetd**. Esse daemon é encarregado de "ouvir" os pedidos nas portas correspondentes a cada serviço. A porta que trafega os dados do serviço FTP é a **21**. O inetd, ao receber uma solicitação, passa-a para o daemon especialista **ftpd** que, a partir daí, será o responsável pelo atendimento das referidas solicitações.

O arquivo de inicialização do inetd é o **/etc/inetd.config**. Nesse arquivo, habilitamos ou não a inicialização automática de um serviço, bastando colocar ou retirar o sinal de comentário do UNIX (#) para efetivarmos o desejado.

Caso você não tenha já uma prévia configuração nesse arquivo, inclua a seguinte linha no arquivo acima citado:

ftp stream tcp nowait   root   /usr/etc/ftpd ftpd –I

Atenção ! Caso já exista uma linha semelhante a esta, ou seja, que os primeiros caracteres sejam semelhante a "ftp", e esta linha esteja comentada (#), basta então remover o sinal de comentário.

Agora você pode estar se perguntando: O que eu fiz? Como o inetd funciona? Atendendo a pedidos, lá vai:

Quando o pedido é recebido pelo inetd, primeiramente ele verifica o arquivo **/etc/services** para saber qual o serviço que responderá e tratará esse pedido e, logo após isto, verifica um outro arquivo, /etc/inetd.config, que fornecerá a configuração para o serviço em questão.

```
#

# See "man 8 inetd" for more information.

#

# If you make changes to this file, either reboot your machine
or send the

# inetd a HUP signal:

# Do a "ps x" as root and look up the pid of inetd. Then do a

# "kill -HUP <pid of inetd>".

# The inetd will re-read this file whenever it gets that signal.

#

#    <service_name>    <sock_type>    <proto>    <flags>    <user>
<server_path> <args>

#

# Echo, discard, daytime, and chargen are used primarily for
testing.

#

echo        stream     tcp    nowait      root   internal

echo        dgram udp  wait   root   internal

discard     stream     tcp    nowait      root   internal

discard     dgram udp  wait   root   internal

daytime     stream     tcp    nowait      root   internal

daytime     dgram udp  wait   root   internal

chargen     stream     tcp    nowait      root   internal

chargen     dgram udp  wait   root   internal

#

# These are standard services.

#

ftp stream       tcp    nowait      root   /usr/sbin/tcpd
```

```
      /usr/sbin/wu.ftpd
telnet    stream    tcp    nowait    root    /usr/sbin/tcpd
      /usr/sbin/in.telnetd
#

#

# End of inetd.conf.
```

Exemplo de arquivo /etc/inetd.conf.

Vamos usar a linha acima solicitada para ser digitada como exemplo:

O primeiro campo (separados por TAB), **ftp**, identifica o serviço (deve ser idêntico ao /etc/services);

O segundo campo, **stream tcp**, descreve o tipo de conexão que será feito para a perfeita execução da comunicação; neste caso tcp que informa o modo de empacotamento dos dados, podendo ser **dgram udp**;

O terceiro campo, **nowait**, informa ao respectivo serviço que ele mesmo será o responsável por cada pedido que entra para o servidor. A outra opção válida para este campo é wait, ou seja, informa que ele empacotará os pedidos seqüencialmente;

O quarto campo, **/usr/etc/ftpd**, especifica o path (caminho) completo do programa que atenderá ao serviço;

O quinto campo, **-l**, é o equivalente ao ftp quando executado em linha de comando, ou seja, não gera log das transações efetivadas. Utilize o comando do UNIX ou Linux, **man ftp**, para conhecer as opções válidas.

Uma dica que passo é que, sempre que possível, habilite os serviços já no boot do sistema operacional. Isto aumenta consideravelmente a perfomance do sistema.

Uma vez configurado o arquivo /etc/inetd.conf, devemos agora dar ao sistema operacional esta informação. Existem duas maneiras para isto: primeiro, desligar e ligar novamente o computador, ou forçar uma releitura do arquivo. Para isto devemos matar (cancelar) o processo que está ligado ao daemon principal (inetd) do TCP/IP.

Utilize o comando ps, existente nos principais UNIX, para visualizar os processos em execução, assim:

```
% ps -ef | grep inetd
```

Será exibida uma lista com todos os processos que possuam a palavra inetd. A partir daí, obtenha o número do processo alocado para o inetd (segundo campo), e então, com esse número seremos capazes de cancelar a sua execução e automaticamente ele autocarregará, relendo o arquivo que nos interessa, assim:

```
% killall -HUP número_do_processo
```

O parâmetro HUP do comando killall corresponde a Hang-up signal. Para algumas distribuições do Linux, para reinicializar o inetd basta executar: **inetd start**.

```
#

# Network services, Internet style

#

# Note that it is presently the policy of IANA to assign a
single well-known

# port number for both TCP and UDP; hence, most entries here
have two entries

# even if the protocol doesn't support UDP operations.

# Updated from RFC 1340, ``Assigned Numbers'' (July 1992).
Not all ports

# are included, only the more common ones.

#

#   from: @(#)services    5.8 (Berkeley) 5/9/91

#   $Id: services,v 1.9 1993/11/08 19:49:15 cgd Exp $

#

tcpmux        1/tcp        # TCP port service multiplexer

netstat       15/tcp
```

```
qotd            17/tcp          quote
msp      18/tcp          # message send protocol
msp      18/udp          # message send protocol
chargen         19/tcp          ttytst source
chargen         19/udp          ttytst source
ftp      21/tcp
# 22 - unassigned
telnet          23/tcp
# 24 - private
smtp            25/tcp          mail
# 26 - unassigned
time            37/tcp          timserver
time            37/udp          timserver
domain   53/tcp          nameserver  # name-domain server
domain   53/udp          nameserver
mtp      57/tcp                  # deprecated
gopher          70/tcp          # Internet Gopher
gopher          70/udp
rje      77/tcp          netrjs
finger          79/tcp
www      80/tcp          http # WorldWideWeb HTTP
www      80/udp                  # HyperText Transfer Protocol
#
# UNIX specific services
#
exec            512/tcp
biff            512/udp         comsat
login           513/tcp
who      513/udp         whod
shell           514/tcp         cmd          #   no    passwords
used
syslog          514/udp
printer         515/tcp         spooler              #          line
printer spooler
talk            517/udp
ntalk           518/udp
route           520/udp         router routed   # RIP
```

Exemplo de arquivo /etc/services.

Habilitando a Conta Anonymous

Agora que já estamos com o nosso serviço FTP rodando, devemos criar uma conta de usuário que tenha o devido acesso ao sistema de arquivos.

O arquivo banco de dados com as contas dos usuários é o **/etc/passwd**. Adicione uma conta a este arquivo que se assemelhe à que apresento abaixo:

ftp:*:100:34:Usuario anonymous FTP:/usr/ftp:/bin/false

Neste exemplo, criamos um login ftp com o diretório home /usr/ftp e, por último dado, **/bin/false**, ou seja, não permite login pelos comandos telnet ou rlogin, devido a medidas de segurança. Quando definimos o /usr/ftp como diretório do ftp, ele não precisa estar obrigatoriamente aí; pode estar em outro disco ou em outro sistema de arquivos. Quando os usuários conectarem-se a esse diretório via ftp, conforme permissão, eles não conseguiram acesso aos diretórios acima do /usr, somente em níveis abaixo.

Para restringir acesso aos arquivos, utiliza-se também o comando chroot, que altera a localização absoluta da raiz para determinado usuário. Se o ftpd chama esta função e usa a conta anonymous como argumento, toda referência absoluta começará a partir do diretório login. Por exemplo, se um usuário tenta utilizar o comando cd para ir à raiz do sistema operacional (cd /), ele não conseguirá mover-se para cima, ficando no /usr/ftp. Ou, por exemplo, alterando para /bin, ele irá para /usr/ftp/bin.

O ftpd chama o chroot() somente se for conta anonymous. Para as contas dos demais usuários prevalecem os seus direitos já existentes nos seus respectivos diretórios logins.

Um dos contratempos de configurar uma conta anonymous é que você deve informar ao ftpd o que ele pode executar ou não. Para isto, devemos montar no diretório ftp, neste exemplo, /usr/ftp, uma nova árvore do sistema operacional, colocando nos respectivos diretórios os comandos e informações imprescindíveis, pois aqui deve-se, mais uma vez, avaliar a questão de segurança. Monte a seguinte árvore e com as seguintes permissões no /usr/ftp:

Diretório	Proprietário	chmod	Descrição
bin	Root	555	Contém o programa ls que lista o conteúdo de um diretório.
dev	Root	555	Use mknod para copiar /dev/zero into ~ftp/dev com os mesmos números major and minor. Contém referência aos dispositivos.
etc	Root	555	Contém os arquivos passwd e group. Não deixe as senhas originais neste arquivo.
lib	Root	555	Copie os arquivos /lib/rld e /lib/lib.so.1 para o /usr/ftp/lib. O comando ls necessita deles.
pub	Root FTP administrador	555	Coloque aqui os arquivos que estarão disponíveis para FTP.
/	Root	555	Diretório raiz do ftp.
Entrada	Root Outros	777 733	Arquivos que usuários possam deixar no servidor.

Testando o seu Servidor FTP

Antes que todos tenham inveja de ver que você mesmo, sem a ajuda de nenhum consultor, montou seu próprio servidor FTP, vamos testá-lo:

Se você seguiu corretamente todos os passos anteriores descritos, faça o seguinte:

```
% ftp ftp.JornaldoGuara.com
Connected to ftp.JornaldoGuara.com
220 darkstar FTP server (Version wu-2.4(1) Sun Jul 31 21:15:56 CDT 1994) ready.
Name (127.0.0.1:root): anonymous
331 Guest login ok, access restrictions apply.
Remote system type is UNIX.
Using binary mode to transfer files.]
ftp> cd etc
ftp> get passwd
200 PORT command successful
226 Transfer complete
ftp>
ftp> quit
ftp> 221 Goodbye.
```

Se tudo correu bem, comemore.

Caso não tenha funcionado, verifique o seguinte:

➢ O caminho do daemon ftpd no /etc/inet.confg pode estar errado;

- Se o diretório /usr/ftp/bin não estiver com permissão de executável, o comando ls não funcionará;
- O daemon inetd não aparece quando executa o comando ps; desligue e ligue o computador, forcando-o a reiniciar-se;
- Não é permitido acesso para a conta anonymous, ou seja, possivelmente você não configurou direito a conta no /etc/passwd;
- Você não consegue realizar a transferência de arquivos – verifique as permissões dos arquivos, em ambos os sentidos.

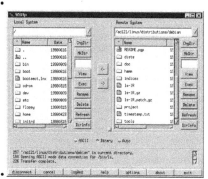

- Software client de FTP AyXFTP (http://www.wxftp.seul.org/) - Ideal para FTP em ambiente X

Restringindo Acessos ao seu Servidor FTP

Seria impossível descrever, em apenas um livro, todos os mecanismos possíveis e existentes que lhe dessem confiança na segurança do seu servidor FTP. Para isso, você necessitará da leitura de outras publicações relativas.Agora, como você foi nomeado por si mesmo o novo administrador do sistema FTP, pode, de maneira simples, montar um contingenciamento para o seu servidor.

A versão 2.4(1) do serviço FTP que acompanha o Slackware é a **WU (The Washington University – St. Louis – USA) – (wuarchive.wustl.edu / packages/wuarchive-ftpd/wu-ftpd-2.4.tar.Z)**, e que estou utilizando para este livro, permite-nos, de forma simples, configurá-lo para que o serviço permita ou não o acesso de usuários ou de servidores ao nosso serviço FTP.

Por exemplo, desejando não permitir o acesso a um dos servidores da sua rede (estranhosserver.JornaldoGuara.com), faça o seguinte no arquivo **/etc/ftphosts**:

deny ftp estranhosserver.JornaldoGuara.com
deny anonymous estranhosserver.JornaldoGuara.com

Note que deve ser feito para ambos os tipos de usuários, anonymous e ftp. Desejando gravar (logs) as tentativas de conexão de determinado servidor, faça o seguinte em outro arquivo **/etc/ftpaccess**:

deny estranhosserver /etc/logs

Desejando ainda que nenhuma máquina de determinado domínio acesse o servidor, siga o exemplo abaixo para também ser colocado no /etc/ftpaccess:

deny ftp *.JornaldoGuara.com

Ou seja, alterando a indicação **deny** por **allow** nesses arquivos, você pode conjugar diretrizes de segurança para o seu servidor FTP.

Algo interessante é que o serviço WU FTP inclui no seu pacote um programa chamado **xferstats** que apresenta relatórios estatísticos que irão ajudá-lo na administração do seu servidor.

Guia Completo do Linux e Software Livre

Configurando o Domain Name Server (DNS) em IPv4 e IPv6

Já li vários conceitos para firewall. Para não dizer que não acrescentei nada, lá vai mais um: O nome firewall é derivado de uma parte do carro. Um objeto que separa o motor do compartimento do passageiro, protegendo-o em caso de explosão ou incêndio. No Final deste capítulo, há mais um excelente artigo de um excelente consultor brasileiro neste assunto. Vale a pena a leitura e quem sabe, até a consultoria.

Introdução

Raimundo nunca soube qualquer coisa sobre a Internet, se não nunca diria "o quê é ou onde está um nome!". Na rede um nome pode literalmente valer a milhões de reais (exemplo de Alta Vista!). O Domain Name Server, DNS, é o conceito responsável para permitir que nós usemos nomes do que endereços do IP em notação de ponto decimal.

Os gurus recomendam (e é o quê a maioria de consultantes fazem) que a melhor maneira de definir um DNS é começar por copiar os arquivos DNS de algum amigo ou contato que já estejam funcionando, fazer seus ajustes, e pronto. Se os gurus conceituam assim, que sou eu para desconfiar ? Entretanto eu tentarei explicar em algum detalhe o quê e o onde dos arquivos da configuração do DNS.

O serviço do Domain Name (DNS) é um serviço da Internet que associa um nome do texto com um endereço numérico. Normalmente quando um usuário ou um programa consultam a um Domain Name (tal como WWW.WHITEHOUSE.GOV) para encontrar um recurso na Internet, o DNS é usado para converter esse nome a um endereço numérico (tal como 198.137.240.91) que seja usado então encontrar realmente o recurso.

Cada dispositivo que pode ser alcançado no Internet através de TCP/IP é identificado por uns 24 endereços numéricos original do bocado, chamados um endereço do Internet Protocol (IP). Os endereços do IP são escritos normalmente como quatro números separados por períodos. Cada um dos quatro números pode variar de 0 a 255 (por exemplo, 198.137.240.91). Os endereços do IP são agrupados por escalas em redes e usados encontrar muito uma máquina ou um recurso específico no Internet na mesma maneira que um número de telefone está usado identificar um instrumento do telefone no sistema de telefone internacional.

Porque os seres humanos encontram frequentemente mais fácil de recordar nomes do que números, o sistema do DNS foi planejado para associar os nomes com os endereços numéricos do IP. O Domain Name System é um sistema hierárquico, distribuído. É hierárquico que os nomes estão agrupados em domínios, a seguir dentro de um domínio em secundário-domínios, e assim por diante até que a máquina individual esteja identificada excepcionalmente.

Os domínios preliminares do nível superior que o Domain Name System está agrupado em são:

- **Com** Para negócios comerciais
- **Org** Para organizações non-Profit
- **Net** Para as organizações que fornecem serviços do connectivity do Internet
- **Gov** Para o governo federal dos E. U.
- **Mil** Para as forças armadas dos E. U.
- **Edu** Para universidades acreditadas 4 anos
- **US** Para outras organizações e indivíduos dentro dos estados unidos, como: Cidades, estados, organizações municipais, escolas, indivíduos, famílias, etc..
- Há também outros domínios preliminares para países fora dos E. U., tais como o CN para Canadá e o AU para Austrália.

Os nomes originais são registados dentro de cada domínio preliminar, tal como WHITEHOUSE.GOV dentro do GOV, de MICROSOFT.COM dentro do COM, e de ATT.NET dentro do NET. Normalmente um negócio ou uma organização registam um único Domain Name para identificar-se excepcionalmente no Internet. Este é o que é consultado o mais frequentemente como "o Domain Name". Este Domain Name pôde consultar a um sistema computatorizado real, mas consulta o mais frequentemente a uma rede dos computadores, e cada sistema computatorizado ou serviço que a rede tem seu próprio nome original adicionado ao Domain Name, tal como WWW.WHITEHOUSE.GOV, e FTP.MICROSOFT.COM, e a MAIL.ATT.NET. Enquanto as redes crescem mais e mais complexas, os níveis adicionais podem ser adicionados a uma rede, cada adição de seu próprio nome aos níveis no Domain Name. Para o exemplo um sistema que pertence a Joe na seção receivable dos clientes do departamento de contabilidade no centro regional da gerência de Texas para ABC Corporation pôde ter um nome tal como JOE.AR.ACCTNG.MGMT.TEXAS.ABC.COM.

Como você pode ver pelos exemplos acima, o Domain Name vem à esquerda enquanto cada nível novo é adicionado à hierarquia, e cada nível de rede está separado por um único período. Além logicamente a organizar o nome, isto tem um outro meaning: Identifica como o sistema do DNS é distribuído para esse nome específico.

O Domain Name System é construído como um sistema de informação distribuído. Na base do sistema distribuído está uma série de usuários do DNS da raiz. Um usuário do DNS é um computador que tenha a informação em uma seção secundária do sistema inteiro do DNS. O usuário do DNS está disponível no Internet para fornecer esta informação aos usuários na rede. Os usuários da raiz são mantidos por um número de organizações tais como universidades da faculdade, as forças armadas dos E. U., e a NASA. Como desta escrita há 9 usuários da raiz cada informação duplicada fornecendo. Os sistemas múltiplos fornecem a redundância e servem espalhar a carga do serviço entre vários sistemas. No sistema do DNS cada usuário da raiz tem realmente um nome original, mas cada um responde também ao nome de "." (consultado como ao ponto).

Os usuários do ponto, ou os usuários da raiz, têm a informação nos endereços do IP de outros usuários do DNS que têm a informação nos domínios preliminares (Com, Net, Gov, etc.). Dentro de cada usuário preliminar do domínio há uma informação que identifica cada secundário-domínio sob esse domínio preliminar. Para o exemplo: os usuários da raiz têm a informação dizer onde encontrar os usuários do DNS para o domínio do COM. Os usuários do DNS para o domínio do COM têm a informação dizer onde encontrar os usuários prender a informação em MICROSOFT.COM, em IBM.COM, em INTEL.COM, e em todo o outro Domain Name no domínio do Com. Depois do este promova para fora, os usuários com a informação em MICROSOFT.COM terá a informação no endereço de WWW.MICROSOFT.COM, de FTP.MICROSOFT.COM, etc..

Quando um programa faz um lookup de um Domain Name, a pergunta segue o trajeto da raiz para fora ao usuário que realmente pode identificar o nome. Para o exemplo, se um computador tentasse contatar o computador imaginário que pertence a Joe em Accts receivable, o procedimento pôde ocorrer como este:

O computador que tenta identificar olhares de JOE.AR.ACCTNG.MGMT.TEXAS.ABC.COM em sua base de dados local e não encontra o endereço para este computador. Contata seu usuário conhecido local (um usuário do DNS em seu LAN local ou nele é fornecedor de Internet) e pede-o o endereço de JOE.AR.ACCTNG.MGMT.TEXAS.ABC.COM.

O usuário conhecido não sabe o endereço, assim que contata um usuário da raiz e pede-o o endereço para JOE.AR.ACCTNG.MGMT.TEXAS.ABC.COM. O usuário da raiz responderá que não sabe, mas fornecerá os endereços para os usuários do COM.

O usuário conhecido seleciona um usuário do COM da lista e contata-o, pedindo o endereço para JOE.AR.ACCTNG.MGMT.TEXAS.ABC.COM. O usuário do COM responderá que não sabe, mas fornecerá os endereços para os usuários do DNS para ABC.COM.

O usuário conhecido seleciona um usuário de ABC.COM e contata-o, pedindo o endereço para JOE.AR.ACCTNG.MGMT.TEXAS.ABC.COM. O usuário de ABC.COM responderá que não sabe, mas fornecerá os endereços para os usuários do DNS para TEXAS.ABC.COM.

Este processo continua até que o usuário conhecido contate finalmente um usuário do DNS que contenha a informação em JOE.AR.ACCTNG.MGMT.TEXAS.ABC.COM. Este usuário responderá com o endereço do IP address, do mail server, e a outra informação aplicável.

O usuário conhecido passará a informação pedida para trás ao computador que fêz o pedido original. Além, o usuário conhecido colocará esta informação nele é esconderijo local da base de dados junto com a informação que diz quanto tempo manter esta informação na lima antes que deva ser expirado como de confiança velho e não mais longo.

Nota: Esteja por favor ciente que este é uma simplificação de como o DNS trabalha. Há muitos outros detalhes à operação do sistema. Isto, entretanto, dá uma idéia básica de como o sistema total funciona.

Registando Um Domain Name

Uma das primeiras coisas que a maioria de companhias quando se tornam seriamente involvidas com o Internet é selecionar e registar um Domain Name original. Esta maneira têm uma identidade original no Internet.

Qualquer um pode registar um Domain Name no Internet tão por muito tempo como podem corretamente encher para fora e submeter os formulários corretos. Para nomes nos domínios do COM, do NET, e do ORG, o Network Information Center do Internet (InterNIC) fornece este serviço e registará um Domain Name novo para a taxa de $100 E. U.. Isto registra o nome por 2 anos. Após os primeiros 2 anos expira, cada ano adicional do registo será faturado em $50. O InterNIC mantem um Web site dos serviços do registo com ajuda informativa e os formulários apropriados em HTTP://RS.InterNIC.Net ou www.fapesp.br.

Configurando o DNS no Linux

Se você tiver seu próprio Domain Name, e você tiver uma conexão permanente ao Internet, e você tiver uma rede de todo o tamanho, é frequentemente uma idéia boa ajustar acima seu próprio usuário do DNS. Isto dá aos sistemas em sua rede um contato local para a informação do DNS e permite que você mantenha e controle os nomes e os endereços de seus próprios sistemas. O usuário que do DNS você se ajustou acima pôde ser tão simples quanto um 486/33 de sistema pequeno que funciona Linux, ou você pôde ajustar acima o DNS como um de diversos serviços hospedados por um usuário maior de UNIX ou de NT.

Normalmente a única exigência para um usuário do DNS é que esteja conectada ao Internet em uma base permanente e que seja reachable do Internet através de TCP/IP.

A maioria de usuários do DNS, se estão em Linux, em NT, ou em qualquer outro sistema, seguem um esquema similar da estrutura e da instalação. Isto é porque a maioria são baseados no código de fonte publicamente disponível do programa de Berkeley.

A primeira etapa a ajustar acima um usuário do DNS é adquirir o software para o usuário específico em que você pretende hospedar o serviço. Então você necessita copí a nos diretórios corretos nesse sistema. Consulte a documentação para seu software particular para instruções em como a faça isto. No nosso caso, há pacotes específicos para isto no Linux.

O Resumo dos Arquivos e Mapeamento DNS

Servidores de DNS mapeiam endereços IP para nomes de servidores e vice-versa. Você define um servidor específico para ser seu DNS o qual já tem algumas mapeamentos feitos por você. Quando você faz um pedido para um servidor específico, dito, via um browser web (IE ou Netscape, por exemplo), e o seu DNS primeiramente verifica se este tem entrada para o nome que você digitou. Se há, este repassa a resposta com o endereço IP; caso contrário, este envia o pedido para outro DNS. O mesmo procedimento acontece para o outro DNS, e assim prossegue, até que o nome seja encontrado, ou este alcance a raiz do servidor de nomes mantidos pelo órgão InterNIC. Se o nome não é encontrado, um error em cascata todo o caminho até chegar ao seu browser. Entretanto, se o nome do servidor foi encontrado, todos os DNS acessados no caminho recebem a informação e são automaticamente atualizados em seus bancos de dados.

Há dois tipos de mapeamento possíveis: **Forward** e **Reverse**. **Forward** armazena o nome dos servidores ao respectivo endereço IP enquanto **Reverse** armazena o oposto, isto é, o endereço IP ao mapeamento de nomes de servidores. O Linux armazena todos mapeamentos e outras informações em formato texto em quatro simples arquivo. Antes de você configurar estes arquivos, você precisa criar ou modificar o arquivo chamado **named.boot** no diretório **/etc**. Este arquivo contém informações exigidas para inicializar o DNS. A estrutura deste arquivo é semelhante ao modelo abaixo:

```
directory dir_name
cache filename
dns_type domain filename
dns_type domain filename
dns_type domain filename
```

No exemplo, a chave **directory** especifica o caminho completo do arquivo que armazena os mapeamentos, por exemplo, **/var/named**. A chave **cache** especifica o arquivo que armazena a lista de servidores DNS principais na rede. A chave **dns_type** é normalmente definida para o primário e o domínio do seu servidor de domínio. Você precisa de três entradas, uma paca cada banco de dados local, um mapeamento **forward** e um arquivo de mapeamento **reverse**. Um exemplo de um arquivo **named.boot** poderia ser:

```
directory /var/named
cache named.ca
primary 0.0.127.in-addr.arpa      panamed.local
primary sanisoft.com              named.sanisoft.com.forward
primary 1.168.192.in-addr.arpa    named.sanisoft.com.reverse
```

Note que os endereços IP são definidos na ordem inversa, e com o último octeto removido. Isto é um tipo de mímica a maneira que a nomeação de domínio funciona, a qual é o reverso do jeito que o IP funciona. O domínio **in-addr.arpa** contém todas os mapeamentos **reverse** possíveis.

Agora, você está pronto para criar os arquivos apresentados acima, mas não utilize obviamente o domínio sanisoft.com, troque este pelo o seu próprio nome de domínio.

O arquivo named.ca armazena os nomes de todos os servidores principais (root) na Internet. Este arquivo pode ser simplesmente copiado em **ftp://rs.internic.net/domain/named.root**. No qual você poderá também adicionar os nomes do seu provedor internet, basta seguir o modelo do próprio arquivo.

O arquivo **named.sanisoft.com.forward** armazena o nome dos servidores relativos a endereços IP para o seu domínio. Isto é, se o seu domínio é **abc.com**, cada linha específica os servidores existentes neste domínio. Cada linha tem a forma: **name IN A IP_address**. Por default, todos os servidores no arquivo são numerados a partir de ws1 até ws254 e correspondem aos endereços IP de sua rede. Por exemplo, ws13 seria mapeado para **192.168.1.13**. Você pode então acessar este pelo **ws13.abc.com**. Se você precisar mapear diferentes nomes de servidores, basta alterar o nome para cada entrada em particular. E você pode também adicionar outros endereços que não fazem parte de sua rede.

O arquivo **named.sanisoft.com.reverse** armazena simplesmente o aposto do modelo apresentando anteoriormente. Este armazena os últimos octetos de sua rede com o nome completo dos servidores associados para endereços IP. Para o mesmo servidor que utilizamos no exemplo acima, haverá uma entrada como **13 IN PTR ws13.abc.com.br**. Tudo que você precisa fazer neste arquivo é alterar o nome dos servidores para servidores que tenham uma entrada diferente no arquivo **forward**. Você não precisa adicionar mapeamentos para endereços que estejam fora do seu domínio.

Por último, não se esqueça de restartar o daemon responsável pelo DNS:

/etc/rc.d/init.d/named restart

Administração e Configuração do Domain Name Server (DNS)

Agora, numa versão mais completa e conceitual há um outro caso prático de configuração.

Para este laboratório, a configuração das tabelas DNS para este serviço estão usando o pacote BIND 8.x, o qual vem como padrão na distro Red Hat – distro é um nome reduzido para distribuição.

Contudo, as versões Red Hat 5.1 e anteriores usavam o pacote BIND 4.x, que usava um formato diferente para as configurações. O BIND 8.x oferece mais funcionalidades das quais oferecidas pelo BIND 4.x, portanto, quanto mais você estiver atualizado em relação ao BIND, mais recursos poderás encontrar. Estes poderão ser encontrados nos pacotes BIND RPM para instalação ou download.

Felizmente, converter seus arquivos de configuração BIND 4.x para BIND 8.x é uma tarefa fácil. No diretório de comentação criado como parte do BIND, por exemplo, **/usr/doc/bind-8.1.2** para a versão 8.1.2, há um arquivo chamado **"named-bootconf.pl"**. O qual é um programa executável Perl. Assumindo que você tenha o Perl instalada em seu sistema, você pode usar este programa para fazer as conversões. Para isto, para digitar as linhas abaixo enquanto logado como administrador (root):

```
cd /usr/doc/bind-8.1.2
./named-bootconf.pl < /etc/named.boot > /etc/named.conf
mv /etc/named.boot /etc/named.boot-obsolete
```

Com isto, agora você terá um arquivo **"/etc/named.conf"** que será executado com o BIND 8.x. Sua tabela atual de DNS normalmente, porque o formato foi transformado.

Configurar os servidos DNS no LINUX envolve os seguintes passos:

1. Habilitar o serviço DNS, o arquivo ``/etc/host.conf" deve ser semelhanteo ao modelo abaixo:

```
# Lookup names via /etc/hosts first, then by DNS query
order hosts, bind
# We don't have machines with multiple addresses
multi on
# Check for IP address spoofing
nospoof on
# Warn us if someone attempts to spoof
alert on
```

2. As detecções extras (spoof) adicionam performance no DNS lookup. Logo, se você não está preocupado com este assunto, pode-se desabilitar as entradas "nospool" e "alert".

3. Configure o arquivo ``/etc/hosts" como desejado. Tipicamente não há necessidade de se fazer muita coisa neste arquivo, mas para melhorar a performance, você pode adicionar servidores que são acessados constantemente.

4. O arquivo /etc/named.conf deve ser configurado para apontar pra as tabelas DNS de acordo com o exemplo abaixo: (Note que os endereços IP apresentados são exemplos, você deve utilizar os de sua rede e configuração)

```
options {
        // Tabelas DNS estão localizadas em /var/named directory
        directory "/var/named";

        // Forward any unresolved requests to our ISP's name server
        // (this is an example IP address only -- do not use!)
        forwarders {
                123.12.40.17;
        };

        /*
         * se houver algum firewall entre você e os nameserver que deseje acessar,
        você pode necessitar tirar o sinal de comentário para a chave "query-source"
        abaixo. É que na versão anterior do BIND sempre se buscava pela porta 53, mas na
        BIND 8.1 utiliza-se outras porta.
         */
        // query-source address * port 53;
};

// Enable caching and load root server info
```

```
zone "named.root" {
     type hint;
     file "";
};

// Todas nossas informações DNS estão armazendas em /var/named/mydomain_name.db
// (eg. if mydomain.name = foobar.com then use foobar_com.db)
zone "mydomain.name" {
     type master;
     file "mydomain_name.db";
     allow-transfer { 123.12.41.40; };
};

// Reverse lookups for 123.12.41.*, .42.*, .43.*, .44.* class C's
// (these are example Class C's only -- do not use!)
zone "12.123.IN-ADDR.ARPA" {
     type master;
     file "123_12.rev";
     allow-transfer { 123.12.41.40; };
};

// Reverse lookups for 126.27.18.*, .19.*, .20.* class C's
// (estes exeplos são para Classe C - não utilize!)
zone "27.126.IN-ADDR.ARPA" {
     type master;
     file "126_27.rev";
     allow-transfer { 123.12.41.40; };
};
```

Dica: tome nota das opções **allow-transfer** acima, quais restrigem zonas DNS para determinado endereço IP. Neste exemplo, nós estamos permitindo que o servidor 123.12.41.40 (provavelmente um servidor DNS slave em nosso domínio) de pedir acesso na "zone transfer". Se você omitir esta opção, qualquer computador na internet será capaz de realizar este acesso. Os spammers utilizam muito esta brecha !!

1. Agora você pode configurar as tabelas DNS no diretório /var/named como configurado em /etc/named.conf ressaltado no passo anterior. Configurar os arquivos DNS pode se tornar algo imenso, dependendo da necessidade, entretanto, abaixo há alguns exemplos. Veja algumas entradas possíveis para o arquivo de **forward "/var/named/mydomain_name.db"**:

```
; This is the Start of Authority (SOA) record.  Contains contact
; & other information about the name server.  The serial number
; must be changed whenever the file is updated (to inform secondary
; servers that zone information has changed).
     @ IN SOA mydomain.name.  postmaster.mydomain.name. (
          19990811      ; Serial number
          3600          ; 1 hour refresh
          300           ; 5 minutes retry
          172800        ; 2 days expiry
          43200 )       ; 12 hours minimum

; Lista de servidores de nomes em uso.  Unresolved (entries in other zones)
; will go to our ISP's name server isp.domain.name.com
          IN NS         mydomain.name.
          IN NS         isp.domain.name.com.

; This is the mail-exchanger.  You can list more than one (if
; applicable), with the integer field indicating priority (lowest
; being a higher priority)
          IN MX         mail.mydomain.name.
```

```
; Fornece informações opcionais relativas ao tipo de servidor e sistema operacional
      IN HINFO        Pentium/350    LINUX

; uma lista de servidores e endereços
    spock.mydomain.name.    IN A    123.12.41.40    ; OpenVMS Alpha
    mail.mydomain.name.     IN A    123.12.41.41    ; Linux (main server)
    kirk.mydomain.name.     IN A    123.12.41.42    ; Windows NT (blech!)

; Incluindo qualquer outro da classe C
    twixel.mydomain.name.   IN A    126.27.18.161   ; Linux test machine
    foxone.mydomain.name.   IN A    126.27.18.162   ; Linux devel. kernel

; Alias (canonical) names
    gopher      IN CNAME        mail.mydomain.name.
    ftp         IN CNAME        mail.mydomain.name.
    www         IN CNAME        mail.mydomain.name.
```

Exemplo de arquivo Reverse em ``/var/named/123_12.rev'':

```
; This is the Start of Authority record.     Same as in forward lookup table.
    @ IN SOA mydomain.name.   postmaster.mydomain.name. (
        19990811        ; Serial number
        3600            ; 1 hour refresh
        300             ; 5 minutes retry
        172800          ; 2 days expiry
        43200 )         ; 12 hours minimum

; Name servers listed as in forward lookup table
        IN NS           mail.mydomain.name.
        IN NS           isp.domain.name.com.

; Lista de servidores e endereços, no formato Reverse.  Nós estamos mapeamento mais
do que classe C aqui, mas também parte B
    40.41       IN PTR      spock.mydomain.name.
    41.41       IN PTR      mail.mydomain.name.
    42.41       IN PTR      kirk.mydomain.name.

; Como pode se ver, nós podemos mapear outros da classe C, desde que estejam abaixo
dos endereços classe B.
    24.42       IN PTR      tsingtao.mydomain.name.
    250.42      IN PTR      redstripe.mydomain.name.
    24.43       IN PTR      kirin.mydomain.name.
    66.44       IN PTR      sapporo.mydomain.name.
```

Nenhum outro arquivo Reverse necessita mapeado em classe B diferente, como 126.27.*.
Garanta que o daemon named esteja em execução. Este daemon é normalmente inicializado no boot, e está em /etc/rc.d/init.d/named.
Mas você pode inicializar ou parar, basta executar enquanto administrador:
      # named stop
named start

      Portanto, qualquer alteração que seja feita, o serviço deve ser reinicializado:
/etc/rc.d/init.d/named restart

Configurando o Servidor DjbDNS

Para finalizar este capítulo, contei com o apoio de um consultor especialista no assunto. Eri Bastos. É que sem o apoio deste, este capítulo não teria a qualidade e a precisão desejada pela comunidade de usuários no país.

> **Eri Ramos Bastos** - www.linuxman.pro.br
> email: erirb@xtms.com.br - Fone: 0xx11.8133.0206 – São Paulo

DjbDNS é um software de DNS escrito por Dj Bernstein, que também é o criador do qmail, ezmlm e outros. A sua intenção é serum software seguro em substituição ao BIND da ISC . Como é característica dos softwares de djb, a instalação não é muito simples, porém tem fácil administração (muito mais simples que o BIND, IMHO).

Requisitos

Para instalar o djbdns, você irá precisar ter em seu sistema o daemontools e o uscpi-tcp. Para quem já instalou o Qmail de acordo com o meu tutorial, os mesmos já encontram-se instalados. Se não o fez ainda, façauma pausa aqui, vá até o [6]tutorial do qmail e volte quando tiver instalado os 2 softwares.

Notas: IPs serão representados como a.b.c.d, ou x.y.z.a, ou u.n.i.x e assim por diante. Substitua pelo seus IPs comandos estarão dentro de caixas cinzas.

Instalando o djbdns

Sempre utilizo como base o diretório /usr/src, para facilitar. As linhas em itálico são comandos, e podem ser diretamente coladas na shell. Vamos baixar o djbdns.

* djbdns http://cr.yp.to/djbdns/djbdns-1.05.tar.gz

Procedimento

```
cd /usr/src/
mkdir djbdns
wget http://cr.yp.to/djbdns/djbdns-1.05.tar.gz
gunzip djbdns-1.05.tar
tar -xf djbdns-1.05.tar
cd djbdns-1.05
make
make setup check
```

Criando usuários

Precisaremos criar 4 usuários para ter todas as funcionalidades do djbdns. Serão: dnscache, dnslog, axfrdns e tinydns

No linux:

```
useradd dnscache -d /home/djb -s /bin/false -g users
useradd dnslog -d /home/djb -s /bin/false -g users
useradd tinydns -d /home/djb -s /bin/false -g users
useradd axfrdns -d /home/djb -s /bin/false -g users
```

Configurando o dnscache

```
dnscache-conf dnscache dnslog /etc/dnscache x.y.z.a
```

Onde x.y.z.a é o IP onde o dnscache deve atender aos pedidos

Iniciando o dnscache

```
ln -s /etc/dnscache /service
```

Liberando o cache para outros hosts

Por padrão o dnscache permite apenas o localhost utilizar o cache. Para permitir a outros, devemos especifica-los:

```
touch /etc/dnscache/root/ip/x.y.z
```

Isso fará com que a rede x.y.z.0/24 (ou x.y.z.*) consiga utilizar o cache. Não é preciso reiniciar o serviço quando mais hosts ou redes são adicionadas.

Configurando o tinydns

O tinydns é o programa que responde autoritativamente. É nele que configuraremos nossos domínios.
```
tinydns-conf tinydns dnslog /etc/tinydns x.y.z.a
```

Iniciando o tinydns
```
ln -s /etc/tinydns /service
```

Registrando seus domínos

Quem está acostumado com aquela horrível combinação de /etc/named.conf e /var/named vai gostar dessa parte:

Adicionando um dns server
```
cd /service/tinydns/root
./add-ns ns1.empresa.com.br x.y.z.a
make
```

Adicionando servidores mx
```
cd /service/tinydns/root
./add-mx smtp.empresa.com.br x.y.z.b
./add-mx smtp2.empresa.com.br x.y.z.c
make
```

Adicionando servidores genéricos
```
cd /service/tinydns/root
./add-host www.empresa.com.br x.y.z.h
./add-alias home.empresa.com.br x.y.z.h
make
```

Agora o seu dns já está totalmente funcional. Você pode testá-lo da forma como achar mais adequado.

Configurando o axfrdns
```
axfrdns-conf axfrdns dnslog /etc/axfrdns /etc/tinydns x.y.z.a
```

Você deve especificar cada IP e domínio que pode ser transferido. Exemplo: Vamos permitir que o IP a.b.c.z transfira a zona da empresa.com.br
```
echo 'a.b.c.z:allow,AXFR="empresa.com.br"' >> /etc/axfrdns/tcp
```

> **Dicas**
> Vários DNS servers em uma mesma máquina
> Se você tem um domínio *.br, sabe que o comitê gestor exige no mínimo 2 servidores de DNS para registrar-se. Se você tem apenas um servidor de DNS e, pelo menos 2 ips válidos e fixos faça o seguinte: Vamos considerar que seu segundo IP seja x.y.z.b
> ```
> cp -r /etc/tinydns /etc/tinydns2
> echo "x.y.z.b" > /etc/tinydns2/env/IP
> ln -s /etc/tinydns /service
> ```

Construindo um Linux DNS Server em IPv6

Nesta seção deste capítulo, tentamos construir um resumo para construir um servidor DNS com resolução no padrão IPv6, apresentando alguns exemplos práticos de configuração e aplicações.

O IPv6 é o protocolo "next-generation" projetado pelo Internet Engineering Task Force (IETF) substituir IPv4, a versão atual do Internet Protocol. IPv4 foi notàvelmente elástico. Entretanto, seu projeto inicial não fêz exame na consideração de diversas introduções da importância hoje, como um espaço de endereço, uma mobilidade, uma segurança, uma autoconfiguração e uma qualidade em grandes do serviço. Para dirigir-se a estes interesses, o IETF desenvolveu um suite dos protocolos e dos padrões sabidos como IPv6, que incorporam muitos dos conceitos e dos métodos propostos para atualizar IPv4. Em conseqüência, IPv6 repara um número de problemas em IPv4 e adiciona muitas melhorias e características que casam-se ao Internet móvel futuro.

Do IPv6 espera-se substituir gradualmente IPv4, com os dois que coexistem por um número de anos em um período de transição. Os usuários serão pilha dupla, IPv4 suportando e IPv6. Nesta seção, nós olhamos de perto o processo de resolução de nomes do IPv6 e fornecemos um tutorial técnico aos leitores de ajuda para ajustar acima seus próprios usuários de IPv6 Linux DNS para permitir a "name resolution IPv6" usando a versão a mais atrasada do BIND 9.x.

Visão Geral

Nesta seção, nós apresentamos um esquema da rede da exemplo (figura 1) com os usuários IPv6 diferentes.

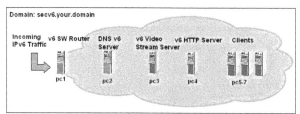

figura1_capidns.gif - Figura 1. Arquitetura De Rede Da Amostra

Os seguintes nós são representados nesta arquitetura:

- O usuário do roteamento (pc1) age como um usuário do router do software IPv6 e fornece a propaganda do router para todos os nós IPv6.
- O usuário do DNS IPv6 (pc2) fornece o name resolution IPv6.
- Dois usuários da aplicação, um fornecem fluir do vídeo (pc3) e o outro é um web server Apache-baseado (pc4).
- Máquinas do cliente (pc5–7) se usou testando finalidades.

Name resolution IPv6

Os nomes de domínio são significativos e tornam fácil o registros de endereços do Internet. O Domain Name System (DNS) é a maneira que os nomes do domínio do Internet estão localizados e traduzidos em endereços do Internet Protocol. Porque manter uma lista central de correspondências do endereço do domínio name/IP não é prático, as listas de nomes de domínio e de endereços do IP são distribuídas durante toda a Internet em uma hierarquia da autoridade. Tipicamente, um usuário do DNS está dentro da escala geográfica próxima de seu fornecedor de acesso; este usuário do DNS traça os nomes do domínio em pedidos do DNS ou envía-os a outros usuários no Internet. Para pedidos de IPv6 DNS, A6 e a sintaxe de

AAAA são usados expressar os endereços IPv6.

AAA resouce Record (chamado registro do quad A) é formatado como dados fixed-length. Com AAAA, nós podemos definir registros do DNS para o name resolution IPv6 como segue, o mesmo método que registros de A em IPv4:

```
$ORIGIN X.EXAMPLE.
N         AAAA 2345:00C1:CA11:0001:1234:5678:9ABC:DEF0
N         AAAA 2345:00D2:DA11:0001:1234:5678:9ABC:DEF0
N         AAAA 2345:000E:EB22:0001:1234:5678:9ABC:DEF0
```

Um registro do recurso A6 é formatado de acordo com o tamanho dos dados. Com o A6, é possível definir um endereço IPv6 usando registros múltiplos do DNS. Está aqui um exemplo feito exame de RFC 2874:

```
$ORIGIN X.EXAMPLE.
N         A6 64 ::1234:5678:9ABC:DEF0 SUBNET-1.IP6
SUBNET-1.IP6 A6 48 0:0:0:1::  IP6
IP6       A6 48 0::0       SUBSCRIBER-X.IP6.A.NET.
IP6       A6 48 0::0       SUBSCRIBER-X.IP6.B.NET.

SUBSCRIBER-X.IP6.A.NET. A6 40 0:0:0011:: A.NET.IP6.C.NET.
SUBSCRIBER-X.IP6.A.NET. A6 40 0:0:0011:: A.NET.IP6.D.NET.
SUBSCRIBER-X.IP6.B.NET. A6 40 0:0:0022:: B-NET.IP6.E.NET.
A.NET.IP6.C.NET. A6 28 0:0001:CA00:: C.NET.ALPHA-TLA.ORG.
A.NET.IP6.D.NET. A6 28 0:0002:DA00:: D.NET.ALPHA-TLA.ORG.
B-NET.IP6.E.NET. A6 32 0:0:EB00::    E.NET.ALPHA-TLA.ORG.
C.NET.ALPHA-TLA.ORG. A6 0 2345:00C0::
D.NET.ALPHA-TLA.ORG. A6 0 2345:00D0::
E.NET.ALPHA-TLA.ORG. A6 0 2345:000E::
```

Se nós traduzirmos o código acima em registros de AAAA, olha como:

```
$ORIGIN X.EXAMPLE.
N         AAAA 2345:00C1:CA11:0001:1234:5678:9ABC:DEF0
N         AAAA 2345:00D2:DA11:0001:1234:5678:9ABC:DEF0
N         AAAA 2345:000E:EB22:0001:1234:5678:9ABC:DEF0
```

Uma vez que o name resolution IPv6 é configurado, nós podemos adicionar o Domain Name System (DNSSEC) a nosso usuário do DNS. DNSSEC fornece três serviços distintos: distribuição, authentication da origem de dados e transação e authentication chaves do pedido. A definição completa de DNSSEC é fornecida em RFC 2535.

O IPv6 sendo compreendido pelo Kernel e demais Binários

Uma etapa essencial antes de instalar a versão do BIND de IPv6-compliant é permitir a sustentação IPv6 no Kernel e os demais binários da rede suportem IPv6.

BIND e o Suporte ao IPv6

A versão a mais atual do BIND está disponível do Web site do consortium do software do Internet (www.isc.org/products/BIND/). A versão do BIND é uma reescrita principal de quase todos os aspectos da arquitetura subjacente do BIND. Muitos características e realces importantes foram introduzidos na versão 9; o mais relevante a esta seção é o suporte ao IPv6. O BIND 9.x permite que o usuário do DNS responda aos pedidos do DNS nos soquetes IPv6, fornece suporte aos registros de recursos do IPv6 (A6, DNAME, etc) e suporte as "bitstring labels". Além, o BIND 9.x torna disponível uma biblioteca experimental do "IPv6 resolver". Muitas outras características estão disponíveis, e você pode ler mais sobre eles do Web site do BIND.

Instalando o BIND 9.x

O BIND 9.2.3 é a liberação estável a mais atual disponível no momento desta escrita. Nosso procedimento da instalação e da configuração segue esta versão. Para instalar o BIND, comece fazendo o downloading da versão a mais atual do BIND em **/usr/src**, e então por execute **uncompress** para o pacote com:

```
% tar -xzf bind-9.2.1.tar.gz
% cd bind-9.2.1
```

Embora o suporte IPv6 seja nativo no BIND, deve-se especificar explicitamente ao compilar. Além, porque nós queremos suportar DNSSEC, nós necessitamos compilar o BIND com sustentação crypto. OpenSSL 0.9.5a ou mais novo deve ser instalado. Execute o script de configuração com as opções necessárias como abaixo:

```
% ./configure -enable-ipv6 -with-openssl
```

Finalmente, compile e instale o pacote como enquanto administrador com:

```
% make && make install
```

Por default, os arquivos do BIND 9 são distribuídos no filesystem. Os arquivos de configuração são colocados em **/etc/named.conf**; o binário **"named"** está em /usr/local/sbin e todos os outros arquivos de configuração estão em **/var/named.**

Configurando DNS IPv6 e o DNSSEC

As consultas DNS podem ser resolvidas de muitas maneiras diferentes. Por exemplo, um servidor do DNS pode usar seu cache para responder a uma consulta ou contatar outros servidores do DNS em nome do cliente para resolver inteiramente o nome. Quando um servidor do DNS recebe uma consulta, primeiramente as verificações para ver se pudesse lhe responder autoritariamente, baseado na informação record do recurso local configurarada pelo usuário. Se as consultas foram válidas na zona local, o servidor responde autoriariamente, usando esta informação resolver o nome consultado. Para um processo completo de consulta do DNS, há quatro zonas DNS existentes:

1. Master: o usuário tem a cópia mestra dos dados da zona e dá respostas authoritative para ele.
2. Slave: uma zona slave é uma cópia de uma zona mestra. Cada zona slave tem uma lista dos mestres que pode perguntar para receber updates a sua cópia da zona. Um slave, opcionalmente, pode manter uma cópia da zona conservada no disco para apressar partidas. Um único usuário mestre pode ter todo o número dos slaves a fim distribuir a carga.
3. Stub: uma zona do topo é bem como uma zona slave e comporta-se similarmente, mas replica somente os registros do NS de uma zona mestra melhor que a zona inteira. As zonas do Stub mantêm-se a par que os usuários do DNS são authoritative para a organização. Contatam diretamente o usuário do DNS da raiz para determinar que usuários são authoritative para que domínio.
4. Forward: uma zona para diante dirige todas as perguntas na zona a outros usuários. Como esta', age como um usuário caching do DNS para uma rede. Ou pode fornecer serviços do DNS da Internet a uma rede atrás de um firewall que limite perguntas exteriores do DNS, mas obviamente o usuário do DNS do forwarding deve ter o acesso do DNS a Internet. Esta situação é similar à facilidade global do forwarding mas permite a seleção da por-zona dos remetentes (forwarders).

Para mapear isto em nossa rede (Figura 1), nos precisamos criar um servidor master para nosso próprio domínio, secv6.your.domain. A lista 1 abaixo fornece um exemplo de configuração em **/etc/named.conf**:

Lista . /etc/named.conf

```
options {
directory "/var/named";

// a caching only nameserver config
zone "." IN {
type hint;
file "named.ca";
};

// this defines the loopback name lookup
zone "localhost" IN {
type master;
file "master/localhost.zone";
allow-update { none; };
};

// this defines the loopback reverse name lookup
zone "0.0.127.in-addr.arpa" IN {
type master;
file "master/localhost.rev";
allow-update { none; };
};

// This defines the secv6 domain name lookup
// Secure (signed) zone file is
// secv6.your.domain.signed
```

```
// Regular zone file is secv6.your.domain
zone "secv6.your.domain" IN {
type master;
file "master/secv6.your.domain.signed";
// file "master/secv6.your.domain";
};

// this defines the secv6 domain reverse
// name lookup (AAAA)
zone "secv6.int" IN {
type master;
file "master/secv6.int";
};

// this defines the secv6 domain reverse
// name lookup (A6)
zone "secv6.arpa" IN {
type master;
file "master/secv6.rev";
};

// secret key truncated to fit
key "key" {
algorithm hmac-md5;
secret "HxbmAnSO0quVxcxBDjmAmjrmhgDUVFcFNcfmHC";
};
```

A etapa seguinte é definir os arquivos de configuração que descrevem nosso domínio. Observe que até agora nós não temos tocado em itens de IPv6. Quanto para a DNSSEC,o arquivo **/var/named/master/secv6.your.domain.signed** é o arquivo de domínio reservado pela chave da zona (key zone) do servidor DNS. Isto é importante para DNSSEC, porque os clientes podem autenticar todos os pedidos subseqüentes do DNS. A DNS server zone key é diferente da chave no arquivo de configuração. O arquivo seguinte a editar é **/var/named/master/secv6.your.domain**. Nosso exemplo (a lista 2) usa os formatos AAAA e A6. A diretiva $INCLUDE no final inclui a porção pública da chave de zona (zone key). Mantenha esta parte de forma sigilosa. A chave privativa tem adição privativa no final, visto que a chave "postfixes" as chaves públicas. Se você tiver algum interesse a respeito das chaves de DNSSEC e das suas permissões, consulte o manual do BIND. Na lista 2, nós indicamos uma configuração típica do domínio de IPv6 DNS para secv6.your.domain:

Lista 2. /var/named/master/secv6.your.domain

```
$TTL 86400
$ORIGIN secv6.your.domain.
@ IN SOA secv6.your.domain. hostmaster.your.domain. (
2002011442 ; Serial number (yyyymmdd-num)
3H ; Refresh
15M ; Retry
1W ; Expire
1D ) ; Minimum
IN MX 10 noah.your.domain.
IN NS ns.secv6.your.domain.
$ORIGIN secv6.your.domain.
ns 1D IN AAAA fec0::1:250:b7ff:fe14:35d0
1D IN A6 0 fec0::1:250:b7ff:fe14:35d0
secv6.your.domain. 1D IN AAAA fec0::1:250:b7ff:fe14:35d0 1D IN A6 0
fec0::1:250:b7ff:fe14:35d0
pc2 1D IN AAAA fec0::1:250:b7ff:fe14:35d0  1D IN A6 0
fec0::1:250:b7ff:fe14:35d0
pc3 1D IN A6 0 fec0::1:250:b9ff:fe00:131   1D IN AAAA
fec0::1:250:b9ff:fe00:131
pc6 1D IN A6 0 fec0::1:250:b7ff:fe14:3617  1D IN AAAA
fec0::1:250:b7ff:fe14:3617
pc4 1D IN A6 0 fec0::1:250:b7ff:fe14:35c4  1D IN AAAA
fec0::1:250:b7ff:fe14:35c4
```

```
pc5 1D IN A6 0 fec0::1:250:b7ff:fe14:361b  1D IN AAAA
fec0::1:250:b7ff:fe14:361b
pc7 1D IN A6 0 fec0::1:250:b7ff:fe14:365a  1D IN AAAA
fec0::1:250:b7ff:fe14:365a
pc1 1D IN A6 0 fec0::1:250:b9ff:fe00:12e   1D IN AAAA
fec0::1:250:b9ff:fe00:12e
pc1 1D IN A6 0 fec0:0:0:1::1 1D IN AAAA fec0:0:0:1::1
$INCLUDE "/var/named/master/Ksecv6.your.domain.+003+27034.key"
```

Para os arquivos de configuração em /var/named/master, **Hotmaster** corresponde ao endereço de emails do administrador, onde o primeiro ponto (dot) substitui o sinal at (@) por causa de restrições de sintaxe. Além isto, o primeiro número para a estrutura **IN SOA** no começo da lista 2 é o o numero serial convencionalmente expresso como YYYYMMDDNN, onde NN é um número incremental de cada vez que a zona DNS é atualizada. Agora, vamos discutir como gerar a chave da zona (Key zone). O diretório de trabalho para este próximo passo é importante porque as chaves ficam localizadas neste. Nós sugerimos colocar as chaves em **/var/named/master**. Os seguintes comandos geram uma chave 768-bit DAS para a zona:

```
% dnssec-keygen -a DSA -b 768 -n ZONE secv6.your.domain
```

Por default, todas as chaves de zona possuem uma chave privativa disponíveis que são usadas na geração de assinaturas. As chaves devem estar no diretório de trabalhando ou incluídas no arquivo de zonas. O seguinte comando assina a zona **secv6.your.domain**, assumindo que este esta em um arquivo chamado **/var/named/master/secv6.your.domain**:

```
% dnssec-signzone -o secv6.your.domain  secv6.your.domain
```

Um arquivo de saída é produto: **/var/named/master/secv6.your.domain.signed**. Este arquivo deve estar referenciado pelo **/etc/named.conf** como o arquivo de entrada para a zona.

Os arquivos de configuração que permanecerem são **localhost.zone** (Lista 3), **localhost.rev** (Lista 4), **secv6.rev** (Lista 5) e o **secv6.int** (Lista 6). A diferença entre os arquivos "reverse lookup zone" **secv6.ver** e o **secv6.int** é que um pode ser especificado usando strings A6 (o que não precisa ser reversed no **secv6.ver**) e o outro com reverse formato de endereços AAAA em **secv6.int**. Por exemplo, **ping6** pode ser referenciado somente para domínio **secv6.int** porque este não suporta o formato A6.

Lista 3. /var/named/master/localhost.zone

```
// localhost.zone  Allows for local communications
// using the loopback interface
$TTL 86400
$ORIGIN localhost.
@ 1D IN SOA @ root (
42 ; serial (d. adams)
3H ; refresh
15M ; retry
1W ; expire
1D ) ; minimum
1D IN NS @
1D IN A 127.0.0.1
```

Lista 4. /var/named/master/localhost.rev

```
// localhost.rev  Defines reverse DNS lookup on
// loopback interface
$TTL 86400
$ORIGIN 0.0.127.in-addr.arpa.
@ IN SOA 0.0.127.in-addr.arpa. hostmaster.secv6.your.domain. (
42 ; Serial number (d. adams)
3H ; Refresh
15M ; Retry
1W ; Expire
1D ) ; Minimum
NS ns.secv6.your.domain.
MX 10 noah.ip6.your.domain.
PTR localhost.
```

Lista 5. /var/named/master/secv6.rev

```
// secv6.rev  Defines reverse lookup for secv6
// domain in A6 format
$TTL 86400
$ORIGIN secv6.arpa.
@ IN SOA secv6.arpa. hostmaster.secv6.your.domain. (
2002011442 ; Serial number (yyyymmdd-num)
3H ; Refresh
15M ; Retry
1W ; Expire
1D ) ; Minimum
NS ns.secv6.your.domain.
MX 10 noah.your.domain.
; fec0:0:0:1::/64
$ORIGIN [xfec0000000000001/64].secv6.arpa.
[x0250b7fffe1435d0/64] 1D IN PTR pc2.secv6.your.domain.
[x0250b9fffe000131/64] 1D IN PTR pc3.secv6.your.domain.
[x0250b7fffe143617/64] 1D IN PTR pc6.secv6.your.domain.
[x0250b7fffe1435c4/64] 1D IN PTR pc4.secv6.your.domain.
[x0250b7fffe14361b/64] 1D IN PTR pc5.secv6.your.domain.
[x0250b7fffe14365a/64] 1D IN PTR pc7.secv6.your.domain.
[x0250b9fffe00012e/64] 1D IN PTR pc1.secv6.your.domain.
```

Lista 6. /var/named/master/secv6.int

```
// secv6.int  Defines reverse lookup for secv6
// domain in AAA format
$TTL 86400
$ORIGIN secv6.int.
@ IN SOA secv6.int. hostmaster.secv6.your.domain. (
2002011442 ; Serial number (yyyymmdd-num)
3H ; Refresh
15M ; Retry
1W ; Expire
1D ) ; Minimum
NS ns.secv6.your.domain.
MX 10 noah.your.domain.
; fec0:0:0:1::/64
$ORIGIN 1.0.0.0.0.0.0.0.0.0.0.0.0.0.0.0.c.e.f.secv6.int.
0.d.5.3.4.1.e.f.f.f.7.b.0.5.2.0 IN PTR pc2.secv6.your.domain.
e.2.1.0.0.0.e.f.f.f.9.b.0.5.2.0 IN PTR pc1.secv6.your.domain.
1.0.0.0.0.0.0.0.0.0.0.0.0.0.0.0 IN PTR pc1.secv6.your.domain.
1.3.1.0.0.0.e.f.f.f.9.b.0.5.2.0 IN PTR pc3.secv6.your.domain.
```

```
7.1.6.3.4.1.e.f.f.f.7.b.0.5.2.0 IN PTR pc6.secv6.your.domain.
4.c.5.3.4.1.e.f.f.f.7.b.0.5.2.0 IN PTR pc4.secv6.your.domain.
b.1.6.3.4.1.e.f.f.f.7.b.0.5.2.0 IN PTR pc5.secv6.your.domain.
```

Iniciando o Daemon DNS

Uma vez que a instalação e a configuração estejam completas, você está pronto para inicializar o daemon DNS no computador **pc2**. O **Named** usa **/etc/named.conf** por default, embora você possa especificar um arquivo de configuração diferente com a opção **–c**. Dependendo da maneira da sua instalação, execute:

```
% /usr/local/sbin/named
```

Um passo de configuração adicional que é necessário para os computadores dentro da rede IPv6: atualize o arquivo **/etc/resolv.conf** (Lista 7) para conter o endereço IP dos servidores DNS. Isto é importante para que o endereço IP esteja incluso e não o nome dos servidores de DNS, isto porque este arquivo é aonde o sistema procura pelos endereçosdo DNS. Em outras palavras, se você especificar o nome do servidor do DNS neste arquivo, como o sistema saberia qual é o endereço IP correspondente ao nome do servidor DNS ?

Lista 7. /etc/resolv.conf nas estações Client

```
# To enable secv6 domain, start named on pc2
# and use this file as /etc/resolv.conf
search secv6.your.domain
nameserver fec0::1:250:b7ff:fe14:35d0
```

Testando a Configuração IPv6

Nós usamos dois métodos simples para testar a configuração (setup). A primeira verifica que os endereços A6 estão habilidados num servidor DNS, enquanto o segundo método verifica se os endereços AAAA são atentidos e suportados pelo servidor DNS. Os testes foram executados no computador **pc2**. Para o primeiro exemplo, utilizamos o utilitário **dig** (DNS lookup) para executar um lookup no domínio **secv6** no formato A6 (Lista 8). Então executamos um lookup no formato AAAA (Lista). Em ambos os casos, nós não especificamos um endereço para look up (busca), além do uso do 0.0.0.0.

Lista 8. Consulta DNS Tipo A6

```
% dig 0.0.0.0 secv6.your.domain a6
; <<>> DiG 9.1.0 <<>> 0.0.0.0 secv6.your.domain A6
[...]
;secv6.your.domain. IN A6
;; ANSWER SECTION:
secv6.your.domain. 86400 IN A6 0 fec0::1:250:b7ff:fe14:35d0
;; AUTHORITY SECTION:
secv6.your.domain. 86400 IN NS ns.secv6.your.domain.
;; ADDITIONAL SECTION:
ns.secv6.your.domain. 86400 IN A6 0 fec0::1:250:b7ff:fe14:35d0
ns.secv6.your.domain. 86400 IN AAAA fec0::1:250:b7ff:fe14:35d0
```

Lista 9. Consulta DNS do tipo AAAA

```
% dig 0.0.0.0 secv6.your.domain aaaa
; <<>> DiG 9.1.0 <<>> 0.0.0.0 secv6.your.domain AAAA
[...]
;secv6.your.domain. IN AAAA
;; ANSWER SECTION:
secv6.your.domain. 86400 IN AAAA fec0::1:250:b7ff:fe14:35d0
;; AUTHORITY SECTION:
secv6.your.domain. 86400 IN NS ns.secv6.your.domain.
;; ADDITIONAL SECTION:
ns.secv6.your.domain. 86400 IN A6 0 fec0::1:250:b7ff:fe14:35d0
ns.secv6.your.domain. 86400 IN AAAA fec0::1:250:b7ff:fe14:35d0
```

Para nosso segundo teste, nós incluímos exemplos de conexões SSH. Primeiro, usando um endereço IPv6 então um nome de servidor no formato IPv6.

Exemplo de Aplicação Servidor Usando IPv6

Em nossa rede IPv6, nós apresentamos duas aplicações em servidores: Apache como servidor Web e VideoLan para envio de vídeo streaming. Para testar a resolução de nomes IPv6 quando assistindo/recebendo ao vídeo, um usuário numa estação client (**pc5**) acessa o servidor the vídeo-streaming no computador **pc3**. O servidor de vídeo no computaor **pc3** (fec0::1:250:b7ff:fe14:5768), e a estação de vídeo está no computador **pc5** fec0::1:250:b7ff:fe50:7c). Veja abaixo uma parte do trace (log) dos pacotes que registramos com o **tcpdump**:

```
% tcpdump ip6    # only trace IPv6 traffic, must be run as root or setuid root
[snip...]
02:09:26.716040 fec0::1:250:b7ff:fe14:5768.32769 > fec0::1:250:b7ff:fe50:7c.1234: udp 1316
02:09:26.735805 fec0::1:250:b7ff:fe14:5768.32769 > fec0::1:250:b7ff:fe50:7c.1234: udp 1316
02:09:26.735971 fec0::1:250:b7ff:fe14:5768.32769 > fec0::1:250:b7ff:fe50:7c.1234: udp 1316
02:09:26.736082 fec0::1:250:b7ff:fe14:5768.32769 > fec0::1:250:b7ff:fe50:7c.1234: udp 1316
02:09:26.755810 fec0::1:250:b7ff:fe14:5768.32769 > fec0::1:250:b7ff:fe50:7c.1234: udp 1316
02:09:26.755935 fec0::1:250:b7ff:fe14:5768.32769 > fec0::1:250:b7ff:fe50:7c.1234: udp 1316
02:09:26.775787 fec0::1:250:b7ff:fe14:5768.32769 > fec0::1:250:b7ff:fe50:7c.1234: udp 1316
```

O vídeo foi apresentado de forma perfeita usando uma interface X11 de um servidor Linux servidor. A figura 2 abaixo apresenta esta capitura em stream:

Figura 2. A saída de vídeo em IPv6 V(Stream)

Conclusão

O IPv6 está se tornando uma realidade. Para os próximos anos, nós necessitaremos ser capazes de configurar tanto o ambiente IPv4 quanto IPv6, assim, completaremos a transição. Portanto, vamos iniciar este aprendizado.

Guia Completo do Linux e Software Livre

Configurando o Serviço Network File System no Linux

Quando ouvimos falar de integração de recursos de disco e impressoras entre sistemas operacionais que envolvam o Linux ou Unix, sempre ouvimos falar do Samba. Entretanto, para quem deseja algo mais simples ou aprender como acontece este compartilhamento, este livro vem então esclarecer.

Portanto, este capítulo é para permitir a integração por interesse ou não com outras plataformas. É que como não podemos mudar simplesmente da noite para o dia toda uma cultura Windows, a melhor coisa, por enquanto, é tentarmos obter o máximo de cada plataforma.

Compartilhamento de Diretórios via NFS entre Linux e Windows

Como a integração tem que ser total, nada mais justo do que oferecer, entre as partes, a possibilidade de movimentação de arquivos transparentemente.

É para isto que existe o protocolo NFS. O NFS - Network File System – é um protocolo desenvolvido pela Sun Microsystem que usa IP para permitir um conjunto de computadores acessarem, entre eles, seus sistemas de arquivos, como se eles estivessem localmente.

E ainda, o NFS é um sistema de arquivos compartilhados de uma máquina cliente, montado abaixo de um diretório de uma máquina servidora, podendo ser o Linux ou qualquer outro sistema operacional que ofereça suporte a esse serviço.

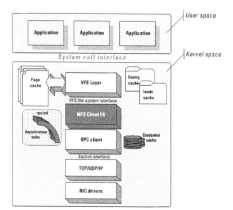

Arquitetura / Diagrama da comunicação RPC entre Client e Servidor NFC

O NFS é um serviço de rede que usa RPC (Chamada de Procedimento Remoto), e que permite o compartilhamento de arquivos e diretórios. É simples e fácil de configurar, tanto o servidor como o cliente, de uma rede baseada em NFS. O NFS é uma ferramenta poderosa, é a mais usada/indicada para montar uma rede de compartilhamento de arquivos em redes com máquinas Linux. Funciona permitindo as "máquinas" acessar arquivos em máquinas remotas, como se estivesse em um diretório da máquina local. Se o NFS for instalado junto ao NIS - Network Information System (Sistema de informação de Rede), os "usuários" podem acessar qualquer sistema e ainda trabalhar em um único conjunto de arquivos.

Na imagem apresentada acima, o client RPS é a terceira camada desta comunicação no padrão NFS. Este todos os pedidos NFS RPC do client e converte para chamadas de sockets. Há todo um mecanismo de gerenciamento de concorrência, ordem de solicitação, resposta do servidor, etc. A camada mais baixa já trabalha na camada de rede do Linux, utilizando TCP, UDP ou IP.

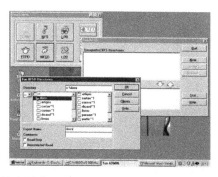

Com o NFS é possível que um diretório do Windows possa ser considerado como do Linux ou vice-versa, entretanto é necessário que se instalem no Windows aplicativos clientes ou servidores desse serviço, por exemplo, o Tun da Esker Software que possui clientes para NFS, FTP, Serviço de Impressão LPD, etc., o qual é utilizado para a finalização desta seção. O site da Esker está em **www.esker.fr**.

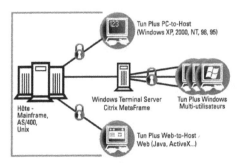

Tun Plus PC-to-Host
(Windows XP, 2000, NT, 98, 95)

Hôte -
Mainframe,
AS/400,
Unix

Windows Terminal Server
Citrix MetaFrame

Tun Plus Windows
Multi-utilisateurs

Tun Plus Web-to-Host /
Web (Java, ActiveX...)

Na figura acima, por exemplo, da família de produtos da Esker, e semelhante aos milhares de softwares de servidor e client para NFS, acessam os recursos compartilhados no padrão NFS.

Apresento ainda uma lista de fornecedores de outros produtos para servir de client ou servidor para uma rede NFS:

- Samba – www.samba.org
- NFSAxe - http://labf.com/nfsaxe/index.html

Como primeiro exemplo, irei colocar (exportar) um diretório da estação Windows para qualquer cliente NFS que queira acessá-lo:

O software Tun da Esker, conforme apresentado acima, permite que eu defina qual diretório será exportado, bem como crie uma política de acesso. Neste exemplo, estou exportando o diretório c:\docs o qual será conhecido pelos clientes NFS como docs.

É necessário configurar um filesystem no Linux que representará esse diretório exportado da estação Windows. Para isto, devo criar um diretório, por exemplo, DirWin, que será um espelho do diretório da estação, assim:

Ao voltar para o aplicativo NFS Servidor da estação Windows, pedindo para atualizar e mostrar-me os acessos realizados, ele apresenta o acesso do IP 10.0.2.15 o qual é o servidor Linux.

Posso navegar tranqüilamente no diretório DirWin, como se ele estivesse no próprio servidor Linux.

Na tela apresentada abaixo, o comando df apresenta todos os filesystems existentes, inclusive o novo criado.

Agora, tentando fazer o sentido contrário, ou seja, fazer com que uma unidade lógica da estação Windows, drive E:, por exemplo, torne-se um diretório do servidor NFS do Linux. Para isto, primeiramente, devo informar ao serviço NFS ativo no Linux, qual(is) diretório(s) deve(m) ser exportado(s).

Devemos criar ou utilizar um diretório já existente no servidor Linux, colocando o seu caminho completo no arquivo /etc/exports. Por exemplo:

```
# mkdir /DirLinux
# cat >> /etc/exports
```

Digite então:

    /DirLinux

Após ter digitado o nome do diretório, teclando CTRL-Z, este conjunto de teclas finalizará a edição do arquivo exports.

Desejando, utilize o comando more para visualizar o conteúdo do arquivo /etc/exports, assim:

Para obter maiores informações, execute o comando de manuais -- man --passando, um por vez, os seguintes parâmetros: nfs, mountd, mount, exports, umount.

Agora, devo informar (mapear) na estação Windows um drive, por exemplo, E:, que venha representar um diretório do servidor Linux. Veja como, por meio do aplicativo NFS da Esker:

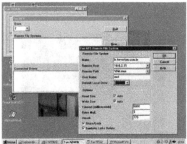

Pronto! A unidade E: da estação Windows corresponde ao diretório /DirLinux do servidor Linux. Que maravilha, não?

Outros serviços úteis para a integração do Windows com o Linux, como, por exemplo, serviço FTP (File Transfer Protocol) -- para a transferência de arquivos --, e leitura das mensagens existentes numa caixa postal do Linux, serviço POP (Post Office Protocol), estão explicados detalhadamente em seus respectivos capítulos deste livro.

Caso a sua distribuição Linux seja da Conectiva, sugiro avaliar no manual as configurações automáticas e as que deverão feitas por você. A Conectiva (www.conectiva.com.br) recomenda as seguintes configurações:

A maneira como o NFS trabalha, rapidamente, podemos dizer que quando dá-se a linha de comando:

```
# mount -t nfs <servidor>:/<caminho_diretório> /<diretório_local> [opções]
```

O servidor irá verificar se a máquina tem permissão para acessar os dados daquele diretório, caso tenha, e isto deve estar especificado no arquivo /etc/exports do servidor, retorna um descritor de arquivos. Quando é acessado o NFS, o kernel envia uma chamada RPC ao servidor nfsd na máquina servidora, nesta são enviados os parâmetros, descritor de arquivos, o nome do arquivo, o identificador de usuário e grupo, usados para controle. As funcionalidades do NFS no Linux são implementadas em nível kernel, o VFS (sistema de arquivo virtual) é integrado no kernel.

Estes pacotes, na maioria das vezes já são instalados por default, mas caso não tenham sido instalados, os pacotes são estes:

Marumbi

```
# rpm -ivh nfs-server-2.2beta29-2.i386.rpm nfs-server-clients-2.2beta29-2.i386.rpm
```

Servidor 3.0

```
# rpm -ivh nfs-server-2.2beta40-1cl.i386.rpm nfs-server-clients-2.2beta40-1cl.i386.rpm
```

Guaraní 3.0

```
# rpm -ivh nfs-server-2.2beta37-2cl.i386.rpm nfs-server-clients-2.2beta37-2cl.i386.rpm
```

Ipanema 4.0

```
# rpm -ivh knfsd-1.4.1-5cl.i386.rpm knfsd-clients-1.4.1-5cl.i386.rpm
```

Servidor 4.2

```
# rpm -ivh knfsd-1.5.1-7cl.i386.rpm knfsd-clients-1.5.1-7cl.i386.rpm
```

Xavante 5.0

```
# rpm -ivh nfs-server-2.2beta47-1cl.i386.rpm
  nfs-utils-0.1.6-3cl.i386.rpm
```

Servidor 5.1

```
# rpm -ivh nfs-server-2.2beta47-1cl.i386.rpm nfs-utils-0.1.8-3cl.i386.rpm
```

Desktop e Servidor 6.0

```
# rpm -ivh nfs-server-2.2beta47-3cl.i386.rpm nfs-utils-0.2-2cl.i386.rpm
```

Ative-o pelo comando:

```
[root@localhost]# ntsysv
```

Ativar, tecle F1 para saber para que serve cada serviço.

```
[X] netfs
[X] network
[X] nfs
[X] nfslock
[X] portmap
```

Pode-se tambem habilitar um por um, é só dar, como root, o comando:

```
# cds
```

e habilitar os serviços

```
./<serviço> start
```

Para configurar o NFS, temos, primeiramente que ter certeza que o Kernel tem suporte a NFS e que os serviços estejam funcionando, nos kernels modernos podemos verificar isto dando o seguinte comando:

```
# cat /proc/filesystems

        ext2
nodev   proc
        iso9660
nodev   devpts
nodev   nfs        <------ Observar a existência deste.
```

Caso não exista, poderá ser necessário recompilar o kernel e habilitar o suporte a NFS. Em kernels mais antigos a maneira mais simples de saber se está habilitado o serviço de NFS é totalmente empírica, tente montar um diretório, se o comando mount não funcionar e apresentar uma mensagem do tipo "tipo de sistema de arquivos nfs não suportado pelo kernel", será necessário compilar e habilitá-lo.

Ex: (como root)

```
# mount localhost:/tmp /mnt
```

Nota: O aparecimento da opção nodev nfs no arquivo /proc/filesystems não é necessariamente obrigatória para indicar que existe suporte a NFS no kernel utilizado. Portanto, o teste acima indicado é necessário para verificação de tal suporte.

Montando um Volume NFS

Para montar volumes NFS, é usado o comando mount com o seguinte formato:

```
# mount -t nfs <máquina_remota>:/<diretório_remoto> /<diretório_local> [opções]
            ^^^^^^^^^^^^^^^^^^^^^^^^^^^^^^^^^^^^^^^^^^^^^^^^^^^
                          Volume NFS
```

Cabe notar que os parâmetros "-t nfs" não são necessários, pois por ser a notação própria do sistema de arquivos NFS, ele interpreta por default. Existem opções adicionais que podem ser especificadas com o comando mount. Elas pode ser informadas depois da opção -o na linha de comando, ou no campo de opções de arquivo /etc/fstab, em ambos casos, as multiplas opções devem ser separadas por vírgulas. Tenha-se em conta que as opções dadas na linha de comando tem precedencia pelas opções dadas no arquivo /etc/fstab.

Exemplo de entrada do arquivo /etc/fstab:

Volume NFS	Diretório Local	Tipo	Opções	Verifica a partição
192.168.255.220:/wb	/wb	nfs	soft,bg,nosuid	0 0
192.168.255.2:/d	/d	nfs	noauto,soft,bg	0 0
192.168.255.122:/home	/home	nfs	soft,bg,nosuid,nolock	0 0
192.168.255.122:/faq	/faq	nfs	soft,bg,nosuid	0 0
192.168.255.122:/faq-es	/es	nfs	soft,bg,nosuid	0 0
192.168.255.122:/suporte	/suporte	nfs	soft,bg,nosuid	0 0

OPÇÕES

rsize=n   O número de bytes que NFS usará ao ler arquivos de um servidor
           NFS. O valor padrão depende do kernel e normalmente é de 1.024
           bytes (ainda que a velocidade de acesso cresça
           substancialmente ao se informar rsize=8192).

wsize=n   O número de bytes que NFS usará ao gravar arquivos em um
           servidor NFS. O valor padrão depende do kernel e normalmente é
           de 1.024 bytes (ainda que a velocidade de acesso cresça
           substancialmente ao se informar wsize=8192).

timeo=n   O número de décimos de segundo antes de enviar a primeira
           retransmissão após findo o tempo de espera de uma RPC. O valor
           padrão é de 7 décimos de segundo. Após a primeira espera, o
           tempo é dobrado após cada espera sem respostas, até um máximo de
           60 segundos ou um número máximo de retransmissões ser atingido.
           Então, caso o sistema de arquivos esteja montado com a opção
           hard, cada novo tempo de espera começa com o dobro do tempo da
           anterior, novamente dobrando a cada retransmissão. O tempo
           máximo de espera é sempre de 60 segundos. Uma melhor
           performance pode ser atingida ao se incrementar o tempo de
           espera, quando se está montando sistemas sobre uma rede com
           muito tráfego, utilizando-se servidores lentos ou usando o
```
```

sistema através de diversos roteadores e gateways.

retrans=n   O número de tempo limite e retransmissões que devem ocorrer antes que um alarme de tempo de resposta seja acionado. O padrão é de 3 ocorrências. Quando um alarme de tempo de espera maior ocorre, a operação é interrompida ou uma mensagem de "servidor não está respondendo" é apresentada na console.

acregmin=n O tempo mínimo em segundos que os atributos de um arquivo normal devem estar em memória cache antes de solicitar novas informações para o servidor. O padrão é de 3 segundos.

acregmax=n O tempo máximo em segundos que os atributos de um arquivo normal devem estar em memória cache antes de solicitar novas informações para o servidor. O padrão é de 60 segundos.

acdirmin=n O tempo mínimo em segundos que os atributos de um diretório devem estar em memória cache antes de solicitar novas informações para o servidor. O padrão é de 30 segundos.

acdirmax=n O tempo máximo em segundos que os atributos de um diretório devem estar em memória cache antes de solicitar novas informações para o servidor. O padrão é de 60 segundos.

actimeo=n   Utilizando-se actimeo, os parâmetros acregmin, acregmax, acdirmin, e acdirmax recebem o mesmo valor. Não há valor padrão.

retry=n   O número de minutos na tentativa de executar operações de montagem NFS em primeiro ou segundo plano antes de desistir definitivamente. O valor padrão é de 10.000 minutos, o que é quase uma semana.

namlen=n   Quando um servidor NFS não suporta a versão 2 do protocolo de montagem RPC, esta opção pode ser usada para especificar o tamanho máximo do nome de arquivos que é suportado pelo sistema de arquivos remoto. Esta opção é usada para suportar as funções pathconf do POSIX. O padrão é de 255 caracteres.

port=n   O número da porta para conexão no servidor NFS. Caso esta porta seja igual a 0 (o padrão), então será perguntado ao programa mapeador de portas do servidor, qual o número a ser usado. Caso o servidor NFS não esteja registrado no programa mapeador, a porta padrão NFS 2039 será usada.

mountport=n O número da porta de mountd.

mounthost=nome O nome do servidor executando mountd.

mountprog=n Número de programa RPC alternativo para contatar o servidor mount no servidor remoto. Esta opção é útil para servidores que podem rodar múltiplos servidores NFS. O valor padrão é 100.005, o qual é o padrão para o número do servidor mount.

mountvers=n Versão alternativa do RPC usado para contatar o servidor mount no servidor remoto. Esta opção é útil para servidores que podem executar múltiplos servidores NFS. O valor padrão é versão 1.

nfsprog=n   Número alternativo do programa RPC usado para contatar o servidor NFS no servidor remoto. Esta opção é útil para servidores que podem executar múltiplos servidores NFS. O valor padrão é 100.003 para o número do servidor NFS.

nfsvers=n   Versão alternativa do RPC usado para contatar o servidor NFS no

	servidor remoto. Esta opção é útil para servidores que podem executar múltiplos servidores NFS. O valor padrão é versão 2.
bg	Caso a primeira tentativa de montagem NFS não ocorra dentro do tempo de espera definido, tenta a montagem em segundo plano. Após a transferência para segundo plano da operação de montagem, todas as tentativas subseqüentes no mesmo servidor NFS serão transferidas para segundo plano automaticamente, sem a primeira tentativa de montagem em primeiro plano. Um ponto de montagem não encontrado é tratado como a ultrapassagem do tempo de espera, para permitir montagens NFS encadeadas.
fg	Caso a primeira tentativa de montagem ultrapasse o tempo de espera, tenta novamente a montagem, porém em primeiro plano. Isso complementa a opção bg, e o comportamento padrão.
soft	Caso uma operação NFS ultrapasse o tempo de espera, então relata um erro de E/S a o programa que a acionou. O padrão é continuar tentando a operação indefinidamente.
hard	Caso uma operação NFS ultrapasse o tempo de espera, então apresenta a mensagem "servidor não responde" na console e continua indefinidamente. Este é o padrão.
intr	Se uma operação NFS ultrapassar o tempo de espera e estiver montada com a opção hard, permite o envio de sinais de interrupção da operação e provoca um retorno EINTR para o programa de origem. O padrão é não permitir que as operações sejam interrompidas.
posix	Monta o sistema de arquivos usando a semântica POSIX. Isso permite que um sistema de arquivos NFS suporte adequadamente o comando POSIX pathconf através da solicitação de informações ao servidor sobre o tamanho máximo de um nome de arquivo. Para fazer isso, o servidor remoto deve suportar a versão 2 do protocolo de montagem RPC. Muitos servidores NFS suportam somente a versão 1.
nocto	Suprime a recuperação de novos atributos na criação de um arquivo.
noac	Desabilita inteiramente o cache de atributos. Esta forma de trabalho penaliza a performance de um servidor, mas permite que dois diferentes clientes NFS tenham resultados razoáveis ao utilizar ativamente um sistema de arquivos comum para gravação no servidor.
tcp	Monta o sistema de arquivos usando o protocolo TCP ao invés do protocolo padrão UDP. Muitos servidores NFS suportam somente UDP.
udp	Monta o sistema de arquivos NFS usando o protocolo UDP. Este é o padrão.

Manipulação do Arquivo exports

O arquivo exports é o arquivo que contém os diretórios que serão exportados pelo servidor para a(s) máquina(s) remota(s) da rede; pois por default o mount não permite que ninguém acesse seus diretórios, assim, aqueles diretórios que se desejam exportar, tem que estar relacionados no arquivo: /etc/exports

Exemplo de arquivo exports:

```
Volume a ser          Máquina(s) remota(s)(opção(ões))
 exportado

/tmp/sol              192.168.255.202(rw,no_root_squash)
/home/bugs            192.168.255.14(rw,no_root_squash)
/home/slowly          192.168.255.13(rw,no_root_squash)
/home/skippy          192.168.255.102(rw,no_root_squash)
/usr                  *.conectiva(ro,no_root_squash)
/mnt                  administrador(rw) cliente(rw)
```

Cada vez que seja necessário acrescentar algum diretório, máquina ou alguma modificação for feita no /etc/exports, é necessário "restartar" o serviço de nfs do servidor para que as mudanças tenham efeito, para fazer isto faça, no servidor e como root:

```
# cds

# ./nfsd restart
```

OPÇÕES

```
insecure     Permite o acesso não autenticado a partir desta máquina.

unix-rpm     Requer autenticação RPC (domínio UNIX) para esta máquina. Isto é
             requerido somente para as requisições originadas a partir de uma
             porta reservada Internet (isto é, portas com números menor que
             1024). Esta opção está ativa por padrão.

secure-rpc   Requer autenticação segura RPC para esta máquina. Isto ainda não
             foi implementado. Veja a documentação da Sun em ``Secure RPC''.

kerberos     Requer autenticação Kerberos para acesso desta máquina. Isto
             ainda não está implementado. Veja a documentação do MIT sobre
             sistemas de autenticação Kerberos.

root_squash  Esta é uma característica de segurança que proíbe que o
             superusuário dos servidores especificados tenha qualquer direito
             de acesso especial a partir de sua identificação igual a 0 no
             cliente, que será alterada no servidor para 65534 (-2). Esta
             identificação deve ser associada ao usuário nobody.

no_root_squash Não mapeia requisições do usuário com identificação 0. Esta
             opção é ativada por padrão.

ro           Monta hierarquicamente os arquivos, somente para leitura. Esta
             opção é usada por padrão.

rw           Monta hierarquicamente os arquivos, com autorizações para
             leitura e gravação.

link_relativa Converte ligações simbólicas absolutas (onde a ligação começa
             com uma barra) em ligações relativas colocando os prefixos ../
             que sejam necessários para obter a rota do diretório que contém
             a ligação para a raiz no servidor. Esta opção somente faz
             sentido quanto é montado um sistema de arquivos completo de uma
             máquina, onde algumas ligações podem apontar para arquivos
             inválidos, ou pior, para arquivos que nunca deveriam ser
             apontados. Esta opção é usada por padrão.

link_absolute Deixa todas as ligações simbólicas inalteradas (é a opção
             normal dos servidores NFS da Sun).

map_identity A opção map_identity indica ao servidor para assumir que o
```

cliente usa as mesmas identificações de usuário e grupos que o
servidor. Esta opção é usada por padrão.

map_daemon   Esta opção avisa o servidor NFS para assumir que o cliente e o
servidor não compartilham a mesma identificação de usuários e
grupos. O servidor nfsd irá então construir uma lista da
identificação de mapas entre cliente e servidor, através da
chamada ao servidor ugidd na máquina cliente.

Para montar um servidor NFS para outras máquinas, antes de nada, deve ser executado o programa nfsd e o servidor mountd nas
máquinas locais e no servidor, ainda no servidor, certifique-se que o 'portmap' tenha sido inicializado.

Integração Simples entre Linux e Windows via TCP/IP

Utilizando o protocolo TCP/IP como o facilitador dessa integração, apresento abaixo as propriedades desse protocolo na estação
Windows:

Como no servidor Linux, foi definido para a estação um endereço IP fixo.

Na propriedade DNS do protocolo, configura-se a
identificação descritiva do PC dentro da rede TCP/IP.
Para realizar um primeiro teste, verificando se a
conexão física está perfeita, basta executar o
comando ping numa janela MS-DOS, como mostra
a tela abaixo:

Portanto, a resposta do servidor Linux (10.0.2.15) foi positiva.

Vamos testar agora a conexão no sentido contrário, ou seja, o servidor Linux pingando a estação Windows:

Pronto! Os dois já se entendem. O TCP/IP veio para ficar.

Where do you want to go tomorrow?

O Windows Emulando uma Sessão Linux

Existem vários aplicativos que se utilizam do protocolo TCP/IP para emular e acessar os servidores UNIX ou Linux. Um deles é o que segue juntamente com o pacote TCP/IP do Windows.

Para executá-lo, basta digitar numa sessão MS-DOS o comando `telnet` e o endereço IP do servidor desejado, neste caso, 10.0.2.15:

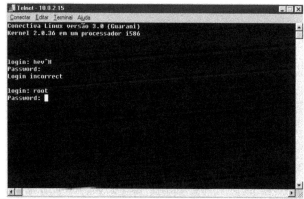

Pronto! O usuário da estação do Windows pode criar várias sessões no servidor Linux.

Acessando Páginas WEB no Linux

Veja que maravilha. Como o tipo de instalação Servidor do Linux já inicializa automaticamente vários serviços, inclusive o httpd, o qual é responsável por responder aos pedidos de páginas Web, bastou que no browser instalado na estação Windows fosse apontado para o endereço IP do servidor Linux -- 10.0.2.15 --, para que ele desse sinal de vida:

Portanto, um projeto e uma estrutura de intranet já estão prontos para você. E o melhor, com o servidor Apache que é um dos mais confiáveis.

Ao estudar com mais detalhe a documentação do servidor Apache, que está disponível na página acima, você será capaz de criar e configurar suas próprias páginas Web.

> Subseção Dicas Rápidas
> Sites Interessantes para continuar o aprendizado sobre NFS:
> http://www.lowth.com/LinWiz/nfs_help.html
> http://nfs.sourceforge.net/
> http://www.linux.org/docs/ldp/howto/NFS-HOWTO/

Guia Completo do Linux e Software Livre

Configurando um Servidor DHCP (Dynamic Host Configuration Protocol)

O TCP/IP trouxe aos usuários muitos benefícios, entretanto, para usufruirmos estes benefícios de qualidade, eficiência e produtividade, exige-se trabalho no entendimento destes benefícios, torna-se necessário que estudemos os requisitos para que alcancemos estes benefícios. O Dynamic Host Configuration Protocol (DHCP) é um dos membros desta família TCP/IP, resta-nos então, entender os requisitos deste protocolo para que possamos usufruir os benefícios que este pode nos proporcionar.
Vale lembrar que algumas distribuições Linux já disponibilização de forma fácil e automática a instalação do DHCP, o que já facilitaria seu dia-a-dia e algumas das tarefas abaixo apresentadas não precisariam ser configuradas. Portanto, identifique isto e veja a partir de qual ponto você deverá iniciar sua configuração do DHCP.

Conceituando o DHCP (Dynamic Host Configuration Protocol)

O Dynamic Host Configuration Protocol (DHCP) é um protocolo de reede que envia informações de configuração de rede para computadores (e outros dispositivos) em uma rede. Este permite que um administrador de sistemas gerencie uma faixa de endereços IP de uma localização central para manter os parâmetros de rede para todos a partir do mesmo ponto central.

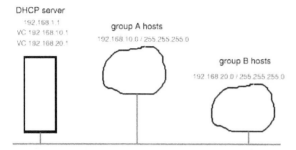

Figura com Topologia exemplo de rede e subnet com DHCP

O DHCP é um padrão Internet, publicado como RFC 2131. Implementações existem para diferentes plataformas, cobrindo clientes e servidores. Como protocolo padrão, não há necessidade de executar a mesma implementação em clientes e servidores. Um cliente Linux interagirá perfeitamente com, por exemplo, um servidor DHCP da Microsoft, e clientes Windows poderá obter suas configurações a partir de um sistema Linux que estejam com o daemon (serviço) DHCP.

Contudo, segue uma lista de benefícios do servidor DHCP Linux contra o DHCP de um servidor Windows:

- Evitar a duplicação de Endereço: o daemon Linux DHCPD sempre "pinga" o endereço, o que garante que o endereço já não esteja em uso, enquanto o Microsoft DHCP simplesmente libera este em seu banco de dados de uso, o que de vez em quando resultava em endereços duplicados na rede.
- Sistema contra falha DHCP: o DHCPD no Linux suporta o protocolo DHCP Failover, que permite que dois servidores gerenciem juntamente o escopo de um único DHCP. Tarefa esta não implementada pelo Windows.
- Registro DNS: o servidor DHCP no Linux pode registrar nomes de servidores com DNS. Esta tarefa em Windows é feita no client.
- Expressões: no Linux, é possível a utilização de expressões para determinar dinamicamente o valor para uma opção a ser enviada para um cliente. Em ambiente Microsoft é enviado sempre valores estáticos.
- Grupos e classes de clientes: no arquivo de configuração de um servidor DHCP em Linux você pode criar grupos e classes dentro do escopo DHCP, e especiciar opções ou parâmetros para um grupo ou classe. Na versão Microsoft, você pode especificar somente opções por escopo ou por cliente.

Instalação DHCP

Como citado antes, em algumas distribuições o DHCP já vem instalado, ou distribuído a partir de pacotes, comuns nos CDs de instalação da Conectiva, RedHat ou Mandrake Linux, por exemplo.

Uma vez já feito a cópia ou download do pacote, execute o seguinte:

```
# rpm -ivh dhcpd-version.rpm dhclient-version.rpm
```

Configuração DHCP

Agora, iremos configurar o arquivo chamado **dhcpd.conf**. o caminho (path) do arquivo é **/etc/dhcpd.conf**, quando no Linux, obviamente.

Veja um exemplo deste arquivo logo abaixo:

```
--------------------início do arquivo dhcpd.conf----------------------

# option definitions common to all supported networks...

options          domain-name-servers      192.168.1.2        ,        ns2.enderunix.com        ;
options                         domain-name                          "enderunix.net";
default-lease-time                                                    6000;
max-lease-time 72000;

#options definations for one subnet

subnet          192.168.1.0                    255.255.255.0                    {

  range                          192.168.1.20                    192.168.1.200;
  options       domain-name-servers      192.168.1.2        ,      ns2.enderunix.com        ;
  options                      domain-name                       "enderunix.com";
  options            routers              192.168.1.254                    ;
  options            broadcast-address                          192.168.1.255
  default-lease-time                                             600;
   max-lease-time                                                7200;
   }

host                        freefall                                    {
hardware                    ethernet                    08:00:07:26:c0:a5;
fixed-address                                            "192.168.1.10";
}

-------------------final do arquivo dhpcd.conf------------------------
```

Vamos entender um pouco destes parâmetros:

- **subnet 192.168.1.0 255.255.255.0**:   a subnet (subrede) e a máscara de subrede que o dhcpd atenderá
- **range 192.168.1.20 192.168.1.200;**   faixa de endereços IPs para os clientes
- options domain-name-servers 192.168.1.2 , ns2.enderunix.com: define o servidor de domínio
- options domain-name "enderunix.com" :   define o nome do domínio
- **options routers 192.168.1.1 :**   define o gateway padrão para os clientes
- options broadcast-address 192.168.1.255:   define broadcast para clients
- **default-lease-time TIME:**   TIME deve ser dado em segundos que serão aguardados para a reserva; é que se um pedido de um cliente não perguntar pelo tempo específico de espirar.
- **max-lease-time TIME;** TIME deve ser o tempo máximo em segundos de reserva da solicação, é que se um pedido de um cliente não liberar neste tempo a reserva do endereço.

Agora, a parte código aberto:

```
host                        freefall                                    {
hardware                    ethernet                    08:00:07:26:c0:a5;
fixed-address                                            192.168.1.10;
}
```

    Você pode designar endereços IP estáticos para alguns clientes. Acima nós designamos o endereço IP 192.168.1.10 para o computador que tenha o endereço MAC 08:00:07:26:c0:a5;
    Como você pode ver, os endereços IPs freefall estão fora da faixa, e o domínio freefallé enderunix.net não enderunix.com (isto porque o nome de domínio geral é enderunix.net).

Executando o DHCP

Antes de executar o **DHCPD** certifique-se que o arquivo **/var/db/dhcpd.leases** existe, caso contrário, crie o mesmo:
touch /var/db/dhcpd.leases

O arquivo dhcpd.leases contém informações de endereços IP reservados. Para executar dhcpd, faça como administrador do sistema (root):

dhcpd dhcp_ethernet_interface

Quando você fizer alterações no arquivo chcpd.conf deve-se finalizar e reiniciar o daemon dhcpd.

kill -HUP dhcpd_pid

Configurando as estações clientes para o DHCP

No Linux, especialmente Red Hat e Mandrake, você deve escrever a seguinte linha no arquivo **/etc/sysconfig/network-scripts/ifcfg-eth0**:

BOOTPROTO=dhcp

Em todos os sitemas Unix e derivações você pode executar manualmente o comando **dhcpclient** para obter um IP:

dhclient fxp0 (troque **fxp0** pelo nome de sua placa de rede)

Para o ambiente Windows, conforme a tela apresentada abaixo, deve-se configurar da seguinte forma:
- Configurações
  - o Paínel de Controle
    - ▪ Network –
      - • TCP/IP
        - o Obter endereço IP automaticamente

Inicializando a configuração do Servidor Linux DHCP

Para permitir que a execução seja executada e montada, adicione o seguinte valor no arquivo **/etc/rc.d/rc.local**:

/usr/sbin/dhcpd eth0 –q

Lembre-se de trocar eth0 pelo o nome do dispositivo associado de sua placa de rede (ethernet).

Como última dica facilitar o seu dia-a-dia na administração de um servidor DHCP, avalie ferramentas para gerenciar e configurar este serviço. Por exemplo, o webmin (**http://www.webmin.com/**) , conforme tela abaixo, permite uma fácil configuração das subnet:

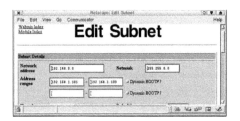

Bem como a configuração e associação das interfaces de rede:

Network Interfaces

Webmin Index
Module Index

Interfaces Active Now

Name	Type	IP Address	Netmask	Status
eth0	Ethernet	192.168.1.1	255.255.0.0	Up
eth0:1	Ethernet (Virtual)	192.168.10.1	255.255.255.0	Up
eth0:2	Ethernet (Virtual)	192.168.20.1	255.255.255.0	Up
lo	Loopback	127.0.0.1	255.0.0.0	Up

Add a new interface

Capítulo 1. Entendendo o Samba

O Samba é uma ferramenta extremamente útil para os profissionais que tenham tanto Windows como o Unix, incluindo Linux, em suas redes de computadores. Quando rodado em sistemas Unix, o Samba permite que usuários Windows compartilhem arquivos e impressoras do sistema Unix, e também, que os usuários Unix acessem os recursos compartilhados dos sistemas Windows.

Embora possa parecer natural usar o servidor Windows para compartilhar arquivos e impressoras existentes nos clientes Windows, há boas razões em preferir um servidor Samba para esta tarefa.

O Samba é um software seguro que roda sobre sistemas operacionais Unix seguros, proporcionando assim poucos problemas e um baixo custo de manutenção. O Samba também oferece melhor performance, ganhando em situações extremas até do Windows 2000 Server. E ainda, se a demanda exigir mais clientes acessando o servidor, o Samba pode ser instalado em um mainframe Unix, ficando assim, ilimitado sua administração. E como isto tudo possa não ser o suficiente, o Samba tem uma grande vantagem: é totalmente de graça. E sem exigir também custo de licença para as estações clientes, o que é facilmente compartilhado para sistemas como Linux e FreeBSD.

Após esta leitura, você pode concluir: Samba é usado por grandes corporações com milhares de usuários em suas redes corporativas. Você está certo. E não somente para grandes corporações, mas de todos os tipos e tamanhos. Em último caso, a ferramenta Wmware é usada para executar o Windows sobre um mesmo computador, com o Samba permitindo que dois sistemas operacionais compartilhem arquivos.

Este capítulo foi desenvolvido usando o Linux rodando Vmware e Windows 2000, com o Adobe FrameMaker rodando sobre o Windows, enquanto os arquivos foram compartilhados pelo servidor Samba do filesystem Linux.

Agora que espero ter aberto seu apetite tecnológico ? Vamos iniciar a Sambar, quer dizer, conhecer esta maravilhosa ferramenta.

O quê é o Samba ?

O Samba é um "suite" de aplicações Unix que utiliza o protocolo Server Message Block (SMB) em determinada rede. O sistema operacional Microsoft Windows e o OS/2 utilizam o SMB para o processo de compartilhamento de recursos client-server, incluindo o serviço de impressão. Por dar suporte a este protocolo, o Samba habilita que computadores com o Unix estejam sempre em ação, comunicando-se numa determinada rede como se fosse um próprio sistema Windows ou OS/2. Um servidor Samba oferece os seguintes serviços:

- Compartilha uma ou mais árvores de diretório;
- Compartilhe uma ou mais árvore de FileSystem distribuída (Dfs);
- Compartilha impressoras instaladas em servidores para as estações de trabalho Windows existentes em rede;
- Permite que os clientes compartilhem informações de recursos e da rede;
- Autenticação de início de sessão (logins) contra domínios Windows;
- Fornece e dá suporte ao serviço de resolução de publicação de nomes de servidores (Windows Internet Name Service - WINS) .

O Samba também disponibiliza ferramentas clientes que permitem que usuários do Unix acessem diretórios e impressoras que tanto o servidor Samba e o Windows estejam disponibilizando na rede.

O Samba nasceu a partir do projeto de Andrew Tridgell, o qual atualmente lidera o time de desenvolvimento do Samba. Ele iniciou o projeto em 1991, enquanto trabalhava com o software Pathworks, da Digital Equipment Corporation (DEC). Este software criado para conexão entre computadores DEC VAX, o que era constantemente feita por empresas. Sem saber inicialmente da importância de seu projeto, Andrew acabou por criar um programa servidor de arquivos que foi parte do Pathworks. Protocolo este que se tornou o SMB. Alguns anos depois, após algumas customizações, Andrew começou a distribuir este como um produto na Internet com o nome de "Servidor SMB". Não podendo manter este nome, pois este já era de propriedade de outros, então, ele tentou o seguinte método para encontrar um novo nome:

```
$ grep -i '^s.*m.*b' /usr/dict/words
```

A resposta ao comando acima foi:

```
salmonberry
samba
sawtimber
scramble
```

Assim, então, nasceu o nome "Samba". E nós brasileiros pensando que era uma homenagem ao nosso estilo musical !?!

Atualmente, o Samba está presente como alguns "Unix daemons" que são responsáveis por prover o serviço de compartilhamento para os clientes SMB em determinada rede. São estes:

smbd

Este é um "daemon" que permite o compartilhamento de arquivos e impressoras, e prover ainda o serviço de autenticação e autorização aos clientes SMB.

nmbd

Este é um "daemon" que dá suporte aos serviços NetBIOS e WINS, o qual é uma implementação do NetBIOS Name Server (NBNS) da Microsoft.

O Samba é atualmente mantido e recebe atualizações por um grupo de voluntários, o qual tem a supervisão de Andrew Tridgell. Como o sistema operacional Linux, o Samba é uma distribuição de software livre (http://opensource.org) pelos seus autores, e é reconhecido como GNU General Public License (GPL).

Desde o princípio, o desenvolvimento do Samba tem sido patrocinado pela Universidade Nacional da Austrália, aonde Andrew Tridgell obteve seu Ph.D. Desde então, muitas outras organizações têm apoiado os desenvolvedores Samba, inclusive LinuxCare, VA Linux Systems, Hewlett-Packard, e IBM.

O quê o Samba pode fazer por sua empresa ?

Como explicado anteriormente, o Samba pode ajudar computadores Windows e Unix coexistirem igualmente numa mesma rede. Entretanto, há algumas razões específicas para que você utilize um servidor Samba em sua rede:

- Você não quer pagar por, ou simplesmente não pode, por um servidor Windows com todos os seus recursos.
- As licenças por Cliente da rede que a Microsoft exige para cada acesso ao servidor são inadequadas ao custo.
- Você quer disponibilizar uma área comum para dados ou diretórios de usuários para trânsito entre servidores Unix e Windows, e vice-versa.
- Você quer ter impressoras compartilhadas entre estações de trabalho Unix e Windows.
- Você quer dar suporte a grupo de usuários que trabalham tanto com sistemas Unix quanto Windows.
- Você quer integrar o serviço de autenticação Windows e Unix, mantendo assim um banco de dados único de contas para ambos os sistemas.
- Você quer redes Unix, Windows, Macintosh (OS X), e outros sistemas operacionais comunicando-se através de um único protocolo.

Para ficar mais fácil a visualização, vamos dar uma olhada no Samba em ação. Vamos assumir que a nossa rede tem a seguinte configuração: um sistema unix com o Samba, o qual recebeu o nome de **toltec**; a rede conta com um par de clientes Windows, os quais têm o nome de **maya** e **aztec**, todos conectados via rede LAN. Vamos assumir que toltec também tem uma impressora de jato de tinta, chamada de **lp**, e o seu disco compartilhado, **spirit**. Estes dois recursos – lp e spirit – podem estar disponíveis outros computadores. A **figura 1-1** apresenta este modelo de rede:

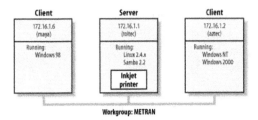

Figura 1-1. Diagrama de uma rede com o servidor Samba

Nesta rede, cada computador listado compartilham o mesmo workgroup. Um workgroup é como uma etiqueta que identifica um grupo de computadores e seus respectivos recursos numa rede SMB. Vários workgroups podem estar na mesma rede, mas para este exemplo, teremos apenas um: o workgroup **METRAN**.

Compartilhando o Serviço de Disco

Se todo o ambiente estiver devidamente configurado, nós seremos capazes de acessar o servidor Samba, **toltec**, através de toda a rede, inclusive no client, **maya**. De fato, a Figura 1-2 mostra o ambiente de rede do computador maya, incluindo toltec e cada computador que pertença ao workgroup Metran. Note que o "Entire Network Icon" no topo da lista. Como mencionado, mais do que um workgroup pode estar numa rede SMB. Se o usuário clicar no icone "Entire Network Icon", este verá a lista completa de workgroups atualmente existente em sua rede:

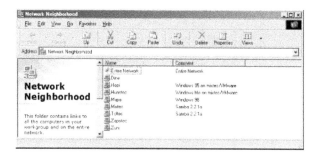

Figura 1-2. Diretório da Rede compartilhada

Para aprofundar mais a visualização dos recursos, bastar dar um duplo-click no servidor **toltec**. Será apresentada a lista de recursos compartilhados – arquivos, pastas e impressoras. Neste caso, uma impressora chamada **lp**, um diretório chamado **jay**, e um disco compartilhado chamado **spirit** estão no servidor, como mostrado na figura 1-3. Note que a janela Windows mostra o nome do servidor de várias formas. Tudo isto graças ao Samba, pois permite que o Windows 98, neste caso, veja o servidor Unix como um folder de recursos na sua rede.

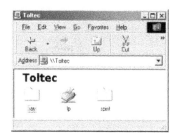

Figura 1-3. Compartilhamentos disponíveis no servidor Toltec vistos apartir da estação maya

Um dos recursos famosos do ambiente Windows é a capacidade de permitir o mapeamento de drives de disco, (como E:, G:, ou X:), para compartilhar diretórios da rede usando o Windows Explorer. Feito isto, suas aplicações podem acessar as pastas da rede através de drives mapeados em seu computador. Você poderá armazenar dados, isntalar e executar programas a partir destes drives, bem como definir proteção de senha para outros usuários. A Figura 1-4 mostra um exemplo de como fazer este mapeamento:

Figura 1-4. Mapeamento de um drive da Rede para um Drive em ambiente Windows

Note no campo PATH da Figua 1-4. Uma maneira equivalente de representar o diretório em um computador da rede é utilizando duas barras (\\ - backslashes), seguidas pelo nome do computador da rede, mais uma barra invertida, e o nome do diretório compartilhado do computador, assim:

\\network-computer\directory

Este padrão é conhecido como *"Universal Naming Convention (UNC)"* no ambiente Windows. Por exemplo, a Figura 1-4 representa o diretório de rede do servidor **toltec**, como:

\\toltec\spirit

Isto parece familiar para você ? Se sim, você pode estar pensando no *"uniform resource locators (URLs)"*, que são os endereços acessados pelos navegadores da Web.

Uma vez um drive esteja configurado e mapeado, o Windows e seus aplicativos acessam-no como se este estivesse no próprio computador. A Figura 1-5 apresenta a lista de drives de rede como deve aparecer numa estação cliente Windows 98. Note que há um caminho citado para o drive J:. Este está indicando que é um drive de rede, e não local como os demais.

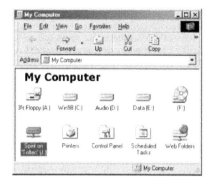

Figura 1-5. O Diretório de rede mapeado para um drive J: local

O recurso "My Network Places" existente no Windows Me, 2000, e XP, trabalham de forma diferente do ambiente de Rede, ou "Network Neighborhood". É necessário clicar em alguns icones a mais, mas é possível se obter a lista do servidor toltec, como mostrado na figura 1-6. Configurar o mapeamento de drive usando a opção "Map Network Drive" do Windows 2000 é similar às versões anteriores do Windows.

Figura 1-6. Compartilhamentos Disponíveis no servidor Toltec

Compartilhando uma Impressora

Você deve ter notado na Figura 1-3 que a impressora **lp** apareceu como um recurso disponível no servidor **toltec**. Isto indica que o servidor Unix ou Linux tem uma impressa que pode ser compartilhada para vários clientes SMB pertencentes ao workgroup. Uma vez o pedido de impressão tenha sido feito, a fila de impressão (spooler) será normalmente administrado pelo servidor.

Configurar o Samba para que gerencie o compartilhamento de impressoras é tão simples quanto para drives de diretórios de arquivos. A tarefa é semelhante a feita normalmente em ambiente Windows para instalar uma impressora de Rede, pois a impressora com o Samba será apresentada como idêntica a este ambiente. No ambiente Windows 98, dê duplo-click no icones de Impressoras existente no Painel de Controle, o qual apresentará uma imagem semelhante a figura 1-7. Note que aparecem impressoras locais e os caminhos da rede para aquelas que estejam remotas.

Figura 1-7. Uma impressora está disponível em Toltec

Acessando as Impressoras compartilhadas a partir do Unix e Linux

Como mencionado anteriormente, o Samba é executado no Unix ou Linux como um conjunto de programas residentes (daemons). Estes podem ser visualizados através do comando **ps**. Você pode ler qualquer mensage gerada por estes através dos arquivos de debug e log (syslog), se assim tiver sido configurado. Esta configuração é feita no Samba Configuration file: **smb.conf**.

Além disto, se você desejar saber o que estes daemons estão fazendo, o Samba disponibiliza um programa chamado **smbstatus** que irá resumir isto, da seguinte maneira:

```
# smbstatus
Processing section "[homes]"
Processing section "[printers]"
Processing section "[spirit]"

Samba version 2.2.6
Service    uid    gid    pid    machine
-----------------------------------------
spirit     jay    jay    7735   maya    (172.16.1.6) Sun Aug 12 12:17:14 2002
spirit     jay    jay    7779   aztec   (172.16.1.2) Sun Aug 12 12:49:11 2002
jay        jay    jay    7735   maya    (172.16.1.6) Sun Aug 12 12:56:19 2002

Locked files:
Pid    DenyMode    R/W        Oplock    Name
-----------------------------------------------
```

```
7735    DENY_WRITE RDONLY      NONE       /u/RegClean.exe   Sun Aug 12 13:01:22 2002

Share mode memory usage (bytes):
  1048368(99%) free + 136(0%) used + 72(0%) overhead = 1048576(100%) total
```

O status do Samba da saída apresentada acima fornece três conjuntos de informações, cada uma dividida em seções separadas. A primeira seção informa quais sistemas estão conectados ao servidor Samba, identificando cada estação cliente pelo nome (**maya** e **aztec**) e o endereço IP. A segunda seção informa o nome e o status dos arquivos que estão atualmente em uso no servidor compartilhado, incluindo as permissões de leitura e gravação, ou locks em determinado arquivo. Finalmente, o Samba informa o montante de memória atualmente em uso.

Agora, se você achar conveniente e necessitar, sugerimos leitura mais avançada dos protocolos SMB e NETBIOS, além de se aprofundar na conceituação e prática de Windows Workgroups e Domains.

Novidades do Samba Versão 2.2

Na versão 2.2, o Samba disponibilizou mais recursos avançados para as redes Windows, incluindo recursos fundamentais para atuar como um domínio Windows NT. Além disto, o Samba 2.2 disponibiliza suporte a algumas tecnologias lançadas a partir do Windows 2000, exceto pelo recurso Active Directory que estaria disponibilizado somente no Samba 3.0. Destacamos as principais novidades:

Tecnologia ou Recurso	Descrição
PDC Support para Clientes Windows 2000/XP	O Samba poderia atuar como o PDC (Primary domain Controller) para autenticar na rede de sistemas Windows 95/98/ME e NT. Este recurso foi aprimorado para dar suporte também para o Windows 2000 e XP. Isto possibilita a não necessidade de compra licenças adicionais de uso na rede Microsoft.
Microsoft DFs Support	O Microsft DFS permite o compartilhamento de recursos que estão dispersos entre vários servidores de uma rede, mas sendo apresentados aos usuários como estivessem em apenas um servidor. Facilida o browsing de recursos de redes e a sua fácil localização.
Suporte ao serviço de Impressão Windows NT/2000/XP	O Windows NT/2000/XP tem uma interface diferente

	(RPC) versões anteriores do ambiente. E no Samba 2.2 já suporta esta modalidade. E ainda, permite o download automático do driver de impressora enquanto esta está sendo adicionado na estação da rede.
Suporte para Ferramentas de Administração de Estações de Trabalho (Clients)	O Windows disponibiliza softwares que podem ser usados a partir de um client para gerenciar removamente os recursos de um servidor Windows. Esta versão do Samba já aceita estes software para executar esta tarefa.
Integração com Winbind	Winbind é uma facilidade que permite aos usuários com informações de login, que estão disponíveis armazenas no Windows Domain Database, a autenticar contra um servidor Unix. O resultado é um processo unificado de login. Facilitando assim a vida dos administradores de rede, e sem necessidade de sincronização.
Extensão CIFS UNIX	As extensões CIFS UNIX foram desenvolvidas pela Hewlett-Packard and introduzida na versão 2.2.4 do Samba. Estes permitem que os servidores Samba dar suporte aos atributes de filesystem Unix, como links e permissões.

Novidades do Samba Versão 3.0

A principal característica do Samba 3.0 é a que inclui suporte ao serviço de autenticação Kerberos 5 e LDAP, os quais são requeridos para atuar numa rede como clientes num Active Directory Domain. Outra caracterísitca que surge é o suporte ao Unicode, o qual facilita enormemente o trabalho em vários idiomas do software.

O quê virá nas próximas versões ? O time de desenvolvedores do Samba promete suporte a replicação Wins, permitindo assim que o Samba atue como um servidor secundário WINS ou como um servidor primário, ou ainda, como a Windows NT BDC.

Há limites para o Samba ?

Na tabela abaixo é apresentado resumidamente o quê o Samba pode fazer até a versão atual, e quais são os seus limites. Esta tabela resume quais papéis o Samba pode e não pode fazer enquanto atuando como Windows NT, Active Directory Domain ou um Windows Workgroup. Muitos dos protocolos que trabalham no Windows Domain são proprietários e não foram disponibilizados ou documentados pela Microsoft, e somente após várias pesquisas e até reengenharia-reversa é que o time de desenvolvedores do Samba consegue disponibilizar um novo recurso. Como na versão 3.0, o Samba não pode atuar como um backup em muitas tarefas e não dá suporte ainda ao Active Directory.

Recursos do Samba (Version 3.0)

Recurso ou Tecnologia	Atende ?
File server	Sim
Printer server	Sim
Microsoft Dfs server	Sim
Primary domain controller	Sim
Backup domain controller	Não
Active Directory domain controller	Não

Windows 95/98/Me authentication	Sim
Windows NT/2000/XP authentication	Sim
Local master browser	Sim
Local backup browser	Sim
Domain master browser	Sim
Primary WINS server	Sim
Secondary WINS server	Não

A Distribuição do Samba

      Como mencionado, o Samba atualmente contém vários programas que atendem diferentes serviços e propósitos. Estes programas são documentos mais detalhadamente no site oficial do Samba – www.samba.org. Montamos uma lista resumida de cada um e como estes se interagem. A maioria destes programas atuam com dois principais daemons, conforme explicado antes:

Daemon / Programa	Descrição
nmbd	O daemon nmbd é um simples servidor de nomes que atende a funcionalidade WINS. Este daemon "escuta" os pedidos de name-server, e depois disponiliza o endereço IP apropriado. Isto permite que executemos a navegação de recursos da rede.
smbd	Este daemon gerencia os recursos compartilhados entre o servidor Samba e seus Clients. Este disponibiliza arquivos, impressão, e servidores de browsing ao servidos para os clients SMB em uma ou mais redes, permitindo também a notificação entre estes. Além disto, este daemon é o responsável pela a autenticação dos usuários, locking de recursos, e compartilhamento de dados dentro do ambiente SMB.
winbindd	Este daemon é usado em apoio ao serviço de nomeação para obter informação de usuários e grupos de um servidor Windows NT e permitir que o Samba autoriza usuários a compartilhar recursos.
findsmb	Comando disponibilizado que procura na rede local por computadores que utilizam o protocolo SMB, apresentando então um resumo.
make_smbcodepage	Comando disponibilizado para conversões em padrões internacionais, e conjunto de caracteres.
make_unicodemap	Comando disponibilizado usado para compilar arquivo de mapeamento Unicode para tradução de conjunto de caracteres.
net	Novo programa disponibilizado com o Samba 3.0 que pode ser usado para executar administração remota de servidores.
nmblookup	Programa que fornece o recurso "NBT name lookups" para encontrar endereços de IP de computadores a partir do nome do mesmo.
pdbedit	Programa novo no Samba 3.0 que é útil pra gerenciar contas de usuários que estejam armazenadas em banco de dados no formato SAM.
rpcclient	Programa que pode ser usado para executar funções MS-RPC em estações clients Windows
smbcacls	Programa que é usado para definir ou apresentar os ACLS existentes em filesystems Windows NT.
smbclient	Um client FTP para Unix que pode ser usado para

	cnoectar a recursos SMB e operar seus comandos.
smbcontrol	Utilitário de administração simples que envia mensagens nmbd ou smbd.
smbgroupedit	Comando que define o mapeamento de grupos entre o Windows NT e Unix. Recurso novo na 3.0
smbmnt	Um utilitário de ajuda para ser usado com o smbmount.
smbmount	Programa que monta um filesystem smbfs, permitindo compartilhar recursos no servidor Samba.
smbpasswd	Programa que permite que um administrar altere as senhas usadas pelo Samba.
smbsh	Ferramente que funciona como um "shell" de linha de comando para permitir ao acesso remoto a um filesystem SMB.
smbspool	Programa de gerenciamento da fila de impressão usado para enviar dados para impressoras remotas que estejam na rede SMB.
smbstatus	Programa que apresenta as conexões atuais de rede e compartilhadas pelo Samba.
smbtar	Programa similiar ao comando existente no Unix para fazer backup de recursos do Samba.
smbumount	Programa que trabalha em conjunto como smbmount para desmontar um filesystem smbfs.
testparm	Programa simples para testar e verificar o arquivo de configurações do Samba.
testprns	Programa que teste se as impressoras no servidor Samba estão sendo reconhecidas pelo daemon smbd.
wbinfo	Utilitário usado para consultar o daemon winbindd

Ponto de Partida do Samba

Tanto o código fonte quanto as versões para instalação do Samba estão disponíveis em vários sites na Internet. O Site principal é www.samba.org. A partir deste site, pode-se selecionar o mais próximo do seu país ou cidade, bem como dicas importantes.

Preparando a Instalação do Samba no Linux

Vamos parar um pouco de teoria e vamos botar a "mão na massa" ? Agora que já sabemos o quê o Samba pode fazer em nosso benefício, é hora de configurá-lo em nosso própria rede. O primeiro passo para aprender o Samba, é a instalação, e não literalmente uma "roda de samba".
Como o processo de instalação não sofreu muitas alterações, esta se dará na versão 2.2.6 do Samba em um ambiente Linux versão 2.4 do Kernel.

Samba Pronto para Uso

O Samba tem se tornado tão popular que algumas versões de Unix já vêm com ele pronto para instalação. E, obviamente, você nem precisará se preocupar com a instalação. Isto pode ser descoberto com o seu fornecedor de sistema operacional. A única recomendação é tentar como está a configuração inicial do Samba, as quais se encontram no arquivo **smb.conf**. A localização deste pode alterar de distribuição para distribuição, mas por exemplo, no Red Hat, Debian e Mandrake, este arquivo e outros estarão no diretório **/etc/samba**.
Caso o Samba já esteja instalado no seu servidor, pode-se verificar a sua versão pelo comando:

```
$ smbd -V
        Version 2.2.6
```

(Se este procedimento não funcionar, é que talvez o smbd não esteja definido no seu ambiente. Use os comantos locate, find ou whereis para localizar este programa executável.)

E também, você pode verificar a instalação pela ferramenta de instalação e desinstalação de software no seu sistema operacional. Por exemplo, na distribuição Linux da Red Hat, use o comando **rpm** para consultar os pacotes de software do Samba, assim:

```
$ rpm -qa | grep samba
samba-client-2.0.8-1.7.1
samba-2.0.8-1.7.1
samba-common-2.0.8-1.7.1
```

O resultado apresentado no exemplo foi o Samba 2.0.8, dividido em três pacotes, embutido no Red Hat 7.1.

Entretanto, se você estiver certo de que quer realmente instalar uma nova versão, basta realizar a desinstalação prévia da versão existente do Samba, assim se estiver usando o Red Hat Linux:

```
# rpm -e samba
```

```
# rpm -e samba-client
```

```
# rpm -e samba-common
```

É de extrema importância que aversão do Samba que será obtida, seja compatível com o Kernel do seu sistema Linux ou Unix. Recomendamos que obtenha a versão do Samba já compilada e específica para o seu sistema Linux, se for o caso.

Uma instalação típica do Samba consumirá provavelmente uma hora, incluindo o tempo de download dos arquivos fontes, compilação, configuração de arquivos básicos, e realizando alguns testes. Resumindo:

1. Realizar o Download dos arquivos fontes e compilados.
2. Leitura da documentação de Instalação.
3. Configuração do makefile.
4. Compilação dos programas utilitários e servidor.
5. Instalação dos arquivos do Servidor.
6. Criação do "Samba configuration file".
7. Testar o arquivo de configuração.
8. Dar partida aos serviços do "Samba daemons".
9. Testar a ativação dos "Samba daemons".

Download do software Samba

Se você prefere realizar o download da última versão do Samba, a site principal conforme mencionado é www.samba.org. Ao entrar neste site, há vários sites "espelhos" (cópias) ao redor do mundo, escolha o que desejar. Para uma melhor performance, escolha o mais próximo de sua cidade. E com mais tempo, volte sempre a este site para buscar suporte, documentação, dicas, afinidades, etc...

Para executar os procedimentos abaixo, você deve estar logado no sistema como o administrador do sistema (root).

Uma vez escolhida a versão fonte (source) do Samba, você obterá um arquivo de nome:

        samba-latest.tar.gz

Este arquivo está no formato **tar** e compactado com o programa gratuito **gzip**. Para descompactá-lo, grave este arquivo no diretório aonde desejar manter o fonte. Já estando neste diretório, execute o seguinte comando:

```
$ tar xvfz samba-latest.tar.gz
```

Caso o seu sistema não disponha do programa tar, utilize:

```
$ gunzip samba-latest.tar.gz
```

```
$ tar xvf samba-latest.tar
```

Tendo executado com sucesso a descompactação dos arquivos, execute com atenção os próximos passos:

```
$ configure; make; make install
```

No diretório no qual você executou este comando, foi disponibilizado um arquivo WHATSNEW.txt. Este contém as novidades sobre a versão instalada. Se você estiver apenas atualizando, note pelas correções, bugs e dicas.

Com os pacotes e fontes "baixados" da Internet, você encontrará documentos de boa leitura no diretório **docs**, numa variedade de formatos. Atente para o arquivo:

```
docs/htmldocs/UNIX_INSTALL.html
```

Este contém as instruções oficiais de instalação do Samba em sistemas Unix. Veja também na medida do possível os seguintes diretórios:

docs/faq
Arquivos de Samba Frequently Asked Questions (FAQ).
docs/htmldocs
Vários documentos em formato HTML
docs/textdocs
Documentação em formato texto.
docs/manpages
São as páginas de manuais que já serão instaladas no processo, seguindo assim, o padrão de manuais on-line do Unix.

Configuração Inicial do Samba no Linux

comando:

O Samba automaticamente possui algumas pré-configurações antes da compilação. Isto reduz o risco de alguma incompatibilidade relativo a determinado tipo de computador.

A distribuição fonte do Samba 2.2 inicialmente não tem um makefile. Este é gerado pelo script **configure**, o qual está localizado no diretório **samba-2.2.x/source**. Este script é o responsável por esta adaptação a determinda máquina.

Quando o script configure é executado, este apresenta como está o seu andamento através de mensagens. Para não existir a possibilidade de perdermos alguma mensagem de erro que possa aparecer, use o comando **mor e** também, assim:

```
# ./configure | more
```

O script configure pode ser executado sem nenhum parâmetro. Estes parâmetros são específicos de acordo com seu grau de conhecimento e necessidade, por exemplo:

```
# ./configure --with-winbind
```

Neste caso, o makefile do Samba terá suporte às autenticações winbind. Para acessar a lista completa de parâmetros, execute:

```
#  ./configure –help
```

Cada parâmetro habilita ou desabilidade configurações. Para este momento, vamos nos ater a apenas três destes:

--with-msdfs

Este inclui suporte ao Microsoft Distrbuited Filesystem (DFs), o qual permite recursos de rede dispersos, mas apresentados como recursos centralizados.

--with-smbwrapper

Inclui suporte ao "SMB wrapper", o qual permite que programas rodando em servidores Unix acessem pastas ou diretórios SMB compartilhadas, como se estes fossem filesystems Unix.

--with-smbmount

Inclui suporte ao smbmount, o qual permite que diretórios compartilhados SMB sejam montados sobre filesystems Unix.

Cada opção ou parâmetro está desabilitada por default, e nenhuma delas é essencial ao Samba. Entretanto, você pode querer incluir estas na sua configuração. A tabela abaixo apresenta alguns parâmetros que você pode passar para o script **configure**, desde que você queira armazenar a distribuição do Samba em diferentes partes ou partições.

Opção / Parâmetro	Significado / Função	Valor Default
--prefix=*directory*	Instalação dos arquivos não dependentes da arquitetura no diretório definido.	/usr/local/samba
--eprefix=*directory*	Instalação dos arquivos dependentes da arquitetura no diretório definido.	/usr/local/samba
--bindir=*directory*	Instalação dos executáveis de usuário no diretório definido.	eprefix/bin
--sbindir=*directory*	Instalação dos executáveis de administração no diretório definido.	eprefix/bin
--libexecdir=*directory*	Instalar os programas executáveis no diretório definido.	eprefix/libexec
--datadir=*directory*	Instalação dos dados de somente leitura e não dependentes de arquitetura no diretório definido.	prefix/share
--libdir=*directory*	Instalação das bibliotecas de programa no diretório definido.	eprefix/lib
--includedir=*directory*	Instalação das bibliotecas (package-include) no diretório definido.	prefix/include
--infodir=*directory*	Instalação de arquivos de Informações adicionais no diretório definido.	prefix/info
--mandir=*directory*	Instalação das páginas de páginas de manual on-line no diretório definido.	prefix/man

Abaixo é apresentado um exemplo de execução do script configure, o qual criou o "Samba 2.2.6 makefile) para a plataforma Linux.

```
$  cd samba-2.2.6/source/
$  su
Password:
#  ./configure --with-smbwrapper --with-smbmount \
--with-msdfs --with-syslog --with-utmp 2>&1 | tee config.my.log
loading cache ./config.cache
checking for gcc... (cached) gcc
checking whether the C compiler (gcc -O ) works... yes
checking whether the C compiler (gcc -O ) is a cross-compiler... no
checking whether we are using GNU C... (cached) yes
checking whether gcc accepts -g... (cached) yes
checking for a BSD-compatible install... (cached) /usr/bin/install -c
```

```
...(etc... etc... )...

checking configure summary
configure OK
creating ./config.status
creating include/stamp-h
creating Makefile
creating include/config.h
```

Em geral, qualquer mensagem do script configure que não se inicia com palavras **checking** ou **creating** é um erro. Estes erros ficam registrados no arquivo **config.log**.

Se a configuração ocorreu conforme o esperado, será apresentado um resumo seguido de "configure OK", e mais quatro ou cinco mensagens de novos arquivos.

Compilação e Instalação do Samba

O próximo passo é contruir os executáveis do Samba a partir da compilação dos fontes. Tarefa esta bem simples. No diretório **source**, digite **make** na linha de comando. O utilitário **make** irá produzir uma lista de mensagens de êxito, começando com:
```
    Use   FLAGS = -O -Iinclude ...
```

Este processo prepara tanto o **smbd** quanto o **nmbd**, finalizando-se numa ligação de arquivo para **bin/nmblookup**. Abaixo apresentamos o resultado do comando make para a versão Samba 2.2 em um servidor Linux:

```
# make 2>&1 | tee make.log
Using FLAGS =   -O  -Iinclude -I./include -I./ubiqx -I./smbwrapper -D_LARGEFILE64
_SOURCE -D_FILE_OFFSET_BITS=64 -D_GNU_SOURCE  -DLOGFILEBASE="/usr/local/samba/va
r" -DCONFIGFILE="/usr/local/samba/lib/smb.conf" -DLMHOSTSFILE="/usr/local/samba/
lib/lmhosts"   -DSWATDIR="/usr/local/samba/swat" -DSBINDIR="/usr/local/samba/bin
" -DLOCKDIR="/usr/local/samba/var/locks" -DCODEPAGEDIR="/usr/local/samba/lib/cod
epages" -DDRIVERFILE="/usr/local/samba/lib/printers.def" -DBINDIR="/usr/local/sa
mba/bin"  -DHAVE_INCLUDES_H -DPASSWD_PROGRAM="/bin/passwd" -DSMB_PASSWD_FILE="/u
sr/local/samba/private/smbpasswd" -DTDB_PASSWD_FILE="/usr/local/samba/private/sm
bpasswd.tdb"
Using FLAGS32 =   -O  -Iinclude -I./include -I./ubiqx -I./smbwrapper -D_LARGEFILE
64_SOURCE -D_FILE_OFFSET_BITS=64 -D_GNU_SOURCE  -DLOGFILEBASE="/usr/local/samba/
var" -DCONFIGFILE="/usr/local/samba/lib/smb.conf" -DLMHOSTSFILE="/usr/local/samb
a/lib/lmhosts"   -DSWATDIR="/usr/local/samba/swat" -DSBINDIR="/usr/local/samba/b
in" -DLOCKDIR="/usr/local/samba/var/locks" -DCODEPAGEDIR="/usr/local/samba/lib/c
odepages" -DDRIVERFILE="/usr/local/samba/lib/printers.def" -DBINDIR="/usr/local/
samba/bin"  -DHAVE_INCLUDES_H -DPASSWD_PROGRAM="/bin/passwd" -DSMB_PASSWD_FILE="
/usr/local/samba/private/smbpasswd" -DTDB_PASSWD_FILE="/usr/local/samba/private/
smbpasswd.tdb"
Using LIBS = -ldl -lnsl -lpam
Compiling smbd/server.c
Compiling smbd/files.c
Compiling smbd/chgpasswd.c
Compiling smbd/connection.c
Compiling smbd/utmp.c
Compiling smbd/session.c
Compiling smbd/dfree.c
Compiling smbd/dir.c

...(etc... etc... etc... omitido)...

Compiling rpc_server/srv_srvsvc.c
Compiling rpc_server/srv_srvsvc_nt.c
Compiling rpc_server/srv_util.c
Compiling rpc_server/srv_wkssvc.c
Compiling rpc_server/srv_wkssvc_nt.c
Compiling rpc_server/srv_pipe.c
```

```
Compiling rpc_server/srv_dfs.c
Compiling rpc_server/srv_dfs_nt.c
Compiling rpc_server/srv_spoolss.c
Compiling rpc_server/srv_spoolss_nt.c
Compiling lib/util_getent.c
Compiling rpc_parse/parse_lsa.c
Compiling rpc_parse/parse_net.c
Compiling rpc_parse/parsen/smbmount
Compiling client/smbmnt.c
Linking bin/smbmnt
Compiling client/smbumount.c
Linking bin/smbumount
Compiling utils/nmblookup.c
Linking bin/nmblookup
```

Caso você encontre algum problema na compilação, em primeiro lugar, verifique a documentação on-line do Samba. Em segunda tentativa, veja se este problema já não se encontra reportado no site oficial do Samba.

Uma vez que a compilação tenha sido completada, basta executar a instalação o comando abaixo:

make install

Caso você esteja executando uma atualização de uma versão prévia do Samba, os arquivos anteriores serão automaticamente salvos com a extensão **.old**. Os quais poderão ser recuperados para a versão anterior, bastando executar o comando **make revert**. É aconselhável que esses arquivos da versão anterior sejam enviados para outra pasta. Pois a cada nova versão do samba, você poderá perdero controle de qual versão era a anterior.

Quando o Samba é instalado com as configurações default de localização dos arquivos, os novos arquivos serão instalados conforme segue a tabela abaixo:

Diretórios Default de Instalação do Samba

Diretório / Pasta	Descrição
/usr/local/samba	Raíz dos arquivos do Samba
/usr/local/samba/bin	Binários
/usr/local/samba/lib	smb.conf, lmhosts, arquivos de configuração, etc.
/usr/local/samba/man	Documentação do Samba
/usr/local/samba/private	Arquivo de senhas do Samba
/usr/local/samba/swat	Arquivos do SWAT
/usr/local/samba/var	Arquivos de log do Samba, arquivos locados de acesso, browse list info, arquivos de memória compartilhada, Arquivos de processos

Se a última mensagem a ser apresentada refere-se ao SWAT, pode comemorar, a instalação dos arquivos foi um sucesso. O Samba está oficialmente instalado no seu Linux.

Atualizando a sua Versão do Samba

Eventualmente a cada nova versão do Samba disponibilizada no site oficial, logicamente, você poderá realizar a atualização com a maior tranquilidade. Basta executar os mesmos procedimentos que foram feitos para a primeira instalação. Faça o download da distribuição, faça a instalação, então execute os comandos **./configure, make**, e o **make install** como feito anteriormente. Caso você tenha esquecido quais opções de parâmetros foram utilizadas com o script **configure**, basta consultar o arquivo **source/config.status** existente no fonte de sua versão anterior. Esta informação estará nas primeiras linhas deste arquivo. Feito isto, para tornar efeito sua atualização, basta reiniciar os "daemons" do Samba, manualmente ou reinicializando o sistema.

Reconfigurando o Samba pré-instalado

Se você já tem o Samba compilado e deseja recompilá-lo, utilizando o mesmo código-fonte (source), mas com parâmetros diferentes no comando **configure**, basta executar os três comandos abaixo no diretório do código fonte. Isto antes de executar o comando **configure**:

> \# autoconf
>
> \# make clean
>
> \# rm config.cache

Estes comandos garantem que que dados ou "sujeiras" possam corromper os novos executáveis. Feito isto, pode-se executar o comando **./configure**, depois o **make** e por último, o **make install**.

SWAT – The Samba Web Administration Tool

A SWAT – Ferramenta de Administração do Samba via Web – roda como um daemon sob os daemons **inetd** e **xinetd**, permitindo assim que um editor, baseado em forms do seu navegador, realize a manutenção e administração do arquivo de configurações do Samba. Para que o SWAT funcione, algumas alterações devem ser feitas nos arquivos de configuração **/etc/services** e **/etc/inetd.conf** (ou **/etc/xinetd.d/swat**). Para realizar esta alteração, siga os procedimentos abaixo:

1. Verifique o arquivo /etc/inetd.conf, e veja se este contém a linha abaixo, caso contrário, adicione esta no final deste arquivo:

```
swat     901/tcp
```

2. Agora, para o **inetd** ou **xinetd**. Estes são considerados os "Internet super daemons" que tomam conta dos daemons solicitados, ao invés de mantê-los sem uso e consumindo memória. Muitos sistemas usam o **inetd**, mas o **xinetd** é também usado em algumas versões do Unix, incluindo o Red Hat Linux (versão 7 e superior). Utilize o comando **ps** para verificar se estão ativos na memória.

3. Para o inetd, adicione uma linha no arquivo **/etc/inetd.conf**:

```
swat    stream  tcp nowait  root  /usr/local/samba/bin/swat   swat
```

4. Para forçar ao **inetd** que atualize suas alterações em memória, devemos enviar uma ordem de SIGHUP (hangup). Procedimento padrão no mundo Unix.

```
# /bin/kill -HUP -a inetd
```

5. Se o seu sistema Linux está usando o daemon **xinet**, adicione um arquivo chamado **swat** no diretório **/etc/xinetd.d**, contendo o seguinte:

```
# description: swat is the Samba Web Administration Tool, which
#       allows an administrator to configure Samba using a web
#       browser interface, with the URL http://localhost:901
service swat.
{
        socket_type             = stream
        wait                    = no
        protocol                = tcp
        only_from               = localhost
        user                    = root
        log_on_failure          += USERID
        server                  = /usr/local/samba/bin/swat
        port                    = 901
        disable                 = no
}
```

6. Para forçar ao **xinetd** que atualize suas alterações em memória, devemos enviar uma ordem de SIGHUP (hangup). Procedimento padrão no mundo Unix.

```
# /bin/kill -HUP -a xinetd
```

O SWAT está pronto. Entretanto, antes der iniciar sua execução, você necessita criar um arquivo de configuração para o próprio SWAT.

O Arquivo de Configuração do Samba

A chave de configurar o Samba é configurar o arquivo: **smb.conf**. E este processo de configuração pode ser muito simples, ou até, extremamente complexo, vai depender de suas necessidades na rede. Para este livro, vamos configurar apenas um serviço de arquivos, o qual permitirá que você ative os daemons do Samba, e acompanhar a sua perfeita execução. O processo de instalação do Samba não cria automaticamente um arquivo **smb.conf**, contudo, é possível encontrar alguns exemplos deste na sua distribuição do Samba.

Para realizar os testes no servidor, nós uaremos o seguinte arquivo. Utilize um editor de texto da sua escolha para criá-lo. Este deve recebero nome de **smb.conf** e ser gravado no diretório **/usr/local/samba/lib**.

```
[global]
    workgroup = METRAN
[test]
    comment = Para teste somente, por favor
    path = /usr/local/samba/tmp
    read only = no
    guest ok = yes
```

Este resumido arquivo de configuração informa ao servidor Samba para disponibilizar o diretório **/usr/local/samba/tmp**, e este compartilhamento será chamado de **test**. Ainda, o servidor se torna membro do workgroup **METRAN**. Lembre-se que neste momento você já poderia ir configurando a sua rede e as necessidades específicas do seu projeto, para isto, verifique a configuração dos workgroups existentes em sua rede.

Nós utilizaremos o compartilhamento de nome **test** para configurar as estações de trabalho Windows. Para finalizar o processo, basta executar o seguinte comando como administrador do sistema (root):

```
# mkdir /usr/local/samba/tmp
```

```
# chmod 777 /usr/local/samba/tmp
```

Neste momento, você já pode colocar algum conteúdo (arquivos) no diretório compartilhado /usr/local/samba/tmp. Assim, já teremos dados para testar, e ver que o Samba funciona.

Senhas Encripitadas

Se suas estações Windows estivem com Windows 98, Windows NT 4 (service pack 3 ou superior, incluindo Windows 2000 e XP), e ainda esteja usando uma versão anterior ao Samba 3.0, deve-se adicionar a seguinte alteração na seção [global] do arquivo de configurações do Samba:

```
[global]
    encrypt passwords = yes
```

Além disto, você deve usar o programa **smbpasswd**, localizado em **/usr/local/samba/bin/**, para cadastrar as combinações de usuário e senha para o banco de dados de usuários do Samba. Por exemplo, se você quer permitir que o usuário **jose**, do ambiente Unix, acessar o compartilhamento a partir do client, você necessita deste comando:

```
# smbpasswd -a jose
New SMB password:
Retype new SMB password:
Added user jose
```

Quando o primeiro usuário é adicionado, o programa irá aprsentar uma mensagem informando que o arquivo de senhas não existe. Pode desconsiderar esta mensagem. Lembre-se de usar o programa **smbpasswd** para cada usuário de client. A partir do Samba 3.0 as senhas já são automaticamente encriptadas, não necessitando assim desta opção no arquivo de configurações.

Usando o SWAT – Samba Web Administratin Tools

A criação de um arquivo de configuração com a interface SWAT é muito mais fácil do que fazer manualmente. Para iniciar o uso, basta acessar o navegador do sistema, e conectar ao endereço web local http://localhost:901, logando-se como administrador (root), conforme apresentado abaixo:

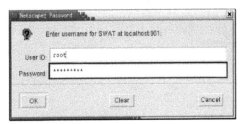

Após o Login realizado, clique no botão GLOBALS localizado no topo da tela. As variáveis globais serão apresentada, conforme a tela a seguir:

Neste exemplo, note que o SWAT carregou o nome do Workgroup que você mesmo criou no arquivo **smb.conf**. Se você estiver usando o Samba 2.2, e suas estações client são ao menos Windows 98, Windows NT SP 3 ou superior, veja se a opção **encrypt passwords** na seção **Security Options** está setada como **yes**.

A única outra opção que você precisa alterar no menu é a que determina qual sistema na rede resolverar os endereços NETBIOS; este sistema é conhecido como servidor WINS. No rodapé da tela, defina o valor **yes** para o campo **wins support**, ao menos que você já tenha um servidor WINS na sua rede. Se for o caso, basta colocar o **endereço IP** do servidor WINS no campo **wins server**. Feito isto, basta clicar no botão **Commit Changes** localizado no topo da tela, assim, as alterações estarão efetivas no arquivo **smb.conf**.

O próximo passo é clicar no botão SHARES. Uma tela semelhante a apresentada abaixo será exibida. Selecione o compartilhamento **test**, e então, clique no botão **Choose Share**. Será então apresentada uma tela "Share Parameters", a qual tem os comentários e os caminhos editados no arquivo **smb.conf**.

Se você estiver definido que queria usar senhas encripitadas na página GLOBALS, clique então no botão PASSWORD. Próximo ao topo da tela, aparecerá a seção **Server Password Management**. Entre com o seu login e senha no Unix, e clique no botão **Add New User**. Esta função executa a mesma tarefa que fizemos manualmente com o utilitário **smbpasswd** anteriormente.

Agora, clique no botão **VIEW** que está no topo da tela. Neste momento, o SWAT apresenta o seguinte arquivo **smb.conf**:

```
# Samba config file created using SWAT
# from localhost (127.0.0.1)
# Date: 2002/09/05 04:56:43

# Global parameters
        workgroup = METRAN
        encrypt passwords = Yes
        wins support = Yes

[test]
        comment = Para teste somente !
        path = /usr/local/samba/tmp
        read only = No
```

Pronto, a configuração básica e simples está finalizada através do SWAT.

Testando o Arquivo de Configurações

Você poderia não ter usado o SWAT para criar o arquivo de configuração, neste caso, é recomendado que se faça um teste para validar a sua integridade e qualidade. O **testparm** verifica o arquivo **smb.conf** e procura por erros de sintaxe, além dos serviços que estão habilitados no seu servidor.

Configuração do Firewall do ambiente Samba

Como qualquer outro serviço que executa através do protocolo TCP/IP, os serviços de uma rede SMB oferecidos pelo Samba podem ser acessados através da Internet, ao menos que um firewall esteja devidamente configurado e protegendo este caminho. As seguintes portas são usadas pelo Samba para o ambiente de rede SMB e o SWAT:

Port 137
Usado para Navegação na rede NetBIOS
Port 138
Usado pra o serviço de nomeação NetBIOS
Port 139
Usado para comparilhamento de arquivos e impressoras, e outras operações
Port 445
Usado pelo Windows 2000/XP quando o NetBIOS em ambiente TCP/IP está desabilitado
Port 901
Usado pelo SWAT

Portanto, é controlando as demais portas IP, exceto as apresentas acima, que deverão ser administradas com cautela pelo seu especialista de segurança na rede. Existem várias publicações que te auxiliarão nesta tarefa. Mas uma coisa é certa, previna sua rede SMB, caso contrário, a dor de cabeça poderá ser maior no futuro provocada por acessos indevidos.

Iniciando Manualmente os Daemons do Samba

Dois processos Sambas, o **smbd** e **nmbd**, estes necessitam estar em execução para que o Samba funcione adequadamente. Para dar partida manualmente, siga as instruções abaixo, caso contrário, consulte o manual de inicialização de serviços da sua distribuição Linux ou Unix para dar partida automática a cada boot do sistema operacional. Há uma explicação deste processo no anexo do Unix no final deste livro.

Se você estiver apressado, você pode inicializar os daemons Samba manualmente. Bastar estar logado como **root**, e executar os seguintes comandos:

    # /usr/local/samba/bin/smbd -D

    # /usr/local/samba/bin/nmbd -D

Após isto, o Samba estará em execução e já pronto para receber conexões. Atente para que, caso o sistema seja desligado por qualquer motivo, você necessitará reinicializar os daemons novamente. Utilize o comando **ps** verificar isto.

Iniciando Automaticamente os Daemons do Samba

O daemon inetd é "super daemon" Internet de qualquer sistema Unix. Este programa é receber e encaminhar os pedidos das portas configuradas no arquivo **/etc/services**, e depois transferir a execução para o programa responsável por cada porta. Programas estes que estão definidos no arquivo **/etc/inetd.conf**.

Se você optar em permitir que o Samba seja sempre inicializado em tempo de boot do sistema, siga os passos abaixo:

- Edite o arquivo **/etc/services**
- Adicione as duas linhas abaixo neste arquivo, caso isto já não tenha sido feito:
                netbios-ssn   139/tcp
netbios-ns   137/udp

- Agora, edite o arquivo **/etc/inetd.conf**. Procure neste arquivo pelas duas linhas abaixo, caso não exista, adicione-as:
netbios-ssn stream tcp nowait root /usr/local/samba/bin/smbd smbd
netbios-ns dgram udp wait root /usr/local/samba/bin/nmbd nmbd
Pronto. Agora, desejando testar, basta enviar o sinal de reinicialização (hangup) , assim:

    # /bin/kill -TERM -a smbd

    # /bin/kill -TERM -a nmbd

    # /bin/kill -HUP -a inetd

Testando os Daemons Samba

O último passo agora é testar se tudo foi feito conforme desejado. A maneira conveniente de realizar esta tarefa é executar o programa **smbclient** para examinar quais os recursos que o servidor configurado está disponibilizando. Execute o comando abaixo, e se tudo estiver ideal, o resultado da consulta também seguirá ao nosso exemplo:

```
# /usr/local/samba/bin/smbclient -U% -L localhost
added interface ip=172.16.1.1 bcast=172.16.1.255 nmask=255.255.255.0
Domain=[METRAN] OS=[Unix] Server=[Samba 2.2.6]

        Sharename       Type        Comment
        ---------       ----        -------
        test            Disk        For testing only, please
        IPC$            IPC         IPC Service (Samba 2.2.6)
        ADMIN$          Disk        IPC Service (Samba 2.2.6)

        Server                      Comment
        ---------                   -------
        TOLTEC                      Samba 2.2.6 on toltec

        Workgroup                   Master
        ---------                   -------
        METRAN                      TOLTEC
```

Se não ocorrer conforme o esperado, tente reiniciar os daemons do Samba manualmente. Verifique também se há algum problema registrado no arquivo **/usr/local/samba/var/log.smb**.

Configurando as Estações Windows (Client)

Configurar as estações Client (Windows) não é uma tarefa difícil, o que poderá ser comprovado nas próximas páginas.

Como apresentado anteriormente, o protocolo SMB é a linguagem nativa do ambiente Microsoft para o compartilhamento de recursos numa determinada rede local. Portanto, a Microsoft por si só já disponibiliza facilmente este recurso em sua plataforma.

Conceitos do Trabalho em Rede no Windows

O Windows é diferente do Unix em várias características, incluindo como este atende os pedidos da rede. Para isto, antes de realmente configurarmos as estações de trabalho, vamos entender um pouco destas características básicas, mas diferentes entre os ambientes. Para igualar então alguns conhecimentos, abaixo segue uma lista de conceitos e tecnologias que se aplicam a todos os sistemas operacionais da família Windows. Logo, para cada versão do Windows, os itens abaixo serão referenciados:
- Os componentes de rede devem estar instalados e adaptados a placa de rede;
- Configuração da rede com endereços IPs válidos, netmask, gateways, e o servidores de DNS e WINS.
- Designação correta dos nomes dos computadores e workgroups.
- Configuração das contas de usuários e suas respectivas senhas.

Além disto, algumas questões menores que envolvem comunicação e coordenação entre Windows e Unix são diferentes entre as versões Windows. Mas cuidado, é que você poderia ficar louco em ficar tentando descobrir as diferenças entre Unix e Windows, ou vice-versa. Portanto, vamos focar inicialmente nas similariedades.

Componentes

Historicamente, os sistemas Unix foram criados monolíticos, ou seja, requerem recompilação ou religação (relinking) para a criação do Kernel com novos conjuntos de características customizáveis. Entretanto, versões modernas têm a habilidade de carregar ou descarregar dispositivos (drives) ou outras características como módulos enquanto o próprio sistema está em execução, sem necessitar um reboot. Windows já permite a configuração pela instalação ou desinstalação de componentes. Componentes estes que poderiam ser classificados em três tipos:
- Protocolos
- Clientes
- Serviços

Como o Samba trabalha usando o protocolo TCP/IP, obviamente, este terá que estar instalada previamente. E em alguns casos, haverá momentos que alguns protocolos deverão ser desinstalados. Por exemplo, se o protocolo Netware (IPX/SPX) não é exigido na rede, logo, pode ser removido. O protocolo NetBEUI deverá ser removido, se possível. É que ter o protocolo NetBEUI em execução ao mesmo tempo que o NetBIOS sobre TCP/IP causa que o sistema procure por serviços para os dois diferentes protocolos, sendo que ambos são usados de forma quase idênticas. Quando o Windows está configurad com um oumais protocolos não utilizados, isto resulta em quase trinta segundos de atraso na tentativa de comunicação inclusive para os protocolos não utilizados, ou seja, há uma tentativa para cada protocolo, até que um funcione e atende a comunicação. Podemos então concluir que a performance da rede é comprometida com isto.

Bindings

Uma vez que os componentes de rede estejam instalados, estes devem estar associados a uma interface de hardware do seu computtador – um adaptador – para a comunicação com a rede. Não entenda isto como uma tarefa complicada, trata-se apenas de um modelo conceitual que permite a associação entre um dispositivo de hardware e m software, e que isto seja facilmente apresentado e configurado. Logo, teremos que garantir que as estações clients Windows tenham TCP/IP e os componentes SMB instalados e, obrigatoriamente, associados a uma placa de rede – adaptador Ethernet, por exemplo -- que permitirá a conexão a rede Samba.

Endereço IP

Igualmente a qualquer sistema Unix, bem como qualquer outro que se utiliza do TCP/IP, seu sistema Windows precisará o endereço IP. Se você estiver usando o DHCP na sua rede, você pode configurar o Windows para obter um endereço IP automaticamente pelo uso de um servidor DHCP.

Caso contrário, você precisará designar manualmente um endereço IP estático para cada um, considerando caso sua máscara de rede. Se você estiver conectado numa rede privada, você mesmo terá autoridade para designar seus próprios endereços IP, selecionando-os entre as três faixas abaixo:
- 10.0.0.1 até 10.255.255.254
- 172.16.0.1 até 172.31.255.254
- 192.168.01 até 192.168.255.254

Estas faixas de endereço são reservadas para redes privaas que não estejam diretamente conectadas a Internet. Para maiores informações, veja o anexo de TCP/IP deste livro, ou procure o documento de padrões RFC 1918. Você deverá também ser capaz de definir o endereço IP do gateway default da rede. É que em algumas redes, o gateway default é o sistema ou roteador que conecta a sua rede a Internet. Em outros casos, o sistema default conecta uma sub-rede dentro de uma grande rede departamental ou corporativa.

Resolução de Nome

Resolução de nome é a função de tradução de nomes de computadores (hostnames) para a forma compreensível pelos usuários (human-friendly). No nosso exemplo, **hopi**, que é o "fully qualified domain names (FQDNs)", ou **mixtec.metran.cx**, que na verdade, são 172.16.1.11 ou 172.16.1.17.

Os sistemas Unix fazem esta resolução de nome utilizando-se das configurações do arquivo **/etc/hosts** inicialmente. É que pode-se incorporar novos recursos para esta tarefa, como os serviços DNS (Domain Name System) e um NIS (Network Information Service). A resolução de nome não é necessariamente executada por um serviço isolado do sistema operacional ou um determinado daemon, mas isto é um sistema que pode ter um número disperso de partes envolvidas.

Divulgação da Resolução de Nomes

De outro lado, há um modo em que o Windows não é similar ao Unix. Se uma estação client Windows for configurada para não utilizar um servidor de nomes WINS, esta estação usará um método diferente de divulgação e resolução de nomes, por consequência, resultando numa performance baixa. Por isto, é sempre recomendado os testes e devida configuração dos seus servidores de nomeação.

WINS

Já discutimos sobre o WINS anteriormente. Este é responsável por traduzir o nome de um computador, por exemplo, huastec, em um endereço IP, o que é requerido numa rede SMB. E o interessante é que o servidor Samba atue como o servidor WINS, basta para isto incluir a linha:

```
wins support = yes
```

no arquivo **smb.conf** do servidor Samba. Você não terá somente um servidor WINS confiável que reduzirão o número de pacotes de divulgação, mas você também não precisará ter um Windows NT/2000 ou XP para fazer esta tarefa.

LMHOSTS

Todas as versões do Windows suportam um método secundário para resolução de nomes, a qual está representada pelo arquivo LMHOSTS que contém uma tabela de nomes de computadores e endereços IPs. E a exigência primordial desta forma de trabalho é que uma cópia deste arquivo deve existir em cada estação Windows da rede. E para ser efetivo, deve estar sempre atualizada a cada novo sistema adicionado ou removido na rede. Por isto que a opção de usar um servidor WINS é bem eficiente. O formato do arquivo LMHOSTS é simples e similar ao **/etc/hosts**. Arqui está um exemplo:

```
172.16.1.1    toltec
172.16.1.2    aztec
172.16.1.3    mixtec
172.16.1.4    zapotec
172.16.1.5    huastec
172.16.1.6    maya
172.16.1.7    olmec
172.16.1.8    chichimec
172.16.1.11   hopi
```

Como pode se notar, o formato é parecido ao /etc/hosts, exceto que ao invés de ter o nome completo da estação (FQDN), exemplo toltec.metran.cx, basta somente o nome NetBIOS, toltec. Isto funcionará perfeitamente se sua rede não tiver um servidor de DNS ou NIS.

DNS

O Domain Name Service é responsável por traduzir o nome de computadores de uma rede, estilo Internet por exemplo, como prima.metran.cx ou www.compunote.com.br, em endereços IP.

E o Windows pode usar outras recursos, além do WINS (NetBIOS Name Service) como estratégia para executar a resolução de nomes. Devido ao DNS também disponibiliza endereços IP, torna-se fácil também fazer que o Windowws conhece e utilize o recurso de DNS da rede. Para identificar os endereços do seu servidor DNS, basta verificar o conteúdo do arquivo /etc/resolv.conf do servidor Samba, ou quando este estiver localizado em qualquer sistema Linux ou Unix da rede. Este é semelhante ao exemplo abaixo:

```
#resolv.conf
domain metran.cx
nameserver 127.0.0.1
nameserver 172.16.1.53
```

No exemplo acima, o primeiro nome de servidor na lista é 127.0.0.1, o qual indica que o servidor Samba é também um servidor DNS para a rede. Neste caso, você poderia usar este endereço IP para o seu servidor DNS quando configurando o Windows. Todas as versões do Windows podem ser configuradas para conhecer multiplos servidores DNS. É que conforme cada servidor não responder, o Windows automaticamente procuraria pelo próximo.

HOSTS

Similar em auxiliar o funcionamento do serviço WINS, o arquivo hosts existente no sistema Windows pode ser opcionalmente adicionado como suplemento ao DNS. O formato e estrutura deste arquivo é totalmente idêntico ao do existente no Unix ou Linux, o qual está em /etc/hosts, bastando assim, copiá-lo.

Nos sistemas Windows 95/98/Me, o arquivo Hosts localiza-se no diretório de instalação (C:\Windows\). Se existir um arquivo chamado **hosts.sam**, isto serve de exemplo para você. Já nos servidores Windows NT/2000 e XP, o arquivo Hosts fica no diretório **\system32\drivers\etc**, o qual está abaixo o diretório de instalação (por exemplo, WINNT).

SENHA

Os sistemas Unix utilizam o par login e senha para autenticar usuários tanto no sistema local quanto num determinado domínio NIS. E o Windows NT/2000/XP são bem similiar nesta tarefa; um usuário fornece seu login e senha para logar-se num sistema local ou num domínio Windows.

Quando uma rede SMB é configurada como um workgroup, algumas coisas são diferentes. Neste caso, uma senha é associada com cada senha-protegida compartilhada, do que com usuários individualmente.

O nível de autenticação default do Samba em um workgroup é diferente do Windows. Para acessar compartilhamentos num servidor Samba, usuários devem fornecer login e senha válidos para determinada conta no servidor Samba. E uma inoportuna complicação surge com estas senhas. Na primeira versão do Windows 95 e no Windows NT com o Service Pack 2 or inferior, bem como em todas as versões do Windows, senhas são enviadas por toda a rede no formato texto. Mas no Windows 95 com a atualização de redirecionamento de rede, Windows NT 4.0 (SP3) ou superior, bem como todas as subseqüentes versões do Windows, uma configuração de registro deve ser modificada para que a senha seja enviada deste modo texto. Estas versões mais modernas do Windows enviam senhas encripitografas, e se você estiver trabalhando com uma destas versões (e você não queira ter que modificar o registry), você deve ter a seguinte linha:

```
encrypt passwords = yes
```

Na seção **[global]** do seu arquivo **smb.conf**. Além disto, você deve executar o comando:

```
# smbpasswd -a username
```

Para cada usuário no servidor Samba para adicionar suas senhas para a coleção do Samba de senhas encripitografas.

Se sua primeira tentativa de acessar um compartilhamento Samba, este resultará na apresentação da **Figura 3-1**, pedindo por uma senha em **IPC$**. Isto acontece porque você negligenciou um dos passos acima, e o Samba não reconheceu a senha encripitada que o Windows enviou. Um outro tipo de imagem que pode aparecer é a apresentada na **Figura 3-2**, que é apresentada por um cliente Windows 2000.

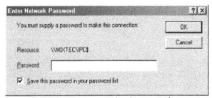

Figura 3-1. Windows 98 requerend senha para IPC$

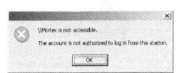

Figura 3-2. Dialog-Box de erro de Login no Windows 2000

Com as seções anteriores deste capítulo, conseguimos então montar e compreender uma configuração básica do serviço de compartilhamento Samba.

As possibilidades são várias, ficando dependendo exclusivamente as suas necessidades e recursos, de tempo principalmente. Atente-se a configurar devidamente ou aprender as seguintes configurações, se for o caso:

- Configuração de estações client Linux ou UNIX acessando os compartilhamentos
- Configuração para o acesso das estações e/ou servidores acessando impressoras compartilhadas
- Configuração avançada do quesito segurança e senhas para monitorar o acesso e uso dos compartilhamentos pelos usuários, etc...

Nas próximas páginas, uma lista de comandos e serviços (daemons) do Samba está resumidamente apresentada, pois a partir deste ponto, você poderá aprofundar-se no mundo Samba.

Daemons dos Serviços Samba

As tabelas de serviços e comandos que serão apresentadas a seguir correspondem ao serviço ou comando principal referenciado, as opções e parâmetros possíveis para cada um dos comandos deverá ser consultado conforme a necessidade do leitor.

Nome Daemon	Descrição / Finalidade
smbd	Programa responsável por prover os services de impressão e arquivos do Samba, usando stream TCP/IP e um daemon por cliente.
nmbd	Programa responsável pelo serviço de nomes NetBIOS do Samba, bem como o daemon de recursos de browsing
winbindd	Parte do serviço winbind e é usado para permitir que sistemas Unix obtenham informações de usuários e grupos de servidores Windows NT e 20000

Funções da Distribuição do Samba

Nome Função	Descrição / Finalidade
ads info	Apresenta informações do servidor Active Directory
ads password	Altera senha para usuários especificados do Active Directory
ads printer info	Apresenta informações de impressora especifica de um servidor
ads printer publish	Publica impressora especifica de um Active Directory
ads printer remove	Remove impressora específica
ads status	Apresenta detalhes de computadores Active Directory
change localhost pass	Altera senha de Active Directory
domain	Lista os domínios ou grupos de trabalho da rede
file	Lista arquivos abertos no servidor
file close	Fecha arquivo especificado
file info	Apresenta informações de arquivo especificado
file user	Lista todos os arquivos abertos de um servidor
group add	Adiciona grupo específico
group delete	Exclui grupo específico
groupmember add	Adiciona usuário em grupo específico

groupmember delete	Exclui usuário de grupo específico
groupmember list	Lista os usuários membros de um grupo
help	Apresenta mensagem de ajuda para o comando Net.
help method	Apresenta mensagem para o ads, rap ou rpc.
help function	Apresenta mensagem para função específica
join	Ajunta computador para um domínio Windows NT ou Active Directory
lookup dc	Apresenta endereço IP de determinado controlador de domínio
lookup host	Apresenta endereço IP de um servidor
lookup kdc	Apresenta endereço IP de controlar de domínio Kerberos
lookup ldap	Apresenta endereço IP de específico servidor LDAP
lookup master	Apresenta endereço IP de grupo de trabalho ou domínio master
password	Altera senha de usuário específico
printq	Apresenta informações da fila de impressão de um servidor
printq delete	Remove fila de impressora específica
rpc abortshutdown	Abora um shutdown de um servidor remoto
rpc info	Apresenta informações do domínio do servidor
rpc join	Uni computador a um servidor Windows NT
rpc shutdown	Realiza o shutdown de um servidor
rpc trustdom	Adiciona uma conta para uma relação de confiança em um domínio Windows NT
rpc trustdom establish	Estabelece uma relação de confiança com servidor Windows NT
rpc trustdom revoke	Revoga uma relação de confiança com servidor Windows NT
server	Apresenta servidores de um domínio ou grupo de trabalho.
session	Apresenta clientes que tenham sessões abertas no servidor
session delete	Fecha sessão de um cliente no servidor
session close	Sinomimo para session delete.
share	Lista os compartilhamentos oferecidos por um servidor
share add	Adiciona um compartilhamento de um servidor
share delete	Remove um compartilhamento de um servidor
time	Apresenta a data / hora do servidor
time set	Define a hora de hardware para o sistema local.
time system	Define a hora do sistema local usando a hora de um servidor remoto
time zone	Apresenta a zona da hora em uso do sistema
user	Lista contas de usuários
user add	Adiciona uma conta de usuário
user delete	Exclui uma conta de usuário
user info	Lista os grupos de domínio de usuário específico

Programas da Distribuição do Samba

Nome Programa	Descrição / Finalidade
Findsmb	Script Perl que apresenta informações sobre sistemas da subrede que respondam ao SMB
Net	Comando novo na versão 3.0, o qual é similar ao comando do ambiente MS-DOS/Windows. Utilizado para tanto o ambiente local quanto remoto.
nmblookup	Programa cliente que permite o acesso ao serviços de nome NetBIOS para resolução de endereços Ips
pdbedit	Programa novo da versão 3.0, usado para gerenciar contas existentes no banco de dados SAM.
rpcclient	Programa para tarefa administrativa. Disponibiliza acesso ao RPC e interfaces Windows para gerenciamento do sistema

Comandos de Uso Geral da Distribuição do Samba

Nome Programa	Descrição / Finalidade
debuglevel	Define o nivel de debug.
help	Apresenta a ajuda on-line para comandos
quit	Finaliza o rpcclient. Pode-se utilizar o exit também.

Comandos LSARPC (Local Security Authority Remote Procedure Calls)

Nome Comando	Descrição / Finalidade
enumprivs	Lista de tipos de privilégios conhecidos no domínio
enumtrust	Lista de domínios confiáveis pelo domínio
getdispname	Apresenta informações de determinado privilégio
lookupsids	Localiza um nome que corresponde a um identificador de segurança
lookupnames	Localiza um identificador de segurança (SID) para um ou mais nomes
isaquery	Consulta objetos LSA
lsaenumsid	Lista os SID para LSA local
lsaquerysecobj	Apresenta informações de objetos de segurança

Comandos SAMR (Security Access Manager RPC)

Nome Comando	Descrição / Finalidade
createdomuser	Adiciona um usuário no domínio
deletedomuser	Remove um usuário no domínio
enumalsgroups	Lista de grupos no domínio
enumdomgroups	Lista de grupos no domínio, a partir do RID
queryaliasmem	Apresenta informações de grupo
querydispinfo	Apresenta contas do banco de dados, incluindo RID, username, etc...
querydominfo	Apresenta informações relativas ao domínio
querygroup	A partir de um grupo, apresenta informações do mesmo
queryuser	A partir de um usuário, apresenta informações do mesmo
queryuseraliases	Apresenta aliases para um usuário
queryusergroups	Apresenta informações de cada grupo de um usuário
querygroupmem	Apresenta o RID e os atributos para cada membro de um grupo
samlookupnames type	Procura o username no banco de dados SAM e apresenta os RID associados.
samlookuprids type	Procura o RID no banco de dados SAM e apresenta os grupos ou username
samquerysecobj	Apresenta informações de objetos de segurança

Comandos SPOOLS (Serviços de Impressão para Windows NT/2000/XP)

Nome Comando	Descrição / Finalidade
adddriver arch	Adiciona um drive de impressora em um servidor
addprinter	Adiciona uma impressora em um servidor remoto
deldriver	Remove um drive de impressora de um servidor
enumports	Apresenta informações referentes as portas de impressoras de um servidor
enumdrivers	Lista todos os drives de impressoras de um sistema

enumprinters	Lista todas as impressoras instaladas.
getdriver	Apresenta informações do drive de impressora
getdrivedir	Obtem o nome do diretório para armazenamento de arquivos dos drives de impressora
getprinter	Apresenta informações da impressora atual
openprinter	Tenta abrir e finalizar sessão de impressão em determinada impressora
setdriver	Atualiza o drive de determinada impressora
setprinter	Associa um comentário a uma impressora

Programa	Descrição / Finalidade
smbcacls	Fornece uma maneira de modificar os ACLs do Windows NT em arquivos e diretórios compartilhados
smbclient	Ferramenta de linha de comando capaz de atuar como um cliente Unix de uso geral, similar ao ftp.
smbcontrol	Comando para envio de mensagens de controle para os processos smbd ou nmbd
smbgroupedit	Este novo comando da versão 3.0, configura o mapeamento entre grupos Unix e Windows NT/2000/XP.
smbmnt	Programa para montagem de sistema de arquivo smbfs
smbmount	Programa para montagem de sistema de arquivo smbfs em sistema Unix
smbpasswd	Gerenciamento geral para senhas criptografadas
smbsh	Programa que permite compartilhamento SMB serem acessados a partir de sistemas Unix
smbspool	Programa para i nterface compatível a CUPS para impressão no Samba
smbstatus	Apresenta conexões existentes num servidor Samba
smbtar	Programa Shell-script para operações de arquivamento no formato tar.
smbumount	Para desmontar um filesystem smbfs montado.
testparm	Programa para verificar o arquivo de configuração do Samba
testprns	Programa simples para verificação da existência de uma impressora
wbinfo	Apresenta informações do daemon winbindd

Referência: Trabalhos a partir dos laboratórios no Conectiva Linux, manuais HOW-TO e pesquisa sobre Andrew Tridgell

O Mundo está falando TCP/IP

O TCP/IP é um conjunto de protocolos de rede os quais, juntos, permitem a conexão entre hospedeiros e redes heterogêneas – incluindo redes locais, redes remotas ou redes que utilizam satélites, entre outras. Agora, entenda-se por protocolo um conjunto de regras que permite a dois computadores trocarem informações. Esse conjunto de regras estabelece, precisamente, como um computador chama o outro, como se identifica, quando pode enviar informações, quando deve receber informações, quais linguagens pode utilizar, quais variações pode aceitar, quanto tempo pode esperar para que cada processo ocorra, como desfazer a conexão, etc.

Modelo OSI

O modelo de referência OSI é composto de sete camadas que definem partes diversas de uma rede.

Aplicação
Apresentação
Sessão
Transporte (TCP / UDP)
Rede (IP / X.25)
Enlace de Dados
Física

Camada Física – define a interface física entre dispositivos (modems, computadores, etc.), aí incluindo aspectos mecânicos, elétricos, funcionais e procedurais necessários para acessar o meio físico (canal) de comunicação. Essa camada vê e trata os dados como um fluxo de bites proveniente da camada de enlace de dados ou destinado a ela.

Enlace de Dados – enquanto a camada física oferece o serviço básico de transporte, a camada de enlace de dados reúne os bites em grupos chamados de quadros e proporciona às camadas superiores um serviço de transporte confiável e livre de erros, por meio da implementação de técnicas de detecção e correção.

Convém observar, contudo, que quando os equipamentos não estão diretamente conectados, a comunicação acontecerá por meio de diversos enlaces de dados consecutivos, cada um funcionando independentemente. Com isto os níveis superiores têm que se preocupar com correção de erros que diz respeito à comunicação como um todo, visto que a camada de enlace somente garante a transmissão de cada quadro de bites de maneira correta.

É também atribuição dessa camada fornecer os meios para efetuar, manter e terminar a conexão.

Rede – a função primordial dessa camada é proporcionar serviços de comunicação entre entidades que compõem uma rede de comunicação de dados, oferecendo às camadas superiores transparência com relação às camadas física e enlace subjacentes. A camada de rede recebe um pacote e o envia a outro elemento da malha de comunicação de modo que ele possa, eventualmente, chegar ao destino desejado. É a parte responsável por estabelecer, manter e terminar conexões entre os sistemas comunicantes.

Transporte – proporciona a troca confiável de dados entre processos (programas) que estão sendo executados nos computadores em comunicação. Garante que os dados sejam entregues sem erro, na seqüência adequada, sem perda e sem duplicação.

A camada de transporte trata também de otimizar o uso dos serviços de comunicação, providenciando para que exigências de qualidade, feitas pelas camadas superiores, sejam atendidas. Em suma, a camada de transporte proporciona os meios para que os processos e usuários possam fazer uso dos serviços de transporte de dados oferecidos pela rede.

Sessão – estabelece os mecanismos para controlar o diálogo entre aplicações. No mínimo, a camada de sessão deve providenciar mecanismos para que duas aplicações em diferentes computadores possam estabelecer e usar uma sessão. Adicionalmente, deve proporcionar os meios para : a – determinar o tipo de diálogo (full-duplex, half-duplex ou simplex); b – recursos que permitam a recuperação do diálogo no caso de ocorrer uma falha que interrompa a comunicação no meio de uma sessão.

Apresentação – tem a finalidade de resolver diferenças sintáticas – formato e representação, por exemplo – entre os dados transmitidos pelas partes comunicantes durante uma sessão. Como exemplos de funções típicas da camada de aplicação podemos citar criptografia, emulação de terminal, etc.

Aplicação – contém os mecanismos para que os processos de aplicação acessem o ambiente OSI, incluindo suporte e aplicações distribuídas. Nessa camada, estão, por exemplo, o correio eletrônico e a transferência de arquivos.

IP (Internet Protocol)

O processo IP coloca mensagens da Internet (data stream) dentro de pacotes (packets), normalmente com 200 bytes cada. Cada pacote com a informação do computador-remetente e do computador-destinatário.

Utilizando-se de roteadores (equipamentos ou computadores que informam aos pacotes qual o caminho mais curto para chegada ao destino), os pacotes conseguem identificar e encontrar seu destino. Às vezes, um dos pacotes da mesma mensagem pode chegar primeiro que o outro, então o computador destinatário tem a tarefa de organizá-los na seqüência correta de processamento.

O endereço cliente é uma das coisas que o IP coloca no pacote. Endereços de computadores são números de 32 bits. Visando simplificar isto, esses endereços de 32 bits são transformados em quatro grupos de oito números binários, separados por pontos. Em seguida, mostro um exemplo:

01010101.01010101.01010101.01010101

Cada grupo sendo traduzido para a tabela decimal (de 0 a 255). O endereço completo final será 12.24.132.114. O endereço Internet é chamado de dotted octet, devido a cada número decimal representar um número binário de 8 bits.

Esses endereços são organizados em classes. Os da classe A são destinados a grandes redes, os da classe B de médio porte e os da classe C a pequenas redes.

Classe A – As redes dessa classe são aquelas que precisam ter milhares de hospedeiros. São redes muito grandes, portanto. A quantidade de endereços disponível nessa classe é muito pequena, e somente são concedidos a organismos muito especiais, como uns poucos órgãos de governo, umas poucas universidades, e assim sucessivamente. Os endereços de rede vão de 1 a 127, os de hospedeiros de 1 a 16.777.215. Portanto, no mundo inteiro, somente são possíveis 127 redes de classe A, cada uma das quais pode ter até 16.777.215 de computadores.

Classe B – Os endereços de Classe B são destinados a redes de tamanho intermediário, contando com umas poucas centenas, até uns poucos milhares de hospedeiros. Os endereços de rede vão de 129 a 16.383, e os endereços de hospedeiros vão de 1 a 65.534. Portanto, são possíveis 16254 redes dessa classe, cada uma das quais com até 65.535 computadores.

Classe C – Nessa classe, encontra-se a maioria das redes. Ela pode ter até um máximo de 254 hospedeiros. É típica de escolas, escritórios, empresas. Os endereços de rede vão de 192 a 2.097.152, e os endereços de hospedeiros vão de 1 a 254.

A distinção entre endereço de rede e de hospedeiro é importante. Os endereços de rede têm que ser únicos no mundo inteiro; os endereços de hospedeiros podem ser semelhantes em redes diferentes. Se sua rede está isolada, falando apenas com ela mesma, então você não precisará se preocupar com a unicidade. Contudo, se você pretende se interconectar a outras redes, é importante prestar atenção nisso.

Fica desde já esclarecido que se uma rede de Classe C for pequena para as necessidades em vista, mas não for possível conseguir um endereço da Classe B, então redes de Classe C poderão ser facilmente combinadas, até atingir o tamanho desejado.

TCP (Transmition Control Protocol)

Devido a uma peculiaridade da rede, todos os pacotes Internet podem chegar ao computador-destinatário fora de ordem. Aí entra o TCP que coloca os pacotes em sua correta ordem e verifica se todos eles chegaram.

Ele faz isso escondendo as informações de endereço de cada pacote em um número seqüencial. Incrementando um contador para cada endereço que chega, caso verifique no final da transmissão se algum pacote foi para o "não sei onde", ele determina que o computador-remette envie novamente o referido pacote. O TCP fica pertubando o computador-remette até que eu envie novamente. Após a chegada e a finalização perfeita da transmissão, todos os pacotes são concatenados para uma cadeia de dados e serão processados pelo servidor.

O TCP organiza as mensagens que chegam, classificando-as pelo tipo de serviço (port number). Números IP identificam o computador na Internet. Número do serviço identifica o serviço que roda sobre o computador. Números de portas são 16 bits, na faixa de 0 a 65.000; os menores inferiores a 1.024 são reservados para o servidor dos serviços (uma aplicação que roda sobre o computador que atenderá aos pedidos). Você pode ter vários serviços rodando sobre o mesmo computador, exemplo:

- **WWW** (Word Wide Web) = porta/serviço 80
- **Gopher** (exibição em forma de menus textuais) = porta/serviço 70
- **FTP** (File Transfer Protocol - transferência de arquivos) = porta/serviço 21
- **Telnet** (emulação de Terminal) = porta/serviço 23
- **E-mail** (troca de mensagens entre usuários) = porta/serviço 25
- **Finger** (identificar e localizar usuários) = porta/serviço 79

UDP

O protocolo IP e o TCP facilitam a comunicação na Internet, mas, às vezes, quando você não quer consumir tempo de reordenação (TCP), utilize o UDP, que envia a mensagem em um simples pacote (200 bytes) sem a necessidade de reordenar.

Nomeação de Endereço (DNS)

Um dos principais problemas com gerenciamento de grandes redes ou interconexão delas é gerenciar a tabela de nomes de host. Se você já trabalha com redes TCP/IP, está familiarizado com o arquivo /etc/hosts que contém o mapeamento de todos os hosts e seus respectivos endereços IP. O problema com esse arquivo é que cada máquina usando TCP/IP necessita do seu próprio arquivo, devendo estar sempre atualizado. Para ajudar a minimizar esta tarefa, a Universidade de Berkeley – CA – USA lançou o servidor Berkeley Internet Name Domain (BIND). BIND é o programa principal utilizado pelo DNS. Não confunda: DNS define o padrão, enquanto BIND é o programa escrito para esse padrão.

Já disse que os computadores são identificados por endereços IP. Você escolhe qual o mais fácil de identificar: 12.232.21.22 ou 10101010.10101010.01010101.01010101. Mesmo assim, os dois possuem o inconveniente de serem números, pois se tornaria problemático na hora de lembrar-se deles. Para tornar isto mais fácil, criou-se o Domain Name Service (DNS) que possibilita que você encontre um determinado computador pelo nome e não apenas pelo seu número.

O DNS mantém uma tabela com os endereços IP com os respectivos nomes de computadores (Host names):

12.12.343.111 pc2.sales.pepsical.com

em que **pc2** é o nome do computador, **.sales** é o nome da sub-rede, **.pepsical** o nome da companhia, e por último, **.com** que identifica o tipo da companhia. Todo este nome é conhecido como **fully qualified host name**.

Exemplos de tipos de companhias:

.edu universidades ou organização educacional

.com computador comercial ou empresa

.mil instalações militares

.net provedor de serviço internet

.gov entidade governamental

.int organização internacional

Recentemente, foram criados mais cinco domínios:

.firm empresa - fim comercial

.storeempresa - fim comercial

.web home-page

.arts informações artísticas

.info informações em geral

Exceto para os Estados Unidos, utiliza-se colocar, após o tipo da companhia, o código do país, conforme norma ISO 3166, exemplo: www.fazenda.gov.**br**.

O computador que lhe fornece o endereço IP quando você lhe dá o nome do computador-destinatário é o Domain Name Server.

Nos principais UNIX existentes no mercado, o Domain Name desse está configurado no arquivo /etc/default/tcp.

Serviços TCP/IP

Você deve ter ficado entusiasmado ao saber que podem ser colocados 65.000 tipos de serviço em apenas um computador da Internet. Só que cada serviço necessita de boa quantidade de memória e aí, você já imagina.

Quando instalado o TCP/IP sobre um computador com UNIX, existem os daemons (demônios), programas residentes na memória do computador que ficam aguardando a entrada de pedidos. Estes, ao receberem um pedido, identificam o tipo de serviço e repassam-no ao daemon respectivo.

Todos os serviços disponíveis encontram-se no arquivo /etc/services dos principais UNIX existentes no mercado. O formato desse arquivo é, normalmente, assim:

```
echo 7/tcp
ftp    21/tcp
finger        79/tcp
uucp 540/tcp
pop  109/tcp
snmp       161/udp      # SNMP snmpd routed/gated
```

Em que:

Serviço Num. Porta / Protocolo [Alias] [#comentários]

➢ A primeira coluna corresponde ao nome do serviço, por exemplo, ftp, pop, ...

➢ A segunda corresponde ao número da porta reservada ao serviço, por exemplo, 21 para ftp, 109 para pop, ...

➢ A terceira corresponde ao protocolo que transportará o serviço, por exemplo, tcp ou udp.

➢ As colunas Alias e comentários não são obrigatórias.

Abaixo, gostaria de ressaltar alguns conceitos:

- **ARP-** Protocolo de Resolução de Endereços - amarra o endereço físico de baixo nível ao endereço de alto nível. O ARP está envolvido somente com a rede física local.
- **DOMAIN -** O universo da rede na qual você está operando.
- **FTP -** File Transfer Protocol – protocolo para transferência de arquivos entre computadores que utilizam o TCP/IP.
- **ICMP -** Internet Control Message Protocol - parte do IP que trata mensagens de controle e erros.
- **NFS -** Network File System - protocolo desenvolvido pela Sun Microsystem que usa IP para permitir um conjunto de computadores acessar, entre eles, seus sistemas de arquivos, como se eles estivessem localmente.
- **SMTP -** Simple Mail Transger Protocol - especifica como dois sistemas de correio se comunicam.

Daemons

Como já apresentado, quando instalado algum serviço especial sobre o sistema operacional, ele ativa os daemons (demônios). O principal daemon TCP/IP é o **inetd**, um especial servidor Internet, que espera novos pedidos da rede, atendendo apenas aos serviços disponibilizados no arquivo /etc/inetd.conf, lido sempre em tempo de carga do sistema operacional (boot).

Para a sua melhor compreensão vou apresentar a sua seqüência de execução, desde a chamada até a disponibilização de uma home-page localizada num servidor WWW.

1) O usuário aponta o utilitário (browser) para uma home-page, por exemplo: www.americasnet.com.

2) O aplicativo cliente interpreta o comando do usuário montando um pacote IP que será enviado ao servidor WWW. O aplicativo utiliza uma tabela semelhante ao arquivo /etc/services (obter a identificação do serviço TCP/IP) que é verificada para finalizar o pacote IP, que logo após é enviado para o servidor WWW.

3) Já no servidor WWW, o daemon inetd responde ao pedido solicitado (porta ou serviço 80 neste exemplo), verificando no arquivo /etc/services, qual o daemon que tratará esse pedido. A partir daí, o inetd sai, deixando a comunicação direta entre aplicação cliente e o respectivo daemon.

4) O daemon que trata o serviço WWW (porta 80) busca o referido arquivo e, transformando-o em pacotes IP, envia-o para a aplicação cliente.

5) Ao estarem disponibilizados os pacotes no computador cliente, a aplicação cliente organiza-os seqüencialmente e, logo após, exibe o seu conteúdo.

Outros serviços como FTP e Gopher têm um tratamento diferenciado, mas o princípio é o mesmo.

IPv6 – A nova cara do IP

Com mais de 25 anos de idade, o Internet Protocol (IP) é o DOS dos protocolos de comunicação – onipresente, duradouro – e, apesar de algumas sérias deficiências, ainda consegue gerenciar o grosso tráfego de dados no mundo.

Mas, como o DOS, o IP está começando a mostrar sinais da idade e de suas limitações.

E, embora o IP e o seu "irmão siamês", o TCP, sejam hoje os protocolos de comunicação dominantes, pode ter chegado a hora de considerar a sua substituição por algo mais novo – um protocolo mais adequado às necessidades futuras. Ninguém, é verdade, previu o crescimento da Internet ao ponto em que está hoje, uma rede de (virtualmente) todas as redes. Mas agora o IP está sendo solicitado a sustentar cargas ainda maiores: quantidades crescentes de dados, por exemplo, gerados por complexas páginas Web e muitos aplicativos novos que são ricos em imagens e sons.

Os usuários querem que o IP carregue informações, transporte telefonemas e manuseie de tudo, desde videogames interativos até música de alta fidelidade para transmissões de rádio e televisão e até filmes – tudo simultaneamente e em tempo real.

O fato é que as demandas impostas pelo atual crescimento da Internet estão levando o protocolo aos seus limites extremos, principalmente em três áreas:

➢ Primeira: há o enorme crescimento de cidadãos da Internet. O IPv4 não oferece endereços individuais suficientes para todos os computadores e outros dispositivos que as corporações e os indivíduos querem conectar à Internet: servidores, PCs, interruptores de luz controlados remotamente, câmeras de vídeo, máquinas de venda de refrigerantes, etc.

➢ Segunda: as técnicas atuais para roteamento de pacotes IP são severamente taxadas pelas torrentes de dados que fluem ao longo da Internet. O tráfego no backbone da Internet dobra atualmente a cada quatro meses.

> ➤ Terceira: existem novas aplicações em tempo real que a Internet precisa tentar manipular, muitas das quais exigindo recursos e capacidades que o IP jamais foi projetado para oferecer: ligações telefônicas, concertos de rock, transmissões de rádio.

O novo protocolo IPv6 pode, sem dúvida, facilitar a vida dos usuários e dos administradores de redes IP, mas não sem antes exigir significativas mudanças em diversos utilitários e aplicativos importantes. Um dos principais novos recursos do protocolo é o seu amplamente expandido espaço de endereços com 128 bits, e isto terá um grande impacto nos servidores Domain Name System (DNS). Considere que muitas das atuais implementações de DNS terão de ser modificadas para acomodar o endereçamento com 128 bits. Além disto, tabelas de nomes de hospedeiros para endereços IP precisarão reconhecer e aceitar um novo tipo de registro de recurso DNS para mapear nomes de hospedeiros para os endereços 128 bits. O novo registro de recurso do IPv6 é chamado de registro AAAA, ao contrário do registro somente A, usado nos servidores DNS compatíveis como IPv4. (por que AAAA? porque um endereço IPv6, de 128 bits, é quatro vezes maior do que o endereço IPv4, de 32 bits).

O TCP/IP no Linux

Como uma das escolhas na instalação do Linux Slackware foi a série N (pacotes de Networking), o próprio sistema se encarrega de reinicializar a sua execução no sistema operacional já com o protocolo instalado, mas torna-se importante que você saiba como configurar ou alterá-la.

O Linux suporta toda a implementação do TCP/IP (Transport Control Protocol/ Internet Protocol). O TCP/IP tornou-se o mecanismo de maior sucesso em ambiente de rede ao redor do mundo. Com o Linux e uma placa de rede, padrão Ethernet, você pode conectar seu microcomputador com uma rede local, ou com a própria Internet.

A implementação do TCP/IP e dos demais protocolos relacionados é conhecida como "NET-2", ou seja, isto é o contexto para uma implementação do TCP/IP para o Linux. Não tem nenhum outro significado.

Linux NET-2 também suporta SLIP – Serial Line Internet Protocol. O SLIP permite que você tenha um acesso à Internet usando uma linha telefônica.

Desejando completa informação sobre ele, leia o documento **NET-2 HOWTO**, disponível no site **sunsite.unc.edu**. Esse documento será de grande valia para você, incluindo conexões Ethernet e SLIP.

Hardware Necessário

Você pode configurar o TCP/IP no Linux sem nenhum hardware de rede – isto se chama o modo "loopback" que permite a você falar com você mesmo – existem situações para tudo.

Entretanto, se você quer usar o Linux com uma rede TCP/IP Ethernet, precisará de uma destas placas ou compatível: 3Com, 3c503, 3c503/16, Novell NE1000, NE2000; Western Digital WD8003, WD8013; HP HP27245, HP27247.

Configurando o TCP/IP

Nesta seção, vamos discutir como configurar uma conexão Ethernet TCP/IP no seu micro com o Linux. Antes de tudo, já assumimos que o TCP/IP foi corretamente instalado, conforme apresentado no capítulo anterior.

Esta configuração normalmente é feita na instalação do Linux. Caso não tenha sido realizada, basta executar o **netconfig**, conforme tela abaixo, e fornecer as informações específicas de seu computador:

Programa Netconfig no Conectiva Linux 9 – a partir da linha de comando

Uma vez confirmada a execução do netconfig, fornecer os dados específicos do seu computador:

A configuração poderá ser estática ou dinâmica a partir de um servidor DHCP. Por último, deve-se confirmar a configuração ou definir uma nova:

Os comandos telnet, ftp, ifconfig, netconfig e route deverão estar disponíveis. Antes de configurar o TCP/IP no Linux, você deve determinar as seguintes informações para a sua rede:

> **Endereço IP**: este endereço deverá ser único para cada máquina na rede. Um exemplo é 192.168.0.1.

> **Máscara da rede**: a netmask é similar ao endereço IP e determina a porção para o conjunto de máquinas que pertencem a uma determinada rede. Ela deve ser perfeitamente configurada, pois é essencial para o perfeito roteamento de informações que trafegam na rede. Como o endereço que aconselhei pertence à classe C, então a netmask será 255.255.255.0.

> **Endereço da rede**: será a junção do endereço IP com a máscara da rede. No nosso exemplo, ficaria 192.168.0.0.

> **Endereço de Broadcast**: é usado para divulgar pacotes de dados para cada máquina pertencente à subnet. Este é o último número da nossa máscara, ou seja, a quantidade possível de micros, no nosso exemplo 255.255.255.0, o broadcast será 192.168.0.255.

➤ **Endereço do Gateway**: este endereço corresponde ao endereço IP da máquina que liga a sua rede ao resto do mundo, ou a outras redes.

➤ **Endereço do Servidor de Nomes**: todas as máquinas na rede têm um nome que será traduzido pelo servidor de nome para o correspondente endereço IP. Você pode rodar o servidor de nome sobre sua própria máquina. Utilize o named.

A partir daí, utilize os comandos ifconfig para configurar a placa de rede, dando a ela o endereço IP e, logo após, utilize o comando netconfig para configurar demais informações da rede IP.

Preparando o Servidor Linux para o IPv6

Esta seção visa conceituar e dar um exemplo prático de como preparar um servidor Linux (nó) para usar o IPv6 como rede internet ou conexão com a Internet em IPv6.

A versão atual do protocolo do IP, IPv4, provou ser robusta, fácil de implementar, interoperabilidade, e conseguiu escalar o tamanho da Internet de hoje, a maioria de que usa IPv4 -- agora quase 20 anos depois. OIPv4 foi notavelmente resistente apesar de sua idade, mas está começando a ter problemas. O projeto inicial de IPv4 não fêz exame na consideração de diversas edições que são da importância grande hoje, como um espaço de endereçamento maior que fornece uma solução para o problema, a mobilidade, a segurança, autoconfiguração e a qualidade do serviço.

Para dirigir-se a estes interesses, o Internet Engineering Task Force (IETF) desenvolveu um suite dos protocolos e dos padrões sabidos como a versão 6 do IP (IPv6), que incorpora muitos dos conceitos e dos métodos propostos para atualizar IPv4. Algumas das características IPv6 incluem um formato novo do header, um espaço de endereço maior (128 bits), uma infraestrutura hierárquica e eficiente de endereçamento e roteamento, a disponibilidade da segurança do endereço, de segurança interna, da melhor sustentação da mobilidade e de um protocolo novo para a interação de nós vizinhos. Em conseqüência, IPv6 está vindo não somente reparar um número de problemas em IPv4, ele também adicionará muitas melhorias. IPv6 é esperado para substituir gradualmente o IPv4, com os dois coexistindo por um número de anos durante um período de transição.

Implementações IPV6 no Linux

Há duas principais implementações do IPv6 para Linux: a implementação que vem como parte do Kernel Linux e a implementação USAGI (UniverSAI playGround for IPv6). O projeto USAGI trabalha para liberar um protocolo IPv6 de alta qualidade para o Linux, em colaboração conjunto com os projetos WIDE, KAME e TAHI. Este projeto é executado por voluntários de várias organizações que contribuem para o avanço do Linux, e a comunidade IPv6 via a liberação de um protocolo IPv6 (stack). Atualmente, há vários esforços em diferentes times, e o USAGI está tentando unificá-los para uma única implementação IPv6 para todas as distribuições Linux.

Para este laboratório, nós usamos o Kernel Linux 2.4.22 do site www.kernel.org. Primeiramente, mostramos como construir o kernel com suporte ao IPv6, então como atualizar os softwares básicos de rede para que trabalhem com o IPv6, e finalmente, como conectar um servidor IPv6 para a Internet IPv6 usando os serviços do projeto **www.freenet6.net**.

O Kernel Linux com suporte ao IPv6

O primeiro passo é realizar o download do Kernel Linux do site www.kernel.org e descompactar o arquivo:

```
# tar -xzf linux-2.4.22.tar.gz
```

Neste momento, você terá um diretório chamado **linux**. Mova este diretório para o **/usr/src** e renomeie este para **linux-2.4.22** para refletir a versão do Kernel. Agora, crie um link para o diretório fonte 2.4.22:
ln -s /usr/src/linux-2.4.5 /usr/src/linux

Feito isto, deve-se configurar o novo kernel para ter suporte ao IPv6:

```
# cd /usr/src/linux
# make xconfig (or menuconfig)
```

Nós precisamos habilitar duas opões na configuração do Kernel. Primeiro, acesse **Code Maturity Level** e habilite **development/incomplete code/drivers**:

```
"Prompt for development and/or incomplete code/drivers"    YES
```

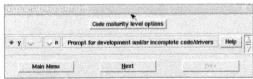

Code maturity level options
y
n
Prompt for development and/or incomplete code/drivers
Help
Main Menu
Next
Figura 1. Habilitar Característica de suporte para Laboratório

Então, acesse **Networking Options**. Habilite a opção **IPv6 Protocol**:

```
IPv6 Protocol (EXPERIMENTAL)    YES
```

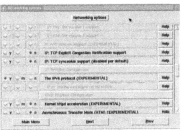

Networking options
IP: TCP Explicit Congestion Notification support
IP: TCP syncookie support (disabled per default)
The IPv6 protocol (EXPERIMENTAL)
Kernel httpd acceleration (EXPERIMENTAL)
Asynchronous Transfer Mode (ATM) (EXPERIMENTAL)
Main Menu
Next
Prev
Figura 2. configuração do Kernel Linux IPv6

Isto é tudo que necessitamos fazer em relação ao Kernel do Linux. A próxima tarefa é que devemos salvar esta configuração e sair, basta para isto basta selecionar **Save** e o botão **Exit** (veja figura 3). Com isto, será criado um arquivo **.conf** em **/usr/src/linux**, o qual é o arquivo de configuração do kernel. Agora nós estamos prontos para compilar o kernel com os seguintes procedimentos:

```
# make clean
# make dep
# make bzImage
```

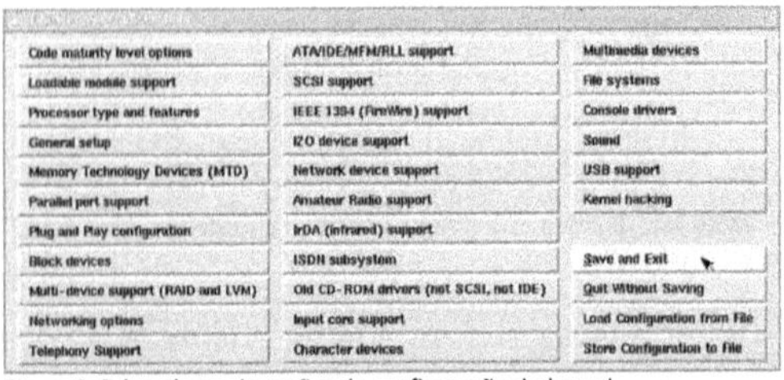

Code maturity level options
Loadable module support
Processor type and features
General setup
Memory Technology Devices (MTD)
Parallel port support
Plug and Play configuration
Block devices
Multi-device support (RAID and LVM)
Networking options
Telephony Support
ATA/IDE/MFM/RLL support
SCSI support
IEEE 1394 (FireWire) support
I2O device support
Network device support
Amateur Radio support
IrDA (infrared) support
ISDN subsystem
Old CD-ROM drivers (not SCSI, not IDE)
Input core support
Character devices
Multimedia devices
File systems
Console drivers
Sound
USB support
Kernel hacking
Save and Exit
Quit Without Saving
Load Configuration from File
Store Configuration to File
Figura 3. Salvando as alterações da configuração do kernel

O resultado disto será uma nova imagem do Kernel criada em **/usr/src/linux/arch/i386/boot/**. Se você adicionar outros recursos ou módulos, você necessitará compilar e instalar os módulos executando o seguinte:

```
# make modules
# make modules_install
```

Nesta fase de nosso trabalho, é necessário copiar a nova imagem já com IPv6 para **/boot**:

```
# cp /usr/src/linux/arch/i386/boot/bzImage /boot/bzImage.ipv6
```

E atualize o seu arquivo **System.map**:

```
# cp /usr/src/linux/System.map /boot/System.map-2.4.5-ipv6
# ln -fs /boot/System.map-2.4.5-ipv6 /boot/System.map
```

O único passo faltante é atualizar o arquivo **/etc/lilo.conf** para adicionar um linha para o novo Kernel baseado em IPv6. Edite o arquivo /etc/lilo.conf e adicione as seguintes linhas:

```
image=/boot/bzImage.ipv6
label=linux_ipv6
root=/dev/hda1 # change this to reflect your own
              # partition
read-only
```

Então atualize a configuração LILO submetendo-a assim:

```
# /sbin/lilo
```

Isto adicionará uma entrada chamada **linux_ipv6** será apresentada no LILO em tempo de boot. Pronto, agora estamos prontos para reiniciar o servidor. Quando o LILO surgir, escolha então o boot **linux_ipv6**. Parabéns neste momento, o seu servidor já estará com suporte ao IPv6 no Kernel.

Pela digitação de **ifconfig** no prompt para verificar o resultado. Será apresentado o endereço local em IPv6 ::**1** na sua configuração loopback (veja a figura 4):

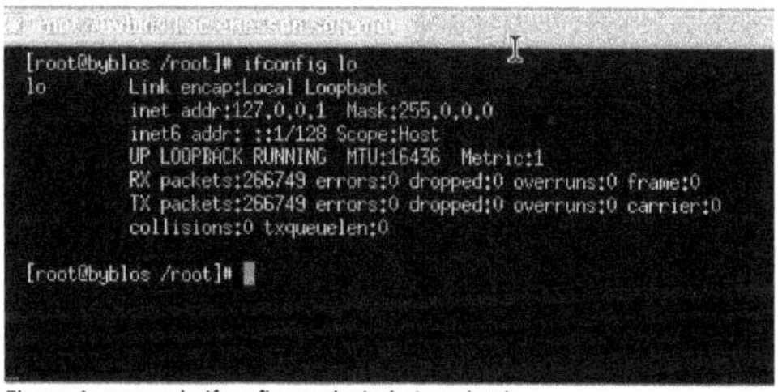

Figura 4. comando ifconfig produzindo Loopback

Utilitários e Binários IPv6

Uma vez que o Kernel já entende IPv6, necessitamos instalar alguns utilitários para que possamos testar o servidor, e usar o modo/protocolo de transporte IPv6 com outros sistemas. Primeiramente, precisamos dos utilitários básicos da rede para entender o IPv6 e assim sermos capazes de configurar as interfaces, além disto de alguns utilitários IP como o **ping6, telnet6**, etc...

Há três pacotes que fornecem estes utilitários: **net-tools**, **iputils** e **netKit**. O último é opcional. Se você optar e ter a possibilidade de debugar problemas potenciais de uma rede IPv6 que possam surgir, precisa-se então ter suporte do IPv6 em **tcpdump** e **libpcap**.

net-tools

net-tools é uma coleção de programas de controle de rede Linux, qual inclui comandos como **arp, hostname** (domainname, dnsdomainname, nisdomainname), **ifconfig, ipmaddr, iptunnel, netstat, rarp, route** e **plipconfig**.

Este pacote está disponível para download no site **www.tazenda.demon.co.uk/phil/net-tools**.

Para instalar este pacote no servidor, primeiramente, faça o download diretamente no diretório **/usr/src**. Então, execute os seguintes comandos separadamente:

```
# cd /usr/src
# tar xIvf net-tools-1.60.tar.bz2
# cd net-tools-1.60
```

```
# ./configure.sh config.in
```

A configuração fará algumas perguntas para que seja capaz de configurar o net-tools. Sugiro que você responda **yes** para as seguintes perguntas:

```
INET6 (IPv6) protocol family (HAVE_AFINET6) [n]    y
SIT (IPv6-in-IPv4) support (HAVE_HWSIT) [n]         y
Build iptunnel and ipmaddr (HAVE_IP_TOOLS) [n]     y
```

Então torna-se necessário a compilação e instalação net-tools:

```
# make
# make install
```

Os binários e executáveis serão instalados em /sbin e /bin, e você pode iniciar usando-os desde que você tenha reiniciado o computador utilizando o kernel Ipv6:

iputils

Este pacote inclui os seguintes utilitários: **ping; ping6; traceroute6; rdisc; clockditt; tftpd; tracepath; tracepath6** e **arping**. E pode ser que os utilitários IP instalados no seu servidor não tenham suporte ao IPv6. Para testar isto, digite o seguinte comando:

```
# rpm -q --qf "%{NAME}-%{VERSION} " iputils
```

Se for apresentada "iputils-20000121" ou superior, então você não precisa executar a instalação. Caso contrário, siga os seguintes passos para instalar os utilitários no sistema. Em primeiro lugar, faça o downloado do pacote em **ftp.inr.ac.ru/ip-routing**. Para nossa configuração, nós usamos **iputils-ss001110.tar.gz**. Agora, vamos descompactar em **/usr/src**:

```
# tar -xzf iputils-ss001110.tar.gz
```

Finalmente, compile o iputils com **make**. O pacote não disponibiliza um make install. Você pode colocar os binários no diretório da sua escolha. Entretanto, você necessita ter certeza que as versões anteriores dos utilitários não entrem em conflito com as novas no seu path de busca (caminho). Grave os novos binários/executáveis em **/usr/local/iputils/bin/**. O pacote disponibiliza páginas de manuais para todos os utilitários.

Utilitários NetKit

Estes utilitários são ferramentas básicas para trabalhar e testar com as novas configurações IPv6. O netKit inclui os seguintesutilitários: ping, finger, telnet, rwho e os seus respectivos daemons. Estes são utilitários importantesporque nós podemos compilá-los com suporte ao IPv6. Este pacote está disponível no site **http://freshmeat.net/projects/netkit**. A versão que usamos neste laboratório foi a **nkit-0.5.1.tar.gz**.

Agora, deve-se executar o comando **./configure**. Faça a compilação com **make clean** e **make**, e então copie os binários para **/usr/local/bin**:

```
# cp telnet/telnet /usr/local/bin/telnet6
# cp telnetd/in.telnetd /usr/local/sbin/in.telnetd6
# cp finger/finger /usr/local/bin/finger6
# cp ping/ping /usr/local/bin/ping6
# cp fingerd/in.fingerd /usr/local/sbin/in.fingerd6
```

Neste momento, você terá as funcionalidades básicas. Por exemplo, pode-se executar ping6 para o "local IPv6 loopback", veja a figura 5.

Figura 5. Comando ping6 em ação

> **Observação:** se você estiver usando Red Hat 7.x, por exemplo, você necessita aplicar um patch para o NetKit. Este patch está disponível no site da Red Hat ou ftp.bieringer.de/pub/linux/IPv6/netkit.

Utilitários Opcionais

Há alguns utilitários opcionais que você pode instalar no seu sistema para suporte ao IPv6. Para este laboratório, nós recomendamos apenas três pacotes: **libpcap; tcpdump** e **xinetd**.

Libpcap e tcpdump

Se você precisa entender o que está acontecendo em nível de pacote de sua conexão ou rede IPv6, você precisa ter IPv6 com libpcap e tcpdump. Libpcap é uma interface independente de sistema para capturar pacotes que fornece o monitoramento da rede em baixo nível. De outro lado, o tcpdump é um utilitário que disponibiliza o monitoramento de rede e a aquisição de dados. Se você precisa destas funcionalidades, vocêpode copiar as versões mais atuais e instalá-las em seu servidor. As versões que testamos foram tcpdump 3.6.2 e libpcap 0.6.2. Primeiramente, faça o download em www.tcpdump.org e mova os arquivos para **/usr/src**. Descompacte o arquivo com:

```
# tar -xzf libpcap-0.6.2.tar.gz
# tar -xzf tcpdump-3.6.2.tar.gz
```

Após a descompactação, você terá dois diretórios, um para cada pacote. Como próxima tarefa, você precisa seguir os seguintes passos para cada pacote. Entretanto, você necessita aplicar primeiro o libpcap e somente depois o tcpdump. Primeiro, execute o script de configuração enquanto habilita IPv6:

```
# ./configure --enable-ipv6
```

Então compile com **make clean** e **make**. Por último, instale os binários com **make install**.

Após ter executado estes passos, você precisa ajustar sua variável de caminho (path) para incluir os novos utilitários que entendem IPv6. Você pode querer também editar **/etc/profile** e incluir **/usr/local/sbin** e **/usr/local/bin** dentro de sua variável **PATH**, finalmente, recarregue o /etc/profile para que as alterações tenham efeito:

```
# source /etc/profile
```

xinetd com suporte ao IPv6

Se você quer se capaz de executar o telnet6 para o seu servidor, você necessita compilar **xinetd** com suporte ao **inet6**. Normalmente, o daemon inetd instalado não está pronto para entender endereços IPv6. Entretanto, você necessita atualizar para xinetd. Para download a última versão do xinetd visite o site http://synack.net/xinetd. Nosso laboratório foi feito com **xinetd-2.1.8.8p3.tar.gz**. Faça o download dentro do diretório **/usr/src** e descompacta assim:

```
# tar -xzf xinetd-2.1.8.8p3.tar.gz
```

Agora, execute o script de configuração:

```
# ./configure --with-inet6 --prefix=/usr/local/bin
```

O "**--prefix=/usr/local/bin**" é usado para especificar que os binários gerados deverão ser gravados em **/usr/local/bin**. Então, compile e instale:

```
# make clean
# make
# make install
```

E deve-se criar o arquivo de configuração a partir do arquivo **inet.conf** anterior:

```
# /usr/sbin/xconv.pl < /etc/inetd.conf > /etc/xinetd.conf
```

Aonde **/usr/sbin** é o caminho para os executáveis **xinetd**. Como observação, você precisa garantir que no script **xconv.pl** a primeira linha contem o caminho (PATH) correto para os binários Perl a serem executados.

Feito isto, deve-se fazer pequenas alterações em **/etc/xinetd.conf** para refletir o uso do telnet6d e ftfp6d, ao invés dos mesmos daemons, só que na versão IPv4. Tendo finalizado, os serviços Telnet e FTP em IPv6 estarão prontos no servidor.

Aplicações IPv6

Já há uma quantidade considerável de aplicações que suportam o IPv6. Entretanto, nós iremos mencionar somente uma aplicação no servidor, que é um servidor Web, neste caso, o Apache. As últimas versões, a partir da Apache 2.0.16 beta já incluem suporte para IPv6. Portanto, se você fizer o download da última versão deste servidor web, instalar no seu servidor Linux, você será capaz de visualizar conteúdo Web em IPv6.

Figura 6   Apresentação   do   Mozilla   tentando   acessar   o endereço "http://[::1]/", o qual é um loopback em IPv6

Para sua conveniência, você Poe querer atualizar o arquivo **/etc/hosts** para incluir:

```
::1   ip6-localhost  ip6-localhost
```

Então, ao invés de usar **::1**, você poderá usar **ip6-localhost** no acesso. Não se esqueça de verificar o arquivo **/etc/protocols**. Se as entradas mencionadas abaixo não estiverem neste arquivo, você precisa adicioná-las para ter suporte ao IPv6:

```
ipv6      41 IPv6          # IPv6
ipv6-route 43 IPv6-Route   # Routing Header for IPv6
ipv6-frag  44 IPv6-Frag    # Fragment Header for IPv6
ipv6-crypt 50 IPv6-Crypt   # Encryption Header
                           # for IPv6
```

```
ipv6-auth  51 IPv6-Auth   # Authentication Header
                          # for IPv6
ipv6-icmp  58 IPv6-ICMP  icmpv6 icmp6M  # ICMP for
                                        # IPv6
ipv6-nonxt 59 IPv6-NoNxt  # No Next Header for IPv6
ipv6-opts  60 IPv6-Opts   # Destination Options
                          # for IPv6
```

Conectando-se para a Internet em IPv6

Retornando ao ano de 1996 quando a primeira especificação para IPv6 foi definida, havia um interesse em ter um backfone de teste para IPv6. Durante a reunião em Montral em 1996, o 6bone (IPv6 backfone) nasceu. Este utiliza endereços de testes na faixa "**3ffe::/16**". No começo, a maioria do backbone foi feita usando "túneis" sobre a atual internet IPv4. Isto fazia uma rede IPv6 virtual sobre a Internet IPv4. Atualmente, o 6bone é feito de ambos links e túneis nativos. O 6bone estaá disponível para teste, para qualquer tráfico e sem limitações.

Em julho de 1999, os três registros regionais, ARIN para Américas, RIPE para Europa e Áfriac, e APNIC para Ásia, começaram a adr endereços regulares para provedores, iniciando nas faixas **2001::/16**. Todos os sites tiveram endereços a partir desta faixa para produzir a Internet IPv6.

Para conectar tanto para o 6bone ou a Internet IPv6, você precisa (como na IPV4) um provedor que ofereça o serviço. Se você não pode encontrar um diretamente, ou se seu atual não oferece este serviço, então a solução fácil é fazer um túnel para um provedor ou um site que esteja se preparando para este tipo de serviço.

Já no amadurecimento da Internet, um projeto foi lançado para ajudar aos usuários a iniciarem o uso do IPv6, oferecendo assim um serviço de túnel gratuito e automatizado que pode conectar qualquer individuo ou organização para a Internet IPv6. O projeto foi chamado de **Freenet6.net** e foi conduzido pela Viagénie, uma firma de consultoria, como contribuição e voluntariado. O serviço é muito popular na comunidade por causa do acesso rápido e fácil a Internet.

A Freenet6 foi modelada a partir do tunnel broker (RFC 3053) aonde um IPV6-sobre-um-tunel-IPv4 que esteja habilidado entre um nó e um tunnel broker. Freenet6 é um versão melhorada aonde um nó está usando um túnel setup protocol (TSP) para negociar o estabelecimento do tunel com o servidor. O nó cliente pode ser um servidor ou roteador. O TSP servidor Freenet6 disponibiliza não somente túneis, mas também um considerável espaço de endereço para qualquer usuário do serviço. O espaço de endereço fornecido é um /48, o que dá (16 bits) 65.536 subnets, cada podendo ter até 2^{64} nós (64 bits). Só isto é muito mais do que a atual Internet inteira ! Este espaço de endereço é designado para que o usuário sobreviva na transição de IPv4. Isto habilita qualquer usuário ou organização a ter a liberdade de bilhões de endereços para servidores e serviços.

Um túnel IPV6-sobre-IPv4 é feito com ambos pontos finais quando configurado o IPv4 e o endereço IPv6. Quando um dos pontos finais muda seu endereço IPv4, então ambos pontos finais do túnel precisa alterar suas respectivas configurações.

Isto é incomodo quando o nó IPv4 está fazendo dial-up ou alteração de endereço. TSP, como implementado no serviço Freenet6, pode ser configurado para tomar conta desta tarefa. Cada vez que o túnel cliente altera seu endereço IPv4, por exemplo, no tempo de boot para o serviço DHCP, o cliente TSP envia informações de atualização e autenticação para o servidor, então, o túnel permanece ativo. Os nós de clientes suportados pelo serviço Freenet6 são: Linux, FreeBSD, OpenBSD, NetBSD, Windows, Solaris e Cisco. A figura 7 ilustra de forma básica a Freenet6:

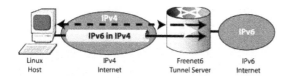

Figura 7. Arquitetura Básica da Freenet6 com um servidor

Para usar o serviço Freenet6 após instalar o IPv6 no Linux, você tem que seguir os seguintes passos:

* Primeiro, vá ao site http://www.freenet6.net e registre-se como usuário e obtenha o seu "user name".
* Então, faça o download do client TSP para Linux.
* Siga as instruções para compilação e instalação.

- Configura o arquivo **tspc.conf** fornecido, adicionando o seu "user name" e "senha".
- Então inicie o programa cliente **tspc**:

```
tspc -vf tspc.conf
```

Você pode querer colocar o comando **tspc** na sua seqüência de boot, o qual será automaticamente reabilidade em tempo de boot, mesmo se o seu endereço IPV4 sofre alterações.

Freenet6 pode dar a você one endereço IPv6 se você tem um servidor, ou este pode dar-lhe um completo /48 se você for um roteador. Freenet6 configurará o Linux para preencher este papel. No caso de um roteador, você receberá um /48, e a primeira subnet do seu roteador será configurada para "router advertisements" – divulgação. Isto significa que os servidores desta subnet receberão o prefixo e autoconfiguração próprias, como mostrado na figura 8 abaixo:

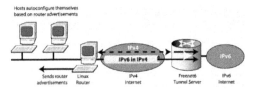

Figura 8. Arquitetura Freenet6 com roteador e múltiplos servidores

Há várias maneiras de conectar a Internet IPv6. A Freenet6, junta com o protocolo TSP, habilita uma conexão baseada no túnel IPv6 fácil com um espaço de endereço permanente que se você alterar o endereço IPv4, os endereços IPv4 e conexões continuarão estáveis.

Guia Completo do Linux e Software Livre

Configurando e compartilhando acesso Internet com IP Masquerading

---

Como a Internet ainda não é de graça, se é que um dia será, e não temos redes espalhadas por todo o mundo. Então, resta-nos enquanto usuários e profissionais da informática obtermos o melhor do que temos na atualidade. E, não importa se estamos em nossa casa com vários computadores (mãe, irmã, empregados, etc.), ou no escritório aonde envolve integrar e compartilhar informações para todos os departamentos. O compartilhamento, seja de conhecimento ou de recursos, é uma nova realidade, e por que então a Internet ficaria de fora ? E o IP-masquerading vem para auxiliar-nos neste objetivo de compartilhar o acesso, principalmente por motivo de custo ou mesmo de facilidade.

O quê é IP Masquerading ?

O IP-Masquerading (eu traduziria como endereço de IP mascarado) fornece a possbilidade de conectar vários computadores para a Internet usando apenas um computador, o qual está configurando com Linux e detém apenas um endereço IP público da Internet. Isto significa que você pode conectar-se a Internet por toda uma rede privativa, e o seu provedor de acesso Internet continuará pensando que você é apenas um usuário.

E este é o objetivo deste capítulo: descrever o comum uso do IP-masquerading que é de permitir clientes (computadores) da rede local compartilharem o acesso a Internet já existente num servidor Linux. O servidor obviamente será um servidor Linux, e as estações de trabalho estarão com o sistema operacional Microsoft Windows.

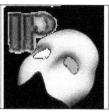

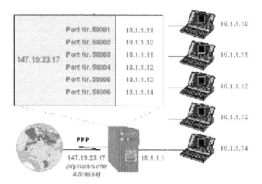

Figura que ilusta uma conexão Internet PPP sendo compartilhada por 5 computadores da rede

Resumindo então: O IP-Masquerading permite que você compartilhe a Internet entre dois ou mais computadores.

Pré-requisitos para uma Rede com IP-Masquerading

Como o nosso objetivo é ser prático, e não repetitivo, pois os capítulos anteriores já acrescentaram conhecimentos, então abaixo há uma lista de pré-requisitos para darmos prosseguimento a configuração do IP-masquerading:

- Uma rede Lan (Local Area Network) configurada e funcionando perfeitamente em conexão com o Linux (placas de rede);
- O servidor Linux já deverá estar devidamente configurado e funcionado para a conexão Internet
- O pacote Ipchains deverá estar devidamente instalado no Linux
- O Kernel do Linux deverá estar compilado com suporte ao IP-Masquerade

Módulos Requeridos para a Configuração

Para termos sucesso na nossa configuração no uso do IP-masquerading, você necessitará que o Kernel do Linux seja superior a 2.2.x ou 2.0.36-*, e que este tenha sido compilado com todas as opções de masquerading. Por exemplo, o RedHat 6.x já vem com estas opções por padrão.

As linhas abaixo devem estar habilitadas no arquivo **/usr/src/.config**, ou quando você preparar o **menuconfig** você deve habilitar esses módulos, caso contrário, você necessitará compilá-las para o seu Kernel:

```
CONFIG_IP_MASQUERADE=y
CONFIG_IP_MASQUERADE_ICMP=y
CONFIG_IP_MASQUERADE_MOD=y
```

```
CONFIG_IP_MASQUERADE_IPAUTOFW=m
CONFIG_IP_MASQUERADE_IPPORTFW=m
CONFIG_IP_MASQUERADE_MFW=m
CONFIG_DUMMY=y
CONFIG_IP_ALWAYS_DEFRAG=y
CONFIG_IP_FIREWALL=y
CONFIG_IP_FORWARD=y
CONFIG_INET=y
CONFIG_NET=y
CONFIG_MODULES=y
CONFIG_EXPERIMENTAL=y
```

Configuração do IPCHAINS e IPFWADM

É a partir deste ponto que realmente a configuração tem início, e este ponto vai ser mais trabalhoso ou não, dependendo da versão do Kernel do seu Linux. Se você for iniciante, escolha um dos apresentados abaixo e inicie a configuração:

Kernel 2.2x e Superior ou Kernel 2.0.36-*

Linux Kernel 2.2.x ou Superior
Os Kernel 2.2.x ou superior utilizam algo chamado de **IPCHAINS** para firewalling. Ipchains tem mais características e é mais fácil de usar, então, o seu predecessor **IPFwadm** está sendo agora substituído em todas as novas distribuições.

Inicia com o seu login como administrador (root) no Linux. Edite então o arquivo **/etc/rc.c/rc.local**. Adicione as linhas sugeridas abaixo no final deste arquivo:

```
#---- START IP Masquerade / IPCHAINS ----
/sbin/depmod -a
/sbin/modprobe ip_masq_ftp
/sbin/modprobe ip_masq_raudio
/sbin/modprobe ip_masq_irc
/sbin/modprobe ip_masq_quake
/sbin/ipchains -P forward DENY
/sbin/ipchains -A forward -s xxx.xxx.xxx.0/24 -j MASQ
echo 1 > /proc/sys/net/ipv4/ip_forward
    #---- END IP Masquerade ----
```

O **modprobe** carrega os módulos **ip_masq** para o ftp, real áudio, irc e quake. Há também módulos para VDO-live e para o software de conferencia em vídeo CuSeeme.
Estes então encaminham os pacotes IP através da rede pelo uso dos três primeiros nós (nodes) da sua rede, mas com o último nó (node) sendo zero "0" (Por exemplo, 192.168.1.0).
Este echo é usado para encaminhamento de IP. Desde o encaminhamento de IP esteja desabilitado por default no Kenel 2.0.34 e superiores, logo, certifique desta habilitação.
Agora, é aconselhável que o sistema/servidor seja reiniciado, para assim, continuarmos a configuração da rede.

Linux Kernel 2.0.36.*
Se você estiver usando um Kernel 2.0.36-* ou 2.1.*, você necessita ter o **IPFwadm** instalado. O IPFwadm foi substituído pelo Ipchains, o qual tem mais características e a utilização bem mais fácil. Entretanto, IPChains não funcionará com versões doKernel mais antigas. É uma boa hora de pensar em atualização do seu Kernel.
Inicie sua configuração logando-se no sistema como administrador (root), Edite então o arquivo **/etc/rc.c/rc.local**. Adicione as linhas sugeridas abaixo no final deste arquivo:

```
#---- START IP Masquerading /IPFWDM ----
/sbin/depmod -a
```

```
/sbin/modprobe ip_masq_ftp
/sbin/modprobe ip_masq_raudio
/sbin/modprobe ip_masq_irc
/sbin/modprobe ip_masq_quake
/sbin/ipfwadm -F -a m -S xxx.xxx.xxx.xxx.0/24 -D 0.0.0.0/0
/sbin/ipfwadm -F -p deny
/sbin/ipfwadm -F -p masquerade
echo 1 > /proc/sys/net/ipv4/ip_forward
#---- END IP Masquerade ----
```

O **modprobe** carrega os módulos **ip_masq** para o ftp, real áudio, irc e quake. Há também módulos para VDO-live e para o software de conferencia em vídeo CuSeeme.

Estes então encaminham os pacotes IP através da rede pelo uso dos três primeiros nós (nodes) da sua rede, mas com o último nó (node) sendo zero "0" (Por exemplo, 192.168.1.0).

Este echo é usado para encaminhamento de IP. Desde o encaminhamento de IP esteja desabilitado por default no Kenel 2.0.34 e superiores, logo, certifique desta habilitação.

Agora, é aconselhável que o sistema/servidor seja reiniciado, para assim, continuarmos a configuração da rede.

Exemplo de Configuração de Rede com IP-Masquerading

A figura abaixo representa uma das possibilidades de configuração de rede usando o IP-Masquerading. Na residência (Family room) há uma estação Macintosh com conexão para o Linux através de um roteador baseado em DOS de baixo custo. O segmento do roteamento (Mac) é do tipo Localtalk enquanto o segmento do Linux é Ethernet (thinnet). Já no servidor Linux Box há uma conexão Internet dialup PPP. Neste Linux há o IP-Masquerading configurado para permitir que todas as estações acessem a Internet.

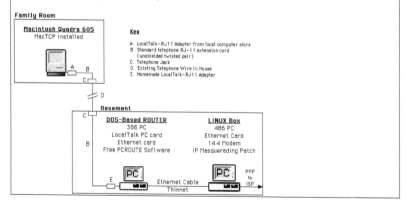

Configurando a Rede para IP Masquerading

Conforme referenciado anteriormente, vamos assumir que sua rede todas as suas estações de trabalho da rede utilizam o Microsoft Windows, e o protocolo TCP/IP está devidamente instalado e configurado para cada um (o endereço local é 192.182.1.2).

Além de configurar os endereços IP respectivos de cada computador na rede, você deverá configurar cada computador interno com o devido endereço IP do gateway, o qual corresponde ao servidor Linux MASQ e servidor DNS requerido. Em geral, esta foi uma descrição mais prática e direta. Portanto, basta simplesmente entrar com o endereço do seu servidor Linux (usualmente 192.168.1.1) no endereço de gateway de cada computador da rede.

Agora, selecione a aba de **Configuração DNS**, e pressione o botão **Ativar DNS**, e então digite o nome para este computador, além do nome oficial do domínio. Caso você não tenha um domínio, coloque o domínio do seu próprio provedor Internet.

A próxima tarefa é adicionar todos os servidores DNS existentes na rede no seu servidor Linux, o que normalmente deve ser feito no arquivo **/etc/resolv.conf**. Usualmente esses servidores DNS estão localizados no seu provedor Internet (ISP), no qual você pode ser executado para registrar (caching) ou autorizar os servidores DNS para o seu servidor Linux MASQ. Opcionalmente, você pode adicionar qualquer registro de domínio e sufixos de busca.

As demais opções de configurações podem ser deixadas com o padrão, ao menos que você saiba como configurar. A partir deste ponto, confirme a alteração e reinicie as estações de trabalho.

Depois dessa configuração realizada, a nossa rede com IP-Masquerading terá o seguinte diagrama:

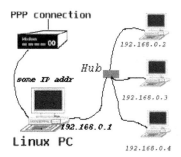

PPP connection

Hub

some IP addr

192.168.0.2

192.168.0.3

Linux PC 192.168.0.1

192.168.0.4

PCs in private LAN

Realizando os Primeiros Testes com IP Masquerading

Agora que os computadores com o Windows já foram reinicializados, vamos colocar tudo isto para trabalhar. Como teste básico, a primeira coisa é testar a conexão com o comando em sistema operacional **ping**. Estando na linha de comando da estação de trabalho, execute:

C:\WINDOWS>ping **192.168.1.1**

A resposta do comando deverá ser semelhante a apresentada abaixo:

```
Pinging 192.168.10.1 with 32 bytes of data:

Reply from 192.168.10.1: bytes=32 time<10ms TTL=255
Reply from 192.168.10.1: bytes=32 time<10ms TTL=255
Reply from 192.168.10.1: bytes=32 time<10ms TTL=255
Reply from 192.168.10.1: bytes=32 time<10ms TTL=255

Ping statistics for 192.168.1.1:
    Packets: Sent = 4, Received = 4, Lost = 0 (0% loss),
Approximate round trip times in milli-seconds:
    Minimum = 0ms, Maximum = 0ms, Average = 0ms
```

Este foi apenas um teste interno para a conexão de rede, pois ainda não seria possível "pingar" um endereço Internet. Caso você não obtenha nenhuma resposta ao teste do ping, verifique a conexão de rede. Podendo se iniciar pela conexão do hub ou endereços de IPs. Se você recebeu a resposta do comando PING, parabéns. Podemos continuar com as demais tarefas. Tente realizar um PING para um domínio existente somente na Internet, ou através de um navegador Web tente acessar um site (URL). Se tudo der certo, você já poderá navegar na Internet, realizar FTP, Telnet, e os demais recursos configurados.

Parabéns, o Linux através do IP-Masquerading mais uma vez colocando-nos num mundo compartilhado.

DICA!

Pode-se escrever um pequeno script para automatizar a configuração do IP-Masquerading. Este script deverá ser colocado em **/etc/rc.d/init.d/**, o qual deverá ter permissão de **755** (comando chmod). Este script assume que você está usando endereço IP estático (192.168.0.1) na interface de seu ambiente de rede, (ifconfig eth0 192.168.0.1 netmask 255.255.255.0). Pode-se alterar o script para suas configurações desejadas. Abaixo há um exemplo do script:

```
#!/bin/sh
echo "Setting up IP masquerading ..."
# People still using windows to surf the web must convert this
# to a UNIX text file before using it.
#
# Support masquerading of FTP file transfer.
/sbin/modprobe ip_masq_ftp
#
#--------------
# Note: the modules below are commented out from loading. Remove the
# comment sign if you want to use the corresponding applications form
# one of the computers inside your internal network.
#
# Support masquerading of RealAudio over UDP.
#/sbin/modprobe ip_masq_raudio
#
# Supports the masquerading of IRC DCC file transfers
#/sbin/modprobe ip_masq_irc
#
# Support masquerading of Quake and QuakeWorld
# Quake I / QuakeWorld (ports 26000 and 27000)
#/sbin/modprobe ip_masq_quake
#
# Quake I/II/III / QuakeWorld (ports 26000, 27000, 27910, 27960)
#/sbin/modprobe ip_masq_quake ports=26000,27000,27910,27960
#
# Support masquerading of the CuSeeme video conferencing software
#/sbin/modprobe ip_masq_cuseeme
#
#Support masquerading of the VDO-live video conferencing software
#/sbin/modprobe ip_masq_vdolive
#--------------
# Important: Enable IP forwarding. It is disabled by default in
# the 2.2.x Kernels
echo "1" > /proc/sys/net/ipv4/ip_forward
#
# NOTE: This is an example for an internal Network address of
# 192.168.0.x The sub netmask is 255.255.255.0 or "24" bit
# Please change this if you use different internal IP addresses.
#
/sbin/ipchains -P forward DENY
/sbin/ipchains -A forward -s 192.168.0.0/24 -j MASQ
#
#--- end of file
```

Sites Importantes para o Assunto

Segue a indicação de quatro grandes sites que servirão de base para sua entrada no mundo MP3, e melhor ainda, sendo sintonizado pelo Linux. Aumente o som !!!

Linux IP Masquerade HOWTO = http://en.tldp.org/HOWTO/IP-Masquerade-HOWTO/

Configurando o Correio Eletrônico Qmail com MySQL no Linux

Acho que você irá concordar comigo que uma das maravilhas difundidas na Internet é a utilização do correio eletrônico. Agora com a utilização do Linux você será capaz de instalar e configurar o seu próprio servidor de e-mail. Existem considerações e detalhes avançados sobre este tópico, mas não vamos nos apegarmos a eles, pois quero mostrar-lhe apenas um caso prático para o seu início. Desejando maiores informações, acesse http://www.ibiblio.org/mdw/index.html e veja a série dos manuais "HOWTO" disponíveis. Iniciaremos como requisito básico, a instalação do banco de dados MySQL, e depois sim, iniciaremos a instalação do Qmail.

Instalação e Configuração do Banco de Dados MySQL

O MySQL é uma plataforma de banco de dados, padrão open source, e de altíssima qualidade, robustez e rápido. O MySQL já está disponível para várias plataformas, inclusive Linux e MS Windows. Para este nosso laboratório, a instalação será da versão **MySQL 4.0**. A versão 5.0 já estava liberada para testes e avaliação.

O banco de dados MySQL é parte essencial do grupo LAMP (Linux, Apache, MySQL, PHP / Perl / Python), que é um grupo de softwares gratuitos em rápida evolução. E muitas empresas já estão usando essa pilha de software LAMP, pois são empresas que estão preocupadas com qualidade e custo.

O MySQL é considerado atualmente o banco de dados gratuito mais popular em todo o mundo, o qual já tem utilizações em dezesseis países, mais de 4 milhões de instalações, e alcança a média de 35 mil dowloads por dia no site oficial. O ano oficial de lançamento do software foi em 1995.

E quem é responsável pelo MySQL na atualidade ? É a empresa MYSQL AB, que foi fundada na Suécia por David Axmark, Allan Larsson e Michael "Monty" Widenius. E ainda, a MySQL AB é a responsável pelo código fonte do MySQL, pela marca MySQL, bem como pelo site MySQL.

Já a partir do ano 2001 a MySQL AB está sendo mantida por capital de risco e investidores do porte do ABN-AMRO e Benchmark Capital.

Com a profissionalização e a notoriedade alcançada pelo MySQL, a MySQL AB foca em desenvolver e manter ferramentas e servidores de banco de dados com altíssima performance e qualidade. É que com o sucesso alcançado, a MySQL AB está definindo um novo padrão de banco de dados.

O site oficial do MySQL está em **www.mysql.com**. Para realizar o download da última versão estável, visite diretamente o site http://www.mysql.com/downloads/index.html.

Se preferir realizar o download a partir de outros sites mirror, há duas sugestões no Brasil: **www.linorg.usp.br** e www.mysql.com.br.

A vantagem de utilizar o site www.mysql.com é que você poderá obter não somente a instalação do servidor de banco de dados, mas também outras ferramentas para conexão e uma administração eficiente.

São três as nossas recomendação de ferramentas para o seu dia-a-dia na administração do MySQL, além é claro, do próprio servidor de banco de dados:

MySQL Administrator

A ferramenta MySQL Administrator é um console poderoso e com interface gráfica voltada para uma administração eficiente dos recursos do banco de dados. A tela abaixo apresenta um exemplo da interface do MySQL Administrator:

Tela exemplo da Administração de usuários de um banco de dados no MySQL

Destacamos os seguintes recursos que podem ser gerenciados pelo MySQL Administrator: Gerenciamento avançado da disponibilidade e performance; análise de erros; gera um baixo custo na tarefa de administração; gerencia os privilégios de acesso através de política de segurança.

MySQL Control Center (MySQLCC)

      O MySQL Control Center é uma aplicação cliente (GUI) que integra-se a um servidor de banco de dados MySQL. Esta ferramenta torna fácil a criação de banco de dados e tabelas, definição e criação de consultas no padrão SQL, execução de backups, e recursos estes e outros válidos para bancos de dados locais ou remotos.

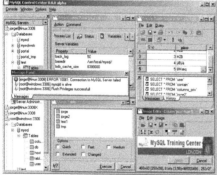

Exemplo da Interface do MySQL Control Center

Gerenciamento via Web de Banco de dados MySQL – Projeto PhpMyAdmin

      Conforme você for se aprimorando na utilização e na administração do MySQL, você encontrará na Internet centenas de ferramentas com interface Web, ou seja, através do seu navegador padrão Netscape, por exemplo, você terá acesso completo a base de dados. Uma das soluções web de administração é o projeto **PhpMyAdmin**. O site oficial deste projeto, aonde poderá encontrar suporte, manuais e download, está no endereço **http://www.phpmyadmin.net/**.

      Através deste aplicativo desenvolvido em PHP, por exemplo, você pode realizar muitas tarefas, desde criação de tabelas, consultas SQL, importação e exportação de arquivos. A tela abaixo do PhpMyAdmin apresenta todas as tabelas do banco de dados **edeusohr**, e a estrutura da tabela **MalaDiretaFinal**:

Download, Compilação, Instalação e Configuração do MySQL no Linux

No site oficial de download do MySQL, você encontrará vários formatos para a obtenção da última versão desse banco de dados: Linux (RPM ou não); Windows; FreeBSD; Solaris; Intel ou AMD; etc..

Para este laboratório, a utilização será para o processador Pentium. Na seção **"Linux x86 RPM downloads"** do site, vamos realizar o download do pacote **MySQL-server-4.0.18-0.i386**. Este tem o tamanho aproximado de 10 megabytes. Desejando copiar os fontes do MySQL, basta ir na seção **"Source downloads"** da própria página e selecionar os **Source RPM**, ou para este laboratório, obtenha o arquivo no formato Tar (**tarball** – tar.gz) que tem o tamanho aproximado a 13 megabytes: **mysql-4.0.18.tar**.

Para uma compilação perfeita dos fontes, a recomendação da MySQL AB é que esta compilação no Linux utilize as bibliotecas e ambiente gcc 2.95 ou gcc 2.91, sendo a mais recomendada a **gcc 3.2**.

Antes de iniciar nossa instalação, todos os procedimentos apresentados a seguir deverão ser executados como super-usuário **(root)**.

Para garantirmos que estamos trabalhando com a última versão do MySQL, vamos remover qualquer outra versão anterior existente em nosso sistema. Para descobrir quais pacotes RPM já estejam instalados, execute:

```
# rpm –qa | grep –i mysql
```

Para efetivar a remoção, basta executar o comando **rpm –e** seguindo do nome do pacote/arquivo retornado na consulta anterior:

```
# rpm –e pacote/arquivo
```

Os fontes que você copiou do MySQL a partir do site mysql.com deverão estar gravados dentro de um diretório do seu servidor Linux. A nossa recomendação é de que esteja em **/usr/local/src**. Após ter colocado o fonte neste diretório, posicione-se neste com o comando **cd**:

```
# cd /usr/local/src
```

Como o arquivo fonte é distribuído no formato Tar Archive, deveremos então descompactar e somente após isto é que poderemos realizar a instalação. No nosso caso, o arquivo foi **mysql-4.0.18.tar**. Para descompactar o arquivo, execute:

```
# tar zxf mysql-4.0.18.tar
```

Após a execução deste comando, você terá um novo diretório chamado **/usr/local/src/mysql-4.0.18**.

Há alguns procedimentos a serem feitos antes de executarmos o MySQL. Primeiramente, devemos criar um usuário (user) e um grupo de usuários (group) que detenham a propriedade do MySQL. É que, por questões de segurança, não desejamos que o banco de dados MySQL seja executado pelo usuário **root**, pois com um usuário específico facilita a tarefa de identificar processos através do comando **ps**.

```
# groupadd mysql
# useradd –g mysql –c "MySQL Server" –d /dev/null –s /sbin/nologin mysql
```

Agora, nós iremos alterar o diretório de trabalho (HOME) aonde ficam localizados os fontes, e iniciar nossa construção do MySQL.

O comando **configure** tem muitas opções de parâmetros. Para conhecer uma a uma, execute:

```
# ./configure –help | less
```

Dando prosseguimento, acesse o diretório dos fontes e execute:

```
# cd /usr/local/src/mysql-4.0.18
# ./configure \
--prefix=/usr/local/mysql \
--localstatedir=/usr/local/mysql/data \
--disable-maintainer-mode \
--with-mysqld-user=mysql \
--with-unix-socket-path=/tmp/mysql.sock \
--without-comment \
--without-debug \
--without-bench
```

Finalizando este processo, a próxima etapa é compilar, o que poderá consumir entre 10 e 15 minutos. Para efetivar isto, basta executar:

```
# make && make install
```

Configuração e Inicialização do MySQL

Uma vez que a compilação esteja finalizada, o MySQL já está instalado, mas necessitamos configurar alguns itens importantes. O primeiro passo é executar o script que define os bancos de dados internos do MySQL (named, mysql,etc...). Para isto, execute:

```
# ./scripts/mysql_install_db
```

Agora, nós necessitamos definir a propriedade dos diretórios MySQL, bem como dos arquivos de dados, pois somente o usuário **root** poderá fazer alguma alteração nestes:

```
# chown –R root:mysql /usr/local/mysql
# chown –R mysql:mysql /usr/local/mysql/data
```

Deve-se agora copiar o arquivo de configurações padrão para o banco de dados (database) conforme o tamanho esperado: **small; medium; large; huge**.

```
# cp support-files/my-medium.cnf   /etc/my.cnf
# chown root:sys  /etc/my.cnf
# chmod 644  /etc/my.cnf
```

Se o sistema apresentar alguma mensagem de erro nos processos anteriores, isto pode significar que algum passo deu errado no processo **mysql_install_db**. Retorne e verifique isto. Agora nós temos que informar ao sistema aonde localizar as bibliotecas dinâmicas usadas pelo MySQL. Nós usamos as bibliotecas dinâmicas ao invés de bibliotecas estáticas para reduzir ao máximo o uso de memória pelo programa MySQL.

```
# echo "/usr/local/mysql/lib/mysql" >> /etc/ld.so.conf
# idconfig
```

O próximo passo é configurar o script de inicialização (startup), o que habilita a execução automática do MySQL a cada inicialização do Linux (boot).

```
# cp ./support-files/mysql.server /etc/rc.d/init.d/mysql
# chmod +x /etc/rc.d/init.d/mysql
```

```
# /sbin/chkconfig --level 3 mysql on
```

Nós temos agora que configurar os links simbólicos para os binários do MySQL, pois somente assim estes poderão ser executaods de qualquer localização, sem a necessidade de informar o caminho (path):

```
# cd /usr/local/mysql/bin
# for file in *; do ln -s /usr/local/mysql/bin/$file /usr/local/sbin/$file; done
```

Ainda não chegamos no final, pois temos agora que considerar alguns itens referentes a segurança. Primeiramente, vamos assumir que somente aplicações existentes no mesmo servidor terão acesso ao banco de dados. Então, uma configuração é definir para que o MySQL não atende solicitações provenientes de conexões **TCP** na porta **3306**. Para isto, edite o arquivo **/etc/my.cnf** e adicione a seguinte linha na seção **[mysqld]** deste arquivo:

```
                    skip-networking
```

Agora sim, finalmente, podemos inicializar o nosso servidor de banco de dados MySQL:
```
      # cd
           # /etc/rc.d/rc3.d/S90mysql start
```

Realizando alguns Testes

Para iniciarmos nossos testes, vamos consultar a versão instalada:
```
           # mysqladmin version
```
ou
```
           # mysqladmin ping
```

Podemos ainda definir uma nova senha para o usuário **root** do MySQL (não é o mesmo que o do sistema operacional !):

```
          # mysqladmin –u root password Nova_Senha
```

Para iniciar a execução do programa de administração do MySQL, basta digitar o comando abaixo:

```
          # mysql –uroot –p(senha_root)
```

Uma vez conectado ao servidor, pode-se executar comandos no prompt MySQL. Por exemplo:

```
       mysql> use mysql;
              mysql> show tables;
```

Pronto. Nosso objetivo foi alcançado, instalar uma versão básica do MySQL. Aconselhamos que você aprofunde o estudo no MySQL para melhorar a segurança e os recursos.

O Software Qmail

Nos documentos, há sugestão de cinco a seis softwares possíveis (agentes de transporte) para a tarefa de administrar seu serviço eletrônico de mensagens. Esses documentos também ensinam como instalá-los. O único problema é que eles estão mais focados para conexões UUCP (Protocolo de comunicações entre sistemas UNIX). O nosso caso será o de utilizar o SMTP (Simple Mail Transport Protocol) do TCP/IP.

O programa da minha escolha é o Qmail – - http://qmail.usp.br/top.html ou www.qmail.org. Você verá que ele atenderá às suas expectativas.

Instalando Qmail, vpopmail, mysql, QmailAdmin e QmailScanner

O qmail é um dos mais seguros, rápidos e confiáveis servidores de e-mail disponíveis hoje no mercado. Infelizmente, entre suas características, não está a facilidade de instalação. Vamos tentar aqui amenizar o sofrimento que é instalar um server qmail com um mini-howto em português bem claro e objetivo.

Como requisito para uma perfeita instalação, precisaremos do seguinte ambiente:

- Um sistema Linux ou Unix, preferencialmente ligado ao projeto GNU de alguma forma. Já implementei o Qmail em Linux (Conectiva, Debian e SuSE), FreeBSD e OpenBSD com sucesso e poucas modificações nas sintaxes dos comandos. Apresenta-se a sintaxe dos comandos para o Linux, mas se você usa outro sistema, provavelmente conhece a sintaxe dele e poderá adaptar os comandos facilmente.

Baixando o aplicativo o Qmail

O Qmail tem uma licença um tanto quanto restritiva, o que impede que ele seja distribuído em formato binário (rpm, por exemplo). Por isso precisamos baixar o código fonte e compilá-lo. Você precisará dos seguintes arquivos inicialmente:

- qmail, ftp://cr.yp.to/software/qmail-1.03.tar.gz
- ucspi-tcp, ftp://cr.yp.to/ucspi-tcp/ucspi-tcp-0.88.tar.gz
- daemontools, ftp://cr.yp.to/daemontools/daemontools-0.76.tar.gz
- qmail: www.qmail.org

Procedimento de Instalação

Todos os passos abaixo deverão ser executados como Administrador do sistema (root):

Caso você tenha o wget instalado na sua máquina:

```
cd /usr/src/
mkdir qmail; cd qmail
wget ftp://cr.yp.to/software/qmail-1.03.tar.gz
wget ftp://cr.yp.to/ucspi-tcp/ucspi-tcp-0.88.tar.gz
wget ftp://cr.yp.to/daemontools/daemontools-0.76.tar.gz
wget http://www.qmail.org/qmailqueue-patch
```

Antes de iniciar a instalação, é preciso criar alguns grupos e usuários na máquina:

```
groupadd nofiles
useradd -g nofiles -d /var/qmail/alias alias -s /bin/false
useradd -g nofiles -d /var/qmail qmaild -s /bin/false
```

```
useradd -g nofiles -d /var/qmail qmaill -s /bin/false
useradd -g nofiles -d /var/qmail qmailp -s /bin/false
groupadd qmail
useradd -g qmail -d /var/qmail qmailq -s /bin/false
useradd -g qmail -d /var/qmail qmailr -s /bin/false
useradd -g qmail -d /var/qmail qmails -s /bin/false
groupadd vchkpw
useradd -g vchkpw -d /var/qmail/vpopmail vpopmail
```

Vamos agora descompactar os sources e iniciar a instalação:

```
tar zxvf qmail-1.03.tar.gz
cd qmail-1.03
patch -p1 < ../qmailqueue-patch
make setup check
./config-fast nome.do.seu.servidor
```

Pronto! Qmail instalado! Apesar de ainda não poder ser executado, considere que já vencemos uma etapa.

Instalando o ucspi-tcp

```
cd /usr/src/qmail/
tar zxvf ucspi-tcp-0.88.tar.gz
cd ucspi-tcp-0.88
make
make setup check
```

Instalando o daemontools

O daemontools é uma coleção de ferramentas para o gerenciamento de serviços Unix/Linux. Este permite a fácil inicialização ou finalização de serviços. Torna também fácil a inclusão de novos serviços.

```
cd /usr/src/qmail
tar zxvf daemontools-0.76.tar.gz
mv admin /
cd /
cd admin/daemontools-0.76
sh package/install
```

Modificando arquivos e permissões

Para o perfeito funcionamento junto ao vpopmail+mysql que estamos propondo, precisamos utilizar a estrutura de Maildir, ao invés da Mailbox (padrão).

/var/qmail/rc

```
cd /var/qmail
cp boot/home rc
```

Edite o arquivo **rc** e troque a palavra **Mailbox** por **Maildir** (IMPORTANTE: o "M" é maiúsculo). Atribua permissão de execução ao arquivo **rc**.

```
chmod +x rc
```

Scripts de inicialização e arquivos de LOG

É importante que todos os arquivos e diretórios sejam criados com todo cuidado, ou nada irá funcionar.

```
mkdir -p /var/qmail/supervise/qmail-send/log
mkdir -p /var/qmail/supervise/qmail-smtpd/log
```

Arquivo /var/qmail/supervise/qmail-send/run com conteúdo:

```
#!/bin/sh
exec /var/qmail/rc
```

Arquivo /var/qmail/supervise/qmail-send/log/run com conteúdo:

```
#!/bin/sh
exec /usr/local/bin/setuidgid qmaill /usr/local/bin/multilog t /var/log/qmail
```

Arquivo /var/qmail/supervise/qmail-smtpd/run com conteúdo:

```
#!/bin/sh

QMAILDUID=`id -u qmaild`
NOFILESGID=`id -g qmaild`
MAXSMTPD=`cat /var/qmail/control/concurrencyincoming`
LOCAL=`head -1 /var/qmail/control/me`

if [ -z "$QMAILDUID" -o -z "$NOFILESGID" -o -z "$MAXSMTPD" -o -z "$LOCAL" ]; then
    echo QMAILDUID, NOFILESGID, MAXSMTPD, or LOCAL is unset in
    echo /var/qmail/supervise/qmail-smtpd/run
    exit 1
fi

if [ ! -f /var/qmail/control/rcpthosts ]; then
    echo "No /var/qmail/control/rcpthosts!"
    echo "Refusing to start SMTP listener because it'll create an open relay"
    exit 1
fi

exec /usr/local/bin/softlimit -m 2000000 \
/usr/local/bin/tcpserver -v -R -l "$LOCAL" -x /etc/tcp.smtp.cdb -c "$MAXSMTPD" \
-u "$QMAILDUID" -g "$NOFILESGID" 0 smtp /var/qmail/bin/qmail-smtpd 2>&1
```

Criando configuração de conexões concorrentes. Altere de acordo com suas necessidades.

```
echo 20 > /var/qmail/control/concurrencyincoming
chmod 644 /var/qmail/control/concurrencyincoming
```

Arquivo /var/qmail/supervise/qmail-smtpd/log/run com conteúdo:

```
#!/bin/sh
exec /usr/local/bin/setuidgid qmaill /usr/local/bin/multilog t /var/log/qmail/smtpd
```

Dando as permissões corretas:

```
chmod 755 /var/qmail/supervise/qmail-send/run
chmod 755 /var/qmail/supervise/qmail-send/log/run
```

```
chmod 755 /var/qmail/supervise/qmail-smtpd/run
chmod 755 /var/qmail/supervise/qmail-smtpd/log/run
```

Criando diretórios de LOG:

```
mkdir -p /var/log/qmail/smtpd
chown qmaill /var/log/qmail /var/log/qmail/smtpd
ln -s /var/qmail/supervise/qmail-send /var/qmail/supervise/qmail-smtpd /service
```

Liberando o relay definitivo para localhost (RECOMENDADO):

```
echo '127.:allow,RELAYCLIENT=""' >>/etc/tcp.smtp
```

O Script qmailctl

Existem muitas operações que podem ser feitas com o qmail. Para facilitar a nossa vida, o site Life With Qmail (www.lifewithqmail.org/lwq.html) nos disponibiliza um script muito útil, chamado **qmailctl**, o qual pode ser baixado [35]aqui (oficial) ou [36]aqui (linuxman).

```
cd /var/qmail/bin
wget http://www.linuxman.pro.br/qmail/qmailctl
chmod +x qmailctl
ln -s /var/qmail/bin/qmailctl /usr/bin
```

Instalando o vpopmail

Como pretendemos instalar o vpopmail com suporte a banco de dados mysql, assumiremos que o seu servidor Linux já tem um servidor SQL (MYSQL neste caso) rodando e configurado, não sendo abordada aqui a instalação do mesmo.

Com o vpopmail se torna uma tarefa fácil a administração de domínios de email virtuais, e não ficando somente voltado para gerenciar arquivos **/etc/password** no seu servidor padrão de sistema operacional ou correio eletrônico.

Para maiores informações sobre o produto, visite o site http://www.inter7.com/vpopmail.html.

```
mysql> grant all on vpopmail.* to vmail@nome.do.seu.server identified by 'sua-senha';
mysql> flush privileges
cd /usr/src/qmail
wget http://www.inter7.com/vpopmail/vpopmail-5.2.1.tar.gz
tar zxvf vpopmail-5.2.1.tar.gz
cd vpopmail-5.2.1
mkdir -p  /var/qmail/vpopmail/etc
```

Edite o arquivo **vmysql.h** substituindo:

#define MYSQL_UPDATE_SERVER "localhost"

#define MYSQL_UPDATE_USER "root"

#define MYSQL_UPDATE_PASSWD "secret"

#define MYSQL_READ_SERVER "localhost"

#define MYSQL_READ_USER "root"

#define MYSQL_READ_PASSWD "secret"

por:

#define MYSQL_UPDATE_SERVER "seu-server-mysql"

#define MYSQL_UPDATE_USER "vmail"

#define MYSQL_UPDATE_PASSWD "sua-senha"

#define MYSQL_READ_SERVER "seu-server-mysql"

#define MYSQL_READ_USER "vmail"

#define MYSQL_READ_PASSWD "sua-senha"

Configurando o Makefile

Nesse passo é muito importante você conhecer o seu sistema, visto que algumas libs e includes precisarão ser referenciadas (em NEGRITO):

```
./configure --enable-relay-clear-minutes=180 \
    --enable-vpopuser=vpopmail --enable-vpopgroup=vchkpw \
    --enable-tcpserver-file=/etc/tcp.smtp \
    --enable-sqllibdir=LIBMYSQL --enable-passwd=y \
    --enable-qmaildir=/var/qmail \
    --enable-admin-email=admin@seu.dominio\
    --enable-tcprules-prog=`which tcprules` \
    --enable-auth-logging=y --enable-logging=y \
    --enable-sqwebmail-pass=y --enable-default-domain=seu.dominio\
    --enable-mysql=y --enable-roaming-users=y \
    --enable-deliver-filter=y --enable-defaultquota=10485760 \
    --enable-large-site=n --enable-clear-passwd=n\
    --enable-sqlincdir=INCLUDEMYSQL
```

Compilando:

```
make
make install-strip
```

Arquivo de inicialização do vpopmail

```
cd /var/qmail
```

Arquivo **pop** com o conteúdo:

```
/usr/local/bin/tcpserver 0 110 \
/var/qmail/bin/qmail-popup nome.do.seu.server
/var/qmail/vpopmail/bin/vchkpw \
/var/qmail/bin/qmail-pop3d Maildir >/dev/null &
```

Esse arquivo deve ser iniciado no seu run-level padrão. coloque-o na inicialização da forma que achar mais simples.

Qmailadmin

O qmailadmin é uma ferramenta de gerenciamento para os domínios virtuais do qmail. Muito útil e simples de utilizar depois de instalada. Através de uma interface web é possível facilmente gerenciar sistemas de emails baseados em qmail. Veja o modelo de login na tela abaixo:

Para obter maiores informações, visite o site http://www.inter7.com/vpopmail.html.

Uma vez o administrador logado nesta interface, a página web abaixo com as opções de configuração permite uma fácil gestão do sistema de mensagens:

Baixando os sources

```
cd /usr/src/qmail
wget http://www.inter7.com/qmailadmin/qmailadmin-1.0.2.tar.gz
```

Instalando Qmailadmin

```
tar zxvf qmailadmin-1.0.2.tar.gz
cd qmailadmin-1.0.2
./configure --enable-htmldir=/SEU/DIR/DE/HTML
--enable-cgibindir=/SEU/DIR/DE/CGI
make
make install
```

Instalando o QmailScanner

Com a quantidade de vírus e worms que circulam pela web esses dias, um sistema de anti-vírus é essencial. Existem diversos meios de se integrar o Qmail com os anti-vírus, mas o mais usado é sem dúvida o QmailScanner.

Para estar atualizado com as versões e futuro deste software,visite constantemente o site http://qmail-scanner.sourceforge.net.

Os pré-requisitos são:

- Perl 5.005_03+
- Perl module Time::HiRes [http://search.cpan.org/search?module=Time::HiRes]
- Perl module DB_File [http://search.cpan.org/search?module=DB_File]
- Perl module Sys::Syslog [http://search.cpan.org/search?module=Sys::Syslog]
- Algum anti-virus

Mas não vamos falar aqui como instalar esses módulos, recomendo que procure em alguma documentação mais específica. Algumas distribuições do Linux já instalam facilmente estes módulos.

```
cd /usr/src/qmail
wget http://umn.dl.sourceforge.net/sourceforge/qmail-scanner/qmail-scanner-1.15.tgz
tar zxvf qmail-scanner-1.15.tgz
cd qmail-scanner-1.15
./configure --help # Nesse momento você irá escolher as opções que se enquadram no seu
sistema
./configure --SUAS-OPCOES
./configure --SUAS-OPCOES --install
```

Testando a instalação

Esse é um passo importante. Caso não funcione, reveja as opções que você colocou com o **./configure**

```
sh /contrib/test_installation.sh
```

Configurando o Qmail para utilizar o QmailScanner

Edite o arquivo **/service/qmail-smtpd/run** e adicione a seguinte linha logo após **"#!/bin/sh"**:

```
export QMAILQUEUE="/var/qmail/bin/qmail-scanner-queue.pl"
```

E modifique a linha

```
"exec /usr/local/bin/softlimit -m 2000000  \"
```

por

```
"exec /usr/local/bin/softlimit -m 8000000 \"
```

Esse valor foi suficiente para o nosso laboratório, mas observe o seu caso.

Testando o Qmail

Para fazer o teste se tudo correu bem, vamos simular uma conexão telnet com o nosso próprio servidor, assim:

```
% telnet <nome ou IP do nosso servidor>
Trying <nosso endereço IP>
Connected to <nosso endereço IP>
```

Escape character is '^]'.

```
220 domain ESMTP
helo dude
250-domain
250-PIPELINING
250 8BITMIME
mail <me@domain>
```

```
250 ok
rcpt <me@domain>
250 ok
data
354 go ahead
Subject: testing

Isto é um teste.
.
250 ok 812345679 qp 12345
quit
221 domain
Connection closed by foreign host.
%
```

Verifique agora na sua caixa postal se a mensagem enviada chegou sem nenhum problema. Caso tenha tido algum problema, verifique os arquivos FAQs no site desse software.

Finalizando

Há algumas considerações finais que devem ser consideradas:
- A instalação descrita nesse tutorial é a mais simples possível, sendo que existe uma farta documentação sobre qmail na internet.
- O **Daemontools** deve ser iniciado no boot, por isso depois de tudo instalado é necessáro dar um reboot (reinício) no servidor.
- Se receber a mensagem: "451 qq temporary problem (#4.3.0)" tente aumentar o valor para **softlimit**.

E para garantir que no país já há ótimos profissionais e prestadores de serviços em software livre, para configuração e instalação de servidores de correio eletrônico, contate o consultor Eri Bastos. É que sem o apoio deste, este capítulo não teria a qualidade e a precisão desejada pela comunidade de usuários no país.

Eri Ramos Bastos - www.linuxman.pro.br - email: erirb@xtms.com.br - Fone: 0xx11.8133.0206

Para finalizar, sugiro que conheça o site http://www.unixcities.com/qmail-spam-virus-checking/ da Unix cities. Neste você estará atualizado quanto ao assunto de vírus para o mundo X.

Guia Completo do Linux e Software Livre

Configurando um Serviço de Mensagens (Mailing List)

Quem já achava que o email (mensagem eletrônica) foi uma das grandes vantagens da Internet, que também foi trazida para o mundo corporativo, acaba de descobrir a infinidade de outras vantagens. O serviço de Mailing List é apenas uma destas vantagens oriundas da forma de trabalho em rede local ou remota.

Este capítulo então visa apresentar um caso prático de como entender e configurar um simples serviço de mensagem.

O Por quê de um Serviço de Mailing List

Caro usuário do ambiente de rede imagine-se no seguinte cenário. Você acaba de iniciar com seus colegas um novo projeto. Após a primeira reunião, todos concordam que o serviço de envio de mensagens eletrônicas sobre cada fase do projeto será a forma mais eficiente de trabalhar e envolver todos profissionais. Todos saem da reunião, e você decide enviar a primeira mensagem para o email do seu colega de trabalho. Tudo está bem por um tempo até que outro profissional se junta ao projeto ou grupo. Agora, todos os envolvidos têm que atualizar a lista de pessoas do projeto e seus respectivos emails, assim, poderá preencher o campo "Para:" no programa de envio de emails. Logicamente, há o risco de alguma pessoa ser esquecida de ser comunicada, ficando assim, desatualizada do andamento do projeto.

Depois das convulsões e alguns profissionais desatualizados, você se questiona: "será que não há uma maneira de eu enviar um email para uma simples conta de email, e este automaticamente reenviar a mensagem para todos os envolvidos no grupo ?". A resposta é: sim, isto é possível. O que você ou sua empresa precisa é um mailing list (Lista de Mensagens).

Muitos de nós não somos desconhecedores de um serviço de Mailing List, especialmente se você já é participante de uma comunidade de usuários, por exemplo, do Linux. Para aqueles que não conhecem a vantagem de usar este serviço, vamos apresentar os benefícios e como implementa-lo.

Agora, por exemplo, que você concordou que precisa de um serviço de Mailing List. Entretanto, você não tem o tempo para configura-lo. Se você já participou de um serviço de mailing list público e ocupado como, por exemplo, o Bugtraq, você notará que eles utilizam um programa de gerenciamento de mailing list, como o **Majordomo** (http://www.greatcircle.com/majordomo/) ou **ezmlm** (http://www.ezmlm.org/). Se você deseja ter um serviço de mailing list simples, e que este esteja disponibilizado bem rapidamente, então a recomendação é não utilizar esses dois programas. É que eles oferecem características complexas que talvez não seja o seu caso. Um sistema Linux padrão é suficiente para configurar um simples mailing list para um grupo de trabalho (workgroup).

Neste capítulo será discutido como configurar um simples mailing list usando o padrão Mail Transfer Agents (MTAs), o qual vem com qualquer distribuição padrão do Linux, como o sendmail, Postfix or exim.

Configurando o Mailing List no Linux

Configurar um serviço de Mailing List é bem prática. Por isto, cito duas fases: o que precisamos, e depois, faermos literalmente a configuração.

Requisitos para a Configuração

Para configurar e definir um mailing list é necessário termos:

- **Um sistema Linux que esteja permanentemente conectado a Internet com endereço IP fixo, ou configurado na sua rede corporativa**. Isto pode parecer óbvio, mas apenas para ressaltar. Este sistema deverá estar on-line 24 horas ao dia, 7 dias por semana, ou pelo menos, durante o expediente da empresa;
- Um Mail Transfer Agent (Agente Transmissor de Mensagens) como o sendmail, Postfix ou exim. A maioria das distribuições Linux já vem com um desses agentes.

Uma vez que os requerimentos acima foram atendidos, a primeira coisa a fazer é verificar se o seu MTA está sendo executado. Para verificar isto, execute o comando **netstat**:

```
$ netstat –a | grep smtp
tcp       0      0 *:smtp                    *:*                        LISTEN
```

Se o sistema responder com uma linha igual a apresentada, isto significa que o MTA está no ar e rodando. Caso contrário você deve ativá-lo. Para fazer isto, vai depender do seu sistema. Por exemplo, no sistema Debian execute **/etc/init.d/sendmail start**. Já no Red Hat, execute **/etc/rc.d/init.d/sendmail start**. Para fazer isto permanente, faça "**chmod +x /etc/init.d/sendmail**". No Slackware, você terá que descomentar as linhas que ativam sendmail no arquivo **/etc/rc.d/rc.M**, e restartar o sistema.

Configurando o Mailing List

Como primeira tarefa para configurarmos um Mailing List é definirmos o nome do nosso serviço. For exemplo, se o sistema Linux que você estiver usando é chamado mybox.edeus.org, você pode chamar o seu endereço de mailing list de "projeto@edeus.org". Significa que qualquer email enviado para projeto@edeus.org será propagado para todos os emails registrados para este mailing. Para este laboratório, vamos utilizar e considerar que nós queremos manter atualizado para linus@edeus.org, alan@edeus.org e esr@edeus.org.

A próxima tarefa a ser feita é definir o arquivo de apelidos (aliases) do MTA. O arquivo de apelidos é normalmente armazenado como **/etc/aliases** ou **/etc/mail/aliases**, o que pode depender de cada distribuição. Uma vez que você localizou o arquivo, prepare-se para editá-lo. Veja algumas linhas padrão deste arquivo, como "**webmaster: root**", "**postmaster:root**", etc... Desconsidere estas linhas e vá para o final do arquivo, e adicione as seguintes linhas:

```
# The Project mailing list
projeto:
  linus,
  alan@example.net,
  esr@example.org
```

Salve o arquivo a alteração do arquivo e finalize.

Como você pôde ver, nós podemos usar a string "linus" para "linus@edeus.org" desde que nosso servidor seja o mybox@edeus.org e o linus seja usuário deste servidor. Você pode escrever ainda comentários, bastando colocá-los após o símbolo #. O símbolo # deve ser o primeiro caracter na linha.

Nota Importante: agora teremos um passo muito importante ! Dependendo de qual MTA você esteja usando, você pode precisar executar um comando para suas alterações feitas no arquivo aliases tenham efeito em tempo real. Se você não precisar, o mailing list não funcionará ! A tabela abaixo apresenta qual comando deverá ser executado para que suas alterações sejam aceitas:

MTA	Comando
sendmail	Newaliases
Postfix	postaliases /etc/aliases
exim	*[Não necessita comando]*

Parabéns !! A partir deste ponto já podemos trabalhar com o mailing list. Para testá-lo, basta enviar um email para projeto@mybox.edeus.org, e verificar se linus@mybox.edeus.org, alan@example.net e esr@example.org receberam a mensagem.

Adicionar e remover endereços de correio eletrônico também é algo prático. Simplesmente, utilize o seu editor de texto para fazer esta tarefa de administrar o arquivo de apelidos (aliases). Novamente, lembre-se de executar o comando importante para tornar validas suas alterações.

Há ainda uma coisa que você precisa saber sobre mailing list. Diferente dos sistemas de mailing list como majodormo ou ezmlm, terceiros podem enviar emails para o nosso endereço de mailing, o qual será enviado para todos os membros. Portanto, temos uma questão de segurança aqui. Esta é a razão porque eu acredito que um sistema de mailing list deve ser simples. Mas se você estiver para um pequeno grupo de usuário, esta solução apresentada é suficiente pelo início.

Mas lembre-se que aqui apenas começa sua viagem ao mundo do mailing list, há ainda recursos de evitar mensagens de específico domínio, evitar spammers, etc...

Configurando o Serviço de Mailing List baseado em interface Web

Para ser progressivo nosso aprendizado de como montar um serviço de mailing list, vamos aproveitar toda a configuração feita na seção anterior deste capítulo.

Dito isto, o nosso objetivo para esta seção é o de permitir que os membros do seu grupo de trabalho (workgroup) acessem um website, o qual terá arquivado os dados do seu mailing list. Por exemplo, você pode armazenar o seu mailing list em http://mybox.edeus.org/projeto/ e fazer isto acessível para todos os membros do projeto ou da empresa. Portanto, ter um mailing list compartilhado via interface Web se torna mais fácil e conveniente o acesso. E ainda, desta forma, o mailing list atua com uma localização central para armazenar documentos e outros documentos anexos.

Para configurar o serviço de mailing list com interface web será necessário:

- **O servidor web Apache ou similar**: pode-se usar outro servidor além do Apache, entretanto, o Apache é o mais comum servidor web instalado nas principais distribuições do Linux. Para este laboratório foi usada a versão 1.3.20.
- **Hypermail**: o Hypermail é um programa que é usado para gerar arquivos de mensagens com base em web a partir do arquivo de caixa postal (mailbox) no padrão Unix/Linux. Este arquivo pode ser copiado/download em **www.hypermail.org**. Para este laboratório foi usada a versão 2.1.2.

- **Cron:** o cron é um programa que é usado para executar tarefas em horas especificadas. Normalmente, este já é instalado por padrão no Linux ou sistema Unix.

Paraverificar se o servidor web está no ar, use o comando **netstat**:

```
        netstat -a | grep www
tcp     0       0 *:www                    *:*                      LISTEN
```

Se o servidor apresentar uma linha igual a apresentada, isto significa que o serviço http está no ar. Caso contrário, você pode iniciar o serviço executando **"/etc/initl.d/apache start"** para o Debin, o mesmo ou **"/etc/rc.d/init.d/httpd start"** para o Red Hat, etc...Já no Slackware, execute **/etc/rc.d/rc.httpd start.**

Instalando o Hypermail

Após a cópia/download do hypermail, deve-se proceder a instalação conforme indicado no arquivo **README.txt**. Os passos de instalação são básicos e padronizados. Se você estiver apressado, basta seguir os comandos abaixo e na mesma seqüência:

```
# tar zxf hypermail-2.1.2.tgz
# cd hypermail-2.1.2
# ./configure
# make
#  make install
```

Criação da Conta de acesso dummy

A próxima tarefa a ser feita é configurar um conta de usuário tipo *dummy* no sistema. Nós registraremos esta conta no mailing list, e usá-la exclusivamente para receber todas as mensagens enviadas para o mailing list.Nós geraremos então o arquivo do mailing list em usando a caixa postal da conta dummy.

Vamos definir nossa conta dummy como **"projarc"**.Você pode criar esta conta como se estivesse criando uma conta normal de usuário no Linux. Isto pode ser feito a partir do comando **adduser**:

```
# adduser
Enter a username to add: projarc
Adding user projarc...
Adding new group projarc (1004).
Adding new user projarc (1004) with group projarc.
Creating home directory /home/projarc.
Copying files from /etc/skel
Enter new UNIX password: <password>
Retype new UNIX password: <password>
passwd: password updated successfully
Changing the user information for projarc
Enter the new value, or press return for the default
        Full Name []: Dummy user
        Room Number []:
        Work Phone []:
        Home Phone []:
        Other []:
Is the information correct? [y/n] y
```

Agora, você precisará adicionar este usuário para o seu arquivo de apelidos (/etc/mail/aliases ou /etc/aliases), tornando-o assim registrado ao mailing list. Para fazer isto, simplesmente edite o arquivo e adicione o login na lista. A seção que descreve os membros do seu mailing list no arquivo aliases deve-se parecer assim:

```
# The Project mailing list
projeto:
  projarc,
  linus,
  alan@example.net,
  esr@example.org
```

Lembre-se de executar o comando para forçar a atualização do seu MTA.

Nós estaremos usando webspace público do projarc para armazenar os arquivos do nosso mailing list. Para fazer isto, crie um diretório **public_html** no diretório home do **projarc**:

```
$ su - projarc
Password: <password>
projarc@mybox:~$ mkdir public_html
```

Note que o webspace público do usuário pode ser representado por outro nome ao invés de **public_html**. Isto depende da configuração do seu servidor web. Você também necessita garantir que o seu servidor web permite que usuários armazenem webspaces público desta maneira.

Configurando o Servidor Web Apache

O próximo passo é configurar o Apache para que este permita aos usuários do servidor tenham seus próprios diretórios públicos web. O arquivo de configuração Web que necessita ser editado é **/etc/apache/httpd.conf**. Novamente, isto pode diferenciar para cada distribuição Linux. Se não estiver neste caminho, utilize o comando "**locate httpd.conf**" ou "**find / -name httpd.conf**". Uma vez que tenha encontrado o arquivo, faça a seguinte alteração neste arquivo:

- Certifique-se de que as seguintes linhas do arquivo estão descomentadas, ou seja, que não tenham o sinal # como primeiro caracter da linha.

```
<IfModule mod_userdir.c>
    UserDir public_html
</IfModule>
```

Isto significa que o seu valor **UserDir** não é **public_html**, e pode ser algo como **www**. Você pode usar qualquer nome de diretório que desejar para representar o webspace de usuários.

Agora se você quer que os membros do grupo de trabalho acessem seu arquivo usando um endereço como http://mybox.edeus.org/projeto, então você precisará configurar um link simbólico a partir do webspace raiz do Apache, para assim, apontar para o webspace do projarc. Para descobrir qual é o webspace raiz do Apache, verifique o valor **DocumentRoot** configurado no arquivo **/etc/apache/httpd.conf**:

```
# grep ^DocumentRoot /etc/apache/httpd.conf
DocumentRoot /var/www
```

No exemplo acima, o webspace raiz do Apache está em **/var/www**. Para criar um link simbólico para apontar para o webspace público do projarc, basta seguir abaixo:

```
# cd /var/www
# ln -s /home/projarc/public_html theproject
```

Testando o Hypermail

Quando um usuário recebe uma mensagem de correio eletrônico, a mensagem será armazenada num arquivo chamado **/var/mail/username**. Aonde username coresonde ao login do usuário. Então, no caso do projarc, o arquivo será **/var/mail/projarc**, dependendo da distribuição Linux, o arquivo poderá ser **/var/spool/mail/projarc**.

Nós podemos usar o hypermail para ler o arquivo de mensagens e gerar o arquivo para a interface web. Entretanto, quando a conta de usuário projarc for criada, o arquivo ainda não existirá. Então você precisará enviarum email para projeto@mybox.edeus.org somente para que o arquivo seja criado.

Após o envio do email/mensagem de teste, execute o seguinte comando estando logado no sistema como usuário **projarc**:

```
$ hypermail -m /var/mail/projarc -l "The Project" -d /home/projarc/public_html
```

Agora, através do seu navegador web aponte para a URL http://mybox.edeus.org/projeto, e você receberá o arquivo do seu mailing list. A tela abaixo é um exemplo:

The Project
By Thread

Seria mais conveniente usar o arquivo de configuração do Hypermail para executar o próprio hypermail, só que sem a necessidade de ter que digitar todos aqueles parâmetros de linha de comando. Para fazer isto, crie um arquivo chamado **/home/projarc/projarc-hmrc** e coloque o seguinte conteúdo neste:

```
mbox = /var/mail/projarc
label = Projeto
dir = /home/projarc/public_html
```

Você pode agora gerar o arquivo de mailing pela execução do seguinte comando:

```
$ hypermail -c /home/projarc/projarc-hmrc
```

Configurando o Serviço Cron

Nós definitivamente queremos que nosso mailing list seja automaticamente atualizado, sempre que uma mensagem eletrônica seja enviada para a lista. Nós então usaremos o **cron** para fazer isto. Isto não será atualizado em tempo real, mas nós podemos definir que o cron execute o hypermail a cada 5 minutos, o qual deve representar a freqüência padrão na troca de mensagens. Deve-se avaliar performance do servidor, tamanho dos arquivos que serão sempre atualizados, etc...
Para configurar o cron, deve-se editar o arquivo tabela do próprio **cron**:

```
$ crontab -e
```

Agora você deve utilizar um editor de texto para alterar o arquivo. Se você deseja que o hypermail seja executado a cada 5 minutos, entre as seguintes linhas:

```
# Update The Project mailing list archive every 5 minutes
*/5 * * * * /usr/bin/hypermail -c /home/projarc/projarc-hmrc
```

Quando finalizada a alteração do arquivo do cron, basta gravar e finalizar. Para testar suas alterações, simplesmente aguarde por 5 minutos e atualize a apresentação da URL no seu navegador web. Este deverá estar apontado para http://mybox.edeus.org/projeto/.

Guia Completo do Linux e Software Livre

Configurando uma Virtual Private Network (VPN) com IPSec FreeS/Wan

No nascimento da Internet bastaria um usuário conectar-se a Internet para sentir-se realizado, ele sentia-se membro desta teia global. Pouco tempo depois, não basta apenas o usuário ou indivíduo estar conectado, mas sim a sua empresa ou instituição. Como tudo era novidade, várias idéias foram tidas e experimentadas. Uma destas tendências que virou realidade é a Virtual Private Network (VPN). A qual visava utilizar e economizar na construção de backbone de rede, usando para isto, a própria Internet para inteligar um ou mais pontos de uma rede corporativa. Logicamente existem muitas questões relativas a segurança para este assunto, mas a questão é que as VPN são uma realidade. E deste assunto que este capítulo se dedica em montar um caso prático. Para maiores conceitos de tipos de rede, sugiro a leitura neste livro do Anexo IV - Entendo a Internet, Intranet e Extranet. Outra dica de site é o **do VPN Consortium** em **www.vpnc.org** .

Então, uma VPN, no mais fundamental dos conceitos é a ligação de duas redes privadas passando por uma rede pública (internet), ou seja, interligar matriz e filial, parceiros de negócios ou qualquer outra situação que exija uma conexão segura por meios inseguros.

E para garantir que no país já há ótimos profissionais e prestadores de serviços em software livre, para configuração e instalação de VPN e outros serviços no Brasil, contate o consultor Eri Bastos. É que sem o apoio deste, este capítulo não teria a qualidade e a precisão desejada pela comunidade de usuários no país:

> **Eri Ramos Bastos** - Fone: 0xx11.8133.0206 – São Paulo
> www.linuxman.pro.br   -   email: erirb@xtms.com.br

O foco deste capítulo é apresentar um laboratório prático e resumido de como configurar uma VPN com o uso IPSec FreeSwan, volta para integrar servidores Linux a Linux tendo como backbone a Internet ou outro padrão suportado.

O IPSec FreeS/Wan

Linux FreeS/WAN é uma implementação do IPSEC & IKE para o ambiente Linux. O IPSEC é a abreviação para Internet Protocol Security. O qual utiliza-se de considerado recurso de criptgrafia para prover ambos serviços de autenticação e encriptação. A Autenticação visa garantir que os pacotes são do correto remetente e não foram alterados no caminho, enquanto a encriptação garante que não haja leitura desautorizada do conteúdo dos pacotes.

Estes serviços permitem que você construa túneis confiáveis em redes não tão confiáveis. É que tudo que passa através da rede não confiável é encriptado pelo equipamento de gateway IPSEC remetente, e descriptado pelo gateway existente no destino. O resultado disto é uma Virtual Private Network.

Os protocolos IPSEC foram desenvolvidos pelo IETF (Internet Engineering Task Force) e será requerido como componente da versão 6 do IP, a próxima geração. Ele estão também sendo implementando com a atual utilização do IPv4. Em particular, por todos os fornecedores de software de segurança ou firewalls. Há ainda vários projetos de software livre do tipo IPSEC. Muitas companhias estão cooperando com o projeto Secure Wide Area Network (S/WAN) para dar integração ao projeto.

O ponto de partida e site principal do projeto está em http://www.freeswan.org.

Iniciando a Configuração

A Estrutura da VPN que utilizaremos é uma VPN realmente simples, interligando matriz e filial (por exemplo). O tipo de autorização que utilizei foi a chave RSA. Caso prefira usar um segredo, favor recorrer a documentação oficial no site http://www.freeswan.org.

Abaixo segue um cenário modelo de nosso laboratório, vamos logicamente alterar algumas configurações de IP ou conforme a sua necessidade:

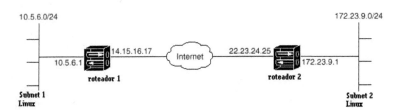

Subnet 1 <------>Linux1<--ROTEADOR1=== INTERNET ===ROTEADOR2-->Linux2<------>Subnet2

No nosso cenário, as configurações serão:

- Subnet1: 192.168.4.0/24
- Linux1: 200.xxx.xxx.57 (192.168.4.1)
- ROTEADOR1: 200.xxx.xxx.1
- ROTEADOR2:200.xxx.xxx.1
- Linux2: 200.xxx.xxx.56 (192.168.3.1)
- Subnet2: 192.168.3.0/24

Recomendação quanto a distribuições

Eu fiz os testes na distribuição Slackware Linux 9.1, a qual funcionou perfeitamente. Caso você esteja utilizando alguma outra versão de Linux, e encontrar algum problema, veja se a solução não está no site http://en.tldp.org/LDP/solrhe/Securing-Optimizing-Linux-RH-Edition-v1.3/chap25sec206.html.

Instalando o FreeS/Wan

Não vou entrar em detalhes de como compilar o freeswan ou inseri-lo no kernel, já que o objetivo é uma coisa mais simples. Para isto, se for o caso, já demonstrei nos capítulos anteriores como fazer isto.
O Freeswan já vem compilado e instalado na maioria das distribuições, verifique esta informação na sua distribuição.

Arquivos de configuração

Vamos utilizar dois arquivos de configuração: **ipsec.conf** e **ipsec.secrets**. Por padrão eles estão localizados no diretório /**etc**.
Estaremos focando apenas nos problemas encontrados, devido sua praticidade no processo de instalação:

ipsec.conf:
Nesse arquivo estarão as configurações gerais do ipsec e também as configurações das VPNs.

Primeira parte:

config setup

```
    # THIS SETTING MUST BE CORRECT or almost nothing will work;
    # %defaultroute is okay for most simple cases.
    interfaces=%defaultroute
    # Debug-logging controls:  "none" for (almost) none, "all" for lots.
    klipsdebug=none
        plutodebug=none
    # Use auto= parameters in conn descriptions to control startup actions.
    plutoload=%search
    plutostart=%search
    # Close down old connection when new one using same ID shows up.
    uniqueids=yes
```

interfaces=%defaultroute

Se a sua rota padrão (seu gateway) vai ser o caminho até a outra ponta da VPN, ótimo, deixe assim. Caso você vá conversar com a outra ponta, digamos, pela eth1, você deverá colocar: interfaces="ipsec0=eth1" o resto pode deixar padrão mesmo.

Segunda parte:

```
conn %default
keyingtries=0
disablearrivalcheck=no
authby=rsasig
leftrsasigkey=%dns
rightrsasigkey=%dns
```

Deixe isso assim mesmo. Não faz diferença se for uma estrutura simples como a que nós estamos montando.

Terceira parte:

```
conn sample
 type=tunnel
 left=200.xxx.xxx.57
 leftsubnet=192.168.4.0/24
 leftrsasigkey=0sAQOXm+T0m+5J1ohjiNN4frB0AIzkzo1NIsY0cS2DXrvISjCZp5DrFe78FIFbJbmAX0mYt6D+h/I4QNdnIvLKztOyAmLkfPiMBbjBi
 PAjQ95PBVrMUmHdEIDnTt8IIhgKlF3lqiGpVRqOUrm5P9h+c3a+8n42Vq2BBODLxH/X6sIWIlLhSqE7cYmEspBRdLUyl3ZjngDZ5Zt0wt9iOOeL6
 pPDYJEbXZ6Th5feFOtt02pme0ZTFV4LehoN4WOIv7N/CaUBMW70
 gwq6R8Q7AX9KVnRahcDir6BC1fcLFCmG7zJy0tUlnXcCDRfrbiilxDcjZlMeZgKzJxHUD2n1GtzUFnYJ
 leftnexthop=200.xxx.xxx.1
 right=200.xxx.xxx.56
 rightsubnet=192.168.3.0/24
 rightnexthop=200.xxx.xxx.1
 rightrsasigkey=0sAQO2rKc7W7vCQWnl3eFo0aKq+7F+vyDFRnZuVvDawhaZGW/HPVo366QialwEVEvl/Rm699VPBlQqB/+OouQJKwTsBO6o
 r+h3UZFIVCjxl2xeemahkkuf7dvzRfv3xRPAv6Oz0aPOFa8uietJvjojgxlBlEiD81Gr0fe3dNGVxl3EeZdLsUBYi5zzFl0uQ8Bf5y87MEuSK7S8Tn5+3
 SJg31/ESteaVNUymLujMlpqtqqNX8CU1qFuLO0yDgLBELhQOc6BuKk
 67t5NwgA0elVV5BPNzZVTw0VVA4Kdd4ac3vRQbuTy0x68B6cFwKD1fsxdXN6MG0V6oMyRPnJSr3Y7wxet
 auto=start
```

      Aonde:

conn sample = Nome da conexão. Poderia ser, ao invés de sample, matriz-filial

type=tunnel = Isso indica o tipo de VPN.

left=200.xxx.xxx.57
leftsubnet=192.168.4.0/24
leftnexthop=200.xxx.xxx.1

Indica a máquina Linux1, bem como sua rede interna e o gateway (roteador). Você deve escolher qual máquina/rede vai ser a left e qual vai ser a right. Tanto faz...

right=200.xxx.xxx.56
rightsubnet=192.168.3.0/24
rightnexthop=200.xxx.xxx.1

Mesmo caso acima. Indica a parte do Linux2

leftrsasigkey=0sAQOXm+T....
rightrsasigkey=0sAQO....

São as chaves públicas dos servidores. Mais tarde eu explico no **ipsec.secrets**

auto=start (Faz com que a conexão inicie junto com o serviço. Outra forma poderia ser: auto=add, exigindo que a conexão fosse feita manualmente (ipsec auto --up NOME)

ipsec.secrets

```
# RSA 1024 bits   teste.domain.com.br   Tue Jul 30 13:52:26 2002
# for signatures only, UNSAFE FOR ENCRYPTION

#pubkey=0sAQO4QDaWeWtYK4cFp+I3TbNHIw5r//nRLfiqteDevZloAVNjaYPtsObiX+oov3T2rQ7LGw5y7azcO2sB48xN1YnpUagAnTyn4nNk
kTI7LlglFr56ODT5A2u/XNPSbdm1eiGNFw8FWpXmjmI3bpTldEjwe5684oJzbctIHlbdv8w2sQ==
#IN              KEY                    0x4200                    4                    1
AQO4QDaWeWtYK4cFp+I3TbNHIw5r//nRLfiqteDevZloAVNjaYPtsObiX+oov3T2rQ7LGw5y7azcO2sB48xN1YnpUagAnTyn4nNkkTI7LlglFr56
ODT5A2u/XNPSbdm1eiGNFw8FWpXmjmI3bpTldEjwe5684oJzbctIHlbdv8w2sQ==
# (0x4200 = auth-only host-level, 4 = IPSec, 1 = RSA)
```

Modulus:
0xb8403696796b582b8705a7e9774db347970e6bfff9d12df8aab5e0debd99680153636983edb0e6e25fea28bf74f6ad0ecb1b0e72edacdc
3b6b01e3cc4dd589e951a8009d3ca7e2736491397b2e582516be7a3834f9036bbf5cd3d26dd9b57a218d170f055a95e68e62376e94e5744
8f07b9ebce282736dcb651e56ddbfcc36b1
PublicExponent: 0x03
everything after this point is secret
 PrivateExponent:
0x04630d7d7ccbb2dc77063adae45d4750f14f94db6d912bc2df7e3c3610b46a18699abf76f35fa3f9330baba308e14d43665c12a1366bbc1
9cbb0ce910e0b2df33a970f175ac0e1e165f1d4af88bd23d4dafb1caeed0836ce3afe2bc086edd7c5de055d69fcdca24ec80836c5c7c679352
7c0a2d4767724e5f86f63933d266615
Prime1:
0xf1cf6631a8d1c983332cc9aadce464039360dabc78c1c910705734245cec66516b19beb0b355b1ff82d8a05e99782a21a9a1d5e522250a3
0a998ae0972f25eaf
Prime2:
0xc3102096b03109f577b78b03e26be0273de6a8c59ce8a4d93ec970b359c3ad59b51bfcf12b0d93a20e05d1c3856c3c164c623021f0c255
dff93f52ac448d189f
Exponent1:
0xa134eecbc5e13102221ddbc73ded9802624091d2fb2bdb604ae4cd6d9348443647667f20778e76aa573b159466501c1671168e98c16e0
6cb1bbb1eb0f74c3f1f
Exponent2:
0x820ac064757606a3a5250757ec47eac4d3ef1b2e689b1890d4864b223bd7c8e678bd534b72090d16b403e12d039d7d6432ec2016a081
8e9550d4e1c82db365bf
Coefficient:
0x980c10e32ca1f5aa86bce4ee111d83035912a3e42ad050ea1565296150cbdf15e317b2ed6d325ccc757277446e1a321afe228a0570ceffa
e92f8ac047b1b7fef

De tudo isso, a única parte que vai importar é:

#pubkey=0sAQO4QDa...

Essa parte é a chave pública, que vai ser colocada no arquivo de configuração **ipsec.conf**. Note que cada máquina deverá ter sua própria chave, consequentemente, seu próprio **ipsec.conf**.

Para gerar o **ipsec.secrets**:

ipsec rsasigkey 1024 >> /etc/ipsec.secrets

Detalhes Importantes

Na configuração:

- Os arquivos ipsec.conf de ambas as máquinas devem ser iguais, não devendo ser alterado o parâmetro right e left, principalmente.
- Os arquivos ipsec.secrets são diferentes, devendo cada um ter sua própria chave RSA

Arquivo Exemplo ipsec.conf

```
# /etc/ipsec.conf - FreeS/WAN IPsec arquivo de configuração
# exemplos mais elaborados poderão se encontranos
# No arquivo de exemplo do FreeS/WAN', e na documentação HTML.
# configuração básica
config setup
        # THIS SETTING MUST BE CORRECT or almost nothing will work;
        # %defaultroute is okay for most simple cases.
        interfaces=%defaultroute
        # Debug-logging controls:  "none" for (almost) none, "all" for lots.
        klipsdebug=none
        plutodebug=none
        # Use auto= parameters in conn descriptions to control startup actions.
```

```
        plutoload=%search
        plutostart=%search
        # Close down old connection when new one using same ID shows up.
        uniqueids=yes

# defaults for subsequent connection descriptions
# (mostly to fix internal defaults which, in retrospect, were badly chosen)
conn %default
        keyingtries=0
        disablearrivalcheck=no
        authby=rsasig
        leftrsasigkey=%dns
        rightrsasigkey=%dns

# connection description for (experimental!) opportunistic encryption
# (requires KEY record in your DNS reverse map; see doc/opportunism.howto)
conn me-to-anyone
        left=%defaultroute
        right=%opportunistic
        keylife=1h
        rekey=no
        # uncomment this next line to enable it
        auto=route

# sample VPN connection
conn sample
        # Left security gateway, subnet behind it, next hop toward right.
        type=tunnel
        left=200.182.250.57
        leftsubnet=192.168.4.0/24
        leftrsasigkey=0sAQOXm+T0m+5JlohjiNN4frB0AIzkzolNIsY0cS2DXrvISjCZp5DrFe78FIFbJbmAX0mY
t6D+h/I4QNdnlvLKztOyAmLkfPiMBbjBiPAjQ95PBVrMUmHdEIDnTt8lIhgKlF3lqiGpVRqOUrm5P9h+c3a+8n42Vq2B
BODLxH/X6sIWllLhSqE7cYmEspBRdLUyl3ZjngDZ5Zt0wt9iOOeL6pPDYJEbXZ6Th5feFOtt02pme0ZTFV4LehoN4WOI
v7N/CaUBMW70gwq6R8Q7AX9KVnRahcDir6BClfcLFCmG7zJy0tUlnXcCDRfrbiilxDcjZlMeZgKzJxHUD2nlGtzUFnYJ
        leftnexthop=200.182.250.1
        # Right security gateway, subnet behind it, next hop toward left.
        right=200.182.250.56
        rightsubnet=192.168.3.0/24
        rightnexthop=200.182.250.1
        rightrsasigkey=0sAQO2rKc7W7vCQWnl3eFo0aKq+7F+vyDFRnZuVvDawhaZGW/HPVo366QialwEVEvl/Rm
699VPBlQqB/+OouQIKwTsBO6or+h3UZFIVCjxl2xeemahkkuf7dvzRfv3xRPAv6Oz0aPOFa8uietJvjojgxIBlEiD81G
r0fe3dNGVxl3EeZdLsUBYi5zzFl0uQ8Bf5y87MEuSK7S8Tn5+3SJg31/ESteaVNUymLujMlpqtqqNX8CU1qFuLO0yDgL
BELhQOc6BuKk67t5NwgA0elVV5BPNzZVTw0VVA4Kdd4ac3vRQbuTy0x68B6cFwKDlfsxdXN6MG0V6oMyRPnJSr3Y7wxe
t
        # To authorize this connection, but not actually start it, at startup,
        # uncomment this.
        auto=start
```

Entendendo e Configurando o Squid Web Proxy

Agora que já temos o nosso firewall funcionando, vamos melhorá-lo com a instalação do Proxy Server.

Os servidores Proxy são construídos para permitir o acesso direto à Internet para quem está atrás de um firewall. Eles abrem soquetes sobre o servidor, e permitem a comunicação por via desses soquetes com a Internet. Por exemplo, se meu computador **BrahamaUva** está na rede privativa, e quero navegar usando o Netscape, eu configuro um proxy server no firewall. O proxy server seria configurado para permitir pedidos do meu computador, tentando sempre a porta 80, para conectar-se à sua porta 1080, e estes então redirecionariam todos os pedidos para o lugar devido.

O Ponto de Partida do Squid Web Proxy Cache

O ponto de partida deste famoso servidor proxy é o site **www.squid-cache.org**. E a última versão para cópia está no site Internet **ftp://ftp.squid-cache.org/pub/**.

O Squid é um servidor proxy caching (cache) de alta perforance para estações client com acesso a Web, e que precisem ter acesso FTP, gopher, e outros dados HTTP. Diferente de um software tradicional de cache, o Squid é capaz de atender todos os pedidos de uma forma simples e sem bloqueio.

O Squid mantém os dados principais e especialmente os objetos mais usados em memória RAM, como DNS lookups, dando suporte ao "no-blocking DNS lookup", e implementa o cache negativo de pedidos que não obtiveram êxito. Este servidor dá suporte ainda a SSL, além da capacidade de log completa. Por utilizar de protocolo leve de cachê, o Squid pode ser configurado e adaptado de acordo com sua largura de banda da sua rede.

O Squid consiste de um servidor principal, aqui representado pelo programa **squid**, o programa para o "Domain Name System Lookup" de nome **dnsserver**, além de outros programas opcionais para atendimento de pedido, autenticação e gerenciamentos dos pedidos das estações clients. Quando o programa **squid** é inicializado, este inicializa também um numero configurável de processos do **dnsserver**, o qual cada um é responsável pelo "blocking Domain Name System lookup". Isto permite a redução de vezes que o cache espera pelo retorno do DNS.

O Squid pode ser executado nas seguintes plataformas: Linux ; FreeBSD ; NetBSD ; BSDI ; Mac OS/X ; OSF and Digital Unix ; IRIX ; SunOS/Solaris ; NeXTStep ; SCO Unix ; ;AIX ; HP-UX ; OS/2

E para garantir que no país já há ótimos profissionais e prestadores de serviços em software livre, para configuração e instalação do Squid Web Proxy Cache no Brasil, contate o consultor Eri Bastos. É que sem o apoio deste, este capítulo não teria a qualidade e a precisão desejada pela comunidade de usuários no país.

Eri Ramos Bastos
www.linuxman.pro.br
email: erirb@xtms.com.br
Fone: 0xx11.8133.0206 – São Paulo

O quê esperar de um proxy/cache?

Podemos sumarizar os benefícios esperados em:

- Velocidade de acesso

A melhor forma de verificar se o seu cache está sendo eficiente é pela velocidade. Um sistema de cache que não agrega velocidade não está cumprindo o seu papel.

- Disponibilidade

De nada adianta um sistema veloz disponível apenas 2 horas por dia, ou mesmo que precise de um reboot a cada 2 semanas. Se o seu sistema de caching ou seu sistema operacional não tem uma alta disponibilidade, esse howto chegou em boa hora. Em casos de grandes instalações, ainda é preciso ir mais a fundo, buscando a altíssima disponibilidade. Redundância de servidores, backup, eliminação de ponto único de falha e disaster recover são uma exigência.

- Transparência ou Ostensividade

São conceitos específicos e que se adaptam a cada caso. Grandes instalações, ISPs e empresas não preocupadas com que seus usuários vêem ou fazem na internet devem preferir a transparência, onde o usuário desconhece ou não se sente afetado (exceto pelo ganho de velocidade) pela presença de um cache.

Por outro lado, empresas com uma política de segurança mais rígida, órgãos com informações críticas, ou mesmo pais querendo controlar o acesso de seus filhos a alguns sites, vão preferir a ostensividade.

- Capacidade de trabalhar com redes heterogêneas.

Alguns sistemas de proxy/cache funcionam baseados com sistemas de autenticação especiais, feitos para rodar somente em uma plataforma, fazem integração com o serviço de diretórios daquele ou desse sistema ou exigem que o usuário esteja rodando a versão XYZ do fabricante ABC e deixam todos os outros a ver navios. Em uma instalação séria, é preciso que usuários de todas as plataformas que saibam como trabalhar com HTTP sejam bem atendidos.

Isso é especialmente verdade quando não sabemos que tipo de plataforma irá utilizar nossa instalação.

- Simplicidade

Deixando um pouco de lado o usuário e focando no administrador, é preciso ter consciência de que um sistema bom é um sistema fácil de administrar. O mais rápido, mais disponível e mais abrangente sistema de caching é totalmente inútil se somente uma pessoa no mundo souber lidar com ele.

E o Squid? Satisfaz todos esses pontos?

Em uma resposta rápida: Sim.

Veremos mais abaixo que todos os requisitos listados são atendidos com primazia pelo Squid.

Porque utilizar um Proxy/Cache?

Podemos dizer que existem dois grandes motivos pelo qual se deve utilizar um PROXY/CACHE:

Controle de acesso

Com a internet cada vez mais acessível a pequenas e médias empresas, um número imenso de pessoas está se interligando a internet. Além de todos os benefícios trazidos por ela, como informação em tempo real, comunicação mundial a baixo custo, contato com possíveis clientes e fornecedores por todo o mundo, a mesma trouxe alguns problemas.

As pessoas tendem a passar cada vez mais tempo navegando por sites não relativos ao seu trabalho primário, acessam sites que não condizem com a política da empresa, utilizam a banda de internet destinada a serviços como WEB ou VPN e podem, em muitos casos, acabar infectando toda a rede da empresa com vírus e worms que são adquiridos em sites impróprios. Isso sem contar na ameaça sempre presente de propagação de downloads de softwares piratas e músicas, fatores que podem complicar a vida de uma empresa durante fiscalizações.

De acordo com a Rede Nacional de Ensino e Pesquisa (RNP) , 65% da largura de banda das empresas é utilizada em navegação WEB. E esse número tende a crescer.

Performance

Como dissemos anteriormente, a internet está mais acessível para todos, fator causado pela ampla utilização das conexões de banda larga, como xDSL, Cable Modem, ISDN, etc.

Essas tecnologias são excelentes para pequenas e médias empresas, mas devido a suas características de velocidades diferentes de upstream e downstream (xDSL), compartilhamento de banda total (Cable Modem) ou baixo desempenho (ISDN), além da notável falta de qualidade das operadoras, tornam-se quase inúteis para grandes empresas e provedores de internet (ISPs).

Essas empresas são então levadas a utilizar sistemas de maior qualidade, como links por fibra ótica, satélites e rádio. Mas como se pode esperar, qualidade tem preço, e, nesse caso, bem salgado.

Visando aproveitar ao máximo essa banda de qualidade, a utilização de PROXY/CACHE torna-se quase que obrigatória. Ainda de acordo com a Rede Nacional de Ensino e Pesquisa (RNP) - 2, a utilização de PROXY/CACHE pode gerar uma economia entre trinta e cinqüenta por cento nos horários de pico. Isso significa que para um link de 2 Mbps que está operando a plena carga e considerando uma redução de 30 %, o mesmo produziria um ganho na banda agregada de aproximadamente 600 Kbps. Ou seja, a simples implementação de um PROXY/CACHE bem ajustado gera uma economia da ordem de milhares de Reais por mês para a empresa.

Porque utilizar o SQUID?

O Squid está continuamente melhorando sua performance, além de adicionar novas features e ter uma excelente estabilidade em condições extremas.

Sua compatibilidade com várias plataformas e a imensa gama de software para analisar logs, gerar relatórios, melhorar o desempenho e adicionar segurança providos pela comunidade open source, combinados com ferramentas de administração simplificada e baseadas em web agregam grande valor ao produto.

Podemos ainda citar a capacidade de clustering, transparent proxy, cache de FTP e, é claro, seu baixo custo.

Para os mais corajosos, ou para os melhores programadores, não podemos deixar de dizer que o sistema é totalmente aberto, possibilitando a sua otimização no nível de código, além da otimização via configuração.

Protocolos utilizados - Rede e Aplicação.

O Squid busca por comunicação TCP (Transmission Control Protocol) e ICP (Internet Cache Protocol) em portas específicas. O TCP é usado para comunicação entre webservers e clientes, e o ICP para conversa entre servidores de cache. Para cada servidor (ou cliente), a configuração do Squid precisa fornecer uma única porta sobre a qual o Squid irá enviar as requisições (TCP ou ICP) e ouvir as respostas.

Como já dissemos anteriormente, o Squid trabalha apenas com FTP, gopher e http. Existe uma confusão muito comum entre pessoas que estão começando a trabalhar com o Squid em achar que poderão, através do Squid, configurar acesso a e-mails, ICQ, IRC, etc. Isso é totalmente equivocado, visto que não só é função do firewall trabalhar com o NAT (Network Address Translation), como também não faz sentido criar caches de e-mails pessoais, mensagens do ICQ, etc.

Para configurar seu firewall apropriadamente para NAT, verifique a documentação de seu sistema operacional ou firewall.

Requisitos

A maior parte das configurações depende apenas do Squid. O proxy transparente também depende do sistema operacional e do firewall

A instalação padrão do squid, disponível na maior parte das distribuições, não consegue lidar com o controle de banda, sendo necessário recompilar o Squid.

Instalando o Squid

O Squid pode ser instalado em uma imensa variedades de sistemas operacionais. Praticamente todos os Unixes com um bom compilador C/C++ pode gerar binários do Squid.

Sua popularidade, no entanto, nos poupa esse passo em muitas plataformas. Segue abaixo a forma de instalação nas mais populares plataformas do mercado.

Instalando via binário ou com facilidades do sistema

Se você não precisa de nenhuma feature muito sofisticada no seu squid (90% dos casos não precisa), não há porque instalar via código-fonte baixado do site do squid.

Vamos direto ao assunto:

Instalando em um sistema baseado em Red Hat Linux

Além de estar disponível nos CDs da distribuição, ainda é possível baixar as mais novas versões já empacotadas no sistema RPM (Red Hat Package Manager). Para isso acesse o link

http://www.rpmfind.net/linux/rpm2html/search.php?query=squid&submit=Search+...&system=redhat&arc h=

E depois:

```
# rpm -ivh squid.x.y.z.rpm
```

Instalando em um sistema baseado em Debian

O Debian sempre prezou pela facilidade de instalação a atualização de pacotes, com seu sistema apt, que facilita muito a vida dos administradores. Para instalar o squid basta executar o comando:

```
# apt-get install squid
```

Instalando em um FreeBSD

Se você instalou o diretório de ports no FreeBSD, a instalação será simples, bastando utilizar os comandos abaixo:

```
# cd /usr/ports/www/squid25/
```

```
# make
# make all install
```

Ou por meio de um pacote pré-compilado:

```
# mount /cdrom #CD de instalação do FreeBSD
# mkdir /usr/ports/distfiles
# cp /cdrom/packages/All/squid-x.y.z.tgz /usr/ports/distfiles/ # onde  x.y.z é a versão.
# pkg_add -v /usr/ports/distfiles/squid-x.y.z.tgz
```

Instalando em um OpenBSD

Baixe o squid já compilado em http://www.openbsd.org/3.2_packages/i386/squid-2.5.PRE13.tgz-long.html

E depois:

```
# pkg_add squid.x.y.z.tgz
```

Instalando em um Windows 2000

Baixe o arquivo setup.exe do site do Cygwin (http://www.cygwin.com/setup.exe) e selecione o pacote do squid durante a instalação. Proceda como faria qualquer instalação em plataforma Microsoft.

Baixando o código-fonte

Caso queira o controle de banda, tópico avançado abordado aqui, instale o squid pelo fonte, de acordo com as instruções.

Na data de criação desse documento, a versão mais recente (estável) do squid era a 2.5STABLE1.

Verifique a versão mais recente em http://www.squid-cache.org/Versions/v2/.

```
# groupadd squid
# useradd -g squid -s /dev/null squid >/dev/null 2>&1
# wget http://www.squid-cache.org/Versions/v2/2.5/squid-2.5.STABLE1-src.tar.gz
# tar zxvf squid-2.5.STABLE1-src.tar.gz
# cd squid-2.5.STABLE1
# ./configure --enable-delay-pools --enable-cache-digests\
 --enable-poll --disable-ident-lookups --enable-truncate \
 --enable-removal-policies --enable-arp-acl
# make all
# make install
# cd auth_modules/NCSA
# make
# make install
```

Limpando o squid.conf

O arquivo de configuração do squid é o squid.conf, normalmente ele se encontra em /etc/squid.conf ou em /usr/local/squid/etc/squid.conf. Caso não encontre o seu em nenhum desses lugares, procure o com:

```
# locate squid.conf

    ou

# find squid.conf
```

Pode parecer fútil, mas uma limpeza inicial no arquivo squid.conf pode ser bem útil. O arquivo de configuração original tem, em média, 2000 linhas.

```
# cp squid.conf squid.conf.original
# grep -v ^# squid.conf.original|grep -v ^$ > squid.conf
```

Configurações básicas - ACLs

Como comentado mais tarde, toda a estrutura do Squid é baseada em listas de acessos. Vamos entrar em detalhes mais para frente. Por hora vamos criar uma lista de acesso básica para nossos usuários.

Vamos supor que nossa rede interna seja 192.168.5.0/24. Crie a seguinte linha no squid.conf, na seção de ACLs (TAG: acl):

```
acl rede_interna src 192.168.5.0/24
```

E a seguinte linha na seção de acesso (TAG: http_access)

```
http_access allow rede_interna
```

Transparent Proxy

Esse recurso é muito útil para evitar que seus usuários "burlem" o proxy removendo as configurações do browser. Eles serão obrigados a passar pelo proxy, mesmo que as máquinas não estejam configuradas para tal. Extremamente recomendado, principalmente em casos de bloqueio de sites ou limitação de banda.

Experiências pessoais comprovam que usuários com um pouco mais de conhecimento irão remover a configuração de proxy assim que o administrador sair da sala, seja por ignorância das funcionalidades, seja por medo de ser auditado ou simplesmente por má conduta.

Para ser possível o uso de proxy transparente com o Squid, o firewall deve ser configurado adequadamente. Se o seu firewall não está listado abaixo, procure na documentação do mesmo qual é a sintaxe equivalente.

Algumas pessoas desejam trabalhar ao mesmo tempo com autenticação e proxy transparente. Isso é possível de ser feito com uma interação entre o firewall e um cgi, ou algo do gênero.

Apesar de não ser do escopo do howto abranger regras de firewall específicas e programação, uma boa olhada no google e um pouco de pesquisa deve resolver o problema.

Configurando o Squid

Vamos inserir as seguintes linhas:

```
httpd_accel_host virtual
httpd_accel_port 80
httpd_accel_with_proxy on
httpd_accel_uses_host_header on
```

Configurando o iptables

Provavelmente você já tenha seu script de inicialização do firewall, sendo assim a única coisa necessária inserir essa linha nele:

```
# iptables -t nat -A PREROUTING -i eth0 -p tcp --dport 80 -j REDIRECT --to-port 3128
```

Configurando o PF (OpenBSD)

Adicione a seguinte linha ao seu /etc/nat.conf (levando em consideração que sua interface interna seja fxp1)

```
rdr on fxp1 from any to any port 80 -> 127.0.0.1 port 3128
```

Configurando o IPFilter (FreeBSD)

Adicione as seguintes linhas ao seu /etc/rc.conf

```
ipfilter_enable="YES"
ipnat_enable="YES"
ipmon_enable="YES"
ipfs_enable="YES"
```

Adicione as seguintes linhas ao seu /etc/ipnat.rules (levando em consideração que o rl0 é sua interface interna)

```
rdr rl0 0/0 port 80 -> 127.0.0.1 port 3128 tcp
```

Bloqueando Sites indesejados

A partir de agora vamos começar a trabalhar com ACLs (Access Control Lists). O conceito de ACL é muito útil, por nos permitir trabalhar com níveis de acesso baseados em diversas informações.

Não é incomum que em uma instalação de Squid, a diretoria possa acessar qualquer site, a gerência não possa acessar determinados sites e os "peões" tenham acesso apenas ao site da empresa e de parceiros. Graças ao uso de ACLs e um pouco de imaginação e suor, podemos fazer todas essas restrições.

Todas as configurações de usuários, grupos, horários e SITES são configuradas em ACLs,

Vamos começar criando 2 ACLs que irão fazer o bloqueio dos sites indesejados. A ordem em que as ACLs aparecem é muito importante, por isso a ACL que bloqueia os sites deve ser a primeira a aparecer.

Procure no seu squid.conf onde começam a ser descritas as ACLs. Geralmente a primeira ACL a aparecer é:

```
acl all src 0.0.0.0/0.0.0.0
```

Criando os arquivos necessários

Vamos fazer o seguinte:

```
# mkdir /etc/squid/bloqueados
```

ou

```
# mkdir /usr/local/squid/etc/bloqueados
# touch /etc/squid/bloqueados/block.txt
```

ou

```
# touch /usr/local/squid/etc/bloqueados/block.txt
# touch /etc/squid/bloqueados/unblock.txt
```

ou

```
# touch /usr/local/squid/etc/bloqueados/unblock.txt
```

O arquivo block.txt irá conter todos os sites e palavras que você deseja bloquear e o unblock.txt todas as exceções. "Como assim?", você pergunta.

Vamos supor que você tenha bloqueado a palavra sexo. Então você não poderá entrar em www.sexo.com.br, mas também não poderá entrar em www.sexoesaude.com.br. Ora, mas esse segundo site é inofensivo, portanto não deveria ser bloqueado. Basta colocá-lo no unblock.txt.

Editando o squid.conf

Vamos ao squid.conf

Insira as linhas abaixo logo antes de acl all src 0.0.0.0/0.0.0.0:

```
acl blockedsites url_regex -i "/etc/squid/bloqueados/block.txt"
acl unblockedsites url_regex -i "/etc/squid/bloqueados/unblock.txt"
```

ou

```
acl blockedsites url_regex -i "/usr/local/squid/etc/bloqueados/block.txt"
acl unblockedsites url_regex -i "/usr/local/squid/etc/bloqueados/unblock.txt"
```

Agora procure no seu squid.conf a linha http_access deny all e coloque antes dela:

```
http_access deny blockedsites !unblockedsites
```

DICA: O "!" Significa sempre negação de alguma coisa.

Bloqueio de Banners

Banner é uma coisa chata! Que me perdoem os anunciantes, mas eu não suporto banner nem pop-up. Mas o pior de tudo é que elas consomem banda e quase nunca ajudam o Squid, pois estão em constante mudança, impedindo o caching. Com a solução mostrada aqui, todos os banners serão substituídos por uma imagem pré-definida, podendo inclusive ser personalizada. Muito legal em empresas ou provedores de acesso em conjunto com o proxy transparente.

Baixando e instalando o Banner Filter

Baixe o Banner Filter do seu site oficial (http://phroggy.com/files/unix/bannerfilter-1.21.tar.gz).

```
# tar zxvf bannerfilter-1.21.tar.gz
# cd bannerfilter-1.21
```

Mova o conteúdo do diretório www para algum lugar acessível em seu web server. Esses arquivos PRECISAM estar acessíveis ao squid via HTTP. É importante ressaltar que o sistema perde o sentido se o servidor http não for a mesma máquina que o Squid está.

Mova todo o resto para /etc/squid/bannerfilter ou /usr/local/squid/etc/bannerfilter

Edite o redirector.pl. Se você não tem o perl no local padrão (/usr/bin/perl), mude a primeira linha (ou crie um symlink).

Mova o bannerfilter.conf para o /etc

Mude as variáveis $DATA e $WWW como indicado nos comentários.

Opcionalmente, mude também $LOG e $BANNERGIF como indicado.

Teste o redirector.pl digitando alguma coisa e veja se recebe essa coisa de volta.. Pressione Crtl-C para parar. Não pule esse passo, pois nele você poderá descobrir erros.

Rode o script update.sh para atualizar as listas de banners. É interessante fazer isso constantemente.

Editando o squid.conf

Procure pela seção que fala sobre redirect (TAG: redirect_program) e insira a linha:

```
redirect_program /etc/squid/bannerfilter/redirector.pl
```

ou

```
redirect_program /usr/local/etc/bannerfilter/redirector.pl
```

DICA: É possível também editar as imagens, de forma a torna-las personalizadas para sua empresa.

Protegendo usuários com antivírus

Essa solução deve ser usada apenas em pequenas instalações, como um adicional de segurança. Se a sua rede local tem antivírus nas estações e no servidor de domínio, arquivos, etc, eu não recomendo essa feature. Além de exigir muito da máquina, ainda não está totalmente estável. A solução proposta aqui é utilizar o Viralator.

Pré-requisitos

Será necessário que o Squid redirecione determinados downloads e URLs para o Viralator, de forma que precisamos do Squirm Instalado na máquina. Baixe-o em http://squirm.foote.com.au/squirm-1.0betaB.tar.gz

```
# tar zxvf squirm-1.0betaB.tar.gz
# cd squirm-1.0betaB
# cd regex
# ./configure
# make clean
# make
# cp -p regex.o regex.h
```

Anote o resultado desse comando:

```
# id `grep cache_effective_user /etc/squid.conf |cut -d " " -f3`
# cd ..
```

Edite o arquivo Makefile e substitua as aparições adequadas de "root" pelo usuário e grupo anotados acima.

```
# make
# make install
```

Além do Squirm, é necessário que o Apache e o apache-suexec estejam instalados. Procure uma documentação sobre o Apache para maiores detalhes.

E, como não poderia deixar de ser, um antivírus faz-se necessário. Atualmente o Viralator tem suporte à:

AntiVir

AVP

RAV

Inoculate

Sophos Sweep

McAfee

Viralator

Após ter o squirm instalado, adicione as seguintes linhas no seu arquivo squirm.paterns:

```
abortregexi (^http://[192.168.0.1].*)
abortregexi (^http://[cache1.empresa.com.br].*)
regexi (^.*\.zip$) http://[192.168.0.1]/cgi-bin/viralator.cgi?url=|\1
regexi (^.*\.doc$) http://[192.168.0.1]/cgi-bin/viralator.cgi?url=|\1
regexi (^.*\.exe$) http://[192.168.0.1]/cgi-bin/viralator.cgi?url=|\1
```

Onde: 192.168.0.1 é o IP do seu proxy e cache1.empresa.com.br é o FQDN2 do mesmo.

Repita a linha que faz referência a extensão para todos os tipos de arquivos que quiser escanear por vírus.

Edite agora o arquivo squid.conf adicionando um redirecionamento:

```
redirect_program /usr/squid/bin/squirm
redirect_children 10
```

Crie um usuário e grupo para uso do suexec e adicione-os ao seu arquivo de configuração do apache (normalmente httpd.conf)

```
< VirtualHost 192.168.0.1>
ServerAdmin webmaster@empresa.com.br
DocumentRoot /var/www/
ServerName cache1.empresa.com.br
ErrorLog logs/error_log
TransferLog logs/access_log
ScriptAlias /cgi-bin/ /usr/local/viralator/cgi-bin/
User viralator
Group viralator
</VirtualHost>
```

Onde: /usr/local/viralator/cgi-bin/ deve ser o seu diretório de cgis e viralator o nome do usuário e grupo que você criou.

Crie um diretório chamado downloads acessível ao apache - Algo como /var/www/downloads no Debian - mude suas permissões para 755.

Baixe o Viralator em http://viralator.loddington.com/downloads/viralator-09pre2.zip e execute os comandos:

```
# unzip viralator-09pre2.zip
# cp viralator-09pre2.cgi /usr/local/viralator/cgi-bin/viralator.cgi
# chown viralator.viralator -R /usr/local/viralator/cgi-bin/
# chmod 755 /usr/local/viralator/cgi-bin/viralator.cgi
```

Edite o arquivo /usr/local/viralator/cgi-bin/viralator.cgi e verifique se todos os caminhos de programas estão corretos.

Autenticando usuários

É um recurso bem interessante para controle pessoal de usuários. Isso permite que você crie ACLs individuais e gere LOGs de qualidade bem superior.

Existem diversos métodos de autenticação, sendo interessante averiguar exatamente o que você irá precisar. Na maioria dos casos, o ncsa_auth resolve o problema.

ncsa_auth

O ncsa_auth é a alternativa mais simples. Ele está disponível junto com o squid e pode ser implementado rapidamente. É a solução ideal para pequenas e média instalações e redes com arquitetura de grupo de trabalho.

Editando o squid.conf

Procure pela seção que fala sobre autenticação (TAG: authenticate_program) e insira as linhas:

```
auth_param basic program /usr/lib/squid/ncsa_auth /etc/squid/
auth_param basic children 5
auth_param basic realm Digite seu Login
```

Criando um arquivo de senhas

O arquivo /etc/squid/passwd não existe por padrão. Para cria-lo vamos fazer:

```
# touch /etc/squid/passwd
```

Adicionando usuários

Para adicionar novos usuários basta fazer:

```
# htpasswd /etc/squid/passwd USUARIO
```

e confirmar a senha duas vezes.

Nota: Dependendo da sua distribuição, o ncsa_auth pode estar em vários lugares, como /usr/bin, /usr/sbin e assim por diante! Verifique onde está a sua e coloque as linhas acima de acordo!

Quanto ao authenticate_children 5, é o suficiente se sua rede não é muito grande. Mude o valor de acordo com suas necessidades.

Agora vamos editar novamente a ACL de nossa rede interna (aquela da seção 2.3)

```
acl rede_interna src 192.168.5.0/24
acl rede_interna proxy_auth REQUIRED
```

smb_auth

O smb_auth é uma ótima opção para quem tem uma rede um pouco maior ou trabalha com ambientes Windows Client/Server. Devido a sua integração com o PDC, facilita muito a vida do administrador.

Nota: É necessário que o samba esteja instalado na máquina do Squid para utilizar essa opção. Ele não precisa estar configurado ou ativado.

Instalando o smb_auth

Baixe o smb_auth em http://www.hacom.nl/~richard/software/smb_auth-0.05.tar.gz

```
# tar zxvf smb_auth-0.05.tar.gz
```

```
# cd smb_auth-0.05
```

Edite o arquivo Makefile e tenha certeza de que os parâmetros SAMBAPREFIX e INSTALLBIN estão corretos.

```
# make
# make install
```

Configurando o PDC

Para controlar o acesso por usuários e grupos, o smb_auth lê o arquivo \netlogon\proxyauth em um dos controladores de domínio previamente informado. Se a leitura desse arquivo retorna um "allow", então o acesso é liberado. Caso contrário, negado.

Crie um arquivo chamado proxyauth no compartilhamento NETLOGON de seu PDC (dê preferência ao primário). Esse arquivo deve conter unicamente a palavra "allow" (sem as aspas) e dê permissão de leitura para os grupos e usuários que deseja permitir acesso.

Configurando squid.conf

Adicione as seguintes linhas:

```
auth_param basic program /usr/local/bin/smb_auth -W DOMINIO -U 192.168.5.24
auth_param basic children 5
auth_param basic realm Digite seu Login
```

Onde: DOMINIO é o domínio do PDC e 192.168.5.24 é o IP do mesmo.

Controle de Banda

Esse é um feature muito útil para quem tem uma banda estreita, ou simplesmente tem prioridades para sua banda.

O recurso do squid que usamos aqui é chamado de delay pools. É necessário que o squid tenha sido compilado com essa opção ativa, conforme instruções da seção 2.

Editando o squid.conf

Vamos adicionar algumas linhas. A primeira vai evitar que haja restrição de banda internamente, por isso não deixe de colocá-la.

```
acl controle1 url_regex -i 192.168.5
acl controle2 url_regex -i ftp .exe .mp3 .tar.gz .gz .zip .rar .avi .mpeg .mpg .qt .ram
.rm .iso .raw .wav
delay_pools 2
delay_class 1 2
delay_parameters 1 -1/-1 -1/-1
delay_access 1 allow controle1
delay_class 2 2
delay_access 2 allow rede_interna
delay_access 2 allow controle2
```

Brincando com ACLs

Vamos tentar agora explorar mais a fundo as possibilidades que as ACLs nos fornecem. É bom lembrar que várias ACLs podem ser combinadas, sendo isso um grande gerador de problemas. Faça suas regras com muita atenção.

Utilizando IPs e redes

Isso é o arroz-com-feijão das ACLs. Limitar por IP e/ou rede. Vamos por exemplos para simplificar:

```
acl ip_do_diretor src 192.168.5.5
acl ips_da_diretoria src 192.168.5.5 192.168.5.6 192.168.5.7 168.5.8
acl rede_do_rh src 192.168.6.0/24
acl rede_do_cpd src 192.168.7.0/255.255.255.0
```

Usando ACLs externas

O recurso de ACL externa é muito útil para um tratamento melhorado de algum recurso que não é compreendido por ACLs normais.

Uma ACL externa pode ser escrita em qualquer linguagem. Ela deve sempre retornar OK para o stdout caso a condição seja satisfeita, ou ERR também para o stdout caso ela não seja satisfeita.

Vou mostrar aqui um exemplo onde a diretoria deve acessar qualquer coisa, mas os usuarios normais sao submetidos a certas restrições. Levo em consideração que o usuário já está autenticado.

```
external_acl_type checa_diretoria %LOGIN /etc/squid/modulos/diretoria.sh
acl diretoria external checa_diretoria
```

Arquivo /etc/squid/modulos/diretoria.sh (deve ser executável)

```
#!/bin/bash
while read linha
do
        if [ `grep -i $linha /etc/squid/users/diretoria` ]
        then
                        echo OK
        else
                        echo ERR
        fi
done
```

Esse script verifica se o usuário autenticado pertence à diretoria. Para que um usuário seja reconhecido como diretoria, seu username deve estar dentro do arquivo /etc/squid/users/diretoria .

Trabalhando com domínios

Esse tipo de ACL tem que ser utilizada com cuidado. Tentar bloquear o acesso a chat em portais com essa opção também pode acarretar em acesso negado a sites de notícias ou de interesse geral. Todos os sub-domínios e hosts abaixo do domínio principal são afetados pela ACL.

```
acl GEOCITIES dstdomain geocities.com
```

Restringindo por horário

```
acl expediente time MTWHF 9:00-18:00
acl final_de_semana time SA 8:00-13:00
```

Onde:

Sigla	Dia
S	Domingo
M	segunda-feira
T	terça-feira
W	quarta-feira
H	quinta-feira
F	sexta-feira
A	sábado

Expressão regular na URL

Aqui podemos fazer milhares de coisas, desde que conheçamos muito bem expressões regulares. Para saber mais sobre elas, procure o livro "Expressões Regulares - Guia de Consulta Rápida" ou pesquise na internet.

```
acl jogos url_regex jogos
```

MAC Address

Para utilizar essa opção, o Squid deve ser compilado com os parâmetros "--enable-arp-acl", como feito em nossa instalação via source.

```
acl administrador arp XX:XX:XX:XX:XX:XX
```

Onde: XX:XX:XX:XX:XX:XX é o MAC Address da placa de rede do administrador.

Limitando o número de conexões por usuário

Se quiser limitar o número de sessões que cada usuário abre de uma única vez, podemos utilizar o recursos de máximo de conexões.

```
acl CONEXOES maxconn 10
http_access deny CONEXOES rede_interna
```

Criando um arquivo de configuração automática

Para facilitar a vida dos usuários (e do administrador), podemos criar um arquivo de configuração automática que será colocado nos browsers dos clientes. Dessa forma todos terão seu proxy reconfigurado dinamicamente em caso de mudanças, sem a necessidade de intervenção em cada máquina.

Esse arquivo deve ser acessível via web e, via de regra, chama-se proxy.pac .

Vamo supor que seu proxy esteja rodando no servidor 192.168.5.1 na porta 3128 e você não deseje que ele seja utilizado nas páginas do seu domínio (empresa.com.br):

```
function FindProxyForURL(url, host)
    {
            if (isPlainHostName(host) ||
                dnsDomainIs(host, ".empresa.com.br"))
            return "DIRECT";
        else
                return "PROXY 192.168.5.1:3128; DIRECT";
    }
```

Gerando relatórios

Muitas empresas e instituições exigem dos administradores relatórios do uso da internet. Isso pode ser facilmente conseguido com algumas ferramentas.

SARG

Desenvolvido pelo brasileiro Pedro Orso, ele transforma o log do squid em um relatório html legível e completo.

Instalação
```
# wget http://web.onda.com.br/orso/sarg-1.4.tar.gz
# tar zxvf sarg-1.4.tar.gz
# cd sarg-1.4/
# ./configure
# make
# make install
```

Configuração

Por padrão o sarg é instalado em /usr/local/sarg. Nesse diretório encontramos o arquivo sarg.conf entre as muitas opções, recomendo as seguintes:

- language Portuguese
- access_log /var/log/squid/access.log
- title "Relatório de uso da internet"
- temporary_dir /tmp
- output_dir /var/www/squid-reports
- resolve_ip no
- user_ip yes
- topuser_sort_field BYTES reverse
- topsites_num 100
- max_elapsed 28800000

Sendo importante destacar:

Comandos	Descrição
access_log	Indica o arquivo de log do squid
output_dir	Indica onde será gerado o html. É recomendável que seja em um local acessível pelo seu http server

resolve_ip	Evita que o sarg tente fazer resolução de DNS
user_ip	Se você não estiver utilizando autenticação por usuário, coloque "no" . Se estiver, coloque "yes"
topsites_num	Quantidade de sites que você quer ver como os TOP de acessos

Gerando os relatórios

Depois de configurar o sarg.conf, basta gerar os relatórios com o comando

```
# sarg
```

Calamaris

O Calamaris é um tradicional programa de análise de log e geração de reports para o squid. Seu funcionamento é simples e não exige instalação. Apenas é necessário ter o perl instalado na máquina.

Baixando e rodando

Direto e reto:

```
# wget http://cord.de/tools/squid/calamaris/calamaris-2.57.tar.gz
# tar zxvf calamaris-2.57.tar.gz
# cp calamaris /usr/bin
# cat /var/log/squid/access.log | calamaris -F html
```

Squid Graph

Ao estilo MRTG, esse analisador é ideal para uso em grandes caches, onde o importante não é saber quais usuários acessaram que site, quem teve acesso negado e etc. O objetivo aqui é analisar volume de tráfego e eficiência em grande escala.

Instalação

Esse programa exige a presença do módulo perl GD (http://stein.cshl.org/WWW/software/GD/). Instale-o antes de começar os passos abaixo.

Satisfeitas as dependências, baixe o Squid Graph de http://squid-graph.securlogic.com/files/stable/squid-graph-3.1.tar.gz e faça a "operação padrão":

```
# wget http://squid-graph.securlogic.com/files/stable/squid-graph-3.1.tar.gz
# tar zxvf squid-graph-3.1.tar.gz
```

e depois:

```
# mv squid-graph-3.1 /usr/local/squid-graph
# chmod +x /usr/local/squid-graph/bin/*
```

Como é um sistema feito em perl, não é necessário compilar.

Criando os gráficos

Para gerar um gráfico padrão:

```
# /usr/local/squid-graph/bin/squid-graph --output-dir=/destino/ \
< /var/log/squid/access.log
```

Para gerar um gráfico acumulativo:

```
# /usr/local/squid-graph/bin/squid-graph --cumulative \
--output-dir=/destino/ < /var/log/squid/access.log
```

Para gerar um gráfico somente de TCP:

```
# /usr/local/squid-graph/bin/squid-graph --tcp-only \
--output-dir=/destino/ < /var/log/squid/access.log
```

Para gerar um gráfico somente de UDP:

```
# /usr/local/squid-graph/bin/squid-graph --udp-only \
--output-dir=/destino/  /var/log/squid/access.log
```

Trabalhando com Hierarquias

Cache hierárquico é a extensão lógica do conceito de caching. Um grupo de caches podem se beneficiar do compartilhamento de seus dados entre si sobremaneira. Isso é facilmente explicável quando pensamos em termos regionais.

Exemplo: Sua empresa está estabelecida em um prédio junto com diversas outras. Esse prédio é atendido pelas empresas de telecom A, B e C.

Nesse caso, quando um usuário da empresa 1 deseja acessar um site, ele vai até seu proxy, que busca o site e o armazena, agilizando a consulta de todos os outros usuários dessa mesma empresa. Isso acontece também na empresa 2, 3 e etc.

Fica fácil de visualizar que se todas as empresas interligassem localmente seus proxies, todas teriam ganho.

Na realidade, essa sinergia entre pequenas empresas não existe. Mas quando falamos de grandes empresas e grandes backbones, cada 1 MB economizado com caching é 1 MB ganho em outros serviços.

Além de trabalhar com o conceito de árvore, onde existe um cache principal e outros ligados a ele, o Squid trabalha também com um conceito parecido com grupo de trabalho, onde todos os servidores se consultam mutuamente.

Toda a comunicação entre os caches é feita via ICP

Entendendo o ICP

O ICP foi desenvolvido como parte fundamental do projeto Harvest (Pai do Squid). Seu objetivo é prover um método rápido e eficiente de obter-se comunicação entre servidores cache.

O ICP permite que um cache pergunte a outro se ele tem uma cópia válida de um determinado objeto, aumentando a possibilidade de encontrar aquele objeto já cacheado. Adicionalmente, o ICP permite que requisições trafeguem entre servidores filhos em uma estrutura de árvore.

Além do controle de cache, o ICP também gera indicações do estado da rede. O não recebimento de uma resposta ICP normalmente indica que a rota está congestionada ou que o outro host está morto. Além disso, a ordem de chegada de uma resposta ICP pode indicar quais hosts estão com uma distância lógica menor ou com menos carga.

As mensagens ICP são geralmente bem pequenas, com cerca de 66 bytes. Em uma estrutura hierárquica, normalmente tem-se mais trocas de mensagens ICP do que HTTP.

Fazendo roteamento por domínios

Essa feature, apesar de simples, pode melhorar muito o desempenho de grandes instalações.

Vamos imaginar um caso em que existam 1 cache principal ligado a 3 outros caches. Vamos dizer também que temos uma imensa massa de usuários fazendo requisições a 3 grandes portais e ao mundo em geral.

A configuração seria algo assim:

```
cache_host_domain cache1 portalxpto.com
cache_host_domain cache2 portalxing.com
cache_host_domain cache3 portalling.com
cache_host_domain cache4 !portalxing.com ! portalxpto.com !portalling.com
```

Sendo que o cache4 será o responsável por todos os domínios que não sejam os 3 anteriores.

Roteando por protocolo

Podemos também definir qual será a rota tomada baseando-se em protocolo.

```
acl FTP proto FTP
acl HTTP proto http
cache_host_acl cache1 FTP
cache_host_acl cache2 HTTP
```

Pai e filho

O Caso exista um único servidor pai e diversos filhos, a configuração será:

```
cache_host cache1 parent 3128 3130 default
```

Pais e filho

Em uma situação ideal, existem diversos servidores. A escolha sobre qual utilizar será baseada no método round robin.

```
cache_host cache1 parent 3128 3130 round-robin no-query
cache_host cache2 parent 3128 3130 round-robin no-query
cache_host cache3 parent 3128 3130 round-robin no-query
```

Utilizando o Squid como proxy reverso

Uma feature muito útil, mas por vezes pouco explorada do Squid é sua capacidade de trabalhar com proxy reverso. Isso signifca que, além de armazenar objetos remotos, criando toda uma série de vantagens já discutidas aqui, ele também pode armazenar objetos de um servidor web interno, aliviando seu uso e provendo maior segurança. Aqui o Squid literalmente trabalha como se fosse um servidor web.

Essa feature se mostra muito útil quando temos um web server com load alto, exigindo a ampliação da máquina ou criação de um cluster. Também é útil quando o servidor web utilizado pela empresa é conhecidamente inseguro e se mostra como um ponto fraco na empresa. O mesmo será "protegido" em alguns aspectos pelos Squid.

No momento de desenvolvimento da página já deve-se planejar uma futura implementação de Squid, cuidando para nunca desenvolver conteúdo unfriendly para o web caching. Tanto conteúdo estático quando dinâmico pode ser utilizado. O conteúdo dinâmico não será armazenado, enquanto o estático e coisas como imagens ficarão no Squid, aliviando o tráfego no web server para o conteúdo dinâmico ter maior fluidez.

Configuração de proxy reverso

A configuração é simples. Siga os passos abaixo:

```
http_port 80
httpd_accel_host 192.168.0.51
httpd_accel_port 80
httpd_accel_single_host on
httpd_accel_uses_host_header off
```

Onde:

Parametro	Objetivo
http_port 80	Número da porta onde o Squid irá escutar
httpd_accel_host 192.168.0.51	IP do servidor Web interno
httpd_accel_port 80	Porta onde o web server está escutando
httpd_accel_single_host on	Ativa o squid para somente um web server atrás
httpd_accel_uses_host_header off	É importante manter essa opção OFF, visto que ela altera os headers

Otimizando o Squid

Vamos listar algumas dicas para tornar o desempenho de seu Squid. Algumas delas são genéricas, como aumentar a memória alocada pelo Squid, outras são específicas, como utilizar um determinado sistema de arquivos no Linux.

Especificando o Hardware

Essa etapa é importante no início do projeto. O ideal é traçar um perfil de como é e como será em 1 ano o volume de uso desse hardware.

Procure sempre utilizar hardware que permita crescimento, especialmente em memória e armazenamento. Evite instalar servidores já com todos os bancos de memória usados ou no máximo.

Pequenas instalações dispensam HD (disco) SCSI, uma opção que já fica inviável em instalações maiores.

Ao utilizar RAID, prefira o nível 0 do que outros, visto que o mesmo é feito para desempenho.

Mais abaixo vamos estudar alguns casos de empresas de tamanhos e necessidades diferentes, com todo o perfil de hardware utilizado.

É interessante também possuir um HD separado para os dados e para os logs do Squid. Se isso não for possível, ao menos uma partição separada é extremamente recomendado. Como normalmente tanto os dados quanto os logs fica abaixo do diretório /var, esse é o ponto de montagem para essa partição.

Sistemas de arquivo

Alguns sistemas operacionais são capazes de trabalhar com diversos sistemas de arquivos, tendo cada um suas características próprias, ora prezando por estabilidade, ora por desempenho.

Linux - reiserfs ou xfs

Windows 2000 - NTFS

DNS

O desempenho das resoluções DNS também é um ponto crítico. Em uma situação ideal, deveria existir um cache de DNS na mesma máquina ou em uma máquina muito próxima, para diminuir ao máximo o tempo de resolução dos nomes.

Múltiplas rotas

Em instalações como ISPs pode ser vantagem definir suas rotas manualmente. Já em empresas médias ou grandes que utilizam links de baixo custo, como ADSL, o balanceamento de carga nos links é uma ótima opção. Procure junto à documentação de seu sistema operacional como fazer isso.

Editando o squid.conf

Podemos também definir alguns parâmetros na configuração, de forma a obter o máximo do sistema.

```
cache_mem bytes
```

Nessa opção dizemos ao Squid quanta memória ele pode consumir. Em uma máquina exclusiva para o cache, 80% a 90% da memória total da máquina deve ser definida aqui.

Por exemplo, em uma máquina com 512MB de RAM:

```
cache_mem 410 MB
```

cache_swap_low percentage

Aqui se especifica o limite mínimo para substituição de um objeto. A substituição começa quando o swap em disco está acima do limite mínimo.

Defina algo como:

```
cache_swap_low 95
```

cache_swap_high porcentagem

Justamente o oposto da opção anterior. Aqui se define o limite máximo.

```
cache_swap_high 98
```

maximum_object_size bytes

A definição dessa propriedade deve ser analisada com critério, visto que limitamos aqui o tamanho máximo de um objeto em cache. Objetos maiores do que esse limite não são salvos em disco.

Para definir como configurar o tamanho máximo nessa opção, deve-se levar em consideração que um número grande implica em maior economia de banda e perda de performance no cache local, enquanto um número menor não ajuda muito em ganho de banda, mas melhora a velocidade em tempo de resposta. Recomenda-se a utilização de uma valor entre 4 e 16 MB.

```
maximum_object_size 16384 KB
```

maximum_object_size_in_memorybytes

Objetos maiores do que o tamanho definido aqui não são mantidos em memória. O tamanho deve ser grande o suficiente para armazenar objetos muito populares, mas pequeno demais para armazenar informações desnecessárias.

```
maximum_object_size_in_memory 20 KB
```

cache_dir Type Maxobjsize Directory-Name Mbytes Level-1 Level2

Configuramos nessa opção o tamanho máximo dos objetos dentro do diretório, o nome do diretório, quantos MB armazenar e os níveis e sub-níveis.

É possível ter diversos diretórios de cachê, mas isso só vai fazer sentido se estiverem em HDs separadas. Caso a partição onde o seui Squid faz cache venha a encher, é possível criar um diretório de cache em outra partição, sem com isso obter ganhos de performance significativos.

```
cache_dir ufs /scsi2/cache 5000 16 256
```

Utilidades Públicas

Aqui estão alguns comandos que podem ser úteis.

Resetando o cache do squid

Pode ocorrer do squid travar alguma vez. Para tentar resolver isso, pare o squid e execute:

```
# squid -z
```

Reiniciando as configurações do squid

Se você mudou alguma ACL, atualizou a lista de sites ou qualquer coisa que exija refazer as regras do squid que está rodando, utilize:

```
# squid -k reconfigure
```

Entrando em modo Debug

Você pode modificar o Squid para modo Debug on the fly utilizando o seguinte comando:

```
# squid -k debug
```

O resultado do modo debug estará no arquivo cache.log, dentro do diretório de logs.

ATENÇÃO: A quantidade de logs gerada por esse modo é muito grande e irá causar lentidão no sistema. Não deixe essa opção habilitada por default.

Squid saindo com erro (Squid Parent: child process exited due to signal)

Quando ocorre um erro que impede a execução ou provoca a morte do squid, um aviso é enviado ao seu log assinalando o código do erro. Compilei aqui uma pequena tabela com alguns erros que encontrei e as soluções propostas.

Número	Verifique
6	Quantidade de memória disponível, espaço em disco, Bad Blocks no HD, problemas de DNS
9	O filesystem é read-only
11	Segmentation fault. Ou você econtrou um bug no Squid ou seu sistema (libs) está com problema
25	Veja se algum log tem mais de 2GB - access.log, cache.log ou store.log

Estudo de casos

Sempre é mais fácil aprender baseado em experiências práticas do que apenas em teoria. Vamos utilizar alguns exemplos reais aqui para vislumbrar o cenário em que nossas instalações irão se encaixar.

Simples, eficiente e muito útil

Em algumas localidades ainda não tem-se acesso a banda larga com facilidade. Ainda mais: Existem empresas que não querem ou não podem bancar o custo de uma conexão permanente. O cenário desse caso é o seguinte:

Empresa XYZ, do ramo de prestação de serviços, encontra-se localizada em uma região afastada, onde não pode ser atendida por meios convencionais de internet rápida. Os custos de uma conexão via satélite estão muito além do que a empresa está disposta a pagar. Seus 5 funcionários navegam na internet e usam e-mail somente via webmail. Sua missão é conectar essa empresa com baixo custo e eficiência.

Solução:

Adquirir um 486 DX4 100 ou maior (Qualquer hardware maior do que um Pentium 166 é desperdício) com 16 ou mais MB de RAM, com modem e placa de rede, além de uma HD em bom estado.

Instalar uma distribuição reduzida do Linux, com suporte a discagem sob demanda e configurar o Squid para restrição de acesso por horário, liberando o acesso a internet somente 1 ou 2 vezes por dia.

Justificativa:

Com um gasto em hardware bem pequeno, podemos conectar toda a empresa com um desempenho bom levando-se em conta se uma conexão discada. Além disso, a empresa garante que ninguém irá ficar conectado o dia inteiro através das restrições de horário de acesso impostas pelo Squid.

As pequenas dominam

Esse é o caso mais típico. Uma pequena empresa, normalmente de prestação de serviços ou comércio varejista, deseja ligar seu escritório ao resto do mundo pela internet. São cerca de 30 usuários ligados a uma rede cliente/servidor na plataforma Microsoft. Não existe uma verba muito grande para o projeto, logo é importante economizar o máximo em hardware e software para ganhar mais em serviço. Uma conexão ADSL já foi solicitada a empresa de telefonia e esse custo não é levado em conta no projeto.

Solução:

1- Adicionar uma segunda placa de rede ao servidor Microsoft.

2- Adquirir um appliance gateway/firewall (baixo custo) de uma das diversas marcas disponíveis no mercado e ligar sua interface WAN na conexão ADSL. Ligar sua interface LAN diretamente na nova placa de rede do servidor.

Instale o Squid no servidor Microsoft de acordo com as instruções dadas anteriormente e configure-o adequadamente.

Justificativa:

Apesar de muitas pessoas imediatamente ligarem o Squid ao Linux, não faz sentido não ter um projeto aprovado por causa dos custos da aquisição de uma nova máquina. Nem tampouco justifica-se a aquisição de sistemas caros e ineficientes para fazer de forma inadequada o que o Squid faz com perfeição. O appliance de firewall eu considero necessário porque conhecemos bem a sucessitibilidade da plataforma Microsoft a ataques. Mesmo que fosse uma plataforma 100% segura, ainda não deveríamos expor o servidor da rede local de forma tão aberta à internet.

Precoces

Por outro lado, existem empresas pequenas, talvez até micro, que têm uma visão de tecnologia mais à frente no mercado. Advocacias, contabilidades e empresas que trabalham com informações sigilosas em geral, têm consciência da necessidade de proteger os dados de seus clientes com firewalls seguros, sistemas de detecção de intrusos e etc.

Nosso cliente agora é uma advocacia com 8 usuários extremamente preocupada com o sigilo de seus dados e segurança de sua conexão com a internet. O desempenho da conexão não é tão importante quanto a auditoria dos sites acessados ou o bloqueio de eventuais vírus.

Solução:

1- Adquirir um servidor novo para instalação do firewall

Proceder instalando o Linux da forma mais segura possível, de preferência aplicando patches no kernel e instalando sistemas de auditoria interna. Um sistema de detecção de intrusos também é essencial. Feito isso, instalar o Squid com método de autenticação, viralator e restrição de conteúdo. Lembre-se de que nesse caso, talvez seja interessante bloquear acesso também a webmails.

Instalar também o sarg e gerar relatórios diários de utilização. Utilizar-se da facilidade de logrotate e faze backup diário dos logs.

Justificativa:

A preocupação da empresa com o sigilo de seus dados e de seus clientes vale o investimento em uma nova máquina, que poderá fornece-lhes todas as informações necessárias para auditoria e solução de possíveis falhas.

Arroz com feijão

Esse é o caso mais comum de todos. Creio que 80% das instalações que já fiz seguem esse padrão. No cenário temos uma ou várias empresas, de porte de pequeno a grande em uma mesma localidade física e com apenas um link ligando-as à internet. Já pudemos participar de implantações onde o link variou de um frame-relay de 64Kbps segurando uma única empresa até conexões de fibra óptica de 2Mbits onde várias empresas e usuários de um condomínio ou prédio faziam uso dessa para acesso a internet em geral. O proxy deve ser transparente e o único objetivo do Squid é dar ganho de velocidade e economia do link.

Solução:

1- Adquirir um servidor de qualidade, analisando a necessidade de hardware da instalação

Configurar o firewall utilizado e o Squid para trabalhar de forma transparente. Recomendo uso do Linux ou do FreeBSD, de acordo com sua familiaridade com esses sistemas. Procure alterar parâmetros de memória e espaço em disco utilizado. Talvez seja bom reavaliar a instalação após 1 ou 2 meses, procurando uma sintonia fina de parâmetros.

Justificativa:

Em uma relação de custo e benefício de médio e longo prazo, podemos perceber que é mais barato instalar um servidor de cache do que aumentar um link. Isso é especialmente verdade quando falamos de conexão de qualidade. Como sempre, tanto o Linux como o FreeBSD não só fazem o serviço por um valor quase irrisório, como também o fazem com perfeição.

15.5 Uma empresa sadia

Com certeza você um dia irá se deparar com um projeto de maior profundidade, com complicadores e detalhes chatos. O caso apresentado aqui é de uma empresa da área da saúde, que desejava ao mesmo tempo ter estabilidade, desempenho, auditoria e monitoramento de usuários, além de níveis de acesso e uma exigência do presidente que podemos dizer ser, no mínimo, pitoresca: Um link só para ele, sem log , sem auditoria e sem perguntas.

Para não dizer que só temos problemas, a verba era bem gorda para a implantação e razoável para a manutenção.

Diagrama da rede

Solução:

1- Adquirir 3 links ADSL de velocidades 512Kbps (x2) e 2Mbits (1x)

2- Adquirir 2 servidores (um deles com 5 placas de rede)

Instalar Linux em ambos os servidores. 1 deles será o Cache e o outro o firewall.

No firewall deve ser configurado balanceamento de carga entre os 2 ADSLs de 512Kbps (WAN1 e WAN2), enquanto o de 2Mbits deve ficar isolado (WAN3). Esse servidor deve ter regras rígidas de firewall e de roteamento interno, de forma que apenas o servidor de cache tenha acesso a sua interface de rede LAN1 e apenas a máquina do presidente tenha acesso à LAN2. A melhor solução seria restrição por MAC Address no firewall.

No cache, deve-se instalar um sistema de autenticação, restrição de horário, restrição de sites e geração de logs.

Justificativa:

Com o firewall bem configurado e com roteamento e balanceamento de carga definidos, impedimos que algum usuário mais esperto tente burlar o cache. Da mesma fora permitimos que o presidente acesse a web por seu link exclusivo sem cache e sem log.

Todos os usuários, por sua vez são muito bem controlados em tudo o que fazem. Garante-se assim todos os requisitos exigidos pelo cliente.

Matriz e filial

Não são raros os casos de empresas que dispõe de link com a internet apenas em sua matriz e todas as suas filiais interligadas a ela por frame-relay. Administradores que não conhecem (ou não conheciam) o conceito de caching, perdem uma imensa quantidade de banda com navegação de suas filiais na internet. Alguns administradores tentam evitar esse problema colocando um cache na matriz. O resultado é muito bom, economizando a largura de banda necessária para outros serviços. No entanto a comunicação entre as filiais e matriz continua prejudicada devido à navegação. Como resolver isso?

Solução:

1- Adquirir um servidor para cada filial

Em cada filial será instalado um servidor cache utilizando o modo transparente e com configurações de hierarquia, onde todas as filiais serão filhas da Matriz.

Justificativa:

Com essa solução, começamos diminuindo o tráfego até a matriz com o cache local. Mesmo que um determinado objeto não esteja na memória do servidor da filial, o mesmo será verificado no servidor da matriz, economizando a saída até a internet. Como todas as filiais estão passando pelo mesmo servidor final, provavelmente a economia será muito grande em termos de banda IP.

Cache aéreo

Em diversas cidades estão surgindo os provedores wireless. Impulsionados por uma tecnologia barata, de simples implementação e manutenção, vários condomínios residenciais e comerciais estão recebendo seus links desse tipo de provedor. Como todo ISP sabe, o grande custo é o link com a internet. Alguns milhares de reais são gastos mensalmente para manter um link apenas rápido o suficiente para a demanda. Sendo assim, todo e qualquer esforço é válido para evitar o upgrade de link.

Nosso cenário aqui é exatamente esse. Um ISP wireless com um backbone central e diversos pontos de presença.

Solução:

1- Adquirir um servidor para cada POP3

Todos os caches serão configurados no modo transparente e o mais otimizados possível. Uma hierarquia será montada, de preferência no modo horizontal, ou grupo. O modelo árvore pode gerar tráfego desnecessário até a central.

Todos os servidores de uma determinada nuvem devem se consultar mutuamente, de forma a manter o máximo de tráfego em uma única região geográfica. Dentro do ISP, um outro proxy transparente, muito bem configurado irá fazer ainda uma última verificação na memória antes de finalmente buscar uma página na web.

Justificativa:

Haverá uma significativa economia de banda IP, além de conseqüente diminuição de tráfego nos APs4 e uma economia muito grande para o provedor. Além de fornecer aos clientes um serviço de excepcional qualidade por um valor bem viável.

ISP

Simplesmente não existem ISPs que não queiram dar uma melhor qualidade de serviço para seus clientes e diminuir seus custos com link. Nossa proposta é de resolver essas duas questões de uma única vez utilizando o squid. Deve-se estudar com cautela o seu caso para que ele se enquadre a melhor solução.

Nesse caso não pretendo dar uma solução como nos anteriores. A única exigência é utilizar proxy transparente. Dependendo do porte do seu provedor, a solução pode ser colocada em um único servidor com uma HD IDE ou então em um cluster de alta disponibilidade com discos SCSI e controladora RAID.

Pense sempre no custo x benefício. Um pequeno provedor não pode comprar um servidor de milhares de reais, da mesma forma que um grande provedor que coloca uma máquina de baixa qualidade corre o risco de ter degradação de desempenho em relação ao uso sem cache.

Mantenha em sua mente que a parte mais cara do provedor em termos de infra-estrutura é a banda IP. Talvez um servidor de dezenas de milhares de reais seja extremamente barato para um grande provedor, levando-se em conta a economia de banda gerada.

Em grandes instalações, procure entrar em contato com seu fornecedor de banda IP e veja a possibilidade de interligar seu Squid com um dos proxies internos da telecom. Isso não irá gerar economia de banda local, mas dará um ganho de velocidade e qualidade.

Tente também conversar com administradores de outras grandes instalações, analisando a possibilidade de interligar os ISPs por um link dedicado. Isso será mais barato que uma banda IP e, além das rotas, você ainda pode configurar seus proxies para utilizar ACL por domínio, com a criação de um cache exclusivo para o outro ISP.

Examinando o Squid.conf

A partir de agora, vamos explicar passo a passo as tags de configuração do squid.conf.

Lembre-se de que alterações bem feitas e pensadas podem trazer um grande ganho para a performance de seu cache, enquanto um erro de configuração pode impedir seu Squid de trabalhar ou remover muitas de suas funcionalidades.

Altere as opções com cautela e certifique-se de que realmente necessita fazer a mudança que planeja.

Tags da seção Network

Essa seção explica todos os parâmetros de endereços de redes relevantes para uma instalação do Squid.

http_port

O número da porta onde o Squid irá ouvir as requisições dos clientes. O padrão é 3128. Essa opção será ignorada quando o squid é iniciado com a opção "-a" na linha de comando

Você pode espeficicar múltiplas portas, em qualquer uma das três formas: somente a porta, por hostname e porta ou IP e porta. Se você espeficiar um hostname ou endereço IP, então o Squid irá ouvir naquele endereço especificado.

http_port porta

http_port ip:porta

hostname: porta

1.2.3.4 : porta

icp_port

Especifica o número da porta na qual o squid irá enviar e receber solicitações ICP de outros Cache Servers. Para desabilitar, basta colocar um 0. Padrão: 3130

Como já dito anteriormente, o ICP é usando para comunicação entre caches, provendo as funcionalidades necessárias para troca de informações sobre objetos armazenados.

icp_port porta

htcp_port

Especifica o número da porta através do qual o Squid irá receber e enviar requisições HTCP de e para caches vizinhos. Para desabilitar, colocar 0. O padrão é 4827.

Specify the port number through which Squid sends and receives HTCP queries to and from neighbor caches. To disable "0" is used (default = 4827).

htcp_port porta

mcast_groups

Especifica uma lista de grupos multicast, no qual seu servidor pode juntar-se para receber requisições ICP. Padrão = none

mcast_groups Endereço_IP

tcp_outgoing_address

É usado para conexões feitas em servidores remotos. Também é usado para comunicar-se com outros caches durante o uso de HTCP ou CARP. Normalmente não deve-se especificar tcp_outgoing_address. A melhor opção é deixar o sistema operacional escolher um endereço. Padrão: 255.255.255.255

tcp_outgoing_address Endereço_IP

udp_incoming_address

É usado pelo socket ICP para receber pacotes de outros caches. Padrão: 0.0.0.0

udp_incoming_address Endereço_IP

udp_outgoing_address

É usado pelo socket ICP para enviar pacotes a outros caches. Padrão: 255.255.255.255

udp_outgoing_address Endereço_IP

Tags da seção Peer cache servers e Squid hierarchy

As tags dessa seção são relevantes quando rodando o Squid em uma rede com hierarquia.

cache_peer

Especifica outros caches na hierarquia. A opção cache_peer é dividida em 5 campos. O primeiro campo é o IP ou nome do servidor do cache que será pesquisado. O segundo indica o tipo de relacionamento. No terceiro configura-se a porta HTTP do servidor destino. No quarto campo configura-se a porta de requisição ICP e, finalmente, o quinto campo pode conter zero ou algumas palavras-chave.

cache_peer hostname tipo porta_http porta_icp [opções]

Parâmetros Descrição

Hostname Hostname (FQDN) ou endereço IP do cache a ser pesquisado.

tipo Aqui especifica-se a hierarquia de cache definida. Opção importante para escolha de regras de vizinhança.

Opções:

- parent
- sibling
- multicast
- porta_http O número da porta onde o cache ouve as requisições http.
- porta_icp O número da porta onde o cache ouve as requisições http.

Opções	Descrição
proxy-only	Especifica que os objetos desse servidor não devem ser salvos localmente
Weight=n	Especifica o peso de um "pai". Deve ser um valor inteiro, sendo que o padrão é 1. Servidores com um peso maior tem preferência
ttl=n	Especifica o tempo de vida de um multicast
no-query	Essa opção será utilizando quando fazendo requisições a caches que não aceitam ou não suportam ICP. Caso utilize essa opção, configure o quarto campo como 0
default	Se esse cache será usado como uma última opção e ele não está configurado para trabalhar com ICP, entãp utilize essa opção. Ele não será o padrão, mas sim a última opção, apesar do que indica o nome da tag
round-robin	Define uma série de "pais" que podem ser usados baseados em algorítimo round-robin.
multicast-responder	Indica que o servidor indicado é membro de um grupo de multicast.
closest-only	Indica que, para uma resposta ICP_OP_MISS, nós somente iremos passar CLOSEST_PARENT_MISS e nunca FIRST_PARENT_MISS.
no-digest	Não faz requisições tipo digest para esse vizinho.
no-netdb-exchange	Desabilita requisições ICMP RTT desse vizinho
no-delay	Evita que esse vizinho seja influenciado por uma delay pool.
login=usuário:senha	Caso esse servidor exija autenticação.
connect-timeout=nn	Especifica o time out para essa conexão.
digest-url=url	Diz ao Squid para buscar o resumo do cache utilizando essa URL.
cache_peer_domain	Limita o domínio para qual cada vizinho será requisitado. É usado para enviar requisições para caches diferentes dependendo do domínio.

- Colocar um '!' antes do domíno significa que o cache irá armazenar o que não for para tal.
- Pode-se colocar tantos domínios quanto necessário por cache, tanto na mesma linha como em linhas separadas.
- Quando múltiplos domínios são dados para um único cache, o primeiro domínio é aplicado.
- Cache hosts sem domínio irão aceitar todos os pedidos

cache_peer_domain cache_host domínio [domínio]

neighbor_type_domain

Modifica o tipo do servidor vizinho dependendo do domínio. Você pode tratar domínios de forma diferente quando um servidor padrão é usado na tah cache_peer.

neighbor_type_domain parent|sibling domínio [domínio]

icp_query_timeout

Aqui pode-se definir manualmente o timeout de uma requisição ICP. Visto que o Squid irá automaticamente determinar um valor ideal baseado em requisições recentes, é bom não alterar essa opção.

icp_query_timeout milisegundos

maximum_icp_query_timeout

Tempo máximo de expiração de uma requisição ICP. A resposta não será mais esperada depois desse tempo.

maximum_icp_query_timeout milisegundos

mcast_icp_query_timeout

Normalmente o Squid envia pacotes de teste para os endereços multicast para determinar quais servidores estão na escuta. Essa opção determina quanto tempo o Squid irá esperar por uma resposta.

Como o Squid fica aguardando resposta, não coloque um valor muito alto. O padrão está OK. 2000 ms.

mcast_icp_query_timeout milisegundos

dead_peer_timeout

Controla quanto tempo o Squid leva para declarar um servidor como morto. Se nenhuma requisição ICP for respondida nesse tempo, o Squid continuará mandando requisições ICP, mas não esperará por resposta. O servidor será novamente marcado como vivo depois que uma determinada seqüência de respostas for enviada. Padrão de 10 segundos.

dead_peer_timeout segundos

hierarchy_stoplist

Uma lista de palavras que, encontradas na URL, farão com que o objeto seja manipulado automaticamente por esse cache.

hierarchy_stoplist palavras

no_cache

Uma lista de elementos de uma ACL, onde, se encontrados, impedem o objeto de ser cacheado.

no_cache deny|allownomeacl

Tags da seção Cache size

Descreve os parâmetros relacionados ao tamanho da memória utilizada pelo cache, assim como a política de rotatividade na memória. O Squid suporte mais que uma política de rotatividade de memória.

cache_mem

Especifica o número ideal de memória usado para:

- Objetos em transito
- Objetos "quentes"
- Objetos com negativa de cache

Os tamanho dos dados para esses objetos são definidos em blocos de 4 KB. Esse parâmetro especifica o limite ideal para os blocos alocados. Objetos em transito tem prioridade sobre os outros. Quando espaço adicional é necessário para novos dados, objetos "quentes" e com negativa de cache são liberados. Padrão de 8MB.

cache_mem total MB

cache_swap_low

Aqui se especifica o limite mínimo para substituição de um objeto. A substituição começa quando o swap em disco está acima do limite mínimo. Padrão de 90.

cache_swap_low porcentagem

cache_swap_high

Justamente o oposto da opção anterior. Aqui se define o limite máximo. Padrão de 95.

cache_swap_high porcentagem

maximum_object_size

A definição dessa propriedade deve ser analisada com critério, visto que limitamos aqui o tamanho máximo de um objeto em cache. Objetos maiores do que esse limite não são salvos em disco.

Para definir como configurar o tamanho máximo nessa opção, deve-se levar em consideração que um número grande implica em maior economia de banda e perda de performance no cache local, enquanto um número menor não ajuda muito em ganho de banda, mas melhora a velocidade em tempo de resposta. Recomenda-se a utilização de uma valor entre 4 e 16 MB. No padrão será utilizado 4096 kB.

maximum_object_size bytes

minimum_object_size

Objetos menores do que esse valor não serão armazenado em cache. O valor padrão é 0, o que significa que todos os objetos serão armazenados.

minimum_object_size bytes

maximum_object_size_in_memory

A definição dessa propriedade deve ser analisada com critério, visto que limitamos aqui o tamanho máximo de um objeto em cache. Objetos maiores do que esse limite não são salvos em disco.

Para definir como configurar o tamanho máximo nessa opção, deve-se levar em consideração que um número grande implica em maior economia de banda e perda de performance no cache local, enquanto um número menor não ajuda muito em ganho de banda, mas melhora a velocidade em tempo de resposta. Recomenda-se a utilização de uma valor entre 4 e 16 MB.

maximum_object_size_in_memory bytes

ipcache_size

Especifica o tamanho do cache de ip.Padrão de 1024.

ipcache_size número_entradas

ipcache_low

Especifica o número mínimo de IPs cacheados. Padrão de 90.

ipcache_low porcentagem

ipcache_high

Especifica o número máximo de IPs cacheados. Padrão de 95.

ipcache_high porcentagem

fqdncache_size

Especifica o número máximo de FQDNs cacheados. Padrão de 1024.

fqdncache_size número_entradas

cache_replacement_policy

Define qual objeto será mantido na memória e qual será removido para criar espaço para novos objetos.

Opção	Descrição
LRU	A opção padrão utilizada pelo Squid. Mantém em cache objetos referenciados a recentemente, ou seja, começa removendo do cache o objeto que foi referenciado a mais tempo.
heap GDSF	Tem a filosofia de mantém em cache objetos menores, referenciados mais vezes, gerando uma maior possibilidade de fornecer um hit.
heap LFUDA	Mantém os objetos mais populares em cache, independente de seu tamanho.
heap LRU	Política LRU acrescida do uso de pilhas.

cache_replacement_policy política

memory_replacement_policy

Determina quais objetos são removidos da memória quando é preciso liberar espaço. Segue as mesmas políticas do cache_replacement_policy

memory_replacement_policy política

Tags da seção Log file path names and cache directories

Descreve os parâmetros para configuração dos diretórios de cache e log em disco. Os arquivos de log são importantes não só para troubleshooting, mas também geração de relatório e observação de anomalias.

É recomendável que você utilize-se de uma política de rotacionamento de log, como o log-rotate.

cache_dir

Diretório onde serão armazenados os objetos. É possível criar-se vários diretórios de cache, mas isso só irá fazer sentido se os mesmo forem em partições (ganho de espaço) ou discos (ganho de velocidade) separados.

tipo Especifica o tipo de arquivo q ser criado. Utilize o ufs. A opção aufs deve ser utilizada quando em um Linux ou Solaris com I/O Assíncrono.

tamanho_máx_obj Refere-se ao tamanho máximo do objeto que será armazenado nesse diretório.

nome_diretório É o raiz do diretório de cache. Caso esteja utilizando um disco separado para o cache, será o ponto de montagem. O diretório já deve existir previamente e o usuário do Squid deve ter direito a escrita nele.

Mbytes Quantidade de espaço em disco ocupado por esse diretório. Definido em MB.

nível-1 Número de subdiretórios de primeiro nível criados sob o diretório principal.

nível-2 Número de subdiretórios de segundo nível que será criado abaixo de cada subdiretório de primeiro nível.

cache_dir tipo tamanho_máx_obj nome_diretório Mbytes nível-1 nível2 [..]

cache_access_log

Especifica o caminho para o arquivo de logs de acesso, o qual guarda todas as requisições e atividades de clientes. Os detalhes do log podem ser customizados como log_mime_hdrs, log_fqdnm client_netmask e emulate_httpd_log. Padrão: /usr/local/squid/logs/access.log.

cache_access_log path_diretório/nome_arquivo

cache_log

Configura o caminho para o log de cache. Esse arquivo irá conter informações gerais sobre o comportamento do Squid. Padrão: /usr/local/squid/logs/cache.log.

cache_log path_diretório/nome_arquivo

cache_store_log

Diz qual o caminho do log de armazenamento. Esse arquivo contém detalhes sobre o processo de armazenamento em disco, podendo fornecer informações como quais arquivos foram removidos do cache, quais foram mantidos e por quanto tempo. Padrão: /usr/local/squid/logs/store.log.

cache_store_log path_diretório/nome_arquivo

cache_swap_log

Caminho para o arquivo swap.log. Esse arquivo contém metadados sobre objetos salvos em disco, podendo ser utilizado para dar um "rebuld" no cache durante a inicialização. Normalmente ele fica armazenado no primeiro diretório de cache, mas pode ter o caminho alterado com essa opção. Esse arquivo não pode ser rotacionado.

Se você tem mais de um cache_dir, então o seu arquivo de log de swap terá nomes como:

* cache_swap_log.00
* cache_swap_log.01
* cache_swap_log.02

cache_ swap _log path_diretório/nome_arquivo

emulate_httpd_log on|off

O Squid tem a habilidade de emular o log de servidores web. Para utilizar essa opção, basta configurar com "on". Se você não tem nenhuma aplicação específica para utilização do log em formato web, sugiro que mantenha no padrão do Squid, visto que será mais simples encontrar ferramentas de analise de logs nesse padrão.

emulate_httpd_log on|off

log_ip_on_direct

Ativa/Desativa a opção de loggin para um IP destino em uma hierarquia quando o cache direciona a requisição de um servidor origem.

log_ip_on_direct on|off

mime_table

Configura a tabela MIME do Squid. Esse arquivo irá conter os tipos MIME suportados pelo Squid. Padrão: /usr/local/squid/etc/mime.conf.

mime_table path_diretório/nome_arquivo

log_mime_hdrs on|off

Grava tanto as requisições quanto as respostas MIME no cabeçalho de cada transação HTTP. Os cabeçalhos irão aparecer em 2 partes diferentes no access.log.

log_mime_hdrs on|off

user agent_log

Para utilizar essa opção, o Squid precisa ter sido compilado com a opção "--enable-useragent_log". Com isso será possível agravar em um log o User-Agent de todas as requisições http. Desabilitado por padrão.

useragent_log path_diretório/nome_arquivo

referer_log

Também necessita que o Squid tenha sido compilado com uma opção extra: "--enable-referer_log". Esse log irá guardar todas as referências das requisições HTTP. Desabilitado por padrão.

referer_log path_diretório/nome_arquivo

pid_filename

Especifica em qual arquivo será arquivado o PID dos processos do Squid. Padrão: /usr/local/squid/logs/squid.pid.

pid_filename path_diretório/nome_arquivo

debug_options

Como os logs são configurados por nível, podemos configurar o tanto de informações que o Squid irá gerar para nossa análise. Recomendo que utilize o padrão, exceto se estiver tendo algum problema que não possa ser facilmente diagnosticado. Quanto menor o nível de log, menos informações serão geradas. Usando a palavra ALL, podemos configurar o nível de log em todos de uma única vez. Padrão: ALL, 1.

debug_options seção,nível

log_fqdn

Pode ser configurado como ON, se você deseja logar o FQDN no access.log. Por padrão está desabilitado.

log_fqdn on|off

client_netmask

A máscara de rede para o endereço de clientes e saída do cachemgr. Utilize o padrão como melhor opção. Padrão: 255.255.255.255.

client_netmask máscara_rede

Tags da seção Support for External functions

Solicita certas funções externas que não são parte do binário do Squid. Esse executáveis normalmente são relacionados a DNS, ftp, redirecionamento e autenticação.

Eles são chamados pelo Squid através de fork() ou exec() padrão. O número de forks filhos será especificados para cada processo externo.

Parâmetros relevantes para essa seção:

ftp_user

Essa tag é utilizada se você deseja que o login anônimo seja mais informativo. Coloque alguma informação significativa como proxy@seudominio.com.br. Padrão: Squid@.

ftp_user nome_usuário

ftp_list_width

O tamanho da largura da lista dos arquivos do ftp. Um número muito pequeno irá cortar nomes de arquivos grnades quando navegando em sites web. Padrão: 32

ftp_list_width número

ftp_passive

Se o seu firewall não permite que o Squid use conexões passivas, desligue essa opção.

ftp_passive on|off

cache_dns_program

Define-se aqui o caminho para o executável do dns lookup. Essa opção só está disponível se o Squid for compilado com a opção --disable-internal-dns.

O programa de dns externo usa as bibliotecas de resolução, provendo um cliente de dns muito mais amadurecido e confiável. Caso não haja nada de estranho com sua resolução de DNS do Squid, mantenha o resolver interno.

cache_dns_program programa

dns_children

Número de processos simultâneos para o serviço de DNS. Para servidores com grande load, pelo menos 10 filhos devem ser iniciados. O máximos fica em 32 filhos, sendo o padrão 5. Novamente é preciso ter compilado o Squid especialmente para suporte a DNS externo. Quanto mais rápida a resolução DNS, melhor o desempenho geral do sistema. Tendo isso em mente, utilize 32 processos filhos.

dns_children número

dns_retransmit_interval

Tempo inicial que o DNS aguarda para retransmitir uma solicitação. O intervalo dobra cada vez que todos os DNS configurados são tentados.

dns_retransmit_interval segundos

dns_timeout

Timeout para requisições DNS. Se não houver resposta depois desse tempo, todos os DNS configurados para esse domínio são considerados indisponíveis.Padrão de 5 minutos.

dns_timeout minutos

dns_defnames

Normalmente o servidor de dns desabilita a opção de resolução RES_DEFNAMES. Isso impede que caches em uma hierarquia resolvam nomes de hosts localmente. Para utilizar essa opção, não esqueça de habilitar na hora da compilação.

dns_defnames on|off

dns_nameservers

Pode ser usada para especificar uma lista de servidores DNS no lugar no /etc/resolv.conf

dns_nameservers Endereço_IP

unlinkd_program

Especifica o caminho do programa unlinkd. Isso não é necessário se você estiver usando I/O assíncrono. Padrão: /usr/local/squid/libexec/squid/unlinkd.

unlinkd_program path_diretório/nome_programa

diskd_program

Especifica a localização do diskd.

diskd_program path_diretório/nome_programa

pinger_program

Define o caminho do executável pinger.

pinger_program path_diretório/nome_programa

redirect_program

Diz qual o caminho do redirecionador de URL. Existem diversas aplicações que poderão ser utilizadas aqui.

redirect_program path_diretório/nome_programa

redirect_children

Número de processos filhos para o programa de redirect.

redirect_children número

redirect_rewrites_host_header

Por padrão o Squid reescreve o header de host em requisições redirecionadas. Se você está rodando como proxy reverso, isso pode não ser desejado.

redirect_rewrites_host_headeron|off

redirector_access

Se definido, essa lista de acesso especifica quais requisições são enviadas para o processo de redirect. Por padrão, todas o são.

redirector_access allow|deny

authenticate_program

Especifica o comando do autenticador externo. Esse programa lê uma linha contendo: "usuário senha" e devolve um OK ou ERR. Para utilizar o autenticador é preciso ter uma ACL relacionada.

authenticate_program path_diretório/nome_programa path_diretório/arquivo_senhas

authenticate_children

Número de processos filhos do autenticador. Padrão de 5.

authenticate_children número

authenticate_ttl

Especifica o tempo de vida para uma autenticação bem sucedida permanecer em cache. Se uma combinação inválida de nome de usuário e senha é fornecida, o usuário é removido do cache e uma revalidação é exigida. Padrào de 3600 segundos.

authenticate_ttl segundos

authenticate_ip_ttl

Com essa opção você poderá especificar por quanto tempo a autenticação persistirá para um determinado IP. Se uma requisição usando a mesma autenticação da conexão já efetuada for utilizada em outra máquina, ambas terão acesso bloqueado e será exigida uma nova autenticação. Se você tem usuários com uma conexão discada conectando em seu Proxy remotamente, é recomendável que não tenha um número maior do que 60 segundos, visto que isso o impediria de conectar-se novamente durante esse tempo se a linha dele caísse. O padrão é de 0 segundos.

authenticate_ip_ttl segundos

authenticate_ip_ttl_is_strict

Essa opção faz com que a autenticação seja um pouco mais rígida. Ela impede que qualquer outra conexão seja feita com outros endereços IP enquanto o tempo de vida especificado anteriormente não expirar. Essa opção está ativada por padrão.

authenticate_ip_ttl_is_stricton|off

Tags da seção para tunning do Squid

Essa seção descreve importantes parâmetros para determinar a performance do Squid.

wais_relay_host / wais_relay_port

Define o servidor de relacionamento WAIS

wais_relay_host host

wais_relay_port porta

request_header_max_size

Especifica o tamanho máximo de um cabeçalho de uma requisição http. Como sabe-se que um cabeçalho HTTP deve ser pequeno (por volta de 512 bytes), limitar o tamanho do mesmo pode ser interessante no uso de proxy reverso, criando uma barreira a mais para ataques do tipo buffer overflow e denial of service. Padrão de 10K.

request_header_max_size kbytes

request_body_max_size

Especifica o tamanho máximo para o corpo de uma requisição HTTP. Ou seja, o tamanho máximo de um PUT ou POST. Essa opção pode ser interessante para empresas que queiram garantir que seus usuários não farão grandes uploads à partir da empresa. Padrão de 1MB..

request_body_max_size kbytes

reply_body_max_size

Tamanho máximo do corpo de um reply. Isso é útil para impedir que seus usuários baixem arquivos grandes. Padrão de 0.

reply_body_max_size kbytes

refresh_pattern

Essa opção deve ser usada com extremo cuidado. Se você não tiver nenhuma aplicação que exija explicitamente alterar essa TAG, sugiro que deixe-a inalterada. Um valor inadequado aqui fará com que seus usuários simplesmente não consigam mais acessar aplicações dinâmicas na web. Não seja levado pela idéia de que impedir os usuários de ficar dando reload em uma página irá economizar sua banda, pois a dor de cabeça gerada será muito mais cara do que sua banda.

Parâmetros	Descrição
mín	Tempo mínimo, em minutos, que um objeto sem um tempo de expiração explicitamente configurado será considerado válido. Utilize, impreterivelmente 0.
porcentagem	É a porcentagem da idade dos objetos, desde a última modificação, no qual esse será considerado válido, desde que não tenha um valor de expiração configurado.
máx	É o tempo máximo, em minutos, que um objetos sem um tempo de expiração explicitamente configurado será considerado válido.

Opções	Descrição
override-expire	Reforça o tempo mínimo de expiração de um objeto, ainda que o mesmo tenha sido enviado no cabeçalho.
override-lastmod	Reforça o tempo mínimo, ainda que o objeto tenha sido modificado recentemente.
reload-into-ims	Modifica solicitações do tipo "sem-cache" ou "reload" para "Se-modificado-desde-requisição"
ignore-reload	Simplesmente ignora as requisições "sem-cache" e "reload".

refresh_pattern [-i] regex mín porcentagem máx [opções]

reference_age

Como já discutido, o Squid atualiza sua memória baseado em políticas, normalmente removendo primeiro objetos mais antigos ou menos populares. Apesar disso ser feito dinamicamente, podemos configurar valores manualmente nessa opção, configurando o tempo máximo de permanência em memória. O valor padrão é de 1 ano.

reference_age tempo

quick_abort_min / quick_abort_max / quick_abort_pct

O cache pode ser configurado para continuar com o download de requisições abortadas. Ao mesmo tempo que isso pode ser indesejado em redes pequenas e com conexão lenta, pode ser útil em grandes instalações, onde quase certamente um outro usuário irá requisitar o mesmo objeto.

Quando o usuário aborta um download, o Squid verifica o valor da opção quick_abort e a quantidade de dados baixados até o momento. Se o transferido for menor do que o especificado, ele irá finalizar o download. Padrão: 16 KB

Se o transferido tiver mais do que o quick_abort_max, ele irá abortar a transferência. Padrão: 16 KB

Se uma porcentagem maior do que a configurada em quick_abort_pct tiver sido baixada, ele finaliza o download. Padrão de 95%.

quick_abort_min kbytes

quick_abort_max kbytes

quick_abort_pct porcentagem

negative_ttl

Tempo de vida para requisições falhas. Certos tipos de erros (como conexão recusada ou página não encontrada) são marcados como "sem-cache" por um determinado tempo. Padrão de 5 minutos.

negative_ttl tempo

positive_dns_ttl

Tempo de vida para resultados bem sucedidos de resolução DNS. Se você realmente precisar alterar esse valor, não deixe inferior a 1 minuto. Padrão de 6 horas.

positive_dns_ttl tempo

negative_dns_ttl

Tempo de vida de resoluções falhas de DNS.

negative_dns_ttl tempo

range_offset_limit

Configura um limite superior de até onde deverá ir a abrangência de uma requisição de arquivo em um pré-download. Se passar desse limite, o Squid encaminha a requisição como está e não cacheia o resultado.

range_offset_limit bytes

Tags da seção Timeouts

Parâmetros de time out podem ser baseados em tempo de conexão, conexão com host, por site ou domínio, por tipo de requisição, etc. Time outs bem configurados são essenciais para otimizar a performance do Squid. Os principais parâmetros estão listados abaixo.

connect_timeout

O tempo de espera que o Squid aguarda pela resposta do servidor de origem. Se esse tempo for excedido, o Squid responde com uma mensagem de "Connection timed out". Padrão de 120 segundos.

connect_timeout segundos

peer_connect_timeout

Especifica quanto tempo deverá ser aguardada uma resposta de um cache vizinho para conexões TCP. Diferentes limites podem ser configurados para vizinhos distintos. Padrão de 30 segundos.

peer_connect_timeout segundos

site select_timeout

Define o tempo de expiração para URN em seleção de múltiplas URLs. URN é um protocolo desenvolvido para resolução de nomes independente de localização. Padrão de 4 segundos.

siteselect_timeout segundos

read_timeout

Essa opção é usada em conexões server-side. Após cada leitura bem sucedida, o time out será aumentado nesse valor. Se nenhum dado for lido após esse tempo, a requisição é abortada e logada como ERR_READ_TIMEOUT. Padrão de 15 minutos.

read_timeout tempo

request_timeout

Diz ao Squid quanto tempo esperar após uma conexão HTTP ser aberta. Para conexões persistentes, o Squid irá aguardar esse tempo após o fim da requisição anterior. Default de 30 segundos.

request_timeout segundos

client_lifetime

Tempo máximo que um cliente poderá ficar conectado ao processo de cache. Entenda-se cliente como browser. Isso protege o cache de ter muitos sockets em estado CLOSE_WAIT devido a clientes que desconectam sem utilizar o procedimento adequado. Padrão de 1 dia.

client_lifetime tempo

half_closed_clients

Alguns clientes podem parar o envio de pacotes TCP enquanto deixam o recebimento em aberto. Algumas vezes o Squid não consegue diferenciar conexões TCP totalmente fechadas e parcialmente fechadas. Por padrão, conexões parcialmente fechadas são mantidas abertas até que haja um erro de leitura ou escrita no socket. Mudando essa opção para off fará com que o Squid imediatamente feche a conexão quando a leitura do socket retornar "sem mais dados para leitura".

half_closed_clients on|off

pconn_timeout

Aqui configura-se o timeout para conexões persistentes. Depois do tempo de inatividade determinado aqui, o Squid encerra as conexões persistentes. Caso você configure essa opção para menos de 10 segundos, a funcionalidade estará desabilitada. Padrão de 120 segundos.

pconn_timeout segundos

ident_timeout

Tempo máximo para para aguardar requisições IDENT. Se esse valor estiver muito alto e a opção ident_lookup ativada, existe a possibilidade de sujeitar-se a uma negação de serviço, por ter muitas requisições IDENT ao mesmo tempo. Padrão de 10 segundos.

ident_timeout segundos

shutdown_lifetime

Quando o Squid recebe um SIGTERM ou um SIGHUP, o cache é colocado em modo de "shutdown pendente" até que todos os sockets ativos sejam fechados. Qualquer cliente ainda ativo depois desse período irá receber uma mensagem de timeout. Default de 30 segundos.

shutdown_lifetime segundos

Tags da seção Access Control Lists

Sem dúvida a parte mais importante para os administradores. Com o uso de ACLs bem configuradas e planejadas, é possível não só manter seus usuários sob controle, mas também melhorar desempenho e facilitar a administração.

acl

Define uma lista de acesso. Quando usando um arquivo para buscar os dados, o mesmo deve conter uma informação por linha. Expressões regulares são case-sensitive - para faze-las case-insensitive, utilize a opção -i.

acl nome tipo string1 ... | "arquivo"

src	Baseado em ip ou hostname de origem da requisição

acl nome src ip/máscara.

dst	Baseado em ip ou hostname de destino da requisição. A ACL só é interpretada depois que a resolução DNS for feita.

acl nome dst ip/máscara.

srcdomain	O domínio da máquina cliente. Os domínios serão obtidos por resolução reversa de IP, o que pode causar atrasos para a resposta da requisição.

acl aclname srcdomain nome_domínio

dstdomain	Mesmo que srcdomain, mas levando-se em conta o destino.

acl nome dstdomain nome_domínio

srcdom_regex	Expressão regular que é avaliada para tentar marcar um domínio requisitante.

acl nome srcdom_regex regex

dstdom_regex	Mesmo que srcdom_regex, mas com relação ao destino.

acl nome dstdom_regex regex

time	Dia da semana e hora

acl nome time [abreviação-do-dia] [h1:m1-h2:m2]
Onde:
- S - Sunday (Domingo)
- M - Monday (Segunda-Feira)
- T - Tuesday (Terça-Feira)
- W - Wednesday (Quarta-Feira)
- H - Thursday (Quinta-Feira)
- F - Friday (Sexta-Feira)
- A - Saturday (Sábado)

h1:m1 - horário de início h2:m2 - horário do término

url_regex	Essa ACL irá procura em na URL uma expressão regular que especificada. Opção case-sensitive

acl nome url_regex regex

urpath_regex	Essa acl irá fazer uma combinação de uma expressão regular com o caminho em um servidor que está se tentando acessar. Isso significa que o Squid irá ignorar o nome do servidor e o protocolo utilizado.

acl nome urlpath_regex regex

port	O acesso pode ser controlado pela porta do endereço do servidor requisitado.

acl nome port numero-porta

proto	Especifica o protocolo de transferência (http, ftp, etc).

acl nome proto protocolo

method	Especifica o tipo de método da requisição.

acl nome method tipo-método

browser	Expressão regular cujo padrão tentara combinar com o contido no cabeçalho HTTP de requisição do cliente, descobrindo assim o agente (browser) utilizado.

acl nome browser tipo

ident	Seqüência de caracteres que combinam com o nome do usuário. Requer um servidor Ident rodando na máquina do cliente.

acl nome ident nome_usuário

ident_regex	O mesmo que ident, mas utilizando-se de expressão regular.

acl aclname ident_regex pattern

src_as	Origem de um sistema autônomo

dst_as	Destino de um sistema autônomo

snmp_community	Comunidade SNMP.

acl snmppublic snmp_community public

maxconn	Limite máximo de conexões provenientes de um mesmo cliente. Útil para restringir número de usuários por IP, bem como fazer controle de uso da banda.

req_mime_type	Expressão regular que combina com o tipo de conteúdo contido no cabeçalho de requisição.

acl nome req_mime_type padrão

arp	MAC Address do cliente.

acl nome arp MAC_ADDRESS

http_access

Permite ou nega acesso ao serviço http baseado na lista de acesso (acl) definida. O uso de "!" indica que será a negação da acl.

Se nenhuma das acls configuradas se encaixar na requisição em curso, será então aplicada a última regra. É importante sempre criar uma acl chamada all (ou descomentar a linha já existente) e colocar um `http_access deny all'.

http_access allow|deny [!]nome ...

icp_access

Permite ou nega acesso à porta ICP, baseando-se nas listas de acesso.

icp_access allow|deny [!]nome ...

miss_access

Usado para forçar seus vizinhos a usar seu servidor como "irmão" ao invés de "pai".

miss_access allow|deny [!]nome...

cache_peer_access

Similar ao `cache_peer_domain', mas oferece mais recursos por utilizar-se da flexibilidade das acls. Sua sintaxe é idêntica ao `http_access'.

cache_peer_access cache-host allow|deny [!]nome ...

ident_lookup_access

Uma lista de elementos em uma ACL, os quais, se encontrados, irão gerar uma requisição IDENT.

ident_lookup_access allow|deny nome ...

Tags da seção auth_param

Uma das principais mudanças do Squid 2.4.x para o 2.5.x foi o sistema de autenticação. Todas as opções referentes a isso estão agoras sujeitas a opção auth_param. Vamos ver abaixo como ela funciona.

Formato geral

auth_param esquema parâmetro [opções]

program

Especifica o programa utilizado para autenticação. Tal programa irá ler uma linha contendo "usuário senha" e responder ao squid com um "OK" para sucesso ou um "ERR" para falha. Para utilizar um autenticador, é necessário uma acl do tipo proxy_auth. Por padrão, utiliza-se o sistema de autenticação básico.

auth_param basic program /path/do/programa /path/do/arquivo/senhas

children

Número de processos filhos que o programa de autenticação poderá conter.

auth_param basic children número

realm

Texto que irá aparecer na caixa de diálogo de login. Não é necessário configurar, mas confere uma certa personalização ao servidor.

auth_param basic realm Texto de login

credentialsttl

Especifica por quanto tempo o Squid irá assumir que uma autenticação bem sucedida continuará válida.

auth_param basic credentialsttl tempo

Tags da seção parâmetros administrativos

O parâmetros configurados nessa seção permitem que o administrador do Squid especifique usuário e grupos no qual o Squid irá rodar, bem como hostname que irá aparecer quando houver erros, etc.

cache_mgr

Usando essa tag, nós podemos especificar o endereço de e-mail do administrador do cache local, que será o responsável pela instalação dessa máquina. Esse usuário será notificado por e-mail caso o cache morra. (usuário local). Padrão: webmaster

cache_mgr usuário

cache_effective_user / cache_effective_group

Quando iniciado como root, o Squid irá procurar esse parâmetro para determinar o usuário e grupo no qual irá rodar. É importante ressaltar que iniciar o Squid com usuário não root fará com que ele não consiga abrir nenhuma porta abaixo de 1024 localmente. Ao configurar esse parâmetro, tenha certeza de que o usuário escolhido terá as permissões necessárias para escrever no diretório de logs, cache e todos os necessários.

cache_effective_user usuário

cache_effective_group grupo

visible_hostname

Se você deseja apresentar uma mensagem de erro com um hostname específico, defina aqui essa opção. Do contrário o Squid irá tentar descobrir o hostname. Esse parâmetro não será necessário se você não tiver um grande cluster de Squids.

visible_hostname nomehost

hostname_aliases

Uma lista de outros nomes que seu cache possa ter. Essa opção é usada para detectar requisições internas quando um cache tem mais de um hostname em uso.

hostname_aliases nomehost

Tags da seção httpd-accelerator

O Squid pode ser usado como um balanceador de carga ou redutor de carga de um webserver em particular. Alguns caches podem trabalhar com requisições de cache e requisições http, fazendo deles também um servidor web. O desenvolvimento do Squid não optou por essa solução. Entretanto, adicionando-se uma camada de tradução o Squid pode receber e interpretar requisições no formato web-server, as quais ele irá repassar ao servidor web real, situado atrás dele.

Nessa seção também configura-se o Squid para trabalhar de modo transparente.

httpd_accel_host

Configura o nome do host para o serviço acelerado. Se você tiver vários servidores, será necessário utilizar a palavra virtual ao invés de hostname.

httpd_accel_host hostname(IP)|virtual

httpd_accel_port

Porta para qual as requisições aceleradas serão enviadas.

httpd_accel_port porta

httpd_accel_single_host

Se você está utilizando o Squid como um acelerador web e tem somente um servidor no backend, configure essa opção para on. Isso fará com que o Squid mande as requisições para o servidor, independentemente do que o cabeçalho disser.

httpd_accel_single_host on|off

httpd_accel_with_proxy

Se a opção http_accel_host estiver ativada, então o Squid irá parar de trabalhar a funcionalidade de cache. É necessário configurar essa opção para que ambas as funcionalidades continuem ativas.

httpd_accel_with_proxy on|off

httpd_accel_uses_host_header

As requisições HTTP/1.1 incluem um cabeçalho relativo ao host, que basicamente contém o nome do mesmo na URL. O Squid pode ser um acelerador para diferentes servidores web através da analise do cabeçalho http. Entretanto, o Squid não checa os valores do cabeçalho do host, abrindo uma possível brecha de segurança. Mais uma vez, é recomendado utilizar essa tag com cuidado.

httpd_accel_uses_host_header on|off

Tags da seção Miscellaneous

Como o nome sugere, essa seção sobre alguns parâmetros que não podem ser explicitamente encaixados com nenhuma outra categoria. Iremos abranger:

- Limite de crescimento de arquivos de log.
- Mostrar informações customizadas sobre os clientes e erros.
- Definir pools de memória para o Squid.
- Gerenciamento por SNMP.
- Coordernação com caches vizinhos através de WCCP.
- Direcionar as requisições tanto para o servidor de origem como um cache vizinho.

dns_test names

O teste de DNS pára de ser executado tão logo ele consegue resolver a primeira busca de nome. Esse teste pode ser desabilitado iniciando-se o Squid com a opção -D na linha de comando.

dns_testnames URL

logfile_rotate

Especifica o número de rotações executadas quando da digitação de `squid -k rotate'. O padrão é 10, o que significa que o Squid criará extensões de 0 até 9. Configurar o log_rotate para 0 irá desabilitar o rotacionamento.

logfile_rotate número

append_domain

Anexa o nome do domínio local para hostnames sem nenhum ponto (.). Essa opção deve conter um domínio com ponto (.) no início.

append_domain nome_domínio

tcp_recv_bufsize

Tamanho máximo de um buffer TCP.

tcp_recv_bufsize bytes

err_html_text

Especifica o texto do HTML que será incluído nas mensagens de erro. Pode ser alguma mensagem sobre contato do administador, ou um link para a página da empresa.

err_html_text texto

deny_info

Essa opção pode ser usada para retornar uma página de erro para requisições que não passem pelas regras definidas em uma ACL. Você pode utilizar as páginas padrão de erro do Squid ou criar as suas próprias.

deny_info nome_pagina_erro acl

memory_pools

Se configurado, o Squid irá manter pools de memória alocada e livre para uso futuro.

memory_pools on|off

memory_pools_limit

Deve-se também determinar um valor para esse pool de memória em bytes. Se não configurada, ou com valor igual a zero, o Squid irá guardar tanta memória quanto possível.

memory_pools_limit bytes

forwarded_for

Atualmente o padrão HTTP/1.1 não provê nenhuma forma de indicar o endereço de requisição de um cliente. Entretanto, como essa era uma feature requisitada, o Squid adiciona em suas requisições um cabeçalho do tipo "X-Forwarded-For". Se ativada essa opção o Squid irá mandar requisições com o IP de origem no cabeçalho. Caso contrário, o mesmo irá ter origem desconhecida.

forwarded_for on|off

log_icp_queries

Configurando-se essa opção como ativa, as requisições ICP passarão a ser logadas no access.log.

log_icp_queries on|off

icp_hit_stale

Se você deseja retornar um ICP_HIT para objetos estáticos cacheados, configure essa opção para `on`.

icp_hit_stale on|off

minimum_direct_hops

Se você utilizar ICMP, faça buscas diretas para sites que estejam a mais de um hop de distância. Esse parâmetro é útil para descobrir a latência da rede.

minimum_direct_hops número

minimum_direct_rtt

Se estiver utilizando ICMP, faça buscas diretas a sites que estejam a mais do que o número de milisegundos configurados aqui de distância. Padrão de 400.

minimum_direct_rtt tempo

cachemgr_passwd

Especifica a senha para operações de gerenciamento de cache.

cachemgr_passwd senha ação ação ...

Ações
5min events non_peers via_headers
60min filedescriptors objects vm_objects
asndb fqdncache pconn
authenticator histograms peer_select
cbdata http_headers redirector
client_list info refresh
comm_incoming io server_list
config ipcache shutdow
counters delay mem store_digest
digest_stats menu storedir
dns netdb utilization
store_avg_object_size (kbytes)

O tamanho médio de objetos é usado para estimar o número de objetos que seu cache pode manipular. Para fazer essa estimativa, basta calcular: Número de objetos = cache_swap/tamanho médio de objetos.

store_avg_object_size tamanho

store_objects_per_bucket

Número de objetos armazenados de uma única vez em uma tabela hash.

store_objects_per_bucket kbytes

client_db

Se você deseja desabilitar estatísticas por cliente, desabilite essa opção.

client_db on|off

netdb_low / netdb_high

Os limites mínimos e máximos da medição ICMP. Por padrão esses valores são 900 e 1000. Isso significa que quando o limite máximo é atingido, o banco de dados irá apagar registros até alcançar o limite mínimo.

netdb_low entradas

netdb_high entradas

netdb_ping_period

O tempo mínimo de medição de um site.

netdb_ping_period time-units

query_icmp

Se você deseja fazer com que as requisições ICP sejam também respondidas com informações ICMP pelos seus vizinhos, habilite essa opção. Lembre-se que é necessário que o Squid tenha sido especificamente compilado com suporte a icmp para que essa opção seja funcional.

query_icmp on|off

test_reachability

Quando habilitado, repostas ICP MISS serão interpretadas como ICP MISS NOFETCH se o host alvo não estiver na base de dados ICMP ou tiver um RTT zero.

test_reachability on|off

reload_into_ims

Habilitando essa opção, você fará com que uma requisição no-cache seja transformada em uma if-modified-since. Essa opção deve ser usada apenas em casos muitos específicos.

reload_into_ims on|off

always_direct

Pode utilizar elementos de uma ACL para especificar requisições que devem sempre ser encaminhadas para o servidor de origem. Isso normalmente é utilizado juntamente com a opção cache_peer.

always_direct allow|deny [!]nome ...

never_direct

É a regra oposta ao always_direct, funcionando da mesma maneira.

never_direct allow|deny [!]aclname ...

anonymize_headers

Substitui o antigo cabeçalho `http_anonymizer' por uma opção mais configurável. Agora é possível especificar quais cabeçalhos serão enviados ou removidos das requisições.

anonymize_headers allow|deny nome_cabeçalho ...

É possível utilizar essa opção permitindo que determinados tipos de cabeçalhos sejam vistos ou negando outros.

Para ter uma header igual ao `http_anonymizer', é preciso configurar da seguinte forma:

- anonymize_headers allow Allow Authorization Cache-Control
- anonymize_headers allow Content-Encoding Content-Length
- anonymize_headers allow Content-Type Date Expires Host
- anonymize_headers allow If-Modified-Since Last-Modified
- anonymize_headers allow Location Pragma Accept
- anonymize_headers allow Accept-Encoding Accept-Language
- anonymize_headers allow Content-Language Mime-Version
- anonymize_headers allow Retry-After Title Connection
- anonymize_headers allow Proxy-Connection

fake_user_agent

Essa opção faz com que o Squid envie, como versão do browser, o parâmetro que for configurado.

fake_user_agent String

icon_directory

Especifica o diretório em que os ícones estão armazenados.

icon_directory path_diretório/nome_diretório

error_directory

Caso deseje customizar as mensagens de erro do Squid, basta indicar o diretório onde os htmls serão encontrados e cria-los de acordo com a padronização.

error_directory path_diretório/nome_diretório

minimum_retry_timeout

Especifica o tamanho mínimo de timeout, quando esse tempo é reduzido para compensar a disponibilidade de múltiplos endereços IP.Isso significa que quando uma conexão é iniciada com um host que tem múltiplos endereços IPs, o tempo padrão de timeout é então reduzido dividindo-se esse valor pelo número de endereços.

minimum_retry_timeout segundos

maximum_single_addr_tries

Configura o número máximo de tentativas de conexões em um servidor que tenha somente um endereço.

maximum_single_addr_triesnúmero

snmp_port

O Squi tem a capacidade de fornecer informações sobre status e estatísticas via SNMP. Aqui configuramos a porta onde esse serviço irá escutar. Utilize 0 para desabilitar essa opção. Padrão: 3401.

snmp_port porta

snmp_access

Permite ou nega acesso à porta SNMP, baseando-se em uma acl.

snmp_access allow|deny [!]aclname ...

Tags da seção delaypool

Conceitualmente, as delay pools são limitantes de consumo de banda. Basicamente o que um delay pool faz é criar uma lentidão artificial para os clientes, gerando uma grande economia de banda. Com uma combinação bem feita de delay pools e acls, é possível fazer um grande controle e limitação de banda.

delay_pools

Número total de delay pools que irão ser utilizadas. Isso significa que se você tiver uma delay pool de classe 2 e 4 de classe 3, esse número deverá ser 5.

delay_pools número

delay_class

Define a classe de cada delay pool. Deve haver exatamente uma classe de delay para cada delay pool.

delay_class número(delay-pool number), número (delay class)

delay_access

Determina em qual delay pool uma requisição será encaixada. A primeira a combinar será utilizada, por isso verifique com cuidado suas acls.

delay_access allow|deny nomeacl

delay_parameters

Define os parâmetros para uma delay pool. Cada delay pool tem um número de alocação de tráfego associado.

- delay_parameters pool agregado (delay_class 1)
- delay_parameters pool agregado individual (delay_class 2)
- delay_parameters pool agregado network individual (delay_class 3)
- delay_initial_bucket_level

Determina qual a porcentagem colocada em cada alocação quando o Squid é iniciado.

delay_initial_bucket_levelbytes

incoming_icp_average / incoming_http_average / incoming_dns_average / min_icp_poll_cnt / min_dns_poll_cnt / min_http_poll_cnt

São descritos os algoritmos usados para as tags acima,

TagName número

Padrão:

incoming_icp_average 6

incoming_http_average

4 incoming_dns_average

4 min_icp_poll_cnt 8

min_dns_poll_cnt 8

min_http_poll_cnt 8

max_open_disk_fds

Especifica o número máximo de file descriptors que o Squid pode usar para abrir arquivos. Essa opção é usada para evitar gargalo de I/O e acesso a disco limitando o número de arquivos.

max_open_disk_fds número

offline_mode

Com essa opção ativada, o Squid nunca irá tentar validar objetos cacheados.

offline_mode on|off

uri_whitespace

A ação que será tomada quando uma URI contiver espaços em branco é decidida nessa tag. Padrão é strip.

uri_whitespace opções

Opções	Descrição
strip	Os espaços em branco são removidas da URL, de acordo com o recomendado na RFC2616
deny	A requisição é negada e o cliente recebe uma mensagem de "Requisição Inválida"

allow	A requisição é aceita e os espaços em branco não são alterados.
encode	A requisição é aceita e os espaços são codificados de acordo com a RFC1738
chop	A requisição é cortada e mandada apenas até o espaço em branco

broken_posts

Uma lista de elementos de uma ACL que, se encontrados, irão fazer com que o Squid coloque um par extra de CRFL (Carriage return e Line Feed) em um PUT ou POST. Isso somente é utilizado junto a alguns servidores HTTP problemáticos que exigem essa modificação. Se não souber de nenhum caso específico, ignore essa opção.

broken_posts allow|deny nomeacl

nonhierarchical_direct

Por padrão, o Squid irá enviar qualquer requisição não hierárquica diretamente aos servidores de origem. Se você desabilitar isso, o Squid irá enviar isso para o cache "pai". Na maior parte dos casos, não é uma boa idéia desabilitar essa opção, visto que ela irá gerar uma latência desnecessária, sem necessariamente algum ganho.

nonhierarchical_direct on|off

prefer_direct

O comportamento normal do Squid é tentar utilizar seus "pais" na maior parte das requisições. Uma possível utilidade de habilitar uma busca direta ao invés disso, seria combinando as opções non hierarchical_direct off and prefer_direct on, fazendo basicamente dos "pais" uma rota backup em caso de erro em buscas diretas.

prefer_direct on|off

strip_query_terms

Para habilitar o log de todos parâmetros das requisições, é necessário habilitar essa opção. Caso contrário o Squid apenas dá forward das mesmas sem gerar um log completo.

strip_query_terms on|off

coredump_dir

Em caso de falhas, os sistemas Unix geram sempre um arquivo de core dos programas. O Squid normalmente guarda os arquivos de core gerados por ele no diretório de cache. Com essa opção é possível configurar onde será armazenado esse arquivo.

coredump_dir diretório

redirector_bypass

Quando habilitado, uma requisição não irá através dos redirecionadores se todos eles estiverem ocupados. Se estiver com essa opção estiver desativada e a fila começar a crescer muito, o Squid irá abortar e gerar um erro solicitando que a quantidade de redirecionadores seja aumentada.

redirector_bypass on|off

ignore_unknown_nameservers

O Squid sempre verifica se uma resposta DNS está sendo recebida de um mesmo IP de origem para qual está sendo enviada a requisição. Caso não sejam os mesmos, o Squid irá ignorar a resposta e mandar uma mensagem no log. Recomendo que não desabilite essa opção, visto que é uma proteção a mais contra ataques baseados em DNS.

ignore_unknown_nameserverson|off

digest_generation

Aqui é possível controlar se o servidor irá gerar um resumo e o tipo de seu conteúdo. Para habilitar essa e todas as outras opções referentes a resumo, é necessário que o Squid tenha sido compilado com opção --enable-cache-digests.

digest_generation on|off

digest_bits_per_entry

Número de bits do resumo de cache do servidor, o qual será associado com a combinação de um dado tipo de método HTTP e URL.

digest_bits_per_entry número

digest_rebuild_period

Número de segundos para a reconstrução do resumo do cache. O padrão é de 1 hora.

digest_rebuild_period tempo

digest_rewrite_period

Tempo de espera entre escritas de resumo no disco. Como na opção anterior, o resumo é escrito a cada 1 hora.

digest_rewrite_period tempo

digest_swapout_chunk_size

Número de bytes do resumo a escrever de cada vez. Por padrão o Squid utiliza 4KB, que é o tamanho padrão de uma página de swap.

digest_swapout_chunk_size bytes

digesvt_rebuild_chunk_percentage

Configura-se aqui a porcentagem do resumo de cache que será verificada de cada vez. Por padrão está configurado para 10% do total.

digest_rebuild_chunk_percentage porcentagem

chroot

Devido a alguns procedimentos que necessitam de poderes de root, o Squid roda parcialmente como tal. Se você deseja rodar o Squid como chroot, é preciso habilitar essa opção. Isso fará com que o Squid rode os procedimentos necessários como root e depois abandone completamente esse privilégio. Lembre-se que para usar um chroot é necessário um chroot_dir.

chroot enable|disable

client_persistent_connections / server_persistent_connections

Suporte a conexões persistentes para clientes e servidores. Por padrão, o Squid irá usar conexões persistentes para comunicar-se com clientes e servidores.

client_persistent_connectionson|off

server_persistent_connectionson|off

pipeline_prefetch

Para melhorar o desempenho de requisições e fila, o Squid irá trabalhar com 2 requisições paralelamente.

pipeline_prefetch on|off

extension_methods

O Squid somente trabalha com requisições HTTP padrão. Apesar de métodos diferentes serem negados, é possível fazer com que eles sejam aceitos adicionando-os a uma lista. É possível incluir até 20 métodos diferentes.

extension_methods request método

high_response_time_warning

Se a média de falhas por minuto excede esse valor, o Squid manda um aviso de nível 0 no debug (normalmente gerando uma saída no syslog) de alerta.

high_response_time_warningmsec

high_page_fault_warning

Se a média de falhas por minuto excede esse valor, o Squid manda um aviso de nível 0 no debug (normalmente gerando uma saída no syslog) de alerta.

high_page_fault_warning time-units

high_memory_warning

Se o uso de memória excede o valor determinado, o Squid manda um aviso de nível 0 no debug (normalmente gerando uma saída no syslog) de alerta.

high_memory_warning número

store_dir_select_algorithm

O Squid pode trabalhar com 2 tipos de algoritmos para escolher entre vários diretórios de cache: least-load e round-robin. O padrão é leat_load.

store_dir_select_algorithm tipo_algoritmo

ie_refresh

O Microsoft Internet Explorer até a versão 5.5SP1 tem problemas ao trabalhar com proxy transparente, impossibilitando forçar um refresh. Ativando essa opção é possível corrigir parcialmente o problema, fazendo com que todos os pedidos de refresh vindo de um IE seja automaticamente interpretado como forçado. A melhor opção, quando possível, é atualizar os clientes.

ie_refresh on|off

Por último, indico os seguinte sites para obter maiores informações e suporte quanto ao Squid:

- Squidnocon - http://www.geocities.com/glasswalk3r/linux/squidnomicon.html
  - Matéria CrossNodes - http://networking.earthweb.com/netos/article.php/10951_600321_1

Configurando um Servidor Proxy Básico no Linux

Obtendo o Software na Internet

O software que utilizaremos como Proxy Server deve ser baixado da Internet. Aconselho o disponível no site **ftp://sunsite.unc.edu**. Após acessar, navegue nos diretórios seguindo a seguinte seqüência **/pub/Linux/system/Network/misc/** e copie o arquivo **socks-linux-src.tgz**. Verifique também no diretório **socks-conf** alguns exemplos e instruções de instalação.
Após a baixa do arquivo, descomprima-o e, logo após, utilizando o comando tar, execute a outra baixa.
O programa **socks** necessita da configuração de dois arquivos. O primeiro arquivo informa os acessos permitidos, enquanto o outro informa para roterizar os pedidos para o apropriado proxy server. O arquivo de acesso deve existir no servidor. O arquivo de roteamento deve estar sobre todas as máquinas UNIX. As máquinas DOS e Macintosh, presumidamente, farão seu próprio roteamento.

O Arquivo de Acessos

Com o socks4.2 Beta, o arquivo de acessos é chamado "sockd.conf". Ele deve conter duas linhas, uma permitindo e a outra negando, sendo que cada linha terá três campos:
➢ Identificador (permit / deny)
➢ O endereço IP
➢ O endereço modificado
No campo identificador, só são permitidos os valores permit ou deny.
O campo endereço IP recebe o endereço IP em notação típica, exemplo, 192.168.2.3.
O endereço modificado é também um típico endereço IP de quatro bytes. Ele trabalha como a máscara da rede. No nosso exemplo, ficaria assim:
        permit   192.168.2.23   255.255.255.255
Ou seja, ele permitirá somente os endereços IP que estejam no bit correspondente, assim, somente o 192.168.2.3.

Agora, a linha abaixo permitirá o acesso de todos os números dentro da faixa de 192.168.2.0 até 192.168.2.255.

> permit   192.168.2.0   255.255.255.0

Primeiramente, permita a faixa de endereços que deseja e, logo após, nege os demais, assim:

> permit   192.168.2.0   255.255.255.0
> deny   0.0.0.0   0.0.0.0

O Arquivo de Roteamento

Nesta versão, esse arquivo de acessos é chamado "socks.conf". Ele existe para informar aos clientes socks quando usar ou não os socks. Por instância, em nossa rede, 192.168.2.3 não precisará usar socks para conversar com 192.168.2.1, firewall. Ele já tem uma conexão direta via Ethernet. Ele define 127.0.0.1, o loopback, automaticamente. É óbvio que não precisaria de socks para conversar consigo mesmo.

Para esse arquivo são necessários três campos:

➢ deny

➢ direct

➢ sockd

O campo deny informa aos socks quando rejeitar um pedido. Esse campo aceita os mesmos três campos válidos no arquivo de acessos (sockd.conf).

O campo direct informa para quais endereços não utilizar sock. São endereços que não podem ser alcançados sem o proxy server. Novamente nós temos três campos: identificador, endereço e endereço modificado. No nosso exemplo, ficaria assim:

> direct   192.168.2.0   255.255.255.0

O campo sockd informa ao computador quais servidores estão rodando o servidor socks. A sintaxe para ele é:

sockd   @=<lista de servidores>   < endereço IP> <modificado>

Na lista de servidores, pode-se utilizar um ou vários servidores proxy.

Foi difícil, mas consegui chegar no final!!

Instalando Servidores Web NCSA, Apache e Jakarta Tomcat no RedHat

O serviço que iremos aprender agora, o WWW (World Wide Web), que se utiliza da porta **80** do TCP/IP, transformará os seus sonhos em realidades. Este serviço está limitado apenas a sua criatividade, pois é você quem irá avaliar a melhor forma de apresentação do seu conteúdo. Não nos esqueçamos de que a Internet é o que é hoje, graças a este serviço, e que agora está disponibilizado para você e sua empresa.

Com a maturidade do WWW ao redor do mundo, a integração deste serviço com outras maduras tecnologias também já se tornaram realidade. E Java, é uma delas.

Os servlets Java são uma poderosa ferramenta para construção de websites e aplicações baseadas em web. Uma das principais características que um programador Java deve ter é a capacidade de instalar e configurar o servidor Tomcat. O Tomcat já é uma solução madura, estável e gratuita desenvolvida pela Apache Software Foundation. O Tomcat já ganhou vários prêmios e é sempre eleita como uma das melhores soluções para servidor de aplicação.

Página Web do site www.eDeus.org - No princípio da Web bastava uma página....

O objetivo deste capítulo é de mostrar como integrar o Tomcat com o servidor web Apache em ambiente Red Hat 9.0. Com este objetivo vamos tentar montar uma configuração estável e simples que permitirá usuários terem confiança no uso do Tomcat.

Utilizando a Internet como fonte de informações, o seu conhecimento poderá crescer exponencialmente em relação à configuração de servidores Web. A partir daqui, no meu ponto de vista, você deverá conhecer e praticar a instalação e configuração dos softwares (veja lista de anexos) para gerenciamento de servidores WWW. E ainda, definir uma política de segurança para o seu servidor.

Outra sugestão é que você coloque o seu WAIS disponível para os browsers. Para isto, você deverá aprender a programar utilizando a linguagem C Shell ou Perl, que o auxiliarão no desenvolvimento de scripts que tratarão os pedidos dos formulários HTML.

Por último, muitas distribuições Linux, dependendo do perfil de instalação (Desktop, servidor, etc..) já instala automaticamente um servidor Web. Esta vantagem com certeza fará com que você salte algumas tarefas que possamos estar repetindo neste capítulo.

Integrando Tomcat com o Servidor Web Apache em Red Hat 9.0

Eu escolhi instalar o Apache usando o gerenciador de pacotes (RPM) da RedHat. Usar o RPM ao invés de realizar a compilação do Apache simplifica a administração do sistema nos seguintes madeiras:
- Atualizações e correções de erro podem ser instaladas automaticamente a partir do site da RedHat (www.redhat.com);
- Scripts para startup (inicialização) e shutdown (finalizaçao) do sistema já estão configurados e disponívies.

Eu recomendo usar utilitário de linha de comando Redhat up2date para instalar RPMs RedHat. Embora o up2date possa ser usado sem aquisição de assinatura com a RedHat Network, uma assinatura básica é proporciona qualidade básica. Isto elimina um pouco de dor de cabeça pois garante que o software que você está instalando é a correta versão, e que você tenha as corretas versões de dependência instaladas no servidor.

Para atualização ou instalação do Apache nas outras distribuições Linux deste livro, Conectiva e Slackware, verifique que os pacotes do Apache já estão atualizados nos CD-ROMs de instalação. Não necessitando, portanto, realizar nenhum download a partir do site da Apache.org. Se você estiver instalando o Linux pela primeira vez, opte em já instalar automaticamente o servidor Apache, pois isto reduzirá o risco em erros de configuração ou de dependência de pacotes.

O portal inicial do mundo Apache está em **www.apache.org**.

Os seguintes RPMs RedHat devem ser instalados:

- httpd: o servidor Apache web server
- httpd-devel: ferramentas de desenvolvimento que serão necessárias para a criação do mod_jk connector

Para instalar estes pacotes usando up2date, garanta que você esteja conectado a Internet, e utilize os seguintes comandos:

```
# up2date -i httpd
# up2date -i httpd-devel
```

Após o processo acima, você pode inicializar, parar ou reinicializar o Apache como abaixo:

```
# service httpd start
# service httpd stop
# service httpd restart
```

Verifique que o serviço Apache esteja trabalhando pelo simples teste no seu navegador Web, digite **http://localhost/**. Se a instalação e inicialização foi perfeita, você terá acesso a página inicial de instalação e documentação do Apache.

Instalação do TomCat

O Projeto Jakarta, com site em **http://jakarta.apache.org**, é responsável por criar e manter soluções em código aberto voltada para a plataforma Java.

E o Tomcat é um dos produtos do projeto Jakarta entre vários. O Tomcat é um container de servlets que é usado como referência oficial para as tecnologias Java Servlets e JavaServer pages.
O Site oficial do Tomcat está em http://jakarta.apache.org/tomcat/index.html.

O único requerimento para executar o Tomcat é que o Java Development Kit (JDK), também conhecido como Java Software Development Kit (SDK), esteja instalado e a variável de ambiente JAVA_HOME esteja definida.

Java SDK

Eu escolhi instalar o Java 2 da Sun, Standard Edition, o qual pode ser copiado e ter download a partir do site **http://java.sun.com/j2se**. A versão usada para este laboratório é J2SE v1.4.2 SDK em arquivos de auto-descompactação para Linux.

O J2SE disponibiliza um ambiente completo para o desenvolvimento de aplicações em servidores e estações de trabalho.

Para executar os próximos comandos, esteja logado como administrador do sistema (root). Estando no diretório aonde se encontra o arquivo copiado do SDK, execute o comando para torná-lo executável:

```
# chmod +x j2sdk-1_4_2-linux-i586.bin
```

Agora, execute o mesmo arquivo:

```
# ./j2sdk-1_4_2-linux-i586.bin
```

Um novo diretório deverá será criado chamado j2sdk1.4.2 no diretório aonde foram executados os comandos acima. Se desejar, você pode mover agora o diretório SDK para aonde queira no servidor. Neste laboratório, eu instalei em **/usr/java**. Utilize o comando **mkdir** para a criação de diretório. Abaixo está o comando que utiliza-se para a movimentação:

```
# mv j2sdk1.4.2 /usr/java
```

Agora, defina a variável de ambiente **JAVA_HOME** no seu arquivo **/etc/profile.**:

```
JAVA_HOME="usr/java/j2sdk1.4.2"
export JAVA_HOME
```

Para maiores informações e detalhes desta tarefa, veja o capítulo de Instalação do JDK deste livro.

Conta de acesso TomCat

Você irá instalar e configurar o Tomcat como usuário Administrador (root). Entretanto, você deverá criar um grupo e uma conta de usuário para o Tomcat. Para isto, execute o seguinte:

```
# groupadd tomcat
# useradd -g tomcat tomcat
```

Este procedimento irá criar a conta e um diretório **/home/tomcat**, aonde nós iremos instalar as aplicações Tomcat.

Download do Tomcat

Nesta seção faça a cópia e download da última versão disponível no site **http://jakarta.apache.org/tomcat/index.html**. Como o Tomcat é executado diretamente na raíz do JDK padrão, nós não podemos pensar que qualquer motivo de construi-lo a partir dos fontes. O binário do Tomcat está disponível em dois diferentes tipos:

1. non-LE
   - o distribuição binária completa
   - o inclui todas as bibliotecas opcionais e um XML parser (Xerces)
   - o pode ser execuado em JDK 1.2+
2. LE
   - o Distribuição binária customizada
   - o Projetada para ser executada em JDK 1.4
   - o Não inclui o XML parser por causa que um já está incluso na JDK 1.4
   - o Pode ser executado em JDK 1.2 pela adição de um XML parser
   - o Todos os componentes desta tribuição são gratuitos e open source software
   - o Não inclui nenhum dos binários opcionais: JavaMail, Java Activation Framework, Xerces, JNDI, ou a JDBC Standard Extension

E há vários formatos de downloads. Para este laboratório iremos usar a versão **LE gnu** compactada no formato de arquivo **tar** (jakarta-tomcat-4.1.27-LE-jdk14.tar.gz).

Instalação Tomcat Standalone

Descompacte o arquivo Tomcat pela execução do seguintes comandos e procedimentos, estando no diretório aonde foi realizado o download:

```
# tar xvzf tomcat-4.1.27-LE-jdk14 tar.gz
```

Com isto será criado um diretório chamado **jakarta-tomcat-4.1.27-LE-jdk14**. Mova este diretório para aonde você desejar, e aonde será instalado o Tomcat. Eu sugiro em **/usr/local**. Execute o comando abaixo para fazer esta atividade:

```
# mv jakarta-tomcat-4.1.27-LE-jdk14 /usr/local/
```

O diretório aonde o Tomcat é instalado está apontando para a **CATALINA_HOME** como apresentado na documentação do Tomcat. Neste caso **CATALINA_HOME=/usr/local/jakarta-tomcat-4.1.27-LE-jdk14**.

Eu recomendo configurar um link simbólico para apontar para a versão atual do Tomcat no seu servidor. Este recurso economiza seu tempo de ter que alterar os scripts de inicialização e finalização do servidor a cada vez que o Tomcat for atualizado. Recurso este que também permite que você tenha várias versões do Tomcat instaladas no seu disco. Neste laboratório, estando em **/usr/local** crie um link simbólico chamado **/usr/local/jakarta-tomcat** para referencia-se para **/usr/local/jakarta-tomcat-4.1.27-LE-jdk14**:

```
# ln -s jakarta-tomcat-4.1.27-LE-jdk14 jakarta-tomcat
```

Altere o grupo e o proprietário dos diretórios **/usr/local/jakarta-tomcat**   e **/usr/local/jakarta-tomcat-4.1.27-LE-jdk14** para o tomcat:

```
# chown tomcat.tomcat /usr/local/jakarta-tomcat
# chown -R tomcat.tomcat /usr/local/jakarta-tomcat-4.1.27-LE-jdk14
```

Com isto não é necessário definir a variável de ambiente CATALINA_HOME. O Tomcat é esperto suficiente para descobrir o conteúdo da CATALINA_HOME.

A partir de agora você já é capaz de inicializar e finalizar o Tomcat. Estando no diretório **CATALINA_HOME/bin** pela simples digitação de **./startup.sh** ou **./shutdown.sh**. Para testar o Tomcat para utilizar o seu navegador web (browser) e apontar para **http://localhost:8080**. Se ocorrer conforme esperávamos, você receberá a tela de boas vindas do Tomcat com página de código de exemplo e documentação.

Selecionando um Connector

Neste ponto, Apache e Tomcat já estão trabalhando perfeitamente, mas de forma separada e em modo standalone. Você pode executar Tomcat em modo alternativo e também como alternativa ao Apache. E ainda, em alguns casos, afirma-se que o Tomcat em standalone é muito mais rápido servindo conteúdo estático do Apache, entretanto, há várias outras razões para se usar o Apache como o front end. Portanto, se você executa o Tomcat em modo standalone:

1. Você terá que executar Tomcat como root na porta 80. Isto é por razão de segurança.
2. Você não será capaz de usar um conector como mod_jk para carregar o balanceamento entre várias instancias Tomcat.
3. Você não será capaz de ter vantagem das características do Apache como CGI ou PHP.
4. Você não será capaz de ter vantagem dos módulos apache como mod_rewrite.
5. Você não será capaz de isolar servidores virtuais em suas próprias instâncias Tomcat.

Eu acredito que a funcionalidade melhorada obtida pelo uso do Apache como front end compensa o esforço exigido para instalar e configurar um conector. Então, para este laboratório, eu selecionei o **mod_jk connector**. O qual já foi longamente testado e já se encontra estável.

Construindo o conector mod_jk

O conector mod_jk é um link de comunicação entre o Apache e o Tomcat. Este atende pela porta 8009 para pedidos do Apache.

Faça a cópia (download) o código fonte do conector referente a sua versão do Tomcat a partir do site **http://jakarta.apache.org/tomcat/index.html** ou http://jakarta.apache.org/tomcat/tomcat-3.2-doc/mod_jk-howto.html. Para este laboratório eu usei o **jakarta-tomcat-connectors-4.1.27-src.tar.gz**. Os fontes de todas os diferentes conectores connectors (mod_jk, mod_jk2, coyote, etc.) são distribuidos em apenas um arquivo.

Descompacte o conteúdo deste arquivo em seu diretório de download:

```
# tar xvzf jakarta-tomcat-connectors-4.1.27-src.tar.gz
```

Isto irá criar um diretório chamado **jakarta-tomcat-connectors-4.1.27-src**. Mova este diretório para aonde você costuma deixar os arquivos fontes no seu servidor. Eu utilizo sempre o **/usr/src**. Utilize o comando abaixo para fazer esta movimentação:

```
# mv jakarta-tomcat-connectors-4.1.27-src /usr/src/
```

Eu refiro-me ao diretório aonde os fontes dos conectores está instalados em CONN_SRC_HOME. No meu laboratório, **CONN_SRC_HOME = /usr/src/jakarta-tomcat-connectors-4.1.27-src**.

Agora, execute o script **buildconf** para a criação do arquivo **CONN_SRC_HOME/jk/native/configure**.

./CONN_SRC_HOME/jk/native/buildconf.sh

O próximo passo é executar o script **configure** com o caminho (path) para o arquivo **apxs** do seu arquivo:

```
# ./configure --with-apxs=/usr/sbin/apxs
```

Para realizar a etapa de construção do **mod_jk**, execute:

```
# make
```

Se tudo ocorreu conforme esperávamos, o arquivo **mod_jk.so** foi devidamente criado. Copie este arquivo para o diretório de arquivos compartilhados do Apache, assim:

```
# cp CONN_SRC_HOME/jk/native/apache-2.0/mod_jk.so /etc/httpd/modules
```

Configurando o Servidor Tomcat

Arquivo workers.properties

O arquivo **workers.properties** contém informações **mod_jk** que conectam-se aos processos Tomcat worker. Crie um diretório chamado **CATALINA_HOME/conf/jk** e coloque o arquivo workers.properties. Abaixo há um exemplo deste arquivo:

workers.properties

```
# workers.properties
#
# This file provides jk derived plugins with the needed information to
# connect to the different tomcat workers.  Note that the distributed
# version of this file requires modification before it is usable by a
# plugin.
#
# As a general note, the characters $( and ) are used internally to define
# macros. Do not use them in your own configuration!!!
#
# Whenever you see a set of lines such as:
# x=value
# y=$(x)\something
#
# the final value for y will be value\something
#
# Normaly all you will need to do is un-comment and modify the first three
# properties, i.e. workers.tomcat_home, workers.java_home and ps.
# Most of the configuration is derived from these.
#
# When you are done updating workers.tomcat_home, workers.java_home and ps
# you should have 3 workers configured:
#
# - An ajp12 worker that connects to localhost:8007
# - An ajp13 worker that connects to localhost:8009
# - A jni inprocess worker.
# - A load balancer worker
#
# However by default the plugins will only use the ajp12 worker. To have
# the plugins use other workers you should modify the worker.list property.
#
# OPTIONS ( very important for jni mode )
#
# workers.tomcat_home should point to the location where you
# installed tomcat. This is where you have your conf, webapps and lib
# directories.
#
workers.tomcat_home=/usr/local/jakarta-tomcat
#
# workers.java_home should point to your Java installation. Normally
# you should have a bin and lib directories beneath it.
#
workers.java_home=$(JAVA_HOME)
#
# You should configure your environment slash... ps=\ on NT and / on UNIX
# and maybe something different elsewhere.
#
ps=/
#
#------ ADVANCED MODE ------------------------------------------------
#---------------------------------------------------------------------
#
#------ DEFAULT worket list ------------------------------------------
#---------------------------------------------------------------------
#
# The workers that your plugins should create and work with
#
worker.list=ajp12, ajp13
#
#------ DEFAULT ajp12 WORKER DEFINITION -------------------------------
#---------------------------------------------------------------------
#
```

```
#
# Defining a worker named ajp12 and of type ajp12
# Note that the name and the type do not have to match.
#
worker.ajp12.port=8007
worker.ajp12.host=localhost
worker.ajp12.type=ajp12
#
# Specifies the load balance factor when used with
# a load balancing worker.
# Note:
#  ----> lbfactor must be > 0
#  ----> Low lbfactor means less work done by the worker.
worker.ajp12.lbfactor=1
#
#------ DEFAULT ajp13 WORKER DEFINITION -----------------------------
#-------------------------------------------------------------------
#
# Defining a worker named ajp13 and of type ajp13
# Note that the name and the type do not have to match.
#
worker.ajp13.port=8009
worker.ajp13.host=localhost
worker.ajp13.type=ajp13
#
# Specifies the load balance factor when used with
# a load balancing worker.
# Note:
#  ----> lbfactor must be > 0
#  ----> Low lbfactor means less work done by the worker.
worker.ajp13.lbfactor=1
#
# Specify the size of the open connection cache.
#worker.ajp13.cachesize
#
#------ DEFAULT LOAD BALANCER WORKER DEFINITION ---------------------
#-------------------------------------------------------------------
#
# The loadbalancer (type lb) workers perform wighted round-robin
# load balancing with sticky sessions.
# Note:
#  ----> If a worker dies, the load balancer will check its state
#        once in a while. Until then all work is redirected to peer
#        workers.
worker.loadbalancer.type=lb
worker.loadbalancer.balanced_workers=ajp12, ajp13
#
#------ DEFAULT JNI WORKER DEFINITION--------------------------------
#-------------------------------------------------------------------
#
# Defining a worker named inprocess and of type jni
# Note that the name and the type do not have to match.
#
worker.inprocess.type=jni
#
#------ CLASSPATH DEFINITION ----------------------------------------
#-------------------------------------------------------------------
#
# Additional class path components.
#
worker.inprocess.class_path=$(workers.tomcat_home)$(ps)lib$(ps)tomcat.jar
#
# Setting the command line for tomcat.
# Note: The cmd_line string may not contain spaces.
```

```
#
worker.inprocess.cmd_line=start
#
# Not needed, but can be customized.
# worker.inprocess.cmd_line=-config
# worker.inprocess.cmd_line=$(workers.tomcat_home)$(ps)conf$(ps)server.xml
# worker.inprocess.cmd_line=-home
# worker.inprocess.cmd_line=$(workers.tomcat_home)
#
# The JVM that we are about to use
#
# This is for Java2
#
# Windows
#
#worker.inprocess.jvm_lib=$(workers.java_home)$(ps)jre$(ps)bin$(ps)classic$(ps)
jvm.dll
# IBM JDK1.3
#
worker.inprocess.jvm_lib=$(workers.java_home)$(ps)jre$(ps)bin$(ps)classic$(ps)l
ibjvm.so
# Unix - Sun VM or blackdown
#worker.inprocess.jvm_lib=$(workers.java_home)$(ps)jre$(ps)lib$(ps)i386$(ps)cla
ssic$(ps)libjvm.so
# RH + JDK1.4
worker.inprocess.jvm_lib=$(workers.java_home)$(ps)jre$(ps)lib$(ps)i386$(ps)serv
er$(ps)libjvm.so
#
# And this is for jdk1.1.X
#
# worker.inprocess.jvm_lib=$(workers.java_home)$(ps)bin$(ps)javai.dll
#
# Setting the place for the stdout and stderr of tomcat
#
worker.inprocess.stdout=$(workers.tomcat_home)$(ps)logs$(ps)inprocess.stdout
worker.inprocess.stderr=$(workers.tomcat_home)$(ps)logs$(ps)inprocess.stderr
#
# Setting the tomcat.home Java property
#
# worker.inprocess.sysprops=tomcat.home=$(workers.tomcat_home)
#
# Java system properties
#
# worker.inprocess.sysprops=java.compiler=NONE
# worker.inprocess.sysprops=myprop=mypropvalue
#
# Additional path components.
#
# worker.inprocess.ld_path=d:$(ps)SQLLIB$(ps)bin
```

Arquivo server.xml

O arquivo **server.xml** contém informações de configurações do servidor Tomcat. O arquivo padrão **CATALINA_HOME/CONF/server.xml** que é criado pelo Tomcat contém muita informação, o que torna uma tarefa não tão simplificada para uma simples tarefa de ter o Tomcat em modo standalone. Então, para o nosso laboratório, faça uma cópia de segurança do arquivo atual, e crie um novo arquivo server.xml com propósito de nosso laboratório. O arquivo server.xml deverá ser semelhante ao exemplo abaixo:

```
<Server port="8005" shutdown="SHUTDOWN" debug="0">

        <Service name="Tomcat-Apache">

                <Connector className="org.apache.ajp.tomcat.Ajp13Connector"
                        port="8009" minProcessors="5" maxProcessors="75"
                        acceptCount="10" debug="0"/>

                <Engine name="your_engine" debug="0" defaultHost="your_domain.com">
                        <Logger className="org.apache.catalina.logger.FileLogger"
                                prefix="apache_log." suffix=".txt"
                                timestamp="true"/>
                        <Host name="your_domain" debug="0" appBase="webapps"
                                unpackWARs="true">

                                <Context path="" docBase="/home/tomcat/your_application"
                                debug="0" reloadable="true" />

                        </Host>
                </Engine>

        </Service>

</Server>
```

Observações:
1. A configuração assume que você colocará suas aplicações Tomcat no diretório **/home/tomcat**, e não em CATALINA_HOME/webapps. Isto permitirá que você facilmente atualize Tomcat e faça o backup de suas aplicações.
2. Se você escolher em manter o arquivo server.xml padrão, garanta que você comente qualquer outro conector além do mod_jk que tente atender aos pedidos na porta 8009. O arquivo padrão vem com o conector Coyote/JK2 habilitado para o serviço Tomcat em standalone. Isto irá entrar em conflito com o conector mod_jk em seu serviço Tomcat-Apache. Portanto, você deve comentar essas linhas desnecessárias.

Configurando o Servidor Web Apache

Arquivo httpd.conf

O servidor web Apache é configurado através de diretivas que são colocadas no arquivo de configuração **/etc/httpd/conf/httpd.conf**. Você notará que há três seções identificadas no arquivo httpd.conf disponibilizado pela RedHat: (1) Global Environment, (2) Main Server Configuration, e (3) Virtual Hosts.

Para o nosso laboratório, siga com bastante atenção os procedimentos a seguir.

Adicione o seguinte no final da diretiva **LoadModule** da seção **Global Environment**:

```
LoadModule jk_module modules/mod_jk.so
```

Adicione o seguinte no final da diretiva **AddModule** da seção **Global Environment**:

```
AddModule mod_jk.c
```

Adicione o seguinte no final da seção **Main Server Configuration**:

```
JkWorkersFile "/usr/local/jakarta-tomcat/conf/jk/workers.properties"
JkLogFile "/usr/local/jakarta-tomcat/logs/mod_jk.log"
JkLogLevel info
JkLogStampFormat "[%a %b %d %H:%M:%S %Y]"
```

A configuração acima assume que você criou um link simbólico **/usr/jakarta-tomcat** que aponta para o diretório aonde está sua versão do Tomcat instalada.

Agora, configure a diretiva Virtual Host na seção Virtual Hosts do arquivo httpd.conf. Abaixo está um exemplo de como configurar o "your_domain" para encaminhar (forward) todas as URLs com o texto "servlet" no caminho (PATH) para o Tomcat:

```
NameVirtualHost *:80

<VirtualHost 192.168.1.1>
        ServerAdmin webmaster@your_domain
        ServerName your_domain
        DocumentRoot /home/www/your_domain/html
        ErrorLog /home/www/your_domain/logs/error_log
        CustomLog /home/www/your_domain/logs/access_log common
        JkMount /servlet/* ajp13
</VirtualHost>
```

A configuração acima assumirá que seus arquivos HTML estáticos de aplicação serão atendidos a partir do diretório **/home/www/your_domain/html**.

Pode-se agora testar a configuração do Apache pela digitação do seguinte:

```
# apachectl configtest
```

Se ocorrer como planejado, a resposta de "Syntax OK" caso não haja erros no arquivo httpd.conf.

Configurando o domínio "your_domain.com"

O domínio "your_domain.com" não necessita ser um nome de domínio com entrada no DNS. Para propósito exclusivos de teste, você pode configurar qualquer domínio desejado no arquivo /etc/hosts do servidor. O exemplo abaixo apresenta uma linha "your_domain" quando executa-se o Apache e Tomcat em um mesmo servidor, o que é um cenário típico para a fase de desenvolvimento.

```
127.0.0.1       your_domain
```

Testes

Agora, nós iremos criar e instalar um simples servlet tipo "Hello World". Assim, poderemos testar a nossa configuração:

O Primeiro Servlet – Hello World

Crie um arquivo texto chamado **HelloWorld.java** e coloque o seguinte conteúdo neste:

```
import java.io.*;
import javax.servlet.*;
import javax.servlet.http.*;
public class HelloWorld
    extends HttpServlet {
    public void doGet(HttpServletRequest request,
                HttpServletResponse response)
            throws IOException, ServletException {

            response.setContentType("text/html");
            PrintWriter out = response.getWriter();

            out.println("Hello World");

    }
```

}

Como próximo procedimento, compile o seu código fonte para uma classe:

javac -classpath /usr/java/jakarta-tomcat/common/lib/servlet.jar HelloWorld.java

Este procedimento irá criar um arquivo chamado **HelloWorld.class**.

Aplicação Tomcat

Crie os seguintes diretórios e arquivos no caminho **/home/tomcat/sua_aplicacao**:

```
/home/tomcat/sua_aplicacao/WEB_INF
/home/tomcat/sua_aplicacao/WEB_INF/classes
/home/tomcat/sua_aplicacao/WEB_INF/web.xml
```

O arquivo **web.xml** está aonde você mapeia o nome do seu servlet para um padrão URL, assim o Tomcat pode executar seu servlet quando solicitado. Abaixo está o arquivo web.xml que executa o servlet HelloWorld quando a URL **http://your_domain/servlet/HelloWorld** for solicitada no seu navegador web:

```
<?xml version="1.0" encoding="ISO-8859-1"?>

<!DOCTYPE web-app
    PUBLIC "-//Sun Microsystems, Inc.//DTD Web Application 2.3//EN"
    "http://java.sun.com/dtd/web-app_2_3.dtd">

<web-app>

        <servlet>
                <servlet-name>HelloWorld</servlet-name>
                <servlet-class>HelloWorld</servlet-class>
        </servlet>
        <servlet-mapping>
                <servlet-name>HelloWorld</servlet-name>
                <url-pattern>/servlet/HelloWorld</url-pattern>
        </servlet-mapping>

</web-app>
```

Agora, copie o arquivo HelloWorld.class para o diretório **/tomcat/home/your_application/WEB-INF/classes**.

Feito isto, reinicialize o Tomcat com os scripts abaixo:

```
# ./CATALINA_HOME/bin/shutdown.sh
# ./CATALINA_HOME/bin/startup.sh
```

E reinicialize também o servidor web Apache:

```
# service httpd restart
```

Pronto. Agora você já é capaz de digitar **http://your_domain/servlet/HelloWorld** no seu navegador Web e ver o primeiro resultado de seu servlet: uma mensagem "Hello World".

Configuração Avançada

Os seguintes passos não são mandatórios para sua configuração, mas nós sugerimos para uma melhor e ideal instalação do Tomcat.

Se você quiser a inicialização automática do Tomcat em tempo de boot, bem como gerenciá-lo usando-o como um serviço, idêntico ao Apache, é necessária a criação de um script de inicialização.

Crie o seguinte script de inicialização Tomcat como **/etc/rc.d/init.d/tomcat**:

```
#!/bin/sh
#
# Startup script for Tomcat, the Apache Servlet Engine
#
# chkconfig: 345 80 20
# description: Tomcat is the Apache Servlet Engine
# processname: tomcat
# pidfile: /var/run/tomcat.pid
#
```

```
# Mike Millson <mmillson@meritonlinesystems.com>
#
# version 1.02 - Clear work directory on shutdown per John Turner suggestion.
# version 1.01 - Cross between RedHat Tomcat RPM and Chris Bush scripts

# Tomcat name :)
TOMCAT_PROG=tomcat

# if TOMCAT_USER is not set, use tomcat like Apache HTTP server
if [ -z "$TOMCAT_USER" ]; then
 TOMCAT_USER="tomcat"
fi

RETVAL=0

# start and stop functions
start() {
    echo -n "Starting tomcat: "

    chown -R $TOMCAT_USER:$TOMCAT_USER /usr/local/jakarta-tomcat/*
    chown -R $TOMCAT_USER:$TOMCAT_USER /home/tomcat/*
    su -l $TOMCAT_USER -c '/usr/local/jakarta-tomcat/bin/startup.sh'
    RETVAL=$?
    echo
    [ $RETVAL = 0 ] && touch /var/lock/subsys/tomcat
    return $RETVAL
}

stop() {
    echo -n "Stopping tomcat: "
    su -l $TOMCAT_USER -c '/usr/local/jakarta-tomcat/bin/shutdown.sh'
    RETVAL=$?
    Echo
    [ $RETVAL = 0 ] && rm -f /var/lock/subsys/tomcat /var/run/tomcat.pid
    rm -rf /usr/local/jakarta-tomcat/work/*
}

# See how we were called.
case "$1" in
  start)
        start
        ;;
  stop)
        stop
        ;;
  restart)
        stop
        # Ugly hack
        # We should really make sure tomcat
        # is stopped before leaving stop
        sleep 2
        start
        ;;
  *)
        echo "Usage: $0 {start|stop|restart}"
        exit 1
esac

exit $RETVAL
```

Adicione o script de inicialização para o sistema executando o comando chkconfig:

```
# chkconfig --add tomcat
```

Com isto, você será capaz de inicializar, finalizar e reinicializar o Tomcat com os seguintes comandos:

```
# service tomcat start
# service tomcat stop
# service tomcat restart
```

Por último, se você desejar inicializar o Tomcat automaticamente em tempo de boot, você precisa adicionar tomcat para o seu runlevel (setup de boot) também com o chkconfig:

```
# chkconfig --level 5 tomcat on
```

O Runlevel 5 é o X Window System, tipico para o computador de desenvolvimento. Já o Runlevel 3 é tipico para um servidor web dedicado.

A ordem de inicialização do Apache e Tomcat é algo que deve ser considerado. O Tomcat deve ser inicializado antes do Apache.

Configuração de Desenvolvimento

Durante o desenvolvimento, você precisará acessar o seu diretório de aplicações Tomcat. Inclua uma conta de acesso (login) usada para o seu desenvolvimento para o grupo Tomcat e existente em **/etc/group**. Por exemplo, este é o formato de inclusão ao Tomcat se o programador fizer parte:

```
tomcat:x:502:suacontaacesso
```

Garanta que o grupo Tomcat tem permissão deescrita para /home/tomcat para a atualização dos arquivos. Para garantir isto, execute:

```
# chmod g+w /home/tomcat
```

Instalação e Configuração do NCSA WEB Server

Obtendo e Configurando o NCSA WEB Server

Uma das missões deste capítulo é a de ilustrar a instalação e configuração do servidor WWW NCSA, ficando ao seu critério a decisão do melhor aplicativo para a sua necessidade, pois o objetivo principal deste livro é que você entenda o princípio de como fazer as coisas e não somente o fim.

Nome	Localização
NCSA	ftp://ftp.ncsa.uiuc.edu/
CERN httpd	http://www.w3.org/Daemon/Status.html

Outros servidores Web poderão se encontrados no site http://www.w3.org/Servers.html.

As principais razões que me levaram a escolher o NCSA foram as seguintes:
➢ Ele é pequeno e rápido;
➢ Possibilidade de servir vários documentos simultaneamente;
➢ Ele é capaz de rodar sozinho ou sobre o daemon inetd;
➢ Identifica os protocolos HTTP/1.0 e HTTP/0.9;
➢ Permite a limitação do acesso de usuários e conexões;
➢ Permite a autenticação do usuário com senha e login;
➢ Possibilita a criação de catálogos do conteúdo de diretórios;
➢ Execução de scripts.

Para obter a última versão do NCSA, verifique no diretório **/Web/httpd/UNIX/ncsa_httpd/** do home site deste (veja tabela). Existem versões pré-compiladas e não compiladas do servidor. Selecione primeiramente a versão e, logo após, selecione a específica para o seu sistema operacional.
A nossa versão é **httpd_1.4.2_linux.tar.Z**, que necessitará ser descompactada e instalada pelo comando tar.
Após esse arquivo se localizar num novo diretório no Linux, faça o seguinte para realizar as tarefas acima:
```
% zcat httpd_1.4.2_linux.tar.Z | tar xvf -
```

O processo acima criará um diretório httpd_1.4.2, que conterá um arquivo README (leia-o) e os seguintes diretórios:

Subdiretório	Descrição
Cgi-bin	Scripts e binários exemplos para CGI – em que residirão os scripts
Makefile	Regras e dependências para construir o serviço
Conf	Arquivos de configuração
icons	Ícones para indexação de diretórios
src	Os executáveis C
support	Aplicações que necessitem de senha dos usuários

Caso você queira alterar a localização dos programas do servidor, alterações deverão ser feitas no arquivo **httpd.h**, localizado no diretório /src do servidor NCSA, pois ele procura os arquivos de configuração no /usr/local/etc/httpd. Ainda, após qualquer alteração, serão necessárias a recompilação e a movimentação dos novos binários para a sua correta localização, assim:

```
% make linux
```

Desejando mais detalhes sobre a instalação, obtenha separadamente via ftp o arquivo **install.txt.Z** e descomprima-o também com o comando uncompress.
O mínimo de configuração que precisamos fazer para botar o nosso servidor no ar é a edição de três arquivos no diretório **conf**:

➢ httpd.conf-dist

> Este arquivo é responsável por controlar como o serviço funcionará. Abaixo, segue a lista das variáveis que deverão ser configuradas:

Variável / Diretiva	Descrição
AccessConfig Arq	Arq é o path da localização do arquivo access.conf do servidor. O default é conf/access.conf.
AgentLog Arq	Arq é o nome do arquivo em que serão registradas as ocorrências de acesso.
ErrorLog Arq	Arq é o path da localização do arquivo de registro das ocorrências de erro. O default é logs/error_log.
Group [Nome_Grupo | número]	Especifica o número de cópias do serviço quando do atendimento dos pedidos da aplicação cliente. Nome ou número do grupo, o default é #-1.
IdentityCheck [on | off]	Determina se o usuário remoto logado será tratado da mesma maneira. O default é off.

Variável / Diretiva	Descrição
MaxServers num	Num é o número máximo de filhos para o grupo.
PidFile Arq	Arq é o path que informa onde o httpd deverá registrar os processos de cada cópia de serviço deste. O default é logs/httpd.pid.
Port num	Num é o número da porta que representa este serviço. Abaixo de 1024 pertencem ao sistema e não devem ultrapassar 65536. O default é 80.
ResourceConfig Arq	Arq é o path que informa a localização do arquivo srm.conf. O default é conf/srm.conf.
ServerAdmin email	email especifica o endereço do administrador. Utilize sysAdmin.
ServerName nomeservidor	Nomeservidor especifica o domínio do seu servidor, exemplo: JornaldoGuara.com.
ServerRoot caminho	Caminho define o path absoluto do serviço que os usuários não podem enxergar. O default é /usr.local.etc.httpd.
ServerType [inetd | standalone]	Especifica se o httpd rodará sobre o inetd ou modo isolado. O default é standalone.
StartServers num	Num é o número de serviços que pode ser processado simultaneamente.
TimeOut segundos	Segundos define o número de tempo que o serviço espera por um pedido (submit ou request) do cliente. O default é 1800.

TransferLog Arq	Arq é o path da localização do arquivo de log de acessos. O default é logs/access_log.
TypesConfig Arq	Arq é o path absoluto que especifica a localização do arquivo de configuração MIME. O default é conf/mime.types.
User [Nome | número]	Define o número ou o nome do usuário que receberá cópia dos serviços executados quando respondendo aos pedidos. O default é #-1.

A única observação é que, se você desejar o serviço sempre disponível, escolha o tipo de serviço inetd em vez do standalone (variável ServerType).

srm.conf-dist

O arquivo srm (server resource management) especifica a localização em que o servidor encontrará os documentos e scripts. Abaixo, segue a lista das variáveis que deverão ser configuradas:

Variável / Diretiva	Descrição
AccessFileName Arq	Arq especifica o nome do arquivo que especificará as permissões para cada diretório.
AddDescription Arq ID	Associa um tipo de Descrição Arq à extensão, aceita metacaracteres. Exemplo "image files" *.gif.
AddEnconding Tipo extensão	Especifica quais arquivos são apropriados para determinada situação. Exemplo: AddEnconding compress Z, ou seja, o compress é o responsável pela geração dos arquivos com este tipo de extensão.
AddIcon caminho nome1 nome2	Especifica o ícone a ser exibido como tipo de arquivo, usado para pedidos FTP.
AddIconbyEnconding caminho nome1 nome2	Executa o mesmo que acima apresentado, só que a aplicação tem prioridade.
Variável / Diretiva	Descrição
AddIconType caminho tipo1...	Executa o mesmo que o AddIcon, só que o MIME determinará qual Icon usar.
AddType tipo extensão	Superior à definição do MIME.
Alias nome caminho	Efetua a troca do nome pelo caminho. Exemplo Alias Presidente /usr/fhc.
DefaultType tipo	Especifica o tipo MIME. O default é text/html.
DefaultIcon caminho	Caminho especifica o icon default para ser usado quando a indexação está sendo executada. O default é /icons/unknown.xbm.
DirectoryIndex arq	Especifica o arq quando o serviço solicita o seu próprio servidor. Exemplo http://www.JornaldoGuara.com, o default será DirectoryIndex index.html.
DocumentRoot caminho	Especifica a rota absoluta do diretório no qual o httpd manterá os documentos. O default é /usr/local/etc/hpttd/htdocs.
FancyIndexing [on | off]	Adiciona sim ou não, ícones, nome de arquivos, cabeçalhos para a lista de arquivos automaticamente indexados.
HeaderName Arq	Especifica o nome do arquivo a ser usado no topo da lista de arquivos indexados automaticamente.
IndexIgnore tipo1...	Especifica tipos de arquivos a serem ignorados durante a compressão.
IndexOptions opcao1...	Especifica a variedade de parâmetros de indexação.
UserDir [caminho | DISABLED]	Especifica o diretório público de acessos. O default é public_html.

access.conf-dist

Esse arquivo define quais características estarão disponíveis para todos os browsers. O default é disponibilizar tudo.

A diferença entre esse arquivo e os demais acima apresentados é que as diretivas existentes neste estão montadas em seções, que, por vez, estão delimitadas pelas cláusulas. Por exemplo, <Directory> e </Directory>. Qualquer semelhança com a linguagem HTML é mera coincidência...

Faça as seguintes alterações nesse arquivo:

➢ Defina a localização do nosso diretório cgi-bin:

        <Directory /usr/local/etc/httpd/cgi-bin>

➢ Remova as opções de indexação da diretiva Options.

➢ Defina a localização do diretório dos documentos (também definida no arquivo srm.conf - diretiva Document Root).

<Directory /usr/local/etc/httpd/htdocs>

> Defina a variável AllowOVerride para None, visando evitar que outros usuários alterem as configurações desse arquivo.
> Defina os valores corretos para a seção Limit. As permissões válidas são as seguintes: allow hostname – permite especificados computadores acessarem o serviço; deny hosname – evita especificados computadores acessarem o serviço; order ordering – determina os pedidos que permitem ou não serem alterados; reqire entidade 1 entidade 2 – entidades válidas para acessarem o serviço (grupo, usuários,...).

Instalando o NCSA WEB Server

Após feita a personalização desejada conforme as diretivas acima, podemos mover o httpd para a correta localização no sistema de arquivos. Devemos fazer isto devido ao httpd sempre tentar encontrar na localização default /usr/local/etc/httpd.
Use o comando mkdir para criar um diretório (httpd se possível) na localização especificada pelo ServerRoot. Então copie httpd e todos os subdiretórios, conf, logs, icons e cgi-bin, para o novo diretório, httpd, usando o seguinte comando:

```
% cp -r httpd logs conf icons cgi-bin <caminho>/httpd
```

Utilize o comando chown para dar permissão de escrita no diretório log ao usuário sob o qual rodará o serviço httpd.

Iniciando o Serviço WWW

Seu serviço está pronto para rodar! O que você precisa decidir é se o seu httpd rodará sob o daemon inetd ou sob o daemon standalone. Se seu serviço terá pouca utilização (claro que não) ou está em fase de testes, para minimizar o impacto do httpd sob o seu sistema, inicie o seu serviço WWW sobre o inetd. Entretanto, se seu serviço será acessado regularmente, inicialize-o no modo standalone, isto porque toda vez que o inetd inicializa ou derruba o serviço causa retardos.
Existem três parâmetros que podem ser passados na linha de comando do serviço:
-d nome_diretório

```
       Especifica a rota absoluta dos executáveis do httpd, caso não seja a rota default.
```

-f nome_arquivo

```
       Especifica o arquivo de configuração do httpd ao invés do httpd.conf].
```

-v

```
       Exibe o número da versão do serviço em questão.
```

Rodando o httpd sob o Inetd

O inetd inicia ou pára os serviços de acordo com a demanda de pedidos enviados ao servidor: cada serviço pedido inicializa uma instância do serviço, que termina após o envio da resposta dele. Cada pedido especifica um número de porta, que corresponde ao serviço em execução no servidor. O número da porta padrão para o WWW é 80. Você pode alterar este número no arquivo httpd.conf.
Para fazer o httpd rodar sob o inetd, complete as seguintes tarefas:

> Adicione uma linha ao arquivo **/etc/services**.

  http 80/tcp

> Adicione uma linha ao arquivo /etc/inetd.conf, similar à apresentada abaixo:

  http stream tcp nowait nobody /caminho/httpd httpd

  Em que caminho está a localização dos executáveis httpd. Podem-se, aqui, adicionar os parâmetros de linha de comando.

> Use o seguinte comando para restartar o daemon inetd, farçando-o a reler o arquivo inetd.conf:

  % kill –HUP número_processo_do_inetd

Para desativar o serviço inicializado no inetd.conf, basta colocar um sinal de comentário (#) na linha desse serviço no /etc/inetd.conf.

Rodando o httpd como um Daemon

Agora, se o seu objetivo é fazer o melhor serviço WWW que já se viu, faça-o estar sempre disponível. Inicializando-o no modo standalone, ele não precisará ser reinicializado toda vez, e sem a necessidade de ler arquivos de configurações, etc.
Para inicializar o serviço usando as configurações default, digite o seguinte:

```
# httpd &
```

O sinal (&) umpersand informa ao httpd para rodar em background.
Para facilitar o seu serviço de inicialização, deixando esta tarefa para ser feita toda vez que o computador é ligado, edite o arquivo **/etc/rc0**, acrescentando o seguinte:

```
if [ -x /usr/bin/X11/httpd ]
then
/usr/bin/X11/httpd
fi
```

A partir daí, o httpd estará sendo listado pelo comando ps como mais um processo. Com os comando **ps** e o **kill** você poderá matar ou não o processo quando desejar. Agora, lembre-se de matar o processo de mais alto nível (o pai).

Testando o httpd

Se você ainda não colocou alguns documentos no seu diretório de docs (resources), pelos menos já podemos testar o acesso ao serviço. No browser, aponte para o seu servidor, assim:
httpd://NomeServidor
Caso você tenha visualizado no browser o conteúdo do diretório ServerRoot (index.html) ou o índice do diretório, Uepa!!! seu serviço está funcionando. Caso contrário, verifique as permissões e acesso ou o registro de ocorrências do serviço no seu arquivo de log.

Dica – Indexando os Documentos Corporativos e Web

Os servidores web http já dispõem de um recurso automático para a indexão de documentos e conteúdo. Este recurso permite a busca rápida para os usuários. No passado era necessária a configuração de um servidor Wais (Wide Area Information Server), tipo freeWAIS.

A arquitetura do servidor Wais era assim:

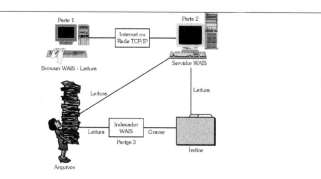

As três partes do freeWAIS.

> Indexador WAIS (parte 3)

    O Indexador executa a tarefa de montar um índice com informações oriundas de um banco de dados, criando uma tabela de palavras e chaves que foram encontradas. A partir daí, com as palavras e chaves é mantida a informação da localização dos documentos em que se encontram as palavras ou chaves.

> Servidor WAIS (parte 2)

    O serviço WAIS, utilizando-se do índice-mestre criado pelo Indexador WAIS e da sintaxe de busca fornecida pela parte 1 (aplicação browser ou usuário), realiza a busca no referido índice, exibindo somente os documentos que preenchem aquele critério.

> Aplicação Cliente Browser (parte 1)

    • O browser que envia a solicitação da busca utiliza o protocolo Z39.50 para passar o critério, que pode ter sido captado por um formulário desenvolvido na linguagem HTML. O browser, após receber a lista de documentos que satisfaça o critério, possibilita ao usuário a escolha de um deles e apontar o browser diretamente para o documento que será imediatamente carregado. Os tipos de documentos válidos para esta versão são: ASCII, binários, arquivos de áudio, PostScript, HTML, JPEG e GIF.

Agora, já nas novas versões de servidores Web, os quais devem seguir alguns requisitos e configurações, já dispensam esta tarefa. Para Maiores detalhes, visite o site: **http://www.w3.org/Gateways/WAISGate.html**.

Guia Completo do Linux e Software Livre

Montando um Servidor de Mídia: Rádio, Streaming MP3 e Vídeo no Linux

No século passado, que não faz tanto tempo assim, todos ficamos deslumbrados com um nome chamado Napster (www.napster.com) e do Kazar (www.kazaa.com). No começo, esses dois nomes fizeram mais sucesso do que o próprio conceito MP3.

Sem falar das rádios virtuais que foram criadas aos milhares ao redor do mundo. É que qualque fã ou usuário caseiro ou profissional pode montar uma rádio virtual. Rádios profissionais como a Soul 24 x 7 (www.suol24-7.com), que oferece excelente programação 24 horas por dia, 7 dias por semana.

Então, chegou a sua hora de montar o seu próprio servidor de rádio e mídia Streaming MP3. E este mesmo tipo de arquivo MP3 que você poderá compartilhar com os amigos, na Internet, na empresa, e levar até para o rádio do carro, etc...

É a hora de você mesmo criar o seu entrentenimento.

Antes de iniciarmos toda a explicação técnica e instalação, vamos um pouco do conceito MP3 e Streaming.

O que é MP3 ?

O MP3 é um formato de áudio digital que vem revolucionando o mercado da música no mundo inteiro. O motivo? Muito simples: **tamanho do arquivo**. Até pouco tempo atrás o formato padrão para audio digital em computadores era o **WAV**, que oferece excelente qualidade de som, mas o tamanho do arquivo fica muito grande.

Um arquivo WAV de 5 minutos gravado em qualidade de CD consome mais de 50 Mb de espaço em disco, o que torna difícil o armazenamento e transferencia deste tipo de arquivo. Aí é que entra o MP3...

O mesmo arquivo, ao ser convertido para o formato MP3 - mantendo qualidade semelhante - pode ficar até 12 vezes menor! Ou seja, um arquivo de aproximadamente 4 Mb, que pode facilmente ser transferido através da Internet em poucos minutos. E com uma pequena perda de qualidade pode-se obter arquivos ainda menores!

MP3 é ilegal ?

O formato MP3 propriamente dito é totalmente legal. Porém, o uso que você venha a fazer deste formato pode se tornar ilegal.

As leis de direitos autorais (copyright) são aplicáveis ao MP3. Quase todas as músicas que você gosta são protegidas por direitos autorais. Isso significa que somente o artista/banda ou a gravadora pode definir como a música ou álbum será distribuido e quanto custará. Se definirem que um disco custa R$ 15 e você copiá-lo sem autorização, isso

O número de sites para download de MP3 cresce a cada dia, sendo possível encontrar praticamente qualquer música de qualquer artista, e até mesmo álbuns completos. Alguns sites possuem autorização para distribuir estas músicas; outros não.

consiste em violação de direito autoral. *Na prática, receber um MP3 via Internet sem pagar por isso é a mesma coisa que pegar um CD emprestado de um amigo e gravá-lo para fita K7.* Já se você comprou o CD e gravou-o em MP3 para uso próprio não há problema nenhum, pois você já pagou os direitos autorais ao comprar o CD.

Arquivos MP3 são tão fáceis de criar e transferir que muitos internautas mergulharam de vêz neste mundo da música on-line - baixando de forma legal ou não os trabalhos de seus artistas favoritos.

O crescimento da popularidade do MP3 causou, inicialmente, medo à artistas e, principalmente, às gravadoras, pois cada música copiada ilegamente via Internet é dinheiro a menos em seus bolsos. Hoje já se conscientizaram de que o MP3 é uma evolução natural e irreversível, e estão procurando meios de utilizar a nova técnologia em benefício próprio

Como Tocar MP3 ?

Para tocar MP3 a primeira coisa que você precisa é uma máquina que suporte isso. O esquema de compactação do MP3 faz com que seja necessário um bocado de processamento e memória RAM para tocar a música. Um Pentium 100Mhz com 32 Mb RAM e placa de som 16 Bits deve ser suficiente para tocar áudios em qualidade de CD.

Fora o hardware, você precisa de um bom software de MP3 - genéricamente chamado de *Player.*

Como criar arquivos MP3 ?

Para criar seus MP3 você precisa de softwares denominados *rippers* e *encoders.*

Ripper nada mais é do que um programa que lê CDs de audio e os gravam para dentro do computador em formato digital. Alguns rippers mais antigos apenas gravam em formato Wav, e não MP3. Neste caso você também precisará de um *encoder*.

Encoder é o programa que converte arquivos de um formato para outro(s). No caso dos encoders de MP3, a maioria converte arquivos do formato WAV para MP3.

Hoje em dia é muito comum encontrar programas que são rippers e encoders ao mesmo tempo. Os melhores rippers, inclusive, ao extrair a música já às gravam diretamente em formato MP3.

Caso você queira criar MP3 a partir de outra fonte que não seja o CD (como K7, Vinyl, MD, etc) o processo é um pouco mais trabalhoso. Você terá que plugar o dispositivo na *entrada de linha (Line In)* da sua placa de som e utilizar um software qualquer (pode ser até o gravador de som do Windows) para primeiramente gravar toda a música em formato Wav. Em seguida, basta usar um encoder para convertê-la para MP3.

MP3 para Viagem

Desde o primeiro Walkman, sempre existiram opções de players portáteis para as diferentes mídias - e com o MP3 não poderia ser diferente.

Os players portáteis de MP3, chamados MPMan, são bastante pequenos e leves - além de serem fáceis de usar. Basta ligar o aparelho à porta serial de seu computador e gravar as músicas desejadas lá pra dentro. Depois é só sair por aí curtindo o som.

Quando quiser gravar outras músicas, basta repetir o processo. A maioria do MPMans funcionam com memória Flash, embora já exista modelos mais novos que possuem mini HDs de 2,5 polegadas ou drives para discos removíveis.

Outra modalidade que está surgindo são os players automotivos de MP3 - que substituem, com diversas vantagens, os CD players nos veículos.

O quê é o Streaming ? O quê é Download ?

Há duas formas de se ouvir música no seu computador – por streaming ou por download. O streaming é o processo ideal para ouvir mais imediatamente. O download é para as músicas que você quer guardar para ouvir com mais qualidade a qualquer hora. Quase todas as músicas deste site são em streaming e em todos os casos estão sendo respeitados os direitos autorais.

Por streaming, ou seja, a transmissão de áudio (e vídeo também, se for o caso), você começa a ouvir daí a segundos, se a conexão for boa ou razoável. A música é transmitida, inteira ou apenas um trecho, mas você não pode gravá-la. Pode ouvi-la quantas vezes quiser, mas só estiver online.

Streaming, que do inglês quer dizer algo do tipo "fluxo contínuo", é uma forma de transmitir áudio e/ou vídeo através da Internet (ou alguma outra rede), mas com uma particularidade muito especial: *não é necessário baixar um arquivo inteiro para escutar o áudio ou assistir ao vídeo*. Isso permite, entre outras coisas, transmissão ao vivo de Rádio e TV através da Internet!

Por download, você precisa antes transferir o arquivo para o seu computador para depois poder tocá-lo – quantas vezes quiser, sem estar conectado à Internet. A música obtida por download normalmente pode ser enviada para amigos ou para equipamentos portáteis. O Windows Media que você usa para ouvir por streaming também reproduz arquivos MP3.

E a buferização surge a partir do Download ou Streaming. **Buferização**: é um pequeno armazenamento prévio do áudio/vídeo que será mostrado em seguida. A buferização sempre ocorre no início de um streaming ou quando a transmissão é interrompida devido algum congestionamento de rede. Em muitos casos, este congestionamento é causado devido à lenta conexão do usuário com a Internet.

STREAMING LIVE vs ON DEMAND

A transmissão em streaming pode ser "ao vivo" *(live)* ou não.

Transmissões *live* são como as Rádios e TVs normais, porém, através da Internet. É um *broadcast*, ou seja, todas as pessoas escutam ou assistem a mesma coisa, ao mesmo tempo. Se um programa foi apresentado as 16h e você não assistiu, já era. Não verá denovo, a menos que façam uma reprise.

As transmissões *on demand* é que são a novidade. Proporcionam uma interatividade que só passou a existir com a chegada da Internet. Trata-se de arquivos gravados que você pode acessar, via streaming, a hora que quiser e quantas vezes quiser, desde que esteja disponível no site desejado. É o mesmo que ter um mãos uma fita de vídeo cassete: você pode ver, rever, voltar, ver novamente mais tarde, etc.

Iniciando o Projeto do Servidor de Mídia MP3

Depois de um pouco de teoria, vai ter ou não som na caixa ? Lógico que sim, e iniciaremos agora com o servidor de streaming MP3. Logo após, vamos montar nossa rádio, que se correr tudo bem, será um FM de muito sucesso. E com os próximos passos que iremos apresentar, e em poucas páginas, você verá que montar o seu servidor de mídia e streaming MP3 não é tão complicado, e nem muito caro.

Claro que para começar com um servidor real de mídia precisaremos de alguns itens de hardware e equipamento. Mas as duas principais limitações do seu servidor serão o espaço em disco para armazenamento e a velocidade da sua rede. É que é nesses dois itens que você necessitará gastar mais dinheiro, e não velocidade de processamento ou memória RAM.

Se você nunca tentou fazer isto antes, então esta é a hora de pensar. Comece com a memória RAM, um tomada de energia elétrica e um cablo IDE para o disco rígido, um drive de CD com coneão com a placa-mãe, e assim, vai, é como começar a montar um brinquedo Lego para adultos.

O Início

Os computadores servidores não se restringem mais somente a grandes empresas ou grandes universidades. Como o número de computadores em residência tem aumentado consideravelmente, os requerimentos de armazenamento de dados tem se tornado mais complicado, então as soluções de servidores estão disponibilizando alternativas para as próprias residências.

Construir o seu próprio servir hoje e mdia é possível, e isto não custará o "olho da cara", e vamos ver isto passo a passo.

A idéia atrás deste projeto é produzir um servidor de mídia para armazenamento centralizado de músicas e arquivos de vídeo, o qual possa ser acessado por qualquer computador na vizinha. E este servidor, estando conectado a uma rede, pode estar escondido num armário ou até mesmo no porão, tendo como requisito apenas uma tomada elétrica e uma conexão de rede.

Nós não iremos demonstrar como fazer com o Microsoft Windows, o qual poderia ser uma opção sua. Ao invés disto, o Linux é a nossa escolha prática e econômica. Poderia ser qualquer distribuição, mas nos focaremos numa chamada Knoppix.

O por quê de estarmos usando o Linux ?

Nós não estamos utilizando o Linux como servidor de nosso MP3 Server exclusivamente porque o mascote deste é um Pingüim meigo. O Linux foi projetado como um sistema operacional de rede, é seguro, rápido e gratuito. E em caso de manutenção, este não necessita de desfragmentador de disco rígido, gerando perda de disco. Uma vez que você obtenha familiaridade com o Linux, você aprenderá que poderá administrar o servidor remotamente e de forma fácil. Para instalar num disco rígido, você necessitará configurar as partições no computador. No ambiente Windows, você já deve ter ouvido falar de memória virutal – os arquivos pagefile ou swap. Para garantir performance algumas pessoas configuram o arquivo swap para usar diferentes partições. O Linux tem um conceito similar e também requer sua própria partição: a partição de swap Linux. Como esta, você necessitará uma partição para instalação, e nós recomendamos usar a partição Linux ext2. Não estranhe, isto é apenas uma alternativa a FAT32 ou NTFS.

Voltando ao assunto do Linux. A uma escolha de diferentes sistemas operacionais Linux chamamos de distribuição. Enquanto esses possuem um núcleo similar, na escolha do Knoppix logo abaixo nós optamos pela diferença na racionalização do uso de memória RAM. Você pode realizar o boot diretamente do CD-ROM, sem a necessidade de instalar o Linux diretamente no disco rígido. Este será executado diretamente na memória RAM. Isto significa que você pode testar o Knoppix sem a perda de qualquer dado no seu computador.

Hardware e Equipamentos Necessários

O hardware exigido para construir nosso servidor é mínimo comparado a um computador padrão. Obviamente que no começo você poderá até utilizar emprestadas algumas artes do seu computador principal. É que precisamos no processo de configuração, como: monitor, mouse, teclado e drive de CD-ROM. E esses itens não serão necessários uma vez que o servidor de mídia já esteje no ar.

O mínimo de nosso kit de hardware que você precisará colocar na sua lista de compra é uma placa mãe, processador, memória RAM, a embalagem (case do computador) com fonte de energia elétrica e um disco rígido. Se a placa mãe (motherboard) não vier com a placa de vídeo, então você também precisará de uma placa gráfica de vídeo. Enquanto componentes onboard (previamente instalados) têm uma reputação baixa no computador, ninguém ficará olhando a tela quando estiver fusionando. E lembre-se que nosso servidor tem é que sair bem barato.

Pode-se utilizar vários tipos de placa, nós utilizamos placas EPIA, e concluímos que o Linux Knoppix funcionou perfeitamente. Se você estiver planejando executar o streaming de vídeo na rede através do seu servidor, então a serie M pode ser mais apropriada com um decodificador (decoder) MPEG2. Contudo, este é um pouco mais caro.

Então o hardware montado foi uma placa-mãe EPIA 5000 com processador, uma embalagem do computador (case), 256 megabytes de memória RAM PC133, e disco rígido de 20 gigabytes. Se realmente você for um exagerado consumidor de música e vídeo, recomendo o disco rígido de 120 gigabytes.

A Instalação de uma distribuição Linux chamada Knoppix

Algumas pessoas ainda acreditam que o Linux é uma "caixa-preta" bem complicada. Na qual ninguém com QI inferior a 100 poderia arriscar. Totalmente erradas.

A verdade é que o Linux é marcantemente fácil. Por exemplo, a distribuição Knoppix pode ser executada diretamente do CD-ROM enquanto esteja sendo analisada. Isto mesmo, você leu corretamente, o Knoppix pode ser executado sem requerimento de disco rígido.

O Knoppix está disponível em arquivo padrão ISO, então você não precisa gravar este arquivo num CD para que possa utilizá-lo. Visite o stie **www.knopper.net/knoppix** e faça o download do arquivo ISO de 650 megabytes. Para este laboratório, usamos o arquivo KNOPPIX_V3.2-2003-XX-XX-EN.ISO. Obtenha o arquivo e grave no seu computador.

Utilize então o seu programa favorito de gravação de CD-ROM, selecione a opção "burn image", e basta então usar o arquivo ISO do Knoppix que foi baixado do site. Pronto ! este arquivo possui tudo que você precisa.

O Boot via CD-ROM com o Knoppix

O próximo passo é configurar o seu computador para habilitar a BIOS para realizar boot também através do CD-ROM. Isto foi ensinado na instalação do Conectiva Linux no início deste livro.

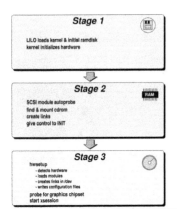

diagrama com a seqüência de carga do Knoppix em tempo de boot

A primeira apresentação após o boot com o CD do Knoppix será o seu logotipo. E haverá um "prompt" Boot no rodapé da tela. Basta pressionar ENTER para continuar e inicializar a carga do sistema operacional. O boot continuará com a execução e avaliação do hardware do seu computador, habilitando assim os drives corretos. Lembre-se que o Knoppix é executado inteiramente na memória RAM do seu computador, portanto, este é muito racional no uso de recursos memória.

Dependendo da velocidade do seu computador, Knoppix consumirá de trinta segundos a três minutos para finalizar esse boot. Após isto, o gerenciador de janela padrão do Knoppix – KDE - será apresentado.

A partir deste ponto, a interface KDE permitirá que você execute e acesse as aplicações disponíveis normalmente.

Instalação no Disco Rígido (HD)

Para prosseguir com esta opção de instalação, coloque o CD-ROM que foi montado com o Knoppix, e reinicie o computador. Como informado antes, caso o conteúdo do CD não seja apresentado, verifique a configuração da BIOS do computador. É que o CD-ROM deverá ser a primeira opção na seqüência de boot.

Será apresentada uma lista de opções do tipo de filesystem (sistema de arquivo). A nossa recomendação é que a escolha seja ext2. Faça a confirmação e o processo consumirá mais ou menos dez minutos para a escrita das tabelas no disco.

Para realizar a instalação do KNOPPIX no disco rígido, após já logado no sistema, abra uma sessão Shell como root, e digite o comando para o script de instalação:

knx-hdinstall

Este script irá apresentar uma tela de boas vindas. Tecle então ENTER e clique em OK. A próxima etapa é escolher em qual disco será realizada a instalação.Possivelmente haverá apenas uma escolha, portanto, basta clicar no OK.

Será apresentada então alguma informação sobre o disco rígido, bastando clicar em OK novamente. É onde será submetido ao **cfdisk**. O cfdisk é uma ferramenta de particionamento que acompanha o KNOPPIX. Esteja atento das instruções e avisos de não perda de informação pré-existente no disco. Mova com as teclas de seta para seleção na lista, e tecle ENTER.

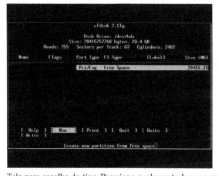

Tela para escolha do tipo. Pressione qualquer tecla para continuar, então, escolha Linux, provavelmente 83. Faça o mesmo para a menor partição localizada no final do disco, mas escolha Linux swap-82.

Remova qualquer partição existente, pois objetivamos deixar bastante espaço. Selecione a opção **New**, depois **Logical** e defina o tamanho para **500** megabytes. Você necessitará colocar esta informação no final da opção do drive quando solicitada. Você deverá finalizar isto no menu principal com a seleção de espaço vazio. Escolha **New**, então **Primário** e deixe o tamanho preencher o espaço que sobrava.

Finalmente, selecione a opção **Write** para escrever a tabela de partição no disco. Será solicitada uma confirmação do processo com **Yes** ou **No**

Tela que mostra que há uma opção para alternar o indicativo de boot para a partição. Defina a partição principal do Linux como a de boot, e não a de swap.

Partição

Chegamos a próxima etapa. Haverá o questionamento se haverá uma partição para SWAP, e para esta responsa que sim, **Yes**. Confirme esta opção em quantas confirmações forem suficientes. Depois deve-se avaliar a partição raiz (root), como haverá apenas uma opção, selecione e confirme.

Após isto, uma tela será apresentada, a qual informará que alguns arquivos necessitam ser copiadas para o disco rígido, e isto poderá consumir entre dez e quarenta minutos. Basta confirmar clicando em **OK**.

Quando finalizado, uma mensagem de finalização será apresentada. Confirme a seguir quando for questionado sobre inicializar automaticamente, em tempo de boot, alguns serviços: **Yes** para **Samba** (smbd/nmbd); **kdm** (login gráfico).

Forneça um nome para o seu servidor, mas sem nome de domínio concatenado. Este se trata de apenas um apelido para o computador. O DHCP irá automaticamente configurar suas informações de rede, caso você tenha um servidor DHCP ou um roteador.

Defina agora a senha para o superusuário (root) do seu servidor. Haverá um usuário chamado Knoppix, o qual também terá uma senha.

Você terá também a opção de definir se deseja instalar o carregador de boot (LILO) padrão. Confirme com **Yes**. E não necessita criar um disquete de segurança do boot.

Pronto ! O Processo de instalação está finalizado. Deve-se então realizar o logout do sistema, remover o CD-ROM e reinicializar o sistema.

O próximo login já será realizado pelo KNOPPIX instalado no disco rígido.

Configurando o Knoppix para a Rede

Há duas maneiras para conectar o seu servidor de mídia para sua rede caseira ou corporativa: usar um servidor DHCP pra designar a configuração IP, ou definir um endereço IP estático. Independentemente da maneira escolhida, é necessária a execução do Assistente de rede.
Abra uma sessão Shell, como **root**, ou utitize o comando **su** para obter o privilégio de superusuário. Estando na tela Shell, digite:

> # netcardconfig

Na primeira janela de diálogo, você deverá escolher entre ter ou não um servidor DHCP. O gateway padrão e o nome do servidor (nameserver) estão nesta tela para o acesso Internet. Se estes estiverem incorretos, então o seu computador continuará funcionando na rede, mas é recomendado que você não defina informações precisas.

```
ifconfig eth0 192.168.0.2 netmask 255.255.255.0 broadcast 192.168.0.255 up
route add default gw 192.168.0.254
SIOCADDRT: File exists
auto lo eth0
Setting Nameserver in /etc/resolv.conf to xxx.xxx.xxx.xxx
Done.
```

Este comando-script de rede para configuração do dispositivo físico.

Agora, você necessita configurar suas máquinas Windows, ou outro tipo de estação, estejam como participante da mesma rede ou workgroup. Para o Windows XP, clique com o botão direito do mouse em "Network Connection" e selecione "Properties". Então dê duplo-clique em Protocol (TCP/IP).

Para o endereço IP, digite um endereço tipo **192.168.0.x**, aonde **x** é um número entre 1 e 254, exceto o número **2**, pois este já foi definido ao servidor de mídia. Defina a "Subnet Mask" para 255.255.255.0, e o default gateway para 192.168.0.1.

```
lxf paul# ifconfig
Link encap:Ethernet  HWaddr 00:01:02:B7:35:B6
inet addr:192.168.130.99  Bcast:192.168.130.255  Mask:
UP BROADCAST RUNNING MULTICAST  MTU:1500  Metric:1
RX packets:392054 errors:0 dropped:0 overruns:1 frame:
TX packets:27690 errors:0 dropped:0 overruns:0 carrier
collisions:0 txqueuelen:100
RX bytes:5557536I (53.0 Mb)  TX bytes:3915334 (3.7 Mb)
Interrupt:22 Base address:0x7880

Link encap:Local Loopback
inet addr:127.0.0.1  Mask:255.0.0.0
UP LOOPBACK RUNNING  MTU:16436  Metric:1
RX packets:2398 errors:0 dropped:0 overruns:0 frame:0
TX packets:2398 errors:0 dropped:0 overruns:0 carrier:
collisions:0 txqueuelen:0
RX bytes:157856 (154.1 Kb)  TX bytes:157856 (154.1 Kb)

lxf paul#
```

Se você informar que No para DHCP, use um endereço IP 192.168.0.2

Para alterar o grupo de trabalho (workgroup) do computador, clique com o botão direito do mouse em "My Computer" e selecione Properties. Abaixo do nome do cmoputador, selecione "Change" e define o workgroup para "WORKGROUP". A partir deste ponto, você já terá acesso a visualizar os arquivos em "My Network Places".

Caso sua rede caseira seja do tipo Wireless. Estude e pesquisa o comando **wlcardconfig** para proteger sua rede.

Para testar as suas configurações IP realizadas para a rede, basta estar numa janela terminal Linux ou no Windows, e execute o comando ping:

ping 192.168.0.x   aonde x é o número do computador com o qual queira se comunicar

O resultado é o tempo de envio e recebimento de pacotes.

Configurando o Samba para Compartilhamento

Para que haja o compartilhamento de arquivos num determinado servidor, nós precisareos de um software servidor. A nossa decisão foi a de utilizar o Samba. O Samba é uma aplicação de servidor que interage com arquivos e impressoras Windows, permitindo assim o compartilhamento.

Isto permitirá que nós configuremos o servidor como um disco rígido de rede, e o qual ficará parecendo como um disco rígido local.

Agora, vamos visualizador para os arquivos no nosso Linux. Clique no ícone "HOME" na barra de tarefas. Este é bem semelhante ao visual MS Windows na "My Documents". A barra de endereço no navegador (browser) Konqueror lerá o arquivo **:/home/knoppix**. Remova tudo esse conteúdo na URL (address bar), e digite simplesmente uma barra "/", e tecle ENTER.

Você sera posicionado no diretório raiz. Navegue então para o diretório **/etc/samba**. Este será o nosso /diretorio.

Para darmos prosseguimento em nossa configuração, abra uma sessão Shell como superusuário (root). Pode ser uma sessão Terminal X como superusuário ou para utilizar o comando **su root**. Estando já como superusuário, digite:

cd /etc/samba

Após isto, visualize os arquivos que fazem parte deste diretorio:

          # ls

Renomeie o arquivo o arquivo smb.conf utilizando o comando **mv**. Assim:

          # mv smb.conf smb1.conf

O nosso intuito agora é criar um novo arquivo de configuração **smb.conf**. O comando para isto está logo abaixo:

          # touch smb.conf
          # chmod 777 smb.conf

O segundo comando altera o modo de leitura do arquivo, ou seja, escrita e execução serão permitidas para todos os usuários. Retorne para a interface gráfica, e estando no navegador Konqueror, clique no arquivo **smb.conf**. Uma pergunta poderá surgir, questionando qual o aplicativo será responsável por realizar a edição. Confirme e procure o **KWrite**. Siga atentamente as intruções abaixo para configurar o arquivo do servidor Samba:

[global]
guest account =nobody
invalid users =root
security =share
workgroup =WORKGROUP
encrypt passwords =true
hosts allow =127.0.0.1
192.168.0.0/24
hosts deny =0.0.0.0/0
[mpthree]
path =/mpthree
public =yes

Para finalizar a alteração, grave e finalize o editor de texto. Esta configuração define que o servidor Samba utilize o diretório **mpthree**, dentro do diretório **root**, para armazenar arquivos para o grupo de trabalho **WORKGROUP**. O acesso aos arquivos disponibilizados no Samba estará livre somente para os computadores com endereço IP tipo **192.168.0.***, bem como o próprio computador, 127.0.0.1. O * significa todos os computadores até 254.

A partir deste ponto, você necessita reiniciar o servidor Samba para que as alterações tenham efeito. Para isto, numa sessão Shell, como superusuário (root), execute:

          # /etc/init.d/samba restart

Isto deve ser feito sempre após qualquer alteração no arquivo **smb.conf**. Pronto. Agora você já tem um servidor Samba funcionando. Execute o aplicativo **xSMBrowser** a partir de uma seção Internet, do menu K do KDE. Deve-se agora dar um duplo-clique em "Samba Config". Você verá o computador Knoppix, e se você executar outro duplo-clique, uma pasta **mpthree** será apresentada. E assim por diante, adentrando nos compartilhamentos.

Finalizando o Seu Servidor de Streaming MP3

Este capítulo está apresentando uma das possibilidades de configuração de um servidor MP3. Lembre-se: o limite é sua necessidade e imaginação. A centralização de armazenamento traz benefícios para muitos numa rede corporativa, tanto em termos de hardware quanto de software. É que o seu servidor MP3 não necessita compartilhar somente arquivos MP3, mas também dados, programas, área de backup, etc...

Uma vez que o servidor esteja em funcionamento, avalie constantemente o uso do arquivo/área de swap através do comando:

```
# cat /proc/meminfo
```

E aumente a partição de acordo com o uso, assim, a performance será melhorada.

Por último, as estações Windows, por exemplo, poderão acessar a área compartilhada do seu servidor pela propriedadede rede, como apresentada na imagem abaixo:

Clicando com o botão direito do mouse sobre My Computer no Windows XP, escolha mapear Network Drive, e monte um diretório compartilhado para o Samba.

Iniciando o Projeto do Servidor de Rádio com IceCast

Olá ouvintes da XYZ On-Line: Sua rádio 24 horas na Internet !!!
Calma, você não está obviamente ouvindo uma rádio, mas sim se preparando para montar sua própria rádio na Internet ou corporativa. A única coisa que o Linux e a solução abaixo não poderá fazer por você, é ajudá-lo a melhorar com a voz e sua seleção musical.

Esta seção do livro seria impossível ter a qualidade sem a experiência e apoio e a parceria do Alessandro de Oliveira Faria (alessandrofaria@netitec.com.br). Ele gentilmente compartilhou o conhecimento para disseminação da sua e nossa rádio on-line.

Esta seção apresenta como como instalar e usar o **Icecast** para montar uma rádio virtual no Linux. Os exemplos são baseados no Conectiva Linux, mas são facilmente adaptáveis para outras distribuições. O objetivo é montar uma configuração básica de como fazer um servidor de rádio mp3 online.

O Download do Icecast

Usaremos em nosso laboratório o icecast, que é um serviço de transmissão de áudio pela rede TCP/IP.

O site oficial do Icecast é www.icecast.org, e é neste portal que poderá obter a versão **mais atualizada dos fontes ou arquivos binários.**

Para nosso laboratório, utilizamos uma versão disponível no site da Conectiva. Este pacote em todas distribuições atuais, entretando segue abaixo o link do pacote:

ftp://rpmfind.net/linux/conectiva/9/cd2/conectiva/RPMS.002/icecast-1.3.11-8170cl.i386.rpm

O exemplo abaixo apresenta a execução do FTP:

```
# wget ftp://rpmfind.net/linux/conectiva/9/cd2/conectiva/RPMS.002/icecast-1.3.11-8170cl.i386.rpm
--17:47:16-- ftp://rpmfind.net/linux/conectiva/9/cd2/conectiva/RPMS.002/icecast-1.3.11-8170cl.i386.rpm
=> `icecast-1.3.11-8170cl.i386.rpm'
Conectando-se a rpmfind.net:21... conectado!
Logando como anonymous ... Logado!
==> TYPE I ... feito.
==> CWD linux/conectiva/9/cd2/conectiva/RPMS.002 ... feito.
==> PORT ... feito. ==> RETR icecast-1.3.11-8170cl.i386.rpm ... feito.
Tamanho: 190,583 (sem autoridade)
OK .......... .......... .......... .......... .......... 26% 0:26 5,21K
50K .......... .......... .......... .......... .......... 53% 0:21 4,12K
100K .......... .......... .......... .......... .......... 80% 0:07 4,88K
150K .......... .......... .......... ...... 100% 0:00 4,39K
17:48:05 (4,52 KB/s) - `icecast-1.3.11-8170cl.i386.rpm' recebido [190583]
```

A instalação do Icecast via RPM

Como o pacote é RPM, basta digitar o comando abaixo:

```
# rpm -ivh icecast-1.3.11-8170cl.i386.rpm
Preparando... ################################# [100%]
1:icecast ################################# [100%]
#
```

A Configuração

O Serviço trabalha com dois binários, o icecast e o ice. O icecast é responsável pelo serviço de transmissão e o ices reprodutor do audio.

Começaremos editando o icecast:

Ao entrar na pasta **/etc/icecast**, entraremos os seguintes arquivos:

```
# cd /etc/icecast/
# ls
groups.aut icecast.conf ices.conf mounts.aut users.aut
```

- **groups.aut** : grupos de usuário que podem administrar o sistema
- **icecast.conf** : configuração do serviço de transmissão de áudio
- **ices.conf** : configuração do serviço de reprodução de áudio
- **mounts.aut** : libera o acesso dos grupos cadastrados.
- users.aut

Para nosso laboratório, vamos observar apenas os arquivos de configuração **icecast.conf** e **ices.conf**:

Antes efetuaremos o backup dos arquivos.

```
# cd /etc/icecast
# cp icecast.conf  {,.original}
# cp ices.conf  {,.original}
```

Feita a cópia de segurança, edite os arquivos abaixo, deixando-os com as seguintes configurações:

Opções do icecast.conf:

```
max_clients 6 : Numero máximo de clientes
max_clients_per_source 6 : Numero máximo de clientes por estação
max_sources : Numero máximo de estação
max_admins 2 : Numero máximo de administradores
throttle 1.0 : máxima permitida para utilização da transmissão
encoder_password heukanuki : Senha que será utilizada pelo serviço de reprodução
admin_password heukanuki : Senha do administrador
oper_password heukanuki : Senha do operadores
hostname 10.0.0.254 : IP do servidor
port 8000 : Porta de conexão
port 8001 : Porta de conexão para compatibilidade com outros sistemas
server_name via800.matrix : O nome do seu servidor
acl_policy 1 . Habilita a política de regras de acesso
allow all * : Regra de acesso
http_admin 1 : Habilita a administração via Web
```

Opções do ices.conf:

```
<ices:File>/rede1/mp3/lista.txt</ices:File>
:Caminho completo da lista de reprodução de musicas.
```

```
<ices:Randomize>1</ices:Randomize>
:Liga o modo de reprodução randômica
```

```
<ices:Hostname>localhost</ices:Hostname>
:IP ou nome do seu servidor
```

```
<ices:Port>8000</ices:Port>
:Porta usada para conexão
```

```
<ices:Password>kagikawa</ices:Password>
:Senha definida no arquivo icecast.conf na variável encoder_password
```

```
<ices:Background>1</ices:Background>
:Avisa ao ices para rodar como serviço de segundo plano (Daemon).
```

```
<ices:Name>Viva          o          Linux          FM</ices:Name>
:Nome/String que aparecerá no player.
```

Colocando a Rádio Virtual no AR

Como já ressaltamos em outros capítulos, para que as alterações ou configurações de um determinado serviço tenham efeito, devemos reinicializar ou iniciar os serviços.. Esta é a nossa próxima tarefa para que nossa rádio entre no ar.

Para iniciar o serviço, execute estando no diretório **init.d**:

```
# service icecast stop
Iniciando icecast: [ OK ]
# ices
Into the land of the dreaded daemons we go... (pid: 3708)
```

#

Para finalizar o serviço, o que espero que não seja necessário e sua rádio seja um sucesso, execute também estando no diretório **init.d**:

service ices stop

Desligando ices: [OK]

service icecast stop

Desligando icecast: [OK]

Ouvindo a Sua Rádio Icecast on-line

Para acessar a sua rádio, basta entrar no programa player XMMS, vá na opção "adicione URL" e digite: **http://ip_do_seu_servidor:8000**
Pronto agora a sua rede contém um servidor de audio! Muito sucesso.

Por último, com a interface Win32, a administração Icecast fica ainda mais intuitiva. Comprove com a imagem acima.

Referência para montagem de um Servidor de Vídeo Streaming - VideoLAN

Após a instalação e configuração de nosso servidor de mídia, para rádio e música, só ficaria faltando a criação de nosso servidor de streaming de vídeo. Contudo, não faltará mais.

Escolhemos um software ideal para esta necessidade: o **VideoLan (www.videolan.org)** - "Free Software and Open Source video streaming solution " para qualquer sistema operacional. E esta solução completa foi desenvolvida por estudantes da "Ecole Centrale Paris", além de desenvolvedores espalhados por todo o mundo.

O projeto VideoLan é voltado para atender a necessidade de streaming de arquivos MPEG-1, MPEG-2, MPG-4 e DivX, bem como DVDs, canais de satélite digitais, bem como outros serviços para redes IPv4 e IPv6.
A solução completa VideoLan é formada por:

- **VLS (VideoLan Server):** este pode utilizar o stream de arquivos nos formatos acima para divulgação e publicação na rede.

- **VLC (VideoLan Client):** este pode ser utilizado como servidor, ou para receber o stream de informações nos formatos mencionados.

A figura abaixo demonstra a arquitetura do VideoLan:

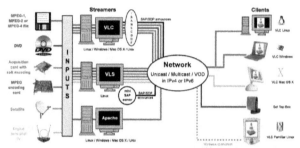

Esta figura comprova a independência e robustez do VideoLan. Trabalhando com múltiplos clientes e servidores.

No site oficial do Videolan, www.videolan.org, você poderá obter toda a documentação, bem como o o manual (HOWTO) para configuração do seu servidor.

Uma tarefa muito simples, e que atenderá a sua necessidade, ou apenas o seu teste para aprendizado.

Você poderá fazer o download, instalar, configurar e utilizar tanto a VideoLan servidor, quanto o cliente. Este client conhecimento como Player tem todos os recursos para o seu dia-a-dia. As figuras abaixo demonstram esta interface de altíssima qualidade:

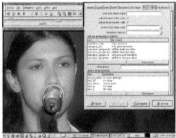

Figura com propriedades de imagens – Rápido acesso ao objeto vídeo

Além de identificação e trabalho dos vídeo, pode assistir on-line a sites de streaming. Inclusive, uma partida on-line de tênis, ou por último, transmitir on-line na Internet a sua festa.. O limite é sua imaginação:

Uma vez obtida a versão compilada ou fonte do VideoLan, respectiva a sua distribuição Linux, deve-se proceder a instalação. No próprio site VideoLan há vários manuais. Por exemplo, para a instalação no RedHat, visite o site http://www.videolan.org/vlc/download-redhat.html.

Como seu primeiro teste de streaming de vídeo, obtenha ou grave um DVD, e compartilhe o conteúdo deste através do seu servidor de streaming de vídeo. É uma experiência fantástica

Uma outra possibilidade, é conectar uma webcam no seu computador, e com as imagens obtidas, transmitir o vídeo em tempo real para a sua comunidade.

Sites Importantes para os servidores de Entretenimento e MP3

Segue a indicação de quatro grandes sites que servirão de base para sua entrada no mundo MP3, e melhor ainda, sendo sintonizado pelo Linux. Aumente o som !!!

Desejando obter outras configurações de servidor MP3 streaming, visite o site internet: http://www.linuxlookup.com/ , http://www.vorbis.com/, http://www.speex.org/,

http://www.linuxlookup.com

http://www.icecast.org/

http://www.shoutcast.com/

http://www.freeamp.org/

www.napster.com

Monte uma Lan House e Internet Café com Linux

Como este livro é destinado aos usuários básicos, avançados e empresários, bem como gestores da área de Informática das empresas. É de extrema importância a mesclagem do conteúdo.

Nos capítulos iniciais, vimos algumas instalações das melhores versões de Linux existente no mercado. Logo depois, alguns conceitos básicos da Administração do dia-a-dia do sistema.

Antes de entrarmos na parte avançada e mais técnica do sistema Linux e/ou demais aplicativos, disponibilizamos dois capítulos que visam comprovar o potencial e sucesso do Linux.

Este primeiro capítulo apresenta como utilizar o Linux para ganhar um dinheiro extra com a montagem de um Internet Café e Lan House.

Como a possibilidade de uso do Linux é quase que infinita, montamos também um Anexo deste livro que apresenta cinqüenta grandes casos empresariais e institucionais de sucesso que já se utilizam do Linux no Brasil. Assim, estas empresas e projetos não conquistaram o sucesso sem acreditar em novas tecnologia. Então, vamos ao primeiro tema: Monte sua Lan House e Internet Café.

Graças as novas tecnologias e comportamentos, novos mercados e oportunidades de negócios acabam surgindo. E uma destas oportunidades de obter uma renda extra ou até mesmo montar uma franquia, é montar uma Lan House ou Internet Café. O conceito de LAN HOUSE é uma novidade nas alternativas de entretenimento que foi inicialmente introduzida e difundida na Coréia em 1996.

Estas salas ou ambientes são instalações de vários computadores em rede, bem como conectados à Internet, para que usuários ainda sem computador ou em viagem, possam permanecer on-line. Se você já foi em algum, hoje em dia, verás desde adolescentes em grupo jogando jogos fanstástico e ainda, um competindo com o outro, em rede.

Há ainda outros tipos de usuários que se comunicam, via sala de bate-papo, com seus familiares ou amigos. Portanto, todos os recursos e tecnologias da Internet e entretenimento computacional pode estar disponível numa lan house: vídeo-conferência; tele-conferência; berau de fax ou telefonia; etc... Além disto, os Internet Café possibiliam o acesso a Internet aqueles que ainda não dispõem de computador em suas residências.

Já encontramos tanto no Brasil como em outros países, redes de franquias lucrativas especializadas em Lan House e Internet Café.

Com Linux é muito mais barato

Uma das principais vantagens do Linux, além da qualidade obviamente, é que num ambiente de rede, o custo por estação de trabalho (computador) é inalcançável por qualquer outra plataforma ou sistema operacional. Variável esta que você deverá analisar cuidadosamente, uma vez que venhas a decidir em abrir uma lan house ou internet café. É que não poderá existir cópias ilegais de softwares, pois a fiscalização inesperadamente pode visitar seu cybercafé para verificar licença por licença comprada, shareware e freeware. Estes são conceitos da forma de uso e comercialização de determinado software.

Para preparar nosso capítulo de como montar uma Lan House ou Internet Café, e visando tornar sua vida cada vez mais fácil, escolhi um software de tarifação (billing) totalmente nacional. E ainda melhor, com suporte local. Portanto, novamente mais uma vantagem do Linux, toda o investimento em serviço e software que possa acontecer, este investimento fica no país, beneficiando nossa economia e mercados. O sofware escolhido é o Lan House Manager (Lhama), desenvolvido pela Lhama Informática e Internet. E esta solução já está sendo utilizada por lan-houses do interior de São Paulo. O contato deles é:

Lhama Informática e Internet
www.lhama.net e www.rpinfo.cjb.net
Contato: Plinio Cesar Pavin
Email: plinio@lhama.net - icq: 4597498
Telefone: (19) 3236-2589 - (19) 3245-9370
Campinas/SP - icq: 4597498

O Lan House Manager, parte servidor, foi desenvolvido em FlagShip. Para as estações de trabalho que estejam com o Windows, o aplicativo client funciona e foi desenvolvido em Delphi. No término deste capítulo, a Lhama Informática estava finalizando a versão do software para que toda a Rede, servidor e clientes, trabalhem exclusivamente com Linux.

A lista abaixo apresenta alguns Internet Café e Lan House brasileiras que já utilizam o software Lan House Manager (lhama):

- Arena Games e Internet – Botucatu/SP - Fone: (19) 3251-7512 - Contato: Mari ou Eduardo
- Interativa Internet Lan House - Fone: (19) 3233-3489 - Contato: Julio
- Anyway Internet Cafe - Sorocaba)/SP -

Obtendo o Software Lan House Manager (Lhama)

Após você obter a licença ou parceria do software juntamente com a Lhama Informática (veja no site da empresa), o software poderá er obtido via CD-ROM, via FTP ou via mensagem eletrônica.

Os arquivos também poderão ser obtidos e instalados a partir de execução remota, via comandos **ssh**, caso o seu sistema já tenha conexão banda larga na Internet.

Independente da forma das mídia de recebimento dos arquivos de instalação, você receberá dois pacotes de arquivos compactados: uma para o servidor e outro para as estações da rede.

- Servidor: você receberá um arquivo chamado **Lhama.tgz**. Este está compactado no e poderá ser descompactado pelo aplicativo Gunzip do Linux.
- Client da rede: você receberá um arquivo chamado **Lhama-Client.exe**. Este esta compactado e é auto-executável.

A Infra-Estrutura da sua Lan House e Internet Café

Antes de mais nada, vamos projetar nossa rede que servirá de início a Lan House:

- 1 (um) micro-computador que servirá de servidor, com placa de rede, de preferência já em 100 megabits. As características técnicas seguem os requisitos já apresentados no início deste livro. O Linux já deverá estar instalado para darmos prosseguimento neste curso de montagem do Internet Café. Esta instalação poderá ser feita conforme este livro apresentou nos capítulos anteriores, ou através de um especialista de rede de seu conhecimento.;
- 8 (oito) micro-computadores que servirão de estações de trabalho, com placa de rede, seguindo o mesmo padrão da existente no servidor acima. Todas elas com o sistema operacional Windows® instalado. É que até o fechamento deste livro, a Lhama Informática ainda não havia liberado a versão totalmente Linux para todas as estações de trabalho. Mas isto não impede mesmo assim a solução, pois citarei abaixo outras versões disponíveis fora do país;
- Cabeamento de rede disponível, testado e conectado via hub ou switch ao servidor. Este serviço pode ser feito com algumas horas de estudo ou a simples contratação de um especialista de rede.
- O serviço de montagem e layout do ambiente poderá ser feito de acordo com a disponibilidade de orçamento e capital. Um decorador e um carpinteiro são suficientes para esta tarefa, ou você mesmo, basta visitar algum outro cybercafé e imaginar o melhor para começar;
- Um ar condicionado é sempre recomendado, tanto para os equipamentos quanto para os usuários que poderão ficar horas no local;
- Como serviço agregado, ofereça serviços de lanchonete: refrigerantes; água; salgados; etc...

A título de exemplo, segue abaixo a configuração de duas lan house que já se utilizam do Lhama Software:

Primeira Lan House e Internet Café
20 Estações: Athlon XP 2800, 256 RAM, HD 30 Gb, VGA AGP GForce 4 com 64MB DDR, Monitor 17" Tela Plana Software: Estações com Windows XP Pro, Half-Life, Counter-Strike, BattleField... Servidor: Duron 1.3, 128 RAM, HD 30 GB Software: Conectiva 8, Apache, Samba, Squid, LHaMa Server, servidor de Counter-Strike... Obs.: Esta máquina atua como roteador/firewall através de uma conexão Virtua (cable modem via TV a cabo), porém o pessoal não está satisfeito com a velocidade de download atingida, e deve em breve migrar para Speedy Business... Esta máquina é a mesma utilizada no balcão de atendimento.

Segunda Lan House e Internet Café
4 estações: Duron 1.3, 256 RAM, HD 30 Gb, Monitor 17" rodando: Windows 98 SE e OpenOffice (BR) Servidor: Celeron 300, 256 RAM, HD 30 Gb Esta máquina não tem teclado nem monitor. Nesta roda-se: RedHat 7.3 (Pretendo migrar para Conectiva em breve) Apache com suporte a php e mySQL; PostgreSQL; Samba (para compartilhamento de arquivos); Squid (Para compartilhar o acesso à internet) e o LHaMa Server. Ainda há uma máquina no Balcão (atendimento), onde opero o LHaMa Server via ssh (putty): K6 II 400, 128 Mb RAM, HD 15 Gb... Conexão com a Internet: um speedy business (256) plano antigo; não houve migração para o novo devido à limitação de tranferência mensal (se não me engano 3Gb) apesar de, segundo a Telefônica, a velocidade de acesso ser maior que a do meu plano atual. Telefônica fornece um modem parks prestige 600, e uso o Terra Empresas como provedor de acesso. Estou bastante satisfeito com os serviços prestados por ambos... Como roteador, utilizo o próprio servidor que descrevi para vc no e-mail anterior (Celeron 300, com 2 placas de rede), usando iptables e squid...

Outras variáveis serão importantes a considerar antes e durante toda a vida do seu novo negócio:

- Pesquisa de preço e localização ideais para o seu investimento;
- Demonstrar que o ambiente é ideal para o público de todas as idades,principalmente crianças e adolescentes, conquistando assim, a confiança dos pais. Lan house é muito mais do que somente computadores, é um local de convivência;
- Política de preço diferencia para madrugada e clientes fidelizadas; etc..etc..

Instalação do Lan House Manager no Servidor Linux

O arquivo compactado que contém o Gerenciador de Lan House deverá ser copiado para um diretório temporário de seu servidor Linux. Para isto, veja e estude os comandos **mcopy** ou **cp**, explicados em mais detalhes neste livro.

Em todo o processo de instalação deve ser feito você deve estar logado como administrador da rede (root).

Em primeiro lugar, vamos criar um grupo de usuários, bem como um usuário para o Lhama, assim:

$ groupadd lhama
$ useradd lhama –g lhama

Pronto. Nas ações executadas acima, o Linux automaticamente cria uma pasta de diretório home para este usuário: **/home/lhama**. Agora, vamos descompactar o arquivo recebido da Lhama. Estando no mesmo diretório aonde se encontra o arquivo, execute:

$ gunzip lhama.tgz

Nenhuma mensagem será apresentada. Entretanto, ao você executar um comando para visualziar os arquivos do diretório **(ls, l, dir)**, um arquivo chamado **lhama.tar** terá sido criado. Para a última descompactação, execute:

$ tar –vf lhama.tar

Após isto, seis novos arquivos serão criados no diretório atual. Copie os arquivos abaixo, via comando **cp**, para o diretório **/home/lhama**:

- engine.bin
- arqusu.dbf
- arqpar.dbf
- lhamad
- lhamad.sh
- lhama

Para dar permissão de execução a estes arquivos, vá para o diretório home do Lhama, e mude a permissão, assim:

$ cd /home/lhama

$ chmod +x engine.bin arqusu.dbf arqpar.dbf lhamad lhamad.sh lhama

Mude também a propriedade destes arquivos para o usuário Lhama:

$ cd /home/lhama
$ chown lhama.lhama *

Retornando ao diretório inicial aonde foi copiado o arquivo **lhama.tgz**, e depois descompactado, note que ainda sobrou um arquivo que não fizemos nada: **terminfo.tgz.** Este arquivo **terminfo.tgz** contém informações de terminais e mapa de caracteres do FlagShip, e deve ser descompactado em **/usr/share/terminfo**. Portanto, proceda da mesma forma quando descompactamos o arquivo **lhama.tgz**, ou seja, use o comando **gunzip** e depois o **tar** com os respectivos parâmetros. A descompactação deverá ser feita diretamente na pasta **/usr/share/terminfo**.

Nesta pasta original haverá também um arquivo chamado **LEIAME.txt**. Há dicas de instalação e suporte.

Para tornar fácil a localização do programa executável do Lan House Manager, vamos copiá-lo para o diretório padrão destes programas do linux, assim (poderia ser colocado também em outros diretórios que constem da variável de localização $PATH):

$ cd /home/lhama

$ cp lhama /usr/bin

Então, feito isto, de qualquer localização e usuário que digitar **lhama** na linha de comando do sistema operacional, automaticamente o software será executado. Tente:

$ lhama

A seguinte tela será exibida:

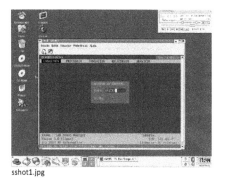

sshot1.jpg

Utilize as informações recebidas da Lhama Informática quanto ao Login e Senha iniciais, e vamos começar a configuração básica do Lan House Manager. Os primeiros passos a serem feitos na configuração estão na seguinte seqüência:

- **Cadastrar as Estações de Trabalho da Rede na Tabela de Máquinas do Lan House manager do Servidor**. A tela abaixo mostra a opção para esta tarefa. Deve-se identificar o nome, endereço IP e a situação de cada estação. No campo situação coloque situação "D" de disponível. No caso da minha estação de trabalho, um notebook com ambiente Windows, eu coloquei a estação Heverton, IP 192.168.1.200.

lhama1.jpg

- **Cadastrar os demais produtos que serão comercializados nas instalações da Lan House:** estes produtos podem ser como lanches, revistas, etc.. É que, conforme o cliente consume um destes produtos, você pode lançar estas despesas na conta do cliente. Para realizar isto, basta selecionar a **opção 3** da Tela acim.a

- **Definir a forma de cobrança da Lan House (Fixo ou variável):** Na opção 4 ,da Tela acima, pode definir os preços por faixa de duração do uso em horas. Por último, pode-se definir um valor fixo, bastando definir apenas um valor/hora e um valor mínimo na opção do menu Serviços -> Parâmetros do Sistema.

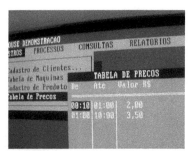

lhama2.jpg

Pronto. A configuração inicial do Servidor Lan House Manager já está pronta. Mas poderíamos ainda, já como primeiro cliente, cadastrar um para nossos testes:

sshot4.jpg

Instalação do Lan House Manager nas Estações Windows da Rede

Agora que o servidor Lhama já está pronto. Vamos para as estações de trabalho (clientes) da rede que farão parte da sua Lan House e Internet Café.

O segundo arquivo compactado recebido da Lhama Informática é: **LHaMa-Client.zip.** Descompacte este numa pasta temporária, por exemplo, **c:\lhama**. E então, execute o arquivo executável **LhaMaClient.exe.**

Ao executar pela primeira vez este programa, será solicitado o endereço IP do servidor. Após a primeira execução, o software é carregado automaticamente durante a inicialização do Windows. O nosso servidor Linux Conectiva 9, neste livro, tem o endereço **IP 192.168.1.100**.

E pronto, a instalação está feita. Reinicie a estação de trabalho e vamos dar início ao nosso Internet Café e Lan House.

A Lan House e Internet Café está no Ar

Antes de começarmos a usar nossa Lan House, temos que seguir mais um procedimento.

Um os arquivos descompactados no servidor Linux foi o **lhamad.sh**. Este programa (shell script) é responsável pela ativação do serviço em memória (daemon) que fica responsável por se comunicar com as estações da rede. O programa de daemon do Lhama se chama **lhamad** e está no **diretório /home/lhama**. Nossa tarefa agora é executar o lhama.sh para dar partida ao serviço, ou ainda, como explico nos arquivos do Unix e na ativação do aplicativo Samba, podemos deixar ativado automaticamente este daemon/serviço sempre que o computador for ligado (veja como nos anexos com inetd).

Da linha de comando, execute:
$ lhamad.sh

A tela abaixo do script irá aparecer. Esta reporta ao administrador, e a cada trinta segundos as estações de trabalho da rede, quem e desde quando está usando os recursos. No exemplo abaixo, na máquina 1, a minha máquina Windows já está aparecendo, e entrei na rede às 12:22hs:

lhama3.jpg

Como explicado anteriormente, o Linux ou Unix permite que no servidor você tenha várias sessões de Logins simultaneamente. Crie uma nova sessão (**teclas ALT F1 a F12**), realize o login no sistema e execute o comando **lhama**.

lhama4.jpg

Antes de darmos início ao uso no servidor Lhama, deve-se abrir a movimentação do Caixa do Dia, para efeito contábil e financeiro. Selecione a **6 - Movimentação do Caixa** da opção **Processos** do Menu principal.

Neste momento, sua estação de trabalho foi reiniciada, e aguardando um cliente. Como nós somos o primeiro cliente, vamos selecionar a opção **1 – Entrada de Cliente** da opção **Processos** do menu principal.

sshot2.jpg

A sua tarefa nesta entrada do cliente é identificar qual cliente, previamente cadastrado, está iniciando o uso das instalações da Lan House, bem como em qual máquina ele estará usando. É bem simples e intuitivo. Uma vez que você tenha terminado esta tarefa, automaticamente, o Lan House Manager servidor envia um aviso a estação de trabalho, bem como designa esta estação de trabalho como ocupada.

Na imagem abaixo, tirada da estação Windows de nossa rede, bem no rodapé do canto direito, próximo da informação de Hora do sistema, há um pequeno ícone do Lhama, que está sempre residente em memória para interagir com o aplicativo Lhama Servidor.

E, um pouco acima deste, há a janel de Ocupação da estação. Nesta há a informação da hora de entrada, o tempo de permanência corrido e o valor a pagar. Estas informações, conforme informado anteriormente, são enviadas a cada trinta segundos pelo serviço/daemon do Lhama Servidor.

lhama client em acao.bmp

Se agora você escolher **2 – Máquinas Ocupadas** da opção **Consultas** do menu principal, o aplicativo servidor informará quais são as máquinas alocadas na rede:

lhama6.jpg

Relatório de Máquinas clientes ocupadas e seus determinados usuários:

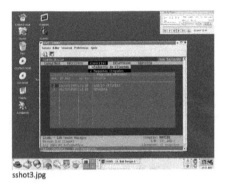
sshot3.jpg

Pronto. É assim que funcionada a ativação e acompanhamento do uso do Lhama software.
Como último passo, vamos parar de usar a nossa estação de trabalho, e literalmente "fechar a conta".

sshot5.jpg

Selecione a opção **2 – Saída de Cliente** da opção **Processos** do menu principal. Identifique a máquina (computador) que terá sua conta fechada e confirme a saída.
Neste momento, o Lhama software irá apresentar a tela de fechamento, aonde você deverá informar o valor pago, troco, crédito do cliente, etc...

sshot6.jpg

Uma vez confirmado o fechamento da saída do cliente, pode-se visualizar um recibo de fechamento, como o que está apresentado abaixo:

sshot7.jpg

Veja que há as despesas de chocolate, refrigerante e acesso a rede.

Uma vez realizado o fechamento e a saída do cliente da estação, temos duas opções: bloquear o computador de uso sem tarifação ou desligá-la. Esta opção pode ser configurada na opção Serviços -> Parâmetros do Sistema. No nosso exemplo, não configurei para desligar.

O interessante que após o fechamento do pagamento das despesas pelo cliente, automaticamente, o Lhama "enviou" uma ordem de bloqueio para a estação de trabalho. Veja a tela que ficou aparecendo no meu notebook e estação da rede. O teclado ficou bloqueado e sem acesso, ou seja, o Lan House Manager cumpriu com a missão de qual foi proposta. A qual pode ser facilmente adaptada para o seu Internet Café:

lhama client em acao 2.jpg

Pronto. A sua Lan-house e Internet Café está pronta. Basta proceder com definir quais recursos estarão disponíveis em cada computador de sua rede. E que seja lucrativa esta sua nova escolha, pois econômica com certeza será. Este é um dos papéis do Linux. Seguem algumas dicas de tarefas:

- Configurar o Linux como servidor Proxy para compartilhar Internet (veja capitulo do Squid Proxy Web Server deste livro);
- Configurar o Firewall (veja capitulo do IP Table deste livro);
- Configurar servidores de jogos em rede;
- Definição dos softwares e licenças que estarão disponíveis, etc...

Relatórios do Lan House Manager (lhama) ao Administrador da Rede:

Você deve ter concluído que é muito simples com o Lhama Software configurar e manter uma lan house. Como o sistema é de fácil uso, mesmo assim, destacamos abaixo outros recursos do software:

- Relatórios: há relatórios ideais para o gerenciamento do uso.

sshot8.jpg

O Software Lhama também disponibiliza outros relatórios acessados via browser da rede.

Para ter este recurso, um dos arquivos que acompanha a instalação é o **caixa.cgi**. Coloque este arquivo (caixa.cgi) no diretório **cgi-bin** do Apache ou seu servidor Web da máquina que estiver executando o LHaMa Server, e acesse de qualquer browser da rede:

http://ip-do-servidor/cgi-bin/caixa.cgi

Você verá o relatório de fechamento de caixa na janela do browser, como apresentado abaixo:

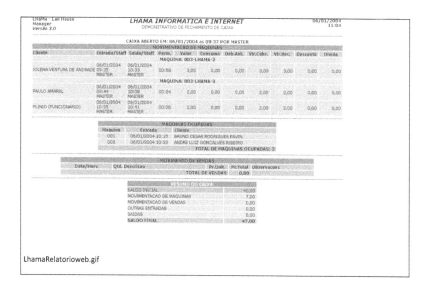

LhamaRelatorioweb.gif

E, por último, dentro das opções de Serviço, sub-opções avançadas permitem que o Administrador da Lan House tenham maior controle financeiro e de uso das estações de trabalho.

lhama7.jpg

Dica !

Para desisntalar o Lhama Software da Estação Windows (client), basta executar o desinstalador, ou proceder da seguinte forma:

Voce tem que editar o registro do windows, e remover a entrada:

HKEY_LOCAL_MACHINE/Software/Microsoft/Windows/CurrentVersion/Run/lhama

Após remover a entrada acima basta reiniciar o windows...

Legislação para Lan House e Internet Café

Cada estado ou país dispõe ou não de lei que regulamenta estes ambientes. Consulte sua câmara municipal. Para o estado de São Paulo, visite o site: **www.williamwoo.com.br/portal/ww.htm**

No geral, estas leis citam:

- exigência de cadastro dos menores de 18 anos com nome do usuário, data de nascimento, filiação, endereço, telefone e documentos; autorização dos pais para que menores de 18 anos permaneçam no local entre 22h e 6h; acesso a portadores de deficiência física; ambiente com iluminação natural ou artificial adequada, móveis ergonomicamente corretos e adaptáveis a todos os tipos físicos.
- O projeto prevê ainda a proibição de venda de cigarros ou bebidas alcoólicas e a instalação de Lan Houses em frente a escolas de ensino fundamental e médio. Os estabelecimentos também deverão expor em local visível a lista de jogos e as classificações etárias, segundo recomendação do Ministério da Justiça.

Outras Alternativas para Lan House e Internet Café

Por último, se você quiser conhecer outras opções de software para Lan House e Internet Café, mesmo que o suporte não seja local, segue a lista abaixo de sites na Internet:

- http://sourceforge.net/projects/cyborg/
- http://sourceforge.net/projects/xawak/
- Cybercafe Organizer - Default branch
- http://freshmeat.net/projects/cyborgproject/?topic_id=79%2C76
- http://sourceforge.net/projects/ltsp/
- http://sourceforge.net/projects/cyber-panda/
- http://sourceforge.net/projects/phpnetcard/
- http://sourceforge.net/projects/cybercafe/
- http://sourceforge.net/projects/dlgcafe/
- Servidor Internet Caffe - www.antamedia.com

Por último, já há uma concorrência, mas tenha diferencial que o seu negócio irá para frente com certeza. Bit após Bit. Para conhecer um pouco da sua concorrência, visite os sites abaixo:

- Monkey – www.monkey.com.br
- Cyber – www.cyberlan.com.br
- Crazy4Fun - www.crazy4fun.com.br
- World Cyber Games - www.worldcybergames.com
- Bonusnet - www.bonustel.com.br

Uma boa dica de assessorial para profissionalizar o seu negócio, é conhecer as iniciativas do Sebrae. Visite o site **www.sebraesp.org.br**

Instalando e Programando com Java no Linux (JDK, Resin e Tomcat)

Na última década do século passado, que não faz tanto tempo assim, o Linux conquistou cada vez mais adeptos para sua comunidade global. Comprovando a aceitação e a idéia do software livre de qualidade. Uma das outras tendências que também dominou essa década foi a de software e sistemas distribuidos com total garantia de interoperabilidade. E a plataforma e tecnologia Java comprovou também o seu potencial e realidade neste cenário tecnológico. Portanto, o objetivo deste capítulo é demonstrar que o Linux já está maduro e pronto para servir de ambiente perfeito e confiável para a linguagem e tecnologias Java.

O que ganharemos com esta parceria Linux e Java ? Literalmente o melhor custo benefício do mercado.

Ambiente JDK e Resin como Java Application Server

Escreva uma vez, rode em qualquer lugar ! Este é o slogan da comunidade Java usa para propagar a missão da linguagem Java. It possivelmente é verdadeiro, mas somente se você primeiramente gerenciar a configuração de seu ambiente. Este capítulo apresenta ao leitor como iniciar a utilização do Java sobre ambiente Linux, mostrando como fazer devidamente a instalação do compilador Java e máquina virtual aonde possam serem executados os programas Java. E ainda, há uma seção que apresenta como configurar um Java Web Application Server, pois este é o objetivo deste capítulo.

Para o ambiente Java, nós utilizamos o JDK (Java Development Kit) da Sun Microsystems (www.sun.com.br), embora o equivalente da IBM também funcionaria bem.

O Resin será usado como servidor de aplicação. O Resin foi escolhido pela facilidade de instalação e sua performance, além de disponibilizar todas as características desejadas pelos desenvolvedores Java, como por exemplo, Servlet/JSP, XML e EJB (Enterprise Java Beans).

Instalando o Java Development Kit (JDK)

O primeiro passo a tomar é realizar a cópia ou download do JDK. Para a maioria dos usuários, a edição padrão do JDK (J2SE) funcionará perfeitamente. Entretanto, se você necessita de suporte para EJB (Enterprise Java Beans), você deverá obter o J2EE (Enterprise Edition) ao invés da J2SE. Para ambos os casos, visite o site oficial do Java da Sun em **http://java.sun.com/j2se** para obter uma das versões. Obtenha a última versão disponível, para este laboratório, utilizamos J2SE SDK 1.4.0, com aproximadamente 26 megabytes. A minha recomendação é obter a versão binária (pronta) da versão, embora os pacotes RPM funcionen caso você esteje utilizando distribuição baseada em pacotes RPM. A versão binária permite que você tenha maior controle como e aonde você deseja ter o ambiente Java instalado.

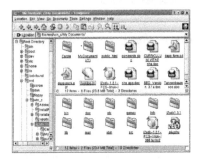

Figura com o arquivo J2sdk-1.3-1 pronto para ser instalado.

O arquivo deve ser gravado no seu servidor, e para iniciar esta tarefa, sugiro que esteja com direito de administrador (root), bem como atribuir as permissões para 755 para o arquivo baixado do site do JDK:

```
# ./j2sdk-1_4_0_01-linux-i586.bin
```

Após a leitura do termo de licenciamento do software JDK, algumas perguntas serão feitas:

```
Do you agree to the above license terms? [yes or no]
```

Selecione **Yes** e pressione Enter. O processo de extração e descompactação do arquivo será inicializado, e todos os arquivos serão colocados em sub-diretórios abaixo do seu diretório de trabalho. A mais comum localização das instalações Java está em **/usr/local**, então, poderíamos fazer assim:

```
mv j2sdk-1_4_0_01-linux-i586.bin /usr/local
```

Muitos dos desenvolvedores acabam por utilizar o caminho /usr/local/jdk. Uma sugestão é a seguinte:

```
# ln -s /usr/local/<Nome_de_sua_Escolha> /usr/local/jdk
```

Este comando criará um link simbólico, **/usr/local/jdk**, que aponta para o diretório **/usr/local/jdk1.4.0_01**. Se você atualizar o seu JDK, tudo que você precisa fazer é atualizar o seu link simbólico, e o compilador Java, por exemplo, continuará sendo localizado no caminho /usr/local/jdk/bin, poupando a você da tarefa de ficar atualizando variáveis de ambiente, (PATH por exemplo). Obteremos o seguinte resultado ao executar o comando **ls –als** no diretório **/usr/local**:

```
# ls -als /usr/local
4 drwxrwsr-x   17 root     staff       4096 Aug 13 18:31 ./
4 drwxr-xr-x   14 root     root        4096 Aug  1 14:29 ../
4 drwxr-xr-x    2 root     staff       4096 Jun 13 21:15 bin/
4 drwxr-xr-x    8 root     staff       4096 Aug 13 18:31 j2sdk1.4.0_01/
0 lrwxrwxrwx    1 root     staff         24 Aug 13 18:31 jdk ->/usr/local/j2sdk1.4.0_01/
4 drwxrwsr-x    6 root     staff       4096 Aug  1 14:28 lib/
4 drwxrwsr-x    6 root     staff       4096 Oct 22  2001 man/
4 drwxrwsr-x    2 root     staff       4096 Jun 13 21:17 sbin/
4 drwxrwsr-x    9 root     staff       4096 Mar  5 13:31 share/
4 drwxrwsr-x    2 root     staff       4096 Apr 15  2001 src/
```

Por falarmos deste assunto de variáveis de ambiente, este é um assunto que temos que considerar para a perfeita execução dos executáveis que estão no diretório **/usr/local/jdk/bin**. Como desenvolver Java, você precisará acessar estes arquivos constantemente, então é recomendado que façamos uma configuração deste.

Para isto, basta editar a variável PATH. Tudo que precisa ser feito é adicionar a linha de código abaixo no seu arquivo **/etc/profile**, ou outro arquivo do ambiente shell da sua escolha:

```
export PATH=$PATH:/usr/local/jdk/bin
```

Isto significa que a variável PATH continuará tendo o valor anterior da própria PATH, além do caminho **/usr/local/bin/jdk**. Para tornar efeito esta alteração, basta executar o comando abaixo:

```
# source /etc/profile
```

Agora, podemos testar se o nosso ambiente Shell já pode localizar o compilador Java. Para isto, vamos chamar o **javac**:

```
# javac
```

Teremos o seguinte resultado:

```
Usage: javac <options> <source files>
where possible options include:
  -g                        Generate all debugging info
  -g:none                   Generate no debugging info
  -g:{lines,vars,source}    Generate only some debugging info
  -O                        Optimize; may hinder debugging or enlarge class file
  -nowarn                   Generate no warnings
  -verbose                  Output messages about what the compiler is doing
  -deprecation              Output source locations where deprecated APIs are used
  -classpath <path>         Specify where to find user class files
  -sourcepath <path>        Specify where to find input source files
  -bootclasspath <path>     Override location of bootstrap class files
  -extdirs <dirs>           Override location of installed extensions
  -d <directory>            Specify where to place generated class files
  -encoding <encoding>      Specify character encoding used by source files
  -source <release>         Provide source compatibility with specified release
  -target <release>         Generate class files for specific VM version
  -help                     Print a synopsis of standard options
```

Se outra mensagem aparecer do tipo comando não encontrado, por exemplo, certifique se a configuração da variável PATH conforme indicamos foi feita devidamente. Depois disto, basta tentar novamente.

Além da variável PATH, outra variável precisa ser definida. A variável **JAVA_HOME** define aonde no seu servidor fica localizado o diretório base do JDK. No nosso laboratório, este será **/usr/local/jdk**. Outras aplicações que usam Java (Resin, por exemplo) até utilizam esta variável para encontrar o JDK. Para isto então, basta adicionar a linha no /etc/profile:

export JAVA_HOME=/usr/local/jdk

Após gravação, atualize a sua alteração:

source /etc/profile

Testando o JDK no Linux

Agora que já temos um devido ambiente de desenvolvimento Java, vamos testá-lo. Para isto, vamos tentar compilar e executar uma simples classe Java. Crie um arquivo texto como o modelo abaixo e atribua o nome de **Test.java**:

```
import java.lang.reflect.Array;

class Test
{
        public static void main( String argv[] )
        {
                System.out.println( "Parametro:" );
                int i = 0;
                while( i < Array.getLength(argv) )
                {
                        System.out.println( argv[i] );
                        i++;
                }
        }
}
```

Então, tente compilá-lo com o seguinte comando:

```
# javac Test.java
```

Após a compilação, podemos executá-la:

```
# java Test Parm1 Parm2 Parm3
```

```
Parametro:
Parm1
Parm2
Parm3
```

Como pode-se ver, este programa simples apenas imprime os argumentos/parâmetros que foram fornecidos na execução . Se esta execução foi perfeita, então a instalação do JDK foi perfeita.

Instalação do Servidor Web e Aplicação Resin

O Resin é um servidor Web e de aplicação desenvolvida pela Caucho Technology, com site oficial para download em **www.caucho.com** ou **http://www.caucho.com/resin-3.0/**. A nossa primeira tarefa será a de realizar o download da aplicação nesse site e descompactar os fontes do Resin. Para este laboratório utilizamos a versão 2.1.4.

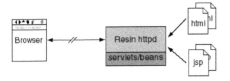

Tendo já copiado o arquivo do site para o seu servidor, execute a descompactação para o diretório **/usr/local**:

```
# resin-2.1.4.tar.gz /usr/local
# cd /usr/local
# tar xvfz resin-2.1.4.tar.gz
```

Como recomendação, pode-se também fazer um link simbólico para o Resin, facilitando assim o acesso para o diretório **/usr/local/resin**:

```
# ln -s resin-2.1.4 resin
```

Devido que neste laboratório iremos executar o Resin como um servidor Web em standalone, nós precisamos alterar a porta do serviço IP que atende (listen) antes de iniciar a execução do software. Isto pode ser feito pela alteração da linha do arquivo **/usr/local/resin/conf/resin.conf**. Edite este arquivo e localize a linha abaixo:

```
<http port='8080'/>
```

Uma maneira tradicional de usar o Resin é permitir que este servidor coexista com o Apache, por exemplo. Para isto, basta deixar então que o Resin fica responsável somente por atender os pedidos de JSP/Servlets, deixando os demais serviços para o servidor web Apache. Esta é a razão do Resin por default atende pela porta 8080 ao invés da 80, a qual é a padrão para os servidores web. Para nosso laboratório vamos deixar que o Resin seja responsável por atender a todos os pedidos da rede. Então, altere a porta HTTP do arquivo **resinf.conf** para **80**, grave e feche o arquivo.

Agora, podemos inicializar o Resin:

```
# /usr/local/resin/bin/httpd.sh
```

O seguinte resultado será apresentado:

```
Resin 2.1.4 (built Fri Aug  2 14:16:52 PDT 2002)
Copyright(c) 1998-2002 Caucho Technology.  All rights reserved.

Starting Resin on Tue, 20 Aug 2002 14:02:27 +0200 (CET)
[2002-08-20 14:02:29.982] initializing application http://localhost/
[2002-08-20 14:02:29.984] initializing application http://localhost/java_tut
[2002-08-20 14:02:29.985] initializing application
http://localhost/examples/basic
[2002-08-20 14:02:29.986] initializing application
http://localhost/examples/tags
[2002-08-20 14:02:29.987] initializing application
http://localhost/examples/tictactoe
[2002-08-20 14:02:29.988] initializing application
```

```
http://localhost/examples/navigation
[2002-08-20 14:02:29.989] initializing application
http://localhost/examples/xsl
[2002-08-20 14:02:29.990] initializing application
http://localhost/examples/templates
[2002-08-20 14:02:30.001] initializing application
http://localhost/examples/login
http listening to *:80
srun listening to 127.0.0.1:6802
```

Pronto. O Resin está no ar e rodando. Você pode testá-lo através do seu próprio navegador web digitando o endereço local **http://localhost**. A pagina abaixo é semelhante a que será apresentada:

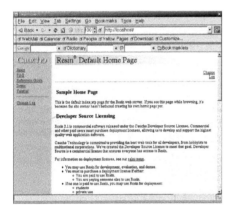

Testando a Instalação do Servidor Resin

A página padrão apresentada corresponde ao start up do Resin. E se torna interessante que façamos a nossa própria homepage. O diretório padrão para páginas web do Resin está localizado em **/usr/local/resin/doc**. Vamos criar uma página chamada **test.jsp** e colocá-la neste diretório. O arquivo test.jsp deve ser montado como nosso exemplo:

```
<html>

<head>
        <title>
                My First JSP Page
        </title>
</head>
```

```
<body bgcolor="#FFFFFF">
        <h3>
                The value of 'par' is:
        </h3>
        <h2>
                <%= request.getParameter("par") %>
        </h2>
</body>

</html>
```

Esta página imprime os valores da variável **par**. Para evitar mensagens de erro, nós precisamos definir esta variável para na **URL** quando a página for solicitada no navegador. Aponte o seu navegador web para o caminho **http://localhost/test.jsp?par=mysecretvalue**, aonde você obterá uma tela similar a apresentada abaixo:

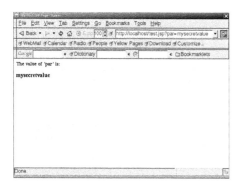

Se o resultado foi conforme esperado, parabéns. Nosso servidor Web e de aplicação Java está devidamente configurado e instalado.

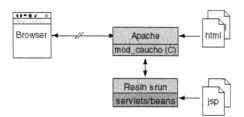

Quais são os próximos passos para o seu futuro Java ? Estudar e praticar cada vez mais a linguagem e literatura Java, Servlet e JSP. E uma das dicas é estudar não somente a linguagem, mas também as arquiteturas envolvidas. Tudo isto a partir do site **java.sun.com**.

O Resin quando escolhido como seu servidor Web e de aplicação proporcionará sua evolução no mundo Java. Recursos como processamento XML/XSL, JSP/Servlet, entre outros recursos estão disponíveis. Se você preferiu instlaar o Resin-EE, recurso como EJB (Enterprise Java Beans) também é disponibilizado.

Java Development Kit (JDK) no Servidor Jakarta Tomcat

The **Apache Jakarta Project**
http://jakarta.apache.org/

Muitos desenvolvedores Java já estão acostumados e recomendam um outro servidor web do que o Resin. Esta recomendação é o Jakarta Tomcat.

A instalação completa do Tomcat está no capítulo deste livro para instalação de servidores Web. Nesta seção, nós apresentamos apenas uma versão rápida e prática.

Para instalar o Tomcat ao invés do Resin, siga os procedimentos rápidos abaixo:

- Lembre-se, conforme explicado no início deste capítulo, é necessário definir a variável de ambiente **JAVA_HOME** para apontar para o diretório Java;
- Faça o download dos binários do Tomcat (a versão mais atualizada) no site **jakarta.apache.org**;
- Descompacte os arquivos binários. Nós sugerimos o diretório **/usr/local**;
- Inicie a execução do Tomcat pela execução do comando: **/usr/local/jakarta-tomcat-4.0.4/bin/startup.sh**;

Por padrão, o Tomcats inicia o servidor web atendendo pedidos pela porta IP 8080. Se desejar alterar, basta alterar o arquivo **server.xml** localizado no diretório **/usr/local/jakarta-tomcat-4.0.4/conf**. Basta procurar pelo texto port="8080").

Após a criação de um arquivo de teste, extensão JSP, coloque-o no diretório **/usr/local/jakarta-tomcat/webapps/ROOT**.

Para testar a execução, basta apontar o seu navegador web para o endereço: **http://localhost:8080/test.jsp?par=mysecretvalue**.

A instalação do Tomcat disponibiliza a documentação on-line, para visualizá-la, basta acessar o endereço **http://localhost:8080**.

Uma vez instalado este ambiente mínimo, agora, é só começar a programar com alguma ferramenta ou suite de desenvolvimento. Podendo utilizar desde um simples editor de texto, até ferramentas poderosas com debuggers:

Imagem com uma classe Java sendo construindo num editor de texto X

Instalação do Java Studio Standard no Linux

O Java Studio Standard, antigamente conhecido como Sun One Studio ou como Forte, é uma poderosa ferramenta intuita e integrada para o desenvolvimento de aplicações usando a linguagem Java.

A Sun Microsystems que é a responsável por esta família de produtos apresenta os seguintes requerimentos para o perfeito funcionamento do Java Studio Standard:

- Red Hat Linux 7.2 ou superior
- Mínimo: Sistema Pentium III 500-MHz com 512 MB de memória de 700 MB de espaço em disco
- Recomendado: sistema Pentium III 1-GHz com 768 MB de memória e 700 MB de espaço em disco.
- Java 2 SDK, Standard Edition (parte do Java 2 Platform, Standard Edition) 1.4.1_02 também é recomendado.

Como na primeira parte deste livro explicamos como instalar o JDK, agora, iremos explicar como instalar o Java Studio Standard. Está apresentado da forma como funcionou neste laboratório.

Primeiramente, faça o download da versão mais atual disponível no site da Sun (www.sun.com). Para o laboratório foi copiado o arquivo j2sdk-1_4_1-s1studio_ce-rul-bin-linux.bin. Certifique-se de que o tamanho copiado é idêntico ao fornecido no site. Como próximo passo, faça deste arquivo um binário executável com o comando chmod:

chmod 777 j2sdk-1_4_1-s1studio_ce-rul-bin-linux.bin

Estando no diretório de instalação e aonde se encontra o arquivo, por exemplo, **/usr/local**, execute:

chmod 777 j2sdk-1_4_1-s1studio_ce-rul-bin-linux.bin

O instalador iniciará seu processo, inicialmente, com sua validação ao termo de licença. Ao responder **Yes**, o instalador fará a pergunta para qual diretório será instalado, neste laboratório, foi escolhido **/usr/local/s1studio4_1_1**. E a partir daí, o próprio instalador criará a árvore de diretório nesta raiz escolhida. Alguns subdiretórios são: _uninst, j2sdk1.4.1 e s1studio, por exemplo.
Finalizado, o instalador dará o foco ao botão **Finish**. Ao pressionar este botão, uma pequena mensagem informará para inicializar o programa, através da execução do programa **runide.sh** no caminho **/~/s1studio/bin**, o qual iniciará o ambiente IDE. Este diretório pode ter outro nome de acordo com a versão instalada.
Se você não tiver nenhuma versão do JDK previamente instalada no sistema, deve-se adicionar o caminho do JDK em seu arquivo **/etc/profile**:

export PATH=$PATH:/usr/local/s1studio4_1_1/j2sdk1.4.1/bin

Agora, se você já tem uma versão prévia instalada, e você deseja usar anova, então, edite o seu arquivo /etc/profile para remover a linha que tem o export semelhante ao acima apresentado. Assim, você remove o export anterior e adicione o novo export para o caminho (PATH) desejado. Grave então o seu arquivo e encerra a alteração.
Para que suas alterações estejam disponíveis imediatamente, execute para atualizar em memória suas configurações do arquivo /etc/profile:

source /etc/profile

Para inicializar o IDE, o script **runide.sh** necessita saber aonde o JDK está. Como dica, pode-se passar este como parâmetro na linha de comando, assim:

runide.sh -jdkhome /usr/local/jdk

ou ainda dependendo do diretório de instalação escolhido por você:

runide.sh -jdkhome /usr/local/s1studio4_1_1/j2sdk1.4.1

Para facilitar o acesso ao IDE, você pode adicionar um atalho no Gnome ou KDE.

Entendimento e Programação Java em ambiente Eclipse SDK

Eclipse !?! Calma, a lua não está encobrindo o sol literalmente. Mas atenção, essa solução tecnológica que está timidamente conquistando espaço, poderá "encobrir" e deixar para trás o seu atual ambiente de desenvolvimento.

O projeto Eclipse foi fundado entre 1999 e 2001 e une fornecedores líderes da indústria, incluindo IBM, Borland, Red Hat e outros, para desenvolver e promover especificações para ferramentas de desenvolvimento de software de código-fonte aberto de alta qualidade. O objetivo de comunidade de desenvolvedores da Eclipse é criar produtos interoperáveis, baseados na tecnologia plug-in e numa plataforma comum. As ferramentas baseadas na Eclipse suportam diversas linguagens de desenvolvimento, preparam aplicativos para plataformas de implementação que variam desde dispositivos embutidos até servidores grandes e middleware. Essas ferramentas estão disponíveis em linguagens múltiplas, garantindo assim a aplicabilidade. Ao dividir tecnologia de integração central, a Novell e outros fornecedores que desenvolvem na plataforma Eclipse podem concentrar-se em suas áreas de perícia de software, criando assim novas soluções com mais recursos para clientes.

Histórico Resumido do Projeto Eclipse

Abril de 1999				
Início na IBM/OTI	Outubro de 2001			
	Lançada Eclipse 1.0	Novembro de 2001		
		IBM transforma Eclipse em open-source	Novembro de 2002	
			Eclipse 2.0.2 é lançada	Março de 2003
				Eclipse 2.1 é lançada

Desde o dia 02 de fevereiro de 2004, o projeto de desenvolvimento do ambiente IDE Eclipse se tornou independente do consórcio criado pela IBM, tendo agora como base a Eclipse Foundation, organização sem fins lucrativos criada justamente para esse objetivo.Originalmente, desde que a IBM tornou o Eclipse Open-Source, o seu desenvolvido era guiado por um consórcio formado por diversas empresas (IBM, Borland, Red Hat, Novell, HP, Sybase, Rational, SuSE, etc).
O portal do Projeto Eclipse na Internet é http://www.eclipse.org/.

Visão Geral dos Componentes Eclipse

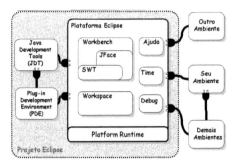

Escrito em Java, o Eclipse pode rodar em qualquer plataforma e ser usado para escrever programas em várias linguagens. O Projeto Eclipse tem por objetivo fornecer um framework open source para a construção de ferramentas de desenvolvimento. Sobre o framework são instalados plug-ins que fornecem recursos como integração a compiladores e depuradores, editores com realce de sintaxe, desenho de diagramas UML, acesso a bancos de dados e o que mais for útil para um desenvolvedor de software.

Apesar de ser um projeto com poucos anos de existência, o Eclipse já faz sentir o seu impacto no mercado, em especial no desenvolvimento em Java. Alguns dos IDEs mais populares nesta arena, como o Websphere Studio da IBM, o XDE da Rational ou o SOFIA, têm como base o Eclipse.

O grande diferencial do Eclipse é a sua neutralidade em relação à linguagem de programação e ao sistema operacional. O Eclipse Consortium, formado pela IBM, Merant, HP, Borland, Fujitsu, Red Hat, Sybase, Oracle, Rational e outras dezenas de empresas e organizações, fornece suporte a Java, C e COBOL nas plataformas Windows, Linux, AIX, Solaris, HP-UX, QNX e MacOS. Mas, como o framework é livre, qualquer um pode adicionar o suporte a seu ambiente preferido, e já existem duzenas de plug-ins para o Eclipse disponíveis no SourceForge e outros sites para desenvolvedores Perl, Python, Pascal, PHP e até Clipper.

A Arquitetura do IDE Eclipse

O Eclipse obtém sua independência de plataforma por ser escrito em Java. É necessário ter uma máquina virtual Java (JRE) mais recente para rodar o Eclipse. O Java tem fama de ser lento graças à sua biblioteca de componentes GUI padrão, o Swing. Por isso o Eclipse adota em seu lugar o SWT (Standard Widget Toolkit), que fornece uma camada de abstração sobre o conjunto de componentes gráficos da plataforma, garantindo ao mesmo tempo portabilidade e desempenho.

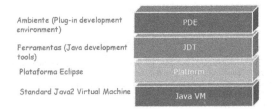

O Eclipse em si fornece apenas o ambiente integrado para a execução dos plug-ins e uns poucos plug-ins básicos, como editor de textos ASCII, sistema de ajuda e integração ao CVS. Para iniciar o desenvolvimento, em qualquer linguagem que seja, devem ser instalados plug-ins adicionais. Assim sendo, o Eclipse tem dois públicos-alvos distintos:

1.Desenvolvedores de software, que agregam plug-ins ao Eclipse para construir o ambiente de trabalho mais poderoso, integrado e simples possível;

2.Fornecedores de ferramentas de desenvolvimento, que escrevem os plug-ins e competem entre si para fornecer as melhores ferramentas ao mercado.

Para o primeiro grupo é fornecido o Plataform Run-time Binary, que fornece o IDE pronto para receber plug-ins de terceiros. O segundo grupo deve baixar o Plataform SDK, que fornece os fontes do Eclipse em si e uma série de ferramentas voltadas para o seu próprio desenvolvimento ou de plug-ins. O ambiente do Eclipse, de modo similar a outros IDEs (Integrated Development Environment), é baseado nos conceitos de Projeto, Perspectiva e Visualização:

• Um projeto agrupa arquivos-fonte e define os plug-ins responsáveis pelas atividades de compilação, depuração, etc, assim como configurações personalizadas;
• Uma perspectiva fornece layouts diferenciados para o IDE, customizados para atividades como gerenciamento de versões, codificação ou testes pela ativação das visualizações apropriadas;
• Uma visualização é o componente básico de uma perspectiva, fornecendo, por exemplo, navegação pela estrutura de classes, uma lista de tarefas a realizar ou o histórico de modificações de um arquivo-fonte no CVS. Internamente, estes componentes se comunicam entre si e com os componentes que realizam as tarefas reais de desenvolvimento de software.
• Editores especializados na edição de tipos específicos de arquivo, normalmente fontes em uma linguagem de programação, fornecendo realce de sintaxe e recursos, como o Autocompletar, mas que também podem ser voltados para a edição de ícones, desenho visual de formulários ou desenho de modelos de Engenharia de Software;
• Lançadores (launchers), que fornecem ambientes para a execução do projeto ou partes dele dentro de um depurador, servidor web ou outros tipos de contêineres;
• Construtores (builders), responsáveis por traduzir diversos tipos de arquivos-fonte nos arquivos-objetos correspondentes ou por pré-processar arquivos-fonte, gerando outros arquivos-fonte, que serão por sua vez processados por outros construtores.

Um plug-in pode acrescentar novas versões de qualquer destes tipos de componentes ou pode utilizar os ganhos fornecidos pelo IDE para fornecer assistentes, modificar menus e assim estender os componentes pré-existentes. 7
Vale a pena destacar apenas alguns dos plug-in:

- **Java** : Como o Eclipse é escrito em Java, espera-se que esta linguagem possua um bom suporte. O JDT (Java Development Toolkit) fornecido pelo próprio Eclipse Consortium fornece recursos avançados como integração ao Ant e ao JUnit, além de suporte extensivo a refatoração de código. Para utilizar o JDT basta ter um Java2 SDK instalado em sua plataforma, possibilitando ao Eclipse acesso ao compilador Java e às classes básicas. Instale também a documentação do Java2 SDK em formato HTML, pois o Eclipse sabe como utilizá-la para fornecer ajuda sensível ao contexto sobre classes e métodos. O JDT não fornece construtores visuais de formulários ou a capacidade de executar aplicações web e EJBs. Felizmente, há vários plug-ins no mercado que acrescentam estas capacidades sem que seja necessário adquirir produtos caros baseados no Eclipse como o Websphere Studio. O Assisi fornece um construtor visual tanto para Swing quanto para SWT, enquanto que o plug-in Lomboz fornece todo o suporte ao J2EE (EJBs, Servlets, JSP). Se você necessita algo mais leve, apenas para desenvolver aplicações web, pode considerar os plug-ins Webapp e Sysdeo. Outra opção para o desenvolvedor J2EE é o JBoss-IDE, focado na integração com o XDoclet. Antes de investir no JBuilder ou XDE, reserve um tempo para avaliar o JDT e as dezenas de plug-ins complementares. Provavelmente você irá encontrar em ferramentas livres tudo o que é necessário para o seu projeto Java, ou então irá encontrar alternativas bem mais em conta com o mesmo poder de fogo.

- **PHP** : Há dois conjuntos de plug-ins que fornecem suporte ao PHP dentro do Eclipse: PHPclipse e Web Studio. Avaliaremos apenas o PHPClipse, pois o Web Studio ainda não é suportado em Linux. O PHPClipse tem uma certa orientação para o mundo Windows, fornecendo ícones para o início e término do Apache e do MySQL, configurações padrão referenciando arquivos EXE e configurando o DocumentRoot do Apache. Entretanto, uma vez que você modifique as preferências para indicar o executável do php em /usr/bin e ignore os ícones para iniciar/terminar servidores, o plug-in é bastante útil em Linux. Na verdade o PHPclipse é formado por vários plug-ins, cada qual com seu próprio cronograma de releases, confundindo o usuário, que fica sem saber quais arquivos baixar (solução: leia a documentação). O Plug-in básico fornece um editor para arquivos PHP e a capacidade de executar um navegador informando a URL adequada para processar a página no servidor - lembre-se de criar o projeto do Eclipse em um diretório visível para o Apache. Plug-ins adicionais integram a documentação de referência do PHP ao Eclipse e permitem a execução passo-a-passo em depuradores como o DBG. Concluindo, o PHPClipse fornece algumas comodidades que justificam o seu uso pelo desenvolvedor PHP, ainda mais se complementado por plug-ins especializados na edição de arquivos HTML e XML, pois o fornecido por ele é bem fraquinho, não validando atributos de tags.

A Família de Projetos Eclipse

A família Eclipse possui quatro macro projetos, com os seus respectivos subprojetos, que visam a padronização em ambiente de desenvolvimento. A estrutura no fechamento da edição deste livro era a seguinte:

Projeto Principal	Subprojeto/ Divisão
Projeto Eclipse (The Eclipse Project) Este projeto é dedicado ao desenvolvimento de software gratuito, e que seja dedicado a prover ferramentas integradas, robustas, completas e que sejam referência na indústria.	• **Platform**: o projeto plataforma define um conjunto de frameworks e serviços comuns que coletivamente permitem a integração necessária para dar suporte a uma plataforma integrada de desenvolvimento. • **JDT (Java Development Tools)**: o JDT fornece uma ferramenta de plug-ins para a plataforma que implementa o ambiente IDE Java, o qual suporta qualquer aplicação Java, incluindo plug-ins Eclipse. • **PDE (Plug-in Development Environment)**: o projeto PDE disponibiliza um número de apresentações e editores que tornam fácil a construção de plug-ins para o Eclipse.
Projeto de Ferramentas Eclipse (The Eclipse Tools Project) Este projeto tem um ponto focal para ferramentas que auxiliem no desenvolvimento padronizado outras excelentes ferramentas para o ambiente Eclipse.	• **VE**: o "Eclipse Visual Editor" é um framework para auxiliar na criação de GUI builders para o Eclipse • **UML2**: este projeto é uma implementação EMF da UML 2.0 para plataforma Eclipse • **Hyades**: projeto que disponibiliza uma plataforma automatizada para ferramente de qualidade em software. • **C/C++ IDE**: este projeto tem o objetivo de prover funcionalidades e ambiente completo em C e C++ • **GEF**: o "Graphical Editor Framework" permite aos desenvolvedores aplicações pré-existentes e adapta-los numa interface gráfica. • **EMF**: framework Java/XML para geração de ferramentas e outras aplicações baseadas em modelos • **COBOL**: IDE Cobol para Eclipse.
Projeto de Tecnologias Eclipse (The Eclipse Technology Project) A missão deste projeto é prover novos canais para os desenvolvedores de software livre, pesquisadores, professores e educadores interessados na evolução do Eclipse.	Alguns a destacar são: • **XSD**: o modelo infoset XSD é uma biblioteca de referência para criação e análise de esquemas XML. • **Stellation**: sistema de gerenciamento de configuração de software para construção de sistemas com técnicas SCM no Eclipse
Projeto Eclipse de Plataforma em Ferramentas Web (The Eclipse Web Tools Platform Project) A missão deste projeto é construir uma ferramenta expansível e robusta para que os desenvolvedores possam construir outros ambientes para web.	Projeto recém criado e em fase de definições

Instalação e Configuração do Eclipse SDK no Linux

Tanto na seção Download do site oficial www.eclipse.org, quanto em outros sites mirror mais próximo de sua cidade, pode-se realizar a cópia dos arquivos do Eclipse.
No Brasil, o site mirror oficial está na Universidade PUC Rio de janeiro em :

http://web.teccomm.les.inf.puc-rio.br/eclipse/eclipseDownloadIndex.html

Os demais endereços de sites na Internet para download estão no site http://www.eclipse.org/downloads/index.php.
O servidor FTP também está com acesso público em algumas áreas. Para ter acesso completo, basta apontar o seu navegador Internet para o endereço ftp://download.eclipse.org/R-2.1.2-200311030802/

Para nosso laboratório e aprendizado, o que interessa-nos é o **Eclipse SDK (Software Developer Kit)**. O Eclipse SDK é a consolidação de componentes produzidos pelos subprojetos do Projeto Eclipse: **Plataform**, **JDT** e **PDE**. Todos estes em apenas um download. Esses componentes juntos disponibilizam um ambiente de desenvolvimento rico e robusto, o qual permite que os desenvolvedores construam eficientemente ferramentas e soluções na plataforma Eclipse.

O objetivo desta seção então é obter a versão (build) mais atualizada do Eclipse SDK para realizarmos a instalação e configuração básica para uso.

Como ponto de referência para esclarecimentos de outras dúvidas sobre o Eclipse, e demais projetos, a dica é visitar o site de Perguntas e Respostas (FAQ) do portal http://www.eclipse.org/eclipse/faq/eclipse-faq.html.

A documentação oficial do projeto Eclipse já está disponível na Internet, e apresenta vários cenários e possibildades de uso. Visite o site http://eclipse.org/documentation/main.html e pesquisa cada caso.

Requisito obrigatório para uso do Eclipse SDK
Como havíamos informado antes, para que a instalação e o funcionamento do Eclipse SDK seja perfeito, deve-se previamente ter instalado e testado. Isto já foi feito no capítulo de instalação do JDK: • Java Runtime Environment (JRE) • Eclipse requer versões 1.3 ou 1.4 do Java 2 Standard Edition (JRE)

A versão do Eclipse SDK que deverá ser copiada (download) já inclui a plataforma Eclipse, JDT, PDE, além dos códigos-fonte e documentação.

Nos endereços Internet de download oficiais citados anteriormente, você poderá realizar a cópia do arquivo para o seu computador. No fechamento da edição deste livro, havia duas versões para download para o sistema Linux: **Linux (x86/Motif)** e **Linux (x86/GTK 2)**. O download pode ser feito via formato HTTP e FTP.

A vantagem desta página de download oficial do Eclipse.org é que você poderá copiar não somente o Eclipse, mas também outras ferramentas e recursos para sua tarefa de programação. Por exemplo: SWT; Exemplos de Plug-ins; JUNit, etc...

Independentemente da plataforma (Windows, Linux, AIX, etc..), o tamanho médio do arquivo do Eclipse SDK 2.1.2 era de 63 megabytes.

Neste laboratório, o download será feito do arquivo **eclipse-SDK-2.1.2-linux-motif.zip**. Selecione este arquivo e confirme a cópia. A tela abaixo apresenta este processo:

Execução do Download do Eclipse Linux – Em média 63 megabytes

O arquivo recebido da Internet deverá ser copiado para um diretório do seu servidor Linux. E como citado, as instruções de instalação a seguir assumem que o usuário já está testado e funcionando o s ambientes JRE, JDK e o toolkit GTK2, quando o arquivo de download tiver sido (ou mudar o arquivo se for do GTK = eclipse-SDK-2.1.2-linux-gtk.zip).

Suponha que você decida colocar o arquivo de download dentro de um diretório chamado DOWNLOADS, e você deseja ainda instalar o Eclipse no **path** da variável **ECLIPSE_ROOT_DIR/eclipse**. Pode-se então executar o seguinte comando:

```
# cd $ECLIPSE_ROOT_DIR
# jar xvf $DOWNLOAD/ eclipse-SDK-2.1.2-linux-motif.zip
ou
# unzip eclipse-SDK-2.1.2-linux-gtk.zip
```

a saída do comando será:
[root@localhost eclipse]$ unzip eclipse-SDK-2.1-linux-gtk.zip
Archive: eclipse-SDK-2.1-linux-gtk.zip
Archive: eclipse-SDK-2.1-linux-gtk.zip
inflating: eclipse/plugins/org.eclipse.core.boot_2.1.0/boot.jar
inflating: eclipse/plugins/org.eclipse.core.boot_2.1.0/splash.bmp
inflating: eclipse/plugins/org.eclipse.core.boot_2.1.0/boot.xml
inflating: eclipse/plugins/org.eclipse.core.boot_2.1.0/plugin.properties
inflating: eclipse/install.ini
inflating: eclipse/startup.jar
inflating: eclipse/readme/readme_eclipse.html

Uma vez que o arquivo tenha sido descompactado, você terá um novo diretório chamado "**eclipse**" no seu diretório **HOME**. O conteúdo deste diretório poderá variar conforme o arquivo do download: GTK ou motif.
A nossa instalação foi feita no Slackware 9.1. O Eclipse foi instalado no diretório **/opt** para que possa estar disponível para todos os usuários. E o Java JRE 1.4.1 foi usado para execução dos programas.
Por exemplo, após o download e descompactação da versão GTK do Eclipse, o diretório apresentou o seguinte conteúdo:

Já, após a instalação da versão Motif do Eclipse, o diretório apresentou outra quantidade de componentes:

A próxima tarefa é acessar este diretório e executar o script também chamado "**eclipse**":

[rootl@localhost eclipse]$ cd eclipse
[root@localhost eclipse]$ ls -l
cpl-v10.html
features
install.ini
plugins
startup.jar
eclipse
icon.xpm
notice.html

readme
workspace
[root@localhost eclipse]$ ./eclipse

Este irá executar o IDE Eclipse no seu computador. Quando o Eclipse é executado pela primeira vez, a seguinte tela é apresentada por um período curto de tempo:

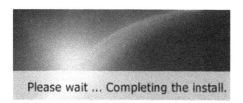

Finalizada a instalação e o solicitada a primeira execução do IDE Eclipse. A área Workbench do Eclise será apresentada, e novas configurações mais avançadas poderão ser feitas:

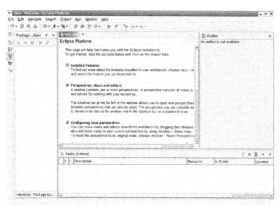

IDE Eclipse - Workbench

Como última tarefa da nossa instalação do IDE Eclipse, vamos configurar algo no ambiente operacional do Linux. Se o Eclipse estiver instalado no diretório público, por exemplo, o /opt, devemos garantir que os usuários tenham a permissão apropriada para executar o sistema.

Para a execução da versão GTK do Eclipse, um Script Shell semelhante ao de baixo poderia ser criado para executar o Eclipse. Edite um arquivo com o contéudo:

export LD_LIBRARY_PATH=/opt/eclipse-gtk-2.1/eclipse:$LD_LIBRARY_PATH
cd /opt/eclipse-gtk-2.1/eclipse
./eclipse -ws gtk

O área de trabalho (workspace) pode ser colocada no diretório Eclipse ou no diretório Home, exemplo, **/home/heverton/workspace**. Se necesário, o parâmetro **–data** pode ser adicionado para indicar a localização correta do workspace. Assim:

```
export LD_LIBRARY_PATH=/opt/eclipse-gtk-2.1/eclipse:$LD_LIBRARY_PATH
cd /opt/eclipse-gtk-2.1/eclipse
./eclipse -ws gtk -data /home/user/gtk/workspace
```

Já um shell script para execução da versão Motif do IDE Eclipse poderia ser conter os seguintes valores:

```
export LD_LIBRARY_PATH=/opt/eclipse-motif-2.1/eclipse:$LD_LIBRARY_PATH
cd /opt/eclipse-motif-2.1/eclipse
./eclipse -ws motif
```

Pronto. A parte básica de instalação está feita. O Talento da programação está em suas mãos.

A Tarefa de Programação no dia-a-dia com Eclipse SDK

Como explicamos antes, o Eclipse é um ambiente Java (open-source) gratuito disponibilizado a partir do site www.eclipse.org. O próprio Eclipse é um programa Java, o qual utiliza uma interface e ferramentas de usuário customizada, e que não ainda não é executado em todas as plataformas que suportam Java 2. Como requisito, o Eclipse requer o "Java 2 runtime" para execução, portanto, você deve instalar o Java 2 SDK (http://java.sun.com/j2se/) primeiramente antes de instalar o Eclipse.

Nas próximas seções apresentaremos uma visão geral dos recursos e interface do Eclipse, isto porque o propósito deste livro não é o de ensinar a programar, muito menos Java, mas sim, conquistar a sua fidelidade ao ambiente Linux como plataforma do seu dia-a-dia.

Quando o programa Eclipse é inicializado, a imagem da tela abaixo é apresentada. Esta pode levar algum tempo, pois alguns módulos estão sendo carregados em memória:

Após a tela de abertura, então é apresentada a área de trabalho do Eclipse. A imagem abaixo demonstra um modelo:

Para facilitar a compreensão dos recursos da tela, a imagem abaixo resumo estes recursos e áreas de trabalho:

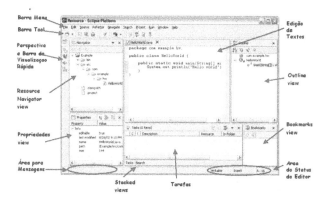

Uma das suas tarefas e recursos de customização do Eclipse, é configurar as "**Setting Preferences**". É uma opção definir as preferências para o editor Java customizar as convenções de edição. Selecione então "**Window -> Preference**" do menu principal. Selecione "**Java -> Appearance -> Code Formatter**" a partir da árvore de opções no painel esquerdo.

Feito isto, selecione as caixas de seleção "check-box" denominada "Insert a new line before an opening brace" e "Insert new lines in control statements".

Selecione então a aba "**Style**". Então, tire a seleção da opção "**Insert tabs for indentation, not spaces**".Define também o "**Number of spaces representing na indentantion level**" para o valor 3. O default do Eclipse é 4.

Por último, clique no botão **OK** para finalizar as alterações.

Editando um Programa em Java

Se você já tem um programa em arquivo Java, ou um diretório com vários programas, então você necessita criar um projeto que contenha este ou estes arquivos. Para isto, siga os procedimentos abaixo.

Selecione as opções na seqüência **File -> New -> Project** a partir do menu principal. A tela abaixo será apresentada:

Selecione a opção "**Java**" e clique no botão "**Next>**". Nas janelas a seguir, atribua um nome ao projeto. Uma sugestão é utilizar o mesmo nome do diretório aonde estão os arquivos. Então, remova a seleção "**Use Default**", e defina o caminho completo (Path) do diretório de localização dos arquivos, por exemplo, **/home/heverton/bigj/ch02/greeter1** ou simplesmente **greeter1**.

Clique então no botão "**Finish**" para finalizar. O projeto aparece no painel esquerdo. Pode-se expandi-lo, bem como expandir através do ícone **default package**. Execute com duplo clique sobre o nome do arquivo, e então, o arquivo fonte é apresentado na janela de edição:

Escrevendo um Programa no Eclipse SDK

Se você deseja escrever um programa a partir do zero utilizando o Eclipse, então a sua escolha foi ideal. É que é ideal que cada um dos seus programas estejam em diretórios separados. O Eclipse é o responsável pela criação dos diretórios.

Selecione no menu principal as opções **File -> New -> Project**. E surgirá então a janela **New Project**. Continue selecionando a opção "**Java**" e clique no botão "**Next>**".

Na tela de dialogo seguinte, atribua o nome ao seu projeto. Como indicado antes, a sugestão é utilizar o mesmo nome do diretório dos projetos. Retire a seleção do campo **Use default**, e defina o caminho completo (path) de localização dos seus programas, por exemplo, **/home/heverton/hw1/**.

Clique no botão "**Finish**" para fechar a janela. Agora, visualize que o nome que você atribuiu ao projeto está no painel esquerdo.

Com o **botão direito do mouse** sobre este nome do projeto. E selecione **New -> Class**. Veja a imagem abaixo:

Com esta seleção, a janela **New Class** é apresentada. Atribua um nome para a classe. Se você deseja um método do tipo "main" para esta classe, então selecione a caixa de seleção "**public static void main (String[] args)**".

Clique então no botão **Finish**.

Finalmente, você obtém uma janela de edição para a digitação do seu primeiro programa.

Conforme o programa é digitado, por precaução, selecione **File -> Save** a partir do menu principal para salvar o seu trabalho.

Um recurso interessante do Eclipse, é o **"content assist"**. Este permite que, enquanto você digita uma entrada parcial e pressiona as teclas **CTRL SPACE**, uma janela mostrará as possíveis possibilidades. Bastando para isto que você selecione a desejada

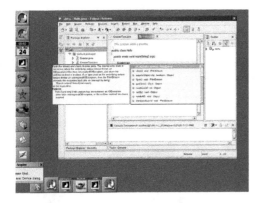

A nossa recomendação é de que você conhece outras funcionalidades e recursos para otimizar suas tarefas de codificação, por exemplo, a opção **Source -> Generate getter and setter**.

Compilando o Seu Primeiro Programa Java no Eclipse SDK

Para compilar um programa no Eclipse, selecione o projeto listado no lado esquerdo da tela. Agora, a partir do menu, selecione **Project -> Rebuild Project**.

Na existência de erros de compilação, estes serão apresentados na janela existente no rodapé do frame Eclipse. Se desejar, clique sobre a mensagem de erro, e o cursor apresenta a linha na janela de edição:

Após um sucesso na compilação do seu programa. Pronto e parabéns.. Poderemos então executa-lo.

Executando o programa Java

Para executar um programa, compilado ou não pelo Eclipse, selecione no menu **Run -> Run as ... -> Java Application**. O programa então será executado. Qualquer saída do programa será direcionada para a janela existente no rodapé da tela.

ou a Execução poderia ter a saída da execução do programa Hello World:

Execução de Applets no Eclipse SDK

Para executar um applet no Eclipse, você primeiramente deve compilar este programa conforme apresentado na seção anterior deste capítulo. Garanta ainda que o projeto atual esteja selecionado na área de painel mais a esquerda. Feito isto, selecione no menu **Run -> Run as...-> Java Applet**.

O Eclipse então irá apresentar o visualizador de applet na subclasse do applet que foi localizada no seu projeto.

A execução do visualizador applet é iniciada com um tamanho padrão, considerado bem pequeno. Pode-se logicamente redimensionar a janela. Tendo visualizado a execução, feche a janela para finalização.

Gerando o Javadocs Comments no Eclipse SDK

Um dos recursos disponíveis no Eclipse para o programador e analista é a geração dos Javadocs. Para ter acesso a este recurso, execute no menu **Projetct -> Generate Javadoc**. A tela de diálogo conforme modelo abaixo será apresentada:

Selecione a caixa de seleção (check-box) referente ao projeto para geração do documento. Certifique e confirme o caminho completo (path) da diretório de gravação. Por último, clique no botão **Finish**.

Executando o trace (passo-a-passo) e Debug de um programa

Antes de analisar um erro de um programa (debug), é aconselhável você definir alguns pontos de parada (breakpoint) no início do método **main**.

Para isto, execute um duplo-clique do mouse na barra cinza localizada no lado esquerdo da janela de edição, bem próxima da primeira linha do código fonte. Verifique esta logo após a linha "**public static void main (String[] args)**". Note que um ponto azul será apresentado, este indica um ponto de parada (breakpoint).

A tela abaixo apresenta um breakpoint definido no código **WordTest.Java**:

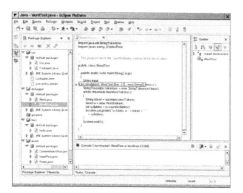

Após a definição dos pontos de parada, pode então iniciar a análise de execução (debug). Selecione no menu as opções **Run -> Debug as...-> Java Application**. O debugador (debugger) inicia a execução e permite alternar entre a área de trabalho Eclipse para a perspectiva do debugador. E cada passo terá interrupção nos pontos de parada definidos.

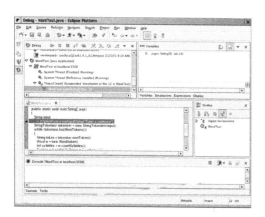

Sempre que você selecione no menu as opções **Run -> Step Over** (ou a tecla F6), então o debugador irá executar uma linha do programa, sem as paradas internas das chamadas de métodos. Por exemplo, executando o passo-a-passo da chamada:

```
Word w = new Word(token);
```

Isto não irá trilhar dentro do **constructor Word**, mas simplesmente executar o programa para a próxima linha do método **main**. Em contra-partida, isto contrasta com a opção do menu **Run -> Step Into** (ou tecla F5). Este comando trilha a execução dentro das chamadas de métodos. Por exemplo, trilhar dentro da linha:

```
int syllables = w.countSyllables();
```

Com isto, a execução irá parar na primeira linha do método **countSyllables**.

Acompanhando os Valores de Variáveis em Execução

Um dos recursos essenciais ao desenvolver é não o de apenas executar passo-a-passo o seu programa, mas acompanhar a evolução e os estados de variáveis, por exemplo. Por exemplo, para visualizar o conteúdo de uma simples variável,como um número ou uma string, basta simplesmente apontar o ponteiro do mouse sobre o nome da variável, quando o debugador estiver suspenso. Feito isto, o conteúdo da variável será apresentado num retângulo pequeno próximo ao nome. Por exemplo, abaixo está conteúdo do variável **count** no método **countSyllables**.

Note que no canto direito da tela são apresentadas todas as variáveis locais. Clique sobre o triângulo para visualizar os objetos. Para visualizar os campos instanciados de parâmetros implícitos, basta visualizar o **this**.

Do outro lado da janela, no canto superior esquerdo, há as chamadas em pilhas (com os métodos recentemente mais executados no topo). Por exemplo, a pilha de execuções abaixo mostra que o metodo **WordTest.main** executou o método **Word.<init>**, o qual é um **constructor**.

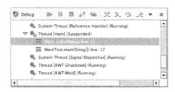

Definindo os Pontos de Parada da Execução (breakpoints)

Realizar a tarefa de depuração, passo-a-passo, dentro de um código de programa pode ser algo tedioso. Normalmente, você deseja que o programa execute em velocidade máxima até determinado ponto do código. Para definir um ponto de parada (breakpoints) na linha, basta dar duplo-clique do mouse na barra cinza a esquerda da linha. Lembre-se que um ponto azul indica a existência de um ponto de parada.

Agora, basta selecionar no menu a opção **Run-> Resume**, ou se preferir, teclar a tecla **F8**. o programa é executado para o próximo ponto de parada, suspendendo a execução somente para interação com o usuário. Portanto, você pode definir quantos pontos de parada desejar.

Para remover um determinado ponto de parada do código, basta dar duplo-clique sobre o ponto azul da linha.

Suspendendo a Execução do Debugador no Eclipse SDK

Quando a execução de um programa é finalizada, o debugador é encerrado automaticamente. Entretanto, quando você desejar finalizar a execução de sua sessão de debugar, sem ter que esperar o final do programa, basta então selecionar as opções do menu **Run -> Terminate**.

Por último, para retornar com a visão da perspectiva Java, na qual você pode editar e compilar o seu programa, localize a barra de ferramenta (toolbar) perspective localizada no frame Eclipse no lado esquerdo:

Clique sobre o botão com um "J". Com isto, o Eclipse removerá a janela do debugador e reapresentará a janela de edição.

Sites Eclipse e Referências para Continuação dos Estudos

Selecionamos o quê há de melhor para que você continue seus estudos no Eclipse. Destacamos outros além os já apresentados:

Site	Nome
http://www.redhat.com/docs/manuals/waf/rhea-dg-waf-en-6.0/s1-devenv-eclipse.html	Setting Up Eclipse and WAF - Red Hat Web Application Framework 6.0: WAF Developer's Guide
http://www.se.rit.edu/~se361/doc/cvs-setup.html	How To Set Up CVS
http://ptolemy.eecs.berkeley.edu/ptolemyII/	Projeto Ptolemy II
http://www.csd.abdn.ac.uk/~bscharla/teaching/CS4522/practicals/practical2.shtml	Eclipse e JBoss-Tomcat
http://www.eclipseuml.com/	Eclipse UML
http://black-sun.sourceforge.net/	JSEditor (Editor JavaScript)
http://solareclipse.sourceforge.net/	SolarEclipse (Editor HTML)
phpeclipse.sourceforge.net	PyEclipse (suporte ao Python)
www.xored.com/products.php	PHPclipse (suporte ao PHP com Apache e MySQL)
www.objectlearn.com	JDT (suporte ao J2STD)

Referências:

- Revista do Linux
- www.eclipse.org

Guia Completo do Linux e Software Livre
Programação Shell Scripting

Introdução

Como foram apresentados vários casos de sucesso no capítulo anterior, bem como um ganhar e economizar de forma imediata na montagem de uma Lan House com o Linux, agora, vamos atender a comunidade de programadores e desenvolvedores do mundo Linux. Neste capítulo, você encontrará tudo que sempre quis saber de programação de Shell Scriptin, e nunca encontrou algo tão prático.

A Introdução sempre é a última página que eu escrevo, e, na maioria das vezes, esta torna-se a mais difícil. Porque é a partir desta que o leitor se sentirá seguro ou não de prosseguir a leitura. Portanto, vamos lá...

Com certeza, caro leitor, você está empilhado de informações sobre o mundo UNIX e Linux, scripts, CGIs, e home-pages nesta geração Internet. E tudo isto para satisfazer uma necessidade: agradar o cliente. Cliente ? sim, o cliente. Mesmo que este seja você mesmo, ou um externo.

Qual a tecnologia a usar ? Avalio o custo ou benefício ? Sou imparcial ou defendo uma determinada marca ? Estas são apenas algumas das perguntas possíveis para a implementação uma tecnologia.

Minha opinião é sempre a da imparcialidade, ou melhor, conhecer todas e obter um pouco de cada uma.

Agora, logicamente que eu não escreveria um livro sobre esta tecnologia, de que trata este livro, sem avaliar todas as suas possibilidades, benefícios, disponibilidade, baixo custo, e ainda, seu futuro.

Então, os programas scripts (shell) apresentados e definidos neste livro são uma excelente escolha, com toda certeza. Independentemente do uso, particular ou corporativo, em aplicações simples ou avançadas CGIs, os Shells não lhe desaponta. Agora, se prepare, pois o aprendizado não pára por aqui. Como costumo dizer, estou apenas "abrindo o seu apetite".

No quadro abaixo temos uma lista da variedades de opções em desenvolvimento que há disponível, vamos analisar algumas das principais.

Bourne Shell	C Shell	**Visual Shell**	Tcl e Tk	Korn Shell
Windowing Korn	UUCP	BASH	Tcsh	Z-Shell
Perl	Java	ALICE	ActivePerl	AIDBF
AMC	AML	APRIL	Aptilis	PHP
CCSH	CORBAScript	For2html	ILISP	Python
Ruby	Slang	Squeak	WML-Tools	Yabasic
UCBLogo	RPCobol	Pliant	Pike	LUA-Linux
FTWalk	Euphoria	BigForth/Minos	OpenScheme	

Você talvez já tenho ouvido falar que, ao encostar uma concha na sua orelha, você ouviria o som do mar, o qual, durante anos, perpetuou-se dentro dela. Agora, para resumir, escrevo o seguinte: encoste um pouco mais esta concha à sua orelha, e ouvirá o som da vanguarda e da segurança tecnológica.

O UNIX e o Linux como ambiente de Programação

Uma das maravilhas atuais do mundo UNIX, incluindo o Linux, é a seguinte: os programadores mais inteligentes do mundo, neste exato momento, estão preocupados em fazer aplicações amigáveis para os simples usuários, pois somente assim, poderemos almejar a possibilidade de colocar estes sistemas, em todas as residências ao redor do mundo.

O UNIX e o Linux já suportam e disponibilizam todas as bibliotecas padrão, ferramentas de desenvolvimento, compiladores e debugadores disponíveis para os demais UNIX do mercado.

O padrão POSIX.1, por exemplo, é suportado. O que permite tornar as aplicações Linux totalmente portáveis.

Os profissionais do mundo Linux e UNIX estão trabalhando em casa, mas com o intuito de rodar suas leves ou pesadas aplicações nos computadores do trabalho. E com o Linux, isto é feito facilmente, permitindo ao profissional trabalhar concentrado e confortavelmente.

E ainda, com o Linux o profissional tem acesso a um completo conjunto de bibliotecas e aplicativos de programação, e ainda ao código-fonte do núcleo (kernel) deste sistema operacional.

Dentro do mundo UNIX, aplicações e sistemas são normalmente escritos nas linguagens C e C++. O compilador padrão C e C++ para o Linux é o GNU gcc, que se tornou um avançado e moderno compilador que atende as especificações C++, incluindo a versão AT&T 3.0, bem como suporta alguns dialetos do C orientada a objeto.

E não termina por aí, outras linguagens, compiladores e interpretadores estão sendo distribuídos para o Linux, como Smalltak®, FORTRAN®, Java®, Pascal®, LISP®, Scheme®, Ada®. Já está disponível também versões dedicadas aos aos programadores Assembler, que utilizam-se do código 80386 em modo protegido. E, para agradar aos administradores de rede, já estão disponíveis linguagens como PERL, destinada aos scripts, e Tcl/Tk, esta utilizada para desenvolvimento de aplicações X Window).

O avançado debugador de programas gdb não fica a desejar em comparação com outros debugger do mercado UNIX, auxiliando rapidamente ao programador depurar seu código-fonte. Enquanto um outro aplicativo, o gprof, fornece informações sobre a perfomance da sua aplicação, visando auxiliá-lo na otimização do seu código. Coisa rara hoje em dia fora do mercado Linux.

E, para incrementar a produtividade no desenvolvimento de aplicações, os profissionais Linux podem contar com o editor de texto emacs, e ferramentas como a RCS, que mantém o controle de versão.

Finalmente, o Linux suporta as códigos lincados dinamicamente, ou seja, as bibliotecas compartilhadas (DLLs), que permitem uma redução drástica no código-fonte de uma aplicação.

O Papel do Shell

E o Shell nisto tudo ? O Shell é a chave para melhorar a produtividade e a qualidade em um ambiente UNIX ou Linux. O Shell pode automatizar tarefas repetitivas, descobrir onde você deixou as coisas, fazer coisas enquanto você janta ou dorme, além de uma série de outras tarefas que lhe farão ganhar tempo. O uso do Shell pode duplicar ou quadruplicar sua produtividade, tornando-o mais rápido e mais eficiente. O Shell realiza esses resultados, permitindo que você crie ferramentas para automatizar muitas tarefas. Ele lhe permite construir protótipos de aplicações, programas, procedures e ferramentas. A velocidade com que você pode construir um protótipo em funcionamento, melhorá-lo para que forneça exatamente o que você precisa, ou apenas abandoná-lo e começar novamente, lhe dará a flexibilidade de criar exatamente a ferramenta ou aplicação corretas sem muita codificação, compilação e teste.

Os comandos do Shell se comunicam entre si por meio de uma interface simples e coerente chamada conduto (pipe). O Shell usa o sistema de arquivo do sistema operacional, que lhe permite organizar arquivos em gabinetes e pastas (diretórios). Esta hierarquia de diretórios e arquivos gera uma visão simples e clara de toda a informação no sistema.

Os sistemas UNIX é uma outra chave para a capacidade do Shell. Os UNIX são transportáveis; ele roda em quase todo o hardware de computador fabricado atualmente. Seu investimento no treinamento, educação e desenvolvimento dos programas do Shell será transportável de um sistema para o outro sempre que for trocado. Como o UNIX suporta múltiplos usuários e múltiplas tarefas, seu investimento no ambiente do Shell suportará dezenas de outros usuários, permitindo que centenas e até mesmo milhares de tarefas repetitivas sejam feitas no "fundo" enquanto você trabalha em outra coisa.

O Shell é quase exatamente o que parece ser pelo seu nome (concha) – um ambiente amigável que protege cada usuário do outro. Ele permite que os usuários façam o que desejam sem afetar qualquer outro. Quando um usuário conecta-se a um sistema UNIX, o sistema operacional inicia automaticamente uma cópia do Shell, sob a qual o usuário poderá realizar qualquer função disponível. Este ambiente produzido e ainda poderoso dá a cada usuário a capacidade de ser mais produtivo.

O Shell ainda fornece uma conexão fácil entre você e o computador. Como os intérpretes, que ficam entre pessoas que falam línguas diferentes, o shell fica entre você e o kernel. Ele "fala" tanto a sua quanto a linguagem de máquina entendida pelo computador. O programa Shell interpreta os comandos que você digita quando trabalha com o sistema operacional e os traduz para comandos que o Kernel compreende.

O Papel das CGIs (Common Gateway Interface)

As empresas começaram a perceber, que elas podem usar a Internet para mais do que simplesmente prover acesso à informações corporativas e de publicidade. Hoje em dia, qualquer indivíduo ou empresa pode oferecer serviços inovativos na Internet. E os programas CGI estão no coração destes serviços de informação.

Usando programas CGI, pode-se projetar e implementar serviços de Internet, preenchimento de formulários, bem como as famosas páginas WEB dinâmicas.

O significado do nome Common Gateway Interface pode ser melhor explicado pela definição separada de cada palavra:

- **Commom** (comum) neste contexto significa algo que é aplicável de modo abrangente. De fato, os programas CGI trabalha perfeitamente com qualquer tipo de servidor de serviços Internet;

- **Gateway** (Porta de entrada de dados) significa um modo de entrada, ou seja, CGI é a maneira pela qual o mundo de informações entra na WEB por intermédio do seu programa de gateway.

- **Interface** (conexão) significa a conexão entre dois componentes. Neste caso, a CGI conectará um software servidor de Internet e uma aplicação cliente.

Concluindo, as CGIs especifica como os softwares servidores Internet enviarão informações para os programas externos, bem como o seu possível retorno. Estes programas externos normalmente são chamados de scripts CGI.

Antes do padrão CGI aparecer, cada a programa servidor WEB tinha sua própria maneira de executar aplicações. E isto torna difícil que servidores WEB compartilhem aplicações.

Já o padrão CGI provê um método uniforme de passar e receber informações entre essas aplicações. Assim:

- Executar programas fornecidos por seu Webmaster ou Provedor de Acesso Internet. Este pode ser um simples script CGI que você embute no seu documento HTML, ou ainda, sofisticados programas realizam buscas em banco de dados, pagamentos, bem como a execução de outras transações.

- Executar programas escritos por programadores de CGIs. Estes programas podem realizar, por exemplo, registros on-line, "chats" entre usuários, e outros serviços avançados.

- Executar seus próprios programas. Pode-se instalar programas em um diretório do servidor WEB, e disponibilizá-los para autores de conteúdo. Tornando-se assim um publicador de serviços de Internet ou Intranet.

Imagine a CGI como a entrada para uma biblioteca mundial de software. Você pode executar o programa de qualquer um, sem se importar da sua localização, plataforma, e linguagem.

As CGIs permitem que você crie programas em qualquer linguagem de programação. Entretanto, os principais servidores WEB recomendam, por exemplo, as seguintes:

- UNIX: shell (sh, csh, ksh), C, C++, Perl, Tcl, Java, ...
- Linux: Shell (sh, csh, ksh, Bash, Z-Shell, Tcsh), Tcl, Java, ...
- Apple Macintosh: HyperCard, AppleScript, MacPerl
- Microsoft Windows: Visual Basic, BigPerl, Java, ...

Para finalizar então, um Script Shell não deixa de ser uma CGI, bem como uma CGI não deixa de ser um Shell Script.

Programando Scripts e CGIs com Shells - Os Tipos de Interpretadores (Shell)

As principais variedades do UNIX são: Berkeley (BSD 4.3) e AT&T System V. Com o POSIX surgindo no horizonte como um padrão, o melhor de ambos está sendo unido para criar um ambiente ainda mais forte. Dentro desses dois ambientes, destacam-se três tipos de Shell: Bourne, Korn e C. Todos esses suportam processos – em primeiro e segundo planos, condutos, filtros, diretórios e outras características semelhantes do UNIX. O Shell original foi reescrito por S.R. Bourne em 1975. O Shell Bourne roda em quase todos os sistemas UNIX. Bill Joy e os estudantes da Universidade da Califórnia em Berkeley criaram outra versão do Shell conhecida como Shell C, que é útil para programadores na linguagem C. Ele roda sob o UNIX da Berkeley, BSD 4.3. David Korn, na AT&T, criou o Shell Korn, que preserva a funcionalidade do Shell Bourne, mas incorpora muitas das características do Shell C. Qual desses Shells irá dominar ? Impossível responder ainda, pois cada um atende a um tipo específico de público. O tempo dirá....

Com isto, caro leitor, este livro tem a intenção de apresentar um pouco de cada um, bem como apresentar as linguagens que vieram para substituir os scripts feitos em shell: Perl e Java. Possibilitando assim que você adquira um conhecimento e aplique às suas necessidades, ou da sua empresa, do que melhor convier.

E para esclarecer, **Interpretador (shell)** então é o modo ou interface de como o sistema operacional tratará o seus comandos. Para cada usuário criado para acesso ao sistema operacional, o administrador deve definir qual o Shell que será utilizado por ele.

Cada interpretador tem, por exemplo, variações nos operadores para a realização de operações aritméticas, bem como variáveis de inicialização automática, criadas após o processo de loggin in do usuário. Portanto, vale a pena estudá-los com mais detalhe.

E por último, cada interpretador tem também, arquivo(s) de inicialização e finalização de sessão. O que possibilita o administrador da rede controlar e monitorar os passos do(s) usuário(s).

Exemplos:

Shell	Interpretador	Chamada	Prompt	Arquivo Inicialização
Bourne Shell	/bin/bsh	bsh	$	.profile
C Shell	/bin/csh	csh	%	.profile e .cshrc
Korn Shell	/bin/ksh	ksh	$	.profile e .krsh
Trusted Shell	/bin/tsh	ctl-x ctl-r	tsh>	.profile
Restricted	/bin/rsh	rsh	$	

Os interpretadores possuem dois tipos de execução, **foreground**, quando o resultado é on-line e, **background**, quando o resultado é direcionado para um arquivo ou está sendo processado na retaguarda.

Finalizando. Se eu fosse colocar todas as linguagens possíveis de script neste livro, este nunca ficaria pronto. Sugiro a busca de mais informações e diversos sites na Internet, principalmente o Freshmeat em www.freshmeat.net

Considerações e Convenções do Sistema UNIX e Linux

Antes do início da leitura deste capítulo, é importante que você assimile anteriormente, algumas **Considerações e Convenções Gerais** do sistema operacional, pois neste capítulo é apresentado com ênfase sintaxe de comandos e expressões.
Estas terão validadas para todos os UNIXs e Linux disponíveis no mercado, por isso, é ideal que você entenda e pratique-as assim que possível.

Agora, se você, caro leitor, nunca teve nenhum contato com um sistema UNIX ou Linux, é imprescindível a leitura dos **Anexos** contidos neste livro, os quais lhes fornecerá a base mínima de sustentação para continuar a leitura.

Acesso ao Sistema Operacional

Loggin in - antes de digitar qualquer comando no UNIX, deve-se fazer o "log in", ou seja, pedir permissão para acessar os recursos do sistema operacional. Para isto, você deve já ter sido registrado anteriormente pelo administrador do sistema, possuindo portanto, um login-name (nome de acesso) e de uma password (senha).

Normalmente, os sistemas operacionais UNIX estão configurado para permitir até três tentativas de loggin in de um mesmo usuário, ficando o mesmo bloqueado por alguns instantes.

Para Acessar (login):

Login:

Password:

Loggin out - consiste na finalização de seus serviços no sistema operacional UNIX. Para efetuar a desconexão do sistema, tecle, simultaneamente <ctrl-d>, digite exit ou logout, e tecle <enter>. Após isto, espera-se que apareça o pedido de loggin in novamente.

Para Sair (logout):

$ <ctrl> d
ou
$ exit
ou
$ logout

Acessando Comandos e Arquivos

Algumas regras devem ser seguidas para a movimentação de arquivos:

Digitação Comandos: Os comandos devem ser digitados em letras minúsculas.

Nome de Arquivos:
➢ Não deve possuir brancos.
➢ Não deve começar com "+" ou "-".
➢ Iniciar o nome do arquivo com ".", significa que este será invisível para os comandos ls, exceto com a opção -a.
➢ Não deve possuir meta-caracteres: * ? > < / ; &
➢ O sistema operacional UNIX é sensitivo ao contexto, como por exemplo, um arquivo de nome PLANILHA.xlt e um planilha.xlt, para o UNIX eles não são o mesmo arquivo.
➢ A SCO aconselha até 14 caracteres, podendo ter mais um ponto e três caracteres da extensão.

➢ **Diretório Home**: ou diretório base é uma área no disco do computador reservada para determinado usuário. Quando se cria uma conta para determinado usuário, automaticamente pode-se criar este diretório, possibilitando-o a manter seus arquivos e/ou scripts.

Na criação do diretório-home do usuário, o próprio sistema operacional se encarrega de colocar dentro do diretório, arquivos de inicialização, necessários após o processo de loggin in.

Estes arquivos de inicialização são invisíveis, pois seus nomes começam com um . (ponto). Estes só serão exibidos apenas pelos comandos de visualização de diretórios com a opção -a. Caso você deseje inicializar variáveis para um determinado usuário, deve-se colocá-las nestes arquivos. Para cada tipo de shell (interpretador) existe uma sequência de arquivos de inicialização, apresento os mais comuns abaixo:

.cshrc	Define o ambiente do C Shell
.history	Salva o histórico dos últimos comandos
.login	Define o ambiente de login independente do shell
.logout	Define o ambiente de logout

Conceitos Diversos

Root - é o nome do usuário (superusuário) que tem acesso e direitos para fazer qualquer operação dentro do sistema UNIX. O diretório home do root é / (raiz), podendo-se definir outro.

Macro: na definição de uma cadeia de caracteres cercadas por ` (crases), o UNIX interpretará isto como macro, ou seja, executará o seu conteúdo.

Prompt:
- ➤ **#** : sinal de prompt do shell para o superusuário - root.
- ➤ **$** : sinal de prompt do shell para os usuários comuns.

Metacaracteres e Caracteres Especiais

O Shell assume que tudo em uma linha de comando que não seja um comando ou uma opção é um arquivo, diretório ou arquivo especial. Para simplificar a manipulação de arquivo e diretórios existe uma outra facilidade, chamada metacaracteres. A tabela abaixo apresenta os tipos válidos:

Metacaractere	Descrição
*	combina com qualquer cadeia de caracteres (incluindo nenhum)
?	combina com qualquer caractere alfanumérico isolado
[...]	combina com qualquer caractere isolado dentro dos colchetes
\m	combina com qualquer metacaracter isolado
[a-z]*	combina com algo que consista de caracteres alfabéticos minúsculos
cap?	combina com qualquer nome de quatro letras começando com "cap"
*	combina com o caracter "*"

Ainda apresento uma tabela com outros caracteres especiais do Shell:

Caractere	Finalidade	Exemplo
;	separador de comando sequencial	cmd1; cmd2; cmd3
&	comando de segundo plano	cmd &
( )	agrupa o stdout de comandos	(cmd1\cmd2;cmd3)
| ^	cria um conduto	cmd1\cmd2 ^ cmd3
<	redireção de entrada	cmd1 < arquivo
>	redireção de saída	cmd2 > arquivo
$ { variável }	variável	$ {variável}
` cmd `	substitui stdout	var = `cmd2`
\	cita um caractere	*
'cadeia'	cita todos os caracteres na cadeia	'$2000'
"cadeia"	cita mas permite substituição	"${var}$1"
*	combina com qualquer cadeira de caracteres	cat cap*

?	combina com qualquer caractere isolado	cat capit?
[caracteres]	combina com caracteres inseridos	cat capit[0-9]
#	comentário	# esta linha executa tarefa de soma

Colchetes: os argumentos opcionais dos comandos deste livro estão entre colchetes ([ ]).

Ponto e Vírgula: para executar mais de um comando em apenas uma linha de comando, separe-os por ponto e vírgula, assim:

$ comando 1; comando 2; comando 3

Em outros UNIX, por exemplo Ultrix, utilize a barra invertida "\" para a mesma finalidade.

Filtros e Redirecionamento

Você pode pensar na maior parte dos comandos do Shell como filtros. Eles possuem uma única entrada, chamada entrada-padrão (abreviada por stdin), que lhes apresenta um único caractere por vez. Cada comando também possui duas saídas: saída-padrão (stdout) e saída-de-erro (stderr). Cada comando filtra dados da entrada-padrão ou transforma-os de algum modo, passando-os à saída-padrão. Quaisquer erros encontrados são passados à stderr (saída de erro). Entretanto, os erros raramente acontecem, pois a maior parte dos comandos do UNIX são projetados para tomar ações default inteligentes em quase todas as situações.

O Comando cat é o mais simples dos filtros do Shell. Ele não altera os dados, mas toma a entrada-padrão e a reproduz na saída-padrão.

Alguns filtros extraem apenas os dados que você deseja ver; outros incluem ou alteram os dados conforme suas instruções. O comando grep (Globally look for a Regular Expression and Print – Procurar globalmente uma expressão comum e imprimir) achará cada ocorrência de uma palavra ou frase em um arquivo.

Já o redirecionamento de entrada e saída lhe permite:

➢ criar arquivos;
➢ anexar a arquivos;
➢ usar arquivos existentes como entrada para o Shell;
➢ reunir dois fluxos de saída;
➢ usar parte do comando do Shell como entrada.

Você pode usar o redirecionamento de E/S (entrada/saída) para mudar a direção de stdin, stdout, stout e stderr, ou qualquer outro descritor de arquivo definido pelo usuário. Vinte arquivos podem ser abertos ao mesmo tempo; seus descritores de arquivo são de 0 a 19. Os três primeiros descritores de arquivo são reservados para stdin (0); stdout (1) e stderr (2).

O Shell reconhece os operadores mostrados abaixo:

Operador	Ação
<	abre o arquivo seguinte com o stdin
>	abre o arquivo seguinte como stdout
>>	anexa ao arquivo seguinte
<< del	toma stdin desse ponto até o delimitador
m < &n	usa o descritor de arquivo n como entrada onde quer que o descritor de arquivo m seja usado
m > &n	reúne o descritor de arquivo m com o descritor de arquivo n
m >> &n	anexa o descritor de arquivo m ao descritor de arquivo n
|	canaliza stdout para stdin

Direcionamento da Saída: desejando que a saída/exibição/impressão do resultado de um comando/script seja enviada para um arquivo, faça o seguinte:

$ comando1 > arquivo_texto.txt

O sinal de maior (>) no exemplo acima, enviará a saída do comando1 para o arquivo de nome arquivo_texto.txt. Caso o arquivo não exista, ele será criado.

$ comando1 >> arquivo_texto.txt

O duplo sinal de maior (>>) no exemplo acima, acrescentará a saída do comando1 no final do arquivo de nome arquivo_texto.txt.

Entrada Padrão: todos os UNIXs utilizam-se deste termo para designar a entrada default por onde os dados serão fornecidos. Por padrão é o teclado.

Saída Padrão: termo para designar a saída default para a qual será enviado o resultado de um comando ou script. Por padrão é o monitor de vídeo.

Saída de Erro Padrão: termo para designar a saída default para a qual será enviado o resultado quando da existência de um erro. Por padrão é o mesmo que a saída padrão.

Condutos (PIPE)

O conduto (pipe) é exatamente o que o nome indica – um meio de condução para transportar dados de um comando para outro. Ele conecta a stdout de um comando à stdin de outro – sem arquivos temporários confusos para lidar, gerando menos erros e maior produtividade. Além de eliminar arquivos temporários, o conduto permite que dois comandos operem ao mesmo tempo (assincronamente). Logo que o primeiro criar alguma saída, o segundo comando poderá começar a execução.
Trabalhando com os conceitos de entrada e saída padrão apresentados acima, abaixo apresento um exemplo:

$ l | sort

Este comando exibiria os arquivos existentes no diretório classificados em ordem alfabética.

Variáveis de Ambiente

Os nomes das variáveis ambientais do Shell são geralmente são escritos com letras maiúsculas para distingui-los de outras variáveis do shell. Algumas variáveis do Shell C também são escritas com letras maiúsculas, mas outras podem não o ser. Observe que você não deve usar os mesmos nomes para outras variáveis que porventura definir, para evitar conflito com os nomes reservados. Abaixo é apresentada uma lista de algumas variáveis, por exemplo, do Shell Bourne e Shell C:

Variável	Descrição
HOME	seu diretório-base, o diretório onde seu shell está originalmente posicionado depois que você inicia sua sessão com o sistema
PATH	as rotas para a procura de comandos, o qual consiste em uma lista de diretórios que o shell e outros comandos pesquisam para localizar os programas que você chamar quando a rota completa não for especificada
MAIL	seu arquivo de correspondência, ou seja, a rota para o arquivo comum onde sua correspondência eletrônica é mantida
TERM	o modelo de seu terminal

TES	separadores internos de campo, que são, geralmente, os caracteres tab, avanço de linha e espaço.
LOGNAME	o nome de usuário (ou de identificação) da pessoa que está executando o processo shell
PS1	o prompt principal do Shell Bourne. O valor normal é "$"
PS2	o prompt secundário do Shell Bourne. O valor normal é ">"
TZ	especificação do fuso horário, cujo valor tem o formato $xxxnzzz$, onde xxx é a abreviação padrão do fuso horário local, n é a diferença em horas da hora de Greenwich (GMT) e $zzsz$ é a abreviação do horário de verão no fuso horário considerado, se houver. Por exemplo, PST8PDT é a especificação do fuso horário da costa oeste dos Estados Unidos (oito horas de diferença de Greenwich)
USER	o nome do usuário (ou de identificação) da pessoa que está executando o processo do shell.

Observações:

- A implementação UNIX de cada fabricante (UNIX Likes) sempre apresenta variações na sintaxe, principalmente nos parâmetros, devido a isto tentei englobar neste livro, os exemplos de comandos com os seus principais parâmetros.

Com a execução dos comandos ou aplicativos, os arquivos `passwd` e `group` existentes no diretório `/etc` serão automaticamente atualizados. Abaixo é apresentada uma rápida descrição de cada um:

Arquivo : /etc/passwd

    Este arquivo possui os dados de todas as contas de usuários. Campos:

    1 - login do usuário
    2 -RUID = número de identificação do usuário
    3 - GUID = número de identificação do grupo do usuário
    4 - comentários
    5 - diretório de trabalho do usuário
    6 - tipo de interpretador (shell) do usuário

Por Exemplo:

    root:!:0:0::/:
    su:!:0:0:::/:
    bin:!2:2::/bin
    fhc:!:54:54::/usr/fhc:
    lula:!:202:1:Inácio:/usr/lula:/bin/ksh

    Pegando como exemplo a última linha do arquivo, leia-se:

        lula   -   identificador (login name) do usuário
        !   -   referência ao etc/security/passwd - senha criptografada
        202   -   Número único identificador do usuário lula no sistema
        1   -   número identificador do grupo primário do usuário
        inácio - campo livre para descrição
        /usr/luladiretório home (login) do usuário
        /bin/kshprograma login do usuário (shell)

Arquivo: /etc/group

    Este arquivo possui os dados de todos os grupos e respectivos usuários.

system:!:root,su,
contabilidade:!:1:fhc
finanças:!:2:lula

Pegando como exemplo a segunda linha do arquivo, leia-se:

	contabilidade -	identificador do grupo
!	-	referência ao etc/security/group
	1 -	identificador/número do grupo
	fhc -	membro do grupo

Ao criar ou manter a conta de usuário, você deverá definir o shell, ou seja, o interpretador de comando que entenderá o que ele escreveu na linha de comando.

Interação com o Interpretador

Para se criar programas-scripts, pode-se utilizar do editor de texto `vi` (veja o Guia de Comandos) ou outro de sua preferência. Scripts estes que têm sido utilizados atualmente como programas de acesso à bases de dados via Internet (home-pages -> CGIs).

No UNIX, o Shell (interpretador) tem duas funções: interpretar os comandos de linha fornecidos pelo usuário e, quando digitado dentro de um arquivo de lote (scripts), atua como linguagem de programação.

O primeiro Shell, (sh), desenvolvido pelo Bell labs, é o mais difundido na comunidade UNIX. O shell C (csh) desenvolvido pela universidade de Berkeley foi mais difundido devido ao uso pelos programadores. Entra também no páreo o shell ksh (Korn) que é compatível com o Shell Bourne, com recursos adicionais.

Logo abaixo apresento alguns comandos, que exceto os de controle de fluxo e laço, podem ser utilizados, também, na linha de comando.

Para tornar o arquivo-script executável basta, após sua gravação, colocar a permissão de execução para o mesmo, assim:

$ chmod 777 <nome_do_arquivo_script>

Nos scripts não é necessário uma pré-definição de variáveis antes de sua utilização, a partir da primeira atribuição de valor, ela já passa a existir.

Para entender mais sobre o comando `chmod`, pesquisa no Guia de Comandos deste livro.

Exemplo: nome="ISAURA"

Para realizar operações com o conteúdo de uma variável, deve-se especificar o nome da variável precedido de um $ (cifrão). Exemplo: echo $nome

Pode-se utilizar funções pessoais nos scripts, exemplo:

```
Exibe_data()
{
        date
}
```

Para executar a função dentro do script, basta chamar: Exibe_data
Elas devem ser definidas antes de sua utilização.

Caso você deseje receber parâmetros da linha de comando (sistema operacional), exemplo:

$ script_calcula 2343 23

Dentro do seu script, obtenha o número de parâmetros utilizado a variável interna $?, sendo de $1 até $9, o parâmetro em si. No exemplo acima, $? é igual a 2, $1 igual a 2343 e $2 igual a 23.

Resumindo então, os programas (shell scripts) nada mais são do que o agrupamento de vários comandos pré-existentes do interpretador escolhido no sistema operacional, funções e operações para a obtenção de um resultado, ou o alcance de um objetivo operacional.

Definindo Variáveis

As aspas ou "quoting" é utilizado para informaro ao shel não interpretar o significado de algum caracter especial.

Exemplos:

- Aspas duplas ("):

```
$ var = "Estou no diretório pwd"
$ echo $var
        Estou no diretório pwd
$
```

- Aspas símples ('):

```
$ echo 'Na vida tudo é passageiro, exceto $1'
        Na vida tudo é passageiro, exceto $1
$
```

Operadores

Com os comandos de controle de fluxo (if, case, etc..) e outros (expr) pode-se utilizar os seguintes operadores:

-gt	maior	-o	ou
-lt	menor	!=	diferente
-eq	igual		
-ne	diferente		
-ge	maior ou igual		

No C Shell utilize:

=	atribuir valor	==	igual a
!	negação booleana	&&	e booleano
!!	ou booleano	>	maior que
<	menor que	>=	maior igual
<=	menor igual		

Com Variáveis Inteiras:

+	adição	*	multiplicação
-	subtração	/	divisão
++	Soma 1	--	decrementa 1
%	módulo		

Com Bits:

>>	shift para direita	<<	shift para esquerda
~	complemento	!	negação lógica
|	ou inclusive	^	ou exclusivo
&	e		

Operadores que testam características de um arquivo ou diretório:

-d	Verdadeiro se o arquivo for um diretório
-e	Verdadeiro se o arquivo existir
-f	Verdadeiro se arquivo contem texto
-o	Verdadeiro se o usuário for o dono
-r	Verdadeiro se o arquivo pode ser lido pelo usuário
-w	Verdadeiro se o arquivo pode ser alterado pelo usuário
-x	Verdadeiro se o arquivo pode ser executado p/ usuário
-z	Verdadeiro se o arquivo estiver vazio

Exemplos de Comandos para Controle de Fluxo

Os comandos apresentados nas Seções abaixo representam apenas exemplos do potencial da linguagem Shell, e poderá sofrer alterações na sintaxe de acordo com o interpretador definido pelo administrador do sistema UNIX ou Linux.

case ... esac

Exemplo de controle de fluxo.

```
case "$var" in
     1) comandos1...;;
     2) comandos2...;;
esac
```

Caso o conteúdo $var seja igual a 1, o comando1 será executado e assim por diante.

goto

Este comando desvia o fluxo de execução para um ponto específico (label) de um script. Labels são sucedidos por dois pontos (:) e devem aparecer sozinhos na linha. Este comando não vale para os produtos da SCO.

Exemplo de Script:

```
if [ $var -gt 0 ]
then
        comandos ....
        goto tratar_2
else
        comandos ....
fi

tratar_2:
        echo "tratamento de erro 2"
        exit
```

if ... fi

Para controle de fluxo em script, um dos comandos é o IF.

```
if [ $var -gt 0 ]
then
        comandos ....
else
        comandos ....
fi
```

onintr

Este comando redireciona o fluxo de execução de um script após uma tentativa de interrupção - ctrl C por exemplo. Este comando não vale para os produtos da SCO.

Exemplo Script:

```
# Este programa conta de 1 a 4
#
for var_numérica in 1 2 3 4
do
        echo $var_numérica
        onintr termino
done

# label para tratamento de erro
termino:
        echo "fui abortado/finalizado"
        exit
```

shift

Este comando altera a posição dos elementos de uma mesma variável. O uso deste comando decrementa o número de elementos de uma variável de 1, descartando o primeiro elemento.

Exemplo Script:

```
set y = (quatro três dois um)
echo "Vou contar começando com $#y elementos"
while ($#y > 0)
        echo "$y[1]"
        shift y
end
echo "faltam $#y elementos"
exit
```

switch ... endsw

Este comando direciona o fluxo de execução de um script para um determinado ponto (label) do script correspondente à uma determinada condição. O comando breaksw direciona o controle para o comando seguinte ao endsw. No caso de não haver nenhum label correspondente à condição especificada, o controle é transferido para o label default:, se estiver definido. Caso contrário, a execução continua após o comando endsw. Este comando não vale para os produtos da SCO.

Exemplo Script:

```
echo            "Opcao 1 - Cadastrar"
echo            "Opcao 2 - Sair"
read VarOp
switch ($VarOp)
case 1:
        Incluir.sh
        breaksw
case 2:
        breaksw
default:
```

```
                echo "digite opcao valida"
        endsw
        exit
```

Exemplos de Comandos para Laços

Você que já é um programador e deseja criar scripts com uma sequência de repetições, apresento abaixo alguns comandos que o auxiliará. Comandos estes comuns em outras linguagens de programação.

for ... done

    Exemplo:

```
# Este programa conta de 1 a 4
#
for var_numérica in 1 2 3 4
do
        echo $var_numérica
done
```

Esta sequência de comandos será executada quatro vezes, exibindo o conteúdo da variável var_numérica.

foreach ... end

    O comando foreach é usado quando desejamos efetuar uma mesma operação em uma lista de valores. Este comando não vale para os produtos da SCO.

    Exemplo:

```
# Este script exibe o conteúdo de todos os arquivos .txt
#
foreach i (*.txt)
        cat $i
end
```

while ... done

    Exemplo:

```
# Este script conta de 10 a 1
#
var_numérica = 10
while [ "$var_numérica" -gt 0 ]
do
        echo $var_numérica
        expr $var_numérica - 1
done
```

Esta sequência de comandos será executada nove vezes, exibindo o conteúdo da variável var_numérica.

Exemplos de Outros Comandos

echo - Exibindo Dados na Tela

> Este comando exibe o conteúdo de variáveis de memória ou cadeia de caracteres = argumento. Exemplo:
>
> > echo $var_numérica   (deve-se usar o $ antes de variáveis)
> >
> > echo "Welcome to the UNIX"
>
> Parâmetros:
>
> > -n   não gera o avanço de linha após exibição.
>
> Exemplos de Sequências de escape utilizadas por este comando:
>
> > | \\b | retrocesso (^H) |
> > |---|---|
> > | \\f | alimentação de página (^L) |
> > | \\n | avanço de linha (^J) |
> > | \\r | carriage return (^M) |
> > | \\t | tab (^I) |
> > | \\\ | barra invertida (\) |
> > | \\xxx | valor octal -> ascii |
> > | \\c | não termina com o alimentador de linha |

eval - Forçando a Execução de Variável

> eval nome_variável
>
> Este comando força a execução de um comando pelo processo pai, que interpreta o conteudo de uma variável.
>
> Exemplo:
>
> ```
> $ set var_teste = "cat arquivo1.txt"
> $ var_teste
>         var_teste: No such file or directory
> $
> $ eval var_teste
>         robson
>         amarildo
>         fhc
> $
> ```
>
> Neste exemplo, o comando eval interpreta o conteúdo da variável var_teste, executando o comando cat arquivo1.txt.

exit   - Abandonando o Fluxo do Script

> Quebra a sequência de execução do script e retorna ao sistema operacional.

expr - Operações aritméticas em Variáveis

> Este comando é utilizado para executar uma operação aritmética numa variável de memória. Exemplo:
>
> ```
> $ expr 3 + 2 \* 1
>         5
> ```

$

Operações:

+	adição	-	subtração
*	multiplicação	/	divisão
%	resto		

read - Aguardando uma entrada de dados

read nome_variável

Este comando aguarda uma entrada de dados pelo usuário e, logo após, atribui esta entrada à variável especificada.

Exemplo Script I

Este exemplo é utilizado para o usuário fornecer uma senha, sendo a digitação desta não visível ao mesmo.

```
echo "Digite sua Senha: "
old = `stty -g`
stty -echo intr ´^a´
read var_senha
stty $old
```

O comando stty é usado para definir opções do terminal, como taxa de transmissão, eco, etc...
O comando stty exibe e possui as configurações do terminal, neste exemplo acima, a variável old mantêm a configuração anterior, logo após gero uma sequência que altera a visibilidade do cursor, com o comando read obtenho a entrada de dados do usuário. Por final, retorno a configuração do terminal com a variável old.

Exemplo Script II

Este exemplo é utilizado para montar um menu de opções para o usuário, possibilitando um controle melhor sobre as ações dos usuários dentro do sistema operacional.

```
p="ok"
fonte_negrido=`tput smso`
fonte_normal=`tput rmso`
   while true $p !="ok"
   do
           clear
           echo "Seu Terminal: `tty` "
           tput cup 4 20
           echo "${fonte_negrito}   Menu Principal    ${fonte_normal}"
           echo \\n
           echo "1 - Calendario"
           echo "2 - Data do Sistema"
           echo "3 - Listar Processos do Usuario"
           echo "4 - Listar Processos do Terminal'
           echo "9 - Finalizar"
           echo \\n
```

```
        echo "     Digite a Opcao Desejada: \c: "
        read p
        case $p in
                9 ) break ;;
        1 ) echo "\n Ano Desejado: /c";read ano; cal $ano; sleep 5;;
                2 ) date; sleep 5;;
                3 ) echo "\n Login Usuário: \c"; read user; ps -fu $user;;
        4 ) echo "\n Codigo do Terminal: \c"; read ter; ps -ft $ter;;
                esac
done
```

No exemplo acima, utilizando-se do comando tput nas variáveis macros, atribui os valores negrito e normal para as referidas variáveis. Pelo comando while defini um laço indeterminado, aguardando pela escolha da opção 9 para quebra da execução do mesmo.

Utilizando-se da vantagem do comando read para captura de valores das variáveis, consegui captar dados dos usuários para as variáveis ter (terminal), user (login name do usuário) e o ano (ano de exibição para o comando cal).

Exemplo Script III

A finalidade deste exemplo é simular um comando de exibição do conteúdo de um arquivo texto.

Neste exemplo, utilizo o conteúdo do arquivo lista.txt:

```
$ cat lista.txt
        antonio
        ricardo
        fhc
        lula
        partido
        teste
$
```

Logo após, escrevo o seguinte script:

```
For a in `cat lista.txt`
do
        echo "$a"
        if [ $a = "partido" ]
        then
                                                echo
    "encontrei a palavra partido"
                fi
                                                done
```

Ou seja, o conteúdo da variável $a corresponde à cada linha do arquivo lista.txt.

Exemplo Script IV

É uma das tarefas do administrador de rede registar tentativas de cancelamento ou interrupções de processos. Manter históricos (logs) destas interrupções é uma tarefa simples para o UNIX, que fica limitada a sua imaginação e conhecimento. Apresento abaixo uma das formas de se fazer isto. Primeiramente, crie um script como segue o modelo abaixo:

nome do script, por exemplo, registra_log:

```
data = `date"+%d%m%y"`
hora = `date"+%H%M%S"`
usuário = `logname`
terminal = `tty`
echo "Usr: $usuário Term: $terminal Data: $data Hora: $hora" >> log
```

Mais uma vez utilizo-me dos recursos das variáveis-macros para executar comandos. Atenção, não se esqueça de atribuir as permissões de execução ao referido script, assim:

```
$ chmod 777 registra_log
$
```

A partir daí, utilizando do comando trap, pode-se dar alma ao script, assim:

```
$ trap "registra_log" 1 2 3
```

O nosso intuíto é manter um arquivo texto (log) que será atualizado cada vez que o usuário cancelar ou interromper um processo. O referido arquivo conterá uma linha de texto para cada cancelamento, com as seguintes informações:
- login name do usuário
- terminal onde está logado o usuário
- data da interrupção
- hora da interrupção

Exemplo Script V

O script abaixa simplesmente trabalha com o conteúdo da variável Nome:

```
echo Oi! Qual \e o seu nome \?
read NOME
echo Tudo bem. Seja bem-vindo, $NOME.
```

A saída do script é a seguinte:

```
$ sh bemvindo
Qual é o seu nome ?
                 Francisco Matoso
        Tudo bem. Seja bem-vindo, Francisco Matoso.
                                                        $
```

Utilizamos a barra inversa para desativar os significados especiais dos metacaracteres do shell nas mensagens.

Exemplo Script VI

Uma maneira interessante de realizar laços é com o comando For. Para isto, podemos utilizar vários tipos de parâmetros deste comando. No exemplo abaixo, utilizamos uma lista de valores:

```
for variavel in ricardo maria antonio
        do
                echo Renata conhece $variavel
        echo Logo, são amigos
```

```
done
```

Na execução, ficaria assim:

```
$ sh amigos
        Renata conhece ricardo
        Logo, são amigos
        Renata conhece maria
        Logo, são amigos
Renata conhece antonio
        Logo, são amigos
$
```

Exemplo Script VII

Uma outra opção de montagem de comando, além da estrutura Case, é com o if:

```
echo  Digite s para listar tamanho dos arquivos
echo  Digite a para listar arquivos dot
echo  caso contrário, todos serão listados
echo –n "Selecione uma opcao: "
read opcao
if [ "$opcao"=s ]
    then
                    ls –s
elif [ "$opcao"=a ]
                            ls –a
            else
                            ls –l
                fi
echo final de operação
```

Na execução o resultado seria:

```
$ menu
                                    Digite s para listar
tamanho dos arquivos
Digite a para listar arquivos dot

                                    caso contrário, todos
serão listados

                                    Selecione uma opcao:
s
                                    total 2
                                            1
arquivo1.txt                    2 arquivo2.txt
                                    Final de Operacao
                        $
```

Exemplo Script VIII

Uma tarefa comum no dia-a-dia é a estrutura de loops, portanto, apresento uma simples abaixo com o comando `let` (Bash):

```
contador = 1
while let "contador <=4"
                        do
                        echo        $contador

                        let    "contador    =
Rodada
contador + "
                done
```

Executando:

```
$ contador
        1 rodada
        2 rodada
        3 rodada
        4 rodada
$
```

Exemplo Script IX

Trabalhar com parâmetros e opções de scripts dentro o interpretador TCSH é interessante, principalmente com o comando `argv`:

```
echo "O primeiro valor foi: $argv[1] "
echo "O segundo valor foi: $argv[2] "
echo "O terceiro valor foi: $argv[3] "
echo "numero total de valores foi: $#argv"
```

Executando:

```
$ valores  heverton politica unix
                                        o primeiro valor foi
heverton
                                        o segundo valor foi
politica
                                        o terceiro valor foi
unix
```

valores foi 3

$

Exemplo Script X

O interpretador TCSH possue o comando de estrutura `foreach`, o qual permite trabalhar também com lista de opções, assim:

```
set data = `date '+%D'`
foreach item (carro namorada familia casa)
        echo "$item     $data"
end
```

Executando:

```
$ itens
        carro       11/03/2000
        namorada    11/03/2000
        familia     11/03/2000
        casa        11/03/2000
$
```

Exemplo Script XI

Mais uma opção para trabalhar com múltipla escolha é o comando `switch`, principalmente se estiver no interpretador TCSH:

```
echo s. Lista Tamanhos
echo l. Lista detalhes
echo c. Lista arquivos TXT
echo -n "Escolha opcao: "
set opcao = $<
switch ($opcao)
        case s:
                ls -s
                breaksw
        case l:
                ls -l
                breaksw
        case c:
                ls *.txt
                breaksw
        default:
                echo opcao invalida
                breaksw
endsw
```

Executando:

$ menu

```
s. Lista Tamanhos
l. Lista detalhes
    c. Lista arquivos TXT
```

"Escolha opcao: " **c**

arquiv2.txt

arquiv1.txt

$

Como o Shell Procura Comandos

A maior parte dos comandos do Shell reside em diretórios chamados "bins": /bin e /usr/bin. Outros, importantes apenas para o administrador do sistema, residem em /etc e /usr/adm. Os usuários podem criar seus próprios diretórios bin. Para a maior parte dos usuários, os comandos disponíveis em /bin e /usr/bin serão os mais importantes.

Quando um usuário é conectado, o Shell prepara um ambiente-padrão usando diversas variáveis, que variam conforme o prório Shell previamente definido. O Shell usa a variável PATH ou path para encontrar cada bin que um usuário pode acessar. Esta variável é inicializada em tempo de conexão. Utilize o comando echo para visualiar o seu conteúdo.

O Shell usa a variável PATH para determinar onde procurar os comandos e em que ordem você deseja pesquisar os bins. O valor corrente de PATH indica que o Shell pesquisará primeiro no diretório corrente, depois em /bin, e finalmente em /usr/bin. O diretório corrente é representado por um nome nulo seguido por um sinal de dois pontos.

Ainda, você pode executar um script que foi escrito para um Shell, mesmo estando trabalhando logado (dentro) de outro. Suponhamos que você esteja atualmente trabalhando no shell TCSH, e quer executar um script seu que foi escrito em Bash, e obviamente, contém comandos Bash.

Primeiro, você teria que alterar o shell utilizando o comando sh, executar o script, e então, retornar ao shell inicial (TCSH). Entretanto, pode-se otimizar este processo pela substituição do primeiro caracter do seu script, #!, seguido pelo caminho e nome do shell deste script.

O programa script sempre examina o primeiro caracter para identificar o seu tipo – neste exemplo, TCSH, Bash. Se o primeiro caracter é um espaço (space), o script assume como Bash ou ZSH (no caso do Linux). Se há um # (jogo da velha) sozinho, o script é um TCSH. Se, entretanto, o jogo da velha estiver seguido por um caracter ! (ponto de afirmação), então o script obtém o caminho do shell específico que será responsável pela execução do referido script.

Resumindo, para identificar facilmente o shell que será responsável pela execução do script, é necessário incluir #! e o caminho do interpretador na primeira linha do mesmo mesmo script.

Subshell

Você pode chamar outro shell, conhecido como subshell, para executar uma sequência de comandos. A vantagem dessa característica é que ela deixa você executar uma complexa sequência de operações sem afetar seu shell principal. Em particular, o subshell pode mudar para um diretório de trabalho diferente e executar outros comandos sem alterar o diretório corrente de seu shell principal. Dessa forma, quando o comando do subshell tiver sua execução terminada, você estará automaticamente de volta a seu shell principal.

Para chamar um subshell, coloque os comandos que você quer que sejam executados pelo subshell entre parênteses. O subshell executará todos os comandos indicados e depois devolverá o controle a seu shell principal. Exemplo:

$ (date; who –u)

Depuração de Programas do Shell

Antes de sujeitar os usuários ao seu programa (script), é bom testá-lo exaustivamente. O Shell oferece algumas facilidades de deputação interativa na forma de parâmetros.

Você pode executar uma procedrue e o Shell mostrará cada linha de comando à medida que for lida:

$ sh –v programa_shell

Semelhantemente, o Shell mostrará cada comando executado e os valores substituídos para as variáveis:

$$\$ \text{ sh } -x \text{ programa\_shell}$$

Apresento outros opões válidas, por exemplo, para o Shell Bourne e Korn:

-	ativa a opção
+	desativa a opção
e	sai imediatamente se houver código de retorno falso
k	elimina palavras-chaves do ambiente
n	checa a sintaxe do programa
t	lê e executa primeiro comando
u	variáveis não definidas são um erro
v	verboso (mais informações)
x	gera saída nos comandos executados

Arquivos de Inicialização do Shell

Você pode personalizar seu ambiente digitando manualmente todos os comandos necessários para esse fim depois que tiver se identificado no sistema. Alternativamente, você pode colocar os mesmos comandos em um arquivo executável, conhecido como arquivo de inicialização do shell, e, quando você se identificar no sistema, o arquivo será executado automaticamente.

O arquivo de inicialização do shell tem um nome especial, o qual é reconhecido pelo shell inicial de identificação. Por exemplo, o Shell Bourne reconhece o nome .profile, e o Shell C, da versão Berkeley, reconhece tanto o nome .login quanto o nome .cshrc. Os arquivos de inicialização .profile e .login são executados apenas uma vez, e antes que o programa shell lhe apresente o prompt. O arquivo .cshrc do Shell C é executado quando você se identifica no sistema e também toda vez que você cria um subshell. Assim, se houver qualquer comando sendo executado no arquivo de inicialização .login cujos efeitos se farão sentir em um subshell, não haverá necessidade de incluí-lo no arquivo .cshrc.

Os comandos que você pode colocar nos arquivos de inicialização .profile do shell incluem, por exemplo:

- Alteração dos modos do terminal com stty
- Redefinição da rota de procura dos comandos (PATH)
- Redefinição do prompt do shell
- Definição de variáveis do shell
- Defiição de variáveis do shell e sua colocação no ambiente
- Exibição de valores correntes das variáveis do shell e do ambiente
- Exibição e registro da hora de sua identificação

O Shell C também reconhece um arquivo chamado .logout contendo comandos que serão executados quando você encerrar sua sessão com o sistema. Você poderia colocar nesse arquivo comando de remoção de arquivos temporário ou um comando que registre a hora em que você encerrou sua sessão, por exemplo.

Apresentação dos Principais Tipos de Shell

Bourne Shell (bsh)

O Shell Bourne é o mais comum dos shells. Quase todas as implementações de UNIX e Linux oferecem o Shell Bourne como parte de sua configuração-padrão. Ele é menor do que os outros Shells e, portanto, mais eficiente na maior parte do processamento. Entretanto, ele perde os detalhes interativos do Shell C ou Korn.

O Shell Bourne permite a manipulação de exceção usando o comando `trap`, que é único no Shell. A redireção de entrada/saída é mais versátil. Por exemplo, ele permite a redireção da entrada e saída padrão para dentro e para fora de estruturas de controle inteiras, diferente do Shell C. O Shell Bourne também pode tirar proveito dos condutos nomeados do System V.

O Shell Bourne suporta ainda variáveis lógicas e globais. As variáveis globais devem ser exportadas. O Shell Bourne oferece as estruturas de controle `if-then-else`, `case`, `for`, `while` e `until`. Entretanto, ele se baseia nos utilitários do UNIX `test` e `expr` para avaliar expressões condicionais, diferente do Shell C ou Korn, que avaliam diretamente as expressões.

Bourne Shell with job control (/bin/jsh)

Este Shell dá suporte completo a Job control existente nos shells Korn e C, bem como herda os propriedades comuns ao Bourne Shell.

O jsh é uma interface na qual o shell fornece todas as funcionalidades normais, além de habilitar o controle automático de processos (job control).

Quando o Job Control está habilitado, o Bourne Shell monta relatórios de processos para todos as tarefas que estão sendo executadas em segundo-plano (background). Normalmente, o Jsh é executado somente quando necessita de interatividade com usuário.

Então quando executado, todo comando ou pipe torna-se dentro do jsh um **job id**. Logo, todos os processos estão numa das seguintes situações:

- Foreground: neste o processo tem acesso de leitura e gravação para a saída;

- Background: neste o processo tem o acesso limitado de escrita e exibição das saídas;

- Parado: neste o processo encontra-se em estado de suspensão.

Restricted Shell (rsh)

Ocasionalmente, o administrador precisará permitir que um grupo de usuários acesse a máquina sem que lhe dê todo o poder do sistema. Nestes casos, o administrador do sistema pode criar um ambiente restrito que permita aos novos usuários realizarem algum trabalho necessário, mas que os proíba de atrapalhar o sistema.
Para criar o Shell restrito, o administrador cria uma conexão que aponte para `/bin/rsh` em vez de `/bin/sh`. Quando o novo usuário for conectado, ele será proibido de executar o comando `cd`, alterar o valor de `PATH`, redirecionar a saída ou executar comandos começando com "/". Essas restrições são forçadas apenas depois de login Ter executado os comandos no .profile do novo usuário.

Criando o .profile correto e não permitindo que o novo usuário o altere, o administrador do sistema poderá colocar o usuário em qualquer diretório, fornecer quaisquer comandos exigidos por PATH e assegurar-se de que o usuário não causará muitos danos.

Os comandos exigidos normalmente são ligados por meio de `/bin` e `/usr/bin` a um grupo de bins restritos: `/rbin` e `/usr/rbin`.

O Shell Restrito pode ser executado das seguintes maneiras:

1) Sendo definido como o shell padrão do usuário no arquivo /etc/passwd;
2) Pelo conteúdo da variável SHELL;
3) Fazendo parte da linha de comando, como comando inicial;
4) Quando o shell é invocado com a opção `-r`.

C Shell (csh)

Este Shell é orientado principalmente para trabalhar com a linguagem de programação C. Desenvolvido na Universidade da Califórnia em Berkeley, o Shell C oferece algumas vantagens sobre o Shell Bourne; `history`, a avaliação direta de condições e comandos embutidos. Interativamente, a característica history do Shell C acompanha os comandos à medida que você os entra, permitindo voltar e executá-los sem a reentrada do comando. Ou então, se quiser, poderá reativá-los, fazer modificações e depois executar o novo comando.

O Shell C oferece aliasing, permitindo ao usuário criar nomes simbólicos para nomes de comando. O Shell C também oferece controle sobre as tarefas em primeiro e segundo planos. No Shell Bourne, se você iniciar um comando em primeiro ou segundo plano, ele permancerá lá até terminar. No Shell C, você poderá mover comandos da execução em primeiro plano para o segundo, conforme a necessidade.

O Shell C oferece dois tipos de variáveis, normal (local) ou ambiente (global), que são estabelecidas usando `set` e `setenv`.

A sintaxe do Shell C é mais parecida com a linguagem de programação C e oferece todos os operadores condicionais do C (==, > etc..), o que poderá ser útil para programadores em C. O Shell C oferece estruturas de controle `if-then-else`, `switch`, `foreach`, `repeat` e `while`, avaliando diretamente expressões condicionais dentro dessas estruturas de controle.

Quando inicializado, o C Shelll normalmente executa os comandos existentes no arquivo .cshrc no diretório home do usuário. Mas o que acontece somente após a execução dos comandos do arquivo /etc/.login.

O passo seguinte, é executar os comandos do arquivo .login existente também no diretório do usuário. Este arquivo normalmente informa a configuração da estação de trabalho e variáveis de ambiente.

Já no processo de finalização de sessão, o C Shell executa, caso exista no diretório home do usuário, o conteúdo do arquivo .logout.

Na execução normal e interativa do C Shell, este apresenta ao usuário um sinal de percentual (%) como prompt, ou nome do servidor seguindo de jogo da velha (#), se o usuário for o administrador.

Visual Shell (vsh)

Este shell básico e voltado para os usuários iniciantes, possui uma interface amigável (caracter) e oferece um menu orientado para o sistema.

Hoje em dia, poucos sistemas operacionais do mercado ainda dão suporte ao Visual Shell. Este era bastante utilizando no sistema operacional Xenix, um produto da SCO e Microsoft.

Tcl e Tk

A Tcl (Tool Command Language) é uma linguagem de uso genérico, e que foi desenvolvida por John Ousterhout em 1987 na Universidade da Califórnia. Originalmente projetada para otimizar aplicações, no entanto, esta tornou-se uma linguagem completa e robusta. Como em Perl, pode-se escrever scripts Tcl ou desenvolver programas.

A Tcl é usada em conjunto com Tk para criar aplicações gráficas. Tk é utilizada para criar elementos gráficos como as janelas, e Tcl executa a programação das ações, como o gerenciamento das entradas de dados. Tudo isto sendo feito independentemente da plataforma em questão.

Tcl é uma linguagem interpretada que, como Perl, opera dentro do seu próprio shell: o `tclsh`. Dentro deste shell, pode-se executar os comandos Tcl, ou criar os arquivos scripts com vários comandos Tcl. Uma vantagem significativa de usar Tcl é que esta é totalmente compatível com a linguagem C. Inclusive as bibliotecas Tcl podem ser incorporadas em programas C.

Enquanto isto, o Tk permite a Tcl utilizar comandos para a criação e controle de objetos gráficos, como windows, ícones, botões, e campos textos. Os comandos Tk criam os objetos gráficos a partir do sistema X-Window. Esta é a maneira mais fácil de programar objetos do ambiente X-Window, do que utilizar diretamente as ferramentas do padrão X11. Concluindo, com Tk, pode-se criar facilmente aplicações sofisticadas e com ótima interface gráfica.

A linguagem Tk é organizada de acordo com os tipos diferentes de objetos gráficos: botões; menus; barras de rolagem; windows, etc.. Os quais são referenciados por **widgets**. Cada tipo de widget tem seu próprio comando. Por exemplo, você pode criar um botão como comando `button` ou uma janela com o comando `window`. Um tipo de widget é considerado uma classe, e o comando que cria um widget é chamado de comando de classe (class command). Este comando cria uma instância particular da classe.

A Tk roda sob o sistema X-Window, criando para isto uma instância do seu próprio shell: o `wish`. Para executar programas ou comandos Tk, deve-se primeiramente iniciar o ambiente X-Window e então o shell wish. A partir deste ponto, pode-se então executar os comandos.

A Tcl fornece um ambiente de desenvolvimento completo para o desenvolvimento de processamento de caracteres e busca, acesso ao sistemas de arquivos proprietários, suporte às redes TCP/IP, timers, eventos dirigidos de I/O. Além de oferecer, obviamente, construções como variáveis, loops, if, then, do while, procedures, namespaces, tratamento de erro, pacotes de scripts, carregamento das DLLs. No entanto, a Tcl tem somente um tipo de dado: ``string''; O que é suficiente para aceitar e tratar todo tipo de dado fornecido por um usuário.

Conceitos importantes do ambiente Tcl:

- **Widget** : elemento da interface gráfica para o usuário

- **Events** : são instâncias onde um usuário manipula um widget, causando assim, uma resposta. Exemplo: pressionando um botão; seleção de um item de uma lista;

- **Callbacks** : estas são as respostas fornecidas pelos widgets, aos eventos realizados pelos usuários. E pode-se associar uma resposta (procedure) para cada evento.

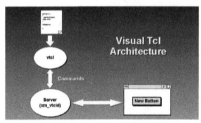

Arquitetura do produto Visual Tcl da SCO

Na arquitetura apresentada acima, o produto SCO Visual Tcl trabalha com dois itens:

1) O interpretador **vtcl**
Após a leitura do código, este é enviado para o servidor SCO Visual Tcl: **xm_vtcld**.

2) O Servidor
Um atendedor de pedidos Tcl (daemon) aguarda, em segundo-plano, os pedidos de SCO Visual Tcl. Então, na chegada de um pedido, este é executado por uma chamada Motif, o qual gera uma saída do comando. No exemplo, foi especificado a criação de um widget do tipo botão.

Há adaptações na Tcl liberada em cada sistema operacional, mas a estrutura e conceito têm permanecido os mesmos.
Abaixo é apresentado um exemplo de janela que pode ser criado com a combinação entre Tcl e Tk:

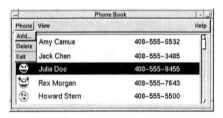

Sites:

Download: http://dev.scriptics.com/software/tcltk/download83.tml
ftp://ftp.scriptics.com/pub/tcl/tcl8_3/
Red Hat Packages: http://rpmfind.net/RPM/tcl.html

Korn shell (ksh)

O Shell Korn retém a funcionalidade completo do Shell Bourne e combina muita das característica-chave do Shell C. O Shell Korn é mais rápido do que o Shell C, porém mais lento do que o Bourne na maior parte do processamento.

O Shell Korn oferece gerenciamento melhorado de history, o que garante acesso direto aos últimos comandos. Além disso, como o Shell Bourne, ele oferece aliasing com o uso das funções do shell. O Shell Korn avalia expressões condicionais diretamente por questões de eficiência e inclui uma construção de controle select (assim como case) para Shells controlados por menu.

Windowing Korn Shell (/bin/wksh)

Esta é a versão em janelas do Korn shell que suporta a criação de scripts com saída gráfica.

Há ainda vários comandos que permitem criar objetos (widgets) para gerenciar interfaces gráficas. E os programadores podem aprimorar seus programas pelo anexo dinâmico de rotinas em C prontas.

Bash

O Interpretador Bash tem as características de uma linguagem de programação, que permite ao desenvolvedor combinar variáveis, controles de estruturas, expressões, e comandos para criar simples ou complexos programas Shell.

Um programa shell combina comandos Unix ou Linux de maneira que possam executar uma tarefa específica. O Shell Linux fornece ainda várias ferramentes de programação que auxiliam na ciração de scripts. Pode-se criar variáveis e seus respectivos valores. E pode-se ainda, definir variáveis nos scripts que aguarda a entrada de valores pelos usuários, para então realizar alguma tarefa.

Há varias estruturas de loop e controle de decisões, que repetem comandos ou outras estruturas de decisões. A construção de expressões que realizam operações aritméticas ou comparações também está disponível, operando assim, como se fosse uma completa linguagem de programação.

Resumindo, o Bourne Again Shell (BASH) – é uma versão avançada da versão Bourne Shell, possuindo ainda as principais funcionalidades existentes nos shells Korn e C.

Esta linguagem de script permite a combinação de variáveis de ambiente, estruturas de fluxo, expressões, e comandos Linux para criar complexos programas shell.

Características principais:

- Estruturas de controle (while, until, if, ...)
- Controle de Processos (kills, background, interrupções, ...)
- Operadores (=, $, parâmetros, quotes, redirecionamento, pipe, funções, ...)

Interpretador Shell	Arquivos Inicialização de Sessão	Arquivo Finalização de Sessão
BASH	.bash_profile .profile .bashrc	.bash_logout

Endereço com Informações Interessantes:
http://www.freshmeat.com/search.php3?query=Bash

Z-Shell

O Z Shell é uma versão derivada do Korn shell do UNIX. Na minha opinião, este é o mais poderoso dos Shell, pois permite a criação de complexas estruturas nos scripts.

Interpretador Shell	Arquivos Inicialização de Sessão	Arquivo Finalização de Sessão
Z-Shell	.zshenv .zprofile .zshrc	.zlogout

Características principais:

- Estruturas de Controle;
- Controle de Processos;
- Operadores;

Tcsh

O TCSH Shell é uma versão derivada do C shell que foi desenvolvida originalmente as versões BSD do UNIX. O TCSH tenta assemelhar-se mais com uma linguagem de programação.

Interpretador Shell	Arquivos Inicialização de Sessão	Arquivo Finalização de Sessão
TCSH	login .tcshrc	.logout

Características principais:

-   Operadores;
-   Estruturas de Controle;

Uucp

Shell não interativo para tempo de login entre servidores com serviço UUCP (UNIX to UNIX Control Protocol).

Pode-se reconfigurar ou criar poderosos scripts de comunicação, com o conjunto de comandos UUCP (veja lista deles no Manual UnixWare ou Solaris deste livro) disponível no sistema operacional.

Principais Comandos do Linux

Interpretador Bash

Para o leitor que ainda não está famializado com o ambiente UNIX ou Linux, apresento uma tabela básica de conversão de comandos do MS-DOS da Microsoft e seu respectivo no Shell Bourne/Korn:

Comando MS-DOS	Comando Shell Bourne / Korn
ASSIGN	mount
BACKUP	ar, cpio, tar
BREAK	break
CD, CHDIR	cd, pwd
CHKDSK	fsck, df
CLS	clear
COMP	diff, comm
COPY	cp
DATE	date
DEBUG	adb, sdb
DEL	rm
DISKCOMP	
DISKCOPY	find . –cpio /dev/rmt?
DIR	ls –l
ECHO	set, echo
EDLIN	ed, ex
ERASE	rm
FIND	grep
FOR	for
FORMAT	mkfs
IF	if
MKDI, MD	mkdir
MODE	stty
MORE	more, pg
PAUSE	echo, read
PRINT	pr
PROMPT	PS1=
RECOVER	fsck
REM	echo
RENAME	mv
RESTORE	ar, cpio, tar

SET var=valor	var = valor
SHIFT	shift
SORT	sort
SYS	ldtape, volcopy
TIME	date
TREE	find
TYPE	cat
VER	uname
VOL	labelit

Colon (:)

: [argumento]

Os dois-pontos permite passar para o shell que, mais de um comando deverão ser executados, pois os mesmos estão na linha de comando separados por este sinal.

Source (.)

$. programa [argumentos]

ou

$ source programa [argumentos]

O sinal de ponto ou a palavra source executam o determinado programa ou comando no interpretador atual.

CTRL-Z

Este comando interrompe a execução de um programa.

alias

$ alias [apelido [= novo nome] ....]

Este comando permite criar apelidos para programas ou exibir todos os apelidos criados até o momento.

at

$ at hora programa

Comando utilizado para executar um programa ou tarefa num determinado horário.

bg

$ bg programa

Este comando   coloca um programa para execução em segundo plano (background).

break

$ break [número de laços]

O comando break força uma quebra do laço durante a execução dos comandos for, while e until.

builtin

$ bultin novo_comando [argumentos]

Este comando é utilizado para construir novos comandos, mas acrescido das funcionalidades já existentes num outro comando do interpretador.

case

```
case variavel in
    padrão)
            comandos a executar
            ;;
    padrão 2)
            comandos a executar
            ;;
    *)
            comandos padrão
            ;;
    esac
```

Conforme apresentado na seção Programação Scripts deste livro, você poderá criar suas estruturas de escolhas com este útil comando.

Exemplo:

```
echo    1. Ver a data do sistema
echo 2. Ver os usuarios logados
echo    3. Listar os arquivos do diretório
echo –n "selecione uma opção: "
                                                    read opcao
case $opcao in
    1)
            date
            ;;
    2)
            who
            ;;
    3)
            ls
            ;;
    *)
            Opção Inválida.
    Esac
```

A execução do comando seria ficaria assim:

```
                                                $ lsopcao
    1.  Ver da data do sistema
    2.  Ver os usuários logados
    3.  Listar os arquivos do diretório
Selecione uma opcao: 1
        Sun Jan 3 17:12:15 GDT 1999
$
```

continue

continue [número do laço a executar]

O continue é executado para ignorar os próximos comandos dentro de um laço, iniciando um novo. Portanto, este comando é executado com for, while, ou until.

declare

Comando utilizado para criar e designar valores de variáveis.

dirs

Este comando lista os diretórios movimentados pelo usuário.

echo

Este comando exibirá dados para a saída padrão.

As opções válidas para este comando:

-n não inclui o sinal de final de linha após exibição

-e habilita a interpretação dos caracteres especiais (escape)

-E desabilita a interpretação dos caracteres especiais

Os caracteres especiais (escaped) são os seguintes:

\a som de campanhia (bell)

\b backspace

\c elimina um sinal de nova linha

\f adiciona um sinal de alimenta pagina

\n adiciona um sinal de nova linha

\r adiciona um CR

\t adiciona uma tabulação horizontal

\v adiciona uma tabulação vertical

\\ backslash

\nnn considera o caracter da tabela ASCII em valores octais

elif

```
                    read variavel
           if [ "$variavel" = a ]
                                              then
                                                    echo "a"
                              elif [ "$variavel" = b ]
                                              then
                                                        echo "b"
                  else
                                        echo "tchau"
                  fi
```

o `elif` permite extender as estruturas `if` com vários níveis.

enable

Este comando habilita ou desabilita os comandos criados pelo `builtin`.

eval

Comando que faz a leitura e a concatenação de seus parâmetros, para montar um única instrução para a execução pelo interpretador.

exec

Comando utilizado para executar um comando ou programa com o atual ou outro interpretador.

exit

Comando para encerrar a sessão no interpretador.

export

```
$ Presidente = "FHC"
$ export Presidente
```

Comando utilizado para efetivar o valor anteriormente atribuído a uma ou várias variáveis de ambiente.

fc

Comando semelhante ao `history` de outros UNIXs, pois recupera comandos previamente executados pelo usuário durante sua sessão, para agilizar a tarefa de operação do sistema.

fg

Define um processo ou programa para ser executado em prioridade (foreground), transformando-o no processo corrente.

for

```
for listaarq
do
        cp $listaarq
        echo "$listaarq"
done
```

Executando:

```
$ listarq arquivo1.txt arquivo2.txt arquivo4.txt
                                    arquivo1.txt
                                    arquivo2.txt
                                    arquivo4.txt
                            $
```

Este comando cria uma estrutura de laço, que será executado enquanto haja um novo parâmetro.

for-in

```
for Presidentes in FHC Lula Figueiredo Collor
                                do
                echo "$Presidentes"
                                done
```

Executando:

```
$ scriptfor
            FHC
            Lula
            Figueiredo
            Collor
    $
```

Comando utilizado para operar com lista de dados sequenciais.

getopts

```
while getopts DA opcaoescolhida
                                    do
                           case $opcaoescolhida in
                                                D)  date
                                                A)  who
                                          esac
            done
```

Interessante utilizar este comando para captar e tratar parâmetros recebidos da linha de comando.

hash

Define ou exibe o caminho completo (PATH) de um determinado comando ou programa.

help

Exibe informações sobre um determinado comando.

history

Exibe a lista de todos os comandos executados durante a sessão.

if-then

```
if [ "$variavel" = a ]
                                    then
                                         echo Eu Sou
                              else
                                         echo Nao Sou Mais
            fi
```

Este comando é igual para todas as linguagens.

jobs

Comando que exibe todos os processos em execução no momento.

let

```
$ let 2 + 2
                                                                    4
    $
```

Outros UNIXs conhecem este comando de calculadora como `bc`. Ao estudar mais este comando, você dará "asas" a sua imaginação.

local

Comando utilizado para definir o conteúdo de variáveis locais.

logout

Comando para encerrar a sessão. O mesmo que o comando `exit`.

notify

Este comando informa o encerramento de um processo ou programa, colocado para execução em segundo plano (background).

ps

Exibe todos os processos em execução pelo Linux. Consulte Comandos para o Mundo UNIX para ver as opções de parâmetro válidas.

pwd

Exibe o PATH (caminho) do diretório atual aonde o usuário se encontra.

read

```
echo Digite seu Nome
read nome
echo "Meu nome eh: $nome"
```

Comando para receber entrada de dados dos usuários.

readonly

Comando para receber e definir o conteúdo de variáveis como de apenas leitura.

return

Encerra a execução de uma função ou script.

select

```
select opcao in Filme1 Filme2 Filme3
    do
    case $opcao in
        Filme1)
            echo Central
            do Brasil
            ;;
        Filme2)
            echo a Vida e
            Bela
            ;;
        Filme3)
            echo Que eh
            isso companheiro!
    esac
    done
```

Este comando cria uma estrutura de seleção sequencial.

set

Utilize este comando para definir ou listar o conteúdo das variáveis da sua sessão shell.
Você terá que estudar mundo este comando especificamente para cada interpretador.

shift

```
set y = (quatro três dois um)
echo "Vou contar começando com $#y elementos"
while ($#y > 0)
        echo "$y[1]"
        shift y
end
```

```
echo "faltam $#y elementos"
exit
```

Este comando altera a posição dos elementos de uma mesma variável. O uso deste comando decrementa o número de elementos de uma variável de 1, descartando o primeiro elemento.

suspend

Interrompe a execução temporariamente de um programa.

test

```
$ Presidente = FHC
$ Presidente2 = Lula
$ test $Presidente –eq Presidente2
$ echo $?
        1
$
```

Outro comando fabuloso para testar condições sem a necessidade de programar. Vale a pena estudá-lo com mais detalhamento. Quando retorna 1 é porque a comparação não foi positiva.

trap

Este comando é muito utilizado para criar auditoria e rastrear os processos dos usuários. Este executa um determinado programa quando tentam encerrar um outro processo.

Tabela de sinais retornados por este comando:

Sinal	Interrupção
0	término normal
1	desconexão telefônica (hangup)
2	interrução (break)
3	término (quit)
4	instrução legal
5	armadilha de trace
6	instrução IOT
7	instrução EMT
8	exceção de ponto flutuante
9	corte não apanhado
10	erro de barramento
11	violação de segmentação
12	erro de chamada do sistema
13	conduto não terminado
14	alarme do relógio
15	corte (do comando kill)
16	definido pelo usuário
17	definido pelo usuário
18	morte de um processo-filho
19	falta de energia

umask

Comando que exibe ou especifica a máscara de criação do arquivo, ou seja, valores defaults.

unalias

Unalias elimina os apelidos que tenham sido criados previamente pelo comando alias.

unset

Comando para eliminar as definições de variáveis de ambientes feitas pelo comando set.

wait

Este comando avisa ao usuário quando a execução de um determinado processo terminou.

while ... done

```
# Este script conta de 10 a 1
#
var_numérica = 10
while [ "$var_numérica" -gt 0 ]
do
        echo $var_numérica
        expr $var_numérica - 1
done
```

Esta sequência de comandos será executada nove vezes, exibindo o conteúdo da variável var_numérica.

Principais Comandos do Interpretador TCSH

@

> @ varnum = 10

No TCSH, pode-se definir o conteúdo de variáveis numéricas com o comando @, além claro, do próprio comando set.

argv

```
# script teste argumento (teste.sh)
echo "Primeiro parâmetro: $argv[1]"
echo "Segundo parâmetro: $argv[2]"
```

Executando:

```
> teste.sh Linus Torvalds
        Primeiro parâmetro: Linus
        Segundo parâmetro: Torvalds
>
```

Este comando é valioso para tratar as variáveis passados na linha de comando.

breaksw

Caso você esteja executando uma estrutura com o comando switch, e deseja quebrar a sua seqüência de execução, basta colocar o comando breaksw.

dirs

Este comando lista os diretórios ou subdiretórios existentes.

foreach ... end

```
                        # Este script exibe o conteúdo de
# todos os arquivos .txt
        #
        foreach i  (*.txt)
                cat $i
        end
```

O comando foreach é usado quando desejamos efetuar uma mesma operação em uma lista de valores.

nice

Este comando altera a prioridade de um processo em execução.

nohup

O nohup inibe que a sessão shell ou um programa seja cancelado por algum signal de cancelamento (hang-up).

popd

Comando utilizado para remover diretórios da lista de diretórios (dirs).

printenv

Este comando exibe o conteúdo de todas as variáveis de ambiente.

pushd

Este comando faz o contrário do comando popd, ou seja, adiciona diretório(s) na lista de diretórios (dirs).

repeat

repeat 10 who

O repeat é utilizado quando se deseja executar um comando ou processo, um determinado número de vezes.

setenv

Este comando é executado para definir ou exibir valores para variáveis de ambiente.

shift

Comando utilizado quando se deseja "saltar" ou "ignorar" o próximo conteúdo seqüencial de uma variável ou lista de valores. Por exemplo, o comando argv, este fornece uma lista de valores.

stop

Suspende a execução de um processo ativo no Linux.

switch ... endsw

```
echo            "Opcao 1 - Cadastrar"
echo            "Opcao 2 - Sair"
read VarOp
switch ($VarOp)
case 1:
       Incluir.sh
       breaksw
case 2:
```

```
        breaksw
default:
        echo "digite opcao valida"
                              endsw
exit
```

Este comando direciona o fluxo de execução de um script para um determinado ponto (label) do script correspondente à uma determinada condição. O comando `breaksw` direciona o controle para o comando seguinte ao endsw. No caso de não haver nenhum label correspondente à condição especificada, o controle é transferido para o label default:, se estiver definido. Caso contrário, a execução continua após o comando `endsw`.

time

Comando para exibir a hora atual do interpretador.

unset

Este comando elimina a definição de uma variável para o interpretador (shell).

unsetenv

Este comando elimina a definição de uma variável de ambiente.

where

Comando utilizado para listar todas as variações relativas a um determinado comando.

Principais Comandos do Interpretador Z-Shell

Ponto (.)

. script

Este ponto antecedendo um programa força a busca desse no shell corrente.

Duplo parênteses (( ))

Estes parênteses realizam operações aritméticas, como no comando let.

Duplo colchetes [[ ]]

Utilizado para validar uma determina expressão.

function

function Registra_usuarios

```
{
    date >> usuarios.txt
    who >> usuarios.txt
}
```

Este comando permite ao programador criar funções fantásticas.

integer

Comando utilizado para definir variáveis do ambiente com valores inteiros.

print

Comando semelhante ao echo, só que com opções mais avançadas.

type

Comando utilizado para exibir previamente, como será a interpretação de um argumento pelo shell.

typeset

Typeset é utilizado para determinar atributos para variáveis do interpretador.

unfunction

Este comando remove uma definição de função feita previamente com o comando `function`.

until

until Expressão verdadeira

do

executar comando

done

Comando para criar estruturas de laço, semelhante a do comando `while`, pois a condição é realizada em primeiro lugar.

whence

O `whence` informa previamente como o interpretador entenderá um determinado parâmetro, caso este tenha o mesmo nome que um comando já existente.

Linguagens para Programação de Scripts e CGIs

Perl

O ambiente de desenvolbimento Perl está disponível em vários sites na Internet, visite, por exemplo, o site www.metronet.com/1/perlinfo/source.

Perl (Practical Extraction and Report Language) foi desenvolvida inicialmente para extrair e formatar informações de arquivos textos, mas hoje Perl, juntamente com Java, são as linguagens de programação mais populares da Internet.

Perl derivou-se da linguagem C e vários utilitários UNIX, portanto, se você conhece C e UNIX então usufruirá as principais funcionalidades destes ambientes disponíveis.

Desejando maiores conhecimento sobre Perl, a Internet e a livraria mais próxima é o ponto de início.

Veja uma janela Telnet exibindo o conteúdo do programa `first` em Perl, bem como a sua execução:

Janela Telnet com execução de Perl

Sites:

Download: http://www.perl.com/CPAN/authors/id/GBARR/perl5.005_03.tar.gz

Red Hat Packages: http://rpmfind.net/RPM/perl.html
Homepage: http://www.perl.com/
Atualizações: http://www.perl.com/CPAN/authors/id/GSAR/perl5.005.announce

Java

O Java é ao mesmo tempo um ambiente e uma linguagem de programação, produzido pela Sun Microsystems, Inc. Trata-se de mais um representante da nova geração de linguagens orientadas a objeto e foi projetado para resolver os problemas da área de programação cliente/servidor. Ou, nas próprias palavras da Sun, *Java é uma linguagem simples, orientada a objetos, distribuída, interpretada, robusta, segura, independente de arquitetura, portável, de alto desempenho, multitarefa e dinâmica*.

A linguagem de programação Java permite a construção de programas auxiliares (applets) e aplicativos independentes. Ambos os tipos de programas requerem a preparação do código-fonte em editores de texto ou de linha, exatamente como você faria para escrever programas em C ou C++. Esses programas são compilados com o compilador java (veja os comandos no sistema Solaris deste l ivro), produzindo um formato binário de código de bytes, que pode ser executado em um ambiente de execução do java de plataforma específica.

Apresento logo abaixo um exemplo onde o Netscape da estação Windows 95 está acessando o applet `BrowserDataApplet` no servidor UnixWare. Este applet, que exibe informações sobre o Browser que você está executando, e muitos outros poderão ser encontrados no diretório `/usr/ns-home/plugins/java` após a instalação do ambiente Java, o JDK. Visite o site da Sun na Internet para obter a última versão do ambiente: www.sun.com.br

Janela execução applet no servidor 192.128.20.1

PHP

A PHP, Hypertext Preprocessor, é uma linguagem de script que fica embutida em código HTML. Muito de sua notação e sintaxe foram derivadas das linguagens C, Java e Perl, e algumas características específicas da própria PHP. O Objetivo da PHP é permitir aos desenvolvedores escrever páginas dinâmicas rapidamente.

Sites:
Download: http://www.php.net/download-php.php3

ftp://ftp.php.net/pub/distributions/
Homepage: http://www.php.net/
Atualizações: http://www.php.net/ChangeLog.php3
        Informações: http://www.freshmeat.com/appindex/web/pre-processors.html

Autor: The PHP Association
Tipo de Licença: GPL

Exemplo de código:

        Mensagem de Boas Vindas:

```
<html><head><title>PHP Test</title></head>
<body>
<?php echo "Seja Bem-Vindo<P>"; ?>
</body></html>
```

        Identificação do Software Browser:

```
<?php
   if(strstr($HTTP_USER_AGENT,"MSIE")) {
echo "Você está usando o Internet Explorer<br>";
   }
?>
```

A.L.I.C.E. and AIML

        O ALICE implementa a AMIL (Artificial Intelligence Markup Language), uma linguagem ainda não padronizada para a criação de robots para chats automáticos e independentes. Comparada a outras linguagems de chat robot, AIML é a mais simples. O seu padrão de preenchimento é muito simples, e ainda. a AIML é uma linguagem XML, isto é, esta obedece certas regras gramaticais.
        A escolha da sintaxe XML permite sua integração com outras ferramentas de edição XML. Pessoas que trabalham com HTML e desenvolvimento WEB, não podem deixar de conhecer esta linguagem e ferramenta.

Sites:
        Download: http://www.alicebot.org/B.zip
        Homepage: http://www.alicebot.org
        Atualizações: http://alicebot.org/B/release.txt

Autor: Dr. Richard S. Wallace
Tipo de Licença: GPL
Dependência: Java 1.18 ou superior

Exemplos:

        Visite os endereços na Internet:

ActivePerl

A ActivePerl é um pacote de executáveis que contém a última versão da PERL, inclusive as adaptações da Active State. Isto inclui documentação e Tutoriais on-line para dominar a linguagem Perl, o Perl Package Manager, o que torna fácil e rápida a instalação de módulos. a Active Perl está disponível para os Linux (RPM e Debian), Solaris e Windows.

Sites:

Download: http://www.activestate.com/cgibin/ActivePerl/download.pl
Red Hat Packages: http://www.activestate.com/cgibin/ActivePerl/download.pl
Debian Packages: http://www.activestate.com/cgibin/ActivePerl/download.pl
Homepage: http://www.ActiveState.com/
Atualizações: http://www.ActiveState.com/ActivePerl/5.6/html/lib/Pod/perldelta.html

Autor: ActiveState
Tipo de Licença: Uso livro com restrições

aidbf

A aidbf é um novo interpretador e linguagem de programação para experts (brainfuck), com capacidade de depuração e ótimas características, como por exemplo, randomização de conteúdo de dados segmentados, vários modos de entrada de dados, tamanhos de variáveis, etc...

Sites:

Download: http://www.ailis.de/projects/brainfuck/aidbf-0.1.tar.gz
http://koeln.ccc.de/brainfuck/aidbf-0.1.tar.gz (7 hits)

Autor: Klaus Reimer
Tipo de Licença: GPL

AMC (ATOM Module Compiler)

A AMC pode ser considerada um pré-processador, ou compilador, programável. Foi baseada na linguagem de programação CGL (Code Generation Language) que permite a inclusão de novos elementos para o código-fonte que a próprio AMC processa. Além disto, a AMC possui um módulo de estrutura do compilador UCSD p-System.

E, por último, acompanha a ACM um pacote default que permite adição de formulários dinâmicos de OOP e C.

Sites:

Download: http://www.conman.org/software/amc/get_it.html
    Homepage: http://www.conman.org/software/amc/

Autor: Mark Grosberg
Tipo de Licença: Distribuição livre

AML

AML é uma implementação de registrador escrito em C++. Esta disponibiliza todas as rudimentares características de qualquer linguagem de máquina, como por exemplo, I/O e a aritmética, mas fornece uma fácil sintaxe e seu próprio método de compressão binário portátil de arquivos. Atualmente, AML está disponível para SunOS, Linux e consoles Win32.

Sites:
Download: http://www.cris.com/~adhawan/
Homepage: http://www.cris.com/~adhawan/

Autor: Pudbo Mahalic
Tipo de Licença: domínio público

APRIL

A APRIL, Agent Process Interaction Language, é uma linguagem simbólica de programação que foi projetada para escrever sistemas baseados em agentes distribuídos e móveis, especialmente para o ambiente Internet. Suas características avançadas são uma sub-linguagem de macros, envio e recebimento de mensagens assincronas, padrões de preenchimento, etc...

A linguagem é interpretada pelo APRIL, ou seja, código APRIL requer que o InterAgent Communications Model (ICM) esteja instalado antes de ser executado.

Sites:

Download: http://download.sourceforge.net/networkagent/april-4.3.1h.tar.gz

Homepage: http://sourceforge.net/project/?group_id=3173
Atualizações: http://sourceforge.net/project/filenotes.php?group_id=3173&form_filemodule_id=3091&form_release_version=4.3.1h

Autor: Francis G. McCabe, e Keith L. Clark
Tipo de Licença: GPL

aptilis

Aptilis é um servidor gratuito de CGI especialmente criado para promover a Aptilis, uma nova linguagem de programação que é totalmente semelhante ao Basic. E ainda, atende comandos de linha sendmail, obtém conteúdo de campos HTML para variáveis, etc...

Sites:

Download: http://village.glaine.net/aptilis/step1.html
      Homepage: http://www.glaine.net/
Atualizações: http://village.glaine.net/aptilis/changes.txt

Autor : Thibault Jamme
Tipo de Licença: Freeware

bigFORTH/MINOS

A bigFORTH é um código nativo da Forth. A qual foi originalmente desenvoldia para os Atari ST, processador Motorola 68k, o qual foi recentemente portado para o modelo Intel 386, com DOS Extender (GO32). A bigFORTH está disponível para Linux e Windows 95/98/NT.
As melhores características em utilizá-la com a interface gráfica MINOS e o editor Theseus. MINOS é uma interface gráfica para ambiente X, escrita por bigFORTH-Linux e bigFORTH-Win32.

Sites:

Download: http://www.jwdt.com/~paysan/bigforth-src-26sep1999.tar.bz2
http://www.jwdt.com/~paysan/bigforth-src-26sep1999.tar.gz
       Homepage: http://www.jwdt.com/~paysan/bigforth.html
Atualizações: http://www.jwdt.com/~paysan/bigforth-oldnews.html

Autor: Bernd Paysan
Tipo de Licença: GPL

Exemplo de Aplicação feito em bigFORTH na interface (GUI) gráfica MINOS para ambiente X:

ccsh

A ccsh é uma linguagem de script poderosa e de fácil uso, destinado aos profissionais já familiarizados com a linguagem C.

Sites:

Download: http://fire.csua.ucla.edu/~dannys/projects/ccsh/ccsh-0.0.3.tar.gz
Red Hat Packages: http://fire.csua.ucla.edu/~dannys/projects/ccsh/ccsh-0.0.3-0.i386.rpm
Homepage: http://fire.csua.ucla.edu/~dannys/projects/ccsh/

Autor: Danny Sung
Tipo de Licença: GPL

CorbaScript

CorbaScript é um interpretador e linguagem de script orientada a objetos exclusivo para o ambiente CORBA. Os programas CorbaScript podem invocar qualquer operação, carregar e definir qualquer atributo de qualquer objeto CORBA/IIOP. Além disto, qualquer interface OMG IDL pode ser implementada pelos scripts Corba.
E ainda, CorbaScript disponibiliza uma ligação dinâmica para as descrições OMG IDL. Logo, as descrições OMG IDL são extraídas diretamente do repositório para os scripts.

Sites:
Download: http://corbaweb.lifl.fr/Download/index.html
Homepage: http://corbaweb.lifl.fr/CorbaScript/index.html

Autor Philippe Merle
Tipo de Licença: distribuição Livre

Para visualizar alguns exemplos, visite o endereço http://corbaweb.lifl.fr/CorbaScript/index.html#HelloExample

Euphoria

Just say NO to complicated programming languages!

Euphoria é uma linguagem de programação simples, flexível e de fácil aprendizado. Esta permite o rápido desenvolvimento de programas para DOS, LINUX e Windows. Realmente, vale a pena conhecer.

Sites:
Download: http://www.RapidEuphoria.com/v20.htm
Homepage: http://www.RapidEuphoria.com/
Atualizações: http://www.RapidEuphoria.com/relnotes22.htm

Autor: Rapid Deployment Software
Tipo de Licença: Shareware

for2html

O for2html é um script escrito em Perl, que traduz códigos-fonte Fortran em páginas HTML automaticamente. Portanto, a WEB não está se esquecendo dos profissionais de Fortran.

Sites:
Download: http://www.e13.physik.tu-muenchen.de/Wuttke/for2html
Homepage: http://www.e13.physik.tu-muenchen.de/Wuttke/f2h.html

Autor: Joachim Wuttke
Tipo de Licença: OpenSource

Ftwalk

Ftwalk é uma linguagem de programação de scritp de alto nível, muito similar a awk. Mas vai além disto, pois inclue outros tipos de sistema, orientação a objeto, centenas de funções, bibliotecas dinâmicas. O que a faz tão poderosa quanto a Perl.

Sites:
Download: http://www.ocston.org/~thull/ftwalk/download.html
Homepage: http://www.ocston.org/~thull/ftwalk/

Autor: Tom Hull
Tipo de Licença: GPL

Para visualizar algumas exemplos de código, visite http://www.ocston.org/~thull/ftwalk/example.html

iLisp

iLisp é uma implementação de um interpretador pequeno e multi-plataforma. Torna-se com isto uma biblioteca que trabalha com listas, atomos e tabela de simbolos. E qualquer dialeto da linguagem Lisp pode ser implementado usando a biblioteca iLisp.

Sites:

Download: ftp://ontil.ihep.su/pub/iLisp/
Red Hat Packages: ftp://ontil.ihep.su/pub/iLisp/
Homepage: http://ontil.ihep.su/~vsl/doc/lisp.html

Autor: V.S.Lugovsky aka Mauhuur
Tipo de Licença: GPL

Lua-Linux

A Lua-Linux é um interpretador da versão 3.2 do Lua, aprimorado para o Linux. Uma das principais vantagens é a perfeita manipulação do Makefiles. Além de possuir componentes do Lua, como LuaDoc, luasock, ToLua, TkLua, e PosLib, bem como sua documentação.

Sites:

Download: http://members.linuxstart.com/~solomoriah/lua-linux-1.1a.tar.gz
Homepage: http://members.linuxstart.com/~solomoriah/lua-linux.html

Autor: Waldemar Celes, Roberto Ierusalimschy, Luiz Henrique de Figueiredo, Chris Gonnerman
Tipo de Licença: Modelo BSD

OpenScheme

OpenScheme é um compilador e interpretador profissional, baseado nas linguagens de esquemas de alto nível e poderosas projetadas no Laboratório de Inteligência Artificial do MIT.

Com Scheme, pode-se desenvolver qualquer aplicação sem se limitar a uma determinada linguagem. OpenScheme permite o desenvolvimento multi-plataforma, interface gráfica, CGI, Threads, etc...

Sites:

Download: http://www.open-scheme.com/download.htm
ftp://ftp.netultra.net/pub/linux/osm/bin/ (43 hits)
Homepage: http://www.open-scheme.com/

Autor: Guilhem de Wailly
Tipo de Licença: Livre para uso não comercial

Pike

Pike é um interpretador, tem orientação a objetos, e é uma linguagem de programação dinâmica com sintaxe similar ao C. Pike disponibiliza poderosos sistemas modulares que, por instância, tem manipulação de imagens, conexão a banco de dados e avanços sistemas de criptografia.

Além de tudo, é de fácil aprendizado, e sem muitas tarefas de compilação. Por último, disponibiliza um construtor de tipos de dados para qualquer tipo de manipulação de conteúdo.

Sites:

Download: ftp://ftp.idonex.se/pub/pike/
Homepage: http://pike.idonex.se/

Autor: Fredrik Hubinette
Tipo de Licença: GPL

Pliant

Pliant é uma linguagem de programação customizável, escalável, e primeiramente, eficiente.
Permitindo assim poderosos, mas pequenos scripts. Esta pode ser descrita como um pouco de C, C++, e Lisp.

Sites:

Download: http://pliant.cams.ehess.fr/pliant/introduction/install.html
Homepage: http://pliant.cams.ehess.fr/
Atualizações: http://pliant.cams.ehess.fr/pliant/changelog.html

Autor: Hubert Tonneau
Tipo de Licença: GPL

Python

Python é um interpretador, é interativo, além de uma linguagem de programação orientada a objeto. Possue uma sintaxe clara, e de fácil aprendizado. Seus modulos, classes, tipos de dados favorem um rápido desenvolvimento. Esta disponibiliza interfaces para várias bibliotecas, bem como vários sistemas de janelas (Tk, Mac, MFC, GTK, QT, wxWindows).

E, a package Python XML, que possui SAX e interfaces DOM, permite o desenvolvimento das fantásticas aplicações com XML.

Sites:

Download: http://www.python.org/ftp/python/src/py152.tgz
Red Hat Packages: ftp://starship.skyport.net/pub/crew/andrich/
Mirror List: http://www.python.org/Mirrors.html
     Homepage: http://www.python.org/
Atualizações: http://www.python.org/1.5/NEWS-152.txt

     Python XML:

Download: http://www.python.org/topics/xml/download.html
     Homepage: http://www.python.org/topics/xml/

Autor: Guido van Rossum
Tipo de Licença: Modelo BSD

rpcobol

O rpcobol, conhecido como o projeto Tiny Cobol, é uma implementação do Cobol sem algumas adaptações de interface gráfica e a possibilitar de embutir código SQL.

Sites:

Download: http://members.xoom.com/rpragana/rpcobol-991028.tar.gz
     Homepage: http://members.xoom.com/rpragana/cobol.html

Autor: Rildo Pragana, e David Essex
Tipo de Licença: GPL

Ruby

Ruby é uma linguagem para programação fácil e rápida. Tendo algumas similaridades com Perl e Python, Ruby possue seus próprios tipos de dados de alto nível, gerenciamento automático de memória, sistema modular, além de uma ótima biblioteca padrão. Ruby foi projetada para que tudo seja objeto, além de trabalhar com todos os outros termos da orientação a objeto.

Sites:

Download: ftp://ftp.netlab.co.jp/pub/lang/ruby/ruby-1.4.3.tar.gz
Homepage: http://www.ruby-lang.org/

Autor: Yukihiro Matsumoto
Tipo de Licença: GPL

slang

S-Lang é uma linguagem interpretada poderosa, que pode estar embutida dentro de outra aplicações. Habilitando assim, que aplicações a serem usadas em outras maneiras não percebidas pelos programadores. Aplicações do tipo Jed Editor e o leitor SLRN obtêm vantagens utilizando este conceito.

Sites:

Download: ftp://space.mit.edu/pub/davis/slang/v1.4/
ftp://ftp.uni-stuttgart.de/pub/unix/misc/slang/slang/v1.4/
Red Hat Packages: ftp://ftp.freshmeat.net/pub/rpms/slang/
Debian Packages: ftp://ftp.freshmeat.net/pub/debs/slang/
Homepage: http://www.s-lang.org/
Atualizações: ftp://space.mit.edu/pub/davis/slang/v1.4/changes.txt

Autor: John E. Davis
Tipo de Licença: GPL

Squeak

Squeak é uma nova linguagem aberta e baseada na Smalltalk-80, que foi criada pelos inventores da Smalltalk, do time de Alan Kay, original Xerox PARC, e que agora estão na Disney. A Squeak roda sobre várias plataformas, incluindo Linux x86 e PowerPC.

Sites:

Download: ftp://st.cs.uiuc.edu/Smalltalk/Squeak/unix/distributions/
http://st-www.cs.uiuc.edu/ftp/Smalltalk/Squeak/

Homepage: http://squeak.org/
Atualizações: http://minnow.cc.gatech.edu/SqueakDoc.29

Autor: Squeak team
Tipo de Licença: Distribuição Livre

ucblogo

A Berkely Logo (ucblogo) é um interpretador para a linguagem de programação Logo. Logo é uma linguagem de programação para computadores projetada para uso de iniciantes, incluindo crianças. Este dialeto da Logo caracteriza por vetores de acesso randômico, procedimentos definidos pelo usuário para entrada de variáveis, tratamento de erros, comentários, macros, e muitas outras características importantes.

Sites:

Download: ftp://anarres.cs.berkeley.edu/pub/ucblogo/ucblogo.tar.Z
Red Hat Packages: http://rpmfind.net/linux/RPM/ucblogo.html
Debian Packages: http://packages.debian.org/ucblogo/
Homepage: http://www.cs.berkeley.edu/~bh/

Autor: Brian Harvey
Tipo de Licença: GPL

wml-tools

O wml-tools é um pequeno pacote de ferramentas para desenvolvimento de aplicações WAP WML. Este pacote inclui o compilador WML (wmlc), um decompilador (wmld), um apresentador WML (wmlv), um conversor WML-para-HTML (wmlhtml), além de um conversor RDF-para-WML (rdfwml).

Sites:

Download: http://pwot.co.uk/wml/
Homepage: http://pwot.co.uk/wml/

Autor: Thomas Neill
Tipo de Licença: livre para uso não comercial

Yabasic

Yabasic implementa os mais simples e comuns elementos da linguagem Basic. Com isto, está embutido comandos do tipo goto/gosub, vários loops, além das sub-rotinas e bibliotecas definidas pelo usuário. Yabasic roda sobre Unix e Windows, e é muito pequeno (aproximadamente 200 Kb).

Sites:

Download: http://www.yabasic.de/download.htm
Red Hat Packages: http://www.yabasic.de/download/yabasic.rpm
Homepage: http://www.yabasic.de/
Atualizações: http://www.yabasic.de/log.htm

Autor: Marc-Oliver Ihm
Tipo de Licença: GPL

Guia Completo do Linux e Software Livre

Programando com ColdFusion MX no Linux

Várias ferramentas, linguagens de programação e servidores web surgiram desde a credibilidade e proliferação efetiva da Internet. Algumas obtiveram uma consolidação mais rápida, enquanto outras ainda estão deslanchando. A ColdFusion MX se aplica ao primeiro caso: é um exemplo de sucesso e maturidade da Internet e das Intranet. E acredito que seja impossível que na atualidade possa existir algum grande projeto que envolva conteúdo Web, e a ColdFusion, juntamente com Java, entre outras, não seja uma das variáveis e tecnologias avaliadas.

Entendendo a ColdFusion MX Standard e Enterprise

A solução Cold Fusion é um servidor de aplicações Web que tem o recurso de gerar páginas HTML a partir de consultas diretamente em banco de dados. As páginas Cold Fusion são escritas em HTML, mas com a adição das etiquetas "tags" no formato Cold Fusion Markup Language (CFML). Essas são usadas para a geração dinâmica de páginas web a partir de informações que estejam em banco de dados. Há a tecnologia opcional para auxiliar no desenvolvimento chamada Cold Fusion Studio.

O site oficial da ColdFusion MX é:

http://www.macromedia.com/software/coldfusion/

A ColdFusion foi inicialmente desenvolvida pela empresa chamada Allaire Corporation (Cambridge – USA), que depois do sucesso da ferramenta, foi comprada pela Macromedia em 2001.   ColdFusion se tornou em uma plataforma de desenvolvimento robusta, e completa para integrar navegador web, servidores e banco de dados num completo ambiente Web.

Para continuar os estudos, pode conhecer também o produto Macromedia JRun 4. O Macromedia JRun 4 disponibiliza a velocidade e confiança desejada para o desenvolvimento de aplicações baseada em Internet. JRun 4 é uma arquitetura robusta, baseada em serviços Web, e com total suporte ao Java 2 Enterprise Edition (J2EE).

Java Compatible™
Enterprise Edition

A Cold Fusion tem sido considerada de facílimo aprendizado para os não programadores, inclusive ASP entre outras. No fechamento da edição deste livro, a Cold Fusion estava sendo distribuída em duas edições: **Standard 6.1; Enterprise 6.1**.

- **ColdFusion MX Standard 6.1**: esta configuração disponibiliza um servidor intermediário idealizado para servidores web básicos, para aplicações de pequeno e médio porte. Os recursos oferecem meios para o desenvolvimento rápido de aplicações dinâmicas tipo Web, utilizando a ColdFusion Markup Language.

- **ColdFusion MX Enterprise 6**.1: a edição enterprise fornece uma solução completa para o desenvolvimento avançado de aplicações web e serviços web. Esta edição também está preparada também para auxiliar na consideração de performance, gerenciamento, características de segurança do servidor, aplicações e várias outras variáveis específicas para servidores com grande nível de disponibilidade.

Para este laboratório deste livro, nós estaremos usando a ColdFusion MX Enterprise 6.1. Na documentação deste produto, os seguintes requisitos são exigidos para o perfeito funcionamento:

- Processador Intel Pentium ou superior
- 256 MB RAM (recomendado para 512 MB)
- 400 MB de disco rígido
- Red Hat Linux 7.2, 7.3, 8.0, 9, AS & ES 2.1, AS & ES 3.0
- SuSE Linux 7.2, 7.3, or 8.x
- TurboLinux 8 Server (Versão Japonesa somente)
- Linux para zSeries: SuSE Linux Enterprise Server 8 Service Pack 2 em modo 31-bit

Para nós localizarmos quanto aos recursos disponíveis para cada edição, a tabela abaixo apresenta resumidamente as diferenças para a versão MX 6.1:

Característica	ColdFusion MX Standard	ColdFusion MX Enterprise ColdFusion MX Developer
Plataformas	Windows, Linux	Windows, Linux, Solaris, HP-UX, AIX
Drives para acesso a base de dados	Microsoft Access/ODBC, SQL Server, MySQL	Microsoft Access/ODBC, SQL Server, MySQL, Oracle, DB2, Informix, Sybase
Suporte linguagem CFML	✓	✓
JRun 4 incluso		JSPs, Servlets, EJBs, JMS
Múltiplas instâncias de servidores		✓
J2EE Application Server		✓
Segurança de Servidor corporativo		✓
Serviços de armazenamento		✓
Gerenciador de Email de alta performance		✓
Clustering de Servidor/Instância		✓

Instalando e Configurando o Servidor ColdFusion no Linux

Esta seção descreve a instalação da edição do Servidor Enterprise do ColdFusion. Por padrão, o servidor ColdFusion é instalado no diretório **/opt** no Linux. Desejando instalar em outro diretório, crie o novo diretório antes da instalação com o comando **mkdir**.

Para tornar o nosso processo de instalação do ColdFusion o mais prático e fácil, vamos seguir os seguintes passos:

1º	Faça o login no servidor Linux como superusuário = root

2°	Se você estiver instalando a partir do CD-ROM, copie o arquivo compactado no formato **gziped/tar** para um diretório no servidor Linux. Para este laboratório, usamos o arquivo abaixo, o qual deve ser descompactado com o comando **gunzip**: # gunzip coldfusion-60-linux.tar.gz

3°	A próxima etapa é extrair o conteúdo do arquivo descompactado, a partir do comando **tar**: # tar -xvf coldfusion-60-linux.tar

4°	Acesse o diretório que servirá de base para a instalação: # cd coldfusion-60-linux

5°	Agora devemos executar o script de instalação do servidor ColdFusion: # ./cfinstall

6°	Nesta fase terá início a interação com o programa de instalação do servidor ColdFusion. • Registre a chave de licenciamento do seu software ColdFusion, e pressione ENTER • Após isto, forneça a localização do diretório de instalação do servidor ColdFusion, bem como o nome do seu servidor web configurado

7°	O ColdFusion pode configurar automaticamente o seu servidor Web. Quando solicitado, confirme o caminho do diretório para a localização do arquivo **httpd.conf**.

8°	Quando for solicitada, forneça o caminho do diretório aonde ficarão os documentos/conteúdo do servidor Web. Você terá a opção de instalar ou não aplicações de exemplo que acompanham o ColdFusion.

9°	Após fornecer e confirmar as senhas para o administrador ColdFusion, bem como para o ColdFusion Studio, digite o nome do usuário (login) para o qual será executao o servidor.

| 10° | Para cada opção que você desejar instalar, você terá que confirmar cada uma destas. Deve-se entrar com y (yes) para cada uma. A lista abaixo apresenta uma lista de opções de instalação importantes para a edição Enterprise do ColdFusion:

• Reporting e Archive/Deploy: acessada através do Administrador ColdFusion, esta opção permite o acesso a informações estatísticas das aplicações ColdFusion.

• Monitors, Alarms, e Load-Balancer Integration: acessada através do Administrador ColdFusion, esta opção permite que aplicações ColdFusion tenham monitoramento, alarmes, recursos de carga e integração.

• ClusterCATS: disponibiliza gerenciamento de arga de aplicações, e suoprte a falhas de IP no servidor ColdFusion.

• SNMP MIB: disponibiliza informações para aplicações de terceiros. |

| 11° | Pressione então ENTER para iniciar a Instalação. Quando a instalação tiver sido finalizada, um Shell script será o responsável por inicializar o servidor Web e o serviços de servidores do ColdFusion.

Pronto ! A Instalação está disponível para uso. |

Processos do Servidor ColdFusion

Uma vez que a instalação tenha sido feita com sucesso, o processo deverá ter criado os seguintes processos no Linux:

Processo	Finalidade
cfexec	Inicializa e finaliza os outros processos e gerencia o sequenciamento das páginas
cfserver	Este é o serviço principal do servidor ColdFusion. As páginas ColdFusion não podem ser processadas se este serviço não estiver no ar.
cfrdsservice	Disponibiliza suporte ao sistema para o administrador, bem como recursos de segurança e debug no ColdFusion Studio
java	Prove o ambiente de execução para o servidor ColdFusion quanto recurso de gráficos e desenhos, bem como características de gerenciamento de aplicações
ipaliasd	Disponibiliza a capacidade de gerenciamento de falha IP para ClusterCATs
regmgr	Processos ClusterCats como usuário root
ccmgr	Criação de processos com suporte a ClusterCATS
wsprobe	Sonda as aplicações de servidor para carga e reinicio do não respostas dos servidores web
CANamingAdapter	Controla os dados armazenados para gerenciamento de aplicações
dfp	Disponibiliza informações de gerenciamento de carga ao LocalDirector

Inicializando e Finalizando Processos de Servidor ColdFusion

Em geral, você deve encerrar e reinicializar o servidor ColdFusion após alterações feitas na sua configuração. É que somente assim as alterações terão efeito.
O servidor ColdFusion possui dois scripts para inicialização e finalização dos processos de Servidor, os quais podem ser executados manualmente no Linux. Esses scripts devem ser executados com privilégios de superusuário (root):

```
# /opt/coldfusion/bin/start
# /opt/coldfusion/bin/stop
```

Além disto, o gerenciador de aplicações ColdFusion disponibiliza dois scripts para inicialização e finalização do ClusterCATS, e do próprio Application Manager:

```
# /opt/coldfusion/bin/cfam-start
# /opt/coldfusion/bin/cfam-stop
```

O servidor ColdFusion disponibiliza ainda um conjunto de scripts para inicialização e finalização do Servidor, os quais são principalmente executados no processo de carga e shutdown do Linux:

Script	Função / Finalidade
/etc/rc.d/init.d/coldfusion	Inicializa e finaliza o servidor ColdFusion
/etc/rc1.d/K19coldfusion	Finaliza o servidor ColdFusion durante o shutdown
/etc/rc3.d/S90coldfusion	
/etc/rc4.d/S90coldfusion	Inicializam o servidor ColdFusion no processo de boot
/etc/rc5.d/S90coldfusion	
/etc/rc.d/init.d/btccmgr start	Inicializa o ClusterCATS e o gerenciamento de processos
/etc/rc.d/init.d/btccmgr restart	Finaliza o ClusterCATS e o gerenciamento de processos

A Criação de uma Fonte de Dados (DataSource)

A fim de acessar uma base de dados no ColdFusion, o servidor deve reconhecer uma fonte de dados. Isto é feito pelo administrador. O administrador com esse tal privilégio deve executar esta tarefa. A partir deste ponto, pode-se começar a codificação. A fonte de dados (datasource) é normalmente mantida em serviço ou dentro de um diretório do servidor.

Identificando o Nome dos Campos de sua Fonte de Dados

Quando for utilizar a codificação ColdFusion, você necessitará integra-se a sua base de dados, então você deverá familiarizar-se com essa primeiramente. Anote o nome das tabelas e seus respectivos campos nas quais desejará ter acesso.

Introdução a programação em ColdFusion

Antes de descrever qualquer coisa, veja um pedaço de código ColdFusion para uma consulta (query) simples de banco de dados:

```
<CFQUERY datasource="mydb" name="Query1">
Select *
From Nome_Tabela
</CFQUERY>
```

Analisando o código, concluímos que uma consulta foi realizada. A tag <CFQUERY> é usada para realizar consultas em banco de dados. Qualquer código SQL suportado pelo banco de dados poderia ser executado diretamente no ColdFusion, inlcluindo clausulas WHERE e JOINS poderiam ser utilizados. Abaixo há um exemplo de código HTML que realiza a consulta e apresenta os resultados:

```
<html>
<body>
<CFQUERY datasource="mydb" name="Query1">
Select *
From Nome_Tabela
Where Lastname = 'Smith'
</CFQUERY>
<CFOUTPUT Query="Query1">
#Firstname# #Lastname# <br>
</CFOUTPUT>
</body>
</html>
```

Exemplo de Página ColdFusion integrado a um servidor JSP

Este código fonte simplesmente realiza uma consulta ao banco de dados para pessoas que tenham o sobrenome igual a "Smith". O resultado então é apresentado. Em outros momentos, você pode desejar formatar o resultado da consulta em tabelas, então você pode usar múltiplas colunas e linhas para cada informação de registro. O código-fonte então ficaria assim:

```
<cfoutput query="Query1">
<table width="242" height="106">
<tr>
<td height="50%">#Firstname#</td>
<td height="50%">#Lastname#</td>
</tr>
<tr>
<td height="50%">#SSN#</td>
<td height="50%">#DOB#</td>
</tr>
</table>
</cfoutput>
```

Este código então irá apresentar uma tabela contendo informações: Nome, Número de contribuição Social, Data de nascimento. Note que a tag <CFOUTPUT> é montada na tabela. Isto permite ao ColdFusion apresentar todo registro contemplado do banco de dados dentro de tabela.

Consultas Intermediárias em Banco de Dados

Após entender o básico de realizar uma consulta ao banco de dados, e apresentá-los, você deve estudar para preparar consultas mais complexas. Abaixo há um exemplo teórico de banco de dados que podemos utilizar. O banco de dados tem múltiplas tabelas e usualmente elas estão todas ligadas a uma tabela principal. Agora, há uma tabela que não está ligada a tabela principal, mas há um campo comum para utilizamos num possível relacionamento. O exemplo das tabelas é:

Faculty_Table: ID, Lastname, Firstname, SSN, Campus_Affiliation, Department

Response_Table: ID, RECORD_ID, Journal_Type, Journal_Title, Date_Publicated

A minha definição é que a tabela Faculty_Table, tem as colunas: **ID**, Lastname, Firstname, etc... Enquanto a tabela Response_Table tem também a coluna em comum chamada **ID**. A tabela Response_Table é similar a lista de artigos que um escritor já publicou. Usando o bom senso, uma pessoa pode publicar mais do que um artigo em sua vida. Portando, cada **ID** pode ser repetido na tabela Response_Table, mas não poderá ser na tabela Faculty_Table. **ID** é o identificador único em Faculty_Table, mas não em Response_Table (Record_ID é o campo único neste caso). Isto representa que uma query intermediária será necessária. Aqui está então o código para acessar ambas tabelas, encontrando os registros com sobrenome igual a "Smith", e utilizando o **ID** dos autores, obter todos os seus artigos publicados na tabela Response_Table:

```
<cfquery datasource="mydb" name="Query1">
Select Faculty_Table.*,
Response_Table.*
From Faculty_Table,
Response_Table
Where Faculty_Table.Lastname = 'Smith'
and Faculty_Table.ID = Response_Table.ID
Order by Response_Table.RECORD_ID
</cfquery>
<cfoutput query="Query1">
<table>
<tr>
<td>
#Lastname#, #Journal_Type#, #Journal_Title#
</td>
</tr>
</table>
</cfoutput>
```

Neste caso, a ColdFusion faz automaticamente a associação necessária através da consulta SQL. Em alguns caso, você precisará apresentar o resumo e detalhes numa página. Neste caso, você poderá criar uma página reumo com um link. O código-fonte seria semelhante a este:

```
<cfoutput query="Query1">
<a href="detailpage.cfm?RECORD_ID=#RECORD_ID#">
#View Details#
</a>
</cfoutput>
        .... Detalhes da página ....
<cfquery datasource="mydb" name="Query1">
Select *
From table1
Where RECORD_ID = #RECORD_ID#
</cfquery>
```

ColdFusion obterá o valor de RECORD_ID e fará a ligação para a página resumo, e utiliza este no parâmetro (statement) da clausula WHERE. Quando apresentado o dado desta consulta, você somente obterá os dados que foram armazenados no registro do RECORD_ID correspondente. Você poderia enviar múltiplos parâmetros através da URL da página, bastando utilizar o operador & para separá-los.

Consultas Avançadas em Banco de Dados

Durante o seu aprendizado, você possivelmente necessitará inserir, excluir e alterar informações em sua tabela. Estas são considerações avançadas e sujeitas a não serem canceladas. Primeiramente, vamos ver o caso da Inserção de registros.

Inserção

Quando você insere algo num banco de dados, isto pode ser informações como estatísticas ou dados oriundos de formulários. Há duas diferentes maneiras de procedermos isto, mas a correta depende de qual razão de estarmos fazendo isto. Para executar dados estatísticos que seriam gerados numa página de resultado, eu recomendo o uso de métodos SQL de inserção. A sintaxe seria assim:

```
<cfquery datasource="mydb" name="Query1">
Insert into stats_table(Field1, Field2, Field3)
Values('#Field1#', '#Field2#', #Field3#)
</cfquery>
```

Os nomes dos campos são Field1, Field2, Field3 e devem existir obviamente na tabela stats_table. Os valores devem ser definidos. Os valores poderia ser alfanumérico ou numéricos, usando aspas simples para alfanuméricos. O outro método de inserção em banco de dados é usar as tags ColdFusion <CFINSERT>. Este método utiliza campos de formulários, ou seja, todos os dados inseridos por formulários devem vir de uma página prévia. O código-fonte para este exemplo seria assim:

```
<cfinsert datasource="mydb" tablename="Table_Form1">
```

Neste exemplo, a tag fará a inserção cada campo proveniente do formulário, incluindo o botão SUBMIT, na tabela Table_Form1. Para inserir somente campos específicos use o parâmetro FORMFIELDS="Field1, Field2, Field3', e automaticamente o ColdFusion enviará somente esses valores.

Atualização de Dados (Update)

Se você fosse criar um website que necessitasse acessar a um banco de dados, e editar alguns campos, então, você atualizaria esses campos ao invés de excluir e incluir. Isto pode se feito de maneira similar de inserir. Primeiramente, a tabela que acessaremos dever possuir alguns registros, e cada um com uma respectiva chave-primária, a qual identifica cada registro. Você precisará também incluir a chave primária como um dos campos de formulário da página web anterior. Feito isto, a única alteração no código de inserção apresentado anteriormente será a seguinte:

```
<cfupdate datasource="mydb" tablename="table1">
```

Garanta que todos os campos existentes na página anterior existam na tabela, caso contrário, a atualização não funcionará.

Exclusão de Dados (Delete)

Tente evitar isto se realmente não for necessário. Esta mesma tarefa pode ser feita como nos dois métodos anteriores, bastando substituir as duas palavras "delete". O código ficaria assim:

```
<cfquery datasource="mydb" name="GetRecord">
Select *
From Table1
Where SSN= '#SSN#'
</cfquery>
<cfquery datasource="mydb" name="Query1">
Delete from Table1
Where RECORD_ID = #GetRecord.RECORD_ID#
</cfquery>
```

O código acima irá procurar pelo número da contribuição social que seja idêntico ao parâmetro #SSN#, e realizará a exclusão do registro na tabela. Este comando é permanente, seria aconselhável existir uma página de confirmação.

Formulários HTML e ColdFusion

Similar ao ASP, JSP e extensões MS Frontpage, a ColdFusion lida perfeitamente com dados. O preenchimento de formulários a partir de dados de consultas é fácil de se executar. Se você tiver uma lista de estados (states), você pode querer controlar que os estados digitados sejam válidos. Para isto, pode-se criar uma lista de seleção contendo os estados, gerando assim, uma Select Box populada a partir de uma consulta. Assim:

```
<cfquery datasource="mydb" name="Query1">
Select ID, State
From StateTable
</cfquery>
<select name="Location">
<option value="">None Selected
<cfoutput query="Query1">
<option value="#ID#">#State#
</cfoutput>
</select>
```

Funções similares podem ser feitas com a definição de qualquer tipo de campo de formulário, bastando estar dentro de uma tag <CFOUTPUT>. Usando dados de formulário você pode criar mais páginas ColdFusion com pesquisas avançadas. Os campos de formulários podem conter informações que usuários desejem pesquisar, e com recursos de combinação desses campos e valores. Aqui está um exemplo:

```
<form action="results.cfm" method="post">
<!-include form fields like the one above, "Location" - >
<input type="text" name="Title">
<br>
<input type="submit" name="Submit" value="Submit">
</form>
```

Isto então enviará a execução (POST) da página. Os comentários são observações:

```
<cfquery name="Query1" datasource="mydb">
Select *
From Table1
Where Title like '%#Title#%'
//usar % siginifica que "Title" pode conter mais informações do que realmente seja
//Like Title="now" pode retornar "titles" com "Know" ou "I need it now please"
<cfif Location is not "">
//se não for selecionada uma localização, você seleciona
and Location = '#Location#'
</cfif>
</cfquery>
<cfoutput query="Query1">
#Title# - #Location#<br>
</cfoutput>
```

Inserção de Dados de Formulário em Base de Dados

Descrevemos antes como submeter informações em base de dados usando formulários. Nesta seção, iremos descrever a maneira correta de fazer isto. Quando do uso de formulários, você deve estar atento que Netscape e Internet Explorer não fazem isto de maneira padronizada. Por boas medidas, quando você cria um campo de formulário, você deveria definir o seu valor padrão para "", e então o Netscape não apresentará problemas. E também, ao enviar informações através da URL, você deveria usar a função **#URLEncodedFormat(Field)#** para garantir que valor exato está sendo enviado para a próxima página. O Netscape não aceitará espaços em branco nos nomes, enquanto o IE aceita.

Quando do uso de formulários, você pode necessitar passar senhas através de campos escondidos a partir de um formulário para outro, e garantir que nenhum dado seja perdido. Quando do uso de campos escondidos (hidden), garanta usar a tag <CFOUTPUT> entorno destes, e o ColdFusion saberá como armazenar esses valores.

Em alguns casos ,você pode precisar atualizar alguns arquivos em banco de dados. Isto não deveria ser feito exceto por pessoas autorizadas. E esses arquivos poderia ser de tipo específico, tipo arquivo de imagem. Abaixo há um exemplo de código que mostra como fazer uma carga (upload) de um arquivo:

```
<form ENCTYPE="multipart/form-data" method="post" action="upload.cfm">
```

```
<input type="file" name="attachedfile">
<br>
<input type="submit" name="Submit" value="Submit">
</form>
```

Este código cria um formulário que permite que o usuário faça a carga, a partir do parâmetro reservado ENCTYPE. Este é necessário quando for realizar esse tipo de carga, o qual deixa que o formulário saiba que este conterá dados. O código que atualmente faz a carga é:

```
<cffile action="upload" filefield="attachedfile" destination="d:\inetpub\wwwroot\myfolder\">
```

Para restringir o tipo de arquivo que será carregado, utilize o parâmetro ACCEPT. O ColdFusion não pode sobreescrever arquivos já existentes, para isto, você deve conhecer e usar o parâmetro NAMECONFLICT.

Pronto ! Finalizamos nosso capítulo do ColdFusion MX. Se conseguimos abrir o seu apetite de aprender mais sobre esta maravilhosa ferramente, teremos então conquistado nosso objetivo. Reflita bem, pois a Web e corporações estão quase que criando um padrão Java, PHP e ColdFusion.

Uma boa dica de site para que você continue os seus estudos, é o ColdFusion Developer´s Journal em **http://www.sys-con.com/coldfusion/**.

Exemplo de Código em ColdFusion MX

Para que você inicie a usar o ColdFusion com algo mais prático, nós apresentamos abaixo um exemplo de interação entre HTML e ColdFusion.

Edite um arquivo chamado **home.cfm**, e coloque o seguinte conteúdo:

```
<CFOUTPUT> The time is #TimeFormat(Now(), "HH:mm:ss" )# </CFOUTPUT>
```

Ao abrir este arquivo com o seu navegador web, a seguinte página será apresentada, informando a hora do sistema:

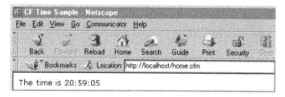

No exemplo acima, o ColdFusion atuou como um script CGI comum para suas páginas HTML.

Agora, vamos ver um exemplo de validação de login de usuário, o qual está cadastrado numa base de dados anteriormente configurada.

Formulário HTML exemplo com usuário e senha

Para produzir um formulário igual ao apresentado acima, crie um arquivo **teste.cfm**, e coloque o seguinte conteúdo:

```
<!--- Teste.cfm - demo front end para consulta CF em banco de dados -->
<HTML>
<HEAD>
 <TITLE>Login</TITLE>
</HEAD>

<BODY            BGCOLOR="#99CCFF"              TEXT="#663333">
<CENTER>
<CFFORM METHOD="POST" ACTION="auth.cfm">

<TABLE                                        WIDTH="300"
   BORDER="4"
   CELLPADDING="4"
   CELLSPACING="4"
   BGCOLOR="#CCFFFF">

 <TR>
   <TD COLSPAN="2">Seja Bem-vindo. Por favor, digite seu login e
senha, e então clique no botão <i>Login</i> para continuar.

   </TD>
 </TR>

 <TR>
   <TH>Usuário</TH>
   <TH                                     ALIGN="LEFT">
   <CFINPUT                                TYPE="TEXT"
   NAME="user"
   REQUIRED="Yes"
   MESSAGE="Forneça          o          seu          login">
   </TH>
 </TR>

 <TR>
   <TH>Senha</TH>
   <TH                                     ALIGN="LEFT">
   <CFINPUT                           TYPE="PASSWORD"
   NAME="pass"                             REQUIRED="Yes"
   MESSAGE="Por favor, digite sua senha conforme procedimentos">
   </TH>
 </TR>
</TABLE>
<CFOUTPUT>
   <INPUT    TYPE="HIDDEN"    NAME="file"    value="#file#">
</CFOUTPUT>
<P>
   <INPUT              TYPE="SUBMIT"              VALUE="Login">
     
   <INPUT              TYPE="RESET"              VALUE="Clear">
</CFFORM>
</CENTER>
```

```
</BODY>
</HTML>
```

Note que no método POST do código HTML, este enviará os dados para um outro script chamado **auth.cfm**. Este então será o responsável por realizar a autenticação dos dados digitados pelo usuário. Portanto, crie esse arquivo **auth.cfm**, e coloque o seguinte conteúdo:

```
<!DOCTYPE HTML PUBLIC "-//W3C//DTD HTML 3.2 Final//EN">
<!--- auth.cfm – demo de coldfusion para consulta e mbanco de dados -->
<HTML>
<HEAD>
<TITLE>Gerenciador   de   autenticação   de   usuários</TITLE>
</HEAD>

<BODY>

<CFQUERY         NAME="logins"          DATASOURCE="#DB#">
   select    *     from     logins     where    username='#user#'
   AND                 password         =            '#pass#'
</CFQUERY>

<CFIF           logins.RecordCount          GT           '0'>
<CFLOCATION                                         URL=#file#>
<CFELSE>
<script                              language="JavaScript">
   alert("Login                  sem                  sucesso")
</script>
<center>
   Por favor, clique no botão Back do navegador para tentar novamente.
</center>

</CFIF>
</BODY>
</HTML>




Note que tratamos apenas no caso de falha, se houver o sucesso na
autenticação, o código ficaria assim:


<CFOUTPUT          QUERY="          matches"          >
   <CFIF              #password#          IS          #pass#>
        <CFLOCATION    URL    =    "sucesso.html"    >
   <CFELSE>
        <CFLOCATION    URL    =    "falha.html"    >
   </CFIF>
</CFOUTPUT>
```

Portanto, de acordo com o resultado, uma página de sucesso ou falha seria apresentada.

Economizando Dinheiro com Novos Softwares (Suite Office)

Em alguns dos anexos deste livro foram catalogadas centenas de softwares gratuitos ou shareware disponíveis para o Linux. Mas o número poderia ser maior ainda, pois este aumenta a cada dia ao redor do mundo.

Conforme publicou a Revista do Linux: "uma das maiores dificuldades na migração da plataforma Windows para a plataforma Linux é a falta do conhecimento dos software Windows equivalentes em Linux...". Então, os próximos capítulos tentamos fazer isto para facilitar a visa do técnico ou do usuário comum. Por último, recomendamos a visita ao site **http://linuxshop.ru/linuxbegin/win-lin-soft-en/**, neste site será possível identificar os softwares equivalentes.

Este capítulo foca num dos grandes custos de usuários e empresas no dia-a-dia: um aplicativo integrado, que seja de fácil uso, disponibilize planilha eletrônica, editor de texto, apresentação de slides, editor gráfico, além de outros arquivos e compatibilidade no intercâmbio de dados. Selecione o "supra sumo" do ambiente Linux, mas há outros que poderão ser testados, e que estão no Anexo deste livro que é voltado para o dia-a-dia da empresa.

E nós, enquanto empresários, usuários, gerentes de informática ou técnicos, devemos sim economizar dinheiro, e nos principais softwares que são apresentados a seguir, você obterá qualidade, economia e com garantia de futuro. Agora, se você, pessoa física ou jurídica, tiver com dinheiro sobrando, tudo bem, pode continuar usando o seu Office padrão.

Não podemos esquecer que a tecnologia proporciona a racionalização de tarefas, e também de recursos. E não estou nem falando da vantagem de utilizar o software livre Linux, pois o OpenOffice já está disponível também para outras plataformas não gratuitas, ou seja, sua evolução de economia pode se iniciar gradualmente e bem segura.

Portanto, este capítulo apresenta os melhores aplicativos que poderão reduzir o seu custo de investimento por estação de trabalho, e dar segurança no gerenciamento de seus dados. Um ou dois não são gratuitos, mas estão bem mais em conta que outros concorrentes.

Por último, se sua empresa ou mesmo, em sua casa, você está correndo risco da fiscalização contra a pirataria de software – cópias ilegais -, ressalto que este risco não tem mais finalidade de existir mais, pois os softwares abaixo são totalmente seus uma vez que instalados ou em uso, comercialmente ou não.

OpenOffice – Suite Livre para Desktop

O Openoffice 1.0.3, o qual foi baseado no código do StarOffice e servido de base para o StarOffice 6 da Sun Microsystems (www.sun.com), oferece uma suíte completa composta de editor de texto Writer, a planilha eletrônica Calc, o editor de desenho vetoriais Draw e, por último, o gerador de apresentações Impress.

O OpenOffice.org é um projeto de Código Aberto. Isto significa que você pode contribuir para torná-lo melhor juntando-se a comunidade. Você pode juntar-se como um assinante de uma lista de discussão, como um membro do projeto ou como membro de um sub-projeto específico. Você pode contribuir com suas idéias, com seus relatos de erros, com correções de erros ou apenas com suporte geral. Não é necessário que você seja um programador, apenas que você respeite os outros membros da comunidade e entenda que este é um projeto sério e o que ele significa.

Entre os vários recursos oferecidos pelo software, destaca-se a possibilidade de abrir e salvar documentos nos formatos gerados pela suite Microsoft Office, versões 97, 2000 e XP.

Os sites oficiais do aplicativo são www.openoffice.org ou www.openoffice.org.br. É que existem mais de trinta possíveis traduções deste software. O Conectiva Linux e outras distribuições já disponibiliza o aplicativo para instalação opcional.

Como o OpenOffice é um software livre, você também pode copiá-lo diretamente e gratuitamente da Internet no site oficial. A instalação é fácil e prática, podendo ser feita em ambiente Linux ou Windows. A versão 1.1, lançada durante a finalização deste livro. No Brasil, o projeto tem a coordenação de Claudio Ferreira Filho, o qual conta com o apoio de vários outros colaboradores.

OpenOffice.org é uma comunidade que desenvolve um conjunto de aplicativos de produtividade para escritórios, livre e multiplatafoma. Este conjunto inclui aplicativos essenciais como processador de texto, planilha eletrônica, gerador de apresentações e um programa de desenhos. Tudo com uma interface muito similar a outros produtos do gênero. Além de ser sofisticado e flexível o OpenOffice.org trabalha com diversos formatos de arquivos de forma transparente, inclusive com o Microsoft Office. O OpenOffice.org está disponível em 27 línguas diferentes, e a comunidade de desenvolvimento está constantemente acrescentando novos idiomas. O OpenOffice.org é estável e roda nativamente sob Solaris, Linux (inclusive PPC Linux) e Windows. Versões para FreeBSD, Irix e Mac Os X estão a caminho e encontram-se em diferentes estágios de desenvolvimento. Escrito em C++ e com as APIs documentadas e licenciadas sob as licenças de software livre LGPL e SISSL, o OpenOffice.org permite a qualquer desenvolvedor com os conhecimentos necessários tirar proveito do código fonte. Além disso, o formato de arquivos do OpenOffice.org é o XML, o que possibilita intercâmbio e interoperabilidade com outros aplicativos, facilitando assim a aceitação do produto.

Porque a Sun Microsystems está fazendo isso?

Sun Microsystems foi fundada em 1982, calcada em três princípios. Primeiro, que as estratégias para tecnologia de sistemas abertos expandirão os mercados de produtos para tecnologia de informação com mais sucesso que os baseados em sistemas proprietários. Segundo, que a comunicação se tornará a base sobre a qual todas as plataformas computacionais seriam construídas nesse mundo dos sistemas abertos, princípio expressado pelo visionário slogan da Sun, "A comunicação é o computador". E, terceiro, a lei da inovação descrita por Bill Joy (co-fundador da Sun Microsystems e líder original do embrião do projeto de código aberto BSD), "inovação acontecerá" e sua conclusão, "acontecerá em outro lugar", e isso requer que estratégias precisam ser definidas para adotar os conceitos dos inovadores que, por definição, estarão "em outro lugar". A Sun reconhece que todo software de sucesso e as tecnologias de comunicação que eles utilizam e desenvolvem precisam seguir esses princípios fundamentais. Uma breve análise dos relatórios e das ações do início da Sun mostrará uma consistência no desenvolvimento dos meios de construção desses princípios.

O futuro da suíte de produtividade StarOffice na Sun Microsystems: Os esforços de engenharia da Sun Microsystems que entregarão as futuras versões do StarOffice serão derivados diretamente da tecnologia utilizada no OpenOffice.org. A Sun utilizará o único código-fonte CVS do OpenOffice.org para seu próprio desenvolvimento. Dessa forma, desenvolvedores de todas as comunidades poderão ver as contribuições da Sun diariamente, e serem capazes de se tornar diretamente envolvidos no desenvolvimento da tecnologia do OpenOffice.org, bem como marcar a suíte de produtividade StarOffice.

OpenOffice.org é o projeto de software livre através do qual a Sun Microsystems liberou a tecnologia da sua popular suíte de produtividade StarOffice. Todo o código-fonte do StarOffice está disponível sob as licenças GNU LGPL(Lesser Lesser General Public License) e SISSL (Sun Industry Standards Source License).

A missão destacada pelo OpenOffice é ser um projeto de código aberto com a missão de criar, como uma comunidade, a suite office internacional que rodará na maioria das plataformas e proverá acesso a todas as funcionalidades através de APIs de componentes de código aberto e com arquivos no formato XML. Por último, o coordenador Cláudio Filho, e seus colaboradores, têm a missão no Brasil das seguintes tarefas:

- Localização do produto OpenOffice.org para o português do Brasil (l10n - pt-Br);
- Informações em Português Brasileiro (home pages e documentação);
- Compilação da suite na versão mais recente do OpenOffice.org;
- Disponibilidade de Mirrors para download das últimas versões do OpenOffice, nas mais diferentes plataformas;
- Aperfeiçoamento das ferramentas utilizadas no OpenOffice.org para o português/Brasil;
- Implementação e aperfeiçoamento de ferramentas línguísticas para o Brasil (dicionário/corretor ortográfico);
- Publicidade para o OpenOffice.org no Brasil.

A Versão 1.1 substitui a versão anterior, OpenOffice.org 1.0.3.1, com um conjunto de novas características fazendo do OpenOffice.org 1.1 a melhor suite office. O OpenOffice.org 1.1 RC não só inclui as características introduzidas no 1.1beta, como exportar para arquivos PDF, SWF, DocBook, PDA Office, Ajuda on-line melhorada, mas também:

- A habilidade de atualizar instalações simples do OpenOffice.org 1.0.x;
- Fontes integradas Bitstream Vera;
- Suporte à Microsoft Excel 95(TM) e velhos controles de formulários;
- Ferramentas ortográficas e hifenação para muitos idiomas;
- Melhores filtros para MS Office.

Como requisito mínimo de hardware, a recomendação do software é:

Ambiente Linux	
	• Processador compatível com Pentium ou superior
	• Recomendados 64-MBytes RAM
	• 250-Mbytes de espaço disponível em HD

	• Linux Kernel 2.2.13 ou superior • Servidor X com resolução de 800x600 ou superior, 256 cores ou toons de cinza • glibc2 versão 2.1.3 or superior • Vídeo VGA ou superior, com suporte de 256 colors, 800 x 600 pixels
Ambiente Solaris	• 240-MBytes de HD com sistema operacional Solaris 7 ou 8 (SPARC) • Solaris 8, requer patches 108434-01 e 108435-01 (64-bit) • Solaris 7, requer patches 106327-08, 106300-09 (64-bit), e 106327-07 • Para versões asiáticas, usuários devem usar Solaris 8, com patches 108434-01, 108435-01 (64-bit), e 108773-07 • Adquira os patches em: http://sunsolve.sun.com • CDE 1.3 ou superior (recomendado) ou OpenWindows[tm] • Mínimo de 64-MBytes de Memória RAM, recomendamos 128-Mbytes de memória RAM • Video VGA ou superior, com suporte de 256 colors, 800 x 600 pixels

Uma sugestão econômica de manual para este aplicativo e para o StarOffice, é utilizar os manuais confeccionados e distribuídos pelo Metro de São Paulo (www.metrosp.gov.br). Um dos primeiros Casos de Sucesso que economizou milhares de reais nesta escolha de sucesso, e bem condução do dinheiro público.

Writer - Editor de Texto

Ferramenta poderosa para criação profissional de documentos, relatórios, cartas publicitárias ou brochuras. No Writer pode-se facilmente integrar imagens e gráficos em documentos, cria todos os tipos de cartas comerciais até apostilas e livros, bem como a publicação de conteúdo Web.

openoffice_writer.gif

A interface e apresentação do Writer não deixam nada a desejar. Acima, a tela apresenta o recurso de formatação de estilos e fontes.

Calc – Planilha Eletrônica

Planilha eletrônica que pode transformar todos os números do seu dia-a-dia em informações preciosas e bem apresentadas. Calcula, analisa, e comunica visualmente seus dados de forma fácil e rápida. Através das funções e ferramentas de apoio a decisão avançadas, você poderá executar análise de dados. Sem falar da ferramenta de geração de gráfico para os formatos 2D e 3D.

openoffice_calc.jpg

Gráficos e formulas avançadas são compatíveis com a Planilha Calc.

Impress – Editor de Apresentações Multimídia

Considerada uma das ferramentas mai poderosas e rápida para a criação de apresentações em multimídia. Suas apresentações poderão destacar qualquer tipo de efeito, animação que venderão a sua idéia.

openoffice_Impress.gif

Draw – Editor de Desenhos e Gráficos

Este software disponibiliza todos os recursos e facilidades para que você crie deste diagramas simples até ilustrações dinâmicas e sofisticadas em 3D, e ainda, com ou sem efeitos especiais.

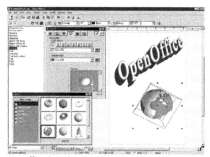

openoffice_Draw.jpg

O editor gráfico Draw não se intimida perante recursos de desenho. E sim, a sua imaginação.

Database User Tools

Criando um ambiente integrado entre todas as ferramentes do OpenOffice, esta ferramenta de banco de dados permite que:

openoffice_databasetool.jpg

- Criação de novas tabelas de dados, permitindo assim sua manutenção
- Manutenção de indices das tabelas para facilidade no acesso
- Edição fácil das informações a partir de grades (grid)
- Utilizar o "Report AutoPilot" para a produção de relatórios a partir dos seus dados
- Utilizar o "Form AutoPilot" na criação de aplicações on-line que manipulem sua informação
- Permite o acesso através da linguagem "SQL" as informações

Math – Editor de Fórmulas

Editor de fórmulas matemáticas para que você monte-as e coloque-as nos seus documentos e projetos.

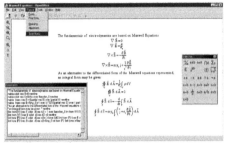

openoffice_Math.gif.

Applixware Office

Applixware é um conjunto completo de programas na linha office para Linux, incluindo processador de textos, planilha eletrônica, programa de apresentação e aplicações de mail eletrônico. Todas as aplicações são fáceis de usar e totalmente gráficas. O processador de textos inclui tabelas, múltiplos desfazer/fazer, hipertexto, corretor ortográfico, dicionário e equações. A planilha inclui "procura de resultado", gráficos, links dinâmicos entre planilhas e funções externas. As aplicações gráficas possuem várias ferramentas de desenho, suporte para texto, sombras, tamanhos e formas de pincel e opções de rotação e escala.
O site oficial do produto é http://www.vistasource.com/page.php?id=86

Como requisito mínimo de hardware, a recomendação do software é:

Ambiente Linux	Uma típica instalação do Applixware, com seus aplicativos, requer aproximadamente 135 megabytes de espaço em disco. O qual poderá aumentar, dependendo do fornecedor do X Terminals que esteja sendo usado.

Applixware Words - Editor de Textos

Não importa se você quer escrever um memorando, um relatório anual ou um documento complexo com gráficos e planilha eletrônica, o Applixware Words oferece velocidade e poder que você precisa.
Com o Words é possível criar tabelas, gráficos, hiperlinks e equações embutidas, além de integrar com recursos de outros aplicativos. Possui ainda recursos de dicionário e checagem de gramática.

applixware_editortexto.jpg

Visual e acesso rápido aos recursos são características famosas do Applixware Words.

Applixware Graphics - Editor de Gráficos

A criação, edição e a customização de gráficos para documentos do ambiente Applixware. A integração dos aplicativos permite a reutilização de gráficos por documentos Words, planilhas eletrônicas, etc...

applixware_editorgrafico.bmp

Esta interface amigável habilita a criação de gráficos com drag-and-drop, seguindo pixel a pixel.

Spreadsheets - Planilha Eletrônica

O software Applixware Spreadsheets é um dos favoritos softwares utilizados em Wall Street, devido ao seu recurso de criação rápida de fórmulas matemáticas avançadas, além de recursos de análise financeira e lógica. Com este software, você pode facilmente criar gráficos dinâmicos a partir de dados. Usa ainda exportação HTML-WEB para publicação de conteúdo.

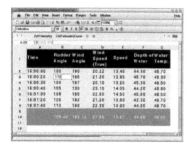

applixware_planilha.bmp

Pode-se normalmente integrar e compartilhar informações com outras planilhas do mercado, através de filtros de importação e exportação de dados.

Mail - Correio Eletrônico

O Applixware Mali é um cliente para email pessoal, permitindo assim o envio, a leitura, o recebimento e a organização de suas mensagens eletrônicas, bem como os documentos anexados. Pode-se ainda o compartilhamento de documentos entre os usuários deste ambiente Applixware.

applixware_mail.bmp

Presents - Apresentações

Quer conquistar sua platéia ? O Applixware Presents fica limitad somente a sua criatividade. Os slides podem ser compostos de forma rápida, e como é da família Applixware, a integração de conteúdo entre os dados está disponível. As apresentações estarão facilmente manipuladas e formatadas, de acordo com sua necessidade.

applixware_apresentac.gif

Data - Base de Dados

O ambiente client Applixware Data é um banco de dados poderoso e flexível que permite o acesso rápoido para informações em banco de dados (ODBC). E sem necessidade de que o usuário conheça uma linguagem de programação ou SQL. Permite a consulta, inclusão e atualização de dados como se estivesse trabalhando numa planilha eletrônica.

applixware_data.jpg

Os principais bancos de dados corporativos poderão ser acessados e disponibilizados na família de aplicativos Applixware.

Builder - Ambiente de Desenvolvimento

O ambiente Builder da família Applixware é uma aplicação poderosa que permite que você customize e automatize a solução de dados e documentos. Através da programação orientada a objetivos que facilida a criação rápida de aplicações visuais.

applixware_builder.gif

Pode-se criar documentos que acessam e manipulam dados SQL ou importados em tempo real, como cotações de ações por exemplo. Possui um solucionador de erros on-line em tempo de construção (debugger), e recursos de drag-and-drop na tarefa de desenvolvimento.

KOffice – Suite Integrado ao KDE

O KOffice é um suite (conjunto) de aplicações integrados e já embutidos no ambiente Open Source KDE (The K Desktop Environment).

O KOffice possui componentes que são todos integrados e com recursos de intercâmbio fácil de dados e recursos. Cada programa do KOffice se torna um componenete que adiciona mais funcionalidade para o conjunto.

O KOffice, como o próprio KDE, é um projeto de software livre, o qual está distribuído sob a licença GPL.

O ponto de partida e site do projeto é **www.koffice.org** ou **www.kde.org**.

Kword – Editor de Texto

O aplicativo KWord é um editor de texto e editoração. Este aplicativo é capaz de suportar a criação profissional de documentos "on-demand", não importando se é para uso pessoal ou corporativo. O software está pronto para artistas, estudantes, etc....

O KWord é baseado em frames, o que permite colocar componentes em posições exatas em qualquer aplicação integrada.

koffice_kword.jpg

Kspread – Planilha Eletrônica

A planilha eletrôniac KSpread disponibiliza planilhas orientadas por tabelas, suportando também complexas formulas matemáticas e estatísticas. Há vários recursos, podendo destacar dezenas de formulas, incluindo derivação.

Todos os recursos de formatação de célula estão disponíveis, desde alinhamento até rotação, etc... Na imagem abaixo pode-se ver um pouco de seus recursos:

koffice_kspread.jpg

Um dos recursos acima é a inclusão de objetos de outros componentes da família de aplicativos KOffice (veja em Embedded Object).

KPresenter – Aplicação de Edição de Apresentações

O programa KPresenter é uma aplicação voltada para auxiliar o usuário na criação de apresentações profissionais. Vale destacar alguns recursos como a inserção e edição livre de texto, marcadores, cores, bem como imagens e gráficos.

As propriedades e recursos possuem fácil acesso, valendo tanto para slides como para componentes isolados. A imagem abaixo apresenta um dos slides de um projeto de apresentação:

koffice_kpresenter8.jpg

Kivio – Editor Gráfico e Diagramação

Uma das necessidades no dia-a-dia é termos que fazer gráficos de fluxo ou diagramas, tarefa chamada de Flow Charting. O Kivio do KOffice vem atender esta demanda, concorrente e pronto em relação ao software Microsoft Visio. E, como ressaltado antes, os trabalhos gerados neste software estão automaticamente disponíveis para integração com os demais componentes do KOffice.

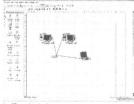

koffice_kivio.jpg

Na tela acima do Kivio é possível vermos a barra vertical de objetos. Objetos que farão parte de nosso diagrama ou modelo de gráfico.

Karbon14 – Editor Gráfico Vetorial

Entenda o Karbon14 como um aplicato de desenho vetorial para o KDE. Está ainda na fase de ajustes e desenvolvimento, prometido para a versão 1.3 do KOffice.

koffice_karbon.jpg

Projetos profissionais poderão ser feitos no Karbon14. Não é por ingenuidade que este software tem este nome. Conheça mais deste software no site www.koffice.org.

KChart – Editor de Gráfico Analítico

O componente KChart da família KOffice é voltado para o desenho profissional de gráficos analíticos. São gráficos que uma vez montados podem fazer parte de qualquer documento da família KOffice produzido, por exemplo, um relatório feito no KWord.

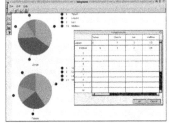

koffice_kchart.jpg

KFrmula – Editor de Fórmulas Matemáticas

O editor de formulas KFormula possui tão fáceis que até quem odeia Matemática poderá utilizá-lo. Este software disponibiliza a fácil entrada de valores e suporte prático às funcionalidades. Na tela abaixo, vemos um exemplo de formula que pode ser criado com esta aplicação:

koffice_kformula.jpg

Kexi –Acessibilidade a Base de Dados

Ainda em desenvolvimento, o Kexi será uma ferramenta essencial para a busca efetiva de eficiência corporativa. O Kexi é um ambiente integrado para gerenciamento de dados. Este ajuda na criação de esquemas de banco de dados, inserção de registros, consulta e análise. Os seguintes drives estarão disponíveis no início SQLite, MySQL, PostgreSQL, FireBird/Interbase.

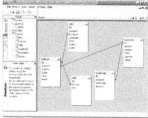

koffice_kixe.jpg

Na imagem acima é montado um modelo de Entidade e Relacionamento entre tabelas de um banco de dados, agradando a um usuário de análise de dados até um administrador de dados.

Outros componentes da família KOffice

Como vimos que o KOffice já está conquistando a maioridade, e estará sempre acompanhando o progresso do KDE, portanto, o KOffice é altamente recomendado para a empresa e o usuário final. Outros componentes que fazem parte desta família estão destacados logo abaixo:

Krita – é uma aplicação de edição de pintura e edição de imagens. A aplicação ainda não está pronta para usa, mas em breve poderá auxiliar nesta tarefa de montagem rápida de gráficos e imagens.

Kugar - A ferramenta Kugar é responsável pela geração de relatórios de qualidade para o mundo corporativo, permitindo assim a visualização e impressão. Relatórios estes que poderão ser distribuídos e acessados via o visualizador padrão chamado Kpart.

KPlato – Ainda em desenvolvimento, o KPlato, na minha opinião, completará de vez a família de um suite Office. Este será responsável em permitir a um gerente ou analista de projeto realizar o devido planejamento, considerando tarefas, prazos, etc...

STAROFFICE OFFICE SUITE - Um Office para Todos

Mesmo que alguns assuntos deste livro não estejam tão aprofundados como você gostaria, minha intenção é, como citei anteriormente, apenas "abrir-lhe o apetite de Linux", pois somente a partir desse ponto você terá todo o apoio da comunidade.

Desejando conhecer mais o StarOffice Office Suite para Linux da Sun®, visite o http://wws.sun.com/software/star/staroffice/index.html. Está disponível para download.

cap07-01

Caro leitor, se você tentar adivinhar para que serve o StarOffice Office Suite®, você já está certo. Ele é realmente um grande concorrente dos demais pacotes de ferramentas, que visam otimizar e aumentar a produtividade dos usuários de microcomputadores. E o que o faz dele uma grande opção, na minha opinião, é que o StarOffice é multiplataforma.

Todos os componentes e aplicações do StarOffice estão integrados, possibilitando assim a troca de propriedades e objetos em comum. Ele fornece ferramentas inteligentes para otimizar ao máximo suas tarefas do dia-a-dia. Entre elas estão: StarWriter, StarCalc, StarImpress, StarDraw, StarBase, StarSchedule, etc.

Além disto, os componentes estão prontos para as tecnologias da Internet, inclusive correio eletrônico.

> NOTA
>
> *Você também poderá obter informações sobre essa versão no site da Sun Microsystems.*

O arquivo que será obtido via download tem o nome de **so501_01.tar**, dependendo da versão disponível para download ou adquirida. Coloque-o num diretório do seu micro com Linux, e execute o seguinte comando de descompactação. Esteja logado como usuário root:

```
#  tar xvf so501_01.tar
```

Automaticamente será criado um diretório de nome so501. Ao acessar esse diretório, serão apresentados mais três subdiretórios:

➢ glibc2_inst: deverá ser utilizado para instalação das bibliotecas glibc2 (verifique se elas já não estão instaladas, ou consulte o arquivo README do diretório atual);
➢ so501_doc: está disponível a documentação sobre o StarOffice;
➢ so_501_inst: programas de instalação do StarOffice.

Estando dentro de uma sessão Xterm de algum gerenciador de janelas X Window, execute o arquivo setup do diretório so_501_inst, assim:

```
./setup
```

Então a seguinte janela de boas-vindas será exibida:

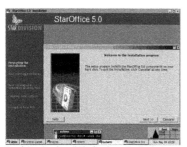

A próxima janela exibida é a de aceitação do termo de uso. Informa que esta versão download não poderá ser usada em atividades comerciais:

Ao se cadastrar no site da Star Division para fazer o download do StarOffice, você obtém algumas chaves de identificação, portanto é agora que elas deverão ser utilizadas.

Na janela acima, devem ser digitados: endereço, correio eletrônico, nome, cep e cidade exatamente como foram cadastrados no site da Star Division, no momento de download.

Enquanto isto, prepare-se para digitar na janela de baixo a chave de identificação e liberação du software:

Como esta foi a minha primeira instalação, aceitei na janela abaixo a sugestão do configurador automático do StarOffice: **Standard Installation**.

Define-se agora a pasta ou diretório para a localização dos programas do StarOffice no do seu computador:

Pronto. Agora é só aguardar. Uma barra de progressão gráfica, ativa no canto inferior direito da janela abaixo, apresenta o andamento do processo de instalação:

Até que enfim chegamos na janela de instalação perfeita:

Para ter o primeiro contato com o StarOffice, basta executar `soffice` no subdiretório `/bin` da aplicação. Faça isto dentro de uma sessão Xterm, assim:

```
./soffice
```

A primeira janela a ser apresentada é identificadora de versão:

Imagine o StarOffice como um centralizador ou um ambiente de aplicações. Aplicações como, por exemplo: agenda de compromisso, editor gráfico, montagem de home-pages, gestor de caixa postal, montagem de apresentação com slides, planilha eletrônica, editor de textos, configurador de impressora PostScript, etc.

Essas aplicações poderão ser executadas ao clicar sobre o ícone correspondente, ou navegando pelo menu `Start` existente no rodapé do StarOffice:

Quer um editor de texto completo, e que não deixa nada a desejar aos da concorrência!

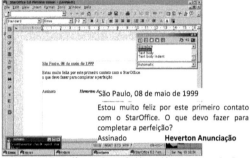

São Paulo, 08 de maio de 1999

Estou muito feliz por este primeiro contato com o StarOffice. O que devo fazer para completar a perfeição?

Assinado　　　**Heverton Anunciação**

Minhas aplicações gráficas serão produzidas rapidamente com o StarDraw, o qual permite ainda que eu faça o intercâmbio de dados entre as aplicações StarOffice:

Se o seu chefe quiser uma apresentação de slides para ontem, não se preocupe, pois o StarOffice tem a solução:

Será que a planilha eletrônica do StarOffice consegue fazer o meu salário durar mais, mesmo que a análise seja feita com gráficos?

Acho que nem a planilha eletrônica do StarOffice consegue resolver o meu problema. Vamos esquecer as dívidas e consultar a agenda do dia:

Pronto. Acho que a partir de agora você terá outros olhos para o Linux. Quem não se preparar agora, poderá ser tarde demais.

Guia Completo do Linux e Software Livre

Detectando Invasões e Hackers contra o Linux com ACID e Snort

---

Temos escrito e ouvido falar muito do Linux como plataforma, seus softwares disponíveis aos milhares ao redor do mundo. Com este aumento mundial de usuários e servidores do Linux, por consequência, invasões, hackers e questões de segurança surgem também relativas a esta plataforma. E o Linux, aqui representada por fornecedores e profissionais, deverá provar que está realmente maduro e com recursos disponíveis para enfrentar esta ameaça do mundo cibernético.

O objetivo deste capítulo então é mostrar como detectar intrusos e invasões no seu sistema com a utilização do **Analysis Console for Intrusion Databases (ACID)**. Software gratuito este considerado o favorito aplicativo na detecção de intrusos no seu sistema.

O Analysis Console for Intrusion Databases (ACID) é um conjunto de programas PHP para análise de processo em banco de dados aonde ficam registros eventos de segurança, os quais são gerados por várias ferramentas de monitoramento: IDSes; Firewalls; etc..

O portal e site principal do ACID está em http://acidlab.sourceforge.net ou http://www.cert.org/kb/aircert/.

O ACID permite a apresentação e a consulta aos alertas gerados pelo SNORT em tempo real. O Snort é um software gratuito que representa o famoso **Intrusion Detection System (IDS)** de Marty Roesch.

O ACID possui dependências para as bibliotecas PHP; ADODB; PHPlot ou JPGraph.

E no princípio era o Snort....

Para iniciar a jornada com o ACID, primeiramente, devemos instalar o Snort. Observe que quase todos os pacotes para que o ACID funcione e seja instalado já foram instalados em outros pacotes. Para perfeita instalação, é aconselhável então que o MySQL, PHP e Apache tenham sido instalados perfeitamente, e estejam com a execução também disponível.

Snort ™

The Open Source Network Intrusion Detection System

O primeiro passo é fazer a cópia e download da versão mais atualizada do Snort. Para este laboratório nós utilizaremos a versão 1.8.4 que já havia baixado do site **www.snort.org**. Este download inclui também documentação em PDF, além de alguns arquivos README. O Snort dá suporte ao MySQL, PostgreSQL, Oracle e ODBC para Unix.

Preparando o Banco de Dados MySQL

Snort é um software gratuito que representa o famoso **Intrusion Detection System (IDS)** de Marty Roesch.

Nós escolhemos o banco de dados MySQL pela simples razão de estar assim na maioria das configurações, e como é a que funciona melhor. Neste laboratório utilizamos MySQL 3.23.49a-1 em ambiente Red Hat 7.2 RPM.

De volta ao assunto Snort, o script **configure** foi executado com o indicativo de banco de dados habilitado (**with-mysql**). Isto considera o teste ou falha em não encontrar o **mysql.h**.

Independentemente do ambiente RedHat, Slackware ou Conectiva, a instalação do servidor de banco de dadops MySQL é bem simples, e pode ser feita também através de pacote RPM da Red Hat. Para este laboratório foi utilizado o pacote MySQL a partir do CD Red Hat, adicionando o caminho completo para o arquivo principal (header).

Apesar do script **configure** não aprovar isto, editei o conteúdo deste programa que estava adicionando um **include/mysql/mysql.h** para o diretório que eu estava especificando. Então, foi feita uma mudança para **with-mysql=/usr**, o que funcionou perfeitamente.

Após a execução do script fornecido para a criação do banco de dados Snort, e também de designar uma conta de usuário e senha com direitos para o banco de dados, foi então inicializado o uso do arquivo **snort.conf**.

A linha do arquivo **output database: log (etc)** foi descomentada com o correto nome, login e senha para o banco de dados. Então foi digitada uma linha idêntica para **output database: alert (etc)**. Para inicializar snort (e a inclusão e alertas para o banco de dados MySQL), basta executar:

```
# snort -D -c /etc/snort/snort.conf.
```

Integrando com Apache, PHP, ADOdb, ...

Como o objetivo não o de simplesmente executar o Snort, mas sim o de disponibilizar os alertas de dados de forma instantânea, e principalmente, com uma interface atrativa e produtiva.

Inicialmente precisamos do ACID, por conseqüência, o ACID integrar-se ao Apache e ao ADOdb. O Servidor Apache necessita falar com PHP e MySQL, enquanto PHP necessita falar ao MySQL. Esta também precisa utilizar a biblioteca GD graphing. É teremos que ter este ambiente bem integrado para conseguirmos o que desejamos.

Primeiramente então o Servidor Apache. Para este labobratório utilizamos a versão 1.3.24 obtida a partir do site www.apache.org. A versão pré-instalada que esta na distribuição não atendeu como o esperado. Para garantir o sucesso da minha instalação, executei o seguinte:

```
# ./configure --enable-module=most --enable-shared=max
```

Para detalhar e pesquisar mais sobre a instalação do Apache, veja neste livro o capítulo de instalação de servidores Web.
Agora, é a vez do PHP. Para não existir a perda de tempo, é de extrema importância que o Apache tenha funcionado e sido estalado perfeitamente previamente. Uma vez com o PHP instalado, execute:

```
# ./configure --with-mysql=/usr --with-apxs=/usr/local/apache/bin/apxs --with-gd
```

Estamos quase finalizando. A próxima etapa é adicionar o ADOdb a fim de padronizar a interface de banco de dados do PHP. Para download e maiores informações, visite o site **http://php.weblogs.com/ADODB**.
O ADOdb está pronto para Active Data Objects Data Base, com suporte a MySQL, PostgreSQL, Interbase, Firebird, Informix, Oracle, MS SQL 7, Foxpro, Access, ADO, Sybase, FrontBase, DB2, SAP DB, SQLite e ODBC.

Instalar esta interface é tão fácil como copiar (download) e descompactar o ADOdb, e então, mover os arquivos gerados para **/usr/local/apache/htdocs**.

O próxima etapa é destinada a biblioteca GD graphics e PHPlot. Esta é uma biblioteca C ANSI para criação dinâmica de imagens. A GD cria arquivos tipo PNG e JPEG, entre outros formatos, mas não suporte GIF. Para maiores informações e download, visite o site **http://www.boutell.com/gd/**.

A PHPLot é também uma biblioteca de gráficos dinâmicos, escrita em PHP. Para maiores informações e download, visite os sites http://www.phplot.com/ ou http://sourceforge.net/projects/phplot/.

Após o download de cada biblioteca, basta seguir a descrição dos arquivos README.txt de cada uma. Depois execute o **make install**. Isto coloca um arquiovo **libgd.so** em **/usr/local/lib**. Certifique se o diretório foi criado em **/etc/ld.so.conf**, então pode-se executar:

```
# ./sbin/ldconfig
```

Como o phplot já é instalado com o PHP e é destinado para gerenciar as imagens PNG, na maioria das vezes você não precisará fazer nada. Os arquivos restantes PHP da biblioteca, basta mover para **/usr/local/apache/htdocs**.

Finalmente a Instalação do ACID

O ACID, escrito por Roman Danyliw, é parte de um projeto maior chamado AirCERT. O AirCERT tem por objetivo crar um repositório global na Internet para aleita de segurança e anomalias para sites locais selecionados. Além de várias outras atividades, isto irá permitir uma rápida identificação de assinatura de novos tipos de ataques e tratamentos.

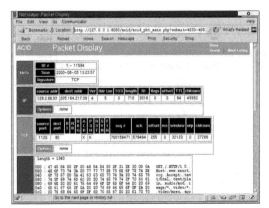

exemplo de uma tela do ACID com análise de Endereço IP

Para dar o gran finale a nossa instalação, chegamos a vez do ACID. Este deve ser copiado (download) a partir do site indicado no começo deste capítulo. O arquivo deverá ser copiado e descompactado no diretório **htdocs** do Apache. Deve-se editar o arquivo **acid_conf.php** para dar parâmetros e particularidades do banco de dados Snort, incluindo login e senha a usar, bem como informar aonde o ADOdb e phplot estão localizados.

Para realizar o primeiro teste, basta abrir o seu navegador web e apontar para **http://localhost:8080**. É que este processo necessita criar algumas colunas ao banco de dados Snort. Basta então seguir para as próximas páginas que o processo finaliza-se facilmente.

Para auxiliar-me nesta tarefa de testes, foi configurado para "LUG Members analisar" (scan) o nosso endereço IP. Isto gerou mais do que 10.000 alertas em apenas 2 horas. Foi revelando ainda um enorme buraco de segurança em meu sistema. O ACID estava disponível para qualquer um enviar pedidos HTML para a porta 8080 do meu endereço IP, e ainda, um dos voluntários informou-me que ele havia usado o ACID para procurar o próprio o IP dele no alerta do banco de dados.

O ponto a ser lembrado é que deve-se monitorar o acesso ao Apache ou ao servidor web. Como primeira alternativa, é recomendado alterar o arquivo **httpd.conf**, de "**Allow from any**" para "**Allow from 127.0.0.1**". Para esta e outras dicas, é recomendada a leitura da documentação PHP com as dicas de segurança.

A página ACID apresentada acima disponibiliza execuções totais de vários tipos de alertas (TCP,UDP e ICMP), bem como a atividade de scanning em portas de serviços. Por padrão, estes totais são atualizadas a cada 3 minutos. Você pode alterar este valor de refresh no arquivo **acid_conf.php**. O ACID permite ainda que você defina qual ferramenta será usada para analizar o banco de dados.

É possível ainda a partir das consultas analizar os alertas mais recentes, os mais comuns, os alertas do dia anterior, etc.. etc.. Para análise de segurança real, o valor real do ACID não vem de um simples pacote de telas bonitas, mas a partir de suas capacidades de pesquisa.

A página de pesquisa (Search page) permite que você especifique vários tipos de critérios para consulta ao banco de dados: desde o endereço IP até categorias do tipo de alerta apresentado. Veja um exemplo na tela abaixo:

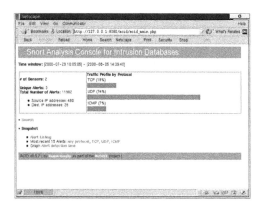

Há páginas de consulta que, por exemplo, apresenta um gráfico com os alertas apresentados por hora num determinado dia.

Guia Completo do Linux e Software Livre

Guia de Administração da Segurança no Linux

Nos capítulos anteriores apreseentamos muito de tecnologia e recursos para disponibilizar economia e produtividade ao usuário através do Linux. Entretanto, não adianta nada ter muita tecnologia se faltar comprometimento e ações comportamentais que acompanhem as tecnologias configuradas.

Esse capítulo tem então como objetivo ressaltar algumas variáveis e questões que devem ser consideradas e monitoradas para mante ro seu sistema e rede Linux segura, tanto para o mundo externo como para os usuários internos.

E esse capítulo assume que você já possui uma distribuição Linux instalada, configurada e em perfeito funcionamento na sua empresa ou residência, e que ainda o seu Linux está conectado diretamente com a Internet. Como requerimento para um fácil aprendizado, é ideal que você esteja familiarizado com comandos básicos (tar, cp, mv, rm, etc), e que você já esteja apto a utilizar um editor de texto.

Uma questão de Segurança....

Segurança. Como a cada dia nós estamos vivendo cada vez mais conectados e on-line, nós todos temos que pensar na proteção de nossos dados, independentemente que esses sejam arquivos MP3, conteúdo website, número de cartões de crédito, ou até dados corporativos. O sistema operacional Linux pode ser uma plataforma muito segura, e muito mais segura que outras. Isto não significa perfeito, pois é impossível sem a configuração ideal. É que se você deseja ter um servidor totalmente seguro, o ideal seria nem conectá-lo ao mundo, mas logicamente, não seremos tão radicais assim. Então, o melhor que podemos fazer é aprendermos a nos proteger, ter uma resposta rápida as falhas, e ser proativo na preparação das defesas. Portanto, este é um dos objetivos deste capítulos: preparar para que estejamos preparados quando o ataque ou falha acontecer.

Este capítulo discutirá procedimentos e recursos comumente usados para aumentar o nível de segurança do seu servidor. Para tanto, apresentaremos alguns conceitos, para assim, avançarmos no assunto segurança.

Para tornar mais fácil a compreensão das variáveis da questão segurança no Linux, este capítulo ressalta que tratar da segurança é uma atividade diária e comprometida. O aprendizado e estudo deverá ser constante, e abaixo segue uma lista de itens a considerar:

- **Segurança Física**: abranque sobre como você necessita proteger fisicamente seus computadores contra sabotagens;
- **Segurança de Arquivos e Sistemas de Arquivos**: apresenta como configurar os seus sistemas de arquivos e permissões;
- **Autenticação, criptografia e Encriptação de Dados**: discute como usar a criptografia para dar melhor segurança a seu computador e rede;
- **Segurança do Kernel**: discute o que você pode fazer no nível do Kernel para proteger o seu sistema, bem como otimizar a segurança;
- **Segurança de Rede**: descreve como melhor assegurar o seu sistema contra ataques na rede interna e externa;
- **Controle de Incidentes**: discute as seis etapas para gerenciar um incidente, incluindo ações de antecedente e pró-atividade;
- **Segurança do servidor**: discute o que pode ser feito para aperfeiçoar a segurança individual de servidores, e o que deve ser observado;
- **Invasões de Navegação (Exploits)**: preparar o administrador para estar familiarizado com os tipos comuns de exploração, e estar preparado pra quando e como reconhecer este evento;
- **Firewalls e patrulha de fronteira**: discute os vários tipos de firewalls disponíveis para o Linux.

Os dois principais pontos a serem considerados ao ler este capítulo são:

- Esteja sempre atento ao seu servidor. Verifique constantemente os logs, por exemplo, do arquivo /var/log/messages;
- Mantenha seu servidor e sistema sempre atualizados, certificando se as versões mais atuais estão atualizadas, bem como atualize os alertas de segurança quando possível.

Segurança do Servidor

A área que talvez envolve maior concentração e investimento em segurança é quando falamos de servidores. Isto tipicamente envolve garantir que seu próprio servidor esteja seguro, e esperar ainda que todos os outros servidores da rede também estejam na mesma situação.

Como ? Com boa política de manutenção de senhas, proteção dos serviços e recursos oferencidos pelo servidor, manter um serviço ideal de auditoria e contabilidade, bem como a versão atualizada de programas.

Embora isto seja absolutamente necessário, isto pode se tornar uma tarefa desgastante quando se trata de uma rede com centenas de computadores. É que qualquer alteração feita, deve refletir em todos os computadores da rede.

Segurança da Rede

Segurança da rede é tão necessária quanto a segurança local de um servidor. Com um simples servidor, ou uma rede distribuída, a Internet, ou centenas, se não for milhares de computadores participantes da mesma rede, você não pode garantir que cada elemento desta rede esteja cem por cento seguro. Deve-se garantir que usuários autorizados são os únicos permitidos a usar os recursos da rede, a configuração de firewalls, uso da encriptação, e por último, garantir que computadores não autorizados não tenham acesso a rede. Tudo isto faz parte do leque de tarefas de um administrador típico de rede.

Segurança garantida em Ambiente Inseguro

Um tipo de segurança que deve ser discutida é a "segurança em ambiente obscuro". Isto significa que pela simples troca, por exemplo, do login de usuário "root" por "toor", tentando evitar e obscurecer que alguém venha quebrar a segurança do seu sistema como administrador poderá soar como falsa segurança, e ainda, poderá resultar em conseqüências inexperadas.

Entretanto, isto poderia ser feito para o seu beneficio quando feito corretamente. Se você informar aos usuários que são autorizados a usar a conta de administrador (root) a usarem outras contas com direitos equivalentes, registros no arquivo **/var/log/secure** serão seguramente registrados, dando a possibilidade de identificação.

Não deixe de considerar a questão de segurança, mesmo que a sua rede seja pequena, afinal, o seu trabalho está armazenado nesta.

Por quê há a necessidade de Segurança ?

Neste mundo dinâmico da comunicação de dados globais, de conexões Internet acessíveis, e desenvolvimento rápido de software, a segurança tem se tornado mais e mais em questão primordial. Segurança é agora requerimento básico porque computação global é inerentemente insegura. Como os seus dados trafegam do ponto A a B na Internet, por exemplo, esses podem passar através vários outros pontos no caminho, dando assim a oportunidade a outros usuários a intercederem, e até alterar, os seus dados. E igualmente, usuários da sua própria rede podem maliciosamente transformar os seus dados. Acesso não autorizado ao seu servidor pode acontecer por intrusos, conhecidos como "crackers".

Onde está a nossa vulnerabilidade ?

Enquanto é difícil determinar o quanto um sistema em particular é vulnerável, há alguns indicativos que poderíamos utilizar:

- O CERT (Computer Emergency Response Team) constante e consistentemente apresenta relatórios do aumento nas vulnerabilidades em sistemas de computadores

- TCP e UDP, os protocolos da Internet, não foram desenvolvidos com foco em segurança, em primeira instância. Esses foram criados há 30 anos.
- Uma versão de software em um servidor tem a mesma vulnerabilidade que o mesmo software tem em outro servidor. Usando esta informação, um intruso pode explorar vários sistemas simultaneamente.
- Muitos administradores não medem e avaliam questões de segurança para proteção de seus sites.

Como Considerar algo Seguro ?

Primeiramente, tenha em mente que nenhum sistema de computador pode ser "completamente seguro". Tudo o que você pode fazer é aumentar o nível de dificuldade. Um outro fator para levar em conta é que o quanto mais seguro é o seu sistema, mais passivo de invasão este também se torna.

Se sua empresa trabalha com mais do que um usuário logado ao servidor, você deveria estabelezer uma política de segurança. Com isto definindo o quanto de segurança será exigido, e qual tipo de auditoria será utilizada. Enquanto você desenvolve a política de segurança, você deverá decidir em encontrar o equilíbrio entre segurança e fácil de usar, pois deve-se definir o nível de segurança para o sistema e informações. Pergunte a si mesmo as seguintes questões:

- Qual a freqüência você muda as suas senhas de acesso ?
- O quanto você otimiza e melhora sua segurança ?
- Quantas tentativas de acerto e erro na digitação de senha são permitidas no seu servidor ?
- Você tem algum recurso de segurança tipo firewall ?

É que a melhoria da segurança para a sua rede é um processo progressivo e constante. E, por último, não poupe a possibilidade de que há vários softwares e executáveis no servidor que não são mais usados, e que podem ser removidos.

O que Devemos proteger em nosso Servidor ?

Antes de tentar dar segurança ao seu sistema, você deve determinar qual o nível de tratamento você irá utilizar, quais os riscos estarão envolvidos de tomar certa decisão ou não, encontrar a situação de vulnerabilidade você se encontra. Você deve analisar o seu sistema para saber o que você irá proteger, o porque de proteger, qual o valor do que terá segurança, e quem tem a responsabilidade pelos dados.

- **Risco** é a possibilidade que um intruso pode ter sucesso numa tentativa de acesso ao seu sistema. Pode um intruso ler, escrever arquivos, ou executar programas que causariam danos ? poderia este remover arquivos de dados críticos ?
- **Ameaça** é tipicamente de alguém com motivação para obter acesso a seu computador ou rede. Você deve decidir quem você confia para ter acesso ao sistema, e quais ameaças cada um pode gerar ao sistema.

Há vários tipos de invasores, e é importante estar ciente do que cada um pode fazer ao seu sistema:
- **O Curioso**: este tipo de intruso está basicamente interessado em localizar quais tipos de sistemas e informações você tem.
- **O Malicioso**: este tipo de intruso está interessado em derrubar o seu sistema, ou danificar, por exemplo, a página de seu website.
- **O Intruso Profissional**: este tipo de intruso está tentando usar o seu sistema para ganhar popularidade e infâmia.
- **A Competição**: este tipo de intruso está interessado em quais dados você tem no seu sistema. Ele está atrás de informações que poderão beneficia-lo financeiramente.
- **Vulnerabilidade**: descreve como está a proteção do seu sistema em relação a outros sistemas, e o potencial para obtenção de acesso não autorizado.

E como administrador da rede, deve-se perguntar: o que acontecerá se alguém acessa sem autorização ao nosso servidor ? o quanto isto vale ? portanto, no processo de avaliação, você deve considerar itens envolvidos tanto de hardware quanto de software, propriedade intelectual, dados de empregados, qual o investimento que terá que ser feito para recuperar os dados ?, como está sua política de backup ?, etc..

Desenvolvendo sua Política de Segurança

Crie uma política simples e genérica para o seu sistema que seus usuários podem ter uma leitura fácil e intendível. Esta deverá proteger os seus dados, bem como a privacidade dos usuários. Algumas coisas a considerar é adicionar quem pode acessar ao sistema (poderia o meu amigo usar minha conta de login ?), quem tem a permissão de instalar softwares, de quem é a propriedade de quais dados, e qual a forma apropriada de uso dos dados. Normalmente uma política de segurança poderia iniciar com a seguinte frase: "O que não é expressamente permitido, é então proibido".

 Isto significa que ao menos que você permita o acesso a um serviço para um usuário, este usuário não deveria usar o serviço até que você permita.
Adicionalmente, há várias questões que você necessitará responder para ter sucesso no desenvolvimento de sua política de segurança:

- Qual nível de segurança é esperado pelos seus usuários ?
- O quanto há a proteger, e qual é o seu valor ?
- É possível mensurar o tempo parado oriundo de uma invasão ?
- Deverá haver diferentes tipos de níveis de segurança para diferentes grupos de usuários ?
- Você confia nos usuários internos ?
- Você já identificou o ponto de equilíbrio entre o risco envolvido da aceitação e ter uma boa política de segurança ?

Você deverá desenvolver um plano que informe a quem deverá ser contato em casos de problemas.

Segurança de Rede

Segurança de rede está se tornando cada vez mais e mais importante na medida em que pessoas estão cada vez mais conectadas. O comprometimento com segurança de rede é normalmente mais fácil do que a atuação física ou local, o que é mais comum. E já há inúmeras ferramentas e técnicas para assistir nesta tarefa o administrador de rede, que podem ou não já estarem sendo distribuídos com o seu servidor Linux.

Segurança para Redes Microsoft Windows

É muito comum que qualquer rede hoje possua estações de trabalho (client) Microsoft Windows, presumidamente usando NetBIOS ou outro protocolo de rede com problemas de segurança, também.
Dentre outras coisas, NetBIOS é o protocolo que a Microsoft utiliza para divulgação de nomes compartilhados, contas de usuários, e servidores de rede.
Desabilitar o NetBIOS em estações de trabalho Windows é uma idéia prudente, ideal como também bloquear TCP e portas UDP de 137 a 139 existentes em roteadores e firewalls.

Infelizmente, desabilitar NetBIOS também desabilitará qualquer RAS (Remote Access Service) que possa estar sendo oferecido, bem como o recurso de navegacao dos componentes da rede. Se você tem que manter o seu servidor Windows NT na rede, você pode considerar dois NICs para o computador, um para outbound via TCP/IP e um outro para uso interno. Desabilitar as ligações NetBIOS (binding) para o TCP/IP. Esta alternativa objetiva a corporação a usar o TCP/IP, e utilizar sim o comando NFT para obter informações da rede.

O arquivo security_level.txt, distribuído com o aplicativo SAMBA, discute os vários níveis de segurança que pode ser usando no SAMBA, incluindo encriptação de senhas, segurança de servidor, segurança de nível compartilhado, e no nível de usuário também.

Identificação de Servidores Gateway

Uma atenção especial deveria ser dedicada para os sistemas firewall e gateways, porque são esses que controlam o acesso para os serviços e recursos de toda uma rede. Os gateways devem estar sempre identificados, pois sua função dentro da rede deveria identificar os usuários, proprietários e administradores em si. Esses servidores gateway acabam por se tornar os principais pontos de ataque aos invasores. Portanto, esses deveriam ser um dos pontos mais seguros de sua rede.

O processo de política de segurança deve ser dinâmico e constantemente reavaliado como um todo.

Esses sistemas devem somente executar os serviços necessários e respectivos a sua operação. O seu firewall não deve ser o servidor de emails, servidor web, conter contas de usuários, etc... Segue abaixo alguns itens que deve servir de verificação para a garantia da segurança:

- Desativar acesso de todos a serviços desnecessários.
- Dependendo do tipo de sistema firewall, desativar o IP Forwarding, prevenindo assim que o sistema faça roteamento de pacotes não esperados.
- Mantenha o seu software de fornecedores sempre atualizado
- Restrinja utilitários de gerenciamento de rede, como SNMP, comunidades públicas, e acesso de escrita em arquivos.
- Certifique que o seu firewall inclui mecanismos de prevenção para ataques comuns do tipo IP spoofing, ataques fragmentados, Denial of Service, entre outros...
- Monitoramento de status periodicamente. Você deve desenvolver um ponto de referência no qual o computador normalmente possa detectar variações, as quais podem indicar um intruso.
- Desenvolver um modelo de firewall compreensível. Os firewalls deveriam ser tratados como um sistema de segurança, e não como simplesmente um programa que é executado num servidor.

Monitoramento de Rede

É de extrema importância que estejamos sempre atentos aos status de nossa rede. É que não podemos detectar somente quando um intruso está presente, mas também quando há atividades anormais ocorrendo, como carga de sistema, aumento considerável do uso no espaço em disco, lentidão da rede, etc... nos anexos deste livro apresentamos várias ferramentas disponíveis para facilitar esta tarefa.

Arquivos de Configuração de Rede

A não configuração ideal dos serviços de rede e arquivos de configuração abre um caminho para que outros administrem e tirem vantagem desta abertura. Você pode configurar que seu sistema seja seguro, mesmo oferecendo os serviços necessários. Como regra geral, segue:

- Remova o arquivo **/$HOME/.rhosts**. um sistema devidamente configura, usando TCP wrappers, oferece um controle melhor para quais servidores e usuários podem acessar os demais computadores da rede.
- Desabilite o arquivo **/$HOME/.rhosts**. Pela devida configuração PAM, você pode eliminar o risco de um usuário enganar o sistema através da permissão, via acesso remoto, de um outro usuário via arquivo **.rhosts**. Este deveria ser substituído pelo equivalente funcional SSH chamado **.shosts**.
- Verifique as configurações em **/etc/exports**. Certifique-se que se você está usando a exportação de sistemas de arquivos usando NFS (Network File System), através da configuração do /etc/exports com acesso o mais restrito possível. Isto significa, não usar wildcards, não permissão para acesso via administrador, e exportar com apenas de leitura, se possível. Verifique ainda quem pode montar os sistemas de arquivo usando **/usr/sbin/showmount –e localhost**.
- Acesso controle ao console: verifique o arquivo **/etc/securetty** para a lista de sessões tty que o administrador está permitindo a iniciar sessões. Isto deveria incluir somente tty locais, e nunca incluir pseudo-ttys, por exemplo, de uma localização remota. A ausência deste arquivo indica que o administrador pode executar login de qualquer localização.
- Garanta a revisão do seu arquivo **/etc/inetd.conf** e veja quais serviços estão sendo oferecidos por este daemon. Desabilite qualquer que não seja necessário pela instrução de comentário (# no começo da linha), e executar o sinal de SIGHUP para derrubar o processo. Todos os serviços executados pelo inetd deveriam ser controlados wrapped usando TCP wrappers.
- Desabilite todos os serviços como "utilitários r" incluindo **exec** (usado pelo **rsh**, **login**, **rlogin**, e Shell). Esses protocolos são extremamente inseguros e possibilitam o acesso para navegação e consulta dos seus recursos.

- Desabilite os serviços RPC desnecessários. Desabilite qualquer serviço não essencial que esteja registrado com o mapeador de mportas. Os serviços RPC são geralmente inseguros, e tipicamente são substituídos por novas formas. Use **rpcinfo –p nome_servidor** para localizar a lista de serviços RPC em atividade no seu sistema.

O melhor método de configuração é habilitar somente os serviços que serão utilizados. É que a maioria dos ataques acontecem nos serviços não utilizados.

Verifique as Falhas na sua Topologia de Rede

Configuração e arquitetura de rede imperfeita podem também permitir que os ataques e invasões ocorram. Investir todo o conhecimento e investimento na porta da frente através de firewall, mas deixar aberturas na porta dos fundos também é uma falha.

Desabilitação de Serviços não Autorização e Desnecessários

Antes de você habilitar o seu sistema Linux ou qualquer outro tipo de rede, é importante você identificar quais serviços e recursos estarão disponíveis. Serviços que você não necessita oferecer devem estar desabilitados, assim, você não se preocupará com este possível "buraco".

Você deve verificar os arquivos **/etc/rc.d/rcN.d**, aonde **N** é o nível de execução do seu sistema. Esses arquivos são links simbólicos para o diretório **/etc/rc.d/init.d**. A renomeação dos arquivos no diretório **init.d** simplesmente remova o simbólico link para **/etc/ rc.d/rcN.d**. Se você deseja desabilitar um serviço para um determinado nível de execução (runlevel), renomeie o arquivo apropriado para um minúscula, "s", ao invés de "S", assim "S45dhcpd".

Se estiver ativo o formato BSD para os arquivos **rc**, verifique **/etc/rc*** para os programas não desejados. O Linux Red Hat inclui **tksyrv**, um programa gráfic para alteração de nível de execução. Nas novas distribuições do Linux já podem utilizar o linuxconf.

Monitoramento de Serviços de Rede com TCP Wrappers

A maioria das distribuições Linux fornecem o empacotamente via **tcp_wrappers** para os serviços TCP. Um tcp_wrapper (conhecido como **/usr/sbin/tcpd**) é executado a partir do **/sbin/inetd** ao invés do serviço real, como **telnet** ou **ftp**. O **tcpd** então verifica o servidor que está sendo solicitado o serviço, e executa ou nega o acesso. O **tcpd** permite que você restrinja o acesso aos seus serviços tcp. Você deve criar um arquivo **/etc/hosts.allow** e adicionar neste somente os servidores que precisam acessar ao seu servidor.

Pelas simples alterações no arquivo de configurações inetd, **/etc/inetd.conf**, você pode monitorar e controlar as solicitações que estão chegado aos seus serviços de rede. O exemplo abaixo já demonstra a alteração:

TCP Típico
telnet stream tcp nowait root /usr/sbin/in.telnetd
TCP Wrappers

```
telnet  stream  tcp  nowait root /usr/sbin/tcp /usr/etc/in.telnetd
```

No modo padrão, os wrappers apresentam o nome do servidor client e os services solicitados. Garanta que você configurou o **syslogd** para registro dos logs.

- Como não ocorre a troca de informação entre os wrappers e as aplicações client ou server, não há overhead (uso excessivo) na comunicação atual entre aplicações client e server.

Executando Serviços em Ambiente chroot

Vários serviços de rede já podem ser configurados para execução em ambiente restrito, chamado de "jaula chroot". Este é um ambiente isolado e separado do sistema operacional "real". Serviços como Apache ou bind podem estar operando neste ambiente. Um diretório especial raiz é criado, com uma instalação completa de todos os programas e bibliotecas necessárias para executar os serviços. A intenção é prevenir que alguém com privilégios de administrador no sistema "real", gere algum bug em serviços.

Entretanto, isto não necessita ser tratado como algo absurdo. Isto ajuda a restringir o acesso ao sistema de arquivos de processos, mas não afeta sua habilidade de fazer as chamadas de sistemas, exemplo init_module, modify_ldt, bind, etc....

Segurança ao Domain Name Service (DNS)

Manter as informações de DNS atualizadas para todos os servidores da rede pode ajudar no aumento da segurança. Em eventos de um servidor não autorizado conseguir conectar-se a sua rede, você pode reconhecer este pela sua entrada no DNS. Muitos serviços pode ser configurados a não aceitarem conexões de servidores (hosts) que n ao tenham entradas no DNS.

Nome de servidores (hostnames) descritivos são simplesmente um auxiliar para que ataques ocorram. Deve-se observar estas situações. Nomes intuitivos como "firewall.edeus.org" é óbvio para um ataque no domínio "edeus.org". Um computador chamado "heverton.edeus.org" indentifica igualmente a estação de trabalho do Heverton, no domínio edeus.org.

Segurança ao Network File System (NFS)

O NFS é um protocolo de compartilhamento de arquivo amplamente utilizado. Este permite que servidores que executem o **nfsd** e **mountd** coloquem sistemas de arquivos inteiros para acesso de outros computadores. O **mountd** mantem registro dos sistemas de arquivos montados em **/etc/mtad**, e pode apresenta-los a partir do comando **showmount**.

Muitas redes utilizam o NFS para compartilhar diretórios aos usuários, portanto, não importa em qual computador foi feito o login, os usuários trabalharão como se estivessem localmente.

Há um pouco de recurso de "segurança" permitida para a exportação dos sistemas de arquivos. Você pode fazer o **nfsd** mapear o usuário root remoto (UID=0) para o usuário **nobody**, negando assim o total acesso aos arquivos exportados. Entretanto, como usuários individuais têm acesso aos seus arquivos, o superusuário remoto pode logar-se ou usando o comando su suas próprias contas. Por ai já vemos as várias possibilidades de invasão.

Se você usa o NFS, garanta que você esteja exportando somente aqueles servidores que realmente necessitam ter recursos compartilhados. Nunca compartilhe a rede inteira,

exporte somente o necessário, e de preferência, somente permissão de leitura.	

Filtre as portas TCP 111, UDP 111 (portmapper), TCP 2049, UDP 2049 (nfsd) no seu firewall ou gateway, assim, previne-se dos acessos externos.

Network Information Service (NIS)

O Network Information Service é a denominação de informações distribuídas para um grupo de computadores. O NIS Máster mantém as tabelas de informações e converte-as para o mapeamento NIS. Esses mapas são então disponibilizados através da rede, permitindo os computadores clients realizarem o login, senha, diretório home e informações de Shell (todas as informações estão no padrão do arquivo **/etc/passwd**). O NIS não é totalmente seguro, e nunca teve isto como intenção, e sim ser prático.
Qualquer um que adivinhe o nome do domínio NIS (em qualquer lugar da rede) pode obter uma cópia do arquivo de senhas, e fazer o que bem entender.
Se você tem que usar o NIS, certifique-se dos riscos envolvidos. Controle o uso do arquivo **/etc/netgroup** para os sistemas NIS. Defina explicitamente quais servidores e quais usuários podem conectar-se comumente.

File Transport Protocol (FTP)

O servidor FTP da Universidade de Washington é o servidor default das distribuições Linux. Este tem a habilidade de executar-se em ambiente **chroot**, assim protege o ambiente real do root.
Os sites FTP são facilmente desconfigurados, dando assim uma falsa percepção de segurança. Muitos ataques utilizam falhas em servidores FTP para transferência de softwares piratas, bem como a corrupção de arquivos.
Garanta a desabilitação total do serviço FTP caso este não esteja sendo utilizado, o qual poderia ser substituído pelo ssh. E adicionalmente, desabilite a conta de usuário do tipo **anonymous**.

Simple Mail Transport Protocol (SMTP)

Um dos mais importantes serviços disponibilizados nos servidores é este. Infelizmente, este também é um dos mais vulneráveis a ataques, simplesmente pelo número de tarefas executado por seu recurso.
Se você estiver usando sendmail, é muito importante manter as versões sempre atualizadas. O sendmail tem um histórico de muitas falhas registradas na segurança.
Uma opção alternativa ao sendmail é o qmail, o qual já é considerado mais seguro, e bem mais fácil de configurar.
Uma melhora significativa é prevenir a entrada de emails/mensagens não solicitadas (SPAM).

Segurança do Servidor (Host)

O próximo passo a tomar é cuidar da segurança do servidor contra ataques de usuários locais. Isto mesmo, locais.
Conseguir informações de usuários locais é uma das primeiras coisas que os invasores tentam fazer, isto enquanto não conseguem o acesso root. É que conseguindo um usuário local, eles conseguem atualizar para um acesso root usando vários bugs existentes em serviços locais. Preocupe-se sobre isto também.
Usuários locais podem também causar um bocado de danos ao servidor, especialmente se realmente ele são quem realmente dizem. Fornecer conta de acesso para pessoas que você não conece ou tem informações de contato é uma má idéia.

Remoção de Softwares e Pacotes Desnecessários

Se você sabe que existe alguns pacotes e softwares instalados no seu servidor, e os quais não irá utilizar, você pode remove-los inteiramente. **/bin/rpm –e** nome_pacote removerá todo o pacote, isto em padrão Red Hat. Se estiver, por exemplo, no Debian, execute **/bin/dpkg** para o mesmo resultado.
Se você estiver configurando um novo computador ou servidor, instale inicialmente somente os pacotes necessários.

A remoção de dos binários desnecessários do tipo setuid e setgid é a prioridade. É que você deverá sempre estar atento de quais estão disponíveis no servidor. Faça isto executando:

$ find / -type f –perm +6000

Este comando apresentará todos os binários setuid e setgid existente no servidor.

Configuração Padrão de Sistemas

A instalação padrão de um sistema Linux é geralmente mais segura do que outros sistemas operacionais, isto devido não ter conformidades em outros padrões.
Reserve algum tempo para customizar o seu ambiente. Garanta reavalie a desabilitação de serviços desnecessários, habilitar auditoria, etc.. Tudo isto antes de conectar o sistema numa rede.

Backup Completo do Servidor

Há vários métodos e formatos de backups, não iremos discutir isto neste livro, mas o importante é que haja o backup.
Se você tem menos do que 600 megabytes de dados numa partição, um cópia em CD-ROM é a melhor forma. Unidades de fita e outras mídias são também novas opções. E além disto, uma vez feito o backup, mantenha estas unidades guardadas em locais seguros.

Backup do Banco de Dados específico do Servidor Linux

Num caso de invasão, você pode usar o banco de dados RPM como usasse o **tripwire**, mas somente se você estiver certo que esses não foram modificados. Você deverá copiar o banco de dados RPM e os executáveis **/bin/rpm** para um disquete ou zip disk, e manter atualizados.

Habilite o Sistema de Contabilidade do Servidor (Accounting Data)

É muito importante que as informações sejam geradas pelo sistema de contabilidade não sejam comprometidas, e bem configurados.
Defina os arquivos **/var/log, /var/run/utmp e /var/log/wtmp** apenas para leitura, e gravação apenas para o usuário **root**.

Mantenha Patches e Versões Atualizadas

A maioria dos usuários Linux realiza a instalação via CDROM. Devido a liberação constante de correções, novos patches são sempre liberados nos sites dos distribuidores. Esteja sempre cadastrado para receber notificações de atualizações no webiste do seu fornecedor da distribuição Linux.

Criação de Conta de Usuário (Login)

Você deve garantir que no processo de criar uma conta de usuário, esta seja criada com o mínimo exigido para as tarefas que esse usuário executará. Por exemplo, se você está criando uma conta para sua secretária, ou outro funcionário de administrativo, você pode criar uma conta para usar somente um editor de texto ou gráfico, e sem permissão de remoção de arquivos que não pertença a ele.
Há algumas recomendações gerais:

- Limite o privilégio de acesso dado as novas contas
- Acompanhe periodicamente de onde e quando esses usuários realizaram seus logins
- Remova as contas inativas ou de ex-funcionários
- O uso de mesmo identificador de usuário (User-id) em todos os computadores e redes é aconselhável para fácil manutenção, bem como permite a fácil análise de histórico.
- Garanta que as senhas sejam secretas e criptografadas.
- Verifique as tentativas de login fracassadas
- Avalie as situações para evitar ataques do tipo "denial of service"
- Desabilite contas de grupos, e as usadas pelo sistema, tipo **sys** ou **uucp**.

Segurança do Root

A conta de usuário mais poderosa e mais desejada no servidor é a de superusuário. Esta conta tem autoridade sobre todo o servidor, o que inclui autorizar outras redes acessarem-na. Lembre-se de que você deverá usar a conta root para tarefas específicas. Usar sempre a conta de root não é uma boa idéia. Segue abaixo alguns truques para evitar danos como root:

- Quando for executar comandos complexos, tente executar antes de modo não destrutivo, especialmente com comandos que utilizam máscaras de seleção. Exemplo: execute primeiramente **ls arquivos*bak**, analise, e somente depois faça **rm arquivos*bak**.
- Disponibilize aos usuários uma chamada customizada para o comando **/bin/rm**, exigindo antes a confirmção deleção de arquivos.
- Torne-se superusuário somente para tarefas específicas.
- O comando **Path** para o usuário **root** é muito importante. O comando path, ou a variável de ambiente PATH, define a localização e a seqüência de busca ao Shell. Tente limitar o path para o usuário root sempre que possível. E nunca use o ".", o que significa o diretório atual para o comando PATH. E nunca coloque diretórios com direito de escrita no caminho do PATH, é que isto pode permitir ataques a modificarem ou colocarem novos programas no caminho do path.
- Nunca use as ferramentes **rlogin/rsh/rexec** (chamadas utilitários "r"). Estes são sujeitos a vários ataques, e nunca crie um arquivo **.rhosts** para o superusuário.
- O arquivo **/etc/securetty** contém a lista de terminais que o root pode se logar. Por padrão, pelo menos no Red Hat, este define os consoles virtuais somente (vtys). Certifique de não adicionar nada mais neste arquivo. Você pode logar-se remotamente como usuário comum, e usar o comando **su** se necessário.

Se você precisa realmente necessita permitir o acesso de superusuário a alguém, há algumas ferramentas que podem ajuda-lo. A **sudo** permite que usuários em suas respectivas senhas tenha acesso limitado a um conjunto de comandos root. E a sudo mantém o log de todas as tentativas com sucesso e sem sucesso. Além disto, a sudo pode se usada para dar específico privilégio a um usuário para tarefa especifica.

Segurança de Conexões DialUP e Estações de Trabalho

Usuários de computadores que conectam-se via linhas discadas, ou estações de trabalho que oferecem serviço do tipo, podem melhorar seu nível de segurança com fáceis modificações na instalação Linux.

Se nunca houve a necessidade de conectar-se ao seu sistema a partir de um outro computador, a solução mais rápida é simplesmente desabilitar o **/usr/sbin/inetd** de ser inicializado. Este é o daemon principal de serviços Internet, o qual controla alguns serviços, como telnet, ftp, etc... se você obtém suas mensagens eletrônicas a partir de um servidor remoto, e um provedor mantém o seu website, então o mais comum é que esses serviços não estejam habilitados.

Nos sistemas Red Hat, o arquivo **/etc/rc.d/rc3.d/S50inet** controla a inicialização e a finalização do servidor **inetd**. Simplesmente renomeie o arquivo **S50inet** para **s50inet** para desabilita-lo.

Alternativamente, se você for um usuário caseiro de conexões via linha discada, isto é possível negar todas as conexões de entrada usando o TCP wrappers. O TCP wrappers, /usr/sbin/tcpd, também registra tentativas de acesso sem sucesso ao serviços. Assim você consegue analisar as tentativas de conexão bem ou mal sucedidas ao seu sistema. Por exemplo, um usuário de conexões remotas pode prevenir que conexões remotas acessem o seu sistema, e mantendo ainda a possibilidade de ler emails, e conexão com Internet. Para fazer isto, você deve adicionar as seguintes linhas para o arquivo **/etc/hosts.allow**:

ALL: 127.

E para negar, use o arquivo /etc/hosts.deny:

ALL: ALL

Este estara prevenido de conexões externos, e continuará permitindo conexões que sejam realizados para o mundo externo.

Segurança em Monitor de Vídeo SVGA e X11

X11

Um outro recurso importante é garantir a segurança para os monitores gráficos da rede, com o intuito de prevenir ataques. Esses ataques podem ser como a retenção de senha enquanto você digita, ou de dados de documentos que você esteja lendo. A execução de aplicações X na rede pode ser fraudada e copiada. É que pode haver a leitura enquanto há a interação entre client e servidor.

O ambiente X tem um número de controles de mecanismos de acesso. A mais simples destas está baseada no servidor. Você pode usar **xhost** para especificar quais servidores têm a permissão de acesso ao seu monitor. Mas isto não é totalmente seguro. É que se alguém tem acesso a seu servidor, este pode **xhost** os outros servidores facilmente.

Quando do uso do **xdm** (X Display Manager) em processo de login, você consegue um melhor método de acesso: MIT-MAGIC-COOKIE-1. um cookie 128bits que é gerado e armazenado no arquivo **.Xauthority**. Esses cookies necessitam ser transferidos em segredo, e você realmente não obtem nada se o seu diretório HOME é compartilhado via NFS. Se você necessita permitir que um computador remoto acesse a sua tela, você pode usar o comando **xauth** e a informação do arquivo **.Xauthority** para realizar esta conexão.

Você pode também usar o ssh (Secure Shell) para permitir conexões X seguras. Esta tem a vantagem de também ser transparente ao usuário final.

SVGA

Os programas SVGALib são tipicamente **setuid-root** a fim de acessar todos os dispositivos de hardware de um computador Linux. Isto torna-os então mais perigosos. É que se há algum problema, você tipicamente necessita reiniciar seu servidor para obter um novo console. Garanta que os programas SVGA que está instalado seja autêntico, e que seja confiável.

Identd

O **identd** é um pequeno programa que executa o inetd. Este mantém o registro de qual usuário está executando serviço tcp, e reporta isto quando solicitado.

Muitas pessoas não entendem a comunicação deste. O inetd não está lá para ajudar sites remotos. Não há um modo de saber se os dados que você obteve do identd remoto estejam corretos. Não há autenticação nos pedidos identd.

Se o seu identd foi comprometido, então você sabe que isto está informando os seus logins aos seus sites remotos, principalmente os usuários que usam serviços TCP. Se o administrador do site remoto informar-lhe um usuário estava tentando invadir o seu sistema, você pode facilmente tomar ações contra isto e este usuário. Agora, se você não estiver executando o identd, você terá que pesquisar um monte de logs, tentando descobrir quem esteve no sistema aquela hora.

O identd que é distribuído nas principais distribuições Linux tem recursos de configuração. Você pode desabilitar o identd para usuários específicos, podendo ter um arquivo **.noident**. você pode registrar todos os pedidos identd, o que é recomendado, ou o identd pode informar o identificador do usuário (uid) ao invés de login name.

Contabilidade e Registro de Processos, Sistema e Usuários

Todos os sistemas Linux dão suporte a processos, usuários e contabilidade de uso do sistema. Estas informações são úteis quando lidando com problemas do sistema ou de segurança. Portanto, deve-se obter familiaridade com esses bancos de dados gerados pelo sistema.

Há várias considerações, mas destaco algumas voltadas para a administração da segurança:

- Atividade de log
- Informação de autorização
- Informação de autenticação
- Comandos executados pelos usuários
- Inicialização e finalização do sistema
- Registros de transações de rede

Usando o Log de Sistema (Syslog)

O daemon do sistema chavado **syslog** é o programa usado para o sistema registra eventos e logs, como mensagens do Kernel, mensagens de login e logout, etc...

Esteja sempre atento nessas informações, não deixando que somente as informações estejam lá, mas sem nenhuma análise. Veja as muitas falhas de login, por exemplo, um invasor pode estar tentando descobrir a senha de uma determinada conta.

Cada distribuição Linux tem uma localização desses arquivos. Por exemplo, no Red Hat, veja os arquivos em **/var/log**.

Para descobrir a localização, basta acessar o arquivo **/etc/syslog.conf**. Este é o arquivo que informa ao **/usr/sbin/syslogd** aonde gerar os logs.

Como um outro recurso, você pode desejar configurar o seu scritp de log ou daemon para registrar alguns eventos. Verifique o pacote **logrotate** da distribuição Red Hat.

Os arquivos de log são tipicamente modificados pelos invasores a fim de esconder seus ataques. Você deve estar atento a tentativas de edição desses arquivos. E melhor ainda, verificar antes das alterações feitas pelo invasor.

Usando Registros do Acesso de Usuários

A contabilidade dos usuários pode ser usada para descobrir informações sobre quem está atualmente usando o sistema. Enquanto você não pode necessariamente verificar a integridade desta informação, é que seu computador já foi acessado. Este recurso é útil para rastrear o uso de um específico login: quando iniciou e finalizou a sessão, etc...

Há vários utilitários disponíveis para bloqueio. Há várias ferramentas para obter informações de processo, incluindo **last**, **who**, **ac**, **utmpdump**, entre outros.

Por exemplo, usar o commando **/usr/bin/last** pode-se apresentar informações sobre o sistema:

```
root       tty1                            Fri Jul  3 21:02    still logged in
reboot     system boot                     Fri Jul  3 21:01
dave       ttyp2          localhost        Wed Jul  1 23:11 - 23:11   (00:00)
david      ttyp2          localhost        Wed Jul  1 22:47 - 22:47   (00:00)
```

O commando **last**, o qual mostra uma listagem dos últimos usuários logados, e **lastb**, o qual apresenta a listagem das tentativas sem sucesso de login, assumindo que **/var/log/btmp** existe. Ambos comandos acessam o arquivo **/var/log/wtmp**. Este contém as seguintes informações:

- Tipo de Login
- ID do Processo do processo de Login
- Nome do dispositivo do TTY
- ID do INIT ou abreviação TTYname
- Nome do servidor para login remoto
- Status de saída de um processo
- Hora de entrada
- Endereço IP do servidor Remoto

No arquivo **/var/run/utmp** é realizada a consulta para descobrir quem está atualmente no sistema. Entretanto, podem existir mais usuários conectados ao sistema, pois nem todos os programas realizam o log neste arquivo. Este arquivo é tipicamente truncado a cada inicialização do sistema. Esteja certo de que este arquivo não tenha permissão de escrita, exceto pelo usuário root.

Usando Registros dos Processos

Os novos Kernel do Linux já suportam este recurso. E esse pacote de contabilidade de processo disponibiliza vários programas para gerenciar as funções do próprio Kernel. Destacam-se:

- accton – ativa a contabilidade e registro de processos
- accttrim – inicializa o tamanho do arquivo de registros
- lastcomm – apresenta os últimos comandos executados na ordem reversa

Gerenciando Contas de Usuários

Ter controle dos recursos e dos dados acessados pelos seus usuários é uma tarefa essencial de segurança. O Linux disponibiliza um grande número de ferramentas para esta finalidade. Portanto, destacamos alguns, mas deve-se buscar novos no processo de aprendizado:

- **chage** – altera informações de senha expirada de usuário
- **groups** – apresenta os grupos do usuário
- **newusers** – atualiza e cria novos usuários em lote
- **passwd** – atualiza valores de autenticação de usuário
- **nologin** – previne usuários não root realizam login
- **su** – executa Shell com substituição de login e grupo
- **useradd** – cria um novo usuário ou atualiza as suas informações
- **userdel** – remove uma conta de usuário e arquivos relacionados
- **usermod** – modifica uma conta de usuário
- **chgrp** – altera o grupo proprietário dos arquivos
- **chown** – altera o usuário e grupo proprietários dos arquivos
- **gpasswd** – administra o arquivo /etc/group
- **groupadd** – criação de novo grupo de usuários
- **groupdel** – remoção de um grupo
- **groupmod** – modifica um grupo
- **groups** – apresenta grupos do usuário
- **grpck** – verifica integridade de um grupo de arquivos
- **pwconv** – converta arquivo de senha
- **pwunconv** – converte arquivo de senha
- **grpconv** – converte arquivo de senha
- **grpunconv** – converte arquivo de senha
- **vipw** – edição arquivo de senha e grupo
- **vigr** – edição do arquivo de senha e grupo

Segurança Física

A primeira camada de segurança que você necessita considerar é a segurança física dos seus computadores. Quem tem acesso físico direto aos seus computadores ? há necessidade deste acesso ? quais as formas de proteger contra danos de segurança ? Há necessidade disto ? Portanto, são perguntas que deverão ser respondidas a partir da sua necessidade e do orçamento disponível para isto.
Se você for um usuário caseiro, você provavelmente não necessitará se preocupar tanto com a questão. E assim, por diante, conforme a sua necessidade. Há várias formas de segurança física, desde portas de segurança, cabos, armários de rack com cadeados, segurança de acesso aos monitores, etc..
Garanta que estejas usando o arquivo **/etc/shutdown.allow** para prevenir quais os usuários com permissão de reinicialização do sistema. Este arquivo é consultado quando há a solicitação, pois possui a lista de logins de usuário com tal permissão.

Detecção de Invações e Invasores

Os invasores estão constantemente tentando atacar o seu sistema, mesmo utilizando diferentes mecanismos a cada tentativa. Você deve ser capaz de detectar essas tentativas, e saber como, o que e quando isso ocorreu. Portanto, você deverá será capaz de distinguir entre condições normais de uso do sistema, das tentativas de ataques.
Detecção de invasões é o método no qual o administrador de segurança usa para detectar a presença de invasores não autorizados. Um Sistema de Detecção de Intrusos (IDS – Intrusion Detection System) é a combinação de ferramentas que o administrador pode utilizar nesta tarefa. De forma resumida, há alguns tipos:

- **Detecção de Invasões na Rede:** esses mecanismos tipicamente consistem de uma caixa-preta, a qual instalada na rede de forma promiscua e proibida, registra e fica "ouvindo" as invasões.

- **Detecção de Invasões de Servidor**: esses mecanismos tipicamente incluem auditoria para eventos e informações específicas, as quais estão relacionada a um servidor (host). Esses não são comuns, devido a sobrecarga de ter que monitorar esses eventos.
- **Monitoramento de Arquivos de Log**: esses mecanismos são tipicamente programas que ativam programas após determinado evento tenha ocorrido, como uma tentativa de login, por exemplo.
- **Verificação da Integridade de Arquivo**: esses mecanismos verificam por vírus, por exemplo, "trojan", ou outras formas de modificação feitas por meios fora ao uso do sistema. Por exemplo, o Gerenciador de Pacotes da Red Hat, RPM, tem esta capacidade conhecida como um pacote **Tripwire**.

Indicações Gerais de Tentativas de Invasão

Ser capaz de detectar uma invasão é tão importante quanto ser capaz de interrompe-la quando esta acontece. E é importante que você seja capaz de analisar os "signais preliminares" deixados pelo intruso, como sendo os seus "rastros". Abaixo há uma lista de sinais suspeitos de invasão:

Indicativos de Usuários

- Tentativas exageradas sem sucesso de Login
- Logins em contas de usuários sem uso já há algum tempo ou prorrogadas
- Logins durante horas fora do horário comercial
- A presença de novas contas de usuário que não foram criadas pelo administrador do sistema
- Tentativas de login via comando **su**, com ou sem sucesso.

Indicativos de Sistema

- Modificações em softwares do sistema e arquivos de configurações
- Falhas no sistema de contabilidade pelo não registro de atividades num longo período de tempo
- Redução na performance do sistema
- Reboot e danificação do sistema
- Registros de Log curtos ou incompletos
- Registros de Log contendo datas e horas estranhas
- Registros de log com permissões e propriedade incorretas
- Registros de log perdidos
- Performance do servidor anormal
- Processos não comuns

Indicativos do Sistema de Arquivos

- A presença de arquivos ou programas novos ou não familiares
- Alteração de permissão de arquivos
- Alterações inexplicáveis no tamanho de arquivos.
- Perda de Arquivos

Indicativos de Rede

- Perda repetitiva de serviços ativos em seus computadores da rede
- Conexões não comuns vinda de localizações diversas
- Tentativas de logins repetitivas a partir de servidores remotos
- Registro de log de dados arbitrário em arquivo de log, indicando tentativa de criar "Denial of Service".

Métodos Comuns para Detecção de Invasões

A fim de detectar se um invasor violou o seu sistema, você deve estar familiarizado com as ferramentas básicas do sistema Linux, bem como ser capaz de usa-las para identificar os "rastros" que o intruso possa ter deixado. Tudo isso vai depender da sua capacidade investigativa, bem como da habilidade do invasor.
Há alguns ponteiros que listam as ferramentas disponíveis. Algumas dessas ferramentas que valem a pena iniciar os estudos são:

- **Análise dos arquivos de Log**: certifique-se de avaliar as informações do **syslog**, o qual é responsável pelo registro de vários eventos, bem como permite o rastreamento de conexões ao seu sistema.
- Familiarize-se com os comandos **last**, **lastcomm** e **netstat**. Esses estão disponíveis para apresentar informações sobr eusuários, comandos e conexões ao sistema.
- Avalie se há signais de invasões físicas.
- Verifique outros sistemas que poderiam ser usados para invadir o seu sistema.
- Verifique por sistemas em sites remotos que podem estar envolvidos ou afetados.
- Investigue dispositivos de hardware não autorizados que estão conectados a rede.

Verificação da Integridade de Arquivos com Tripwire

Há várias ferramentas de detecção de intrusos disponíveis para o mundo Linux, e muitas outras surgem no dia-a-dia. Estas abrangem tanto para detecção de invasões em servidores quanto na rede.
A ferramenta **Tripwire** é uma ferramenta baseada em detecção para o servidor. É que uma boa maneira de determinar se você teve visitantes indesejados, os quais podem ter danificado seus arquivos, com perda de desses, ou com vírus. Muitas distribuições Linux utilizam o gerenciador RPM. Este disponibiliza o programa **tripwire**.

O tripwire executa um número de verificações para todos os executáveis e binários importantes, bem como arquivos de configuração. Esta comparação é feita com banco de dados e valores de referência.

É uma boa idéia realizar a instalação do tripwire num disquete, e com proteção contra gravação, executar este a partir da própria unidade de disquete. Uma das possibilidades d e configuração, é adicionar o tripwire para um processo programado e automático, via **crontab**, e que este seja executado toda noite, e o reultado, enviado para você via email:

```
# set mailto
MAILTO=heverton
# run tripwire
15 05 * * * root /usr/local/adm/tcheck/tripwire
```

Um email sera enviado diariamente para você às 5:15 da manhã.
Para obter maiores informações, visite o portal oficial em **http://www.tripwire.org/** ou no próprio site da Red Hat. Uma outra opção é http://www.tripwire.com/.
O uso profissional do Tripwire pode viabilizar que você atue mais proativamente em relação aos invasores.

Usando o Gerenciador de Pacotes Red Hat (RPM)

O gerenciador de pacotes Red Hat inclui a habilidade de verificar todos os pacotes que estejam instalados no sistema Linux.
O RPM tem facilidades para verificação se um pacote está corrompido ou teve a perda de componentes. Se o seu sistema está comprometido, execute o comando:

```
# rpm –Va
```

Este comando fará a verificação de todos os arquivos do sistema. Há outras opções de parâmetro que valem a pena serem estudadas. Uma saída típica para o comando acima seria:

...5...T /bin/login

E os valores a interpretar são:

- S – alteração no tamanho do arquivo
- M – alteração no modo do arquivo
- 5 – falha no checksum MD5
- U – alteração da propriedade do arquivo
- G – grupo de propriedade do arquivo foi alterada

Por precaução, e permitir que você possa sempre executar este comando, mantenha uma cópia em separado dos arquivos **/var/lib~/rpm/fileindex.rpm** e **/var/lib/rpm/packages.rpm**, e por último, do próprio executável **/bin/rpm**.
Para auxiliar a busca dos arquivos alterados, por exemplo, execute o comando:

$ /usr/bin/find / -ctime –l –print

Este commando apresenta uma lista dos arquivos modificados mais recentemente.

Recomendações para Configuração de Arquivos do Servidor

Uma das recomendações para uma administração ideal do servidor é conhecer bem a estrutura e o padrão de gravação de arquivos no Linux. Entendendo do assunto da propriedade de arquivos, grupos (chgrp) e proprietário (chown). Este assunto foi bem conceituado no histórico do Unix apresentando em um dos anexos deste livro. É que com este conhecimento, será possível rastrear e identificar as evoluções de auditoria quanto as alterações realizadas em arquivos e diretório do servidor.

Agora, a lista apresentada abaixo representa uma visão geral de itens que deverão ser observados quando no momento da configuração de arquivos e diretórios no servidor:

- Não há razão alguma para que os diretórios HOME de usuários permitam programas (setuid e setgid) sejam executados a partir desses. Use a opção **nosuid** no arquivo **/etc/fstab** para partições que tenham permissão de escrita por outros usuários além do superusuário. Você pode também desejar usar as opções **nodev** e **noexec** para as partições HOME dos usuários, bem como a pasta **/var**. Estas tendo permissão de execução e criação proibidas.
- Os arquivos de usuários podem incluir vulnerabilidades ao sistema. A lista abaixo apresenta itens que deverão ser observados:
  1. instalação de programas com "trojan hose".
  2. proteção dos arquivos de execução inicial contra modificações por outros usuários.
  3. limitação do tamanho da área de gravação de arquivos para a área pessoal dos usuários.
- Os arquivos de sistema são componentes cruciais na prevenção de incidentes na segurança. Deve-se considerar os seguintes itens:
  1. os arquivos de configuração do sistema e executáveis compartilhados devem estar protegidos contra vírus, tipo, trojan.
  2. arquivos de auditoria devem estar protegidos contra modificações indesejadas.
  3. apenas os administradores do sistema poderiam alterar os privilégios dos usuários
  4. revisão do conteúdo dos executáveis do sistema para evitar alterações indesejadas.
  5. apenas os administradores do sistema poderiam alterar os scripts de inicialização em tempo de boot
  6. revisão do conteúdo dos scripts de inicialização do sistema, para garantir que valores ou programas foram adicionados sem autorização
- Se você estiver montando sistemas de arquivo usando sistemas de rede do tipo NFS, garanta de configurar o arquivo **/etc/fstab** com restrições. Tipicamente, usando opções **nodev**, **nosuid** e talvez **noexec**.
- Defina limites aos sistemas de arquivos ao invés de permitir acesso ilimitado como padrão. Você pode controlar limites por usuário, a partir do uso do módulo PAM e **/etc/pam.d/limits.conf**. Por exemplo, o limite para o grupo "usuario" pareceriam assim:

```
@users      hard    core    5000
@users      hard    nproc   50
@users      hard    rss     5000
```

Esta configuração define o limite da criação de arquivos (core), restringindo o número de processos a 50, e a restrição do uso de memória de 5 megabytes.

- Os arquivos **/var/log/wtmp** e **/var/run/utmp** contém informações de login para todos os usuários do sistema. Sua integridade deve ser mantida, isto porque esta pode ser usada para determinar quando e a partir de onde um usuário acessou o sistema. Esses arquivos deveriam ter permissão tipo 644 (chmod)
- Arquivos de configuração do sistema (usualmente localizados no **/etc**) têm permissão em modo 644 (-rw-r- -r - -), e a propriedade do root. Dependendo dos requisitos de segurança do seu sistema, você pode ajustar isto. Nunca deixe os arquivos do sistema com permissão de escrita por um grupo ou todos usuários. Alguns arquivos de configuração, incluindo **/etc/shadow**, deveriam ser lidos apenas pelo superusuario, e diretórios existentes no **/etc** não deveriam ser acessíveis por outros grupos.

Dica de Segurança
Faça e execute um script semelhante ao que está apresentado a seguir. Este script remove os bits de SGID e SUID dos binários do seu sistema, ou seja, torna possível a execução destes somente pelo super-usuário (root): # Remoção do SUID dos programas chmod a-s /usr/bin/chage chmod a-s /usr/bin/gpasswd chmod a-s /usr/bin/chfn chmod a-s /usr/bin/chsh chmod a-s /usr/bin/newgrp chmod a-s /usr/sbin/usernetctl chmod a-s /usr/sbin/traceroute chmod a-s /bin/mount chmod a-s /bin/umount chmod a-s /bin/ping chmod a-s /sbin/netreport chmod a-s /usr/bin/at chmod a-s /usr/bin/rcp chmod a-s /usr/bin/rlogin chmod a-s /usr/bin/rsh chmod a-s /usr/bin/ssh-keysign chmod a-s /usr/libexec/pt_chown chmod a-s /usr/sbin/ping6 chmod a-s /usr/sbin/usernetctl chmod a-s /usr/sbin/traceroute # #Remoção do SGID # chmod ug-s /usr/bin/wall chmod ug-s /usr/bin/write chmod ug-s /usr/bin/lockfile chmod ug-s /usr/bin/slocate chmod ug-s /usr/sbin/utempter chmod ug-s /usr/sbin/gnome-pty-helper chmod ug-s /usr/sbin/lockdev chmod ug-s /usr/sbin/sendmail.sendmail chmod ug-s /sbin/netreport

Segurança das Senhas

Uma das características mais importantes de segurança que é usada diariamente são as senhas. Isto é importante para que você e seu usuário tenham senhas seguras e impossíveis de advinhar. A maioria das mais recentes distribuições Linux incluem programas de senha que não permitem a definição de senhas fáceis. Tenha este programa bem atualizado e ativado.

Os principais sistemas UNIX, incluindo Linux, utilizam um algoritmo de encriptação de dados, chamado DES (Data Encryption Standard) para a geração de senhas. Este arquivo de senha encriptado é então armazenado tipicamente em **/etc/passwd** ou em **/etc/shadow**. Quando você realiza um login, não importa o que foi digitado por você, isto é encriptado e comparado no arquivo de senhas. Se isto foi comparado e houve uma validação, haverá o acesso.

Defina senhas ideais para a sua segurança. E há vários padrões e recomendações disponíveis no mercado e na Internet. Procure a que melhor se adequar a sua necessidade.

PAM – Pluggable Authentication Modules (Red Hat)

As novas versões das distribuições Linux Red Hat disponibilizam um esquema de autenticação unificado chamado de "PAM". O PAM permite que você altere, tempo real, os requerimentos e métodos de autenticação, sem a necessidade de recompilação.

O PAM é um recurso que você, enquanto administrador de um sistema Linux, deve-se aprofundar tanto na teoria quanto na prática. Abaixo há uma lista de recursos que podem ser obtidos com o PAM:

- Uso de encriptação não DES para senhas
- Configurar limites de recursos a todos os usuários para não aceitação de ataques do tipo "Denial of service"
- Habilitar senhas do tipo shadown em tempo real
- Permissão de login para usuários específicos em horas específicas e estações.

Dentro de poucas horas de instalação e configuração do servidor, você pode prevenir ataques antes que eles ocorram. Por exemplo, use o PAM para desabilitar o uso amplo através de acesso aos diretórios HOME dos usuários. Isto deve ser feito adicionando as linhas no arquivo **/etc/pam.d/login**:

```
#
# Disable rsh/rlogin/rexec for users
#
        login auth required pam_rhosts_auth.so no_rhosts
```

Dica Resumo de Segurança
Para obter segurança, um dos recursos é desabilitar serviços/daemons sem uso. Para isto, comente a linha do serviço a cancelar no arquivo **/etc/inetd.conf**. Abaixo há uma lista de possíveis candidatos a serem desativados:
○   amd
○   apmd
○   arpwatch
○   autofs
○   auth
○   bootparamd
○   cfinger
○   chargen
○   dhcpd (se o serviço DHCP não estiver em uso)
○   discard
○   daytime
○   echo
○   exec
○   finger
○   ftp
○   gated
○   gopher
○   httpd (se não há um servidor web no ar)
○   innd
○   ip6tables

- o isdn
- o login
- o mars-new
- o named (se não há um servidor DNS no ar)
- o netfs
- o netstat
- o nfs
- o nfslock
- o nscd
- o portmap
- o postgresql
- o routed
- o rstatd
- o ruserd
- o rwhod
- o sendmail (se não há um servidor de email no ar)
- o shell
- o talk
- o telnet
- o tftp
- o swat
- o systat

Conclusão e Recomendações

Este capítulo teve como objetivo ressaltar e comprovar que este assunto é abrangente, e que poderá aumentar ou diminuir, de acordo com seus requisitos de segurança. Contudo, de forma geral, você deve ter concordado que há muitas variáveis e requisitos técnicos, procedimentos e normais que devem ser adotadas para que uma política de segurança tenha sucesso.

E que esta política não seria efetiva somente com a avaliação dos arquivos de log, ou a simples utilização do programa tripwire. A cada recurso, mais segurança você conquista. A segurança requerida para o ambiente corporativo se torna mais complexa do que a do ambiente caseiro. É que um dos objetivos deste capítulo foi comprovar que não culpemos o Linux como inseguro, mas talvez, com a nossa postura em relação ao assunto.

Os seguintes itens deverão ter o estudo aprofundado para a obtenção de uma segurança quase perfeita, pois a perfeição não existe:

- **Kerberos:** sistema de autenticação desenvolvido pelo projeto Athena do MIT.
- **Senhas Shadown:** maneira de manter suas senhas encripitadas realmente em segredo dos usuários normais.
- **Segurança do Kernel:** avaliar as opções de compilação do Kernel é algo a considerar para incrementar a segurança, as quais podem aumentar ou diminuir o seu nível de segurança. Por exemplo: CONFIG_IP_NOSR; CONFIG_IP_FIREWALL; CONFIG_IP_FORWARD; CONFIG_IP_FIREWALL_VERBOSE; CONFIG_IP_ALWAYS_DEFRAG; CONFIG_SYN_COOKIES; CONFIG_NCPFS_PACKET_SIGNING; CONFIG_IP_FIREWALL_NETLINK.
- **Dispositivos do Kernel:** há alguns dispositivos lógicos disponíveis no Linux que podem auxiliar na sua política de segurança. Estude e observe o que pode ser obtido com a configuração dos devidos dispositivos: /dev/random; /dev/urandom;
- **Ataques:** os ataques que mais comprometem o seu sistema devem ser vigiados, são eles: exploits; worm; trojan horse; cracking; acesso físico direto; spoofing; denial of Service;
- **Perfil de resposta:** tanto você, quanto sua empresa, deverão ter definida uma forma de resposta aos ataques, considerando como atuar antes, durante e depois de uma possível invasão.

Por último, lembre-se: segurança não é somente tecnologia, é postura e disseminação desta no seu dia-a-dia.

Lista de Sites para Estudos

Site	URL
Linux Security	http://www.linuxsecurity.com

Documentation	
Configuração de um Servidor FTP anônimo	http://secinf.net/unix_security/How_to_Set_up_a_Secure_Anonymous_FTP_Site.html
Segurança no ambiente X	http://www.biac.duke.edu/library/documentation/xwin32/Security.html
Linux Security Brasil	http://www.linuxsecurity.com.br

O Firewall e IPTable no Linux

Já li vários conceitos para firewall. Para não dizer que não acrescentei nada, lá vai mais um: O nome firewall é derivado de uma parte do carro. Um objeto que separa o motor do compartimento do passageiro, protegendo-o em caso de explosão ou incêndio. No Final deste capítulo, há mais um excelente artigo de um excelente consultor brasileiro neste assunto. Vale a pena a leitura e quem sabe, até a consultoria.

Agora, no mundo dos computadores, é um dispositivo lógico que protege uma rede de computadores privada da rede pública. Como se faz isto:

1) Pega-se um computador com capacidade de roteamento (Linux Box);
2) Colocam-se duas interfaces no computador acima (porta serial, Ethernet, Token Ring, etc.);
3) Desativa-se o envio de pacotes IP (forwarding);
4) Conecta-se a Internet em uma das interfaces acima;
5) Conecta-se a rede privativa na outra interface.

Com isto você tem duas redes distintas, mas que compartilham um mesmo computador. Ou seja, esse computador (firewall) consegue acessar a Internet, e a Internet consegue alcançar a rede privativa.

Para que alguém que está na rede privativa possa conectar-se à Internet, deve executar o comando telnet para o firewall e, a partir daí, conectar-se com a Internet. O mesmo acontece inversamente.

Configuração do Servidor

Um dos grandes problemas com firewalls é que eles inibem o acesso à Internet. Fica complicada a tarefa de logar-se primeiramente no firewall. Programas como Netscape, que requerem uma conexão direta com a Internet, não trabalharão atrás de um firewall. O mesmo acontece com outros serviços FTP, por exemplo. A solução deste problema é um Proxy Server (leia mais no capítulo específico deste livro).

A partir deste ponto, você deve ter a seguinte configuração funcionando:

➢ Um computador com conexão à Internet. Esta pode ser 14.4 PPP ou superior.
➢ Esse computador deve estar conectado à rede privativa com o TCP/IP.
   •

Devemos agora recompilar o Linux Kernel, observando as seguintes configurações:

➢ Ativar o suporte a redes;
➢ Ativar o suporte ao TCP/IP;
➢ Desativar o envio de pacotes IP (forwarding CONFIG_IP_FORWARD);
➢ Ativar o IP Firewalling;
➢ Ativar a contabilização IP (accounting);
➢ Ativar o suporte aos dispositivos de rede;
➢ Ativar suporte às placas Ethernet e ao protocolo PPP, conforme sua configuração.
   •

Para recompilar, execute:

```
% make config
```

Notando algum problema, busque ajuda no Kernel HOWTO, Ethernet HOWTO e NET2-HOWTO.

Configuração dos Endereços de Rede

Como o nosso intuito principal é querer acessar com segurança a Internet, vamos definir a nossa rede privativa como uma Classe C, exemplo 192.168.2.xxx.

Designe um endereço IP fixo para a Ethernet no servidor (192.168.2.1). Neste ponto, você já deve ter o endereço IP fixo para conexão fixa com a Internet (PPP, ...). Agora, para cada uma das máquinas da rede privativa designe um endereço IP dentro do domínio acima.

Testando o Firewall

Para certificar-se da perfeita instalação do firewall, execute as seguintes tarefas:

➢ Primeiro, tente pingar a Internet do firewall. Caso não funcione, verifique a configuração da sua conexão com a Internet.

➢ Tente agora pingar as máquinas da rede privativa. Caso não funcione, veja a configuração da placa Ethernet ou TCP/IP do servidor NET2 HOWTO.

➢ Tente das máquinas da rede privativa pingar o firewall. Estas devem pingar o firewall, 192.168.2.1, e não o endereço PPP da Internet.

➢ Tente das máquinas da rede privativa pingar o endereço PPP. Se pingou, você não terá que desativar o IP Forwarding e terá que recompilar o Kernel. Ter designado à rede privativa o 192.168.2.1 significa que nenhum pacote será roteado para essa rede, mas é aconselhável e mais seguro ter o IP Forwarding desativado. Ele deixa o controle em suas mãos, e não na do provedor de acesso.

➢ Finalmente, pingue cada máquina dentro da rede privativa do firewall.

Definindo os Serviços do Firewall

O firewall não está seguro se deixado com alguma porta em aberto. Primeiro, verifique o arquivo /etc/inetd.conf, o qual chamamos de "super server". Ele roda um grupo de daemons servidores, por exemplo, Telnet, Talk, FTP, Daytime, etc.

Desative todos os que não são necessários nesse arquivo. Definitivamente, desative os netstat, systat, tftp, bootp e finger. Se desejar, utilize somente o rlogin ao invés do telnet. Para desativar os referidos serviços, utilize o sinal de comentário (#). Não se esqueça: para que estas alterações tenham efeito, é necessária a reinicialização do computador, ou forçar a leitura desse arquivo, matando o processo do inetd.

Dica ! Configuração Rápida do IPTables no Linux com Firewall

Esta dica é para uma configuração rápiad do IPTables para serviço de firewall no Linux.

A lista abaixo corresponde as opções do IPTABLEs:

- -A adiciona uma regra a uma chain de configuração
- -F define (flush) todas as regras a partir de uma chain de configuração
- -P define o destino padrão para uma chain de configuração
- -L lista as regras de uma chain de configuração
- -D remove uma regra que atenda um requisito
- -N definição de uma nova chain de configuração
- -j especifica o destino (os valores padrão são ACCEPT, DROP, REJECT)
- -p especifica o protocolo ip (tcp, udp, icmp, etc...)
- -s especifica a origem host/subnet no formato x.x.x.x/[0-32] com bitmask
- -d especifica o destino host/subnet no mesmo formato do –s
- -i especifica a interface da regra aplicada a (eth0, eth1)
- -f concilia framentos de pacotes IP opções tcp
- -sport especifica o número ou faixa de portas de fonte
- -dport o mesmo que –sport, só que identifica a porta de destino

Para tornar efeito o uso do IPTables, crie um shell script com o nome **setiptables.sh**, e coloque-o no drietório **/etc/sysconfig**. Abaixo há um exemplo de um arquivo:

```
# eth0 (dispositivo para a rede de confiança)
# eth1 (dispositivo com conexão com area não confiável)
#
# (1) policies -Set to drop ALL packets
iptables -P INPUT DROP
iptables -P OUTPUT DROP
```

```
iptables -P FORWARD DROP
# (2) User-defined chain para pacotes TCP aceitos
iptables -N okay
iptables -A okay -p TCP --syn -j ACCEPT
iptables -A okay -p TCP -m state --state ESTABLISHED,RELATED -j ACCEPT
iptables -A okay -p TCP -j DROP
# (3) INPUT chain regras
# Regra para pacotes entrants a partir da rede
#
# Aceitação de tudo que venha sobre a rede
iptables -A INPUT -p ALL -i eth0 -s 192.168.101.0/24 -j ACCEPT
#localhost também!
iptables -A INPUT -p ALL -i lo -s 127.0.0.1 -j ACCEPT
#também aceita sincronização de hora entre servidores
iptables -A INPUT -p ALL -i eth0 -s 193.67.79.202 -j ACCEPT
#
# Derruba qualquer solicitação de conexão
#
#iptables -A INPUT -i eth0 -p tcp --syn -j DROP
#
# (5) output chain regras
# somente saída de pacotes com endereços locais (no spoofing)
# verifica se a origem de um endereço é deste computador e da interace de rede
#
iptables -A OUTPUT -p ALL -s 127.0.0.1 -j ACCEPT
# a linha abaixo é usada para definir o endereço IP de eth0
iptables -A OUTPUT -p ALL -s 192.168.101.4 -j ACCEPT
#
# a linha abaixo é para definir o "time server"
iptables -A OUTPUT -p ALL -d 193.67.79.202 -j ACCEPT
# (6) POSTROUTING chain regras
# abaixo é para quando o firewall esteja conectado a internet
iptables -t nat -A POSTROUTING -o eth1 -j MASQUERADE
iptables -A FORWARD -s 192.168.0.0/24 -j ACCEPT
iptables -A FORWARD -d 192.168.0.0/24 -j ACCEPT
iptables -A FORWARD -s ! 192.168.0.0/24 -j DROP
```

Para que todas essas alterações sejam permanents, faça uma cópia backup do seu arquivo atual de iptables, e crie um novo

```
# cp /etc/sysconfig/iptables /etc/sysconfig/iptables.old
# iptables-save > /etc/sysconfig/iptables
```

Então, reinicializa o daemon da rede:

```
# /etc/init.d/network restart
```

Reinicialize o Iptables também:

```
# /etc/init.d/iptables restart
```

Para verificar as regras existentes, digite o seguinte:

```
# iptables –L
```

IPTABLES no Firewall do Linux

A segurança de rede não é uma questão simples, e graças a disseminação de conhecimento e a experiência de excelentes profissionais, o Brasil já conta com prestação de serviço de qualidade. E para configuração e instalação de Firewall e serviços de segurança, contate o consultor em segurança Linux Urubatan Neto. É que sem o apoio deste, este capítulo não teria a qualidade e a precisão desejada pela comunidade de usuários no país.

> Urubatan D'Oliveira Neto
> email: udneto@yahoo.com.br

TEORIA, SÍNTESE E PRÁTICA

"Aprenda a controlar sua rede antes que alguém não autorizado resolva controla-la"
Se você se propõem a tornar uma rede segura, esta é uma das muitas funções que lhe é agregado, e, sem dúvida a mais importante. Segurança é estar no controle, lembre-se disso!
Controlar o fluxo de uma rede é determinar o que entra e o que sai, o que trafega e o que não pode trafegar. Determinar quais protocolos serão aceitos ou descartados, abrir e fechar portas, monitorar até mesmo o permitido... Isso, é apenas uma pequena demonstração de controle, que não se limita a tal...
Para que todo este controle seja possível você precisará de IDS, Chroots, Logs e etc. Mas acima de tudo você precisará de um bom Firewall.
Como costuma dizer Daniel Robbins, presidente e CEO da Gentoo Technolgies, "Firewalls são bons e divertídos", mas preciso adverti-los de que embora sejam o que daniel diz ser, configura-los não é tão simples o quanto parece.
A idéia de escrever este capítulo técnico para a "Proteção Hacker" ensinando seus leitores a configurar um Firewall via Iptables fora encarado por mim como um desafio, ora visto que trata-se de um assunto extremamente abrangente e complexo, mas vamos com calma... espero neste lhe passar apenas os princípios básicos e quem sabe intermediários de tal ferramenta de segurança, se após ler este artigo você desejar obter maiores informações sobre Firewalls, fique tranqüilo, o que não falta nas livrarias é literatura especializada.
Mas chega de bla, bla, bla... Precisamos correr se quisermos cumprir com o combinado . Quer um conselho? Pule para o micro, abra uma Shell qualquer, Tome a pilula vermelha, siga o coelho branco e, toc, toc, toc... Wake-up!!

O QUE É UM FIREWALL?
A nível introdutório poderemos dizer que um Firewall é um programa capaz de pré-determinar tudo o que entra ou sai de um host/rede.
Sem dúvida o paragrafo acima resume ao máximo as funções de um firewall, uma outra forma de se resumir tal conceito é dizer que "um Firewall pode manipular/controlar todo o tipo de trafego existente entre dois ou mais hosts/redes.
O primeiro Firewall do mundo desenvolvido pela Bell Labs para a AT&T em meados de 80 concentrava-se em "filtrar" todos os pacotes que saíssem e entreassem na rede, de modo a manipula-los de acordo com as especificações de regras previamente definidas.
A arquitetura do Firewall desde então aperfeiço-ou-se e com o passar dos anos, novas funcionalidades lhe foram agregadas, mas o conceito principal permaneceu, o da filtragem de pacotes.
Logo, para que demais funções além da filtragem de pacotes pudessem ser agregadas, implementou-se o que conhecemos por "Classes de Firewalls", que são:

•FILTRO DE PACOTES
-> esta classe de Firewall é responsável por filtrar todo o trafego direcionado ao próprio host firewall ou a rede que o mesmo isola tal como todos os pacotes por ele ou por sua rede emitidos. Ocorre mediante a Analise de regras previamente inseridas pelo administrador do mesmo. O Filtro de Pacotes é sem dúvida a classe mais utilizada de Firewall. Não aplicar seus conceitos é deixar as portas abertas e permitir a livre circulação de pacotes não confiáveis por sua rede.

•NAT (Network Address Translation)
-> Possui a função de intermediar conexões entre duas ou mais redes. É bastante utilizado para compartilhar acesso a Internet de toda uma rede por apenas um meio (IP VALIDO).

•HIBRIDO
-> Implementa tanto funções de NAT quanto de Filtro de Pacotes. É na verdade a junção de ambas as   classes   e   não   tão somente uma classe isolada.

Antes de prosseguirmos é importante revisarmos nossos objetivos baseados nas classes de Firewall.
Neste capítulo veremos tão somente como configurar um Firewall sob a classe dos Filtros de Pacote. O Firewall NAT literalmente não será abordado neste tal como Hibrido;
Mas continuemos com nossos estudos, sim, eu sei, você já deve ter lido algo que divide as classes de Firewall em Filtro de Pacotes, Proxy e hibrido e não em filtro de pacotes, NAT e Hibrido como fora informado neste documento.

A questão é: Quem de fato é uma classe de Firewall? NAT ou PROXY?

Então julgue você mesmo a questão sobre os seguintes argumentos:

a) Firewalls são Firewalls, Proxys são Proxys, ou seja, uma coisa é uma coisa, outra coisa é outra coisa. Caso o contrário o Squid é um firewall, correto? Mas não seria o Squid um Proxy?
b) Os Proxys são na verdade aperfeiçoamentos das técnicas de NAT a fim de melhorar consideravelmente a velocidade de acesso a demais redes (A Internet em Particular) e mplementar   formas mais "palpáveis" de administrar os mesmos e seus hosts "pendurados" sob tal acesso.   Já o NAT apenas redireciona a conexão, isso sem poder contar com a "mágica do cache"
c) Continua achando que um proxy é uma classe de Firewall? A escolha é sua. Que tal colocar o Squid e Wingate para tomar conta de seus pacotes e fechar suas portas?
d) Quer mais argumentos?? me passe um e-mail que terei prazer em lhe responder udneto@yahoo.com.br)

FIREWALL NO LINUX
No Linux, as funções de Firewall são agregadas a propria arquitetura do Kernel. Enquanto a maioria dos "produtos" Firewall podem ser definidos como Sub-Sistemas, o Linux possui a capacidade de transformar o Firewall no próprio.
Tudo o que chega ou sai de um host é processado por seu Kernel, independente de sistema operacional. Agregar funções de controle de fluxo a nível de Firewall a este processamento... Isso, só o Linux faz!

A ARQUITETURA DE FLUXO DO KERNEL
Para que o Kernel pudesse controlar seu próprio fluxo interno lhe fora agregada uma ferramenta batizada de Netfilter (http://www.netfilter.org/).
Criada por Marc Boucher, James Morris, Harald Welte e Rusty Russell, o Netfilter é um conjunto de modelos/situações agregadas ao kernel e divididas em tabelas:
     •FILTER
     -> É a tabela padrão do Netfilter e trata das situações implementadas por um Filtro de Pacotes Suas   situações são:
                    •INPUT   – Tudo o que **entra** no host
                    •FORWARD – Tudo o que chega ao host mais deve ser **redirecionado** a um host secundário   ou   outra
                    interface de rede
                    •OUTPUT   – Tudo o que **sai** do host

     •NAT
          -> Implementa funções de NAT (Network Addres Translation) no host/Firewall. Suas situações são   PREROUTING, OUTPUT
E POSTROUTING e não serão abordadas neste artigo.

          •MANGLE
          -> Implementa alterações "especiais" em pacotes. Suas situações são: PREROUTING E OUTPUT e   não serão abordadas
neste artigo.

Recaptulando... O Kernel do Linux possui funções de Firewall graças as tabelas que se agregam ao Netfilter, que por sua vez está nativamente agregado ao Kernel.
Tais tabelas (do Netfilter) nos possibilitam controlar todas as situações (chains) de um host, Porém, para que possamos vir a moldar o Netfilter conforme nossas necessidades, precisamos de uma ferramenta que nos sirva de Front-End nesta tarefa.
Um Front-End lhe possibilitará o controle das situações (chains) contidas nas tabelas agregando-lhes regras de trafego.
Entendo por regras as pré-definições aplicadas a fim de diciplinar todo um trafego de dados em uma rede/host.

Historicamente falando o Linux no disponibilizou uma nova ferramenta de manipulação a cada nova versão oficial (versões sob o número par, ex: 2.4)

          •KERNEL 2.0   - IP-FWADM
          •KERNEL 2.2   - IP-CHAINS
          •KERNEL 2.4   - IP-TABLES

Obviamente a cada nova versão melhorias foram implementadas tal como possíveis falhas corrigidas.
Apenas a nível referencial, o Iptables fora concebido por Rusty Russell (que por sinal também particiou do projeto de desenvolvimento do Netfilter) em colaboração com Michel Neuling e integrado a versão 2.4 do Kernel em julho de 1999. O Iptables compõem a quarta geração de sistemas Firewalls no Linux.

O IP TABLES
O Iptables é um modulo do Kernel, logo o mesmo deve estar sendo executado (atívo) pelo sistema para que possa vir a funcionar.

Para listar os modulos atívos no sistema siga o exemplo abaixo (comando lsmod):

```
[root@sysop /root]# lsmod
Module          Size  Used by   Not tainted
rhinefet        25568 1
supermount      55620 2 (autoclean)
i810_audio      21280 0
soundcore        3460 2 [i810_audio]
ac97_codec       9632 0 [i810_audio]
lvm-mod         46880 0
usb-uhci        20708 0 (unused)
usbcore         48704 1 [usb-uhci]
```

Para "levantar" o modulo do Iptables basta executa-lo uma única vez ou digitar em Shell:

```
[root@sysop /root]# insmod ip_tables
Using /lib/modules/2.4.18-2cl/kernel/net/ipv4/netfilter/ip_tables.o
```

É bom lembrarmos que por estar incorporado diretamente ao Kernel, a configuração do Iptables não se dá por via de arquivos de configuração, ao contrário disso sua manipulação é realizada por uma sintese digitada em Shell e somente estará valendo para aquela sessão. Caso seu Firewall sofra um Reboot, por exemplo as regras inseridas antes do mesmo serão totalmente perdidas.
Existe porém uma função denominada "iptables-save", que nos serve exclusivamente para salvar as regras inseridas em uma sessão.

```
[root@sysop /root]# iptables-save >/bin/rc.firewall
```

Observe que o comando acima salva todas as regras inseridas via Iptables nesta sessão no arquivo /bin/rc.firewall.

Para reaver as regras basta digitar-se em shell:

```
[root@sysop /root]# iptables-restore < /bin/rc.firewall
```

Já para torna-lo inicializável, insira a chamada acima no arquivo /etc/rc.local (esta é apenas uma das formas e talvez a mais simples).

Segue abaixo a sintese do iptables:

```
[root@sysop /root]# iptables <tabela> <comando> <ação> <extenssões> <alvo>
```

•<tabela>
São as mesmas que compõem o Netfilter, Filter, Nat e Mangle. Utilizamos esta opção para assossiar uma regra a uma tabela específica. Como nosso foco é a criação de um Firewall Filtro de Pacotes, utilizaremos tão somente a tabela filter que devido a ser a tabela padrão do Netfilter não precisa ser anunciada, logo, esta parte da síntese (somente no filtro de pacotes) pode ser desconsiderada.

•<comando>
-A -> Adiciona (anexa) uma nova regra ao final da lista;
-D -> Apaga uma regra;
-L -> Lista as regras
-P -> Define a Política Padrão das Chains
-F -> Remove as regras sem alterar a política padrão
-I -> Insere (anexa) uma nova regra ao início da lista;
-R -> Substitui uma regra já adicionada por outra
-N -> Cria uma nova Chains
-E -> Renomeia uma nova Chains
-X -> Apaga uma nova Chain

•<ação>
-p -> Especifíca o protocolo associado a regra.
-i -> Especifica a Interface de entrada a ser utilizada
-o -> Especifica a Interface de saída a ser utilizada
-s -> Especifíca a origem (source) do pacote
-d -> especifíca o destino (destination) do pacote

! -> Significa exclusão (ou excessão)
-j -> Define o alvo do pacote
--sport -> Define a porta de origem (source-port)
--dport -> Define a porta de destino (destination-port)

•<extenções>
Extenções são o que conhecemos por "regras especiais" e são extremamente úteis para bloquear ataques Crackers. Não pretendo detalhar este assunto, porém, você ira encontrar referencias bastante úteis em nossa sessão de exemplos.

•<alvo> (target)
•ACCEPT -> Aceita a entrada, saída e redirecionamento de pacotes
•DROP -> Descarta tanto pacotes de entrada, saída e redirecionamento
•REJECT -> Descarta o pacote mais informa ao emissor do mesmo sobre o descarte
•LOG -> Salva a utilização de tal alvo em log (/var/log/messages).

Agora que conhecemos a síntese e suas respectivas flags, vamos ver como as mesmas funcionam na prática:
EXEMPLOS DE REGRAS COMENTADAS

[root@sysop /root]# iptables -L

Lista as regras inseridas no Iptables

[root@sysop /root]# iptables -P OUTPUT DROP

Insere uma politica padrão de descarte (DROP) de pacotes sobre a chain   OUTPUT. Por padrão todas as chains são setadas como ACEPPT. É aconcelhável   setalas sempre como DROP e somente após inserir regras no Firewall,   habilitando   e possibilitando novos acessos. O que não é permitido por você   será descartado pela politica DROP.

[root@sysop /root]# iptables -A INPUT -i lo -j ACCEPT

Após a implementação das políticas padrões, é aconselhável se inserir (-A)   a regra acima para permitir (-j ACCEPT) a entrada (INPUT) de pacotes   pela interface local (-i lo). Está regra se faz necessária para permitir a comunicação entre processos internos no próprio Firewall.

[root@sysop /root]# iptables -A FORWARD -j DROP

Descarta (DROP) qualquer redirecionamento (FORWARD) de pacotes por via do   Firewall

[root@sysop /root]# iptables -A FORWARD -s 10.0.30.0/8 -d www.sexo.com.br -j DROP

Insere (-A) uma nova regra de redirecionamento (FORWARD) que proíbe   pacotes cujo a origem (-s) seja a rede 10.0.30.0/8, com destino (-d) a   www.sexo.com.br. Tais pacotes serão descartados (-j DROP)

[root@sysop /root]# iptables -A FORWARD -s www.cracker.com.br -d 10.0.30.0/8 -j DROP

Insere (-A) uma nova regra de redirecionamento (FORWARD) que descarta (-j   DROP) qualquer pacote oriundo (-s www.cracker.com.br) do host   www.cracker.com.br e   destinado (-d 10.0.30.0/8) a rede 10.0.30.0/8.

[root@sysop /root]# iptables -A FORWARD -s www.suaempresa.com.br -d 10.0.30.0/8 -j ACCEPT

Insere (-A) uma nova regra de redirecionamento (FORWARD) que aceita (-j ACCEPT)   qualquer   pacote   oriundo   (-s www.suaempresa.com.br) do host   www.suaempresa.com.br e destinado (-d www.10.0.30.0/8.com.br) a rede   10.0.30.0/8.

[root@sysop /root]# iptables -A FORWARD -i eth1 -j REJECT

Adciona (-A) uma nova regra que rejeita (-j REJECT) pacotes que entrem (-i   = interface de entrada)no host Firewall pela interface eth1 (-i eth1)

[root@sysop /root]# iptables -D FORWARD 2

Deleta (-D) a segunda (2) regra da lista sob a chain FORWARD. O número da regra fora obtido após uma listagem de regras com a flag -L

[root@sysop /root]# iptables -L OUTPUT

Lista todas as regras sob a chain OUTPUT

[root@sysop /root]# iptables -A INPUT -p tcp --dport 80 -j DROP

Adciona (-A) uma nova regra que especifíca que pacotes que chegarem ao host Firewall sob o protocolo tcp (-p tcp), direcionados a porta 80 (-- dport 80) do host Firewall deverão ser descartados (-j DROP)

[root@sysop /root]# iptables -A INPUT -p tcp --dport 22 -j LOG

Insere (-A) uma regra de entrada (INPUT) que especifica que todos os pacotes sobre o protocolo TCP (-p tcp) destinados a porta 22 (--dport 22) do host Firewall devem ser gravados em Log (/var/log/messages).

[root@sysop /root]# iptables -A FORWARD -i ! eth0 -j DROP

Insere (-A) uma nova regra que descarta (-j DROP) qualquer pacote que deseje entrar em nossa rede (FORWARD), com excessão de pacotes que forem redirecionados pela Interface eht0.

[root@sysop /root]# iptables -t filter -A INPUT ! -s 200.201.201.201 -j DROP

insere (-A) uma nova regra que descarta (-j DROP) todos os pacotes de qualquer origem Exceto (! -s 200.201.201.201)os que vem do endereço 200.201.201.201.

[root@sysop /root]# iptables -A INPUT -s 200.201.201.5 ! -p tcp -j DROP

Insere (-A) uma nova regra que descarta (-j DROP) todos os pacotes vindos de 200.201.201.5 (-s 200.201.201.5), Exceto os do protocolo tcp (! -p tcp).

REGRAS COM EXTENÇÕES E TRATAMENTOS ESPECIAIS

[root@sysop /root]# iptables -A FORWARD -p tcp --syn -m limit --limit 1/s -j ACCEPT
Proteção contra ataques Syn-floods

[root@sysop /root]# iptables -A FORWARD -p tcp --tcp-flags SYN,ACK,FIN,RST RST -m limit --limit 1/s -j ACCEPT
Proteção contra Port scanners ocultos

[root@sysop /root]# iptables -A FORWARD -p icmp --icmp-type echo-request -j DROP
Bloqueio de Ping

[root@sysop /root]# iptables -A FORWARD -p icmp --icmp-type echo-request -m limit --limit 1/s -j ACCEPT
Proteção contra Ping da morte

[root@sysop /root]# iptables -A INPUT -s 200.0.0.0 -p icmp --icmp-type time-exceeded -i eth1 -j DROP
Rejeita pacotes ICMP do tipo "time-exceeded" (tempo de requisição excedido) cujo a origem seja 200.0.0.0 através da interface eth1.

[root@sysop /root]# iptables -A OUTPUT -d 200.201.201.201 -p tcp --dport :1023 -j DROP
Bloqueia qualquer pacote indo para 200.201.201.201 na faixa de portas 0 a 1023

[root@sysop /root]# iptables -A FORWARD -m unclean -j DROP
bloqueia pacotes suspeitos ou danificados
[root@sysop /root]# iptables -m string --string "X-Kazaa-Username:" -j DROP
[root@sysop /root]# iptables -m string --string "X-Kazaa-Network:" -j DROP
[root@sysop /root]# iptables -m string --string "X-Kazaa-IP:" -j DROP
[root@sysop /root]# iptables -m string --string "X-Kazaa-SupernodeIP:" -j DROP

bloqueia pacotes do Kazaa Lite. Para que tais regras rodem o módulo String match support deve estar compilado em seu sistema. Procure baixar este patch   pois com certesa lhe será bastante útil.

```
[root@sysop /root]# iptables -A INPUT -p tcp --dport 12345 -j LOG --log-prefix "Serviço: BackOrifice"

[root@sysop /root]# iptables -A INPUT -p tcp --dport 123456 -j LOG --log-prefix "Serviço: BackOrifice"
        # registra em Log qualquer acesso via BackOrifice
```

Bem, esperamos que este capítulo lhe tenha sido útil ou pelo menos lhe sirva de ponta pé ínicial para um estudo mais aprofundado sobre o assunto. Apenas para adiantar-lhe as coisas, em entrevista recente, Harald Welte que é membro do core team do projeto netfilter/iptables fora questionado sobre as mudanças sofridas no projeto para o Kernel 2.6 e disse: "Teremos várias mudanças no iptables para os kernels 2.5.x/2.6.x. No nosso primeiro workshop de desenvolvimento que ocorreu em Novembro de 2001 nós discutimos nossos planos..."

Software Livre - Um Paradigma e não uma Moda

Chegamos ao final de mais um livro. Tentamos apresentar dezenas de textos de exemplos teóricos e práticos do uso, pessoal ou corporativo, do Linux no dia-a-dia

Tentamos ainda mostrar e dismistificar o Linux como um ambiente sombio e assustador, pois havia uma vertente de usuários que estava acostumada com o modelo e interface nativa da família de Unix.

Repetimos por diversas vezes a vantagem da utilização social e econômica de se usar o Linux, bem como milhagens de softwares gratuitos disponíveis para esta plataforma.

Depois dessa introdução deste capítulo, uma pergunta surge: será que obtivemos o sucesso e um pouco da sua curiosidade em desvendar o mundo Linux, e quem sabe, a vontade de economizar dinheiro com o uso do software livre ?

O professor Roberto Hexsel, do Departamento de Informática da Universidade Federal do Paraná, definiu bem o software livre:

Software Livre (Free Software) é o software disponível com a permissão para qualquer um usá-lo, copiá-lo, e distribuí-lo, seja na sua forma original ou com modificações, seja gratuitamente ou com custo. Em especial, a possibilidade de modificações implica em que o código fonte esteja disponível. Se um programa é livre, potencialmente ele pode ser incluído em um sistema operacional também livre. É importante não confundir software livre com software grátis porque a liberdade associada ao software livre de copiar, modificar e redistribuir, independe de gratuidade. Existem programas que podem ser obtidos gratuitamente mas que não podem ser modificados, nem redistribuídos. Por outro lado, existe a possibilidade de uso não-gratuito em todas as categorias listadas no que segue. Há uma cópia da definição de software livre pela Free Software Foundation publicada na página http://www.fsf.org/philosophy/free-sw.pt.html

Independentemente do conceito do termo, tudo isto terá resultado se você, enquanto usuário ou profissional, responder: o que podemos proporcionar ao nosso meio, comunidade ou empresa com a utilização do software livre ? Economia em dinheiro ? Inclusão Social e digital ? auto aprimoramento em tecnologia sem investimento em software ?

Portanto, uma vez respondida esta pergunta, o objetivo do software livre terá sido alcançado.

Lembre-se: Software Livre e Linux não é mais uma moda, e sim um novo paradigma mundial. E cada um de nós pode contribuir em menor ou mau grau.

Para dar prosseguimento a sua entrada definitiva ao software livre, selecionamos os excelentes sites na Internet abaixo:

Site www.softwarelivre.gov.br - ponto de visita obrigatório para a comunidade

Título	Site
Portal do Software Livre do Governo Federal no Brasil	www.softwarelivre.gov.br
Projeto Software Livre no Rio Grande do Sul	www.softwarelivre.org/
Associação Brasileira de Software Livre - ABRASOL	www.abrasol.org/
Comunidade de Software Livre de São Paulo	www.freesoftware.org.br/
GNU Free Software Foundation	www.gnu.org/
Free Sofware Consortium	www.fsc.cc/
Organisation for Free Software in Education and Teaching	www.ofset.org/
Free Downloads Center	www.freedownloadscenter.com/
Free Software Foundation Europe	www.fsfeurope.org/
UNESCO Free Software	http://portal.unesco.org/ci

Seja bem-vindo ao mundo do software livre. O seu usuário e bolso agradecem.

O Sistema e sua Arquitetura

Desde o momento em que o usuário se conecta ao UNIX até o término de sua conexão, o interpretador de comandos (shell) está recebendo e aguardando instruções do usuário. Essas instruções podem ser comandos, scripts (programas batch) ou softwares aplicativos instalados para uso da empresa ou particular.

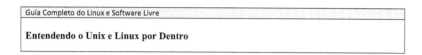

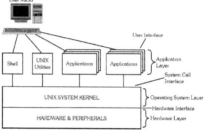

O Shell é o interpretador de comandos para o sistema UNIX. Ele recebe comandos do usuário e é o responsável pela execução desses comandos. Três arquivos são automaticamente abertos para cada processo no sistema. Esses arquivos são referenciados como standard input (stdin - entrada padrão), standard output (stdout - saída padrão) e standard error (stderr – saída de erro padrão).

Após o aceite do comando pelo Shell, todo o processamento será realizado e gerenciado pelo Kernel.

O Kernel é a "medula" do sistema operacional UNIX. As outras partes desse sistema, assim como os programas dos usuários, chamam o Kernel que executa os serviços para eles.

Processo de Recebimento e Execução de Instruções

Entenda como instruções:

➢ Comandos ou utilitários. O sistema UNIX dispõe de mais de 200 programas utilitários: eles copiam arquivos, editam texto, executam operações aritméticas, etc.

➢ Programas de usuários (scripts ou utilitários) e comandos, para o UNIX, são indistinguíveis.

Funções do Kernel

Como dissemos anteriormente, o Kernel é a "medula" do sistema operacional UNIX, por isso, apresento abaixo algumas das suas atividades:

> O Kernel implementa o sistema de arquivos UNIX, organizando e gerenciando o armazenamento de dados do sistema;
> Quanto à segurança, utilizando-se do File Management and Security, ele impede que usuários desautorizados acessem informações protegidas;
> O Kernel também executa pedidos de entrada e de saída, transferindo dados de/para os dispositivos de I/O (entrada e saída);
> O Kernel ainda mantém logs de contabilidade, registrando as atividades do sistema como sua utilização.

System Call (Chamadas ao Sistema)

A arquitetura do UNIX, por ser o primeiro sistema operacional aberto, serviu como referencial para muitos outros.

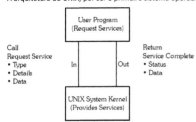

Os utilitários UNIX e seus aplicativos chamam o Kernel para executar esses serviços para eles. O mecanismo usado para requerer os serviços do Kernel é chamado "system call".

As chamadas ao sistema - system calls - são interfaces entre os programas aplicativos básicos do UNIX e o Kernel. Este é o único modo de os aplicativos e o Kernel interagirem diretamente com o sistema-base do UNIX.

O Kernel suporta mais de 60 "system calls" diferentes. Eles rodam, sem distinção, em máquinas de qualquer porte.

Carregando e Descarregando o Sistema

Talvez você já esteja familiarizado com esses termos da informática. O processo de carga de um sistema operacional envolve desde o boot -- ligar o computador -- até a liberação para o uso do equipamento pelo usuário (login); o processo de descarga é o oposto. Independentemente do sistema operacional, o processo de carga envolve várias fases.

Partições

Partições de uma unidade de disco são suas divisões físicas, podendo ter apenas uma ativa, ou seja, em um computador podemos ter apenas um sistema operacional ativo por vez. Entende-se também por partição como uma seção do disco que pode conter um sistema operacional.

Um disco pode ter até quatro partições, mas só uma delas pode estar ativa. Partição ativa é aquela que será carregada em tempo de carga. O comando **fdisk**, existente na maioria dos sistemas operacionais, controla a partição que está ativa.

Hard Disk

MASTER BOOT
Partição DOS
Partição UNIX
Partição XENIX
Partição OS/2

No Master Boot Block, está determinado o endereço do bloco de boot para a partição ativa. E, no bloco zero do disco rígido, o conteúdo será lido e carregado pela rotina de boot da EPROM.

Partição UNIX

Apresento abaixo como está dividida a partição dos principais UNIX:

UNIX Boot	
Divvy	
Bad Track	
Filesystem Root	
Swap	Área usada como extensão da RAM para armazenar programas ativos que aguardam a ocorrência de algum evento.
Outros Filesystems	Um filesystem tem como função manter e administrar de forma lógica, no meio físico, os dados do usuário.

➢ boot é um programa interativo usado para carregar e executar sozinho programas UNIX;
➢ A tabela divvy é um registro de divisões da partição UNIX, que inclui os filesystems e a área de swap;
➢ A tabela de trilhas defeituosas mantém na partição as informações sobre as trilhas defeituosas e para onde elas estão alternadas;
➢ filesystem ROOT é o principal do Sistema Operacional; nele ficam os comandos (utilitários) e o S.O;
➢ A área de swap, configurada durante a instalação, é uma memória virtual. A característica de memória virtual permite a execução de programas que são maiores que a quantidade de memória física (RAM) disponível no computador. Com paginação, apenas "pedaços" de programas são colocados na memória e retirados dela, não o programa inteiro.

   O método padrão de "swaping" (programas inteiros para dentro e fora da memória) pode levar a situações em que o Sistema Operacional gaste mais tempo fazendo a troca de processos do que executando-os. Os algoritmos de paginação e memória virtual de alguns fabricantes UNIX previnem a ocorrência disto efetivamente. Os programas parecem mais disponíveis para o usuário final, e o sistema trabalha melhor em situações pesadas.

Procedimento de Boot

Você entenderá agora a seqüência de execução pelo UNIX do processo de login.
Quando é acionado o processo de boot no seu sistema UNIX, certas operações do sistema são inicializadas. Os arquivos de inicialização, tipicamente, montam filesystems, inicializam programas e setam diretórios-base e tipos de terminais. São eles nos principais UNIX: /etc/inittab, /etc/rc2 (scripts), profile e /etc/motd.
É possível mudar o processo de inicialização e compreender os arquivos localizados no diretório /etc/conf. A ordem dos arquivos nesse diretório é a ordem de execução no boot.
Ao entrar em modo Multiusuário -- sistema operacional liberado para todos os usuários diferentes do root -- é iniciado o "init state 2", ou seja, quando os scripts do /etc/rc2.d são rodados pelo /etc/rc2, eles realizam: a montagem de filesystems; removem arquivos temporários; iniciam os processos cron, lpsched; etc.

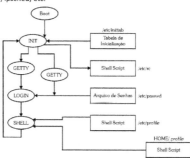

Arquivo de Boot - /etc/inittab

Pode-se dizer que esse arquivo é o "banco de dados do init". Ele contém todos os "run levels" do sistema. Em seguida, apresento o seu formato:

Identificador:	Nível para rodar:	Ação :	Comando
tty02:	2:	respawn:	/etc/getty /dev/tty02
tty02 é o dispositivo	estado do sistema	ação ou comando	cria um getty

Seus quatro campos, separados por ":", descrevem: número de identificação único (etiqueta); estado de inicialização para o qual a entrada é válida (run level); a palavra-chave que diz ao init como tratar o processo (Ação); e, finalmente, o processo que o init executará. O estado "off" significa ação desabilitada, enquanto "respawn" significa habilitada; a letra "I" da identificação "Co" (console), assim como a "m", aparece no arquivo /etc/gettydefs que retrata as características de linha dos dispositivos físicos. O comando **getty** determina o tipo de terminal, o modo de sua operação, velocidade e características da linha.

Sistema de Arquivo (File System)

Tentando apresentar um conceito simples do sistema de arquivo (filesystem) do UNIX, considere-o como uma divisão lógica do disco. O sistema de arquivo, para existir, deve ser referenciado como um outro diretório qualquer. Na tabela, apresento uma visão do sistema de arquivos:

Unidade de Disco

		Filesystem_1	Filesystem_2	FileSystem_Contab
		/sistema	/users	/contabilidade
	Diretório1	Diretório3	Diretório2	Diretório7
		Diretório4	Diretório8	Diretório10
	Diretório9	Diretório15		

Na tabela anterior, apresentei o modelo de um disco do sistema operacional UNIX, mas dentro dele possuo três filesystems: um vinculado ao diretório /sistema contendo os subdiretórios (diretório3, diretório4 e diretório15); outro filesystem vinculado ao diretório /users contendo os subdiretórios (diretório2 e diretório8); e, por último, o filesystem da contabilidade vinculado ao diretório /contabilidade, contendo os subdiretórios (diretório7 e diretório10).

No disco do UNIX, podemos formar estruturas de dados de três tipos:

> ➢ Arquivos Especiais: utilizados para fazer referências aos dispositivos físicos (impressoras, discos, CD-ROM, ...);

> ➢ Arquivos Comuns: utilizados para arquivamento de dados comuns do sistema operacional ou dos usuários;

> ➢ Arquivos Diretórios: utilizados para montagem de pastas contendo lista de arquivos ou outros diretórios.

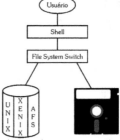

O usuário pode montar um filesystem formato MS-DOS e acessar seus arquivos por meio do UNIX, entretanto ele necessitará de utilitários que permitam montar essas "máscaras" para os formatos que, inicialmente, eram incompatíveis; exemplo dos programas VP/IX.

Conforme mostra a figura acima, com o File System Switch (FSS) o usuário do UNIX pode usar sistemas de arquivos UNIX e não-UNIX, residentes em computadores locais ou remotos, que não sejam necessariamente UNIX.

O File System Switch (FSS) é um chaveador de sistemas de arquivamento. Ele pode ser usado para montar um sistema de arquivos MS-DOS, Xenix ou OS/2, ou manipular arquivos diretamente, usando comandos do UNIX.

Apresento alguns tipos de filesystem válidos:

> ➢ S51K (filesystem UNIX);

> ➢ XENIX;

> ➢ AFS (Acer Fast filesystem);

> ➢ MS-DOS

O Conectiva Linux, por exemplo, é totalmente compatível com o FSSTND, um documento que define o nome e a localização de muitos arquivos e diretórios.

As duas características mais importantes em relação ao padrão Linux são: a compatibilidade com outros sistemas e a habilidade de montar a partição /usr somente para leitura. A partição /usr contém os executáveis mais comuns e não deve ser alterada por usuários.

Graças a isso ela pode ser montada a partir de uma unidade de CD-ROM ou a partir de outra máquina via NFS. O padrão atual (FSSTDN – Linux Filesystem Stantard) é a referência utilizada na definição dos padrões.

O documento completo sobre o Padrão Linux de Sistema de Arquivos pode ser encontrado em www.pathname.com/fhs.

Diretório Raiz - Estrutura

Em seguida, apresento a hierarquia de diretórios dos principais sistemas operacionais UNIX, a qual se parece com os galhos de uma árvore. Na parte superior está a raiz (root), ou o primeiro diretório do qual um segundo nível de diretórios deriva. O nível inicial de diretórios é padrão na maioria dos UNIX, sendo que cada um desses diretórios contém um segmento funcional importante do sistema operacional.

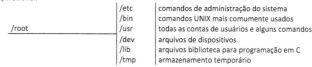

/root	/etc	comandos de administração do sistema
	/bin	comandos UNIX mais comumente usados
	/usr	todas as contas de usuários e alguns comandos
	/dev	arquivos de dispositivos
	/lib	arquivos biblioteca para programação em C
	/tmp	armazenamento temporário

Acessando Arquivos no UNIX

Do momento em que você pressiona a tecla enter para gravar ou consultar alguma informação, até a exibição do resultado na tela pelo UNIX, processos e várias trocas de informações acontecem, todos seguindo adequados algoritmos de busca e gravação.

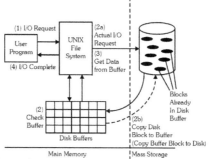

Esses algoritmos permitem criar algumas técnicas de duplicação e busca otimizadas, visando, claro, rápido acesso e gravação das informações:

> Na técnica do "disk buffering", apresentada na figura acima, alguns dos blocos de dados do disco são duplicados na memória principal pelo UNIX;

> Um sistema multiusuário típico pode ter 64 ou até 128 blocos do disco físico copiados nesse buffer cache (espaço de memória para dados temporários);

> Quando um programa de um usuário tenta ler dados do disco, o filesystem primeiro checa o buffer do disco para verificar se o bloco requerido se encontra presente. Se isto acontecer, a leitura é feita sem precisar que o disco seja ativado. Similarmente, se um programa atualiza dados no disco e o bloco correspondente está em um dos buffers do disco, o UNIX modifica os dados no buffer. O conteúdo do buffer só será gravado no disco mais tarde. O filesystem automaticamente gerencia os buffers do disco;

> Quando um programa requer um bloco de dados que não está dentro do buffer, o sistema decide quais blocos correntes dos buffers serão copiados para o novo bloco. Se o bloco a ser copiado foi modificado ainda no buffer, então ele será primeiro copiado para o disco antes que o novo bloco possa ser colocado no bloco modificado.

Essas técnicas eliminam muitas operações de I/O no disco. Somente o primeiro pedido de leitura no disco é que ativa o disco, as informações subseqüentes são tratadas dentro do buffer.

Visão dos Arquivos pelo Usuário

Nível Lógico - Exemplo: Arquivo.txt

Registro 1

Registro 2	
Registro 3	
Registro 4	
Registro 5	

Nível Físico - Exemplo: `Arquivo.txt`
Disco

		Reg. 2 do Arquivo.txt
Reg. 4 do Arquivo.txt		
		Reg. 3 do Arquivo.txt
	Reg. 1 do Arquivo.txt	

Esse fato degrada o desempenho em acessos seqüenciais a arquivos no UNIX da AT&T. Ele implica deslocamentos da cabeça de leitura da unidade de disco para acessar registros, que o usuário concebe como contíguos, mas que não são.
O AFS (Acer Fast File System) tem como objetivo minimizar esse problema. Neste, os registros logicamente contíguos são armazenados em regiões contíguas do disco, permitindo assim que acessos seqüenciais sejam feitos com um mínimo de deslocamento de cabeça de leitura.

Segurança em Sistemas Operacionais e no UNIX

Com o objetivo de estabelecer critérios de avaliação de segurança de sistemas de computação, o Departamento de Defesa dos Estados Unidos criou o National Computer Security Center (NCSC). Ele produziu o "Trusted Computer Systems Evaluatin Criteria" (TCSEC), mais conhecido como o ORANGE BOOK.

Orange Book

O Orange Book, por sua vez, classifica os sistemas de computação em quatro grandes categorias:
Categoria D - Proteção Mínima:
Nesta categoria estão os sistemas que não se enquadram em nenhuma das outras categorias.
Categoria C - Proteção Discricionária:
Os usuários decidem que proteções terá o sistema, como, por exemplo, as proteções a arquivos do UNIX.
Categoria B - Proteção Mandatória:
O sistema tem embutida alguma forma de proteção que não está sob o controle dos usuários.
Categoria A - Proteção Verificável:
Deve-se provar que o modelo de segurança e sua implementação são seguros.
Níveis de Segurança

MAIS SEGURO	A1
	B3
	B2
	B1
	C2
	C1
MENOS SEGURO	D

O sistema operacional MS-DOS ® é um exemplo de sistema de nível D, enquanto o sistema operacional UNIX System V release 3.2 possui um nível de segurança C2, definido pelo National Computer Security Center, contra uso indevido ou vandalismo.

Autorizações

Uma autorização é um direito de acessar algum objeto (arquivo, periférico, etc.) ou realizar alguma ação do sistema.
No UNIX tradicional, as autorizações são dadas pelo Controle de Acesso Discricionário -- acesso a objetos é determinado pela relação entre o dono e grupo do arquivo que contém o processo e o dono e grupo do objeto; segundo o grau de permissão estabelecido pelo dono do objeto -- ou pelo fato de se tratar do superusuário.
Extensões do SCO UNIX: dois tipos de autorizações: Kernel e Subsistema.

Autorizações de Kernel

Permitem que um processo realize uma ação do sistema, se estiver devidamente autorizado.

Autorização de Kernel	Permissões
Configaudit	permite modificar parâmetros de auditoria
Writeaudit	permite gravar registros de auditoria
Suspendaudit	permite suspender a auditoria de um processo
Execsuid	permite executar programa SUID
Chmodsugid	permite ligar os bits SUID e SGID de um arquivo
Chown	permite modificar o dono de um objeto
Nopromain	permite ignorar promains

Um usuário pode criar um promain (protected domain). Ele fica, então, "restrito" a uma área do filesystem que chamaremos de subárvore. Quando o usuário chama um programa SUID, esse programa poderá acessar seus arquivos privados somente se eles estiverem na subárvore. Fora do promain, o programa SUID só acessa aqueles arquivos que puderem ser usados tanto pelo programa chamador quanto pelo dono do programa.

Sempre que precisar rodar programas SUID de pessoas desconhecidas, crie um diretório teste e faça uma cópia dos programas nesse diretório. Dessa forma, você garantirá a integridade do seu sistema.

Autorizações de Subsistema

Um subsistema é uma coleção relacionada de arquivos, periféricos e comandos que implementam uma função específica.
A autorização de subsistema permite que um usuário realize uma ação especial, utilizando comandos do subsistema.

Funções Administrativas

Na maioria dos UNIXs, a administração do sistema pode ser feita pelo superusuário, ou pode ser dividida entre outros usuários, que terão somente os poderes necessários para administrar a parte que lhes for atribuída. Assim, a cada um desses usuários será atribuída uma função administrativa.

Nome do Subsistema	Autorização	Comandos
Memória	mem	ps, who, lpcs, crash
Impressora	lp	accept, reject, cancel, lp, lpadmin, lpmove, lpsched, lpshut, lpstat
Backup	backup	df, mkfs, labelit
Contas de usuários	auth	Passwd, su, login, auths
Cron	cron	at, cron, crontab
Auditoria	audit	auditcmd, auditd, reduce

A cada função administrativa está associada uma autorização de subsistema. Abaixo, temos alguns exemplos:

Papel Administrativo	Autorização de Subsistema	Área
Administrador de contas	auth	criar e manter contas de usuários
Administrador de Impressoras	lp	configurar e manter o sistema de SPOOL
Administrador de Terminais	terminal	controlar permissões de terminais
Administrador de Auditoria	audit	configurar e manter o sistema de auditoria

Usuários designados a funções administrativas devem possuir certas autorizações do Kernel para que possam executar as tarefas especificadas pelo sistema.

Subsistema	Autorização do Kernel Exigida
audit	configaudit, suspendaudit, execsuid
auth	chown, execsuid
backup	execsuid
lp	chown
cron	execsuid, chown, chmodsugid
sysadmin	execsuid, chmodsugid, chown

Entendendo os Dispositivos Lógicos do Mundo Unix e Linux

Para o mundo UNIX todos os dispositivos físicos (terminais, unidade de disco, unidade de fitas, etc.) são ligados e referenciados como arquivos especiais. Todos esses arquivos estão localizados no diretório /dev.

Um device driver é um programa que trabalha em conjunto com o Kernel, e possui a função de interfacear com os programas de usuários e com os dispositivos de hardware.

Os dispositivos são de dois tipos:

➢ **Caractere**: terminais, impressoras, fitas. São dispositivos cuja entrada e saída de informação é efetuada a cada caractere.

➢ **Bloco**: disco, fitas. São dispositivos cuja entrada e saída de informação é efetuada de bloco em bloco.

Por exemplo, em alguns UNIX, o Kernel identifica um device driver por meio de um número chamado **major**.

Major é o identificador do device driver do dispositivo.

Minor é o número da unidade, ou modo de operação do dispositivo.

```
         $ ls -la /dev
crw-r-------       1    root   23,0   abr 15  12:43   tty23
            crw-r-------   1   root   23,1   jun 16  13:33   tty24
            crw-r-------   1   root   15,0   jul 23  12:33   lp0
         $
```

No exemplo acima, para o dispositivo tty23 observe o valor 23,0. O número 23 corresponde ao major e, o número zero corresponde ao minor (número seqüencial).

Dispositivos Especiais

Existem alguns dispositivos especiais com funções outras que não entrada e saída comum. Os mais significativos são:

/dev/console

É o console do sistema. Todas as mensagens de erro são enviadas para /dev/console.

/dev/kmem

Mapeia o espaço de endereçamento do kernel.

/dev/mem

Mapeia o espaço de endereçamento dos processos dos usuários.

/dev/null

Dispositivo Nulo. Utilizado para descartar saída sem utilidade.

Abaixo, segue a lista dos principais dispositivos e suas características:

Tape - Unidade de Fita

Existem três padrões de tipos de dispositivo de fitas:

1) Dispositivos cujos nomes tenham o prefixo "r" e gravem na fita, caractere a caractere (raw device).

   Exemplo: /dev/rct0

   /dev/rct2
   /dev/rctmini

2) Dispositivos cujos nomes tenham o prefixo "n" e que é aconselhável serem usados para gravação de múltiplos arquivos. O "n" significa "for no rewind on hold", ou seja, não rebobinar a fita, ficando na espera.

   Exemplo: /dev/nrct0

   /dev/nrct2

3) Dispositivos cujos nomes tenham o prefixo "e", prefixo de ECC devices, ou seja, dispositivos que fornecem alto grau de recuperação de erros. Ele produz um esquema de recuperação de erro 2/64. Isto implica em que dois blocos de até 512 bytes cada, dentro de 64 blocos, podem estar danificados, e a unidade de fita automaticamente irá corrigir os erros.

   Exemplo: /dev/erct0

Alguns comandos que se utilizam de fitas para fazerem cópias e/ou backups:

tar, cpio, dd, backup, dump e restore

Terminais - Terminal para Loggin in

Um terminal é um dispositivo para entrada e exibição de dados. Para sua conexão ao computador, podem-se utilizar:

➢ Conexão direta com cabo serial ou utilização de modem.

➢ Conexão com cabo de par trançado ou fibra-óptica, sendo um microcomputador, por meio de softwares especiais que consigam acessar o computador.

Para acessá-los e identificá-los, verifique os arquivos:

/dev/tty

Todas as portas de comunicação disponíveis para cada terminal serão identificadas assim, por exemplo, tty01, tty02, tty03, etc.

Saídas Paralelas - Portas Paralelas

Normalmente, utilizam-se essas saídas para impressoras locais. Aconselha-se, no máximo, instalar até três impressoras/serviços no computador.

Para acessá-las e identificá-las, verifique os arquivos:

/dev/lp0   Saída paralela principal

/dev/lp1   Adaptador do vídeo monocromático

/dev/lp2   Saída alternativa

Disquetes - Dispositivos de Disco Flexível

Como os outros dispositivos, estes também são referenciados como arquivos.

Traduzir o nome do arquivo do dispositivo para torná-lo legível é:

Exemplo:

/dev/fd096ds15

Em que:

fd0 = Número do Driver (de 0 a 3)

96 = Número de trilhas por polegada do disco

ds = Disquete de face dupla ou simples (ss ou ds)

15 = Número de setores sobre o disco, para esse

disquete pode ser 15 ou 8.

Leia-se:

Unidade de disco 0, 96 trilhas por polegada,

densidade simples e com 15 setores.

Abaixo, apresento uma tabela com os dados dos principais formatos de disquetes:

Disquete Formato	ds 8	ds 9	ss 8	ss 9	ds 15	ds 18
48 trilhas por polegada	ok	ok	ok	ok		
96 trilhas por polegada	ok				ok	
135 trilhas por polegada		ok				ok

Para acessá-los e identificá-los, verifique os arquivos. Abaixo, alguns exemplos:

/dev/rfd048ds8   /dev/rfd148ss9

/dev/rfd148do8   /dev/rfd196ds9

/dev/rfd096ds15

/dev/rfd0135ds9

& - Executando Processo em Segundo Plano (Background)

$ [Comando ou script] &

Por o UNIX ser um sistema multitarefa, ele permite que você possa colocar um processo, que não necessite diálogo com o usuário, para ser executado em segundo plano, liberando o terminal para um novo processo.

Exemplo:

```
$ Script_Localizar &
323
$
```

Neste exemplo, você solicitou que fosse executado o programa-script (script_localizar) em background, ou seja, colocou o sinal & no final da linha. Com isto o sistema operacional retornou o número 323, que é o número do processo, único e exclusivo no sistema. Para verificar o andamento do processo, utilize-se do comando ps ou para cancelar, utilize-se do comando kill.

alias - Criando Apelidos para Scripts ou Comandos

Este comando permite criar apelidos para qualquer chamada de comandos ou programa. Válido somente a partir do interpretador Korn Shell.

Exemplo:

```
$ alias DIR = `ls | more`
$ alias HOJE = `date`
```

Os exemplos acima auxiliarão o usuário da seguinte maneira: caso o usuário venha a digitar, como um outro comando qualquer, as palavras DIR ou HOJE, elas executarão os comandos para os quais foram designadas.

at - Programando Tarefas Temporárias

at hora [mês dia] [diasemana] [semana] [arquivo ou comando]

Agendará a execução de um determinado comando/script em determinada hora e data.

Exemplo:

```
$ at 18 who
```

Este exemplo executará às 18 horas o comando who. O parâmetro (-r) remove a programação e o   (-l) lista-a.

banner - Exibindo uma Faixa de Texto

banner texto

Exibe uma string em letras grandes. A string será exibida no formato caractere e não gráfico como o exibido abaixo.

Exemplo:

```
$ var = "UNIX"
$ banner $var
```

UNIX

```
$
```

cal - Exibindo o Calendário

cal [mês] [ano]

Este comando exibe o calendário do ano, trimestral ou mensal.

Exemplo:

```
$ cal 1997              exibirá o calendário anual de 1997;
$ cal 1 1997     exibirá o calendário de janeiro de 1997;
```

```
$ cal              exibirá o trimestre atual.
```

cat - Exibindo o conteúdo de arquivos

cat [nome arquivo ...]
Exibe o conteúdo do arquivo. Aqui também vale o conceito do Sistema Operacional DOS. Posso direcionar a saída para um outro arquivo.
Exemplo:

```
$ cat arquivo1 > arquivo2   - faz uma cópia do arquivo 1 para o 2.
```
```
$ cat arquivo1 >> arquivo2  - acrescenta o arquivo 1 no 2.
```
```
$ cat > arquivo1      - apaga o conteúdo do arquivo1, e todos os dados que forem digitados serão
```
gravados no arquivo1.

Para finalizar, tecle CTRL D. Semelhante ao comando copy con do DOS.
```
$ cat arquivo1  - apenas exibe o conteúdo do arquivo1
```

cd - Navegando entre Diretórios

cd nome_diretório
Este comando mudará a localização do usuário na árvore de diretórios.
Para diminuir a digitação, o UNIX aceita algumas abreviações chamadas de rotas relativas:

Diretório Home do Usuário	.	(um ponto)
Diretório Superior ao do Usuário	..	(dois pontos)
Retornar para o Diretório home	cd <enter>	

Suponhamos que você esteja localizado no diretório:

/usr/sis/contabilidade/fhc

e deseja posicionar-se no diretório:

/usr/sis/contabilidade/lula

Existem duas maneiras para isto: pela Rota absoluta ou completa:

$ cd /usr/sis/contabilidade/lula

ou

$ cd ../lula

clear - Limpando o Conteúdo da tela

Limpa a tela e posiciona o cursor no canto superior esquerdo do monitor.

chmod - Definindo Permissões

Quando você lista um arquivo ou diretório, nota-se aparecer no seu canto esquerdo o seguinte:

d-xrwxrwrw- ... data criação ... nome do diretório

-xrwxrw-xw ... data criação ... nome do arquivo

Aparecendo um (d) no início da listagem, ele é um diretório; caso contrário, arquivos ou dispositivos, pois para o UNIX os dispositivos físicos (unidades de disco, impressora, etc.) são todos referenciados como arquivos.
Logo após o sinal de (diretório ou não), vem o identificador do usuário (4), grupo (2) ou sticky-bit (1 se desejar este arquivo sempre no swap).
Alguns dos programas que se beneficiam do sticky-bit são: o editor vi e os interpretadores csh, sh, ksk.
Os próximos três caracteres definem a permissão para o proprietário.
Os próximos três definem a permissão para os outros membros do grupo do proprietário.
Os últimos três caracteres definem a permissão para qualquer outro usuário. Para definir a permissão, use por exemplo:

Valores (1 ou x) para permissão de Execução

Valores (4 ou r) para permissão de Leitura
Valores (2 ou w) para permissão de gravar
Valor (0 ou -) para negar permissão

```
$ chmod u=xrw,g=r,o=0 arquivo_teste
```

Este exemplo acima define a permissão do arquivo_teste de: para o proprietário (u) = executar,ler e gravar / para o grupo (g) = apenas ler / por último, para os outros (o) = nenhum acesso.
Poderíamos também utilizar a soma dos valores das permissões para viabilizar o mesmo resultado:

```
$ chmod 740 arquivo_teste
```

ou seja, para o proprietário (7) = soma de (1)executar + (4)leitura + (2)gravar, encontramos então a permissão para o dono do arquivo. Ele também é para o grupo e para os outros.

compress - Comprimindo Arquivos

compress nome_arquivo(s)
Este comando comprime um arquivo por vez, substituindo-o por uma versão compactada com a extensão .Z acrescentada ao seu nome.
Exemplo:

```
$ compress arquivo1.txt
```

Este exemplo produzirá um arquivo de nome: arquivo1.txt.Z

cp - Copiando Arquivos Locais

cp [-?] nome_arquivo1 nome_arquivo2
Este comando faz uma cópia de arquivos/diretórios.
Parâmetros:

-i   Caso o arquivo que será gravado/copiado já exista, ele solicita uma confirmação com yes ou no.

-r   Caso seja a cópia de um diretório, copiará, inclusive, o seu conteúdo.

Exemplo:

```
$ cp /usr/arquivo1.txt .
```

Ele copiará o arquivo1.txt do diretório usr para o diretório local do usuário, aqui indicado pelo "."

```
$ cp -i arquivo1 arquivo2
```

Fará uma cópia do arquivo1 para o arquivo2. Caso o arquivo2 já exista, o cp solicitará uma confirmação.

cpio - Copy In Copy Out

cpio [-? -? ...]
Este comando é executado para realizar cópia ou leitura de uma entrada padrão.
Parâmetros:

-B   blocked register = tamanho do bloco de 5.120 bytes

c   grava cabeçalho para portabilidade

C   tamanho do buffer   = default 512 bytes

d   diretórios serão criados, se necessário

m   mantém dados de data/hora das modificações anteriores

u   copia indicionalmente, sobrescrevendo arquivos existentes

v   verbo se, lista os nomes de arquivos processados

!   exemplo ! a*, não considera todos os arquivos que comecem pela letra a

A   não considera o endereço de diretório absoluto

i + T   apenas exibe o conteúdo da entrada padrão

p   copia ou religa arquivos para outros diretórios

i   copia para destino (copy in)

o   copia de destino (copy out)

Exemplos:

```
$ cpio -itv-I/dev/nurStp0.0 -C10240
```

Exibirá o conteúdo do dispositivo /dev/nurStp0.0 com o tamanho do bloco   de 10240 bytes.

```
$ ls *.doc | cpio -ocvB -O/dev/rctmini
```

Fará o backup (-o) de todos os arquivos .doc, escrevendo um header (-c) (cabeçalho de portabilidade), fornecerá o completo caminho dos arquivos (-v), tamanho do bloco de 5.120 bytes.

```
$ cpio -icdv -I/dev/rctmini "nome_arquivo"
```

Fará a restauração (-i) do arquivo "nome_arquivo" do backup feito previamente no dispositivo /dev/rctmini.

crontab - Programando Tarefas Constantes

crontab [-?] [nome_usuário] [arquivo]
Este comando permite que se programem tarefas fixas a serem executadas, em qualquer período de data, uma ou várias tarefas/programas.
Parâmetros

-l   exibe a programação do usuário atual

-r   remove a programação do usuário atual

Exemplo:
$ crontab nome_arquivo   -   cria nova programação
$ crontab -r   -   remove programação
$ crontab -l   -   lista programação
Formato do Arquivo (/usr/spool/cron/crontabs)

uma ou várias linhas de seis campos separados por tab.

1°   minuto

2°   hora

3°   dia do mês

4°   mês

5°   dia da semana (a semana começa no 0=domingo)

6°   tarefa/script a ser executado

Assim:

```
0       4     *   *   *     cal
1,21,41 *     *   *   *     date; echo
30      4     1   *   1     /meu_programa
```

date - Exibindo a Data do Sistema

date [...]
Este comando exibe a data do sistema em vários formatos.
Exemplo: Exibe a data no formato normal

```
$ date
  Sun Jan 3 17:12:15 GDT 1997
$
$ date [+parâmetro]
```

Este exemplo exibirá a data do sistema no formato conforme o parâmetro fornecido. Abaixo, segue lista de parâmetros possíveis:

%D   Data no formato MM/DD/AA.

%a   Dia da semana abreviado (Sunday a Saturday).

%h   Nome do Mês.

%j   Dia do ano, de 001 a 366, em caso de anos bissextos.

%w Dia da semana = 0-domingo, 1-segunda, 2-terça, ...

%m   Mês do ano, de 01 a 12.

%d   Dia do mês, de 01 a 31.

%y   Dois dígitos do ano, sem o século.

%T   Hora do sistema no formato hh:mm:ss.

%r   Hora do sistema no formato hh:mm:ss (am/pm).

%H A hora do sistema, de 0 a 23.

%M   O minuto da hora do sistema, de 0 a 59.

%S   O segundo do minuto da hora do sistema, de 0 a 59. Gostou?

%n   Coloca um caractere de avanço de linha.

%t   Coloca um caractere tab.

df - Exibindo Número de blocos livres

df [-?]   [filesystem]
Informa o número de blocos e inodes livres no disco. Para especificar o nome do filesystem, consulte o arquivo /etc/mnttab.
Parâmetros disponíveis:

-t   Exibição total do número montado de blocos livres.

-f   Lista somente o contador atual de blocos na lista de livres.

-v   Lista o percentual de blocos usados, número total de blocos alocados e livres.

-i   Lista o percentual de inodes, número de inodes usados e livres.

echo - Exibindo Dados na Tela

Este comando exibe o conteúdo de variáveis de memória ou cadeia de caracteres = argumento.

Exemplo:

```
echo $var_numérica
(deve-se usar o $ antes de variáveis)
echo "Welcome to the UNIX"
```

Parâmetros:

-n   não gera o avanço de linha após exibição.

Exemplos de Seqüências de escape utilizadas por este comando:

\\ bretrocesso (^H)

\\f alimentação de página (^L)

\\n   avanço de linha (^J)

\\r carriage return (^M)

\\t tab (^I)

\\\   barra invertida (\)

\\xxx   valor octal -> ascii

\\c não termina com o alimentador de linha

eval - Forçando a Execução de Variável

eval nome_variável
Este comando força a execução de um comando pelo processo pai, que interpreta o conteúdo de uma variável.
Exemplo:

```
$ set var_teste = "cat arquivo1.txt"
$ var_teste
 var_teste: No such file or directory
$
$ eval var_teste
 robson
 amarildo
 fhc
$
```

Neste exemplo, o comando eval interpreta o conteúdo da variável var_teste, executando o comando cat arquivo1.txt.

exit   - Abandonando o Fluxo do Script

Quebra a seqüência de execução do script e retorna ao sistema operacional.

expr - Operações Aritméticas em Variáveis

Este comando é utilizado para executar uma operação aritmética numa variável de memória. Exemplo:

```
$ expr 3 + 2 \* 1
    5
$
```

Operações:
+	adição	-	subtração
*	multiplicação	/	divisão
%	resto		

file - Identificando Arquivos

file [nome_arquivo nome_diretório]
Utilize este comando para identificar o tipo do arquivo e/ou diretório no contexto do sistema operacional.
Os principais tipos de arquivos retornados por este comando são:

directory	data
ASCII text	C Program Source
archive	commands text

Exemplo:
```
$ file lista.txt
  ASCII text
$
```

find - Localizando arquivos

find [- ? ...] [dados ...] [- ? ...]
Utilize este comando para localizar arquivos e/ou diretórios no contexto fornecido.
Parâmetros:

-depth   informa o caminho completo do arquivo.

-mtime -7   exemplo, apenas arquivos alterados dentro dos últimos sete dias.

-name   seleção dos arquivos. Exemplo -name *.txt .

-size   arquivos com tamanho de n blocos.

-atime   arquivos acessados em n dias.

-print   imprime o arquivo e path.

- exec cmd   executa comando UNIX, utilizando-se da saída do find.

- ok o mesmo que exec cmd, exceto que exige a confirmação do usuário antes da execução.

Exemplo:
```
$ find . -name p*.txt -exec cat {} \;
```
Este exemplo seleciona todos os arquivos que comecem com a letra p e tenham extensão .txt, logo após, repassa os arquivos selecionados para o comando -exec que ativa o cat para exibir os seus conteúdos.
```
$ find . -atime 7 -print
```
Exibe arquivos que foram acessados pela última vez há sete dias.
```
$ find . -mtime +30 -print
```
Exibe arquivos modificados há mais de 45 dias.
```
$ find . -name ´*.cd´ -print
```
Exibe todos os arquivos terminados com cd.

finger - Relação detalhada dos usuários que estão conectados

finger
Informa, detalhadamente, quais os usuários conectados.Pode-se informar como parâmetro deste comando, o nome de um usuário específico.
Exemplo:
```
$ finger fhc
```
   exibe informações detalhadas sobre o usuário.

Login name: fhc	In Real life: Fernando Henrique
Directory: /usr/fhc	Shell: /usr/bin/ksk

```
$ finger          exibe resumo sobre os usuários logados.
```

Login	Nome	TTY
alex	alexandre	tty32
kelly Cristine		tty01
fhc	Fernando	tty03

grep - Pesquisando Texto em Arquivos

grep [-?] texto_a_procurar [arquivo(s) ...]
Este comando procurará a cadeia de caractere texto_a_procurar no(s) arquivo(s) especificado(s).
Parâmetros:

-n   precede cada linha encontrada com o número da linha.

-c   imprime somente o total das linhas comparadas.

-v   todas as linhas são impressas, menos as comparadas.

-i   ignora diferença de maiúscula e minúscula; alguns UNIX utilizam esta opção como (y).

-l   exibe somente o nome dos que possuam o texto desejado.

Exemplo:

```
$ grep -i ricardo *.txt
arquivo1.txt
$
$ cat arquivo1.txt
Ricardo Pinto
Maria Soares
Jose Carlos
Antonio Maria
Ary Fontes
$
```

Neste exemplo, solicito que seja procurado em todos os arquivos .txt do diretório atual, o nome ricardo. Utilizando a opção -i, forneço que seja desconsiderada a diferença entre maiúsculas e minúsculas. O comando grep então fornece o arquivo1.txt como possuidor deste nome no seu conteúdo; logo após exibo o conteúdo do arquivo1 para certificar-me da existência do nome.

head - Exibindo o Cabeçalho de Arquivos Texto

head [-?] <nome_arquivo>
Utilize este comando para visualizar as primeiras linhas de um arquivo. Por default, ele exibirá apenas as dez primeiras linhas do arquivo.
Necessitando ver mais linhas, faça o seguinte:
Como parâmetro do comando -?, em que ? significa o número desejado de linhas a ser exibido.
Exemplo:

```
$ cat arquivo1.txt
Ricardo Pinto
Maria Soares
Jose Carlos
Antonio Maria
Ary Fontes
$ head -2 arquivo1.txt
Ricardo Pinto
Maria Soares
$
```

Neste exemplo, primeiramente, exibo o conteúdo do arquivo1.txt, logo após solicito que seja exibido o cabeçalho do arquivo, fixado em duas linhas somente.

history - Exibindo o Histórico de Comandos

![-?] [texto ...]
Este comando exibe e/ou executa comandos registrados no histórico de comandos do UNIX.
Exemplo:

```
$ !!     Recupera e executa o último comando
$ history      Lista os comandos contidos no histórico
$ !3    Recupera e executa o antepenúltimo comando
$ !texto      Recupera o último comando iniciado por texto
$ ?texto?     Recupera o último comando com texto
```

kill - Cancelando Processo

kill [-?] identificador_processo (ID)
Este comando permite cancelar processo em execução, desde que você tenha permissão para isso. Após ter obtido o número do processo pelo uso do comando (ps), o número do ID do Processo deverá ser fornecido para eliminá-lo pelo comando kill.
Parâmetros:

-1 = Para trabalhar em monousuário

-3 = Não permitir futuros logins

-9 = Cancela o processo sem fechar os arquivos abertos

-15 =   Cancela o processo fechando os arquivos

Exemplo:

```
$ kill -9   numero_processo
$ kill -3   numero_processo
$ kill -1   numero_processo
$ kill -15 numero processo
$ kill -9 $$
```

(este exemplo elimina o shell atual, fazendo log out)

last - Exibindo os Últimos Logins do Usuário

last [...] [login name ...]
Exibe os últimos logins com sucesso do usuário especificado.
Exemplo:

```
$ last -10 fhc
```

Este exemplo exibirá os últimos dez logins e logout do usuário fhc.

logname - Usuário Conectado

logname
Exibe o nome do usuário pelo qual o sistema o conhece.
Exemplo:

```
$ logname
  heverton
$
```

Neste exemplo, após você digitar logname, o comando retornará o seu login name, nesse caso, heverton, e logo após, retornará um novo prompt.

l, ls, lc, lf - Listando Arquivos e Diretórios

Estes quatro comandos são utilizados para exibir conteúdo de diretórios. Você pode utilizar, também no UNIX, os metacaracteres do DOS (*.*).
Exemplo:

```
$ ls a*.txt
```

Listar todos os arquivos que iniciam com a letra a e são de extensão .txt.

```
$ l b?c.doc
```

Listar todos os arquivos que iniciam com a letra b, seguida de um caractere qualquer e por c.doc.

```
$ ls a(d-g)*.txt
```
Listar todos os arquivos que começam com a letra a, seguida de um caractere que esteja no intervalo entre d e g, logo após, seguido de qualquer caractere, mas que termina com a extensão .txt.
```
$ ls *.txt | more
```
Usuários utilizam-se dos pipes (|) para concatenar dois ou mais comandos, permitindo com isto que um comando trabalhe (sua entrada) com a saída do comando anterior. ls *.txt | more = listará todos os arquivos de extensão .txt e provocará uma pausa, devido ao | more, quando completar o número de linhas do monitor do usuário.
```
$ l | ln
```
Exibe todos os arquivos do diretório e, com o comando ln, ele exibe o número de linhas impressas.
```
$ lf -i
```
Exibe o número de inodos (ponteiros) dos arquivos. Inodo é o local em que as informações estão propriamente gravadas. Os diretórios possuem lista de nome e números de inodos.
```
drwxrwxr-- 1 area01 pessoal 344 nov2 13:02 bin
```
Cada arquivo em um sistema de arquivos é descrito por um Inode. O Inode contém informações sobre:
- modos de proteção.
- ligações.
- identificação do proprietário.
- identificação do grupo do proprietário.
- tamanho do arquivo.
- matriz de endereços de dados/blocos indiretos.
- último acesso.
- última modificação.
- última alteração do Inode.

ls - lista o conteúdo de cada diretório.
Parâmetros:

-a	lista todo o conteúdo, inclusive as entradas de pontos (rotas relativas).
-c	lista a hora de última modificação.
-l	lista em formato detalhado.
-p	identifica diretórios com a /.
-r	inversão na exibição da listagem.
-s	exibe o tamanho em blocos de 1024 bytes.
-R	exibe subdiretórios encontrados.

ln - Linkando Arquivos Locais

ln arquivo1 arquivo2 [arquivo3 ...]

Este comando permite criar ligações de vários nomes de arquivos, em localizações diferentes ou não, para o mesmo dado físico.
Parâmetros:

-n	não permite a sobreposição de um arquivo existente.
-s	cria elo simbólico para conexão de filesystem.

Exemplo:
```
$ ln arquivo1 arquivo2
```
Neste exemplo, arquivo2 será criado no diretório corrente, mas logicamente terá um ponteiro para arquivo1, ou seja, ambos serão o mesmo arquivo.

man - Ajuda On-line dos Comandos

man [-?] <comando ou chave>
Utilizando este comando, você poderá acessar informações (help) sobre o comando desejado, por exemplo: man cp (informações do comando de copiar arquivos).
Alguns parâmetros válidos:

-f	Exibe apenas a descrição do comando.
-k	Localiza as páginas de referência em que exista chave fornecida.

Exemplo:

```
$ man sort
```

Este exemplo exibirá o manual do comando sort. A exibição é controlada pelo paginador padrão do UNIX (comando more).

```
$ man -f sort
```

Este exemplo exibirá apenas a descrição do comando, normalmente de uma a duas linhas. Pode-se utilizar mais de uma chave ou comando.

```
$ man -k sort
```

Este exemplo exibirá todas as páginas de referência existentes no banco de dados do comando man, que contenham a referência à chave sort. Pode-se utilizar mais de uma chave.

mkdir - Criando Diretório

mkdir nome_novo_diretório
Este comando criará um novo diretório.
Exemplo:

```
$ mkdir oficios
```

Este exemplo criará o diretório de nome ofícios.

more - Exibindo conteúdo de arquivos com paginação

more [-?] [nome arquivo ...]
Exibe o conteúdo de um arquivo. Não se podem utilizar os sinais de redirecionamento como o comando cat. Este comando é o paginador oficial dos outros comandos UNIX, como, por exemplo, man.
Parâmetros disponíveis:

-n_linhas   A exibição do conteúdo do arquivo será de n_linhas; este deve ser menor que 24 linhas.

-c   Limpa tela antes da exibição do texto no canto superior da tela.

-d   Exibe um prompt, normalmente "-More-", e aguarda para continuar a exibição.

+n_linha   Inicia a exibição na linha número n_linha do arquivo.

Exemplo:

```
$ more arquivo1.txt
  Ricardo Pinto
  Maria Soares
  Jose Carlos
  Antonio Maria
  Ary Fontes
  (100% finished)
$
```

Neste exemplo, solicito que seja exibido o conteúdo do arquivo.txt. Caso todo o conteúdo do arquivo não coubesse nas 24 linhas do monitor, este aguardaria uma tecla ser pressionada para continuar a exibição. Exemplos de teclas:

enter   uma linha por vez

barra de espaço   uma página por vez (10 linhas)

mv   - Movendo ou Renomeando Arquivos

mv arquivo1 arq1   ou   mv   arq1
/novo_dir/arq1
Este comando renomeia o arquivo ou move-o para nova localização.
Parâmetros:

-i   Caso o arquivo que será gravado/copiado já exista, ele solicita uma confirmação com yes ou no.

Exemplo:

```
$ mv arq2.txt arq1.txt
```

Este exemplo renomeia o arq2.txt para arq1.txt.

```
$ mv arq2.txt /oficios/arq2.txt
```

Este exemplo moverá, com o mesmo nome, o arquivo arq2.txt para o diretório /ofícios.

passwd - Alterando a senha do Usuário

passwd [login_name]

Utilizando este comando, você altera ou fornece a senha associada ao seu login_name. Elas devem ter no máximo oito caracteres. Aconselha-se alternar número com letras.

Exemplo:

```
$ passwd
  Changing password for fhc
  New password:
$
```

No exemplo acima, o usuário fhc não tinha senha, que então   é solicitada pela primeira vez.

```
$ passwd
  Changing password for fhc
  Old password:
  New password:
  Re-enter new password:
$
```

Neste exemplo, o usuário altera a senha anterior. A nova deve ser confirmada, redigitando-a para isto.

pg - Paginando arquivos para terminais especiais

pg [-?] [nome arquivo ...]

Exibe o conteúdo de um arquivo. Não se podem utilizar os sinais de redirecionamento como o comando cat.

Parâmetros disponíveis:

-número	número é igual ao número de linhas do monitor
-c	limpa a tela após exibição de uma tela anterior
-e	não pagina no final de cada arquivo
-s	exibe mensagens do comando no vídeo inverso

Exemplo:

```
$ pg -15 arquivo1.txt
  Ricardo Pinto
  Maria Soares
  Jose Carlos
  Antonio Maria
  Ary Fontes
$
```

Neste exemplo, solicito que seja exibido o conteúdo do arquivo .txt. O parâmetro -15 informa ao pg que meu monitor suporta apenas 15 linhas por vez.

ps - Listando Processos em Execução

ps [-?]

Exibe todos os processos sendo executados no servidor. Sempre que é exibido o relatório de atividades/processos do sistema, o comando ps apresenta no cabeçalho da listagem alguns campos. Abaixo, descrevo um a um:

PID - identificação do processo.

UID - identificação do usuário UID do processo do proprietário.

PPID - identificação do processo pai.

C - quanto do tempo de CPU foi usado recentemente.

STIME - hora de início do processo.

TIME - tempo total de CPU gasto pelo processo.

S - status:

0 - não existente

S - sleeping

R - running

I - intermediate

Z - terminate

T - stopped

P - waiting

PRI - prioridade do processo.

ADDR - endereço de memória ou da área de swap para um processo.

TTY - identificação da estação de controle para o processo.

CMD - o nome do comando.

Principais parâmetros:

-e   informação sobre todos os processos do sistema.

-d   informação sobre os processos, exceto os líderes.

-a   informação sobre os processos, exceto líderes e não pertencentes ao terminal.

-t??? informação sobre processos dos terminais fornecidos ???

-p??? informação sobre os processos fornecidos ???

-u??? informação sobre os processos dos usuários fornecidos ???

-l   informação detalhada sobre os processos.

-f   lista completa e informativa sobre processos.

Exemplos:

```
$ ps -e
```

Exibe todos os processos em execução com seus respectivos identificadores de processos.

```
$ ps -t tty
```

Exibe todos os processos em execução no referido terminal.

```
$ ps -u login_name
```

Exibe todos os processos em execução pelo referido usuário.

```
$ ps -f
```

Exibe informação completa dos processos rodando.

UID	PID	PPID	PRI	NI	TTY	command
user2	222	2	50	30	tty02	cal 1996
user2	227	201	30	20	tty02	sh
user1	228	333	40	30	ttyA03	sysadmsh
user3	300	233	34	30	ttyA04	ps -f

pwd   - Exibindo o diretório atual do usuário

pwd

Exibe o caminho completo do diretório atual do usuário.

Exemplo:

```
$ pwd
  /usr/heverton
$
```

Este exemplo, após digitar o comando, retornou o path (caminho completo) do seu diretório atual.

read - Aguardando uma entrada de dados

read nome_variável

Este comando aguarda uma entrada de dados pelo usuário e, logo após, atribui essa entrada à variável especificada.

rm   - Apagando Arquivos

rm arquivo   ou   rm -r diretório

Este comando apagará, sem possibilidades de recuperação, o arquivo ou o diretório e todo o seu conteúdo.

Exemplo:

```
$ rm arq2.txt
```

Este exemplo apagará, sem possibilidade de recuperação, o arquivo arq2.txt.

rmdir - Apagando Diretório

rmdir nome_diretório
Este comando apagará o diretório.
Exemplo:

```
$ rmdir oficios
```

Este exemplo apagará, sem possibilidades de recuperação, o diretório ofícios. Esse diretório deve já estar sem conteúdo para este comando funcionar.

sleep - Gerando uma pausa em Segundos

sleep número_de_segundos
Aguarda número de segundos para continuar a execução normal do script.

sort - Classificando Arquivos Textos

sort [-?] <nome_arquivo>
Utilize este comando para colocar em ordem alfabética um arquivo ou dados na saída padrão.
Parâmetros:

-d   ordem do dicionário, usa caracteres básicos para determinar a ordem.

-f   ignora diferença entre letras maiúsculas e minúsculas.

-n   classifica número pelo valor aritmético, ao invés de pelo primeiro dígito.

-o <nome_novo_arquivo>   grava a saída, classificada, no arquivo nome_novo_arquivo.

-r   classifica na ordem inversa.

Exemplo:

```
$ cat arquivo1.txt
Ricardo Pinto
Maria Soares
Jose Carlos
Antonio Maria
Ary Fontes
$ sort arquivo1.txt
Antonio Maria
Ary Fontes
Jose Carlos
Maria Soares
Ricardo Pinto
$
```

Neste exemplo, primeiramente, exibo o conteúdo do arquivo1.txt, logo após solicito que seja classificado o conteúdo do arquivo. A classificação ocorreu somente na exibição; o conteúdo continua desclassificado.

shutdown – Desativando o sistema operacional

shutdown [-?] minutos
Utilize este comando para finalizar a execução do sistema operacional.
Parâmetros:

-k   executa uma simulação do shutdown

-r   executa o reboot do sistema

-h   executa a recarga do sistema após o reboot

-n   não executa sincronização necessária aos filesystem

-f   executa um reboot rápido

-c   cancela um shutdown em execução

Para o Linux, estando logado como superusuário, a combinação das teclas CTRL-ALT-DEL também executa o shutdown.

stty   - Configurando temporariamente o terminal

Define o modo de operação do terminal.

> $ stty [parâmetro..]

Parâmetro:

> -a   Exibe toda a configuração atual.

tar - Tape Archive

tar [-? -? ...]

Este comando, também utilizado para backup, permite ter duas direções, como o cpio, lendo e gravando para uma saída/entrada padrão.

Parâmetros:

> c   criar /copiar para a saída especificada
>
> v   fornece ou recebe a rota completa dos arquivos
>
> f   especifica o drive/dispositivo de destino
>
> r   acrescenta ao final do dispositivo
>
> e   preparação de backups em multivolumes
>
> x   extrair/ler para a saída especificada
>
> t   apenas exibição do conteúdo da entrada especificada

Exemplos:

> $ tar tvf /dev/fd096ds15

Exibirá os arquivos contidos no dispositivo /dev/fd096ds15 (unidade de disco flexível), informando o caminho completo dos arquivos.

> $ tar cv *.doc

Copiará todos os .doc para o dispositivo default (o parâmetro f não foi especificado). Nessa cópia, serão enviados todos os caminhos dos arquivos.

> $ tar xvf arquivo1.txt /dev/rctmini

Restaurará o arquivo1.txt do dispositivo /dev/rctmini (unidade de fita streamer).

> OBSERVAÇÃO
>
> Quando você verificar que alguns dispositivos são fornecidos assim: /dev/rfd096ds15 ou /dev/fd096ds16.
>
> O (r) antes informa que a gravação/leitura será feita caractere a caractere. Se não fornecido, será feita bloco a bloco.

tput - Alterando o modo de exibição

tput <parâmetros>

Este comando permite alterar a configuração do modo de exibição de dados no monitor, como piscante, tipo do cursor, etc. Exemplos:

```
negrito = `tput smso`
normal = `tput rmso`
echo "${negrito} Estou sendo impresso em negrito ${normal}"
```

ou

```
tput blink    ou    tput rev
echo "mensagem..."
tput sgr0    (volta ao normal)
```

também pode-se

```
tput cup 21 5
posiciona o cursor na linha 21 coluna 5)
```

uname - Exibindo o nome do sistema atual

uname [-?] [nome do sistema]

Este comando retorna as informações relativas ao UNIX do servidor, como versão do Sistema Operacional, nome do site, versão do Kernel (núcleo), etc.

Parâmetros:

-s	Exibe o nome do sistema (default).
-n	Exibe o nome do sistema para redes de comunicação.
-r	Exibe a release do sistema operacional.
-v	Exibe a versão do sistema operacional.
-m	Exibe o nome do hardware do sistema.
-a	Exibe todas as informações acima.
-A	Exibe a informação de ativação.
-X	Exibe informações sobre licenciamento, Kernel, CPU etc.

Exemplo:

```
$ uname -s
UNIX
$
```

uncompress - Descomprimindo Arquivos

uncompress nome_arquivo(s).Z
Este comando descomprime um arquivo previamente compactado, retornando-o à versão original e sem a extensão .Z.
Exemplo:

```
$ uncompress arquivo1.txt.Z
```

Este exemplo produzirá um arquivo de nome: arquivo1.txt

vi - Editando Textos

vi [nome arquivo]
O vi (Visual Editor) é uma ferramenta que facilita a manipulação de textos em arquivos. O vi só pode ser usado em terminais VT100.
Logo, antes de entrar no ambiente do editor, devemos definir o tipo do nosso terminal como o recomendado, assim:

```
% setenv TERM vt100
% stty -tabs
% stty dec
```

O vi possui três modos de operação:
Comandos: Uma sessão de edição sempre começa neste modo de operação. Quando estamos no modo comandos, podemos caminhar pelo buffer de edição e utilizar os comandos vi para manipulação do texto.
Inserção: Somente neste modo podemos alterar um texto no buffer de edição. Pressionando a tecla Esc, voltamos para o modo Comandos.
Última Linha: Alguns comandos de edição devem ser digitados na última linha da tela. O caractere : (dois pontos) é usado para indicar ao editor que vamos usar um comando de linha. Sempre que o : (dois pontos) é digitado, ele aparece também o : (dois pontos) no início da última linha da tela. Pressione o Return para voltar ao modo Comandos.
Estrutura dos Comandos
Quase todas as teclas disponíveis no teclado representam um comando para o vi. Alguns comandos também podem ser obtidos pela combinação dessas teclas com as teclas Shift e Control. Assim, o comando W corresponde à combinação das teclas shift + w. A tecla w corresponde a um outro comando e tem uma função diferente. Algumas teclas não têm função e, quando pressionadas, o editor "apita"

```
$ vi <nome do arquivo>          abre arquivo para alteração ou criação
```

Notação

Tecla ESC   - retorna para o modo comando ou cancela parcialmente o último comando.

Salvando ou Abandonando tarefas

shift ZZ   - salva e abandona vi

:wq - salva e abandona vi

:wq <novo arquivo> - salva para o novo_arquivo e sai

:x   - o mesmo de :wq

:w   - salvar

:w <nome arquivo> - salvar

:w>> <nome arquivo>   - acrescenta este para o nome arquivo

:w! file   - salva para arquivo protegido somente

```
                          :q!    - sair sem salvar
```

Executando Comandos dentro do vi

```
        :!comando    - executa comando
        :sh    - chama um novo shell <exit retorna>
```

Movimentação do Cursor

```
        seta esquerda ou h    - vai para o caractere à esquerda
        seta p/ baixo ou j    - vai para a linha de baixo
        seta p/ cima ou k     - vai para a linha de cima
        seta direita ou l     - vai para o caractere à direita
        n shift G ou :n       - vai para a linha desejada
        CTRL D                - rola a tela a metade abaixo
        CTRL U                - rola a tela a metade acima
        CTRL F                - avança uma tela
        CTRL B                - retorna uma tela
        CTRL b                - retorna uma palavra
        SHIFT B               - retorna uma palavra, ignora pontuação
        SHIFT w               - avança uma palavra
        SHIFT W               - avança uma palavra, ignora pontuação
        SHIFT e               - vai para o fim da palavra
        SHIFT E               - fim da palavra, ignora pontuação
        SHIFT ^                - vai para o começo da linha
        SHIFT $                - vai para o fim da linha
        SHIFT (                - começo de sentença
        SHIFT)                 - fim de sentença
        SHIFT H               - vai para o canto esquerdo superior da tela
        SHIFT M               - vai para o meio da tela
        SHIFT L               - vai para o canto direito inferior da tela
```

Redesenhando a tela

```
        CTRL R ou CTRL L    - redesenha os dados da tela
        CTRL G              - exibe a linha de status
        Z ENTER             - redesenha a linha atual no topo da tela
```

Inserção de Textos

```
        i            - insere na posição atual do cursor
        SHIFT I      - insere no começo da linha
        a            - acrescenta após o cursor
        SHIFT A      - acrescenta no fim da linha
        o            - abre uma linha abaixo da linha atual
        SHIFT O      - abre uma linha acima da linha atual
        SHIFT R      - troca de caractere atual sob o cursor
        SHIFT S      - substitui a linha inteira
        SHIFT C      - troca o texto até o fim da linha
```

Deleção e Guardando Texto

```
        SHIFT X      - apaga caractere antes do cursor e guarda-o
        SHIFT D      - apaga texto até o final da linha e guarda-o
        SHIFT P      - coloca texto da área de transferência
```

Pesquisando e Trocando Texto

```
        :g/p1/s//p2/      - substitui o primeiro p1 por p2
        :g/p1/s//p2/g     - substitui todos os p1s por p2s
```

:g/p1/s//p2/gc	- substitui com confirmação todas as ocorrências de p1 por p2	
:8,$/p1/s//p2/g	- substitui da linha 8 até o final do arquivo todas as ocorrências de p1 por p2	

Finais

u	- cancela último comando de apagar
.	- repete o último comando de INS or DEL
SHIFT U	- restaura a linha atual

who - Relacionando os usuários que estão conectados

$ who [parâmetro..]

Informa, resumidamente, quais os usuários conectados à rede. Pode-se informar como parâmetro deste comando, o nome de um usuário específico.

Parâmetros disponíveis:

-u	lista os usuários correntes
-T	lista os usuários correntes e a liberação para receberem mensagens
-l	lista os terminais atualmente disponíveis
-b	exibe a data e hora da última carga do sistema
-t	exibe dados da última alteração na data do sistema
-a	execução das opções apresentadas acima
-s	exibe as informações dos usuários na forma resumida

Exemplo:

```
$ who <enter>
richard     tty02      Dec 12      9:30
alex        tty23      Dec 14      6:30
kelly       tty03      Dec 14      9:30
```

Colunas exibidas: nome do usuário, código do terminal, data e hora da conexão (loggin in).

```
$ who am I
```

Exibe o login name do usuário conectado, o mesmo que o comando logname.

zcat - Exibindo o conteúdo de um arquivo comprimido

zcat nome_arquivo(s)

Este comando exibe o arquivo previamente compactado, mas sem retornar à versão original.

Exemplo:

```
$ zcat arquivo1.txt.Z
```

Entendendo a Internet, a Intranet e a Extranet

Histórico

Adoro uma frase do Ryan Bernard que perfeitamente caracterizou a Internet:
"A Internet, a rede das redes, é como um organismo biológico que é auto-replicável, auto-sustentável e se autogoverna."

Internet, pegue esta onda.

Para apresentar a história da Internet a você, leitor, e ainda de forma resumida, nas minhas pesquisas preocupei-me em não fugir do foco deste livro. Então, segue abaixo o período do maternal ao pré da Internet, pois acredito que ela tem muito a aprender e muito mais a nos ensinar...

1957 - A URSS lança o Sputnik; os EUA respondem formando a ARPA (Advanced Research Projects Agency).

1962 - Paul Baran, RAND, descreve redes de chaveamento de pacotes em "On Distributed Communications Networks".

1967 - O plano para uma rede de chaveamento de pacotes é apresentado no Symposium on Operating Systems Principles da ACM (Association for Computing Machinery).

1969 - O Departamento de Defesa encomenda a ARPANET para pesquisas em redes; o primeiro nó é na UCLA (Universidade da Califórnia).

1970 - Os hosts da ARPANET começam a usar o NCP (Network Control Protocol).

Califórnia

1971 - A rede possui 15 nós e 23 hosts.

Ray Tomlinson, da BBN, inventa um programa de E-mail para rede distribuída.

1973 - A ARPANET estabelece conexões com a Inglaterra e com a Noruega.

1974 - A tese de Phd de Robert Metcalfe em Harvard delineia a Ethernet.

Vinton Cerf e Bob Kahn detalham o TCP (Transmission Control Protocol) em "A Protocol for Packet Network Intercommunications".

A BBN abre a Telenet, uma versão comercial da ARPANET.

A rede possui 62 hosts.

1976 - O UUCP (UNIX to UNIX Copy Protocol) é desenvolvido no AT&T Bell Labs.

Tom Truscott e Steve Bellovin estabelecem a Usenet usando UUCP entre Duke e a UNC.

1982 - O TCP/IP torna-se o conjunto de protocolos da ARPANET. Isso leva a uma das primeiras referências a uma "internet" de redes interconectadas.

Tem início a EUnet (European UNIX Network).

A rede possui 235 hosts.

1983 - A University of Winconsin desenvolve servidores de nomes.

A mudança de NCP para TCP/IP acontece em 1º de janeiro.

A Berkeley lança o UNIX 4.2, incorporando TCP/IP.

A rede possui 500 hosts.

1984 - O DNS (Domain Name Server) é lançado.

A rede possui 1.000 hosts.

A JUNET (Japan UNIX Network) é estabelecida usando UUCP.

1986 - A NFSNET é criada, com uma velocidade de espinha dorsal de 56 Kbps.

A NFS (National Science Foundation) estabelece cinco centros de supercomputação; segue-se uma explosão de conexões.

O NNTP (Network News Transfer Protocol) melhora a perfomance de notícias na Usenet por meio de TCP/IP.

O Mail Exchanger (MX), de Craig Partridge, dá aos hosts não IP endereços de domínios.

A rede possui 5.000 hosts.

1987 - A Merit Network passa a gerenciar o backbone NSFNET; a Merit, a IBM e a MCI fundam mais tarde a ANS (Advanced Network & Services).

A rede possui 20.000 hosts.

        1988 - A Internet worm ataca na rede, afetando 6.000 hosts.

        1989 - A rede possui 100.000 hosts.

              O backbone NSFNET é atualizado para T1 (1,544 Mbps).

              O estado de Ohio estabelece intercâmbio entre o Compuserve e a Internet.

        1990 - A ARPANET deixa de existir.

              Mitch Kapor funda a Eletronic Frontier Foundation.

1991 - A associação CIX (Commercial Internet eXchange) é fundada.

A Thinking Machines lança o WAIS (Wide Area Information Service).

A University of Minnesota lança o Gopher.

Os EUA estabelecem a NREN (National Research and Education Network).

A rede possui 617.000 hosts.

O número de hosts chega a 376.000 em janeiro e 617.000 em outubro.

        1992 - A WWW (World Wide Web) é lançada pelo CERN.

              A rede possui 1.000.000 de hosts.

              O NSFNET atualiza o backbone da Internet para T3 (44.736 Mbps).

1993 - Primeiros multicasts MBone.

A NSF cria a InterNIC.

A Casa Branca entra em linha (president@whitehouse.gov).

Passa a Lei U.S. National Information Infrastructure.

As empresas e a mídia descobrem a Internet.

A rede possui 2.000.000 de hosts.

        1994 - O Mosaic domina a Internet; a WWW e o Gopher proliferam.

        A Internet celebra seu vigésimo quinto aniversário.

        O Senado e a Câmara dos EUA criam servidores de informações.

        Os shopping Centers chegam à Internet.

        Firmas de advocacia "inundam" a Internet com anúncios por E-mail.

        A WWW tem muitos spiders, Wanderes, Crawlers e Snakes.

        A rede possui 3.000.000 de hosts.

1995 - A NSF descomissiona a NSFnet e transfere os fundos para a vBNS (Very-High-Backbone Network Service); os fornecedores de rede assumem um importante papel na Internet.
A rede possui 4.000.000 de hosts

O planeta é o limite aparente da Internet.

A tecnologia para a Internet está crescendo invisivelmente a cada minuto. Hoje, a Internet está confiável e robusta. Ela conecta pessoas, aproximadamente 30.000.000, a pessoas ou informações ao redor do mundo. Se desejar maiores informações numéricas sobre a Internet, acesse o endereço abaixo: www.UMich.edu/~sgupta/conres.html

Abaixo, apresento um perfil da Internet:

Grupo	Percentual dos Usuários Internet
Idade	
Abaixo de 20 anos	17%
21-25	29%
26-30	27%
31-35	8%
36-40	11%
41-50	6%
Acima de 50 anos	2%
Escolaridade	
Superior	34%
Segundo Grau	23%
Alguma Escolaridade	19%
Localização	
América do Norte	72%
Europa	23%
Austrália	3%
Profissão	
Profissões Técnicas	27%
Estudantes	26%
Pesquisadores	14%
Gerentes	7%
Sexo	
Masculino	90%
Feminino	10%
Instituição	
Educacional	51%
Comercial	31%
Governamental	7%
Estado Civil	
Solteiro	53%
Casado	43%

Agora que vimos o que é a Internet e o seu papel na globalização, vou apresentar algumas tecnologias que nasceram dela. Por que a Internet possibilitou a criação de outras tecnologias? A resposta é: pelo seu baixo custo e pela democratização da informação existente nela. O que antes poderia ser feito com softwares proprietários e com alto custo de implementação, hoje pode ser conseguido, mas com custos menores. Será? Um dos meus objetivos neste livro é que possamos concluir e responder a esta questão no final da sua leitura.

Intranet

Nos últimos anos, grandes empresas têm desenvolvido suas próprias redes de computadores locais (LAN) ou remotas (WAN), visando à interligação destas, não importando onde estivessem. Ou seja, essas empresas já possuíam uma "Internet".
Transações comerciais entre filiais ou departamentos se assemelhavam à comunicação existente na Internet. Havia situações em que os usuários dessas redes desconheciam a sua estrutura ou operação, sem saber que já estavam mundialmente ou localmente conectados on-line.
Sistemas operacionais como o UNIX, Windows 95, Windows NT ou Macintosh System 7 já vêm de fábrica com componentes para a fácil conexão à Internet, incluindo o protocolo TCP/IP, servidores WEB, navegadores WEB, facilitando ao usuário dominar essa nova tecnologia. Os profissionais da área de informática, por não dominarem esses componentes que poderiam ajudar na rede de computadores corporativa tradicional, continuam gastando milhares de reais em antigas tecnologias, principalmente por desconhecerem também o princípio fundamental da Internet.
A Internet representa realmente a primeira experiência na implantação do sistema telefônico global único. Quando você pega o telefone para fazer uma chamada, não precisa pedir permissão para falar com alguém no Japão, África ou Canadá. Ninguém precisa reconfigurar ou ler um manual para você conectar-se às áreas desejadas, não importando se esta é numa tribo indígena na África ou um em Motel na Bósnia. Você está imediatamente ligado ao mundo. Qualquer pessoa pode falar com você ou vice-versa.

Figura 1 - Sistema telefônico tradicional.

Quando você decide telefonar para o Chuí - RS, não precisa saber do complexo conjunto de conexões feitas entre as companhias telefônicas, burocracias, conexões com satélites ou fibras ópticas. A conexão acontece automaticamente.
A Internet está caracterizada como na figura 2. Você tem um computador e uma conexão com a Internet, conseguindo acesso a todos os dados disponíveis. Você pode acessar o Vaticano, a Casa Branca, IBM, Ford, Folha de São Paulo sem nenhuma configuração ou ter de aguardar por uma permissão.

Figura 2 - Internet ou Intranet.

Tipicamente, os usuários estão limitados aos programas ou dados gravados no disco do seu microcomputador (estação), acessando-os de pouco em pouco quando necessário, ou eles estão conectados automaticamente a um conjunto de discos ou servidores de arquivos da LAN.
Grandes e pequenas empresas estão cada vez mais preocupadas em racionalizar esta tarefa de publicação e divulgação de informações corporativas, podendo ser estáticas ou dinâmicas, para toda as partes interessadas da empresa com ou sem contigenciamento.
Pensando no sucesso que a WEB e a Internet alcançaram, essas empresas têm tentado trazer os benefícios dessas tecnologias para dentro das referidas empresas, construindo assim, uma *information superhighway in-house*. Ou seja, isto é resumidamente uma Intranet.
Atenção! Qualquer empresa que esteja planejando montar uma intranet corporativa, antes de tudo, deve realizar um estudo detalhado das tecnologias para evitar dores de cabeça futuras. Essa postura, embora óbvia, demonstra a necessidade de os profissionais responsáveis pela área de tecnologia da informação terem um olhar crítico em relação a esse novo conceito de rede interna, e sobre os problemas que poderão vir pela frente. Por isso, antes de partir para converter todos os aplicativos em applets (programas escritos em Java) baseados em navegadores, repletos de modernas conexões com a World Wide Web, belos recursos gráficos de áudio e vídeo em tempo real, convém parar e analisar a viabilidade de implementação desse tipo de estrutura de conectividade. Ao contrário do que imaginam muitos gerentes de redes, a intranet não é uma panacéia para os problemas de disponibilidade de aplicativos corporativos, portanto podem ter uma surpresa quando começarem a utilizá-la na prática.
Nos anos 80, muitos administradores pensavam que era fácil criar redes departamentais. Mas quando tentaram integrar essas LANs em escala empresarial, descobriam que aquilo que parecia simples era, na verdade, quase impossível. Redes inteiramente descentralizadas levavam ao uso inconsistente de ferramentas – por exemplo, tipos de servidores, protocolos, serviços e convenções de nomes – e o resultado foi o caos nas LANs. Não demorou muito para que surgissem os "órfãos" da rede, a partir do momento que alguns departamentos decidiram que não queriam entrar no mundo dos sistemas de informação. E a lição parece não ter sido aprendida por aqueles que estão pegando o bonde da intranet.

As intranets envolvem muitas questões que precisam ser consideradas no tocante ao desenvolvimento corporativo. Poucas pessoas têm experiência na construção ou administração de sites Web corporativos – no passado, elas não eram contratadas especificamente para fazer isso. Muitas organizações deixam de levar em consideração os custos de operação de um site Web ou de uma intranet que vão além daqueles da criação inicial. Além disso, a rede remota (WAN) pode não ser capaz de lidar eficientemente com a carga adicional de tráfego. O acesso remoto – inclusive à Internet e o acesso por funcionários autorizados ou parceiros comerciais – pode expor a rede da companhia a acessos não autorizados. E, finalmente, a implementação desses aplicativos baseados em rede pode forçar a uma reestruturação por inteiro dos processos de comunicação da LAN/WAN empresarial – por exemplo, passando do protocolo IPX/SPX para TCP/IP, ou de NetBIOS para IP.

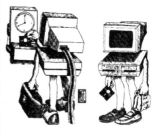

Resumindo, é importante que consigamos, realmente, colocar a tecnologia para trabalhar para nós ...

Extranet

Considerada uma importante ferramenta de apoio à gestão empresarial, a intranet está contribuindo agora para impulsionar uma nova modalidade de negócios, a extranet, baseada no conceito intranet, uma palavra que vem sendo usada para designar a interligação de intranets corporativas para a troca de informações e a realização de transações com clientes e fornecedores via Internet.

A Extranet é simplesmente a conexão de duas ou mais Intranets, utilizando, primordialmente, a Internet como sendo o meio.

Tente mentalizar o custo em telecomunicações de uma filial brasileira de uma empresa que se comunica com o escritório central no Japão há 10 anos atrás? Proibitível, não? Agora imagine fazer isso pela Internet, pagando apenas o custo da ligação local.

Por meio de uma Extranet podemos conectar nossos fornecedores diretamente à nossa rede de computadores, possibilitando assim possuirmos maior segurança na tomada de decisões que se baseiam em informações.

Trata-se de um conceito ainda novo, mesmo no cenário internacional, mas que apresenta grande potencial de crescimento em função da quantidade de novos usuários que, a cada dia, se conectam à Internet, e de empresas que estão aderindo à intranet. Muitas delas estão percebendo que a extranet pode tornar mais ágil e eficiente a relação com seus parceiros comerciais. Suas possibilidades são amplas.

Lógico que tudo parece uma maravilha até aqui, mas não devemos esquecer principalmente da segurança das informações corporativas. Para evitar a entrada de intrusos, as empresas que pretendem adotar o conceito de extranet precisam dispor de um amplo sistema de segurança que inclui firewall (sistema de software e hardware que fica entre a Internet e a Intranet da empresa, protegendo os dados da referida empresa), sistema de criptografia, antivírus, além de backup (cópia de segurança) para o caso de perdas de informações. O firewall analisa a solicitação de acesso e verifica que tipo de serviço ou informação o usuário pode utilizar. Caso o serviço requisitado não seja autorizado ou considerado perigoso, o sistema nega o acesso. Já a codificação de mensagens por criptografia torna incompreensível, por exemplo, o significado de um texto, a não ser que seja conhecida a chave que permita a sua decodificação. Os programas antivírus, como todos sabem, são vacinas que protegem a rede contra vírus eletrônicos. Existem inúmeros softwares comerciais de detecção e eliminação de vírus disponíveis no mercado. E sobre backup, não preciso falar muito, como disse Tom Marcos: "*três é bom, dois é razoável, três é ótimo, sem é demais*".

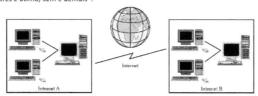

Figura 3 – Extranet.

Recursos da Internet / Extranet / Intranet ...

Agora que você já sabe o que são as tecnologias Internet, apresentarei os seus principais recursos que transformaram a nossa forma de pensar e de planejar computação.

World Wide Web

De forma resumida, poderíamos conceituar a WWW como um sistema de informação em hipertexto gráfico, distribuído, independente de plataforma, dinâmico, interativo, global e executado na Internet. Para você melhor entender, vamos detalhar cada característica.

Figura 4 - Serviço WWW em ação – Loja on-Line www.compunote.com.br

Hipertexto: quando você prepara um texto no formato hipertexto, está fugindo da estrutura rígida, linear (como em um livro). Você pode saltar facilmente de um ponto a outro, obter maiores informações, voltar, saltar para outros tópicos e se movimentar pelo texto baseado em seus interesses no momento.

Sistemas de help on-line ou pilhas de help, como as fornecidas pelo Microsoft Windows Help ou pelo HyperCard no Macintosh, utilizam hipertexto para apresentar informações. Para obter maiores informações sobre um tópico, bastar dar um clique sobre ele. Uma nova tela (ou outra janela, ou uma caixa de diálogo) aparecerá com essas novas informações.

Uma das melhores partes da WEB, e indiscutivelmente o motivo pelo qual ela se tornou tão popular sobre outros serviços da Internet como o Gopher, é o recurso que a Web tem de apresentar texto e imagens gráficas em cores na mesma página. Antes da Web, o uso da Internet envolvia conexões simples de texto, e você tinha de percorrer os vários serviços da Internet, utilizando interfaces de linha de comandos e ferramentas obscuras. A Web fornece recursos de imagens, som e vídeo a serem incorporados ao texto, e a interface é facilmente percorrível – basta saltar de vínculo em vínculo, de página em página, passando por sites (ou locais de instalação) e servidores.

É justamente isso o que a World Wide Web é: mais informações do que você jamais poderia digerir em uma vida inteira, vinculadas de várias maneiras, no universo da Internet, disponíveis para você paginar sempre que desejar. É grande e profunda, sendo fácil perder-se em seu interior. Mas proporciona uma diversão incomensurável.

Se você consegue acessar a Internet, conseguirá também acessar a Web. Não interessa que sistema você esteja executando ou se você acha que recursos Windows parecem melhores que recursos Macintosh ou vice-versa. A Web não está limitada a um tipo específico de equipamento. A Web "não liga" para a guerra de interfaces com o usuário entre empresas com muito dinheiro.

Você obtém acesso à Web por meio de um aplicativo chamado paginador (browser), como o Netscape. Após ter conseguido a conexão, pronto, você estará na Web.

Como as informações na Web estão contidas no site (ou local de instalação) que as publicou, as pessoas que as publicaram originalmente poderão atualizar as informações instantaneamente a qualquer momento. E, se você estiver paginando essas informações, não precisará instalar uma nova versão do help, comprar outro livro, ou chamar um técnico. Basta usar o seu paginador e verificar o que está acontecendo.

Quando a Web foi criada, um dos novos recursos que ela fornecia era um novo protocolo Internet para gerenciar informações de hipertexto na Net: o HTTP, ou HyperText Transfer Protocol. O HTTP é um protocolo simples que permite que os documentos de hipertexto sejam transferidos rapidamente sobre a Net entre paginadores e servidores Web. A menos que você esteja escrevendo seu próprio servidor, ou esteja por demais curioso a respeito da profundezas da Web, não precisará saber muito mais sobre o HTTP do que sua função.

Figura 5 - Serviço Gopher em ação.

Além de fornecer um novo sistema para publicação e distribuição de informações, a World Wide Web suporta os modos de distribuição de informações que já existiam na Internet.

E existem muitos deles: FTP, Gopher, Usenet News, Wais, Telnet, correio eletrônico, ... Todos utilizam ferramentas diferentes (que precisam ser instaladas separadamente), e todos operam de maneiras diferentes.

Figura 6 - Serviço FTP em ação (via browser).

Como Pensar na Internet ou na sua Intranet

Nos dias de hoje, com a queda do custo das telecomunicações (ainda lento no Brasil), todos querem participar dessa ferramenta que realmente efetivou a globalização para que se tornasse a moda do momento. A Internet é ao mesmo tempo uma nova mídia como um meio de alcançar outros povos, hábitos, culturas nunca antes alcançados por médias ou grandes instituições (entenda pessoa, empresa, entidade, ...).

- O número de computadores na Internet cresce entre 6 a 10 por cento ao mês.
- O custo de assinatura está cada vez mais abaixando.
- Sessenta por cento das maiores companhias do mundo já estão na Internet.
- As redes cresceram 163 por cento na Internet em 1994.
- O custo de montar um servidor WWW é inferior a R$ 20.000,00.
- Trinta e nove por cento de toda comunicação corporativa já estão na Internet.
- Vinte e quatro por cento das empresas de informática já estão na Internet.
- Vinte e sete por cento dos servidores são patrocinados por instituições educacionais (.edu).
- Vinte e quatro por cento dos servidores são patrocinados por empresas (.com).

Figura 7 - A tendência da Internet.

Como todos querem pegar esta onda, mesmo não sabendo como, tentei apresentar neste capítulo alguns conceitos e dicas de como planejar o seu acesso a este novo mundo.

Espero que com as dicas e demais capítulos deste livro todos nós possamos desmentir o ditado popular que diz: *"Santo de casa não faz milagres"*. Pois os próprios funcionários de qualquer empresa, pequena ou grande, são capazes de redefinir a forma de pensar computação dentro dessa referida empresa, lógico que com bastante dedicação.

Como as necessidades de cada negócio são específicas, não vou direcionar este livro para ensinar-lhe o benefício de uma nova política em distribuição da informação, seja esta no contexto da empresa ou da Internet. Irei apresentar apenas algumas idéias que poderiam ser utilizadas, ficando ao critério e limite da imaginação do usuário a obtenção do sucesso.

Visite o www.internic.net para registrar on-line o seu domínio na Internet ou envie e-mail para registro@fapesp.br.

Dividi as informações voltadas para dois grupos: público interno e público externo.

O **público interno** compreende os usuários da rede de computadores (rede corporativa ou intranet) dentro de um grupo de usuários ou empresa:

➢ Correio eletrônico
➢ Central de Informações de Procedimentos e Normas empresariais
➢ Centralização da saída da informação dentro da empresa, independente de que esteja fisicamente a milhares de quilômetros distantes.
➢ Cartão de Ponto e localizador de pessoas
➢ Suporte à procura de soluções, utilizando aplicativos de busca
➢ Lista de ramais
➢ Classificados
➢ Central de FTP, na qual os funcionários poderiam pegar arquivos necessários às suas tarefas
➢ Oportunidades de empregos
➢ Vídeo e teleconferência

O **público externo** compreende os usuários da rede de computadores (rede corporativa ou intranet) de uma referida empresa, como clientes e funcionários remotos:

➢ Correio eletrônico
➢ Compra eletrônica e atendimento ao cliente diferenciado
➢ Avaliação do mercado por pesquisas eletrônicas aos clientes
➢ Recrutamento de empregos por meio da Internet

Como uma das principais vantagens da utilização das tecnologias Internet é a redução de custos, principalmente quanto aos gastos com telecomunicações, tanto corporativa quanto com os clientes, ainda há explícita redução da utilização do papel dentro da corporação.

Conectando-se à Internet

Como este livro não deve fugir do seu objetivo, apresentarei resumidamente as principais formas pelas quais você ou sua empresa poderão conectar-se à Internet.

➢ Linha Discada (dial up)

Quando o usuário utiliza-se dessa modalidade de conexão com a Internet, utiliza-se de um modem para conectar-se ou desconectar-se da rede na hora que desejar, sendo cobrando apenas o horário tarifado pelo provedor de acesso (ISP). Os modems existentes no mercado estão trabalhando na faixa de 2,400 a 33.600 bits por segundos. Classificamos essa modalidade em dois tipos:

➢ Linha dedicada:

Neste tipo de linha, apenas dados da Internet são transmitidos. O seu custo é mais alto devido a não trafegar outras informações além de dados. Ainda são de melhor qualidade e operam em alta velocidade.

➢ Linha Compartilhada:

Neste tipo, as linhas estão sujeitas aos ruídos e interferências relativas ao meio, e operam em baixa velocidade.

➢ Linha Privativa (leased line)

Quando o usuário utiliza-se dessa outra modalidade, não há necessidade de um modem, pois a conexão com a Internet é direta. Normalmente, o seu custo é tarifado pelo volume de informação trafegado.

Para você melhor compreender a classificação das linhas telefônicas, veja a lista abaixo:

9,600 bps (bits por segundo)
14,400 bps
28,800 bps
56,000 bps
128,000 bps
384,000 bps
1.500,000 bps (T1)
até 45.000,000 Mbps (T3)

Desejando maiores informações e um ótimo suporte para a definição da sua Intranet estar ou não conectado à Internet e ainda, definir qual a infra-estrutura necessária, visite os seguintes sites:

www.cyclades.com.br

www.cisco.com.br

www.ibm.com

Protegendo sua rede na Internet

Até agora tudo estava indo bem até que você decidiu colocar os seus dados disponíveis para os usuários da Internet. Será que é possível implementar um contigenciamento?

Para isto é necessária a adoção de uma política de segurança voltada ao controle de acesso à sua rede corporativa, que pode ser "invadida" por qualquer usuário da Internet; essa política de segurança é acompanhada do uso de equipamentos e softwares orientados a controle do tráfego entre a rede corporativa e a Internet, conjunto esse conhecido como **"Firewall"** (porta corta-fogo).
O Firewall implementará a política de segurança definida pelo administrador da rede, que deverá prevenir a rede corporativa contra ações que venham de fora para dentro da empresa.

Classificamos os Firewall em dois tipos, conforme a sua posição física na rede:

➢ Inline host (Direto)

Este é instalado diretamente entre a Internet e a rede corporativa. Ele utiliza programas chamados "proxies" que empacotam dados da rede para a Internet, e vice-versa. Você pode configurar os softwares proxies para atuarem de várias formas (senhas, serviços, etc.)

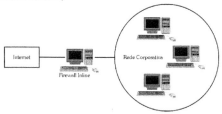

➢ Monitoring host (Monitor)

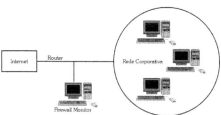

Este é instalado diretamente entre a Internet e a rede corporativa, só que não no mesmo nível da rede, ficando com a função de monitorar primeiramente.
Para obter pacotes gratuitos de firewalls, visite os sites:

| ftp.tis.com | /pub/firewalls/firewalls.ps/Z |
| ftp.tis.com | /pub/firewalls/toolkit/fwtk.tar.Z |

A Arquitetura Cliente/Servidor veio para ficar

Depois de apresentar todos os conceitos da Internet acima, podemos concluir o seguinte: a famosa arquitetura cliente/servidor veio realmente para ficar. Entretanto, para aqueles que não conhecem sua definição, preparei um pequeno material.

De uma forma ou de outra, as arquiteturas cliente/servidor tornaram-se lugar comum para implementação de aplicativos para computador. Uma pessoa que se conecta a um sistema de informação on-line está usando uma arquitetura cliente/servidor. Quando você utiliza um caixa eletrônico, quando o código de barras das mercadorias que você compra em um supermercado é lido no caixa, ou quando você paga as contas com um cartão de crédito, provavelmente está interagindo com um sistema de computador cliente/servidor.

Provavelmente, existem tantas perspectivas diferentes sobre o que se constitui um aplicativo "cliente/servidor" quanto locais na Internet. Um dos principais objetivos da arquitetura cliente/servidor é obter eficácia aumentada, dividindo a tarefa e distribuindo o trabalho por meio de dois ou mais processadores disponíveis. Necessariamente, algumas das tarefas estão sob o controle de processos principais, mas requerem trabalho adicional a ser feito por outros processos no sistema. Essas tarefas de controle podem ser consideradas "clientes" ou "solicitantes" e as tarefas subservientes são "respondedores" ou "servidores".

Usando esta definição um tanto liberal, poder-se-ia discutir que mesmo o sistema operacional Linux, quando executado em um computador com multiprocessador, é um aplicativo cliente/servidor. A arquitetura do Linux promove a criação de muitas tarefas pequenas que solicitam trabalho umas das outras por meio de mensagens enviadas das tarefas do cliente para as tarefas do servidor, de modo a obter uma utilização mais eficaz dos processadores disponíveis. Na verdade, os sistemas de gerenciamento de banco de dados convencionais aproveitam esse tipo de arquitetura para gerar muitas tarefas de servidor, que podem ser executadas em processadores diferentes para resolver problemas complexos de consulta rapidamente.

Ao criarmos um aplicativo (ao contrário do software do sistema), precisamos de um teste mais rigoroso do que se constitui um verdadeiro aplicativo cliente/servidor. Neste contexto, um aplicativo cliente/servidor pode ser definido como um aplicativo arquitetado com porções significativas do aplicativo que está sendo executado em sistemas diferentes. Além disso, um verdadeiro aplicativo cliente/servidor é constituído de modo que os processos residem onde o trabalho específico para cada processo pode ser desempenhado com mais eficiência. Observe que essa segunda definição é mais rigorosa, mas ainda está sujeita à interpretação do significado de porções "significativas" do aplicativo.

Vantagens e Desafios

Hoje em dia, os profissionais da informática reconhecem que implementar um aplicativo com uma arquitetura cliente/servidor é um modo inteligente de utilizar melhor os recursos disponíveis do computador. Uma arquitetura cliente/servidor fornece várias vantagens distintas:

- ➢ A carga de trabalho é naturalmente dividida entre vários computadores;
- ➢ Os dados podem ser facilmente compartilhados entre os usuários;
- ➢ Os dados sensíveis ao contexto podem ser seguramente garantidos em um local central;
- ➢ Computadores menores dedicados às tarefas específicas são mais baratos.

Entretanto, uma arquitetura cliente/servidor também apresenta desafios de projeto e de administração interessantes:

- ➢ O projetista deve decidir quais tarefas devem ser executadas no lado cliente ou no lado servidor;
- ➢ O projetista deve selecionar o hardware adequado para cada tipo de tarefa;
- ➢ As atualizações do aplicativo do cliente devem ser gerenciadas cuidadosamente;
- ➢ Alterações no projeto do banco de dados do servidor podem abalar todos os clientes;
- ➢ A topologia de rede é freqüentemente muito mais completa;
- ➢ A monitoração do desempenho e os ajustes necessários podem ser mais difíceis do que uma arquitetura centralizada.

Suporte & Informações Gerais

www.vivaolinux.com.br	Viva o Linux
www.linuxman.com	Linux Man
www.linuxdoc.org	Linux Documentation
www.linuxquestions.org	Linux questions
www.conectiva.com.br	Home Page da Conectiva
www.revistadolinux.com.br	Revista do Linux, da Conectiva
www.novell.com/linux	A Novel no mundo Linux
http://www.lindowsos.com/	HDs da Seagate com Lindows pré instalado
www.xfce.org	Interface kfce
www.linuxnetworx.com	Super computadores
www.cygwin.com	Cygwin - ambiente Linux para Windows
glade.gnome.org	XML – Glade
www.mozila.org	XML - XUL e Mozilla
www.xwt.org	XML - XWT The XML windowing toolkit
www.linuxdownloads.org	Portal para downloads
www.tuxfinder.com	Portal para downloads
www.olinux.com.br	O Seu Site Linux em Português
www.linux.org	The Linux On Line Home Page
www.cs.earlham.edu/~jeremiah	Home Page of Jeremiah Hairt
www.linuxhq.com	Linux HardQuarters
www.lrz-muenchen.de/~ui161ab/www/Pinguin	The Life Secret of Linux Penguin
www.uk.linux.org	Red Hat in Europe
www.ssc.com/linux	Official Home Page of Linux Journal
www.debian.org	Compra CD-ROM Linux
www.redhat.com	Compra CD-ROM linux
www.wgs.com	WGS Linux Pro 3.0
www.lasermoon.co.uk	Lasermoom – Linux FT
http://sunsite.unc.edu/mdw/linux.html	Documentação do projeto Linux
http://www.cs.utexas.edu/users/kharker/linux-laptop/	O Linux em notebooks
http://www.Xfree86.org/	O Projeto XFree86
www.lsl.com	Linux system labs

Canais de Bate-Bapo Mirc sobre Linux

irc.eu.dal.net (port 7000)	#linux
irc.linpeople.org (port 6667)	#natter

Publicações & Eventos

www.ssc.com/lj	The Linux Journal
www.UNIXreview.com	Univ Review
www.interop.com	Interop Networld

Softwares de Publicação de Home-Pages

www.wordmark.com

home.netscape.com
www.adobe.com
www.digigami.com/Weblisher
www.harlequin.com
www.ileaf.com/ip.html
www.qdeck.com/qdeck/products/WebAuthr
www.infoaccess.com
www.lotus.com/inotes
www.collabra.com
www.iconovex.com
www.hyperact.com/hyperact.html
www.novell.com
www.accentsoft.com/
www.icontext.com

Softwares de Gráficos e Multimídia

www.xingtech.com
www.realaudio.com
www.vdolive.com
www.world.std.com
www.handmadesw.com
www.adobe.com
www.macromedia.com
www.powersoft.com
www.deltapoint.com
www.futureware.com
www.insoft.com
www.wpine.com

Software para Acesso a Banco de Dados / CGIs / Gateways

www.oracle.com
www.informix.com
java.sun.com
www.sybase.com
www.allaire.com/cfusion
www.htmlscript.volant.com
www.ncsa.uiuc.edu
wgg.com/files/Polyform
w3.com
www.durand.com
www.aspectse.com
www.premenos.com
www.bestseller.com
www.bluestone.com
www.verify.com
www.hursley.ibm.com/cics/saints/main

Softwares para Administração de Sites / Servidores

home.netscape.com
website.ora.com
www.sco.com
www.qdeck.com
www.navisoft.com

www.process.com
www.gcomm.com
corp.novell.com/announce/webserve .
www.openmarket.com
emwac.ed.ac.uk
www.idi.oclc.org
www.folio.com
www.border.com
www.ebt.com
www.pls.com
www.surfwatch.com
www.netcarta.com
www.bsdi.com

Softwares Navegadores - Browsers (Web Clients)

home.netscape.com
java.sun.com
www.spyglass.com
ftp://ftp2.cc.ukans.edu/pub/lynx
www.twg.com
ftp://archive.cis.ohio-state.edu/pub/w3browser
www.midas.slac.stanford.edu/midasv22
ftp://moose.cs.indiana.edu/pub/elisp/w3

Softwares para montar Ferramentas de Pesquisa - Search Tools

www.excite.com/navigate
wgg.com
www.quarterdeck.com
glimpse.cs.arizona.edu:1994
harvest.cs.colorado.edu
kamaaina.apple.com

Como Fazer Business na Internet

www.netgen.com	- Maiores corporações na internet
www.commerce.net	- Principais companhias e seus negócios

Como Fazer Publicidade na Internet

www.worth.com	- The Internet Business Advantage

Softwares Gratuitos na Internet - Administrador Internet / Intranet

Acesso	Diretório	Descrição
http://bsdi.com/server/doc/plexus.html		é o código na linguagem Perl para um servidor WWW
http://info.cern.ch/hypertext/WWW/Daemon/Status.html		é o código-fonte do servidor WWW do CERN
http://nearnet.gnn.com/mkt/travel/center.html		htget é um software que permite duplicar toda ou parte de uma árvore de diretório de um outro servidor
http://hopf.math.nwu.edu		é o código para o GN server que pode servir ao mesmo tempo Gopher e

		WWW services
wuarchive.wustl.edu	/packages/wuarchive-ftpd/wu-ftpd-2.4.tar.Z	versão de software FTP cliente da universidade de Washington.
Http://sunsite.unc.edu/pub/li nux		Linux

Hardwares para Redes

	Company
www.equinox.com	Equinox Corp
www.sgi.com/Products	apple computers
www.dickens.com	Dickens Marketing Representative
www.pfx.com	Mentalix
www.fujitsumicro.com/sparcupgrade	Fujitsu Computers
www.falcons.com/sdd	Falcon Server Development
www.comtrol.com	Comtrol Corp.
www.ross.com	Ross Technology
www.kingston.com/urs.htm	Kingston Technology Corp.
www.gcw.com	GulfCoast Workstations, Inc.
www.acropsys.com	Acropolis Systems Incorporated
www.ttech.com	TTI Transitional Technology, Inc.
www.centon.com	Centon Electronics, Inc.
www.usr.com	USRobotics
www.tripplite.com	Tripp Lite Power Protection
www.ibm.com	IBM Corporation

Softwares para Redes

www.bristol.com	Bristol Technology
www.mks.com/solution	Mortice Kern Systems Inc.
www.sco.com	Santa Cruz Operation
www.takefive.com	Take Five Sotfware
www.segue.com	Segue Software
www.insignia.com	Insignia Solutions
www.syncsort.com	Syncsort Corp.
www.esker.com	Esker Inc.
www.vividata.com	Vividata, Inc.
www.pure.com	Pure Software
www.mae.apple.com	Apple Computers
www.platinum.com	Platinum Technolgy
www.jsb.com	JSB Corporation
www.adax.co.uk	Adax Wan Innovations
www.borland.com	Borland International, Inc
www.thomsoft.com	Thomson Software Products
www.softwarepartners.com	Software Partners/32, Inc.
www.ibm.com	IBM Corp.
www.facetcorp.com	FacetCorp
www.merc-int.com	Mercury Interactive
www.cactus.com	Lone Star Software
www.ics.com/products/BXPRO	ICS Solutions Inc,
www.wingz.com	Wingz Tech
www.wyattriver.com	Wyatt River Software
www.intersolv.com	Intersolv Inc
www.blackwhite.com	Black & White Software
www.globetrotter.com	GLOBEtrotter Soft
www.jriver.com	James River Group Inc,
www.att.com/ssg	Lucent Technologies & AT&T
www.blast.com	Blast Software

www.rock.cleo.com	Interface Systems
www.faximun.com	Faximun Corp
www.maxtech.com	Maxtech Corp
www.spedi.com	St. Paul Software
www.confluent.com	Confluent
www.oscc.com	UNIX Pros Shop Here
www.mport.com	Microport, Inc
www.gallium.com	Gallium Software Inc
www.spatch.com	The Hyde Company
www.vsi.com	VSI-Fax

ENTENDA A LICENÇA DE LIVRE PÚBLICA

Esta é uma tradução não-oficial da Open Publication Licence versão 1.0, de 8 de junho de 1999, e não é substituto legal para a Licença original, disponível em http://www.opencontent.org/openpub.
É permitido a qualquer pessoa copiar e distribuir cópias desse documento de licença, desde que sem a implementação de qualquer mudança.

Compreendendo o Conceito de Licença Pública GNU

O termo GNU, bem como GNU General Public Licence, se faz presente em vários capítulos deste livro, portanto achei conveniente apresentá-lo antes de darmos prosseguimento.
As licenças de muitos softwares são desenvolvidas para cercear a liberdade de uso, compartilhamento e mudanças. A Licença Pública Geral da GNU, ao contrário, pretende garantir a liberdade de compartilhar e alterar softwares de livre distribuição – tornando-os de livre distribuição também para quaisquer usuários. A Licença Pública Geral aplica-se à maioria dos softwares da Free Software Foundation e a qualquer autor que esteja de acordo em utilizá-la (alguns softwares da FSF são cobertos pela GNU Library General Public Licence).

Baseado nos trabalhos da Conectiva.

Quando nos referimos a softwares de livre distribuição, referimo-nos à liberdade e não ao preço. Nossa Licença Pública Geral foi criada para garantir a liberdade de distribuição de cópias de software de livre distribuição (e cobrar por isso, caso seja do interesse do distribuidor), o qual recebeu os códigos-fonte, o qual pode ser alterado ou utilizado em parte em novos programas.
Para assegurar os direitos dos desenvolvedores, algumas restrições são feitas, proibindo a todas as pessoas a negação desses direitos ou a solicitação de sua abdicação. Essas restrições aplicam-se ainda a certas responsabilidades sobre a distribuição ou modificação do software.
Por exemplo, ao distribuir cópias de determinado programa, por uma taxa determinada ou gratuitamente, deve-se informar sobre os direitos incidentes sobre esse programa, assegurando-se de que os fontes estejam disponíveis assim como a Licença Pública Geral GNU.
A proteção dos direitos envolve dois passos: (1) copyright do software e (2) licença que dá permissão legal para cópia, distribuição e/ou modificação do software.

Ainda para a proteção da FSF e do autor, é importante que todos entendam que não há garantias para softwares de livre distribuição. Caso o software seja modificado por alguém e passado adiante, esse software não mais refletirá o trabalho original do autor, não podendo, portanto, ser garantido por aquele.

Finalmente, qualquer programa de livre distribuição é constantemente ameaçado pelas patentes de softwares. Buscamos evitar o perigo de que distribuidores desses programas obtenham patentes individuais, tornando-se seus donos efetivos. Para evitar isso, foram feitas declarações expressas de que qualquer solicitação de patente deve ser feita, permitindo o uso por qualquer indivíduo, sem a necessidade de licença de uso.
Para obter maiores informações sobre GNU, bem como conhecer mais sobre o candidato a mascote deles, o bichinho sensível mostrado anteriormente, visite os sites www.fsf.org ou www.gnu.org.

OPEN PUBLIC LICENCE
Draft v1.0, 8 june 1999
1.1. Requisitos comuns às versões não-modificada e modificada
Os trabalhos protegidos pela Licença de Livre Publicação (Open Publication Licence) podem ser reproduzidos e distribuídos no todo ou em parte, em qualquer meio físico ou eletrônico, desde que os termos desta licença estejam incluídos, e que esta licença ou uma incorporação dela por referência (com quaisquer das opções escolhidas pelo autor ou editor) estejam presentes na reprodução.
A forma apropriada para uma incorporação por referência é:
Note: Copyright(c) (ano) (nome do autor ou proprietário da obra). Este material somente poderá ser distribuído se sujeito aos termos e condições firmados na Licença de Livre Publicação (Open Publication Licence), versão X.Y ou superior (a versão mais atual encontra-se disponível em http://www.opencontent.org/openpub/).

Esta referência, devidamente preenchida com os dados da publicação, deve ser seguida imediatamente com quaisquer opções escolhidas pelos autores ou editor do documento.

É permitida a redistribuição comercial de material licenciado pela Licença de Livre Publicação (Open Publication Licence).

Qualquer publicação no formato livro padrão (papel) requer obrigatoriamente a citação dos autores e editor originais. Os nomes dos autores e do editor devem aparecer em todas as superfícies externas do livro. Em todas as faces externas do livro, o nome do editor original deve estar impresso em tamanho tão grande quanto o título do trabalho, e citado como proprietário em relação àquele título.

Copyright

O *copyright* de todo trabalho protegido pela Licença de Livre Publicação (Open Publication Licence) pertence aos autores ou proprietários.

Escopo desta licença

Os termos de licença a seguir aplicam-se a todos os trabalhos protegidos pela Licença de Livre Publicação (Open Publication Licence), a não ser que explicitamente indicado no trabalho.

A mera adição de trabalhos protegidos pela Licença de Livre Publicação (Open Publication Licence) ou partes de trabalhos protegidos pela Licença de Livre Publicação (Open Publication Licence) em uma mesma mídia que contenha outros trabalhos ou programas não protegidos por essa licença não decorre em aplicação da Licença de Livre Publicação (Open Publication Licence) para esses outros trabalhos. O trabalho resultante deve explicitamente conter uma nota especificando a inclusão do material protegido pela Licença de Livre Publicação (Open Publication Licence) e o aviso de copyright apropriado.

APLICABILIDADE. Se alguma parte desta licença não puder ser aplicada em alguma jurisdição, as partes restantes deste documento continuam sendo aplicadas.

AUSÊNCIA DE GARANTIA. Os trabalhos protegidos pela Licença de Livre Publicação (Open Publication Licence) são fornecidos "como estão", sem garantias de qualquer tipo, explícita ou implícita, incluindo, mas não limitado a, as garantias implícitas de comercialização e conveniência para um propósito particular, ou garantia de não-infração.

Requisitos para trabalhos modificados

Todas as versões modificadas de documentos cobertos por esta licença, incluindo traduções, antologias, compilações e documentação parcial, deve seguir os requisitos abaixo:

A versão modificada deve ser indicada como tal.

As pessoas que fizerem as modificações e as datas de modificação devem ser identificadas.

O reconhecimento dos autores e editor originais (se aplicável) deve ser mantido de acordo com as práticas acadêmicas usuais de citação.

O local da versão não-modificada do documento deve ser indicado.

Os nomes originais dos autores não devem ser utilizados para indicar ou garantir seu endosso ao documento resultante sem a autorização expressa dos autores.

Práticas recomendadas

Em adição aos requisitos desta licença, é solicitado e extremamente recomendado aos redistribuidores que:

Se os trabalhos protegidos pela Licença de Livre Publicação (Open Publication Licence) estiverem sendo distribuídos em impressos ou CD-ROM, os autores sejam informados por email, ao menos trinta dias antes, para que os autores tenham tempo de providenciar documentação atualizada. Esta notificação deve descrever as modificaçoes introduzidas no documento, se existirem.

Todas as modificações substanciais (incluindo exclusões) devem ser marcadas claramente no documento, ou então descritas em um anexo ao documento.

Finalmente, mesmo não sendo obrigatório sob esta licença, é considerado de bom tom oferecer uma cópia sem ônus de todo o material modificado (impresso e CD-ROM) para os autores originais.

Termos opcionais

Os autores e editores de documentos protegidos pela Licença de Livre Publicação (Open Publication Licence) podem escolher certas opções de licença simplesmente incluindo alguns parágrafos após a cópia da licença ou sua referência. Estas opções são consideradas parte da licença e devem ser incluídas com ela (ou com a referência a ela) nos trabalhos derivados.

As opções que se aplicam a este trabalho são:

A: É vedada a distribuição de versões com modificações substanciais deste documento sem a expressa permissão dos proprietários do direito autoral".

B: É vedada a distribuição deste trabalho ou qualquer derivado seu em qualquer formato de livro padrão (papel) sem a prévia autorização dos proprietários do direito autoral.

Políticas de Publicações Livres

(O texto a seguir não é considerado parte da licença.)

Os trabalhos protegidos pela Licença de Livre Publicação (Open Publication Licence) estão disponíveis na home page da Open Publication (http://works.opencontent.org)

Os autores de trabalhos protegidos pela Licença de Livre Publicação (Open Publication Licence) podem incluir suas próprias licenças nesses trabalhos, desde que os termos dessa licença não sejam mais restritivos que os da Licença de Livre Publicação (Open Publication Licence).

Em caso de dúvidas sobre a Licença de Livre Publicação (Open Publication Licence), contactar David Wiley (dw2@opencontent.org) ou a lista de autores de publicações livres (opal@opencontent.org) via email.

50 Casos Empresariais, Institucionais e Sociais de Sucesso no Brasil com Linux

Antes de iniciar este capítulo, é de extrema importância agradecer a todos que apoiaram-me na obtenção das entrevistas, bem como os próprios entrevistados que perturbei em várias mensagens eletrônicas. Destaco:

- Conectiva e Revista do Linux (www.revistadolinux.com.br) : Marcos Henrique Xavier Vicente e seus respectivos colaboradores e redatores. Os textos foram reproduzidos com autorização da Revista, e os demais, foram obtidos pelas minhas entrevistas.
- Paulo Valente (Cyclades.com.br);
- João Pedro Martins (Eac Software)

Qual é o objetivo deste capítulo ? Tentar comprovar aos empresários e formadores de opinião que muitos empresários brasileiros já perderam o preconceito quanto ao assunto Linux e software Livre. O quê eles ganharam com esta iniciativa ? Sem falar na economia de capital financeiro, estão se tornando vanguarda no mercado e se tornando ágeis.

Vários empresários e diretores de informática foram entrevistas, e em empresas de vários segmentos, bem como localizada sem vários estados brasileiros. Sinta-se à vontade para contatá-las ou conhecer pessoalmente o diferencial que elas alcançaram.

Por último, ressal to que todas as empresas, marcas e logotipos apresentados a seguir são de propriedade de seus respectivos detentores e empresas.

Visconti Industria Alimentícia Ltda

www.visconti.com.br

A VISAGIS S.A. Indústrias Alimentícias nasceu em 1982, fruto da união de duas empresas que representavam, cada uma a seu modo, o que há de mais tradicional da cozinha italiana do Norte e do Sul. De um lado, a Indústria Brasileira de Conservas AGIS Ltda., fundada por italianos em 1960, em São Roque, cidade do interior de São Paulo, para produzir frutas cristalizadas, utilizando a técnica da escola siciliana. De outro, a VISCONTI Indústria Alimentícia Ltda., criada em 1962, na cidade de São Paulo, produzindo e comercializando panettones, tradicional bolo milanês, típico de festas natalinas. Do excelente relacionamento comercial entre AGIS e VISCONTI, surgiu a proposta de fusão.

Na Visconti, uma opção incidental Linux ja é a base da nova rede WAN e esta em projetos futuros.

O Linux foi introduzido na Visagis S/A Indústrias Alimentícias, conhecida pela marca Visconti, por motivos incidentais. Como parte de um sistema de cadastro de pedidos via Web, seria necessário implementar um servidor http, em plataforma Windows NT ou Linux. Por ser gratuito e proporcionar aos fornecedores do software Web mais facilidades de administração remota, o Linux foi preliminarmente adotado. A decisão final sobre a plataforma de produção ficaria para um segundo momento.

Entretanto, a Visconti preparava-se para alterar completamente sua arquitetura de redes WAN (longa distância). "A intenção era substituir as linhas dedicadas ponto a ponto por serviço frame relay TCP/IP fornecido pela Embratel", informa Wanderlei Oliveira, gerente de informática da empresa, lembrando que essa migração visava não só a elevar o nível de integração entre as diversas plantas industriais e comerciais, como também a acomodar a implantação de serviços visíveis à Internet pública, tais como aquele cadastro de pedidos via Web.

Quando a instalação dos links e modems da Embratel ficou pronta e as faixas de endereçamento IP definidas, restava escolher uma solução de roteamento e firewall que cumprisse alguns requisitos básicos.

Entre eles, capacidades avançadas de roteamento; túneis IP (VPNs) entre as redes privadas das diversas plantas, de preferência criptografados; acesso transparente e controlável à Internet pública, a partir de qualquer planta; firewall seguro e facilmente configurável; suporte simultâneo a duas faixas de endereçamento IP distintas (Intranet e Internet), trafegando na mesma rede perimetral física; recursos fáceis e seguros de administração remota; possibilidade de implantação posterior de serviços de rede de nível superior, por exemplo um servidor proxy.

As soluções baseadas exclusivamente em roteadores ou servidores Windows NT eram factíveis, conforme se constatou

posteriormente, mas os respectivos fornecedores falharam na viabilização de suas respectivas soluções diante das exigências do ambiente. "Além disso, ambas se mostraram bastante onerosas", observa Oliveira. Diante desse quadro, solicitou-se um estudo de viabilidade de uso do Linux como plataforma de roteamento e firewall. E o resultado foi que este se revelou uma solução viável e sobretudo econômica, pois o custo de implantação ficava restrito à compra de um computador PC comum por planta.
Homologada a proposta, o processo de migração para os novos links começou no dia 3 de setembro de 1999 e terminou, com o acerto dos últimos detalhes, no dia 6 de setembro. A distribuição do Linux utilizada foi a da Conectiva, versão 4.0.
E o único software necessário à instalação que não estava presente no CD-ROM foi o CIPE que é um protocolo de VPN.
Consolidada a nova rede WAN, alguns aprimoramentos foram realizados desde então. Entre eles, a instalação de Proxy e de Servidores Samba (protocolo NetBIOS, ou `rede Windows') em cada planta, de modo a permitir armazenamento e backup centralizados dos arquivos de usuário, bem como a visibilidade e troca de mensagens entre todos os usuários de todas as plantas.
Também foi acrescentado o acionamento automático de link alternativo, por linha discada, em caso de falha do link principal da Embratel, de modo a notificar o administrador do sistema por e-mail e pelo celular (BCP DigiMemo). Além disso, implementou-se administração remota e cópia de arquivos segura, usando ssh e miniprovedor para acesso remoto do administrador do sistema à Internet e à rede Visconti sem necessidade de provedor Internet e/ou criação de `buracos' no firewall.
No futuro, alguns objetivos já estão previstos. Entre eles, a expansão da idéia do mini-provedor para permitir vários acessos simultâneos e o estabelecimento de redundância (high availability) em cada planta, de modo que cada computador Linux tenha um `clone', ou seja, um segundo computador que entrará em atividade automaticamente caso a primeira máquina falhe.
Outra idéia é uma eventual adoção do Linux como plataforma do banco de dados Oracle, com uso massivo de replicagem local e remota, para assegurar redundância e performance. Além disso, a empresa vai estudar, a partir do próximo ano, a adoção de Linux em estações de trabalho.
Elvis Pfützenreuter epx@netville.com.br

Brasil Telecom - Telecomunicações

www.brasiltelecom.com.br

Com mais de 10,5 milhões de linhas instaladas e quase seis mil funcionários, a Brasil Telecom S.A. é a principal empresa de telecomunicações das regiões Sul, Centro-Oeste e dos Estados do Acre, Rondônia e Tocantins. Sua área de atuação corresponde a 33% do território nacional.
Cerca de 40 milhões de pessoas - 23% da população brasileira - vivem nessas regiões, que possuem quatro áreas metropolitanas com população acima de um milhão de habitantes. Elas são responsáveis por 25% do PIB (aproximadamente R$ 276 bilhões em 2001).

1) Quais as principais barreiras/dificuldades enfrentadas para vender a idéia do software livre, em especial o Linux, na empresa ?
A BrT já utiliza Linux a um bom tempo em seu ambiente de processamento, portanto não existe de fato uma dificuldade na "venda" da ideia do software livre. O que existe são pontos de preocupação naturais a qualquer tecnologia. Em particular sobre o Linux algumas delas (as preocupações) se devem a falta de suporte formal que atenda as exigências de uma corporação, outra ao fato da ilusão que se cria sobre o conceito do software livre, confundido com software de graça. Um software livre tem aplicabilidade sobre problemas específicos que uma empresa, o que não representa obrigatoriamente que ele seja gratuito e em muitos casos nem mais barato que outros software fechados.

2) Quais as expectativas para o Linux na Empresa para o futuro ?
Continuaremos estamos expandindo a utilização do Linux na Brasil Telecom, seja de forma isolada como um servidor de aplicações ou WEB, ou com fazendo parte de uma estratégia tecnologia mais ampla como integrante de uma solução de processamento assentada sobre VM no Mainframe ou um ambiente GRID.

3) Qual a opinião atual referente ao software livre e sua utilização ? É que no passado, o software livre era considerado como o resultado da rebeldia de jovens ou grupos específicos de usuários. Agora, este com apoio até de grandes fornecedores, o software livre está ganhando um sentido de "inclusão social", especialmente para pelos benefícios que podem trazer para países em desenvolvimento.

Na prática várias tecnologias tiveram a mesma origem e nem por isso se tornaram menos importantes ou tiverem uma aceitação menor por parte das empresas, exemplo disso é a própria micro-computação, o WWW etc..., de fato por mais romântico que seja a origem de qualquer coisa, quando passa a ser foco e interesse das corporações, ela se integra ao "real world business" (o verdadeiro Matrix) e se transforma em mais um elemento dele e não será diferente, por sinal já é assim.

4) Vocês teriam algumas recomendações para os fornecedores e desenvolvedores de software livre ?
Vão em frente.

6) Qual o principal projeto de sucesso com a utilização do Linux
6.1 Descrição do projeto
Sistema de Gerência de Telefonia Publica
6.2 infra-estrutura utilizada no projeto (pode citar fornecedores)
Mainframe IBM com 4 processadores (+-400 mips) rodando VM, virtualizando uma instância RedHat

6.3 Softwares e pacotes utilizados (pode citar fornecedores)
Sistema desenvolvido internamente em "C", com banco de dados Oracle 9i
6.4 Número de usuarios atendidos e beneficiados
Não se aplica
6.5 O retorno do investimento foi alcançado, e qual o volume financeiro economizado (aproximado)

7) Para o empresário que está receoso de entrar no mundo do Linux ou do software livre, alguma dica/recomendação ?
Analise o real benefício que o emprego desta tecnologia proporcionará, da mesma forma como faz com qualquer outra. Não se deixe levar pelo canto da sereia de que é de graça, bem e adequadamente empregado pode levar a uma redução de custos, mal e não adequadamente empregado pode levar a uma baita dor de cabeça.

Antonio Rivas
Gerente de Arquitetura e Tecnologia
Brasil Telecom S/A
e
Cesar Borges - Gerência de Relações com a Mídia - cesarb@brasiltelecom.com.br

Lojas Colombo - Varejo

 www.colombo.com.br	Em 1959, os primos **Adelino Raymundo Colombo** e **Dionysio Balthasar Maggioni** inauguraram uma pequena loja de eletrodomésticos que abrigava uma oficina onde Maggioni consertava aparelhos de rádio. Era a Maggioni & Colombo Ltda, com uma filosofia própria que se mantém até os dias de hoje: atendimento personalizado e um fundamental apoio técnico pós-venda para os clientes. Os anos 80 e 90 também foram décadas de acelerado desenvolvimento. Em 1992, sentiu-se a necessidade de uma identificação única para a rede. Assim, nasceram as Lojas Colombo. O ano 2000 marcou a expansão para o mercado de São Paulo, um importante passo para a nacionalização da marca. Hoje, a Colombo já é a terceira maior rede de varejo de eletros e móveis do país e atravessa um momento de intensa profissionalização. **Paraná** 65 lojas e 1 centro de distribuição; **Santa Catarina** 41 lojas; **Rio Grande do Sul** 151 lojas e 2 centros de distribuição; **São Paulo** 43 lojas; **Minas Gerais** 3 lojas

Um grande projeto - Veja como a equipe de informática das Lojas Colombo conseguiu migrar uma aplicação Clipper/MS-DOS/Novell para o Linux em 296 lojas espalhadas pelo Brasil
O leitor da Revista do Linux está prestes a conhecer um dos projetos mais ambiciosos e bem sucedidos na área de software livre e automação comercial já realizado em todo o mundo. O estudo de caso apresentado é nada mais, nada menos, com as Lojas Colombo, a maior rede de varejo do Sul do Brasil - e a terceira rede de lojas de eletrodomésticos e móveis do país - que atua no comércio varejista no ramo de eletrônicos, eletrodomésticos, móveis e bazar, possuindo também uma administradora de consórcios. A relação da Colombo com o Linux é uma das mais representativas, pois envolve 296 lojas nos estados do Rio Grande do Sul, Santa Catarina, Paraná e interior de São Paulo. São 5.000 pessoas que trabalham na rede de lojas, sendo 35 na área de informática. A empresa investiu somente neste ano R$ 12 milhões em tecnologia (1,5% de todo o seu faturamento).
Antes da migração para o Linux a Colombo usava servidores Novell com estações de boot remoto. O sistema rodava em Clipper.

Atualmente, a rede de lojas roda o mesmo sistema. ~SReaproveitamos todo o legado de desenvolvimento do sistema de automação comercial, rodando agora em FlagShip com Linux e com quase nenhum upgrade de equipamento. Na verdade, melhoramos muitos servidores das lojas, porém, não como requisito, mas para agilização de processos e ganho de confiabilidade, ou seja, conseguimos dar um grande salto tecnológico agregando alguns benefícios como segurança e performance aproveitando parte do legado~T, diz Pedro Thomasini, atual gerente de Informática da Colombo.

A principal razão para a migração foi a evolução tecnológica que se fazia necessária na aplicação Clipper/MS-DOS/Novell que rodava nas lojas. Algumas alternativas foram estudadas. Desenvolver um sistema novo em ambiente MS-Windows foi descartado, pois o investimento no desenvolvimento, em softwares proprietários e no upgrade quase total do parque de hardware seria muito alto, além de demandar um grande tempo de projeto. As possibilidades de ter o mesmo sistema rodando em emulador MS-DOS (DOSEMU) e emulador de rede Novell (Mars NWE) ou, ainda, no SAMBA, também foram descartadas, pois não representariam nenhum benefício para a empresa.

~STínhamos uma tecnologia antiga e fora do mercado e precisávamos agregar novas funcionalidades, mas não podíamos estar trocando todo o parque de máquinas~T, explica Alexandre Blauth, diretor de Tecnologia da Colombo. Outra alternativa foi a busca de algo pronto. ~SCaíamos na mesma questão. E o pior: Estaríamos com um sistema sem as nossas personalizações~T, diz.

A conclusão era a de que o sistema existente era bom e atendia às necessidades da empresa, porém, estava rodando em uma tecnologia totalmente defasada. ~SPor serem ferramentas muito antigas e em processo de extinção, o futuro da aplicação estava comprometido~T, acrescenta Blauth. Com a alternativa Linux, a Colombo conseguiu deixar o novo sistema - em nível de funcionalidade ao usuário - totalmente idêntico ao anterior, mas com um avanço tecnológico extremamente significativo. ~SReaproveitamos todo o legado dos fontes do aplicativo, com 10 anos de desenvolvimento, e mantivemos o parque de máquinas, composto por micros 486 e Pentium~T, diz.

Algumas considerações técnicas estavam envolvidas em todo o processo de migração para o Linux. A primeira delas é que o sistema deveria rodar 100% em Linux, com a completa integração de todos os periféricos envolvidos em uma automação comercial (impressoras fiscais, Pen Pad, leitores de códigos de barras e impressoras térmicas). As máquinas teriam que ser reaproveitadas, e a implantação nas lojas e o treinamento ao usuário final deveriam ser rápidos e simples. ~SComo o número de lojas é muito grande, passar em cada uma delas, implantar e treinar se torna um processo lento e de alto custo, se não for bem planejado~T, afirma Blauth. A solução também deveria funcionar por um determinado período com os dois ambientes, pois a implantação não seria feita da noite para o dia.

O pingüim começou a dar a sua cara nas Lojas Colombo quando a equipe de informática fez um piloto numa das filiais da rede. Após constatar uma grande melhoria - performance e estabilidade muito maiores, baixíssimo investimento e grande avanço tecnológico - a conversão aconteceu em ritmo acelerado, com cinco a 10 novas lojas por semana. As aplicações que rodam em Linux são: Automação de Centrais de Cobrança (Centrais de Cobrança), Automação Comercial (Lojas) e Sistema de Consórcio (Sistema Corporativo).

~SHoje, a solução está funcionando muito bem e há uma grande satisfação técnica e do usuário final, sendo que o sistema ficou muito mais rápido e extremamente estável~T, afirma Blauth.

A solução Linux está em todas as lojas da rede. O acesso remoto para manutenção ficou mais simples e rápido e a Colombo se livrou do fantasma que tinha com o ambiente MS-DOS. Além disso, a solução permitiu que a Colombo evoluísse para outras ferramentas (CGI com Apache, PostgreSQL, PHP, ftp, telnet, entre outras) por meio de uma compatibilidade que não existia na solução anterior. E o melhor de tudo é que, com o Linux, os dados ficaram muito mais seguros. ~STecnologia por si só não é diferencial tecnológico para uma empresa. O diferencial que você obtém é pelo uso da tecnologia certa na hora certa. Com certeza, você pode obter vantagens sobre seus competidores se tiver as melhores tecnologias, mas é necessário saber usá-las~T, frisa.

A migração foi feita com a mesma equipe de desenvolvimento. Ela continuou em todos os momentos atendendo as necessidades diárias normais do sistema. ~SCom o mesmo número de pessoas, atendemos o sistema antigo em Clipper e o novo, em FlagShip e Linux, e isto representou um grande ganho de produtividade e qualidade no suporte e nas manutenções remotas ao sistema~T. A solução levou 4 anos para ser implantada, desde as primeiras experiências até a loja final, e todas as resistências foram derrubadas com resultados. ~SConseguimos ir mostrando resultados e agregando cada vez mais apoiadores. Pessoas que disseram que jamais usariam por vontade, hoje estão abraçados com pingüins~T, afirma Blauth. Segundo ele, algumas pessoas não tiveram como sustentar a resistência e a onda os levou. ~SHoje, eles estão engajados, mas é claro que você precisa mostrar credibilidade no projeto para ter o apoio da gerência e diretoria, que são aqueles que patrocina o projeto~T, salienta. Para Blauth, o que fez a implementação ser bem sucedida foram as pessoas da equipe. ~SJair, Ivair, Adriano, Djalma, Carlos, Simone, Daniel e Sandro entre outros, que compram o desafio de inovar e avançam nas resistências. Isto na Colombo nos orgulha muito em todos os projetos~T, afirma.

Na outra ponta, do usuário final, o apoio à nova solução baseada em Linux foi total. Não foi necessário reaprender praticamente nada (apenas os comandos de ligar e desligar o servidor). ~STivemos um grande avanço tecnológico reproveitando tudo, seja hardware ou software, e nossa aplicação ficou mais rápida e estável, o que é de fundamental importância em se tratando de comércio~T, diz Alexandre Blauth. Além disso, a Colombo abriu a possibilidade de evolução para o aplicativo da empresa. ~STalvez dê para dizer que, apesar dessa evolução toda que conseguimos com a troca de ambiente, apenas abrimos a estrada e agora vamos começar a usá-la~T, declara Blauth, confiante no Linux.

As vantagens do software livre, segundo a Colombo

O suporte é mais atencioso (fóruns e listas de discussão da comunidade Linux) e gratuito

Evoluções rápidas e grandes perspectivas tecnológicas

Você não fica ~Spreso~T, tendo que periodicamente pagar pela atualização de versões para rodar novos produtos. Novas versões aparecem para atender a novas necessidades e, caso estas não sejam atendidas, você mesmo pode desenvolver uma solução adequada.

Possibilidade de personalização do sistema de acordo com suas necessidades

Tecnologia da solução Linux

Plataforma usada: Servidor Conectiva Linux e terminais em boot remoto e Windows.

Servidor de banco de dados: DBF (herança do Clipper), porém sem comparações em nível de integridade e performance. Tamanho do banco de dados: tabelas de 100 a 2.500.000 linhas (dependendo da filial), maior base: 3.3 Gb, menor base: 100 Mb.

Rede: Linux

Número de usuários concorrentes: De 3 a 100

Treinamento: Quantidade de pessoas envolvidas no processo de treinamento: zero para o usuário final e 12 para desenvolvedores e suporte. Centros de serviços/suporte envolvidos no treinamento: Inso Informática e NetCom Informática

Desenvolvimento: Quatro desenvolvedores, a fase inicial (primeiro piloto) levou 30 dias e o restante, 60 dias (Obs.: Não está computado o tempo de aculturamento ao ambiente Linux. Os trabalhos sempre foram paralelos ao desenvolvimento e manutenções normais em um sistema de informação.).

Fonte: gerência de informática - Lojas Colombo.

História

A Colombo existe há 40 anos, surgida em Farroupilha, no interior do Rio Grande do Sul. A Maggioni e Colombo, como era chamada inicialmente, foi fundada por Dionysio Maggioni e Adelino Colombo. Após um ano de funcionamento, consertando rádios e vendendo produtos variados, a televisão é implantada no Rio Grande do Sul, alavancando os negócios da Colombo. Em 1964, é lançada a grande novidade: o consórcio de televisores. Em 1997, a Colombo torna-se a maior rede de varejo do Sul do Brasil, sempre trabalhando com recursos próprios.

Parque de informática das Lojas Colombo

Parque das lojas

300			servidores
2.800			terminais
700	impressoras		fiscais
500	impressoras	Epson	LX-300
300	impressoras		laser

Conexão via Vsat, LP's e Frame Relay

Acesso à Internet via link da Embratel (via Administração Central)

Protocolo de comunicação: TCP/IP

Software: Linux, Windows, Aplicativo de Automação Comercial (desenvolvimento próprio)

Centro Administrativo

2 servidores Unix clusterizados

2 servidores Unix (site backup)

1 subsistema de armazenamento (Symetrics)

35 servidores Intel

250 terminais

30 impressoras de pequeno e médio porte

Banco Oracle 8 em Unix

Acesso à Internet via Embratel

Software: pacote de gestão com vários outros módulos com desenvolvimento próprio, Windows, Windows NT, Unix (servidores principais), Linux (dois servidores de desenvolvimento e um servidor para o Sistema de Consórcio), Servidor de correio Microsoft Exchange, Intranet corporativa com desenvolvimento

Fonte: Gerência de Informática - Lojas Colombo

Com a alternativa Linux, a Colombo conseguiu deixar o sistema igual ao anterior, mas com avanços tecnológicos significativos

Rodrigo Asturian - asturian@RevistaDoLinux.com.br

Phenix Seguradora – Grupo Fiat

	Desde 1879 atuando no mercado brasileiro de seguros, a Phenix Seguradora S.A. em 1998 passou a fazer parte do grupo Fiat, um dos maiores conglomerados do mundo, quando a Toro Targa Assicurazione,

| | uma das mais modernas e bem conceituadas seguradoras da Itália operando nos principais países da Europa, adquiriu seu controle acionário. A aquisição da Phenix faz parte de uma estratégia global do Grupo de atuar em mercados de grande potencial de desenvolvimento |

www.phenix.com.br

Seguros com UnitedLinux - A Phenix Seguradora, de Minas Gerais, torna-se a primeira empresa brasileira a adotar a solução Conectiva Linux Enterprise Edition (CLEE), do consórcio internacional UnitedLinux

Seguro é coisa séria e, agora com o Linux, o trabalho das seguradoras ficou ainda mais...seguro! A Phenix Seguradora, empresa do grupo Fiat, sediada em Nova Lima-MG, é a primeira empresa no Brasil a adotar a solução Conectiva Linux Enterprise Edition - Powered by UnitedLinux (CLEE). Com a alteração do processo de gestão de informática da empresa - até então, todo o setor de informática era terceirizado e estava sob a responsabilidade de uma empresa do grupo Fiat - a Phenix está investindo na montagem de uma estrutura de informática independente.

"Anteriormente, a Phenix utilizava, em conjunto com seus servidores corporativos, servidores compartilhados do Grupo Fiat. Para melhorar a qualidade dos serviços, desenvolvemos um projeto e indicamos o Linux por se tratar de uma plataforma segura e adequada às necessidades da empresa", diz Jean Concílio, responsável pela infra-estrutura da informática da Phenix Seguradora.

Com 25 funcionários trabalhando no desenvolvimento desta nova área de tecnologia, a Phenix está investindo R$ 2 milhões para garantir uma maior qualidade nos seus serviços. "A Phenix é a única seguradora a emitir a apólice na ponta, ou seja, o segurado sai com a apólice no momento da aquisição do seguro e como todo o processo é efetivado via acesso à Internet, toda parada do sistema pode ser crítica", afirma. A solução CLEE - Powered by UnitedLinux que está sendo implantada na Phenix engloba aumento dos níveis de segurança da rede local e dos servidores da Phenix, firewall, IDS, servidores de logs, web, backup de arquivos e de e-mail, proxy, base de autenticação de usuários em LDAP, webmail e a operação e administração do sistema. Além disso, a Conectiva irá prestar consultoria à empresa para análise, auditoria de segurança e apoio para instalação do sistema "Talibã", desenvolvido em Perl, cujo objetivo é obter informações via protocolo SNMP dos servidores Windows NT e alterar regras do firewall para redirecionar as conexões dos sistemas usados pelos corretores de seguros para o servidor menos sobrecarregado.

Para a operacionalização do projeto, a Phenix já adquiriu 31 servidores Itautec, mais equipamentos de rede Cisco, que, juntos, formarão o novo backbone da empresa, cuja gestão de informática passará a ser própria. "A missão atual é controlar e garantir a continuidade do ambiente de infra-estrutura e desenvolvimento além de gerenciar o novo projeto de estruturação", diz.

O Linux não é exatamente uma novidade na Phenix e os resultados das experiências anteriores da empresa com o pingüim foram fundamentais para que ela avançasse nos níveis atuais de aproveitamento da tecnologia de ponta. Em 1999 o próprio Jean instalou o 1º. Servidor Linux oficial do grupo na América Latina, desempenhando missão crítica. Em 2002, a empresa implantou um projeto que regularizou a situação nas sucursais com uma solução Linux com funções de firewall, servidor de arquivos e e-mail, DNS, DHCP e proxy. "O resultado foi extremamente positivo, tanto em relação a custos como em relação a suporte", diz Jean. Para ele, o Linux tem vantagens por um sistema aberto, verificado a todo instante em todas as partes do mundo, altamente configurável e com capacidade de adequar-se às necessidades da Phenix.

Tecnologia da solução CLEE - Powered by UnitedLinux

Plataforma usada: UnitedLinux

Servidor de banco de dados: Pervasive 8

Outras tecnologias existentes: MS-SQL, PostgreSQL, SMAP, sistemas em Clipper e VB, Metaframe, balanceamento de carga através de SNMP via Linux.

Número de usuários concorrentes: 80 internos, 30 sucursais e 1400 corretores de seguros efetivando transações diariamente.

Hardware

Servidores - Configuração Mínima: Firewall e IDS (HA): PIII 800MHz, 256MB de memória RAM, 5GB de disco rígido, 2 interfaces de rede 3Com ou Intel eepro100.

Firewall interno com o sistema "Talibã": PIII 800MHz, 256MB de memória RAM, 5GB de disco rígido, 2 interfaces de rede 3Com ou Intel eepro100.

E-mail relay com antivírus: PIII 1.4GHz, 512MB de memória RAM, 20GB de disco rígido (de preferência SCSI), 1 interface de rede 3Com ou Intel eepro100.

Web relay: PIII 1.4GHz, 256MB de memória RAM, 20GB de disco rígido, 1 interface de rede 3Com ou Intel eepro100.

Proxy: PIII 1.4GHz, 512MB de memória RAM, 20GB de disco rígido (de preferência SCSI), 1 interface de rede 3Com ou Intel eepro100.

E-mail (boxes), Servidor de Logs, banco de dados SQL e web (para relatórios do IDS): PIII 1.4GHz, 256MB de memória RAM, 40GB** de disco rígido, 1 interface de rede 3Com ou Intel eepro100.

Servidor de Arquivos e LDAP: PIII 1.4GHz, 512MB de memória RAM, 40GB** de disco rígido SCSI, 1 interface de rede 3Com ou Intel eepro100.

Servidor de backup: PIII 1.4GHz, 512MB de memória RAM, 40GB** de disco rígido SCSI, 1 interface de rede 3Com ou Intel eepro100 e 1 unidade DLT.

Backup frio: PIII 1.4GHz, 512MB de memória RAM, 40GB** de disco rígido SCSI, 1 interface de rede 3Com ou Intel eepro100.

* Sistemas desenvolvidos pela equipe de TI da Phenix.

** O tamanho do disco rígido poderá ser maior que o indicado dependendo do volume de dados a serem armazenados.

Software

Antivírus McAfee (utilizado do servidor de e-mail relay), Sistema de monitoramento de rede, Sistema Talibã, Conectiva Linux

Sobre a Phenix
Fundada em 1979, com sede em Porto Alegre, a Phenix é uma das principais seguradoras do país. Em 1998, a empresa foi adquirida pelo Grupo Fiat, quando uma das mais modernas e bem conceituadas seguradoras do Grupo na Itália, a Toro Targa Assicurazioni, adquiriu seu controle acionário. A partir da aquisição da Phenix pela Toro Targa, teve início um processo de transferência de know-how e tecnologia e se estabeleceu um direcionamento claro e ousado para o futuro da empresa no Brasil, oferecendo produtos que são desenvolvidos de acordo com a necessidade específica de cada cliente. A Phenix conta hoje com 280 mil clientes, e tem escritórios em Porto Alegre, Florianópolis, Curitiba, São Paulo, Campinas, Nova Lima, Brasília, Rio de Janeiro e Recife. Recentemente, foi destaque na pesquisa "As empresas que mais crescem no Brasil", realizada pela Deloitte Touche Tohmatsu e divulgada pelo jornal Valor Econômico, onde figurou como a quinta empresa que mais cresceu no setor financeiro em 2002.
Jean Concílio
Rodrigo Asturian - asturian@RevistaDoLinux.com.br

Telecentros Virtuais – Prefeitura de São Paulo

www.telecentros.sp.gov.br

Telecentros e o Plano de Inclusão Digital
O combate à exclusão digital só é possível se a tarefa for encarada pelos governos como uma política pública. A desigualdade tecnológica e o acesso à informação aumentam o abismo entre ricos e pobres, sendo a mais nova face da exclusão social.

Entrevista com:
Frederico Souza da Câmara - Coordenador de TI e Desenvolvimento
Governo Eletônico da Prefeitura de São Paulo - fcamara@prefeitura.sp.gov.br
Esta entrevista também teve o apoio de Beatriz Tibiriçá, coordenadora, e Jorge Henrique Cordeiro (jhcordeiro@prefeitura.sp.gov.br)

1) Quais as principais barreiras/dificuldades enfrentadas para vender a idéia do software livre, em especial o Linux, na instituição ?

Um dos principais problemas enfrentados na adoção de Software Livre para o projeto, foi que não conhecíamos ainda a cultura em volta do Software Livre. Naquela época existiam poucas empresas trabalhando com Software Livre,, e a Prodam (Empresa de Processamento de Dados do Município) não tinha como prestar suporte. Além disso, a Coordenadoria do Governo Eletronico foi criada em 2001, e a verba para o ano é aprovada no ano anterior, ou seja, precisávamos pedir suplementação de verba para qualquer atividade, ou trabalhar com parcerias.

Resolvemos o primeiro problema contratando o Alex Castilho, para fomentar dentro do Governo Eletrônico o uso de Software Livre. A contratação de uma pessoa com conhecimento é uma boa maneira de ingressar e entender a cultura em volta do desenvolvimento. Também contamos com uma parceria com a Conectiva para instrução em GNU/Linux dos primeiros instrutores dos Telecentros.

2) Quais as expectativas para o Linux na Instituição para o futuro ?

A expectativa é que o Governo continue adotando Software Livre num processo contínuo de migração. Apoiando este processo, temos diversas áreas na esfera Federal, Estadual e Municipal que adotando Software Livre, também apóiam a adoção pelos outros segmentos. O interesse também é grande, justificado pelo melhor aproveitamento dos recursos públicos, como redução de custos inclusive operacionais em alguns casos, recuperação de máquinas antigas e as possibilidades de customizar o ambiente operacional ou de auditar o software. Na maioria dos casos, o começo de um processo de migração depende de uma boa consultoria, de apoio e de ajuda.

3) Qual a opinião atual referente ao software livre e sua utilização ? É que no passado, o software livre era considerado como o resultado da rebeldia de jovens ou grupos específicos de usuários. Agora, este com apoio até de grandes fornecedores, o software livre está ganhando um sentido de "inclusão social", especialmente para pelos benefícios que podem trazer para países em desenvolvimento.

Existe muita especulação sobre os aspectos culturais e históricos relacionados com o Software Livre. Isso depende muito de quem está interpretando os fatos. De certo ângulo, foi mesmo o resultado de rebeldia de jovens e grupos específicos de usuários. Precisamos levar em conta que os jovens cresceram e uma boa parte deles continuaram trabalhando com Software Livre. De outro ângulo, muitos desenvolvedores são apaixonados pelo desenvolvimento de Software, pelo fruto do próprio trabalho. Desenvolver em Software Livre significa estabelecer os próprios prazos e cronogramas, e um bom ciclo de desenvolvimento às vezes depende disto. De outro ângulo, ainda, softwares não livres têm o potencial de criar uma dependência por parte do usuário das pessoas ou empresas que o desenvolveram. Nem todas as empresas querem isso, principalmente quando o potencial pode se estender à criação de grandes monopólios.

4) Vocês teriam algumas recomendações para os fornecedores e desenvolvedores de software livre ?

Sim, comecem sempre um projeto pelo planejamento, inclusive definindo metas, e não esqueçam de documentar tudo sempre. No caso de desenvolvedores que estão pegando um projeto em andamento, escolham projetos que tenham bons planejamentos e boa documentação.

5) Qual o principal projeto de sucesso com a utilização do Linux : 5.1 Descrição do projeto; 5.2 infra-estrutura utilizada no projeto (pode citar fornecedores) ; 5.3 Softwares e pacotes utilizados (pode citar fornecedores); 5.4 Número de usuários atendidos e beneficiados; 5.5 O retorno do investimento foi alcançado, e qual o volume financeiro economizado (aproximado) ?

No caso do Governo Eletrônico, nosso principal projeto é o dos Telcentros, e o principal projeto em Software Livre é o sacix, cuja documentação está localizada em www.telecentros.sp.gov.br/documentacao. Boa parte dos ítens estão respondidos lá. Até agora (11/12/2003), temos 103 Telecentros em funcionamento, atendendo a cerca de 270.000 pessoas. Até agora, 64.000 pessoas fizeram Curso de Informática Básica nos Telecentros. A meta para o final do ano, teremos 107 Telecenetros, atendendo a cerca de 300.000 pessoas.

5) Para o empresário que está receoso de entrar no mundo do Linux ou do software livre, alguma dica/recomendação ?

Sim. Ainda existe uma grande falta de mão-de-obra no mercado para Software Livre. Uma boa tática é contratar um analista desta área, de uma lista de discussão, empresa ou ONG. Com o tempo, se for um bom profissional, ele pode ensinar toda sua equipe técnica para trabalhar com software livre.

Vale lembrar que Software Livre, assim como Software é um tema muito amplo. Se o interesse do empresário é migrar plataformas fechadas para plataformas livres, qualquer que seja o motivo, o processo pode ser grande e demorado. Dê prioridade para projetos mais bem desenvolvidos em Software Livre, e para aqueles que garantam maior economia para sua empresa.

Em alguns casos, será necessário desenvolvimento. Se for de interesse do empresário o desenvolvimento, faça uma avaliação do estado de cada aplicativo livre parecido com o que sua empresa precisa, e tente desenvolver em sintonia com a comunidade, o que acaba tendo resultados melhores e mais rápido.

Fernando Chinaglia – Distribuição e Logística

www.fernandochinaglia.com.br

Fernando Chinaglia Distribuidora S/A. atua no mercado de distribuição desde 1942 como empresa estabelecida. Atuou, contudo, no período de 1939 a 1941 como firma individual de seu fundador Fernando Chinaglia. O serviço pioneiro de organização da rede de revendedores, muitos dos quais ainda hoje representam a Fernando Chinaglia Distribuidora e outras distribuidoras, foi fundamental para a difusão da informação e da cultura nos mais distantes municípios do país, visto que, naquela época, não havia as atualmente difundidas redes de TV e de RÁDIO

1) Quais as principais barreiras/dificuldades enfrentadas para vender a idéia do software livre, em especial o Linux, na instituição ?

Na verdade não houve barreiras, e sim a busca pela melhor solução dentro do nosso perfil de infra - estrutura , este projeto foi a 1ª. Etapa de um longa jornada, existem na compania mais de 20 servidores espalhados pelo Brasil, inicialmente este trabalho foi em SP.

2) Quais as expectativas para o Linux na Instituição para o futuro ?

A grande expectativa é em relação ao custo/benificio no que diz respeito as licenças dos atuais SO, não deixando esquecer a performance e melhor aproveitamento de recursos e administração do nosso SGDB.

3) Qual a opinião atual referente ao software livre e sua utilização ?

A minha opinião é que hoje é o caminho natural para esta plataforma, podemos observar grandes Empresas como a IBM, disponibilizando a sua família RISC como servidores do Linux, isso tudo acaba motivando a aderência a tecnologia.

4) Vocês teriam algumas recomendações para os fornecedores e desenvolvedores de software livre ?

Uma das principais recomendações é que façam um ambiente gráfico que facilite a integração com o usuário, derrotando assim o velho dilema que é, do sistema não ser amigável e difícil de ser configurado.

5) Qual o principal projeto de sucesso com a utilização do Linux : 5.1 Descrição do projeto; 5.2 infra-estrutura utilizada no projeto (pode citar fornecedores) ; 5.3 Softwares e pacotes utilizados (pode citar fornecedores); 5.4 Número de usuários atendidos e beneficiados; 5.5 O retorno do investimento foi alcançado, e qual o volume financeiro economizado (aproximado) ?

5) A substituição do nosso sistema operacional antigo, por um que nos oferecesse mais recursos.

5.1) Substituição dos servidores SCO por Linux, implantação e configuração do nosso banco e sistema, 4 agencias interligadas via frame relay (Embratel).

5.2) Máquina Intel, impressoras laser, impressora matricial e unidades de fita dat.

5.3) Banco Informix, linguagem de programação Accell, Proftpd e Ssh.

5.4) Aproximadamente 25 usuários, divididos em 4 servidores Linux.

5.5) O investimento foi alcançado, devido a não ter mais o custo com licenças SCO.

6) Para o empresário que está receoso de entrar no mundo do Linux ou do software livre, alguma dica/recomendação ?

Sim, é realmente tranqüilo devido ao crescimento desta grande comunidade que é o Linux, hoje fica difícil saber o que não roda em Linux.

Eduardo C.Castro
Gerente de TI –SP
Fernando Chinaglia Distribuidora S/A

Correio Braziliense – Jornal e Grupo de Comunicação

CORREIO BRAZILIENSE www.correioweb.com.br	Conglomerado de Comunicação (Rádio, Jornal e TV) do grupo Diários Associados, de Assis Chateaubriand. Principal jornal de Brasília-DF.

1) Quais as principais barreiras/dificuldades enfrentadas para vender a idéia do software livre, em especial o Linux, na empresa ?

R: Re-adaptação e re-estruturação dos processos/serviços executados na empresa;
Falta de informação e definição sobre software livre;
Alto custo de treinamento da equipe e dos usuários;
Dificuldades de adaptação aos softwares e hardwares já homologados;
Resistência dos usuários a novos produtos;
Suporte ao Linux não é gratuito.

2) Quais as expectativas para o Linux na Empresa para o futuro ?
R: Não se-sabe até quando estes softwares ainda poderão ser chamados de "Software Livre", mas ainda temos boas expectativas na utilização do Linux em servidores com alguns serviços específicos, mas não em estações de usuários.

3) Qual a opinião atual referente ao software livre e sua utilização ?
R: São produtos que podem reduzir custos em alguns casos, porém sua implementação deve ser bem estruturada para que seu projeto não fracasse.

4) Vocês teriam algumas recomendações para os fornecedores e desenvolvedores de software livre ?
R: Uma melhor adaptação ao usuário final.

6) Qual o principal projeto de sucesso com a utilização do Linux
6.1 Descrição do projeto:
R: Utilização do Linux em servidores WEBs e servidores com banco de dados.
6.2 infra-estrutura utilizada no projeto (pode citar fornecedores):
R: Servidores WEBs: Linux – Apache – com MySQL. Programação utilizando-se da linguagem PHP.

Servidores de Banco de Dados: Linux e Oracle.
6.3 Softwares e pacotes utilizados (pode citar fornecedores)
R: item anterior.
6.4 Número de usuarios atendidos e beneficiados
R: No caso dos Servidores Web, todos os usuários que acessam o site www.correioweb.com.br;
Nos servidores de banco de dados, o projeto ainda está em andamento.
6.5 O retorno do investimento foi alcançado, e qual o volume financeiro economizado (aproximado)
R: Não foi possível mensurar.

7) Para o empresário que está receoso de entrar no mundo do Linux ou do software livre, alguma dica/recomendação ?
R: Um estudo da própria estrutura e o bom projeto de migração, pois simplesmente migrar os servidores para o Linux não solucionará todos os problemas.

Haroldo Lima
Superintendente de Tecnologia
S/A Correio Braziliense

Vox Line – Contact Center

 www.voxline.com.br	Empresa especializada em Contact Center, Telemarketing e CRM

1) Quais as principais barreiras/dificuldades enfrentadas para vender a idéia do software livre, em especial o Linux, na empresa ?
Suporte pois os profissionais ainda encaram o linux como um ambiente de produção.

2) Quais as expectativas para o Linux na Empresa para o futuro ?

Otimizar e poder desenvolver um ambiente de produção robusto e arrojado com o perfil da empresa.

3) Qual a opinião atual referente ao software livre e sua utilização ? É que no passado, o software livre era considerado como o resultado da rebeldia de jovens ou grupos específicos de usuários. Agora, este com apoio até de grandes fornecedores, o software livre está ganhando um sentido de "inclusão social" e "inclusão digital", especialmente para pelos benefícios que podem trazer para países em desenvolvimento.

O software livre tem qualidade e liberdade pode ser otimização e milhares de desenvolvedores comprometidos com o sucesso do mesmo, não se trata de apenas um projeto pessoal mas sim de liberdade para chegar a um objetivo sem fronteiras políticas. A inclusão digital ou social é conseqüência conveniências financeiras e credibilidade em seu código. Se não fosse assim grandes instituições não estariam utilizando e economizando com apoio a esses projetos.

4) Vocês teriam algumas recomendações para os fornecedores e desenvolvedores de software livre ?
Suporte, tem que ser personalizado.

5) Qual o principal projeto de sucesso com a utilização do Linux Ambiente de produção em linux

5.1 Descrição do projeto
Clustering
5.2 infra-estrutura utilizada no projeto (pode citar fornecedores)

Misto Linux com DB2 e WebSphere e servidores XSeries 350 (dois)

5.3 Softwares e pacotes utilizados (pode citar fornecedores)
Red Hat, DB2 e WebSphere da IBM, com apoio técnico de parceiros como a Lawrence Consulting, Coopertec e American Network...

5.4 Número de usuarios atendidos e beneficiados
400

6.5 O retorno do investimento foi alcançado, e qual o volume financeiro economizado (aproximado)
Não posso divulgar

7) Para o empresário que está receoso de entrar no mundo do Linux ou do software livre, alguma dica/recomendação ?
Conheça antes de tudo bem seus objetivos e tenha consciência que todo começo e mas facial e nos doloroso que uma migração....

Francisco Junior
Projetos em TI
Voxline Contact Center

Empresa Brasileira de Correios – Distribuição e Logística

www.correios.com.br

Em 2002, foram mais de 115 milhões de livros, 162 mil escolas atendidas, mais de 31 milhões de estudantes brasileiros beneficiados, 48.500 toneladas de pacotes. A Empresa Brasileira de Correios e Telégrafos como é única na categoria Serviços aos Clientes.

1) Quais as principais barreiras/dificuldades enfrentadas para vender a idéia do software livre, em especial o Linux, na empresa ?

Ausência de suporte contratual o tieinamento especializado, decorrente da necessidade de equipe própria para customização e manutenção destas customizações.

2) Quais as expectativas para o Linux na Empresa para o futuro ?

Utilizar em estações dedicadas a determinado sistema, que possa ser executado em ambiente linux.

3) Qual a opinião atual referente ao software livre e sua utilização ? É que no passado, o software livre era considerado como o resultado da rebeldia de jovens ou grupos específicos de usuários. Agora, este com apoio até de grandes fornecedores, o software livre está ganhando um sentido de "inclusão social" e "inclusão digital", especialmente para pelos benefícios que podem trazer para países em desenvolvimento.

É uma tecnologia que ajusta o mercado, dando opção às empresas, permite uma redução de custos e o domínio da tecnologia, onde for importante este domínio.

4) Vocês teriam algumas recomendações para os fornecedores e desenvolvedores de software livre ?

Prover o mercado com soluções de drives para os dispositivos existentes. (balanças, leitores, teclado pin, etc ...)

5) Qual o principal projeto de sucesso com a utilização do Linux
5.1 Descrição do projeto
5.2 infra-estrutura utilizada no projeto (pode citar fornecedores)
5.3 Softwares e pacotes utilizados (pode citar fornecedores)
5.4 Número de usuarios atendidos e beneficiados
5.5 O retorno do investimento foi alcançado, e qual o volume financeiro economizado (aproximado)

Ainda não temos, estamos em desenvolvimento.

6) Para o empresário que está receoso de entrar no mundo do Linux ou do software livre, alguma dica/recomendação ?

Preparar equipe para dar suporte corporativo.

EDILBERTO NERRY PETRY
CONSULTOR
EMPRESA BRASILEIRA DE CORREIOS E TELEGRAFOS
petry@correios.com.br
"Vanine Vasconcelos Magalhães" <vanine@correios.com.br>

Metrô São Paulo

www.metro.sp.gov.br

Companhia do Metropolitano de São Paulo – Metrô - A Companhia do Metropolitano de São Paulo – Metrô foi constituída no dia 24 de abril de 1968. As obras da Linha Norte-Sul foram iniciadas oito meses depois. Em 1972, a primeira viagem de trem foi realizada entre as estações Jabaquara e Saúde. Em 1974, o trecho Jabaquara – Vila Mariana começou a operar comercialmente. Hoje, o Metrô de São Paulo é responsável pela operação e expansão do transporte metroviário, sistema de alta capacidade e articulador do transporte público na Região Metropolitana. Operando desde o dia 14 de setembro de 1974, o Metrô possui 57,6 km de extensão em quatro linhas e 52 estações. O sistema está integrado à CPTM nas estações Brás, Barra Funda, Tatuapé, Corinthians-Itaquera e Santo Amaro e aos outros modais de transporte na cidade de São Paulo. Diariamente, o Metrô transporta 2,6 milhões de passageiros.

OpenOffice - A Economia obtida com o uso do Aplicativo integrado (Suite Office)

Desde novembro/99 a Companhia do Metropolitano de São Paulo - Metrô, vem progressivamente substituindo os recursos do *MS-Office* pela versão do *StarOffice* e agora pelo *OpenOffice*. A grande vantagem desta estratégia é a marcante economia que se consegue, visto que este novo produto é grátis, não havendo qualquer gasto com o licenciamento. Além disso há uma forte similaridade e integração entre estes produtos, de forma que a sua adoção não isola o Metrô de outros usuários *MS-Office*..
Dia-a-dia o uso vai aumentando e a economia já é realidade, pois desde o início do processo, no final de 1999, nenhuma licença mais de *MS-Office* precisou ser comprada ou atualizada.
A ordem de grandeza de economia proporcionada é de mais de R$ 700.000,00 ao ano para o parque de 1600 microcomputadores hoje existentes no Metrô.
O Metrô-SP vem adotando *Software* Livre desde 1997 como uma alternativa aos sistemas proprietários e fechados. A grande vantagem nesta linha de ação não se restringe à economia que estes produtos livres proporcionam. A liberdade intrínseca deles, a qualidade que se obtém nas soluções e as inúmeras e diferentes possibilidades de uso, justificam e complementam o contexto que nos incentiva neste caminho.
Fonte: http://www.metro.sp.gov.br/

Dutra Veículos

www.dutraveiculos.com.br

Na década de 70, uma época de grande desenvolvimento no Brasil, foi inaugurada em novembro de 1974, na Vila Guilherme, Zona Norte de São Paulo, a DUTRA Veículos, fruto da expansão de um grupo empresarial com experiência em comercialização de veículos. A região norte de São Paulo, naquela época, mantinha características muito particulares de sua urbanização.

Vendas rápidas Para se manter no topo de vendas, a concessionária Dutra Veículos, de São Paulo, opta pelo Conectiva Linux 8 e acelera transmissões
Mesmo sendo uma concessionária de destaque, inclusive com o título de campeã de vendas em 2002, até o começo deste ano a Dutra Veículos, revendedora da General Motors (GM), em São Paulo, enfrentava problemas constantes em seu sistema de informática. Com 120 terminais, um Pentium 4 como servidor, 1,5 GHz de memória e um HD de 10 GB SCSI, rodando em SCO unix, o desempenho era muito baixo. As quedas freqüentes do sistema travavam o servidor, causando transtornos no organograma da empresa, já que os usuários ficavam impedidos de utilizar o sistema.
Um exemplo bastante claro desse incômodo eram as consultas ao estoque de veículos, que levava de três a seis minutos. Pior: um processamento mais pesado, como a transmissão de vendas de peças para a fábrica da GM levava, nada mais, nada menos, do que duas horas, enquanto uma geração do livro fiscal levava em torno de quatro horas, além de travar o sistema. "Todo esses problemas acabaram prejudicando a empresa. Além de perdermos vendas de peças, prejudicávamos o atendimento ao cliente, que era o pior de tudo", afirma o gerente-geral da Dutra Veículos, Fábio Pucci.
Em fevereiro, os diretores da empresa optaram por solucionar os transtornos. Após reuniões com José Vieira de Sá Júnior, diretor-técnico da Conclusão Informática, a alternativa encontrada foi a aplicação de um servidor Conectiva Linux 8 com praticamente as mesmas características de hardware do SCO Unix. Ou seja, um servidor Pentium 4, HD 30 GB, 1 GHz de memória RAM e Conectiva Linux 8.
Após a instalação, o resultado foi imediato. "A emissão de notas fiscais de peças tornou-se praticamente imediata, além de podermos gerar relatórios em um espaço de tempo muito mais curto", comenta Davi Sobral de Mendonça, gerente de peças da Dutra Veículos. Segundo informa o representante da Conclusão Informática, a consulta a estoque, que levava seis minutos, passou a ser feita em seis segundos. Já a transmissão de vendas de peças do dia saltou de longas duas horas para apenas 15 minutos, assim como a geração do livro fiscal, que consumia quatro horas. ~SDesta maneira pode-se aproveitar melhor as horas trabalhadas dos funcionários, que não tinham mais que se ater a resolver problemas técnicos~T, enfatiza Sá Junior.
Após a confirmação da credibilidade do Conectiva Linux 8, a Dutra Veículos instalou mais três servidores Athlon 1.0 GHz para conexão de Internet na matriz e nas duas filiais da empresa.
Economia
O total gasto pela Dutra Veículos na aplicação do Conectiva Linux 8 foi de R$ 10 mil - aproximadamente oito vezes mais barato, se a opção fosse por um sistema de código fechado capaz de atender às mesmas necessidades. O custo total envolveu quatro micros servidores, mais os serviços de planejamento, consultoria e instalação. Se fosse usado um software proprietário, seriam necessários um servidor HP Risc, equipamento que sozinho custa em torno de R$ 80 mil, mais despesas extras com sistema operacional e suporte técnico.
Com o Linux, empresa acelerou antendimento a clientes Transmissão de vendas passou de duas horas para 15 minutos

Rodrigo Asturian - asturian@RevistaDoLinux.com.br

Câmara Municipal do Rio de Janeiro

	Câmara Municipal do Estado do Rio de Janeiro
cmrj3.cmrj.gov.br	

Emendas estáveis e seguras - A Câmara de Vereadores do Município do Rio de Janeiro (CMRJ) implanta um sistema de apresentação de emendas baseado em Software Livre

Em tempo de contenção de despesas, a Câmara Municipal do Rio de Janeiro (CMRJ) dá um verdadeiro exemplo para as demais câmaras no país. A equipe de informática da CMRJ migrou o servidor de banco de dados proprietário SQL Server 2000 para softwares livres, através do PostgreSQL, rodando sob o Linux Mandrake 9.0. O mais interessante da experiência na CMRJ é que o hardware onde roda o banco de dados nem havia sido planejado para funcionar como servidor. ~SPara o servidor foi utilizado uma máquina da Cobra, com CPU Pentium III de 1.3 Ghz com 128 MB de RAM, adquirida para servir de estação, a qual, mesmo com 30 usuários simultâneos nos dois dias de maior utilização, que foram os dias de protocolo das emendas, apresentava uma utilização de CPU, mostrada pelo utilitário top, inferior a 5%. A memória virtual utilizada também era mínima~T, explica Halley Pacheco de Oliveira, analista de sistemas da CMRJ.

Até chegar a esse nível de otimização e aproveitamento dos sistemas, a CMRJ percorreu um longo caminho. O Sistema de Apresentação de Emendas ao Projeto de Lei Orçamentária Anual para o Município do Rio de Janeiro foi desenvolvido em 1995, por solicitação do então Vereador Jorge Bittar(PT) à recém criada Assessoria de Informática da Câmara Municipal do Rio de Janeiro, dirigida por Sérgio Rosa, ex-presidente do Proderj e atual assessor do presidente Luiz Inácio Lula da Silva para a área de tecnologia da informação. ~SAté então, as emendas eram entregues em papel, em três vias, na Comissão de Finanças, Orçamento e Fiscalização Financeira (CFOFF), formando longas filas na porta desta comissão para o recebimento das emendas, que eram carimbadas por um relógio datador e numeradas manualmente~T, diz Halley.

~SPior Parte~T

A publicação das emendas no Diário da Câmara Municipal (DCM) era trabalhosa, porque havia a necessidade de copiá-las em máquina Xerox, cortar com tesoura e colar sobre um gabarito que era fotografado para gerar as páginas do DCM na imprensa oficial. ~SA pior parte era a geração da redação final do projeto de lei, porque como não havia informática na Câmara Municipal, técnicos da prefeitura instalavam terminais do mainframe Unisys, digitavam os dados das emendas que faziam a transposição de dotações orçamentárias, faziam simulações para verificar a situação do orçamento após a introdução destas emendas, e geravam a redação final. Em suma, não havia autonomia da Câmara Municipal com relação à apreciação da matéria orçamentária~T, diz.

Embora Halley fosse administrador de banco de dados - um Oracle 7.0.15 instalado em um Netware 3.11 na época -, coube a ele a elaboração desse sistema. ~SDevido ao curtíssimo tempo para o desenvolvimento, uma vez que estávamos em outubro e o orçamento tem que ser votado até 15 de dezembro, decidimos desenvolver o sistema usando o Microsoft Access, porque já estava instalado em todos os gabinetes e os funcionários da Câmara sabiam usá-lo~T, lembra.

Na primeira versão não houve a utilização da rede local para transmissão dos dados, que foram todos recebidos em disquetes gerados pelo MS-Access instalado nos gabinetes. As emendas foram impressas diretamente sobre a folha de gabarito da imprensa oficial e a redação final foi produzida usando uma planilha Excel. ~SHouve muita ajuda dos técnicos da prefeitura, mas a Câmara começava a se tornar independente para apreciar a proposta orçamentária enviada pelo poder Executivo~T, diz Halley.

Depois desta experiência inicial, apoiada pelo Vereador Sami Jorge, que era presidente da Câmara na época (e atual presidente também), o sistema evoluiu continuamente. Em termos de hardware, a Câmara passou neste período de máquinas com processador Intel 486 e 4 MB de RAM para Pentium III de 1 Ghz e 128 MB de RAM instalados nos gabinetes. ~SAs maiores modificações foram no software, devido às solicitações dos vários presidentes da Comissão de Finanças neste período (Vereadores Eduardo Paes, Indio da Costa e Edson Santos, entre outros) e da evolução para cliente-servidor com as mudanças do sistema gerenciador de banco de dados~T.

Depois de dois anos utilizando o MS Access e Excel, o sistema se tornou cliente-servidor, utilizando o servidor de banco de dados Oracle 7.0.15 no Netware (migrado depois para a versão 7.3), com aplicativos desenvolvidos em Delphi 1 (migrado depois para Delphi 3) nas estações clientes. As informações sobre a proposta orçamentária, que eram disponibilizadas para consulta nas próprias planilhas recebidas da Prefeitura, passaram a ser disponibilizadas em HTML e PDF (Adobe Acrobat) na Intranet. Atualmente, estas informações estão disponíveis na Internet em cmrj3.cmrj.gov.br.

Migração

Com a migração dos servidores da Câmara do Netware para o Windows NT, o servidor de banco de dados foi migrado do Oracle para o SQL Server 2000, e durante dois anos o sistema foi cliente-servidor com o cliente desenvolvido em Delphi 4 e o servidor sendo o SQL Server.

Apesar de Halley ter continuado como administrador de banco de dados, o sistema continua sendo de responsabilidade dele, com o apoio da Assessora Chefe da Informática, Mônica Zopelari Roseti, e do Vereador Ivan Moreira, atual Primeiro-Secretário da Câmara, a quem a informática está subordinada. ~SEu e a Andrea Kozuch, que trabalha comigo na administração de banco de dados, decidimos desenvolver o sistema para 2002 utilizando software de código aberto~T, afirma.

A primeira atividade realizada foi a migração do sistema utilizado no ano anterior para o PostgreSQL e para o MySQL simultaneamente. Logo de início, o MySQL foi abandonado por falta de funcionalidades (visões e subconsultas). ~SProsseguimos só com o PostgreSQL que chegou ao fim da migração atendendo a todas as necessidades~T, diz Halley.

Tendo migrado o sistema do ano anterior, o passo seguinte foi desenvolver a versão para este ano introduzindo as alterações solicitadas pela Comissão de Finanças. ~SO sistema ficou disponível para elaboração das emendas a partir do dia 30 de outubro do ano passado, quando a Andrea deu uma palestra mostrando como utilizá-lo no auditório da Câmara, até 2 de dezembro, data final para o protocolo das emendas~T, diz. O sistema agora está disponível apenas para consultas, geração de relatórios e a geração da redação final, não aceitando novas emendas.

O servidor de banco de dados no início era o PostgreSQL 7.2.1 sob o RedHat 7.3, mas terminou com o PostgreSQL 7.2.2 sob o Mandrake 9.0, devido a uma pane de disco. ~SA migração foi muito rápida e sem nenhum problema~T.

Através do sistema baseado em Linux, foram protocoladas 9.165 emendas, sendo 7671 emendas de subtítulo, onde o Vereador indica ao Poder Executivo uma tarefa a ser executada dentro de uma ação já existente na proposta orçamentária sem informar valor, 1.459 emendas de transposição, onde o Vereador atribui dotação para a realização da tarefa, num total aproximado de quatrocentos milhões de reais, e 35 emendas ao texto do projeto de lei, onde o Vereador altera o texto do projeto de lei.

~SDurante este período não houve nenhuma queda tanto do sistema operacional quanto do servidor de banco de dados. A estabilidade foi perfeita e o desempenho excelente, com um tempo de resposta muito bom, principalmente se considerarmos que foi instalado em uma máquina adquirida para servir como estação para o usuário e não como servidor~T, finaliza Halley. Precisa dizer mais?

A CMRJ migrou o SQL server 2000 para o PostgreSQL, rodando sob o Mandrake 9.0

Halley: a estabilidade e desempenho do servidor são excelentes

3WT Aplicações via Rede Dispositivos Wireless

www.3wt.com.br

3WT - Wireless Web World Tech, fundada em agosto de 2000, é uma empresa nacional que desenvolve soluções tecnológicas com foco principal no mercado corporativo . A empresa também atua no segmento de aplicações voltadas ao mercado de massa em sua divisão de entretenimento.

Pingüim altamente disponível - Na 3WT, empresa que desenvolve aplicações via rede para dispositivos wireless, em São Carlos, os servidores funcionam muito bem. Adivinhe qual o sistema operacional deles?

A cidade de São Carlos, localizada no interior de São Paulo, é conhecida no país pela qualidade do ensino superior, sendo que a Universidade Federal de São Carlos (UFSCar) e o campus da USP na cidade revelam muitos talentos que saem da área acadêmica para aplicar seus conhecimentos na esfera privada. A empresa 3WT - Wireless Web World Tech, desenvolve aplicações via rede para dispositivos wireless. Essas aplicações não precisam ser instaladas nos dispositivos e rodam nos servidores da 3WT. E por falar em servidor... Claro, todos os servidores da 3WT rodam Linux.

"Os servidores estão espalhados nas unidades de São Paulo, Campinas e São Carlos, um com Slackware, três com Debian e os restantes com Red Hat", afirma um dos administradores de rede da 3WT, Roberto Freires Batista. O nome é familiar? Sim, é ele mesmo. Batista é mais conhecido na comunidade Linux como Piter Punk, colaborador assíduo da Revista do Linux. Segundo ele, alguns dos servidores Red Hat utilizam o Oracle como base de dados e os servidores restantes atuam como firewall ou para compartilhamento de arquivos e impressora (SMB e NFS) e também para gravação remota de CDs. No Departamento de Redes, o Linux é usado como desktop inclusive. A conexão entre São Carlos e Campinas é feita via ADSL. "A relação custo-benefício é ótima, e em São Paulo os servidores estão utilizando o serviço de um DataCenter", diz.

Para chegar ao Linux, a 3WT precisava compartilhar seus arquivos e impressoras e necessitava de um servidor web. Como os técnicos da empresa já possuíam experiência com o Linux, foi instalado um servidor e um firewall com Red Hat, o qual rodava também o Samba e o Apache. "Tanto o servidor como o firewall se mostravam estáveis e com ótima performance". À medida que a empresa foi crescendo, havia a necessidade de instalação de mais servidores. O Linux foi a escolha natural da 3WT, pela melhor performance e estabilidade, além de o custo ser menor que dos sistemas proprietários. "Instalamos o Linux nos servidores de banco de dados Oracle, nos servidores web, nos servidores de arquivos e impressão em Campinas e São Carlos e no nosso sistema de Alta-Disponibilidade em São Paulo".

De acordo com Batista, no caso do sistema de Alta-Disponibilidade (HA), algumas especificações tiveram que ser consideradas. "O sistema não poderia sair do ar mais que cinco minutos ao ano e a solução encontrada foi utilizar um cluster de alta-disponibilidade, o que fizemos utilizando Linux e separando o aplicativo em duas camadas, uma para banco de dados e outra para a apresentação, cada uma delas sendo um cluster de HA", explica. A pesquisa e implantação do sistema de HA levou 15 dias, e, depois, mais três meses rodando em um ambiente de testes, entre testes exclusivamente com o HA e do sistema como um todo.

Todas as soluções baseadas no Linux estão funcionando muito bem na 3WT. "Elas cumprem todos os requisitos técnicos e vêm apresentando uma ótima performance", avalia. "Graças à flexibilidade e à grande quantidade de documentação, é possível fazer qualquer coisa usando Software Livre".

Com os servidores estáveis, monitoramento eficiente, alta disponibilidade dos serviços a custos reduzidos, o sonho do administrador de redes se realizou na 3WT. "Com o Linux, tivemos um aumento expressivo na confiabilidade do sistema de HA e conseguimos ser ágeis o suficiente para a resolução de problemas, sem contar que a curva de aprendizado foi mínima, pois todos os membros do Departamento de Infraestrutura e Redes possuíam experiência em Linux", diz. E a sua empresa dispõe de profissionais com esse perfil em seu departamento de informática? Se não, talvez seja o momento de olhar com mais atenção para o pingüim e ver que experiências bem sucedidas, como essa da 3WT, dependem principalmente do conhecimento e dedicação dos profissionais que trabalham com softwares livres, cada vez mais valorizados no mercado de trabalho.

Equipe Móvel

O principal produto da 3WT é o Equipe Móvel, um sistema de informação que permite o gerenciamento de equipes em campo através de dispositivos móveis. O sistema proporciona um ganho de produtividade, cria oportunidades de negócio e melhora o nível de atendimento aos clientes. A ferramenta pode ser configurada para as mais diversas utilidades e se adequar exatamente às necessidades da empresa. Outras vantagens proporcionadas pelo Equipe Móvel são a aproximação e interação entre a gerência e equipes em campo, alavancando ganhos de produtividade. O sistema tem módulos como Comunicação, Clientes, Pedido e Ordem de Serviço, que podem ser implantados de acordo com as necessidades das empresas. De acordo com a 3WT, o Equipe Móvel foi concebido e implementado para facilitar a convergência entre a Web (Internet) e o WAP (aparelho celular). Sua interface simples permite que as informações sejam de fácil acesso, tanto no celular como na Internet, aumentando a sinergia entre o ambiente corporativo e equipe de vendas.

"A mudança para o Linux representou um ganho de produtividade com a modernização dos sistemas de informação"

Onda Provedor de Internet

www.onda.com.br

Em 1999, algumas das maiores empresas do Paraná se uniram para criar um provedor que dentro de um ano seria apontado pela revista Info Exame como um dos grandes estabelecimentos da área tecnológica do Brasil. Nascido de interesses da Inepar, Copel, Sercomtel e América Negócios, o Onda Provedor de Serviços S.A atende mais de 30 cidades do Paraná e hoje possui, na capital, o dobro de clientes da segunda maior empresa do setor no Estado. Cerca de 35 mil assinantes têm acesso à Internet por meio de uma rede de fibra ótica redundante, que conecta todas as cidades atendidas pelo provedor.

Linux entra na Onda - Alta disponibilidade e facilidade no gerenciamento do sistema fazem do Linux um grande parceiro do provedor de Internet paranaense Onda

O Onda Provedor de Serviços S.A chegou ao mercado paranaense no final de 1999. No início de suas atividades, a empresa - que logo se tornou um dos maiores provedores do Estado - se deparou com um problema: precisava limitar a utilização de banda por máquina em seu IDC (Internet Data Center). O problema ficou mais complexo quando surgiu a necessidade de instalação, nessas máquinas, de um sistema firewall, que limita pontos de serviço e bloqueia portas de entrada utilizadas por invasores (crackers). "Precisávamos de um sistema transparente para os usuários e totalmente estável", lembra o gerente técnico do Onda, Rodrigo Ferreira de Souza.

Não houve muitas dúvidas nem tentativas frustradas com outros sistemas. A empresa decidiu trabalhar com Linux, com CBQ funcionando em módulo Bridge, o que permitiu que ela passasse a oferecer firewall para cada cliente e a utilizar sistema IDS, com bloqueio automático do IP do atacante. "Apenas no início, quando havia somente o problema de controle de banda, pensamos em utilizar um Switch", conta Rodrigo. Mas, além do alto custo do equipamento, a ferramenta não possuiria a flexibilidade necessária para atender as faixas de banda abaixo de um megabyte - situação da maior parte das máquinas. Na opção pelo Linux, também se considerou a alta disponibilidade e fácil gerenciamento do sistema.

Em 15 dias, foi implantado, no setor técnico do Onda, o Linux com os softwares necessários - todos open source. De acordo com o gerente técnico, a solução foi bem recebida desde o início. Não é para menos: além do controle do uso de banda e baixo custo de investimento na melhoria de seus serviços e expansão das máquinas, a empresa obteve possibilidade de acesso aos fontes do programa, o que permitiu uma personalização do sistema de acordo com suas necessidades. "Também garantimos um aumento de segurança das redes IP", festeja.

Hoje, com 170 funcionários e 20 pessoas trabalhando na área de sistemas de informação, o Onda se prepara para levar o sistema Linux às 15 máquinas do departamento técnico. Outros 15 PCs do setor comercial já estão equipados com Open Office funcionando em ambiente Windows. "É uma transição gradativa, mas pretendemos rodar a maioria dos programas em Linux", diz o gerente de marketing do Onda, Marco Aurélio Pimentel. Segundo ele, somente alguns softwares específicos do Windows, como o Corel Draw, continuarão sendo utilizados naquela plataforma.

A solução encontrada pelo Onda para garantir redução de custos e confiabilidade nos seus sistemas é repassada a alguns clientes da empresa. Muitos acabam se convencendo das vantagens da implantação de ferramentas de e-mail com servidor Linux. "Normalmente sugerimos a utilização do sistema como medida de economia. Com os recursos economizados, as empresas podem implantar projetos maiores na área de tecnologia, como a adoção de sistemas de gestão integrada", destaca Marco Aurélio. Para isso, a empresa já é parceira de algumas empresas de soluções em informática - como a SHN, que desenvolve sistema ERP e planeja adaptar seu programa até o ano que vem, para que seja rodado também em plataforma Linux.

Linux na transmissão de áudio

Outro caso de sucesso dentro do Onda foi a recente implantação de uma rede ótica com bandas de dez e doze megabytes entre as rádios de Curitiba e interior do Paraná utilizando máquinas equipadas com Linux e servidor de áudio. A solução já foi adotada pela 96 Rock e deve ser levada para outras emissoras.

Antes, a empresa possuía um sistema de transmissão de áudio via satélite para algumas cidades do Paraná, o que exigia um alto investimento nos canais de comunicação. "Precisávamos manter a mesma qualidade do sistema anterior, mas com um custo muito mais baixo", ressalta Rodrigo.

Com o novo sistema, no qual são utilizados o Icecast, MP3Blaster e Lame, a máquina servidora passou a receber o áudio de uma mesa de som e codificar em MP3, enquanto cinco máquinas clientes, ligadas a outra mesa de som, recebem o áudio via rede IP. A equipe do Onda desenvolveu ainda um programa para controle de comerciais. O programa monitora a porta serial da máquina central e envia as informações para os outros terminais, permitindo que anúncios locais e nacionais sejam transmitidos em sincronia.

Instalado em 30 dias, o sistema possibilitou, ainda, o acesso à internet e telefonia IP. A solução foi implantada em plataforma Red Hat 8.0 utilizando rede Ethernet.

Sobre o Onda

Em 1999, algumas das maiores empresas do Paraná se uniram para criar um provedor que dentro de um ano seria apontado pela revista Info Exame como um dos maiores estabelecimentos da área tecnológica do Brasil. Nascido de interesses da Inepar, Copel, Sercomtel e América Negócios, o Onda Provedor de Serviços S.A atende 30 cidades do Paraná e hoje possui, na capital, o dobro de clientes da segunda maior empresa do setor no estado. Cerca de 30 mil assinantes têm acesso à Internet por meio de uma rede de fibra ótica redundante, que conecta todas as cidades atendidas pelo provedor. Outros 40 mil clientes são atendidos com serviços de dial-up. Com uma receita coorporativa em crescimento, atingindo 30% do faturamento, o provedor está expandindo suas atividades com investimentos no mercado corporativo. "Já atendemos empresas no Rio Grande do Sul e Santa Catarina e o objetivo é ampliar nossa área de atuação para outros estados do país", conta o gerente de marketing do provedor, Marco Aurélio Pimentel. No pacote corporativo oferecido pelo Onda estão hosting (Co-Location, Dedicated Hosting e Shared Hosting), Backup e Disaster Recover, consultoria na implantação, manutenção e otimização da rede local e externa das empresas e confecção de discador. De acordo com Pimentel, outros projetos em andamento devem incrementar ainda mais os serviços da empresa, como softwares com acesso à Internet, programas de ensino a distância, sistema de gestão de informações de procedimentos médicos (Infomedic), sistemas formatados para administração de shopping centers e grandes lojas (privet label), para administração pública (Siga) e sistemas ERPs de gestão de empresa, como Everest ASP e Maxi Pro. ~SOs sistemas combinam as atividades relacionadas aos negócios da empresa numa solução única e integrada, o que permite o manejo global das informações em tempo real~T, esclarece Pimentel. (MM)

Michele Müller - michele@qwnet.com.br

Companhia de Distritos Industriais (CODIN) do Rio de Janeiro

www.codin.rj.gov.br

É a empresa responsável por fomentar o desenvolvimento econômico no Estado, através de iniciativas que promovam o fortalecimento das cadeias produtivas. Empreendendo ações efetivas para cumprir sua missão de "Promover o desenvolvimento econômico do Estado do Rio de Janeiro, por meio da atração do investimentos ambientalmente adequados e do fortalecimento da atividade produtiva, visando a geração de trabalho e renda",

O sonho do administrador de redes - Antes, sem recursos. Hoje, livre para voar e escrever um romance

Os profissionais de informática da Companhia de Distritos Industriais (CODIN), no Rio de Janeiro, têm como principal missão prover, administrar e fazer evoluir a estrutura de informática da empresa. No entanto, uma responsabilidade a mais se revela quando conhecemos a experiência da CODIN com o Software Livre. Seus profissionais dão suporte em Linux a outros órgãos do estado e do município do Rio de Janeiro. Uma enorme responsabilidade que vem sendo superada com muita dedicação de pessoas que, mesmo com a escassez de recursos, fazem soluções criativas e eficazes como a da CODIN, que, ao longo de dois anos, implantou diversas soluções baseadas no Linux, que resultaram em considerável ganho de produtividade de seus funcionários.

A falta de recursos financeiros atrapalhava e inviabilizava toda e qualquer tentativa de melhoria no setor de informática da CODIN. Para se ter uma dimensão do problema, a estrutura de informática da empresa, em 1996, se resumia a um 386 com quatro terminais de vídeo, seis impressoras matriciais, 4 XT´s, todos eles rodando XENIX e DOS com sistemas em MUPS. Com o passar dos anos, novos computadores foram adquiridos, sempre com muita dificuldade, e alguns serviços de rede foram implantados aos poucos. ~SMesmo assim, eles possuíam limitações e não poderiam ser implementados em qualquer tipo de computador. Teríamos que ter uma máquina que rodasse o Windows NT satisfatoriamente~T, salienta o administrador de redes da CODIN, Laudelino Lima.

O grande empecilho para a empresa foi a questão do licenciamento. O servidor de banco de dados era o SQL Server 7.0, e os aplicativos desenvolvidos não poderiam ser disponibilizados para todos os funcionários, pois os valores para a compra das licenças ~V algo estimado em torno de R$ 41 mil ~V eram altos demais para a empresa.

Peugeot recomendou Linux

A equipe de informática da CODIN, com base em notícias veiculadas na imprensa sobre os benefícios do Linux, começou a amadurecer a idéia de levar o sistema operacional do pingüim para a empresa. E contaram com o respaldo de usuários de peso para aderir de vez ao Linux. Nada menos que a diretoria da Peugeot francesa teceu elogios ao Linux. E o próprio Laudelino conta como foi isso. ~SNosso presidente na época, Maurício Elias Chacour, comentou sobre a questão do Linux em uma reunião com diretores da Peugeot e teve como resposta uns dez minutos de elogios ao sistema e à sua posição estratégica para o governo da França e as empresas daquele país~T, informa. A Conectiva foi convidada a mostrar os benefícios do Linux, e uma dos integrantes da equipe de informática da CODIN participou de um curso de administração de redes na filial da Conectiva, no Rio de Janeiro.

A adoção do Linux na CODIN contou com o apoio da diretoria da empresa, viabilizando parcerias e dando oportunidades de treinamento aos seus funcionários. ~SNossa superintendente de informática, Maria Fernanda Streva, acompanhava diariamente o laboratório de testes de sistemas, e o melhor de tudo é que a companhia decidiu fazer algo muito raro, até mais difícil do que conseguir dinheiro, que é dar carta branca para o setor de informática~T, diz Laudelino.

Com a limitação do parque de hardware da empresa, qualquer serviço que fosse implantado deveria funcionar com poucos recursos de hardware. A jornada da CODIN com o software livre começou com o Conectiva Linux, por ser uma distribuição nacional com farta documentação. ~SForam dois anos só com alegrias, pois nunca tivemos problemas com o sistema~T. Hoje, a CODIN usa vários ~Ssabores~T de Linux. São Conectiva (Servidor e Desktop), Red Hat (Lotus Notes) e Mandrake (Desktop-beta).

As aplicações livres que rodam na empresa vão desde Samba e Apache até PHP-Nuke e Nagios/NetSaint, mescladas com aplicações proprietárias como Lotus Notes (legado rodando no Red Hat devido à homologação) e o servidor de antivírus McAffee EPO (uma imposição do Estado do Rio de Janeiro para integrar a rede).

Solução menos dolorosa

A equipe de informática da CODIN iniciou a experiência com o Linux com a instalação de algo que fosse o ~Smenos dramático possível~T, segundo Laudelino, para o setor de informática e os funcionários da empresa. ~SOs usuários, em um primeiro instante, não ficaram sabendo o que era um proxy e quais eram as suas funcionalidades, e tentamos implementar o Linux da maneira menos dolorosa e mais silenciosa possível~T, afirma. Muitos sabiam de todo o movimento em torno do Linux, mas não ligavam a palavra proxy ao Linux. ~SFicamos aguardando o feed-back, perguntávamos nos corredores e no café o que eles estavam achando da Internet e eles respondiam que havia ficado mais rápida e que as mensagens personalizadas ajudavam a identificar alguns problemas~T.

Talvez, se todos os funcionários da empresa soubessem o que era um proxy, seriam contra a sua instalação. ~SComeçamos a gerar relatórios via SARG de utilização de Internet e descobrimos que uma parcela significativa de usuários andava navegando por sites tidos como impróprios~T. Via SQUID, estes sites foram barrados, downloads, chats e IRC foram impedidos e para se conectar à Internet, os usuários começaram a ser autenticados (NCSA) e, assim, a equipe da administração de redes passou a ver no log o que cada um estava fazendo, por nome de usuário.

Após uma versificação junto ao servidor de antivírus, a equipe de informática da CODIN apurou que o webmail era responsável pela maior parcela de tentativas de infecção. ~SPor determinação do nosso presidente, Gilberto Hage, inserimos no SQUID, a restrição por horários no serviço de webmail e, ao final de tudo, com tudo isso, conseguimos reduzir o consumo da banda de 8,3 gigabytes para 1,9 giga/mês~T, diz Laudelino.

Maior complexidade

Após a implementação bem-sucedida da solução para controle e aumento dos níveis de segurança na Internet, a CODIN partiu para serviços mais complexos de rede, como DNS fazendo cache, DHCP para todos os clientes da empresa, servidor de arquivos (SAMBA), firewall e IDS (laboratório), FTP, Intranet (Apache) e o banco de dados.

O banco de dados é um capítulo à parte, descrito minuciosa e entusiasticamente por Laudelino Lima, um apaixonado pelo trabalho que faz. Ele conta que, num belo dia, a presidência da empresa solicitou que o departamento de informática desenvolvesse um sistema para acompanhamento de tarefas, que deveria estar disponível a todos os usuários da CODIN. ~SFomos ao mercado e levantamos o valor de 100 usuários no SQL Server, algo em torno de R$ 41 mil. Onde falta até dinheiro para assinar a Revista do Linux, não podíamos sair por aí gastando essa fábula em licenças~T. Laudelino participou, então, de um curso de Interbase/Firebird no Clube Delphi e, pouco mais de um mês depois, a aplicação já estava disponível para todos os usuários da empresa. ~SComo o banco de dados tem a sua conexão via IP, o sistema poderia se acessado tranqüilamente até da residência, não necessitando de nenhuma instalação adicional, pois a aplicação se encarrega de toda a comunicação~T, afirma. O preço do curso? Ah, foi de R$ 600, parcelado em três vezes, e sem juros...

Com a solução, a CODIN não apenas economizou, como o potencial do seu corpo técnico foi expandido. ~SSomos verdadeiros administradores e não simplesmente reinstaladores de sistemas~T, diz Laudelino. Para ele, a maior vantagem obtida pela CODIN, fora a economia com licenças, foi a total disponibilidade de serviços, fazendo com que a informática deixasse de ser apenas um setor ~Sapagador de incêndios~T para ser o setor que ajuda a empresa em seu negócio. E a produtividade dos funcionários aumentou com o funcionamento pleno dos sistemas. Laudelino e sua equipe se deparam agora com comentários do tipo ~Svocês estão sumidos~T, ou ~Se a informática, o que tem feito de bom?~T. ~SCom os sistemas funcionando, os funcionários esquecem que o setor existe~T, finaliza. Assim, um dos maiores sonhos de um administrador de rede foi realizado.

Laudelino Lima, depois dessa experiência com software livre, passou a escrever um romance/ficção ~V talvez sem similar no mundo todo ~V com foco em GNU/Linux. O romance está disponível na Internet, com 90 páginas e crescendo. ~SDeverá ter mais de 500 no final, tem o Rio de Janeiro como cenário e todos os personagens são reais~T. É uma leitura interessante para os geeks e aqueles que querem conhecer o cotidiano de um administrador de redes.

Descrição da solução

Apesar de a empresa ter priorizado e investido no setor de informática, os recursos tecnológicos disponíveis eram limitados. Em dois anos, foram adquiridas 45 estações de trabalho, porém, a rede, com 55 pontos, não tinha segurança. Com o Linux, a CODIN ganhou liberdade para utilizar todo o potencial de seu corpo técnico e ficou independente de atualizações onerosas. A empresa, com a experiência adquirida, fomenta e presta auxílio em GNU/Linux para diversos órgãos do Estado do Rio de Janeiro, como por exemplo, a instalação de um firewall completo na Secretaria Estadual do Planejamento, Desenvolvimento Econômico e Turismo.

Plataforma			usada:		Intel
Servidor	de	banco	de	dados:	Firebird

Tamanho	do	banco	de	dados:	50	Megabytes
Rede:		Ethernet		100Mb/s		certificada
Número	de		usuários	concorrentes:		80

Treinamento: 4 pessoas envolvidas no processo que durou quatro meses e teve o custo de R$ 6 mil, aproximadamente
Desenvolvimento: 2 desenvolvedores, com tempo de desenvolvimento de três meses
Sobre a empresa
A Companhia de Distritos Industriais (CODIN) foi constituída em 1969 e é responsável por fomentar o desenvolvimento econômico no Estado do Rio de Janeiro, através de iniciativas que promovam o fortalecimento das cadeias produtivas. A CODIN assessora o empresariado interessado em expandir ou implantar projetos industriais no Rio de Janeiro e é proprietária da marca Rio Telecom (evento anual de telecomunicações). A empresa foi a articuladora para a instalação, ampliação e permanência no Estado de grandes corporações, como Alcoa, Brahma, Gerdau, Cisper, Schincariol, Lojas Americanas, Embratel, Telemar, ATL Vésper, Intelig, Quartzolit, Sadia, Peugeot/Citröen, entre outras, totalizando aproximadamente R$ 13 bilhões em investimentos (decididos e contratados) e 30 mil postos de trabalho, nos últimos quatro anos. (RA)
Onde falta até dinheiro para assinar a RdL, a CODIN não podia gastar ~Suma fábula~T em licenças
Hoje, a CODIN usa vários ~Ssabores~Tdo Linux (Conectiva, Red Hat e Mandrake)
Ferramentas como o Sarg ajudaram a CODIN a racionalizar o uso do acesso à Internet

Rodrigo Asturian - asturian@RevistaDoLinux.com.br

Companhia de Informática do Paraná – Celepar

www.celepar.gov.br

A Companhia de Informática do Paraná – CELEPAR é uma sociedade de economia mista criada pela Lei Estadual 4945 de 30 de outubro de 1964, constituída por Escritura Pública, lavrada em 05 de novembro de 1964. É uma empresa pública de capital fechado, cujo acionista majoritário é o Estado do Paraná. No organograma geral do Estado do Paraná, a CELEPAR encontra-se vinculada à Secretaria Especial para Assuntos Estratégicos.

Projeto SW Livre PR é lançado - Governo do Paraná vai usar software livre na rede interna de informática e promete repetir a experiência bem sucedida do Rio Grande do Sul.
O Governo do Paraná lançou no final de maio, em Curitiba, o programa de software livre que está sendo introduzido em toda a rede de instituições estaduais. Com a incorporação dessa tecnologia no sistema de informática, o Estado vai economizar com o pagamento de royalties e taxas de licenciamentos para uso de softwares. O Estado fica desobrigado de comprar as licenças para uso dos programas de informática e não precisa mais substituí-los a cada dois anos, como acontece atualmente.
Para se ter uma idéia do alcance econômico dessa iniciativa, o Brasil envia para o exterior o equivalente a US$ 2,5 bilhões por ano só com a compra de licenças de software por parte do governo federal, governos estaduais e municipais. "Com o uso do software livre, o estado brasileiro pode economizar 50% desse gasto", disse o presidente da Companhia de Informática do Paraná (Celepar), Marcus Vinicius Ferreira Mazoni.
Outra economia decorrente desse sistema é com a redução dos investimentos freqüentes com a evolução das máquinas. A estimativa que se faz é que o controle da tecnologia da informação vai permitir uma economia de 30% com a redução da necessidade de renovar as máquinas, quando as grandes empresas de informática mundiais decidem que um equipamento deve se tornar obsoleto.
No Paraná, a economia projetada com o uso de software livre será enorme. Segundo estimativa da Celepar, só com a implantação do sistema Linux na rede escolar do Estado, a economia será de US$ 60 milhões. Além disso, para cada sete mil contas no Lotus Notes, sistema de correio eletrônico utilizado pelo Governo do Estado e órgãos governamentais, a economia esperada é de R$ 7 milhões. O sistema tem 20 mil usuários e pretende expandir esse sistema para demais entidades da sociedade civil do Estado.
Estima-se ainda uma economia de R$ 800 a R$ 1.300 por máquina, com a utilização de ferramentas disponíveis em softwares como o OpenOffice, que pode ser disponibilizado também para milhares de escritórios em todo o País. Esse programa será utilizado no sistema escolar do Paraná. "A economia total será muito maior se ela for calculada por projeto desenvolvido sem a necessidade de pagar taxas de licenciamento", disse Mazoni.
Inicialmente, o software livre vai articular o trabalho gerado pelas entidades do governo, pelas universidades estaduais, federal e da rede privada existente no Paraná, além de entidades sindicais. Mas o objetivo é que essa ferramenta seja disponibilizada também para as corporações empresariais.
Com o uso do software livre, o Governo do Paraná vai disponibilizar o acesso das instituições a códigos de programas que permitem identificar como eles foram elaborados. A partir disso, as entidades poderão reproduzir esse software livremente e

ainda poderão alterar algumas características destes programas, desenvolvendo uma inteligência tecnológica própria, sem dependências.

O programa vai permitir ainda o resgate de máquinas que estão sucateadas nas residências e escritórios. Segundo Mazoni, o software livre pode ser perfeitamente adaptado a máquinas com processadores 386 e 486, que já foram colocadas em desuso porque não apresentam capacidade para executar os programas lançados atualmente no mercado da informática. A projeção da Celepar é que essas máquinas antigas podem ser otimizadas em pelo menos mais 30% com o uso do software livre. "Para se ter uma idéia do alcance desse programa, a Bolsa de Valores de Nova Iorque substituiu todo o sistema de software 'proprietário' para o sistema Linux", disse Mazoni.

Segundo o presidente da Celepar, a página do Governo do Paraná na Internet, através do endereço eletrônico www.pr.gov.br já roda com software livre. No lançamento do programa, o Governo vai utilizar como símbolo a figura da gralha azul, um dos símbolos do Estado do Paraná.

Evento reúne profissionais de informática em Curitiba

O Projeto Software Livre Paraná tem como objetivo estimular o uso de alternativas tecnológicas de informática. O governo paranaense lançou o projeto no final do mês de maio, com um evento em Curitiba, ao qual compareceram responsáveis pela informática dos governos federal, estadual e municipais, profissionais liberais e empregados, empresários e usuários do Estado do Paraná. O deputado federal Walter Pinheiro (PT-BA), criador do projeto de lei do Software Livre para a administração pública federal, falou sobre as leis de software, e o presidente da Celepar, Marcos Vinicius Mazoni, proferiu palestra sobre a experiência brasileira com software livre e a utilização de ferramentas livres pela administração pública. Djalma Valois, diretor da FENADADOS e da CIPSGA - Comitê de Incentivo ao Uso do Software Livre, GNU e Alternativo, faz um relato da história do Movimento de Software Livre. A Companhia de Habitação do Paraná (Cohapar), através do superintendente de Informática e Informações da empresa, Antonio Carlos Morozowski, fez uma exposição dos projetos de implantação do OpenOffice que, recentemente, foram mostrados na Revista do Linux. O professor da UFPR, Marcos Sunye, proferiu uma palestra com o tema "Treinamento em Linux". O Linux veio ao Paraná para ficar, e se depender do esforço de Mazoni frente à Celepar para implantar a cultura do software livre no estado, a experiência bem-sucedida no Rio Grande do Sul vai se repetir.

"Paranavegar" é a proposta para inclusão digital

O Governo do Paraná lançou sua política de inclusão digital com a inauguração do telecentro de Ventania, Região Central do Estado, em maio, aniversário da cidade. "Paranavegar" é o nome do projeto de governo eletrônico do Paraná, que também batiza os telecentros. A política de inclusão digital é parte integrante da política de governo eletrônico. ~SA inclusão digital é um dos elementos de inclusão social e não uma política isolada~T, afirmou o Secretário especial para Assuntos Estratégicos, Nizan Pereira. Por isso as cidades prioritárias para a instalação de telecentros são as com o menor Índice de Desenvolvimento Humano (IDH) do Paraná .

O secretário pontuou também a diferença do programa de inclusão digital do governo anterior e a atual política: "Ao invés de ensinar a usar o computador e a internet e depois dar apenas um certificado de um curso de informática de três horas, preferimos deixar os equipamentos à disposição da população para que as novas tecnologias da informação façam parte do dia-a-dia da população de baixa renda, como faz parte da de classe média. É assim que se reduzem as diferenças", argumentou.

A opção por software livre também faz parte desta solução. Os pacotes de programas de escritório, editores de texto, planilha, correio eletrônico e navegador de internet em software livre são mais apropriados para uma política pública. Enquanto programas que dominam o mercado, que não são livres, privilegiam máquinas com grande capacidade de processamento, as opções livres são mais baratas e não comprometem o desempenho das máquinas.

Outra novidade que integra a nova política estadual de informática é a administração dos telecentros em conjunto com a comunidade através de um comitê gestor que tem a participação do governo do Estado e dos municípios. Depois de consolidado o sistema e do treinamento dos usuários, as comunidades poderão gerir o telecentro.

Segundo Márcia Schüler, assessora de Tecnologia da Informação da Celepar, os telecentros, entre outras coisas, universalizam o governo eletrônico. "Os telecentros dão condições de igualdade para as classes sociais menos abastadas", conclui.

Anita Calçados

	A Anita Calçados é uma empresa do comércio varejista de calçados e artefatos de couro, localizada em Campo Grande, Mato Grosso do Sul. A empresa é sediada na área nobre da capital sul-matogrossense e conta com 5 filiais espalhadas na região central da cidade. Fundada em 1990 e com 180 funcionários.

Economia acima de tudo - Atento ao momento econômico adverso, empresas do setor de comércio varejista brasileiro descobrem as potencialidades do software livre

Para conhecer bem o potencial do software livre e as suas vantagens, não se pode apenas explorar itens como segurança, domínio tecnológico e a independência de fornecedor, mas também a economia gerada com o uso de soluções baseadas em Linux. As vantagens competitivas obtidas com as soluções baseadas em softwares livres vão além do desempenho técnico. O mercado de informática brasileiro já descobriu esse tipo de demanda, ofertando produtos que dêem condições de minimizar as despesas e viabilizar o negócio. O momento atual do mercado globalizado exige respostas rápidas e um monitoramento constante dos resultados obtidos para que sejam tomadas as decisões rápidas e corretas, e que se possa atingir um nível mais elevado de competitividade.

O varejo é um dos segmentos mais atuantes da economia nacional, mas passa por dificuldades de percurso. Com a política de juros altos do Banco Central, o dinheiro é caro e há uma retração no ímpeto consumista da população brasileira. De acordo com uma análise realizada pela Confederação Nacional do Comércio (CNC), o faturamento real do comércio varejista na Região Metropolitana de São Paulo, a mais representativa do país em números, está em declínio, e os maiores responsáveis por esse comportamento foram a queda nas vendas de bens de consumo e o fraco desempenho do comércio automotivo. Os números do IBGE (Instituto Brasileiro de Geografia e Estatística) confirmam essa tendência. Para o IBGE, no último mês de junho, o comércio varejista teve mais um resultado negativo, ao decrescer seu volume de vendas em 0,99% com relação a igual mês do ano passado. Esse desempenho praticamente não alterou a taxa acumulada no ano, que se estabeleceu em -0,92% para o primeiro semestre, contra os -0,95% registrados de janeiro a maio. Outro fator que contribui para a desaceleração do setor são as medidas restritivas do consumo de energia elétrica no país.

Essa conjuntura desfavorável obriga o setor do comércio varejista a encontrar soluções que atendam às suas reais necessidades do dia-a-dia. No Brasil, as soluções Linux para o segmento de varejo estão arregimentando usuários em diferentes estados: Mato Grosso do Sul, São Paulo e Minas Gerais. Empresas de ramos tão diversificados, como o comércio varejista de material de construção, calçados, autopeças e até de presentes, adotaram o sistema operacional do pingüim e estão mais que satisfeitos com os resultados obtidos.

As empresas Anita Calçados, de Campo Grande-MS, Comercial Fernandes (empresa comercial do ramo de materiais de construção), de São Carlos-SP, Rocar Peças, de Sete Lagoas-MG e Solar Presentes, de Belo Horizonte-MG adotaram um software de gerenciamento comercial desenvolvido por uma softwarehouse brasileira (EAC - Engenharia de Automação e Controle), mais conhecido como SACI (Sistema de Automação Comercial Integrado). O sistema, que inicialmente rodava em plataformas DOS e posteriormente, SCO Unix, foi portado para o Linux em 1996. De acordo com Guilherme Campolina, coordenador de Pós-venda da EAC, o produto permite um controle preciso de todas as áreas vitais da empresa, gerando melhoria de desempenho de giro de estoque, à medida em que favorece precisão nas compras e conforto para as vendas. "O acesso às informações para a gestão da empresa é simples e objetivo, inclusive via Web, com baixíssimo TCO (custo total de propriedade), além da possibilidade de uso de plataformas livres e da facilidade em soluções de conectividade, já que a solução é em ambiente caractere e, portanto, leve", salienta Campolina.

Empresas

A Anita Calçados é uma empresa do comércio varejista de calçados e artefatos de couro, localizada em Campo Grande, Mato Grosso do Sul. A empresa é sediada na área nobre da capital sul-matogrossense e conta com 5 filiais espalhadas na região central da cidade. Fundada em 1990 e com 180 funcionários, a Anita Calçados utiliza o SACI desde outubro do ano passado. "Rodávamos um sistema em plataforma DOS, em cima do Netware Novell 5x, e o aplicativo era desenvolvido na plataforma Cobol e a mudança para o Linux ocorreu com a aquisição do SACI, que requisitava o uso do sistema operacional Linux", diz Carlos Bellin, presidente da empresa, que demonstra satisfação com os resultados obtidos com a solução. "O sistema atende às necessidades da Anita Calçados, possibilitando extrair a partir do conjunto de dados armazenados, informações rápidas e simples. Para Bellin, o sistema baseado em Linux tem a vantagem de utilizar um ambiente multiusuário, dispensando o uso de qualquer outro software de Netware e exige poucos recursos dos equipamentos, podendo aproveitar as máquinas mais antigas. "A maior vantagem de todas é que o ambiente Linux é free, ou seja ele é livre quanto à licença de uso", conclui Bellin.

Outra empresa que utiliza o SACI é a Comercial Fernandes, que comercializa materiais de construção, elétrico e hidráulico na cidade de São Carlos, no interior de São Paulo. Com 30 funcionários, a empresa usava a plataforma DOS/Windows para a gestão de negócios. A mudança para o Linux aconteceu por ser um sistema mais robusto e confiável para operações de missão crítica da empresa. "Com o Linux, obtivemos a automação e integração efetiva de 80% das operações de controle comercial e gerencial e isso possibilitou à direção da empresa concentrar-se apenas nas tarefas essenciais para a manutenção de nossa competitividade no nosso setor de negócios", declarou o diretor da Comercial Fernandes, Marcio Merino Fernandes. Outros itens destacados por Fernandes a favor do uso de software livre em aplicações comerciais, é a não necessidade de atualização periódica de hardware e uma menor vulnerabilidade a vírus.

A Rocar Peças é uma empresa constituída por 4 lojas do segmento de autopeças e acessórios para automóveis e caminhões, na cidade de Sete Lagoas, localizada a cerca de 70 km da capital de Minas Gerais, Belo Horizonte. A Rocar é uma empresa familiar, com 70 funcionários e usa o SACI desde 1994. "A implantação do sistema foi simultânea a uma grande crise pela qual passou o comércio brasileiro (Plano Real), conta o diretor da Rocar, Leandro Martins das Neves. Para Martins, a implantação do sistema foi fundamental para que a empresa pudesse superar as dificuldades e manter-se competitiva no mercado. "Atualmente a empresa está mais enxuta que antes, com uma redução de 30% de pessoal, mas faturando 40% a mais que em 1995, com uma loja a menos. A implantação da solução SACI demorou seis meses, sendo que foram implantados recursos como Cadastramento de Produtos, Clientes e Fornecedores, Recebimento de Mercadorias, Precificação, Estoque, Contas a Pagar e Receber, Ponto-de-Venda, entre outros. "Nosso atendimento ficou mais ágil, com maior dinâmica no recebimento de mercadorias, menores índices de inadimplência e com o passar do tempo, consolidou-se a gestão de compras por Curva ABC, o grande trunfo da administração de estoques", destaca Martins.

A Solar Presentes é uma das mais tradicionais lojas de presentes de Belo Horizonte, existente há 50 anos. Uma equipe de 41 funcionários, entre vendedoras, pessoal de apoio, administrativo e gerencial, utiliza 12 máquinas na frente da loja e mais 11 na retaguarda, todas elas on-line. Até o início de 1999, a empresa utilizava um software em módulos não integrados para controle de mercadoria, controle de estoque, pedidos e venda. "Com a reforma que praticamente dobrou a área de vendas da loja e o depósito, a exigência sobre a capacidade da Solar em gerar resultados cresceu e nos demandou controles mais rigorosos, cortes de custos administrativos, melhoria no processo de negociação com os fornecedores e principalmente, uma saudável necessidade de aumentar o volume de vendas", diz Juliana Xavier, diretora da Solar Presentes. Para Juliana, vender no SACI significa ao mesmo tempo, obter na retaguarda todas as informações da frente da loja (cadastro de clientes, limites de crédito, histórico de compras, dados de pedido, contas a receber, entre outras) e disponibilizar no PDV todas as informações da retaguarda (produtos, preços, estoque, métodos de pagamento, etc.) tudo on-line e de forma integrada. "Outro benefício da implantação do SACI foi uma grande melhoria na nossa precificação, o que nos permitiu segmentar o mercado e aumentar nossa clientela e nosso faturamento e nossos controles financeiros tornaram-se mais ágeis e consistentes", destaca Juliana Xavier.

O Linux está conquistando espaços no segmento varejista e isso é uma conseqüência da necessidade de mercado por soluções eficientes. Estar presente em uma área tão distinta da informática, como é o varejo, é uma prova de quanto o sistema operacional do pingüim é flexível e pode ser utilizado para fins tão diversificados. E, o melhor de tudo,: cada vez mais próximo das pessoas comuns.

Rodrigo Asturian - asturian@RevistaDoLinux.com.br

Danton Veículos

www.dantonveiculos.com.br

	Danton Veículos, inaugurada em 1998, tem duas lojas na capital baiana e 160 funcionários. Salvador, Bahia

Linux à francesa e com tempero baiano - A Danton, uma concessionária Peugeot localizada na capital baiana, implanta um sistema de gestão que roda no Linux e colhe resultados surpreendentes

A relação da Peugeot com o Linux ganhou maiores proporções a partir de 1999, quando a empresa entrou em um processo de homologação de um sistema de gestão baseado no Linux para as concessionárias do país (leia a matéria completa na Revista do Linux n° 27, de março de 2002). A empresa foi uma das montadoras que teve maior crescimento no ano passado e o modelo mais vendido da marca é o 206 (veja box).

Neste estudo de caso, vamos acompanhar como foi o processo de instalação do Linux em uma rede de concessionárias em Salvador, Bahia. A Danton Veículos, inaugurada em 1998, tem duas lojas na capital baiana e 160 funcionários. Três trabalham na área de informática (1 chefe de CPD e dois auxiliares) A empresa investiu no setor, no ano passado, cerca de R$ 160 mil em equipamentos no novo sistema de gestão e no treinamento de seus funcionários. O departamento de informática da Danton é responsável por todo o suporte em nível de hardware e software dentro da empresa, bem como pela administração e gestão do sistema. "SFazemos estudos para implantação de novas tecnologias e cuidamos das compras de todo o material de informática~T, explica o chefe do CPD, Fabio Maia.

Problemas de instabilidade

Quando a Danton tinha apenas uma concessionária, o servidor era Windows NT e as estações rodavam Windows 98, com um aplicativo escrito em Clipper 5.2. Essa configuração já apresentava problemas de instabilidade e integridade dos dados para a equipe do CPD da Danton. ~SChegamos a perder dados importantes para a concessionária quando vários arquivos foram corrompidos~T. A parte de manutenção do sistema era, segundo Maia, muito fraca, ao ponto de, sempre que a empresa tinha que atualizar a versão dos programas, era preciso paralisar todo o serviço da concessionária, já que o acesso remoto era difícil. ~SNaquela época já usávamos o Linux como servidor de acesso à Internet~T, lembra.

Com a ampliação da Danton, com a abertura de uma nova filial em Salvador, a equipe do CDP aproveitou o momento para trocar o sistema de gestão da concessionária para um sistema homologado pela Peugeot do Brasil - o Sisdia DMS, com banco de dados IBM Informix, rodando em um servidor Linux. Uma solução que rodasse no sistema operacional do pingüim foi a escolhida pela Danton pela sua confiabilidade. ~SO Linux reúne estabilidade e integridade dos dados~T, assinala. A mudança foi providencial, e, na oportunidade, a equipe do CPD da Danton aproveitou para instalar o Linux em todas as estações de trabalho da concessionária, o que reduziu sensivelmente o custo com a aquisição de softwares na empresa, além da aumentar consideravelmente a estabilidade das máquinas. A economia gerada com a adoção do Linux na Danton foi, segundo Maia, de aproximadamente R$ 90 mil.

A dúvida dos profissionais do CPD da Danton era se o Sisdia DMS rodaria no Linux. ~SA empresa responsável pelo desenvolvimento da aplicação nos informou que rodaria, mas com uma possível perda de desempenho, mas, após alguns testes, verificamos que a aplicação rodava perfeitamente bem~T, diz. O resultado é que o Linux está presente na concessionária toda. O Squid, software usado no servidor de acesso à Internet da empresa, funciona muito bem, obrigado. ~SUsamos ele até hoje, bloqueando acesso a sites impróprios e àqueles que consumam excessivamente o nosso link~T. Um dos setores que ainda não aderiram ao Linux é a área de pessoal da empresa, que utiliza alguns aplicativos incompatíveis com o sistema.

Benefícios

A empresa hoje, além de todos os benefícios obtidos com o Linux na parte de segurança e integridade dos dados, usa apenas um servidor para as duas lojas, interligadas por um frame relay de 128 Kbps, com um rendimento infinitamente superior quando comparado com a solução anterior - baseada na aplicação rodando em Clipper no Windows NT. ~SAlém disso, usamos um programa chamado Putty, através do qual fazemos conexões SSH remotas para atualização da versão do sistema, reparos e configurações do banco de dados e diversas outras coisas, com uma facilidade incrível e uma rapidez inigualável~T.

Outra vantagem obtida pela Danton, principalmente sobre seus concorrentes, é a facilidade de execução das operações. ~SHoje, temos duas concessionárias interligadas, uma podendo 'enxergar' a outra em tempo real, em que um vendedor de peças ou carros pode consultar o estoque de outra concessionária e até mesmo efetuar vendas a partir de uma concessionária de produtos que estão no estoque de outra, fazendo com que o cliente tenha uma maior comodidade~T, diz. O fato de os funcionários da Danton não precisarem mais parar de trabalhar quando é necessária uma atualização do sistema é um grande benefício obtido com o Linux. ~SFazemos todo tipo de atualização remotamente e à noite, quando a concessionária já está fechada, e o nosso índice de travamento de máquinas diminui consideravelmente depois da implantação do Linux~T.

Resistência

Desde o início da implantação do Sisdia DMS, passando por treinamentos e implantação das estações de trabalho com Linux, a solução demorou 60 dias para ser implementada. No início do processo, houve algumas resistências, principalmente por parte dos usuários - já acostumados com o Windows ~V que, com o tempo, foram enxergando os benefícios que o Linux trazia, como a estabilidade e o fato de que ele não mudava muito o cotidiano de trabalho na concessionária. ~SPara a diretoria, havia a desconfiança de que, por se tratar de software livre, o produto poderia ser de qualidade inferior ao usado anteriormente, mas depois que expus a filosofia do software livre, os diretores ficaram mais calmos e aceitaram muito bem a idéia~T, afirma.

Para Maia, os softwares livres implantados nos servidores da Danton têm uma grande vantagem em relação aos softwares proprietários. ~SPodemos depositar toda nossa confiança neles, pois softwares mais estáveis e seguros garantem a integridade dos dados da empresa~T, diz. Nas estações de trabalho o que mais foi relevante, segundo ele, é o fato de os softwares serem gratuitos. ~SSegurança, integridade e baixo custo de implantação foram decisivos para a adoção do Linux na Danton~T, conclui.

A sexta do país

As vendas da Peugeot no Brasil cresceram 35% em 2002, com o volume comercializado no atacado atingindo 45,1 mil unidades, contra 33,3 mil veículos em 2001. A participação da empresa no mercado era de 1,5% em 2000. Em 2001, esse número quase dobrou, para 2,5%, e, no ano passado, pulou para 3,21% do mercado, sendo mantidas as metas de crescimento estipuladas pela marca no Brasil. A Peugeot é hoje a sexta marca mais comercializada no País, perdendo para a Fiat, General Motors, Volkswagen, Ford e Renault, que estão há muito mais tempo no mercado brasileiro. A Peugeot tem 106 pontos de venda e pretende ampliar para 130 ainda este ano.

Hardware e software

Um dos benefícios da utilização da solução Linux foi a possibilidade de instalá-lo em máquinas antigas, antes ~Sencostadas~T em conseqüência do baixo desempenho quando rodando em Windows.

Hardware:

Servidor	de	dados	e	aplicações:
IBM xSeries 220, Pentium III 1.2 GHz, 512 MB RAM, HD SCSI 18 GB, unidade fita DAT DDS 4 GB				
Servidor		de		internet:
Pentium III 700 MHz, 512 MB RAM, HD 20 GB				
Estações		de		trabalho:
Duron 1.3 GHz, 128 MB RAM, HD 20 GB				
Vários Pentium II, Pentium III e Celeron				

Software:							
Banco			de				dados:
IBM Informix							
Aplicação			para				gestão:
Sisdia	DMS	(linguagem	nativa	do	Informix	- 4	GL)
Servidores com Conectiva 7							
Estações							com:
RedHat		7.3		e		OpenOffice	1.0
Windows XP Pro e Windows 98 com Microsoft Office XP e OpenOffice 1.0							
Fábio Maia: Antes da migração já usávamos o Linux como servidor de acesso à Internet							
Rodrigo Asturian - asturian@RevistaDoLinux.com.br							

Assim Medicina de Grupo

www.assim.com.br

ASSIM nasceu em 1988 fruto da iniciativa de 16 médicos donos de 30 unidades médico-hospitalares, que formam a maior rede própria de saúde do Rio de Janeiro. e, até hoje, é administrada por esses mesmos profissionais que valorizam a ética e a dignidade na prática da medicina

Assim é que se faz - Empresa de medicina de grupo do Rio de Janeiro evolui todo o seu parque tecnológico ao migrar para o Linux e adotar o banco de dados relacional Caché

A Assim é uma empresa de medicina de grupo com atuação no município do Rio de Janeiro, que conta com um servidor de aplicação e de banco de dados relacional Caché - uma tecnologia que pode ser usada não apenas como banco de dados, mas também como um ambiente de desenvolvimento. "Este servidor é espelhado em tempo real para um segundo servidor com as mesmas características, pronto a assumir as funções do primeiro a qualquer momento", afirma Adriana Martins, gerente de informática da Assim. De acordo com ela, o próprio Caché se encarrega de controlar o espelhamento através de arquivos de journaling. "Temos um servidor de desenvolvimento e um servidor web, todos rodando Linux, nossa página na Internet é hospedada internamente e temos aplicações web escritas em PHP", diz. A Assim está começando a utilizar mais um recurso do Caché - uma ferramenta de desenvolvimento de páginas web chamada CSP (Caché Server Pages), e toda a rede interna e de intranet da empresa funciona com TCP/IP.

A evolução do parque tecnológico da Assim teve como ponto de partida a adoção da tecnologia Mumps - bastante difundida na área médica e hospitalar - que foi utilizada por dez anos. A partir dela é que a Assim evoluiu para o Caché. "Apesar de o Mumps ser muito versátil, com o advento da Internet e da abertura de redes para acessos remotos, ficamos com necessidades não cobertas pelo sistema anterior", diz. Uma das principais dificuldades encontradas com o Mumps é o fato de ele ser multiusuário e rodar em cima do sistema operacional MS-DOS. "Precisávamos ao mesmo tempo de um banco de dados e de um software de rede, pois sem essas duas coisas não poderíamos descentralizar nossa aplicação, nem utilizar interface gráfica". Os problemas com a tecnologia Mumps foram além. O sistema estava cada vez mais lento, conseqüência do incremento do número de usuários e das bases de dados. "Algumas rotinas só poderiam ser executadas durante a madrugada, pois tornavam a rede muito lenta", lembra Adriana.

A migração para o Linux parecia inevitável e foi concretizada no momento em que a Assim decidiu comprar uma solução de banco de dados, considerando que a empresa necessitava de um software que oferecesse segurança, pois a Assim atua no ramo de plano de saúde e o atendimento funciona 24 horas por dia, sem interrupções. "Tivemos que optar por um sistema operacional, já que tínhamos somente MS-DOS". As alternativas Unix, Windows e Linux foram avaliadas. "Descartamos o Windows logo de início, pelos vários problemas de instabilidade que apresentava na época e pelo custo das licenças", diz. O parque de equipamentos da Assim, formado por vários computadores diskless e 486, não rodaria uma rede Windows - a empresa tem, até hoje, cerca de 40 máquinas com essas características.

"O Unix, do qual estudamos o SCO Unix para adoção na empresa, foi considerado uma alternativa mais estável, mas o problema foi o custo das licenças e a manutenção mensal", observa. A Assim já usava o Linux em seu servidor de Internet, que rodava sem nenhuma interrupção fazia muitos meses, e a opção foi pela compra da solução Caché para Linux. "Sabíamos dos riscos desse pioneirismo e a solução se mostrou a mais adequada para a nossa empresa".

Mesmo com os problemas antes da implantação da solução Linux/Caché, justamente por ser uma tecnologia nova e o fato de nenhuma empresa nacional ter optado por essa tecnologia, o caminho era o correto. O maior problema enfrentado pela Assim foi com o boot remoto das estações diskless. Para resolver o problema, a Assim contratou a empresa Winco - Tecnologia em Sistemas, que conseguiu configurar um disquete para que o micro se conectasse ao servidor e acessasse o sistema. "A solução funciona perfeitamente, e o tempo de resposta dessas máquinas é tão bom quanto os das que têm HD".

Atualmente, a Assim disponibiliza consultas para as suas concessionárias de vendas através do site da empresa e para os clientes, a empresa oferece o serviço de emissão da segunda via de boletos também por meio da Web. Além disso, os hospitais autorizam on-line os atendimentos, acessando o banco de dados da Assim. O resultado mais significativo é que qualquer informação que antes levava horas para ser extraída do sistema, agora está disponível em poucos minutos. "O banco de dados Caché é muito rápido e a versão para Linux tem se mostrado mais eficiente ainda".

Na área de medicina de grupo, a informação é um dos principais produtos, pois as empresas que nela atuam fazem a intermediação entre os associados e os hospitais, disponibilizando informações. "Um sistema ágil e descentralizado é vital no nosso ramo de atividade e nossos concorrentes também têm consciência disso e possuem uma política de investimentos em sistemas de informação". Com a solução Linux/Caché, a Assim viu a produtividade de seus funcionários aumentar consideravelmente, com o tempo de resposta do sistema. "Aplicações que levavam horas para apresentar um resultado, agora são feitas em poucos minutos ou questão de segundos".

O tempo para implantação da solução Linux/Caché na Assim levou mais de um ano devido a problemas com o boot remoto e a necessidade de reestruturação de toda a rede física da empresa. "Tivemos que fazer duas mudanças ao mesmo tempo, ou seja, a implantação do Linux e a do Caché". Não houve resistências ao software livre, pois a empresa economizou na compra de licenças. Para Adriana Martins, a mudança para o Linux representou um ganho de produtividade e competitividade com a modernização dos sistemas de informação. "Agora podemos oferecer serviços via web, atendendo melhor os nossos clientes, e o fato de optarmos pelo Linux foi um ponto importante, pois conseguimos uma solução que funciona bem, sem onerar a empresa".

Com a solução Linux/Caché, a Assim conseguiu uma vantagem representativa, pois todas as aplicações da empresa rodam no mesmo ambiente. A opção pela simplificação foi o caminho mais adequado. "Quando as empresas começam a misturar vários softwares, bancos de dados e sistemas operacionais, acabam por perder integração entre os sistemas", avalia. Hoje, a empresa tem cerca de 200 computadores e o sistema Linux/Caché suporta cerca de 130 usuários acessando o banco de dados simultaneamente. A implantação da intranet com os núcleos de atendimento externos e com os hospitais fez com que a Assim proporcionasse um melhor atendimento aos seus clientes. "Com a descentralização da digitação das contas médicas, ganhamos produtividade e diminuímos sensivelmente o fluxo de papéis", afirma.

Além das rotinas, a equipe de informática da Assim - que se desdobrou durante um ano entre as tarefas rotineiras e a implantação do novo projeto - teve que criar toda a política de gerenciamento de arquivos e impressoras. "A dedicação do analista Romilton Almeida foi fundamental para o sucesso do projeto", reconhece Adriana.

Detalhes técnicos da solução Linux/Caché - Plataforma usada - A plataforma da empresa é Intel. Todos os servidores são Linux e o banco de dados corporativo é o Caché. Nas aplicações web, a Assim utiliza o banco de dados MySQL e o próprio Caché.

Sobre o Caché - É um banco de dados pós-relacional, que atua como servidor de dados multidimensionais e/ou como servidor de aplicações. Nas duas situações, o Caché garante que aplicações orientadas a objetos ou relacionais (SQL) sejam rápidas e maciçamente escaláveis.

Servidor de banco de dados - Tanto o servidor principal quanto o espelho são modelos Dell PowerEdge biprocessados, com 1 GB de memória RAM.

Tamanho do banco de dados - O banco de dados da Assim armazena cerca de 18 GB de informações. Isto inclui toda a ficha médica de seus associados, as informações de contas a pagar e a receber, contabilidade, etc.

Número de desenvolvedores - Quatro analistas de sistemas.

O maior problema enfrentado pela Assim foi com o boot remoto das estações diskless

Adriana Martins e a equipe de informática da ASSIM

Para saber mais: InterSystems Caché: www.intersystems.com.br

Rodrigo Asturian - asturian@RevistaDoLinux.com.br

Companhia de Processamento de Dados do Município de Porto Alegre - PROCEMPA

 www.procempa.com.br	Companhia responsável pelos programas e atividades de processamento de dados do município de Porto Alegre

Linux contra a fome e a miséria

Banco de dados livre desenvolvido pela Companhia de Processamento de Dados de Porto Alegre (Procempa) ajudará o Governo Federal em programas sociais, como o Fome Zero

O perfil das famílias porto-alegrenses em situação de pobreza será definido, ainda neste ano, com a ajuda de um programa para a geração de um banco de dados. Desenvolvido pela Companhia de Processamento de Dados de Porto Alegre (Procempa) em software livre, o sistema possibilitará o gerenciamento dos projetos sociais de forma integrada. Três mil famílias já têm seus dados disponíveis, outras 10 mil já foram entrevistadas e, até o final do semestre, 24 mil famílias deverão estar cadastradas.

O sistema em operação registra informações como renda, tipo de residência, tamanho da família, escolaridade e graus de nutrição.

"Os dados estão disponíveis na Intranet da Prefeitura e poderão ser utilizados pelas secretarias do Município para o direcionamento de políticas sociais e pelo Governo Federal para o Programa Fome Zero", observa Gerson Barrey, supervisor de Tecnologia e Serviços da Procempa. "Quando uma família preencher o cadastro, já poderá ser enquadrada em vários projetos sociais", explica.

A coleta das informações foi iniciada no final de novembro de 2002, quando a Fundação de Assistência Social e Cidadania (Fasc) começou o Cadastramento Único para Programas Sociais em seus centros regionais. Equipes da Ufrgs, contratadas pela Fasc, realizam o trabalho nos domicílios.

Cerca de 10 mil famílias já foram entrevistadas nesse processo. Até o final do primeiro semestre, conforme cálculos da direção da Procempa, deverão estar digitalizados dados de 24 mil famílias. Outras secretarias municipais que desenvolvem políticas sociais também estão colaborando para alimentar o sistema.

Num primeiro momento, as famílias cadastradas poderão ser incluídas nos programas Vale-Gás, benefício concedido pelo Governo Federal, e pagarão a Tarifa Social de Energia Elétrica - se comprovarem consumos entre 80 kw e 220 kw em sistema monofásico.

Cadastro

O responsável pela família deve procurar o Centro de Assistência Social mais próximo de casa e apresentar os seguintes documentos:

⬚ Certidão de Casamento
⬚ Carteira de Identidade e CIC
⬚ Certidão de Nascimento
⬚ Título de Eleitor
⬚ Carteira de Trabalho e PIS/Pasep
⬚ Certidão de Nascimento dos filhos

Gerson Barrey

Até o final do primeiro semestre, 24 mil famílias devem ser cadastradas

Angeloni Supermercados

www.angeloni.com.br

Angeloni é uma completa rede de serviços. Para chegar até aqui não foi necessário apenas muito trabalho e investimento, foi fundamental a nossa crença e a constante parceria com a comunidade, clientes e fornecedores **Angeloni Hoje** 45 anos de liderança absoluta em SC.; 18 lojas em Santa Catarina e Paraná.; Primeiro lugar de faturamento em SC.; Décimo primeiro lugar em faturamento no país

Inovação sem resistências - O Linux chega à rede de supermercados Angeloni, reduz os custos operacionais e proporciona melhor estabilidade e segurança dos sistemas de informática

Bastaram cinco dias de treinamento para que todos os funcionários da rede de supermercados Angeloni se convencessem das vantagens na mudança do sistema operacional utilizado no trabalho. Com a recente migração da empresa para o Linux, todas as estações passaram a apresentar os mesmos aplicativos, que antes só estavam disponíveis para determinados usuários, conforme necessidade que justificasse o custo do investimento. "O acesso aos aplicativos foi motivo suficiente para que todos fizessem um pequeno esforço e começassem a utilizar a nova ferramenta", conta o gerente de informática da rede, Ronaldo Bilésimo. Com isso ele acredita numa melhora de produtividade dos funcionários, mesmo não sendo este o objetivo desta primeira etapa de mudança de sistema.

Para a empresa, que sempre trabalhou com diferentes versões do Windows, o aumento da quantidade de software disponível em todas as estações é apenas o complemento dos resultados obtidos com a iniciativa. Logicamente, a drástica redução de custos com informatização das sedes e imobilização de capital está no topo da lista de vantagens. Com a economia, a rede planeja direcionar seus investimentos em informática a ações como desenvolvimento de sistemas, telecomunicações e instalações. A meta é investir no setor U$ 100.000 até o final deste ano.

Além da contenção de gastos, a substituição da plataforma utilizada há décadas pela empresa foi bem recebida pelo departamento de informática por razões burocráticas. "A não necessidade de controles de licenciamento e pirataria é umas das principais vantagens dos softwares livres", cita Ronaldo Bilésimo, lembrando que esse era o maior problema enfrentado pela rede com relação aos produtos Microsoft. Entre os outros benefícios da mudança de sistema comemorados pela área de informática estão a redução de custos e atividades de suporte, melhor estabilidade e segurança do sistema, dificilmente atingido por invasões.

A migração da rede Angeloni para o sistema Linux se deu de forma lenta e bem planejada. "Acompanhamos o desenvolvimento de ferramentas Linux durante muito tempo. Depois que decidimos trocar o ambiente para uma plataforma mais barata e com menor necessidade de intervenção, cerca de um ano e meio foram necessários para que tivéssemos produtos capazes de substituir as atividades disponíveis na plataforma Microsoft", completa o gerente. Durante esse tempo, o uso do ambiente Linux foi testado em diversas estações de trabalho com o objetivo de substituir as atividades mais comuns na empresa, como planilhas, processadores de textos e correio. Hoje o software livre está instalado em 150 estações PC em todas as unidades da empresa. Outras 300 estações continuam funcionando em plataforma Windows. Também foi avaliada, durante o processo de migração, a compatibilidade com padrões de arquivos nos formatos mais comuns, como doc, ppt e xls. Outra consideração técnica envolvida no procedimento foi a homologação para os periféricos utilizados na rede, como impressoras, monitores, placas de rede e placas de vídeo. De acordo com Ronaldo, foram avaliadas as ferramentas StarOffice e OpenOffice, além de outros produtos que acompanham o Linux. Em todas as estações onde foi instalado o software livre estão sendo utilizados Open Office, KDE e Acrobat Reader, sem necessidade, até agora, de aplicações proprietárias.

Sobre a empresa

O Angeloni Supermercados, hoje uma das principais empresas de varejo de Santa Catarina, iniciou suas atividades em 1958 na cidade de Criciúma, onde atuava comercializando fiambres. Em apenas um ano, o conceito de auto-serviço, ainda inédito no interior catarinense, conquistou os moradores e transformou a pequena loja dos irmãos Antenor e Arnaldo Angeloni em um mercado de 280 metros quadrados. O modelo deu certo e a empresa começou a se tornar uma marca forte e conceituada. Com a implantação dos departamentos de marketing e informática, que sempre procuraram apresentar soluções modernas e arrojadas, a nova rede de supermercados acabou transformando-se, desde o início de suas atividades, em um modelo de comércio. Esse conceito, centrado na melhoria constante no atendimento ao consumidor, começou a conquistar outros mercados. No final do ano passado, a rede inaugurou em Curitiba a primeira loja fora do estado de Santa Catarina, onde possui outros 17 supermercados, distribuídos em centros como Florianópolis, Blumenau, Joinville e outras cidades do interior. A rede Angeloni também possui de dez farmácias, três postos de combustíveis, uma beneficiadora de arroz e dois centros de distribuição.

A não necessidade de controle de licenças é uma das principais vantagens do Software Livre

A rede Angeloni quer investir US$ 100 mil em informática até o final do ano

Michele Müller - michele@qwnet.com.br

Departamento Nacional de Obras Contra a Seca (Dnocs)

www.dnocs.gov.br

A peculiar condição climática do Nordeste brasileiro, sobretudo a da zona semi-árida, estabeleceu nesta vasta área de caatingas uma civilização em constante luta pela sobrevivência, buscando transpor os obstáculos em busca de uma vida melhor. Quando em 1909 foi criada a Inspetoria de Obras Contra as Secas, o que se vislumbrava era uma débil economia sob a tutela do coronelismo oligarca, a extrema pobreza do sertanejo assolado pelas disparidades climáticas, um regime desigual das chuvas durante o ano e a escassez da água, fatores esses que causavam uma grande vulnerabilidade no seio das populações que habitavam a região

Pingüim arretado - Implantação do Linux no Departamento Nacional de Obras Contra a Seca (Dnocs), com sede em Fortaleza, desburocratiza serviços e evita o risco de autuações por uso de licenças ilegais

Um pingüim no meio do sertão nordestino. O que parece inimaginável começa a se tornar realidade, graças à adoção de Linux pelo Departamento Nacional de Obras contra a Seca (Dnocs), o mais antigo órgão federal com atuação no Nordeste, vinculado ao Ministério da Integração Nacional e com sede em Fortaleza (CE).

Até o ano passado, boa parte dos softwares proprietários utilizados pela instituição não tinha licença. "Talvez até por desconhecimento das administrações anteriores", explica o engenheiro Adbeel Goes Filho, que assumiu em 2002 a supervisão de informática do Departamento. Um dos objetivos mais urgentes do supervisor era legalizar os sistemas. Assim, várias licenças foram obtidas, mas a entidade acabou se deparando com a falta de recursos para continuar comprando softwares. "SDecidimos instalar o Linux, que se mostrava uma alternativa estável, segura e de baixo custo. A solução surgiu numa hora em que a criatividade e o amor ao Dnocs de cada membro da nossa equipe transbordou como açudes em tempos de chuva farta~T, romantiza Adbeel.

Foram instalados softwares livres nas áreas administrativas e de engenharia da instituição. Na administração central, no Ceará, 70% dos programas utilizados são open source. Nas coordenações regionais de Alagoas, Sergipe, Piauí, Pernambuco, além de Rondônia e Minas Gerais (que, mesmo não sendo estados nordestinos, estão vinculados ao Dnocs), esse número é de 60%. Também foi substituído por Linux parte dos softwares da coordenação de Rondônia e Bahia. Em todas as redes, os Microsoft Office não licenciados foram substituídos pelo OpenOffice 1.0.1. Os Norton Antivírus sem licença foram trocados pelo AGV e todos os servidores Microsoft SQL foram retirados. Desde a adoção de programas Linux, todos os usuários da rede de computadores da instituição foram proibidos de instalar softwares sem licença. Para garantir a legalidade das atividades, são promovidas auditorias internas a cada três meses.

De acordo com o supervisor, até a troca de sistema ser concluída, outros problemas paralelos à falta de licença atrapalhavam o trabalho dos funcionários. O site da instituição, que utilizava servidores Windows NT4, era invadido e pichado com freqüência. Havia constante perda de conexão e ataques de vírus, o que consumia boa parte das horas de trabalho da equipe, já bastante reduzida devido aos recursos escassos da instituição. "Além disso, nossos aplicativos sofriam constantes interrupções e acessos não autorizados em decorrência da falta de segurança dos sistemas operacionais e bancos de dados usados", completa.

pJuntamente com o fim dos problemas de falta de licença e de recursos, a migração para o Linux tornou possível a integração do Departamento com o mercado. Informações, como a história completa da primeira instituição a estudar o problema do semi-árido, passaram a ser disponíveis, graças à interatividade com o usuário que o sistema permite. Internamente, a solução trouxe vantagens para os próprios funcionários, que passaram a dedicar mais tempo às tarefas funcionais sem as freqüentes paradas para recuperação do sistema operacional e retirada de vírus. Também trouxe agilidade ao processo de instalação de softwares e reduziu a praticamente zero a demanda por serviços como a reinstalação de sistemas operacionais e outros softwares.

Mesmo assim, a iniciativa chegou a ser considerada arriscada por muitos. "Não tínhamos informações suficientes do suporte existente e estabilidade dos softwares. Também havia uma resistência tola de não largar o Windows. Vencemos essa resistência por campanhas de 'quebra de tabu'", relata Adbeel. Ele conta ainda que foi criada uma sala de treinamento, onde foram promovidos, durante praticamente todo o ano de 2002, cursos periódicos sobre softwares livres e outros temas relacionados à mudança de plataforma. As instruções foram repassadas aos usuários por professores e estudantes de ambiente acadêmico.

Alguns problemas técnicos também foram enfrentados pelos funcionários no início, quando o acesso a rede Serpro - que permitia a maior parte da comunicação com o governo federal ~V era realizado por meio do SNA, executado somente em rede Windows. "Mas tivemos sorte, pois logo após nossas justificativas de utilização de softwares livres, o Serpro eliminou o SNA e liberou acesso via Web através do HOD", conta o supervisor.

Atualmente, são utilizados pelo Dnocs servidores DNS, SMTP, POP3, NIS e de arquivos com Conectiva Linux 8. Com relação a equipamentos, a instituição conta com dois servidores Pentium III de 256 MB RAM e disco de 60 GB. O servidor de banco de dados é um Conectiva Linux 8 com postgrade SQL. São utilizados dois servidores Pentium III com 256 MB RAM e disco de 120 GB. Somente as coordenações da Paraíba, Bahia e Aracaju ainda trabalham com servidores Windows NT4, embora exista o projeto de migração para o Linux. "Optamos pelo Conectiva pela facilidade de instalação e configuração e facilidade de aprendizado para o usuário final", esclarece Adbeel. Com relação às outras ferramentas adotadas, ele diz que a opção pelo Open Office foi devido ao baixo custo de recursos operacionais e interatividade com o usuário. Já o Postgrade SQL foi escolhido pela estabilidade, conectividade e farta documentação desse banco de dados. Com relação à linguagem de programação, a entidade ficou com Java e php, em decorrência da quantidade de recursos e ferramentas de produtividade disponíveis. Para servidor Web foi escolhido o Apache. ~SPela alta estabilidade e conceituação do mercado~T, explica Adbeel.

Um histórico de luta

Criada em 1909, durante o governo de Nilo Peçanha, a Inspetoria de Obras Contra a Seca (Iocs) - que quase quatro décadas mais tarde receberia o nome de Departamento Nacional de Obras Contra a Seca -, foi a primeira instituição federal nascida com o objetivo de apresentar soluções para o problema da falta de água no Nordeste.

Durante 50 anos, a entidade foi a única agência federal executora de obras de engenharia na região. Construiu açudes, estradas, portos, pontes, linhas telegráficas, usinas, ferrovias, rodovias (Fortaleza-Brasília), hospitais e campos de pouso. Até a criação da Sudene, era o único órgão responsável pelo socorro às populações flageladas pelas secas que afetavam a região.

Conforme a legislação básica, hoje esse órgão, no qual trabalham cerca de 2 mil pessoas, é responsável pelo beneficiamento de áreas e obras de proteção contra as secas e inundações, execução de irrigação da região Nordeste, radicação de população em comunidades irrigantes, atuar nos campos de saneamento básico, assistência às populações atingidas por calamidades públicas e cooperação com municípios.

Tecnologia **utilizada**

Suíte Office: OpenOffice 1.0.1

Antivírus: AGV

Conectiva Linux 8 utilizado como sistema operacional nos servidores de DNS, SMTP, POP3, NIS e de arquivos.

Banco de dados: Postgrade SQL

Servidor web: Apache

Para saber mais: Ministério da Integração Nacional www.integracao.gov.br

Laboratório de Tecnologia Pesqueira e Hidroacústica

Fundação Universidade Federal do Rio Grande

www.furg.br

Laboratório de Tecnologia Pesqueira e Hidroacústica (LTPH), da Fundação Universidade Federal do Rio Grande (FURG), sediado em Rio Grande, Rio Grande do Sul

A costa brasileira em Linux - No Laboratório de Tecnologia Pesqueira e Hidroacústica (LTPH), da Fundação Universidade Federal do Rio Grande (FURG), sediado em Rio Grande, Rio Grande do Sul, a Oceanografia e a Informática andam lado a lado há mais de 10 anos.

Desde 1996, o LTPH integrou-se ao Programa REVIZEE , sob a coordenação do Prof. Dr. Lauro Saint Pastous Madureira. Este programa tem como objetivo realizar um inventário dos recursos vivos da costa brasileira e relacionar suas ocorrências a fatores ambientais. Coordenado pelo Ministério do Meio Ambiente e a Comissão Interministerial para os Recursos do Mar (CIRM), o REVIZEE tem financiamento do Governo Federal e suporte do CNPq/MCT.

O trabalho do LPTH divide-se em duas tarefas básicas: buscar informações no oceano e processá-las em laboratório. O trabalho de mar é feito em cruzeiros de pesquisa no Navio Oceanográfico Atlântico Sul, que pertence à FURG. Este navio está equipado para a pesquisa marinha e especialmente para a ecossondagem, sendo que, para esta tarefa, o navio conta com uma ecossonda científica modelo EK500 de fabricação norueguesa. Este equipamento transmite som em direção ao fundo, a partir de um dispositivo colocado no casco do navio. Sucessivas transmissões ao longo do deslocamento do navio registram os cardumes de peixes, o plâncton e a profundidade do fundo marinho. "Imaginem como se fosse uma ultrassonografia do mar", comenta Lauro. Para o georreferenciamento de todas informações, a ecossonda comunica-se com o GPS (Global Positioning System) e, a partir destas ferramentas, é gerado um banco de dados, contendo as posições exatas dos dados acústicos. Os dados da ecossonda são exportados por duas portas, uma serial RS232 e uma ethernet LAN, para dois micros que registram as informações e os dados da EK500 em seus discos rígidos.

De posse de um poderoso banco de dados biológicos e ambientais, o grupo de pesquisa do LPTH se deparou com um problema grave: como plotar as informações sobre um mapa digital georreferenciado e que contivesse o relevo do fundo? Partindo do princípio de que o banco de dados do LPTH era muito bom e da necessidade de tornar públicos os resultados das pesquisas marinhas, os pesquisadores decidiram fazer seus próprios mapas!

Milhões de pontos

Como resultado da varredura realizada em sete extensos cruzeiros de pesquisa ao longo da costa brasileira, percorrendo mais de 29.000 km de sondagens, entre o Chuí, extremo Sul do Brasil e a costa da Bahia, o LTPH passou a contar com cerca de cinco milhões de dados sobre a batimetria desta região. E é dentro desde contexto que, há a pouco mais de dois anos, o LPTH vem se aprimorando nesta "quase arte" de fazer mapas 3D do fundo marinho, a partir deste volume de informações.

O laboratório da FURG também utilizou os trabalhos profissionais de outro Oceanólogo, Sandro Klippel. Usuário de Linux há cinco anos, Sandro participou da fase inicial de criação dos mapas 3D e ministrou um curso de GRASS.

Os softwares

A partir de pesquisas na Internet, foram selecionados dois softwares livres para a tarefa de criar os mapas 3D: o GMT (Generic Mapping Tools) e o GRASS (Geographic Resources Analysis Support System).

O GMT é desenvolvido por cientistas do Lamont-Doherty Earth Observatory (EUA) desde 1988, sendo uma ferramenta usada por mais de 500 instituições ao redor do mundo. Serve basicamente para "tratar" dados geográficos, interpolar grids e criar mapas em 2D. Na realidade o GMT é composto por cerca de 50 pequenos softwares que desempenham funções diversas e que não possuem interface gráfica, pois operam apenas por scripts.

O GRASS foi desenvolvido pela Agência de Pesquisa em Engenharia de Construção do Exército Americano, em 1982, e foi doado à comunidade do software livre em 1995. É um poderoso SIG (Sistema de Informações Georreferenciadas) com muitas funcionalidades não encontradas em nenhum outro software de sua categoria, como por exemplo, a visualização em 3D.

A preparação dos mapas

O GMT foi utilizado basicamente para filtrar os dados geográficos (com latitude, longitude e profundidade local). Como existe uma maior densidade de medições em algumas áreas da costa, os dados foram filtrados para a criação de uma matriz de pontos regularmente espaçados (grid) e assim evitar distorções nos mapas.

Depois, ainda no GMT, a matriz foi "interpolada" - processo que ~Sliga~T os pontos com dados e cria uma superfície contínua. Como existiam algumas áreas sem dados, foram utilizados dados de altimetria de satélite e de navios de ocasião para ~Sfechar~T o grid amostral, totalizando cerca de 860 mil dados. ~SMas eles compõem apenas 15% do total dos dados~T, frisa Lauro.

O LPTH chegou a testar programas proprietários para a criação de mapas e viu que interpolar seis milhões de pontos não era uma tarefa fácil, pois, com estas ferramentas, levava duas horas de processamento numa máquina de 1.4GHz com 640 de RAM, 1GB de swap e utilizando 60% dos dados (depois disto o micro travava). Já no Linux, todo o processo era feito em vinte minutos num micro K6-2 500 MHz com 256 de RAM e utilizando 100% dos dados. Outro fator importante foi a redução de custos para o Laboratório, já que os softwares nessa área tem preços altos.

Os mapas em 3D

A visualização em 3D foi realizada a partir da importação do grid no GRASS e da utilização do seu módulo, chamado NVIZ. O NVIZ possui uma interface bem dinâmica, na qual parâmetros como a posição e a iluminação da superfície dos mapas podem ser mudadas rapidamente, ajudando a evidenciar detalhes nos mapas. Este módulo possui vários recursos, como por exemplo, criar animações no formato mpeg.

Agora o pessoal do LPTH pensa em acoplar o GRASS a um servidor em PostgreSQL, o que deverá facilitar bastante o trabalho na hora de cruzar dados dos seus cruzeiros de pesquisa, pois este trabalho ainda é feito manualmente. Também existem idéias de utilizar a linguagem estatística R em conjunto com o GRASS para estudos geoestatíscos.

O futuro

O Laboratório espera agora pela realização de trabalhos na região Nordeste e Norte, setores que ainda não foram mapeadas pelo LTPH.

"Os mapas não servem apenas para criar uma imagem do fundo marinho, são também ferramentas poderosas que estão nos ajudando a entender como o relevo do fundo pode influenciar as correntes marinhas. Nossa proposta de trabalho final é um produto que apresente os mapas de fundo e, sobre estes, dados ambientais georreferenciados que contenham informações sobre a riqueza das águas, sobre o plâncton, as correntes marinhas, circulação das águas na área de trabalho, e sobre isso tudo plotaremos os dados de estoques pesqueiros de que dispomos. Pretendemos assim contribuir significativamente para o entendimento dos fatores que determinam as características dos ambientes da costa brasileira, particularmente aqueles diretamente ligados à pesca marinha no Brasil", comenta Lauro.

Christian dos Santos Ferreira - É Oceanólogo, trabalha no Laboratório de Tecnologia Pesqueira e Hidroacústica da FURG, onde é bolsista do programa REVIZEE(CNPq). Dedica-se à criação dos mapas 3D e pesquisa, como as interações entre o fundo marinho e as correntes marinhas podem estar relacionadas com a distribuição dos peixes ao longo da costa brasileira.

Universidade de Caxias do Sul

UNIVERSIDADE
DE CAXIAS DO SUL
www.ucs.br

Universidade de Caxias do Sul é uma instituição de ensino superior, comunitária e regional, com atuação na região nordeste do Estado do Rio Grande do Sul. Foi fundada em 10 de fevereiro de 1967 e sua criação resultou do esforço de diferentes segmentos da sociedade da época que viam na instalação de cursos superiores uma condição para a promoção do desenvolvimento da região.

Universidade organiza seu sistema com Linux - Até 2004, a Universidade de Caxias do Sul espera concluir migração, apresentando economia de 50% na troca de softwares proprietários por livres

Para a Universidade de Caxias do Sul (UCS), no Rio Grande do Sul, a migração para o Linux foi uma boa maneira de canalizar investimentos para outras áreas. A partir da redução de 50% com custos na compra de softwares proprietários, os 31,6 mil alunos e 2.500 professores e funcionários da universidade passarão a contar com um novo gerenciamento de cadastros do sistema, além de senhas unificadas. No total, a UCS está investindo, na primeira fase de atualização, R$ 175 mil, entre softwares, hardwares, treinamento e serviços. A perspectiva é de que até o ano que vem toda a migração esteja concluída. Com um total de 2.206 máquinas, ligadas a 58 servidores, e distribuídas em 50 laboratórios em nove cidades, a UCS, que completou 36 anos em fevereiro, procurava soluções particulares, mas integradas. Tudo para que o sistema não se tornasse um caos.

A partir da prestação de serviços da Novell, empresa provedora de tecnologia de informação e que está no comando do projeto, a solução encontrada foi a transição do Netware para o Linux. A indicação para a mudança de plataforma também incluia a adoção de outros softwares, entre eles o NDS eDirectory (gerenciador de identidades e diretórios), Account Management (gerenciador de domínios e plataformas), o ZENworks (administrador de desktops) e o iChain e Secure Login (gerenciadores de senha). Segundo o supervisor de tecnologia da informação da USC, Heitor Strogulski, essa não foi apenas uma mudança de Netware para Linux, mas sim uma migração para o software livre. "As razões para a mudança nos servidores de aplicação e banco de dados foi a conhecida robustez e estabilidade. Para a mudança do Netware, são os custos de licenciamento", completa.

A universidade não trocará apenas o sistema operacional por software livre, mas também já substituiu o Microsoft Office pelo OpenOffice.org e o SGBD Oracle por Firebird e PostgreSQL. Para a unificação de senhas, está sendo usado o Secure Login, que permite ao aluno usar uma única senha para acessar o sistema (biblioteca, checagem de e-mails, etc.). Para o correio eletrônico, o Novell GroupWise está em fase de transição para o Postfix. "São quase 25 mil usuários que terão suas caixas postais migradas. Ainda temos pela frente a parte mais difícil, que é a migração dos servidores de rede, aproximadamente 40, que deve acontecer ainda em 2003", explica Strogulski.

Para os alunos, a principal diferença será a tela de login em rede. O Group Wise também será modificado. "Indiretamente, os alunos terão maior disponibilidade e desempenho do sistema. Nos laboratórios já temos disponíveis softwares como OpenOffice.org e GNU/Linux nos desktops, com dual boot e a receptividade tem sido boa", comenta o supervisor. Novos serviços de consultoria da Novell também foram contratados pela universidade. Esses serviços visam ajudar na migração de plataforma. Foram feitos contratos para o suporte técnico, com duração de um ano, fornecimento de consultoria (Master Consulting Agreement) e o Academic Licence Agreement (ALA), renovado anualmente.

Treinamento

A equipe Novell participou do desenho do projeto, com um consultor sênior e mais a equipe do Sisnema, parceiro local. A Novell também sugeriu o treinamento de dois funcionários. "A USC comprou vouchers que dão direito a treinamentos nos centros autorizados Novell. Sendo assim, eles foram orientados a fazer dois cursos de Novell eDirectory e gerenciamento de desktops com base no Novell ZENworks", explica o gerente de contas corporativas da Novell, René Ribas. Este treinamento teve a duração de 13 dias para cada funcionário.

Um pouco da UCS

A Universidade de Caxias do Sul (UCS) é uma instituição de ensino superior, comunitária e regional criada em 1967, a partir da união de cinco instituições: Faculdade de Ciências Econômicas, Faculdade de Filosofia, Escola de Enfermagem Madre Justina Inês, Faculdade de Direito e Escola de Belas Artes.

A UCS atua em 70 municípios da região nordeste do Rio Grande do Sul, entre eles Bento Gonçalves, Vacaria, Farroupilha e Canela.

Seu Campus Sede está localizado na Cidade Universitária, em Caxias do Sul, onde estão instalados os principais órgãos e serviços de administração e apoio às outras unidades. Oferece 37 cursos de graduação em 57 habilitações, em todas as áreas de conhecimento. Além desses cursos, a UCS desenvolve quatro programas institucionais de mestrado em Biotecnologia, Turismo, Direito e em Letras e Cultura Regional. A UCS também mantém convênio com outras universidades no desenvolvimento interinstitucional de outros cursos de mestrado e doutorado.

Tecnologia utilizada
Diversas distribuições, com vários kernels: Suse, Red Hat e Debian.
Plataforma usada: Intel
Servidor de banco de dados: Oracle, Firebird, MySQL.
Tamanho do banco de dados: Diversos bancos de dados, em vários servidores. Mais de 300Gb.
Rede: TCP/IP. Links privativos e rádio entre as unidades.

Pastoral da Criança da CNBB

www.pastoraldacrianca.org.br

Essa história começou em 1982, numa reunião da ONU em Genebra, quando o Cardeal Dom Paulo Evaristo Arns, então Arcebispo de São Paulo, encontrou-se com Mr. James Grant, Diretor Executivo do UNICEF na época. Este o convenceu de que a igreja poderia ajudar a salvar milhares de vidas de crianças que morriam de doenças facilmente preveníveis como, por exemplo, a desidratação causada pela diarréia. O soro oral era considerado um dos maiores avanços da medicina na época. Voltando ao Brasil, Dom Paulo conversou com sua irmã, a médica pediatra e sanitarista Dra. Zilda Arns Neumann, pedindo-lhe que pensasse de que maneira se poderia concretizar essa idéia.

Software Solidário - Pastoral da Criança, maior entidade social brasileira e que atua no combate à mortalidade infantil, implanta Linux em 300 pontos espalhados por todo o Brasil

Há um ano, a Pastoral da Criança, organismo de ação social da Conferência Nacional dos Bispos do Brasil (CNBB), com sede em Curitiba, passou a adotar softwares livres em seu sistema. De 300 computadores rodando em Linux, agentes voluntários transmitem dados de 35 mil comunidades carentes espalhadas em 4 mil municípios de todo o Brasil, além da sede da instituição em Angola, onde o software livre também está sendo implantado, formando a maior rede comunitária do mundo. No total, são 350 milhões de registros computados por trimestre - entre planilhas de acompanhamento de crianças, dados de ações básicas de saúde, balanços gerais, etc. - que são captados pelos computadores em todo o Brasil e que guiam as ações da entidade em termos regionais.

Rodando com servidores Linux, banco de dados Postgresql, linguagem PHP e distribuição Debian, a instalação do sistema (da compra de máquinas ao desenvolvimento dos programas) foi financiada pelo governo federal, através do Banco Nacional de Desenvolvimento Econômico e Social (BNDES) - total de R$ 1,6 milhão -, e conta com a assessoria técnica de estudantes do curso de Bacharelado em Informática da Universidade Federal do Paraná (UFPR). Desse total, a Pastoral gastaria um montante de R$ 200 mil somente na compra de licenças, caso a opção fosse por softwares proprietários. "Além de gastar esse valor alto para nossos padrões, teríamos que criar uma estrutura muito mais robusta para atualizar os softwares", comenta Leandro Wistuba, analista de sistemas da Pastoral da Criança.

Fora o lado financeiro, Wistuba aponta a flexibilidade em se trabalhar com programas open source como outro fator decisivo na escolha. Ainda mais no caso da Pastoral. Por lidar com pessoas carentes, de baixa renda e, principalmente, de pouca instrução, os programas deveriam ter o manuseio o mais facilitado possível. Ou seja, nada que pudesse confundir os usuários, que muito pouco ou nada conhecem de informática. Isso só foi possível graças ao desenvolvimento de um software mais simples, voltado para as pessoas assistidas pela Pastoral. "Dar um CD usual de instalação para essa gente é como dar um livro para um analfabeto", compara Wistuba. Para contornar essa situação, técnicos da Pastoral da Criança desenvolveram um programa de funcionamento simples, cuja instalação e configuração são totalmente automáticas. Mesmo assim, 500 representantes das coordenações estaduais da Pastoral foram treinados para utilizar o software. No total, o processo de treinamento levou quatro meses.

Segurança

De acordo com o assessor técnico da Pastoral da Criança, Renato Kajita, o Linux se mostrou também uma alternativa segura para todo o sistema. O programa desenvolvido não permite a instalação de outros softwares que não o desenvolvido pela Pastoral. "Desta forma, o computador serve à causa da Pastoral e não a interesses individuais, com pessoas instalando jogos e outros softwares", argumenta.

O bloqueio a outros tipos de softwares também combate a pirataria. Como muitos dos computadores estão instalados em regiões distantes, de difícil acesso, auditorias para fiscalizar a instalação de softwares piratas são praticamente impossíveis. "Em algumas regiões amazônicas onde esses computadores estão, leva-se de 10 a 15 dias para se chegar, já que o barco é o único meio de transporte", ilustra Kajita.

A instalação dos computadores rodando em Linux trouxe também maior agilidade aos procedimentos da Pastoral da Criança. A partir deles, a transmissão de dados, que antes levava de 30 a 60 dias, passou a ser automática. Tudo porque o sistema eliminou uma boa parte de informações enviadas pelo correio. Segundo Kajita, a Pastoral ainda não possui um levantamento conciso de quanto isso representou de economia com gastos de papel e tarifas de correspondência. Entretanto, os resultados estão aparecendo a cada dia. "Através de qualquer computador, os voluntários podem interagir imediatamente", aponta.

Parcerias

Para atender à demanda, a Pastoral trabalhará em parceria com a UFPR. Dez alunos do curso de Ciência da Computação e mais três professores auxiliaram na configuração do CD no sistema, bem como no desenvolvimento de aplicativos de coleta de informações.
Conforme explica o professor Roberto Hexsel, responsável da UFPR pela parceria, a partir de agora, o departamento de Informática da universidade ficará responsável pelo levantamento das demandas computacionais e pela especificação dos PCs, além da concepção do sistema, escolha de aplicativos, entre outras funções. "A principal importância em se integrar alunos nessa parceria é o aprendizado que eles adquirem", argumenta o professor Hexsel.

Pastoral é indicada ao Nobel da Paz

Em 2003, a Pastoral da Criança, presidida pela médica Zilda Arns, estará concorrendo ao Prêmio Nobel da Paz. Graças a suas ações educacionais, que atendem a 72 mil gestantes e 1,5 milhão de crianças de todo o Brasil e de mais 14 países da América Latina, África e Ásia, o governo federal indicou a Pastoral para concorrer ao prêmio pela terceira vez.

Todo o trabalho da entidade é feito por 150 mil voluntários das próprias comunidades carentes, que são capacitados a atuarem com ações educacionais no combate à desnutrição e à mortalidade infantil. Sempre focadas na família, especialmente nas mães, as ações levam noções básicas de saúde, nutrição, educação e cidadania às pessoas carentes, como o estímulo ao aleitamento materno, controle de doenças respiratórias e diarréia, identificação de desnutrição, alternativas alimentares, entre outras. Entre as 1,5 milhão de crianças assistidas, a Pastoral alcançou a redução de 6% no índice de desnutrição. Além disso, enquanto a taxa de mortalidade infantil no país, medida pelo senso do IBGE em 2000, é de 29,6 a cada mil crianças nascidas, a das crianças atendidas pela Pastoral fica em 14 por mil - redução de 47%.

Tecnologia utilizada
Aplicativos: OpenOffice e Netscape
Banco de dados: Postgresql
Linguagem: PHP
Distribuição: Debian
Marcos Xavier Vicente - marcosxv@RevistaDoLinux.com.br

Cyclades

cyclades
Everywhere with Linux

www.cyclades.com.br

Fundada em 1991, a Cyclades é uma empresa global com mais de 15 filiais pela América do Norte, Europa, América Latina e Ásia. A matriz é localizada em Fremont, Califórnia. Os roteadores e servidores de acesso remoto da Cyclades se ajustam plenamente às necessidades e ao orçamento das corporações e dos provedores de serviços à Internet. A nova linha de produtos com sistema operacional Linux (Linha NL) incorpora poderosas funcionalidades de forma flexível e rápida, acompanhando a evolução do ambiente de rede de cada cliente.

A Cyclades consolida-se como um dos melhores fornecedores de hardware para Linux e quer ampliar sua participação no mercado mundial. A Alemanha é o próximo alvo

No começo dos anos 90, João Lima desembarcava nos Estados Unidos com uma missão impossível: Instalar uma fábrica e conseguir negócios no fechadíssimo mercado norte-americano. Segundo ele, "tudo lá é acessível, basta ter dinheiro. Se quiser abrir uma empresa, em menos de uma semana você a terá, pois tudo é fácil e não há burocracia alguma". Mas, depois de começar sua empreitada, João ainda teria a terrível incumbência de conseguir viabilizar um negócio num mercado cuja característica principal é o protecionismo ferrenho. Com muito pouco dinheiro e uma vontade "sertaneja", todos os dias, enquanto dirigia na volta para casa, João tinha um olho na estrada e outro no céu perguntando: "Como é que eu vou fazer? Tem que haver um jeito. Deus, dê-me uma luz, um caminho a seguir...".

Sua empresa, a Cyclades, uma pequena fábrica brasileira de equipamentos de rede, havia concluído que se quisesse continuar a produzir sua linha de equipamentos, ao invés de se tornar mera distribuidora das grandes empresas americanas ao longo dos anos, teria que tentar se impor no mercado internacional, mais precisamente nos Estados Unidos.

Nem é preciso dizer que o começo foi desanimador, mas um misto de política de persistência, acaso e isolamento comercial fizeram sua atenção se voltar para as súplicas de um pequeno gueto na época: "Vocês não têm uma solução para Linux? Haveria a possibilidade de vocês escreverem um driver?". Não foram poucas pessoas que João atendeu com essas consultas e, apostando nesse mercado, toda a Cyclades arregaçou as mangas, começou a escrever drivers e a estudar as características de roteamento do Linux para projetar novos equipamentos. Esse casamento tornou-se profícuo e indissolúvel, levando a empresa a se projetar no cenário internacional.

Anos depois, rememorando as dificuldades iniciais, o sócio que ficou no Brasil garantindo a retaguarda, Daniel Dalarossa, e João Lima, essa dupla tecno-bandeirante que foi "cutucar a onça com vara curta", pela ousadia de ir desbravar um território em que a sobrevivência é literalmente uma batalha, ostentam no currículo da Cyclades os prêmios de "Melhor Hardware de Linux", da prestigiada revista Linux Journal, por seis anos consecutivos e mostram um perfil vencedor. Com um faturamento de US$ 16 milhões anuais e 130 funcionários, a matriz hoje está nos Estados Unidos e tem filiais na Inglaterra, Alemanha, Filipinas e no Brasil, é claro. Tem representantes em mais de 20 países e exportam até para lugares como Bangladesh, Albânia, Tchecoslo-vá-quia e Croácia. Nos últimos tempos, enquanto Daniel comandava a corpora-ção nos Estados Unidos, João Lima, que terminou virando o Sr. John Lima durante seus anos por lá, voltou a sentir "saudades da estrada" e bandeou-se para a Alemanha para explorar melhor os mercados que estão emergindo com a explosão européia do Linux.

Recentemente a empresa lançou o arrojado projeto NetLinOS, aberto para todos os que possam contribuir para aprimorar as tecnologias de conecti-cidade do Linux. Essa nova aposta da Cyclades é promissora o suficiente para provocar grandes alterações no mercado, principalmente se houver um crescimento vertica-lizado de Linux na área de aplicações de rede, coisa mais que provável, ainda mais se considerarmos as estatísticas e projeções dos maiores institutos internacionais de pesquisa. Para saber mais sobre a Cyclades a RdL foi entrevistar João Lima durante sua últi-ma visita ao Brasil.

A empresa foi premiada por seis anos consecutivos pela prestigiadapublicação Linux Journal

RdL - Como estão as operações da Cyclades na Alemanha?

JL - Não existem barreiras de importação entre Alemanha e Estados Unidos, e, como a Europa vive ago-ra uma explosão de Linux, está bem acessível fazermos grandes negócios por lá. Somos muito conhecidos na Europa como uma empresa de soluções baseadas em Linux e nossos prêmios de "Melhor Hardware", nos concursos da revista Linux Journal nos últimos anos, nos precedem em todos os contatos comerciais. Quando lembro dos nossos primeiros anos nos Estados Unidos e comparo com o panorama da Alemanha de hoje, sinto uma diferença brutal. Aquilo sim foi difícil. Aqui há uma consciência social forte, e a adesão à causa Linux é um fator bem mais importante que nos Estados Unidos. Por enquanto...

RdL - Poderia explicar como o Linux contribuiu nas suas soluções?

JL - Em termos bem práticos: as capacidades de roteamento do Linux nos permitiram projetar equipamentos com menos componentes, com custos mais competitivos e muitas soluções via software. Ele está intrinsecamente ligado ao sucesso de nossa empresa. Como o segmento de Network Appliances em que atuamos ainda engatinha em termos de software livre, temos uma ferramenta que desequilibra a concorrência.

RdL - Quando você fala em concorrência, pensamos logo na gigante da área, a Cisco. Fale-nos um pouco da dificuldade de atuar nesse mercado e também das diferenças entre os países para os quais vocês exportam.

JL - A fase que vivemos atualmente, com parcerias de peso como no caso da Cobalt nos Estados Unidos, e com as soluções que temos, com preços mais acessíveis, estão nos permitindo entrar com segurança em terreno "minado", o middleware. Sem Linux, não haveria como sonharmos com isso. Esse foi o motivo de patrocinarmos um projeto aberto, o NetLinOS, para que possamos "cortar" um sistema sob medida para qualquer solução de conectividade. Não se trata de uma nova distribuição, mas de um sistema totalmente orientado para hardwares específicos. Faço questão de frisar que esse projeto é aberto, qualquer um pode contribuir ou usufruir de suas soluções. Convidamos os interessados a visitar o portal www.netlinos.org para saber mais detalhes desse projeto. Quanto às diferenças entre países, poderia ficar falando por horas, mas, a título de exemplo, enquanto no mercado americano vendemos mais placas multi-seriais, no Brasil a preferência é por roteadores; enquanto na Alemanha o custo não é tão importante quanto a performance, na Croácia e no Brasil, este quesito tem um peso muito grande. De qualquer forma, se a questão é perfor-mance, ou custo, ou tecnologia de conecti-vidade, o Linux é ideal para qualquer uma delas.

RdL - Parece que você gosta do papel de desbravador, não é?

JL - A experiência nos Estados Unidos foi magnífica, aprendi muita coisa nos anos que passei na Califórnia. Parecia que eu acordava todo dia para quebrar pedras e tudo foi conquistado com um esforço fenomenal, mas realmente valeu a pena. Tudo naquele mercado é superlativo, é "huge", é "big", mas em contra-ponto à filosofia do "o dinheiro é a coisa mais importante na vida", que os americanos prezam, agora vivo em uma sociedade em que os valores são diferentes.

Exército Brasileiro – Forças Armadas do Brasil

www.exercito.gov.br

Desde os primórdios da colonização portuguesa na América, desenvolveu-se em terras brasileiras uma sociedade marcada pela intensa miscigenação. O sentimento nativista aflorou na gente brasileira, a partir do século XVII, quando brancos, índios e negros, em Guararapes, expulsaram o invasor estrangeiro. O Exército, sempre integrado por elementos de todos os matizes sociais, nasceu com a própria Nação e, desde então, participa ativamente da história brasileira.

Braço forte, mão amiga - Eliminar barreiras no aprendizado de ferramentas livres foi o principal obstáculo para o Exército Brasil acima de tudo! Esse é o lema de uma instituição presente em todo o território nacional, que defende não somente a Unidade territorial do país, mas também presta serviços sociais de grande relevância. Além disso, implanta projetos inovadores de informática que buscam não somente estar à frente no uso das tecnologias mais recentes, mas também obter economia de materiais. Estamos falando do Exército Brasileiro, que está descobrindo aos poucos todas as potencialidades do software livre. Embora o uso de software livre ainda seja restrito, se comparado com a gigantesca estrutura do Exército, os resultados já aparecem e chamam a atenção dos oficiais mais graduados das Forças Armadas. Em Santiago, cidade gaúcha localizada a cerca de 500 km de Porto Alegre, na fronteira-oeste do Rio Grande do Sul, o Linux foi adotado de corpo e alma pelo 19° Grupo de Artilharia de Campanha (19° GAC), "Grupo Barão de Batovy". A Unidade está subordinada à 1ª Brigada de Cavalaria Mecanizada, "Brigada José Luís Menna Barreto", que por sua vez faz parte do Comando Militar do Sul. Com 52 mil habitantes, a principal atividade econômica da cidade de Santiago é a agropecuária.

Um ousado projeto de informatização realizado pelo Escritório de Qualidade Total do 19° GAC, ganhou impulso a partir de maio de 2000. Uma reunião com o comandante da Unidade, Coronel Antônio Fernando Rosa Dini e o Tenente Fábio Benevides Freire foi decisiva para que o software livre começasse a ser utilizado pelo Exército. "Sentimos a necessidade de adotar medidas para a economia de material de e expediente no âmbito da Unidade", diz o Cabo Paulo Ricardo Cariolato, que também participou da reunião e é usuário desde as primeiras versões do Linux. Ele também foi instrutor de informática do Senai, que mais tarde seria um fator fundamental para a disseminação do software livre naquela Unidade.

O Plano Diretor de Informática que começava a ser elaborado no 19° GAC tinha como objetivo a implantação de redes em âmbito local (Intranet), o que possibilitaria, com alta taxa de transferência, o envio e o recebimento de correio eletrônico, consultas à base de dados dos servidores por meio da World Wide Web, FTP, sistema de Firewall, monitoramento dos usuários, acesso de redes remotas (Internet) por todos os microcomputadores da rede e backup de dados de todas as seções do Grupo. O Plano ainda previa a instalação do StarOffice.

"Trata-se de uma poderosa ferramenta de trabalho e de livre distribuição, com custo nulo", comenta Cariolato, que tinha como meta alcançar a maior economia possível em aquisição de sofwares. O Escritório de Qualidade Total passou então a rodar 100% com software livre, e atualmente conta com 6 colaboradores, chefiados pelo 1° Ten. Benevides, assessorado pelo Cb. Cariolato (gerente de redes), Cb. Perazolo (cabeamento), Sd. Cassol (suporte) e Sds. Moacir e Estanislau (auxiliares). O que torna a experiência dos militares gaúchos mais interessante é que o investimento para implantação das soluções baseadas em Linux foi muito baixo, pois foi reaproveitado um pacote do Conectiva Linux para efetuar as instalações, e a mão-de-obra previamente qualificada já existia.

Falta de conhecimento

Alguns problemas foram encontrados pelo Grupo, principalmente em se tratando da falta de conhecimento dos próprios usuários.

"A maior dificuldade que enfrentamos no início foi a resistência inicial por parte dos operadores, devido a mudança para o novo sistema", diz Cariolato. As pessoas estavam habituadas com outros programas e muitas delas já haviam realizado cursos fora da corporação. A solução encontrada pelos militares foi dar um pronto suporte aos usuários e ofertar cursos gratuitos dentro da Unidade, com módulos do StarOffice Write, Star-Office Calc e correio eletrônico, além de digitação e também diversas palestras de conscientização dos motivos pelos quais a Unidade estava utilizando os novos sistemas e aplicativos. "Logo após as primeiras aulas, as pessoas perceberam que o StarOffice possui inúmeros recursos adicionais, que os ajudariam nas atividades diárias", esclarece Cariolato.

O parque de máquinas limitado também foi uma das razões decisivas para o uso de software livre no 19º GAC. "Assim pudemos aproveitar todos os nossos computadores antigos", destaca o Cabo Cariolato. Diversas versões do Linux foram avaliadas, sempre com a preocupação de que as normas estabelecidas pelo Plano Diretor, que estava voltado ao serviço de correio eletrônico, FTP, www e proxy, bem como firewall e disponibilidade de impressoras, fossem atendidas. O Conectiva Linux 6.0 foi o sistema adotado na Unidade, pois, de acordo com o Cabo Cariolato foi o sistema mais estável nos servidores e estações de trabalho da Unidade, além de possuir ótimo suporte ao usuário.

A economia de recursos em aquisição de softwares proprietários e em material de expediente, como folhas de ofício, cartuchos de tinta, xerox de documentos, disquetes, CD-R, além da qualificação técnico-profissional de usuários estão entre os maiores benefícios obtidos pelo 19º Grupo de Artilharia de Campanha, de Santiago-RS. O retorno do pequeno investimento foi obtido a curto prazo, já que, não havendo a necessidade da aquisição de softwares proprietários e na redução de inúmeros materiais de expediente, aquela Unidade teve uma economia bimestral em até 60%.

Fator social

Além da economia obtida a partir dos materiais, o que se destaca também é o fator social. Com a implantação do Linux nos computadores da Unidade, todos os militares interessados estão recebendo a oportunidade de se capacitar não somente em Linux, mas também no uso do StarOffice, além de digitação. "Capacitamos os militares do quadro temporário, proporcionando uma qualificação técnico-profissional, para um futuro emprego no segmento civil", destaca o Cabo Cariolato.

A experiência da Unidade de Santiago está chamando a atenção de outras Unidades do Exército. O chefe do 1º Centro de Telemática do Exército, com sede em Porto Alegre, visitou recentemente as instalações do 19º GAC e gostou dos resultados obtidos a partir do uso do Linux/StarOffice. "Nossa experiência poderá servir como referência para os estudos de substituição de plataformas no Exército, uma vez que já estamos bastante avançados em relação ao uso do Linux e do StarOffice, pois já sabemos das dificuldades e, principalmente, dos benefícios que os novos sistemas nos trouxeram", complementa Cariolato.

Rodrigo Asturian - asturian@RevistaDoLinux.com.br

Preserve Segurança

www.preserve.com.br

Desde 1973, atua com excelência na área de segurança para terceirização de mão-de-obra, carros blindados e Vigilância armada.

Pingüim Blindado - Empresa de Segurança e Transporte de Valores aumenta produtividade com automação utilizando Linux

A Preserve Segurança e Transporte de Valores Ltda. tem sua matriz na cidade de Recife-PE e atua no mercado de segurança, transporte de valores e retaguarda bancária a mais de 30 anos. Ela conta com filiais em diversas cidades brasileiras como São Paulo, Salvador e João Pessoa, e emprega mais de 3.000 pessoas. A Preserve classifica-se hoje como líder no segmento em que atua, cujas atividades, além de transporte e segurança de valores, envolvem a área de retaguarda bancária e a compensação de documentos. Entre os seus clientes da empresa, estão bancos como Itaú, Real-ABN, Banco do Brasil, Unibanco e Bradesco. Desde agosto de 2001, a tesouraria da Preserve começou a ter sua rotina de trabalho simplificada por um processo de automação do processamento de numerário e meios de pagamento. A produtividade aumentou sensivelmente, pois várias etapas feitas manualmente, passaram a ser desempenhadas pelo sistema de automação desenvolvido internamente pela Preserve.

O coração do sistema é um cluster de alta-disponibilidade rodando Linux e Interbase Open-Edition. Desde o início dos trabalhos, nunca mais o cluster foi desligado, estando disponível 100% do tempo. "Há necessidade de confiabilidade e escalabilidade do servidor para o tipo de atividade que trabalhamos", comenta Dalmo Cirne, Gerente de Informática da Preserve.

O cluster foi montado com máquinas simples, facilmente encontradas no mercado. São dois Pentium III de 750MHz com 256 Mb de RAM cada. Eles processam mais de 150.000 transações diárias, vindas de diversos terminais conectados a eles.

Além de servidor de banco de dados o cluster também roda o Samba, funcionando como um servidor de arquivos que, aos poucos, ganha mais e mais adeptos. Não há reclamações do tipo "Não consigo acessar o servidor!", "Meu drive perdeu o mapeamento!".

A Preserve investe no treinamento do nosso pessoal do CPD para capacitá-lo a administrar e dar suporte em Linux. Hoje eles já conseguem desempenhar praticamente todas as tarefas de que a empresa necessita e, além disso, temos uma empresa local que nos presta o serviço de suporte sempre que temos alguma dúvida maior. "Há dezenas de empresas que prestam suporte em Linux. O argumento de que ao instalar o Linux você está por conta própria já não é mais válido. Basta olhar em um jornal ou revista especializada e escolher o nome de uma empresa", afirma Cirne.

Há planos para em breve a empre sar usar apenas Linux nos nossos servidores e estações de trabalho. O benefício do uso do Linux na empresa é visível. O fato de ter optado por softwares livres levou à economia de mais de R$ 20.000,00 em licenças de uso, apenas na matriz da empresa. "Dessa forma tivemos acesso a softwares de qualidade superior com praticamente nenhum custo e investimos o dinheiro em outros projetos", ressalta.

Tecnologia Adotada
Distribuição
Red Hat 7.1 com o kernel recompilado para suportar o tipo de partição ext3 (servidor) e Conectiva Linux 6.0 nas estações.
Equipamento para o cluster
2 Pentiums III de 750MHz com 256 Mb de RAM cada.
Quem desenvolveu
Equipe interna da Preserve, 5 pessoas (entre gerente e desenvolvedores)
Treinamento
A equipe foi treinada por uma empresa terceirizada - Athiva Informática, pois na Preserve só havia servidores Novell e Windows NT.
Fase
Avançada, estão substituindo todos os serviços da Novel e do NT pelo Linux (Samba, SMTP, Servidor Web, DNS e NIS).
Investimento da solução
O montante investido na solução foi de cerca de R$ 100.000,00, divididos entre treinamento, implementação e equipamentos (o sistema operacional, conectividade e banco de dados foram gratuitos).
Tempo de desenvolvimento
O projeto começou a ser desenvolvido em janeiro de 2001 e começou a funcionar oficialmente dia 15/08/2001.
Economia
Mais de 20 mil reais em licenças de software

FAST FOOD – Distribuição & Logística

www.fastefood.com.br	Com escritórios em São Paulo, Brasília, Chile e Maceió. Responsável pela comunidade de distribuição de várias empresas de alimentação no país, empresas estas que buscam a satisfação das necessidades do consumidor final.

Fast-Linux - Solução de gestão comercial baseada em Linux permitiu à Fast & Food agregar valor aos seus serviços, dando aos clientes total acesso a informações disponíveis em banco de dados

Sistemas de gestão comercial são indispensáveis para empresas que esperam permanecer no mercado com resultados positivos nos dias de hoje. E um setor que começa a descobrir o potencial do software livre é o de alimentos, mais precisamente nos segmentos de fast-food e food-service, que abrangem o atendimento de refeições coletivas a hotéis, hospitais e escolas. Em São Paulo, a empresa Fast & Food, fundada em 1997, é o exemplo de como empresas que precisam ampliar seus sistemas de informação podem ser beneficiadas com o Linux. A Fast & Food atende todo o território nacional e às necessidades logísticas e de suprimentos do mercado de fast-food. Entre os clientes e parceiros da empresa, estão as redes China in Box, Giraffas, Cinemark, Gendai, TGI Friday's, Brevitá, DeNadai, entre outros.

Não é surpresa que o Linux tenha proporcionado economia e confiabilidade à Fast & Food. A empresa cresceu rapidamente, e, como os investimentos são feitos com recursos gerados por ela própria, havia a necessidade de um sistema de informação ágil e de baixo custo. A GDY e Safety, empresa sediada em São Paulo, havia desenvolvido o sistema de gestão interno da Fast & Food que englobava todas as etapas operacionais, como controle de estoque, faturamento, financeiro, compras, etc. Só que o software de rede não satisfazia o cliente. "Ele não vinha dando o retorno esperado, tanto em confiabilidade quanto em custos de licença, e passamos para a opção do Linux que, de cara, já se mostrou confiável resolvendo um dos problemas que tínhamos, que era a corrupção constante de índices", diz João Barbosa, diretor da Fast & Food. No entanto, a questão do custo de licenças foi o principal fator que levou a empresa a migrar seu sistema de gestão comercial para o Linux, já que o número de funcionários e máquinas havia aumentado para atender a crescente demanda por serviços.

A própria GDY e Safety se encarregou de portar o sistema para o Linux. Mas haviam problemas técnicos que precisavam ser superados. O maior deles estava centrado na plataforma que suportava as atividades (Windows NT). "Os custos para uma atualização de plataforma, utilizando o ADS (Advanced Data Server), tornaria o projeto inviável", diz Ricardo Godoy, responsável pela solução implantada na Fast & Food. O sistema que rodava na plataforma NT era o Sistema de Gestão Comercial (SGC), versão NT. Porém, por uma necessidade de confiabilidade e segurança, era necessária a adoção de um banco de dados relacional. As opções iniciais passavam pela adoção do ADS ou da instalação da versão do SGC para Windows. "As duas soluções envolviam custos que a empresa não tinha como absorver no momento", esclarece Godoy.

Para João Barbosa, da Fast & Food, os consumidores acabam beneficiados com o software livre, inclusive, uma vez que o investimento em tecnologia é menor e a redução dos custos dos serviços acaba se refletindo na ponta final. "Conseqüentemente, aumentamos nosso faturamento, com uma gama maior de clientes", completa.

Portal

Para complementar e dar consistência para as operações comerciais da Fast & Food, outra solução foi implantada na empresa. A operacionalização do portal eSupri, especializado na venda de produtos, logística e distribuição para o comércio varejista de produtos alimentícios, que está no ar desde abril deste ano, alavancou o crescimento da empresa. Ele nasceu como uma extranet junto aos clientes da Fast & Food. Depois de seis meses no ar, o índice de pedidos feitos através do eSupri já atingiu um índice de 50%. "O site é um novo canal para se fazer pedidos e uma boa fonte de informação para a boa gestão do negócio na ponta final", salienta João Barbosa.

A estimativa dos investimentos na automatização de todos os processos é de R$ 60 mil por ano, já que as soluções demandam um processo constante de atualização e mutação. E os benefícios são expressivos. "Depois que passaram a ser feitos via portal eSupri, os pedidos da Internet agora caem diretamente no faturamento, sem a necessidade de digitação por parte dos funcionários", diz Barbosa, bastante satisfeito com o aumento da produtividade de seus colaboradores. Para ele, a tecnologia da informação proporciona ferramentas que trazem novos clientes, com atendimento personalizado e confiável.

O projeto de e-commerce adotado pela Fast & Food ainda terá novos recursos. Em uma próxima etapa, a empresa estará disponibilizando um link direto com o sistema de gestão dos seus clientes, no qual o sistema da Fast & Food leria todas as informações de estoque e vendas. "Com essas informações, a reposição poderia ser feita automaticamente, liberando os clientes para a atividade central deles, que é a venda ao consumidor final, e não a de cuidar do abastecimento da loja", diz João Barbosa.

Tecnologia adotada
Plataforma usada: Linux, com algumas estações Windows.
Servidor de banco de dados: DBF.
Tamanho do banco de dados: 1 Gigabyte.
Número de usuários concorrentes: 25.
Treinamento: não houve necessidade de treinamento, uma vez que o sistema continuou o mesmo. Foram necessárias 2 pessoas para o processo de migração dos sistemas, perfazendo o total de 220 horas para o desenvolvimento.
Tempo de desenvolvimento: 2 meses para o SGC for Linux e 3 meses para o eSupri.

O projeto em foco
O Sistema de Gestão Comercial (SGC) da Fast & Food atendia todas as necessidades operacionais, porém o crescimento da empresa fez com que se adotasse rapidamente uma tecnologia que apoiasse esse ritmo ascendente. Com a adoção do e-commerce, a solução Linux ganhou consistência.
Solução:
A Fast & Food optou pela adoção do Linux e desativou o NT. O sistema foi migrado para Flagship, com base de dados DBF. O e-commerce foi desenvolvido em HTML com FSGI e Base de Dados DBF. O eSupri foi reescrito em HTML/FSGI/MySQL.
Resultados
O sistema de gestão continuou a ser o mesmo, a confiabilidade da nova plataforma possibilitou uma maior confiança nas bases de dados, já que, com o Linux, o DBF tem um excelente comportamento. A implantação do e-commerce, a custos possíveis para a Fast & Food, proporcionou uma integração com os clientes, trazendo assim um grau de satisfação devido à melhoria de atendimento gerada pela tecnologia adotada. Com o total aproveitamento do código escrito para a plataforma NT, o tempo de desenvolvimento foi drasticamente reduzido. Além disso, a curva de aprendizado foi a menor possível, pois para o usuário final, não houve nenhuma mudança.

Rodrigo Asturian *asturian@RevistaDoLinux.com.br*

Hotel Faial Florianópolis

	Hotel num cartão postal de Florianópolis - SC
www.hotelfaial.com.br	

Pingüins no Hotel - Saiba como todo o potencial do Linux pode ser aproveitado em um segmento da economia que só cresce no Brasil: o turismo

Um dos lugares mais apreciados e visitados por turistas (e linuxers inclusive, já que recentemente a cidade sediou um encontro de grupos de usuários Linux) no Brasil, é Florianópolis. Com 42 belas praias e uma população bastante hospitaleira, a cidade destaca-se pela excelente qualidade de vida que oferece aos seus habitantes. Todos os anos, particularmente no verão, o município atrai uma grande quantidade de turistas, principalmente nossos hermanos argentinos. Para recebê-los, é necessário haver uma estrutura hoteleira bem preparada para que a estada na "ilha da magia", como é também conhecida, seja a mais prazerosa possível.

A rede hoteleira da cidade conta com um hotel que é literalmente movido a Linux. O hotel Faial, localizado no centro da cidade, conta com 2 torres, oferecendo o total de 121 apartamentos padrão luxo (suítes). A primeira torre, inaugurada em 1980, oferecia basicamente hospedagem para turistas. Com o desenvolvimento da hotelaria no centro de Florianópolis e com o surgimento do turismo de negócios e eventos, o hotel teve que se adaptar a esta nova realidade. Sendo assim, em 1997, foi inaugurada uma segunda torre denominada Faial Executivo. O Faial atualmente presta serviço de restaurante, room-service 24 horas, lavanderia, garagem, Internet em todos os apartamentos (ótima notícia para os linuxers!), salas de reuniões e centro de convenções, tornando-se mais competitivo e agressivo no mercado de hotéis de centro para executivos.

Em virtude de estar estrategicamente bem localizado no coração de Florianópolis e muito próximo do Centro de Convenções Centro Sul, o hotel garante uma ótima ocupação durante o ano todo, daí a necessidade de se ter um bom equipamento, com agilidade e qualidade na prestação de serviços. Com 45 funcionários, o hotel decidiu mudar seus sistemas de informática em outubro de 2001.

Problemas

O Hotel utilizava o sistema operacional SCO Unix em seu servidor, com estações diskless rodando apenas o software de hotelaria Desbravador. Entre os problemas encontrados pela empresa K1 Sistemas, de Florianópolis, responsável pela implantação da solução Linux no Hotel Faial, estavam a constante reindexação de arquivos e problemas com a instabilidade da rede. Assim, muitas vezes o hotel não conseguia cobrar dos hóspedes determinadas taxas de consumo, como ligações, pelo motivo de o sistema estar fora do ar e não as ter registrado. A insatisfação dos hóspedes pela demora no check-in ou check-out também era constante.

Além disso, o SCO Unix utilizado anteriormente era um sistema bastante antigo. Não existia muita mão de obra disponível na cidade para mantê-lo e o sistema era muito instável. O SCO Unix não oferecia todos os recursos que o Linux possui, como interface gráfica nas estações remotas, e não possui recursos de Internet. Por fim, o sistema não possibilitava manutenção remota, como hoje existe.

Solução

Com a aquisição de um novo servidor, decidiu-se instalar o Conectiva Linux 7.0, que, por fim, gerou um servidor de aplicações e outro de Internet. O Linux surgiu como a melhor opção para substituir o sistema operacional Unix que era utilizado no servidor e proporcionar mais estabilidade e versatilidade à rede. Os principais motivos que levaram a escolher o Linux foram: o custo com licenças de uso, a possibilidade de levar as estações sem HD à interface gráfica do Linux com todas as aplicações de e-mail (agilizando a comunicação interna), possibilidade de uso do StarOffice, entre outros.

A compatibilidade do Desbravador com o Linux facilitou o processo de migração, sendo que a compatibilidade foi imediata. Outro benefício importante obtido com a solução baseada em software livre foi a Internet nos quartos. Foi gerado um servidor Linux com todos os serviços de Internet e inclusive um nó de Internet completo. A placa multi-serial antes utilizada pelo SCO Unix, foi usada para instalar modems que, ligados ao servidor de Internet, recebem as ligações dos apartamentos (via ramal interno) e colocam o hóspede na web, sem a necessidade de cabear todo o hotel.

As vantagens obtidas com o sistema operacional do pingüim não demoraram a aparecer. "Além do baixo investimento, a estabilidade da aplicação é muito grande. Antes era necessária a reindexação de arquivos de 2 a 3 vezes por dia e com o Linux não há a reindexação nem uma vez ao mês", salienta Dionara Conrad, da K1 Sistemas. Outra vantagem é quanto ao reaproveitamento de máquinas obsoletas. Os investimentos estão centralizados no servidor, e com o Linux é possível reaproveitar máquinas mais antigas, comprar máquinas sem HD. Apenas amplia-se o servidor e tudo está resolvido. E no final das contas, a independência. O hotel agora não está mais suscetível aos constantes upgrades de equipamentos e atualizações de softwares.

O primeiro em SC 100% Linux

O hotel Faial é o primeiro em Santa Catarina a usar 100% o Linux. Com a redução das intervenções técnicas para manutenção, a produtividade cresceu em até 30% nos pontos de atendimento direto aos hóspedes. O benefício central da aplicação, sem dúvida, foi o ganho de performance e estabilidade em toda a estrutura do hotel.
Plataforma usada: Conectiva Linux 7.0.
Servidor de banco de dados: Dataflex.
Tamanho do banco de dados: 300 MB.
Rede: 10 Megabits.
Responsável pela implantação da solução: K1 Sistemas.
Número de desenvolvedores: 2 analistas.
Tempo de desenvolvimento: 2 dias para implantação.
Rodrigo Asturian - asturian@RevistaDoLinux.com.br

Stampa Distribuidora

	A Stampa é um Distribuidor Autorizado Nestlé, localizado em São José dos Pinhais, no Paraná. Tel. 41 382-1164

O limite é a imaginação - Com a migração para o Linux, um mundo de possibilidades abre-se para a Stampa, distribuidora de produtos Nestlé

Na próxima vez que você tiver à mesa um produto Nestlé, lembre-se: o Linux pode ter ajudado a fazer com que este produto chegasse às suas mãos. Procurando por segurança e rapidez em processamento, a diretoria e a área de TI da Stampa Distribuidora, uma das empresas responsáveis pela distribuição de produtos Nestlé no Brasil, decidiram pela implantação do Conectiva Linux, utilizado na empresa desde a versão 5, tanto em servidores como em desktops.

Antes, a Stampa trabalhava com rede Novell, e Francisco Aparecido da Silva, Gerente Técnico de Tecnologia da Informação, acredita que com a migração para o Linux a empresa ganhou muito em velocidade, estabilidade e segurança, quesitos chave para quem trabalha na área de logística. "É surpreendente! Um mundo de possibilidades se abriu e o limite é a imaginação", diz. "Enquanto muita gente perde tempo com problemas de vírus, por exemplo, nós e outros usuários Linux estamos sempre à frente".

Comunicação

Silva conta que antes do Linux, além da rede Novell, a empresa fez testes com outros sistemas de informação utilizando o Windows NT: "gastamos em hardware e em software, sem mencionar treinamento, e não conseguimos fazer 'deslanchar'". Os principais problemas aconteciam na área de faturamento, em que a requisição de tarefas ao servidor é muito intensa. A empresa crescia, agregando regiões de atendimento e aumento de representantes, e as dificuldades de processamento aumentavam.

A performance do processamento do Linux possibilitou migrar toda a área de faturamento para o novo sistema, e o volume diário de notas e bloquetos emitidos pode chegar a 2000, sendo que a rotina é administrada por uma única pessoa, tarefa esta realizada em aproximadamente 4 horas.

Face à experiência positiva, todo o sistema de comunicação foi reformulado, utilizando um Servidor Pentium III 1GHz, 512 de MB de memória RAM e discos SCSI, inteiramente com Linux. Neste servidor foram implementados serviços de e-mail smtp e pop3 (webmail), http, radius, proxy, firewall, DNS e ftp.

Todo este conjunto de software livre e hardware envolvido como Router e Link é administrado internamente e possibilita a recepção e envio dos dados aos representantes comerciais, inclusive troca de informações entre a área de vendas e administração. O sistema atende 70 representantes comerciais que utilizam Hand Held Jornada710, 15 colaboradores internos e 5 analistas de mercado.

"Conseguimos agilidade nos processos administrativos impulsionados pelo uso intensivo de tecnologia, o que nos permite grande agilidade no atendimento aos nossos clientes internos e externos, possibilitando inclusive entrega em, no máximo, 24 horas na grande Curitiba", diz Silva.

Com a utilização do Linux e a implementação do Link Dedicado, a Stampa poderá implementar a hospedagem da página institucional da empresa e, para o próximo ano, uma forma de atendimento on-line de determinado segmento de clientes. De acordo com Silva, atualmente, na empresa, trabalhar com Internet é fácil e seguro.

Num futuro breve, a empresa terá condições de informar aos clientes sempre que uma nota for emitida, o valor e o número da nota, qual transportador e horário previsto da entrega, etc.

Para parceiros de transporte, poderão, por exemplo, informar o volume que precisarão transportar no dia seguinte, região de entrega, etc.

Para fornecedores, deverá ser criada total integração entre os sistemas, otimizando processos de compra e entrega.

"Queremos e vamos conseguir manter nosso parque de máquinas estável e ainda aumentar nossa lucratividade", afirma Silva.

Mudança suave

Para Silva, a migração para o Conectiva Linux foi "suave", pois nenhum serviço essencial precisou ser interrompido e foram feitas integrações utilizando o SAMBA, impressoras foram remapeadas e os logins foram facilitados no novo servidor Linux. Arquivos de utilização diária que já eram compartilhados no servidor Novell foram deixados em seu local padrão.

Os funcionários que utilizam o Linux foram treinados para tarefas específicas do uso diário, como acessar e-mail, Internet, utilização de planilhas e documentos no StarOffice e o sistema de Gestão. "Em 2002 treinaremos mais usuários, aumentando o número de adeptos do 'Pinguim', em Internet e StarOffice, aumentando o número de máquinas com Conectiva Linux", destaca Silva.

Segundo ele, o único problema enfrentado foi entre quem utilizava o Windows: "é o impacto da quebra de paradigmas. As pessoas acham que Linux é difícil e somente percebem que é melhor quando começam a usar".

A Stampa optou pela aquisição do Sistema de Informações Gerenciais da empresa SGI, que utiliza Dataflex, no que teve plena satisfação. Francisco da Silva buscou treinamento na Elaborata Informática, em curso de Linux Avançado, e disse que não houve problema técnico que ficasse fora da esfera de conhecimento da empresa, nem perda alguma durante a migração no que se refere a Sistema Operacional.

Hardware Utilizado

Servidor Corporativo: IBM xSéries 220, PENTIUM III, 866 MHz, 512 MB RAM, 36 GB SCSI
Servidor Internet: PENTIUM III, 1GHZ, 512 MB RAM, 18 GB SCSI
Servidor Backup: PENTIUM III, 866 MHz, 512 MB RAM, 20 GB IDE
Sistema de Backup: Diário em Fita
Router: Planet Enterprise Wan Router Ert 2501

Letícia Ferreira - ferreiraleticia@hotmail.com

Peugeot do Brasil

www.peugeot.com.br

O ano que passou vai entrar para a história da marca Peugeot. Recorde nas vendas mundiais com 1.899.000 veículos (de passeio e utilitários) comercializados em 2001, a marca cresceu 13,3% com relação a 2000. Um crescimento que já chega a 58% nos últimos quatro anos. No Brasil, a Peugeot também teve um ano extremamente marcante. Inaugurou a sua primeira fábrica no Brasil, em Porto Real, estado do Rio de Janeiro e lançou o primeiro Peugeot nacional, o 206 1.0 16v, que vem tendo uma grande aceitação no mercado. Com tudo isso, a participação da Peugeot no mercado nacional passou de 1,5% para 2,5% e as vendas aumentaram 55% com relação ao ano 2000. No acumulado de 2002, a Peugeot registra a venda de 7.738 veículos, contra 3.866 comercializados em igual período do ano passado, o que significa um crescimento acima de 100%, um dos melhores índices de todo o mercado automobilístico nacional.

Conquista da Peugeot - Os diretores da fábrica de automóveis Peugeot levaram um ano para se convencer de que o Linux seria a plataforma ideal para a utilização de um software de gestão como sistema único para toda a empresa. Hoje, sua intenção é que todas as concessionárias da marca no Brasil e as que vierem a ser instaladas estejam com o sistema DMS (Dealer Management System) - o projeto de sistema de gestão completa para concessionárias, adotado pela empresa e utilizado no ambiente Linux. Segundo Jean Sylvain Boudoy, Gerente de Sistema Técnico da empresa, a Peugeot não tinha uma cultura voltada ao Linux, mas depois da implantação do sistema nas duas primeiras concessionárias, foi constatado que o desempenho e a estabilidade do programa atendia plenamente às exigências da aplicação.

Homologação

Em 1999, a Peugeot do Brasil entrou num processo de homologação de um sistema de gestão completa para concessionárias. Depois de um estudo detalhado das várias soluções que existiam na época, escolheu o Sisdia, um produto desenvolvido há 15 anos pelo grupo Stéfani, companhia industrial e financeira do interior de São Paulo. A tecnologia, a abrangência funcional e a qualidade do Sisdia foram as características que falaram mais alto. As competências para desenvolvimento, implantação e suporte da Dia System, empresa criada em 1996 pelo grupo Stéfani para comercializar o Sisdia, também fizeram diferença no momento da escolha pela Peugeot.

"O projeto DMS, com o produto Sisdia e o sistema operacional Linux, faz parte da vontade da Peugeot de estabelecer uma relação de confiança a longo prazo com cada concessionária", disse Boudoy. "O ambiente Linux é uma parte desse projeto DMS e a Peugeot o recomenda junto ao Sisdia".

Além de efetuar toda a gestão da concessionária, como vendas, contabilidade, serviços e etc., o Sisdia serve como plataforma para a comunicação entre a concessionária e a montadora, incluindo todas as funções inerentes a essa comunicação, integradas num único aplicativo.

A combinação Sisdia-Linux vem obtendo tanta satisfação que a homologação do Linux pela francesa PSA (Peugeot Sociedade Anônima), gru- po privado industrial, comercial e financeiro que controla as marcas Peugeot e Citroën no mundo inteiro, está sendo estudada para breve. Até então, a única plataforma aceita pela PSA era a NT.

Boudoy explicou também que a decisão de com- pra do projeto DMS é tomada pela diretoria de cada concessionária. "É ela que decide se o custo-benefí- cio do projeto DMS justifica o investimento, saben- do que o preço apresentado pela Peugeot é sempre o melhor custo-benefício para garantir o padrão de qualidade e para que, no final, a concessionária uti- lize 100% do DMS sem nenhum problema".

Hardware

O servidor recomendado pela Peugeot tem a seguinte configuração: servidor "de grife", 256MB de memória RAM, 9GB de disco rígido com SCSI, placa de rede 10/100, dispositivo de backup com fita DAT. A configuração mínima para poder rodar a parte "cliente" do Sisdia é a seguinte: Pentium 100 Mhz, 32MB de memória RAM, placa de rede 10/100, 4GB de HD.

O que é o DMS?

O DMS - Dealer Management System (Sistema de Gerenciamento de Concessionária) funciona no ambiente Linux com o banco de dados e programas escritos na linguagem Informix. É um sistema que abrange todas as atividades de uma concessionária num único sistema integrado. Disponibiliza todas as funções necessárias nos domínios plenamente operacionais das concessionárias (veículos novos e usados, peças de reposição, oficina e pós-venda, garantia, contatos com os clientes), cobrindo também todo o "backoffice" das concessionárias (contas a pagar, contas a receber, escrituração contábil, escrituração fiscal, folha de pagamento, ativos imobilizados, tesouraria, análises gerencias, estatísticos operacionais e financeiras). Todas as funções trabalham em tempo real e não são necessárias rotinas noturnas. Para concessionárias com várias lojas, mesmo distantes, o DMS permite que todas trabalhem de maneira integrada, compartilhando todas as informações de estoque, de clientes, etc., em tempo real.

Migração

A migração do sistema antigo de qualquer concessionária Peugeot para o DMS Sisdia é feita com consultores especializados da Dia System e da Peugeot do Brasil, nas seguintes fases:

1.Instalação do Sisdia no ambiente Linux, no servidor da concessionária.
2.Parametrização final do Sisdia para adaptá-lo perfeitamente às especificidades da concessionária (turnos de trabalho, lista de funcionários, parâmetros fiscais, etc.).
3.Treinamento extensivo de todos os usuários do Sisdia da concessionária que utilizam o novo sistema. É ministrado por consultores especializados e em pequenas turmas por perfil de usuário e função.
4.Conversão e transferência (com rotinas automatizadas) dos dados do sistema antigo para o Sisdia.
5.Primeiro dia de utilização operacional com suporte intenso de consultores da Peugeot e da Dia System on site (na concessionária).
6.Acompanhamento das primeiras semanas de utilização operacional do Sisdia, também com suporte de consultores da Peugeot e da Dia System on site.
7.Acompanhamento on site do primeiro fechamento contábil com consultores da Peugeot e da Dia System.

Secretaria de Saúde da Paraíba

 www.paraiba.pb.gov.br	Órgão do Governo do Estado da Paraíba, e responsável pela administração da saúde pública, e seu orçamento.

Saúde de ferro - Parceria no setor público dá ótimos resultados na Paraíba, fortalecendo a vocação do Linux para soluções governamentais

A Paraíba, com suas belas praias, é um dos estados mais bonitos do Brasil. A economia do estado baseia-se principalmente na produção agropecuária, indústria de couro e o turismo. Conhecido pela hospitalidade, o povo da Paraíba supera as dificuldades do clima árido com muita tecnologia. Campina Grande, uma das maiores cidades do interior do Brasil, localizada a 120 quilômetros da capital, João Pessoa, goza de reconhecido prestígio nacional e internacional, particularmente nas áreas de eletrônica e informática. A cidade sedia um dos primeiros núcleos do SOFTEX- 2000, Programa Nacional de Desenvolvimento e Produção de Software para Exportação.

O uso dos recursos da informática pelo Estado tem crescido de forma acentuada e, neste ponto, o Linux tem tudo para crescer no Brasil. Usando o sistema do pingüim desde junho de 2000 em seu servidor Web, a Secretaria de Saúde do Estado da Paraíba (SES/PB) ampliou o uso do Linux como servidor Web e de banco de dados em uma das maiores unidades hospitalares do estado, o Hospital de Emergência e Trauma Senador Humberto Lucena, em João Pessoa.

A solução anterior ao Linux implantada na secretaria de Saúde não era segura. "O servidor de Internet rodava em um Windows NT com IIS, chegou a ser hackeado várias vezes e mostrou não ser confiável", diz Eric Melo, gerente de Redes da SES/PB. O problema foi solucionado com uma parceria com outra instituição pública, a Universidade Federal da Paraíba (UFPB). O Núcleo da Informática da UFPB, campus de João Pessoa, orientou a Secretaria de Saúde a migrar seus sistemas proprietários para livres. "Essa implementação foi feita em paralelo com o projeto RNIS (Rede Nacional de Informação em Saúde), que tinha uma arquitetura anterior baseada em servidores de Web com o Linux", explica o gerente.

Segurança

A equipe da SES/PB conta com 10 colaboradores, e está comemorando os resultados obtidos com o Linux. Para Eric Melo, os custos reduzidos, o melhor desempenho e a segurança foram fundamentais para que o pingüim se tornasse a verdadeira `salvação da lavoura'. No Hospital de Emergência e Trauma Senador Humberto Lucena foi implementado o Conectiva Linux como servidor de Web e um servidor de banco de dados dedicado (OpenBase) para dar suporte a uma aplicação do HosPub, aplicação desenvolvida para rodar sobre o Linux, que gerencia todas as atividades do hospital. O DataSUS controla desde a entrada do paciente até a baixa no estoque de materiais. Foram instaladas também 15 estações de consulta a esse sistema rodando Red Hat Linux, sendo que as consultas ao banco são feitas por um simples telnet. Parcerias bem sucedidas de empresas públicas, como o caso da SES/PB e UFPB, só comprovam a eficácia do Linux como um sistema operacional de baixíssimo custo para os cofres de governos que vivem às voltas com a Lei de Responsabilidade Fiscal.

Cosmoquímica

www.cosmoquimica.com.br	Distribuidora de Produtos Químicos.

Web a custo zero - Linux permite autonomia de acesso à Internet, serviços de correio eletrônico e hospedagem para a Cosmoquímica

Empresa criada há 36 anos, a Cosmoquímica é uma das principais distribuidoras de produtos químicos do país. Sediada em São Paulo-SP, a empresa tem abrangência nacional e seus serviços são prestados através de vendedores internos e externos. Essa estrutura de serviços demanda um sistema de informações informatizado. Com o Linux, a empresa não só conseguiu acesso à Internet, como também serviços de correio eletrônico e hospedagem. E o melhor de tudo: com custo zero. Com a necessidade de possuir uma página na Web, de poder contar com um serviço centralizado de contas de email e ter acesso à Internet, a equipe do CPD da Cosmoquímica optou por uma solução em Linux, que foi instalada pela PL Tecnologia, empresa integradora de sistemas especializada em voz sobre IP.

De acordo com Alessandra Bodini, gerente de TI da Cosmoquímica, a solução atendeu não só todas as necessidades da empresa, mas também aumentou a segurança na comunicação de dados. "Com o Linux temos a garantia de qualidade de performance, estabilidade do sistema e eliminação da necessidade de investimentos em novas máquinas", explica. Hoje a empresa possui dois links de acesso a dados, um de 64Kb e outro de Internet de 128 Kb, dedicados exclusivamente à Cosmoquímica. A partir deste ponto foram instalados dois servidores com o Mandrake Linux, o que permitiu o uso de todos os serviços relacionados à Internet.

Rede: Com a matriz em São Paulo, a Cosmoquímica possui uma rede com 35 estações que está interligada via rádio com o armazém localizado em Barueri (SP), onde há mais seis pontos. A rede conta com quatro servidores, dois HP (banco de dados da produção e aplicativos) e dois servidores Pentium III, sendo um utilizado para banco de dados e backup e o outro como servidor Web.

O sistema Linux integrou-se perfeitamente à rede da empresa. "Para nossa surpresa, além de todos os benefícios oferecidos pelo sistema Linux ainda houve uma perfeita integração com nossa rede", comenta a gerente de TI.

Independência dos provedores

Segundo Paulo Lira, diretor da PL Tecnologia, atualmente a Cosmoquímica não depende de nenhum provedor para ter conta de email ou acesso à Internet, tudo é feito internamente através do servidor Web. O suporte técnico oferecido pela PL Tecnologia também atendeu às necessidades da empresa. "A PL conseguiu sanar todas as suas dificuldades em ambientes Linux e o fez com muita agilidade e eficiência", comenta Alessandra Bodini, gerente de TI da Cosmoquímica.

Leticia Ferreira - ferreiraleticia@hotmail.com

Para saber mais: www.pl.com.br ou www.vozsobreip.com.br

Ramos Transportes

No longínquo ano de 1934, Roque Ramos de Oliveira, então com 22 anos, deixou sua terra natal e, após viagem a cavalo que durou 17 dias, fixou residência no norte de Minas, na cidade de Araçuaí. Em 1938 comprou parcelado em 20 prestações seu primeiro caminhão, um Ford a gasolina, com capacidade de 3.600 Kg e iniciou-se no comércio de secos e molhados, além de prestar serviços de transporte para terceiros. Em 1958 o Rodoviário Ramos já tinha filiais em São Paulo, Rio de Janeiro, Belo Horizonte e Salvador. Nos anos 60, várias filiais nos interiores de MG e BA foram abertas. Em 1976 expandiu-se para Aracajú. Maceió e Recife vieram em 1980.Hoje a Ramos Transportes está presente em todas as regiões do Brasil, totalizando 36 filiais.

Bye bye, Unix - Veja como o Rodoviário Ramos, empresa de transportes sediada em Minas Gerais, conseguiu uma economia considerável ao migrar seu sistema SCO-Unix para Linux

Confiabilidade, segurança e robustez são características de todas as soluções Linux instaladas em empresas de todo o Brasil e do resto do mundo. Essas mesmas qualidades foram fundamentais para o sucesso da implantação do Linux no Rodoviário Ramos, empresa de transportes com matriz em Teófilo Otoni-MG, com 3.600 funcionários em mais de 40 cidades do país. A Ramos atua na área de cargas em geral, excetuando cargas perecíveis, e usa Linux desde meados 1999, quando o sistema foi instalado experimentalmente em sua filial de Campinas-SP.

O sistema usado anteriormente na Ramos era o Unix. De acordo com José Moreira Garcia, gerente de Informática da empresa, o Unix era uma plataforma estável, segura e confiável de se trabalhar. No entanto, para ele, essa relação não era perfeita, principalmente se considerasse a relação custo-benefício. "Tínhamos a necessidade de evoluir nossos sistemas, implementar recursos e reduzir os custos operacionais", explica.

Impedida de evoluir o sistema Unix, principalmente no que se refere a suporte e atualizações, a Ramos decidiu criar servidores Linux locais, que atendessem às necessidades da Internet, Intranet, e-mail e FTP. "Foram utilizadas ferramentas como o Sendmail, Apache, WU-FTP, Iptables, Samba, StarOffice, DHCP, entre outros", acrescenta Garcia. Para a empresa, a similaridade do Linux com o SCO-Unix, performance em redes multiusuários e velocidade, foram alguns dos fatores que levaram à migração gradual para o sistema operacional do pingüim.

Depois de avaliar outros compiladores COBOL, outras linguagens e banco de dados Oracle, a Ramos decidiu utilizar a solução AcuCOBOL, implantada por meio da empresa Interon Brasil, sediada em São Paulo. Embora a Ramos ainda utilize o Windows NT (onde rodam algumas aplicações para Internet em ASP) e Unix, a migração para o Linux é irreversível. "As aplicações ASP no NT estarão sendo substituídas por aplicações AcuCOBOL-CGI em um server Linux, ou utilizando a nova tecnologia de Thin Client for Linux", completa. Para o gerente, as aplicações que ainda rodam no Unix serão totalmente transportadas ao Linux.

Apesar de algumas dificuldades de impressão, que não haviam funcionado satisfatoriamente, a Ramos desenvolveu, ela mesma, uma solução para esses problemas. Todo o sistema baseado em Linux funciona satisfatoriamente. Agora, a empresa pôde criar áreas de compartilhamento no servidor Linux, integrando aplicações Windows através do Samba. Além disso, explica Garcia (na foto, ao centro, junto com a equipe da informática da Ramos), houve a implementação do protocolo TCP/IP, pois para se realizar no SCO-Unix, era necessária a aquisição de outra versão com custos altíssimos.

A vantagem desse processo, para José Garcia, foi que a Ramos encontrou uma solução que oferece as mesmas vantagens do SCO-Unix, agregado a soluções do AcuCOBOL. Outra vantagem, salienta Garcia, foi a migração sem grandes desgastes, devido à similaridade, do Unix para o Linux. "A economia para a Ramos foi incalculável, pois tivemos uma grande redução com os gastos no sistema operacional SCO-Unix".

Quanto ao item produtividade, não houve alteração com relação ao Unix. No entanto, ao considerar o desenvolvimento de aplicações, houve uma significativa redução de tempo e conseqüentemente uma economia de custos. "A ferramenta Cobolaid nos proporcionou uma redução de valores no desenvolvimento de aplicativos, já que ela praticamente automatiza todo o processo e padroniza tudo em código Cobol".

Satisfeito com a solução encontrada para a empresa, o gerente José Garcia destaca que o Linux proporcionou uma maior agilidade na gestão de informação na empresa, fundamental principalmente na área de transportes. "Nossos usuários estão com um sistema mais completo e potente, nossos dados são totalmente íntegros e a companhia está totalmente interligada em dados e voz via fastnet. Sendo assim, todas as decisões da empresa podem ser tomadas de maneira mais rápida", conclui. Hoje, o Rodoviário Ramos é uma das maiores companhias de transporte do país, cobrindo todo o território nacional. Ela encontrou no Linux o caminho mais seguro e econômico para o controle de todas as suas informações.

Sobre a tecnologia Thin Client

A tecnologia Thin Client, em fase final de testes na Rodoviário Ramos, mostra ao usuário de base-servidor uma interface gráfica em uma aplicação Windows Client. Isto permite que os programas ACUCOBOL.-GT instalados em servidores UNIX/Linux ou Windows NT/2000 server, possam apresentar uma interface gráfica Windows em uma máquina Windows conectada a uma rede TCP/IP.

O Thin Client proporciona aos usuários UNIX e Linux a estabilidade e a segurança de manter seus ambientes nativos de UNIX ou de Linux, obtendo ao mesmo tempo todas as vantagens das facilidades gráficas dos desktops Microsoft Windows desktops. Ele é projetado para trabalhar em redes TCP/IP, onde suas aplicações podem ser disponibilizadas na Internet, tanto quanto em TCP/IP-based WANs e LANs TCP/IP. Além disso, as aplicações criadas usando o Thin Client podem utilizar controles de ActiveX de Windows. Os programadores têm também a possibilidade de imprimir localmente, no cliente Windows ou no servidor remoto.

A tecnologia Thin Client do AcuCOBOL consiste essencialmente de três componentes. Inicialmente é necessário um pequeno programa rodando no Client Windows, para comunicar-se com a aplicação rodando no servidor, bem como para exibir a interface para o usuário. O programa é reconhecido como AcuCOBOL-GT Thin Client. Em seguida, há um serviço de "escuta", chamado AcuLaunch, rodando no UNIX/Linux ou Windows NT/200 server. Desenvolvido pela AcuCORP, o AcuLaunch "escuta" todas a requisições de Thin Client e, quando recebe uma, inicia um terceiro componente: um Runtime AcuCOBOL padrão. Uma vez iniciada a aplicação, o runtime AcuCOBOL comunica-se diretamente com o AcuCOBOL Thin Client e o AcuLaunch retorna para seu " rol de escuta" as requisições do Thin client.

Treinamento e desenvolvimento

Hoje a rede Linux da Rodoviário Ramos possui 500 usuários internos. Quatro multiplicadores trabalharam no treinamento de pessoal para o sistema. A empresa utilizou os treinamentos oferecidos por centros autorizados da Conectiva e, para a primeira etapa da implementação de aplicativos baseados em Software Livre, foram treinadas 60 pessoas. Para Linux, foram necessárias duas semanas de treinamento, enquanto para os aplicativos foram 30 dias. Atualmente oito desenvolvedores trabalham na empresa, cujo sistema baseado em Linux entrou no ar no final de janeiro deste ano. A Ramos não utiliza nenhum banco de dados e sim o sistema de arquivos Vision, do AcuCOBOL. "Ele tem uma surpreendente capacidade de armazenamento de dados, é rápido e seguro. A vantagem principal de utilizá-lo é a de trabalhar com dados nativos Cobol", assegura José Garcia.

Rodrigo Asturian - asturian@RevistaDoLinux.com.br

Toyota do Brasil

 www.toyota.com.br	A Toyota do Brasil foi estabelecida em 23 de janeiro de 1958. Os primeiros Land Cruiser eram montados em uma área no bairro paulistano do Ipiranga. Foram 3 anos de operação até decidir-se pela construção de uma fábrica em terreno adquirido em São Bernardo do Campo. Em novembro de 1962 foi inaugurada a fábrica da Toyota do Brasil, até hoje em operação. O Land Cruiser importado deu lugar ao Bandeirante

Confiança total - Garantia em missões de alto risco leva Toyota a optar por Linux

Liberdade, confiabilidade e os constantes avanços foram as características Linux que conquistaram os responsáveis pelo departamento de Tecnologia da Informação da Toyota, a maior montadora japonesa, em suas instalações no Brasil. Daniel Biaggio, administrador de rede, Sylvio Iura e Marcos Luvizan, gerentes de tecnologia, acreditam que o Linux tem trazido vantagens ao TI da empresa. "Existe uma gigantesca comunidade que, em todo momento, está melhorando o sistema", disse Biaggio, referindo-se à comunidade de usuários e desenvolvedores Linux.

Segundo ele, o Linux não encontrou nenhuma resistência por parte da diretoria da empresa. Ao contrário, vem sendo muito bem aceito desde a idéia da implantação. Isso porque, para Biaggio, o Linux é bastante confiável em missões críticas, ou seja, que não podem parar sob pena de causar graves prejuízos, como a linha de montagem.

Biaggio revela que há quatro anos a Toyota faz uso do Linux com sucesso. O sistema é utilizado como Firewall, em DNS, e-mail e webserver, em todas as três unidades da empresa no Brasil: a comercial, na capital paulista, a matriz, em São Bernardo do Campo - primeira a utilizar o Linux - e a montadora em Indaiatuba, no estado de São Paulo. "Temos planos para utilizá-lo também como servidor para fax", disse.

Mais estabilidade, menos manutenção - Economia foi outro ponto atraente do Linux para a Toyota. Além da possibilidade de o sistema ser utilizado em plataforma Intel, a estabilidade diminui a necessidade de manutenção, o que reduz os gastos, inclusive, com pessoal. Com isso, é necessário apenas uma pessoa para gerenciar os servidores E-mail/Web/DNS da Toyota do Brasil. "A relação custo/benefício é excelente, visto que temos o sistema funcionando sem nenhum tipo de problema", afirma Biaggio. Os hardwares utilizados são servidores Pentium III de 900MHZ, com 512MB RAM e 30GB SCSI.

Autodidatas - Daniel Biaggio revela que não houve necessidade de treinamento, pois as pessoas que estão em contato com o Linux estão aprendendo sozinhas a lidar com o sistema. "Todo o aprendizado foi autodidata, utilizando os famosos howtos e as distribuições Conectiva Guarani e Red Hat para testes". Quem lidera o aprendizado é Marcos Luvizan, gerente de tecnologia, que possui 12 anos de experiência com sistemas Unix (SCO, Solaris, HP-UX, AIX, SCO). A compatibilidade com o Unix foi mais um fator que favoreceu a escolha do Linux como sistema operacional para a Toyota.

Outra característica importante que pesou nesta decisão foram os benchmarks publicados na Internet, pois "comprovam que a solução Linux-Apache é imbatível em performance", lembra Biaggio.

A empresa - A Toyota é a maior montadora do Japão e a terceira no mundo, formando um conglomerado de empresas espalhadas por todos os continentes. É detentora das marcas Lexus e Daihatsu.

A Toyota do Brasil foi estabelecida em 23 de janeiro de 1958, em uma área no bairro paulistano do Ipiranga. Foram três anos de operação até a construção da fábrica em São Bernardo do Campo, em novembro de 1962, até hoje em operação. Essa unidade fabril da Toyota é uma das únicas em operação no mundo a manter todas as operações industriais realizadas pela própria empresa. A segunda fábrica da Toyota no Brasil, localizada em Indaiatuba, foi inaugurada em setembro de 1998.

Confiabilidade oferece passe livre para o sistema nas três unidades da empresa no Brasil

Leticia Ferreira ferreiraleticia@hotmail.com

Rhesus Medicina Auxiliar

 www.rhesus.com.br	Desde sua fundação, em 1973, o RHESUS MEDICINA AUXILIAR vem atendendo a área médica das mais diversas entidades, ligadas ou não ao campo de saúde. O RHESUS tem suas modernas instalações totalmente informatizadas, com diversos terminais interligados a um computador central , agilizando a emissão de resultados de exames e outros trabalhos da área administrativa. O RHESUS, três décadas depois de sua fundação, é uma empresa que olha para o futuro, na busca permanente dos melhores serviços técnicos prestados à comunidade e na contratação dos profissionais mais experimentados em suas áreas de atuação dentro da

Terminal Linux a serviço da saúde - Laboratório economiza com a implantação de solução server-based com boot remoto e substitui gradualmente seus servidores Unix por Linux

O setor de saúde é um dos que mais se beneficiam com o Software Livre. Exemplos como o do Sistema Único de Saúde (SUS) e da Secretaria Estadual da Saúde da Paraíba mostram que o Linux é uma alternativa econômica e tecnicamente vantajosa para o setor público e privado. O aumento do número de instituições de saúde que estão descobrindo o Linux - como o Hospital Santa Genoveva, em Goiânia, e Hospital do Campo Limpo, em São Paulo-SP - é um indicador de que o sistema operacional do pingüim não é um modismo, e sim uma necessidade de renovação tecnológica. Isso não foi diferente com a empresa Rhesus Medicina Auxiliar, com 12 unidades de atendimento instaladas na grande São Paulo, que há oito anos expandiu sua divisão de suporte a laboratórios do interior do Estado de São Paulo e pelas principais cidades brasileiras. O Rhesus, com suas unidades e centros regionais, forma uma rede logística com rotas de coleta que abrangem mais de 2.000 laboratórios de pequeno, médio e grande porte em todo o país. "Hoje o volume de exames realizados pela Rhesus soma mais de 300.000 testes por mês", explica Américo Kerr Azevedo, gerente de informática do Rhesus.

"Ao concluir o processo de upsizing, em 1995, a empresa optou por computação 'server-based' com a utilização do SCO-Unix, e para as estações de trabalho, foram adquiridos terminais assíncronos de baixo custo de propriedade (atualmente são 120 estações). Os terminais assíncronos foram se tornando obsoletos, o custo de assistência técnica cresceu e a vantagem obtida pelo fato de demandarem menor estrutura de suporte foi, aos poucos, sendo perdida", conta. Outro fato que preocupava Kerr Azevedo é o crescimento do número de PCs rodando Windows, que gera um alto custo de propriedade (TCO), e a rápida obsolescência dos mesmos, tanto em hardware como em software.

A principal aplicação do laboratório, desenvolvida e mantida por equipe própria há mais de 12 anos, roda no Recital Unix Developer (xBase) em um servidor SCO Unix, acessado por terminais assíncronos (texto 80X24) e alguns micros rodando emulador de terminal. De acordo com Azevedo, a necessidade da empresa era tornar as aplicações "visuais". "A Recital Corporation tem soluções para isso, o Recital Mirage, que habilita nossas aplicações a rodar web-based, com interatividade assegurada por um layer java instalado no cliente", explica. A necessidade do Rhesus é substituir, de forma gradual, os antigos terminais texto por estações de trabalho que rodem em um browser java-enabled, mantendo os custos de propriedade nos mesmos níveis atuais.

Para que a solução pudesse ser efetivada, o Rhesus decidiu substituir um de seus servidores SCO Unix por Linux. "O SCO OpenServer 5.0, que utilizamos atualmente, perdeu espaço no mercado e não vem sendo efetivamente mantido e melhorado há mais de três anos", justifica. Até o final do ano o Rhesus terá todos os servidores rodando Linux. De início, o processo de aculturação do novo ambiente foi bastante positivo. Azevedo explica que a experiência com o Linux começou com a troca do servidor de e-mail e do domínio www.rhesus.com de SCO Unix para o Conectiva Linux. No entanto, para o lado cliente, a decisão não foi tão fácil. "Substituir todo o nosso parque de 120 terminais por máquinas rodando Windows tornaria nosso custo total de propriedade elevado demais e envolveria uma total remodelação de nossa estrutura de suporte, treinamento e custos, o que tornava o projeto pouco viável", salienta.

E qual foi a solução encontrada para o problema? Foram montadas estações "diskless" utilizando placas-mãe integradas (Asus CUSI/TUSI-M) em gabinetes ATX (Nilko), fornecidos pela Asian Informática (www.asian.com). A equipe de informática do Rhesus fez a adaptação do Linux Terminal Server Project para o Conectiva 7.0 e o KDE 2.2.2, sendo que o KDE 3 está em fase final de testes. "Usamos o Aterm como emulador de terminal para as aplicações caracter". Kerr Azevedo explica ainda que o KDE permite login automático de usuário em um desktop padrão onde há uma mensagem publicitária e o ícone de acesso ao sistema Rhesus. "Com um servidor de baixo custo, um Pentium III 700 MHz com 256 Mb de RAM, disco IDE de 20 GB e placa Realtek, pudemos atender mais de 15 usuários simultâneos do boot remoto". (N.d.R - Veja matéria sobre Boot Remoto e Terminal Server na RdL 23, de dezembro de 2001).

O que existe hoje no Rhesus, em sua unidade Moóca VIP, é um desktop gráfico KDE, com possibilidade de rodar todas as aplicações KDE/Linux, browser (Konqueror) java-enabled, StarOffice, etc. em um micro totalmente dependente do servidor e imune às alterações por parte do usuário. Para permitir o funcionamento em caso de falha do servidor, um servidor alternativo foi configurado. "A estabilidade do servidor Linux é excelente e todas as dificuldades técnicas foram ultrapassadas nos primeiros dias de uso, e os usuários se adaptaram muito bem à nova estação de trabalho. Até mesmo o tempo de carga do terminal nos surpreendeu, em menos de 30 segundos o terminal está operacional", conta Kerr Azevedo. A empresa conseguiu implantar uma estação visual de trabalho server-based a custo muito inferior ao normalmente oferecido pelo mercado, sem incrementar a estrutura de suporte, como seria previsto se as máquinas fossem implantadas com o sistema operacional de Redmond. Em determinadas operações, como assinatura eletrônica de resultados de exames, o ganho da produtividade chega a ser mais de 100% superior em relação ao terminal anterior", contabiliza. O servidor Linux também roteia o acesso à Internet, via Speedy, de um terminal disponível ao paciente para utilizar livremente. Em caso de falha do acesso via Frame Relay à rede corporativa, o servidor conecta-se via VPN (IpSec) utilizando o Speedy", acrescenta Kerr Azevedo.

Raio-X da solução

Em apenas uma unidade do Rhesus Medicina Auxiliar, localizada na Rua Bixira, no bairro da Moóca, a economia com a solução Terminal Linux (ou boot remoto) foi superior a R$ 13.000,00 em custos diretos referentes à economia em discos rígidos, memória, CDROM e processador (Celeron para Pentium III) em todas as estações e licenças do Windows XP. Nessa estimativa, de acordo com o Rhesus, não estão computados, ainda, os custos de propriedade (TCO).

Tecnologia Plataformas usadas:

Unix (SCO) e

Conectiva Linux 7.0
Servidor de banco de dados:
Recital Unix Developer 8.3 e Recital Universal Application Server 8.3
Tamanho do banco de dados:
Mais de 40 GB de dados on-line e igual quantidade off-line (CDs e fitas DAT)
Rede:
Servidores Unix e Linux, clientes Windows (98/ME), terminais assíncronos, terminais "Linux" (Mooca/Alphaville/Osasco/Matriz), LAN (10/100 MB) e WAN (Frame Relay - Telefonica e Embratel), Internet via Embratel (128K), roteadores Cisco (dados) e Memotec (voz/dados), ADSL de vários provedores no Brasil, switches Nortel e Cisco.
Para saber mais:
Rhesus Medicina Auxiliar - www.rhesus.com
Linux Terminal Server Project - www.ltsp.org
Recital Corporation – www.recital.com
Rodrigo Asturian - asturian@RevistaDoLinux.com.br

Companhia de Habitação do Paraná (Cohapar)

 www.pr.gov.br/cohapar	Companhia de Habitação do Paraná - Cohapar, fundada em 1965, é uma empresa de economia mista que atua na execução dos programas habitacionais do Governo do Estado. A missão da empresa é atuar de forma ampla no âmbito da habitação. A Cohapar tem como metas equacionar e resolver o déficit habitacional do Estado, prioritariamente à população de baixa renda, contudo buscando soluções para toda a sociedade; buscar a auto-sustentação, como empresa, gerando suas receitas para cobrir o custo operacional, e o lucro, para reinvestimento no setor e manter atendimento as moradias já entregues, definindo e coordenando todas as atividades necessárias para manter o nível de moradia adequado ao mutuário e sua integração à cidade

Teto para um pingüim - A Companhia de Habitação do Paraná migra parte de seus sistemas proprietários para o Linux, ganha em desempenho e confiabilidade e ainda economiza

A área governamental está descobrindo aos poucos as potencialidades do software livre. Com a Companhia de Habitação do Paraná (Cohapar) não é diferente. A atualização constante dos softwares, muitas vezes a custos proibitivos, faz com que as empresas públicas busquem alternativas mais econômicas na hora de atualizar seus sistemas. Na Cohapar, com uma base de dados com 36 gigabytes e 250 usuários concorrentes, o Linux teve papel fundamental no processamento de cerca de 120 mil contratos ativos para financiamento de moradias que a empresa tem atualmente.

A empresa, sediada em Curitiba, conta com 12 escritórios regionais nas principais cidades do Paraná (Apucarana, Campo Mourão, Cascavel, Cornélio Procópio, Francisco Beltrão, Guarapuava, Londrina, Maringá, Paranavaí, Ponta Grossa, Umuarama, União da Vitória) e usa o Linux nos servidores de seu sistema imobiliário desde junho do ano passado, quando efetuou a troca do SCO-Unix e Windows NT Server para o sistema operacional do pingüim.

Uma das razões alegadas pela Cohapar para a migração é que os sistemas tinham um custo muito elevado de licenciamento. "Além disso, tínhamos limitações tecnológicas e de segurança no caso do Windows NT Server", acrescenta Claudio Soncin, gerente da Coordenadoria de Redes e Banco de Dados da Cohapar. O fato de ser uma empresa pública tornou imperativa a busca de alternativas mais econômicas, principalmente devido à necessidade de uma constante atualização de versões dos sistemas operacionais. Além disso, com o crescimento acentuado do volume de informação, a empresa necessitava de um servidor com desempenho superior ao instalado anteriormente.

A Cohapar usa o sistema operacional do pingüim em seu servidor de banco de dados da área imobiliária da empresa (a maior e que demanda mais recursos de hardware e software). Ele convive harmoniosamente com sistemas proprietários (Windows 9X e Windows NT Server/Workstation). "Temos sistemas que usam interface Windows e acessam bases de dados no servidor Interbase no Linux, além do acesso via Telnet para o SCCI, programa de controle imobiliário adotado na empresa", explica Soncin.

Além da economia gerada com a migração para software livre, a performance, confiabilidade, alta disponibilidade e independência de fornecedores específicos de SO's foram outros motivos enumerados por Soncin, para que a Cohapar obtivesse vantagens com o Linux. Ele destaca ainda que o software livre é pródigo em disponibilizar soluções diversificadas. E o melhor de tudo, segundo Soncin, é o suporte. "Temos grupos de usuários sempre dispostos a ajudar", diz.

Todos os aplicativos internos da Cohapar e das suas empresas prestadoras de serviços foram migrados por meio do Kylix. Todo esse processo trouxe resultados significativos para a empresa. Para Soncin, a melhora da performance do sistema e maior disponibilidade para o usuário foram decisivos. "É difícil quantificar o aumento da produtividade de nossos colaboradores, mas em alguns processos mais pesados foi em torno de 40%". Baixo custo e alto desempenho colocam o Linux na área de habitação popular, de importância fundamental para o País. O Brasil tem um déficit habitacional alto. De acordo com dados da Fundação João Pinheiro, de Minas Gerais, o país tem um déficit de 6,56 milhões de casas (que corresponde a 14,8% dos domicílios particulares existentes). O Paraná é o segundo Estado da federação com menor déficit habitacional (9,8%), perdendo apenas para Santa Catarina (8%).

Habitação popular no Paraná

A Cohapar é uma das companhias de habitação popular (Cohab's) mais atuantes em todo o Brasil. Ela atende todo o Paraná, com exceção de Curitiba e Região Metropolitana (atendidas pela Cohab-CT), e tem vários programas habitacionais. Na área rural, o programa Vila Rural, que atende 16 mil famílias em todo o Estado. Na área urbana, a Cohapar tem o programa Casa Feliz, com mais de 19 mil casas construídas em 220 municípios paranaenses. As favelas no estado estão sendo erradicadas com o programa Paraná Solidariedade, cujo objetivo é tirar as famílias mais carentes de áreas degradadas e de risco. Os programas da Cohapar foram expostos em instituições como a ONU, em Nova York, Unesco, em Paris, e Banco Mundial, em Washington. Os internautas podem até adotar, on-line, uma família, pagando uma mensalidade, em torno de R$ 23, para que ela permaneça longe das favelas, em conjuntos habitacionais populares que estão sendo construídos em todo o Paraná (veja link em Para saber mais!).

Sistema com arquitetura em três camadas

O SCCI, utilizado na Companhia de Habitação do Paraná é um sistema de controle de Crédito Imobiliário cujo objetivo é automatizar a gestão de Créditos Imobiliários Ativos (seja do Sistema Financeiro de Habitação-SFH seja dos financiamentos gerados pelas próprias companhias de habitação, inclusive incorporadoras), obedecendo a características particulares. O SCCI foi desenvolvido pela Prognum Informática, do Rio de Janeiro, e está escrito em Pascal (o software não é Open Source). Antes de ser portado para o Linux por meio do Kylix, o SCCI utilizava o PPC Prognum Pascal Compiler (compilador de Pascal desenvolvido pela Prognum para SCO-Unix, entre outras plataformas). O SCCI foi desenvolvido com uma arquitetura em três camadas (interface com o usuário, lógica de negócio e banco de dados). A interface com usuário (SCCI-Client) roda em Windows. As camadas de lógica de negócio e banco de dados hoje rodam em Linux. As comunicações entre as camadas são realizadas através do protocolo TCP-IP.

Linux cresce no Brasil

O que acontece na Cohapar obedece a uma tendência nacional. Uma pesquisa recente da Fundação Getúlio Vargas (FGV) indicou que a adoção do Linux cresceu 166% entre as empresas usuárias do Unix. Houve um salto de 3% no começo de 2001 para 8% em janeiro deste ano. De acordo com a pesquisa, o SO mais usado nos servidores nas empresas brasileiras é o Windows, com 57%. O percentual de empresas que usam Unix em seus servidores é de 29% enquanto 11% usam Novell.

Para saber mais: Cohapar - Paraná Solidariedade - www.pr.gov.br/solidariedade

Legendas:

A Cohapar é uma das Cohab´s mais atuantes do País

O programa Vila Rural atende 16 mil famílias no Paraná

Rodrigo Asturian - asturian@RevistaDoLinux.com.br

Instituto de Proteção ao Vôo – Aeronáutica

www.ipv.cta.br

Organização do Comando da Aeronáutica, que tem por missão atender aos interesses do Sistema de Controle do Espaço Aéreo Brasileiro-SISCEAB, quanto à capacitação dos recursos humanos, à condução de pesquisas e desenvolvimento, assim como apoiar a implantação de novos órgãos, tais como o Centro de Gerenciamento da Navegação Aérea (CGNA), Centro de Climatologia Aeronáutica (CCLA) e Centro de Formação para Operações Militares (CFOpM).

Asas de um pingüim - A migração de sistemas proprietários para o Linux faz o Instituto de Proteção ao Vôo, do Comando da Aeronáutica, economizar mais de R$ 200 mil

O alto custo para aquisição e atualização de softwares proprietários atrapalha muitas organizações privadas e públicas, que encontram no Linux a solução para estes e outros problemas. Com o Instituto de Proteção ao Vôo (IPV), organização do Comando da Aeronáutica, não foi diferente. Com a migração para sistemas OpenSource efetivada recentemente, o Instituto deixou de adquirir novas licenças de software e de efetuar "upgrades" nos produtos já instalados. Essa mudança de rota na gestão dos recursos de informática fez o IPV economizar até o final do ano passado mais de R$ 200 mil em sistemas operacionais e aplicativos de escritório e, para os próximos dois anos, espera-se uma redução de gastos na ordem de R$ 100 mil. "Com o Linux, houve uma redução substancial dos nossos custos e aumentou a confiabilidade do ambiente computacional do Instituto, englobando as máquinas servidoras e as estações de trabalho", ressalta o Major-Aviador Ricardo Rangel, chefe da subdivisão de Informática do Instituto e doutorando em Computação Aplicada pelo INPE (Instituto Nacional de Pesquisas Espaciais).

O IPV, criado em 1960 (quando se chamava Curso de Comunicações e Proteção ao Vôo), tem como missão a formação de profissionais, por meio de reciclagens técnico-operacionais que se especializam nas áreas de controle de tráfego aéreo, meteorologia, eletrônica e informática, entre outras, voltadas exclusivamente para a proteção ao vôo. O Instituto já formou aproximadamente 18.400 alunos, sendo 17.000 brasileiros e 1.400 estudantes estrangeiros de nações amigas e está localizado no Centro Técnico Aeroespacial (campus de 12 mil metros quadrados), a 3,5km do centro de São José dos Campos.

De acordo com Rangel, os problemas que o Instituto enfrentava não eram poucos. Além do alto custo para aquisição e "upgrades" de sistemas operacionais para os servidores e estações, produtos para os serviços de rede, licenças para as conexões das estações em rede e também de aplicativos de escritório, o IPV tinha outros obstáculos. "Havia a falta de robustez dos servidores de rede, que necessitavam de manutenção e, freqüentemente, de reinstalação de todos os serviços da máquina", diz.

Para Rangel, a fragilidade dos sistemas operacionais Windows NT instalados nas máquinas servidoras, além de não proteger a máquina contra acessos indevidos, deixava extremamente vulneráveis o site do IPV, os serviços de rede e os acessos às bases de dados. "A excessiva taxa de manutenção das estações de trabalho e a proteção inadequada de nossas máquinas contra vírus atrapalhavam nossa missão e nas máquinas dedicadas à simulação, apenas sistemas mais estáveis como o Unix e Linux eram capazes de garantir o "time-sharing" correto para o processamento das tarefas", considera.

O primeiro passo foi migrar o sistema operacional das máquinas servidoras para o Linux, de modo a garantir a continuidade de todos os serviços de rede existentes anteriormente. Naquelas máquinas, foram empregados, além do Conectiva Linux 6.0/7.0 (com o KDE), as ferramentas sendmail; named (serviço de resolução de nomes), dhcpd (serviço de endereçamento dinâmico); httpd, php e java (home-page do IPV); MySql; Samba (login de máquinas Windows e serviços de compartilhamento de arquivos e impressoras); ipchains e iptables (firewall), entre outros.

Após um período de testes que durou um ano, o IPV decidiu dar um passo adiante e migrar também as estações de trabalho para o Linux com a interface KDE, utilizando ferramentas bastante conhecidas dos linuxers, como o Gimp; StarOffice 5.2; LinNeighborhood (acesso a pastas compartilhadas em outras máquinas); Samba e lpd (compartilhamento de arquivos e impressoras); formulá- rios em html e php (tramitação de dados), entre outros.

Ao explicar as considerações técnicas envolvidas no processo de migração, Rangel enfatiza que a idéia básica era criar um sistema de trabalho onde o usuário tivesse possibilidade de efetuar as mesmas tarefas que realizava com o Windows, com algumas características diferentes, no entanto, devido às particularidades do Linux. "Além de manter as qualidades do sistema anterior, também existia a necessidade de reduzir as falhas encontradas nas estações de trabalho e servidores, de forma a aumentar a estabilidade e a confiabilidade dos sistemas no Instituto", frisa.

"A migração para o Linux, realizada nos servidores, foi um sucesso total", afirma Rangel. Ele explica que, por se tratar de um sistema mais estável, as máquinas servidoras não necessitam mais de manutenção constante, o que possibilita a continuidade dos serviços oferecidos em rede. Além disso, explica Rangel, o tratamento de privilégios do Linux para pastas e arquivos e o emprego de iptables aumentaram o nível de segurança das máquinas que disponibilizam os serviços de rede e principais bancos de dados da empresa. "Os danos causados por vírus nos servidores se reduziram a zero", aponta. Nas estações de trabalho, os resultados com o

Linux foram relevantes. De acordo com Rangel, a taxa e o tempo de manutenção foram reduzidos consideravelmente, a intrusão e o acesso não-autorizado às estações se restringiram às pastas públicas disponibilizadas via Samba e os danos causados por vírus não atingem mais as estações.

Missão cumprida

Com o Linux nos servidores e nas estações de trabalho, o Instituto de Proteção ao Vôo, do Comando da Aeronáutica, obteve inúmeras vantagens, principalmente na redução de custos operacionais, aumento da segurança das informações e robustez dos sistemas instalados.

- Garantia de uma maior segurança dos dados e projetos do Instituto
- Redução da destruição causada por vírus
- Redução da instalação de softwares não autorizados
- Controle e monitorização remota de todas as estações de trabalho, em todos os níveis
- Redução do custo com a aquisição e atualização de softwares

Usuário sugere ajustes

Um dos usuários do Linux no IPV, o Major-Aviador Jessé Moreira da Costa, Adjunto da Assessoria para Implantação de Ensino à Distância, enumera as vantagens obtidas com a migração. "Redução de travamentos, praticidade no uso de arquivos compactados, maior segurança de dados e melhor proteção contra vírus foram as maiores vantagens". No entanto, para Moreira da Costa, o Linux precisa de alguns ajustes. "Falta compatibilidade com softwares para Web, para os quais já temos licença, como Authorware, Flash, Toolbook, Dreamweaver, Director e outros. Isso nos obrigou a manter alguns projetos de desenvolvimento no sistema substituído", ressalva.

Treinamento

No total, 71 pessoas do IPV foram envolvidas no processo de capacitação inicial ao Linux. A princípio, a equipe técnica local, composta de seis funcionários, adquiriu conhecimentos por meio de pesquisas na Internet, reuniões de grupo, consultas junto a empresas e revistas especializadas. A Netway Treinamentos e Informática fez o treinamento do Linux e ferramentas livres para um grupo de 16 funcionários (entre técnicos e usuários mais experientes) e a Conectiva realizou consultoria técnica ao IPV. Por meio de palestras e microcursos, a equipe de Informática do IPV procurou familiarizar aproximadamente 50 usuários com o novo sistema, visando minimizar qualquer rejeição às mudanças. O custo de todo o treinamento foi de R$ 15 mil, com 120 horas distribuídas entre os técnicos e usuários mais e menos experientes.

Rodrigo Asturian - asturian@RevistaDoLinux.com.br

Prosul Engenharia Consultiva

ProSul Franquias, consultoria especializada na prestação de serviços profissionais dirigidos a franqueadores, licenciadores, fabricantes, proprietários de redes comerciais varejistas e prestadores de serviços decididos a alavancar seu crescimento sem prejuízo no controle, elevando o desempenho dos pontos de venda por onde escoam seus produtos/serviços.

www.prosul.com.br

Multiplataforma que dá certo - Veja como foi possível aplicar a combinação de Linux com Java, StarOffice e Samba e automatizar os processos de engenharia na Prosul, em Santa Catarina

Empresa é uma das 40 maiores do setor no país

Com 135 funcionários, dos quais pelo menos 60 com graduação, a Prosul é uma das 40 maiores do país no setor de engenharia consultiva. Em 2000 figurou na 45ª posição do ranking produzido pela revista especializada O Empreiteiro, e melhorou pelo menos sete posições no último ano, com um faturamento de mais de R$ 8 milhões. Especializada em desenvolvimento de projetos, supervisão, consultoria técnica e assessoramento, atua nas áreas rodoviária, ferroviária, aeroportuária, portuária, saneamento básico, resíduos domésticos e industriais, PCHs (Pequenas Centrais Hidrelétricas), transporte de gás natural e obras civis. A carteira de clientes inclui o Departamento de Estradas de Rodagem (DER/SC), Centrais Elétricas de Santa Catarina (Celesc), Eletrosul, Universidade do Sul de Santa Catarina, Infraero, MS Gás, além de dezenas de prefeituras catarinenses. Tem 100 computadores rodando Windows e 10 servidores Linux.

Ao utilizar ferramentas Open Source, a Prosul, uma das maiores empresas brasileiras de engenharia consultiva, obteve elevados níveis de eficiência na gestão e uma economia de nada menos que R$ 200 mil em compras de licenças de uso de software. "Nossa maior vantagem, entretanto, não foi na redução de custos", admite Luiz Henrique Brillinger, diretor administrativo da Prosul Projetos, Supervisão e Planejamento, sediada em Florianópolis (SC). "A confiabilidade e a flexibilidade na automatização dos procedimentos foram os maiores ganhos", esclarece o executivo, responsável pelo planejamento do Linux nos 10 servidores da empresa, que já contava com larga experiência com o sistema operacional UNIX.

Os estudos de viabilidade do uso do Linux na Prosul começaram em 1999, quando a empresa substituiu os servidores Novell. "A boa adaptação e as facilidades de migração foram decisivos na operação, com a conseqüen- te redução de custos na compra e atualizações de licenças de software. Atualmente, a Prosul roda Conectiva Linux com Samba, NIS, IPChains, Squid, Qmail, PostgreSQL, Java, Tomcat, Apache entre outras aplicações", relata Brillinger.

De acordo com o assessor de qualidade da Prosul, Nicholas Morassutti, as melhorias de processos têm significado mais amplo para a empresa, que em dezembro do ano passado conquistou a certificação ISO 9001. "Unificamos tecnologia aos processos de garantia de qualidade, onde o sistema está projetado para o gerenciamento e supervisão de regras de negócio", diz.

Houve alguns problemas inevitáveis no processo de migração, segundo Alexandre Honório Silva, administra-dor de rede da empresa catarinense de engenharia - notadamente "a customização do aplicativo por falta de documentação adequada" - mas resolvido com a busca de informações na própria Internet. Outro obstáculo enfrentado foi colocar no ar a rede Novell com os protocolos NetBEUI e IPX, junto com o protocolo TCP/IP. "Essa combinação deu origem a problemas de roteamento, que deveria ser controlado pelo Conectiva Linux", diz Alexandre. A solução foi encontrada com a adoção provisória do software IPXD até a conclusão da migração total para o sistema operacional Linux rodando TCP/IP. O administrador lembra que o Samba está sendo utilizado para a autenticação de usuários por senha e domínio de clientes Windows (confira no box a estrutura operacional da Prosul), com WinServer, um front-end para o servidor de impressão que está rodando em LPRng e servidor de arquivos. Hoje, a Prosul está unificando todas as autentica- ções com o aplicativo OpenLDAP, acrescenta Brillinger.

Na área de desenvolvimento de sistemas, a Prosul utiliza computadores com inux e o banco de dados PostgreSQL para desenvolver sistemas corporativos para a obtenção e controle de informações relacionadas ao sistema de qualidade e serviços em execução. O Tomcat é usado para a geração dinâmica de informações e o CVS serve para gerenciar o trabalho da equipe de desenvol- vimento de software. A empresa também recorre ao software ArgoUML para a documentação do diagrama de classes e o JavaDoc para a geração do manual de variáveis de classes e métodos. "Utilizamos também o NetBeans para o desenho de telas, mas o código é desenvolvido com o editor de texto Vim ou JEdit, pelas facilidades geradas, além da possibilidade de configuração do Shell para maior agilidade na produção desoftwares", descreve Nelson Abu Samra Rahal Junior, analista de sistemas da empresa.

Abu Samra acrescenta que a adoção da linguagem de programação Java, além das características e facilidades já conhecidas, vai ao encontro da polítia do departamento de informática onde uma solução tem que ter portabilidade para pelo menos duasplataformas operacionais.

A Prosul adotou o Star Office desde a versão 5.1, nas estações de trabalho Windows da empresa, contando com funcionários para suporte e desenvolvimento de modelos de documentos para os usuários finais. "O sistema desktop, muito criticado por usuários, tem sido extremamente útil para a produção", testemunha Brillinger. "Em situações que sejam necessários sistemas para outras funções, o StarOffice se mostrou estável o bastante para rodar em conjunto com aplicações de engenharia ou contabilidade", confirma.

Os relatórios de engenharia são todos elaborados como StarOffice, que permite a criação de modelos de documentos. Na Prosul, este trabalho levou alguns meses de estudos, modelagem e adaptação às normas da ABNT e, a partir de então, os funcionários da empresa apenas selecionam um relatório de acordo com a demanda específica, sem relacionar-se com aspectos como a aparência dos textos. "O foco passou a ser exclusivamente no cuidado com as informações, contribuindo na curva de aprendizado e produção", observa Brillinger.

Esta preocupação focada é ainda mais útil quando, em determinados projetos de engenharia, houver diversos profissionais envolvidos e um grande volume de informações. Estes projetos são criados, paginados e formatados automaticamente pelo StarOffice. "Isso é fruto de um trabalho de planejamento de documentos e modelos combinado com os recursos de documento mestre", explica Brillinger. As propostas, projetos e memoriais da Prosul que envolvam diferentes profissionais são igualmente criados com o recurso do documento mestre.

"O StarOffice não deixa nada a desejar em relação aos concorrentes", assegura o diretor da empresa de engenharia catarinense. O servidor de projetos, por sua vez, gerencia nada menos que meio milhão de arquivos em conjunto com o Samba.

Rodrigo Asturian - asturian@RevistaDoLinux.com.br

Prefeitura Municipal de Rio das Ostras

www.pmro.rj.gov.br

A História de Rio das Ostras perde-se nos meados de 1575, comprovada em relatos de antigos navegadores que passavam pela região.
Situada na Capitania de São Vicente e habitada pelos índios Tamoios e Goitacazes, Rio das Ostras tinha a denominação de Rio Leripe (molusco ou ostra grande), ou Seripe. Parte das terras da Sesmaria foi cedida pelo Capitão-Mor Governador Martin Corrêa de Sá, no dia 20 de novembro de 1630. Foi delimitada com dois marcos de pedra, colocados em Itapebussus e na barreta do rio Leripe, com a insígnia do Colégio dos Jesuítas.

Público e Livre - Prefeitura de Rio das Ostras, no Rio de Janeiro, economizará R$ 422 mil este ano, que serão investidos em programas sociais de capacitação e inclusão digital

A prefeitura de Rio das Ostras, localizada no litoral norte do Rio de Janeiro, a 177 quilômetros da capital, está adotando soluções baseadas em Software Livre. O processo teve início em 2001, quando foi criada a Assessoria de Informática, que se encarregou de realizar estudos para instalação de programas livres nos servidores e estações de trabalho da prefeitura. Após a realização de diversos testes com diferentes distribuições e suítes office, decidiu-se usar o Conectiva Linux 7.0 e o StarOffice 5.2.

"Observamos algumas vantagens do software livre que foram decisivas para que houvesse o processo de migração dos sistemas proprietários para os livres", afirma Marcos Vinicius Marini, assessor de Informática da prefeitura de Rio das Ostras. Melhor performance e segurança, códigos-fontes abertos e livres para adequação, maior integração de dados e redução de custos em aquisição de licenças de uso de software proprietário, foram algumas das razões enumeradas por Vinicius para justificar a migração.

"Havia grande perda de tempo com manutenção dos sistemas, atualização dos anti-vírus e versões, e, além disso, era muito baixa a utilização dos recursos das suítes office proprietárias instaladas anteriormente", salienta Vinicius. Para ele, o importante do projeto em Rio das Ostras é que os funcionários da prefeitura, inclusive os da própria Assessoria de Informática, foram capacitados para a utilização de Software Livre. Em 2001, foram treinadas 360 pessoas e, para este ano, a expectativa é que sejam capacitadas mais 500 pessoas do total de cerca de 1800 servidores públicos.

A economia proporcionada pelo processo de migração foi significativa. Em 2001, foram economizados R$ 208 mil, e, em 2002, a economia será de R$ 422,4 mil. "Essa estimativa de valor foi baseada na proposta de se migrar todos os softwares para Windows XP e Office XP, para os quais seriam compradas licenças conforme as necessidades, considerando que possuímos atualmente 304 equipamentos e não podemos participar do pacote Select da Microsoft", explica Vinicius. Essa economia foi possível com a locação de equipamentos sem a suíte MS-Office, nos quais foi instalada a suíte StarOffice, que está totalmente integrada à rede da prefeitura, o que automatizou e agilizou todos os processos que demandam a utilização da informática. Para isso foi desenvolvida uma interface gráfica baseada no QVWM, personalizada, observando as necessidades e funcionalidades que devem ser utilizadas pelos usuários, melhorando a adaptação para a nova filosofia.

"Todos os servidores foram migrados, várias estações são somente GNU/Linux, nosso provedor é todo Livre e temos pelo menos um computador em cada secretaria com este tipo de plataforma. Vale lembrar, que toda a secretaria de Guarda e Trânsito está trabalhando em Software Livre, desde o servidor até as estações de trabalho", explica Vinicius.

Outro fator importante no processo de migração da prefeitura de Rio das Ostras para o Linux foi o reaproveitamento de máquinas condenadas à obsolescência. Com a adoção do software livre, foi possível fazer um reaproveitamento de, aproximadamente, 10 computadores antigos para um dos projetos da Secretaria de Bem-Estar Social, chamado "Um Bem Maior", que capacita menores entre 14 e 17 anos oferecendo conhecimento profissional. Neste local também são ministrados cursos para a comunidade, promovendo a inclusão digital. Como novos projetos, a prefeitura tem: OpenOffice em alguns equipamentos para uso interno, a fim de sanar todas as dúvidas antes de passarmos para os usuários; melhoria da interface personalizada, inclusive com gerenciador de arquivos em Web; e alguns aplicativos sendo desenvolvidos em PHP + PostGreSQL e também em StarOffice + PostGreSQL.

"Utilizamos o Sistema Operacional Linux nos servidores de arquivos, web, banco de dados, além de 20% das nossas estações de trabalho espalhadas pelas Secretarias Municipais e 40% do total de equipamentos com StarOffice nas estações de trabalho", diz Vinicius, que também afirma que foi possível implementar uma solução de servidor proxy com Linux, na qual diversas secretarias utilizam um computador Linux e uma linha telefônica.

Economia gera benefícios à população

A utilização dos recursos

Muitas prefeituras podem apenas enxergar os benefícios econômicos proporcionados pelo Software Livre, no entanto, em Rio das Ostras, a equipe de informática da Prefeitura percebeu que tão importante quanto a vantagem financeira eram os recursos que conseguiu implementar sem a necessidade de adquirir mais softwares. "Ao deixarmos de adquirir novas licenças em 2001 e 2002 obtivemos uma economia em torno de R$600 mil, além da vantagem de buscar novas soluções livres como o Qcad, o PostgreSQL e o PGAccess, permitindo um planejamento com mais liberdade", afirma Vinicius. Com a economia, o município poderá viabilizar a

montagem de dois laboratórios, um para atender aos funcionários da Prefeitura na capacitação e inclusão digital, utilizando software livre, e o segundo para oferecer cursos de informática para menores carentes e para a comunidade, também com a mesma plataforma. "Vale lembrar que estamos em processo de compra de 5 totens para acesso a Internet. Está sendo estudada a possibilidade de aquisição de uma unidade móvel com computadores, e para o orçamento do próximo ano, a construção de um imóvel para acesso à Internet e utilização das tecnologias, objetivando ampliar o nosso processo de inclusão digital", destaca. Nos anos de 2001 e 2002, os investimentos foram mais voltados às áreas de Obras, Saúde e Educação, secretarias estas que receberam cerca de 136 computadores. Para Vinicius, a maior vantagem para as equipes de informática das prefeituras é a liberdade que o Software Livre proporciona de poder estudar, criar, desenvolver e apresentar soluções que antes só eram possíveis com ferramentas estáticas e proprietárias. "É muito bom resolver os problemas, integrar e modificar os programas, adequando-os perfeitamente às necessidades dos usuários", salienta. Ele acredita que os gestores deveriam questionar os seus contribuintes como e em que os recursos públicos deveriam ser investidos. "Para um munícipe é melhor que seja investido R$ 1.600 em livros ou remédios do que em um software. Afinal, os gestores públicos devem aplicar naquilo que é mais econômico e eficiente", finaliza.
A equipe de informática da prefeitura de Rio das Ostras desenvolveu uma interface gráfica baseada no QVWM.
Rodrigo Asturian - asturian@RevistaDoLinux.com.br

Cotia Penske Logística e Distribuição

www.cotiapenske.com.br

Cotia Penske Logistics Ltda é uma "joint-venture" estabelecida em maio de 1998 entre a Cotia Trading no Brasil e a Penske Logistics dos Estados Unidos, para prestar serviços de projeto e gerenciamento de cadeias de suprimentos na América do Sul. Abertura de mercados, novas tecnologias, aumento da competitividade. Assim se apresenta a fórmula da nova ordem econômica mundial. Subtraia deste cenário as empresas que não estão se preparando para esta nova realidade. Agora some uma das maiores empresas de comércio exterior da América Latina com uma das maiores empresas de logística do mundo

Como sempre: segurança e baixo custo - Conheça a experiência da empresa de logística Cotia Penske, que tem clientes de grande porte, como Carrefour, Itaú, Oakley, Ford, HP e migrou com sucesso parte dos seus sistemas proprietários para Linux

A Cotia Penske Logistics, empresa "joint-venture" de logística e distribuição, estabelecida no Brasil desde 1998, entre a Cotia Trading, do Brasil, e a Penske Logistics, dos Estados Unidos, usa soluções baseadas em Linux, com resultados surpreendentes. A empresa presta serviços de projeto e gerenciamento de cadeias de suprimentos na América do Sul a grandes corporações como Carrefour, Hewlett-Packard, Ford, Alcatel, Itaú, entre outras.

Com cerca de 1500 funcionários, a Cotia Penske tem três grandes projetos que fazem uso de aplicações baseadas em software livre. Na matriz da empresa, em São Paulo, foi instalada uma solução que disponibiliza o acesso à Internet para todas as operações da empresa. Há também outros dois aplicativos (MON e MRTG) instalados na mesma máquina que permitem visualizar a utilização de todos os links e monitorar a comunicação entre a matriz e os armazéns da empresa.

Nos armazéns, as soluções foram mais específicas. A Cotia Penske necessitava um servidor de arquivos e de aplicações. "A idéia inicial era uma máquina com Windows 2000 Server, no entanto, esse sistema operacional não nos atenderia, e teríamos altos custos com a aquisição do mesmo e de licenças para os clientes", disse Fabio Munhoz, analista de suporte da Cotia Penske. De acordo com ele, a solução estava em um sistema que atendesse as demandas de comunicação da empresa que fosse de um custo reduzido.

A equipe da informática da Cotia Penske já vinha acompanhando o mercado e apenas aguardava a melhor oportunidade de implantar soluções baseadas em software livre. Com o Linux, a Cotia Penske teve como diferencial competitivo o domínio completo sobre as informações, item fundamental em empresas de logística. "Conseguimos obter as informações com enorme facilidade e rapidez", afirma Fabiano Rodrigues, analista de suporte. Um exemplo é o armazém de 80 mil metros quadrados que recebe, armazena e expede cerca de 30 mil itens diferentes diariamente. "O volume de informações é muito grande e o controle total sobre elas só foi possível graças à solução que foi implantada usando máquinas de grande porte com tecnologia Risc e sistemas Unix em conjunto com máquinas com o sistema operacional Linux atuando como servidores de banco de dados, arquivos e aplicação", explica Rodrigues.

Os sistemas que estavam funcionando na Cotia Penske antes da implantação de softwares livres eram Windows NT 4.0 e 2000 Server. Eles não atendiam a necessidade da empresa, pois não havia flexibilidade sobre alterações à medida que a empresa crescia. "As máquinas com o Samba rodando sobre o Linux são superiores àquelas com o Windows, pois fora o Samba que atua exatamente como se fosse um servidor Windows, podemos ainda nos beneficiar com todas as vantagens do Linux", diz Munhoz.

Solução em detalhes

O Linux demorou dois meses para ser implantado na Cotia Penske (matriz e os dois armazéns da empresa). Para a matriz, foi montada uma máquina Celeron 800 MHz, com 128 MB de RAM e 20 GB de HD. Nela foi instalado o Conectiva Linux 8.0.

"Tínhamos situações adversas, pois apenas algumas máquinas teriam acesso a somente alguns endereços específicos e, em uma segunda situação, as máquinas teriam acesso a quase todos os endereços, pois haveria algumas exceções", explica Munhoz. O Linux foi configurado para que fosse extraído do arquivo de log do squid (access.log) todos os acessos que foram negados, de modo que os resultados deles fossem enviados em um segundo arquivo que é encaminhado diariamente para os administradores. "Com essas informações, pudemos avaliar o real uso da Internet dentro da companhia e concluir que a capacidade do link que havíamos contratado nos atenderia perfeitamente", afirma Munhoz. Outras ferramentas também implementadas na máquina da matriz foram o MRTG e o MON. O primeiro é responsável pela geração de gráficos com informação sobre o nível de utilização de cada link, enquanto o MON fica "pingando" em intervalos de um minuto as interfaces seriais dos roteadores, onde foram definidas comunidades para que se possa fazer um acesso usando o SNMP (Simple Network Management Protocol). "Caso um dos roteadores deixe de responder, essa informação é armazenada em um arquivo e se ocorrem três incidências seguidas de "sem resposta", automaticamente serão enviadas mensagens para os administradores", explica Rodrigues. Para ele, outro item importante na solução instalada na matriz da Cotia Penske é que o valor cobrado pela prestadora do serviço de link de frame-relay está diretamente ligado ao número de horas em que os links estiveram em perfeito funcionamento.

No projeto Armazém Geral da Penske Logistics, a equipe de informática da empresa montou uma máquina Celeron 800 MHz, com 128 MB de memória RAM e 40 GB de HD, com o Conectiva Linux 7.0. Foi implementado na máquina um servidor de arquivos e aplicações com o Samba e instalado o software de gerenciamento do Armazém (WMS - Warehouse Management System). Em outro projeto da Cotia Penske Logistics, usou-se a mesma configuração da máquina, porém com algumas alterações. "Esse projeto foi um pouco mais audacioso, pois já tínhamos uma estrutura montada, onde o nosso servidor de arquivos e aplicação usava o sistema operacional Windows NT 4.0", diz Munhoz. Em função dos excelentes resultados obtidos no projeto Armazém Geral, foi decidida a migração para o Linux. "Não tivemos nenhum trauma durante a migração e hoje esse servidor também nos atende como servidor de arquivos e de aplicação". As vantagens? De acordo com Munhoz, foram muitas. Entre elas, está o limite para armazenamento de disco (por usuário e por grupo), maior segurança em relação aos acessos remotos, controle total sobre os processos, melhor desempenho em relação aos acessos à memória (o sistema operacional anterior consumia muita memória) e redução significativa no custo com as licenças para os clientes.

"No nosso caso, foi possível implantar uma solução que, por fim, acabou nos atendendo exatamente como esperávamos. Hoje é possível que o acesso à Internet seja feito de qualquer operação sem que haja a necessidade de qualquer custo adicional, pois o acesso é feito por intermédio de uma LP (Linha Privada) de dados, e mais ainda, todos os acessos são monitorados", salienta Rodrigues. A Cotia Penske está trabalhando em outros projetos, em que três outros servidores Windows 2000 serão migrados para máquinas com o Samba e Linux. Outro projeto que está sendo concluído é uma máquina com iptables (firewall) instalado. "O objetivo desse projeto é fazer com que essa máquina em conjunto com um firewall Cisco nos propicie ainda maior segurança em nossa rede de perímetro", conclui. Com o Linux, empresas como a Cotia Penske Logistics podem disponibilizar acesso barato e seguro à Internet. Exatamente um dos motivos que fazem o sistema operacional Linux crescer em todo o mundo.

A Cotia Penske Logistics Ltda é uma "joint-venture" estabelecida em maio de 1998 entre a Cotia Trading no Brasil e a Penske Logistics dos Estados Unidos, para prestar serviços de projeto e gerenciamento de cadeias de suprimentos na América do Sul.

Esta nova empresa, Cotia Penske Logistics, combina, pelo lado da Cotia, o conhecimento do mercado regional em seu escopo operacional e gerencial com a base de seus clientes internacionais. Da Penske, seus sistemas e sua forte experiência em transportes e logística de alimentação de complexos industriais e de distribuição de produtos acabados.

Rodrigo Asturian - asturian@RevistaDoLinux.com.br

Norte Vel Concessionária Honda

www.nortevel.com.br
www.tanimotors.com.br

Uma concessionária HONDA AUTOMÓVEIS, com 6000m2 de área construída, situada a Praça Stélio Machado Loureiro, No. 10 - Vila Guilherme - São Paulo - SP, próximo ao CENTER NORTE. Vimos de um grupo muito forte no mercado de automóveis, comercializando automóveis 0KM de varias montadoras, há mais de 25 anos. Temos um alto grau de atendimento pelos nossos vendedores que são treinados periodicamente na fábrica da HONDA AUTOMÓVEIS em Sumare/SP e também em São Paulo/SP, em seu escritório central. Inaugurada em 01/02/1999, temos como principal objetivo nos tornar a maior concessionária HONDA do Brasil, na comercialização de automóveis Novos e Serviços. Contamos com Qualidade NÍVEL (A) cedida pela própria HONDA AUTOMÓVEIS DO BRASIL LTDA.

Comunicação total - Duas concessionárias Honda do Estado de São Paulo substituem sistemas proprietários por Linux para se integrar com segurança e comodidade à fábrica

As concessionárias Honda Norte Vel Distribuidora de Veículos, de São Paulo, e Tani Motors, de São José dos Campos, informatizaram os processos de trabalho com o aplicativo SIAC (Sistema de Automação de Concessionárias). O aplicativo, desenvolvido pela empresa Conclusão Informática, era destinado às concessionárias de veículos nacionais e importados da Honda e rodava no sistema operacional Novell 3.12, em seguida, foi convertido para Windows NT 4.0. O SIAC rodava em um servidor Windows NT, com 25 estações de trabalho com Windows 98, e tinha as funções de gerenciamento de estoque de peças e veículos, ordens de serviço, vendas, faturamento de peças/serviços/veículos, entre outras. "A linguagem de programação que usamos para escrever o aplicativo era a Clipper 5.2 e o gerenciador da base de dados, a ADS 5.0, sendo que o acesso à Internet foi implantado através do software Wingate, que tinha um custo de licenciamento muito alto", explica José Vieira Júnior, desenvolvedor da Conclusão, responsável pela instalação das soluções.

Os problemas da configuração do sistema com o Windows não demoraram a aparecer. De acordo com Vieira, a manutenção era muito precária, demorada e trabalhosa. "As atualizações eram feitas por e-mail ou em visitas presenciais às concessionárias, sem contar que tínhamos que paralisar as atividades dos funcionários das áreas administrativa e de informática para efetuar as manutenções", observa. As dificuldades não paravam por aí. O Windows NT 4.0 tinha que ser reiniciado pelo menos duas vezes por semana para evitar travamentos e a impressão dos relatórios era muito lenta e escravizava os terminais. Além disso, mesmo com o incremento na segurança e integridade das gravações de dados, o custo de instalação do gerenciador de base de dados ADS 5.0 era considerado muito elevado.

Em dezembro do ano passado, o sistema SIAC, que funcionava no Windows NT 4.0, foi substituído pelo Conectiva Linux 7.0. Foi configurado um servidor AMD Duron 750 Mhz, com 256 MB de RAM e com HD de 20 GB, com 15 estações de trabalho rodando Windows 98, com sistemas de estoque de peças e veículos, ordens de serviço, faturamento, contabilidade, entre outras aplicações, todos rodando em FlagShip. Fatores como alto custo das atualizações das licenças, a não necessidade de realizar investimentos para a troca de equipamentos e a possibilidade de integrar remotamente as concessionárias (matriz e filial) via Internet foram decisivos para a mudança do NT 4.0 para o CL 7.0. "Tínhamos problemas com atualizações e integridade dos dados e dificuldades na atualização e comunicação remota entre as concessionárias", diz Vieira.

Benefícios

Com o Linux, as concessionárias Honda não precisaram realizar nenhum investimento na compra de novos equipamentos, que seriam necessários, caso optassem por continuar com sistemas proprietários. Hoje, o servidor roda os serviços de Internet/Intranet, e-mail, o sistema de comunicação concessionária X fábrica Honda (IHS), correio de veículos (FTP) e outras aplicações. "Com toda a solução implantada, foi possível integrar todas as atualizações das empresas envolvidas, Conclusão Informática, Norte Vel e Tani Motors, e executar qualquer tipo de serviços, como consultas, relatórios, atualizações, além de suporte online", salienta Vieira. Outro benefício obtido com Linux é que as concessionárias se integraram, com melhora expressiva de performance, à fábrica Honda através do IHS. "Todos os departamentos da Norte Vel e da Tani Motors podem acessar o sistema possibilitando contorto, comodidade e agilidade", conclui.

Rodrigo Asturian - asturian@RevistaDoLinux.com.br

Empresa de Informática de Processamento de Dados do Estado do Piauí

www.prodepi.com.br

A Empresa de Informática e Processamento de Dados do Estado do Pi, representada também pela sigla PRODEPI, autorizada pela Lei nº 3.863, de 29 de outubro de 1976, é uma Empresa Pública de direito privado, vinculada à Secretaria da Administração. Foi criada com o propósito, de prestar serviços de informática aos órgãos centralizados e descentralizados que integram a Administração Pública Estadual, bem como à iniciativa privada. A Prodepi gera soluções em informática visando qualificar os serviços públicos do Estado do Piauí, sempre buscando satisfazer o cidadão. A PRODEPI é o órgão designado oficialmente como servidor de Internet do Estado.

Serviço Público - O Piauí seguro e econômico

Mais uma empresa estadual de informática adota o Linux por causa da segurança e economia que o sistema proporciona

A Empresa de Informática e Processamento de Dados do Estado do Piauí (Prodepi), a exemplo de muitas empresas estaduais de informática do país, encontra no Linux uma alternativa confiável e segura para a execução de serviços baseados em Internet. ~STodos os serviços da nossa rede são baseados nessa plataforma~T, afirma o administrador de redes da Prodepi, Carlos Augusto Jr.

É na área de segurança que o Linux se sobressai na Prodepi, com o uso do Netfilter. Com o aumento e diversidade dos sistemas da Prodepi, as máquinas que compõem o firewall da empresa executam muito bem o seu papel. E como? ~SGraças a um sistema operacional enxuto e robusto que roda em máquinas baratas, como os antigos 486~T, diz Augusto Jr. Não é preciso ir muito adiante para saber que o sistema operacional é o do pingüim.

A solução implantada na Prodepi combina o controle de acesso à Internet, via firewall e proxy com o Squid, e o roteamento entre as diversas redes e o acesso às aplicações corporativas no mainframe. ~SAlgumas das máquinas chegam a fazer totalmente o papel de roteador pelo uso de placas seriais síncronas (Cyclades PC-300) em conjunto com o Linux~T, explica. Com isso, os custos com roteadores foram reduzidos de forma significativa na Prodepi, e a solução vai funcionando muito bem, obrigado. Uma enorme vantagem obtida através do Linux é o controle de qualidade de serviço (QoS) propiciado pelas versões mais recentes do kernel (ver detalhes no quadro abaixo). As aplicações da web na Prodepi são desenvolvidas com ferramentas livres, como PHP e MySQL. ~STemos uma excelente aceitação dessas ferramentas pelos nossos usuários corporativos~T, diz Augusto Jr.

A história do Linux com a Prodepi começou pela razão mais conhecida, ou seja, a economia que o sistema proporciona. Há cinco anos, quando a empresa instalou o primeiro link de Internet, as opções disponíveis eram caras demais e o Linux foi a escolha natural da Prodepi. ~SO baixo custo e a segurança foram fundamentais, sem contar a facilidade em se fazer atualizações no software~T, ressalta Augusto Jr. Essas qualidades proporcionaram algo que cai como uma luva para as empresas públicas: O processo de atualização dos sistemas ficou mais dinâmico e livre dos detalhes burocráticos que normalmente engessam as empresas públicas.

Reaproveitamento do hardware

A Prodepi economizou com o Linux em vários aspectos. Fora o fato de todos os serviços de Internet serem baseados em software livre, a empresa pôde economizar uma soma considerável na utilização de equipamentos tidos como obsoletos para desktop. ~SMontamos um roteador com quatro portas seriais síncronas e duas portas ethernet, cujo custo foi de aproximadamente R$ 4 mil~T. Outros equipamentos similares estão sendo montados e enviados para o interior do Piauí, de onde podem ser configurados e atualizados remotamente, evitando deslocamento de pessoal e, conseqüentemente, reduzindo custos com a logística.

O Linux ajuda até a reduzir a exclusão digital, acentuada no estado, um dos que enfrentam mais dificuldades em todo o país. ~SPretendemos utilizar os obsoletos 486s como terminais X que podem servir para acesso a aplicações Web, tanto nos pontos de acesso à Internet da capital como no interior~T, informa Augusto Jr.

A Prodepi é responsável pelo processamento de dados e informações corporativas do governo do Piauí e por muitos sites governamentais, sendo, portanto, alvo de constantes tentativas de ataque e intrusão. A segurança proporcionada pelo Linux, através das ferramentas de firewall, traz vantagens técnicas e econômicas para a empresa. ~SNenhuma plataforma nos ofereceria tal relação custo-desempenho, sem falar nas dores de cabeça, ou a ausência delas, no que se refere aos vírus de computador~T, afirma.

Para chegar ao desktop, falta muito pouco para a Prodepi transformar essa idéia em realidade. A empresa deverá adotar o Linux como ambiente gráfico em todas as estações de trabalho que não demandem aplicações específicas em outras plataformas. ~SObservamos que a grande maioria dos nossos usuários não usa recursos avançados das suítes de escritório e acreditamos que a adaptação às novas interfaces ocorrerá sem maiores traumas~T, diz Augusto Jr. Com essa medida, a Prodepi espera que, com o Linux, possa reduzir substancialmente suas despesas com licenças de softwares proprietários e também ter um melhor gerenciamento sobre as máquinas remotas. É nesse ponto que o sistema do pingüim está atraindo tanto a atenção das empresas governamentais que, com esse tipo de solução, conseguem economizar e dar uma destinação melhor às verbas públicas. As ferramentas de desktop em análise na Prodepi são as suítes KOffice e OpenOffice, ambas rodando sobre o ambiente gráfico KDE.

Alguns testes com ambientes gráficos mais leves, como o WindowMaker e FluxBox também estão sendo feitos, de maneira a não aposentar os antigos Pentium e incentivar o uso do Linux pelos usuários com um pouco mais de conhecimento técnico.

O Governo do Estado do Piauí tem implantado postos de atendimento ao cidadão (Vidanova Cidadão), na capital e no interior, que têm como finalidade fornecer acesso ao cidadão aos diversos serviços prestados pelo Estado sem burocracia. ~SA solução que adotamos na configuração de rede passa por firewalls, roteadores e gateways que, na medida do possível, têm sido implementadas sobre o Linux~T, diz Augusto Jr. As secretarias estaduais do Planejamento, Fazenda e Saúde do Piauí também têm se destacado na adoção de softwares livres nos serviços de rede e Internet. Com o exemplo da Prodepi, sem lembrar dos casos da Procergs (RS), Proderj (RJ), Prodam (São Paulo-SP) e Prodemge (MG), todas as empresas estaduais de informática do país podem ser beneficiadas com o Linux. Qual será a próxima?

Sistemas utilizados

Linux		Slackware			8.0
Kernel	2.4.18	com	Netfilter	e	QoS

Sendmail

Bind

SSH

Squid/SARG

Hogwash/Snort

FluxBox e WindowMaker

Rodrigo Asturian - asturian@RevistaDoLinux.com.br

Lavapés – Supermercado

www.lavapes.com.br	Os Supermercados Lavapés, com atuação nos municípios de Mogi Mirim e Mogi Guaçu, no interior de São Paulo.

Desconto de 97% - Essa foi a economia proporcionada pela implementação de soluções livres na rede de supermercados Lavapés, no interior de São Paulo

A maioria das empresas que buscam soluções em softwares livres o faz por que quer reduzir custos com licenciamento de sistemas. Num tempo em que a economia do país anda em ritmo lento, a racionalização dos recursos computacionais tem sido a alternativa para as pequenas e médias empresas, principalmente. Os Supermercados Lavapés, com atuação nos municípios de Mogi Mirim e Mogi Guaçu, no interior de São Paulo, buscaram esse caminho. SA administração da empresa entendeu que os investimentos destinados à compra de licenças poderiam ser direcionados para outros fins, como por exemplo, a atualização do seu parque de máquinas~T, afirma o administrador de redes e consultor Carlos Eduardo Ottoni da Silva. Ele foi o responsável pela elaboração e implantação de um projeto com o Lavapés para migração da plataforma proprietária existente para o Linux.

O sistema utilizado anteriormente nos Supermercados Lavapés era o Novell Netware 4.x e 5. Ele não atendia às necessidades da empresa devido ao alto custo de implementação no caso de novas instalações e o que foi decisivo para a migração: não suportava soluções de banco de dados gratuitas como MySQL e PostgreSQL. ~SA empresa tem um projeto para desenvolver um sistema de retaguarda baseado em banco de dados gratuito e, dessa forma, reduzir também os custos com investimentos em soluções de banco de dados proprietários~T, diz Ottoni.

Os Supermercados Lavapés decidiram então migrar seus servidores de arquivos Novell Netware para o Linux e optaram pela distribuição RedHat, rodando as aplicações Samba, NFS, Apache e Sendmail. Antes de ~Scair de cabeça~T no Linux, a empresa avaliou soluções baseadas em Netware 6 e Windows 2000, mas, em razão do aumento de desempenho, estabilidade e padronização do protocolo de rede (remoção do IPX e utilização de TCP/IP), resolveu adotar o sistema operacional do pinguim.

Com a substituição dos servidores Netware, a empresa passou a ter o Linux rodando Samba emulando um PDC (Primary Domain Controller) de domínio NT. ~SDessa forma, as estações Windows e DOS passam a enxergar o servidor Linux como um servidor NT e acessam as aplicações através dele. Como as lojas estão interligadas via frame-relay, foi feito um compartilhamento NFS entre os servidores das lojas e da administração~T, explica Ottoni. Hoje, os servidores Linux trocam informações e arquivos, como por exemplo, transações TEF (Transferência Eletrônica de Fundos) e atualização de preços.

A redução dos investimentos em sistemas operacionais de rede foi significativa para os Supermercados Lavapés. O valor previsto para implementação de um projeto baseado em Windows 2000 ou Netware para uma nova loja que foi aberta em dezembro passado, era de R$ 50 mil. Com o Linux, o custo foi reduzido em nada mais nada menos que 97%. Isto sem falar no ganho de 40% no desempenho da rede em relação à plataforma anterior. ~STodos os processos executados na rede estão mais rápidos e, em conseqüência, a produtividade aumentou em cerca de 30%~T, contabiliza.

O projeto levou cerca de dois meses para ser implementado nos Supermercados Lavapés, e não houve muita resistência quanto à utilização do Linux. ~SA única dúvida seria quanto à estabilidade da solução, uma vez que toda a estrutura lógica da rede foi alterada, inclusive o protocolo. Entretanto, o Linux provou, mais uma vez, ser extremamente estável e capaz de se adaptar a qualquer tipo de realidade~T, diz. O baixo custo e a estabilidade, como é usual, foram os pontos altos do projeto baseado em softwares livres. Para Ottoni, a solução implementada atende a todas as necessidades da empresa e possibilita ainda a adoção de novas soluções, como banco de dados gratuito. ~SO baixo custo permitiu que fossem realizados investimentos maiores em estrutura física, como hardware de servidores e estações de trabalho~T. No quesito manutenção, os custos foram infinitamente menores, uma vez que o sistema implementado é extremamente estável e não apresenta problemas.

Administração

Esta é uma representação do parque de hardware e rede da administração dos Supermercados Lavapés, que conta com um servidor Linux (Red Hat), rodando Samba emulando um servidor NT PDC, um servidor Web rodando Linux (Red Hat) e um servidor Windows 2000.

A grande missão do servidor Linux/Samba é disponibilizar os sistemas a serem executados pelas estações de trabalho. Estas aplicações foram desenvolvidas em Clipper, DataFlex, C, FoxPro e Quick Basic. As bases de dados predominantes são DBASE e Betrieve. Além disso, este sevidor disponibiliza compartilhamentos NFS para os servidores Linux das lojas, para que estes possam trocar arquivos de aplicações, como atualizações de preços e dados para TEF. Estes compartilhamentos são acessados via Frame-Relay.

O servidor Windows 2000 apenas executa a aplicação TEF (Transferência Eletrônica de Fundos). Entretanto, os dados necessários para as transações são obtidos no servidor Linux/Samba, que é o servidor acessado por todas as estações de trabalho. Existe também um servidor Web utilizado para compartilhar a conexão à Internet entre as estações de trabalho, hospedar a homepage da empresa, enviar e receber e-mail, FTP e Firewall.

No total são cerca de 50 estações clientes, rodando Windows 95, 98, ME, 2000 e XP acessando os servidores de arquivos e Internet Linux.

Lojas

Representação do parque de hardware e rede dos Supermercados Lavapés para as lojas da rede. Ao todo são quatro lojas, com a seguinte configuração: um servidor Linux (Red Hat) em cada loja, rodando Samba emulando um PDC. A principal função deste servidor, assim como na administração, é disponibilizar as aplicações que serão executadas pelas estações de trabalho. Este servidor se comunica com o servidor Linux da administração através de frame-relay e acessa um compartilhamento NFS. Este compartilhamento é usado para gravar informações sobre TEF que, por sua vez, são acessadas pelo servidor Windows 2000 da administração.

No total são 50 máquinas, entre PDV's e estações de trabalho, rodando IBM-DOS, Windows 95, 98 e Me e acessando o servidor Linux e a Internet.

Rodrigo Asturian - asturian@RevistaDoLinux.com.br

OptiClick Lentes Óticas

 www.opticlick.com.br	Líder mundial no mercado de lentes e equipamentos oftálmicos

Enxergando melhor com o pingüim - Com um investimento de R$ 450 mil, o objetivo da Essilor é levar a solução OptiClick, baseada no Linux, aos maiores laboratórios do País

O Linux está presente no fabricante de lentes óticas Essilor do Brasil e ajudando a empresa na busca de soluções criativas que facilitem a comercialização de seus produtos. A Essilor utilizou infra-estrutura de hardware e software IBM para o desenvolvimento de uma solução para interligar seus laboratórios e óticas. Foram usados os softwares WebSphere Application Server rodando em dois servidores xSeries e o banco de dados DB2 EE em um servidor da família pSeries. Com esses recursos de software e hardware, a Essilor criou o site OptiClick, que está em operação desde abril de 2002.

Líder mundial no mercado de lentes e equipamentos oftálmicos, a Essilor buscou a parceria com a IBM, pois queria uma solução definitiva, que rodasse em Linux e fosse multiplataforma, já que a empresa possui servidores das famílias iSeries, pSeries e xSeries. A IBM desenvolveu a infra-estrutura e o parceiro YKP ficou responsável pelo desenvolvimento e manutenção/atualização das versões dos produtos para o site.

O objetivo do OptiClick é diminuir o tempo de entrega dos óculos para o cliente, evitando o trabalho de envio das armações para o laboratório e a posterior devolução.

A metodologia para a produção de óculos segue uma rotina: o cliente dirige-se a uma ótica, escolhe a armação para seus óculos e deixa o receituário médico. A ótica envia o receituário e a armação ao laboratório, que, então, prepara a lente, monta os óculos e devolve para a ótica, que encerra o processo com a entrega ao cliente.

Com a solução OptiClick, todas as etapas para a confecção de um par de óculos são executadas via Internet: a ótica envia ao laboratório as informações sobre a armação escolhida pelo cliente (através de uma leitura tridimensional do aro da armação), juntamente com os dados do receituário. O laboratório verifica o pedido, verifica a viabilidade de atendimento e realiza o download das informações para a confecção das lentes. Após a conclusão do processo, o laboratório envia as lentes à ótica que, então, realiza o encaixe na armação e entrega ao cliente. ~SEste processo permite uma maior rapidez no atendimento ao cliente. Em alguns casos, observamos uma economia de mais de 50% no tempo total de entrega. Além disso, tanto o laboratório quanto a ótica podem consultar o estado de toda a operação, a qualquer hora~T, explica Valéria Pessoa, gerente de TI da Essilor Brasil.

O site OptiClick é um instrumento facilitador na comunicação entre os laboratórios e óticas, mas, para ser eficiente, requer um alto nível de precisão na confecção das lentes. ~SPara isso, associamos a utilização desta solução à compra da facetadora Compass, equipamento que faz a leitura do perímetro da lente para conferir com a armação~T afirma Valéria, que tem objetivos ousados para o novo serviço: ~SQueremos estar em 100% dos maiores laboratórios brasileiros~T, ressalta. A solução foi lançada em abril de 2002 e já está sendo utilizada por três laboratórios. Até o final de 2004, o objetivo é que esteja em 17.

Liderança no mercado de lentes

O grupo francês Essilor existe há 150 anos e é líder mundial do mercado de lentes e equipamentos oftálmicos, atendendo diretamente a distribuidores, laboratórios e redes ópticas. Seu produto de maior sucesso e o mais conhecido no Brasil é a linha de lentes Varilux®.

Presente em vários países, a Essilor International conta atualmente com 22 mil funcionários. No Brasil, além de um escritório comercial no Rio de Janeiro e de centros de apoio em seis estados brasileiros, a empresa possui uma fábrica em Manaus, considerada a melhor do mundo em produtividade e certificada pela ISSO

Banco do Estado do Rio Grande do Sul - Banrisul

 www.banrisul.com.br	O Banrisul é o maior banco do Rio Grande do Sul, onde sua rede atende 364 municípios (73% do total). Os serviços, no entanto, se estendem até outras localidades do país. Além das 339 agências gaúchas (49 em Porto Alegre e 290 no interior), o Banrisul está presente no Distrito Federal e nos seguintes Estados: Bahia, Ceará, Minas Gerais, Paraná, Pernambuco, Rio de Janeiro, Santa Catarina, São Paulo. Ainda mantém um escritório de negócios em Buenos Aires e agências em Nova York e Grand Cayman. O Governo do Estado é o acionista controlador do Banrisul, o que define a conjugação das

	naturezas comercial e pública da instituição. Com permissão para funcionar como banco múltiplo, atua em diversas frentes do sistema financeiro, por meio de suas carteiras comercial, de investimento e desenvolvimento, de Crédito Imobiliário e de crédito ao consumidor.

O Banrisul tomou a dianteira ao adotar o Linux - Ele derrubou a primeira peça deflagrando um... Efeito dominó

O segmento bancário sempre foi um grande investidor em tecnologia no Brasil. Cada ano os bancos fazem novos investimentos em informática e telecomunicações, quer para poder gerenciar com eficiência o número crescente de transações e a variedade de aplicações dos correntistas, quer para melhorar o atendimento aos clientes. Recentemente, um novo ingrediente tornou o uso da tecnologia ainda mais imprescindível nesse setor: a abertura do mercado a grupos estrangeiros.

Eficiência passou, então, a ser palavra-chave nos bancos brasileiros, que hoje enfrentam novos concorrentes ávidos por uma fatia desse saboroso bolo. Até os bancos mantidos pelos governos estaduais — alguns em processo de privatização — acabaram tendo de se adaptar aos novos padrões de eficiência e competitividade do mercado.

Assim, embora o sistema bancário brasileiro esteja entre os mais modernos do mundo, os investimentos do setor em tecnologia da informação continuam crescendo. Em 1999, o total investido em hardware, software e linhas de comunicações atingiu R$ 2,49 bilhões, que representaram um aumento de 18% em relação aos R$ 2,10 bilhões gastos no ano anterior, segundo levantamento do Centro Nacional de Automação Bancária (CNAB), da Federação Brasileira das Associações de Bancos (Febraban). Para 2000, a estimativa da entidade, com base no total orçado, foi de um investimento total de R$ 2,82 bilhões — portanto, um crescimento de 13,2% em comparação a 1999.

Na busca pela eficiência, os bancos também cortaram alguns gastos e deixaram suas estruturas mais enxutas. Essa pode ser a justificativa para o aumento considerável nos investimentos em softwares adquiridos de terceiros em 2000 segundo o CNAB/Febraban: R$ 426 milhões, ou 42,4% a mais do que os R$ 299 milhões do ano anterior. No mesmo período, ainda segundo dados da entidade, os gastos em desenvolvimento interno de softwares pelos bancos caíram 4,9%: de R$ 574 milhões, em 1999, para R$ 547 milhões, em 2000.

Dentro desse quadro, sem dúvida, o uso de um sistema operacional aberto e flexível como o Linux apresenta-se como alternativa mais do que adequada. E isso não só por ser isento de custos de licenças de software, mas por dispensar investimentos em máquinas mais poderosas para rodar. Ao mesmo tempo, o Linux oferece a segurança e a alta disponibilidade que as aplicações de missão crítica dos bancos exigem.

Bom exemplo

Tudo isso vem sendo comprovado no dia-a-dia pelo Banrisul, o banco do Estado do Rio Grande do Sul, que foi um dos poucos a escapar da recente onda de privatizações no setor. Primeiro banco a adotar o Linux no Brasil, o Banrisul mostrou que esse sistema operacional é uma opção real e viável para qualquer instituição financeira. Muitas delas, por sinal, já estão avaliando essa alternativa e poderão encontrar boas referências no exemplo do banco gaúcho, cuja experiência transformou-se em marco na história do Linux no País.

Ao escolher esse sistema aberto, o Banrisul queria, principalmente, livrar-se do que chamava de "abraço amigo" na relação com seus fornecedores de hardware e software. Assim que os contratos eram fechados, começava a dependência e a cobrança pela prestação de serviços — aliás, a preços elevadíssimos. Essa situação passou a incomodar a diretoria do banco, ainda mais depois que o Banrisul teve de se reestruturar, primeiro durante o processo de preparação para a privatização (que não se concretizou) e, em seguida, para enfrentar a concorrência no setor. Nessa fase, há mais de dois anos, a instituição perdeu boa parte de seus funcionários, principalmente da área de desenvolvimento, que mantinha técnicos altamente especializados nas várias arquiteturas e sistemas utilizados no banco.

Com a estrutura enxuta, menos gente disponível e poucos recursos financeiros, o Banrisul precisava ainda modernizar seus sistemas, para manter sua posição no mercado. Isso implicava atualizar o já obsoleto sistema operacional de mais de dois mil terminais de auto-atendimento (ATMs), ou caixas automáticos, que eram as peças fundamentais da estratégia de aumento da eficiência dos 710 pontos de atendimento do banco. Mas a escolha de um produto como o Windows, da Microsoft, exigiria um investimento pesado, uma vez que demandaria também a atualização do parque de equipamentos, programas e sistemas.

A essa altura, o atraente caminho dos padrões abertos já havia sido descoberto pelo Banrisul, quando sua equipe de desenvolvimento projetou novos terminais ATM — iniciativa que resultou em sensível redução de custos — para serem fabricados pelos fornecedores. E, como muitos técnicos já utilizavam o Linux em outras áreas, o sistema acabou sendo escolhido para teste operacional.

De imediato, esse teste revelou a estabilidade superior do Linux, que permitia manter os caixas automáticos com disponibilidade constante, 24 horas durante os sete dias da semana. Tornava possível, ainda, monitorar remotamente toda a rede, dispensando o deslocamento das equipes de manutenção — coisa impossível no sistema anterior. Ao mesmo tempo, por ser totalmente baseado em padrões abertos internacionais, o Linux mostrou-se capaz de se conectar e "conversar" com outras máquinas rodando os mais diversos sistemas operacionais.

O porte do software dos ATMs, todo escrito em C-ANSI, exigiu apenas pequenas modificações no acesso ao hardware. Por meio dos originais em linguagem C, foi feita a migração de todos os aplicativos dos terminais, mantendo as características originais. Apenas alguns componentes foram adicionados à solução, de modo que o usuário não notasse diferenças — a não ser o aumento da velocidade nas operações.

Concluídos os testes de desempenho, teve início a substituição do parque instalado de terminais ATM do Banrisul, que vem seguindo o ritmo de 50 máquinas por semana. Centenas de equipamentos já estão em operação e a meta é converter toda a rede, com quase 4 mil máquinas, no decorrer deste ano. Ao mesmo tempo, o banco já decidiu substituir a suíte Office, utilizada em 5 mil PCs instalados nas agências e no setor administrativo, pelo StarOffice. Também está nos planos a própria substituição do sistema operacional desses micros pelo Linux.

"Tudo está sendo feito com absoluta cautela, a partir de testes e avaliações cuidadosas e decisões tomadas em conjunto", explica Paulo Galarza, chefe de Sistemas de Informação do banco. Segundo ele, os esforços para manter o banco competitivo e consolidar sua posição no mercado vêm sendo recompensados. "Nossas metas eram maior rapidez na prestação de serviços, alta disponibilidade dos caixas e tarifas mais competitivas, graças à redução de custos", conta Túlio Zaminn, presidente do Banrisul. "Hoje posso dizer que conseguimos atingi-las."

O novo convive com o antigo

Quando o Banrisul procurou a Conectiva, depois de tomar a decisão de testar o Linux em seus novos terminais de auto-atendimento (ATM), apresentou um quadro técnico curioso — e, ao mesmo tempo, desafiador. Os ATMs então utilizados na rede do banco funcionavam com um sistema operacional já bastante antigo e fora de produção. A empresa que o havia desenvolvido permitia que o software obsoleto continuasse sendo usado, desde que o banco comprasse uma cópia de seu atual sistema para cada novo terminal. Sem dúvida, isso implicaria aumento expressivo dos custos de implantação dos ATMs.

Assim, no caso do Banrisul, o Linux ainda teve a missão adicional de permitir a convivência dos antigos terminais ATM com os novos, projetados por seus técnicos. Várias etapas tiveram de ser cumpridas, para que as metas traçadas pelo banco fossem atingidas. Eis as principais.

Levantamento de necessidades

Os técnicos da Conectiva passaram um mês recolhendo informações sobre o funcionamento dos ATMs do Banrisul, de seu sistema central (um software chamado BNO, escrito em Microfocus Cobol e que roda em SCO Unix) e da rede física. Também definiram as necessidades estéticas e funcionais da aplicação em relação ao usuário, as APIs (Application Programming Interface) para acesso aos periféricos de cada equipamento e como seria a integração com o backend BNO.

Foi necessária uma pesquisa sobre a configuração dos equipamentos e periféricos. Afinal, teoricamente, os terminais ATM são PCs comuns, mas era preciso ter certeza de que o Linux rodaria nessas máquinas e como seria o acesso aos dispositivos. Várias instalações do Linux foram feitas nos terminais e o sistema apresentou boa adaptação à tarefa.

Ao mesmo tempo, outra equipe avaliou os fontes da API, com o objetivo de verificar como estava sendo feito o acesso em DOS. No caso dos terminais do Banrisul, esse acesso utilizava portas seriais — procedimento que pode ser facilmente reproduzido no Linux. Na fase de testes, pequenos programas foram utilizados para avaliar isoladamente o funcionamento e os protocolos de comunicação de cada periférico.

Todos esses dados foram reunidos e organizados de modo a servir de guia para os passos seguintes.

Integração com o hardware

As empresas SID, Procomp e Perto, fabricantes dos terminais ATM, tiveram papel fundamental na migração dos sistemas do Banrisul. Suas máquinas foram construídas a partir do projeto dos técnicos do próprio banco — que forneceu os discos de teste para a homologação do novo hardware com o sistema Linux. Isso permitiu desenvolver módulos de software específicos para os periféricos (os drivers, na linguagem Windows).

O hardware do ATM é muito parecido com o de um PC comum, com processador Intel Celeron de 600 MHz, 16 Mb de memória e 4 Gb de disco rígido. O monitor colorido, padrão SuperVGA, e o controlador gráfico também são os mais corriqueiros de mercado. A principal diferença está nos periféricos, já que o ATM dispõe de interfaces para teclados numérico (do cliente) e normal (101 teclas), leitora de cartões magnéticos, dispensadora de notas, depositário de envelopes para pagamento de contas, leitor de código de barras e sensores do cofre. Todos os periféricos comunicam-se com a CPU por meio de interfaces seriais. Há, ainda, uma interface serial síncrona, para comunicação com o backend.

Todos os componentes das máquinas obedecem a altos padrões de qualidade, de modo a garantir elevados índices de MTBF (tempo médio entre falhas). Depois da homologação, os terminais começaram a ser produzidos, sendo fornecidos com o Linux pré-instalado — a distribuição adotada foi o Conectiva Linux 6.0, com as modificações e novos módulos para periféricos específicos do ATM.

O projeto do Banrisul também prevê a migração para Linux dos terminais antigos, ainda em operação. A configuração mínima definida para isso é baseada em processador Pentium de 100 MHz, com 16 Mb de memória e 540 Mb de disco.

Migração do sistema antigo

O sistema que roda nos terminais do Banrisul foi escrito basicamente em C-ANSI, o que facilitou bastante o porte para a plataforma Linux. Na verdade, poucas modificações precisaram ser feitas no código original. Pode-se dizer que o mesmo código que rodava em DOS agora funciona em Linux.

Já o sistema operacional Linux teve de ser adaptado ao novo hardware. Nos antigos ATMs, os "drivers" estavam incluídos no código principal do próprio software (que escrevia diretamente nos periféricos, "contornando" o DOS). Como isso não é possível no Linux, novos módulos ("drivers") foram desenvolvidos para a comunicação entre o sistema operacional e os periféricos especiais.

O uso do Linux como base do sistema acabou simplificando o código do software ATM. O tratamento de periféricos e a biblioteca gráfica foram suprimidos do código original, uma vez que, agora, o software usa o XFree 86 como servidor gráfico. Com a redução do código do ATM veio outra vantagem, impossível de ser obtida em ambiente DOS: um código praticamente igual para qualquer modelo de caixa automático. Dessa forma, os custos de implantação e manutenção do projeto, já reduzidos drasticamente, caíram mais ainda.

No modelo de desenvolvimento do Banrisul, uma das árvores do CVS (Concurrent Version System, ou Sistema de Controle de Versões) contém o núcleo da aplicação e as diferentes APIs para cada tipo de terminal. O núcleo da aplicação é, basicamente, o mesmo para todas as máquinas ATM e para as versões Linux e DOS.

Já na API, é possível notar as vantagens do Linux: as APIs para os terminais baseados nesse sistema ocupam bem menos espaço, além de serem em número menor. Isso porque o Linux permite ter praticamente a mesma API para todos os modelos de terminais (no sistema antigo, cada modelo de máquina exigia uma API diferente). No momento, apenas três APIs diferentes estão sendo usadas para o Linux, contra quase 20 para os terminais DOS.

Substituição dos ATMs

Um dos cuidados especiais tomados pelo Banrisul ao contratar a empresa que forneceria o suporte ao novo sistema foi com a independência. Desde o início do projeto, a idéia era que o banco assumisse o comando das operações baseadas no Linux. Ao exigir a transferência efetiva do conhecimento para suas equipes, o Banrisul queria afastar definitivamente o fantasma do "abraço amigo".

Assim, a Conectiva desenvolveu e homologou o software de ATM, e já está transferindo a tecnologia para o pessoal técnico do banco, que poderá fazer a manutenção do sistema de forma independente. Em termos técnicos, o que existe é um repositório CVS.

A atividade principal de desenvolvimento nessa fase é a recompilação das alterações, acompanhada de testes e envio para o pessoal encarregado da homologação final. Nos equipamentos novos, basta escrever os drivers de teste para os dispositivos "desconhecidos" (ainda não implementados) e adaptar esse código mínimo em uma API genérica, que se torna específica dessa máquina. Um descritor de hardware faz com que, no momento da compilação, a aplicação desabilite o acesso a operações que dependem de dispositivos não disponíveis em determinado modelo. Dessa forma, é possível manter uma aplicação única e APIs para cada tipo de equipamento.

Manutenção do parque

Com um sistema Unix-like como o Linux, fica fácil administrar a distância cada terminal e suas respectivas ferramentas. Todos os terminais podem ser acessados a partir de uma central de operações e telessupervisão, que está preparada para gerenciar remotamente até mesmo a qualidade do meio físico de comunicação (linhas privadas) entre os ATMs e o backend.

A manutenção e atualização do sistema ficarão sob o controle total do Banrisul. Mesmo que decida terceirizar esses serviços, o banco terá o controle da tecnologia, que está sendo transferida — junto com toda a documentação — para o seu pessoal técnico pela Conectiva.

Hospital Municipal Dr. Mário Gatti

Doutores em Linux - Vencendo as doenças do setor público usando software livre
Há três anos, a informatização no Hospital Municipal Dr. Mário Gatti, de Campinas, limitava-se a alguns sistemas em Clipper na rede Novell com doze máquinas, que processavam informações do setor de faturamento. Outras áreas administrativas sequer tinham computador — muito menos a parte clínica.
Hoje, não só a área administrativa está informatizada, como os médicos e funcionários dispõem de uma série de informações gerenciais em tempo real.E Foi graças ao Linux e ao sistema Hospub, desenvolvido pela equipe do Datasus, que a informática pôde espalhar-se tão rápida no Mário Gatti. "Como o Linux é livre e o Hospub, um software de uso público, praticamente não tivemos investimento na informatização", explica a médica Walquiria Lisboa Siqueira, chefe do núcleo de informática. Na verdade, a economia de recursos conseguida no software foi usada na montagem de uma infra-estrutura de informática, que envolveu a compra de novos equipamentos e a instalação de uma rede de fibra óptica. Walquiria conta que, no primeiro ano, foram adquiridos equipamentos de rede e quarenta microcomputadores. Em pouco tempo, oito setores do hospital já estavam usando computadores, ligados por uma rede de 10 Mbits — o servidor era um PC 486 com Linux Conectiva. A informatização começou pela área de faturamento e se estendeu para outros setores, como contabilidade e tesouraria — que utilizam alguns aplicativos em Dataflex, emulados no servidor Samba —, e para a área clínica.
Hoje, o Mário Gatti já conta com um parque instalado de 110 micros, dos quais oitenta estão ligados pela rede de fibra óptica de 100 Mbps, que atende 25 setores e cinco prédios. Até maio, o hospital deverá chegar a 150 micros conectados à rede, que está com três servidores Pentium duplo processados.
E a opção pelo Linux não foi determinada apenas pelo baixo custo do investimento. "A segurança foi um fator que também pesou muito em nossa decisão", pondera Walquiria. "Por ser baseado em Unix, é muito difícil o Linux apresentar problemas de manutenção", acrescenta Walquiria.
Outro fator determinante na escolha do sistema adotado, o Hospub, é que este roda na plataforma Linux. Modular e totalmente integrado, o Hospub permite manter o cadastro e os registros no banco de dados em Open Base. Com isso, informa&cc= edil;ões do Pronto Socorro, ambulatório e laboratório ficam disponíveis na rede, para que médicos, enfermeiros e funcionários autorizados possam acessá-las, on line. Walquiria observa que muitos desses dados contêm informações gerenciais valiosas — por exemplo, o perfil do paciente atendido, seu histórico e os procedimentos mais comuns.
O agendamento de consultas também é on line, bem como o acesso do médico aos resultados dos exames laboratoriais. "Assim que é liberado pelo responsável, o resultado do exame é colocado no sistema, para que as pessoas habilitadas possam acessá-lo, pela rede de fibra óptica do hospital", diz Walquiria. No momento, sua equipe (hoje com dez profissionais e quatro estagiários) está terminando o desenvolvimento, em conjunto com o pessoal do Datasus (responsável pelo Hospub), de um módulo que permitirá pôr no sistema também os exames que envolvem imagens, como tomografia, Raio-X e eletrocardiograma. A idéia é informatizar desde o processo de marcação do exame até a emissão dos laudos pelo médico e o faturamento.
Sem dúvida, o Hospital Municipal Dr. Mário Gatti é um bom exemplo dos benefícios que o Linux — e o software livre —, pode proporcionar à área social de um país carente de recursos como o Brasil.

Malharia Manz

Manz: só tranqüilidade - A implantação do Linux proporcionou estabilidade a baixo custo

Desde o início de 1998, a Malharia Manz estudava soluções para desenvolvimento de sistemas em arquitetura cliente/servidor, bem como ferramentas para acesso e serviços Internet. O projeto de longo prazo do departamento de informática consistia em usar a Internet como principal meio de comunicação de dados até meados de 1999, e migrar seus sistemas corporativos para cliente/servidor até o início de 2001. O caminho natural parecia ser a migração progressiva da plataforma Netware para Windows NT. Mesmo assim, a área de informática resolveu fazer alguns testes com o Linux, motivada pelo recente lançamento do Interbase 4 para Linux. Também tornou-se o Linux responsável pelo compartilhamento de um link discado à Internet.
Devido ao grande sucesso dessas experiências, ainda em 1998 usou-se o Linux para converter um sistema de informações gerenciais para a arquitetura cliente/servidor, trabalho concluído no decorrer do mesmo ano. O ganho de performance, de até trinta vezes em algumas consultas, bem como a confiabilidade, que evoluiu de falhas semanais na versão anterior, para nenhuma falha em catorze meses de operação da nova versão, coroaram definitivamente o Linux como plataforma de escolha para quaisquer projetos futuros. Não obstante, o uso do Linux continuou restrito a um servidor até meados de 1999. Nesse meio tempo, o link discado à Internet foi substituído por um link permanente síncrono.
Desde o final de 1998, já se sabia que os diversos servidores Netware 3.12 utilizados pela Manz eram sensíveis ao "bug do milênio". Eles teriam de ser atualizados para Netware 4, ou substituídos por outra plataforma. A atualização dos servidores custaria bastante caro, e seria um contra-senso investir em Netware se a intenção era migrar para Linux em no máximo dois anos.

Por outro lado, seria impossível migrar todos os sistemas para cliente/servidor até a virada do milênio, tampouco substituir o grande número de estações DOS com boot remoto. Começou-se então a fazer testes com o Mars-NWE, o emulador de Netware para Linux. Uma vez determinado que o Mars funcionava bem com os softwares e máquinas em uso na Manz, os servidores foram, um a um, convertidos para Linux, num lapso de quatro meses. A migração gradual visava o acompanhamento da confiabilidade do Mars nos ambientes de produção. Os dois últimos servidores Netware foram desativados em agosto de 1999.

Assim, foi possível resolver o problema do bug do milênio com um custo mínimo, manter a compatibilidade com softwares e equipamentos de legado, e de quebra, preparar antecipadamente os servidores para a inexorável adoção da arquitetura cliente/servidor. Para Cesar Rodrigo Tomporoski, gerente de sistemas da Manz, a substituição do servidor Novell para Linux foi uma grata surpresa. "Nós não achávamos que a migração poderia ser tão tranqüila, a ponto de ter passado quase despercebida pelos usuários da Manz", diz ele, acrescentando que fora isso, a estabilidade do Linux realmente impressionou. "Sem traumas e com ganhos efetivos, passamos então a planejar a completa conversão de toda a nossa plataforma. Para portar alguns sistemas, desenvolvidos por nós, estamos testando o WinLinux e, com a experiência adquirida em instalação e configuração Linux, julgamos ser esta a melhor solução para a estabilidade, custo e facilidade de implantação", completa.

Hoje, a Manz usa Linux em todos os servidores, exceto por uma máquina Netware da área industrial, cujo sistema de gestão ainda depende do Btrieve for Netware, embora o fornecedor do sistema já estude o Linux como plataforma alternativa de servidor. Também há grande interesse em se adotar o Linux nas estações de trabalho. *Elvis Pfützenreuter* epx@netville.com.br

Karita Calçados

história da KARITA começou em 1965, quando os jovens empreendedores Carlos Alberto Barbosa Rolim e Itamar Barbosa Rolim abriram uma pequena unidade de vendas. Eles comercializavam somente uma linha restrita de sandálias em uma loja de galeria no centro de Belo Horizonte, com o nome KARITA SANDÁLIAS. Em apenas três anos os sócios já contavam com mais duas lojas. Devido ao constante crescimento, a KARITA chega ao final de 2002 com 16 lojas próprias atendendo, em sua maioria, o público feminino, na faixa etária entre 16 e 60 anos. A Karita oferece calçados e acessórios femininos de qualidade, com preço bem competitivo, no seu segmento de mercado. O respeito pelo cliente, fornecedores e colaboradores, bem como o cultivo permanente de uma imagem de idoneidade e confiança, tanto em relação ao público interno quanto externo, são princípios e valores que também fazem parte da história da KARITA.

A história da KARITA CALÇADOS começou em 1965 com a inauguração de uma pequena loja de galeria em Belo Horizonte. Devido ao constante crescimento, a KARITA chega ao final de 2002 com 16 lojas próprias em Minas Gerais atendendo, em sua maioria, o público feminino, na faixa etaria entre 16 e 60 anos. A Karita oferece calçados e acessórios femininos de qualidade, com preço bem competitivo, no seu segmento de mercado.

Em setembro de 2001 a KARITA enxergou a necessidade de implantar uma nova solução de ERP, mais abrangente e focada em comércio. Nesse momento a questão do TCO (do inglês: Custo Total de Propriedade, somatório de todos os custos para implantação e manutenção) relativo a cada uma das soluções oferecidas pelo mercado é extremamente relevante, pois trata-se de um relacionamento de longo prazo. É nesse ponto que soluções baseadas em softwares livres oferecem uma grande vantagem.

Segundo o diretor executivo da KARITA, Marcelo Rolim, após serem avaliados diferentes soluções no mercado, foi feita a opção pelo SACI (Sistema de Automação Comercial Integrado), desenvolvido pela EAC. "Optamos pelo SACI porque esse é um ERP totalmente baseado em softwares livres, o que traz, entre outros benefícios, uma curva muito atraente de resultado sobre investimento. Outro ponto que pesou na hora da escolha foi o fato do SACI ser especializado em atacado e varejo", disse.

Em novembro de 2001, depois de rápida negociação, se iniciou a implantação do sistema e, junto com ela a aquisição de equipamentos e serviços de conectividade. Considerando que as soluções concorrentes baseavam-se em Windows, com os bancos de dados SQL-Server ou Oracle, seria necessário fazer upgrades em todas as máquinas da empresa (R$200.000) e contratar links em banda larga. Tal fato implicaria em gastos maiores que R$30.000 em equipamentos e R$120.000 anuais serviços de conectividade, fora as licenças de Windows e de banco de dados (estimadas em R$40.000).

O SACI, roda no sistema operacional Linux com o banco de dados MySQL (o mais rápido do mundo), ambos softwares livres, assim como o PHP e o Apache, também utilizados para a interface web do SACI. Dada a estabilidade e robustez da solução, a Karita optou por dispensar a contratação de uma segunda pessoa para a manutençao da solução, o que implicou numa economia adicional anual equivalente a R$50mil em recursos humanos e R$10mil em serviços de manutenção por terceiros.

De acordo com Marcelo Rolim hoje a Karita tem uma solução especialista em comércio, robusta e estável que, por ser baseada em softwares livres, permitiu uma significativa economia, quando comparada às soluções concorrentes. -"Economizamos aproximadamente R$270.000 fixos, apenas em equipamentos e licenças e mais outros R$180mil anuais em manutenção da solução. Essa economia significou um dos melhores investimentos disponíveis para nosso negócio, uma vez que todo o projeto de gestão via SACI, o ERP da EAC, se pagou em 6 meses. O que veio a seguir foi lucro: grandes melhorias operacionais (os números são estratégicos), tal como a redução de nosso estoque em quase 50%" conta.

Em maio estamos fazendo um ano e meio de utilização do SACI em todas as nossas filiais (sendo que nos primeiros 3 meses adquirimos equipamentos, instalamos o SACI, configuramos, treinamos e instalamos comunicação on-line nas 19 Lojas Karita) e o resultado é um ano e meio de muito aprendizado, respeito e confiança na parceria com a EAC e com seu sistema. As assessorias de implantação foram fundamentais para chegar onde chegamos.

Com a implantação do SACI trabalhamos hoje com um estoque reduzido em quase 50%. O giro aumentou e a rentabilidade também. Não temos mais mercadorias que não vendam em nossas lojas. É muito importante também ressaltar que o sistema nos proporcionou um melhor conhecimento dos clientes e consequentemente um bom trabalho para estreitar o relacionamento com os mesmos. A qualidade de nossas informações nos permitiram iniciar a venda das FRANQUIAS KARITA com a inauguração das primeiras unidades no próximo mês.

Marcelo Rolim, crolim@karita.com.br
3273-8433 / Belo Horizonte

Este material teve o apoio da Eac Software, através do Sr. João Pedro Martins, www.eacnet.com.br

Bel Lar Acabamentos

www.bellar.com.br

Iniciamos nossas atividades em 18 de Dezembro de 1967, na região central de Belo Horizonte - Minas Gerais, tendo como atividade principal o comércio de material de acabamentos para construção em geral. Como resultado de um trabalho persistente e inovador, construímos junto aos nossos clientes e público em geral, um conceito de seriedade e competência

Vivenciei e sofri uma implantação de um sistema aplicativo baseado em plataforma Windows NT o qual não conseguia manter-me no ar por mais de dois dias sem ter de reiniciar.

A empresa responsável pelo desenvolvimento do aplicativo não conseguia superar uma série de (conforme afirmação deles) limitações do NT e do SQL Server. Uma promessa de 4 meses como prazo se arrastou por 1 ano e 4 meses. Resolvemos então largar as fantasias para lá e encararmos os fatos. Cancelamos a implantação e recorremos novamente ao mercado.

Onde encontrar, a esta altura, uma solução de custo bastante acessível e implantação rápida? Determinamos a plataforma Linux como a base e pré-requisito para a aquisição de um novo sistema aplicativo. Não foi difícil encontrar eco num sistema anteriormente avaliado por nós e que demonstrava há muito tempo ser o que necessitávamos. Adquirimos o SACI em uma rápida negociação assumindo os riscos da implantação de um sistema que funcionava nativamente em Unix, mas que havia sido portado recentemente para Linux. E mais rápida ainda foi sua implantação, devido à sua enorme aderência no segmento de varejo, inclusive para Material de Construção.
Hoje, roda perfeitamente requerendo apenas pequenas administrações normais de sua base de dados. Nosso servidor está ligado de maneira contínua. A velocidade na execução dos processos é fantástica. O suporte inicial que precisei, encontrei facilmente. Hoje, graças ao SACI e à Linuxterapia, sou um profissional sem traumas.

Alberto Saliba, alberto@bellar.com.br
Tel: (31) 3278-2255 / Belo Horizonte, MG

Este material teve o apoio da Eac Software, através do Sr. João Pedro Martins, www.eacnet.com.br

Rocar Peças

Rocar Peças atua há 32 anos no mercado de Sete Lagoas, oferecendo alta qualidade em autopeças e acessórios para automóveis e caminhões. A empresa conta com uma equipe muito versátil, atendendo desde frotistas até consumidores finais, passando por oficinas mecânicas e empresas de médio porte de toda a região próxima a Sete Lagoas. São 64 usuários simultâneos em 30 máquinas com mais de uma tela de SACI, sendo 3 lojas on-line e uma off-line em pontos estratégicos da cidade, em projeto ousado tocado pessoalmente pelo Leandro. Num relacionamento íntimo com a EAC, ele não mediu esforços: contratou assessorias, envolveu a equipe, cobrou empenho e, em 150 dias, implantou o sistema na Rocar. Com a empresa e o perfil de compra do mercado nas mãos, passou a trabalhar com estoques adequados à demanda, garantindo a satisfação dos Clientes com um atendimento ágil e personalizado o que, há muitos anos, tem permitido à Rocar manter a liderança de seu segmento na região de Sete Lagoas. Uma das características de nossa empresa é o pioneirismo. Eliminamos o atendimento no balcão, propiciando ao nosso cliente assistência personalizada. Fomos a primeira empresa do ramo na região a informatizar todas as nossas lojas. E agora somos a primeira a estar na Internet.

Rocar Peças é uma empresa que cresce desordenadamente na pujança do período inflacionário e, com o advento do Plano Real e a estabilidade econômica", os controles imprecisos utilizados pela empresa acabaram por se mostrar impotentes para mantê-la na posição de liderança do segmento em Sete Lagoas.

A existência desse cenário complicado e o amadurecido contato com os profissionais da EAC e seu produto, o SACI, foram fatores determinantes para julgar viável e necessária a implantação desse sistema na Rocar.

Foram mais de seis meses dedicados a treinamentos e assessorias para implantação dos principais recursos: Cadastramento de Produtos, Clientes e Fornecedores, Recebimento de Mercadorias, Precificação, Estoque, Contas a Pagar e Receber, Ponto-de-Venda, sem falar da configuração da empresa e do SACI, introduzindo nossas características no sistema e controlando acesso de usuários. Foi um trabalho árduo que valeu muito a pena: atendimento mais ágil, maior dinâmica no recebimento de mercadorias, menores índices de inadimplência. Com o passar do tempo, consolidou-se a gestão de compras por curva ABC, o grande trunfo da administração de estoques.

Flexibilidade também foi importante para o SACI se adaptar à realidade da Rocar. A EAC desenvolveu, a partir de nossa solicitação, o cálculo da margem de lucro líquida por centro de lucro, permitindo-nos gerir nossos estoques por sua lucratividade. Outro aspecto foi a existência de filiais distantes, com alto custo de comunicação on-line: com o SACI pudemos preparar cada filial para trabalhar com o sistema off-line, trazendo a relação custo/benefício a níveis bastante satisfatórios.

O segmento de autopeças é marcado por complexidade única. Para agilizar o atendimento, a EAC nos disponibilizou recursos como localização de peças em estoque, produtos relacionados uns com os outros e pesquisa por aplicação de peça. São, sem dúvida, diferenciais que nos permitem estar na frente da concorrência e manter fidelizados os clientes mais exigentes.

Leandro Martins, rocar@mrnet.com.br
Tel: (31) 3774-6565 / Sete Lagoas, MG

Este material teve o apoio da Eac Software, através do Sr. João Pedro Martins, www.eacnet.com.br

Elmo Calçados

www.elmo.com.br

A história da Elmo se confunde com a história do comércio de Minas Gerais. Em 1938 o Sr. Ignácio Ballesteros Rodriguez, natural de Vila Vieja, norte da Espanha, inaugurava a Sapataria Moderna, 1ª das 70 lojas, na cidade de Nova Lima, a 20 km de Belo Horizonte. Em 1945, novo ponto foi aberto desta vez na capital, Belo Horizonte. Nascia o Sobrado dos Calçados em plena Av. Afonso Pena, no centro da cidade. Já nesta época o espírito empreendedor do Sr. Ignácio via na publicidade em rádio, jornal e revista uma forma eficiente de divulgar suas promoções e obter com isso expressivos resultados nas vendas. Em 75 foi inaugurada a maior loja da organização com 400m2 em cada um dos 6 andares situada em um prédio próprio na Av. Afonso Pena. À partir daí a Elmo não parou mais de crescer. Em 77, a Elmo comercializou uma média de 1 par de sapato por habitante em Belo Horizonte. A Elmo é hoje uma organização com várias outras empresas, incluindo um shopping center em Belo Horizonte - Diamond Mall. Elmo é sinônimo de sucesso, reconhecida como a 2ª empresa de varejo mineira em faturamento, segundo a Gazeta Mercantil.

Elmo Calçados maior rede brasileira de lojas do setor, a empresa foi a primeira do estado a adotar Linux, em 1996, alcançando economia de US$ 580 mil. Corrigir falhas no sistema operacional das 70 lojas distribuídas pelos estados de Minas Gerais e Espírito Santo. Esse era o objetivo da Elmo Calçados - maior rede brasileira de calçados e artigos esportivos - quando se tornou a primeira empresa mineira a migrar seu sistema para Linux, a partir de 1996. A economia direta gerada pela mudança foi US$ 580 mil. A empresa utilizava placas multisseriais, que não tinham processadores próprios, além de sistema operacional de código fechado nos computadores (Interactive Unix). Isto dificultava a correção de bugs com a rapidez necessária. "Essas falhas criavam processos lentos e custosos", explica Willian Vidal da Silva, supervisor de operação da Elmo Calçados. Desde 1996, quando a Elmo decidiu adotar Linux em todos os servidores, a segurança de ajustes e aplicativos passou a ter melhor desempenho e facilidade de customização. O FoxPro (banco de dados e linguagem de desenvolvimento) foi mantido na migração. Depois, foram produzidos outros aplicativos em C e C++. As lojas fazem TEFs (Transferência Eletrônica de Fundos), emitem cupom fiscal e enviam mensagens para o gestor, com o uso de servidores Linux. Impressoras seriais e fiscais, terminais de consulta e de caixa também estão ligados ao servidor. Para o desenvolvimento do projeto, foram envolvidos cinco profissionais analistas de desenvolvimento de sistemas e três analistas de suporte. O sistema interno de automação comercial demorou um ano e meio para estar pronto e foi entregue em setembro de 1996, quando começou a ser implantado nas lojas. Na transição para o Linux, foram treinadas 20 pessoas para o desenvolvimento do novo ambiente. "Os funcionários já conheciam o Unix, então não foi difícil ensinar o Linux", afirma José Glicério Ruas Alves, diretor geral da Microhard, revenda da Cyclades Brasil.

Além da mudança do sistema operacional, a empresa adquiriu, por intermédio da Microhard, 100 placas multisseriais e 72 roteadores Cyclades - para interligar as lojas com voz e dados. As placas foram adotadas para fazer as substituições, pois são compatíveis com o sistema operacional aberto e têm bom desempenho.

Economia

Melhoria na qualidade da comunicação e agilidade no atendimento foram resultados da integração das lojas da rede por meio de roteadores. O investimento total com os dispositivos Cyclades-PR1000 e PR3000 foi de US$ 60 mil, valor recuperado seis meses após a instalação dos equipamentos, com a diminuição mensal dos gastos com telecomunicações. O sistema interliga a matriz de Belo Horizonte com o escritório central em Vitória, no Espírito Santo, e foi inicialmente instalado nas filiais das cidades do interior, onde a redução de gastos permite melhor avaliação da eficiência. A Elmo economizou também com as TEFs feitas pelas lojas. Como a matriz fica ligada 100% do tempo com as filiais e com as operadoras de cartão de crédito, a empresa tem apenas um custo de todas as transações feitas de transmissão de dados e autorização de vendas realizadas.

Tecnologia Utilizada
Plataformas Utilizadas: Linux Slackware 2.0 - Suse 6.4 - 7.1- 8.1.
Servidor de Banco de Dados: Itautec Pentium II multiprocessado com Informix.
Tamanho do banco de dados: 70GB.
Rede: Servidores DNS, intranet, e-mail, internet e firewall sendo executado em Slackware e Suse Linux.
Outras tecnologias existentes: Voz sobre IP e sobre Frame Relay e X-25 para Cartões de Crédito.
Número de usuários concorrentes: São 70 sites ao todo. Cada um opera de forma independente, mas sincronizado ao banco de

dados central. O maior site tem 138 usuários, de um total de 500 usuários concorrentes.

Fouad Center New Time

 http://www.fouadcenter.com.br	Um dos principais atacadista do sul do país
Num dos momentos mais críticos da economia de Foz do Iguaçú, o Grupo Fouad Center ousou e instalou o Fouad Center New Time uma loja de departamentos dentro dos padrões internacionais, com tecnologia avançada e conceito inovador de automação comercial. Buscamos soluções no mercado e ficamos impressionados com os altos valores de investimento que requeriam, não apenas no próprio sistema como também no conjunto da solução. Encontramos o SACI da EAC Software, baseado em Unix/Linux, que não requeria investimento em banco de dados, já que utiliza o MySQL, livre, e que foi desenvolvida exclusivamente para o comércio varejista e atacadista, atendendo às nossas necessidades tanto no projeto operacional quanto no financeiro. Em menos de 60 dias, configuramos milhares de operações totalmente integradas, implantamos o cartão de crédito, hoje com 121.572 usuários, com dez milhões de itens vendidos que originaram milhões de transações no sistema; sendo que todas as informações disponíveis em relatórios de alta confiabilidade. Até a presente data, pela segurança e integridade do SACI, não temos registro de qualquer questionamento ou denúncia de um só cliente ou fornecedor quanto às suas operações, ou seja, o SACI é eficiente. Em função deste sucesso do Fouad Center New Time, o grupo estendeu o uso do SACI para a MFM Importadora, Fouad Center Exportadora e agora para a UNIAMÉRICA, que no máximo até o final deste ano, estará com todos os módulos implantados. Teremos condições inclusive de instalar o EAC Web Control, ferramenta que disponibiliza aos seus sócios e clientes (alunos e responsáveis), via internet ou celular, informações instantâneas de seu interesse. Para nós, o SACI da EAC Software é a gestão dos negócios em nossas mãos! Fouad Mohamad Fakih uxs Grupo Fouad Center	
Este material teve o apoio da Eac Software, através do Sr. João Pedro Martins, www.eacnet.com.br	

Secretaria Nacional de Segurança Pública (SENASP)

 http://www.mj.gov.br/senasp/	A Secretaria Nacional de Segurança Pública 8211 (SENASP) , criada pelo Decreto nº 2.315, de 4 de setembro de 1997, foi decorrente de transformação da antiga Secretaria de Planejamento de Ações Nacionais de Segurança Pública – SEPLANSEG.

Software livre no combate ao crime

Terra Crime, programa desenvolvido em parceria entre UFMG e Inpe, com apoio do governo federal, é o primeiro desenvolvido em GPL na língua portuguesa e gerará economia de R$ 2,9 mil por cada estação em que será instalado

O software livre Terra Crime será distribuído gratuitamente pelo Ministério da Justiça a órgãos de segurança pública das cidades brasileiras interessadas. Desenvolvido pela Secretaria Nacional de Segurança Pública (Senasp - orgão vinculado ao Ministério da Justiça) em parceria com o Instituto de Tecnologia da Informação (ITI), o programa promete redefinir a maneira de se trabalhar as políticas de segurança pública ao fornecer informações detalhadas aos responsáveis por ações na área de segurança.

Registrado como o primeiro software livre em língua não inglesa com licença CC-GPL, da Free Software Foundation (FSF) e da Creative Commons - o que garante maior segurança ao direito autoral e à política de distribuição -, o aplicativo é considerado um dos mais avançados na área. Ele poderá ser usado por cidades que tenham um mapa territorial e registros de boletins de ocorrência digitalizados. A partir da análise do mapa e dos boletins, o Terra Crime permitirá o monitoramento e facilitará o controle da criminalidade em ambiente urbano. A grande novidade do programa é justamente permitir uma visualização ágil de estatísticas sobre crimes. Cada ocorrência de crime aparece como um pontinho na tela. O trabalho primordial do Terra Crime é interpretar estes dados e formar representações gráficas da situação criminal urbana. Ele funciona integrado ao mapa e desenha manchas coloridas que variam de acordo com as estatísticas de criminalidade. Os dados ainda podem ser organizados por critérios como hora, dia e mês.

Tecnologia nacional

Resultado do trabalho entre o Instituto Nacional de Pesquisas Espaciais (Inpe) e Universidade Federal de Minas Gerais (UFMG), em parceria com a Senasp, por ser gratuito, o Terra Crime estimula a formação de recursos humanos nacionais e permite corte de gastos. No mercado, o sistema compete com aplicativos cuja licença custa em torno de R$ 2,9 mil. No total, os investimentos para o desenvolvimento do Terra Crime foram de R$ 100 mil.

Técnicos da Senasp identificaram 35 cidades em 18 estados com potencial para instalar o programa. Porto Alegre foi a primeira cidade a usar o sistema, como projeto piloto.

Utah Linux Center

www.utah.com.br

A importância do crescimento do Software Livre está sendo reconhecida por todos os usuários de informática e sua tendência é de conquistar quase 100% do mercado mundial. A Utah participa desde o início desta revolução na Tecnologia da Informação e acredita que em pouco tempo a capacitação no uso do Linux será um quesito primordial no currículo profissional. Em seus 10 anos de mercado a Utah tem transmitido conhecimento e desenvolvido tecnologia baseada em serviços de consultoria, treinamento (mais de 20.000 alunos treinados), suporte técnico e desenvolvimento de sistemas 100% Linux.

Uma Nova Economia e Empresas estão surgindo para dar segurança, longevidade e sustentabilidade a partir do Linux e outros softwares Livres. A Utah é um exemplo desta nova economia. Contamos com profissionais certificados possuidores de alto grau de capacitação técnica e experiência de mercado, preparados para atender aos mais variados tipos de projetos e desenvolver soluções para você e sua empresa seja qual for o tamanho. Nossos instrutores são consultores ativos no dia-a-dia dos clientes levando para os futuros profissionais a atualidade tecnológica que o mercado exige.

As Formações Utah Linux Center - A Uath Linux Center, com intuito de proporcionar a melhor formação em Linux e Software Livre, disponível no Brasil e no Exterior (independentemente da distribuição), desenvolveu um treinamento que porporcione a prática e a transferência de conhecimento tecnologico adquirido por seu corpo técnico nestes 10 anos de atuação. A esta formação, demos o nome de " ULCC - Utah Linux Center Certified. Um treinamento de 240 horas, composto de três cursos de 80 horas dividios em quatro módulos de 20 horas:

_	ULCA	-	Utah	Linux	Center	Administrator	-	módulos	1 ao	4.
_	ULCP	-	Utah	Linux	Center	Professional	-	módulos	1 ao	4.
_	ULCS	-	Utah	Linux	Center	Security	-	módulos	1 ao	4.

Estes cursos possuem : Avaliação Eletrônica On-Line ao final de cada módulo e Exame de Certificação On-Line com questões teóricas e problemas práticos ao final de cada curso.
Aqueles que se certificarem nas formações ULCA + ULCP + ULCS, receberão automaticamente a certificação ULCI (Utah Linux Center Internacional).
Aos melhores alunos certificados, será dada a possibilidade de tornarem-se mebros da Comunidade Profissional da Utah Consultores recebendo treinamento específico e certificação (UCC - Utah Certified Consultant), para implantação das consultorias estruturadas desenvolvidas por nós.
As siglas aqui citadas (ULCC, ULCA, ULCP, ULCS, ULCI e UCC) são marcas registradas da Utah Linux Center.

PARCEIROS EDUCACIONAIS E CORPORATIVOS - Desde 1996 a Utah vem desenvolvendo a tecnologia de treinamento em Sistemas Abertos, iniciando-se pelo Administrador LINUX e depois desenvolvendo os treinamentos específicos para Implementação de Servidores e Segurança.
Posteriormente, cursos cobrindo outras tecnologias abertas foram acrescentados ao Currículo da Utah Linux Center.
Tendo treinado mais de 20.000 alunos profissionais, todo o aprendizado e experiência adquiridos ao longo dos anos estão agora consubstanciados nesta terceira geração dos materiais curriculares desenvolvidos para o treinamento de Engenheiros de Software especializados no Sistema Operacional Linux. Este conjunto de conhecimentos anteriormente formava os cursos LPI 10 ao 43.
Nesta nova versão toma o nome de Linux Center Administrator (LCA) dividido em quatro partes de 20 horas cada. Sendo o primeiro dos três módulos da formação e certificação ULCI (Utah Linux Center International).
Neste momento e aproveitando esta oportunidade, a Utah, pela primeira vez, abre sua tecnologia de ensino para outras instituições parceiras* espalhadas pelo Brasil, com vistas a possibilitar que profissionais de todo território nacional tenham acesso ao seu treinamento e as demandas locais de profissionais treinados em tecnologias abertas sejam devidamente atendidas.Parceiros Educacionais:

São Paulo							
Fundação	Paulista	de	Tecnologia		e		Educação
Av.	Nicolau	Zarvos,	1925	-		CEP	16401-371
Lins		-	São		Paulo		-SP
F:			(14)				3533-3200
www.fpte.br							
Contato:	Sr.	Antonio	Carlos	de		Lima	Santana

Rio			de				Janeiro
Open							Tecnolgia
Av.	Rio	Branco,	109	-		Grupo	603
Centro	-	Rio		Janeiro		-	RJ
CEP							20040-004
F:(21)		2242-3464		/			2240-8299
www.opentec.com.br							
Contato:							Flávia

Distrito						Federal
NCT			Informática			Ltda
SCRN	702/703		bloco	D	loja	42
Brasília			-			DF
CEP						70710-750
F:(61)						327-0000
www.nct.com.br						
Contato: Núbia Lelles						

Maurício Toito Desiderado – Diretor Comercial – mtoito@utah.com.br

Softwares para Suporte e Administração da Rede Linux

No dia-a-dia de uma empresa, temos que admitir, um dos profissionais que mais sofre é o profissional de redes ou suporte ao usuário. Para tornar sua vida mais fácil, várias ferramentas e utilitários estão disponíveis. Confira algumas dezenas destes:

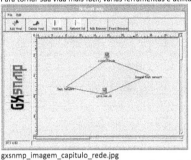

gxsnmp_imagem_capitulo_rede.jpg
GXSNMP – Gerenciamento de Rede - Um dos vários Software Disponíveis para o Administrador de Rede no mundo Linux

Software para Administração da Rede - Software para Backup:

AMANDA	http://www.amanda.org
Amanda - Advanced Maryland Automatic Network Disk Archiver – sistema de backup que permite que os administradores de rede definam sistema de backup unificado, e enviando-os para fitas ou discos distribuídos. Além do backup das estações da rede.	

FTAPE	http://www.instmath.rwth-aachen.de/~heine/ftape/
Programa para controlar vários drives de fita de baixo custo que ficam conectadas a controladora dos disquetes.	

KDAT	http://sunsite.auc.dk/qweb/kdat/
Sistema de Arquivo de fita no padrão tar. Tem suporte aos drives de fita e SCSI.	

Mondo Rescue	http://www.microwerks.net/~hugo/
Gerencia todo o backup de servidores e estações, CD-R, CD-RW ou partições NFS. Suporte a LVM, RAID, ext2, ext3, JFS, XFS, ReiserFS e VFAT	

Bontmia	http://folk.uio.no/johnen/bontmia/
Disponibiliza as funcionalidades flastree e rsync numa mesma aplicação flexível.	

Linbox Backup Server	http://www.linbox.com/
Software commercial que permite gravar e recuperar partições inteira de disco rígido de qualquer PC para um servidor, independente do sistema operacional.	

RVM	http://rvm.sourceforge.net/

Rsync Vault Manager – um gerenciador de backups que usa rsync to gerenciar backups para vários clientes em partições lógicas

AFBackup	http://sourceforge.net/projects/afbackup/
Sistema de backup client-servidor que permite que as estações realizem backup para um servidor central.	

Arkeia	http://www.knox-software.com/
Software comercial de backup de rede. Suporte vários tipos de computadores e sistemas operacionais.	

Arkeia for Oracle8i Recovery Manager	http://www.arkeia.com/
Software commercial de backup para database Oracle rodando em plataforma Linux.	

BackBurner	http://w3.one.net/~bilshell/backburner/backburner.html
Pacote de scripts PERL para usuários da rede realizarem backups e compressão de imagens em dispositivos compartilhados.	

BackerUpper	http://www.bluelavalamp.net/backerupper/
Projetado para ser um sistema simples de configuração de backup	

backup by loop	http://foc.neoartis.org/progs/backup.htm
Script bash para automatizar e completar sistemas de backup, e de simples configuração	

Backup Professional	http://www.unitrends.com/
Sistema commercial de backup com interface GUI para vários sistemas operacionais, inclusive Linux.	

backup2l	http://backup2l.sourceforge.net/
Sistema light de backup para geração, manutenção e recuperação de backups montados em sistemas de arquivos.	

BackupEDGE and RecoverEDGE for Linux	http://www.microlite.com/
Software de backup commercial para Linux, incluido RecoverEDGE	

BackupOnCd	http://www.tuxoncd.de/backuponcd/pub/backuponcd.html/
Conjunto de shell scripts que fazem backup multi-volume (gziped) sobre CD-RW.	

BackupSW	http://visualversion.com/backupsw/index.html
Solução prática de backup para computadores pessoais.	

Bacula	http://www.bacula.org/
Conjunto de programas de computador que permite gerenciar backups de diferentes computadores da rede	

bakonf	http://www.nongnu.org/bakonf
Cria um backup de todos os seus arquivos de configuração e do sistema	

BART	http://www.cs.wisc.edu/~jmelski/burt/
Ferramenta de recuperação e realização de backup client/servidor	

BASTRAMA	http://bastrama.sf.net
Ferramenta de linha de comando para gerenciar backup de arquivos armazenados em áreas da memória.	

bbackup	http://homepages.compuserve.de/ChALorenz/
Sofisticado frontend para backup GNU-tar.	

BRU Backup & Restore Utility	http://www.tolisgroup.com/
Software Comercial de altíssima qualidade para recuperação de sistema	

bu	http://www.advancedresearch.org/bu
Ferramenta incremental de backup escrita em Shell script.	

Burt	http://www.cs.wisc.edu/~jmelski/burt/
Ferramente de backup, com extensão para Tcl/Tk 8.0	

but	http://but.sourceforge.net/
Ferramenta de backup, escrita em Perl, que realiza backups periódicos e certos diretórios.	

Catchup	http://www.cse.unsw.edu.au/~neilb/catchup/
Sincronização de árvores de diretório em baixa conexão de rede	

cdbackup	http://www.cableone.net/ccondit/cdbackup
Utilitário projetado para fazer backups para CD-R(W) facilmente	

cdbkup	http://cdbkup.sourceforge.net/
Sistema open-source profissional para backups de filesystems em CD-Rs ou CD-RWs. Permite backup incremental.	

CloneIt	http://www.ferzkopp.net/Software/CloneIt/index.html
Cria cópias idênticas e clones de discos rígidos de PC de uma rede.	

cpio	http://www.gnu.org/software/cpio/cpio.html
Copia ou recupera arquivos de arquivos cpio ou tar.	

CTAR	http://www.unitrends.com
Sistema de backup para sistemas de missão crítica em Unix	

Dar	http://dar.linux.free.fr
Disk Archive: comando Shell que realiza backup de diretórios e arquivos	

Datbkr	http://www.psychosis.com/datbkr
Prrograma de fita DAT com suporte ssh. Programa light de backup e de uso simples.	

dbackup	http://www.dparrish.com/dbackup.html
Sistema de backup client-server para sistemas Linux	

dds2tar	http://cmeerw.org/notes/dds2tar.html
Pode encontrar qualquer arquivo dentro de uma fita DAT, e realizar sua extração em até 40 segundos.	

DIBS	http://www.csua.berkeley.edu/~emin/source_code/dibs
Distributed Internet Backup System: toda sua administração e uso é feito através de emails.	

Disc Backup	http://discbackup.home.dhs.org
Permite backups para CD-R, CD-RW, ZIP, JAZ, SparΩ, floppy	

dnbackup	http://www.gno.org/~gdr/dnbackup
Programa de backup client-servidor para Unix. Ainda em testes	

Dump/restore	http://dump.sourceforge.net
Utilitário simples que faz backup parcial ou total	

Duplicity	http://www.nongnu.org/duplicity
Backups encriptados no formato tar para servidores locais ou remoto.	

East-Tec DiskSanitizer	http://www.east-tec.com/dsksanit/sanit_linux.htm
Software commercial para prevenir a recuperação de dados críticos que tenham sido deletados fisicamente.	

Ezbkup	http://www.thestump.net
Um script Bash para backup de sistemas NIX.	

FauBackup	http://faubackup.sourceforge.net
Utiliza um sistema de arquivo para fazer backup incremental ou total de discos rígidos	

Filesystem Backup	http://sourceforge.net/projects/fsbackup
O objetivo deste software é disponibilizar um script Shell customizável para gerenciar backups massissos para fitas.	

flexbackup	http://sourceforge.net/projects/flexbackup
Script de backup flexível que usa dump, afio, tar ou cpio, e níveis incrementais para administração.	

fsbackup	http://www.opennet.ru/dev/fsbackup/index_eng.shtml
Utilitário de criação incremental de backups.	

g4u	http://www.feyrer.de/g4u
Disquete de boot que permite fácilmente clonar discos rígidos de PC	

Gcover	http://gcover.sourceforge.net
Editor de capas de CD para Gnome. Monte suas próprias imagens e textos de identificação das capas.	

glastree	http://www.igmus.org
Realização backups de árvores de diretório em tempo real.	

gzip Recovery Toolkit	http://www.urbanophile.com/arenn/coding/gzrt/gzrt.html
Viabiliza a automatização de recuperação de dados de arquivos gzip corrompidos.	

hdup	http://www.miek.nl/projects/hdup/hdup.shtml
Realiza backup de forma encripitada	

iBackup	http://www.linuks.mine.nu/ibackup
Simplifica o processo de backup dos arquivos de configuração /etc	

IBM Tivoli Storage Manager	http://www-3.ibm.com/software/tivoli/products/storage-mgr
Protege os dados da organização de falhas em hardware e outros erros gerados pelo backup	

ImageBackup	http://linux.kaybee.org/imagebackup
Sistema de backup incremental automático para imagens digitais	

IRBS	http://irbs.sourceforge.net
Imlug Remote Backup System: faz backups de diretórios para maquinas locais, e com Rsync	

KBackup	http://ballueder.home.dhs.org/KBackup
Programa de backup poderoso para fitas, disquetes e discos removiveis	

kddgz	http://kddgz.sourceforge.net
Utilitário de backup e restore de imagens de partição de disco	

keasyrestore	http://www.cornelinux.de/linux/keasyrestore
Aplicativo com interface gráfica para backup e recuperação, através do programa backup.pl	

konserve	http://www.eikon.tum.de/~hermes/konserve.html
Aplicação pequena de backup para o ambiente KDE.	

mag-tape	http://www.canb.auug.org.au/~millerp/mag-tape.html
Coleção de utilitários para manipulação de fitas magnéticas no Unix	

mbackup	http://mbackup.sourceforge.net
Framework flexível composto de plugins que auxiliam os administradores a realizem a tarefa de backup	

MicroBackup	http://www.evseev.ucvt.ru/e.nsf/alldocs/microbackup
Utilitário de gerência de backup para Linux e Unix, escrito em Perl.	

Midnight Backup	http://mbackup.sourceforge.net
Sistema completo de backup através de multi-plataforma e redes	

mkCDrec	http://mkcdrec.ota.be
Monta e cria imagens de discos de boot para recuperação. (CDrec.iso).	

multiCD	http://danborn.net/multiCD
Disponibiliza uma maneira fácil de fazer backup de muitos arquivos para múltiplos CDs	

pdumpfs	http://namazu.org/~satoru/pdumpfs
Sistema similar ao Plan9 para sistema de backup diários	

PPART	http://www.linbox.com/en/ppart.html
Para geração de sistemas de boot em CD para recuperação de dados em discos rigidos	

Quick Restore	http://www.worksta.com
Solução corporative e centralizada para backup e recuperação de dados em redes heterogêneas.	

Random Access Backup	http://rab.sourceforge.net
Caracteriza-se por permitir backups em mídias removíveis.	

rdiff-backup	http://rdiff-backup.stanford.edu
Script que realiza backup de um diretorio para outro.	

REOBack	http://reoback.penguinsoup.org
Solução simples de backup para usuários Linux e administradores de sistema	

scdbackup	http://scdbackup.webframe.org/main_eng.html
Backup para Cd-ROM simplicado usado no Linux	

sitback	http://www.mrbean.dk/sitback/index.html
Interface para tar/gzip sistemas de backup	

storebackup	http://sourceforge.net/projects/storebackup
Backup geral de um disco para outro.	

Storix Backup Administrator	http://www.storix.com
Sistema commercial de uso simples, gráfico e com recursos completes de backup e filesystems	

Taper	http://www.e-survey.net.au/taper
Programa de backup e recuperação em fita	

TapeWare	http://www.tapeware.com

Software commercial para gerenciamento e recuperação e solução em backup, e atende multiplataforma, inclusive Netware e Linux	

tbackup	ftp://ftp.win.tue.nl/pub/linux/tbackup
Sistema exclusivo de backup para Linux	

Time Navigator for Linux Backup Server	http://www.quadratec-software.com
Permite um navegador de Tempo para um servidor de backup no Linux	

TkPar	http://www.strangesoft.net/software.ss?project=21
Front end para comando de linha, escrito em Perl/Tk.	

tob	http://tinyplanet.ca/code/tob
Tape-Oriented Backup – drive de uso geral para manutenção de backups	

tocmake.pl	http://tarp.worldserve.net/software
Montador de saída (cd-burning) para CDRDAO	

UNiBACK	http://www.orbitsw.com/USA/uni_linux.html
Software commercial corporativo para a administração e recuperação de backup. Demo de 45 dias está disponível	

Xfiles	http://www.idiom.com/~zilla/xfiles.html
Utilitário interativo para junção e comparação de arquivos, e política de backup	

XMondo	http://www.mondorescue.com
Inteface gráfica X para o "Mondo Rescue backup/restore/disaster recovery suite for Linux "	

yacdbak	http://yacdbak.sourceforge.net
Facilita a tarefa de gerar backups para multiplos CDs no Linux	

Software para Administração da Rede – Gerenciamento

Satools	http://www.cecilia-data.se
Coleção de ferramentes de ajuda para administradores Unix para grandes redes	

PureAdmin	http://purify.sourceforge.net
Ferramenta gráfica usada para tornar fácil a administração do PureFTPd	

redhat-config-network	http://people.redhat.com/harald/redhat-config-network/index.html
Ferramenta (GUI/TUI/CLI) de configuração de rede para Red Hat, dando suporte para Ethernet, Wireless, TokenRing, ADSL, ISDN e PPP	

Conc	http://www.jfc.org.uk/software/conc.html
Concentrador de console para Linux e Gnome	

ctk-adm-dns-chroot	http://sourceforge.net/projects/ctk-dns-chroot
Auxilia na função de administrar os privilégios de usuário : chroot	

dennis	http://www.carumba.com/code/dennis/00_README
Construtor auomatizado de DNS, gerenciando assim o arquivo /etc/hosts	

DnsAdmin	http://www.inter7.com/dnsadmin
Projeto GPL criado para definir programas de gerenciamento de DNS	

dnsutl	http://www.canb.auug.org.au/~millerp/dnsutl/dnsutl.html
Coleção de ferramentes para facilitar a administração de DNS	

dwl-1000ap-config	http://dwl-1000ap-conf.sourceforge.net
Ferramente de linha de commando em Perl para D-Link DWL-1000AP Wireless Access Point (802.11)	

gendns.pl	http://wildgear.com/gendns
Ferramente para centralizar a administração de arquivos de DNS	

gxsnmp	http://gxsnmp.scram.de
the GNOME Network Management Application – Gerenciamento de SNMP	

Hips	http://science.nas.nasa.gov/Groups/LAN/Software/hips
Gerencia a configuração de um ou mais switches HIPPI	

Intuitively	http://www.samfundet.no/~tfheen/intuitively.html
Auto-configuradord de rede através do envio de pacotes ARP.	

ISP Administration Tools	http://www.comnets.com
Análise de Uso, Estatística Web e ferramente de administração de sistema via Web	

KBIND	http://devel-home.kde.org/~ksmt/kbind.html
Ferramenta de gerenciamento para o servidor BIND DNS.	

KNfsPlugin	http://www.freesoftware.fsf.org/knfsplugin/index.html
Plugin KDE para configuração do servidor NFS	

LDAP Migration Tools	http://www.padl.com/tools.html
Conjunto de scripts PERL para migração de usuários, grupos, apelidos, hosts, netgroups, redes, protocolos, RPCs e serviços.	

MRTG-Config-Generator	http://mrtgconfig.sourceforge.net
Gerador de arquivo de configuração para o mrtg com dispositivos com suporte ao SNMP	

mysqlRadacct	http://openisp.net/mysqlRadius
Inclui o painel de controle mysqlRadacct.cgi e MySQL radiusd (Cistron mysqlRadius)	

Net-Policy	http://net-policy.sourceforge.net
Sistema de gerenciamento de rede com suporte a SNMP	

NISLDAP	http://sourceforge.net/projects/nisldap
Ponte entre NIS e LDAP, servindo de suporte entre estas formatações.	

nss_pgsql	http://www.gremlin.it
Serviço de retaguarda PostgreSQL para Linux Name Service Switch	

oladm	http://www.freesoftware.fsf.org/oladm
Ferramenta projetada para ajudar na administração de um servidor OpenLDAP v2+	

PEANUTS	http://www.linuxnetwork.nl
Sistema de gerenciamento de usuário baseado na Internet e virtual.	

PVHost	http://sourceforge.net/projects/pvhost
Ferramenta poderosa para administradores facilmente criarem novos servidores web virtuais usando Apache, PHP, mod_auth_mysql, e custom ftpd. Dando suporte a PHP, FTP e FrontPage.	

SFI Director	http://www.sfi.ch
Ferramenta para gerenciamento distribuído em sistemas UNIX heterogêneos	

SMaNT	http://smant.digitalssg.net
Systems Management And Network Toolkit	

Sneakyman	http://sneak.sourceforge.net
Ferramenta GTK+/GNOME para administradores que necessitam fazer NIDS e packet sniffer.	

Snort Config	http://www.xjack.org/snortconf
Ferramenta que fornece uma interface intuitiva para configurar a GPL IDS tool Snort.	

tcpspy	http://box3n.gumbynet.org/~fyre/software
Ferramenta do administrador para logar informações sobre a comunicação TCP/IP na rede	

useripacct	http://ramses.smeyers.be/homepage/useripacct
Permite a contabilidade da rede e do tráfego IP.	

vhost	http://chaogic.com/vhost
Solução simples para necessidades de servidores virtuais, trabalhando assim, com multiplo IP para o mesmo servidor.	

Vhost Config	http://garson.nontoxic.org/~gnea/vhostconfig
Utilitário de configuração para inclusão e remoção de servidores virtuais em servidores Linux	

Bind	http://www.afn.org/~afn23397WeBBIND
Interface gráfica para gerenciar servidores, e que foi escrita em PHP.	

Webdhcpd	http://webdhcp.sourceforge.net
Aplicação que usa encriptação, log, documentação para incluir, deletar e modificar o arquivo de configuração DHCP	

Software para Administração da Rede – Discos e Arquivos

admedit	http://sourceforge.net/projects/admedit
Ferramente de edição dos arquivos de configuração do sistema. Similar ao vipw.	

Channel 16	http://channel16.sourceforge.net
Ferramenta gráfica para recuperação de arquivos deletados acidentalmente no filesystem ext2.	

chkconfig	http://www.fastcoder.net/~thumper/software/sysadmin/chkconfig
Ferramenta para simplificar o gerenciamento de links simbólicos existentes no Linux em /etc/rc.d	

dirgroup	http://bre.klaki.net/programs/dirgroup
Script de união de diretórios /etc/group.d, no arquivo /etc/group	

diskfree	http://hunley.homeip.net

Executa no disco a adição e redimensionamento, informando o status a partir de relatórios.	

e2compr	http://his.luky.org/ftp/mirrors/e2compr
Compressão transparente para filesystem ext2	

E2fsprogs	http://e2fsprogs.sourceforge.net
Fornece utilitários de filesystem para uso exclusivo pelo ext2	

2recover	http://pobox.com/~aaronc/tech/e2-undele
Conjunto de ferramantes para assitir na recuperação de arquivos no filesystem ext2	

e2salvage	http://project.terminus.sk/e2salvage
Utilitário para recuperar dados na partição ext2	

Eliott	http://www.jedi.claranet.fr/eliott
Ferramenta para ajudar administrador e programadores a descobrir criação de arquivos com riscos ao sistema.	

Environ	http://www-users.cs.umn.edu/~bentlema/projects/environ
Fornece uma interface para manipulação do ambiente do Linux	

expiredir	http://www.bogus.net/~torh
Pequeno programa em Perl para expirar arquivos antigos em diretórios.	

file-utils	http://www.gnu.org/software/fileutils/fileutils.html
Ferramentas para retorno de propriedade de forma recursiva	

FileTrace	http://software.senko.net
Ferramenta clone do 'installwatch'. Esta loga as alterações e criações de arquivo.	

Harddrake	http://www.linux-mandrake.com/harddrake
Faz a configuração de hardware no Linux muito mais fácil, com detecção automática numa interface gráfica	

ide-smart	http://wauug.erols.com/pub/sunsite/hardware/ide-smart-1.3.lsm
Permite consultas aos resultados de vários testes não destrutivos em ambiente SMART (Self-Monitoring, Analysis and Reporting Technology)	

Installation Trace	http://www.jkcal.org/simon/itrace.html
Ajuda a trilhar a criação de novos arquivos em determinado processo.	

IOzone	http://www.iozone.org
Ferramenta de benchmark para filesystem	

Kleandisk	http://home.planet.nl/~arjan.buursink
Utilitário para remover arquivos do disco sem utilidade	

KlinuxScsiManager	http://stud3.tuwien.ac.at/~e9925371/project/linux/klsm.html
Permite a adição ou remoção de disposivoso SCSI de sistemas em tempo real.	

KPartEd	http://www.ipso-facto.demon.co.uk/kparted/kparted.html
GUI Utilitário de partição de disco em KDE. Gerencia a partição de forma produtiva.	

lde	http://www.geocities.com/CapeCanaveral/Lab/7731/lde.html
Editor de disco para Linux.	

Logical Volume Manager	http://www.sistina.com/lvm
Subsistema para gerenciamento de armazenamento de disco.	

vm-viewer	http://ds9a.nl/lvm-viewerl
Ferramenta para visualizar e gerenciar volumes de disco lógicos.	

mdadm	http://www.cse.unsw.edu.au/~neilb/source/mdadm
Para criação, manutenção e monitorament do Linux e os dispositivos RAID	

Petal	http://www.BrandXDev.net
Ferramenta para manutenção de permissões de diretórios em Unix e Linux	

recover	http://recover.sourceforge.net/linux/recover
Automatiza os passos para possibilitar a recuperação de arquivos deletados no filesystem ext2.	

recoverdm	http://www.vanheusden.com/recoverdm
Recuperar discos com setores danificados.	

sformat	http://www.fokus.gmd.de/research/cc/glone/employees/joerg.schilling/private/index.html
Programa para formatar, analisar e reparar discos SCSI no Linux, SUN e Solais	

Spacehog	http://watson-wilson.ca/computer/spacehog.html
Pesquisa recursivamente em diretórios o que for especificado e criado no relatório HTML, dos maiores dez arquivos do sistema.	

System Installer	http://systeminstaller.sourceforge.net
Ferramenta de instalação que foi projetada para construir imagens do Linux instalado.	

transitmount	http://amphi-gouri.org/transitmount
Simples gerenciamento de rack e discos removiveis	

umsdos_progs	http://linux.voyager.hr/umsdos
Contem os utilitários umssync, udosctl, umssetup e outros.	

Guia Completo do Linux e Software Livre

O Linux para o Administrador de Banco de dados (DBA)

Você acha que os fornecedores de banco de dados e os desenvolvedores da comunidade iriam esquecer dos administradores de banco de dados (DBAs)? Claro que não. Portanto, irei apresentar um resumo de alguns produtos prontos para o Linux, pois este ambiente tem conquistado prêmios e mais prêmios de perfomance, em comparação com outros sistemas operacionais. Neste capítulo há quase uma centena de dicas de software e sites para agilizar suas tarefas com qualidade.

aquery_softwarecapitulodba.gif

AQueryx – Ferramenta de Conexão e Consulta a banco de dados - Um dos vários Software Disponíveis para os Administradores de Dados corporativos

Bancosde Dados em Destaque

PostgreSQL – A Solução Imediata em Banco de Dados	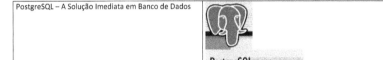
	http://postgresql.org
Esse gerenciador de banco de dados --conhecido anteriormente como Postgres, e depois como Postgres95--, é uma continuação melhorada do POSTGRES, que era um protótipo de pesquisa para um SGDB de nova geração. Enquanto o PostgreSQL mantém o poderoso modelo de dados e os vários tipos de dados POSTGRES, ele substitui a linguagem de consulta PostQuel por um subconjunto estendido da SQL. O PostgreSQL é livre e todos os fontes disponíveis. O desenvolvimento do PostgreSQL está sendo executado por uma equipe de desenvolvedores da Internet, todos subscritores da lista de desenvolvimento do PostgreSQL	

Ao ter decidido instalar o tipo Servidor da sua distribuição Linux para a preparação deste livro, após o processo de boot do Linux, o PostgreSQL já está inicializado para atender aos pedidos, necessitando apenas da definição da área de dados (verifique o conjunto de pacotes do PostgreSQL).

Optando por instalar também o tipo Servidor da sua distribuição Linux, após todo o processo de instalação, aconselho a leitura, por meio do Netscape Navigator, da página /usr/doc/postgresql-6.3.2-admin/book01.htm, automaticamente disponibilizada neste processo.

Para começar a utilizar o banco de dados, devo estar primeiramente logado ao sistema como o usuário postgres, que é automaticamente criado pelo processo de instalação. Após logado, basta executar o seguinte comando para atender aos pedidos dos usuários:

```
postmaster -D /var/lib/pgsql &
```

Pronto. A partir deste ponto, posso executar os comandos embutidos do PostgreSQL para a movimentação de dados, podendo ser feito numa sessão caractere ou Xterm.

```
bash$
bash$
bash$ psql heverton
Welcome to the POSTGRESQL interactive sql monitor:
  Please read the file COPYRIGHT for copyright terms of POSTGRESQL

  type \? for help on slash commands
  type \q to quit
  type \g or terminate with semicolon to execute query
You are currently connected to the database: heverton

heverton=> []
```

A janela acima representa a tela inicial de uma sessão Xterm do `psql`, o programa cliente do PostgreSQL.

Na janela anterior, apresento como rapidamente eu:

➢ Criei um banco de dados – comando createdb;

➢ Abri o banco de dados – psql;

➢ Criei uma tabela – create table;

➢ Inseri um registro de Brasília – insert;

➢ Consultei a tabela – select;

➢ e, por último, inseri um outro registro – insert.

Os comandos de ajuda estão totalmente disponíveis no PostgreSQL. Portanto, este é um ótimo início.

E, por último, já existe drive ODBC disponível para o PostgreSQL. Isso para quem já esteja familiarizado com esta tecnologia de acesso a dados Microsoft, em que aplicações executadas no ambiente Windows® podem acessar informações de banco de dados locais ou remotos.

Para obter o drive, bem como informações adicionais, visite os seguintes sites na Internet, mas a frente apresento algumas opções.

OpenBase Lite – Um Banco de Dados Leve	

Um outro banco de dados que acompanha algumas distribuições de Linux, ou está disponível para download nos sites da comunidade, é o OpenBase Lite. Para instalá-lo, basta localizar o pacote OpenBASELite-7.3-1.i386.rpm. Procure este pacote na sua distribuição ou adquira o mesmo em sites da comunidade Linux.
Para obter informações sobre este e outros produtos, visite a página Linux Commercial HOWTO - http://www.tldp.org/HOWTO/Commercial-HOWTO.html

Oracle – Banco de Dados completo	http://otn.oracle.com/tech/linux/index.html

Atendendo à demanda de potenciais clientes, a Oracle está distribuindo agora o seu principal banco de dados, bem como outras aplicações para o sistema Linux. A versões já estão disponíveis para download gratuitamente no site. A Oracle tem pressa em alcançar rapidamente os sete milhões de usuários do Linux atualmente existentes. A imediata disponibilidade do Oracle e de suas aplicações para o Linux permitirá aos usuários atuais reduzir drasticamente o custo de suas redes. Além, é claro, de que os usuários terão uma alternativa fora do Windows NT® da Microsoft, e poderão agora obter os benefícios da escalabilidade e flexibilidade do Oracle. Fornecendo uma versão Linux, a Oracle abaixou, significativamente, os custos totais de propriedade dos sistemas de uma empresa: a versão é uma plataforma alternativa para as companhias que querem um ponto baseado na tecnologia Internet, e com baixo custo de inclusão do negócio nessa grande rede. Para obter o software a partir da Internet, visite o site http://otn.oracle.com/tech/linux/index.html
Para algumas distrbuições Linux, basta localizar o pacote `oracle-8.0.5pre.tar.bz2`.

Sybase ASE – A solução Sybase para a comunidade Linux	
	http://www.sybase.com/linux

Se você já conhece a família ASE do banco de dados Sybase, ótimo. Isto prova que a Sybase, uma das maiores fornecedoras de bancos de dados do mundo, também acordou para a comunidade Linux.
A Sybase pretende colocar o seu servidor de banco de dados pronto, cheio de funções e com ótima perfomance para atender ao crescente mercado de usuários Linux. Esta versão terá as mesmas características e sustentação técnica que as versões das plataformas Unix e Windows NT. A versão ASE do Sybase® para Linux fornecerá suporte para vários clientes e aplicações críticas de uma empresa, tais como: a gerência servidor WEB e servidores portais também da WEB. A versão já está disponível no site. Esse pacote inclui as características padrão da empresa preocupada com a conectividade. Inicialmente, o software está disponível para as seguintes distribuições do Linux: Red Hat, Caldera e S.u.S.E.
Há três anos, a Sybase já tinha desenvolvido o seu primeiro aplicativo cliente para conectar-se às bibliotecas (ct-ct-lib) disponíveis no ambiente Linux. Esta atitute da Sybase foi muito bem recebida pela comunidade de usuários. Desejando obtê-lo na Internet, basta visitar o site http://www.sybase.com/linux.

MYSQL – Banco de Dados Singular	
	www.mysql.com

Timidamente este banco de dados conquistou milhões de usuários ao redor do mundo. Hoje já é um padrão na Internet. E o principal, o MYSQL não deixa nada a desejar quanto aos recursos técnicos que necessitamos no nosso dia-a-dia corporativo. Para versões e informações, visite os sites e www.mysql.com.br

A partir deste ponto, apresento centenas de software e sites com ferramentas para dar agilidade e produtividade no seu dia-a-dia:

Software para Databases - ODBC e JDBC

Easysoft ODBC-Oracle Driver	http://www.easysoft.com/products/oracle/main.phtml
Software comercial de ODBC para banco de dados Oracle	

Dharma ODBC SDK	http://www.dharma.com/
Interface ODBC para aplicações proprietárias, simplificando no Dharma SQL	

JET Proxy JDBC Driver	http://www.jetools.com/products/JET_Proxy/
Drive JDBC do tipo 3 que pode ser usado para qualquer outro tipo de JDBC usando RMI	

KDBC	http://www.on-line.de/~lars.doelle/Kdbc/index.html
Biblioteca de classes ODBC relativas ao JDBC.	

lagoodbc	http://wiw.org/~olas/lagoodbc/
Drive ODBC para database Lago	

Liberty Data Base Connectivity	http://ldbc.sourceforge.net/
Drive JDBC que permite acesso a vários banco de dados, sem necessidade de alteração de código fonte. Ldbc é baseada em ANSI-SQL e JDBC	

libodbc++	http://orcane.net/freeodbc++/
Biblioteca de classes C++ para acesso a base de dados SQL. Segue padrão JDBC 2.0	

libsql++	http://www.orcane.net/sql++/
Biblioteca C++ que manipula chamadas ODBC para interface orientada a objeto e JDBC	

MM.MYSQL	http://mmmysql.sourceforge.net/
Drive ODBC tipo IV para MYSQL	

ModSQL	http://modsql.sourceforge.net/
Tem a missão de fornecer o módulo SQL, padrão JDBC, para o formato raw database	

mxODBC	http://starship.python.net/~lemburg/mxODBC.html
Compatível quase em 100% com DB API 2.0 do Python para acesso a base de dados via ODBC API.	

MyODBC	http://www.mysql.com/products/myodbc/index.html
Drive ODBC 32-bits, também conhecida como MySQL ODBC 3.51	

ODBC Access from Linux	http://www.easysoft.com/products/
Esta ponte utiliza API ODBC no Linux, com suporte para para várias linguagens	

ODBC-ODBC Bridge	http://www.easysoft.com
Software comercial de bibliotecas para aplicações no Linux que acessem base de dados remotas	

odbcisql	http://www.nyx.net/~tpoindex/
Processador SQL para TCL/TK, usando extensão tclodbc	

Oracle ODBC Driver	http://www.easysoft.org/
Drive ODBC 3.5 para Oracle	

PostgreSQL ODBC driver	http://gborg.postgresql.org/project/psqlodbc/projdisplay.php
Drive ODBC PostgreSQL.	

unixODBC	http://www.unixodbc.org/
Permite que aplicações Unix usem API ODBC 3	

XML-ODBC Server	http://www.easysoft.com/products/2006/main.phtml
Permite que aplicações client acessem via ODBC banco de dados em redes TCP/IP com pedidos em XML	

Software para Databases - Uso Geral

BITE SQL Reports	http://www.bitesizeinc.net/index.php/bite.html
Software de consulta SQL para qualquer banco de dados com o recurso de "reporting"	

ChkDB	http://www.chkdb.org/
Software usado para checagem de base de dados e sua qualidade (rule-based data checking)	

BBDB	http://bbdb.sourceforge.net/
Insidious Big Brother Database: utilitário de gerenciamento de contatos para uso com Emacs	

Easy KM	http://www.elikya.com/easykm.html
Sistema de gerenciamento e de fácil uso com relatórios automatizados.	

Rekall	http://www.thekompany.com/projects/rekall/
Software comercial de sistema de gerencimento de base de dados pessoal para KDE e KOffice.	

sysauth-pgsql	http://sourceforge.net/projects/sysauth-pgsql
Modulo PAM com interface ao PostgreSQL, faciliando a manutenção da base de dados	

WISH List	http://www.geocities.com/pa_mcclamrock/
Gerenciador de lista em multi-colunas escrito en Tck/Tk. Permitindo fácil classificação e acesso a informações	

Software para Databases - Banco de Dados Orientado a objeto

Objectivity/DB	http://www.objectivity.com/
Software comercial multi-threaded com várias ferramentas de desenvolvimento e administração	

FLORID	http://www.informatik.uni-freiburg.de/~dbis/florid/
F-LOgic Reasoning In Databases: banco de dados que emprega a F-Logic como definição de dados e de consulta	

FramerD	http://www.framerd.org/
Banco de dados orientado a objeto portátil e distribuído para administrat base de dados compartilhada	

GigaBASE	http://www.ispras.ru/~knizhnik/gigabase.html
Sistema de gerenciamento de base de dados Objeto-Relacional. Apresenta muitas características do FastDB.	

H-PCTE	ftp://ftp.informatik.uni-siegen.de/pub/pi/hpcte/hpcte.html
Implementação rápida de um sistema de gerenciamento de objetos que segue o padrão ECMA -149 /158	

KE Texpress	http://www.kesoftware.com/texpress/index.html
Sistema de banco de dados multiusuário para vários formatos e estrutura de dados	

MOOD-SX	http://mood.mech.hi-tech.ac.jp/home.html
Sistema de banco de dados concorrente, multi-serviços e confiável	

Orient ODBMS	http://www.orientechnologies.com/
Sistema de banco de dados que segue o padrão ODMG 3.0	

Polyhedra	http://support.polyhedra.com/eval.htm
Software comercial para servidor de banco de dados para missão crítica de empresas.	

Versant ODBMS	http://www.versant.com/
Software comercial de sistema de banco de dados multiusuário e voltado para aplicações distribuídas.	

X-Hive/DB XML Database	http://www.x-hive.com/
Com suporte a X-Hive/DB, este facilita o desenvolvimento de programas, bem como a total integração via XML	

XAO Server	http://www.xao.com/
Fornece API para acesso a qualquer base de dados relacional dentro do banco de dados da Foundation Server.	

Y Object Database Adapter	http://sourceforge.net/projects/yoda-2
Banco de dados a objeto Python que usa a facilidade e rapiz do banco de dados Berkley DB. É transacional e multi-threaded.	

Software para Databases - Outros Bancos de Dados

DataFlex 3.1d for Linux	http://www.dataaccess.com.br
DataFlex é uma avançada linguagem de 4ª geração orientada a objetos, projetada para o desenvolvimento de aplicações que utilizam Banco de Dados. A integração da Metodologia framework permite o desenvolvimento rápido de aplicações comerciais com alta produtividade. O DataFlex também permite total portabilidade.	

INFORMIX-SE	http://www-306.ibm.com/software/data/informix/
O INFORMIX-SE é um banco de dados baseado em SQL para aplicações de pequeno e médio portes.	

Produtos Faircom	http://www.faircom.com
Confira os produtos para Linux da Faircom Corporation. Dentre eles, estão: Servidores de Banco de Dados, Driver ODBC, Gerenciador de Arquivos e mais.	

Interbase	http://www.borland.com/interbase/
A Borland, criadora do Delphi, lança o seu banco de dados para Linux: Interbase, o qual cria e distribui facilmente sistemas de gerenciamento de bancos de dados relacionais para VARs e outros desenvolvedores de aplicações	

OPENBASE	www.openbase.com.br
O OPENBASE é um poderoso client-server Universal Database Management System (UDBMS), integrado a um completo ambiente de desenvolvimento de sistemas, que foi criado para atender a sistemas em tempo real, sistemas de missão crítica e sistemas de todos os tipos e tamanhos, em múltiplas plataformas, múltiplas arquiteturas e múltiplas interfaces.	

Deskware COBOL	http://www.deskware.com/cobol/cobol.htm
O Deskware COBOL é um interpretador baseado na linguagem COBOL para ambiente Linux.	

DbModeller	http://www.59uptime.com/db/index.html
Permite o projeto do modelo físico de um banco de dados e depois a geração dos Scripts SQL	

/ PHPmyCDMouse	http://sourceforge.net/projects/phpmycdmouse
Solução completa para catalogação de Data-CDs/DVDs usando PHP/Apache/MySQL	

ACEDB	http://ars-genome.cornell.edu/software.html
Um "Caenorhabditis elegans Database "	

beFound!	http://sourceforge.net/projects/befound/
Sofisticado banco de dados escrito em PHP, Python e PostgreSQL, o qual tem integração com mutt e procmail	

bemDB	http://sourceforge.net/projects/bemdb/
Banco de dados com benefícios de seguros de vida que atende requisito HIPAA 834	

Cardfile	http://www.dplace.com/cardfile

Gerenciamento de banco de dados simples, mas com capacidade de formatação e impressão	

Cascade DataHub	http://www.cogent.ca/Software/DataHub.html
Software livre para uso não comercial que provê comunicação em tempo real entre clients e serviços de mensagem	

Cog	http://itamarst.org/software/cog/
Checkpointed Object Graph object database: fornece um conjunto de objetos Python persistentes e semi-transparentes.	

ConceptBase	http://www-i5.informatik.rwth-aachen.de/CBdoc/cbflyer.html
Gerenciador de objeto multiusuário conceituado para modelagem e coordenação de ambiente de projeto	

ConDB	http://sfcon.sourceforge.net/
Sistema de banco de dados que requer familiariedade com Perl, Perl Objects, MySQL, Apache e Unix	

DCDB	http://w3.tvi.cc.nm.us/~dmay/dcdb.html
Sistema de banco de dados similar ao CodeBase	

DICT	http://www.dict.org/
Software de diccionario de banco de dados client-server, que implementa "Dictionary Server Protocol", conforme RFC 2229	

DOOW	http://prdownloads.sourceforge.net/doow/doow_v0.2.2.zip
Database of our owlish wisdom: base de conhecimento que utiliza MySQL e PHP4	

Emdros	http://emdros.org
Base de dados de texto com pesquisa e análise lingüística	

Floppy Disk Database	http://www.66k.net/programs/fdd/
Você pode catalogar todos os seus discos por número.	

FreeSQL	http://sourceforge.net/projects/freesql/
É uma tentativa de construir uma camada SQL para Freenet, componente usado para arquivar aplicações SQL.	

Genes	http://genes.sourceforge.net/
Aplicação para base de dados e árvore genealógica pessoal para o Linux	

gmbase	http://www.physics.helsinki.fi/~frantz/software/software.html
Controle de funcionários para pequenas empresas	

GT.M	http://sourceforge.net/projects/sanchez-gtm/
Aplicação de processamento de transação com alta performance, e com compilador para programação Mumps.	

GZigZag	http://www.gzigzag.org/
Uma implementação do ZigZag. Uma forma de representar informações estruturadas	

Kaspaliste	http://site.voila.fr/janmueller/index.html
Um banco de dados de literatura para KDE	

KmusicdB	http://kmusicdb.sourceforge.net/
Gerenciador de coleções de música para o PostgreSQL	

KRunning	http://krunning.sourceforge.net/
Gerenciador de base de dados para agencia e controlar eventos	

LooperDB	http://looperdb.muthanna.com/
Servidor de banco de dados completo, o qual pode ser usado para gerenciador dos gerenciados de banco de dados.	

lxandria	http://homepages.emsnet.de/~gerpen/
Pequeno banco de dados para administração de bibliotecas	

mediadbs	http://www.earth.li/projectpurple/progs/mediadbs.html
Sistema de banco de dados flexível para catalogação e identificação de formulários de mídia eletrônica em diferentes computadores	

Metabase	http://phpclasses.UpperDesign.com/browse.html/package/20/
Banco de dados com acesso e gerenciamento independentes	

Mnemona	http://northbranchlogic.com/mnemona/Mnemona.html
Esquema geral para gerenciamento de dados heterogêneos.	

muwed	http://www.teco.edu/~krebs/muwed/
Banco de dados baseado em PostgreSQL para gerenciar coleções de MP3 ou outros arquivos de música.	

Novinyl	http://mindx.sourceforge.net/novinyl/
Banco de dados leve para KDE.	

Qbib	http://www.hsdi.com/qddb/commercial/qbib
Aplicação de banco de dados que provê uma interface conveniente para gerenciar referências	

SIDB	http://sidb.sourceforge.net/
Sistema de compartilhamento de imagens distribuidas em rede	

Sybase Adaptive Server	http://www.sybase.com/
Recurso de banco de dados de alta performance e escaláve	

UConfig	http://uconfig.sourceforge.net/
Pequeno banco de dados para armazenar dados e aplicações Qt 2.1	

Videobase	http://www.stack.nl/~stilgar/videobase/
Banco de dados de vídeo para gerenciar filmes	

zigzag	http://www.xanadu.net/zigzag/
Sistema de organização de dados multi-dimensional.	

Software para Databases - ToolKits de Interface e Consultas

AQueryx	http://www.xtgsystems.com/linux/
Ferramenta de consultas interativas em base de dados multiplataforma	

asSQL	http://www.asstractor.com/assql.html
Cliente de base de dados gráfico escrito em Perl/Tk	

Copper	http://copper.sourceforge.net/
Este permite que desenvolvedores Oracle executem consultas no banco de dados com uma outra interface	

DBAComp	http://homepage.internet.lu/torsten/
Ferramenta gráfica de fácil uso para administração de banco de dados Oracle	

dbExpress Gateway for ODBC	http://www.easysoft.com/products/kylix/
Software commercial que permite aplicações Kylix do Linux acessarem dados em qualquer database remoto com ODBC	

dbMetrix	http://www.tamos.net/sw/dbMetrix/
Ferramenta de base de dados baseada em GTK widget com recurso de múltiplas conexões com vários servidores SQL	

dbreport-gui	http://www.comm.cc/~gianx/dbreport-gui
Front-end gráfico para criação de descrições XML que usam dbreport	

dert	http://sourceforge.net/projects/dert/
Data Entry and Reporting Tool: ferramenta similar a dBase, MS Access e outros, e com interface gráfica	

eSKUeL	http://www.phptools4u.com/scripts/eskuel/
Ferramente de gerenciamento da base MySQL escrita em PHP	

Foxxess	http://www.foxproject.org/~mike/foxxess/
Front-End de gerenciamento de banco de dados que usa bibliotecas FOX/Xclass	

gASQL	http://gasql.sourceforge.net/
Interface GUI para mostrar e manipular estrutura e conteúdo do banco de dados PostgreSQL	

genSQL	http://genSQL.sourceforge.net/
Tentativa de criar uma interface genérica SQL para plataformas Linux e Unix	

Gequel	http://ta.twi.tudelft.nl/ftp/dv/lemmens/
Front-end baseado em GTK/C para acessar uma base MySQL	

Glom	http://www.glom.org/
Interface GUI que permite que desenvolva tabelas MySQL e o relacionamento destas.	

Gmyclient	http://gmyclient.sourceforge.net
Ferramenta simples e poderosa para acessar base de dados Mysql em GNOME	

gmysql	http://www.ibiblio.org/pub/Linux/X11/gtkbuffet/apps/gmysql/
Front-end gráfico para MySQL, escrito em GTK+	

gqlplus	http://gqlplus.sourceforge.net/
Cliente para Oracle em Plataformas UNIX	

GtkPGA	http://www.geocities.com/CollegePark/3807/GtkPGA.html
Interface gráfica GTk para o sistema de banco de dados PostgreSQL	

GtkSQL	http://membres.lycos.fr/bbrox/GtkSQL/
Ferramenta gráfica de consulta, semelhante ao psql do PostgreSQL.	

Hornet	http://hornet.sourceforge.net/
Ferramenta para navegar e construir bases de dados MySQL, e com habilidade de conexão a servidores remotos.	

IBAccess	http://sourceforge.net/projects/ibaccess
Aplicação client Interbase que permite aos usuários e administradores executar tarefas neste banco de dados.	

kiosk	http://sourceforge.net/projects/kiosk/
Versão beta de client MySQL que pode facilitar o gerenciamento de bases MySQL	

kmp_psql	http://ksql.sourceforge.net
Plugin para prover acesso a base PostGreSQL	

knoda	http://www.knoda.org/
Front-end de base de dados para KDE em Linux	

KPGsql	http://home.primusnetz.de/mgeisler/kpgsql/
Front-end para sistema de base de dados postgresql	

KPGsql	http://home.primusnetz.de/mgeisler/kpgsql/
Front-end postgreSQL para KDE	

KPSQL	http://www.mutinybaysoftware.com
Ferramenta interativa de consulta para PostgreSQL em KDE. É bem similar ao Oracle's Server Manager	

KSql	http://ksql.sourceforge.net/
Cliente de base de dados KDE	

KSqlPlus	http://devel-home.kde.org/~ksqlplus/
Aplicação KDE para interface do Oracle SQL*Plus (sqlplus).	

Kuery for MySQL	http://sourceforge.net/projects/kuery/
Interface nova para administração do MySQL	

MPSQL	http://www.mutinybaysoftware.com/
Ferramenta de consulta para PostgresSQL	

MySQL Control Center	http://www.mysql.com/products/mycc/index.html
Interface client independente de plataforma para MySQL	

MySQL Export	http://www.mysqlexport.com/
Software comercial multiplataforma para exportação de dados a partir de bases MySQL	

MySQL Navigator	http://sql.kldp.org/mysql/
Recursos básicos e avançados para o mais profissional administrador de dados no MySQL	

mysqlquery	http://www.dataloss.net/software/mysqlquery/
Ferramenta de consulta que retorna resultado no formato de templates.	

mysqltcl	http://www.xdobry.de/mysqtcl
API simples para base de dados MySQL e linguagem Tcl	

ora2pg	http://www.samse.fr/GPL/ora2pg/
Conversor de esquema de base de dados Oracle para PostgreSQL	

Orac	ftp://ftp.funet.fi/pub/languages/perl/CPAN/authors/id/A/AN/ANDYDUNC/Orac-1.2.0.readme
Interface Oracle 7.3 e Oracle 8 DBA para Perl/Tk	

oracledump	http://www.bennyvision.com/~ddkilzer/projects/oracledump/
Interface similar ao mysqldump só que no Oracle	

PgAccess	http://www.pgaccess.org/
Interface de gerenciamento de base de dados gráfica para PostgreSQL	

PGDesigner	http://www.hardgeus.com/projects/pgdesigner/
Ferramenta para modelagem de dados em PostgreSQL	

pgnotify	http://www.post1.com/home/ngps/pgnotify/
Serviço de notificação assíncrono PostgreSQL para Python	

PGOEDB	http://www.codepunk.com/
TDataSet PostgreSQL para Kylix OE e Delphi Personal Edition. Isto permite o acesso ao PostgreSQL sem necessitar DataCLX ou FreeCLX	

phpEasySQL	http://www.dreamriver.com/software/phpEasySQL/
Conecta-se ao seu MySQL com simplesmente 1 arquivo PHP e 3 procedimentos fáceis.	

PHPGem	http://dbware.net/
Script PHP que acelera a criação de scripts PHP para trabalhar com tabelas.	

Postgres Front End	http://www.agstools.com/pgfe/index.html
Front-end gráfico para postgreSQL escrito em GTK	

PyDO	http://skunkweb.sourceforge.net/pydo.html
Ferramenta de acesso a base de dados relacional ou objeto	

pyPgSQL	http://sourceforge.net/projects/pypgsql
Uma Python DB-API 2.0 para PostgreSQL	

Qtabman	http://rpmfind.net/linux/RPM/contrib/libc6/i386/Qtabman-0.1-1.i386.html
Front-end para recursos Tabman (package Oracle).	

QtMyAdmin	http://mion.elka.pw.edu.pl/~mjankows/qtmyadmin/
Ferramenta escrita em Qt/C++ para administração do MySQL	

Quantum	http://quantum.sourceforge.net/
Utilitário simples de acesso a base de dados.	

Querytool	http://www.snafu.de/~plexus/querytool
Front-end gráfico para PostgreSQL. Este foi escrito em Perl e GTk	

Salomon	http://jupiter.spaceports.com/~antihero/
Interface fácil para usuarios MySQL	

SQL Query Generator	http://change.to/opensource/
Programa de linha de comando para commandos básicos como INSERT INTO , UPDATE, e DELETE	

sql++	http://sql.LucidX.com/
Ferramenta SQL de linha de comando portátil e riquíssima .	

SQLBoss Developer	http://www.SQLBoss.com/
Software comercial para gerenciamento de conteúdo web em bases de dados	

SqlBrowser	http://venture-command.sourceforge.net/sqlbrowser.html
Interface "python-wxwindows" para navegar em bases PostgreSQL	

SqlGui	http://www.sqlgui.de/
Front-end gráfico para mySQL em KDE2	

SQLite	http://www.hwaci.com/sw/sqlite/
Várias interface para acesso a base de dados SQL.	

sqlupdate	http://bisqwit.iki.fi/source/sqlupdate.html
Comparador de scripts de base de dados e scripts de criação de tabelas	

Sybase Query	http://php4.mediasvar.se/sybquery/
Cliente gráfico SQL para base de dados Sybase	

TkSQL	http://www.tksql.org/
Programa para edição de bases PostgreSQL. Exige sdtcl, sdsql, libpgtcl, TkTable	

UniverSQL	http://www.sidespace.com/products/universql/
Disponibiliza acesso fantástico aos bancos de dados da Microsoft	

UniversQuery	http://www.sidespace.com/products/universquery
Ferramenta SQL para UniverSQL e MySQL	

VMySQL	http://sourceforge.net/projects/vmysql/
Interface amigável para MySQL em ambiente X11	

WIDD	http://www.info.unicaen.fr/~nicolas/widd/
Front-end para banco de dados padrão sql3/sql92	

Xdobry	http://www.xdobry.de/
Gerador de formulários para banco de dados (mysql, postgresql).	

XmySQL	http://web.wt.net/~dblhack/
Interface de formulários para banco de dados MySQL	

XQX	http://www.connecttel.com/index.php?link=_XQX
Executa a leitura de dados em base de dados e transforma no formato XML	

Xsqlmenu	http://www.jlab.org/~saw/xsqlmenu/
Interface gráfica para banco de dados mSQL	

YASQL	http://sourceforge.net/projects/yasql/
Yet Another SQL*Plus Replacement: interface de linha de commando para Oracle	

Software para Databases - Banco de Dados Relacionais

ADABAS D	http://www.softwareag.com/corporat
Sistema de banco de dados com alta performance	

DB2 for Linux	http://www.software.ibm.com/data/db2/linux/
Um dos gerenciadores de banco de dados mais confiáveis do mundo.	

GNU Sql Server	http://www.ispras.ru/~kml/gss/
Sistema de banco de dados relacional e portável. Padrão SQL89/92	

INFORMIX-SE	http://www.informix.com/
Software commercial para Linux com recursos completos de um banco de dados.	

MySQL	http://www.mysql.com/
Servidor de banco de dados gratuito de com uso mundial	
Oracle	http://technet.oracle.com
Um dos mais populares banco de dados portados para o Linux	
PyBackend	http://pybackend.sourceforge.net/
Banco de dados relacional escrito em python e gratuito	
Coral	http://www.cs.wisc.edu/coral/
É considerado robusto e eficiente como banco de dados.	
CQL++	http://www.cql.com/
Software comercial padrão ANSI e ODBC para gerenciamento de banco de dados	
D3	http://www.picksys.com/
Software commercial com B-trees, e compilação FlashBASIC, AQL, Structured Query Language, Open Database Connectivity	
db++	http://www.concept-asa.de/casa-eng.html
Banco de dados relacional com interface modular	
DBMaker Multimedia Object RDBMS	http://www.casemaker.com/products/dbmaker/
Sistema de banco de dados relacional com gerenciamento de objeto multimedia	
dbXML	http://www.dbxml.com/index.html
Banco de dados para armazenar documentos XML	
Easysoft SQLEngine	http://www.easysoft.com/
Recurso de banco de dados para acessar dados locais e remotos	
Empress RDBMS	http://www.empress.com/
Software de gerenciamento de dados monousuário	
Firebird Relational Database	http://firebird.sourceforge.net/
Banco de dados relacional padrão ANSI SQL92 para Linux e outras plataformas	
FirstBase RDBMS and Application Builder	http://www.firstbase.com/fb_builder.htm
Consiste num conjunto de programas para criação e acesso a base de dados relacionais em ambiente X	
FlagShip	http://www.fship.com/
Software e ambiente de senvolvimento comercial para desenvolvimento base xBase em ambiente X	
GNOME Transcript	http://gtranscript.sourceforge.net/
Client de banco de dados SQL com recurso de plugin para vários fabricantes de banco de dados	
Ingres II	http://www.cai.com/products/ingres.htm
Software comercial para acesso banco de dados com interface web	
Interbase	http://www.borland.com/interbase/
Banco de dados da Interbase Software Corporation	
jBASE	http://www.jbase.com/
Banco de dados semelhante ao Pick/D3	
Katabase	http://www.koffice.org/

Banco de dados de desktop com suporte a plugins.	

KekeDB	http://kekedb.sourceforge.net/
Servidor de Banco de dados simples baseado em Berkley DB	

Koala	http://www.obsidian.co.za/koala/
Servidor SQL de retaguarda para criação de tabelas ligadas em diversos bancos de dados	

Lago	http://members.tripod.co.uk/efornara/lago.html
Banco de dados multi-threaded, portável e escrito em C++	

LEAP	http://leap.sourceforge.net/
Sistema de gerenciamento de banco de dados uado como ferramenta educional em universidades	

LocalSQL	http://localsql.sourceforge.net/
Banco de dados SQL local, baseado na biblioteca Qt	

MaxSQL	http://www.mysql.com/news/article-28.html
Completo Servidor SQL transactional.	

MDBMS	http://www.hinttech.com
Banco de dados relacional, semelhante ao Ingres.	

Mimer SQL	http://www.mimer.com/developer/
Licença completa para desenvolvimento em Linux do banco de dados Mimer SQL 8.2	

mSQL (Mini SQL	http://www.hughes.com.au/
Banco de dados leve para especificação ANSI SQL	

NoSQL	ftp://ftp.linux.it/pub/database/NoSQL/
Sistema de banco de dados relacional sem limites arbitrários	

Ovrimos	http://www.ovrimos.com/
Software comercial de banco de dados relacional com recurso de web server e SQL server	

Pervasive.SQL 2000 for Linux	http://www.pervasive.com/
Software comercial de baixa manutenção, escalável e projetado para intranet e internet	

picoSQL	http://www.picosoft.it/picosql/
Gerenciador de Banco de dados Italiano.	

PostgreSQL	http://www.postgresql.org/
Banco de dados com recursos e similariedades do Oracle/Informix/DB2.	

PrimeBase	http://www.primebase.com/
Software comercial – gerenciador de banco de dados para Mac, Mac OS X, Unix e Windows.	

Progress	http://www.progress.com/
Gerenciador de banco de dados comercial para ambientes de alta escalabilidade	

PySQLite	http://pysqlite.sourceforge.net/
Extensão Python para SQLite e Python Database API Specification 2.0	

QDDB	http://www.hsdi.com/qddb
Suite de banco de dados que inclui uma interface gráfica Tcl/Tk	

Raima Database Manager++	http://www.raima.com/

Software comercial de alta-performance em banco de dados	

Rasql	http://www.equi4.com/rasql/README
Engine de banco de dados SQL agradável e leve	

Recital	http://www.recital.com/
Sistema gerenciador de banco de dados de 4a geração	

Red Brick Decision Server	http://www.informix.com/
Software comercial e poderoso da Informix para data warehousing com ou sem interface Web	

SAP DB	http://www.sapdb.org/
Banco de dados relacional com alta disponibilidade e performance para pequenas implementações	

SHORE Project	ftp://ftp.cs.wisc.edu/shore/html/index.html
Repositório de objetos persistente e escalável	

shsql	http://shsql.sourceforge.net/
Modelo SQL simples que armazena tabelas e índices como arquivos ASCII, coexistindo com outros programas no sistema operacional.	

Solid	http://www.solidtech.com/
Banco de dados poderoso e em crescimento	

Speedy	http://www.geocities.com/wabhar/
Banco de dados SQL com poucos recursos	

SQLFLEX	http://www.infoflex.com/
Software comercial padrão ANSI e SQL	

Sqsh	http://www.sqsh.org/
Atalho para "s-q-shell". Visa ser um substituto do "isql" da Sybase	

TEXIS	http://www.thunderstone.com/
Software comercial de bancos de dados totalmente integrado	

ThinkSQL RDBMS	http://www.thinksql.co.uk/
Banco de dados para Linux e Windows, com TCP/IP, ODBC e APIs	

Typhoon RDBMS	http://users.footprints.net/~kaz/typhoon.html
Gerenciador de banco de dados com suporte integral a DDL (data definition language)	

Velocis	http://www.centurasoft.com/
Software comercial para servidor de banco de dados multiplataforma em e-Business e servidores industriais	

xmbase-grok	http://me.in-berlin.de/~bitrot/grok.html
Gerenciador de banco de dados X/Motif simples	

YARD	http://www.yard-sql.com/
Banco de dados relacional para ambiente X e Windows	

Software para Databases - Utilitários de Banco de Dados

Gerwin	http://es.gnu.org/~jemarch/gerwin/

Ferramenta para criação de modelo de dados e criação de scripts	

KESI	http://kesi.sf.net/
Ferramenta para importar arquivos CSV (ponto e vírgula) para tabelas SQL	

pxview	http://pxlib.sourceforge.net/pxview.html
Leitura de arquivos de banco de dados Paradox.	

Unix Distributed Database	http://www.anteil.com/udb/
Para replicação de banco de dados transactional.	

A_DBC	http://www.nmmm.nu/linux/a_dbc/
"Abstract Data Base Connector" é um conector para vários bancos de dados: DBE/ODBC (Win95/NT), PostGre, mSQL, MySQL, Beagle etc (UNIX)	

Acquired Virtual Distribution	http://www.sourceforge.net/projects/avd/
É a continuação do Projeto Swim. Objetivo de criar um banco de dados SQL	

Agata Report	http://agata.codigolivre.org.br/
Gerador de relatórios escrito em PHP-GTK	

Arad-OneTable-Editor	http://www.iglu.org.il/IGLU/
Conjunto de módulos PERL para gerenciar e apresentar resultado de consultas SQL	

auth postgresql	http://sourceforge.net/projects/authpgsql/
Capacidade de manter usuários em bases em PostgreSQL ao invés de arquivos textos.	

BabelQL	http://www.jasmine.org.uk/~simon/bookshelf/papers/babelql/babelql.html
Script Preprocessador C para aceitar variações de SQL	

Broadcast Oracle Sql	http://digilander.iol.it/reda/
Script Ruby/Perl simples e poderoso que envia instruções SQL para várias instâncias.	

Cacti	http://www.raxnet.net/products/cacti/
Completo front-end para rrdtool, a qual armazena todas as informações necessárias para criação de gráficos.	

Clip	http://www.itk.ru/english/index.shtml
Ferramenta de desenvolvimento multiplataforma para Linux, FreeBSD, e Win32	

csvdump	http://oss.gospelcom.net/src/csvdump/
Front-end para "dumping" tabelas MySQL	

Database Schema Designer	http://www.danny.cz/datadesigner.en.html
Criação e manutenção de esquemas para bancos de dados em servidores SQL	

DataDiff	http://www.mrjoy.com/datadiff.shtml
Utilitário para comparação de conteúdos entre dois conjuntos de tabelas em MySQL	

DataVision	http://datavision.sourceforge.net/
Ferramenta de consulta e relatório em banco de dados para Crystal Reports	

Dataxi	http://dataxi.sourceforge.net/
Conjunto de ferramentas para desenvolvimento de sistemas baseado em formulários.	

db2ssd	http://home.debitel.net/user/boesswetter/db2ssd.html
Script Perl simples para conexão a banco de dados	

DB_DataContainer	http://www.appelsiini.net/~tuupola/php/DB_DataContainer/
Banco de dados persistente e para dados encapsulados	

dba-dialog	http://dbadialog.free.fr/
Interface para quarto gerenciadores de banco de dados Oracle, DB2, PostgreSQL e MySQL.	

dbauth	http://kchea0.tripod.com/dbauth/
Abreviação para 'db authentication'. Específico para trabalhar com o esquema de autenticação do servidor web Apache	

DBBalancer	http://sourceforge.net/projects/dbbalancer/
Pool de conexão PostgreSQL.	

DBD::InterBase	http://sourceforge.net/projects/dbi-interbase/
Drive DBI para Interbase, escrito em InterBase C API	

DbDesigner	http://dbdesigner.sourceforge.net/
Representação gráfica do modelo de dados e relacionamentos	

dbf	http://anubisnet.sourceforge.net/products/dbf/index.php
Conversores para dBASE III, IV, e arquivos 5.0	

DBFTP	http://www.fastflow.it/dbftp/
Servidor proxy para conexões ODBC	

DBHammer	http://pjr.cc/code/code.php
Ferramenta de benchmarking.	

dbMan	http://www.fi.muni.cz/~sorm/dbman/
Monitor SQL simples para sistemas PgSQL, Oracle, MySQL	

DBMonster	http://dbmonster.kernelpanic.pl/
Aplicação para geração randômica de dados para banco de dados SQL	

dbtool	http://www.daemon.de/dbtool/
Para ser usada para armazenar dados em formato hash	

DbtuTools	http://www.edelbyte.org/html/s05c000m.htm
Coleção de ferramentas DB2 UDB da IBM	

Dia2Postgres	http://www.nocternity.net/index.php/projets/dia2postgres?langage=C
Perl script para conversão de diagramas para PostgreSQL ou PHP	

Druid	http://sourceforge.net/projects/druid/
Ferramenta para auxiliary o DBA e desenvolvedor na administração de tabelas	

dteq	http://www.dataloss.nl/software/dteq/
Ferramenta de consulta com montagem de templates	

Dumpgdbm	http://krabulator.free.fr/devel/dumpgdbm.html
Ferramenta interative ou batch para dump de chaves ou dados	

ElyCA	http://cultura.eii.us.es/~pablo/elyca/
Outro CA escrito em Python que usa MySQL para armazenar certificados	

EMS MySQL Manager	http://www.mysqlmanager.com/

Ferramenta para MySQL e sua administração e gerenciamento de objetos	

EMS MySQL Utils	http://www.ems-hitech.com/mysqlutils/
Software commercial para servidores MySQL, permitindo assim desde importação e exportação, etc..	

EMS PostgreSQL Utils	http://www.ems-hitech.com/pgsqlutils/
Software commercial para servidores PostgreSQL, permitindo assim desde importação e exportação, etc..	

eRServer	http://www.erserver.com/
Software commercial para banco de dados PostgreSQL em busca de melhora de performance, integridade, tunning, etc...	

Etora	http://wildspark.com/asher/etora/
Preprocessador para tradução DDL em SQL	

exportsql	http://www.rot13.org/~dpavlin/projects.html
Modulo para Microsoft Access que permite exportar dados Access para MySQL, mSQL e PostgreSQL	

FileExtender	http://sourceforge.net/projects/fileextender/
Script Perl para avaliar instruções SQL existentes em qualquer arquivo texto	

filePro	http://www.fptechnologies.com/
Software comercial de banco de dados com ambiente e gerenciador.	

Freedbtool	http://www.muth.org/Robert/Freedbtool/
Ferramenta de linha de comando Python para acessar banco de dados freedb.org	

fsdb	http://fsdb.sourceforge.net/
Para agilizar a criação de banco de dados "slocate".	

Gentry	http://gentry.sourceforge.net/
GTK Entry programa para entrada de dados em tabelas MySQL usando aplicação GTK GUI	

GRG	http://www.gnu.org/software/grg/grg.html
Gerador de relatórios GNU	

GTK DBF Editor	http://gtkdbfeditor.sourceforge.net/
Editor simples DBF (dbase) com GTK+	

Haccess	http://www.sourceforge.net/projects/haccess/
Engenharia reversa para Access (Microsoft) e montagem de documentação	

HandySQL	http://www.perl4you.com/
Modulo de acesso MySQL com interface C embutida em Perl, mas com alta velocidade	

HashMan Database Tool	http://hashman.sourceforge.net
Ferramenta para gerenciar banco de dados em "hash"	

hOpla	http://hopla.sourceforge.net/en/
Linha de commando entre arquivos XML e bancos SQL.	

JDB	http://www.isi.edu/~johnh/SOFTWARE/JDB/
Pacote de commandos para manipulação de bancos de dados ASCII a partir do Shell script	

kmysqladmin	http://www.webeifer.de/alwin/Programs/KMySQLAdmin/index.html
Para gerenciar servidores MySQL que foi escrito em QT e KDE	

Logtraq	http://jason.ihde.org/logtraq.html
Multiprocessador modular para integração de bancos de dados SQL	

mod_pgauth	http://iidea.pl/~paweln/
Modulo de autorização PostgreSQL para trabalhar com Apache 1.3.*	

Modeling Framework	http://modeling.sourceforge.net/
Permite que usuários criem, consultem e atualizam objetos Python a partir de bancos de dados sem ter usar comandos SQL	

ms2my	http://ms2my.sourceforge.net/
Ajuda na conversão e replicação de MySQL para MySQL.	

mtop	http://www.chelsea.net/~mprewitt/mtop/
Apresenta commandos MySQL que consomem mais tempo	

my2pg	http://ns2.ziet.zhitomir.ua/~fonin/downloads.php
Utilitário Perl para conversão de dump de bancos MySQL para a forma de carga em PostgreSQL	

myERD	http://sourceforge.net/projects/myerd/
Para montagem do DER do modelo de dados.	

MyLUA	http://www.fastflow.it/mylua/
Correção do MySQL para que usuários escrevam procedures na linguagem LUA	

Myoracle	http://software.u.nu/myoracle/
Formato diferenciado para saídas e consultas SQL	

MyPHP for MySQL	http://www.fastflow.it/myphp/
Função definida de usuário para MySQL que escrevam funções em PHP	

myslash	http://software.tangent.org/projects.pl?view=myperl
Criação de stored procedured para MySQL usando Perl	

MySQL Backup	http://worldcommunity.com/opensource/utilities/mysql_backup.html
Usa MySQLshow para identificação de objetos e backup	

mysql_auth	http://people.fsn.hu/~airween/mysql_auth/
Modulo de autenticação para o servidor proxy Squid para autenticação de usuários em bases de dados MySQL	

MySQL_CBN	http://sourceforge.net/projects/mysql-cbn
Script que verifica periodicamente as tabelas MySQL	

mysqlconf	http://mysqlconf.sourceforge.net/
Modulo Linuxconf para ajudar a configurar um banco de dados MySQL	

mysqldiff	http://adamspiers.org/computing/mysqldiff/
Script Perl que compara estruturas de dados entre dois bancos MySQL	

Object Relational Membrane	http://www.tux4web.de/orm
Pacote Python que prove funcionalidade de uma camada relacional-objeto como EJB.	

Open Client/C	http://www.sybase.com/
Biblioteca client da Sybase gratuita	

OpenFTS	http://openfts.sourceforge.net/

Open Source Full Text Search engine: avançado método e busca baseado em PostgreSQL para indexação de dados

ora2html	http://come.to/cfg2html
Gerar relatórios HTML ou ASCII dos bancos de dados Oracle de determinado servidor	

Oracle Session Manager	http://sourceforge.net/projects/osm/
Programa X11 para monitorar sessões de bancos de dados	

OSDL Database Test Suite	http://sourceforge.net/projects/osdldbt/
Ambiente de simulação e preparação de ambiente de testes com grandes volumes de dados	

PEAR MDB	http://pear.php.net/package-info.php?package=MDB
Para junção de arquivos PEAR DB e etabase PHP	

pg2xbase	http://www.klaban.torun.pl/prog/pg2xbase/
Conjunto de utilitários de conversão de tabelas PostgreSQL para ou de arquivos DBF	

pgdiff	http://pgdiff.sourceforge.net/
Compara estrutura de dois bancos PostgreSQL e retorna diferenças	

pgMathematica	http://www.petroff.ch/pgmathematica/
Permite que você tenha a habilidade de cconectar para qualquer servidor PostgreSQL remoto ou local	

PostGIS	http://postgis.refractions.net/
Adiciona suporte para objetos geográficos ao PostgreSQL.	

Postgresql AutoDoc	http://www.rbt.ca/autodoc/index.shtml
Utilitário que roda nas tabelas de sistemas PostgreSQL e monta documentação	

Postgresql backup script	http://database.sourceforge.net/
Script shell bourne para automatização de backup de bases PostgreSQL	

PostgreSQL Hierarchical Queries	http://gppl.terminal.ru
Correção do PostgreSQL para consultas hierarquicas no estilo Oracle	

PostgreSQL Session Handler for PHP	http://www.csh.rit.edu/~jon/projects/pgsql_session_handler/
Sessão customizada em PHP4 que usam PostgreSQL	

PostgreSQL Table Log	http://ads.ufp.de/projects/Pg/table_log/
Permite trilhar alterações em determinada tabela	

psycopg	http://initd.org/software/psycopg
Adaptador de banco de dados PostgreSQL para o Python	

pwPage	http://pwPage.sourceforge.net/
Fornece formas rápidas e simples de criação de formulários de bancos de dados	

PXTools	http://www.kneschke.de/projekte/pxtools/
Conjunto de ferramentas para trabalhar com bancos de dados Paradox	

pybliographer	http://www.gnome.org/pybliographer/
Ferramenta para gerenciar bancos de dados bibliograficos	

Python Schema Diff	http://sourceforge.net/projects/pyschemadiff/
Ferramenta baseada em Python que permite ver as diferenças entre dois esquemas de bancos de dados	

RefDB	http://refdb. sourceforge.net/
Banco de dados e bibliográfico para documentos DocBook SGML/XML	

Report Manager	http://sourceforge.net/projects/reportman/
Ferramenta para esquema de impressão e consulta.	

Ruby Dataquery Shell	http://sourceforge.net/projects/rdqs/
Script shell para consulta em várias fontes de dados como SQL a partir de uma interface comum.	

scrmgr	http://bhepple.freeshell.org/scrmgr/
Gerenciador de telas baseadas em tela e sistema de entrada de dados	

Simple DB	http://www.xtgsystems.com/linux/index.php?page=simdb
Trabalha com compactação de API nativas de um sistema de banco de dados em camadas mais simples	

SkunkDB	http://www.scaramanga.co.uk/skunk/
Coleção de ferramentas para trabalhar com bancos de dados diferenciados.	

SQL Load Balancer	http://sourceforge.net/projects/sqlb/
Programa para prover conexões permanentes a bancos de dados, checando integridade de transações, etc..	

SQL Load Balancer PHP module	http://sqlb.sourceforge.net/
Fornece simples API para interfaces em SQL Load Balancer com Apache	

SqlLine	http://sqlline.sourceforge.net/
Utilitário de console simples para conexão com qualquer banco de dados via JDBC	

SQLObject	http://sqlobject.org/
Mapeador de base relacional e objeto, e usado em objetos Python	

SybSQL	http://www.megsinet.net/~agatka/
Editor SQL baseado em Qt (X11) para composição de SQL	

tcm2sql	http://www.gocept.com/opensource/projects/tcm2sql/
Ferramenta para geração de comandos SQL a partir de diagramas	

TDB	http://sourceforge.net/projects/tdb/
Trivial Database. Similar ao gerenciador BSD's DB	

TMySQLDataset	http://www.geocities.com/CapeCanaveral/2064/mysql.html
Componente TdataSet Delphi para acesso em MySQL	

TOra	http://www.globecom.net/tora/
Kit de ferramentas para Oracle, abrangendo DBAs e desenvolvedores	

UML2SQL	http://sourceforge.net/projects/uml2sql/
Ferramenta para sincronizar bancos de dados SQL em diagramas UML	

Universal Data Access Driver Suite	http://www.openlinksw.com/
Suporte aos bancos de dados: OpenLink Virtuoso, Oracle, Informix, CA-Ingres, DB/2, Sybase SQL Server, Microsoft SQL Server, Progress, PostgresSQL, e outros via ODBC	

weblog	http://weblog.dokterbob.net/
Um "parser" para dados logs do Apache	

xferlogDB	http://www.jordhulen.dk/xferlogDB/
Ferramenta MySQL/PHP para analisar xferlog a partir glFTPd	

xferlogtodb	http://oss.wired-networks.net/xferlogtodb/
Script Python que faz a leitura de arquivos de log xferlog e insere em tabelas MySQL	

xml2sql	http://sourceforge.net/projects/xml2sql/
Coleção de scripts Perl usados para converter arquivos XML para scripts SQL	

Zeos Library	http://sourceforge.net/projects/zeoslib/
Conjunto de datasets nativos em Delphi para banco de dados MySQL, PostgreSql, Interbase, MS SQL, Oracle, DB/2.	

ZFireBirdDA	http://savannah.gnu.org/projects/zfirebirdda/
Adaptador de banco de dados para FireBird e InterBase 6	

Guia Completo do Linux e Software Livre

Softwares para o Programador, Analista de Sistemas e Gerente de Sistemas

Até que um sistema ou software fique pronto, são estes os profissionais que podemos chamar como os engenheiros do sucesso ou fracasso deste projeto. Então, a comunidade de fornecedores de software de Linux dedicaram muito tempo para que vocês não percam tempo e qualidade no desenvolvimento de qualquer projeto de software.

mrproject-imagem_capitulo_informática.gif
MrProject – Gerenciamento de Projeto - Um dos vários Software Disponíveis para o pessoal da Informática

Software para Otimização de Tarefas – Gerenciamento de Projetos

MrProject	http://mrproject.codefactory.se/
Programa para gerenciamento de projetos, com interface gráfica e suporte inclusive a Gantt.	

Agenda	http://agenda.samara.net/
Software comercial para gerenciamento de equipe e projeto	

Double Choco Latte	http://dcl.sourceforge.net/index.php
Fornece os recursos de gerenciamento de projeto, equipe e tarefas, notificações, documentação e estatísticas.	

GnoTime	http://gttr.sourceforge.net/
Utilitário desktop para gerenciar o tempo de projeto, geração de faturas, etc...	

HPT	http://hpt.sourceforge.net/
Hierarchical Project Tree: projetado para ajudar gerenciar detalhes de projetos.	

iOfficeV4	http://www.neoint.com/ioffice/
Software commercial baseado em web para grupo de trabalho. 13 Aplicações: (Scheduler, ToDo List, WebMail, Whereabouts, Facility Reservation, Workflow, Circulation, Discussion, Document Organizer, Bulletin Board, Time Card, Address Book, Project Board)	

Linoleum	http://scrapz.underthemain.net/python/linoleum/index.html
Programa de fácil uso que ajuda ao gerenciamento e distribuição de programas em arquivos.	

MrProjext	http://mrprojext.sourceforge.net/
Extrator e conversor do banco de dados do MrProject	

MyCTS	http://mycts.sf.net/
Ferramenta que auxilia na administração de tempo e prazos de atividas em multi-projetos	

qDecision	http://qdecision.sourceforge.net/
Aplicação para registrar decisões de reuniões	

RoboTracker	http://robotracker.org/
Utilitário para assistir aos desenvolvedores na estimativa de recursos e conhecimento.	

TaskJuggler	http://www.suse.de/~freitag/taskjuggler/
Ferramenta para gerenciamento de projeto no Linux.	

Software para Desenvolvimento de Sistemas – Programação – Linguagens - Procedural

GNU Pascal	http://www.gnu-pascal.de/
Compilador 32-bit FreeWare Pascal	

YABASIC	http://www.yabasic.de/
Yet Another Basic for Unix and Win95	

ABC	http://www.cwi.nl/~steven/abc/
Ambiente e linguagem de programação interativa para computação pessoal	

Absoft Pro Fortran for Linux	http://www.absoft.com/
Fortran 90, FORTRAN 77, debugger e graphics libraries	

Ada	http://www.gnuada.org/
Frontend ADA95 baseado na tecnologia gcc	

Ada 95 For Linux	http://www.cl.cam.ac.uk/~mgk25/
Versão em RPM do compilador GNU Ada.	

AS	http://john.ccac.rwth-aachen.de:8000/as/
Macro portável para vários tipos de microprocessadores e controladores.	

AS31 Assembler	http://www.pjrc.com/tech/8051/index.html
Um Intel 8031/8051 assembler	

As80	http://www.tstrathmann.de/
Assembler light 8080 / 8085 que roda no Linux	

bigFORTH	http://www.jwdt.com/~paysan/bigforth.html

Um código nativo de Forth	

Blassic	http://www.arrakis.es/~ninsesabe/blassic/
O Clássico Basic	

BOIL	http://www.netestate.de/boil/
Linguagem similar ao C desenvolvida pela netEstate (www.netestate.de)	

CH	http://iel.ucdavis.edu/CH/
Um super conjunto de interpretador C.	

EiC	http://www.pobox.com/~eic/
Interpretador C	

Elaya	http://www.elaya.org/
Linguagem de programação e compilador de linha de comando	

Euphoria	http://www.RapidEuphoria.com
Linguagem de programação simples e de fácil aprendizado, compatível com DOS, Windows e Linux	

Fortran 90	http://www.nag.co.uk/
Fortran 90 Index	

FortranPlus Explorer	http://www.nasoftware.co.uk/
Software commercial contempla a linguagem Fortran95	

Gamma	http://www.cogent.ca/Software/Gamma.html
Linguagem de programação orientada a objeto para redução no tempo de desenvolvimento	

Gforth	http://www.jwdt.com/~paysan/gforth.html
É a implementação da "Forth of the GNU project".	

GNAT Professional Ada 95	http://www.gnat.com/
Software commercial do sistema de compilação Ada 95	

gnbasic	http://www.excamera.com/articles/12/gnbasic.html
Pequeno interpretador para a linguagem Basic	

Gnome Basic	http://www.gnome.org/gb/
Uma tentativa embrionária de prover as funcionalidades do VB no projeto GNOME	

GNU BlowIT	http://sourceforge.net/projects/gbi/
Um programador para microcontroladores AT89C2051 (mcs-51 compatible)	

GOMscript	http://www.cs.cornell.edu/Info/Projects/HORUS/People.html
Interpretador para manipulação de instâncias GOM	

Icon	http://www.cs.arizona.edu/icon/
Linguagem de programação de alto nível para processar estruturas de dados e strings de caracteres.	

JGNAT	http://www.gnuada.org/alt.html
Uma versão do GNAT que produz código para Java virtual machine	

KBasic	http://www.kbasic.de/
Linguagem de programação similiar ao BASIC para GNU/Linux e KDE.	

kForth	http://ccreweb.org/software/kforth/kforth.html
Ambiente e Linguagem de programação Forth	

lina	http://home.hccnet.nl/a.w.m.van.der.horst/figforth.html
Uma classifica versão do Forth para Linux-i86	

Lua	http://www.lua.org/
Uma poderosa linguagem de programação projetada para aplicações avançadas.	

Nickle	http://nickle.keithp.com/
Linguagem de cálculo com capacidade de scripting e programação.	

NQC	http://nqc.mattdm.org/
Linguagem simples com sintaxe similar ao C para ser usada na programação de Lego's RCX	

OmniBasic	http://www.bmtmicro.com/
Dialeto estruturado do Basic	

Onyx	http://www.canonware.com/
Linguagem de programação avançada similar a PostScript e Forth	

Perpol	http://www.boswa.com/misc/
Variante Forth baseada em PERL	

PFE	http://pfe.sourceforge.net/
Portable Forth Environment: implementa um padrão ANSI.	

PForth	http://www.softsynth.com/pforth/
Linguagem baseada em ANS Forth para o kernel escrito em ANSI C	

Pike	http://pike.ida.liu.se/
Linguagem de programação dinâmica com sintaxe similar ao C	

Production Basic	http://probasic.sourceforge.net/
Interpretador GPL Basic	

RAPID-Q	http://www.basicguru.com/rapidq/
Linguagem de programação Basic capaz de gerar GUI e aplicações de console	

S/REXX	http://www.sedit.com/
Linguagem procedural SAA da IBM da implementação Unix	

ScriptBasic	http://www.scriptbasic.com/
Implementação em script da linguagem Basic	

slang	http://space.mit.edu/~davis/slang/
Poderosa linguagem interpretada	

SmallBASIC	http://smallbasic.sourceforge.net/
Basic para Linux e PalmOS 3.1+	

STOICAL	http://stoical.sf.net/
Adaptação moderna da linguagem STOIC, desenvolvida em 1977 por Jonathan M. Sachs	

Synkronix PERCobol	http://www.synkronix.com/
Compilador PERCobol para Java Virtual Machine.	

Tachyon 390 Cross Assembler	http://www.tachyonsoft.com/
Desenvolve e mantém programa 370/390 assembler	

tavrasm	http://www.tavrasm.org/
Um assembler para os microcontroladores da serie Atmel AVR	

wsbasic	http://wsbasic.sourceforge.net/
Interpretador Basic escrito em C++	

Software para Desenvolvimento de Sistemas – Programação – Linguagens – Orientada a Objeto

Nice	http://nice.sourceforge.net/
Linguagem de programação baseada no Java	

Squirrel	http://squirrel.sourceforge.net/
Linguagem de programação OO de alto nível. Adequada para desenvolvimento de jogos	

AML	http://www.cris.com/~adhawan/
Uma implemenmtação do registro Basic Machine coded em C++	

App	http://www.primenet.com/~georgen/app.html
Preprocessador para C++	

BETA System	http://www.mjolner.dk/
Desenvolvimento com orientação a objeto para multi-plataforma	

Breve	http://www.spiderland.org/breve/
Linguagem de programação com extensão para a linguagem C	

CINT	http://root.cern.ch/root/Cint.html
Interpretador C/C++ para script das mesmas linguagens	

CPL3	http://www.fokno.org/cpl3/
Projetada para ser usada como linguagem intermediaria quando compilando uma linguagem de alto nível.	

DBC++	http://www-und.ida.liu.se/~freku045/dbcpp/
Uma extensão do C++	

Dylan	http://www.gwydiondylan.org/
Linguagem dinâmica para desenvolvimento rápido de programa	

Eiffel	http://www.eiffel.com/
Linguagem de programação com foco em reutilização de código	

elastiC	http://www.elasticworld.org/
Linguagem interpretada similar ao C e com alto índice de portabilidade	

gbeta	http://www.daimi.aau.dk/~eernst/gbeta/
Interpretador da linguagem de programação BETA	

Instant Basic for Java	http://www.halcyonsoft.com/
VB compativel com o ambiente 4GL escrito em Java	

Io	http://www.dekorte.com/Software/C/Io/
Pequena linguagem de programação baseada em protótipo, inspirada no Smalltalk	

Jester	http://sourceforge.net/projects/jester/
Uma extensão do Java.	

JPython	http://www.jpython.org/
Uma implementação de alto nível e dinâmica da Python.	

Jython	http://www.jython.org/
Implementação para permitir rodar Python em qualquer plataforma Java.	

Kew	http://dunkworks.com/projects/kew/
Linguagem simples com poder expressivo de uso.	

Lucane	http://www.lucane.org/
Linguagem de programação interpretada, baseada em protótipo.	

Lush	http://lush.sourceforge.net/
Linguagem de programação para pesquisados e envolvidos com aplicações numéricas e gráficas.	

Modula-3	http://www.research.compaq.com/SRC/modula-3/html/
Membro da família de linguagens da Pascal.	

Nosica	http://nosica.ng-market.net/
Linguagem de capacidade e recursos extremos da orientação a objetos	

ObjC	http://users.pandora.be/stes/
Pré-compilador Objetive-C para Linux	

openc++.html OpenC++	http://www.hlla.is.tsukuba.ac.jp/~chiba/
Uma versão do C++ com o protocolo metaobject .	

ox	http://www.nuff.ox.ac.uk/Users/Doornik/doornik.html
Linguagem matriz com sintaxe similar ao C e C++	

Persistent Modula-3	http://www.cs.purdue.edu/homes/hosking/pm3.html
Uma extensão da linguagem Modula-3 com suporte a persistência e transações.	

PHP++	http://sourceforge.net/projects/php-plus-plus/
PHP com orientação a objeto.	

PM3	http://www.acm.org/sigmod/disc/p_pm3anorthogonalanji.htm
Linguagem de programação de sistemas que herdou forma da Mesa, Modula-2, Cedar e Modula-2+	

Pymousetrap	http://pymousetrap.sourceforge.net/
Linguagem de interface Phyton para a biblioteca Mousetrap	

Python	http://www.python.org/
Linguagem de programação interpretada, interativa, OO e extensiva.	

Python/XML	http://www.python.org/topics/xml/
Python com interface para SAX, DOM, etc...	

PyTREX	http://pytrex.sourceforge.net/
Implementação Python de Trex, uma linguagem de esquema XML	

Rhino	http://www.mozilla.org/rhino/
Uma implementação do JavaScript escrita inteiramente em Java	

RScheme	http://www.rscheme.org/
Uma implementação de várias linguagens no formato de esquema	

Sather	http://www.icsi.berkeley.edu/~sather/
Uma linguagem simples, eficiente, segura, flexível e de uso livre	

sC++	http://ltiwww.epfl.ch/sCxx/
Linguagens com características do C++	

SCRML	http://www.scrml.org/
Linguagem baseada em XML para modelar zonas de conteúdos no formato de documentos	

Self for Linux	http://www.gliebe.de/self/index.html
Linguagem experimental de programação desenvolvida pela Sun Microsystems e Stanford University.	

Smalltalk	http://www.gnu.org/software/smalltalk/smalltalk.html
Implementação gratuita da linguagem Smalltalk-80 para versão Unix	

Smalltalk/X	http://stx.swiki.net/1
Smalltalk para Linux	

Spanner	http://www.ataman.com/
Linguagem de programação para glue/scripting/prototyping	

Squeak	http://squeak.org/
Uma nova implementação do ambiente Smalltalk	

Squeak.org	http://squeak.org/
Linguagem baseada em Smalltalk-80. Roda em várias plataformas, inclusive Linux	

Stackless Python	http://www.tismer.com/research/stackless/
Implementação da Python que implementa algumas tarefas do C	

Titanium	http://www.cs.berkeley.edu/Research/Projects/titanium/
Dialeto do Java para computação científica	

TOM compiler	http://gerbil.org/tom/
Compilador, linguagem, ferramentas e bibliotecas	

uC++	http://ucxx.sourceforge.net/
Framework e linguagem com plugin C++.	

WINTERP	http://www.cybertribe.com/mayer/winterp/
Linguagem para rápida prototipagem e interativa.	

Software para Desenvolvimento de Sistemas – Programação – Linguagens – XML Markup

Data Injection Markup Language	http://www.diml.net/

Código de servidor para extenão em HTML para projetos de interface	

GTKML	http://www.k-3d.com/
Proposição do XML para descrever GTK+ interface	

KBML	http://koala.ilog.fr/kbml/
Koala Bean Markup language: permite serializar JavaBeans em documentos XML	

koaLaGML	http://koalagml.sourceforge.net/
Permite aos desenvolvedores desenvolver rapidamente interfaces gráficas escritas para documentos XML	

Latte	http://www.latte.org/
Linguagem simples para transformação de texto	

MML	http://www.martmart.uklinux.net/mml/
Linguagem Markup simples para servidor com foco em consistência	

PXP	http://www.ocaml-programming.de/programming/pxp.html
Polymorphic XML Parser: vlidação de XML	

SyncML	http://www.syncml.org/
Linguagem para sincronização via XML de todos os dispositivos e aplicações existente numa rede	

TAMS	http://tux.educ.kent.edu/~mweinste/tams/tams.html
Text Analysis Markup System: sistema de análise, extração e codificação de dados	

TMML	http://www.twilightminds.com/jdffull.html
Twilight Minds Markup Language: subconjunto ou variante da XML para ser usado em conjunto ao pacote TwilightMinds.TMML	

Software para Desenvolvimento de Sistemas – Ambiente

C/BASE 4GL	http://www.conetic.com/css_freekit.html
Aplicação poderosa de desenvolvimento e banco de dados	

Code Crusader	http://www.newplanetsoftware.com/jcc/
Ambiente de desenvolvimento Text Editor & C/C++	

J2SE	http://wwws.sun.com/software/java2/
Disponibiliza multi-plataforma e segurança para smartcard a super-computadores.	

Kylix	http://www.borland.com/kylix/
Software comercial completo para desenvolvimento de solução no Linux.	

WipeOut	http://www.softwarebuero.de/index.html
Um ambiente de desenvolvimento de software integrado para C++ e Java.	

XBasic	http://www.maxreason.com/software/xbasic/xbasic.html
Programa e ambiente para desenvolvimento com editor, compilador, debugger e biblioteca.	

Xwpe	http://www.identicalsoftware.com/xwpe/
Ambiente integrado de programação e testtes similar ao Turbo C da Borland	

Abeni	http://abeni.sf.net/
Um ambiente integrado de desenvolvimento para criação de arquivos Gentoo Linux ebuild.	

BlackAdder	http://www.thekompany.com/products/blackadder/
Software commercial, aplicação e ambiente para programadores aplicações complexas para Linux e Windows.	

Design Tree	http://www.cs.unr.edu/dt/
Ambiente integrado de desenvolvimento que permite ao programador visualizar o código fonte de uma nova forma	

MinGW Developer Studio	http://www.parinya.ca/
Multi-plataforma e ambiente de desenvolvimento para C e C++	

Stani's Python Editor	http://spe.pycs.net/
Ambiente de desenvolvimento Python completo e amigável	

Amy	http://sunsite.dk/amy/
Ambiente configurável e amigável para rapidamente desenvolver aplicações	

Anjuta	http://anjuta.sourceforge.net/
Uma interface GUI para programação em linhas de comando no Linux	

Arriba! Embedded Linux Edition	http://www.viosoft.com/
Ambiente de desenvolvimento poderoso e completa solução para produtos de empresas de softwares	

avrLab	http://sourceforge.net/projects/avrlab/
Ambiente de desenvolvimento para microcontroladores AVR da ATMEL.	

Boa Constructor	http://boa-constructor.sourceforge.net/
Ambiente de desenvolvimento de multi-plataforma para RAD GUI	

C-Forge	http://www.codeforge.com/
Software commercial integrado e completo para o desenvolvimento de sistemas	

CodeWarrior	http://www.metrowerks.com/desktop/linux/
Software comercial para desenvolvimento, com suporte CodeWarrior IDE e Metrowerks	

Cohesion	http://cohesion.it.swin.edu.au/
Modelador distribuído. Esta ferramenta é esencial para qualquer empresa de desenvolvimento de software	

ColdStore	http://coldstore.sourceforge.net/
Objeto persistente para mapeamento de objetos em arquivos.	

CSDE	http://csde.sourceforge.net/
Ambiente de desenvolvimento C++ para Emacs e Xemacs	

Cycon Online Gaming Engine	http://cogengine.sourceforge.net/
Destinada para a criação de vídeo-games on-line	

Dev-C++	http://sourceforge.net/projects/dev-cpp/
Ambiente integrado de desenvolvimento para Win32 com uso de GCC, Mingw ou Cygwin.	

dmSDK	http://oss.sgi.com/projects/dmsdk/
Fornece aos desenvolvedores várias APIs para criação de programas para entrada e saída de mídia digital, incluindo vídeo.	

DND3E SDK	http://www.dnd3e.org/
Kit de desenvolvimento de software portável e reusável para desenvolvimento de jogos, utilitários e aplicações	

DoME	http://www.htc.honeywell.com/dome/
Sistema extensível para desenvolvimento gráfico e analítico de sistemas e softwares	

EFEU	http://efeu.cybertec.at/
Ambiente poderoso de desenvolvimento para Unix.	

El Wizard	http://eyeofdog.org/foof/emacs/el-wizard/
Um assistende geral para Emacs	

Emacs JDE	http://jde.sunsite.dk/
Um pacote Emacs Lisp para linha de comando	

Eric3	http://www.die-offenbachs.de/detlev/eric3.html
Ambiente integrado de desenvolvimento Python escrito em PyQt	

FreeBuilder	http://www.freebuilder.org/
Ambiente de desenvolvimento de programação gráfica em Java	

Gambas	http://gambas.sourceforge.net/
Gambas Almost Means BASic: ambiente de desenvolvimento baseado em Basic	

gbuilder	http://gbuilder.sourceforge.net/
Um leve ambiente de desenvolvimento para C e C++	

GCode	http://gcode.sourceforge.net/
Ambiente de desenvolvimento de Objects GTK+ C++	

GNUstep	http://www.gnustep.org/
Framework e ambiente de desenvolvimento para várias plataformas incluindo Linux	

GOOPS	http://www.gnu.org/software/goops/goops.html
Guile Object Oriented Programming System: capacidade plena da orientação a objeto neste ambiente.	

GRAD	http://www.penguin.cz/~grad/
Ambiente para programação visual (como Delphi) com portabilidade	

GRASP	http://www.eng.auburn.edu/grasp/
Ambiente para Controle de fluxo e dados estruturados em contexto	

HP Eloquence	http://www.hp-eloquence.com/
Ambiente integrado para desenvolvimento de aplicações comerciais	

IBM middleware tools for Linux CD set	http://www-106.ibm.com/developerworks/offers/linux-speed-start/?t=gr,d3=Q202LinuxCD
Ferramenta de Middleware da IBM para Linux	

IDE Studio	http://starship.python.net/crew/mike/Tide/idledev/IDEStudio.html
Versão do ambiente Python de desenvolvimento	

IDEntify	http://www.pietrobo.com/projects/IDEntify/
Ambiente integrado para outros ambientes for C/C++/Java/Fortran/Eiffel.	

Jabberwocky	http://jabberwocky.sourceforge.net/
Ambiente integrado de desenvolvimento para programação LISP	

jMax	http://www.ircam.fr/jmax/

Ambiente de software para performance de musica em tempo real	

Jtrix	http://www.jtrix.org/index.htm
Plataforma de desenvolvimento de aplicações	

Jude	http://jude.sourceforge.net/
Ferramenta para desenvolvimento rápido de sistemas que usem a Jude Applications	

K PHP Develop	http://kphpdev.sourceforge.net/
Ambiente integrado Web para desenvolvimento em equipe de sistemas	

KAP/Pro	http://www.kai.com/parallel/kappro/
Software commercial que representa uma OpenMP completo e sua implementação	

KDE Studio Gold	http://www.thekompany.com/products/ksg/
Software commercial e baseado no Open Source KDE Studio	

KDEStudio	http://www.thekompany.com/products/ksg/
Software comercial e ambiente de desenvolvimento para Unix e X11	

KDevelop	http://www.kdevelop.org/
Ambiente de desenvolvimento C++	

Kgforth	http://sourceforge.net/projects/kgforth/
Ambiente de desenvolvimento simples para KDE 2 e interpretador gforth	

Klint	http://klint.sourceforge.net/
Ambiente integrado com suporte a várias linguagens.	

Komodo	http://www.activestate.com/Products/Komodo/?_x=1
Software commercial de alta produtividade.	

(commmercial) a high-productivity, integrated development environment (IDE) for open source technologies and XSLT programming, available for Linux and Windows. It is
optimized for programming languages including Perl, PHP, Python, and Tcl, and also features cutting-edge XSLT editing and debugging capabilities. Komodo offers an advanced language-aware editor with features such as
background syntax-checking and AutoCompletion; an easy-to-use, yet powerful debugger; distributed development support, CGI emulation, templates, online documentation and integration with ActiveState Programmer Network (ASPN) resources

LabVIEW	http://www.natinst.com/linux/

(commercial) Full Development System (FDS) for Linux/x86 offers full-featured graphical programming

Lazarus	http://www.lazarus.freepascal.org/

a RAD Object Pascal Development IDE for use with Free Pascal. It is the open source equivalent of the Delphi VCL, designed to be widget-independent and to work on any platform where Free Pascal can be found

Magic for Linux V8.3	http://www.magic-sw.com/linux

(commercial) an extremely productive technology for developing and deploying enterprise-level e-business solutions.

MDK	http://www.gnu.org/software/mdk/mdk.html

MIX Development Kit offers an emulation of MIX and MIXAL

| MetaCard | http://www.metacard.com/ |

a multimedia authoring tool and GUI development environment

| miniIDE | http://ixlib.sourceforge.net/mide/ |

a minimal IDE born out of the need to automate the build-test-edit cycle

| Moonshine | http://www.suite3220.com/ |

an application development tool for Linux that supports a wide varity of languages. It is designed in a modular fashion so that specific language support is not built directly into the application but into plug-ins or modules. The application provides a graphical file viewer, a configurable text editor, and a help engine. The individual modules provide icons, menus, help files, context highlighting rules for text, and utilities specific to the module

| Motor | http://konst.org.ua/motor/ |

a text mode based programming environment for Linux. It consists of a powerful editor with syntax highlight feature, project manager, makefile generator, gcc and gdb front-end, etc. Deep CVS integration is also provided

| MULTI 2000 IDE | http://www.ghs.com/products/MULTI_IDE.html |

(commercial) a high end integrated development environment for native and cross applications using C, C++, Embedded C++, Ada 95, and FORTRAN languages. Support has been added for x86 and PowerPC Linux cross development and can be hosted on x86 Linux, Solaris, HPUX, and Windows platforms

| NetBeans | http://www.netbeans.org/ |

an open source, modular IDE, written in Java. Currently it supports Java development, but its architecture lends itself to supporting other languages as well

| PHPEd | http://www.nusphere.com/ NuSphere |
| Software commercial para a linguagem PHP e ambiente de desenvolvimento | |

| Oberon V4 | http://olymp.idle.at/tanis/oberon.linux.html |
| Disponibiliza um ambiente moderno de programação | |

| Omnis Studio | http://www.omnis-software.com/ |
| Ferramenta para rápido desenvolvimento de sistemas em multi-plataforma e cliente servidor. | |

| OpenLinux eBuilder | http://www2.calderasystems.com/company/press/000417ebuilder.html |
| Permite a reengenharia de processos para redes na Internet e bases de dados | |

| OpenRM | http://openrm.sourceforge.net/ |
| Ambiente de desenvolvimento usado para portar gráficos 2D e 3D | |

| OpenScheme | http://www.open-scheme.com |
| Ambiente de programação em esquemas | |

OpenSG	http://www.opensg.org/
Sistema portável para criação de programas gráficos em tempo real.	

OSIS	http://lis.snv.jussieu.fr/~rousse/recherche/osis/
Object Systematics Information System: disponibiliza classes e ferramentas para softwares sistemáticos	

Overflow	http://freespeech.sourceforge.net/overflow.html
Ambiente de desenvolvimento orientada ao fluxo de dados	

Perl Object Environment	http://poe.perl.org/
Framework de desenvolvimento em PERL	

PFXplus	http://www.pfxcorp.com/
Software commercial para desenvolvimento de aplicações multi-usuário	

Portable.NET	http://www.southern-storm.com.au/portable_net.html
Permite construir aplicações estáveis e portáveis para plataforma .NET	

PowerPlant	http://www.thekompany.com/products/powerplant/
Software commercial e ambiente integrado de desenvolvimento para distribuições Linux	

ProjectCenter	http://www.gnustep.org/experience/ProjectCenter.html
Gerente de projeto para GNUstep	

PSXDEV	http://psxdev.de/
Ambiente de desenvolvimento para PlayStation	

QMWEdit	http://sourceforge.net/projects/qmwedit/
Qt Multi Window Editor: editor simples para smallC e C++	

QtEZ	http://www.ibl.sk/qtez/
Ambiente de criação de GUI em QT/KDE	

Quick-Tk	http://www.jump.net/~brooke/qtk/
Ambiente de desenvolvimento gráfico completo Tk	

RadBuilder	http://www.emediat.com/
Software commercial de linguagem de 4a geração e Rapid Application Development (RAD)	

Revolution	http://www.runrev.com/
Software commercial de uso fácil e integrado para Linux e outras plataformas	

Rhapsody Modeler	http://www.ilogix.com/
Editor gratuito para ambiente de desenvolvimento Rhapsody	

RHIDE	http://www.rhide.com/
Ambiente integrado de desenvolvimento para DJGPP	

SashXB	http://sash.alphaworks.ibm.com/?open&l=fm,t=gr,tech=SashXB
Sistema de desenvolvimento configurável.	

SBCL	http://sbcl.sourceforge.net/
Steel Bank Common Lisp: ambiente de desenvolvimento para Common Lisp	

SCore Cluster System	http://pdswww.rwcp.or.jp/
Ambiente de programação paralela e alta performance (PC clusters)	

Scriptum	http://www.ibiblio.org/pub/Linux/apps/editors/X/?M=A
Integrado ambiente de desenvolvimento para controle de performance no resultado do trabalho do software	

SENSE	http://hjem.get2net.dk/dduck/sense.html
Ambiente e sistema para alta portabilidade e performance	

Soth	http://www.soth.uklinux.net/index.html
Ambiente de processamento distribuido	

Source-Navigator	http://sourcenav.sourceforge.net/
Software commercial integrado para programação	

SpecTix	http://starship.python.net/crew/mike/Tide
Disponibiliza um ambiente de desenvolvimento para construir aplicações com interfaces gráficas em multi-plataforma	

Super C	http://www.veritools-web.com/superC.html
Software commercial para o serviço de colaboração em rede	

SuperNova Component Developer	http://www.supernova.com/linux/
Software comercial interativo para geração de aplicação em ambientes distribuídos.	

Project Manager	http://conero.lrn.ru/ Tcl/Tk
Um completo ambiente de desenvolvimento para Tcl/Tk	

TIA	http://www.vaxxine.com/pegasoft/tia.html
Ambiente integrado de desenvolvimento agradável para Ada.	

Titano	http://titano.sourceforge.net/
Um ambiente integrado de desenvolvimento com Glade e utilização de GTK+	

Tsert	http://www.bartsoft.com/
Ambiente integrado para teste	

VAME	http://www.embedded.oti.com/
Ambiente de desenvolvimento integrado para Java da IBM.	

VDKBuilder	http://vdkbuilder.sourceforge.net/
Ferramenta para desenvolvimento rápido de sistemas baseada na biblioteca VDK	

Visual Prolog	http://www.visual-prolog.com/
Software comercial completo e ambiente de desenvolvimento baseado na linguagem Prolog	

VisualWorks Smalltalk	http://wiki.cs.uiuc.edu/VisualWorks/
Ambiente e aplicação para construção de soluções corporativas, e inclui vários recursos de conectividade.	

WideStudio	http://download.sourceforge.net/widestudio/ws-v1.30.tar.gz
Ambiente integrado de desenvolvimento para construir aplicações de janelas para Linux e outros	

Wing IDE	http://www.wingide.com/wingide/
Ambiente integrado de desenvolvimento para programação em Python	

workon	http://www.dsmit.com/perl/
Programa de configuração de ambiente para trabalhar com árvores CVS	

wxDesigner	http://www.roebling.de/

Software commercial com editor de dialog em de rápido desenvolvimento que usa wxWindows GUI library	

wxStudio	http://wxstudio.sourceforge.net/
Criado para integrar o desenvolvimento usando wxWindows GUI class library	

XBasic	http://xbasic.sourceforge.net/
Ambiente integrado de desenvolvimento de software avançado.	

XotclIDE	http://www.xdobry.de/xotclIDE/
Um ambiente integrado de desenvolvimento para Xotcl. Xotcl é "object oriented extension for tcl "	

XSLT-process minor mode	http://xslt-process.sourceforge.net/index.php
Código para (X)Emacs para permitir a execução de um processo XSLT	

Editor de Texto para Programação em Gnome

Beaver	http://www.beaver-project.org/
Editor avançado para Linux e Windows.	

DiaSCE	http://diasce.es.gnome.org/
Editor de código C e C++ para GNOME	

gEdit	http://gedit.sourceforge.net/
Editor de texto baseado em GTK+ com opções de suporte, interface para vários arquivos abertos.	

ghost_edit	http://members.tripod.com/~jonathanbrisbin/ghost_edit/
Editor de arquivo de servidor baseado em GTK	

Glimmer	http://glimmer.sourceforge.net/
Editor de código completo, incluindo integração com Python.	

gnotepad+	http://gnotepad.sourceforge.net/
Editor de texto simples para sistemas Unix X11 e usando GTK (the Gimp ToolKit)	

gPHPEdit	http://www.gphpedit.org/
Editor GNOME2 dedicado a editar arquivos PHP	

GSEdit	http://gsedit.cjb.net/
Editor de texto básico e incompleto, ainda.	

gsieve	http://gsieve.sourceforge.net/
Um editor de Script com frontend GNOME/GTK	

GtkEditor	http://gtkeditor.sourceforge.net/
Editor widget para GTK+	

Katoob	http://www.arabeyes.org/project.php?proj=katoob
Pequeno editor de texto para sistemas Unix, baseado em GTK+	

ManEdit	http://wolfpack.twu.net/ManEdit/
Criado para os editores de páginas de manuais do Linux ou Unix	

ManyaPad	http://members.tripod.com/OskarK/manyapad.htm
Editor de texto simples para X em Linux e GNOME	

MlView	http://www.freesoftware.fsf.org/mlview/

Uma tentativa de desenvolver um editor XML para GNOME	

Moleskine	http://www.micampe.it/software/moleskine/
Editor para GNOME desktop escrito em C++	

SciTE	http://www.scintilla.org/
Editor de texto baseado em SCIntilla	

Skedit	http://osiris.acomp.usf.edu/code/skedit/
Editor de texto simples para X11 usando GTK toolkit	

XMLEditor	http://sourceforge.net/projects/xmleditor/
Editor para XML, baseado em DOM 1.0	

Yaxed	http://www.aleksey.com/yaxed/
Editor gráfico baseado em XML para GNOME e LibXML2	

Softwares para o Especialista em Mídia e Artistas

Um dos profissionais mais caro e requisitado na atualidade é o profissional que trabalha com mídia, seja esta impressa, audiovisual, rádio, etc... E este mesmo profissional sabe como ele deve estar sempre atualizado, para isto, o Linux já está preparado para sua comunidade.

mplayer_Software_midia .jpg
Mplayer for Linux – Ferramenta de Edição de Mídia e Filmes - Um dos vários Software Disponíveis para o Especialista em Mídia

Software para Multimídia – Capas de CD-ROMs

Hovergen	http://shounen.ru/soft/hovergen/english.shtml
Utilitário de console para geração automatizada de capas de CDs	

Album Cover Grabber	http://www.bluedragontavern.com/albumgrabber/index.html
Prepara capas a partir do site www.allmusic.com	

cdl	http://sis.fbm.vutbr.cz/~honza/cdl/
Programa que etiquetas para CDs	

cdlabelgen	http://www.red-bean.com/~bwf/software/cdlabelgen/
Programa para geração de capas de CDs	

Dialog CD Label	http://www.remotehost.org/
Aplicação Latex para confecção de capas de CDs	

Disc-Cover	http://home.wanadoo.nl/jano/disc-cover.html
Produção de capas de CDs de audio	

G-nerator	http://zzrough.free.fr/gnerator/
Gerador de capas de CDs em GNOME	

gnerator	http://zzrough.free.fr/gnerator/
CDs de audio e dados com capas diversas	

Kccc	http://www.cstolz.de/programs/linux/kccc/index_de.html
K CD Cover Creator: aplicação KDE para criação de capas de CD	

KCDLabel	http://kcdlabel.sourceforge.net/
Programa KDE usado para criação de etiquetas e capas de CD	

kover	http://www.lisas.de/kover/
Impressão de capas de CD, semelhante ao Easy CD Pro 2.0	

phpCDLabelPS	http://sourceforge.net/projects/phpcdlabel/
Para criação de etiquetas de CD MP3, dados usando PHP e PostScript	

Software para Multimídia – CD-ROMs de Áudio

cdparanoia	http://www.xiph.org/paranoia/
Extração de áudio de CDs de audiuo diretamente como dados	

xmcd	http://www.ibiblio.org/tkan/xmcd/
Player CD	

Apolos	http://apolos.sourceforge.net/
Pequeno player de CD com suporte ao protocolo CDDB	

AScd	http://worldserver.oleane.com/rsn/ascd-en.html
Player CD	

Autoplay	http://www.rojoma.com/~robertm/autoplay.html
Simples player de CD.	

cd-console	http://www.cs.helsinki.fi/~salerma/cd-console/
Player de CD baseado em cursors	

CDAudio	http://kipper.crk.umn.edu/~gerla/python/index.html
Interface independente para CDs de audio	

cdcd	http://cdcd.undergrid.net/
Player de CD com caracteristicas do ambiente X	

CDLoop	http://www.cbrunzema.de/software.html#cdloop
Player de CD de audio	

Cdman	http://volodya-project.sourceforge.net/cdman.php
Player de CD de audio	

cdp	http://cdp.sourceforge.net/
Player CD para Linux console	

cdplay	http://www.x-paste.de/projects/index.php?cont=cdplay
Player de CD de linha de commando	

cdplayer.app	http://www.andreasheppel.de/en/software.html
CD Player com suporte ao CDDB	

dagrab	http://web.tiscali.it/marcellou/dagrab.html
Ferramenta de linha de comando par extração de áudio digital de CDs	

dcd	http://www.technopagan.org/dcd/
Pequeno player de CDs para linha de comando	

demcd	http://demcd.virtualave.net/
Player de CD com acesso ao CDDB	

GCD	http://www.nostatic.org/grip/
Player de CD	

gdcd	http://gdcd.undergrid.net/
Cd Player para X Window com uso do GIMP	

GPlayCD	http://cs.alfred.edu/~lansdoct/linux/gplaycd/
Player de CD baseado em GTK	

GryPhon	http://sourceforge.net/projects/gryphon/
CD-Player configurável	

gTick	http://bsenet.cjb.net/gtick/
Aplicação de trabalho de som com faixas entre 30BPM a 250BPM (metronome)	

jac	http://jac.sourceforge.net/
Player de CD	

KreateCD	http://www.kreatecd.de/
Interface gráfica para cópia de conteúdo de CDs	

Kscd	http://packages.debian.org/stable/sound/kscd.html
Cd Player para plataforma X	

KWav2CD	http://www.fpaetz.de/kwav2cd.html
Criador de CDs de audio a partir de arquivos .WAV	

Lazy	http://www.cscience.org/~lucasvr/projects/lazy.php
Player de CD	

mcdp	http://www.mcmilk.de/projects/mcdp/

Pqueno CD Player para Linux com interface tipo cursor	

mp3burn	http://mp3burn.sourceforge.net/
Ferramenta de linha de commando para criação de CDs de áudio	

pcd	http://hocwp.free.fr/pcd.html
Player de CD de linha de comando	

Qtcd	http://www.unf.edu/~kschin/qtcd/
Player de CD	

SADP	http://www.alphalink.com.au/~michg/ace/sadp/
Sing Along Disc Player: player CD para ambiente X	

sbcd	http://cyberspace.org/~alexs/programs/sbcd/
Cd Player com SoundBlaster 16's	

TakCD	http://bard.sytes.net/takcd/
Cd Player para linha de commando	

The Witty CD Player	http://www.flinthills.com/~djw/
Player de CD que usa cdda2wav	

TkCD	http://www.actrix.gen.nz/users/michael/tkcdpage.html
Front end de CDplayer 2.0	

WMRack	http://www.fga.de/~ograf/WMRack.shtml
CD player e applet de som	

Xcd	http://www.hitsquad.com/smm/programs/XCd/
Compact Disc Player para X11	

xcdplay	http://console-newsletter.hypermart.net/xcdplay/xcdplay.htm
Front-end grafico para CD Player	

XfreeCD	http://www.nexuscomputing.com/~brian/
CD Player X/GTK	

Software para Multimídia – Música - Bateria

Autocomp	http://www.waz.easynet.co.uk/software.html
Monta acompanhamentos para bateria, teclado, etc...	

Hydrogen	http://hydrogen.sourceforge.net/
Criação de ritmos padronizados	

Open Beat Box	http://openbeatbox.org/
Criação de canções a partir de exemplos	

RhythmLab	http://www.pobox.com/~asl2/music/RhythmLab/
Programa para composição e visualização de ritmos musicais para bateria	

TablaBeat	http://www.postvan.net/tablabeat/

Script Perl para playback	

thud	http://www.csclub.uwaterloo.ca/u/cscsc/thud/index.html
Sequencia padrão de bateria usando 8 WAV em trilhas	

Trommler	http://muth.org/Robert/Trommler/
Aplicação X Window de ritmo de bateria	

TromVSpacer	http://www.geocities.com/eric_brunel/TromVSpacer.en.html
Para construção de ritmos	

Virtual Drum Machine	http://sed.free.fr/vdm/index.html
Analisa arquivos de ritmos e permite a edição	

Xdrum	http://www.xdt.com/ar/xdrum/
Este usa VoxWare baseado em X Windows para ritmo de bateria	

Software para Multimídia – Música – Guitarra

Chordpack	http://sweb.cz/dan.polansky/chordpack/
Sistema para montagem de canções em guitarras de cordas	

eTktab	http://etktab.sourceforge.net/
Usado para escrever pastitura para guitarra	

gnome-chord	http://gnome-chord.sourceforge.net/
Pequena aplicação para guitarra de cordas	

Gnometab	http://www.solutionm.com/gnometab/gnometab.html
Editor de partitura de guitarra para Gnome. Veja a interface prática abaixo:	

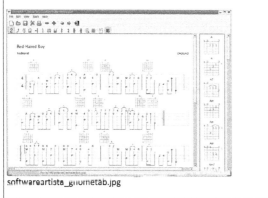

softwareartista_gnometab.jpg

GNUitar	http://ns2.ziet.zhitomir.ua/~fonin/downloads.php
Software de efeitos de guitarra para Linux como processador de guitarra	

Gstring	http://www.employees.org/~stannous/gstring.html

Aplicação de afinação de guitarra usando GTK	

gTune	http://www.geocities.com/SiliconValley/Lakes/4189/index.html
Afinador de instrumentos para GNOME	

Guitar FX Processor	http://fly.cc.fer.hr/~mvlah/fx_processor.html
Simula pedais de multi-efeito	

K3Guitune	http://home.planet.nl/~lamer024/k3guitune.html
Afina instrumentos musicais usando computador e microfone	

KChords	http://kchords.sourceforge.net/
Ajuda no aprendizado de guitarra de corda	

KGuitar	http://kguitar.sourceforge.net/
Ambiente para aprendizado eficiente de guitarra	

KGuiTune	http://www.geocities.com/SiliconValley/Hardware/2684/linux.html
Aplicação KDE para afinação de guitarras e outros	

KhordPro	http://digilander.iol.it/merlim/khordpro/
Visualizador ChordPro para Linux/KDE	

LDse	http://www.hendriklipka.de/java/ldse.html
Processador de efeitos	

pyFretCalc	http://pyfretcalc.sourceforge.net/
Calculadora de espaços para guitarras (fabricantes)	

StompBoxes	http://mrbook.org/stompboxes/
Processador de efeitos em tempo real para audio em guitarra	

ViaGratt	http://www.epita.fr/~bempel_j/ViaGratt/
Simulador de rack de guitarra	

xtune	http://console-newsletter.hypermart.net/xtune/xtune.htm
Maneira simples de afinar guitarra em Linux	

xtune acoustic	http://console-newsletter.hypermart.net/xtune/xtune.htm
Versão simplificado do xtune afinador de guitarra em X11	

Software para Multimídia – Música – MP3

xmms	http://www.xmms.org/
Player de multimedia para sistemas X	

beep media player	http://beepmp.sourceforge.net/
Player de midia em multi-plataforma	

Pyamp	http://pyamp.sf.net/

Programa Player de musica que suporte MP3/OGG/WAV	

Quiche Music Player	http://quiche.heliant.net/
Player MP3 multi-plataforma	

KPlayer	http://www.sourceforge.net/projects/kplayer/
Player de multimedia KDE	

SnackAmp	http://sourceforge.net/projects/snackamp/
Player multi-plataforma	

SnackAmp Music Player	http://snackamp.sourceforge.net/
Player de musica que usa o kit Snack 2.1.4+	

Splay	http://splay.sourceforge.net/
Tocador para MPEG-1 layer 1,2,3 e MPEG-2 layer 3	

TkBox	http://www.cs.unibo.it/~carniani/altafuente/tkbox.html
Acesso remoto (client-server) para usuários que precisem de controle em MP3G áudio stream	

XAUDIO	http://www.mpeg.org/xaudio/
Player de audio MPEG	

Zinf	http://www.zinf.org/
Player de audio poderoso para Linux	

Software para Multimídia – Música – Rádio

QtRadio	http://linux.perlak.com/project.php?prj_name=qtradio
Ouvir rádios com suporte a V41 e V412	

cRadio	http://www.leg.uct.ac.za/cRadio/
Interface X11 para controlar placa de rádio	

DengerinRadioFM	http://oss.mdamt.net/radiofm/
Localizador de rádio simples com interface video4linux	

DJBorg	http://sourceforge.net/projects/djborg/
Localizador de rádios e playlist MP3	

DMCRadio	http://sourceforge.net/projects/dmcradio/
Programa para rádios Video4Linux	

Fmd2ctl	http://sourceforge.net/projects/fmd2ctl/
Utilitário de linha de comando para controlar radio receiver.	

fmio	http://www.jumbo.narod.ru/fmio.html
Define e localiza radios FM e freqüência	

fmtools	http://www.exploits.org/v4l/fmtools.html
Programa para Video em Linux radio	

Gnomeradio	http://mfcn.ilo.de/gnomeradio/
Localizador de radio FM	

GQradio Interface para uso da API video4linux	http://gqmpeg.sourceforge.net/radio.html
Gradio Aplicação GTK para estações e placas de rádio	http://foobazco.org/projects/gradio/
Kcast Front-end gráfico para executar rádios na Internet	http://kcast.sourceforge.net/
kderadio Controla radios Video4Linux e placas de rádio	http://www.siski.de/~carsten/Programminfo.html#kderadio
KRadioApplet Applet KDE 2.0 para controlar radios FM	http://home.houston.rr.com/epasveer/index.html
ktuner Extensão de cRadio e KDE	http://www.leg.uct.ac.za/cRadio/index2.html
OPENdj Software de estação de rádio na Internet	http://opendj.org/
OZradio Aplicação para tocar rádios FM e BTTV	http://ozradio.sourceforge.net/
Qradio Programa para controlar placas de rádio Aztech/Packard Bell	http://www.geocities.com/TimesSquare/Corner/6262/
RadioActive Aplicação de rádio GTK / X	http://cactus.rulez.org/projects/radioactive/
RadioK Aplicação KDE para placas BTTV	http://acelli.interfree.it/radiok/radiok.html
rdj Interface de rádio GTK para dispositivos de vídeo BTTV	http://mimms.sourceforge.net/
rico_RADIO Aplicação pequena para ouvir rádio	http://www.rico-net.de/radio/
TkRadio Modulo para interface gráfica para ouvir rádio	http://www.kimcm.dk/TkRadio/
Unattended Broadcasting System Série de programas projetado para executar operações de rádio	http://wmhd.rose-hulman.edu/ubs/
xmradio Programa X para ouvir rádio	http://core.de/~coto/projects/xmradio/
Xtuner Front-end para RadioREVEAL e AIMS Labs RadioTrack FM	http://kitten.ndscs.nodak.edu/~tinnes/

Software para Multimídia – TV

zapping	http://zapping.sourceforge.net/
Visualizador de TV para Gnome	

fftv	http://fftv.sf.net/
Interface de TV com Ffmpeg e suporte a mpeg,mpeg2,mpeg4 recording	

furious_tv	http://furioustv.sourceforge.net/
Conjunto de ferramentas para acessar XMLTV TV	

LinVDR	http://linvdr.org/projects/linvdr/
Suporte vários dispositivos: digital satellite, digital hard disc	

mkdvd	http://fredrik.hubbe.net/hacks/
Criação de DVDs com ou sem menus	

T[kV] Gids	http://www.b10m.net/tkvgids.html
Aplicação Perl/TK com atualização on-line da Web	

aatv	http://n00n.free.fr/aatv/
Programa para assitir TV em console	

AleVT	http://rpmfind.net/linux/RPM/PLD/dists/ra/PLD/i386/PLD/RPMS/alevt-1.6.0-2.i386.html
Decodificador de videotexto/teletexto	

avtv	http://home.sprynet.com/~cbagwell/accuview.html
Programa X Window e SVGALib com suporte de captura de video	

eboxy	http://www.bluelightning.org/ebox/eboxy/
Pequena aplicação Linux para construção de interfaces para pacotes de TV	

FreeGuide TV Guide	http://freeguide-tv.sourceforge.net/
Programação de TV offline	

fzap	http://www.tu-ilmenau.de/~schaepe/
Programa para zap de audio	

gcbttv	http://gtkperl.cjb.net/gcbttv/
Configuração de placa de TV para Linux com GTK GUI	

ggitv	http://www.kneschke.de/projekte/ggi/
Aplicação de TV para GGI	

GnomeTV	http://gnometv.sourceforge.net/
Visualizador de TV e teletexto para Gnome	

Gnomovision	http://sourceforge.net/projects/gnomovision/
Programa de visualização de TV para GNOME/GTK	

gtv	http://yasd.dhs.org/en/gtv.php3
Ferramenta para consulta de banco de dados de TV (valido para estações da Alemanha somente)	

JTv_finder	http://www.willer-online.de/JTv-finder/

Programa de assistir TV (Alemã)	

kmediagrab	http://sourceforge.net/projects/kmediagrab/
Front-end com caracteristicas de mplayer e memcoder	

kwintv	http://sourceforge.net/projects/kwintv/
Permite assistir TV em janelas da tela do computador	

Mythical Convergence	http://ijr.dnsalias.org/mc.html
Funcionalidade de TV.	

MythTV	http://www.mythtv.org/
Interface agradável para assistir TV, gravação de shows, etc..	

nxtvepg	http://nxtvepg.sourceforge.net/
Decodificador para Nextview.	

opTV	http://optronic.sourceforge.net/
Programa de TV para X11/SDL com procura automática de canais	

qsstv	http://users.pandora.be/on1mh/
SSTv para Linux	

skytvguide	http://www.bangor.ac.uk/~issa0e/
Script Perl para programação de TV	

Station Info	http://www.freesoftware.fsf.org/station-info/
Procura para apresentação de AM, FM e TV a partir da base de dados americanas	

TeleGNOME	http://telegnome.sourceforge.net/
Programa Gnome para assistir Dutch Teletekst	

Televideo	http://www.polito.it/~cravero/tvdrai/
Commando de linha Perl para obter informações atuais da Italian TV RAI teletext	

TV in a box	http://aquariumapplet.sf.net/tvib/
Pequeno componente para assistir TV no windowmaker	

TVNow	http://webhome.idirect.com/~tekatch/anthony/tvnow/index.html
Apresenta o "North American satellite"	

TVProg	http://tvprog.sourceforge.net/
Software para guia de TV, e armazena em MySQL	

TVSpectre	http://sourceforge.net/projects/tvspectre/
Captação de informações de programas de TV da tvmovie.de	

tvtime	http://tvtime.sourceforge.net/
Aplicação televisiva para captura de video	

VideoteXt	http://elektra.e-technik.uni-ulm.de/~mbuck/vtx/index.html
Decodificador teletexto/videotexto para Linux	

vtticker	http://www.wiesweg-online.de/linux/
Script Perl para videotexto/teletexto	

wmtv	http://packages.debian.org/unstable/x11/wmtv.html
Visualizador miniatura de TV	

xaw-deinterlace	http://xaw-deinterlace.sourceforge.net/
Plugin para XAWT/MOTV	

xawdecode	http://xawdecode.sf.net/
Permite assistir TV com extensão em Plugin	

xawtv	http://bytesex.org/xawtv/
Programa X11 para assistir TV	

xawtv_applet	http://people.debian.org/~mvo/xawtv_applet/
Controle remoto para XAWTV em Gnome	

XLV	http://xlv.sourceforge.net/xlv_goal.html
eXtended Linux Video: implementação de multimedia streams para Linux	

Software para Multimídia – Vídeo

Helix Player Project	https://player.helixcommunity.org/
Player media para consumidores da Helix Community	

aKtion!	http://www.geocities.com/SiliconValley/Haven/3864/index.html
Player de video baseado em xanim	

MainActor Video Editor	http://www.mainconcept.com/products/mainactorLinux.shtml
Software comercial. Ferramenta de processamento de imagem com capacidade de conversão de animação, imagens, etc...	

MpegTV Player	http://www.mpegtv.com/
Player de video MPEG	

MPlayer	http://www.mplayerhq.hu/
Player de filmes com enconding video/audio	

RealPlayer G2 alpha	http://www.real.com/
Toca audio e video da Internet em tempo real	

XAnim	http://smurfland.cit.buffalo.edu/xanim/home.html
Player AVI, WAV, GSM	

xine	http://xine.sourceforge.net/
Player de video, audio e MPEG	

GePhex	http://www.gephex.org/
Software de video-joquey modular	

gmencoder	http://gmencoder.sourceforge.net/
Front-end Gnome2 para Mplayer/Memcoder	

media-box	http://andrej.co.ru/media-box/
Player para arquivos de vídeo e imagens	

TCVP	http://tcvp.sourceforge.net/
Player de Musica e video	

AcidRip	http://acidrip.thirtythreeandathird.net/
Aplicação para "ripping" e "enconding" DVD	

apron	http://spondooliks.org/alex/apron/apron.php3
Player de video ASCII MPEG	

Movie Player for Linux	http://www.mplayerhq.hu/
Player de Linux com suporte a MPEG, VOB, AVI, OGG/OGM, VIVO, ASF/WMA/WMV, QT/MOV/MP4, FLI, RM, NuppelVideo, YUV4MPEG, FILM, RoQ, PVA	

Avi2divx and mpeg2divx	http://www.emulinks.de/divx/
Ferramenta para ser capaz de conversão de arquivos: AVI, MPEG, AVIs	

Bonk	http://yoyo.cc.monash.edu.au/~pfh/bonk/
Compressão de audio	

BroadTimes	http://www.copywrong.org/
Ferramenta para download, leitura e conversão de informações de televisão UK e Irlanda	

bttvgrab	http://ich.bin.kein.hoschi.de/bttvgrab/
Dispositivo video4linux para sequenciamento de video	

CableTV	http://sector17.tvand.net/cabletv/
Decodificador CableCrypt para Linux	

Cambozola	http://www.charliemouse.com/code/cambozola/index.html
Visualizador para streams JPEG	

camorama	http://camorama.fixedgear.org/
Aplicação Webcam Gnome2 para várias imagens	

CamStream	http://www.smcc.demon.nl/camstream/
Coleção de ferramentas de webcam e outros dispositivos de video	

Capture	http://linux4mac68k.free.fr/ieee_1394.htm
Player de video para digital apresentação	

Cinelerra	http://heroinewarrior.com/cinelerra.php3
Ambiente de produção para audio e video	

cutter	http://www.florath.net/cutter/
Programa para compressão e edição de vídeo	

DFBSee	http://www.directfb.org/dfbsee.xml
Visualizador de imagem para video	

disckret	http://flynux.ibelgique.com/flynux/
Decodificador para canais de TV	

Drip	http://drip.sourceforge.net/
Front-end Gnome DVD-to-DIVX	

Software de Jogos e Passatempos no Linux

Há alguns momentos da vida em que você pergunta: pra quê tudo isto?
Se este é o seu caso, relaxe. Está na hora de um bom joguinho e entretenimento no Linux.

Sites da Diversão

O Linux possui centenas de jogos e referências sobre o assunto. A minha sugestão de sites iniciais é a seguinte, mas há uma centena deles no final deste capítulo.

➢ The Linux Game Tome - **http://happypenguin.org/news**

Cap09-01.gif

Site do Linux Game Tome - http://happypenguin.org/news

➢ Linux Games - **http://www.linuxgames.com/**

-

- Cap09-02.gif
- Linux Games - http://www.linuxgames.com/
-

Conforme foi apresentado no capítulo dos pacotes e aplicações do Linux, o CD-ROM da distribuição de qualquer Linux hoje em dia disponibiliza vários jogos para a nossa felicidade. Separei alguns para mostrar para você.

Doom – O Jogo-remédio para a ansiedade

Neste livro, na maioria das vezes, realizo a instalação de um pacote com o comando rpm, executando-o diretamente no prompt --linha de comando-- do Linux, porém desta vez irei utilizar novamente o rpm. Calma ! Só que com a interface do Linuxconf.

Estando logado como usuário root, execute o Linuxconf, assim:

```
# linuxconf
```

Escolha a última opção – Gerenciamento de Pacotes -- do menu principal do Linuxconf, obtendo com isso a janela ao lado.

Escolha então a opção Instalar/Atualizar um Pacote.

Para o jogo Doom funcionar perfeitamente, ele necessita de dois pacotes. Portanto, instale-os na seguinte seqüência:

➢ aout-libs-1.4-10cl.i386.rpm

➢ doom-1.8-11cl.i386.rpm

Na próxima janela, a tarefa é a de fornecer o caminho (PATH) completo do pacote juntamente com o seu nome. No exemplo abaixo, o pacote doom está sendo instalado:

Após fornecer o nome do pacote, basta clicar no botão Aceitar. Este pacote pode ser obtido nos sites de Linux indicado no anexo deste livro, ou no próprio CD da distribuição do seu Linux.

Se você tiver fornecido corretamente o nome e a localização do pacote, a janela abaixo será apresentada, na qual deverá ser pressionado o botão Aceitar:

A partir deste ponto, começa o jogo. Execute o comando `/usr/games/rundoom`.

Xadrez – Um Jogo de Damas Emergente!!

Eu nunca tive tempo para aprender a jogar xadrez, mas acho que o Linux despertou isso em mim:

Se você se contenta com a interface caractere apresentada acima para uma partidinha de xadrez, a solução é o gnuchess, um famoso programa de xadrez da GNU.

Para instalá-lo, basta localizar o pacote gnuchess-4.0.pl77-6cl.i386.rpm.
Agora, se você quer algo mais bonito, instale o pacote xboard-4.0.0-2cl.i386.rpm, pois ele permite que o gnuchess rode em X Window. Se não acredita, basta ver a imagem seguinte:

ACM – O Simulador que Voa Baixo

O ACM é um simulador de vôo para o ambiente X, e ainda permite jogar em rede com vários outros jogadores. Então, se eu quiser, poderei montar a minha própria frota aérea.
Se você não tem enjôo nas alturas, instale o pacote acm-4.7-9cl.i386.rpm.

Spider – Quem dá as Cartas?

O Linux possui vários jogos de cartas, mas o primeiro que realmente me atraiu foi o Spider, um derivado de paciência com duplo baralho. A difererença é ele oferecer oportunidades extraordinárias à habilidade do jogador para cobrir o azar nas apostas, por meio de uma cuidadosa análise e manipulações complexas.
Você tem paciência? Se sim, instale o pacote spider-1.0-8cl.i386.rpm.

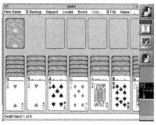

Xbill – Destruindo o Homem

Nada pessoal, acredito eu. Este pacote vem crescendo de popularidade com o passar dos anos do Linux. O objetivo do jogo, acreditem, é achar e destruir todas as formas de Bill que tenta desestabilizar novos e anti-gos sistemas operacionais.
Aceita o desafio? Instale então o pacote xbill-2.0-5cl.i386.rpm.

Xevil – O Karatê-Kid

O xevil é um jogo de ação e aventura para X Window, no qual, você, um guerreiro Ninja, mata tudo à sua volta. Se você tem espírito de Rambo, instale o pacote `xevil-1.5-8cl.i386.rpm`.

Xlander – O Pouso Seguro

Você tem uma boa mira? Se sim, vale a pena conhecer o xlander. É um jogo difícil, mas com muita diversão. Você deve tentar manobrar sua nave para uma aterrissagem segura e suave.

No pacote `xlander-1.2-10cl.i386.prm`, você encontrará sua nave compactada.

Xearth – Conhecendo o Mundo

Quer ver o tempo passar, mas aprendendo geografia? O passatempo xearth faz isto. Ele apresenta um globo terrestre pseudo-3D que rotaciona, o qual mostra como ele realmente é, exibindo marcas para as principais cidades. Vale a pena ! Instale o pacote `xearth-1.0-11cl.i386.rpm`.

Multimedia – Quem canta, os males espanta

O pacote `multimedia-2.1-13cl.i386.rpm` contém XPlaycd, XMixer e o XGetfile. O XPlaycd é um programa para tocar CDs de áudio usando o drive de CD-ROM. XMixer é usado para controlar a mixagem na placa de som. XGetfile é um versátil navegador de arquivo, feito para usar em shell sccripts.

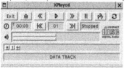

A partir deste ponto, foi montada uma tabela com dicas de vários software e sites que comprovam de uma vez por toda, que o Linux já é um padrão de mercado

Jogos – Ação

Heavy Gear II	http://www.lokigames.com/products/heavy-gear2/
Software comercial de uma aventura de combate aonde robos lutam contra robos num futuro distante	

Obsidian	http://www.zog.net.au/computers/obsidian/
Jogo 3Dpara Linux em Rede	

Quake	http://planetquake.com/linux/
Versão Linux do Quake, famoso no ambiente MS-DOS	

Quake 2	http://www.idsoftware.com/
Software comercial. Jogo de ação, multiplayers que roda em X11, SVGAlib, ou OpenGL	

Wormz	http://lide.punknet.cz/miri/wormz.html
Jogo para ambiente X multi-joadores	

XPilot	http://www.xpilot.org/
Jogo de combate especial multi-jogadores	

2Pong	http://twopong.sourceforge.net/
Jogo clone do Pong. Este é jogado com duas bolas ao invés de uma	

Barrage	http://lgames.sourceforge.net/index.php?project=Barrag

	e
Jogo de ação e violência com o objetivo de matar e destruir alvos	

Cavepilot	http://cavepilot.spacecentre.se
Jogo de Vôo baseado no antigo Amiga	

CAVEZ of PHEAR	http://www.x86.no/cavezofphear/
Jogo semelhante aos Boulder Dash / Digger	

GTK Cervi	http://tomi.nomi.cz/
Jogo de colisão para dois jogadores em uma mesma máquina	

Molecule Man	http://www.robin.thompson99.btinternet.co.uk/
Uma versão 3D do jogo para Linux	

Monkey Bubble	http://monkey-bubble.tuxfamily.org
Jogo Clone de "Puzzle Bobble"	

Monster Masher	http://www.cs.auc.dk/~olau/monster-masher/
Para Gnome, o jogo é de um trabalhador com levitação deve limpar as cavernas para monstros	

Quake II Open Source	http://www.icculus.org/quake2/
Versão gratuita do jogo Quake II	

jump n bump	http://jumpbump.mine.nu/
Jogo de multijogadores que todas as idades	

Overkill	http://artax.karlin.mff.cuni.cz/~brain/Overkill/
Jogo de ação sangrento em 2D (como deathmatch)	

3DSeigmenn	http://sourceforge.net/projects/seigmenn/
Jogo de tiro baseado em Quake II	

Abe's Amazing Adventure	http://abe.sourceforge.net/
Jogo de exploração em piramides	

Abuse-SDL	http://www.labyrinth.net.au/~trandor/abuse/
Versão Linux do jogo Abuse que usa a biblioteca Simple DirectMedia Layer	

Airstrike	http://icculus.org/airstrike/
Jogo de vôo tradicional em ambiente Amiga	

Aliens vs Predator	http://icculus.org/avp/
Versão Linux do jogo Rebellion, Alliens versus Predador	

Amphetamine	http://www.dataway.ch/~lukasl/amph/amph.html
Jogo de corrida de salto	

Andromeda 9	http://www.andromeda9.com/
Jogo de ação multi-jogadores de 13 arrmas	

AstWar	http://www.freesoftware.fsf.org/astwar/index.html
Jogo especial simples.	

Axis Runner	http://arrowtheory.com/software/axis-runner/ http://koti.mbnet.fi/makegho/c/bchase/
Jogo aonde deve-se voar num balão de ar e tentar empurrar o outro balão fora da janela	

battalion	http://evlweb.eecs.uic.edu/aej/AndyBattalion.html
Jogo aonde o monstro assobra para destruir	

Black Hole Invaders	http://Gamma.nic.fi/~harrysto/
Jogo simples de atirar para X11 com Qt e XSpriteWorld++	

BooM	http://fragland.net/
Jogo tipo "deathmatch" para Quake II	

Bug Squish	http://www.newbreedsoftware.com/bugsquish/
Deve-se defender seu braço de insetos que chupam o sangue	

BumpRace	http://www.linux-games.com/bumprace/
Ganha quem terminar a linha o mais rápido possivel	

Burn Baby Burn	http://members.iweb.net.au/~steveoc/bbb/
Define um mundo do futuro após o caso judicial da Microsoft	

Castle-combat	http://www.linux-games.com/castle-combat/index.html
Jogo clone do RAMPART	

Chuchunco City 2000	http://www.lgm.cl/software/ch-city/
Jogo simples de luta, inspirado no Street Fighter	

ClanMecha	http://clanmecha.sourceforge.net/
Jogo 2D que usa ClanLib	

Cylindrix	http://www.hardgeus.com/cylindrix/
Jogo de ação e estratégia 3D	

d1x	http://d1x.warpcore.org/
Modificação do Descent1	

Deathchase 3D	http://www.autismuk.freeserve.co.uk/
Jogo Spectrum refeito para Linux	

Dexter Quad	http://gazer.daemonbsd.com.ar/juegos/dexterquad/
Jogo 2D de scrolling	

Doom Legacy	http://legacy.newdoom.com/
Uma adaptação do jogo Doom com outros recursos	

Duke Nukem Forever	http://www.3drealms.com/duke4/
Parte 4 do jogo em serie Duke Nukem	

Entombed!	http://www.newbreedsoftware.com/entombed/
Para um ou dois jogadores foi baseado no jogo "Entombed" do Atari 2600	

Epiar	http://epiar.net/
Jogo de combate e aventura espacial	

Epiphany	http://epiphany.sourceforge.net/
Jogo clone e multiplataforma do Boulderdash	

Escape of the Unicorn	http://eounicorn.sourceforge.net/
Jogo de tiro em voo 2D	

FACHODA Complex Jogo rápido 3D para X11	http://rixed.free.fr/
Falsoyd Pequeno jogo de tiro	http://falsoyd.sourceforge.net/
Free Fallin' Fred: Open His Chute Or He'll Be Dead Jogo simples de click, aonde o avião voa através da tela.	http://www.enormousplow.com/
Frozen Bubble Jogo aonde o Pinguim deve ser entendido	http://www.frozen-bubble.org/
Genuts Snake uma adaptação do popular jogo de Cobra	http://www.genuts.com/games/snake/
GNU Robbo Famoso jogo Atari adaptado para o Linux	http://gnurobbo.sourceforge.net/
Heretic Uma adaptação do jogo MS-DOS para X11	http://www.raven-games.com/
Heretic II Um jogo de ação na terceira pesssoa com recursos Quake II	http://www.lokigames.com/products/heretic2/
Heroes Adaptação do jogo MS-DOS para o Linux	http://heroes.sourceforge.net/
Hexman Dimensões hexadecimais em Both	http://xriso.mine.nu/~mark/downloads/index.html#hex man
HHexen Versão modificada do Hexen of Raven	http://www.raven-games.com/
Inner Worlds Jogo de Slay e Hack (side scrolling)	http://www.sleepless.com/iw/inner.html
Intelligent FRAC Jogo 3D baseado no MS-DOS da 'Simsalabim Software'	http://www.geocities.com/xifrac/
J-Ball O objetivo do jogo é na transformação de átomos	http://home.planet.nl/~rvanlier/J-Ball/
jetstream Jogo multiplataforma em 3D	http://jetstream.babylonia.flatirons.org/
KInsectizid Atirador 2D para KDE para matar insetos	http://www.kpage.de/en/index.html
Kobo Deluxe Versão adaptada do jogo Xkobo de Akira Higuchi	http://olofson.net/skobo/
Kombatant Jogo de luta em rede	http://pweb.netcom.com/~cjang/
KOPS	http://db.cs.helsinki.fi/~jlauha/kops/

Jogo de tiro em duas dimensões e gravitacional	

KTorus	http://ktorus.sourceforge.net/
Jogo simples e inspirado no do ambiente MS-DOS	

Kulic	http://lektor.fsik.cvut.cz/hippo/en_tdload.html
Jogo de tiro em 2D que você está numa arena	

LAB3D/SDL	http://icculus.org/LAB3D/
Uma adaptação do Labirinto	

Liero-AI/MP	http://helios.et.put.poznan.pl/~sskowron/liero/index.html
Adaptação improvisada de Liero	

LsdlDoom	http://lbjhs.net/~jessh/lsdldoom/
Versão já corrigida e adaptada	

Luola	http://www.saunalahti.fi/~laakkon1/linux/
Jogo de 1 a 4 jogadores, aonde você joga em cavernas	

Makrokosmos	http://deekoo.net/technocracy/makrokosmos/
Jogo especial	

Mojotron	http://sourceforge.net/projects/mojotron/
Jogo de ação estilo Robotron	

Moon-Buggy	http://www.hangout.de/moon-buggy/index.html
Jogo gráfico aonde dirig-se um carro na superfície da Lua	

Mutant Storm	http://www.pompom.org.uk/
Software comercial inspirado no RoboTron.	

NIJ	http://www.anemaet.nl/nij/
Jogo de ação em 2D	

NiL Isn't Liero	http://home1.stofanet.dk/dion/
Jogo de acabar com a vida dos oponentes	

nmaFPS	http://libox.sourceforge.net/nmaFPS/index.html
Objetivo de dar tiro até acabar na arena	

OilWar	http://www.2ndpoint.fi/projektit/oilwar.html
O exército do mal está atacando o seu país para roubar o seu petróleo, e....	

OpenGL Racing Game	http://projectz.ath.cx/?id=70
Um jogo de Guerra nas estrelas	

Operation Blacksun 2	http://www.sharky-x.de/
Jogo espacial	

Orbital Eunuchs Sniper	http://www.timedoctor.org/
Jogo simples aonde o jogador deve controlar um laser orbital para prevenção.	

Outgun	http://www.inf.ufrgs.br/~fcecin/outgun/
Jogo de captura 2D	

Pachi el marciano Jogo inspirado em Manic Miner e Jet Set Willy	http://dragontech.sourceforge.net/
PengSwim Jogo de natação e refeição, as duas atividades favoritas dos Pingüins	http://pengswim.sourceforge.net/
Phavon Jogo adaptação do Xenon II, do Amiga	http://sourceforge.net/projects/phavon/
Possible Worlds Jogo de missões semelhante ao Subwar / Wing Commander	http://possibleworlds.cjb.net/
PowerDoom Uma adaptação do jogo DOOM	http://www.imperialpenguin.com/
PrBoom Recurso de jogo para os Niveis do Doom	http://prboom.sourceforge.net/
PyPlatform Jogo de Plataforma	http://members.optusnet.com.au/~cpbarton/
Quake 3 ServerKit Utilitário gráfico para monitorar e administrar o servidor Quake 3	http://www.legowhore.com/
Quake3: Arena and Demo Atirador para rede ou não.	http://www.quake3arena.com/
QuakeForge Manutenção e melhorias para o Quake	http://quake.sourceforge.net/
Rabid Rabbit Jogo para um jogador aonde o coelho é ou não um prêmio	http://www.ricksoft.co.uk/downloads/rrabbit/rrabbit.htm
Race Jogo de Carro em 2D	http://netti.nic.fi/~race/
Raze Jogo de vários jogadores na Internet e em 3D	http://raze.bubball.com/
Rise of the Triad Adaptação Linux de jogo de tiro	http://icculus.org/rott/
RoboTournament Jogo para usar robos para destruir os oponentes	http://robotournament.sourceforge.net/
Rock Dodger As pedras e rochas podem destruir ou não o universo	http://spacerocks.sourceforge.net/
Salp Wars Guerra nas estrelas em 2 dimensões, para rede ou não	http://www.salpwars.com/
SDL Hexen Uma daptação do jogo de tiro Hexen 3D	http://www.libsdl.org/projects/hexen/
sdlquake an SDL port of id Software's Quake	http://www.libsdl.org/projects/quake/

SdlZombies	http://hocwp.free.fr/
a clone of old zombie games where you attract zombies and make them fall in holes	

Search and Rescue	http://wolfpack.twu.net/SearchAndRescue/
a game where the player pilots rescue helicopters to rescue victims in various situations of distress	

Serious Sam	http://icculus.org/news/news.php?id=1028
(commercial) a port of the popular first person shooter	

Ships	http://fidlej.webz.cz/home/eng_c.html
Jogo especial para um ou dois jogadores, aonde utiliza-se armas para destruir naves inimigas	

Shogo:MAD	http://www.hyperion-entertainment.com/
Software comercial. Jogo de tiro baseado em animações japonesas	

Slickworm	http://slickworm.sourceforge.net/
Motorista armado e atirando para todos os lados	

Slune	http://oomadness.tuxfamily.org/en/slune/
Jogo de ação em 3D	

Space Plumber	http://www.triptico.com/splumber/
Jogo em 3D para salvar uma fábrica	

SpaceThing	http://www.spacething.org/
Jogo espacial de combate em 3D	

SpaceWarpy	http://www.anti-particle.com/spacewarpy.shtml
Adaptação da versão classica de SpaceWar	

SpeedX	http://medernac.home.cern.ch/medernac/SpeedX/index.html
Nova versão de corrida GNU para X11	

stardork	http://www.seekrut.com/rk/stardork.html
Jogo aonde estrelas randomicamente espalhadas na tela do computador	

Stellar Duel	http://www.clarkson.edu/~sytsmama/
Jogo de nave espacial	

supercow	http://www.linuks.mine.nu/supercow/
Jogo para controle de uma super-vaca	

Tank Command	http://tankcommand.sourceforge.net/
Jogo Arcade 2D	

TaxiPilot	http://taxipilot.sourceforge.net/
Jogo com objetivo de não perder os passageiros	

Textmode Quake	http://webpages.mr.net/bobz/ttyquake/
Jogo Quake em terminais não gráficos	

The Incredible Flying Half Donuts	http://sourceforge.net/projects/flyingdonuts/
Jogo de corrida divertido	

The Ur-Quan Masters	http://sc2.sourceforge.net/index.html

Adaptação do 3DO da versão StarControl 2	

Timewarp	http://www.classicgaming.com/starcontrol/timewarp/
Ficção científica com exploração e guerra	

Tinyman	http://sourceforge.net/projects/tinyman/
Plafatorma de jogos gráficos em Linux	

TORCS	http://torcs.sourceforge.net/
Jogo de corrida em 3D com simulador	

tower toppler	http://toppler.sourceforge.net/
Reimplementação do jogo "Tower Toppler" ou "Nebulus"	

trailblazer	http://www.autismuk.freeserve.co.uk/
Versão clássica do jogo em Commodore e Sinclar	

Transfusion	http://www.planetblood.com/qblood/
Um clone do jogo MS-DOS Blood	

Trophy	http://trophy.sourceforge.net/
Jogo de corrida em 2D	

TSSHP	http://madeira.physiol.ucl.ac.uk/people/jim/games/sshock.html
The System Shock Hack Project: reescrita do jogo System Shock	

Tunnel	http://www.freesoftware.fsf.org/tunnel/
Jogo para controlar bolas caindo em um túnel	

Tutris	http://www.2ndpoint.fi/projektit/tutris.html
Uma adaptação do Tetris	

Tux Racer	http://tuxracer.sourceforge.net/
Jogo de corrida com o mascote Lux	

Tux vs Clippy	http://www.stolk.info/xgame/
Jogo de tiros pra a Guerra de sistemas operacionais	

TuxPuck	http://www.efd.lth.se/~d00jkr/tuxpuck/
Jogo singular de "shufflepuck"	

U61	http://www.ufoot.org/u61/
Jogo que usa ClanLib e Lua	

UHexen	http://sourceforge.net/projects/uhexen/
Jogo Hexen	

Unicorn	http://unicorn.n3.net/
Jogo de tiro espacial	

Unreal Tournament 2003	http://www.unrealtournament2003.com/
Um esporte do futuro	

Vega Strike	http://vegastrike.sourceforge.net/
Jogo e simulador de ação espacial	

Vendetta	http://www.guildsoftware.com/products.html
Jogo de combate espacial	

Windstille	http://pingus.seul.org/~grumbel/windstille/
Jogo de tiro, similar ao Turrican ou Metroid	

Winhunt	http://www.linuxterm.de/projects/winhunt/
Quantos simbolos do Windows voce é capaz de matar ?	

Wok	http://www.asahi-net.or.jp/~cs8k-cyu/linux/wok_e.html
Objetivo de pegar bolas no ar	

Xbill	http://www.xbill.org/
Você é o administrador da rede, e vários Bill Gates não querem uma rede ideal	

XEvil	http://www.xevil.com/
Jogo do tipo Mate-os antes que eles te matem	

xrick	http://www.bigorno.net/xrick/
Reescrita completa do jogo Rick Dangerous	

XTerminator	http://www.stud.ifi.uio.no/~jankr/xrobots/
Reimplementação do jogo de robo System V	

YaRP	http://sourceforge.net/projects/yarp/
Jogo de tiro baseado no Mospeada	

Jogos – Aventura

QTads	http://qtads.sourceforge.net/
Interpretador dos jogos Tads para Linux	

EQEmu	http://www.eqemu.net/
Para recriar o ambietne Everquest no Linux	

FreeSCI	http://freesci.linuxgames.com/
Interpretador para jogos Sierra On-Line	

Frotz	http://www.geocities.com/SiliconValley/Heights/3222/frotz.html
Interpretador para jogos Infocom	

GNUfo	http://jeuxfr.free.fr/Ufo/
Jogo de Tiro, tipo Galaga	

Hell World	http://www.angelfire.com/on3/ironhell3index/HellWorld.html
Jogo de aventura numa atmosfera de escuridão	

Hyperplay	http://www.hypercore.co.jp/opensource/hyperplay/
Jogo de aventura	

Kwest	http://users.pandora.be/peter.bienstman/kwest/

Adaptação do jogo Frotz para KDE	

Labyrinth	http://wsvst25.site.uni-wuppertal.de/dirk/links.html
Jogo para ambiente X11	

Labyrinth of Worlds	http://low.sourceforge.net/
Reescrita do jogo " Ultima Underworld II: Labyrinth of Worlds "	

LAGII	http://www.zip.com.au/~gsymonds/LAGII/
Linux AGI Interpreter: permite executar jogar jogos AGI no Linux	

Sarien	http://sarien.sourceforge.net/
Interpretador para jogar Sierra AGI 2 e 3	

Spaceball 3000	http://badcheese.com/~steve/uo_clone.shtml
Tentativa de criar jogo semelhante ao UO ou Diablo	

The Guild	http://theguild.linuxgames.com/
Aventura e interativo.	

The Time Of Asundix	http://ttoa.fadingdream.com/
Jogo de aventura e fantasia em 2D	

Troll Bridge	http://www.identicalsoftware.com/troll/
Objetivo de dar liberdade para pessoas	

Underworld Adventures	http://uwadv.sourceforge.net/
Tentativa de recriar o "Ultima Underworld 1"	

Jogos – Educacionais

Games for French pre-school	http://sourceforge.net/projects/atnag/
Jogo para crianças no aprendizado do Francês.	

GCompris	http://www.ofset.org/gcompris/
Jogo educativo.	

Kalcul	http://website.lineone.net/~a-m.mahfouf/kalcul.html
Jogo para crianças de 8 a 15 anos com aprendizado de Matermática	

Kard	http://website.lineone.net/~a-m.mahfouf/kard.html
Jogo para crianças de 2 a 7 anos	

KTuberling	http://www.bureau-cornavin.com/opensource/ktuberling/index.html
Jogo para crianças	

Linux Letters and Numbers	http://lln.sourceforge.net/
Baseado em metodologias e jogos de aprendizad	

Math Literature	http://norbertdejonge.sourceforge.net/
Lógica literária para ensino a crianças	

MathWar	http://webpages.charter.net/stuffle/linux/software.html

	#mathwar
Jogo de matemática FlashCard	

Multiplication Game	http://www-unix.oit.umass.edu/~msterry/gmult/index.html
Jogo para emulação de multiplicação	

xletters	http://www.eleves.ens.fr:8080/home/madore/
Jogo X Window para treinar digitação	

Jogos – Simulador

Flight Gear	http://www.flightgear.org/
simulador de Vôo	

Fly8	http://samba.anu.edu.au/eyal/fly8.html
Simulador de vôo portável	

Astro Battle	http://astrobattle.com/
Simulador espacial em rede com naves	

CAEL	http://www.ugcs.caltech.edu/~abe/
Cellular Automata Engine: simulador de corrida em 2 dimensões	

Car World	http://carworld.sourceforge.net/
Simulador de direção veicular	

cars	http://fidlej.webz.cz/home/eng_c.html
Carro de corrida para 4 jogadores	

dblife	http://canb.auug.org.au/~dbell/
Programa baseado no Life	

decopter	http://decopter.sourceforge.net/
Simulador de helicopteros	

DIE	http://sourceforge.net/projects/die/
DeathMatch de carro ao invés de pessoas	

DLIFE	http://dlife.annexia.org/
Distributed Artificial Life: versão publica do Tom S. Ray's Tierra	

DroidBattles	http://www.bluefire.nu/droidbattles/
Jogo de programação	

Elite - The New Kind	http://home.clara.net/cjpinder/elite.html
Projeto de engenharia reversa do original BBC	

Free Reign	http://freereign.sourceforge.net/index.shtml
Simulador de cidades em 3D	

GL-117	http://home.t-online.de/home/Primetime/
Simulador de voo de ação	

glAnts Combinação de jogo e simulador para formigas artificiais	http://glants.sourceforge.net/
Glrcsim simulador de voo	http://glrcsim.sourceforge.net/
GltLife Adaptação do jogo Conway	http://www.nigels.com/glt/gltlife/
iD-Car jogo de corrida de carros em 2D	http://idcar.free.fr/en/
Infernal Contractor II Simulação de sendo contratado para uma tarefa diferente	http://www.mushware.com/
KartingRace Jogo de corrida de Kart	http://steinware.dk/downloads.php?title=KartingRace
KGameOfLife Simulação do jogo Life	http://kgameoflife.sourceforge.net/
LinuxSSN Simulação de combate baseado em submarines nucleares	http://linuxssn.sf.net/
MindRover Software comercial. Experiencia do futuro de estratégia	http://www.lokigames.com/products/mindrover/
Monte Carlo Baseball Simulation Simulação de Monte Carlo	http://sourceforge.net/projects/baseballsim/
Netrek Simulador de batalhas tipo Star Trek	http://www.netrek.org/
Particle Simulation Simulação de jogo	http://www.haenselmann.de/homebrew/
Pontifex 2 Software comercial. Adaptação do Pontifex	http://www.pontifex2.com/
PoopmUp O jogador é um pássaro tentando "cagar" em pessoas e carros	http://sourceforge.net/projects/poopmup/
pyDDR Um clone do DDR para Python : Dance Dance Revolution	http://icculus.org/pyddr/
Racer Simulação de carro	http://www.racer.nl/
RARS Robot Auto Racing Simulation: competição para programadores	http://rars.sourceforge.net/
reaper Simulador de combate espacial em 3D	http://www.dtek.chalmers.se/groups/reaper/
SDL Sopwith Uma adaptação de jogo de voo Sopwith	http://sdl-sopwith.sourceforge.net/

Senken Jogo de simulação de cidades	http://www.contrib.andrew.cmu.edu/~tmartin/senken/
Soul Ride Simulador de esqui de neve	http://sourceforge.net/projects/soulride/
stock-simulator Simuldor do Mercado de ações	http://members.tripod.com/viralbs/
stoned Simulação functional	http://www.webhome.de/stoned/
T1 Car Racing Simulation Simulador de corrida	http://t1-crs.sourceforge.net/
Text Text Revolution Adaptação do jogo Dance Dance Revolution	http://ttr.sourceforge.net/
Tow Bowl Tactics Simulador de jogo em futebol	http://toweld.free.fr/towbowltactics/
Vamos Automotive Simulator Simulador de carros	http://vamos.sourceforge.net/
Vertigo Simulador de voo	http://www.astro.ku.dk/~norup/vertigo/
Virtual Jay Peak Simulação de esqui na neve	http://soulride.com/products/jay_peak.html
X-Plane Adaptação para o Linux do simulador de Vôo Xplane	http://www.ppetru.net/x-plane/
x0pter Jogo de helicopteros em 2 dimensões	http://koti.mbnet.fi/jazka87/x0pter/
XshipWars Tema espacial para ser jogado na Internet	http://wolfpack.twu.net/ShipWars/XShipWars/

Guia Completo do Linux e Software Livre
Softwares Científico

Será que Albert Einstein teve algum software para criar a Teoria da Relatividade ?!? Logicamente que não. Mas você, como pesquisador e estudioso não poderá reclamar, pois o Linux já dispõe de dezenas de software para o seu dia-a-dia no laboratório:

xephem_software_cientifico.gif
xEphem– Ferramenta para estudar o Universo e nosso Planeta - Um dos vários Software Disponíveis o Cientista, Astrônomo e Einsten.

Software Científicos - Astronomia

XEphem	http://www.clearskyinstitute.com/xephem/xephem.html
Programa interativo de astronomia para ambiente X	

3DPlanetary	http://www.cli.di.unipi.it/~demiche/3DPlanetary.html
Apresenta em tempo real o sistema solar com 22 corpos do nosso espaço.	

AIPS	http://www.aoc.nrao.edu/aips/
Astronomical Image Processing System: software para calibração, análise de dados, plotagem e apresentação de imagens do mundo da astronomia	

AIPS++	http://aips2.nrao.edu
Astronomical Information Processing System: pacote poderoso para redução de dados astronômicos, escrito em C++ e Glish	

astromake	http://bima.astro.umd.edu/nemo/linuxastro/astromake/
Utlitário para instalação de pacotes comuns de astronomia	

Celestia	http://www.shatters.net/celestia/
Simulador visual do espaço em tempo real	

COSMICS	http://arcturus.mit.edu/cosmics/
Programa para modelos cósmicos feito em Fortan-77	

eclipse	http://www.eso.org/projects/aot/eclipse/
Propgrama para processamento de imagens para redução de dados astronômicos	

ESO-MIDAS	http://www.eso.org/projects/esomidas/
European Southern Observatory Munich Image Data Analysis System: ferramenta para processamento de imagem e redução de dados.	

Fitsblink	http://www-rcp.ijs.si/~jure/fitsblink/fitsblink.html
Voltado para análise de imagens astronômicas, especialmente asteróides e cometas	

FLASH	http://flash.uchicago.edu/
Simulador paralelo, adaptativo e modular	

fooseti	http://www-personal.engin.umich.edu/~agorski/fooseti/
Front-end simples para client Linux Seti@home	

GILDAS	http://iram.fr/GS/gildas.html
Grenoble Image and Line Data Analysis Software: coleção de softwares desenvolvidos por conceituado observatório	

IRAF	http://iraf.noao.edu/
Software para análise de facilidade e redução de imagens.	

Jamie's Fabulous Radial Velocity Program	http://www.nhn.ou.edu/~hegarty/radial/index.html
Calculo de velocidade de cada estrela.	

KStars	http://edu.kde.org/kstars/index.phtml
Planetário de desktop para Linux/KDE2	

Moon Tool	http://ungwe.org/free_software/moontool/
Informações atuais do estado da lua e do sol	

Mseti	http://msetimon.sourceforge.net/
Pacote gráfico para monitora atividade SETI em multiplos computadores	

Nightfall	http://www.lsw.uni-heidelberg.de/~rwichman/Nightfall.html
Aplicação de astronomia que produz vistas animadas de estrelas, eclipses, etc...	

Nova	http://nova.sourceforge.net/
Ambiente de observação integrada para astrônomos.	

OpenGLavity	http://cycojesus.free.fr/progs/openglavity/index.htm
Simulador de gravidade geral dos corpos com utilização de algoritmos.	

OpenUniverse	http://openuniverse.sourceforge.net/
Software para simulação dos corpos do sistema solar em 3D	

OrbitViewer	http://www.astroarts.co.jp/products/orbitviewer/index.html
Applet interativo para apresentação da órbita de corpos pequenos (cometas e asteróides) em 3D	

ORSA	http://orsa.sourceforge.net/
Orbit Reconstruction, Simulation and Analysis: Simulação de reconstrução de órbita com utilização de algoritimos	

pget	http://software.hradecky.net/
Data uma referência, pget apresentará árticos PDF sobre o item desejado	

Photom	http://spiff.rit.edu/photom/index.html
Programa para executar calibração fotométrica	

Planets	http://planets.homedns.org/
Programa interativo simples para simulação do sistema planetário	

PP3	http://pp3.sourceforge.net/
Parvum Planetarium: criação de gráficos celestiais	

http://pynovas.sourceforge.net/	PyNOVAS
Oferece coleção de funções e aplicações para calculo de posições do sol, lua, planetas e outros objetos celestes	

Qastrocam	http://3demi.net/astro/qastrocam/doc/
Programa de captura que trabalha com dispositivos video4linux	

Remote Seti	http://sourceforge.net/projects/rseti
Para construir aplicações client-server para envio de resumos de clientes Seti@Home	

Satlas	http://www.ibiblio.org/sergei/Me/Serge.html
Atlas eletrônico do espectro solar	

SaVi	http://savi.sourceforge.net/
Permite a simulação da órbita de satélites	

sebseti	http://eseb.net/sebseti.html
Empacotador baseado em texto para clientes SETI@Home	

SETI@Home Client	http://setiathome.ssl.berkeley.edu/
Experimento científico para trabalho de centena de milhares de computadores conectados via Internet: Search for Extra-Terrestrial Intelligence (SETI)	

SETI@home LRP	http://www.gibbsoft.com/
Versão Linux do projeto official SETI@Home	

Solar System Simulator	http://www.schokilade.de/
Simulador de luas no sistema solar	

SpaceChart	http://spacechart.sourceforge.net/
Permite visualizar estrelas em 3D e com rotações	

StarCat	http://www.izzy.net/~jc/StarCats/StarCats.html
Visualização de catálogo estrelas e registro de dados	

Starchart	http://starchart.sourceforge.net/
Produção de gráficos astronômicos a partir de vários banco de dados	

Starmap	http://www.ping.uio.no/~ovehk/star/
Leitura de catalogos de estrelas, posição de estrelas, etc..	

StarPlot	http://www.princeton.edu/~kmccarty/starplot.html
Permite visualizar gráficos em 3D de posições de estrelas	

Software Científicos - Biologia

Finomaton	http://triskam.virtualave.net/finomaton/finomaton.html
Para desenho e definição de tipo para estados finitos de máquinas	

QDist	http://www.daimi.au.dk/~mailund/qdist.html
Implementa método de computação de tempo $O(n \log^2 n)$	

AceDB	http://www.acedb.org/
Sistema de banco de dados do genome	

AMMP	http://www.cs.gsu.edu/~cscrwh/ammp/ammp.html
Mecanismo moderno molecular, dinâmico e de modelagem	

ARB	http://www.arb-home.de/
Pacote orientado gráfico para análise de dados	

BioConductor	http://www.bioconductor.org
Auxiliar biólogos no trábalo de estatistica, DNA, etc..	

BioWish	http://www.bioinformatics.org/~thomas/software/biowish/
comando de biologia molecular	

BLAST	http://www.ncbi.nlm.nih.gov/BLAST/
Conjunto de programas de busca para busca de sequência disponíveis em banco de dados referentes ao DNA, proteínas, etc..	

Blixem	http://www.cgr.ki.se/cgr/groups/sonnhammer/Blixem.html
BLast matches In an X-windows Embedded Multiple alignment: browser interativo de combinações Blast	

Cage	http://www.alcyone.com/pyos/cage/
Simulador automático para células	

Clarrhmos	http://res.profis.ro/clarrhmos
Linguagem de descrição e simulação de modelos celulares	

CNS	http://cns.csb.yale.edu/
Crystallography & NMR System: análise estrutura macromolecular	

Consed	http://www.phrap.org/consed/consed.html
Ferramenta gráfica para edição	

ConsInspector	http://www.gsf.de/biodv/consinspector.html
Comparação de proteinas e suas evoluções	

COVE	http://www.genetics.wustl.edu/eddy/software/#cove
Implementação de texto para métodos para análise de seqüência RNA	

CTSim	http://www.ctsim.org/
Simulador de processo de coleção de tomografia de dados de raio-X	

DCSE	http://rrna.uia.ac.be/dcse/
Dedicated Comparative Sequence Editor: múltimo editor de alinhamento, usado em RNA ou DNA	

DIALIGN	http://www.gsf.de/biodv/dialign.html
Um algoritimo para alinhamento múltiplo de ácidos e proteínas	

DNA-GUI	ftp://ftp.rhrz.uni-bonn.de/pub/institute/meb/molbio/linux/README-first.dnagui
Leitura de arquivos de imagens de DNA	

E-Cell	http://ecell.sourceforge.net/
Software para modelo e simulação bioquímico e celular	

fastDNAml	http://bioweb.pasteur.fr/seqanal/interfaces/fastdnaml-simple.html
Para montagem de árvores de seqüências	

Genpak	http://www.rzuser.uni-heidelberg.de/~jweiner1/
Pequeno conjunto de utilitários para processo de DNA, RNA e proteinas	

Grany-3	http://guillaume.cottenceau.free.fr/html/grany.html
Simulador automático de células	

GTdb	http://sourceforge.net/projects/gtdb/
Banco de dados modular para organismos	

HMMER	http://hmmer.wustl.edu/
Modelos para análise de seqüências biológicas	

MOPAC7	ftp://esca.atomki.hu/mopac7/LINUX

Pacote para estudo químico de estruturas e reações	

OpenVista	http://sourceforge.net/projects/openvista/
Versão pública do Vista, do Governo do USA, que é um sistema de informações de saúde	

Paup	http://paup.csit.fsu.edu/index.html
Software comercial para inferir em árvores de evolução	

Protein Explorer	http://www.proteinexplorer.org/
Visualizar e explorar árvores 3D de estruturas macromolecular	

RNABOB	http://www.genetics.wustl.edu/eddy/software/
Implementação do RNAMOT de D. Gautheret.	

SC_rate	http://www.mrc-lmb.cam.ac.uk/genomes/info.html#Software
Metodo geral para avaliar a fidelidade de sequencias de proteinas	

seaview	http://pbil.univ-lyon1.fr/software/seaview.html
Editor de alinhamento de seqüência múltiplo e gráfico, nos formatos MSF, CLUSTAL, FASTA, PHYLIP, MASE.	

SeqPup	http://iubio.bio.indiana.edu/soft/molbio/seqpup/
Editor de seqüências biológicas e de análise	

Swiss PDBViewer	http://www.expasy.ch/spdbv/
	http://us.expasy.org/spdbv/
Aplicação para análise geral de proteínas	

VMD	http://www.ks.uiuc.edu/Research/vmd/
Visualização e análise de sistemas biológicos como proteínas, ácidos, etc..	

WHAT IF	http://www.cmbi.kun.nl/whatif/
Programa de análise de estrutura de proteínas que pode ser usado para simular mutações, etc..	

Software Científicos – Química

EasyChem	http://easychem.sourceforge.net/
Programa para desenho químico de moléculas	

frowns	http://frowns.sourceforge.net/
Kit de software para desenvolvimento de algoritimos quimicos	

GenChemLab	http://www.prism.gatech.edu/~gte067k/genchemlab
Simulador geral de exercicios de uso geral em quimica	

SimSoup	http://graffiti.virgin.net/c.gordon-smith/SimSoup.htm
Simulador de quimica artifical	

ADF	http://tc.chem.vu.nl/SCM/
Amsterdam Density Functional : Programa para calculo de estruturas eletrônicas	

BIGMAC	http://molsim.chem.uva.nl/bigmac
Codigo paralelo CBMC (Configurational Bias Monte Carlo)	

BKchem	http://www.nongnu.org/bkchem/
Programa de desenho quimico	

CACTVS	http://www2.ccc.uni-erlangen.de/cactvs/index.html
Visualização, tratamento e enálise de informações químicas	

ChemApp	http://gttserv.lth.rwth-aachen.de/~sp/tt/chemapp/chemapp.htm
Interface de calculo termodinamico programável	

Chemsuite	http://chemsuite.seul.org/
Simulador de reações químicas e desenho em 2D e 3D	

Chemtool	http://ruby.chemie.uni-freiburg.de/~martin/chemtool/chemtool.html
Para desenho de moleculas orgânicas	

CHIMP	http://chimp.sourceforge.net/
CHIMP HIerarchical Modeling Program: ferramente de uso geral para modelagem de fenomenos quimicos	

CML	http://openscience.chem.nd.edu/~egonw/cml/
Chemical Markup Language: aplicação XML para armazenagem e transporte de informações químicas	

COLUMBUS	http://www.itc.univie.ac.at/~hans/Columbus/columbus.html
Coleção de programas para calculo de estrutura de moleculas	

Dalton	http://www.kjemi.uio.no/software/dalton/dalton.html
Programa quimico para calculo de propriedades de molecules	

EChem++	http://sourceforge.net/projects/echempp/
Simulacao, análise de dados e experimentação	

FANTOM	http://www.scsb.utmb.edu/fantom/fm_home.html
Fast Newton-Raphson Torsion Angle Minimizer: calcula conformidades de proteinas	

GAMESS	http://www.msg.ameslab.gov/GAMESS/GAMESS.html
General Atomic and Molecular Electronic Structure System (GAMESS): pacote de quimica para uso geral	

Gaussian	http://www.gaussian.com/
Software commercial. Sistema molecular para estudo de mecanismos e performance	

GChemPaint	http://jean.brefort.free.fr/info/en/gcp/index.html
Editor de estruturasquimicas em 2D para GNOME	

GENSPECT	http://www.genspect.com/
Calcula a emissão e absorção de gás, e gases na atmosfera.	

Ghemical	http://www.uku.fi/~thassine/ghemical/
Software de quimica computacional	

gOpenMol	http://laaksonen.csc.fi/gopenmol/gopenmol.html
Interface gráfica para quimica	

gperiodic	http://www.acclab.helsinki.fi/~frantz/software/gperiodic

	.php
	http://gperiodic.seul.org/
Programa para estudar e visualizar os elementos da tabela periódica. Veja o exemplo abaixo:	

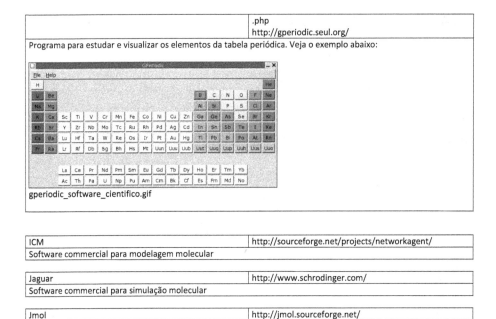

gperiodic_software_cientifico.gif

ICM	http://sourceforge.net/projects/networkagent/
Software commercial para modelagem molecular	

Jaguar	http://www.schrodinger.com/
Software commercial para simulação molecular	

Jmol	http://jmol.sourceforge.net/
Editor e visualizador de moleculas	

Kalzium	http://edu.kde.org/kalzium/
Apresenta informações sobre sistemas periodicos de elementos	

Kasigra	http://sweb.cz/kasigra/index.html
Visualizador e editor de imagens geradas por forces atomicas	

Kemistry	http://kemistry.sourceforge.net/
Coleção de aplicações químicas	

KMol	http://www.idiom.com/~tomi/
Calcula composição elementar e molecular	

KMovisto	http://mitglied.lycos.de/PageOfMH/index.html
Conversão e resultados de arquivos GAUSSIAN	

Software Científicos - Eletrônica

XCircuit	http://bach.ece.jhu.edu/~tim/programs/xcircuit/
Programa de desenho de diagramas e esquemas eletricos	

ACPLT/KS	http://www.plt.rwth-aachen.de/ks/english/
Controle de processo de engenharia e séries	

ACS	http://www.geda.seul.org/dist/
Simulador de circuito	

APLAC	http://www.aplac.com/
Software comercial. Sistema de circuito, eletromagnetico e simulação	

ASITIC	http://formosa.eecs.berkeley.edu/~niknejad/asitic.html
Para projetar, analisar e otimizar espirais e estruturas	

Bartels Autorouter	http://www.bartels.de/
Software commercial. Traçar ambiente para celulas	

BitGen	http://www.ece.ncsu.edu/cadence/bitgen.html
Programa para conversção digital para analogico	

BlueHDL	http://www.bluepc.com/bluehdl.html
Software comercial. Simulação de capacidades.	

BSVC	http://www.redlinelabs.com/bsvc/
Framework de simulação de microprocessador	

Calibre	http://www.mentor.com/calibre/
Software comecial. Voltado para semicondutores e fabricação	

ChipVault	http://chipvault.sourceforge.net/
Ferramenta de organização de projeto de CHIP	

Comparescan	http://www.designacc.com/products/comparescan/index.html
Software comercial para simulação de comparação.	

Crosstalk Analizer	http://www.ctv.es/USERS/davidrivera/
Detecção de problemas de comunicação em circuitos de chips	

dchub	http://ac2i.tzo.com/dctc/#dchub
Clone hub dc	

DigiTcl	http://web.cs.mun.ca/~donald/digitcl/README
Interface gráfica para usuarios construirme e simularem circuitos digitais	

Dinotrace	http://www.ultranet.com/~wsnyder/veripool/dinotrace/
Visualizador X11 para entender "Verilog Value Change Dumps"	

DRS	http://www.derivation.com/drs.html
Software comercial. Derivational Reasoning System: ambiente de projeto para desenho de hardware	

EAGLE	http://www.cadsoft.de/
Software comercial. De fácil uso e poderoso para capturar esquemas de circuitos	

EIDORS	http://sourceforge.net/projects/eidors/
Electrical Impedance Tomography and Diffusion based Optical Tomography Reconstruction Software	

Electric	http://www.staticfreesoft.com/
Completo sistema de automação de projeto de circuitos	

Espresso	http://www-cad.eecs.berkeley.edu:80/Software/software.html
Programa para simplificação de lógica	

FreeHDL	http://www.freehdl.seul.org/

Simulador VHDL	

Gael	http://gael.sourceforge.net/
Ferramenta integrada para automação de projeto eletrônico em GNOME	

GDS Display	http://www.dolphin.fr/medal/gdsdisplay/gdsdisplay_ove rview.html
Visualizador e processador para arquivos GDSII	

gEDA	http://www.geda.seul.org/dist/
Ferramenta GPLED para projeto eletronico	

GnuCap	http://www.gnu.org/software/gnucap/
Simulador de circuitos	

Software Científicos - Engenharia

SimPy	http://simpy.sourceforge.net/
Pacote de simulação para Python	

Computational Dynamics Ltd (CFD Software)	http://www.cd.co.uk/
Software para complexo fluxo, reação química e STAR-CDCFD (Computational Fluid Dynamics)	

Fungimol	http://www.fungible.com/fungimol/
Sistema para projeto de objetos atomicos em escala	

GDS Compiler	http://www.dolphin.fr/medal/gdscompiler/gdscompiler_ overview.html
Projeto para micro-eletrodos, memória, dispositivos, etc..	

gerbv	http://gerbv.sourceforge.net/
Visualizador de arquivos Gerber	

GiD	http://gid.cimne.upc.es/intro/index.html
Software comecial. Interface gráfica para modelagem geometrica	

Graftor Grafcet editor	http://www.naskita.com/linux/
Sistema gráfico para impressão, exportação de grafcets em postscrips	

GridCAD	http://www.beaver-discovery.de/
Ferramenta 3D e 2D para modelagem CAD, fenómenos aero-elasticos, etc..	

Khoros	http://www.khoral.com/khoros/
Solução para engenharia e análise de dados científicos	

Kivio	http://www.thekompany.com/projects/kivio/
Programa da familia KOffice para desenho de flow charting	

KSimus	http://ksimus.berlios.de/
Ferramenta de simulação KDE e visualização de processos técnicos	

MESH	http://mesh.epfl.ch/

Measuring Error between Surfaces using the Hausdorff distance: ferramenta que mede a distorção entre duas superficies	

MicroStation	http://www.bentley.com/academic/
Software comercial para engenharia	

Open Dynamics Engine	http://www.q12.org/ode/
Biblioteca para simulação articulada e dinâmicas de corpos	

oregano	http://oregano.codefactory.se
Ferramenta de engenharia elétrica em Gnome	

PointerLite	http://www.synaps-inc.com/
Versão pública do framework Pointer, que é uma interface gráfica para análise de código	

ProPHLEX	http://www.comco.com/
Simulação de engenharia	

RePast	http://sourceforge.net/projects/repast/
Framework para criação de simulações baseadas em agente	

SCRAM	http://www.cosmic.uga.edu/abstracts/arc-12338.html
Ferramente para predição de performance em engenharia	

SMASH	http://www.dolphin-integration.com/medal/smash/smash_overview.html
Simulador multi-linguagem para projeto de circuito impresso	

The Figaro	http://sourceforge.net/projects/thefigaro/
Gerencia experimentos de algoritmos	

Software Científicos - Matemática

Maple V	http://www.maplesoft.com/
Software comercial poderoso para resolução de problemas em Matemática	

MATCOM	http://www.mathtools.com/
Compilador Matlab 4 & 5	

Mathematica	http://www.wri.com/mathematica/
Software comercial de análise matemática e equações	

MATLAB	http://www.mathworks.com/products/matlab/index.shtml
Software comercial integrado para computação avançada de gráficos	

Mathomatic	http://www.mathomatic.com/
Programa de matemática simbólica para resolução de problema	

ADOL-C	http://www.math.tu-dresden.de/~adol-c/
Pacote para diferenciação automática de algoritimos	

ALLPHA	http://www-

Calcular spectra fractais sinais 1D e 2D	syntim.inria.fr/fractales/Software/Allpha.html
ASCEND Ambiente de modelagem matemática	http://www.cs.cmu.edu/~ascend/
AUC Calculadora cientifica	http://www.bcity.com/uc/index.html
AXIOM Software comercial. Sistema de algebra poderoso para manipulação e solução de formulas matemáticas.	http://www.nag.com/symbolic_software.asp
BAYES-LIN Ambiente pra computação local	http://www.staff.ncl.ac.uk/d.j.wilkinson/bayeslin/
bernina Eficiente computação para operadores	http://www-sop.inria.fr/safir/whoswho/Manuel.Bronstein/bernina.html
Calculating Pi Projeto para calculo de constante matematica Pi	http://projectpi.sourceforge.net/
CASA Computer Algebra Software for constructive Algebraic geometry: para calculo de objetos geometricos e algebra	http://www.risc.uni-linz.ac.at/software/casa/casa.html
CMAT Programa de calculo de matriz	http://www.numbertheory.org/cmat/krm_cmat.html
CwMtx Biblioteca escrita em C++ para operações de vetor e matriz	http://www.xs4all.nl/~hkuiper/cwmtx/cwmtx.html
Dr Genius Programa de geometria para calcular similariedade	http://drgenius.seul.org/
Dr Geo Software de geometria interativa para Linux	http://ofset.sourceforge.net/drgeo/
Dr. Genius Programa de geometria interativa	http://ofset.sourceforge.net/drgenius/
DrMath Sistema de algebra e matematica	http://www.drmath.com/
E Teorema equacional para logica Clausal	http://www4.informatik.tu-muenchen.de/~schulz/WORK/eprover.html
EasyMaths Programa matemático em client-server	http://ddaville.free.fr/software/EasyMaths/index.htm
ECPP Programa para calculo de multiprecisão	http://ultralix.polytechnique.fr/~morain/Prgms/ecpp.english.html
ehrhart Programa de calculo de vertices	http://icps.u-strasbg.fr/Ehrhart/program/program.html

Euler	http://mathsrv.ku-eichstaett.de/MGF/homes/grothmann/euler/euler.html
Laboratorio numero com linguagem de programação	

Euler for GTK+	http://euler.sourceforge.net/
Programa para computação rápida e interativa com trabalho em números complexos.	

FortMP	http://www.unicom.co.uk/Consultants/default.htm
Software comerical. Sistema de otimização de programação	

FrontMan	http://www.eleceng.ohio-state.edu/~ravi/frontman.html
Front-end gráfico para sistema de algebra e matematica	

Software Científicos – Estatística e Análise Gráfica

GNU plotutils	http://www.gnu.org/software/plotutils/plotutils.html
Programa para plotagem de dados cientificos.	

Maxima	http://maxima.sourceforge.net/
Implementação LISP para o sistema de Álgebra do MIT	

R	http://www.r-project.org/
Sistema para computação estática e de gráficos	

LabPlot	http://mitarbeiter.mbi-berlin.de/gerlach/Linux/LabPlot/index.html
Aplicação KDE para plotagem de dados e funções de análise	

XPlot	http://mathdev.sourceforge.net/
Função matemática para funções em 2D e 3D	

AD Model Builder	http://otter-rsch.com/index.html
Software comercial para criação de modelos estatísticos não—linerares para a análise de dados	

AGD	http://www.mpi-sb.mpg.de/AGD/
Oferece uma faixa de algoritimos para graficos 2D.	

ARfit	http://solon.cma.univie.ac.at/~neum/software/arfit/
Pacote Matlab para estimative da decomposição espectral	

Bayani	http://www.arabeyes.org/project.php?proj=bayani
Preparação de gráficos científicos em Árabe	

biggles	http://biggles.sourceforge.net/
Modulo Python para simplicar criação e publicação de plots em 2D	

BUGS	http://www.mrc-bsu.cam.ac.uk/bugs/
Para análise de complexos modelos estatisticos usando métodos Markov e MCMC	

CLASP	http://eksl-www.cs.umass.edu/clasp.html
Common Lisp Analytical Statistics Package (CLASP): ferramenta de visualização e estatistica na análise de dados	

Cvsplot	http://cvsplot.sourceforge.net/
Usado para coleção de estatísticas de conmtroladores CVS.	

Econometrics Toolbox	http://spatial-econometrics.com/
Estimative estática, gráficos e manipulação de dados	

ePiX	http://mathcs.holycross.edu/~ahwang/current/ePiX.html
Produção de material 2D de matemática para uso em documentos Látex	

ESS	http://stat.ethz.ch/ESS/
Emacs Speaks Statistics: interface de programação e processo e análise de dados	

FFE	http://www.kachinatech.com/~hjjou/ffe/
Front-end para ODRPACK (Orthogonal Distance Regression Package, from Netlib).	

fofx	http://www.ibiblio.org/pub/Linux/science/visualization/plotting/
Função de gráfico para terminais de célula	

g3data	http://beam.helsinki.fi/~frantz/software/g3data.php
Usado para extração de dados a partir de gráficos	

gaiw	http://gaiw.sourceforge.net/
Interface para platagem na criação de 2D	

geg	http://www.infolaunch.com/~daveb/
Editor gráfico de equações para 2D, exemplo f(x) = 3 + sin(x).	

GENBLIS	http://data.fas.harvard.edu/jsekhon/glisrel/
GENetic optimization and Bootstrapping of LInear Structures: programa para estimative de modelos de equações	

GLgraph	http://glgraph.kaosu.ch/
Função de gráfico para Linux	

Goose	http://www.gnome.org/guppi/
Biblioteca estática usada para calcular e manipular conjunto de dados	

GraphEd	http://infosun.fmi.uni-passau.de/GraphEd/
Editor interativo para gráficos layouts e algoritimos	

Guia Completo do Linux e Software Livre

Softwares para a Família

Não pense que o Linux foi feito exclusivamente para o mundo corporativo. Irei apresentar apenas algumas dezenas de sites e software para que toda sua família "vista" a camisa do Linux. O problema disto tudo, é que um micro-computador não será suficiente para todos. Mas aí, já é um outro problema.

gnucash_software_familia.gif
GnuCash– Programa de Finanças Pessoal ou Familiar - Um dos vários
Software Disponíveis para o pai, mãe, filhos, gato, etc..

Software de Gravação de CD para GNOME

Gnome Toaster	http://gnometoaster.rulez.org/
Pacote para criação de CD no Linux e FreeBSD	

X-CD-Roast	http://www.xcdroast.org/
Programa para criação de CD em Linux	

CDrecorder	http://www.eecs.umich.edu/~mittals/cdrecorder/
Interface para gravação de CDs usando GTK, o qual possui recursos avançados	

Coaster	http://coaster.sourceforge.net/
Aplicação de gravação (burning) de CD para Gnome	

gcombust	http://www.abo.fi/~jmunsin/gcombust/
Front-end GTK+ para mkisofs/cdrecord gtk+ escrito em C	

GdrDAO	http://sourceforge.net/projects/gdrdao/
Front-end para CDRDAO escrito em GTK	

Gnome CD Master	http://cdrdao.sourceforge.net/gcdmaster/
Front-end para criação de CDs de Audio que utiliza CDRDAO	

Kitty-Kitty	http://kitty-kitty.sourceforge.net/
Front-end Perl-GTK para criação de CD e MKISOFS	

SimpleCDR-X	http://ogre.rocky-road.net/cdr.shtml
Sosftware para produção e cópia de CDs	

Software Financeiro – Finanças Pessoais

Check Book Balancer (CBB)	http://cbb.sourceforge.net/
Aplicação para gerenciamento das finanças familiars escrito em Tcl/Tk e Perl	

GnuCash	http://www.gnucash.org/
Programa registro de finanças, e similar ao Quicken	

Brinance	http://www.locoburger.org/prog/brinance/

Programa de registro financeiro de linha de commando	

Qt MySQL Budget	http://qtbudget.sourceforge.net/
Programa QT/MySQL/C++ para manter orçamento	

aKount	http://www.if.ufrj.br/~lsk/akount/index.html
Programa para gerenciar as contas pessoais	

AqMoney	http://aqmoney.sourceforge.net/
Programa para controle de movimentação bancária	

Bill Manager	http://bill-manager.sourceforge.net/
Pequeno programa Perl para gerenciar contas a pagar	

Checkbook	http://cs.alfred.edu/~lansdoct/linux/checkbook/
Registrar os pagamentos em cheques	

CheckBook Tracker	http://tony.maro.net/
Controle as contas e realiza importação e exportação de dados	

gAcc	http://sourceforge.net/projects/gacc/
Gerenciador de contas pessoais. Suas contas e saldos serão facilmente controlados.	

gAcc-graph_softwarefamilia.jpg

Gbonds	http://snaught.com/gbonds/

[14479]
for maintaining inventories of U.S. Savings Bonds for the GNOME desktop environment. It allows you to track the current redemption value and performance of your bonds

gcompte	http://www.linux-france.org/prj/gcompte/
Ajuda a registrar e controlar suas finanças pessoais. Disponível no idioma Francês	

Gnofin	http://gnofin.sourceforge.net/
Maneira conveniente de registrar cheques e contas e poupança	

iGecko	http://www.igecko.com/
Planejador financeiro	

Kapital	http://www.thekompany.com/products/kapital/
Software comercial de planejamento financiero para KDE e Linux	

KBudget	http://www.garandnet.net/kbudget/
Programa de orçamento e gerenciamento financeiro para KDE	

KEuroChange	http://sourceforge.net/projects/keurochange/
Conversor de moedas	

KFinance	http://www.enkelmann-online.de/projects.html
Gerenciador de finanças mundiais (alemão)	

KMyMoney2	http://kmymoney2.sourceforge.net/
Gerenciador financeiro pessoal para KDE2	

Opale	http://orzel.freehackers.org/opale/
Gerenciador financeiro pessoal para KDE e KOffice	

Payday	http://www.curtisonline.net/software/
Calculadora de pagamento e agendamento	

Pm2qif	http://pm2qif.sourceforge.net/
Script Perl para exportar transações armazenadas em PocketMoney do PalmOS	

saCASH	http://sacash.sourceforge.net/
Pacote financeiro com interface Web, similar ao Quicken	

XFinans	http://www.io.com/~acroyear/xfinans/
Fornece uma amostra de entradas e saídas de uma conta bancária	

Xinvest	http://sunsite.auc.dk/xinvest/
Ferramenta para performance de contas pessoais	

Zephyr Basecamp	http://www.redrocketconsortium.com/zbc/
Frontend GTK para projetos corporativos de inventário, pedidos, vendas, contabilidade, etc...	

Software Financeiro – Administração de Ações na Bolsa de Valores

basop	http://www.home.zonnet.nl/panteltje/financial/index.html#basop
Programa de cálculo para opções de Preço	
BeanCounter	http://rosebud.sps.queensu.ca/~edd/code/beancounter.html
Ferramenta de performance de ações	
ColorQuote II Real Time Stock Streamer	http://home.earthlink.net/~yrandall/colorquote/
Ferramenta de avaliação e trading	
Finance::Quote	http://finance-quote.sourceforge.net/
Modulo Perl para acessar cotações de ações	
FreeMarket	http://freemarket.sourceforge.net/
Software de análise com formulas matemáticas, e modelos específicos do mercado de ações	
gChartman	http://gchartman.sourceforge.net/
Programa Gnome para análise técnica de ações	
GeniusTrader	http://geniustrader.sourceforge.net/

Software de trading de ações	
getquotes	http://develooper.com/getquotes/
Similar ao Yahoo Finance	
getstock	http://www.werthmoeller.de/scripte_en.html
Obtem a situação atual de ações a cada conexão com Internet	
Gnome Stock Ticker	http://www.dread.net/gtik/
Este usa biblioteca GHTTP para requisitar informações do Yahoo Finance	
GNOME Ticker	http://brodiefamily.org/ticker/
Gráficos e informações do mercado de ações para Gnome 2.1	
Gquotes	http://marathon.u-strasbg.fr/gquotes/en/
Ferramenta de monitoramento financeiro	
GreatCharts	http://sourceforge.net/projects/greatcharts/
Acompanha e desenha gráficos pelo desempenho do mercado de ações	
gstalker	http://gstalker.sourceforge.net/
Visualizador de commodities e ações	
GtkPortfolio	http://sourceforge.net/projects/gtkportfolio/
Permite acompanhar a evolução de múltiplas ações na Web	
kstock	http://uhura.biologie.uni-freiburg.de/~drabiger/kstock/kstock.shtml
Obtém informações do Mercado de ações e disponibiliza ao usuário	
KStocks	http://kstocks.sourceforge.net/
Aplicação que permite o gerenciamento de ações	
LCDstocks	http://markh.de/lcdstocks/
Script Perl para atuar como acionista	
Market Analysis System	http://eiffel-mas.sourceforge.net/
Aplicação para gerenciar e analisar o Mercado financeiro usando análise técnica	
mock market	http://www.anders.com/projects/mockMarket/
Simulador de mudanças no mercado de ações	
MyQuote	http://myquote.virtualave.net/
Cotações em tempo real das ações	
Nevada Investment and Risk Analysis System	http://www.rabatin.com/
Sistema para análise de risco e investimento	
newq	http://newq.blackwire.com/
Script Perl para cotações	
Octopus	http://octopus.berlios.de/
Sistema de trading financeiro	
PHPQuote	http://www.gear21.com/phpquote/
Apresenta informações do Mercado de ações do Yahoo Finance	
quote	http://www.circlemud.org/~jelson/software/quote/
Apresenta cotações em linha de comando	
quotenotifier	http://www.bogus.net/~torh/
Pequeno programa Perl para acompanhar o Mercado de ações	
Quotes	http://www.iae.nl/users/grimaldo/OpenSoft/quotes.shtml
Script Perl para obtenção de informações on-line do mercado de ações	
ShareWatch	http://sharewatch.sourceforge.net/
Utilitário escrito em Python para acompanhar data a data sua movimentação no mercado	
smtm	http://dirk.eddelbuettel.com/code/smtm.html
Show Me The Money: aplicação para acompanhar o Mercado e suas variants	
StockTicker	http://sourceforge.net/projects/stockticker/
Painel Gnome para apresentar gráficos e ações	
TclTicker	http://www.nyx.net/~tpoindex/
Usa HTTP para atualiza-se automaticamente com o Mercado	
tsinvest	http://www.johncon.com/ntropix/index.html
Ferramenta para acompanhamento de liquidações e o mercado	
viewportfolio	http://www.lodestar2.com/software/viewportfolio/

Programa Python para registrar a performance de portfolio de ações	
vtxboerse	http://www.uni-kassel.de/~giere/vtxboerse.shtml
Ferramenta para capturar taxas e ações de um teletexto	
Xquote	http://sunsite.auc.dk/xinvest/
Obtem informações de ações para WWW	
XTicker	http://www.lysator.liu.se/~unicorn/hacks/xticker/
Janela pequena para apresentar ações e o mercado	

Software para o Lar e Educacional – Catalogar Coleções

GVideoDB	http://gvideodb.sourceforge.net/
Banco de dados XML para coleção de filmes	

TVEz	http://tvez.sf.net/
Banco de dados Web para gerenciar filmes, shows, clips, etc...	

APLM	http://sourceforge.net/projects/aplm/
Alex Personal Library Manager: gerenciamento de biblioteca	

aviManager	http://avimanager.sourceforge.net/
Gerencia grandes coleções de DVD e DivX	

Bookbase	http://bookbase.sourceforge.net/
Aplicação de banco de dados para colecionadores de livros	

Bookcase	http://periapsis.org/bookcase/
Aplicação KDE para registro de coleções de livros	

CDKeeper	http://sourceforge.net/projects/cdkeeper/
Organizador de CDs	

DiscDB	http://sourceforge.net/projects/discdb/
Programa para catalogar arquivos em CDs	

DVD List	http://www.carline.org/dvdlist/
Para coleção de DVDs	

GCO	http://www.daimi.au.dk/~maxx/maxximum-linux.html
GNOME Comics Organizer – banco de dados para coleção de revistas em quadrinhos	

Gwine	http://gwine.tuxfamily.org/
Gerencia a coleção de sua adega	

Home Librarian	http://www.deepsoft.com/HomeLibrarian/
Software commercial para coleção de livros, registros, fitas, etc..	

Inventory	http://qballsinventory.sourceforge.net/
Programa de inventário com MySQL	

Katalog	http://www.ceti.pl/eaquer/katalog/
Programa para catalogação de CDs	

KVideolist	ftp://ftp.kde.org/pub/kde/unstable/apps/utils/
Banco de dados para coleção de vídeos caseiros	

MCatS	http://mcats.net/
Modular Catalog System: modulos para coleções de itens	

MediaBase	http://www.nmee.net/mediabase/
Banco de dados PHP/MySQL para gerenciar coleção de CDs	

Movie Mate	http://moviemate.rocks.cc/
Banco de dados para videos e DVDs	

MovieCollector	http://www.olaf-stauffer.de/projects/MovieCollector/
Administrador para coleção de filmes	

MVideo	http://mvideo.sourceforge.net/
Gerenciador de coleção de filmes em DVD, CDs, etc..	

myleague	http://personal.inet.fi/koti/rkauppila/projects/myleague/index.html
Organiza dados de liga de times	

phpMyCDs	http://popo.enlighted.free.fr/popo/
Mantém contéudo de CDs em MySQL	

phpVideoPro	http://www.qumran.org/homes/izzy/
Gerencia coleções de DVDs e video tapes	

pyMovieDB	http://nieder.kit.net/pymoviedb.html
Programa Python para geração de relatórios HTML de coleções de filme	

Readerware	http://www.readerware.com/rwFeat.html
Ferramenta para amantes dos livros	

Splice	http://www.scholnick.net/splice/
Criador de etiquetas para fitas DAT, CD, etc...	

VideoDB	http://www.splitbrain.org/index.php?x=.%2FProgramming%2FPHP%2FVideoDB
Banco de dados para coleção de vídeos	

Software para o Lar e Educacional – Livro de Receitas

Krecipes	http://krecipes.sourceforge.net/

Ferramenta KDE para registro e consulta de receitas e sugestões de dietas

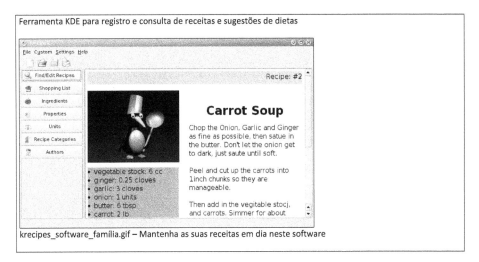

krecipes_software_família.gif – Mantenha as suas receitas em dia neste software

| ReciPants | http://recipants.pantsblazing.com/ |
| Gerenciamento de receitas | |

| Cookbook | http://trident.mcs.kent.edu/~dwatson/cookbook.html |
| Programa para receitas em KDE | |

| FoodClub | http://foodclub.org/ |
| Gerencia tarefas para compras de alimentos e suprimentos | |

| Koch-Suite | http://www.lestinsky.de/michael/koch-suite/ |
| Sistema de gerenciamento de receitas | |

| Mango | http://mango.sourceforge.net/ |
| Gerenciador de receitas e cozinha | |

| Recipe Converter | http://sourceforge.net/projects/recipeconverter/ |
| Converte receitas em outros formatos de arquivos | |

| Recipe Indexer | http://recipeindexer.sourceforge.net/ |
| Catalogador de receitas | |

Software para o Lar e Educacional – Saúde

| BMI | http://ibiblio.org/bmi/ |
| Calculo de nivel de gordura do corpo | |

| chlastmeter | http://melkor.dnp.fmph.uniba.sk/~garabik/chlastmeter.html |
| Apresenta o nivel de alcool no sangue | |

| GNUmedArchive | http://www.gnumed.de/ |
| Software de praticas médicas | |

| Gnutrition | http://gnutrition.sourceforge.net/ |
| Criador de receitas e tabela de nutrients | |

| KPumpe | http://kpumpe.sourceforge.net/ |
| Aplicação de diário para diabetes | |

| MultiSlice RTP Environment | http://yhs.sourceforge.net/ |
| Planejamento de tratamento de radioterapia | |

| Nut | http://www.lafn.org/~av832/ |
| Registro de alimentações e análises a partir de referências padrão | |

| OpenEMR | http://www.synitech.com/ |
| Sistema registro medico padrão multiplataforma | |

| phoodDB | http://nogginvittles.org/projects/phoodDB/ |
| Banco de dados de entidade médica americana | |

| PolarViewer | http://www.saring.de/polarviewer/index.html |
| Acompanha arquivos de exercícios físicos e do coração. | |

polarviewer_software_familia.gif –
O Seu coração e exercícios sendo monitorados pelo Linux. Saúde em dia.

| Workrave | http://workrave.sourceforge.net/ |
| Assistente para controlar suas paradas e descansos necessários durante o dia | |

| xgrabber | http://sourceforge.net/projects/xgrabber/ |
| Usado para forçar as paradas para quem trabalha muito tempo com computador | |

Software para o Lar e Educacional – Religião

| Anakrino | http://sourceforge.net/projects/anakrino/ |
| Estudo bíblico cientifico poderoso | |

| BibleTime | http://www.bibletime.info/ |
| Programa de estudo biblico para KDE | |

GnomeSword	http://gnomesword.sourceforge.net/
Software de estudo bíblico para Linux	

Klos	http://www.yahuxo.de/klos/index_en.html
Programa para estudo e apresentação de pensamentos e reflexões da Bíblia	

KPrayerTime	http://kprayertime.sourceforge.net/
Applet KDE para agendar horários de orações	

QtQuran	http://www.arabeyes.org/project.php?proj=Quran
Client QT para navegação na Bíblia	

TkBible	http://www.sover.net/~senecal/tkbible.html
Interface ao sistema bíblico (Bible Retrieval System)	

wsd	http://www.tranchant.freeserve.co.uk/computing/code.html
Aplicação de apresentação de canções	

XLosung	http://rcswww.urz.tu-dresden.de/~koloska/xlosung/
Apresenta trechos da Bíblia	

Zmanim	http://sourceforge.net/projects/zmanim/
Pacote de software para Judeus	

Software para o Lar e Educacional – Tutoriais e Aprendizado

KLearnNotes2	http://klearnnotes2.sourceforge.net
Ajuda no aprendizado de notas musicais	

MemAid	http://memaid.sourceforge.net/
Programa para auxiliary na memorização de perguntas e respostas	

KDE Interactive Geometry	http://edu.kde.org/kig/
Programa para explorar construções geométricas	

Math And EDucation	http://www.sourceforge.net/projects/maed
Programa matemático em metodo educacional	

Select	http://www.student.nada.kth.se/~d97-mly/select/
SupervisEd Learning Email Classification Tool: para classificação e performance em forma de aprendizado	

Tux of Math Command	http://www.geekcomix.com/dm/tuxmath/

Tutor de matemática para crianças. Aprenda e estude Matemática no Linux, e de forma divertida.

tuxmath_softwarefamilia.gif

JlLetters	http://jiletters.sourceforge.net/
Emulador para graficos de letras	

pitacard	http://sourceforge.net/projects/pitacard/
Para criação, organização e definição de flashcards	

Zabaan	http://www.zabaan.org/
Gerencia banco de dados multimida de linguagem humana	

adept	http://sourceforge.net/projects/adept/
Sistema de e-learning de multilinguagem	

DokVok	http://rcswww.urz.tu-dresden.de/~kossebau/dokvok/index.html
Treinador de vocabulário	

FlashKard	http://www.slackorama.net/
Ferramenta para estudo de vocabulário, terminologies, etc...	

gNiall	http://gniall.sourceforge.net/
Prepara exercicios para auxiliar em estudos	

Gretools	http://gretools.sourceforge.net/
Coleção de programas para improvisar no vocabulario.	

gwavmerger	http://gwavmerger.sourceforge.net/
Ferramenta para treinamento de memorização	

Hanzi Master	http://zakros.ucsd.edu/~arobert/hanzim.html
Programa de auxilio no aprendizado de caracteres chineses	

Kana test	http://clay.ll.pl/projects.html#kanatest
Programa para estudo do hiragana e katakana (japonês)	

KDrill	http://www.bolthole.com/kdrill/
Programa para ajudar no aprendizado de caracteres japoneses	

Kura	http://www.xs4all.nl/~bsarempt/linguistics/index.html
Banco de dados linguistico	

KVocabulary	http://linux.handorf-langenberg.de/
Treinador em vocabulario para KDE 3	

KVocLearn	http://cgi.ethz.ch/~dradovic/kvoclearn/index.php
Ferramenta KDE para aprendizado de outro idioma	

kvoctrain	http://kvoctrain.sourceforge.net/
Treinador em vocabulário	

Lavengro	http://emptydog.com/geekland/lavengro.html
Teste de perguntas e respostas	

Learn Words	http://learnwords.sourceforge.net/
Auxilia no aprendizado de idiomas novos	

Linguaphile	http://linguaphile.sourceforge.net/
Tradutor de linha de commando	

LINGVISTO	http://www.ibiblio.org/pub/Linux/apps/cai/
Auxilia no aprendizado de novo idioma	

lrnkana.pl	http://www.boswa.com/boswabits/
Auxilia na memorização de caracteres japoneses	

PyBabelPhish	http://pythonol.sourceforge.net/pybabel.php
Programa GTK para tradução rápida	

Pythonol	http://pythonol.sourceforge.net/
Programa para quem fala o Inglês e está aprendendo o Espanhol	

Q9	http://www.qcode.com/
Auxilia no aprendizado dos caracteres chineses	

qvocab	http://www.qvocab.seul.org/
Programa de vocabulario	

reciteword	http://reciteword.cosoft.org.cn/
Software educativo para quem deseja estudar Ingles	

SVT	http://members.tripod.com/~planetphil/svt.html
Tutor para o vocabulario em Espanhol	

Traduki	http://traduki.sourceforge.net/
Ferramenta para desenvolver e treinar na pronuncia de tradução	

XCard	http://dellis.dsl.visi.com/apps/index.html
Aplicacação FlashCard para memorização	

Xsteak	http://www.tm.informatik.uni-frankfurt.de/~razi/steak/steak.html
Front-end gráfico para o programa "steak"	

dvorak7min	http://lightside.eresmas.com/dvorak7min-1.6.tar.gz
Tutor para ajudar na digitação e no teclado	

Griffin Typing	http://sourceforge.net/projects/griffintyping/
Curso de digitação	

KTouch	http://ktouch.sourceforge.net/
Programa para o aprendizado de digitação	

Makin' Bakon Typing Tutor	https://sourceforge.net/projects/makinbakon/
Programa auxiliar no aprendizado de digitação	

Ten Thumbs Typing Tutor	http://www.runrev.com/
Software commercial para curso completo de digitação	

TuxTyping	http://www.geekcomix.com/dm/tuxtype/
Tutorial para digitação educacional infantile	

TypeFast	http://homepages.ihug.co.nz/~syringe/typefast.html
Programa para apresentação simples de caracteres	

typespeed	http://www.sicom.fi/~bestis/typespeed.html
Para teste de velocidade de digitação	

Typing Trainer	http://typingtrainer.sourceforge.net
Para quem deseja agilizar a tarefa de digitação	

Typist	http://www.gnu.org/software/gtypist/
Tutor para digitação	

Guia Completo do Linux e Software Livre

Editores de Texto e Gráfico no Linux

Quando falamos em mudar de aplicativo, estamos sempre acostumados a comparar características e qualidades. Para facilitar e dar-lhe uma dimensão dos benefícios do linux, há um site muito interessante.
Visite o endereço Internet: http://linuxshop.ru/linuxbegin/win-lin-soft-en/
Há várias tabelas neste site que mostram, por exemplo, se você está acostumando com um determinado software no Microsoft Windows, e deseja obter um correspondente ou similar no Linux, pronto, basta acessar a extensa lista de opções.

Para conhecer outras softwares gráficos e editores de texto, visite o site: **http://www.linuxlinks.com/Software/Graphics/Drawing/.**

Softwares Destaques e Praticos

Projetos Gráficos	
Freedom*Of*Choice*CAD	Freedom*Of*Choice*CAD é uma ferramenta de desenho como Auto CAD para UNIX e Linux. O Freedom*Of*Choice*CAD está disponível para plataformas Linux, SCO Open Server & Unixware, HP-UX, Solaris SPARC e X86.

Editores de Texto	
SciTeXt	SciTeXt é um novo processador de textos para todos os sistemas com um interpretador Java. Sci é mais científico, apesar de poder ser usado como processador normal, pois possui funções especiais para trabalho científico. Ele tenta combinar os requisitos de um moderno pacote office. Possui correção ortográfica, "arrastar e soltar", fórmulas, trabalha com fax, email, e muito mais. http://www.uni-paderborn.de/~SciTeXt/

Editor de Texto Xedit – Uma Solução Simples

Se você pretende escrever uma carta bem rapidamente, num editor que aceite a nossa acentuação, funcione bem no X Window, e não tenha nenhuma combinação difícil de teclas para usar, o xedit é uma das soluções.

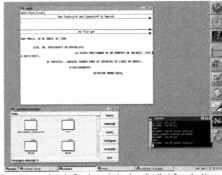

O xedit já é instalado automaticamente na instalação da maioria das distribuições do Linux, podendo ser acessado do menu Programas -> Utilitários do gerenciador de janelas. Ou ainda, digitando xedit na linha de comando.

Uma versão interessante para conhecer é uni-XEDIT. Uma implementação Unix do XEDIT dos sistemas VM/CMS. Este pode ser obtido no site http://www.wrkgrp.com/index.html

Editor de Texto VIM-X11 – Para quem começou no Editor Vi

Se você tem saudades do editor VIM, ele irá adaptá-lo para o ambiente X Window, pois uma mudança rápida do ambiente caractere para o ambiente gráfico pode causar felicidade em extremo.

O vim-X11 contém uma versão do VIM ligado com bibliotecas X-Window, permitindo-lhe executar o VIM como uma aplicação X, com interface completamente gráfica e suporte ao mouse.

Contudo, é necessário executar previamente a instalação do seu pacote. Para isto, basta procurar o pacote vim-X11-5.3-6cl.i386.rpm.

A janela acima representa a abertura e a área de trabalho do VIM. Para obter maiores informações, visite o site http://ii.uned.es/~apm/Doc/Vim.html

Joe – Um Editor para os saudosos do WordStar

O Joe é um editor amigável e fácil de usar. Possui uma boa interface e seria uma outra boa opção para um novato precisando de um editor. Ele usa a mesma combinação de teclas do famoso WordStar, que também é utilizada pelo ambiente de desenvolvimento da Borland.

Para instalá-lo, localize o pacote `joe-2.8-16c1.i386.rpm`, e viva os velhos tempos.

Para atualizações e versões, visite o site http://sourceforge.net/projects/joe-editor/

WordPerfect – Um Editor de Texto Completo

A Corel, como muitos outros grandes fornecedores de soluções, já acordou para o mundo Linux. O WordPerfect®, consagrado editor de texto, pode ser executado com todas as características dos demais sistemas operacionais.

Desejando instalar, localize o pacote `xwp-7.0-242.i386.rpm`, no site da sua distribuição de Linux, porém a instalação expira a cada 15 dias. Para outras informações, visite o site http://www.europe.redhat.com/documentation/mini-HOWTO/WordPerfect.php3.

Para executá-lo, após instalado, basta digitar o seguinte numa janela do Xterm:

```
$ /opt/wp70/wpbin/xwp
```

WP Draw – Um Editor Gráfico Profissional

Acompanhando o editor WordPerfect, a Corel disponibilizou este agradável editor de imagens. O WP Draw não deixa nada a desejar em relação aos seus concorrentes de porte médio.

Para executá-lo, após instalado, basta digitar o seguinte numa janela do Xterm:

```
$ /opt/wp70/wpbin/xwpdraw
```

Acho que realmente faltei nas aulas de desenho!

XPaint – Uma Excelente Ferramenta de Pintura

O XPaint é uma ferramenta de edição de imagens coloridas que apresenta a maioria das opções-padrão de programas de pintura, assim como características avançadas, como processamento de imagens por meio de algoritmos. Ele também permite a edição de múltiplas imagens simultaneamente.

Para instalá-lo, basta procurar o pacote `xpaint-2.4.9-7cl.i386.rpm` no site da sua distribuição Linux, ou no CD-ROM desta distribuição. Espero que os seus desenhos sejam melhores do que o meu abaixo:

Para download e maiores informações, visite o site http://sourceforge.net/projects/sf-xpaint

VariCAD – O Linux pronto para os Projetistas

Só faltava agora os projetistas reclamarem, e nós ? Contudo, não precisam.

O pessoal da www.varicad.com não esqueceu de vocês. Eu não entendo muito de desenho de projeto, mas, pelo pouco que o utilizei, acho que dá para competir bem com os outros softwares de desenho (CAD) disponíveis no mercado.

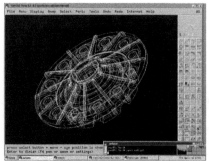

Para instalar a versão demo, busque o pacote de nome `VariCAD-6.2.0.3-1.i386.rpm` no site da sua distribuição Linux, ou visite o próprio site da VariCAD. No site abaixo você encontrará dezenas de projetos nos quais pode se utilizar o Varicad: http://www.varicad.com/gallery.phtml?PHPSESSID=461897871516917c73f7856710e5b493

Realsoft3D

Este software comercial é para acredita que não há limite na sua imaginação, e queira investir um pouco nisto. Grandes fornecedores de software e animação utilizam este pacote para criação de filmes, comerciais, animações, etc...

Todos os recursos de renderização, iluminação, modelagem, superfície, entre outros, estão disponíveis. O ponto de partida é o site da RealSoft em http://www.realsoft.com/.

Voltado para modelagem 3D, qualquer tipo de objeto e efeito poderá ser feito. O sistema de pintura é uma de suas principais qualidades, além dos efeitos aplicáveis em materiais.

Por último, há o kit de desenvolvimento, no qual o desenvolvedor poderá ter acesso as vantagens exclusiva do software para construção de seus próprios projetos. Abaixo segue alguns exemplos da qualidade obtida com o Real Soft3D:

Jogos feito com o RealSoft3D tituloTitle: **Timothy_b06** Autor: RebelMind www.rebelmind.com	Estilos feito com o RealSoft3d Titulo: Gary's Bar Autor: Boris Jahn Contato: http://www.3ddart.com

gAnim8 – Suíte de Animação e Manipulação de Imagens

O gAnim8 é um suíte de aplicações voltado para a construção e manipulação de arquivos GIFs animados e pequenos arquivos MPEG de vídeo, especialmente no ambiente GTK e GNOME.

Normalmente trabalhos com softwares caros, tipo PhotoShop entre outros, para fazer esta tarefa, e o gAnim8 já atende esta necessidade a custo zero.

Para começar a criar suas animações, visite o site oficial do software em http://ganim8.sourceforge.net/
No exemplo abaixo, temos uma imagem de flor sendo animada e trabalhando com vários efeitos:

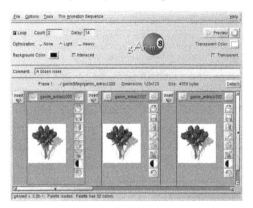

Guia Completo do Linux e Software Livre

Glossário

.Z	formato de arquivo associado com o programa compress do UNIX. Use os programas uncompress do UNIX para descomprimir arquivos do formato .Z
administrador de sistema	indivíduo responsável pela manutenção de um sistema de computador, controle da rede, definição de contas, instalação de aplicativos, etc.
Anchor	um link hipertexto sobre um formulário texto ou gráfico que, quando clicado, exibe o conteúdo de outro arquivo link
Annotation	umas das características do browser Mosaic que permite ao usuário adicionar um componente para visualizar um documento
aplicação	qualquer programa de computador projetado para executar uma específica tarefa ou um conjunto destas
archie	uma engrenagem de busca que localiza nomes de arquivos sobre servidores de FTP anônimo
Argumento	um argumento aceito, sendo ou não requisitado por um comando
ASCII	American Standard Code for Information Interchange. Uma codificação padrão para caracteres de texto e de controle no formato binário, amplamente utilizada na maioria dos computadores
Assíncrono	literalmente, "não ao mesmo tempo", o termo refere-se às comunicações entre computadores em que o transmissor e o receptor não se comunicam diretamente um com o outro, e sim pelo acesso a um ponto em comum de envio e recebimento de informações
ATAPI	protocolo de comunicação entre dispositivos CD-ROM e interfaces IDE
au	extensão para arquivos de áudio
backbone	geralmente de alta velocidade, linhas telefônicas T3 que conectam redes remotas uma a outra; somente provedores de serviços estão conectados à Internet por meio dele
Background	operação do sistema, de modo que o terminal fique livre para outras tarefas
Backup	cópia de segurança de arquivo(s), servindo de reserva caso aconteça algum dano à copia original
baud rate	medida da velocidade de transferência de informações entre dispositivos. Um baud é uma unidade de informação (1 bit) por segundo, ou seja, a oitava parte de um caractere
Binário	significa que um arquivo está no formato composto por um conjunto de uns e zeros, literalmente. Significa que um arquivo foi formatado de modo a ser legível somente por alguns aplicativos, ou que ele é um arquivo executável

BIND	(Berkeley Internet Name Domain) Bind é a implementação mais popular da Internet Domain Name Service em uso atualmente. Criado por Kevin Dunlap para 4.3 BSD Uniz, o BIND fornece um recurso distribuído de bancos de dados que permite que vários servidores DNS trabalhem em cooperação para transformar nomes Internet em seus endereços IP correspondentes
BIOS	um acrônimo para Sistema Básico de Entrada e Saída em PCs. Em sistemas PC, executa as funções necessárias para a inicialização do hardware do sistema quando o equipamento é ligado. Controla ainda o processo de inicialização, provendo rotinas de baixo nível de entrada e saída e permitindo ao usuário modificar detalhes de configuração do hardware
Bloco	um segmento padrão da memória usado como uma unidade pelo computador, tipicamente, um bloco consiste em 512 bytes
Boot	significa dar partida em um computador a partir do estado desligado
broadcast	sistema de envio de mensagem, em que a mensagem é enviada para todos os computadores conectados a uma rede
Browser	um software gráfico que permite ao usuário visualizar informações na WWW
BSDI	Berkeley Software Distribution, Inc., hoje é um dos principais tipos de UNIX
Buffer	uma área de trabalho ou área de armazenamento temporário configurada na memória do sistema. Os buffers são usados por programas, tais como os editores, que acessam e alteram o texto ou os dados com freqüência
Bug	um erro de hardware ou de software em um programa de computador
Caractere	uma letra, um número, um sinal de pontuação, um espaço em branco, um caractere de controle, ou qualquer outro símbolo desse tipo
Caracteres de controle	caracteres que são digitados pressionando a tecla enquanto a tecla Ctrl está pressionada
CERN	site da WWW
checksumming	serviço executado pelo UDP que verifica se os pacotes foram alterados durante a transmissão
Client	uma aplicação que faz um pedido de um serviço para um computador remoto
Cliente/servidor	um paradigma de computação em que o processamento é dividido entre um aplicativo front end, executado no computador de mesa do usuário, e um servidor back end, que realiza tarefas em resposta aos pedidos de serviços do cliente
Comando	uma instrução para o computador. Tipicamente, um comando é uma string de caracteres digitado no teclado e interpretado pelo computador como uma demanda para uma ação em particular
Concatenar	para unir duas ou mais seqüências, como arquivos, em uma longa seqüência. O comando cat, por exemplo, concatena arquivos
Conexão	um canal aberto entre dois computadores para fins de comunicação
Conexão direta	uma conexão para a Internet por meio de uma linha dedicada, como uma ISDN
Correio	um recurso do sistema de computador que permite enviar e receber mensagens pelo computador
Curinga	um metacaractere usado para representar uma série de caracteres comuns. Por exemplo, como o shell usa * e?
cursor	um marcador na tela, geralmente um retângulo iluminado ou um traço sublinhado
database	uma organização de dados dentro de uma ou mais tabelas de dados relacionados
dial up	uma conexão para a Internet por meio de um modem e linha telefônica que permite a troca de e-mail e a execução de processos sobre um computador remoto
Diretório	um arquivo que contém uma lista dos arquivos associados e dos subdiretórios
Diretório de servidores	um serviço que descreve o que está disponível sobre cada servidor ao redor do mundo
Diretório home	o diretório que lhe foi designado pelo administrador do sistema. Em geral, é o mesmo que o diretório login. Os diretórios adicionais que você criar derivarão do seu diretório home
Diretório raiz	o diretório base a partir do qual, direta ou indiretamente, derivam todos os outros diretórios
Doc-ID	em um WAIS, um ID que identifica um específico documento em um database
Echo	para repetir uma sucessão de caracteres. Por exemplo, os comandos que você digita são ecoados na tela
EIDE	Um acrônimo para dispositivos eletrônicos integrados melhorados, o qual é uma versão atualizada do padrão de interface IDE. EIDE viabiliza discos rígidos maiores e mais rápidos
Entrada	informação que alimenta um comando, um programa, um terminal, uma pessoa, e assim por diante
Entrada padrão	abreviação de dispositivo de entrada padrão. O dispositivo do qual, normalmente, um programa ou um sistema extrai a entrada, geralmente, um terminal
Escopo	a esfera na qual uma ação ou definição se aplica

Eudora	um dos mais conhecidos leitores de e-mail utilizados na Internet
FAQ	sigla para Respostas às Perguntas Comuns, tem o objetivo de dar suporte às dúvidas dos usuários
frame (estrutura)	pacote transmitido por meio de uma linha serial. O termo é derivado de um protocolo orientado a caractere que adiciona caracteres especiais de início e fim de frames na transmissão de pacotes
FTP	sigla para Protocolo de Transferência de Arquivos; um mecanismo utilizado para transferência de arquivos pela Internet
ftp Anônimo	habilita você a acessar um serviço FTP, logando-se com o nome anonymous
full-duplex	transmissão em que o envio e a recepção de dados podem ser feitos ao mesmo tempo em ambos os sentidos
Gif	um formato de imagem (Graphics interchange format)
gopher	um serviço Internet que fornece menus descritivos sobre arquivos existentes nos servidores da Internet
half-duplex	transmissão em que envio e recepção de dados são feitos em tempos diferentes. A maioria dos terminais recebem e enviam dados por meio dessa transmissão
Hipertexto	uma palavra ou gráfico que, quando clicado, abre outro documento
Home-page	a página de abertura ou menu principal de um computador na Internet
Home-page	um documento que serve como porta de entrada para todas as informações contidas em um serviço WWW da uma companhia ou entidade
Host	computador ligado a uma rede física. O tamanho de um host varia desde um computador pessoal até um supercomputador
HTML	sigla para Hypertext Markup Language. Utiliza o protocolo HTTP
ID do processo	um número exclusivo de identificação em todo o sistema atribuído ao processo
IDE	um acrônimo para dispositivo eletrônico integrado, que é o nome da interface padrão usada para conectar discos rígidos e CD-ROM a um computador.
Index files	arquivos criados pelo WAISINDEX que prepara um database para WAIS
Internet	conjunto de redes interconectadas por gateways e por protocolos que fazem-nas funcionar como uma única rede virtual

Internet Address	um número que identifica de modo único um host conectado a uma rede TCP/IP. Também chamado Internet Protocol address ou IP address
Interpretador de comandos	um programa que aceita comandos a partir do teclado e faz com que sejam executados. O shell é o interpretador de comandos do UNIX
Intranet	rede de computadores local ou remota utilizando-se das ferramentas e tecnologia da Internet
IP (internet Protocol)	protocolo "connectionless" (sem estabelecimento de circuito) da camada "internet" na arquitetura TCP/IP, responsável pela conexão lógica entre as redes
ISDN	uma conexão utilizando uma linha telefônica dedicada que transmite dados na forma digital na faixa de 56 Kbps
ISO	International Organization for Standardization - organização internacional que define padrões e normas
JPEG	um padrão de compressão (Joint Photografic Expert Group)
Kernel	a parte central de um sistema operacional sobre a qual o restante do sistema está baseado
LAN (local area network)	LAN´s ou redes locais são redes formadas por equipamentos conectados entre si, operando em distâncias curtas e em altas velocidades
LILO	um carregador de sistemas operacionais para sistemas Linux para plataformas Intel e compatíveis
Login	o processo de obter acesso ao sistema de computador para começar uma sessão
login	o processo de entrar com o código e a senha do usuário para acesso a um serviço
Logout	o processo de encerramento de uma sessão no sistema. Pode-se encerrar uma sessão no UNIX com o comando logout, exit ou teclar Ctrl D
macro	uma instrução composta, reunida a partir de instruções mais simples
Mainframe	grande computador mantido, tipicamente, em sala separada que fornece unidade central de processamento em grandes companhias
Matar	finalizar um processo, antes que conclua naturalmente
metacaractere	um caractere que tem um significado especial para o UNIX. Por exemplo, o shell do UNIX interpreta o caractere? como representando qualquer caractere isolado
MIME	um protocolo que descreve o formato de mensagens internet (multipurpose Internet Mail Extension)
modem	abreviação de modulador-demodulador; um dispositivo que faz a conexão de um terminal, ou de

	uma impressora, com um computador via linha telefônica
multitarefa	permite que mais de um usuário tenha acesso ao mesmo programa, ao mesmo tempo
multiusuário	permite que mais de um usuário use o sistema ao mesmo tempo
news reader	um utilitário que permite ao usuário ler sobre uma dos milhares de notícias sobre os grupos de usuário na Internet
NIC	Network Information Center - organização que tem o objetivo de manter e distribuir informações sobre TCP/IP e Internet
nome do path do diretório	o nome completo pelo qual o diretório é conhecido. O path fornece a seqüência de diretórios que liga o diretório ao diretório-raiz
on-line	conectado ao sistema e em operação
Packet	uma unidade de mensagem numa rede, à qual é associado um cabeçalho, um endereço, dados e outras informações opcionais
permissão	a especificação sim ou não do que pode ser feito a um arquivo. Um arquivo tem permissão de ler, gravar e executar
pipe	torna a saída de um comando UNIX ou de um programa a entrada de outro. O operador do UNIX realiza essa tarefa
pipeline	a ligação do sistema estabelecida ao se realizar um ou mais pipes
POSIX	um acrônimo para Interface de Sistemas Operacionais Portáveis. Um conjunto de padrões que crescem fora do sistema operacional UNIX
processo	uma determinada atividade, ou tarefa, do computador
programa	uma seqüência de instruções que informa ao computador como realizar uma tarefa. Um programa pode estar em linguagem de máquina, ou em uma linguagem de nível mais alto, que é traduzida para a linguagem de máquina
prompt	um caractere ou um string de caracteres enviado do sistema de computador para um terminal, informando ao usuário que o sistema está pronto para aceitar a entrada. Os prompts mais comuns são % e $
proprietário	a pessoa que criou o arquivo
Protocolo	conjunto de regras e formatos utilizados por dois computadores para a troca de informações entre eles
Proxy	uma conexão por meio de um modem e de uma linha telefônica para a Internet que permite ao usuário usar programas em tela cheia, como o Mosaic e Netscape, e navegar pela Internet
recursiva	em relação ao sistema de diretório, a aplicação ao diretório, a todas as suas ramificações, às ramificações destas, etc. Em relação a um programa de computador, a descrição de um programa que chama a si mesmo
rede	a interligação de vários computadores
redirecionamento	a canalização da saída para um arquivo ou dispositivo, em vez da saída padrão. A canalização da entrada a partir de um arquivo ou dispositivo, em vez de a partir da entrada padrão
RIP	routing information protocol - é o protocolo utilizado para troca de informações de roteamento entre um conjunto de computadores. Normalmente, os equipamentos participantes estão ligados a uma única LAN
roteador	dispositivo físico que é usado para rotear o tráfego de dados por meio de uma rede
RPM	um acrônimo para Gerente de Pacotes Red Hat. É também o nome do programa que habilita a instalação, atualização e remoção de pacotes de softwares
saída	a informação produzida por um comando, um programa, etc., e enviada a qualquer lugar, por exemplo, ao terminal, a um arquivo, ou a uma impressora de linha
saída padrão	abreviação de dispositivo de saída padrão. O dispositivo para o qual um programa ou um sistema, normalmente, envia a saída; em geral, um terminal
script do shell	um arquivo que contém uma seqüência de comandos do shell. Pode ser usado como entrada para o shell ou pode ser declarado um arquivo executável
SCSI	um acrônimo para Pequena Interface de Sistema de Computador, uma interface padrão para a conexão de diversos dispositivos em um computador. É usada em discos rígidos, unidades de fita, scanners, etc.
senha	uma palavra secreta, escolhida por você, que confirma para o computador você ser quem diz ser
Serviço	uma aplicação que processa pedidos feitos pelas aplicações clientes, como armazenar dados, ou executar um programa
servidor	computador que oferece serviços para outros computadores por meio de uma rede
SGML	(standard Generalized Markup language) - uma linguagem que descreve a estrutura de documentos

shell	um programa do UNIX que lida com a interação entre o usuário e o sistema
Shell Bourne	o shell do UNIX usado pelo UNIX padrão dos Bell Labs
Shell C	o shell padrão que acompanha as versões Berkeley do UNIX
síncrono	método de comunicação em que todos os participantes enviam e recebem dados na mesma ordem
sistema operacional	um programa que lida com as diversas tarefas envolvidas na operação com computadores, inclusive a interface com o computador e o usuário
string	uma seqüência de caracteres
subdiretório	uma ramificação do diretório a partir de outro diretório
Subnet	uma Lan dentro de uma internet ou dentro de um conjunto de LANs
T1	uma conexão utilizando uma linha telefônica dedicada para transferir dados na velocidade de 1.4 Mbps
T3	uma conexão utilizando uma linha telefônica dedicada para transferir dados na velocidade de 45 Mbps
TCP	Transmission Control Protocol - é um protocolo "connection-oriented" (com estabelecimento de circuito) da camada "transporte" na arquitetura TCP/IP. Ele garante a entrada de bytes a um usuário local ou remoto de modo seguro, na seqüência correta e não de modo não duplicado
telnet	um serviço internet que permite ao usuário logar-se ao computador remoto
tempo compartilhado	a distribuição dos recursos do computador a vários usuários conectados
Tiff	um formato gráfico de arquivos (tag image file format)
URL	Uniform Resource Locators - é um indicador para um conjunto de dados na Web, seja um documento Web, um arquivo sobre FTP ou o Gopher, ou um registro de dados num banco de dados
URL	sigla para Uniform Resource Locator; o que significa a exata localização de uma informação na Internet para os clientes WWW
Usenet	um servidor de boletins e notícias online que possui 7.000 grupos de interesses
Veronica	um aplicativo que ajuda o usuário localizar arquivos em servidores gopher
WAIS	sigla para Wide Area Information Server; um aplicativo que ajuda o usuário a procurar por documentos usando chaves ou textos com critérios
Waisindex	o mecanismo que extrai dados das linhas de dados para colocá-las em base de dados, chamado Wais Source, permitindo aos WaisServer encontrar os referidos documentos de forma rápida
web	abreviação para World Wide Web (Teia Mundial)
WEB	sigla para Worl Wide Web - WWW
xbm	um arquivo no format gráfico (x bitmapped)
XFree86	uma implementação livre do sistema X Window

Referências e Consultas

Referências - DNS
http://cr.yp.to/djbdns/install.html
http://enderunix.org/documents/eng/djbdns_installation_en.html
Referências - Servidor Squid Proxy
http://ldp.conectiva.com.br/HOWTO/mini/TransparentProxy.html
http://members.lycos.co.uk/njadmin/
http://web.onda.com.br/orso/
http://phroggy.com/bannerfilter/
http://viralator.loddington.com/
http://squirm.foote.com.au/
http://squid.visolve.com/squid24s1/externals.htm#authenticate_program
http://web.onda.com.br/orso/ncsaplus.html
http://www.hacom.nl/~richard/software/smb auth.html
http://www.linux.trix.net/dicas_squid_nt.htm
http://www.tldp.org/HOWTO/Bandwidth-Limiting-HOWTO/index.html
http://www.linuxit.com.br/modules.php?name=Sections&op=viewarticle&artid=232
http://squid.visolve.com/squid24s1/access_controls.htm
http://www.secforum.com.br/article.php?sid=1259
http://wp.netscape.com/eng/mozilla/2.0/relnotes/demo/proxy-live.html
http://www.squid-cache.org/Doc/Hierarchy-Tutorial/tutorial.html

http://squid.visolve.com/white_papers/reverseproxy.htm
http://www.pop-pb.rnp.br/proxy/tsld033.htm
Rede Nacional de Pesquisa (1) - http://www.rnp.br/newsgen/0103/wccp.shtml
Rede Nacional de Pesquisa (2) - http://www.rnp.br/arquivos/docgeral.html
Duane Wessels Home Page - http://www.life-gone-hazy.com/index-two.html
Firewall Linuxman (IPTABLES) - http://www.linuxman.pro.br/cgi-bin/firewall/
Survey of Web Caching Schemes for the Internet -
http://www.acm.org/sigcomm/ccr/archive/1999/oct99/Jia_Wang2.pdf
http://www.squid-cache.org/Doc/
http://www.serassio.it/SquidNT.htm
http://squid.visolve.com/squid24s1/contents.htm
http://br.groups.yahoo.com/group/squid-br/
http://lasdpc.icmc.sc.usp.br/pesquisa/jac/quali.pdf
http://directory.google.com/Top/Computers/Software/Internet/Servers/Proxy/Caching/Squid/?tc=1/
http://hermes.wwwcache.ja.net/servers/squids.html
http://freshmeat.net/search/?q=squid&section=projects
http://www.pop-pb.rnp.br/proxy/pal0100.PPT
http://squid.visolve.com/squid24s1/externals.htm#authenticate_program
http://web.onda.com.br/orso/ncsaplus.html
http://www.hacom.nl/~richard/software/smb_auth.html
http://www.tldp.org/HOWTO/Bandwidth-Limiting-HOWTO/index.html
http://squid.visolve.com/squid24s1/access_controls.htm
http://stein.cshl.org/WWW/software/GD/
http://squid.visolve.com/squid24s1/contents.htm
http://br.groups.yahoo.com/group/squid-br/
http://lasdpc.icmc.sc.usp.br/pesquisa/jac/quali.pdf
http://directory.google.com/Top/Computers/Software/Internet/Servers/Proxy/Caching/Squid/?tc=1/
http://hermes.wwwcache.ja.net/servers/squids.html
http://freshmeat.net/search/?q=squid&section=projects
http://www.pop-pb.rnp.br/proxy/pal0100.PPT

Referências: - VPN
Ipsec practical configurations for Linux Freeswan 1.3.
FreeS/WAN
http://www.linuxlabs.biz/articles/ipsec.htm
Linux FreeS/WAN VPN
http://www.tieless.com/ipsec/cisco-freeswan-cisco/ipsec.conf.txt

Marcas Registradas
§ DOS ®, Windows 95, Windows NT são marcas registrada da Microsoft Corporation
§ Xenix ® é marca registrada da Microsoft Corporation e AT&T
§ UNIX®, Motif, OSF/1, X/Open são marcas registradas do Open Group.
§ NFS ® é marca registrada da Sun Microsystems, Inc.
§ SCO ® é marca registrada da Santa Cruz Operation, Inc.
§ Aix, OS/2 e IBM são marcas da International Business Machines Corporation
§ OSF, Ultrix e Digital UNIX são marcas da Digital Equipament Corporation
§ Macintosh é marca registrada da Apple Computers
§ Intel ® é marca registrada da Intel
§ Java ® é marca registrada da Sun Microsystems, Inc.
§ HPUX ® é marca registrada da Hewlett Packard
§ Netware e Novell ® são marcas registradas da Novell Inc.
§ Netscape ® é marca registrada Netscape Communications Corporation
    `NU General Public Licence ® é marca registrada Free Software Foundation - USA
        `ke e Quake 2 ® são marcas registradas da id software.
            ® é marca registrada da Oracle Corporation.
              ` marca registrada da Sybase, Inc.
                `mark of Linus Torvald

·product-compliance